Neuropsychologie

Bryan Kolb und Ian Q. Whishaw

Neuro-psychologie

2. Auflage

Übersetzung herausgegeben von Monika Pritzel

Aus dem Englischen übersetzt von
Marianne Mauch, Monika Niehaus-Osterloh und Markus Numberger

Spektrum Akademischer Verlag Heidelberg · Berlin · Oxford

Originaltitel: Fundamentals of Human Neuropsychology, Fourth Edition
Übersetzung herausgegeben von Monika Pritzel
Aus dem Englischen übersetzt von Marianne Mauch, Monika Niehaus-Osterloh und Markus Numberger

Amerikanische Originalausgabe bei W. H. Freeman and Company, New York und Oxford

Kolb, Bryan:
Neuropsychologie / Bryan Kolb und Ian Q. Whishaw, Übers. hrsg. von Monika Pritzel. Aus dem Engl. übers. von Marianne Mauch … – 2. Aufl. – Heidelberg ; Berlin ; Oxford : Spektrum, Akad. Verl., 1996
Einheitssacht.: Fundamentals of human neuropsychology <dt.>
ISBN 3-8274-0052-X
NE: Whishaw, Ian Q.:

Lektorat: Merlet Behncke-Braunbeck, Sabine Loss (Ass.)
Redaktion: Monika Pritzel
Produktion: Susanne Tochtermann
Reihengestaltung: Zembsch' Werkstatt, München
Einbandgestaltung: Kurt Bitsch, Birkenau
Satz: Typo Design Hecker GmbH, Heidelberg
Druck und Verarbeitung: Druckhaus Beltz, Hemsbach

Inhalt

Vorwort zur zweiten deutschen Ausgabe

Die Neuropsychologie ist eine aufstrebende interdisziplinäre Wissenschaft, die bei Studierenden und in Forschung und Praxis Tätigen der klassischen Fächer Psychologie, Neurologie, Psychiatrie und Biologie mehr und mehr Aufmerksamkeit findet. Für dieses steigende Interesse gibt es gute Gründe. Zum einen geht es der Neuropsychologie um die Erforschung sehr grundsätzlicher Fragen, die in der Tat zu den faszinierendsten der Wissenschaft überhaupt gehören: Wie bringt das Gehirn Verhalten und insbesondere so komplexe Phänomene wie Wahrnehmung, Sprache und Kognition hervor? Gibt es Regionen oder Teilstrukturen des Gehirns, die für bestimmte geistige Leistungen unentbehrlich sind? Zum anderen steigt mit den Möglichkeiten der modernen Medizin drastisch der Bedarf an neuropsychologischem Grundlagenwissen – immer mehr Menschen mit genau diagnostizierbaren Hirnschädigungen überleben und bedürfen qualifizierter Rehabilitationsmaßnahmen.

Die Erwartung an die Neuropsychologie, eine solide theoretische Grundlage für solche Maßnahmen zu schaffen, sind also groß. Im angloamerikanischen Sprachraum ist dem erhöhten Forschungsbedarf schon länger Rechnung getragen worden. Entsprechend fest ist die Neuropsychologie dort auch in der Lehre etabliert. Damit sich deutsche Studierende und neuropsychologisch Interessierte einen fundierten und umfassenden Überblick über das Fach verschaffen können, bot es sich an, das Standardwerk *Fundamentals of Human Neuropsychology* von Kolb und Whishaw zu übersetzen, das in den Vereinigten Staaten bereits in vierter Auflage existiert. Die nun vorliegende zweite deutsche Ausgabe bereichert die Auswahl an guten deutschsprachigen Monographien und Sammelbänden zur Neuropsychologie um ein aktuelles, kompetentes und anschauliches Lehrbuch.

Durch die vollständige Übersetzung der erweiterten 4. Auflage hat das Buch sowohl Ergänzungen im Bereich des Grundlagenwissens als auch der Anwendung erfahren. Einigen Themenbereichen (zum Beispiel Aufmerksamkeit, Imagination und Bewußtsein) wurden eigene Kapitel gewidmet, die das Buch um wichtige Erkenntnisse der Neuropsychologie bereichern. Hierbei ist es den Autoren immer wieder gelungen, durch eine Vielzahl von Beispielen aus dem täglichen Leben auf neuropsychologische Problemstellungen aufmerksam zu machen und an Hand von Fallbeispielen aufzuzeigen, wie nachhaltig manche Störungsbilder die Lebensqualität der Betroffenen beeinträchtigen können. Daß dieses Buch trotz der zusätzlichen Inhalte – sie machen insgesamt 6 Kapitel aus – überschaubar geblieben ist, liegt an der guten Strukturierung des Textes und an den zahlreichen Abbildungen und Tabellen und nicht zuletzt auch daran, daß die Autoren so zu schreiben verstehen, daß man gern weiterlesen und die Inhalte verstehen möchte.

Insgesamt gewährt das Buch eine breit und aktuell informierende Arbeitsgrundlage, und so bleibt zu wünschen, daß es möglichst viele Studierende für die Neuropsychologie zu begeistern vermag. Abschließend einige Worte des Dankes: Ohne die kompetente und freundliche Unterstützung durch den Verlag und das sorgfältige Gegenlesen einzelner Kapitel durch Frau Dipl.-Psych. Anne Bauer vom Institut für Allgemeine Psychologie in Düsseldorf wäre das Buch sicher nicht zustande gekommen.

Monika Pritzel
Universität Koblenz/Landau, im April 1996

Vorwort zur Originalausgabe

Im Jahre 1977 begannen wir die erste Auflage dieses Buches zu schreiben. Damals war die Neuropsychologie ein anderes Forschungsfeld als heute. Neuropsychologen, die tatsächlich am Menschen forschten, waren gering an der Zahl. Wissenschaftler, die Menschen, und jene, die nicht-menschliche Spezies untersuchten, arbeiteten im großen und ganzen nebeneinander her. Außerdem bestand großes Interesse an der klinischen Anwendung der neuropsychologischen Theorien. In den achtziger und neunziger Jahren hat sich dies erheblich geändert. Kognitionswissenschaftler begannen sich für das Gehirn zu interessieren und haben die neuropsychologischen Untersuchungen und Theorien in eine neue Richtung gewiesen. Darüber hinaus ermöglichte die Entwicklung von ausgeklügelten Verfahren zur Messung der Durchblutung, der Stoffwechselaktivität und verschiedener Arten von elektrischer Aktivität im Gehirn den Kognitionswissenschaftlern und verhaltensorientierten Neurowissenschaftlern, die Gehirnfunktion an normalen, lebenden Versuchspersonen und -tieren zu untersuchen. Diese neuen Techniken hatten jedoch noch eine andere, eher unerwartete Auswirkung: Die klinischen Neuropsychologen mußten ihre Rolle bei der Diagnose von Cortexverletzungen neu definieren.

Die vierte englische beziehungsweise zweite deutsche Auflage dieses Buches trägt diesen Veränderungen Rechnung. Wir haben uns des weiteren bemüht, Ergebnisse von Mensch und Tieren, insbesondere nichtmenschlichen Primaten, noch enger aufeinander zu beziehen und verstärkt Diskussionen zu Themen der kognitiven Psychologie einfließen zu lassen. Speziell mit diesen Themen befassen wir uns in einem neuen Kapitel über Aufmerksamkeit und Bewußtsein – dies sind Dinge, von denen wir uns in unseren kühnsten Träumen nicht vorstellen konnten, sie in die ersten Auflagen aufzunehmen. Wir haben auch ein explizit dem Sehen gewidmetes Kapitel eingefügt (das Kapitel über die Occipitallappen). Das Forschungsfeld um das visuelle System ist regelrecht explodiert, und es erschien sinnvoll, uns mit diesem Thema besonders intensiv zu befassen.

Eine unvermeidliche Folge unseres Bemühens, das gesamte, sich ständig weiterentwickelnde Feld der Neuropsychologie abzudecken, war eine stetige Zunahme des Buchumfangs über die ersten drei englischen Auflagen hinweg. Als wir die vierte Auflage in Angriff nahmen, empfanden wir es als wichtig, das Buch zu kürzen, da es sonst kaum mehr überschaubar wäre. Diese Kürzung führte zu einer umfassenden Neuorganisation und dem Wegfall mehrerer Kapitel. In der nun vorliegenden Form des Buches enthalten die Teile II und III die wichtigsten Informationen, die als Grundlage für eine Lehrveranstaltung zur menschlichen Neuropsychologie dienen können. Teil I liefert Hintergrundinformationen für diejenigen, die Neulinge auf dem Gebiet der Neurowissenschaften sind. Die Teile II und III behandeln hauptsächlich die normale Funktionsweise des Gehirns. Teil IV stellt Störungen der normalen Hirnfunktion vor und liefert nützliche Zusatzinformationen für den interessierten Leser oder für weiterführende Lehrveranstaltungen. Unserer Meinung nach können viele Kapitel mit ganz unterschiedlicher Zielsetzung und jeweils anderem Informationsgewinn gelesen werden – je nach neurowissenschaftlicher Vorbildung des Lesers. So haben zum Beispiel Studienanfänger vermutlich nur wenig Interesse an Wissenschaftsgeschichte; in dem Maße, in dem ihre Begeisterung für bestimmte Problemstellungen geweckt ist, werden sie sich auch für historische und theoriebezogene Informationen interessieren.

Auch in dieser Auflage wollen wir all jenen danken, die mit Vorschlägen und Kommentaren zu den alten Auflagen zur Verbesserung des Buches beitrugen oder deren Rat wir erbaten. Die Verbesserungen sind zweifellos ihr Verdienst, während eventuelle Fehler allein in unserer Verantwortung liegen. Besonders danken wir Mel Goodale, Peter MacNeilage, Michael Peters, Glen Prusky, Laughlin Taylor und John Vokey für ihre ausführliche Kritik zu einzelnen Kapiteln. Unser Dank gilt auch dem großen Engagement und dem Vertrauen von Buck Rogers bei W.H. Freeman and Company, der im Jahre 1978 zu den wenigen gehörte, die fest daran glaubten, daß sich die Neuropsychologie zu einem eigenständigen Forschungsgebiet entwickeln würde. Ebenfalls danken möchten wir Jonathan Cobb, Susan Brennan und Georgia Lee Hadler von W.H. Freeman, die sich enthusiastisch dafür einsetzten, dieses Buchprojekt zu einem guten Ende zu bringen. Und schließlich sind wir Adria Allen für ihre enorme Leistung, die gesamte dritte Auflage in ein Textverarbeitungsprogramm einzugeben, zu besonderem Dank verpflichtet. Damit war eine umfassende Bearbeitung überhaupt erst möglich. Wir bedanken uns auch für ihre wertvolle Hilfe bei der Fertigstellung des Manuskripts.

Bryan Kolb und Ian Q. Whishaw

Teil I

Hintergrund

Das menschliche Gehirn zu erforschen sollte eigentlich ganz einfach sein: Man bräuchte doch nur das Verhalten von Menschen mit bekannten Gehirnschädigungen zu untersuchen, die Veränderungen in ihrem Verhalten nach der Schädigung zu beobachten und von diesen auf die Funktion der beteiligten Regionen zu schließen. Leider ist es nicht ganz so einfach. Wir müssen bestimmte Hintergrundinformationen verstehen, bevor wir Schlüsse über den Zusammenhang zwischen Gehirn und Verhalten ziehen können. Wer sich mit der Neuropsychologie des Menschen befaßt, muß also mit den Grundlagen der Gehirnfunktion vertraut sein, um die neurologische Basis komplexer kognitiver Prozesse verstehen zu können.

Die Kapitel 1 bis 7 liefern Hintergrundwissen zur Geschichte der Neurowissenschaften, zur Evolution des Gehirns sowie zu den grundlegenden Prinzipien der Anatomie und Biochemie des Gehirns. Auch die Grundprinzipien der Arbeitsweise sensorischer und motorischer Systeme werden diskutiert. Diese Kapitel sind im Hinblick auf die Studierenden im Grundstudium geschrieben, die noch keine Kurse zur Neurowissenschaft, Neuroanatomie oder physiologischen Psychologie besucht haben. Wer schon solche Vorlesungen gehört hat und sich mit den Stoffgebieten vertraut fühlt, kann die Inhalte mit Hilfe dieses Buches noch einmal wiederholen oder direkt zu Teil II springen. Wir empfehlen einen Blick in das Glossar am Ende des Buches, wenn der Leser oder die Leserin auf einen unbekannten Begriff stößt. Im Glossar erklärte Begriffe sind an der Stelle, an der sie zum erstenmal im Text auftreten, fett hervorgehoben.

1

Die Entwicklung der Neuropsychologie

Als Ödipus sich Theben näherte, stellte sich die Sphinx ihm in den Weg und gab ihm folgendes Rätsel auf: »Was geht am Morgen auf vier Beinen, zur Mittagszeit auf zweien und am Abend auf drei Beinen?« Ödipus antwortete: »Der Mensch.« Das war richtig, und er durfte passieren, da wir als Kinder krabbeln, als Erwachsene aufrecht gehen und uns im Alter auf einen Stock stützen. Dieses Rätsel der Sphinx ist gleichzeitig auch eines, das die Natur des Menschen betrifft, und die Erwiderung von Ödipus zeigt nicht nur, daß er eine Antwort kannte, sondern auch, daß er wahrscheinlich die Bedeutung der Frage richtig einzuschätzen wußte. Das Rätsel der menschlichen Natur ist noch nicht gelöst. Dieses Buch sucht eine mögliche Antwort dort, wo man sie der Logik nach am ehesten finden sollte: im Gehirn.

Der Begriff *Neuropsychologie* ist erst vor relativ kurzer Zeit geprägt worden. Nach Angaben von Bruce wurde er erstmals von William Osler benutzt. Danach verwendete ihn D.O. Hebb im Untertitel seines 1949 erschienenen Buches *The Organisation of Behavior: A Neuropsychological Theory*. Obgleich der Begriff weder definiert noch im Text verwendet wurde, sollte er vermutlich eine Arbeit charakterisieren, in der das gemeinsame Interesse von Neurologen und physiologischen Psychologen an der Funktionsweise des Gehirns im Mittelpunkt stand. Im Jahre 1957 war Neuropsychologie als Bezeichnung für ein Teilgebiet der Neurowissenschaften bereits etabliert, da Heinrich Klüver im Vorwort seines Buches *Behavior Mechanisms in Monkeys* schrieb, daß dieses Buch vermutlich für Neuropsychologen und andere Wissenschaftler von Interesse sei. (Klüver hatte den Begriff im Vorwort zur ersten Auflage des Buches von 1933 noch nicht verwendet.) Große Beachtung wurde dem Ausdruck schließlich geschenkt, als er 1960 im Titel einer Aufsatzsammlung von K.S. Lashley erschien. Der Titel lautete *The Neuropsychology of Lashley*, und es handelte sich fast ausschließlich um Berichte über Untersuchungen an Ratten und Affen, die Beach zusammengestellt hatte. Auch hier wurde der Begriff Neuropsychologie im Text selbst weder verwendet noch erklärt.

Heute definieren wir die **Neuropsychologie** als ein Forschungsgebiet, das die Beziehung zwischen Gehirnfunktionen und Verhalten untersucht. Obgleich sie sich der Informationen aus vielen Disziplinen bedient, zum Beispiel aus Anatomie, Biologie, Biophysik, Ethologie, Pharmakologie, Physiologie, physiologischer Psychologie und Philosophie, ist ihr zentrales Anliegen die Entwicklung einer Wissenschaft vom menschlichen Verhalten, die sich auf die Funktionsweise des menschlichen Gehirns gründet.

Die Neuropsychologie wird stark durch zwei traditionelle Schwerpunkte der experimentellen und theoretischen Hirnforschung beeinflußt: 1) durch die **Gehirnhypothese**, also die Annahme, daß das Gehirn Quelle aller unserer Verhaltensweisen ist, und 2) durch die **Neuronenhypothese,** der zufolge das Neuron als kleinste Einheit des Gehirns und seiner Funktionen anzusehen ist. In diesem Kapitel wird die Entwicklung dieser beiden grundlegenden Ideen nachgezeichnet. Es wird deutlich, daß diese Wissenschaft zwar neu ist, ihre zentralen Vorstellungen jedoch viel früher entwickelt wurden. Historisch gesehen war es nicht leicht, einen Konsens darüber zu erreichen, daß diesen Ideen eine so große Bedeutung zukommt. Lange Zeit fehlten brauchbare Konzepte, welche die menschliche Gehirnfunktion erklären konnten. Hin und wieder wurde der eine oder andere Gedanke durch Zufall entwickelt, manchmal aufgegriffen, vielleicht näher untersucht, dann wieder zurückgewiesen, nur um später erneut entdeckt zu werden. Durch die Darstellung der geschichtlichen Entwicklung hoffen wir, den Leser erkennen zu lassen, daß Wissenschaft nicht dogmatisch ist, sondern ein lebendiger Dialog über Gedanken.

Einige Begriffe, die uns beim Streifzug durch die Geschichte begegnen werden, sind im folgenden definiert. Im allgemeinen teilt man das Zentralnervensystem in drei große Teile ein: das Vorderhirn, den Hirnstamm und das Rückenmark (Abbildung 1.5). Die **Großhirnrinde** (Cortex cerebri oder einfach **Cortex**) des Menschen vermittelt komplexes, bewußtes Verhalten und macht einen beachtlichen Teil des Vorderhirns aus. Die **Gyri**, die Wülste der gefalteten Hirnrinde, sind die augenfälligsten Strukturen des Vorderhirns. Der Cortex gliedert sich in eine linke und eine rechte **Hemisphäre**, die durch den **Balken** (**Corpus callosum**) miteinander verbunden sind. Der **Hirnstamm** ist vom Vorderhirn bedeckt und für die Aufrechterhaltung vegetativer Funktionen sowie für die Durchführung von Bewegungen zuständig. Das **Kleinhirn** (**Cerebellum**) mit seiner charakteristischen Anordnung zahlreicher schmaler Gyri ist eine große Struktur im Hirnstamm, die ebenfalls an der Bewegungskontrolle beteiligt ist. Das **Rückenmark** erhält sensorische Eingänge aus dem Körper und sendet seinerseits Informationen zur Muskulatur. Alle Aktivitäten des Gehirns, die das Verhalten betreffen, werden letztlich durch Neuronen im Rückenmark vermittelt, die zur Muskulatur projizieren. **Neuronen** sind spezialisierte Zellen des Nervensystems. Ihr **Zellkörper** enthält die für das Überleben der Zelle notwendige Stoffwechselmaschinerie und einen **Zellkern** (Nucleus) mit dem genetischen Material, das die Form und die Funktion der Zelle festlegt. Neuronen können zahlreiche **Dendriten** besitzen; dies sind am Zellkörper ansetzende Ausläufer, die Informationen von anderen Zellen entgegennehmen. Jedes Neuron besitzt ein Axon, das die Information an andere Zellen weiterleitet (Abbildung 1.6). Axone beeinflussen andere Zellen, indem sie an **Synapsen** chemische Substanzen ausschütten. Zwischen zwei Neuronen besteht an der Synapse gewöhnlich ein schmaler Spalt.

Die Gehirnhypothese

Gehirn oder Herz?

Seit jeher haben Menschen geglaubt, daß ihr Verhalten durch eine Seele, einen Geist, durch ein rationales System oder durch einen Teil des Körpers gesteuert wird. Diese Vorstellungen sind in den geschichtlichen Aufzeichnungen vieler verschiedener Kulturen festgehalten. Es sind auch zahlreiche Ansichten über die Art und den Ort des kontrollierenden Körperteils überliefert. Zu den ältesten Hypothesen, die uns schriftlich überliefert sind, gehören die von Alkmaion von Kroton (circa 500 vor Christus) und von Empedokles (circa 490–430 vor Christus). Alkmaion hielt das Gehirn für den Ort geistiger Vorgänge und formulierte, was wir heute die Gehirnhypothese nennen; Empedokles sah das Herz als den Sitz mentaler Prozesse an – eine Vorstellung, die wir als Herzhypothese bezeichnen.

Die jeweiligen Vorzüge beider Hypothesen sind in den folgenden 2000 Jahren kontrovers diskutiert worden. Platon (etwa 427–347 vor Christus) entwickelte die Theorie der dreigeteilten Seele und glaubte, der rationale Teil liege im Gehirn, weil dieser Körperteil dem Himmel am nächsten sei. Aristoteles (384–322 vor Christus) kannte die Gehirnstrukturen gut und stellte fest, daß der Mensch von allen Säugern das größte Gehirn im Verhältnis zur Körpergröße besitzt. Dennoch entschied er, daß das Herz als Quelle geistiger Prozesse zu gelten habe, weil es „warm und aktiv“ sei, und das Gehirn zur Kühlung des Blutes dienen müsse, weil es „kalt und inaktiv“ sei (wie sich viel später herausstellte, kühlt in Wirklichkeit das Blut das Gehirn). Er widersprach der Ansicht, daß das im Verhältnis zum Körper große Gehirn eine Bedeutung für die menschliche Intelligenz haben müsse, und behauptete statt dessen, menschliches Blut sei konzentrierter und wärmer als das anderer Tiere und erfordere deshalb ein größeres Kühlsystem.

Frühe griechische und römische Ärzte wie Hippokrates (460–377 vor Christus) und Galen (129 – ca. 199 nach Christus) beschrieben einige Aspekte der Gehirnanatomie und setzten sich energisch für die Gehirnhypothese ein. Zweifellos waren sie durch ihre klinischen Erfahrungen beeinflußt. Galen, zum Beispiel, hatte, bevor er der führende Arzt in Rom wurde, fünf Jahre lang als Chirurg bei den Gladiatoren gearbeitet; er wußte also sehr wohl, welche Folgen Verletzungen des Gehirns nach sich ziehen konnten. Galen unternahm große Anstrengungen, Aristoteles mit Argumenten zu widerlegen. So führte er beispielsweise an, daß die Nerven aus den Sinnesorganen zum Gehirn ziehen und nicht zum Herz. Er führte auch Experimente durch, um die Wirkung von Druck auf Herz und Gehirn zu vergleichen. Dabei stellte er fest, daß selbst leichter Druck auf das Gehirn Bewegungen unterbrach und den Tod hervorrufen konnte, wohingegen Druck auf das Herz zwar Schmerz verursachte, aber willentliches Verhalten nicht unterbinden konnte.

Die Herzhypothese hinterließ in unserer Sprache viele Spuren. In der Literatur und in der Alltagssprache kommen emotionale Sachverhalte häufig mit Bezug auf das Herz zur Sprache: Liebe wird durch einen Pfeil symbolisiert, der ein Herz durchbohrt. Eine Person mit starkem Liebeskummer hat ein „gebrochenes Herz“, einem zornigen Menschen „kocht das Blut“.

Descartes: Das Leib-Seele-Problem

Es genügt natürlich nicht, nur zu wissen, daß das Gehirn unser Verhalten kontrolliert. Die Formulierung einer vollständigen Hypothese macht es erforderlich, herauszufinden, *wie* das Verhalten kontrolliert wird. Die neuzeitlichen Vorstellungen von Geist wurden von René Descartes (1596–1650) begründet. Descartes ersetzte Platons Begriff der dreigeteilten Seele durch den eines einheitlichen Geistes: der Vernunft oder der rationalen Seele. Da der Geist laut Descartes weder materiell ist noch räumliche Ausdehnung besitzt, unterscheidet er sich grundlegend vom Körper. Descartes war von den seinerzeit hergestellten apparativen Vorrichtungen, etwa den Statuen in den Wassergärten von Paris, sehr beeindruckt. Wenn zum Beispiel ahnungslose Betrachter, vor den Brunnen standen und ohne es zu wissen einen im Boden verborgenen Mechanismus betätigten, bekamen sie einen Schuß Wasser ins Gesicht. Descartes war der Meinung, der Körper funktioniere wie jene Apparate: Er ist materiell und hat eindeutig eine begrenzte räumliche Ausdehnung, und er reagiert reflexiv auf sensorische Reize aufgrund der Aktivität des Gehirns (Abbildung 1.1). Er vermutete weiterhin, daß Tiere nur Körper, aber keinen rationalen Geist haben; ihr Verhalten sollte sich also durch aufeinanderfolgende Reflexhandlungen erklären lassen. Außerdem schlug er vor, daß für das menschliche Verhalten die Funktion sowohl des Geistes als auch des Körpers notwendig sei, wobei der Geist durch seine Wirkung auf den Körper Verhalten erzeugt.

Indem Descartes postulierte, daß Geist und Körper zwar getrennt seien, aber dennoch interagierten, warf er das *Leib-Seele-Problem* auf, das heißt das Problem der Beziehung zwischen Geist und Körper. Wie kann ein immaterieller Geist Bewegungen eines materiellen Körpers hervorrufen? Manche *Dualisten*, (das sind die Philosophen, die den Geist für immateriell halten und daher vom Körper trennen) haben argumentiert, Körper und Geist stünden ursächlich in Wechselbeziehung. Sie haben aber niemals überzeugend erklären können, wie man sich das vorzustellen hat. Andere Dualisten haben dieses Problem umgangen, indem sie Körper und Geist als parallel definierten, oder daß der Körper den Geist beeinflußt, nicht aber umgekehrt. Beide dualistischen Positionen machen es möglich, über das Verhalten nachzudenken, ohne den Geist selbst in Betracht zu ziehen. Die *Monisten* umgehen das Leib-Seele-Problem gänzlich, indem sie postulieren, Geist und Körper seien dasselbe: entweder materiell oder immateriell. Letztere Position ist allerdings sehr spekulativ und für einen Neuropsychologen schwer nachvollziehbar.

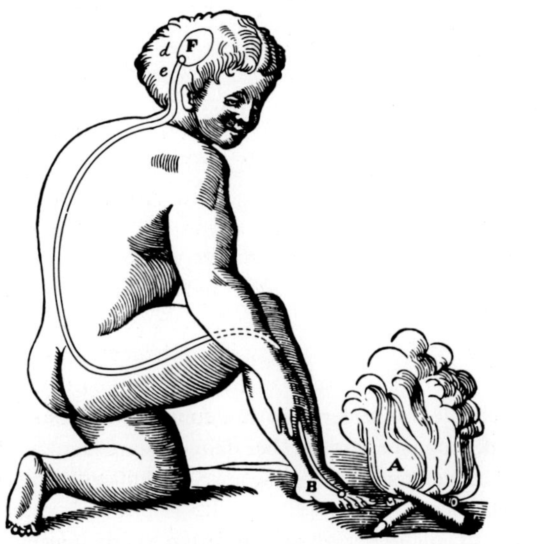

1.1 Der Begriff des Reflexes stammt von Descartes. In diesem Beispiel führt die Flammenhitze dazu, daß ein im Nerv befindlicher Faden gezogen wird und Ventrikelflüssigkeit durch eine geöffnete Pore ausströmt. Sie fließt durch den Nerv und verursacht nicht nur ein Zurückziehen des Fußes, sondern auch, daß Augen und Kopf sich auf den Reiz richten, die Hand gestreckt wird und der ganze Körper sich biegt, um sich zu schützen. Das Konzept war durch Automaten, so wie sie in jenen Tagen in Frankreich bei Springbrunnen Mode waren, inspiriert worden. Ein Besucher französischer Gärten konnte zum Beispiel auf eine Platte treten, die durch eine raffinierte Mechanik bewirkte, daß Statuen sich verbargen, plötzlich erschienen oder Wasser spien. Descartes' Verwendung des Reflexbegriffs bezog sich allerdings auf relativ komplexes Verhalten, das man heute nicht als reflektorisch bezeichnen würde; Verhalten, das man heute als reflektorisch bezeichnet, wurde von Descartes nicht berücksichtigt. (Aus Descartes 1664.)

Aus Descartes Leib-Seele-Hypothese ergaben sich zwei weitere logische Schlußfolgerungen: Weil der Geist als unteilbar gilt, mußten Theorien, die Gehirnfunktionen unterteilten, falsch sein. Da er zudem getrennt vom Körper existiert, verlangte eine Analyse seiner Funktionen eine gesonderte Betrachtung. Das bedeutet, ein umfassendes Verständnis des Körpers und seiner Funktionsweisen würde gar nicht zu einem vollständigen Verständnis des menschlichen Verhaltens führen. Im 19. Jahrhundert beschrieben Physiologen mehrfach neu entdeckte Reflexsysteme und dachten darüber nach, wie der Geist *mit Hilfe* dieses Systems wohl arbeitet. (Auch heute noch widmen einzelne Physiologen einen Teil ihrer Veröffentlichungen dem Problem des Geistes. Eccles' *The Neurophysiological Basis of Mind: The Principles of Neurophysiology* von 1956 ist ein Beispiel.)

Die meisten modernen Neurowissenschaftler beteuern zwar, daß der körperliche Anteil der Leib-Seele-Problematik die eigentliche Domäne ihrer Untersuchungen sei. Sie behaupten aber, der Geist könne, obwohl er durchaus existieren mag, nicht mit konventionellen Methoden untersucht werden. Andere, noch skeptischere Wissenschaftler betrachten den Geist als eine Art Kobold im Gehirn oder auch als einen „Geist in der Maschine". Manche Psychologen bezeichnen ihn sogar als „kleines grünes Männchen" im Kopf. Sie argumentieren wie der Philosoph Gilbert Ryle, der behauptet, daß *Geist* nur ein anderer Ausdruck für das Gehirn und seine Aktivitäten ist, also keine davon getrennte Erscheinung – etwa so, wie man das Wort „Stadt" für eine Ansammlung von Gebäuden und eine Gruppe von Menschen verwendet.

Vor Descartes glaubte man lange, daß der Geist eher in der Ventrikelflüssigkeit als in der Gehirnmasse zu suchen sei. Diese Ansicht ging auf Galen und seine Schule zurück. Im 10. Jahrhundert etwa meinte man, daß die Muskeln deshalb bewegt werden, weil sie sich mit einer Flüssigkeit aus den Nervenzentren füllten. Die Cerebrospinalflüssigkeit kam dafür am ehesten in Betracht. Einige Erklärungsversuche, wie die Flüssigkeit in den verschiedenen Ventrikelräumen unterschiedliche Verhaltensformen kontrolliert, sind in der Tat recht elegant. Erst die bestechenden Argumente von Andreas Vesalius (1514–1564) brachten die „Ventrikeltheorien" zu

Fall. Vesalius sezierte Gehirne und stellte fest, daß die relative Größe der Ventrikel bei Menschen und bei Tieren in etwa gleich ist. Weil der rational denkende Mensch sich von anderen Lebewesen durch die Größe des Gehirns unterscheidet, schloß er, muß das Gehirn – und nicht die Gesamtheit der Ventrikel – für mentale Prozesse verantwortlich sein. Descartes war jedoch der erste, der eine präzise Ortsbestimmung mentaler Prozesse im Gehirn vornahm. Er lokalisierte den Geist in der **Zirbeldrüse** (Epiphyse), einer kleinen Struktur im Hirnstamm, und zwar aufgrund der Beobachtung, daß dies die einzige Struktur des Nervensystems ist, die nicht bilateral angelegt ist; die Nähe zu den Ventrikeln spielte auch eine Rolle. Den Rest des Gehirns sah er nicht als funktionsfähiges neuronales Gewebe an, sondern als Rinde (Cortex), welche die wichtigen inneren Mechanismen schützte. Später löste Descartes' Hypothese heftige Zweifel aus. Die Kritiker wiesen darauf hin, daß bei einer Schädigung der Zirbeldrüse keine offenkundigen Verhaltensänderungen zu beobachten seien. Heute vermutet man, daß die Zirbeldrüse an der Kontrolle jahreszeitlicher Rhythmen beteiligt ist.

Gall und Spurzheim: Die Phrenologen

Die erste umfassende Theorie zur Funktionsweise des Gehirns war die phrenologische Theorie von Franz Josef Gall (1758–1828) und Johann Caspar Spurzheim (1776–1832).

Gall und Spurzheim machten eine Reihe wichtiger neuroanatomischer Entdeckungen, die allein ihnen schon einen Platz in der Geschichte gesichert hätten. Sie stellten fest, daß der Cortex und seine Gyri aus aktiven Zellen bestehen, die mit Hirnstamm und Rückenmark verbunden sind. Sie erkannten, daß der Cortex zum Rückenmark projiziert, und daß letzteres Zellen enthält, die ihre Ausläufer zur Muskulatur schicken. Sie folgerten, daß der Cortex durch seine Projektionen zum Rückenmark das Verhalten kontrollieren kann. Sie entdeckten außerdem, daß die beiden symmetrischen Hälften des Gehirns durch das Corpus callosum verbunden sind und daher miteinander wechselwirken können.

Galls Ideen gingen auf Beobachtungen zurück, die er in früher Jugend gemacht hatte. Er hatte bemerkt, daß Studenten mit einem guten Gedächtnis große hervortretende Augen haben. Er hielt es für möglich, daß ein stark entwickeltes Gedächtnis hinter den Augen diese hervortreten läßt.

Von dieser Überlegung ausgehend untersuchten Gall und Spurzheim die äußeren Merkmale des Schädels und brachten dessen Erhöhungen und Vertiefungen mit dem in Zusammenhang, was sie für wesentliche Verhaltens- und Persönlichkeitsmerkmale, sogenannte Vermögen, hielten. Eine Wölbung auf dem Schädel wies demnach auf einen gut ausgeprägten, darunterliegenden corticalen Gyrus hin und zeigte deshalb eine erhöhte Fähigkeit zu einer bestimmten geistigen Leistung an; eine Vertiefung im gleichen Gebiet schien dagegen mit einem unterentwickelten Gyrus zusammenzuhängen und auf eine reduzierte Fähigkeit hinzuweisen. Eine Person mit einem hohen Maß an Sinnlichkeit oder Liebesdrang wies eine große

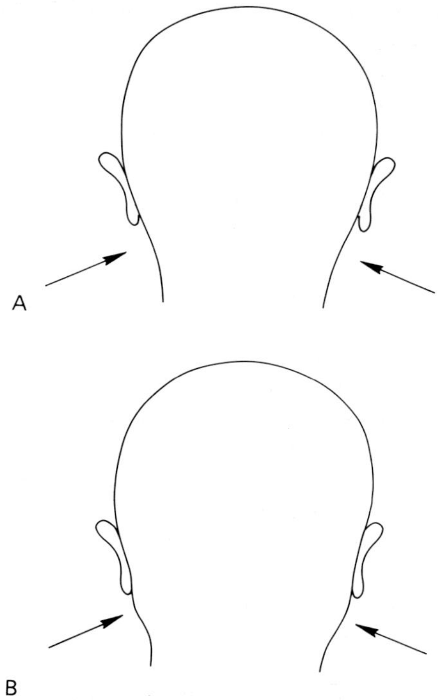

1.2 Nach Ansicht der Phrenologen weisen Eindellungen (A) oder Wölbungen (B) auf dem Schädel auf die Größe des darunter liegenden Gehirnareals hin und, wenn sie mit psychischen Eigenschaften korreliert werden, auf den Teil des Gehirns, der das jeweilige Merkmal kontrolliert. Gall untersuchte eine Patientin (die wegen ihres Verhaltens „Galls leidenschaftliche Witwe" genannt wurde) und entdeckte an ihrem Nacken eine Wölbung, von der er glaubte, daß diese das Zentrum der Erotik im Cerebellum sei (Pfeile in B). Flourens verwarf diese Hypothese dadurch, daß er bei einem Hund das Cerebellum entfernte und dessen Beteiligung an der Koordination von Bewegungen nachwies. Als die Phrenologie auf dem Höhepunkt ihrer Popularität stand, untersuchte man Vertiefungen und Erhöhungen sogar an Stellen auf dem Kopf, die gar nicht mehr an das Gehirn angrenzten – wie im Falle der oben genannten Patientin. (Aus C. H. Olin 1910.)

Schädelwölbung in dem in Abbildung 1.2 dargestellten Gebiet auf, wogegen jemand, bei dem dieser Charakterzug nur gering ausgeprägt ist, im gleichen Schädelbezirk eine Vertiefung aufwies.

Die auf solche Art „diagnostizierten" Verhaltensmerkmale bilden eine lange Liste, die unter anderem Verstand, Neugier und Gläubigkeit umfaßte. Jeder dieser Vermögen „die sie meist der englischen oder schottischen Psychologie entnommen hatten, wiesen sie eine bestimmte Stelle des Schädels, beziehungsweise des darunterliegenden Hirngebiets zu. Abbildung 1.3 stellt die so entstandene Karte dar. Spurzheim nannte diesen Forschungsansatz – Merkmale der Schädeloberfläche und Fähigkeiten eines Menschen in Beziehung setzen – **Phrenologie**.

Gall und Spurzheim suchten unentwegt nach Beweisen für ihre Theorie. Gall war der Auffassung, er müsse sich auf Beobachtungen verlassen und deshalb geduldig darauf warten, bis die Natur ihm ihre Geheimnisse eröffne. Als er zum Beispiel die Idee vom „Fleischesinstinkt" entwickelte, hatte er die Schädeloberfläche von fleisch- und pflanzenfressenden Tieren untersucht und Einzelheiten von über 50 Arten dokumentiert (einschließlich anekdotischer Berichte über seinen eigenen Schoßhund). Er untersuchte auch das Verhalten von Menschen (Unter ihnen befanden sich ein Vater- und Muttermörder sowie ein anderer Mörder) und erfaßte 25 Schädel anderer Mörder. Er fügte Beschreibungen von Personen bei, die daran Freude fanden, jemanden sterben zu sehen, Tiere zu quälen oder Grausamkeiten auszuüben. Er betrachtete sogar Schädel in Gemälden und auf Büsten genau.

Man kann sich fragen, warum er derart viele Beobachtungen anstellte und niemals eine Ausnahme fand. Galls gesamte Methodik zielte darauf ab, Bestätigungen zu suchen. Niemals zog er die Möglichkeit in Betracht, seine Beobachtungen an bestimmten Standards zu orientieren oder sie auf irgendeine Weise objektiv überprüfbar zu machen. Auch wertvolle Beobachtungen, die strengeren Überprüfungen standgehalten hätten, gewichtete er nur wenig mehr als anekdotische Beschreibungen. Gall legte keinen Wert auf Hinweise, die er aus den Fällen mit direkten Hirnverletzungen erhielt. Ihm wird zwar zugeschrieben, er habe die erste vollständige Beschreibung der Beziehung zwischen einer linksfrontalen Gehirnschädigung und einer Aphasie vorgelegt (Abbildung 1.3); dennoch glaubte er, diese Art von Befund

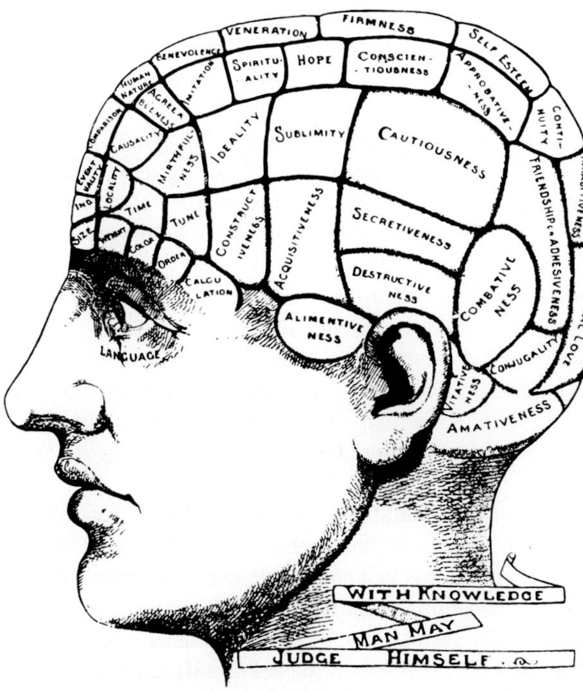

1.3 Ursprünglich umfaßte Galls System 27 verschiedenartige Fähigkeiten. In dem Maße, in dem die Phrenologie (Spurzheims Name für diese Theorie) Anhänger gewann, erhöhte sich diese Zahl. Die Abbildung zeigt die Lage der einzelnen Fähigkeiten (nach Spurzheim). Die Sprache lag im vorderen Teil des Gehirns (unterhalb des Auges); ihr Sitz leitete sich direkt aus einer Fallstudie Galls ab: Ein Soldat hatte eine Stichwunde erlitten, wobei ein Messer durch das Auge in den Frontallappen seiner linken Hemisphäre eingedrungen war. Der Soldat wurde aphasisch. Diese Fallgeschichte gilt folglich als der erste sachliche Bericht einer Aphasie nach einer Frontalhirnschädigung.

besäße an sich keine Aussagekraft, sondern sei eher als Bestätigung bereits gegebener Befunde aus phrenologischen Untersuchungen zu werten.

Galls und Spurzheims Forschungen scheiterten aus vier Gründen: Erstens wies die Psychologie der Fähigkeiten wenig Beziehung zum tatsächlichen Verhalten auf. Es war hoffnungslos, Begriffe wie Glaube, Selbstliebe oder Verehrung zu definieren und zu quantifizieren. Der Durchbruch bei den Lokalisationsversuchen gelang erst, als man objektivierbare Verhaltensformen (etwa das Sprachverhalten) mit einem Gehirnareal in Beziehung setzte. Die zweite Ursache für das Versagen der Phrenologie lag in dem Glauben, daß Oberflächenmerkmale des Schädels (deren Analyse als *Cranioskopie* bezeichnet wurde) dazu verwendet werden könnten, Größe und Form des Gehirns abzuschätzen. Die Phrenologen wurden sich nie darüber klar, daß die Schädeloberfläche keinen Abdruck der Verhältnisse an ihrer Innenseite (oder der Außenseite des Neocortex) darstellt. Hätten sie statt dessen Größe und Ausdehnung der Gyri untersucht, hätten sie womöglich festgestellt, daß die Größe mancher Gyri tatsächlich mit dem Verhalten korreliert. Die Phrenologen hielten die Anordnung der Gyri jedoch für zufällig, genau wie die Falten in einem ungebügelten Hemd, und schenkten ihr deshalb keine Aufmerksamkeit. Der dritte Grund des Versagens lag darin, daß die Phrenologie zur Quacksalberei geradezu einlud und sich so indirekt selbst lächerlich machte. Da die Phrenologen nur eine oberflächliche Analyse der Persönlichkeit durchführten, wurde das ganze Forschungsfeld rasch in Mißkredit gebracht. In den Augen ihrer Zeitgenossen gab es aber einen noch tiefgreifenderen Kritikpunkt, der den vierten Grund des Scheiterns darstellt. Gall und Spurzheim hatten angenommen, das Gehirn sei das Organ der Seele, Persönlichkeitscharakteristika seien angeboren und das Gehirn (oder die Seele) seien aus unabhängig voneinander funktionierenden Einheiten zusammengesetzt. Die vorherrschende Meinung orientierte sich damals aber immer noch an Descartes' Postulat, daß der Geist immateriell, also nicht faßbar sei und nur als Ganzes funktioniere. Da diese Ansicht heute noch von vielen geteilt wird, kann man die feindlichen Reaktionen und die Anschuldigungen von vor nahezu 200 Jahren verstehen.

Ein Überbleibsel aus der Ära der Phrenologie ist, daß die Regionen oder die Lappen des Cortex nach den Schädelknochen benannt sind. So nennt man zum Beispiel den vorderen Teil des Cortex nach den darüberliegenden Knochen Frontallappen und die seitlichen Teile Temporallappen. Außerdem werden, trotz des wiederholten Versagens wissenschaftlicher Versuche, das Erscheinungsbild eines Individuums und Merkmale seines Verhaltens miteinander zu korrelieren, immer noch bestimmte psychische Eigenschaften körperlichen Merkmalen zugeschrieben. Die Leser können sich selbst fragen, wie genau ihre Vorhersage wäre, sollten sie die Intelligenz eines Menschen allein aufgrund einer Photographie einschätzen. Sozialpsychologen haben jedoch entdeckt, daß Studenten solche Entscheidungen bereitwillig treffen. Sie verwenden dazu die Regel: Schönheit ist Intelligenz. Um Gall Gerechtigkeit widerfahren zu lassen, könnte man festhalten, daß zumindest ein Teil seiner Befunde, so ungenau sie auch erscheinen mögen, mittels einer tatsächlich vorgenommenen physikalischen Messung erhalten worden sind.

Flourens: Die ersten Experimente

Dem französischen Wissenschaftler Pierre Flourens (1794–1867) schreibt man zu, die entscheidende Demontage der Phrenologie vorgenommen zu haben. Flourens, der den Begriff des unteilbaren Geistes akzeptierte, untermauerte die philosophischen Argumente gegen Gall und Spurzheim mit Experimenten. Aber er diskreditierte sie auch, indem er sie lächerlich machte, wie es der folgende Auszug aus Flourens Buch zur vergleichenden Psychologie zeigt:

> Der berühmte Physiologe Magendie konservierte mit Liebe und Sachverstand das Gehirn von Laplace. Spurzheim hatte den sehr verständlichen Wunsch, das Gehirn eines bedeutenden Mannes zu sehen. Um den naturwissenschaftlichen Anspruch des Phrenologen zu prüfen, zeigte ihm Herr Magendie statt des Gehirns von Laplace das eines Idioten. Spurzheim, der schon voller Enthusiasmus war, bewunderte das Gehirn des Idioten so, als handele es sich um das von Laplace. (Krech 1962.)

Flourens entwickelte die Läsionstechnik für Tiergehirne, um die so verursachten Verhaltensänderungen zu untersuchen. Sie bestand darin, ein kleines Stück des Cortex zu entfernen und anschließend zu beobachten, wie sich das Tier verhält und von dem Verlust an Gehirngewebe erholte. Auf der Suche nach der Lokalisation verschiedener Funktionen im Cortex entnahm er das Gewebe aus verschiedenen Regionen. Wie er beobachtete, bewegten sich die Tiere nach der Gewebeentnahme anfangs nur sehr wenig, sie fraßen und tranken nicht. Mit der Zeit erholten sie sich jedoch so weit, daß sie ihr Verhalten normal erschien. Dieses Ergebnis erhielt er bei all seinen Experimenten; es sprach also nichts dafür, daß verschiedene Regionen des Cortex mit unterschiedlichen Funktionen betraut sein sollten. Flourens schloß daher, daß es innerhalb des Großhirns keine Lokalisation von Funktionen gebe, sondern daß die intellektuellen Fähigkeiten dort gleichmäßig verteilt seien. Er führte aus, daß ein Funktionsverlust mit der Masse an zerstörtem corticalem Gewebe korreliere, daß eine vollständige Entfernung des Gewebes alle intellektuellen Funktionen zerstöre und daß es zu einer Erholung sämtlicher Funktionen komme, wenn genügend Gehirngewebe intakt geblieben sei. Er fand jedoch auch heraus, daß andere Gehirnregionen spezifische Funktionen erfüllen. Beispielsweise entdeckte er, daß der Hirnstamm für die Atmung von Bedeutung ist, weil die Tiere starben, wenn dieser Teil des Gehirns geschädigt wurde, und daß das Cerebellum die Bewegungen koordiniert. Gall hatte vorgeschlagen, diese Region sei der Sitz der Sinnlichkeit und Leidenschaft (Abbildung 1.3).

Neben seinen experimentellen Beiträgen bereicherte Flourens die Neuropsychologie auch durch zahlreiche neue Ideen. Als strenger Cartesianer ging er sogar so weit, sein Buch Descartes zu widmen. Bei seinen Untersuchungen des Cortex hatte er immer die Eigenschaften im Hinterkopf, die Descartes dem Geist zugeschrieben hatte, wie etwa freier Wille, Vernunft und Intelligenz, und er glaubte, daß man sich dieser Funktionen nur durch Introspektion vergewissern könne. Seiner Ansicht nach erfüllte der Cortex zwar geistige Funktionen, jedoch keine motorischen oder sensorischen. Die Vorstellung eines nicht an Funktionen gebundenen Cortex (heute als Assoziationscortex bezeichnet), der für alle Arten hypothetischer höherer Funktionen nur Verfügung steht, wird heute noch weitgehend geteilt (obwohl es sich dabei um etwas handelt, das nun einem fest umschriebenen Teil des Cortex zugedacht wird). Die Vorstellung, daß die meisten Funktionen durch andere Cortexbereiche übernommen werden können, steht auch heute noch hinter vielen Untersuchungen zur funktionellen Erholung nach einer Gehirnschädigung. Die am häufigsten noch verwendete Bemerkung von Flourens findet sich vermutlich in der Pädagogik, wo sie folgendermaßen formuliert wird: „Die meisten Menschen nutzen niemals mehr als 10 % ihres Gehirns.“

Die Experimente von Flourens diskreditierten seinerzeit die Ideen Galls und Spurzheims. Flourens Argumentation besaß damals Überzeugungskraft, doch in der Retrospektive ist sie nur mit Mühe nachvollziehbar. Die meisten seiner Experimente wurden an Tauben oder Hühnern durchgeführt, also an Tieren mit einem winzigen Äquivalent des Neocortex von Säugern. Seine Verhaltensmessungen betrafen Aktivitäten wie Fressen und Flügelschlagen und wiesen deshalb keinerlei Bezug zu den Fähigkeiten auf, die Gall und Spurzheim dem Cortex zugeschrieben hatten. Schließlich schienen viele Störungen, an denen seine Tiere litten, das Resultat eines postoperativen Schocks, einer Gehirnschwellung oder der Entfernung von wesentlich mehr als dem Vorderhirn zu sein. Fest steht, daß Wissenschaftler, die später Tauben das Cortexäquivalent entfernten, nicht bestätigen konnten, diese hätten damit all ihre „intellektuellen Fähigkeiten“ verloren, wie Flourens es beschrieben hatte.

Broca: Die Lokalisation der Sprache

Jean Baptiste Bouillaud (1796–1881) gelang es, der Lokalisationstheorie neuen Auftrieb zu geben und sie in eine neue Richtung zu lenken. Er unterstützte Galls Gedanken der Lokalisation von Sprachfunktionen im Frontallappen. Am 21. Februar 1825 verlas er vor der französischen Königlichen Akademie eine Denkschrift, in der er aufgrund seiner klinischen Beobachtungen die Ansicht äußerte, daß Funktionen im Neocortex lokalisiert seien und vor allem, daß die Sprache im Frontallappen liege, wie Gall es vorgeschlagen hatte. (Gall hatte den frontalen Cortex mit Sprachfunktionen in Verbindung gebracht, nachdem er einen Patienten mit einer entsprechenden Gehirnverletzung untersucht hatte.) Bouillaud beobachtete, daß Tätigkeiten wie das Schreiben, Malen, Zeichnen und Fechten mit der rechten Hand durchgeführt wurden und postulierte, daß der Teil des Gehirns, der diese Tätigkeiten kontrollierte, vermutlich in der linken Hemisphäre liegt. Warum, so fragte er, sollten die Menschen nicht auch für Sprachbewegungen linksdominant sein? Ein paar Jahre später, 1836, stellte Marc Dax seine Arbeit in Montpellier vor. Er beschrieb klinische Fälle, bei denen Sprachstörungen immer mit Läsionen der linken Hemisphäre im Zusammenhang standen. Das Manuskript wurde von seinem Sohn im Jahre 1865 publiziert.

Obgleich weder die Arbeit von Bouillaud noch die von Dax großen Einfluß hatten, als sie zum ersten Mal der Öffentlichkeit vorgestellt wurden, knüpfte Ernest Auburtin, der Schwiegersohn Bouillauds, an dessen Idee an. Anläßlich eines Treffens der Anthropologischen Gesellschaft zu Paris berichtete er im Jahre 1861 über einen Patienten, der zu sprechen aufhörte, wenn auf seine (freiliegenden) Frontallappen Druck ausgeübt wurde. Von Auburtin stammt auch die Beschreibung eines weiteren Patienten, an die er eine Herausforderung an seine Kollegen anschloß:

> Im Verlauf meiner gemeinsamen Arbeit mit M. Bouillaud konnte ich lange einen Patienten namens Bache untersuchen, der zwar seine Sprache eingebüßt hatte, aber alles verstand, was man ihm sagte, und der auf alle Fragen sehr vernünftig durch Zeichengebung antwortete. Dieser Mann, der mehrere Jahre in der Anstalt Bicetre verbrachte, lebt nun in einer Anstalt für unheilbare Fälle. Ich sah ihn unlängst und konnte beobachten, daß sich sein Zustand verschlechtert hat. Es hat sich eine leichte Lähmung eingestellt. Seine Intelligenz ist immer noch unbeeinträchtigt, aber er hat die Sprache vollkommen verloren. Zweifellos wird er bald sterben. Aufgrund seiner Symptome habe ich eine Erweichung der anterior gelegenen Gehirnlappen diagnostiziert. Falls die Autopsie ergeben sollte, daß diese Lappen noch intakt sind, dann werde ich die Vorstellungen, die ich Ihnen soeben mitgeteilt habe, widerrufen. (Aus Stookey 1954.)

Paul Broca (1824–1880), der Begründer der Anthropologischen Gesellschaft, war bei dem Treffen anwesend und nahm Auburtins Herausforderung an. Fünf Tage später bekam er Kontakt mit einem Patienten namens Leborgne, der seine Sprache verloren hatte und nur noch das Wort „Tan" sagen und ein Fluchwort äußern konnte. Die rechte Seite seines Körpers war gelähmt. Sonst schien er intelligent und normal zu sein. Broca lud Auburtin ein, „Tan", wie der Kranke nun genannt wurde, zu untersuchen. Beide kamen überein, daß dieser – wenn Auburtins Annahmen richtig waren – eine Frontalläsion aufweisen müsse. Tan starb am 17. April 1861. Schon am nächsten Tag legte Broca seinen Befund der Anthropologischen Gesellschaft vor: Im linken Vorderlappen befand sich das Zentrum der Läsion Tans. Bis zum Jahre 1863 hatte Broca acht weitere Fälle gesammelt, die alle dem von Tan ähnlich waren. Er schrieb:

> Wir haben hier acht Fälle, bei denen die Gehirnläsion im hinteren Drittel der dritten frontalen Windung liegt. Diese Anzahl scheint mir auszureichen, um fundierte Vermutungen zu formulieren. Das Bemerkenswerteste daran ist, daß die Läsionen bei allen Patienten auf der linken Seite liegen. Noch zögere ich, Schlußfolgerungen daraus zu ziehen; ich warte auf weitere Befunde. (Aus Joynt 1964.)

Man schreibt Broca unter anderem zu, das Syndrom des Sprachverlusts bei intaktem Stimmapparat und Wortverständnis (**Aphasie**) entdeckt und mit einer bestimmten Region im Gehirn in Zusammenhang gebracht zu haben. Des weiteren entwickelte er die Idee der *Hemisphärendominanz*, welche die Sprache der linken Hemisphäre zuordnet. Dies umschrieb er mit dem Satz: „Wir sprechen mit der linken Hemisphäre." Damit begründete er die Vorstellung, daß die rechte und die linke Hemisphäre unterschiedliche Funktionen erfüllen.

Da seine Beiträge einen tiefgreifenden Wandel in der Analyse von Gehirnfunktionen markieren, wurden sie von Historikern sorgfältig untersucht. Manche von ihnen haben seine Befunde entweder als nicht von ihm stammend, nicht überdauernd oder als ungenau beurteilt. So seien zum einen die klinischen Symptome durch Auburtins Beitrag über den Aphasiker Bache bereits bekannt gewesen. Broca wußte dies und hat es auch anerkannt. Die Beziehung zwischen Sprache und Frontallappen sei, so ein weiterer Vorwurf, bereits von Gall, Bouillaud und Auburtin erkannt worden. Broca akzeptierte auch das. Einen weiteren Kritikpunkt richtete Pierre Marie gegen Brocas anatomische Befunde. Marie untersuchte die Gehirne der beiden ersten von Brocas Patienten, Tan und Lelong, noch einmal, und zwar 25 Jahre nach Brocas Tod. In einem Artikel (der übersetzte Titel lautet: *Die dritte linke frontale Windung spielt bei der Sprachfunktion keine besondere Rolle*) hob Marie hervor, daß Lelong vermutlich Opfer einer senilen Demenz gewesen war, die sich bei ihm in einer allgemeinen unspezifischen Atrophie des Gehirns, wie sie im Zustand der Senilität häufig auftritt, geäußert hatte und daß er folglich nicht an einer Aphasie gelitten hatte. Er berichtete auch, daß Tan zusätzlich zu den von Broca gefundenen Schädigungen ausgeprägte Läsionen im posterioren Cortex aufwies, die der Grund für die Aphasie hätten sein können. Der Gerechtigkeit halber muß eingeräumt werden, daß Broca die posterioren Läsionen bei Tan sehr wohl bemerkte, aber geglaubt hatte, diese hätten den Tod des Patienten herbeigeführt, wogegen die schon vorher entstandenen anterioren Schädigungen zur Aphasie geführt hätten. Ein letzter Kritikpunkt besagt, daß Dax als erster von einer hemisphärischen Dominanz gesprochen hatte. Broca erkannte dies ebenfalls an, obwohl er, wie Joynt schrieb, niemals zu seiner Befriedigung hatte klären können, ob Dax 1836 in Montpellier tatsächlich einen Vortrag über die Lateralisierung der Sprache in der linken Hemisphäre gehalten hatte.

Alle diese Kritiken verfehlen jedoch einen wichtigen Punkt: Brocas wesentliches und überdauerndes Verdienst besteht darin, die Theorie der Lokalisation von Funktionen, die klinische Beschreibung von Läsionswirkungen und die Neuroanatomie in einer solchen Klarheit zusammengeführt zu haben, daß davon sowohl die Neurowissenschaftler als auch die Laien fasziniert waren. Aus diesem Grund hat man das vordere Sprachzentrum **Broca-Areal** genannt, und das Syndrom, das auf seiner Schädigung beruht, **Broca-Aphasie**. (Broca selbst verwendete den Begriff „Aphemie“, wurde dafür jedoch von Trousseau kritisiert, der anführte, daß dies gleichbedeutend mit „Sprachlosigkeit“ sei und sich daher als klinische Bezeichnung nicht eigne. Trousseau schlug die Bezeichnung „Aphasie“ vor, die wiederum Broca als unpassend empfand, da sie die „Situation eines Menschen“ bezeichne, „dem die Argumente ausgegangen sind“; letztlich wurde sie aber trotzdem akzeptiert.)

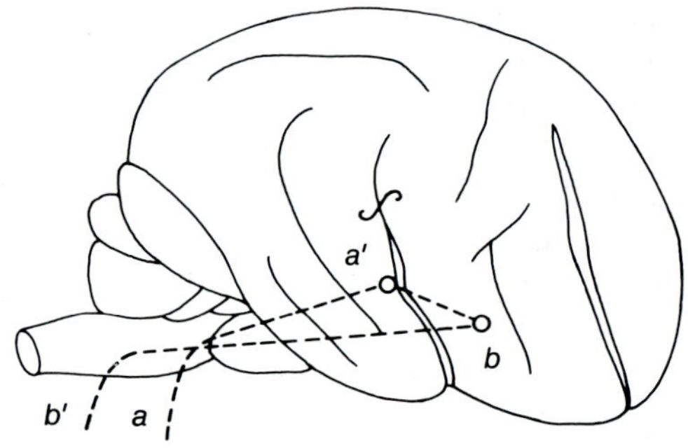

1.4 Wernickes Modell von 1874, mit dem er darstellte, wie die Sprache im Gehirn organisiert ist. Über den auditorischen Faserzug (a) treten Geräuschinformationen in das Gehirn ein. Klangbilder werden im Wernicke-Areal (a') gespeichert und zum Brocaschen Areal (b) übertragen, um über einen motorischen Faserzug (b') zur Artikulation zu gelangen. Läsionen des Faserzuges a-a'-b-b', können je nach Lage der Läsion zu verschiedenen Formen der Aphasie führen. Seltsamerweise zeichnete Wernicke sein Sprachmodell auf die rechte Hemisphäre und nicht auf die linke, die ja seiner Meinung nach für Sprache dominant ist. Ebenfalls erstaunlich ist, daß sein Modellgehirn von einem Menschenaffen stammt, der, wie Wernicke wußte, nicht sprechen kann. (Nach Wernicke 1874.)

Wernicke: Sequentielle Programmierung und ihre Diskonnektion

Brocas Beschreibung der Aphasie als einem Zustand, der aus einer linksfrontalen Läsion resultiert, beruht auf zwei ziemlich einfachen Prinzipien der Lokalisation: 1) Eine bestimmte Verhaltensform, wie etwa Sprache, wird durch eine spezielle Gehirnregion kontrolliert; 2) eine selektive Zerstörung dieser Region zerstört gerade diese Verhaltensform.

Jene, die Broca genau so interpretiert haben, wurden als strenge Lokalisationisten bezeichnet. Es gab aber auch Wissenschaftler, die mit den beiden genannten Punkten aus logischen und klinischen Gründen nicht einverstanden waren. Zu den berühmtesten Forschern, die eine andere Meinung vertraten, zählte auch Carl Wernicke (1848–1904). Ihm sind zwei Befunde zu verdanken, die sich auf den strengen Lokalisationismus vernichtend auswirkten: Zum einen gibt es mehr als nur ein Sprachareal; zum anderen kann eine Schädigung, die ein bestimmtes Gehirngebiet verschont, dennoch zu Störungen führen, die jenen absolut gleichen, welche durch eine Läsion dieses Gehirngebiets entstanden wären.

Theodor Meynert (1833–1892) vermutete als erster, der Cortex im Temporallappen, hinter dem Brocaschen Areal, sei derjenige Bereich, der sensorische Projektionen aus dem Ohr empfange und somit als auditorischer Cortex zu bezeichnen sei. Er vermutete einen Zusammenhang zwischen Hören und Sprechen und berichtete sogar über zwei Fälle von Aphasie, bei denen Läsionen im auditorischen Projektionsareal nachgewiesen worden waren. Sein späterer Kollege Carl Wernicke beschrieb diese Aphasie des Temporallappens, oder wie sie später genannt wurde, die **Wernicke-Aphasie**, im einzelnen und stellte sie in einen theoretischen Rahmen.

Wernicke nannte vier wesentliche Merkmale, durch die sich diese Aphasieform von der Broca-Aphasie unterscheidet: 1) Es liegt eine Schädigung im ersten temporalen Gyrus vor, einem Gebiet, das heute als Wernickeschen Region bekannt ist. 2) Es entsteht keine contralaterale Hemiplegie oder Paralyse. 3) Die Patienten können zwar flüssig sprechen, aber was sie sagen, ist konfus und ergibt kaum einen Sinn. 4) Obgleich die Patienten hören, sind sie nicht in der Lage zu verstehen oder zu wiederholen, was man ihnen sagt. (Deshalb wurde dafür auch der Begriff der **sensorischen Aphasie** geprägt.)

Wernicke entwarf ein Modell für die Organisation der Sprache in der linken Hemisphäre. Dieses postuliert eine sequentielle Programmierung der Aktivität in zwei Sprachregionen (Abbildung 1.4). Wernicke vertrat die Theorie, Klangbilder würden im **Wernickeschen Areal** gespeichert, von wo aus sie über einen Faserzug (der später als **Fasciculus arcuatus** bezeichnet wurde) zum **Brocaschen Areal** übermittelt würden. Dort, so nahm er an, seien die Sprechbewegungen repräsentiert. Würde also der Temporallappen zerstört, könnte weiterhin gesprochen werden, aber die Sprache ergäbe keinen Sinn, weil die Person die Wörter nicht mehr sinnvoll auswählen kann. Da es bei einer Läsion in der Brocaschen Sprachregion zu einem Verlust der Sprachfähigkeit kommt, ohne daß die Repräsentation der Sprache verlorengeht, liegt dort kein Verlust des Sprachverständnisses vor.

Werden die Fasern, die beide Sprachareale verbinden (**Diskonnektion**), zerstört, dann, so glaubte Wernicke, kommt es zu einem Sprachdefizit, ohne daß die beiden Sprachzentren selbst davon betroffen sein müßten. Wernicke nannte die Folgen einer solchen Unterbrechung **Leitungsaphasie**. Das heißt, daß die Sprachrepräsentation und die Sprachmotorik, ebenso wie das Sprachverständnis erhalten bleiben. Dennoch ist die Sprachfähigkeit beeinträchtigt, weil eine betroffene Person den Sinn ihrer Worte dann nicht mehr beurteilen kann.

Die späteren Analysen der Auswirkungen von Gehirnläsionen durch Neurologen wurden von Wernickes Idee der Diskonnektion stark beeinflußt. Diese Idee bot die Möglichkeit, Anatomie und Verhalten miteinander in Beziehung zu setzen, neuartige Gehirnsyndrome vorherzusagen und diese Vorhersagen zu überprüfen. In Anknüpfung an diesen methodischen Ansatz konnte Dejerine 1892 einen Fall von **Alexie** (Lesestörung) beschreiben, der auf der Unterbrechung der Verbindung vom visuellen Areal zum Wernickeschen Areal beruhte. Liepmann (1863–1925), ein Schüler Wernickes, konnte seinerseits zeigen, daß eine Diskonnektion von motorischen und sensorischen Arealen eine **Apraxie** verursacht. Die Bedeutung des Diskonnektionsbegriffs kann gar nicht hoch genug eingeschätzt werden: Eine Verhaltensstörung, die auf einer Diskonnektion – bei gleichzeitigem Intaktbleiben eines bestimmten Gehirngebiets – beruht, ist möglicherweise mit dem Defizit identisch, das aus einer Schädigung des betreffenden Hirngebiets resultieren würde. Folglich versagt jede strikte Lokalisation von Funktionen. Wernickes Modell der Sprachfunktionen wurde in den sechziger Jahren des 20. Jahrhunderts von Norman Geschwind wieder aufgegriffen, und man spricht daher heute auch vom Wernicke-Geschwind-Modell.

Fritsch und Hitzig: Die elektrophysiologische Bestätigung der Lokalisationstheorie

Dank der Arbeit klinischer Neurologen wie Broca, Wernicke und anderen schien das Verhalten an bestimmten Orten im Neocortex lokalisierbar zu sein. Obgleich viele Forscher von dieser Vorstellung begeistert waren, äußerten andere starke Vorbehalte. Einen anderen experimentellen Ansatz, der ebenfalls die Vorstellung einer Lokalisation von Funktionen unterstützte, brachte die Entwicklung von Techniken zur elektrischen Stimulation des Gehirns mit sich. Dabei plazierte man einen dünnen, isolierten Draht, eine Elektrode, direkt auf oder in den Cortex und legte über der nicht isolierten Spitze des Drahtes einen schwachen elektrischen Strom an. Auf diese Weise konnte man die Zellen nahe der Spitze der Elektrode erregen.

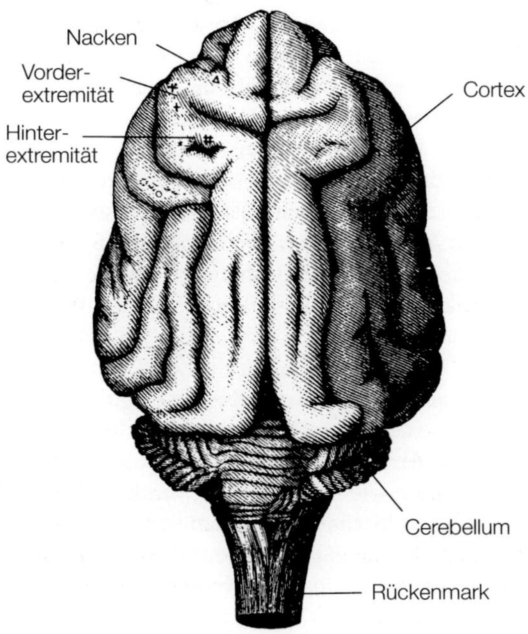

1.5 Zeichnung des Gehirns eines Hundes, angefertigt von Fritsch und Hitzig (1870). Die Regionen, bei denen sich durch elektrische Reizung Bewegungen der gegenüberliegenden Körperseite auslösen ließen, sind auf den frontalen Cortex beschränkt. Man beachte, daß der Cortex den Hirnstamm nicht vollkommen überdeckt und daher das Cerebellum sichtbar ist.

Im Jahre 1870 veröffentlichten Gustav Theodor Fritsch (1838–1929) und Eduard Hitzig (1838-1907) ihre außergewöhnliche Arbeit *Über die elektrische Erregbarkeit des Cerebrum*. Zuvor war es Hitzig gelungen, beim Menschen durch Stimulation des temporalen Cortex Augenbewegungen hervorzurufen. Möglicherweise stammte die Idee, den Cortex zu reizen, von einer Beobachtung, die er beim Versorgen von Gehirnwunden gemacht hatte. Hitzig hatte bemerkt, daß eine örtliche mechanische Reizung des Gehirns Zuckungen contralateraler Gliedmaßen auslöste. Im Schlafzimmer (!) von Hitzig gelangen erfolgreiche Vorläuferexperimente mit Kaninchen und schließlich mit einem Hund, an dem sie zeigten, daß eine Reizung des Cortex Bewegungen hervorzurufen vermochte. Die Reizung des frontalen Cortex verursachte Bewegungen auf der gegenüberliegenden Körperseite, wogegen eine Reizung des posterioren Neocortex keine Bewegungen hervorrief. Die Reizung von umgrenzten Gebieten des frontalen Cortex führte zu Bewegungen bestimmter Körperteile, zum Beispiel des Halses, der Vorder- oder Hinterbeine (Abbildung 1.5). Dies sprach für Zentren oder eine topographische Repräsentation verschiedener Anteile des motorischen Systems in dem entsprechenden Bereich. Fritsch und Hitzig faßten die Interpretation ihrer Befunde in ihrer Arbeit aus dem Jahre 1870 wie folgt zusammen:

> Man kann darüber hinaus aus der Summe unserer Experimente schließen, daß entgegen der Meinung von Flourens und der meisten nachfolgenden Forscher die Seele in keinem Fall eine Art Gesamtfunktion des Cerebrum darstellt und daß sie nicht nur im Ganzen, sondern auch in ihren einzelnen Aspekten zerstört werden kann. Einzelne psychische Funktionen, vielleicht sogar alle, sind bei Eintritt in die Materie, bestimmt aber in ihrer Erzeugung durch die Materie von klar umgrenzbaren Zentren der Großhirnrinde abhängig. (Fritsch und Hitzig 1960.)

Die Ergebnisse von Fritsch und Hitzig trugen dazu bei, drei von Flourens formulierte Dogmen umzustürzen: Der Cortex ist nicht erregbar, er spielt keine Rolle bei der Erzeugung von Bewegung, und die einzelnen Cortexfunktionen sind nicht lokalisiert. In den folgenden Jahren (1843–1928) verbesserte David Ferrier die Stimulationstechnik und bestätigte Fritsch und Hitzigs Ergebnisse an Affen, Hunden, Katzen, Kaninchen, Meerschweinchen, Tauben, Fischen und Fröschen.

Obgleich Fritsch und Hitzig wahrscheinlich auch bei verwundeten Soldaten Cortexstimulationen vorgenommen hatten, stammt das erste Experiment, bei dem von einer elektrischen Reizung des menschlichen Cortex berichtet wurde, von R. Bartholow (1831–1904). Er veröffentlichte seine Arbeit im Jahre 1874 in Cincinnati, Ohio. Mary Rafferty, eine seiner Patientinnen, hatte eine Schädelverletzung erlitten, durch die der posteriore Teil der beiden Hemisphären frei zugänglich war. Es folgt ein Auszug aus Bartholows Bericht:

> Beobachtung 3: *Überprüfung der faradischen Reaktion des posterioren Lappens*. Habe eine isolierte Nadel in den linken posterioren Lappen so eingeführt, daß der nichtisolierte Teil

vollständig in der Gehirnmasse verschwand. Die andere, ebenfalls isolierte Nadel wurde auf die Dura mater gesetzt. Der Abstand zwischen beiden betrug etwa einen halben Zentimeter. Nach Schließung des Stromkreises kam es zu Muskelkontraktionen in der rechten oberen und unteren Extremität, wie in den vorausgegangenen Versuchen auch. Schwache, aber dennoch erkennbare Kontraktionen des linken Augenlids und eine Weitung der Pupillen waren auch zu beobachten. Mary beklagte sich über sehr starkes und unangenehmes Prickelgefühl in beiden rechten Extremitäten, insbesondere im rechten Arm, den sie mit der anderen Hand ergriff und heftig rieb. Trotz ihrer offenkundigen Schmerzen lächelte sie, als sei sie darüber belustigt. (Bartholow 1874.)

Bartholows Publikation verursachte in der Öffentlichkeit eine derartige Empörung, daß er Cincinnati verlassen mußte. Wahrscheinlich hatte er nicht den Cortex gereizt, da seinem Bericht zufolge die Elektroden ungefähr 2 cm in das Gehirngewebe gestochen worden waren. Dennoch hatte er gezeigt, daß sich die Technik der elektrischen Reizung auf den Menschen anwenden läßt und Testpersonen bei vollem Bewußtsein über subjektive Empfindungen berichten können, die durch die Reizung verursacht werden. (Der Schmerz, über den Mary berichtete, ist nicht auf die Reizung zurückzuführen, denn es gibt keine Schmerzrezeptoren im Gehirn. Vermutlich war die Schmerzempfindung eine indirekte Folge der Gehirnreizung.) Es dauerte nicht lange, bis die elektrische Reizung des Gehirns beim Menschen in anderen experimentellen Situationen angewandt und bei vielen Gehirnoperationen als Standardprozedur eingesetzt wurde.

Goltz: Antilokalisation

In seiner schillernden Beschreibung der damaligen Epoche bezeichnete Henry Head Wernicke und dessen Nachfolger als „Diagrammzeichner“. Dieser etwas abwertende Ausdruck bezog sich auf die vereinfachende Beschreibung der Defizite infolge von Hirnschädigungen sowie auf die Wahl der Symptome, die zu ihren Modellen passen sollten. Die Kritik Heads richtete sich gegen die übereifrige Produktion von Gehirnkarten und Diagrammen, die alle die vermutete Lokalisation der verschiedensten Funktionen verzeichneten. Head bemerkte auch, nur weil man bestimmte Verhaltensformen wie Sprechen, Essen, Gehen und so weiter benennen könne, habe Wernicke im Gehirn jeweils einen Ort angeben können, der eine dieser benennbaren Verhaltensformen kontrolliert. Head meinte dagegen, daß es viele Formen des Sprechens, des Essens und des Gehens gibt und daß jede womöglich durch unterschiedliche Bereiche des Gehirns kontrolliert wird. Statt die Gesamtheit der damaligen Arbeiten zusammenzufassen, halten wir es an dieser Stelle für lehrreicher, uns auf die Argumente zu beschränken, die gegen die Lokalisationshypothese vorgebracht wurden. Als Fritsch und Hitzig ihre historische Entdeckung machten, daß die Reizung eines begrenzten Cortexareals eine bestimmte Bewegung hervorrufen kann, nahmen sie an, der Cortex sei notwendig und ausreichend, um die Bewegung zu produzieren. Die Experimente, die Friedrich L. Goltz (1834–1902) im Jahre 1892 durchführte, zielten darauf ab, genau diese Position in Frage zu stellen.

Wenn ein Teil des Neocortex eine bestimmte Funktion hat, so die Argumentation von Goltz, dann müsse die Zerstörung des Cortex zu einem Verlust dieser Funktion führen. Goltz entfernte den Neocortex, den größten Teil der Basalganglien und Teile des Mittelhirns bei drei Hunden, die er danach 57 beziehungsweise 92 Tage, in einem Fall sogar 18 Monate lang untersuchen konnte. Der Hund, der die Operation 18 Monate überlebte, wurde auch am genauesten untersucht. Er war aktiver als ein normaler Hund, er hatte einen Schlaf-Wach-Rhythmus (auch wenn die jeweiligen Phasen kürzer ausfielen als gewöhnlich), er hechelte, wenn es heiß war, und zitterte bei Kälte. Auch auf unebenem Boden lief er gut und konnte das Gleichgewicht halten, wenn er ausrutschte. Brachte man ihn in eine ungewöhnliche Position, so korrigierte er seine Lage. Nachdem er sich ein Hinterbein verletzt hatte, lief er auf drei Beinen weiter und hielt das verletzte Bein hoch. Wurde der Körper an irgendeiner Stelle gedrückt oder gezwickt, so reagierte der Hund mit einem Orientierungsreflex und schnappte nach dem Objekt, das den Reiz verursachte, obwohl seine Orientierung ungenau war. Bot man ihm zwei verschiedene Portionen Essen an, ein in Milch getauchtes Stück Fleisch und alternativ dazu ein Stück Fleisch, das in bitterem Chinin gelegen hatte, so nahm er das erste und wies das zweite zurück. Obgleich seine Reaktionsschwelle erhöht war, reagierte er auf Licht und Geräusche.

Unter Bezugnahme auf andere Experimente der damaligen Zeit argumentierte Goltz, daß immer dann, wenn die Reizung einer bestimmten Gehirnregion Bewegung hervorrief und wenn es sich bei dem gereizten Areal um ein motorisches Zentrum handelte, die Entfernung der betreffenden Region die Bewegung unmöglich machen sollte. Dies war jedoch nicht der Fall. Die Decortizierung eliminiert offenbar keine einzige Funktion vollkommen, sondern beeinträchtigt alle Funktionen in einem gewissen Ausmaß. Dieser Nachweis galt als wichtiges Argument gegen die Lokalisation von Funktionen und schien sogar die Bedeutung des Cortex für das Verhalten überhaupt in Frage zu stellen.

Hughlings-Jackson: Die hierarchische Organisation

Der grundlegende Unterschied zwischen Goltz und jenen, die seine Experimente widerlegen sollten, wurde durch das Konzept einer **hierarchischen Organisation** der Gehirnfunktionen verwischt, das der englische Neurologe John Hughlings-Jackson erarbeitete. Er gilt als Begründer der modernen Neurologie.

Hughlings-Jackson glaubte, daß das Nervensystem hierarchisch in Schichten organisiert sei. Jedes höhere Niveau steuert folglich komplexere Verhaltensformen, baut aber jeweils auf den unteren Ebenen auf. Häufig beschrieb Hughlings-Jackson das Nervensystem als in drei Ebenen unterteilt: Rückenmark, Hirnstamm und (frontaler) Cortex. Häufig ordnete er seinen Ebenen jedoch keine spezielle anatomische Struktur zu. Seine Theorie der Hierarchie folgte Herbert Spencers Vorstellung, daß sich das Gehirn schrittweise entwickelt hat, wobei jeder Schritt die Tiere in die Lage versetzte, neue Verhaltensformen zu erwerben. Was aber Hughlings-Jackson mit dieser Theorie anstellte, war sehr innovativ. Er nahm an, daß Krankheiten oder Verletzungen der höchsten Ebenen zu einer *Dissolution* führten, das heißt zu einer Umkehrung der Evolution. Die betroffenen Tiere verfügen – so seine These – immer noch über ein gewisses Verhaltensrepertoire, aber das Verhalten ist primitiver, also eher für ein Tier typisch, das die zerstörte Gehirnstruktur noch gar nicht entwickelt hat.

Folgt man der Logik dieses Arguments, wird es offenkundig, warum die Ergebnisse von Goltz' Experimenten mit jenen seiner Gegner in Einklang gebracht werden können. Goltz' Hunde waren „Hunde auf einem niedrigen Niveau": Sie konnten gehen und fressen. Wäre ihnen das Futter aber nicht dargeboten worden, hätten sie es also suchen müssen, so wäre ihnen das vermutlich nicht gelungen, und sie wären verhungert. Ihr Laufen diente unter den experimentellen Bedingungen also keinem „biologischen" Zweck. In ähnlicher Weise waren auch die anderen Verhaltensformen der Hunde primitiv. Sie konnten zum Beispiel ihre Körpertemperatur regulieren, indem sie zitterten oder hechelten. Hätte man sie aber einer Situation ausgesetzt, die eine komplexe Serie von Handlungen erfordert, um ein kaltes oder warmes Gebiet zu verlassen und eine Zone mit neutraler Temperatur aufzusuchen, so wäre ihnen das ebenfalls nicht gelungen. Sie wären im Vergleich zu anderen Hunden zu keiner verhaltensgesteuerten Thermoregulation fähig gewesen. Die Auffassung von Hughlings-Jackson erlaubte also, zwischen der besonderen Rolle des Cortex bei der Organisation zweckgerichteten Verhaltens und der Funktion von Strukturen auf niedrigerer Ebene, die auf eine Steuerung elementaren Verhaltens gerichtet sind, zu unterscheiden.

Hughlings-Jackson wendete sein Konzept der hierarchischen Organisation auf viele Verhaltensbereiche, einschließlich der Sprache und der Aphasie, an. Seiner Ansicht nach war jeder Teil des Gehirns an Sprachvorgängen beteiligt. Die wichtige Frage war für ihn nicht die nach der Lokalisation der Sprache, sondern die nach der jeweiligen besonderen Beteiligung einzelner Cortexteile. Wenn zum Beispiel die nichtdominante Hemisphäre (sie ist in der Regel nicht mit Sprachfunktionen befaßt) beeinträchtigt wird, dann müßten sowohl die räumliche Orientierung wie auch die Sprache beschädigt sein, da dann räumliche Relationen nicht mehr ausgedrückt werden können. Hughlings-Jackson war seiner Zeit so weit voraus, daß seine Ideen heute mehr Beachtung finden als in seiner Epoche.

Die Neuronenhypothese

Der zweite wichtige Einschnitt in der Geschichte der modernen Neuropsychologie ist auf die Entwicklung der Neuronenhypothese zurückzuführen. Sie besagt, daß das Nervensystem aus einzelnen, autonomen, miteinander interagierenden, doch physisch getrennten Zellen oder Einheiten besteht. Die Gegenposition, bekannt als **Nervennetzhypothese**, behauptet, das Nervensystem sei ein kontinuierliches Netzwerk miteinander verbundener Fasern. Die Bestätigung der Neuronentheorie hing unter anderem von der Lösung dreier Probleme ab: 1) Wie werden Informationen im Nervensystem weitergeleitet) 2) Wie ist das Nervensystem aufgebaut? 3) Wie ist es in sich und mit der Muskulatur verbunden? Diese Probleme wurden in mehreren Schritten gelöst, die eng mit den Fortschritten der Mikroskoptechnik, dem Verständnis der Elektrizität und der Entwicklung von Techniken zur Ableitung der elektrischen Aktivität von Nervenzellen verbunden waren.

Weiterleitung von Informationen

Frühe Auffassungen von der Auslösung von Muskelbewegungen durch das Nervensystem fußten auf hydraulischen Theorien, nach denen ein Gas oder eine Flüssigkeit durch die Nerven in die Muskeln fließt. Solche Theorien faßt man heute unter dem Begriff *Ballontheorien* zusammen, da ihre Verfechter glaubten, daß Bewegung durch das Füllen und Leeren der Muskeln entsteht. Descartes schloß sich der Ballontheorie an, denn er glaubte, daß eine Flüssigkeit aus den Ventrikeln in die Nerven und Muskeln fließt, um letztere zu Bewegungen zu veranlassen (Abbildung 1.1). Francis Glisson unternahm im Jahre 1677 einen Versuch zur Überprüfung der Ballontheorie, indem er den Arm eines Menschen in Wasser eintauchte und maß, ob der Wasserspiegel stieg, wenn sich die Armmuskeln kontrahieren. Da der Pegel nicht anstieg, schloß Glisson, daß keine Flüssigkeit in die Muskeln eintrat. Der Niederländer Swammerdam war durch ähnliche Experimente an Fröschen zur selben Folgerung gelangt; seine Arbeit blieb aber 100 Jahre lang unveröffentlicht. (Fragt man Studenten, ob der Wasserspiegel steigt, wenn die Muskeln kontrahiert werden, so antworten viele mit „ja".)

Der Anstoß zur Entwicklung einer elektrischen Theorie stammt von Stephen Gray. Er bewies im Jahre 1731, daß der menschliche Körper elektrisch geladen werden kann, womit er beträchtliches Interesse weckte. Dabei berührte Gray den Fuß einer auf einem isolierten Seil stehenden Person mit einem elektrostatisch geladenen Glasstab. Dadurch wurde ein dünner Streifen eines leitenden Materials, das vor dem Kopf der Versuchsperson befestigt war, durch die Nase angezogen. Nur wenig später zeigte Luigi Galvani (1737–1798), daß die elektrische Reizung eines Froschnerven Muskelkontraktionen verursacht. Im Jahre 1886 entwickelte J. Bernstein die Theorie, wonach die Membran eines Nervs polarisiert und das Aktionspotential eine weitergeleitete Depolarisierung dieser Membran ist. Viele Einzelheiten der Ionenleitung wurden erst in den letzten 30 Jahren herausgearbeitet. A. L. Hodgkin und A. F. Huxley erhielten 1963 für ihre wegweisenden Arbeiten auf diesem Gebiet den Nobelpreis für Physiologie und Medizin.

Nachdem zahlreiche experimentelle Befunde nicht die hydraulischen Modelle der Erregungsleitung, sondern die dynamischen elektrischen Modelle bestätigt hatten, wurden auch die hydraulischen Verhaltenstheorien kritisch überprüft. Freuds Theorie fußt zum Beispiel auf den unterschiedlichen Ebenen des Es, des Ich und des Über-Ich und kommt einem hydraulischen Modell sehr nahe. Obgleich das hydraulische Modell seinerzeit in vieler Hinsicht wertvoll war, blieb es auf die Theorienbildung zur Hirnfunktion ohne Wirkung, zumal klar war, daß das Gehirn nicht wie ein hydraulisches System arbeitet.

Die Struktur des Nervensystems

Frühen Vorstellungen zufolge waren die Nerven zu Muskeln führende, mit Flüssigkeit gefüllte Röhren. Einer der ersten Anatomen, der sich mit der Zellstruktur befaßte, war Anton van Leeuwenhoek (1632–1723). Er untersuchte Nerven mit einem primitiven Mikroskop, konnte aber keine „hohlen Röhren" entdecken. Er beschrieb etwas, das er als „globulus" bezeichnete. Ob damit Zellkörper gemeint waren, bleibt offen. Es könnten auch kleine Fetttropfen oder optische Verzerrungen (Artefakte) gewesen sein, die durch die Mikroskope der damaligen Zeit verursacht wurden. Von der Zeit Leeuwenhoeks bis zum Jahre 1830, als das achromatische Mikroskop entwickelt wurde, um optische Verzerrungen zu vermeiden, führte die Häufung von Artefakten zu einem allgemeinen Mißtrauen gegenüber mikroskopischen Beobachtungen. Durch unermüdliche Beobachtungen mit immer besseren Mikroskopen konnten jedoch schließlich verschiedene Zellstrukturen beschrieben werden. Aufgrund dieser und anderer Ergebnisse entwickelte Theodor Schwann im Jahre 1839 die Zelltheorie. Zellen wurden nun als strukturelle Grundeinheiten des Nervensystems angesehen. Aber erst zehn Jahre später konnte Rudolf A. van Koelliker mit letzter Sicherheit nachweisen, daß Nervenfasern (Axone) Fortsätze des Zellkörpers sind.

Die ersten Anatomen, die den Aufbau des Nervensystems erforschen wollten, sahen sich einer gelatineartigen, schwabbeligen weißen Substanz gegenüber. Schließlich entdeckte man, daß dem Gehirngewebe bei der Aufbewahrung in Alkohol oder Formaldehyd Wasser entzogen wurde und es an Festigkeit gewann. Wenn man das Gehirn nun in dünne Scheiben schnitt, konnte man viele verschiedene Strukturen erkennen.

Die faszinierendste technische Entwicklung der Neuroanatomie betraf die Färbemethoden. Durch sie konnte man verschiedene Teile des Nervensystems sichtbar machen. In Deutschland wurden damals verschiedene Farbstoffe zum Färben von Stoffen und Kleidern eingesetzt. Als man diese auf dünne Gehirnschnitte anwendete, färbten einige die Zellkörper an, andere die Zellkerne oder die fetthaltige Umhüllung der vom Zellkörper ausgehenden Fortsätze. Die beeindruckendsten Färbeerfolge erzielte man durch die Anwendung photographischer Techniken. Camillo Golgi imprägnierte im Jahre 1875 Gewebe mit Silbernitrat und stellte fest, daß nur wenige Zellen im Gewebe diese Imprägnierung annahmen, daß aber jedes dieser von Silber umhüllten Neuronen mit all seinen Fortsätzen (Dendriten und Axonen) zu sehen war. Dies ermöglichte, ein vollständiges Neuron mit all seinen Fortsätzen als Ganzes sichtbar zu machen.

Die genauere mikroskopische Untersuchung machte deutlich, daß das Gehirn kaum etwas mit einem Gelatineklumpen zu tun hat. Es entpuppte sich als unglaublich verschlungene Struktur, in der die einzelnen Teile in komplizierten Ansammlungen und Formationen angeordnet waren. Jede Substruktur stand ihrerseits mit vielen anderen in Verbindung. Psychologen, die das Verhalten in einzelne Fähigkeiten aufteilten, konnten durch die von Anatomen im Gehirn entdeckten Details darin nur bestärkt werden. Das Gehirn war ein „Schlaraffenland" für jeden echten Theoretiker, denn für fast jede denkbare Verhaltensform gab es einen neu entdeckten Kern oder Faserzug, der nur darauf wartete, mit einer Funktion in Verbindung gebracht zu werden.

Die Verbindungen des Nervensystems

Wie funktionierte nun aber das Gehirn? Bestand es aus physisch miteinander in Verbindung stehenden Fasern oder aus einer Ansammlung abgrenzbarer Einheiten? Wenn es sich um eine netzartige Verkettung handelt, deren einzelne Glieder miteinander in Beziehung stehen, dann müßten Veränderungen in einem Teil auch Modifikationen in jedem anderen Teil bewirken. Da es aber angesichts einer solchermaßen organisierten Struktur schwierig ist, Funktionen an bestimmten Orten zu lokalisieren, geht man von einem holistischen (ganzheitlichen) Aufbau aus. Ist das Gehirn hingegen aus unterscheidbaren Einheiten zusammengesetzt, so muß es im Prinzip die Lokalisation von Funktionen zulassen, da in diesem Fall (zumindest theoretisch) jede Einheit autonom arbeitet.

Die Vorstellung des Nervennetzes geht auf das Jahr 1855 zurück, als Franz von Leydig eine Reihe verschlungener Fasern im Nervensystem der Spinne beobachtete. Golgi schlug 1883 vor, daß die aus dem Zellkörper entspringenden Fortsätze miteinander verbunden seien und ein axonales Netzwerk bildeten. Er behauptete, Verbindungen zwischen den Zellen gesehen zu haben und bezweifelte die Vorstellung, daß Funktionen lokalisiert seien.

Diese Position wurde von Santiago Ramón y Cajal (1852–1934) widerlegt, der dazu die von Golgi entwickelte Silberimprägnierungsmethode verwendete. Cajal untersuchte die Gehirne von Hühnchen im Laufe ihrer Entwicklung und konnte dabei genau sehen, daß jede Nervenzelle eine eigenständige, unabhängige Einheit bildet (Abbildung 1.6). In einer Reihe bemerkenswerter Untersuchungen beobachtete

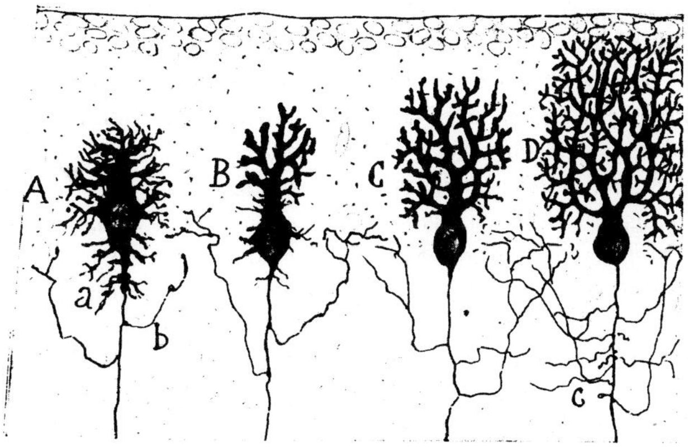

1.6 Aufeinanderfolgende Stadien (A bis D) der Entwicklung des Verzweigungsmusters einer Purkinje-Zelle, nach Ramón y Cajal (1937). Die zahlreichen Dendriten in A schrumpfen zunächst ein wenig ein, um dann zu einem reich verzweigten Dendritenbaum auszuwachsen (D). Das Axon (c) ist anfangs sehr einfach strukturiert mit nur ein oder zwei Kollateralen (a und b), wird jedoch bald üppiger in seiner Verzweigung.

er niemals echte Verbindungen zwischen Nervenzellen. Golgi und Ramón y Cajal erhielten im Jahre 1906 gemeinsam den Nobelpreis. Beide vertraten in ihren Dankesreden gegensätzliche Positionen: Golgi plädierte für das Nervennetz, Ramón y Cajal für die heute als korrekt erkannte Neuronenhypothese.

Als Wilhelm Waldeyer 1891 die Arbeit von Ramón y Cajal zusammenfaßte, prägte er den Begriff *Neuronenhypothese,* der besagt, daß Neuronen über ihre Axone *physisch nicht* verbunden sind. Diese Hypothese wird durch die im 20. Jahrhundert mit dem Elektronenmikroskop gewonnenen Ergebnisse voll bestätigt.

Dennoch müssen Neuronen einander auf irgendeine Weise beeinflussen. Der englische Physiologe Charles Scott Sherrington (1857–1952) untersuchte die Verbindung zwischen Nerven und Muskeln und entwickelte als erster eine Hypothese, wie diese Verbindung beschaffen sein könnte. Er behauptete, Neuronen seien durch Strukturen miteinander verknüpft, die er Synapsen nannte (vom griechischen Wort für „Umklammerung"). Elektronenmikroskopische Untersuchungen zeigten später, daß die Neuronen an einer Synapse einander nicht berühren. Daraufhin wurde allgemein angenommen, daß ein Neuron an einer Synapse eine chemische Substanz ausschüttet, um die benachbarte Zelle zu beeinflussen. Dies konnte später experimentell gezeigt werden. Im Jahre 1949 schlug der kanadische Psychologe Donald O. Hebb eine Theorie zum Lernen vor, die besagte, daß gleichzeitig aktivierte einzelne Zellen neue Synapsen ausbilden oder bereits bestehende verstärken können, so daß sie zu einer funktionellen Einheit werden. Er vermutete, daß eine solche Verknüpfung, die sogenannte **Hebb-Synapse**, die strukturelle Grundlage für Gedächtnisvorgänge bildet.

Viele Konzepte zur Neuronenhypothese wurden ungefähr zu der Zeit formuliert, als die Verhaltenstheorie Fortschritte machte. Die Begriffsbildung vollzog sich hier wie dort zwar fast parallel, aber ohne sichtbare gegenseitige Beeinflussung. Ein Einfluß existierte aber doch: das Wissen, daß das Nervensystem aus einer gleichartigen Substanz besteht, machte eine einheitliche Betrachtungsweise möglich. Die Tatsache, daß es elektrisch aktivierbar ist, führte zu Reizexperimenten, um Verhalten auszulösen. Da man wußte, daß manche Teile des Nervensystems aus Zellkörpern bestehen und andere aus Fasern, wurde darüber spekuliert, welchen Effekt eine Zerstörung von Zellkörpern im Gegensatz zu einer Zerstörung von Fasersubstanz haben könnte. Und da man schließlich unter dem Mikroskop in der Zellstruktur feinste Unterschiede entdecken konnte, wurden cytoarchitektonische Karten erstellt, die große Ähnlichkeit mit funktionellen Karten hatten, die aufgrund von Untersuchungen von Patienten mit Gehirnschädigungen entstanden waren. Obgleich es auf den ersten Blick scheint, als hätte man das Verhalten untersucht, ohne gleichzeitig die Feinstruktur des Gehirns zu kennen oder davon Notiz zu nehmen, trifft das so nicht zu.

Die Entwicklung der modernen Neuropsychologie

Kennt man die Wissensentwicklung des 19. Jahrhunderts bezüglich der Struktur und der Funktion des Gehirns, der Gehirn- beziehungsweise der Neuronenhypothese, der corticalen Funktionsbegriffe und der Lokalisation und Diskonnektion von Funktionen, so überrascht es, daß die Psychologen sich nicht viel früher für das Gehirn interessiert haben. Warum entstand die Disziplin der Neuropsychologie nicht im Jahre 1900, und warum wurde der Begriff erst 1949 zum ersten Mal verwendet? Für diese Verzögerung gibt es mehrere mögliche Gründe. Ein Faktor war, daß Neurologen wie Henry Head in den zwanziger Jahren den klassischen Ansatz von Broca, Wernicke und anderen mit dem Argument verwarfen, daß derartige Versuche zur Korrelierung von Verhalten und Anatomie vom Ansatz her wenig besser sind als die der Phrenologen. Ein zweiter Grund für die langsame Entwicklung der Neuropsychologie war die Unterbrechung der Forschung durch die beiden Weltkriege. Sie behinderten die Entwicklung der Wissenschaft in vielen Ländern. Ein dritter Grund mag darin zu sehen sein, daß Psychologen sich eher mit der Philosophie als mit der Biologie identifizierten und an physiologischen oder anatomischen Ansätzen gar nicht interessiert waren, sondern ihre Aufmerksamkeit auf Behaviorismus, Psychophysik und Psychoanalyse lenkten.

Neue wissenschaftliche Entwicklungen haben dennoch ihren Beitrag zum Entstehen der Neuropsychologie als einer Teildisziplin der Neurowissenschaften geleistet. Dazu zählen die Neurochirurgie, die Psychometrie (die Messung menschlicher Fähigkeiten), die statistische Analyse sowie die enormen technischen Fortschritte.

Neurochirurgie

Penfield und Jasper verdanken wir eine kurze, aber sehr inhaltsreiche geschichtliche Beschreibung der Neurochirurgie: Hirnoperationen wurden bereits in prähistorischer Zeit durchgeführt, denn man hat in Europa aus der Zeit des Neolithikum und aus der frühen Inkaepoche in Peru Schädel gefunden, die Zeichen einer Operation aufwiesen. Es ist anzunehmen, daß man schon damals den positiven Effekt einer Operation auf manche Gehirnstörungen erkannt hat. Später gab Hippokrates schriftliche Anweisungen, wie man auf der Seite des Kopfes, die lokalen Krämpfen gegenüberlag, eine Trepanation (operative Schädelöffnung) vornehmen sollte. Das war als therapeutischer Eingriff gedacht. In der Zeit zwischen dem 13. und 19. Jahrhundert gab es viele, manchmal recht erfolgreiche Versuche, verschiedene Krankheitssymptome operativ zu kurieren.

Das moderne Zeitalter setzte schließlich ein, als antiseptische Verfahren, die Anästhesie und die Prinzipien der Lokalisation von Funktionen entwickelt wurden. In den Jahren um 1880 berichteten mehrere Chirurgen über erfolgreiche Operationen bei der Behandlung von Abszessen, Tumoren und Epilepsie verursachenden Narben. Der sogenannte stereotaktische Apparat wurde von Horsley und Clarke konstruiert. Er war dazu gedacht, den Kopf in einer definierbaren Position zu fixieren. Darüber hinaus wurden lokalanästhetische Verfahren entwickelt, so daß Patienten durch Reaktionen auf lokale Gehirnreizungen selbst zum Erfolg der Operation beitragen konnten. Später kamen neue Meßinstrumente wie der **Elektroencephalograph** und der **Pneumoencephalograph** dazu, mit denen ein Gebiet des Gehirns, das von einer Schädigung betroffen war, vor der Operation genauer lokalisiert wurde. Die Erkenntnis, daß Funktionen lokalisierbar sind, ist in diesem Zusammenhang nicht hoch genug einzuschätzen. Die ersten Hirnchirurgen orientierten sich an den Verletzungen auf der Schädeloberfläche, um eine Gehirnschädigung zu lokalisieren. Als man aber festgestellt hatte, daß es eine Vielfalt von Verhaltenssymptomen gibt, mit deren Hilfe man den Ort einer Hirnläsion besser bestimmen kann, gelang es den Chirurgen, die Stelle, wo ein Eingriff vorzunehmen war, zunehmend genauer zu bestimmen.

Die Entwicklung der Neurochirurgie als praktische Lösung zur Behandlung verschiedener cerebraler Funktionsstörungen hat einen starken positiven Einfluß auf die Neuropsychologie gehabt. Im Tierexperiment wurde die Ablationstechnik bis zu einem Punkt entwickelt, wo sie sich als wichtigste Informationsquelle über die Beziehung von Gehirn und Verhalten etablierte. Im Bereich der medizinischen Forschung stammen die meisten Informationen jedoch von Patienten mit relativ ungenau definierten Läsionen. Schlaganfälle, zum Beispiel, produzieren Schädigungen, die sowohl den Cortex als auch subcorticale Strukturen erfassen; ein Gehirntrauma führt zu diffusen, irregulären und unvollständigen Läsionen. Darüber hinaus leben die Patienten (glücklicherweise!) oft noch Jahre nach ihrer Verletzung, weshalb eine histologische Analyse vielfach ausgeschlossen ist.

Die Neurochirurgie brachte eine unerwartete Lösung. Die operative Entfernung von corticalem Gewebe beim Menschen ist inzwischen so gezielt, daß sie der kontrollierten Situation im Tierexperiment sehr nahe kommt. Neurochirurgen fertigen Zeichnungen vom Läsionsumfang an und stimulieren manchmal sogar das umliegende Gewebe elektrisch. Der Läsionsort ist also im voraus bekannt. Veränderungen der Operationstechnik, die nötig wurden, um etwa lokale Läsionen, Hemisphärektomien oder Kommissurektomien auszuführen, ermöglichten ebenfalls eine verbesserte Analyse der Bedeutung von Hirnregionen für ein bestimmtes Verhalten. Patienten mit eng umgrenzten Läsionen lieferten Informationen über Verhaltensfunktionen der betroffenen Gehirngebiete und dienten damit der Diagnostik bei nachfolgenden Patientengruppen.

Psychometrie und statistische Evaluation

Die ersten Untersuchungen interindividueller Unterschiede psychischer Funktionen wurden von dem Astronom Friedrich Wilhelm Bessel im Jahre 1796 durchgeführt. Bessel interessierte sich für den Grund, warum ein Assistent am Observatorium von Greenwich entlassen worden war. Der Assistent war beim Beobachten der Sterne und bei der Chronometrierung etwa eine Sekunde langsamer gewesen als sein Vorgesetzter. Bessel begann mit der Untersuchung von Reaktionszeiten und entdeckte ziemlich große interindividuelle Unterschiede. Solche Unterschiede liegen auch einem wichtigen Teil der phrenologischen Theorie von Gall und Spurzheim zugrunde. Aber im Gegensatz zur phrenologischen Theorie der Lokalisation von Funktionen erregte dieses Thema bei Neurowissenschaftlern nur geringes Interesse. Das Problem war: Wie sind diese individuellen Unterschiede zu erklären?

Francis Galton, der Vetter von Charles Darwin, hatte in den achtziger Jahren des 19. Jahrhunderts ein Laboratorium eingerichtet, wo er gegen Bezahlung von drei Pennies bestimmte Messungen, zum Beispiel von Wahrnehmungs- und Reaktionszeiten, vornahm. Er wollte interindividuelle Unterschiede herausfinden, die erklären, warum manche Menschen anderen überlegen sind. Galtons beachtenswerte Erneuerung bestand in der Einführung statistischer Methoden, die er von Quetlet, einem belgischen Statistiker, übernommen hatte, um seine Resultate in Häufigkeitsverteilungen abzubilden. Diese Verbesserung war für die Entwicklung moderner psychologischer Tests unerläßlich. Es paßt auch in die Zeit, daß sich Galton der Beschreibung individueller Unterschiede widmete, denn Darwins Evolutionstheorie postulierte individuelle Unterschiede als Angriffspunkte für die natürliche Selektion. Zu Galtons Überraschung förderten Messungen der Wahrnehmung und der Reaktionszeit jedoch keine Unterschiede zwischen Menschen, die er für durchschnittlich hielt, und solchen, die ihm außergewöhnlich schienen, zutage.

Der französische Arzt, Biologe und Psychologe Alfred Binet entwickelte eine Lösung für Galtons Problem. Binet (1857–1911) erprobte eine ganze Reihe von Meßgrößen. Dazu gehörten Kopfumfang, Gesichtszüge und Handschrift. Er fand, daß sie für eine Feststellung mentaler Unterschiede inadäquat sind. Im Jahre 1904 übertrug der Erziehungsminister Binet die Aufgabe, Testverfahren zur Identifizierung geistiger Behinderungen bei Kindern zu entwickeln, um diese dann in Sonderschulen unterrichten zu lassen. 1905 erstellte Binet in Zusammenarbeit mit Théodore Simon den heute als Binet-Simon-Skala bekannten Test. Dieser wurde empirisch entwickelt, indem 50 gesunden drei- bis elfjährigen Kindern sowie einigen behinderten Kindern und Erwachsenen 50 Fragen gestellt wurden. Geprüft werden sollten Urteilsfähigkeit, Verständnis und Denkfähigkeit, wobei Binet annahm, daß dies die wesentlichen Aspekte der Intelligenz seien. Die Skala wurde 1908 überarbeitet, ungeeignet erscheinende Fragen wurden getilgt, andere hinzugefügt und die Testpopulation auf 300 Kinder im Alter von drei bis 13 Jahren erweitert. Aufgrund dieses Tests errechnete Binet das *geistige Niveau*, das von 80 bis 90 % der unauffälligen Kinder einer Altersgruppe erreicht wurde. 1916 entwickelte Lewis Terman in den Vereinigten Staaten den Stanford-Binet-Test, bei dem der Intelligenzquotient (IQ, das heißt: das mentale Alter dividiert durch das chronologische Alter multipliziert mit 100) zum ersten Mal verwendet wurde.

Im Jahre 1940 legte D.O. Hebb in Montreal erstmals gehirnverletzten Personen Intelligenztests vor, mit dem überraschenden Ergebnis, daß ein funktionsgestörter Frontallappen, von dem man bis dahin angenommen hatte, er sei das Zentrum der höchsten Intelligenzleistungen, die IQ-Werte nicht drückte. Dieser der damaligen Meinung entgegenstehende Befund wies auf die Nützlichkeit solcher Tests bei der Untersuchung von Gehirnschädigungen hin und begründete das gemeinsame Interesse von Neurologen und Psychologen für psychometrische Verfahren. Viele der sinnvollen Neuerungen, die man zur Untersuchung von Gehirnfunktionen bei verschiedenen Patientengruppen verwendete, wurden durch die Methoden der Intelligenzmessung stark beeinflußt. Die Tests – das ist besonders bemerkenswert – sind kurz, einfach und objektiv auswertbar und standardisiert. Viele Neuropsychologen verwenden Teile von IQ-Tests, um die Anteile einzelner Gehirnregionen zu ermitteln. Andere hingegen verwenden den IQ-Test lediglich als ein Maß für allgemeine psychische Funktionen, um andere Testergebnisse zu evaluieren. Obgleich Intelligenztests häufig kritisiert werden, glauben auch harte Kritiker, wie etwa Gould, daß sie in der Neuropsychologie angebracht sind. Wahrscheinlich werden sich die Intelligenztests aufgrund der Fortschritte der Neuropsychologie verändern.

Technische Fortschritte

Da die Fortschritte der Technik vielfältig sind und andernorts ebenfalls besprochen werden, sollen sie hier nicht im Detail zur Sprache kommen. Woran man sich allerdings erinnern sollte, ist die häufig wiederholte Behauptung: „Methoden bestimmen die Resultate." Dies war der Ausruf von Flourens, als er sich im Gegensatz zu Gall und dessen anekdotischen Beschreibungen und auf Bestätigung abzielenden Versuchen für die experimentelle Methodik entschied. Es war auch der Standpunkt von Fritsch und Hitzig, als sie das Dogma von Flourens über die elektrische Erregbarkeit des Cortex widerlegten. Fortschritte der Wissenschaft beruhen stets auf verbesserten Theorien und Methoden und gehen fast immer mit einer Verbesserung der Technik einher. Die Antwort auf die Frage, warum Publikationen über Methodenfragen am häufigsten zitiert werden, könnte darin liegen, daß man, wie es ein Witzbold ausdrückte, mit einer Theorie allein keine Experimente durchführen kann. Nur durch technischen Fortschritt wurde es möglich, die Substrukturen von Neuronen sichtbar zu machen, ihre elektrische Aktivität abzuleiten und ihre biochemische Aktivität zu analysieren und zu modifizieren. Nur die verbesserte Technik erlaubt es uns, Krankheits-, Degenerations- und Regenerationsprozesse im Nervensystem zu verstehen. Häufig sind Methoden und Resultate so eng miteinander verwoben, daß man sie nicht voneinander trennen kann. Technische Fortschritte eröffnen also die Möglichkeit, etablierte Gedanken neu zu überprüfen. Daher sollten alte und vielfach belegte Vorstellungen zur Bestätigung, Ablehnung oder Modifikation der unvoreingenommenen, harten Überprüfung durch technische Innovationen unterzogen werden.

Zusammenfassung

Dieses Kapitel skizzierte die Entwicklung zweier prägender Ideen der Neuropsychologie: Das Gehirn ist das Organ des Geistes, und die Nervenzelle ist seine grundlegende funktionelle Einheit. Es genügte jedoch nicht, zu spekulieren, ob diese Vorstellungen zutrafen oder nicht, sondern die Hypothesen mußten experimentell überprüft werden.

Es wurden auch einige der frühen Ideen zur Funktionsweise des Gehirns vorgestellt. Die Diskussion kreiste vor allem um die Frage, ob die einzelnen Funktionen in einem bestimmten Teil des Gehirns lokalisiert seien, oder ob zu einer bestimmten Funktion viele verschiedene Gehirnregionen beitragen. Wie sich herausstellte, sind an Funktionen wie der Sprache mehrere Gehirnregionen beteiligt.

Man entdeckte, daß trotz massiver Schädigungen des Cortex noch überraschend komplexe Funktionen intakt blieben. Dieser Tatsache trug die Theorie der hierarchischen Organisation Rechnung, die besagte, daß das Gehirn sich stufenweise entwickelt, wobei das Verhalten mit jedem Schritt komplexer wird.

Ebenso stellte sich heraus, daß Gehirnzellen zwar autonome Einheiten sind, daß sie jedoch, durch bereits existierende oder neu gebildete Synapsen verknüpft, in Zellverbänden arbeiten können.

Neurochirurgische Eingriffe am Menschen ergaben „klinische Fälle", deren Gehirnläsionen recht gut lokalisiert waren, und die Entwicklung neuer statistischer Verfahren und Verhaltenstests erlaubten eine genauere Erfassung und Bewertung von Verhaltensänderungen. Darüber hinaus eröffneten technologische Fortschritte immer neue Möglichkeiten zur Überprüfung favorisierter Theorien.

Schwerpunkt dieses Kapitels war die Geschichte der modernen Neuropsychologie. Es sei jedoch darauf hingewiesen, daß die hier vorgestellten Begebenheiten und Entwicklungen nur eine Auswahl sein können und viele wichtige Personen und interessante Ereignisse keine Erwähnung finden konnten. Wir lassen es dennoch an dieser Stelle dabei bewenden, im festen Glauben, daß die Geschichte zu kennen bedeutet, sie wiederholen und vorantreiben zu können.

Literatur

Bartolow, R. Experimental investigation into the functions of the human brain. *American Journal of Medical Sciences* 67: 305–313, 1874.

Beach, F. A., D. O. Hebb, C. T. Morgan, H. W. Nissen. *The Neuropsychology of Lashley*. New York, Toronto, London: McGraw Hill, 1960.

Benton, A. L. Contributions to aphasia before Broca. *Cortex* 1: 314–327, 1964.

Brazier, M. A. B. The historical development of neurophysiology. In: J. Field, H. W. Magoun, V. E. Hall (Hrsg.) *Handbook of Physiology*, Bd. 1. Washington, D.C.: American Physiological Society, 1959.

Broca, P. Sur le siège de la faculté du langage articulé. *Bulletin of the Society of Anthropology* 6: 377–396, 1865.

Broca, P. Remarks on the seat of the faculty of articulate language, followed by an observation of aphemia. In: G. von Bonin (Hrsg.) *The Cerebral Cortex*. Springfield, Ill.: Charles C. Thomas, 1960.

Bruce, D. On the origin of the term »Neuropsychology«. *Neuropsychologia* 23: 813–814, 1985.

Clark, E., C. D. O'Malley. *The Human Brain and Spinal Cord*. Berkeley, Los Angeles: University of California Press, 1968.

Descartes, R. *Traité de l'Homme*. Paris: Angot, 1664.

Eccles, J. C. *The Neurophysiological Basis of Mind: The Principles of Neurophysiology*. Oxford: Clarendon Press, 1956.

Finger, S. *Origins of Neuroscience*. New York: Oxford University Press, 1994.

Flourens, P. Investigations of the properties and the functions of the various parts which compose the cerebral mass. In: G. von Bonin (Hrsg.) *The Cerebral Cortex*. Springfield, Ill.: Charles C. Thomas, 1960.

Fritsch, G., E. Hitzig. On the electrical excitability of the cerebrum. In: G. von Bonin (Hrsg.) *The Cerebral Cortex*. Springfield, Ill.: Charles C. Thomas, 1960.

Geschwind, N. *Selected Papers on Language and Brain*. Dordrecht, Holland; Boston: D. Reidel Publishing Co., 1974.

Goltz, F. On the functions of the hemispheres. In: G. von Bonin (Hrsg.) *The Cerebral Cortex*. Springfield, Ill.: Charles C. Thomas, 1960.

Gould, S. J. *The Mismeasure of Man*. New York: Norton, 1981.

Head, H. *Aphasia and Kindred Disorders of Speech*. London: Cambridge University Press, 1926.

Hebb, D. O. *The Organization of Behavior: A Neuropsychological Theory*. New York: Wiley, 1949.

Hebb, D. O., W. Penfield. Human behavior after extensive bilateral removals from the frontal lobes. *Archives of Neurology and Psychiatry* 44: 421–438, 1940.

Hughlings-Jackson, J. Selected Writings of John Hughlings-Jackson, J. Taylor (Hrsg.) Bde. 1 und 2. London: Hodder, 1931.

Joynt, R. Paul Pierre Broca: His contribution to the knowledge of aphasia. *Cortex* 1: 206–213, 1964.

Klüver, H. *Behavior Mechanisms in Monkeys*. Chicago: University of Chicago Press, 1933, 1957.

Krech, D. Cortical localization of function. In: L. Postman (Hrsg.) *Psychology in the Making*. New York: Knopf, 1962.

Olin, C. H. *Phrenology*. Philadelphia: Penn Publishing Co., 1910.

Penfield, W., H. Jasper. *Epilepsy and the Functional Anatomy of the Human Brain*. Boston: Little, Brown, 1954.

Ramón y Cajal, S. *Recollections of My Life*. Cambridge, Mass.: MIT Press, 1989.

Rothschuk, K.E. *History of Physiology*. Huntington, N.Y.: Robert E. Krieger, 1973.

Stookey, B. A note on the early history of cerebral localization. *Bulletin of the New York Academy of Medicine* 30: 559–578, 1954.

Wernicke, C. *Der Aphasische Symptomenkomplex*. Breslau, Poland: M. Cohn and Weigert, 1874.

Young, R.M. *Mind, Brain and Adaption in the Nineteenth Century*. Oxford: Clarendon Press, 1970.

2

Ursprünge des menschlichen Gehirns und Verhaltens

Einer Sage nach schuf Gott alle Tiere als Embryonen, rief sie vor seinen Thron und bot jedem Tier an, es so zu verändern, wie es sich dies wünschte. Die Tiere erbaten sich ganz spezielle Merkmale für ihren ausgewachsenen Körper. Sie wünschten sich Klauen, Zähne, Hufe, Geweihe und so weiter. Nur der menschliche Embryo, so die Sage, vertraute auf Gottes Urteil und akzeptierte sich so, wie er geschaffen worden war. Der Schöpfer war davon sehr angetan und sagte: »Der Mensch wird deshalb sein Leben lang ein Embryo bleiben, aber er wird über die anderen Lebewesen herrschen und sowohl Ängste als auch Freude empfinden können.« (White, 1958.)

Vor etwa fünf Millionen Jahren begann dieser „Embryo", aufrecht zu gehen, und seine Entwicklung trennte sich von der seiner affenartigen Vorfahren. Zwei Charakteristika waren es, die ihn von den anderen Tieren unterschieden: Zum einen ging er auf zwei Beinen und war ein so erfolgreicher Wanderer, daß er sich auf jedem bewohnbaren Kontinent ansiedelte und verbreitete. Zum anderen entwickelte sich sein Gehirn in einem bislang nie dagewesenen Ausmaß – es wuchs auf das Fünffache seiner ursprünglichen Größe an. Obgleich in diesem Buch hauptsächlich von den Funktionen des heutigen menschlichen Gehirns die Rede ist, vermittelt eine Betrachtung seiner Ursprünge und der evolutionären Kräfte, die es formten, einen wichtigen Schlüssel zum Verständnis seiner heutigen Funktionen. In diesem Kapitel werden wir die Enstehung dieses ungewöhnlichen Gehirns untersuchen.

Artenvergleiche

Weshalb untersuchen Neuropsychologen Tiere?

Nach Ansicht vieler Laien ist die Neuropsychologie eine Wissenschaft, die mit der Untersuchung von Tieren nichts zu tun hat. Sie beschränkt sich auf die Untersuchung des *menschlichen* Gehirns und Verhaltens. Wer diese Ansicht teilt, geht davon aus, daß die Neuroanatomie und die kognitiven Prozesse des Menschen sich von denen der Tiere grundsätzlich unterscheiden. Tatsächlich können Menschen reden, schreiben, lesen und vieles anderes mehr, was kein Affe und keine Ratte jemals vollbracht hat. Diese Betrachtungsweise ist jedoch aus mehreren Gründen falsch. Der Körper von Mensch und Schimpanse, ihr Gehirn und ihr Verhalten sind sehr ähnlich. Psychologen, die mit Schimpansen oder Affen arbeiten, gehen daher oft davon aus, daß ihre Erkenntnisse aus der Untersuchung dieser Tiere auch auf das menschliche Gehirn und Verhalten anwendbar seien.

Für viele Menschen ist es überraschend, daß auch Vergleiche mit anderen Arten, wie Ratten oder Katzen, sehr informativ sind. Die biologisch-evolutionäre Distanz zwischen Mensch und Ratte wurde früher als zu groß angesehen, um allgemeingültige Schlüsse zu erlauben. Lockhart und mehrere andere Autoren argumentierten, daß insbesondere die Laborratte für Verhaltensuntersuchungen ungeeignet sei: Da dieses Tier nur für die Arbeit im Labor gezüchtet wird, ist es eine in vieler Hinsicht degenerierte Variante im Vergleich zu freilebenden Ratten. Obgleich sich die domestizierten Abkömmlinge der norwegischen Ratte ohne Zweifel von ihren wild lebenden Artgenossen unterscheiden, gibt es in der experimentellen Forschung keine Indizien dafür, daß diese Tiere als minderwertig, unnatürlich oder degeneriert zu betrachten seien. Tatsächlich ist das Verhalten der Ratte extrem komplex, viele Strukturen des Rattengehirns gleichen denen des menschlichen Gehirns, und bestimmte Aspekte der Funktionsweise des Neocortex von Laborratten ähneln in bemerkenswerter Weise denen anderer Säugetiere, einschließlich Primaten.

Das heißt selbstverständlich nicht, daß man Ratten als kleine menschliche Wesen mit weißem Fell, ohne Schuhe und Socken, ansehen kann. Vielmehr soll betont werden, daß die Ähnlichkeiten zwischen Menschen und Affen, Ratten und anderen Tieren erwarten lassen, daß auch die Erforschung anderer Tiere einen wichtigen Beitrag zum Verständnis des zwischen menschlichem Gehirn und Verhalten bestehenden Zusammenhangs leisten kann. Vergleiche von Verhalten und Gehirn bei verschiedenen Arten liefern Einblicke, die anhand einer einzigen Art, selbst einer so interessanten wie dem Menschen, kaum zu erlangen wären. Außerdem ist das Verhalten anderer Arten auch für sich betrachtet interessant, wie Vogelfreunde, Haustierbesitzer und andere Tierliebhaber bestätigen werden.

Welche neuropsychologischen Fragen lassen sich nun am ehesten durch Untersuchungen an Tiergehirnen beantworten? Derzeit gibt es bei Tieren drei Untersuchungsschwerpunkte: 1) Untersuchungen, die sich auf grundlegende Funktionsmechanismen des Gehirns beziehen, 2) Forschungen, die zu ursächlichen Erklärungen und experimentellen Modellen für neuropsychologische Störungen des Menschen führen sollen und 3) Arbeiten, deren Ziel eine Beschreibung der phylogenetischen (evolutionsgeschichtlichen) Entwicklung des Gehirns ist. Auf diese Schwerpunkte werden wir im folgenden näher eingehen.

Für die Neuropsychologie liegt ein Hauptzweck vergleichender Untersuchungen von Vertretern verschiedener Arten darin, zu einem besseren Verständnis der grundlegenden Mechanismen der Gehirnfunktionen zu gelangen. Ein frühes Beispiel für diesen methodischen Weg sind Harveys Untersuchungen der Herzfunktion. Durch Untersuchungen an Fischen, deren Herz-Kreislauf-System ihm als Modell diente, kam er zu der Einsicht, daß das Blut von den Venen über das Herz in die Arterien gelangt. Da Fische keinen Lungenkreislauf haben, war der Übergang von Venen zu Arterien hier ganz offensichtlich. Wie Harvey glaubte, war es gerade die Existenz eines Lungenkreislaufs bei Säugern, die uns nicht erkennen ließ, daß die eigentliche Funktion des Herzens bei allen Wirbeltieren gleich ist. Bei allen vergleichenden Untersuchungen hängt also die Wahl der Tierart von der Fragestellung ab. Neurophysiologen hatten sich zur Klärung grundlegender Fragen der axonalen Reizleitung zum Beispiel für das Riesenaxon eines Tintenfisches entschieden, weil es sehr groß und gut zugänglich ist. Man nimmt an, daß die grundlegenden Eigenschaften dieses Axons auf alle Säugetiere und vermutlich auch auf den Menschen übertragbar sind.

Das zweite Ziel der tierexperimentellen Hirnforschung besteht darin, Tiermodelle für neurologische Störungen des Menschen zu schaffen. Man ruft am Tier die entsprechende Störung hervor, um dann durch die Veränderung zahlreicher Faktoren Ursachen und Verlauf der Krankheit analysieren und schließlich eine Behandlungsstrategie entwickeln zu können. So wurde beispielsweise an Ratten ein Tiermodell für die Parkinson-Krankheit entwickelt. In solchen Untersuchungen verwendet man Tiere als Ersatz für Menschen, da unser ethisches Verständnis entsprechende Versuche an Menschen nicht zuläßt und weil man glaubt, daß den Ursachen und der möglichen Behandlung dieser Störungen im menschlichen und tierischen Organismus ähnliche Prinzipien zugrunde liegen.

Beim dritten Fragenschwerpunkt, für den Tiere in der Hirnforschung eingesetzt werden, versucht man, eine neurologische Begründung für das Verhalten der Säugetiere zu erhalten, die Rückschlüsse auf die phylogenetische Entwicklung des menschlichen Gehirns zuläßt. Man glaubt, daß ein besseres Verständnis der Evolution des menschlichen Gehirns ebenso notwendig ist, um zu verstehen, was der Mensch ist, wie die Erforschung von Kindern notwendig ist, um zu verstehen, was ein Erwachsener ist. Bei dieser Fragestellung ist jedoch eine gewisse Vorsicht angebracht. Experimente mit Ratten, Katzen, Hunden und Rhesusaffen erlauben keine Rückschlüsse auf die Evolution des Menschen, weil diese Tiere nicht in einer gemeinsamen Abstammungslinie stehen. Ratten waren niemals Vorfahren von Katzen, und diese waren keine Vorläufer von Affen. Die genannten Spezies entwickelten sich vielmehr unabhängig voneinander aus einem primitiven Vorfahren der Säuger (Abbildung 2.1). Außerdem hatten sie alle in etwa dieselbe Zeitspanne zu ihrer Evolution zur Verfügung. Die Gemeinsamkeiten in ihrem Gehirn und Verhalten können lediglich darauf hinweisen, daß ihre Ähnlichkeiten in einem gemeinsamen Vorfahren begründet sind.

Um vergleichende Untersuchungen unter einer phylogenetischen Perspektive durchzuführen, muß man engverwandte Arten erforschen, die, wie Hodos und Campbell es ausdrückten, eine **quasi-evolutionäre Linie** darstellen. Man sollte also Abkömmlinge vergangener, auseinander hervorgegangener Tiergruppen verwenden. Beispielsweise nimmt man für die Entwicklungslinie des Menschen an, daß zahlreiche heutzutage lebende Spezies einem gemeinsamen Vorfahren ähnlich genug sind, um sie stellvertretend untersuchen zu können. Konstruiert man etwa eine Entwicklungslinie wie die in Abbildung 2.2 gezeigte, und vergleicht die Gehirne der einzelnen Tierarten miteinander, so entdeckt man strukturelle Unterschiede, die sich mit Unterschieden im Verhalten korrelieren lassen. Der striatäre Cortex gehört zum visuellen System, und sein Vorhandensein beim Spitzhörnchen (Tupaia belangeri) verleiht diesem Tier wahrscheinlich die Fähigkeit, Äste zu lokalisieren, Höhen einzuschätzen und Insekten zu erkennen, was für die am Boden lebenden Igel nicht wichtig ist. Der große Temporallappen des Riesengalago (Buschbaby) steht vermutlich mit seiner Fähigkeit in Zusammenhang, seine sehr variablen Nahrungsquellen, nämlich Insekten, Früchte, Blätter und so weiter, zu identifizieren. Die großen Frontallappen des Rhesusaffen ermöglichen vermutlich sein in hohem Maße soziales Verhalten in der Gruppe. Die großen Parietallappen des Menschen sind wahrscheinlich das Korrelat unserer Fähigkeit zu feinmotorischen Bewegungen.

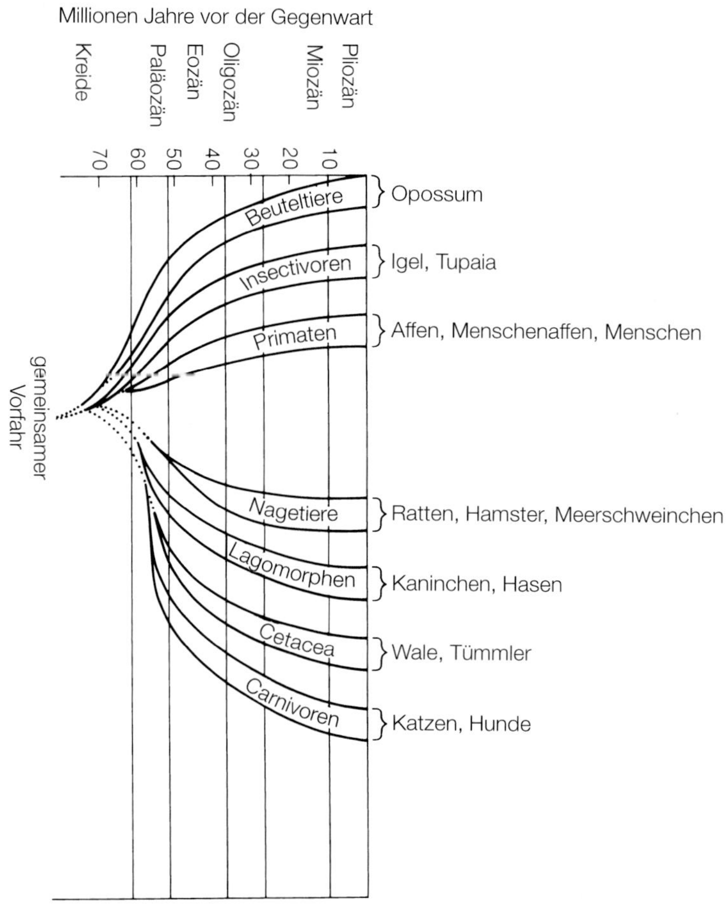

2.1 Stammbaum mit Angaben zu den wahrscheinlichen Entstehungszeiten und Verwandtschaftsbeziehungen von Säugetierordnungen, deren Vertreter häufig für vergleichende psychologische und neuropsychologische Untersuchungen ausgewählt werden. Man beachte, daß alle rezenten Arten das gleiche evolutionäre Alter haben. (Nach Young 1962.)

Gehirngröße

Die Größe des Gehirns ist ein faszinierendes Thema: Was hat es mit dem Zusammenhang zwischen Gehirnvolumen und Fähigkeiten auf sich? Das auffälligste Merkmal des menschlichen Gehirns ist, daß es größer ist als das der meisten Tiere. Sein Gewicht variiert zwischen 1000 und 2000 g bei einem Durchschnittswert von etwa 1300 bis 1400 g; das Gehirn von Frauen ist etwas leichter als das von Männern. Der Unterschied zwischen den Geschlechtern spiegelt vermutlich sowohl generelle Unterschiede in der Körpergröße als auch durch Hormone hervorgerufene funktionelle Verschiedenheiten wider. Wie groß ist aber das menschliche Gehirn im Vergleich zu dem anderer Arten? Man könnte vermuten, das menschliche Gehirn sei groß, weil der Mensch ohnehin eine ansehnliche Körpergröße erreicht. Folglich würde man erwarten, daß der Elefant ein größeres Gehirn hat als der Mensch, und tatsächlich ist das Elefantengehirn etwa dreimal größer als ein menschliches.

Neuroanatomen haben jedoch schon vor langer Zeit erkannt, daß der Einfluß der Körpergröße aus den Vergleichen herausgenommen werden muß.

Jerison entwickelte den Begriff des **Encephalisationsquotienten EQ**. Der EQ ist ein Maß für das Verhältnis von tatsächlicher Gehirngröße zu erwarteter Gehirngröße. Die erwartete Gehirngröße ist eine Art Durchschnittswert, der unter Berücksichtigung der Körpergröße aller lebenden Säugetiere berechnet wird. Ein Säugetier hat im Mittel einen EQ von 1,0. (Katzen haben genau diesen Wert.) Wenn ein hypothetisches Tier doppelt so groß ist wie eine Katze und auch ein doppelt so großes Gehirn besitzt, ist sein EQ immer noch 1,0. Tiere, deren EQ von 1,0 abweicht, haben entweder größere oder kleinere Gehirne, als das von ihrem Körpergewicht her zu erwarten wäre.

Tabelle 2.1 gibt einen Überblick über die EQ-Werte der gebräuchlichsten Labortiere und des Menschen. Interessanterweise hat die Ratte einen EQ von nur 0,4, der Mensch dagegen einen Wert von 6,3. Das Gehirn der Ratte ist also nur 0,4mal so groß, wie es für ein Säugetier dieser Größe zu erwarten wäre, und das Gehirn des Menschen ist 6,3mal größer, als es dem Körpergewicht nach sein sollte. Die Tabelle macht auch deutlich, daß das Gehirn des Schimpansen viel größer ist, als man seiner Körpergröße nach erwarten würde (EQ = 2,48); dennoch beträgt dieser Wert nur etwa ein Drittel des

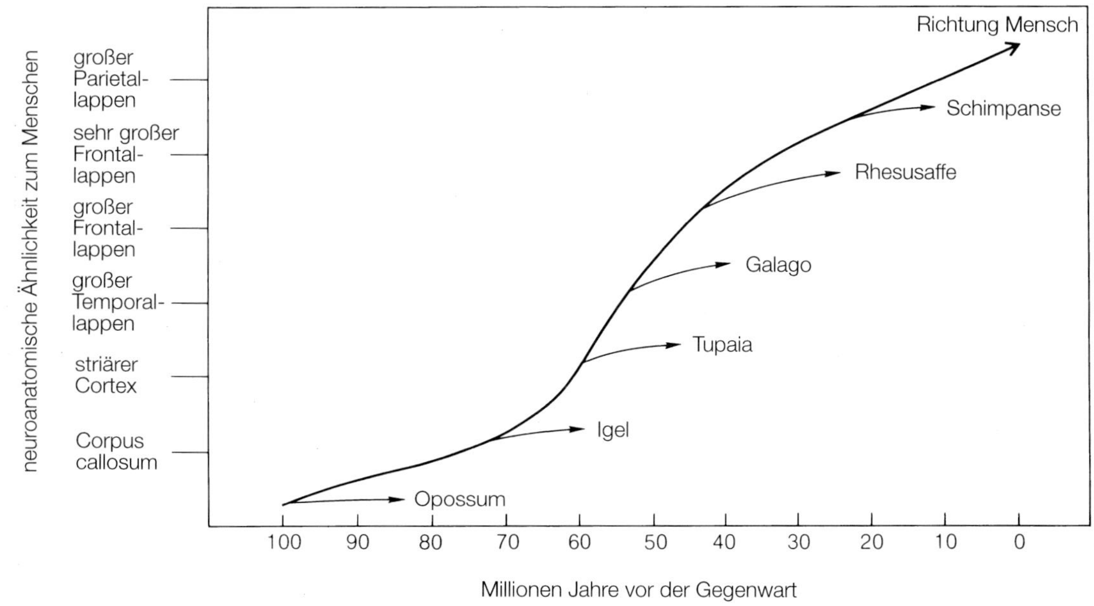

2.2 Phylogenetische Beziehungen zwischen wichtigen Versuchstieren der Neuropsychologie, die eine quasi-evolutionäre Entwicklungslinie bilden. Die heute lebenden Igel, Tupaias, Galagos, Affen und Menschenaffen werden in erster Näherung als Stellvertreter der Vorfahren des Menschen angesehen. Man beachte die Veränderungen des Gehirns an den Verzweigungsstellen. (Nach Masterton und Skeen 1972.)

Tabelle 2.1: Vergleich der Gehirnmaße von Tieren, die in der Neuropsychologie am häufigsten untersucht werden

Tier	Gehirnvolumen (cm^3)	Encephalisierungs-quotient
Ratte	2,3	0,40
Katze	25,3	1,01
Rhesusaffe	106,4	2,09
Schimpanse	440,0	2,48
Mensch	1350,0	6,30

Bemerkung: Die Schätzungen basieren auf der Formel von Jerison: $EQ = E_i/[12 \times P_i\ (2/3)]$. E_i, tatsächliche Gehirnmaße einer Spezies i; P_i, Körpergröße der Spezies i. Quelle: Nach Blinkow und Glesner 1968.

menschlichen EQ. Wie der Vergleich der EQ-Werte zeigt, ist das menschliche Gehirn, relativ gesehen, viel größer als das anderer Primaten. Ein so hoher Encephalisationsquotient ist allerdings nicht auf den Menschen beschränkt. Delphine besitzen mit 6,0 einen ähnlich hohen EQ-Wert. (Der EQ eines Elephanten ist mit 1,3 nur wenig höher, als man bei einem Tier mit einer solchen Körpergröße erwarten würde.)

Stephan und seine Mitarbeiter verglichen die Gehirne von über 60 Säugetierarten und fanden heraus, daß mit steigenden EQ-Werten nahezu alle Gehirnstrukturen auch an Größe zunehmen, wobei der Neocortex die auffälligste Größenzunahme zeigt. Wenn man nun neuroanatomische Unterschiede zwischen dem menschlichen Gehirn und den Gehirnen anderer Primaten vermutet, erscheint es am sinnvollsten, im Neocortex nach ihnen zu suchen. Dieser Überlegung folgend, wurde die Struktur des Neocortex, sein Volumen, seine Ausdehnung und seine Zelldichte bestimmt.

Stephan und Mitarbeiter errechneten den sogenannten **Cortexquotienten (CQ)**. Darunter versteht man das Verhältnis von tatsächlich vorhandenem Neocortex und erwartetem Neocortex bei einem typischen Säuger. Dieser Index stellt praktisch den Encephalisationsquotienten für den Neocortex dar. Der CQ des Menschen ist 3,2mal größer, als man es von Primaten im allgemeinen erwartet, und fast dreimal größer als der eines hypothetischen Schimpansen mit der Körpergröße eines Menschen. Das bedeutet, daß der Zuwachs an Neocortex vom Menschenaffen zum Menschen größer ist, als es dem allgemeinen Trend bei den Primaten entspricht.

Der menschliche Cortex ist, wie auch der Cortex anderer Tiere mit einem großen Gehirn, noch in anderer Hinsicht einzigartig. Er läßt sich in Areale untergliedern, die auf Hören, Sehen, Bewegung und so weiter spezialisiert sind. Sehr einfache Tiere haben nur eine minimale Zahl solcher Areale – das heißt, eines für jeden Sinn und eines für die Bewegung –, höher entwickelte Tiere hingegen haben viele. Das Eichhörnchen zum Beispiel hat vier visuelle Areale, die Katze scheint mindestens zwölf zu besitzen, und die Eulenkopfmeerkatze, eine Altweltaffenart, hat sogar 14 (die genaue Zahl beim Menschen ist nicht bekannt; es dürften jedoch etwa 20 sein). Wenn jedes dieser Areale eine spezielle Funktion hat, was vermutlich der Fall ist, dann ist die Entwicklung des menschlichen Gehirns nicht nur durch sein größeres Volumen sondern auch durch eine weit größere Anzahl von Funktionen gekennzeichnet.

Wir begannen dieses Kapitel mit der Frage, inwieweit die Gehirngröße mit den Fähigkeiten der betreffenden Tiere in Zusammenhang steht. Obwohl es bei oberflächlicher Betrachtung so scheinen mag, als sei die Korrelation der Zunahme der Gehirngröße im Laufe der Evolution mit der Entwicklung neuer Fähigkeiten besonders kennzeichnend, ist offenbar die Entstehung neuer Areale viel entscheidender. Die Entwicklung eines neuen Areals ist wahrscheinlich eng mit einer neuen Fähigkeit verbunden. Überdies stehen Unterschiede im Verhalten einzelner Tiere vermutlich viel enger mit Unterschieden in der Größe bestimmter Gehirnregionen als mit Unterschieden in der Gesamtgröße des Gehirns in Beziehung. Obwohl der mögliche Zusammenhang zwischen der Gehirngröße des Menschen und seiner Intelligenz noch immer heftig diskutiert wird, sind die Anstrengungen in diese Richtung unangebracht. Die relevante anatomische Einheit des Gehirns ist das funktionelle Areal, nicht die Gehirngröße, und die relevante Verhaltenseinheit ist die spezifische Fähigkeit, und nicht die allgemeine Intelligenz.

Spuren der Evolution

Unser Wissen über die Evolution des Menschen wurde vor allem durch Fortschritte in drei Forschungsgebieten vermehrt. Erstens haben neuere, überraschende Funde von **Hominiden** (Menschenartigen) das Interesse an der Entwicklung des Menschen und insbesondere an der Evolution seines Gehirns wachsen lassen. Durch genaue Untersuchungen der erhaltenen Knochen ist es möglich, nichterhaltene Strukturen zu rekonstruieren und mit entsprechenden Strukturen ausgestorbener oder noch lebender Individuen zu vergleichen. Abbildung 2.3 zeigt eine **morphologische Rekonstruktion** des Neandertalers. Rekonstruktionen solcher Art verdeutlichen, daß wir unseren Vorfahren vergleichsweise ähnlich sind.

Zweitens verfügen wir über neue Methoden, die zu den Fossilfunden biochemische Informationen beigesteuert haben. Ein Problem mit streng morphologischen Techniken besteht darin, daß sie zwischen *homologen* und *analogen Strukturen* nicht unterscheiden können. (Bauplanstrukturen mit gleichem genetischen Ursprung nennt man homolog, solche mit vergleichbarer Funktion, aber ohne gemeinsamen genetischen Ursprung heißen analog.) So haben manche australische und europäische Vögel zwar ein ähnliches Aussehen und besetzen ähnliche biologische Nischen, aber erst biochemische Untersuchungen zeigen, daß diese Vögel nicht direkt miteinander verwandt sind.

Inzwischen stehen uns eine ganze Reihe **biochemischer Analysemethoden** zur Verfügung. Im folgenden seien drei Techniken erörtert, und zwar in der Reihenfolge ihrer Entwicklung. Proteine wie das sauerstoffbindende Hämoglobin oder das Albumin, welches die Nährstoffe im Blut transportiert, sind bei eng verwandten Tieren ähnlicher als bei nichtverwandten. Die Unterschiede in der Abfolge der Aminosäuren (Aminosäuresequenz) von Molekülen verschiedener Arten können exakt festgestellt werden. Das Ausmaß der gefundenen Sequenzabweichung liefert einen Hinweis auf die Zeit, die vergangen ist, seit sich die untersuchten Tiere von ihrem gemeinsamen Vorfahren trennten. Diese Technik ermöglicht sozusagen die Konstruktion einer „molekularen Uhr“, die anzeigt, wann sich verwandte Arten auseinanderentwickelt haben. So trennten sich Altweltaffen und Neuweltaffen vor etwa 30 Millionen Jahren. Die insgesamt 24 Unterschiede in der Aminosäuresequenz ihrer Hämoglobinmoleküle lassen vermuten, daß etwa alle 1,25 Millionen Jahre eine Sequenzänderung auftrat. Diese Veränderungsrate wird

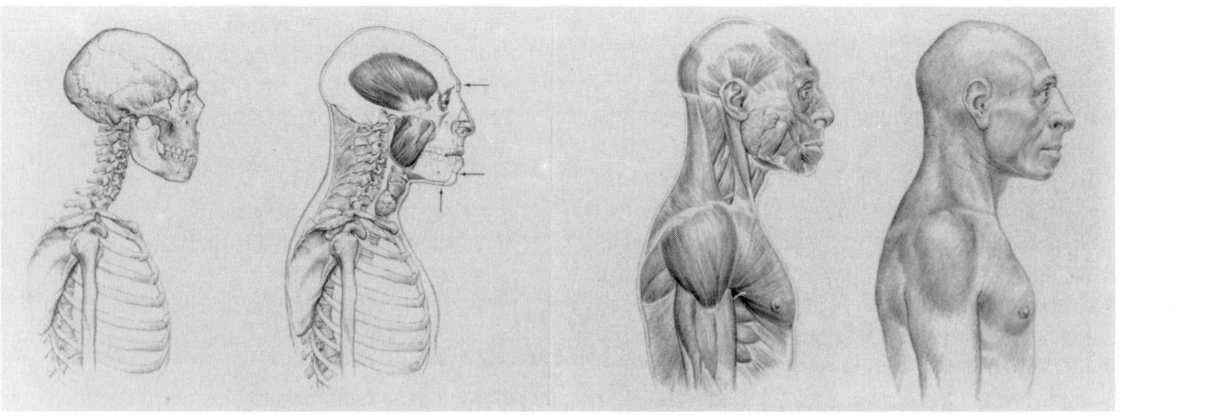

2.3 Rekonstruierter Schulter-Kopf-Bereich des Neandertalers. Zu den Knochen werden die entsprechenden Muskeln und die Haut ergänzt. Die Pfeile deuten auf Punkte, an denen die jeweiligen Maße auf Messungen am Menschen oder Orang-Utan basieren. Die Form der Nase ist von typischen knöchernen Referenzpunkten abgeleitet.Das Rekonstruktionsergebnis steht in auffälligem Widerspruch zu früheren Vorstellungen vom Neandertaler, der unintelligent und nach vorne geneigt dargestellt wurde. (Rekonstruktion von Jay Matternes. Aus Rensberger, B. *Facing the Past*. In: *Science* 81 (1981) S. 41–81. Copyright 1981, Nachdruck mit Genehmigung.)

nun auf die Evolution anderer Arten übertragen. Auf Primaten angewandt bedeutet dies, daß sich die Entwicklungswege der Vorfahren von Schimpanse und Mensch vor ungefähr 5 Millionen Jahren trennten.

Der Verwandtschaftsgrad zweier Arten kann auch durch einen Vergleich der Basenabfolge ihrer Erbsubstanz, das heißt ihrer Desoxyribonucleinsäure-(DNA-)Moleküle, ermittelt werden. Man kann die DNA mit Enzymen in kurze Fragmente zerlegen. Werden diese auf ein Gel aufgetragen, und legt man eine elektrische Spannung an, dann wandern die negativ geladenen Bruchstücke zum Pluspol und trennen sich ihrer Größe nach auf: Dieses Verfahren nennt man Gelelektrophorese. Für jede Art entsteht so ein typisches Muster der DNA-Fragmente. Die DNA-Muster verschiedener Tiere können nun verglichen werden. Mit Hilfe schon bekannter molekularer Uhren (wie der im Zusammenhang mit der Aminosäuretechnik beschriebenen) lassen sich aus solchen Daten Stammbäume erstellen und Verwandtschaftsbeziehungen der Arten ableiten. Beispielsweise legt das DNA-Muster des modernen Menschen und des Schimpansen nahe, daß beide 99 Prozent ihres Genbestandes teilen und somit sehr eng verwandt sind.

Bei der neuesten Technik der DNA-Analyse verwendet man DNA aus **Mitochondrien**, den Zellorganellen, die Energie liefern. Sie befinden sich im Cytoplasma und werden vom weiblichen Organismus durch das Cytoplasma der Eizellen auf die Nachkommenschaft übertragen. Die Mitochondrien-DNA wird auf die gleiche Weise analysiert wie andere DNA. Die Auswertung ist jedoch sehr viel einfacher, da Mitochondrien-DNA-Moleküle kürzer sind als DNA-Moleküle des Zellkerns. Aus der Analyse der Mitochondrien-DNA läßt sich ableiten, daß alle heute lebenden Menschen von einem Urahnen abstammen, der vor etwa 200 000 Jahren in Afrika lebte. Zukünftige Techniken nutzen möglicherweise verstärkt DNA des Y-Chromosoms, um anhand von Erbinformation, die nur zwischen männlichen Individuen übertragen wird, Verwandtschaftsverhältnisse aufzuspüren.

Schließlich gibt uns die Entwicklung neuerer Methoden der Verhaltensanalyse auch über diejenigen evolutionären Kräfte Auskunft, die den heutigen Menschen geformt haben. Die Verhaltensstudien befassen sich mit Menschen und nahen Verwandten wie Schimpansen, Gorillas, Orang-Utans und Gibbons, sowie mit entfernteren Verwandten (Pavianen und anderen Affen). Goodalls Verhaltensstudien an Schimpansen zeichnen das Bild eines Verwandten mit vielen menschenähnlichen Zügen. Die in Gruppen lebenden Schimpansen besitzen große Territorien, die von den Männchen gemeinsam verteidigt werden. Sie riskieren Kriege und töten ihre Nachbarn, um ihr Einflußgebiet zu vergrößern. Die Tiere ziehen viel umher, im Durchschnitt mehr als acht Kilometer pro Tag, und dies mit einer Geschwindigkeit, bei der Menschen Mühe haben mitzuhalten. Schimpansen sind Allesfresser: Sie fressen Früchte, Wurzeln und Insekten, können aber auch gemeinsam Jagd machen auf Affen, Schweine und andere Säuger. Sie bilden komplexe soziale Verbände, in denen die familiären Verbindungen sowohl für das Individuum als auch für die Gruppenstruktur von Bedeutung sind. Schließlich besitzen Schimpansen vielfältige manuelle und vokale Kommunikationsfähigkeiten sowie ein großes mimisches Repertoire. Die Tiere konstruieren und verwenden Werkzeuge, um sich zu verteidigen und um an Nahrung und Wasser zu gelangen.

Ursprünge des Menschen

Die wissenschaftliche Suche nach der Herkunft des Menschen begann im Jahre 1859, als Darwin sein Werk *On the Origin of Species* (*Die Entstehung der Arten durch natürliche Zuchtwahl.* Stuttgart (Reclam) 1967) veröffentlichte. Darwin vermied sorgfältig, auf das heikle Thema der menschlichen Abstammung näher einzugehen. (Er konzentrierte sich statt dessen auf Studienobjekte von seiner Forschungsreise nach Südamerika, wie Krebse, Muscheln und exotische Tiere von den Galapagos-Inseln.) Sein einziger Hinweis auf die Evolution des Menschen erscheint am Ende des Buches, wo er feststellt: »Licht wird auch fallen auf den Menschen und seine Geschichte.« Das war genug! Sofort nach Erscheinen des Werkes entstand eine erregte öffentliche Debatte über unsere mutmaßliche Abstammung von den Affen, was eine Dame aus dem viktorianischen England angeblich zu der Äußerung veranlaßte: »Wir sollen vom Affen abstammen! Oh mein Gott, ich hoffe, daß es nicht stimmt. Wenn dem aber doch so ist, so laßt uns dafür beten, daß es nicht allgemein bekannt wird.«

Es war indes schwierig, unsere anatomische Ähnlichkeit zu den Menschenaffen zu ignorieren, und bald nachdem Darwins Buch erschienen war, wies T. H. Huxley nach, daß der Mensch anatomisch gesehen den Menschenaffen ähnlicher ist als diese im Vergleich zu anderen Affen. Jedoch erst 1871 schlußfolgerte Darwin in seinem Buch *The Descent of Man* (*Die Abstammung des Menschen.* Stuttgart (Wissenschaftliche Buchgesellschaft) 1920), daß wir von einem „haarigen, geschwänzten, vierfüßigen und womöglich auf Bäumen lebenden Wesen" abstammen. In den darauf folgenden Jahren verbreitete sich die Meinung, daß eine Abstammung von Menschenaffen nicht notwendigerweise unangenehm sein müsse. Der Mensch wurde fälschlicherweise als Krönung einer gradlinigen Entwicklung gesehen, die von inzwischen ausgestorbenen affenartigen Tieren ausgegangen war. Diese Urahnen des Menschen hätten sich durch den Prozeß der natürlichen Auslese laufend vervollkommnet und schließlich zum „Ausnahmeprodukt der Evolution", zum *Homo sapiens sapiens*, entwickelt.

Sprunghafte Entwicklung des Menschen

Darwin glaubte, daß Evolution ein allmählicher Vorgang sei und hauptsächlich durch **natürliche Selektion** und **sexuelle Selektion** angetrieben werde. Unter natürlicher Selektion ver-

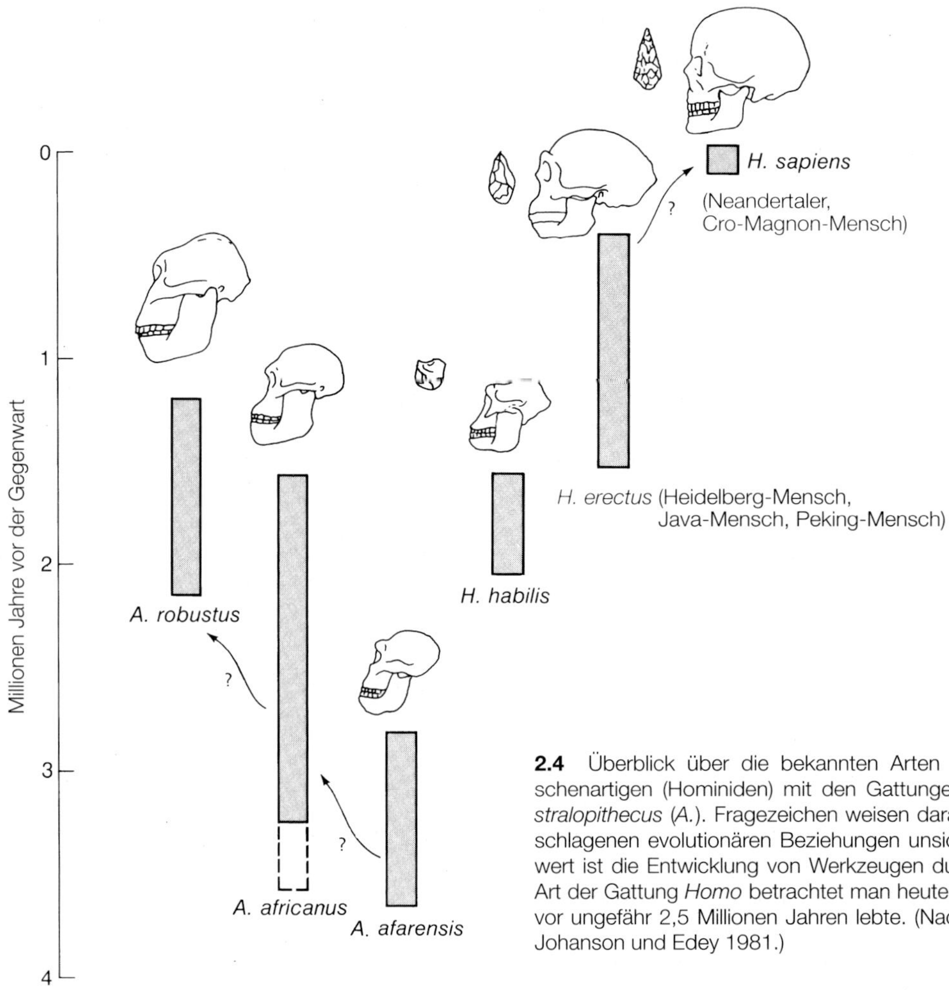

2.4 Überblick über die bekannten Arten der Familie der Menschenartigen (Hominiden) mit den Gattungen *Homo* (*H.*) und *Australopithecus* (*A.*). Fragezeichen weisen darauf hin, daß die vorgeschlagenen evolutionären Beziehungen unsicher sind. Bemerkenswert ist die Entwicklung von Werkzeugen durch *Homo*. Als älteste Art der Gattung *Homo* betrachtet man heute *Homo rudolfensis,* der vor ungefähr 2,5 Millionen Jahren lebte. (Nach Stanley 1981 sowie Johanson und Edey 1981.)

stand Darwin, daß die Tiere, die zufällig neue Fähigkeiten entwickelt hatten, neue Lebensräume oder ökologische Nischen besiedeln und auf diese Weise überleben konnten. Mit sexueller Selektion meinte er, daß Merkmale ausgewählt wurden, die auf das andere Geschlecht anziehend wirkten; Beispiele sind das Erscheinungsbild und die Größe der beiden Geschlechter beim Menschen. Zu Darwins Zeiten waren nur wenige Fossilfunde bekannt. Das Fehlen eines allmählichen Wandels unter dem fossilen Material berührte Darwin jedoch kaum. Er betrachtete solche Funde von vornherein nicht als mögliche Beweisstücke für den Prozeß der Evolution.

Hundert Jahre nach Darwin besitzen wir zwar zahllose gut erforschte Fossilien, die zu der Theorie des **Punktualismus** führten. Diese besagt, daß die Artbildung sehr schnell erfolgt, vermutlich innerhalb weniger hundert oder tausend Jahre. Die meisten Arten zeigen im Laufe ihrer Existenz auf der Erde nur geringe Veränderungen. Sie verschwinden irgendwann in der Erdgeschichte praktisch genauso, wie sie früher aufgetaucht sind.

Obwohl die Erde bereits seit etwa 650 Millionen Jahren belebt ist, zeigen Fossilfunde, daß die echten Säuger erst vor etwa 150 Millionen Jahren in Erscheinung traten und affenähnliche Säuger oder Primaten seit ungefähr 25 Millionen Jahren existieren. Vielleicht kann man wirklich von einem Zeitalter der Primaten sprechen. Fast die gesamte Landmasse unseres Planeten war von Dschungel bedeckt. Biochemische Techniken – insbesondere der Vergleich zwischen der DNA des heutigen Menschen und der afrikanischen Menschenaffen, Schimpansen und Gorillas – legen den Schluß nahe, daß sich unsere Vorfahren von denen der Affen vor etwa 5 Millionen Jahren abspalteten und daß der Mensch vor etwa 200 000 Jahren erschien.

Die weiter oben angeführte Tendenz, den Menschen als Endergebnis einer geradlinigen Entwicklung zu betrachten, ist ein Irrtum. Man kann die Evolution des Menschen eher als eine Art Busch ansehen, wobei unsere Spezies als einziger überlebender Vertreter der Menschenartigen (Familie der Hominiden) einen eigenen Ast darstellt. An der Basis des Busches befinden sich die Australopithecinen, die Vorfahren des Menschen (Abbildung 2.4). Eine Theorie zu unserer Evolution besagt, daß sich menschenähnliche Tiere oder Hominiden vom *Australopithecus* ausgehend entwickelt haben: zuerst *Homo habilis*, dann *Homo erectus* und schließlich *Homo sapiens sapiens*. Andere Szenarien schließen mehr Vertreter der Gattung *Homo* ein, von denen sich einige überlappten, wie in Abbildung 2.4 gezeigt. Wir wollen hier jedoch nur die vier genannten Spezies betrachten, um zu sehen, wie sich unser Gehirn und unser Verhalten entwickelt haben.

Australopithecus: Die „East-Side Story“

Unser wahrscheinlichster Vorfahr ist *Australopithecus* (*australo* bedeutet „südlich“, und *pithecus* steht für „Menschenaffe“) oder ein ihm sehr ähnliches Tier. Der Name wurde von dem Australier R. A. Dart für einen Fund geprägt, den er in Südafrika machte (vermutlich hatte er Heimweh). Diese Urahnen des Menschen lebten im östlichen Afrika und waren die ersten, die ein eindeutiges menschliches Charakteristikum besaßen: den aufrechten Gang. Diese Schlußfolgerung basiert auf der Beschreibung verschiedener Knochen und der Entdeckung fossiler Fußabdrücke, die etwa 3,6 bis 3,8 Millionen Jahre alt sind. Die Fußspuren zeigen eine gut ausgeprägte Wölbung des Fußes, und der große Zeh weist direkt nach vorne und nicht zur Seite; sie sind somit menschlichen Fußspuren viel ähnlicher als denen von Affen. Fossile Überreste belegen, daß in Ostafrika und Äthiopien mehrere verschiedene *Australopithecus*-Arten lebten: *A. afarensis*, *A. africanus* und *A. robustus*. (Als unterhaltsame Lektüre zur Entdeckung der äthiopischen Fossilien empfehlen wir das Buch *Lucy. Die Anfänge der Menschheit* von Johanson und Edey.)

Warum trat *Australopithecus* plötzlich in Erscheinung? Coppens hat dazu eine Theorie entwickelt, die er East Side-Theorie nannte. Auf der Ostseite des Rift Valley in Kenia finden sich viele Fossilien von Hominiden aus einer Zeitspanne von Jahrmillionen, aber keine Fossilien von Affen. Auf der Westseite des Tales leben noch heute Schimpansen und Gorillas, die sich kaum von ihren Vorfahren von vor 15 Millionen Jahren unterscheiden. Coppens vermutet, daß es vor etwa acht Millionen Jahren zu einer tektonischen Verschiebung der Erdkruste kam, aus der das Rift Valley hervorging, mit einem feuchten Dschungelklima auf der Westseite und wesentlich trockeneren Klimaten im Osten. Im Westen konnten die Affen unverändert weiterleben, im Osten mußten sie sich jedoch schnell weiterentwickeln, um sich in der Baum- und Graslandschaft des afrikanischen Busches zu behaupten, die ihren neuen Lebensraum darstellte.

Es gibt zwei Theorien, wie sich diese Veränderungen vollzogen haben könnten. Der „von den Bäumen“-Hypothese zufolge mußten sich die Affen aufgrund der nun weiter auseinanderstehenden Bäume einen aufrechten Gang zulegen. Dies förderte also das Laufen auf zwei Beinen, verringerte den der Sonne ausgesetzten Anteil der Körperfläche und führte somit zu einer Reduzierung der Körperbehaarung. Die von A. Hardy vorgeschlagene „Wasserbaby“-Hypothese besagt, daß es einen nahe am Meer lebenden, nackten Affen gab, der sein aquatisches Habitat aufgeben mußte, als sich der Ozean zurückzog. Dieses auf zwei Beinen laufende Tier hatte bereits zuvor seine Körperhaare verloren, um besser schwimmen zu können, und behielt diese Merkmale bei, als es sich nun an das Landleben anpaßte. Welche Version auch immer zutrifft – sicher ist, daß der Affe zu einer aufrechten Körperhaltung überwechselte, weiterhin auf Bäume kletterte und weit vielfältigere Nahrungsquellen nutzte. Die Veränderungen der Gehirngröße waren dabei jedoch sehr gering, so daß sie nicht einfach als Korrelat zu der Aneignung eines aufrechten Ganges und der damit verbundenen Bewegungsfreiheit der Hände betrachtet werden können.

Homo habilis: Die Omo-Geschichte

Die ältesten Fossilien, die man der Gattung *Homo* zurechnet, fand Louis Leakey 1964 in der Olduvai-Schlucht in Tansania; ihr Alter wurde auf ungefähr 1,75 Millionen Jahre datiert. Die Exemplare erinnern stark an *Australopithecus*. Leakey argumentierte jedoch, daß die Anordnung der Zähne eher der des modernen Menschen als jener der Australopithecinen ähnelt und, was noch viel wichtiger ist, daß diese Individuen offensichtlich einfache Steinwerkzeuge herstellten, die Leakey ebenfalls in der Olduvai-Schlucht entdeckte. Er bezeichnete die Individuen deshalb als *Homo habilis*, was man mit „geschickter Mensch“ übersetzen kann.

Coppens vermutete, daß das Erscheinen von *Homo habilis* mit einer klimatischen Veränderung einherging. Er untersuchte eine Stelle am Omo-Fluß, die eine vollständige stratigraphische (Stratigraphie ist die Formationskunde) Analyse der Zeitspanne von vor vier Millionen Jahren bis vor einer Million Jahren ermöglichte. Er fand heraus, daß das Klima vor vier Millionen Jahren viel feuchter war als vor einer Million Jahren und daß die Vegetation durch Buschland gekennzeichnet war, während die jüngeren Schichten auf Savanne oder Grasland mit nur wenigen Bäumen schließen ließen. In dieser Zeitspanne ist *Homo habilis* aufgetaucht, mit einem größeren Gehirn und der Fähigkeit zum Gebrauch von Werkzeugen.

Ursprünglich hatte man angenommen, *Homo habilis* sei Jäger und Sammler gewesen, wobei die Männer sich auf die Jagd spezialisiert hatten und die Frauen auf das Sammeln von Nüssen und das Ausgraben von Wurzeln. Diese Theorie hat auch die heutige Neuropsychologie beeinflußt, indem sie den Schluß nahelegte, die besseren räumlichen Fähigkeiten des Mannes hingen damit zusammen, daß er sich auf der Suche nach Beute, die er dann mit Hilfe geworfener Speere tötete, in einem weitläufigen Gebiet orientieren mußte. Die in der Nähe des Lagers bleibenden Frauen entwickelten – so die Annahme – soziale und sprachliche Fähigkeiten, die für die Erziehung der Kinder und für das Leben in der Gruppe wichtig waren.

Diese Theorie hat jedoch einige Schwächen. Die frühen Hominiden waren nicht groß: Die Männer maßen weniger als 1,50 m und wogen etwa 45 Kilogramm; die Frauen waren noch kleiner. Die Tiere der Savanne ähnelten den dort noch heute lebenden Tieren, und es ist schwer vorstellbar, daß die frühen Hominiden sie erfolgreich jagen konnten. Die Tiere waren viel zu schnell und zu gefährlich, und außerdem waren die Hominiden relativ schutzlos der Gefahr durch Großkatzen und Hundemeuten ausgesetzt.

Einer etwas neueren Theorie von Blumenschine und Cavallo zufolge gab es jedoch eine ökologische Nische, die ein

Hominide in der Savanne besetzen konnte, nämlich die eines Aasfressers. Viele Tiere starben aufgrund ihres Alters, verhungerten oder verdursteten in Trockenzeiten oder fielen einem Raubtier zum Opfer. Solche Tierkadaver waren in der offenen Savanne, in der Nähe von Wasserlöchern und auf Bäumen zu finden, wo sie von den Leoparden hingeschleppt wurden. Ihr Fleisch war noch ein bis zwei Tage nach ihrem Tod frisch. Ein Lebewesen, das sie aufspüren und schnell bei Tageslicht ausweiden könnte, wäre in der Lage gewesen, sich gegen nachtaktive Aasfresser wie Schakale und Großkatzen zu behaupten. Es hätte also eine reichhaltige Nahrungsquelle gehabt und sie durch Beobachten der Umgebung und der Aktivität von Geiern, Räubern und Tierherden aufspüren können. Auch hätte dieses Lebewesen die scharfen Zähne zum Zerreißen der Haut und die starken Kiefer zum Zerbeißen der Knochen, mit welchen die anderen Aasfresser ausgestattet waren, durch scharfe Steinsplitter und Hämmer ersetzen müssen. Es hätte darüber hinaus ein guter Lastenträger sein müssen, um sich mit dem Fleisch und den Knochen schnell zwischen Felsen oder auf Bäumen in Sicherheit zu bringen. Wichtig ist, daß am Herstellen der Werkzeuge, dem Aufspüren von Fleisch und dem Zerlegen die ganze Familie beteiligt wäre. Die Kinder leisteten mit ihren scharfen Augen einen wichtigen Beitrag beim Finden der Kadaver, und die gesamte Gemeinschaft wäre am Werkzeugmachen, Transportieren und Ausweiden beteiligt.

Zwischen *Australopithecus* und *Homo habilis* bestand ein großer Unterschied in der Gehirngröße, der durchaus mit der aasfressenden Lebensweise des letzteren zusammenhängen könnte (Abbildung 2.4). Diese Lebensweise würde große Anforderungen an die sensorischen, motorischen und sozialen Fähigkeiten stellen. Sie würde eine große Mobilität voraussetzen, damit die Aasfresser ihren Beutetieren folgen könnten, wenn diese mit dem Wechsel der Jahreszeiten umherziehen. Auch wären gute Fähigkeiten in der Herstellung von Werkzeugen erforderlich gewesen, da das Fleisch und das Knochenmark den hominiden Aasfressern ohne Werkzeuge nicht zugänglich gewesen wäre. Die oft gemeinsam mit fossilen Überresten von *Homo habilis* gefundenen, für das Zerkleinern von Tierkadavern geeigneten Werkzeuge (jedoch keine Werkzeuge zum Jagen) sprechen sehr für die Aasfresser-Hypothese.

Homo erectus: Der Wanderer

Homo habilis hat sich gemäß der gängigen Annahme zum *Homo erectus*, zum aufgerichteten Menschen, weiterentwickelt. Diese Bezeichnung beruht auf dem Irrtum, *H. erectus* sei der erste aufrecht gehende Mensch gewesen. Den datierten Funden nach erschien *H. erectus* vor 1,6 Millionen Jahren und lebte bis vor etwa 400 000 Jahren. *Homo erectus* hat deshalb eine Schlüsselrolle in der Evolution des Menschen inne. Sein Gehirn war bedeutend größer als das irgendeines anderen bis dahin lebenden Vorfahren des Menschen, und im Gegensatz zu den Australopithecinen und zu *Homo habilis* zog er weit umher. Seine Überreste hat man sowohl in Ostafrika als auch in Java (Java-Mensch) und China (Peking-Mensch) gefunden.

Ist ein Verhaltensmuster erst einmal verändert worden, um neuen Lebensraum zu besiedeln, können andere Einflußfaktoren ins Spiel kommen und weitere Veränderungen vorantreiben. Ein Faktor, der zufällig weitere Entwicklungen beeinflussen kann, ist die sogenannte *Präadaptation*. Dean Falk (1990) hat die Hypothese aufgestellt, daß eine Veränderung im Verlauf des venösen Blutflusses (dem Blut, das zum Herzen zurückkehrt) um das Gehirn eine zuvor bestehende Grenze für das Wachstum des Affengehirns aufgehoben hat.

Obwohl das Gehirn weniger als 2 % der Körpermasse ausmacht, verbraucht es 25 % des im Körper vorhandenen Sauerstoffs und 70 % der Glucose. Als Ergebnis produziert es sehr viel Wärme und ist bei körperlicher Anstrengung oder hohen Außentemperaturen dem Risiko der Überhitzung ausgesetzt. Falks Auffassung nach begrenzt dieses Überhitzungsrisiko die maximal mögliche Gehirngröße, und es hat auch verhindert, daß sich das Gehirn der Schimpansen über seine heutige Größe hinaus entwickeln konnte. Bei der Untersuchung der Perforationen im Schädel, durch die die Blutgefäße das Gehirn erreichen, bemerkte Falk einen Unterschied zwischen der Anordnung dieser „Löcher" bei Schimpansen und dem bei den schlanken Formen von *Australopithecus* sowie den späteren Hominiden. Die Perforationen im Schädel dieser Hominiden ließen vermuten, daß sie viele weit verzweigte Gefäße besaßen, die venöses Blut aus dem Gehirn abführten. Falks Ansicht nach entwickelten sich diese verzweigten Gefäße, um als Wärmetauscher das Gehirn möglichst kühl zu halten. Er vermutete, daß sie sich mit dem aufrechten Gang von *Australopithecus* entwickelten und den der tagsüber in der Savanne herrschenden Hitze ausgesetzten Körper kühlen sollten. Nachdem diese Veränderung vollzogen war, konnte das Gehirn nun als Reaktion auf andere Anforderungen aus der Umwelt ein größeres Volumen erreichen. Die Reihenfolge der Ereignisse war also folgende:

aufrechter Gang → Entwicklung eines Kühlsystems
→ Möglichkeit zur Vergrößerung des Gehirns

Sobald diese Beschränkung der Gehirngröße überwunden war, konnten also viele andere Einflüsse zu einem größeren Gehirnvolumen führen, darunter die Entwicklung einer sozialen Lebensweise, Veränderungen in den Methoden der Nahrungsbeschaffung und die Anpassung an ein milderes Klima, als die Menschen nach Europa wanderten. Menschen leben in sozialen Gemeinschaften und eine Vergrößerung der Gruppen oder eine höhere Komplexität der Hierarchie könnte ein größeres Gehirn notwendig gemacht haben. Die Hominiden wurden größer, und es gibt Hinweise darauf, daß das Gehirnvolumen überproportional zur Körpergröße zunehmen kann. Außerdem veränderten unsere Vorfahren ständig ihre Ernährungsgewohnheiten. Dies bleibt aber nicht ohne Auswirkung auf die Konstruktion des Gesichts (Zähne, Kaumuskulatur, Augenabstand) und damit auch des Kopfes und könnte zu einer vergrößerten Hirnmasse beigetragen haben. Von Anfang an benutzten die Hominiden Werkzeuge, und Veränderungen im Bau der Hände sowie feinere Bewegungen haben vermutlich ebenfalls ihren Beitrag geleistet. Als die Hominiden nordwärts in kühlere Klimaten zogen, waren wahrscheinlich Veränderungen in der Größe der Gliedmaßen und des Kopfes zu einer besseren Wärmekonservierung von Vorteil. Runde, große Körper speichern Wärme besser als lange Körper, und sie bringen gleichzeitig ein größeres Volumen mit sich. Auch dies könnte zu einem größeren Gehirn beigetragen haben (nicht umsonst haben die Eskimos das größte Gehirn aller heute lebenden „Menschenrassen"). Selbst die Auswahl des Geschlechtspartners könnte eine Rolle gespielt haben. Es gibt Hinweise, daß Männer Frauen mit eher kindlichen Gesichtszügen bevorzugen, und ein kindliches Erscheinungsbild entspricht einem im Vergleich zur Körpergröße relativ großen Kopf.

Bedenkt man alle Einflüsse der Präadaptation und die, abgesehen von der Gehirngröße, ausgeprägten Ähnlichkeiten zwischen *Homo habilis* und *Homo erectus*, so könnte man sich vorstellen, daß *Homo habilis* vor etwa einer Million Jahren einfach seine Fähigkeiten zur Herstellung von Werkzeugen verbesserte, bis er sowohl als Jäger wie auch als Aasräuber überleben konnte. Diese Veränderungen könnten mit seiner Auswanderung aus Afrika und einer Vergrößerung des Gehirns in Zusammenhang stehen.

Homo sapiens: Die Eva-Geschichte

Bis vor etwa 60000 Jahren lebten in Afrika, Europa und Asien mehrere verschiedene Menschenarten. In Europa war es der Neandertaler. Er sah den heutigen Menschen sehr ähnlich, hatte ein ebenso großes Gehirn, war jedoch – stämmiger und stärker als wir – offensichtlich eher im Hinblick auf Stärke als auf Schnelligkeit konstruiert. Die Neandertaler beerdigten ihre Toten offenbar mit Blumen, was wohl der erste Hinweis auf Religiosität sein dürfte.

Den Fossilfunden zufolge erschien *Homo sapiens sapiens*, der heutige Mensch, vor etwa 100000 Jahren in Asien und Nordafrika und vor etwa 40000 Jahren in Europa. Dafür gibt es zwei mögliche Erklärungen. Die eine besagt, daß sich der moderne Mensch mehrmals und an verschiedenen Stellen entwickelt hat, und die andere, daß er plötzlich auftauchte und alle anderen Hominiden verdrängte. Aktuelle biochemische und physikalische Ergebnisse sprechen sehr für die zweite Hypothese.

Paläanthropologen wie Thorne und Wolpoff führen an, daß die heute in Asien lebenden Menschen körperliche Merkmale aufweisen, die jenen von Hominiden gleichen, welche dort bereits vor 500000 Jahren lebten. Europäer haben dagegen viele physische Merkmale der ihnen vorausgehenden Hominiden. Thorne und Wolpoff sind daher der Meinung, der moderne Mensch habe sich in verschiedenen Regionen etwa gleich schnell entwickelt. Neue Anpassungsgene, wie etwa diejenigen, die für die Vergrößerung der Hirnmasse verantwortlich waren, könnten sich durch Wanderbewegungen, Handel und andere soziale Interaktionen in diesen verschiedenen Populationen ausgebreitet haben. Zur Unterstützung ihrer These weisen diese Paläanthropologen darauf hin, daß es zwischen den von frühgeschichtlichen Hominiden und dem modernen Menschen benutzten Werkzeugen keinen Unterschied gebe, der letzterem einen adaptiven Vorteil über die bereits in dem Gebiet lebenden Menschen gebracht haben könnte.

Die von Cann und ihren Mitarbeitern vorgenommene Analyse der Mitochondrien-DNA des heutigen Menschen läßt vermuten, daß alle heute lebenden Personen von einer „Ur-Eva" abstammen, die vor etwa 200000 Jahren in Afrika lebte. Diese ersten direkten Vorfahren des modernen Menschen teilten sich in zwei Gruppen. Eine blieb in Afrika, die andere breitete sich über die restliche Welt aus. Canns Analyse legt weiterhin nahe, daß *Homo sapiens* nicht einfach in verschiedene Erdteile migrierte und sich dann zu unterschiedlichen Rassen entwickelte. Vielmehr scheint es, als hätten sich Populationen unserer Vorfahren mehrere Male vermischt, bevor sich die heutigen „modernen Rassen" herausbildeten. Die transkontinentale Ausbreitung, der Kontakt zwischen verschiedenen Gruppen und ihre Vermischung, welche die letzten Jahrhunderte kennzeichneten, folgten offensichtlich einem sehr alten Muster von *Homo sapiens*.

Was beim Auftauchen des modernen Menschen mit den eingeborenen Menschen, etwa den Neandertalern, geschah, ist Thema vieler wissenschaftlicher Diskussionen. Die biochemischen Daten geben keinerlei Hinweise darauf, daß die Neuankömmlinge sich mit den bereits dort lebenden Menschen vermischten, obwohl Fossilien belegen, daß sie für einen beträchtlichen Zeitraum gemeinsam die gleichen Lebensräume besiedelten. Möglicherweise haben sie sich dennoch vermischt, aber keine lebensfähigen Nachkommen gezeugt. Wenn sie sich nicht vermischten, so ist dies schwierig zu erklären. Die beste Erklärung lautet, daß der moderne Mensch vielleicht derart fortgeschrittene Sprachfähigkeiten erlangt hatte, daß er dadurch praktisch von anderen Spezies isoliert wurde. Wenn wir uns vergegenwärtigen, welche Wirkungen die Europäer auf andere Völker hatten, mit denen sie in Kontakt kamen, können wir verstehen, wie die eingeborenen Menschen damals vollkommen verdrängt wurden. Innerhalb weniger Jahre nach dem Eintreffen der Europäer in Amerika war die Zahl der Eingeborenen dort aufgrund neuer Krankheiten und Kriege drastisch zurückgegangen, und mancherorts verschwanden ganze Populationen. Etwa dasselbe geschah in Tasmanien. Es ist also wahrscheinlich, daß in der Frühgeschichte von *Homo* ähnliche Interaktionen stattfanden.

Die Evolution von einem menschenähnlichen Geschöpf bis hin zu einem Lebewesen, das mit dem heutigen Menschen morphologisch identisch ist, beanspruchte nahezu vier Millionen Jahre. Man muß deshalb annehmen, daß die Entwicklung des modernen Menschen, seines Gehirns und seiner kognitiven Fähigkeiten sehr rasch vonstatten gegangen ist. Die meisten Verhaltensänderungen erfolgten tatsächlich erst in der jüngeren Vergangenheit. Bereits vor 25000 Jahren zeichnete der Cro-Magnon-Mensch recht anspruchsvolle Bilder auf Höhlenwände, er schnitzte Elfenbein, meißelte Steinfiguren und hinterließ dadurch die ersten Kunstwerke. In den letzten 10000 Jahren beschleunigte sich die kulturelle Entwicklung erheblich: Im Orient wurden etwa 7000 vor Christus Ackerbau und Viehzucht eingeführt, gefolgt von der Entstehung einer Zeichenschrift um das Jahr 3000 vor Christus. Die sogenannte Neuzeit begann vor etwa 500 Jahren. Sehr vieles von dem, was wir heute um uns herum sehen, wurde seitdem erfunden oder entdeckt. Deshalb ist auch fast alles, was wir mit dem modernen Menschen in Zusammenhang bringen, sehr jung. Doch die grundlegenden Voraussetzungen und Werkzeuge für diese stürmische Entwicklung, also das Gehirn, die frei verfügbaren Hände und der aufrechte Gang, sind sehr alte Errungenschaften. Es bleibt ein Rätsel, warum es so lange dauerte, bis wir unser Gehirn in der heutigen Weise benutzten.

Zusammengefaßt heißt dies, daß der moderne Mensch keineswegs Endprodukt einer allmählichen Evolution affenartiger Vorfahren ist, wie man in der viktorianischen Zeit noch glaubte. Mehrere hominide Arten entstanden und verschwanden wieder, und während eines langen Abschnitts der Evolution des Menschen lebten mehrere menschenartige Spezies nebeneinander. Der moderne Mensch ist der einzige Überlebende dieser Hominiden. Der aufrechte Gang war eine wichtige Errungenschaft, er war jedoch nicht von einer Zunahme der Gehirngröße begleitet. Diese kam später und ging mit der Entwicklung neuer Fertigkeiten einher.

Die Evolution unseres Gehirns

Im Gegensatz zum Schädel und anderen Knochenteilen hinterläßt weiches Gewebe, zum Beispiel die Gehirnmasse, keine fossilen Überreste. Deshalb muß man die Größe und Organisation des Gehirns aus Form, Größe und anderen Merkmalen der Schädelinnenseite ableiten. Ein dabei häufig verwendetes Maß ist das Schädelvolumen. Das Schädelvolumen ermöglicht eine gute Abschätzung des Hirnvolumens, obwohl man sich davor hüten sollte, eine Beziehung zwischen Hirngröße und Intelligenz herzustellen. Zwar trifft es zu, daß Tiere mit großen Gehirnen, etwa Schimpansen, offensichtlich intelligenter sind als solche mit kleineren Gehirnen, dennoch sind intelligente Tiere auf unterschiedliche Art und Weise „intelligent". Tiere, die in so unterschiedlichen ökologischen Umwelten leben wie in Baumwipfeln oder im Wasser, benötigen nicht die gleiche Gehirngröße, um Bewegungen zu steuern. Außerdem variiert die Gehirngröße auch innerhalb einer Art beträchtlich. Das menschliche Gehirn wiegt zwischen 1 000 und 2 000 g, wobei es zwischen Größe und Intelligenz keine klare Korrelation gibt. Diese Schwankungsbreite deutet darauf hin, daß unser Hirnvolumen mit dem unserer Vorfahren deutlich überlappt.

Trotz dieser Schwierigkeiten bei der Interpretation der Gehirngröße beeindruckt die starke Zunahme des Hirnvolumens von *Australopithecus afarensis* zu *Homo sapiens* (Abbildung 2.5). Das Gehirn der frühen Australopithecinen hatte ungefähr die gleichen Ausmaße wie das eines heutigen Schimpansen; es wog etwa 400 g. *Australopithecus* entwickelte kein besonders großes Gehirn, obwohl diese Gattung etwa drei Millionen Jahre lang unsere Erde bevölkerte. Die ersten Menschen, die Werkzeuge herstellten (*Homo habilis*), hatten ein etwas größeres Gehirn, aber auch ihr Hirnvolumen war ziemlich bescheiden, denn es betrug nur etwa die Hälfte des durchschnittlichen Volumens heutiger menschlicher Gehirne. Eine deutliche Vergrößerung des Gehirns fand offensichtlich bei *Homo erectus* statt: Die Volumenzunahme entsprach fast der Größe eines *Australopithecus*-Gehirns! Die Umstände, die eine solch drastische Vergrößerung der Gehirnmasse bei *Homo erectus* und *Homo sapiens* verursachten, müssen sehr rasch Folgen gezeigt haben. Das plötzliche Erscheinen von *Homo erectus* mit seinem großen Gehirn impliziert auch, daß es möglicherweise keine allmähliche Auslese von Individuen mit tendenziell zunehmender Hirngröße gegeben hat. Man

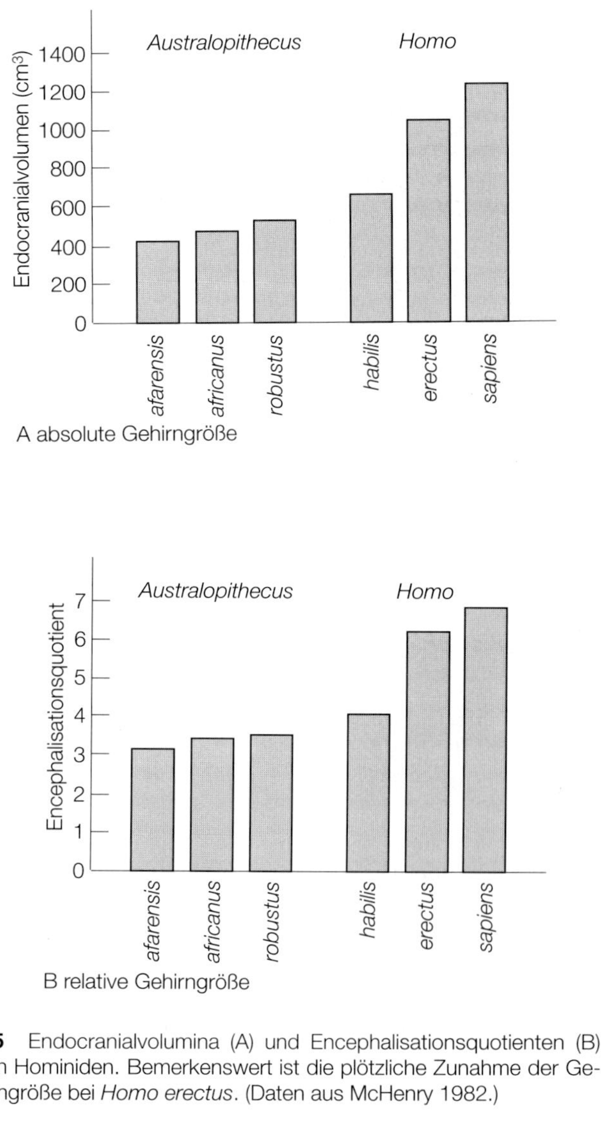

2.5 Endocranialvolumina (A) und Encephalisationsquotienten (B) von Hominiden. Bemerkenswert ist die plötzliche Zunahme der Gehirngröße bei *Homo erectus*. (Daten aus McHenry 1982.)

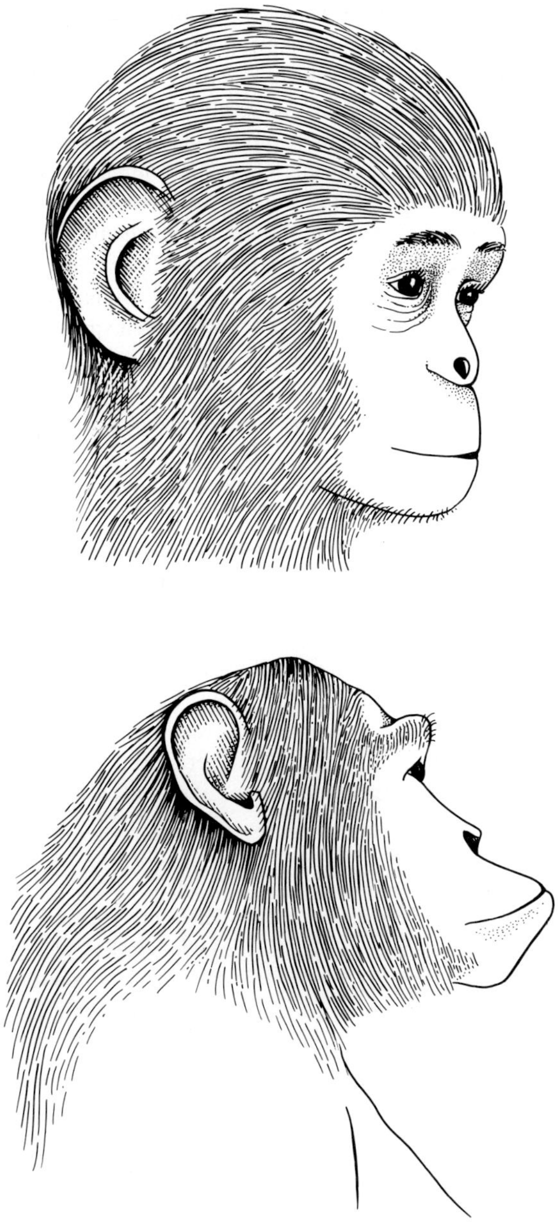

2.6 Ein junger (oben) und ein adulter (unten) Schimpanse. Es wird deutlich, daß wir Menschen dem kleinen Schimpansen ähnlicher sehen als dem ausgewachsenen. Dies ist ein Beispiel für das Prinzip der Neotenie in der Evolution des Menschen. (Nach Gould 1981.)

kann eher vermuten, daß ein großes Gehirn einen entscheidenden und sofortigen Vorteil mit sich brachte.

Es gibt eine Reihe von Erklärungsversuchen für diese plötzliche Zunahme der Gehirngröße. Sogenannte Hauptfaktortheorien gehen von einzelnen Ursachen aus. Beispielsweise wurde früher vorgeschlagen, daß freibewegliche Hände zur Herstellung von Werkzeugen geführt haben und diese wiederum zur Vergrößerung des Gehirns. Heute wissen wir, daß Schimpansen und viele andere Tiere Werkzeuge verwenden und die ersten aufrechtgehenden Affen kein größeres Gehirn hatten als andere Affen, was diese Argumentation kaum überzeugend erscheinen läßt. Mehrfaktorentheorien hingegen gehen von mehreren gleichzeitig einwirkenden Einflüssen aus (siehe oben). Was immer die auslösenden Faktoren gewesen sein mögen – fest steht, daß jede Zunahme der Gehirngröße Selektionsvorteile mit sich brachte, die sich in einer Zunahme und Verfeinerung von Fertigkeiten ausdrückten, und diese verstärkten ihrerseits den Trend zu einem größeren Gehirn.

Es lassen sich mindestens drei Mechanismen vorstellen, wie es zu der Vergrößerung des Gehirnvolumens gekommen sein mag. Der erste ist die **Neotenie**. Bei diesem Phänomen verlangsamt sich die Geschwindigkeit der Individualentwicklung und Merkmale der Jugendform der Vorfahren bleiben als adulte Merkmale bei den Nachkommen erhalten. Da der Kopf von Kleinkindern im Verhältnis zur Körpergröße relativ groß ist, hat dieser Prozeß womöglich zu „adulten Babies" mit einem großen Gehirn geführt. Viele anatomische Eigenschaften des Menschen ähneln denen eines jungen Primaten, etwa das schmale Gesicht, die gewölbte Schädeldecke, das große Gehirngewicht im Vergleich zum Körpergewicht, der nach vorne gerichtete große Zeh, die aufrechte Haltung und der auf Kopf, Achselhöhlen und Geschlechtsorgane beschränkte Haarwuchs (Abbildung 2.6). Erwachsene bewahren auch einige kindliche Verhaltensmerkmale: das Spiel, die Erkundung der Umwelt und ein flexibles Verhalten. Ein wichtiger Teil der Antwort auf das Rätsel der Sphinx über die Natur des Menschen besteht also darin, daß der aufrecht gehende Mensch in gewisser Weise einem Schimpansenkind gleicht.

Eine zweite Ursache könnte mit der Vergrößerung von Cortexarealen, welche die meisten hochentwickelten Verhaltensweisen regulieren, zusammenhängen. Dieser Prozeß läßt sich anhand eines fiktiven Beispiels verdeutlichen. Abbildung 2.7 zeigt das Gehirn einer rezenten Ratte mit den verschiedenen Regionen, die an motorischen und sensorischen Vorgängen beteiligt sind. Angenommen, für unsere Ratte wäre es vorteilhaft, in einen Lebensraum (Habitat) auf Bäumen umzuziehen, in dem sie nun beim Klettern und zum Erreichen von Früchten ihre Vorderpfoten viel intensiver einsetzt als am Boden. Zur Steuerung der feinen Bewegungen der Pfoten wäre eine größere Repräsentation im Cortex erforderlich. Das Cortexareal würde sich folglich vergrößern, um hierfür Platz zu schaffen, wie in Abbildung 2.7B zu erkennen ist.

Eine dritte Ursache für die Vergrößerung des Gehirnvolumens ist möglicherweise die Entwicklung neuer Cortexareale. Nehmen wir einmal an, unsere „begabte" Ratte benötigt neue visuelle Fähigkeiten, um sich in ihrem neuen Baumhabitat zurechtzufinden. Wir könnten uns vorstellen, daß eine gute räumliche Wahrnehmung nützlich wäre, um von einem kleinen Ast zum nächsten zu springen. Um eine solche Tiefenwahrnehmung zu ermöglichen, könnten sich vielleicht manche Zellen in beiden Augen darauf spezialisieren, dasselbe Objekt aus unterschiedlichen Blickwinkeln zu betrachten, und diese spezialisierten Zellen könnten nun in ein neues Cortexareal projizieren, das seinerseits auf stereoskopes Sehen spezialisiert ist. Wir könnten uns auch vorstellen, daß unsere

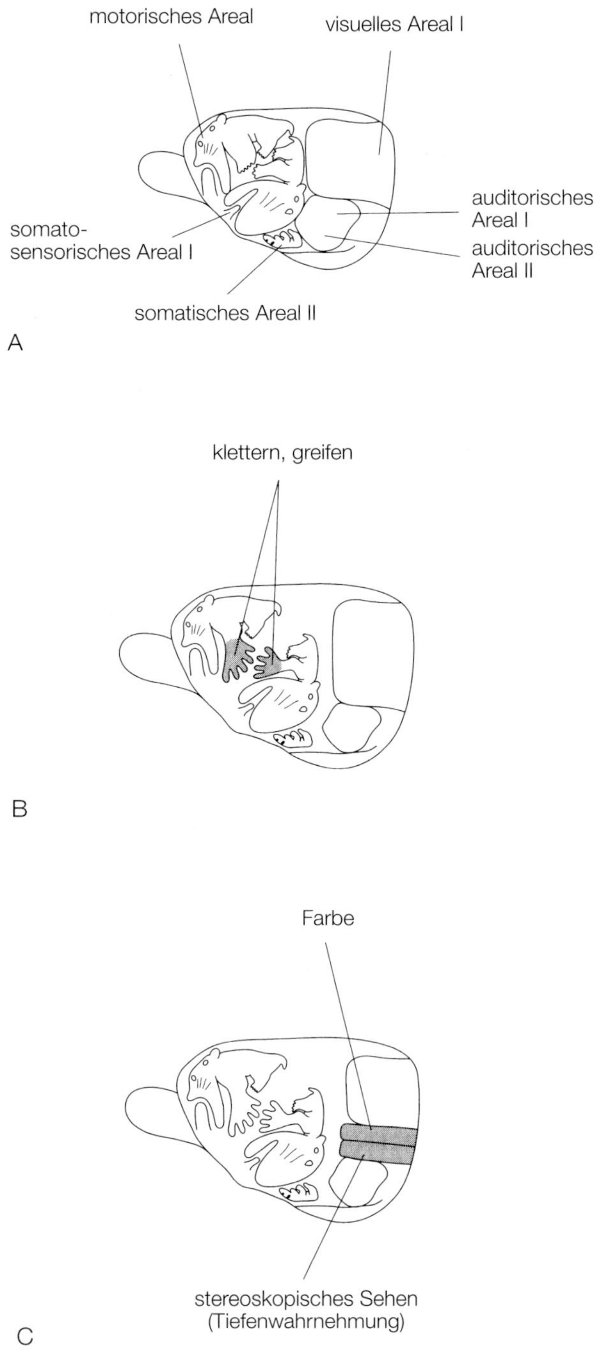

2.7 A. Skizze eines Nagergehirns, in der die Anzahl und die Ausdehnung der sensorischen und motorischen Areale des Cortex eingezeichnet sind. B. Gehirn eines hypothetischen Nagetieres, das in ein Habitat auf Bäumen übergewechselt ist und nun zum Klettern und Ergreifen von Nahrung seine Vorderpfoten sehr präzise einsetzten muß. Die Repräsentation der Vorderpfoten im sensorischen und motorischen Cortex ist größer geworden, um neue Rezeptoren der Handfläche und das komplexere Zusammenspiel der Muskeln zu repräsentieren. C. Das Gehirn eines hypothetischen Nagers, der zusätzlich die Fähigkeit zum Farbensehen und zur Tiefenwahrnehmung erworben hat, um sich in den Bäumen besser bewegen und ernähren zu können. Der Cortex enthält nun zwei neue visuelle Areale, eines für jede dieser Fertigkeiten.

Ratte plötzlich an einer besonders nahrhaften roten Frucht vorbeikommt, die sie nur dann vor den anderen Tieren fressen könnte, wenn sie zur Farbwahrnehmung imstande wäre – es werden also neue Zellen in der Retina und noch ein neues Cortexareal nötig. Diese neue motorisch und visuell hochentwickelte Ratte hätte nun ein viel größeres Gehirn, wie in Abbildung 2.7C gezeigt. Und wenn weitere neue Fähigkeiten erforderlich wären, kämen weitere Areale hinzu und das Gehirn würde noch größer.

Schlußfolgerungen

Seit mindestens fünf Millionen Jahren hat sich das menschliche Gehirn von dem Gehirn anderer Primaten getrennt entwickelt. In den letzten zwei Millionen Jahren vergrößerte es sich gewaltig. Dies scheint sich in einigen recht schnellen Schritten abgespielt zu haben, die zu einer Reihe von menschenähnlichen Tieren geführt haben, die alle zu etwa der gleichen Zeit lebten. Klimatische Veränderungen waren vermutlich eng mit dem Erscheinen neuer Hominidenarten verbunden. Den modernen Menschen gibt es offenbar erst seit etwa 200000 Jahren, und er hat alle seine Vorfahren verdrängt. Der allgemeine Aufbau des menschlichen Gehirns ist dem bei anderen Tieren sehr ähnlich, selbst einem bei so einfachen Tieren wie der Ratte. Der Hauptunterschied ist die Größe, insbesondere die Größe des Neocortex. Das große Volumen ist vermutlich aufgrund der Notwendigkeit vieler neuer Fertigkeiten, und nicht nur einer oder weniger, entstanden. Die Zunahme der Gehirngröße ganz generell, und insbesondere bei den Primaten, ist mit der Entwicklung neuer Cortexareale verbunden, die neue Verhaltensweisen ermöglichten.

Literatur

Beals, K.L., C.L. Smith, S.M. Dodd. Brain size, cranial morphology, climate, and time machines. *Current Anthropology* 25: 301–330, 1984.

Blinkov, S.M., J.I. Glesner. *The Human Brain in Figures and Tables*. New York: Basic Books, 1968.

Blumenschine, R.J., J.Q. Cavallo. Frühe Hominiden – Aasfresser. *Spektrum der Wissenschaft,* 88–95, Dezember 1992.

Campbell, C.B.G., W. Hodos. The concept of homology and the evolution of the nervous system. *Brain, Behavior and Evolution* 3: 353–367, 1970.

Coppens, Y. Geotektonik, Klima und der Ursprung des Menschen. *Spektrum der Wissenschaft,* 64–71, Dezember 1994.

Diamond, I.T., K.L. Chow. Biological psychology. In: S. Koch (Hrsg.) *Psychology: A Study of a Science*, Bd. 4. New York: McGraw-Hill, 1962.

Falk, D. A reanalysis of the South African australopithecine natural endocasts. *American Journal of Physical Anthropology* 53: 525–539, 1980.

Falk, D. Brain evolution in Homo: The „radiator" theory. *Behavioral and Brain Sciences* 13: 344–368, 1990.

Goodall, J. *The Chimpanzees of Gombe*. Cambridge, Mass.: The Belknap Press of Harvard University Press, 1986.

Hodos, W., C.B.G. Campbell. Scale naturae: Why there is no theory in comparative psychology. *Psychological Review* 76: 337–350, 1969.

Holloway, R.L. Revisiting the South African Tuang australopithecine endocast: The position of the lunate sulcus as determined by the stereoplotting technique. *American Journal of Physical Anthropology* 56: 43–58, 1981.

Jerison, H.J. *Evolution of the Brain and Intelligence*. New York: Academic Press, 1973.

Johanson, D., M. Edey. *Lucy. Die Anfänge der Menschheit.* München: Piper, 1992.

Jorde, L.B. Human genetic distance studies: Present status and future prospects. *Annual Review of Anthropology* 14: 343–373, 1987.

Lockhart, R.B. The albino rat: A defensible choice or bad habit. *American Psycologist* 23: 734–742, 1968.

McHenry, H.M. Fossils and the mosaic nature of human evolution. *Science* 190: 425–431, 1975.

Passingham, R.E. *The Human Primate*. San Francisco: W.H. Freeman, 1982.

Sarnat, H.B., M.G. Netsky. *Evolution of the Nervous System*. New York: Oxford University Press, 1974.

Stanley, S.M. *The New Evolutionary Timetable*. New York: Basic Books, 1981.

Stephen, H., R. Bauchot, O.J. Andy. Data on the size of the brain and of various parts in insectivores and primates. In: C.R. Noback, W. Montagna (Hrsg.) *The Primate Brain*. New York: Appleton, 1970, S. 289–297.

Thorne, A., M.H. Wolpoff. Multiregionaler Ursprung des modernen Menschen. *Spektrum der Wissenschaft,* 80–87, Juni 1992.

White, T.H. *The Once and Future King*. London: Collins, 1958.

Young, J. Z. *The Life of Vertebrates*. New York: Oxford University Press, 1962.

3

Die Organisation des Nervensystems

Mit der Behauptung, die menschliche Großhirnrinde sei das Organ der Zivilisation, legt man eine große Last auf diesen kleinen Klumpen Materie. Sie erinnert an Darwins Erstaunen darüber, daß das wunderbar effiziente und vielseitige Verhalten einer Ameise mit einem so kleinen Gehirn, das »noch nicht einmal die Größe eines Viertel Stecknadelkopfes« hat, möglich ist. Die Komplexität des menschlichen Gehirns ist noch weit größer als die eines Ameisengehirns, da das menschliche Verhalten noch differenzierter ist als das einer Ameise. (C. Huston Herrick, 1926.)

Die Komplexität des Gehirns macht es schwierig, seine Bestandteile mit bestimmten Funktionen in Zusammenhang zu bringen. Das Gehirn besteht aus mehr als 180 Milliarden Zellen, und die meisten von ihnen sind direkt an der Informationsverarbeitung beteiligt. Jede Zelle empfängt bis zu 15 000 Eingänge von anderen Zellen. Gäbe es keine Ordnung in dieser komplexen Struktur, so wäre jegliche Information völlig unverständlich. Glücklicherweise können wir einige Vermutungen darüber anstellen, wie diese Maschinerie funktioniert, da wir in der Lage sind, eine gewisse Organisation in der Anordnung der Bestandteile zu erkennen. Neurone bilden die meisten ihrer Verknüpfungen mit nahebei liegenden Neuronen aus. Die Zellen sind also in Zellverbänden organisiert, von denen viele groß genug sind, daß man sie schon bei oberflächlicher Betrachtung identifizieren kann.

Obgleich sich Gehirne in ihrer Größe und Form ebenso unterscheiden wie Gesichter, besitzen alle Menschen die gleichen Gehirnstrukturen. Diese scheinen sogar bei allen Säugern gleich zu sein. Als der Anatom Lorente de Nó das Mausgehirn mikroskopisch untersuchte, stellte er fest, daß es in seiner Feinstruktur nur wenig Unterschiede zum menschlichen Gehirn zeigt. Gerade weil sich zahlreiche Strukturen des Gehirns bei den meisten Säugetieren und beim Menschen gleichen, und weil viele menschliche und tierische Verhaltensweisen einander ähneln, ist es möglich, durch Untersuchungen der Beziehung zwischen Anatomie und Funktion etwas über die Funktionen bestimmter Gehirnstrukturen zu erfahren.

Anatomie des Nervensystems

Neuronen und Gliazellen

In der Embryonalentwicklung entstehen zwei primitive Zelltypen des Nervensystems, **Neuroblasten** und Gliazellvorläufer („Spongioblasten"). (Unter Blasten versteht man allgemein unreife Zellen.) Die Neuroblasten entwickeln sich zu Nervenzellen (**Neuronen**, abgeleitet von dem griechischen Wort für Nerv), den funktionalen Grundeinheiten des Nervensystems. Aus den Gliazellvorläufern entstehen die **Gliazellen**, welche die Neuronen in verschiedener Weise unterstützen. Neuronen und Gliazellen bilden das reife Gehirn.

Abbildung 3.1 zeigt die relative Größe verschiedener Neuronen, ihre Form und den Ort, wo sie im Nervensystem zu finden sind. Man beachte, daß die einfachsten Neuronen aus einem Zellkörper mit einem Dendriten auf der einen und

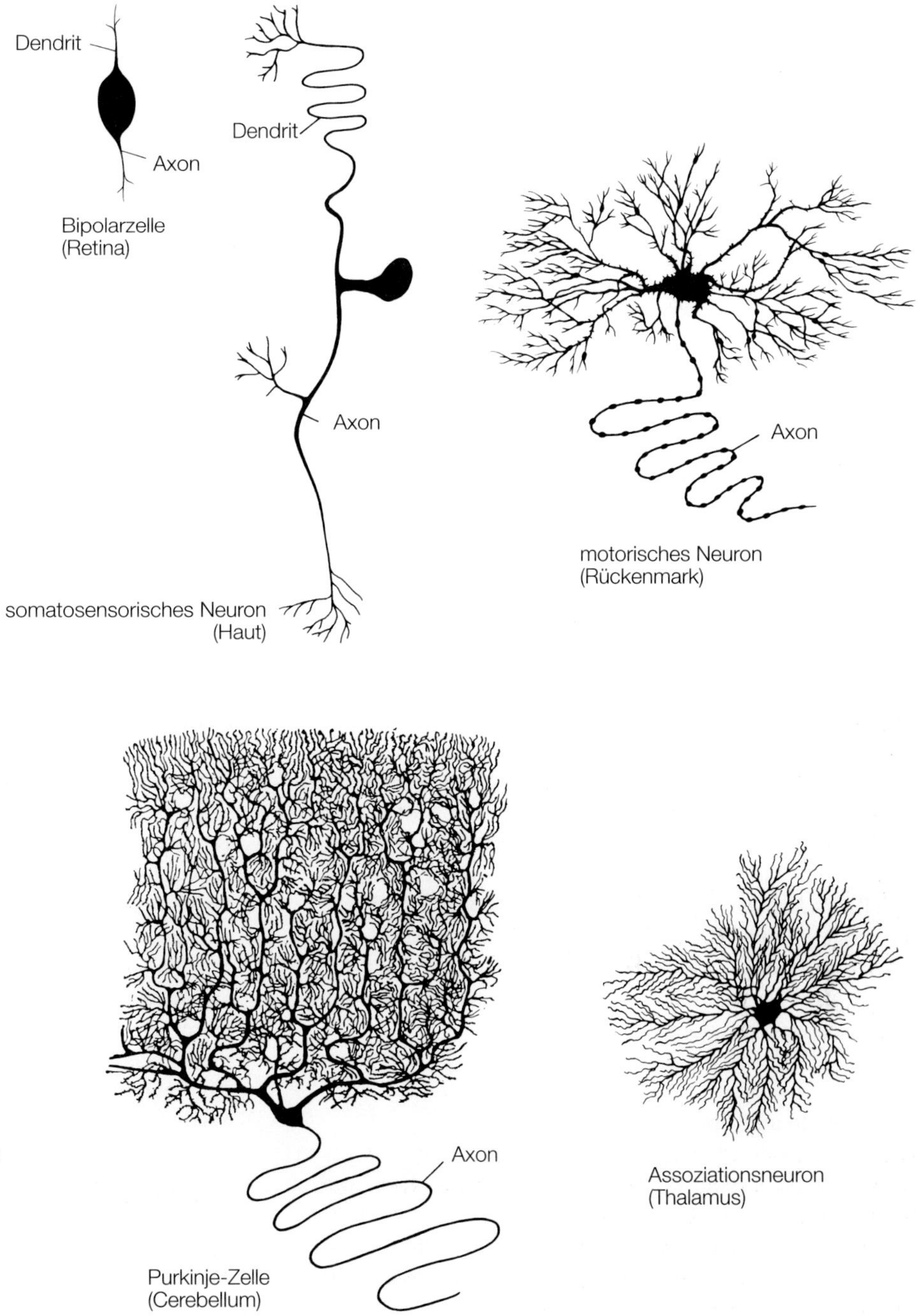

3.1 Das Nervensystem setzt sich aus Gliazellen und Neuronen (Nervenzellen) zusammen, die jeweils spezielle Funktionen haben. Die Zeichnungen verdeutlichen die relative Größe und die Form einiger Neuronen im menschlichen Körper.

einem Axon auf der anderen Seite bestehen. Sensorische Zellen, die von den Rezeptoren des Körpers zum Rückenmark projizieren, sind dergestalt modifiziert, daß Dendrit und Axon miteinander verbunden sind, was die Geschwindigkeit der Signalleitung erhöht. Zellen innerhalb des Nervensystems variieren hauptsächlich im Hinblick auf ihre Gesamtgröße und die Komplexität ihrer dendritischen Fortsätze. Tabelle 3.1 gibt einen Überblick über einige Funktionen von Gliazellen.

Graue Substanz, weiße Substanz und retikuläre Strukturen

Bestimmte Teile des Nervensystems sehen weiß, grau oder grau-weiß aus. Man bezeichnet diese Bereiche entsprechend als weiße, graue und retikuläre Substanz. Diejenigen Gebiete, in denen Blutgefäße und Zellkörper von Neuronen vorherrschen, bilden die **graue Substanz**. Von den Zellkörpern der

Tabelle 3.1: Gliazellen und ihre Funktionen

Zellart	Funktion
Astroglia	Stützfunktion und Funktion bei der Regeneration von Neuronen
Oligodendroglia	Umhüllung und elektrische Isolierung der Axone von ZNS-Neuronen[a] zur Erhöhung der Leitungsgeschwindigkeit
Schwann-Zellen	Umhüllung und elektrische Isolierung der Axone von PNS-Neuronen[a] zur Erhöhung der Leitungsgeschwindigkeit
Mikroglia	phagozytieren Nervenzellen
Ependymzellen	begrenzen die Ventrikelräume des Gehirns und bilden die Cerebrospinalflüssigkeit

[a] Die Neuronen des Zentralnervensystems (ZNS) befinden sich im Gehirn und im Rückenmark. Neuronen, die an anderen Stellen im Körper liegen, zählt man zum peripheren Nervensystem (PNS).

Neuronen gehen lange Fortsätze, sogenannte **Axone**, ab, die eine Verbindung mit anderen, manchmal weit entfernten Neuronen herstellen. Die Axone sind oft mit einer isolierenden Hülle, der Myelinscheide, umgeben. Die Hülle wird von Gliamembranen gebildet und besteht aus weiß erscheinenden Fettsubstanzen. Dies ist vergleichbar mit der Milch, deren Farbe ebenfalls vom Fett herrührt. Dementsprechend erscheint jedes Gebiet im Nervensystem, das reich an myelinumhüllten Axonen ist, weiß und wird als **weiße Substanz** bezeichnet. Einen Bereich, in dem dunkle Zellkörper und helle Axone etwa gleich häufig vorkommen, nennt man wegen seines netzartigen Aussehens **retikuläre Substanz** (lateinisch *rete* für „Netz").

Kerngebiete und Faserzüge

Große Gruppen von Zellkörpern werden als Kern oder **Nucleus** bezeichnet. Eine solche Gruppierung läßt darauf schließen, daß ein Nucleus eine bestimmte Funktion erfüllt, was auch tatsächlich der Fall ist. Ein dickes Bündel von Axonen nennt man **Tractus** oder Faserzug. Faserzüge dienen dazu, Informationen von einer Gehirnregion in eine andere zu leiten. So leitet zum Beispiel der Tractus opticus Informationen aus dem Auge ins Gehirn. Weil die Zellkörper grau aussehen, erscheinen auch die Nuclei in einem deutlich erkennbaren Grau; und da das Myelin die Axone weiß erscheinen läßt, sind die Faserzüge insgesamt ebenfalls weiß.

Färbungen

Größere Nuclei und Faserzüge erkennt man in frischem Gehirngewebe oder in Gehirnschnitten an ihrer Farbe. Kleinere Kerne und Faserverbindungen müssen dagegen durch histologische Färbung hervorgehoben werden, damit man sie sehen kann. Dabei taucht man Hirngewebe in verschiedene Lösungen. Da Zellen in ihrer chemischen Zusammensetzung variieren, lassen sich unterschiedliche Zellanteile selektiv färben. Histologische Methoden sind für die Unterscheidung einzelner Gehirnareale eine große Hilfe und werden immer weiter verfeinert. Es existieren inzwischen Färbetechniken, mit denen sich verschiedene Teile einer Zelle und verschiedene Arten von Zellen, unreife, reife, kranke oder tote Zellen anfärben lassen.

Im Wunderland der anatomischen Fachausdrücke

Studierenden, die sich zum ersten Mal mit der Neuroanatomie befassen, erscheint die Terminologie – das System der Fachbezeichnungen für Kerne, Faserzüge und andere Strukturen des Nervensystems – zu recht chaotisch. Viele Strukturen haben mehrere Namen, die man oft synonym verwendet. So wird zum Beispiel eine Struktur, der **Gyrus praecentralis**, auch als primärer motorischer Cortex, Areal 4, motorischer Streifen, motorischer Homunculus, Jacksons Streifen, Area pyramidalis oder somatomotorischer Cortex bezeichnet. Natürlich stellt eine solche terminologische Vielfalt ein Hindernis dar, wenn man Neurowissenschaften studieren möchte. Ein Trost mag darin bestehen, daß sie die Kultur und die Geschichte dieser Disziplin widerspiegelt. Es gibt viele weitere Beispiele von Gehirnstrukturen, die mehrere, zum Teil besonders seltsam klingende Namen haben. Griechische Fachbegriffe wechseln sich mit englischen oder deutschen ab, diese wieder mit lateinischen und gelegentlich mit französischen. Manchmal hat sich die Vorstellungskraft der Neuroanatomen an der Körperanatomie orientiert (zum Beispiel beim Mamillarkörper: lateinisch *mamilla* für „Brustwarze" oder „Brust"), manchmal an der Botanik (Amygdala für „Mandelkern"), an der Fauna (Hippocampus für „Seepferdchen") oder an der Mythologie („Ammons Horn") ausgerichtet. Einige Begriffe wurden zu Ehren früher Pioniere gewählt, zum Beispiel die Felder von Forel, die Fissura Rolandi oder Deiters Nucleus. Andere Begriffe richten sich nach der Farbe: Substantia nigra („schwarze Substanz"), Locus coeruleus („blauer Ort") und Nucleus ruber („roter Kern") sind drei bekannte Beispiele. Manche Namen erscheinen außerordentlich lang, wie der Nucleus reticularis tegmenti pontis Bechterewi. Wieder andere Termini orientieren sich an der Konsistenz des Gewebes, zum Beispiel Substantia gelatinosa („gelatinartige Substanz"), oder sind ziemlich nebulös, etwa Substantia innominata („namenlose Substanz"), Zona incerta („unsicheres Feld") und Nucleus ambiguus („zweideutiger Kern"). Schließlich gibt es noch Namen, die eine technisierte Version alter Begriffe darstellen, so die Nuclei A1 bis A10, die übrigens erst in jüngster Zeit benannt wurden.

Wir versuchen in diesem Buch, einheitliche und gebräuchliche Begriffe zu verwenden.

Wissenschaftliche Ansätze in der Anatomie

Die Neuroanatomen verfolgen bei ihren Untersuchungen vier grundlegende Forschungsansätze: 1) den vergleichenden Ansatz, 2) den an der Hirnentwicklung orientierten Ansatz, 3) den cytoarchitektonischen und 4) den biochemischen Ansatz.

Der *vergleichende* Ansatz beschreibt die Evolution des Gehirns von primitiven, rohrähnlichen Systemen bei einfachen, wurmförmigen Wirbeltieren (Vertebraten) bis hin zur großen, komplexen Struktur im Schädel des Menschen. Da sich die einzelnen Tierstämme über verschiedene Stadien von einfachen, schwammähnlichen Kreaturen bis hin zu schwebenden, schwimmenden, krabbelnden, laufenden, kletternden und fliegenden Organismen entwickelt haben, kann man die Komplexitiät des Nervensystems mit der Entwicklung der einzelnen Verhaltensweisen vergleichen. Hinweise auf die Funktion lassen sich also durch die Korrelation einer Struktur im Nervensystem mit dem Verhalten des Tieres, in dem diese Struktur vorkommt, erhalten. Derartige Analysen sind aber keineswegs einfach. Das **limbische System**, zum Beispiel, entwickelte sich zuerst bei Amphibien und Reptilien. Besteht seine Funktion nun darin, neue Formen der Fortbewegung und der Orientierung auf dem Festland, des Sozialverhaltens oder gar höhere Formen des Lernens zu kontrollieren? Die Antwort auf diese Frage ist nicht eindeutig.

Der vergleichende Ansatz hat der Neuropsychologie jedoch eine Schlüsselinformation geliefert: Säuger lassen sich von anderen Wirbeltieren durch ihren großen Cortex unterscheiden. (Besonders ausgeprägt ist diese Endhirnstruktur beim Menschen.) Deshalb liegt die Vermutung nahe, daß der Cortex eine wichtige Bedeutung für die Leistungen hat, welche die Säuger kennzeichnen. Das ist der Grund, warum die Neuropsychologie dem Cortex so viel mehr Aufmerksamkeit widmet als anderen Strukturen des Gehirns.

Der *ontogenetische* Ansatz beschreibt die Veränderungen von Struktur und Größe des Gehirns während der Individualentwicklung. Jedes Säugetier durchläuft während seiner Entwicklung dieselben phylogenetischen Stadien wie ganze Tierarten im Zuge ihrer Evolution. Dies wird durch folgende Feststellung ausgedrückt: Die Ontogenese rekapituliert Phylogenese. Man kann also die Entwicklung neuer Strukturen mit dem Auftreten von Verhaltensweisen korrelieren, ähnlich wie dies in vergleichenden Untersuchungen der Fall ist. Außerdem läßt sich das unreife Gehirn oft als ein vereinfachtes Modell des adulten betrachten. Die meisten Neuropsychologen sind heute der Meinung, daß der Neocortex beim neugeborenen Kind im Vergleich zum übrigen Nervensystem ausgesprochen unreif ist. Deshalb wird der Vergleich der Entwicklung des Neocortex mit den sich entwickelnden Verhaltensweisen als eine aussagekräftige Methode zur Aufklärung von Struktur-Funktions-Zusammenhängen angesehen.

Der *cytoarchitektonische* Ansatz besteht darin, die Architektur von Zellen zu beschreiben, das heißt, Unterschiede ihrer Struktur, Größe und Form, ihrer Verbindungen sowie ihrer Verteilung über unterschiedliche Gehirnteile hinweg festzustellen. Der cytoarchitektonische Ansatz wurde von vielen Neuroanatomen zur Erstellung verschiedener Karten des Gehirns genutzt.

Die jüngste cytoarchitektonische Technik ist der *biochemische Ansatz*, bei dem man die biochemische Organisation des Gehirns untersucht. Wie wir inzwischen wissen, verwenden strukturell eindeutig zusammenfaßbare Zellen (beispielsweise aufgrund von gemeinsam innervierten Zielgebieten) meistens die gleichen biochemischen Substanzen für die interzelluläre Kommunikation, das heißt die neuronale Signalübertragung (Neurotransmission). Die Identifizierung dieser Substanzen ist für das Verständnis sowohl funktionaler als auch anatomischer Zusammenhänge von großer Bedeutung: Erstens kann man die Aktivität neurochemisch definierter Systeme zu verschiedenen Aspekten des Verhaltens in Beziehung setzen. Zweitens lassen sich funktionelle Abweichungen solcher Systeme mit ganz bestimmten Formen abnormen Verhaltens in Verbindung bringen. Wenn Zellen elektrophysiologisch aktiv sind, wachsen oder neue Verknüpfungen ausbilden, verändern sie ihre Struktur. Um diese Veränderungen in die Wege zu leiten, muß eine Botschaft von dem genetischen Material im Zellkern gesendet werden, die den Beginn der Synthese der benötigten neuen Proteine ermöglicht. Diesen „Botenstoff" kann man anfärben und somit die Zellen, die gerade solchen Veränderungen unterliegen, sichtbar machen. Dieses Verfahren ist nützlich, um Zellen zu identifizieren, die zum Beispiel an Lernprozessen oder an der Erholung von Gehirnschädigungen beteiligt sind.

Ursprung und Entwicklung des Gehirns

Das Nervensystem entwickelt sich im großen und ganzen in vier Schritten, die schematisch in Abbildung 3.2 illustriert sind. Embryologen haben die sich entwickelnden Regionen mit verwirrenden Begriffen bezeichnet, und da einige von diesen auch zur Benennung von Teilen des ausgereiften Nervensystems verwandt werden, sind sie in Abbildung 3.2 noch einmal aufgeführt.

Das Nervensystem bestand zunächst aus einem segmentierten Strang (dem **Rückenmark**), von dessen Segmenten Fasern ausgingen, die mit den einzelnen Körpersegmenten in Kontakt traten (Abbildung 3.2A). Das Nervensystem eines Regenwurms ist noch etwa in dieser Weise organisiert.

Bei komplexeren Tieren entwickelte sich ein Ende des Körpers zur „Vorderseite" und bildete verschiedene Sinnesorgane aus (Nase, Augen, Ohren), um dem Tier die Richtung zu weisen (Abbildung 3.2B). Am Vorderende des Rückenmarks entwickelte sich ein Gehirn, um die Informationen aus diesen Sinnesorganen entgegenzunehmen und die anderen Körperteile darüber zu informieren, was zu tun ist. Das Ge-

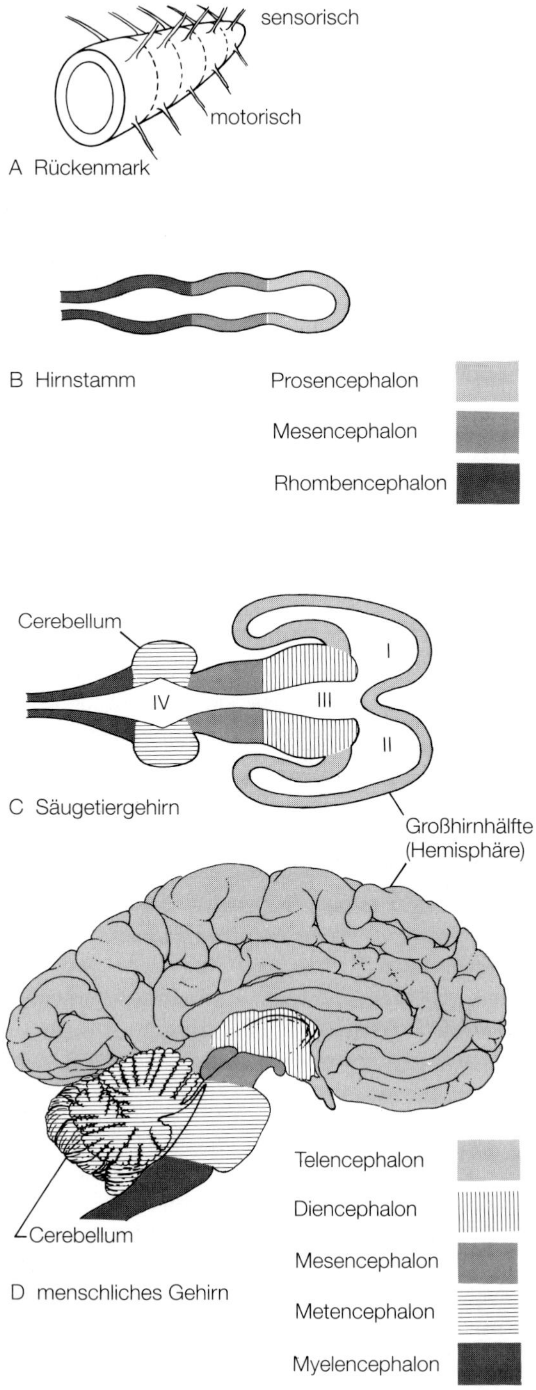

3.2 Entwicklungsstufen des Gehirns. A. Rückenmark. B. Hirnstamm. C. Säugetiergehirn mit den Ventrikeln I bis IV. D. Seitenansicht der Mittelebene des Median-Sagittal-Schnitts des menschlichen Gehirns.

hirn eines Fisches entspricht in etwa diesem ursprünglichen Gehirntyp. Das Pendant beim Menschen bezeichnet man als **Hirnstamm**.

Das Gehirn besteht aus drei Verdickungen: Das **Prosencephalon** (Vorderhirn) ist hauptsächlich auf den Geruchssinn spezialisiert, das **Mesencephalon** (Mittelhirn) auf die Verarbeitung visueller und akustischer Reize, und das **Rhombencephalon** (Rautenhirn) sorgt für die Erhaltung des Gleichgewichts.

Bei Säugern (Abbildung 3.2C) entwickelt sich das Prosencephalon zu den beiden Großhirnhemisphären (bestehend aus dem Cortex und anderen Strukturen), die man zusammenfassend als **Telencephalon** (Endhirn) bezeichnet. Der Rest des ehemaligen Prosencephalons bildet das **Diencephalon** (Zwischenhirn). Auch der hintere Teil des Gehirns entwickelt sich im Zuge der Vergrößerung des Cerebellums weiter. Er wird in das **Metencephalon** (Hinterhirn) und das **Myelencephalon** (Nachhirn) unterteilt. Das Gehirn ist wohlgemerkt noch immer „hohl", und die Hohlräume bezeichnet man als **Ventrikel** (Blasen). Die Ventrikel sind mit einer Flüssigkeit, der **Cerebrospinalflüssigkeit** oder **CSF**, gefüllt, und werden von I bis IV numeriert.

Das menschliche Gehirn ist eine sehr komplexe Struktur, welche die meisten Eigenschaften mit den Gehirnen anderer Säuger gemeinsam hat und besonders große Großhirnhemisphären aufweist (Abbildung 3.2D).

Tabelle 3.2 zeigt die Entwicklung des Gehirns von der in drei Abschnitte unterteilten embryonalen Struktur (Drei-Blasen-Stadium) zum Fünf-Blasen-Stadium. Außerdem benennt sie die wichtigsten Strukturen des voll entwickelten menschlichen Gehirns.

Orientierung

Viele Strukturen des Gehirns werden entsprechend ihrer relativen Lage zueinander benannt. Zur Festlegung räumlicher Beziehungen werden üblicherweise folgende Begriffe verwendet: *superior* (oben), *inferior* (unten), *lateral* (seitlich), *median* (in der Mitte), *ventral* (zur Bauchseite hin), *dorsal* (zur Rückenseite hin), *anterior* (vorn) und *posterior* (hinten). Eine Struktur kann also superior, inferior, lateral, median, ventral, dorsal, anterior oder posterior zu einer anderen liegen. Das Nervensystem ist symmetrisch zur Körperlängsachse angeordnet, das heißt, es besteht aus einer linken und einer rechten Seite. Liegen zwei Strukturen auf derselben Körperseite, so nennt man diese Anordnung **ipsilateral**, befinden sie sich auf gegenüberliegenden Seiten, bezeichnet man ihre Lage als **kontralateral**, und sind sie jeweils auf beiden Seiten zu finden, dann handelt es sich um **bilaterale** Strukturen. Relativ zu einem bestimmten Bezugspunkt bezeichnet man alle nahen Hirnstrukturen als **proximal**, weit entfernte dagegen als **distal**. Schließlich bezeichnet man eine Faserverbindung, die zu einem Nervenzentrum führt, als **afferente** Projektion und eine, die es verläßt, als **efferente** Verbindung.

Das Rückenmark

Der Körper sehr einfacher Tiere ist ein in Segmente unterteiltes Rohr. In seinem Innern befindet sich ein weiteres Rohr aus

Tabelle 3.2: Die Unterteilung des Zentralnervensystems

grundlegende Abschnitte des Zentralnervensystems	Einteilung des Säugetiergehirns	Wesentliche Strukturen des voll entwickelten menschlichen Gehirns	funktionale Unterteilungen
Prosencephalon (Vorderhirn)	Telencephalon (Endhirn)	Neocortex Basalganglien limbisches System Bulbus olfactorius Seitenventrikel	Vorderhirn
	Diencephalon (Zwischenhirn)	Thalamus Epithalamus Hypothalamus Epiphyse III. Ventrikel	
Mesencephalon (Mittelhirn)	Mesencephalon (Mittelhirn)	Tectum Tegmentum cerebraler Aquädukt	Hirnstamm
Rhombencephalon (Rautenhirn)	Metencephalon (Hinterhirn)	Cerebellum Pons IV. Ventrikel	
	Myelencephalon (Nachhirn)	Medulla oblongata IV. Ventrikel	
Rückenmark			Rückenmark

Nervengewebe, das ebenfalls segmentiert ist. Jedes Segment erhält Fasern von sensorischen Rezeptoren aus der angrenzenden Körperregion und sendet Axone zu den entsprechenden Muskeln. Die einzelnen Segmente funktionieren relativ unabhängig voneinander, obwohl sie durch Faserzüge miteinander verbunden sind, die ihre Aktivitäten koordinieren.

Dieser Grundbauplan gilt auch für den Menschen. Abbildung 3.3A zeigt die Segmente des menschlichen Körpers. Jedes Körpersegment oder **Dermatom** verläuft ringförmig um den ganzen Körper. Weil Säugetiere Extremitäten besitzen und der Mensch zudem aufrecht geht, ist das ursprünglich gleichförmige Ringmuster verzerrt. Man beachte, daß nicht weniger als sechs Segmente im Arm liegen. (Würde der Mensch auf allen Vieren gehen, könnte man leicht erkennen, daß diese Anordnung sinnvoll ist.)

Jedes Segment des menschlichen Rückenmarks steht mit den Organen und der Muskulatur eines bestimmten Körpersegments in Verbindung. Wie aus Abbildung 3.3B zu ersehen ist, besitzen wir 30 Rückenmarksegmente: acht cervikale (C), zwölf thorakale (T), fünf lumbale (L) und fünf sacrale (S). Sie versorgen jeweils das Dermatom mit derselben Nummer.

Abbildung 3.3C zeigt einen Querschnitt durch das Rückenmark. In den dorsalen Bereich des Rückenmarks eintretende Fasern übermitteln Informationen von den Rezeptoren des Körpers. Diese Fasern sammeln sich zu der sogenannten **dorsalen Wurzel**, bevor sie in das Rückenmark eintreten. Fasern, die aus dem ventralen Bereich des Rückenmarks austreten, übertragen Informationen zur Muskulatur und bilden die **ventrale Wurzel**. Der äußere Teil des Rückenmarks besteht aus weißer Substanz, das heißt aus Faserzügen. Von einigen Ausnahmen abgesehen haben die dorsalen Faserzüge sensorische und die ventralen motorische Funktionen. Der innere Teil des Rückenmarks hat im Querschnitt die Form eines Schmetterlings und besteht aus grauer Substanz, also hauptsächlich aus Zellkörpern.

François Magendie, ein impulsiver und begeisterter französischer Experimentalpsychologe, berichtete 1822 in einer dreiseitigen Veröffentlichung, daß es ihm gelungen sei, die dorsalen und ventralen Wurzeln von jungen Hunden zu durchtrennen, und zwar bei Tieren, bei denen die Segregation der Wurzeln so weit fortgeschritten war, daß sie operativ durchtrennt werden konnten. Er fand heraus, daß das Durchtrennen der dorsalen Wurzeln mit einem Verlust der Sensorik einherging, und die Unterbrechung der ventralen Wurzeln mit einem Verlust der Bewegungsfähigkeit. Magendies Experiment wurde als das bedeutendste bis dahin jemals am Nervensystem durchgeführte Experiment bezeichnet, da es den Neurologen erstmals ermöglichte, anhand der von den Patienten gezeigten Symptome auf die Lokalisation einer Schädigung im Nervensystem zu schließen. Bereits im Jahre 1811 hatte der Schotte Charles Bell anhand anatomischer Informationen und einiger wenig überzeugender Ergebnisse an Kaninchen sehr ähnliche Funktionen für die beiden Wurzeln vorgeschlagen. Nach dem Erscheinen von Magendies Veröffentlichung verfocht Bell vehement sein Urheberrecht für die Entdeckungen und hatte zumindest einen gewissen Erfolg damit. Die Tatsache, daß der dorsale Bereich des Rückenmarks sensorische und der ventrale motorische Funktionen

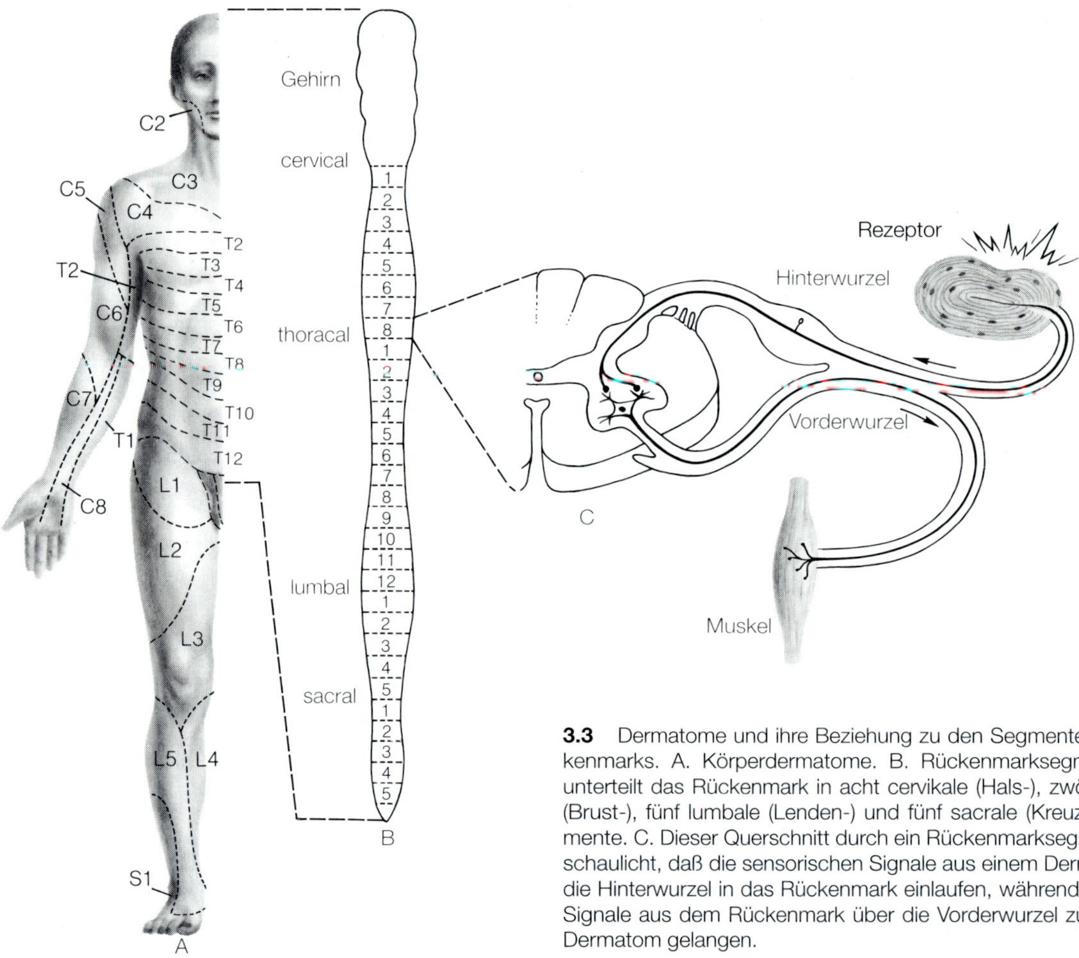

3.3 Dermatome und ihre Beziehung zu den Segmenten des Rükkenmarks. A. Körperdermatome. B. Rückenmarksegmente. Man unterteilt das Rückenmark in acht cervikale (Hals-), zwölf thorakale (Brust-), fünf lumbale (Lenden-) und fünf sacrale (Kreuzbein-) Segmente. C. Dieser Querschnitt durch ein Rückenmarksegment veranschaulicht, daß die sensorischen Signale aus einem Dermatom über die Hinterwurzel in das Rückenmark einlaufen, während motorische Signale aus dem Rückenmark über die Vorderwurzel zum gleichen Dermatom gelangen.

erfüllt, bezeichnet man heute als **Bell-Magendie-Regel**. (Sie ist eine der sehr wenigen Regeln über die Funktion des Nervensystems.) Die Durchtrennung der dorsalen Wurzel wird eingesetzt, um Schmerzen zu mildern, die sich auf andere Weise nicht behandeln lassen.

Da Rückenmark und Körper in Segmenten organisiert sind, kann man von Veränderungen im Empfinden oder in der Bewegungsfähigkeit bestimmer Körperteile recht gut auf den Ort einer Schädigung des Rückenmarks schließen. Auch die Organe sind segmentartig angeordnet, sie scheinen jedoch keine eigene sensorische Repräsentation im Gehirn zu haben. Schmerzen in diesen Organen werden innerhalb des entsprechenden Dermatoms wahrgenommen, und man spricht daher auch von **übertragenem Schmerz** (*referred pain*). So wird beispielsweise Schmerz im Herzen in Schulter oder Arm wahrgenommen und Schmerz in der Niere am Rücken. Eine gute Kenntnis der Lokalisation übertragener Schmerzen kann dabei helfen, Probleme mit inneren Organen zu diagnostizieren.

Rückenmarksreflexe Den größten Schritt zu einem Verständnis der Funktion des Rückenmarks stellten die Arbeiten von Sir Charles Sherrington und seinen Schülern dar. Sherrington, ein britischer Physiologe, veröffentlichte im Jahre 1906 eine umfangreiche Zusammenfassung dieser Forschungsarbeiten. Menschen, denen ihr Rückenmark durchtrennt wurde, so daß sie keine Kontrolle mehr über ihre Beine haben, bezeichnet man als **paraplegisch**. Wenn die Durchtrennung weiter oben erfolgte, so daß sie auch ihre Arme nicht mehr bewegen können, nennt man sie **tetraplegisch**. Während man früher angenommen hatte, das segmentierte Rückenmark habe selbst keine Funktion, weiß man heute, daß das Rückenmark viele Reflexe und auch einige komplexere Verhaltensweisen vermitteln kann.

Sherringtons Arbeiten lieferten Aufschluß über einige vereinfachte Schaltkreise, durch die das Rückenmark Reflexe ermöglicht. Ein kleiner Nadelstich beschädigt die Haut und stimuliert gleichzeitig **Schmerzrezeptoren** in der Haut. Der gereizte Rezeptor aktiviert ein „Schmerzneuron“, das die Information zum Rückenmark weiterleitet. Hier aktivieren die Schmerzfasern **Interneuronen**, die wiederum auf **Motoneuronen** verschaltet sind. Die Motoneuronen bilden Synapsen mit Muskelzellen, die Muskeln kontrahieren und führen zu einer Beugung der Gliedmaße. Dieser **Rückziehreflex** entfernt die Gliedmaße von der Stelle der Gefahr. Wenn der Reiz schwach ist, wird nur der distale Teil der Gliedmaße zurückgezogen, intensiviert man jedoch den Reiz, so nimmt das Ausmaß der Bewegung zu, bis schließlich die gesamte Gliedmaße zurückgezogen wird. Ein taktiler Reiz, wie etwa ein leichter Druck auf die Haut, aktiviert Tast- und Druckrezeptoren, die über Inter- und Motoneuronen zum Ausstrecken der Gliedmaße führen. Dieser **Streckreflex** hält den Kontakt mit dem Reiz aufrecht; beispielsweise kann ein Fuß oder eine Hand, der oder die eine Oberfläche berührt, durch diesen Reflex mit der Oberfläche in Kontakt bleiben.

Die an der Schmerz- und Tastrezeption beteiligten Neuronen des Rückenmarks sind auf viele Interneuronen und Muskeln in beiden Körperhälften verschaltet, um für die entsprechende Regulierung der Körperstellung zu sorgen. Das Rückenmark kann auch komplexere Handlungen vermitteln. Unterstützt man den Körper eines spinalisierten Tieres (eines Tieres mit durchtrenntem Rückenmark), so kann man koordinierte Laufbewegungen auslösen. Das Verständnis der verbleibenden Fähigkeiten des Rückenmarks führte zu einer höheren Überlebensrate von Soldaten, die während des Ersten Weltkriegs Schädigungen des Rückenmarks erlitten hatten.

Parallelverarbeitung im Rückenmark Es gibt mehrere verschiedene Typen von Sinnesrezeptoren im Körper, darunter diejenigen für Schmerz, Temperatur, Druck sowie Muskel- und Gelenkbewegungen. Die Größe der von jedem Rezeptor zum Zentralnervensystem ziehenden Fasern ist unterschiedlich; im allgemeinen sind Schmerz- und Temperaturfasern dünner, die anderen dicker. Die Reizung von Schmerz- und Temperaturrezeptoren verursacht gewöhnlich **Beugebewegungen,** welche die Gliedmaße zum Körper heranziehen; die Reizung von hochempfindlichen Tast- und Druckrezeptoren führt zu **Streckbewegungen,** die sie weiter vom Körper entfernen. Da die Rezeptoren, Fasern, Verknüpfungen und Bewegungen für die einzelnen Körpersinne voneinander getrennt sind, kann man diese als voneinander unabhängig bezeichnen. Und da jeder Körpersinn eine besondere Bewegung hervorruft, kann man sich die Sinne als parallele Systeme vorstellen; das heißt, jedes dieser Systeme arbeitet unabhängig von den anderen.

Die Vorstellung, daß es mehrere verschiedene Sinne innerhalb des gewöhnlich als **somatorisches System**, also System der Körperempfindungen, bezeichneten Sinnessystems gibt, und daß jeder dieser einzelnen Sinne seine eigene Informationsbahn besitzt, gilt auch für viele andere Sinnessysteme und für die Funktion des Gehirns im allgemeinen. Sensorische Systeme können jedoch miteinander in Wechselwirkung treten. Jedermann weiß, daß Juckreiz oder andere Schmerzen durch Reiben (also durch die Aktivierung von Tast- und Druckrezeptoren) gemildert werden können. Man vermutet daher, daß es im Rückenmark eine Art „Tor" gibt, das es der für Tast- und Druckempfindungen zuständigen Bahn erlaubt, die Aktivität der Schmerzbahn zu blockieren. Das Tor besteht, so nimmt man an, aus einem hemmenden (inhibitorischen) Neuron, welches Schmerzrezeptoren hemmt, sobald es durch Tast- oder Druckrezeptoren aktiviert wird.

Der Hirnstamm

Auf dem in Abbildung 3.4 gezeigten Sagittalschnitt durch das menschliche Gehirn sind einige der wichtigsten Strukturen des Hirnstamms zu erkennen. Der Hirnstamm kontrolliert viele Bewegungen eines Tieres beziehungsweise des Menschen; er kann auf die meisten sensorischen Reize aus der Umgebung reagieren, reguliert das Freß- und Trinkverhalten, die Körpertemperatur, den Schlaf- und Wachrhythmus sowie das Sexualverhalten.

3.4 Dieser Median-Sagittal-Schnitt durch das Gehirn entlang der Mittelebene zeigt die Lage von Hirnstamm- und Zwischenhirnstrukturen.

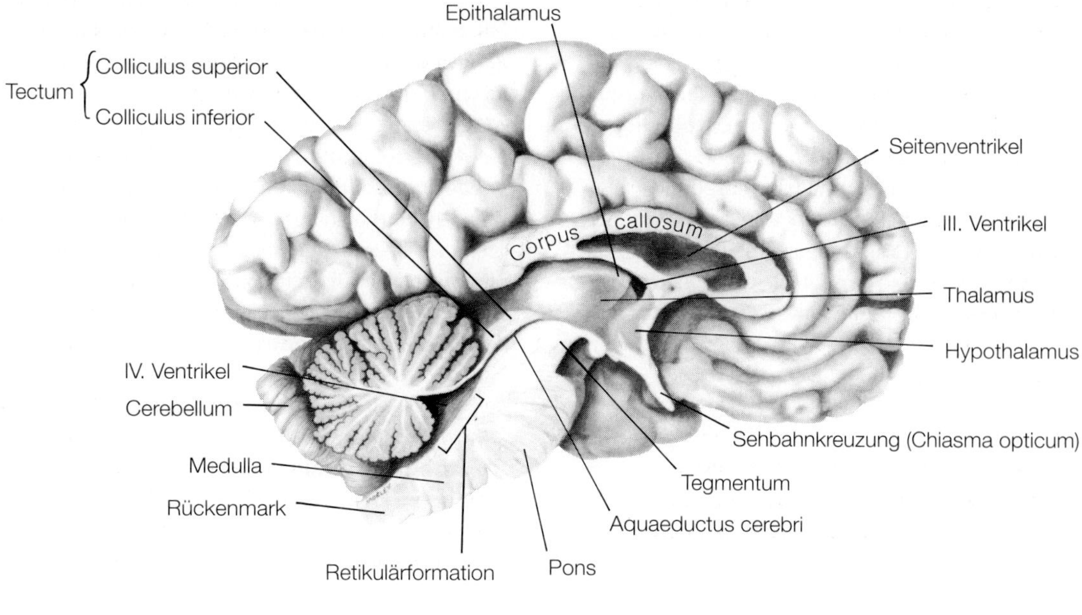

Das Zwischenhirn

Das Zwischenhirn (Diencephalon) besteht aus den drei großen thalamischen Strukturen: Epithalamus, Hypothalamus und Thalamus (jeweils griechisch für „oberer, unterer und innerer Raum").

Die Funktion des **Epithalamus** ist nicht genau bekannt. Eine seiner Strukturen, die **Epiphyse**, scheint an der Steuerung biologischer Rhythmen mitzuwirken. Sie gehört zu den wenigen nichtbilateralen Strukturen im Gehirn. Schon Descartes war von ihr sehr beeindruckt: Er nahm an, daß sie sowohl der Ort sei, wo Materie und Geist sich träfen, als auch die Quelle der Cerebrospinalflüssigkeit, die Bewegungen antreibe.

Der **Thalamus** besteht aus einer Reihe von Kernen. Die Fasern aller sensorischen Systeme, mit Ausnahme des olfaktorischen, zum Beispiel die des visuellen, des auditorischen und des somatosensorischen Systems, ziehen auf ihrem Weg zum Cortex durch Schaltstationen im Thalamus. Außerdem kommunizieren verschiedene Teile des Cortex über Verschaltungen im Thalamus miteinander.

Der **Hypothalamus** umfaßt 22 kleine Nuclei, außerdem Fasersysteme, die ihn durchqueren, sowie die **Hypophyse** oder Hirnanhangdrüse. Sein Gewicht beträgt zwar nur etwa 0,3 % des Gehirngewichts; dennoch ist er an fast allen Verhaltensaspekten beteiligt, angefangen beim Essen, Schlafen, Sexualverhalten und der Temperaturregulation über das emotionale zwischenmenschliche Verhalten bis hin zur hormonellen Steuerung und zu Bewegungen.

Das Mittelhirn

Das **Mittelhirn** besteht aus zwei großen Teilen: dem **Tectum** (lateinisch für „Dach"), das über dem Aquaeductus cerebri (einem Teil des Ventrikelsystems) liegt, und dem unter dem Aquaeductus liegenden **Tegmentum** (lateinisch für „Haube"). Das Tectum besteht im wesentlichen aus zwei Paaren symmetrisch angeordneter Nuclei. Die **Colliculi superiores** (das obere Vierhügelpaar) liegen anterior; sie empfangen Projektionen von der Retina und vermitteln viele mit der visuellen Wahrnehmung zusammenhängende Verhaltensweisen. Die **Colliculi inferiores** (das untere Vierhügelpaar) liegen posterior; sie erhalten Eingänge aus dem Ohr und vermitteln viele mit dem Hören verbundene Verhaltensweisen. Das Tegmentum enthält die Kerne einiger Hirnnerven, zwischen denen zahlreiche motorische Kerne eingestreut sind. Ähnlich wie das Rückenmark erfüllt also der dorsale Bereich des Mittelhirns sensorische und der ventrale motorische Funktionen.

Das Rautenhirn

Das **Rautenhirn**, das auch als Hinterhirn bezeichnet wird, ist ähnlich organisiert wie das Mittelhirn. Es besteht zum einen aus sensorischen Nuclei des **vestibulären Systems** (der Gleichgewichts- und Schweresinnesorgane im Innenohr), die über dem IV. Ventrikel liegen; zum anderen befinden sich unter dem Ventrikel motorische Nuclei der Hirnnerven. Der Rest des Rautenhirns wird vom über ihm liegenden Cerebellum fast völlig verdeckt.

Die verschiedenen Teile des **Cerebellums** haben unterschiedliche Funktionen. Diese hängen davon ab, mit welchen anderen Teilen des Nervensystems die jeweilige Kleinhirnstruktur verbunden ist. Gebiete, die bevorzugt Impulse vom Vestibularsystem erhalten, helfen das Gleichgewicht aufrechtzuerhalten; solche, die hauptsächlich Informationen von den Sinneszellen des Körpers erhalten, sind an Haltungsreflexen beteiligt und koordinieren die zugehörigen Muskeln. Der größte Teil des Cerebellums erhält Informationen vom Neocortex und steuert im wesentlichen die sogenannte Feinmotorik, also Bewegungen, die besondere Präzision und Geschicklichkeit erfordern.

Die Oberfläche des Cerebellums weist dichte Windungen, sogenannte *Folia* auf. Es handelt sich um eine Rinde aus grauer Substanz, unter der eine große, zentral im Kleinhirn gelegene Masse aus weißer Substanz liegt. In der weißen Substanz befinden sich mehrere Nuclei. Das Cerebellum steht mit dem restlichen Hirnstamm über drei wichtige Faserzüge in Verbindung: die superioren, medialen und inferioren Pedunculi. Darin verlaufen alle afferenten Fasern, die zur Kleinhirnrinde gelangen, und alle efferenten Fasern, die in den Kleinhirnkernen entspringen und von dort zu anderen Gehirnstrukturen ziehen. Schädigungen des Cerebellums führen zu Beeinträchtigungen des Gleichgewichts, zu Haltungsfehlern und gestörten feinmotorischen Fertigkeiten: Eine Verletzung oder Erkrankung des Cerebellums kann sonst gleichmäßige, weiche Bewegungsabläufe in abgehackt erscheinende sequentielle Einzelschritte zerlegen. Außerdem kann sie die Fähigkeit zu rasch wechselnden Bewegungen beeinträchtigen und zielgerichtete Bewegungen über ihr Ziel hinausschießen lassen. Unter Umständen kommt ein abnormer Muskeltonus hinzu, so daß es schwierig werden kann, Bewegungen zu initiieren.

Fasern aus dem Rückenmark ziehen auf ihrem Weg zum Vorderhirn durch den Hirnstamm, und Fasern aus dem Vorderhirn sind ebenfalls im Hirnstamm verknüpft, den sie auf ihrem Weg zum Rückenmark passieren. Dieses Netzwerk aus Zellen und Faserzügen im Hirnstamm bezeichnet man als **Retikulärformation** (Formatio reticularis).

Die Retikulärformation ist auch als **retikuläres Aktivierungssystem** bekannt; sie erhielt diese Bezeichnung im Jahre 1949, als Moruzzi und Magoun sie bei anästhesierten Katzen elektrisch stimulierten. Wie die beiden Forscher entdeckten, führt eine elektrische Reizung des Hirnstamms zu einem Aktivitätsmuster im Cortex, wie es normalerweise bei wachen Katzen vorkommt. Moruzzi und Magoun folgerten deshalb, daß die Retikulärformation den Schlaf- und Wachzustand kontrolliert. Unter dem Einfluß dieser Theorie wurde die Retikulärformation allmählich als retikuläres Aktivierungssystem bekannt, dessen Funktion die Aufrechterhaltung der allgemeinen Aufmerksamkeit beziehungsweise des Bewußtseins sein sollte. Inzwischen hat man jedoch erkannt, daß die

Tabelle 3.3: Die Hirnnerven

Nummer	Bezeichnung	Funktionen	Untersuchungsmethode	typische Symptome bei Fehlfunktion
I	N. olfactorii	(s)[a] Geruch	Applikation verschiedener Geruchssubstanzen an jedes Nasenloch	Verlust des Geruchssinnes (Anosmie)
II	N. opticus	(s) Sehen	Sehschärfe; Gesichtsfeld	Verlust der Sehfähigkeit (Anopsie)
III	N. oculomotoris	(m)[a] Augenbewegungen	Reaktion auf Lichtreize; seitliche Augenbewegungen; Bewegung des Augenlids	Doppeltsehen (Diplopie); geweitete Pupillen; ungleiche Pupillenweite; Herabhängen des Oberlids (Ptosis); Auswärtsschielen
IV	N. trochlearis	(m) Augenbewegungen	auf- und abwärts gerichtete Augenbewegungen	Doppeltsehen; Blick kann nicht nach unten gerichtet werden
V	N. trigeminus	(s, m) Kaubewegungen	Berührungsempfindlichkeit: Wattebausch; Schmerz: Nadelstich; Wärmeempfinden: heiße oder kalte Röhrchen; Hornhautreflex: Berührung der Cornea; Masseterreflex: Klopfen auf das Kinn; Kieferbewegungen	herabgesetzte Empfindlichkeit oder Taubheit im Gesicht; kurze, starke Schmerzattacken (Trigeminusneuralgie); Schlaffheit und Schwund der Gesichtsmuskeln; asymmetrisches Kauen
VI	N. abducens	(m) Augenbewegungen	seitliche Augenbewegungen	Doppeltsehen; Einwärtsschielen
VII	N. facialis	(s, m) Gesichtsmuskeln	Bewegungen der Gesichtsmuskeln; Mimik; Test auf Geschmacksempfinden	Gesichtslähmung; Verlust des Geschmacksempfindens in den vorderen zwei Dritteln der Zunge
VIII	N. vestibulocochlearis	(s) Hören	Hörtests; Stimulation durch Rotieren des Patienten oder durch Spülen des Ohres mit warmem oder kaltem Wasser (kalorischer Test)	Taubheit; Ohrgeräusche (Tinnitus); Gleichgewichtsstörungen; Gefühl der Desorientierung im Raum
IX	N. glossopharyngeus	(s, m) Zunge und Speiseröhre	Test auf süße, salzige, bittere oder saure Geschmacksempfindung auf der Zunge; Überprüfung des Pharyngealreflexes durch Berühren der Pharynxwände	teilweise trockener Mund; Verlust des Geschmacksempfindens (Ageusie) im hinteren Drittel der Zunge; Betäubung und Lähmung des oberen Pharynx (Gaumensegel)
X	N. vagus	(s, m) Herz; Blutgefäße; Eingeweide; Bewegungen von Kehlkopf und Speiseröhre	Beobachtung des Gaumens beim Sprechen; Überprüfung des Gaumenreflexes durch Berührung des Gaumens	Heiserkeit; Betäubung und Lähmung des unteren Pharynx; undefinierte Eingeweidestörungen
XI	N. accessorius	(m) Nackenmuskulatur und Eingeweide	Bewegungsfähigkeit, Stärke und Größe der Nacken- und Schultermuskulatur	Schwund der Nackenmuskulatur mit schwacher Kopfrotation; Unfähigkeit, die Achseln zu zucken
XII	N. hypoglossus	(m) Zungenmuskeln	Zungenbewegungen; Zittern; Schrumpfen oder runzlig werden der Zunge	Schrumpfen der Zunge und beim Herausstrecken Ablenkung nach der Seite der Läsion

verschiedenen Nuclei des Hirnstamms viele verschiedene Funktionen erfüllen, und daß nur wenige an der Kontrolle des Schlaf- und Wachzustands beteiligt sind.

Die Hirnnerven

Der Mensch besitzt zwölf Paare von Hirnnerven, die aus dem Hirnstamm entspringen; sie leiten sensorische Informationen von spezialisierten Sinnessystemen des Kopfes weiter und kontrollieren die Aktivität von Muskelsystemen des Kopfes, zum Beispiel bei Bewegungen der Augen und der Zunge. Die Kenntnis der Organisation und Funktion der Hirnnerven ist für neurologische Diagnosen von Bedeutung. In Tabelle 3.3. sind die Hirnnerven, ihre Funktionen und einige der häufigsten Symptome, die nach ihrer Schädigung auftreten, zusammengestellt.

Das Vorderhirn

Das **Vorderhirn** wird gewöhnlich in fünf anatomische Regionen unterteilt: 1) den Cortex, 2) das limbische System, 3) die Basalganglien, 4) den Thalamus und 5) Riechkolben und

Riechnerven (Bulbus und Tractus olfactorius). In den folgenden Abschnitten wollen wir zunächst den Cortex etwas näher betrachten und anschließend die übrigen Strukturen. Der Cortex ist eng mit dem Thalamus verbunden (über den er sensorische Informationen erhält), mit den Basalganglien (die bei der Ausführung von Bewegungen helfen), und mit dem limbischen System (das an Gedächtnisfunktionen und damit zusammenhängendem Verhalten beteiligt ist).

Der Cortex

Der **Cortex** oder **Neocortex** (die Großhirnrinde) nimmt den größten Anteil des Vorderhirnvolumens ein. Außen besteht er aus vier bis sechs Zellschichten (graue Substanz), deren Axone sich nach innen zu Faserbündeln vereinigen (weiße Substanz). Der Begriff **Cortex** (lateinisch für „Rinde“) bezieht sich eigentlich auf jede äußere Zellschicht; dennoch werden die Begriffe *Cortex* und *Neocortex* häufig synonym verwendet. Auch wir beziehen den Begriff Cortex, sofern nichts anderes angegeben ist, auf dessen neocorticalen Anteil. Der Cortex hat sich im Laufe der Evolution von allen Hirnteilen am meisten vergrößert; er umfaßt beim Menschen 80 Prozent der gesamten Hirnmasse. Der menschliche Neocortex hat eine Oberfläche von bis zu 2500 cm, er ist dabei allerdings nur etwa 1,5 bis 3 mm dick. Der Cortex ist stark gefaltet. Diese Faltung ist die biologische Lösung des Problems, die riesige neocorticale Oberfläche in einer Schale unterzu-

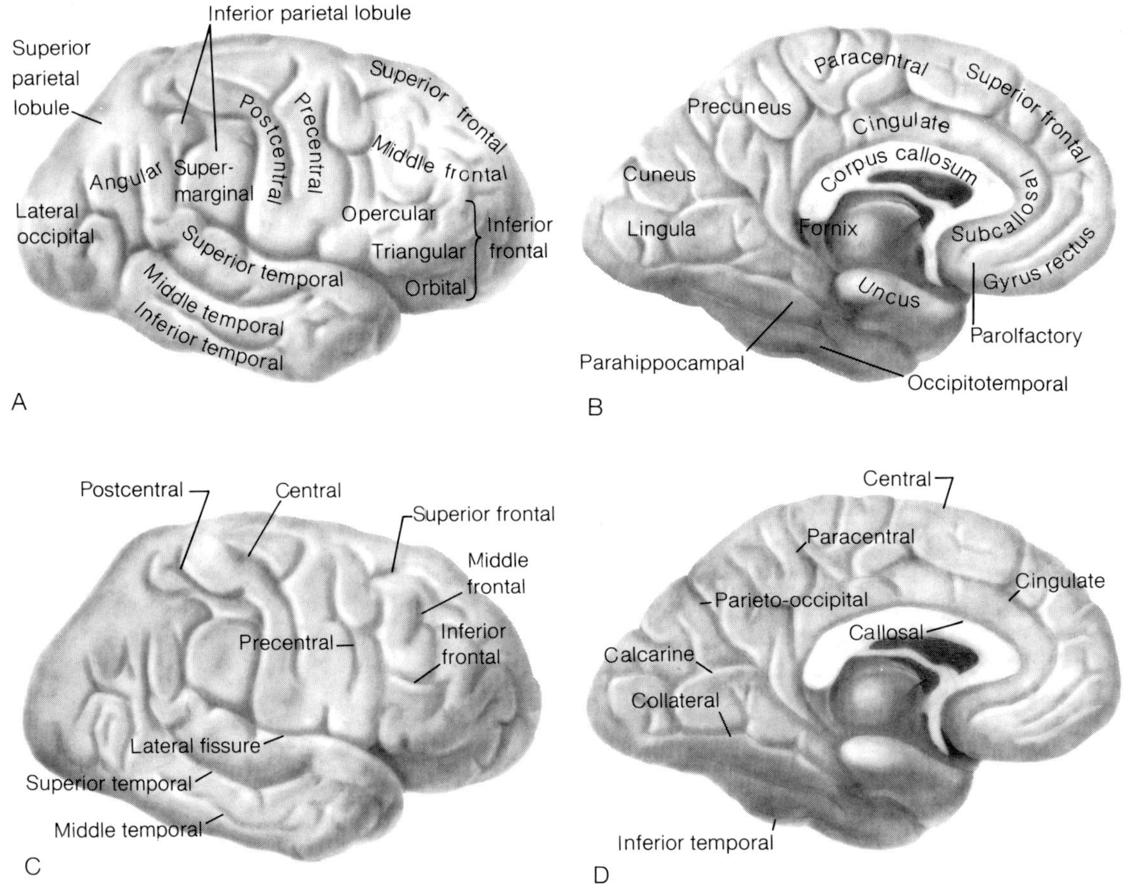

3.5 Laterale und mediale Darstellung der Gyri (A und B) sowie der Sulci (C und D) des Neocortex. Die alphabetisch geordneten englischen Bezeichnungen werden hier mit ihren lateinischen oder deutschen Namen wiedergegeben. Zu A, B: *Angular*, Gyrus angularis; *Cingulate*, Gyrus cinguli; *Gyrus rectus*, Gyrus rectus; *Inferior frontal*, Gyrus frontalis inferior; *Inferior parietal lobule*, Lobus parietalis inferior; *Inferior temporal*, Gyrus temporalis inferior; *Lateral fissure*, Fissura lateralis; *Lateral occipital fissure*, Gyrus occipitalis lateralis; *Middle frontal*, Gyrus frontalis medius; *Middle temporal*, Gyrus temporalis medialis; *Occipito temporal*, Gyrus occipitotemporalis; *Opercular*, Operculum; *Orbital*, Pars orbitalis des Gyrus frontalis inferior; *Paracentral*, Gyrus paracentralis; *Parahippocampal*, Gyrus parahippocampalis; *Parolfactory*, paraolfaktorisches Gebiet; *Postcentral*, Gyrus postcentralis; *Precentral*, Gyrus praecentralis; *Precuneus*, Praecuneus; *Subcallosal*, Gyrus subcallosus; *Super marginal*, Gyrus supramarginalis; *Superior frontal*, Gyrus frontalis superior; *Superior parietal lobule*, Lobulus parietalis superior; *Superior temporal*, Gyrus temporalis superior; *Triangular*, Pars triangularis des Gyrus frontalis inferior. Zu C, D: *Calcarine*, Sulcus calcarinus oder Fissura calcarina; *Callosal*, Sulcus callosus; *Central*, Sulcus centralis; *Cingulate*, Sulcus cinguli; *Collateral*, Sulcus collateralis; *Inferior frontal*, Sulcus frontalis inferior; *Inferior temporal*, Sulcus temporalis inferior; *Lateral fissure*, Fissura lateralis; *Middle frontal*, Sulcus mediofrontalis; *Middle temporal*, Sulcus temporalis medialis; *Paracentral*, Sulcus paracentralis; *Parieto-occipital*, Sulcus parietooccipitalis; *Postcentral*, Sulcus postcentralis; *Precentral*, Sulcus praecentralis; *Superior frontal*, Sulcus frontalis superior; *Superior temporal*, Sulcus temporalis superior.

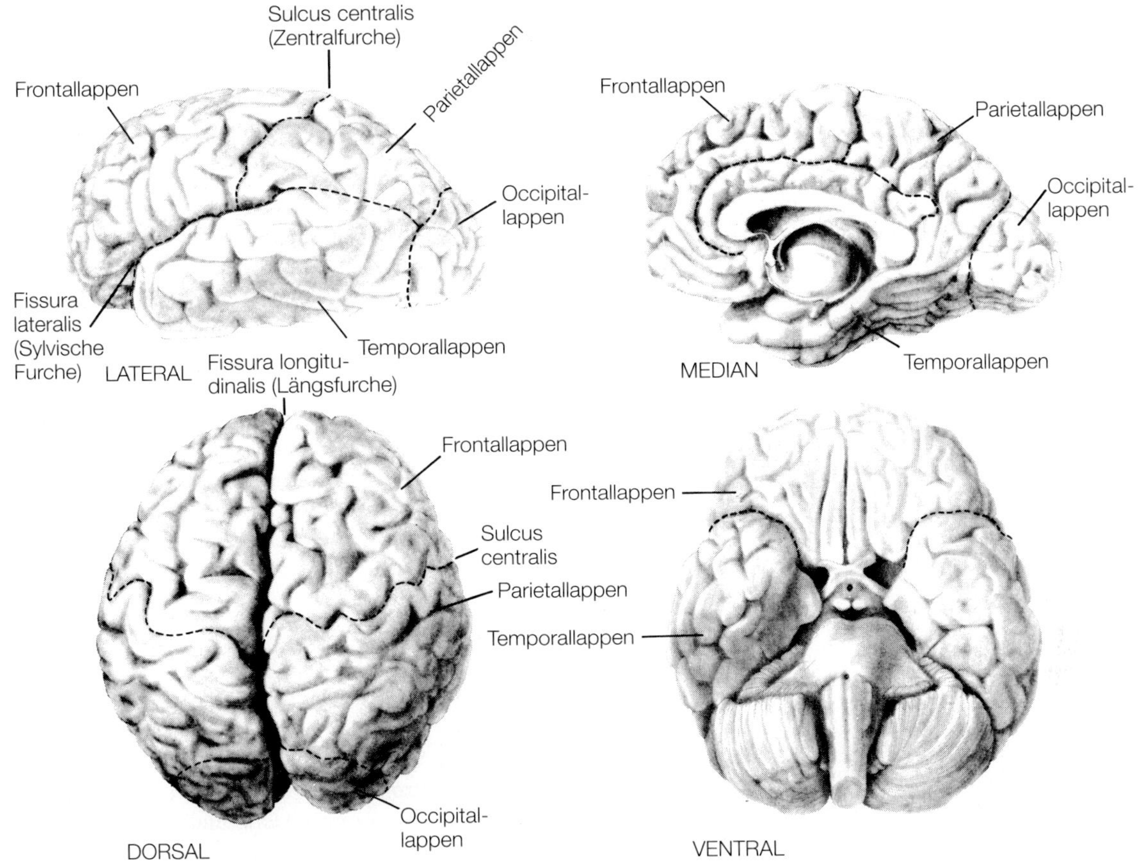

3.6 Übersicht über Lage und Grenzen der Lappen des menschlichen Gehirns in den verschiedenen Ansichten.

bringen, die so klein ist, daß sie gerade noch durch den Geburtskanal hindurchpaßt.

Fissuren, Sulci und Gyri

Die gefaltete Oberfläche der Großhirnrinde besteht aus Furchen und Windungen. Eine Furche wird dann als **Fissur** (Spalte) bezeichnet, wenn sie so tief in das Gehirn hineinreicht, daß sie eine Formveränderung der Ventrikel herbeiführt. Ist die Furche flacher, wird sie **Sulcus** (Plural: Sulci) genannt. Als **Gyrus** (Plural: Gyri) bezeichnet man eine Windung des Neocortex.

Abbildung 3.5 zeigt die Lage einiger bedeutender Fissuren, Sulci und Gyri des Neocortex. Lage und Verlauf der Gyri, Sulci und Fissuren sind in der rechten und linken Hälfte eines Gehirns nur geringfügig verschieden. Zwischen den Gehirnen verschiedener Menschen bestehen allerdings erhebliche Unterschiede bezüglich Anordnung und Verlauf dieser Oberflächenmerkmale des Gehirns. Die Form der zellulären Organisation verschiedener Gyri kann ebenfalls variieren; meist erfolgt der Übergang von einer Organisationsform zur anderen in den Sulci. Es gibt einige Hinweise darauf, daß manche Gyri mit bestimmten Funktionen in Zusammenhang stehen. Eine Fissur und eine auffällige Furche des Gehirns kann man unmittelbar erkennen: die **Fissura lateralis** (die Sylvische Furche) – sie beginnt mit einem tiefen Einschnitt am vorderen unteren Pol (anterior-inferior) des Cortex – und den **Sulcus centralis** (die Zentralfurche), der sich etwa in der Mitte des Gehirns von der Fissura lateralis ausgehend nach hinten oben (superior-posterior) schlängelt (Abbildung 3.5C).

Die Hemisphären und Lappen

Die dorsale Ansicht des Gehirns (Abbildung 3.6) zeigt, daß der Cortex aus zwei annähernd symmetrischen Hemisphären besteht, einer rechten und einer linken, die durch die Längsfurche oder **Fissura longitudinalis cerebri** getrennt werden. Jede Hemisphäre kann man in vier Lappen unterteilen, in einen frontalen, einen parietalen, einen temporalen und einen occipitalen. Der Stirn- oder **Frontallappen** (Lobus frontalis) ist eindeutig begrenzt: Posterior wird er durch den Sulcus centralis abgeschlossen, inferior durch die Fissura lateralis und median durch den Sulcus cinguli. Er liegt direkt über dem großen Faserzug, der die beiden Großhirnhälften miteinander verbindet, dem **Corpus callosum** oder Balken. Der Sulcus centralis bildet die anteriore Begrenzung des Scheitel- oder **Parietallappens** (Lobus parietalis), die Fissura lateralis seine inferiore Grenze. Der Schläfen- oder **Temporallappen** (Lobus temporalis) wird dorsal durch die Fissura lateralis begrenzt. Der Hinterhaupt- oder **Occipitallappen** (Lobus occipitalis) wird vom Parietallappen durch den **Sulcus parietooccipitalis** getrennt. Auf der lateralen Gehirnoberfläche gibt es keine eindeutigen Grenzen zwischen Occipital-, Parietal- und Temporallappen.

Wie sich aus Abbildung 3.5A ersehen läßt, gibt es im Frontallappen vier große Gyri: den Gyrus frontales superior, den Gyrus frontales medius, den Gyrus frontales inferior und den Gyrus praecentralis, der direkt vor der Zentralfurche liegt. Im Parietallappen finden sich fünf wichtige Gyri, und zwar den superioren, inferioren und postzentralen Gyrus (der direkt hinter der Zentralfurche liegt) sowie den Gyrus supramarginalis und den Gyrus angularis. Im Temporallappen gibt es drei Gyri, den Gyrus temporalis superior, medialis und inferior. Im Occipitallappen ist auf der Seitenansicht nur der Gyrus occipitalis lateralis erkennbar.

Topographie des Neocortex

Die verschiedenen Kartentypen, die vom Neocortex bereits existieren, nennt man **topographische Karten**. Solche Karten werden mit verschiedenen Techniken erstellt:

1. **Projektionskarten** werden konstruiert, indem man den Verlauf von Axonen aus sensorischen Systemen in das Gehirn nachvollzieht und axonale Verbindungen neocorticaler Felder untereinander und zu motorischen Systemen des Hirnstamms und des Rückenmarks markiert.
2. **Cytoarchitektonische Karten** zeigen die Verteilung verschiedener Zelltypen im Neocortex.
3. **Funktionale Karten** entstehen durch die Untersuchung der Auswirkungen von Gehirnschädigungen, durch elektrische Reizung des Gehirns und Auswertung des dadurch hervorgerufenen Verhaltens, oder durch Messung der bei sensorischer Stimulation auftretenden elektrischen Aktivität des Cortex. Funktionale Karten lassen sich auch mit Hilfe von bildgebenden Verfahren (Brain Imaging) erstellen. Bei diesen Verfahren wird die Aktivität des Gehirns aufgezeichnet, während die Versuchsperson eine bestimmte Verhaltensweise ausführt. Dies erlaubt Rückschlüsse darauf, welche Gehirnregionen bei diesem Verhalten aktiv sind.

Projektionskarten

Abbildung 3.7 zeigt eine Projektionskarte, die entstand, indem man axonale Verbindungen von sensorischen Rezeptoren zum Neocortex und motorische Axone vom Neocortex zu Motoneuronen des Rückenmarks markiert hat. Projektionen vom Auge, vom Ohr und vom somatosensorischen System können jeweils einer spezifischen Region der neocorticalen Oberfläche zugeordnet werden. Das visuelle System projiziert zum posterioren Occipitallappen, das auditorische System zum Temporallappen, und das somatosensorische System sendet seine Axone zum Parietallappen. Der Ur-

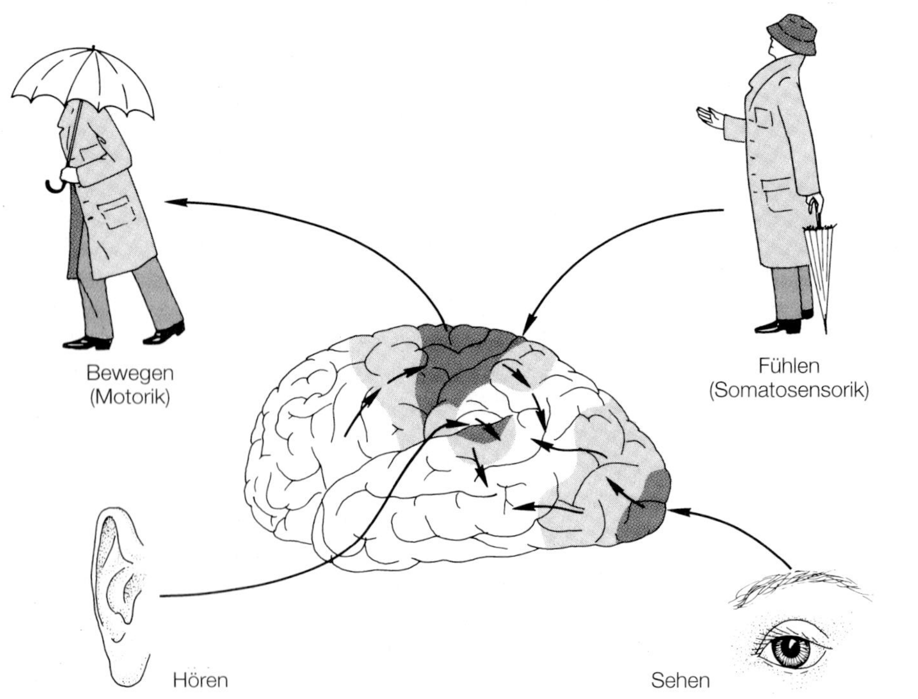

3.7 Eine sensomotorische Projektionskarte des menschlichen Neocortex. Die dunklen Zonen bezeichnen die primären Felder. Solche Cortexfelder erhalten Informationen von sensorischen Systemen oder projizieren zu motorischen Neuronen im Rückenmark. Die hellgrauen Zonen sind sekundäre, die unmarkierten Zonen tertiäre Felder.

sprung der wichtigsten motorischen Projektionen liegt offenbar hauptsächlich im Gyrus praecentralis des Frontallappens. Die genannten sensorischen und motorischen Hirngebiete werden auch als **primäre Projektionsfelder** bezeichnet. Eine Aufsicht auf das Gehirn zeigt die Projektionsfelder allerdings nicht in ihrer ganzen Ausdehnung, da die Areale tief in die Sulci hineinreichen. Das primäre auditorische Feld dehnt sich beispielsweise innerhalb der Fissura lateralis sehr viel weiter aus, als dies von außen sichtbar ist. Die primären Projektionsfelder nehmen nur einen geringen Teil der gesamten Cortexfläche ein.

Die primären sensorischen Areale senden Projektionen in benachbarte neocorticale Gebiete, und die motorischen Areale erhalten ihrerseits Projektionen von angrenzenden neocorticalen Feldern. Der Neocortex enthält also vier Haupttypen von Feldern: visuelle, auditorische, somatosensorische und motorische. Da Gebiete, die direkte Projektionen erhalten, als primäre Projektionsgebiete bezeichnet werden, nennt man die sie jeweils umgebenden Areale **sekundäre Projektionsfelder**.

Unsere bisherigen Ausführungen zur Topographie zeigen, daß der Neocortex ein hochorganisiertes Gebilde ist. Außerdem verdeutlichen sie, warum der posteriore Neocortex funktional im großen und ganzen sensorisch und der anteriore Neocortex hauptsächlich motorisch ist. Jeder Lappen kann mit bestimmten Aufgaben in Zusammenhang gebracht werden:

Frontallappen:	motorische Funktionen
Parietallappen:	Körpersensorik
Temporallappen:	auditorische Funktionen
Occipitallappen:	visuelle Funktionen

Die zwischen den verschiedenen sekundären Projektionsfeldern liegenden Areale sind übergeordnete Assoziationsfelder, die so komplexe Funktionen wie Sprache, Planung von Verhaltensweisen, Gedächtnis und Aufmerksamkeit vermitteln.

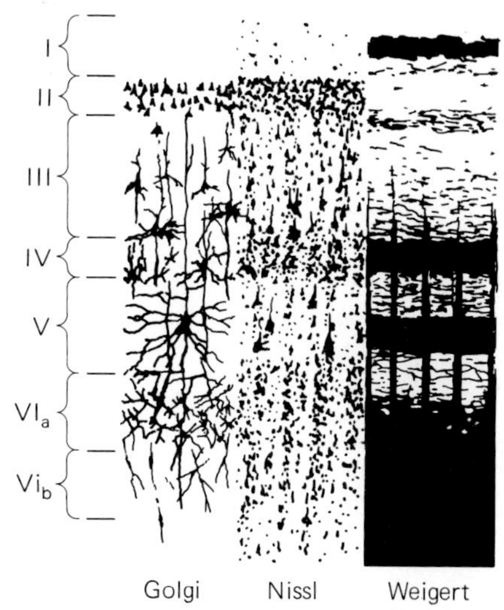

3.8 Die Schichtung des Cortex, veranschaulicht durch drei verschieden gefärbte Hirnschnitte. Die Golgi-Färbung macht nur einige wenige Neuronen sichtbar, diese aber mit allen ihren Fortsätzen. Die Nissl-Färbung läßt nur die Zellkörper erkennen, und die Weigert-Färbung des Myelins zeigt die Lage der Axone. Die Färbeprozeduren verdeutlichen, daß es unterschiedliche Zelltypen im Cortex gibt, und daß dieser aus einer Reihe von Schichten mit jeweils typischen Zellarten aufgebaut ist. (Nach Brodmann 1909.)

Cytoarchitektonische Karten

Die Neuronen des Neocortex sind überwiegend in sechs Schichten angeordnet, wie Abbildung 3.8 verdeutlicht. Die Zellschichten des Neocortex lassen sich in drei funktionelle Gruppen unterteilen. 1) Die zwei untersten Schichten, V und VI, senden Axone in andere Hirnregionen. Sowohl die Zellen selbst als auch die Zellschichten sind groß und im motorischen Cortex leicht zu erkennen. 2) Schicht IV empfängt Axone aus anderen Regionen. Diese Schicht besteht in den primären visuellen, somatosensorischen und auditorischen Arealen, die große Projektionen von ihren jeweiligen Sinnesorganen beziehungsweise -rezeptoren empfangen, aus zahlreichen dicht gepackten, kleinen Zellen. 3) Die Schichten I bis III erhalten hauptsächlich Eingänge aus Schicht IV und sind besonders in den Cortexregionen um die primären sensorischen Areale herum sehr ausgeprägt. Cytoarchitektonische Karten basieren auf solchen Unterschieden in der Verteilung, der Größe und der Form von Zellen. So weisen beispielsweise sensorische Areale viele Schicht-IV-Zellen auf, motorische Areale viele Schicht-V- und Schicht-VI-Zellen, und Assoziationsfelder viele Schicht-I-, -II- und -III-Zellen.

Cytoarchitektonische Karten konstruiert man dadurch, daß man die Neuronen im Neocortex histologisch untersucht und Gebiete mit ähnlicher zellulärer Struktur zusammenfaßt. Die vielen cytoarchitektonischen Karten des Neocortex unterscheiden sich hauptsächlich im Ausmaß ihrer Komplexität. Die in Abbildung 3.9 dargestellte Karte ist als Brodmann-Karte bekannt. Sie ist zwar nicht die einfachste Karte, dafür aber die gebräuchlichste.

In der Karte von Brodmann ist jedes Areal mit einer Nummer versehen. Für seine Untersuchungen teilte Brodmann das Gehirn am Sulcus centralis und arbeitete sich von dort durch die vordere und hintere Hälfte, wobei die Reihenfolge der analysierten Areale zufällig war. Jeder neuen Zellkonfiguration ordnete er, so wie er sie fand, eine Zahl zu. Er entdeckte zum Beispiel die Felder 1 und 2 im posterioren Abschnitt und wechselte dann zum anterioren Teil, wo er die Felder 3 und 4 beschrieb. Daraufhin betrachtete er wieder den hinteren Teil und so weiter.

Tabelle 3.4 listet einige der bekannteren Brodmann-Felder und deren Funktionen auf. Wie man sieht, ist die enge Beziehung zwischen Struktur und Funktion doch recht beeindruckend. Feld 17 (Areal 17 oder A 17) entspricht zum Beispiel dem primären Sehfeld (primäres visuelles Projektionsfeld) und die Felder 18 und 19 den sekundären Seh-

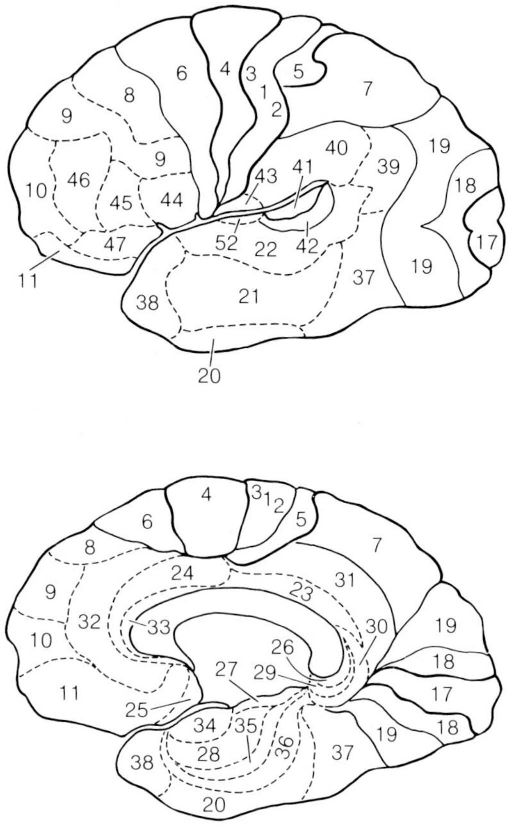

3.9 Die Brodmann-Felder des Cortex. Einige der im Original eingezeichneten Felder (12 bis 16 und 48 bis 51) fehlen hier. Manche Felder sind histologisch sehr deutlich von anderen abgegrenzt und deshalb mit einem dicken durchgezogenen Strich umrissen. Andere, etwa die Felder 6 und 18 bis 19, verlaufen in ihren Grenzen nicht so deutlich und sind deshalb teilweise nur mit dünnen durchgezogenen Linien abgegrenzt. Die restlichen Felder weisen keine scharfen Grenzen auf, sondern gehen allmählich ineinander über; sie sind durch gestrichelte Linien voneinander getrennt. (Aus Elliott 1969.)

Tabelle 3.4: Funktionsbereiche und cytoarchitektonische Areale nach Brodmann

Funktion	Areale nach Brodmann
visuell	
primär	17
sekundär	18, 19, 20, 21, 37
auditorisch	
primär	41
sekundär	22, 42
somatosensorisch	
primär	1, 2, 3
sekundär	5, 7
sensorisch, tertiär	7, 22, 37, 39, 40
motorisch	
primär	4
sekundär	6
Augenbewegung	8
Sprache	44
motorisch, tertiär	9, 10, 11, 45, 46, 47

feldern. Ähnliche enge Beziehungen bestehen auch bei anderen Arealen und ihren Funktionen.

Mit der Entwicklung neuer Techniken, wie etwa der Einzellableitung, hat man jedoch entdeckt, daß einzelne Brodmann-Felder in Wirklichkeit aus zwei oder mehreren Arealen bestehen. Aus diesem Grund wird die Karte ständig aktualisiert und besteht heute aus einem verwirrenden Gemisch aus Zahlen, Buchstaben und Namen.

Funktionskarten

Die bekannteste unter den vielen funktionalen Karten, die im Laufe der Zeit entstanden, ist die von Penfield und seinen Mitarbeitern. Die Forscher stimulierten das Gehirn von Personen, die gerade am Gehirn operiert wurden, mit dünnen Drähten oder Elektroden und schwachen elektrischen Strömen. (Die Patienten waren dabei wach und ansprechbar. Hirnoperationen ohne Vollnarkose sind möglich, weil das Gehirn selbst keine Schmerzrezeptoren besitzt.) Abgesehen von der medizinischen Notwendigkeit, aufgrund der Reaktionen des Patienten Tumoren oder geschädigte Hirngebiete besser umgrenzen zu können, versuchten die Wissenschaftler durch punktuelle Reizung des Neocortex festzustellen, ob die Person daraufhin irgendeine Bewegung machte oder Sinnesempfindung (etwa Jucken oder Kitzeln) wahrnahm. Die Reize und die Art der Reaktion wurden aufgezeichnet und die gleiche Prozedur an einer anderen Stelle wiederholt.

Die Ergebnisse zahlreicher derartiger Experimente zeigt Abbildung 3.10. Gebiete, deren Reizung Bewegungen hervorrufen, befinden sich im Gyrus praecentralis, dem primären motorischen Feld, solche, deren Reizung Körperempfindungen auslöst, im Gyrus postcentralis, dem primären sensorischen Feld. Für motorische wie sensorische Areale existiert eine Punkt-für-Punkt-Zuordnung zwischen Körperteilen und benachbarten Teilen des Neocortex; Nachbarschaftsverhältnisse des Körpers bleiben also im Projektionsfeld erhalten. Betrachtet man die Darstellung, so fällt auf, daß die Abbildung des Körpers auf der Cortexoberfläche verzerrt ist. Das Gesicht und die Hände sind beispielsweise im Vergleich zum restlichen Körper überproportional groß repräsentiert. Das daraus entstehende Körperabbild wird als „Homunculus“ (lateinisch für „kleiner Mensch“) bezeichnet. Die Homunculi auf dem primären motorischen und dem primären somatosensorischen Feld verdeutlichen, wie die Partien des Körpers in corticalen Arealen repräsentiert werden.

Das Gesicht und die Hände des sensorischen und motorischen Homunculus sind deshalb größer, weil sie zu einer

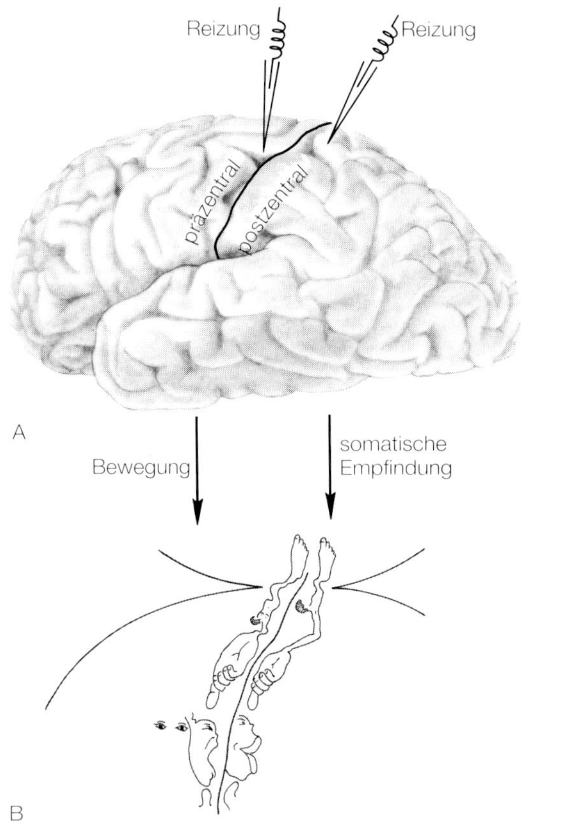

3.10 Eine Funktionskarte der Großhirnrinde. A. Elektrische Reizung des präzentralen oder postzentralen Gyrus mit kleinen Elektroden. B. An den Reizorten, die durch die Homunculi umschrieben sind, werden dabei Bewegungen oder Empfindungen der entsprechenden Körperpartien ausgelöst. (Nach Penfield und Jasper 1954.)

differenzierteren Wahrnehmung und Bewegung fähig sind als andere Körperteile und die Auswertung ihrer Sinnesreize beziehungsweise die Steuerung ihrer Muskeln eine entsprechend große Neocortexfläche beanspruchen. Die Repräsentation der Füße liegt in der Fissura longitudinalis (sie wurde zur besseren Darstellung in Abbildung 3.10 nach oben geklappt). Die corticale Repräsentation der Augenmotorik liegt nicht in der Kopfregion des motorischen Homunculus. Statt dessen haben die Augenmuskeln ihr eigenes Gebiet, das direkt vor dem Gebiet der Kopfrepräsentation liegt.

Die visuellen und auditorischen Systeme verfügen über ebenso präzise Areale auf dem Neocortex wie das motorische und somatosensorische System. Die Gesichtsfelder beider Augen sind im hinteren Occipitallappen repräsentiert, das sensorische Gebiet für die Hörwahrnehmung, das heißt die Repräsentation der schwingenden Basilarmembran des Innenohres, liegt im primären auditorischen Cortex im Temporallappen. Das Geschmackszentrum ist ein zungenförmiges Repräsentationsfeld im Gyrus postcentralis. Das olfaktorische System besitzt ein Repräsentationsfeld im ventrolateralen vorderen Bereich des Neocortex.

Corticale Verbindungen

Die einzelnen Regionen des Neocortex sind durch drei verschiedene Typen axonaler Projektionen miteinander verbunden: 1) durch relativ kurze Faserverbindungen zwischen einem Gyrus und dem nächsten, 2) durch lange Verbindungen zwischen den vier Lappen und 3) durch interhemisphärische Verbindungen, sogenannte **Kommissuren** zwischen den Hemisphären. Die meisten interhemisphärischen Verbindungen verknüpfen homotope Areale, das heißt, einander entsprechende Stellen auf den beiden Hemisphären. Aus Abbildung 3.11 lassen sich Ort und Namen einiger dieser Verbindungen ersehen (man bezeichnet ein kleines Faserbündel hier nicht als Tractus, sondern als Fasciculus). Im Cortex gibt es auch Faserverbindungen, über die einzelne Schichten miteinander kommunizieren. Außerdem senden Zellen in fast allen Cortexarealen Axone zu subcorticalen Gebieten, etwa zum Thalamus. Von dort aus können Axone zu anderen als den corticalen Ursprungsgebieten zurückgesandt werden. Solche Verbindungen sind schwieriger nachzuweisen als die vorher genannten direkten Faserverbindungen. Dennoch sind sie funktional von beträchtlichem Interesse, weil die Zerstörung eines Faserzuges oft von Verhaltensdefiziten begleitet wird, die ebenso schwerwiegend sind wie die Zerstörung der Kerngebiete oder Cortexareale, die der betreffende Faserzug verbindet. Schon ein flüchtiger Blick auf die Abbildung 3.11 macht deutlich, daß es schwierig ist, irgendein corticales Gebiet zu zerstören, ohne gleichzeitig eine oder mehrere seiner Faserverbindungen zu verletzen.

Limbische Strukturen

Im Verlauf der Evolution von Amphibien und Reptilien entwickelte sich eine ganze Anzahl dreischichtiger Rindenstrukturen, welche die entwicklungsgeschichtlich älteren Hirnteile umgaben. Durch das nachfolgende Wachstum des Neocortex befinden sie sich heute zwischen den neuentstandenen und den ursprünglichen Hirnpartien. Der stammesgeschichtliche Ursprung dieser Strukturen hat manche Anatomen veranlaßt, sie als „Reptiliengehirn“ zu bezeichnen, aber der Begriff *limbischer Lappen* (lateinisch *limbus* für „Saum“, „Kante“), den Broca vorschlug, findet heutzutage größere Beachtung. Der limbische Lappen wird auch *limbisches System* genannt (dies kann durchaus ein irreführender Begriff sein). Er besteht aus mehreren Strukturen, unter anderem aus dem **Hippocampus**, dem **Septum**, dem **Gyrus cinguli** oder cingulären Cortex, die alle miteinander verbunden sind (Abbildung 3.12).

Die Entstehung des funktionalen Begriffes *limbisches System* ist eines der interessantesten Kapitel in der Geschichte der Neurowissenschaften. Zunächst waren die Anatomen von der Tatsache beeindruckt, daß es Verbindungen zwischen dem olfaktorischen System und dem limbischen Lappen gibt. Aufgrund dieser Befunde nahm man an, daß die limbischen Strukturen Geruchsinformationen verarbeiten. Limbische und olfaktorische Gebiete wurden daher zusammen als

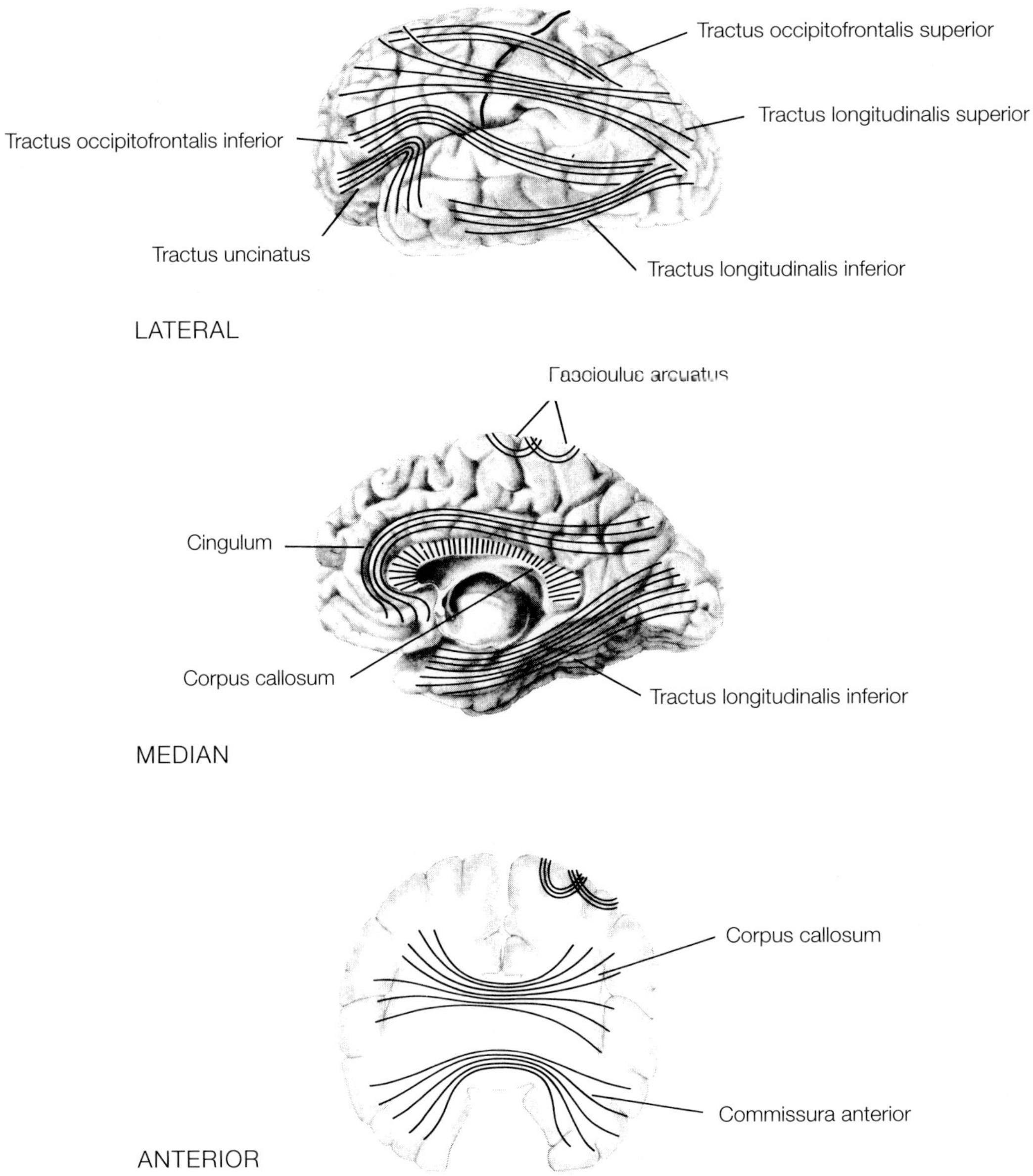

3.11 Einzelne Verbindungen zwischen den verschiedenen Regionen des Cortex.

Rhinencephalon oder Riechhirn bezeichnet. Da eine Reihe von Experimenten aber zeigte, daß die limbischen Strukturen für den Riechsinn nur eine geringe Bedeutung haben, lag ihre Funktion eine Zeitlang im wissenschaftlichen Dunkel. Erst 1937 geriet Bewegung in die Vorstellungen über diese Hirnstrukturen, als der amerikanische Wissenschaftler Papez die seinerzeit gewagte Frage stellte: „Ist Emotion ein Produkt der Magie, oder ist es ein physiologischer Prozeß, der von anatomischen Mechanismen abhängt?" Papez vermutete, daß Emotionen, denen damals kein anatomisches Substrat zugeordnet werden konnte, ein Produkt des limbischen Lappens sind. Er glaubte, daß das „emotionale Gehirn" aus einem Schaltkreis bestünde, in dem Informationen von den Mamillarkörpern des Hypothalamus zum anterioren Thalamuskern und zum cingulären Cortex weitergeleitet würden, die von dort aus zum Hippocampus und wieder zurück zu den Mamillarkörpern gelangten. Jede dieser Strukturen könnte der Eingang für Informationen sein, deren Verarbeitung im limbischen Lappen Gefühle auslöst. Papez nahm zum Beispiel an, ein Gedanke aus dem Neocortex („Es ist gefährlich, im Dunkeln spazieren zu gehen") könne in den Kreislauf eintreten, als Furcht interpretiert werden („Ich fürchte mich im Dunkeln") und schließlich den Hypothalamus veranlassen, Hormone auszuschütten, die ein angemessenes Korrelat zum Inhalt des Gedankens und der damit verbundenen Furcht darstellen.

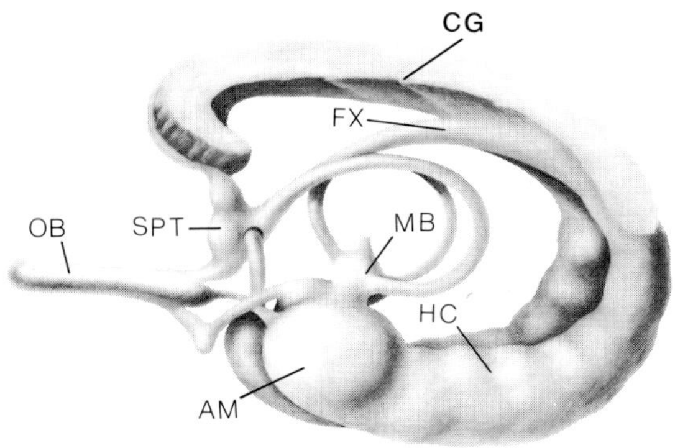

3.12 Modell des limbischen Systems des Menschen mit seinen wichtigsten Strukturen. AM, Amygdala; CG, Gyrus cinguli; FX, Fornix; HC, Hippocampus; MB, Mamillarkörper; OB, Bulbus olfatorius; SPT, Septum. (Nach Hamilton 1976.)

Es gibt Hinweise darauf, daß der limbische Lappen mit Emotionen im Zusammenhang steht; besonders großes Interesse bringt man ihm heute jedoch wegen seiner Bedeutung für das Gedächtnis entgegen. So nimmt man beispielsweise an, daß die perirhinale Region (die an den Neocortex angrenzt) an Wiedererkennungsprozessen beteiligt ist, der Hippocampus am räumlichen, und die Amygdala am emotionalen Gedächtnis.

Die Basalganglien

Die **Basalganglien,** eine Ansammlung von Vorderhirnnuclei, befinden sich im wesentlichen unterhalb des vorderen Neocortex (Abbildung 3.13). Zu ihnen gehören das **Putamen** (die Schale), der **Globus pallidus** („bleiche Kugel", auch Pallidum genannt), der **Nucleus caudatus** oder Schweifkern und die **Amygdala** (der Mandelkern). Diese Strukturen bilden

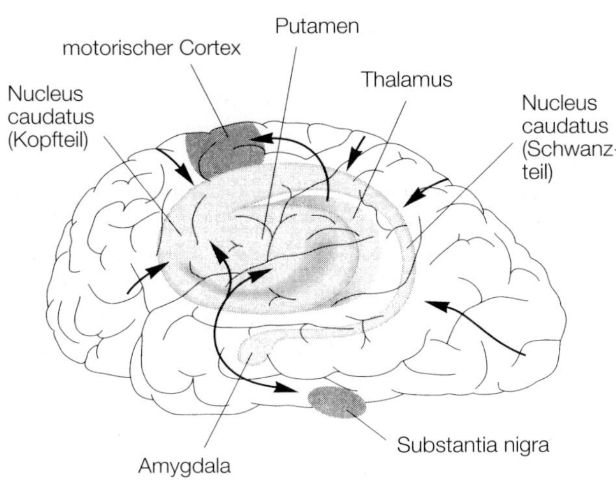

3.13 Verbindungen zwischen Basalganglien und Cortex. Die Pfeile zeigen vermutete Projektionen verschiedener Cortexareale zu Strukturen der Basalganglien.

einen Schaltkreis mit dem Cortex. Der Nucleus caudatus empfängt Projektionen aus allen Regionen des Neocortex und sendet selbst Fasern über das Putamen und den Globus pallidus zum Thalamus und von dort aus in die motorischen Felder des Cortex. Die Basalganglien bilden ebenfalls reziproke Verknüpfungen mit dem Mittelhirn aus, insbesondere mit einem als **Substantia nigra** (schwarze Substanz) bezeichneten Nucleus. Diese Verbindung versorgt die Basalganglien mit Dopamin. Ein Dopaminmangel in den Basalganglien resultiert in einer motorischen Störung, der Parkinson-Krankheit. Den Basalganglien hatte man ursprünglich drei Funktionen zugeschrieben: 1) Eine Schädigung verschiedener Bereiche der Basalganglien kann zu Veränderungen der Körperhaltung, zu einem Anstieg oder Abfall des Muskeltonus sowie zu abnormen Bewegungen, wie etwa Zucken oder Zittern, führen. Man nimmt daher an, daß die Basalganglien an motorischen Funktionen beteiligt sind. 2) Aufgrund der bei Schädigung der Basalganglien zu beobachtenden Defizite vermutet man überdies, daß diese Strukturen die Bewegungen zu einer kontinuierlichen Abfolge zusammenfügen, wie es etwa beim Sprechen geschieht. 3) Außerdem unterstützen die Basalganglien wahrscheinlich das Erlernen von Reiz-Reaktionsketten und Gewohnheiten.

Der Thalamus

Der Thalamus wird in einen ventralen und einen dorsalen Teil untergliedert. Der ventrale Thalamus liefert einen ständigen Informationsstrom an den Cortex, der möglicherweise dessen Aktivität moduliert. Der dorsale Thalamus ist aus vielen Kernen zusammengesetzt, die alle in jeweils ganz bestimmte Cortexareale projizieren (Abbildung 3.14). Diese Kerne leiten Informationen aus drei Ursprungsarten zum Cortex: 1) Eine Gruppe von Kernen verschaltet die Signale aus sensorischen Systemen mit ihren jeweiligen Zielgebieten. Beispielsweise erhält der seitliche Kniehöcker, das Corpus geniculatum laterale (CGL), „visuelle Projektionen", der mittlere Kniehöcker (Corpus geniculatum mediale, CGM) „auditorische". Sinnesinformationen über Berührung, Druck, Schmerz und Temperatur gelangen zum Nucleus ventralis posterolateralis (VPL). Der seitliche Kniehöcker projiziert seinerseits zu Areal 17 zurück, der mittlere Kniehöcker zu Areal 41 und der Nucleus ventralis posterolateralis zu den Arealen 1, 2 und 3. Das olfaktorische System projiziert durch den Nucleus dorsalis medialis (DM) zum Neocortex. 2) Einige Nuclei verschalten Informationen zwischen einzelnen Cortexregionen. Ein großes Gebiet des posterioren Cortex sendet und erhält Projektionen vom sogenannten Pulvinar, einem weiteren Thalamuskern (P). 3) Die aus dem limbischen System, den Basalganglien und dem Cerebellum zum Cortex ziehenden Fasern werden ebenfalls im Thalamus verschaltet. Das limbische System projiziert durch den DM zum frontalen Cortex, die Basalganglien projizieren durch den Nucleus ventralis anterior (VA) und das Cerebellum durch den Nucleus ventralis lateralis (VL) zum motorischen Cortex. Diese anato-

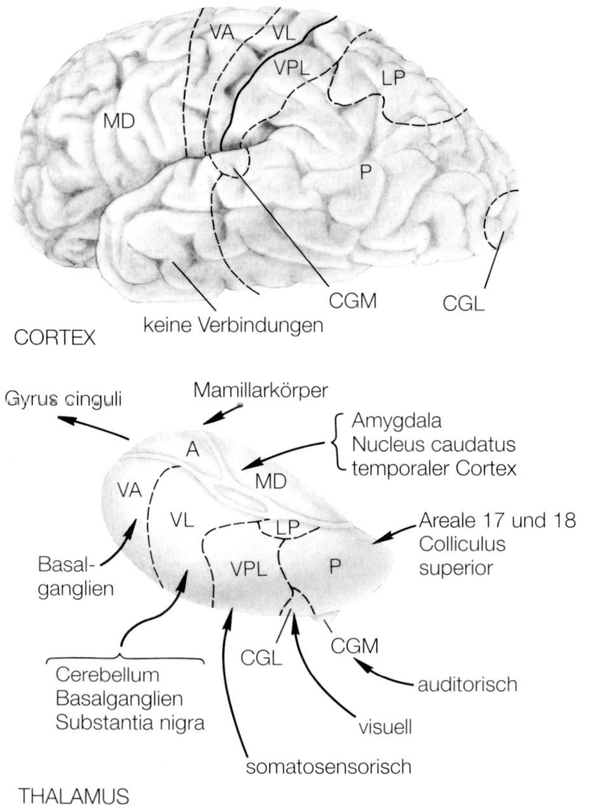

3.14 Beziehungen zwischen den thalamischen Kernen und den verschiedenen Cortexfeldern, in die sie projizieren. Die Pfeile zeigen auf die Quellen von Afferenzen beziehungsweise die Zielgebiete von Efferenzen des Thalamus. A, Nucleus anterior; MD, Nucleus medialis dorsalis; VA, Nucleus ventralis anterior; VL, Nucleus ventralis lateralis; LP, Nucleus lateralis posterior; VPL, Nucleus ventralis posterolateralis; P, Pulvinar; CGL, Corpus geniculatum laterale; CGM, Corpus geniculatum mediale.

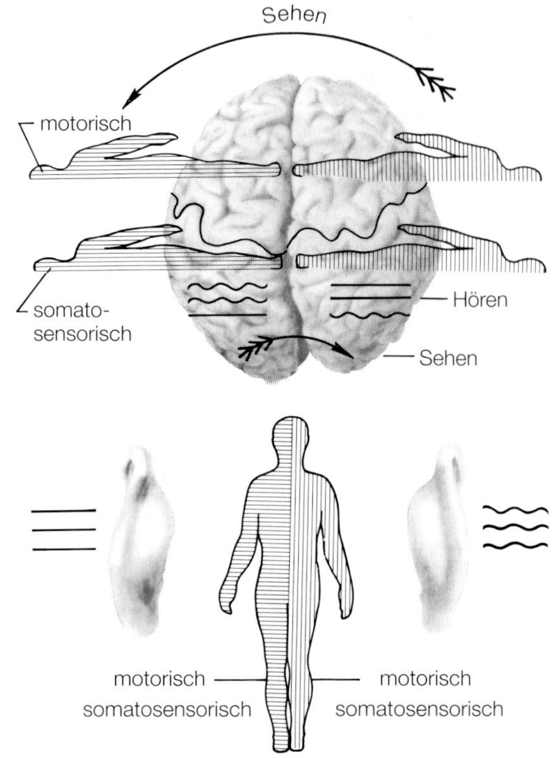

3.15 Aufsicht auf den menschlichen Cortex (die Frontallappen weisen nach oben) mit den Projektionen des visuellen, auditorischen und somatosensorischen Systems in contralaterale Areale des Cortex und den überkreuzt verlaufenden Projektionen des motorischen Cortex in die contralaterale Körperseite.

mischen Verknüpfungen machen deutlich, daß fast die gesamte in den Cortex gelangende Information zuvor im Thalamus verschaltet wird.

Das Gehirn als kontralateral verschaltetes System

Eine herausragende Besonderheit des Gehirns besteht darin, daß jede seiner symmetrisch angelegten Hälften auf Sinnesreize der kontralateralen Körperseite reagiert und die Muskulatur der entgegengesetzten Körperhälfte kontrolliert (Abbildung 3.15). Im visuellen System wird dies zum einen dadurch erzielt, daß die Hälfte der Fasern des Tractus opticus über Kreuz verlaufen, zum anderen dadurch, daß das Netzhautbild durch die Linse des Auges umgekehrt wird. Nahezu alle Fasern des motorischen und somatosensorischen Systems kreuzen in die kontralaterale Hemisphäre. Die Projektionen jedes Ohres erreichen zwar beide Hemisphären; es steht jedoch auch fest, daß die auditorischen Informationen eines Ohres vorzugsweise in die kontralaterale Hemisphäre gelangen. Insgesamt gibt es also im Zentralnervensystem eine Vielzahl von Kreuzungen oder **Decussationen** sensorischer und motorischer Fasersysteme. In diesem Buch werden Einzelheiten gekreuzt verlaufender anatomischer Systeme dann im Detail beschrieben, wenn sie für die Besprechung ihrer funktionalen Bedeutung relevant sind. Hier sei nur gesagt, daß aufgrund der gekreuzten Anordnung eine Schädigung auf einer Seite des Gehirns gewöhnlich sensorische und motorische Ausfälle auf der gegenüberliegenden Körperseite herbeiführt.

Die Ventrikel

Das ursprüngliche Rückenmark bestand aus einem Rohr mit einem zentralen Hohlraum. Wie die Abbildungen 3.2B und C zeigen, bleiben auch der zentrale Teil des Hirnstamms und

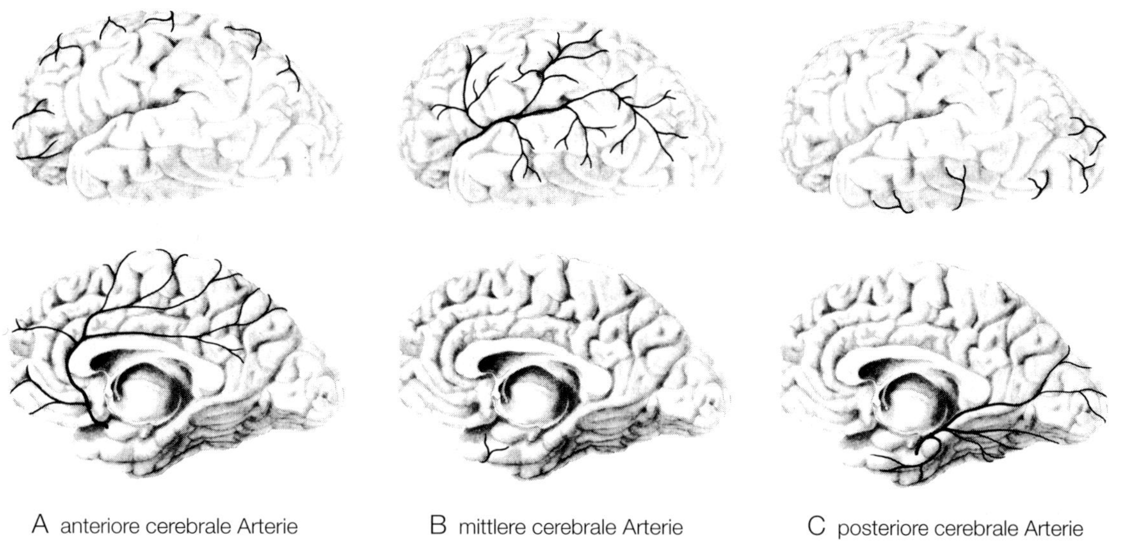

3.16 Versorgungsgebiete der wichtigsten Gehirnarterien. Oben: Seitenansicht; unten: Medialansicht. Legt man die Hand so, daß sich das Handgelenk über der Wurzel der Arterien befindet, bedecken die ausgestreckten Finger etwa das corticale Versorgungsgebiet.

des Säugetiergehirns hohl. Dieser Hohlraum ist aber nicht leer, sondern mit einer Flüssigkeit gefüllt, die man als Liquor cerebrospinalis oder **Cerebrospinalflüssigkeit (CSF)** bezeichnet. Sie wird von spezialisierten Ansammlungen von Gliazellen, den sogenannten **Plexus choroideus**, innerhalb des Hohlraums gebildet. Der Hohlraum ist nicht überall im Gehirn gleich groß. Seine Ausbuchtungen nennt man **Ventrikel**. Im Säugetiergehirn gibt es vier Ventrikel (Abbildung 3.2C). Traditionell bezeichnet man die beiden Seitenventrikel als ersten und zweiten, den Ventrikel im Diencephalon als dritten und den Ventrikel im Metencephalon und Myelencephalon als vierten Ventrikel. Der Ventrikel, der ursprünglich im Mesencephalon des Hirnstamms lag, wurde – bedingt durch die enorme Größenzunahme des Gehirns – komprimiert und heißt Aquaeductus cerebri oder einfach Aquädukt. Die Verteilung der Ventrikel im menschlichen Gehirn entspricht der im Säugetiergehirn.

Blutversorgung

Das Gehirn erhält sein Blut aus den beiden inneren Halsschlagadern (**Arteriae carotis interna**) und den beiden vertebralen Arterien (**Arteriae vertebralis**), die an den Seiten des Halses zum Kopf ziehen. Die inneren Halsschlagadern treten an der Gehirnbasis in den Schädel ein, wo sie sich zu mehreren kleinen und zwei größeren Arterien, der anterioren zerebralen Arterie (**Arteria cerebri anterior**) und der medialen zerebralen Arterie (**Arteria cerebri media**), verzweigen. Diese beiden Arterien versorgen die vorderen und mittleren Gebiete des Cortex. Die vertebralen Arterien treten ebenfalls an der Gehirnbasis ein und vereinen sich dann zur Schädelbasisschlagader (Arteria basilaris). Nachdem sich einige kleinere Arterien, die das Cerebellum versorgen, von der Schädelbasisschlagader abgespalten haben, wird diese zur posterioren cerebralen Arterie (**Arteria cerebri posterior**), welche die medialen Temporallappen und die hinteren Bereiche der Occipitallappen versorgt.

Die von der anterioren, medialen und posterioren zerebralen Arterie versorgten Gehirnregionen sind in Abbildung 3.16 gezeigt. Legt man das Handgelenk auf die gemeinsame Wurzel der beiden Arterien, so bedecken die ausgestreckten Finger etwa das corticale Versorgungsgebiet. Die Arterien versorgen jedoch nicht nur den Cortex, sondern auch subcorticale Regionen. Eine Unterbrechung des Blutflusses durch eine der beiden Arterien hat also schwerwiegende Folgen sowohl für subcorticale als auch für corticale Strukturen. Wie wir in späteren Kapiteln sehen werden, sind corticale und subcorticale Schädigungen nach einer Durchblutungsstörung (Schlaganfall) ein Hauptgrund dafür, daß die Erforschung der Gehirnfunktionen anhand von Schlaganfallpatienten so schwierig ist.

Die abführenden Gefäße werden in innere und äußere cerebrale Venen (Venae cerebri) und cerebellare Venen (Venae cerebelli) unterteilt. Der venöse Blutstrom folgt nicht dem Verlauf der entsprechenden Arterien, sondern hat sein eigenes Muster, das schließlich zu einem System venöser Sinus oder Hohlräume führt, welche die Dura mater drainieren.

Schutzmaßnahmen

Gehirn und Rückenmark werden auf mehrere Arten vor Verletzungen und Infektionen geschützt. 1) Das Gehirn ist von den starken Knochen der Schädelkapsel umschlossen, das Rückenmark schützen zahlreiche miteinander verbundene knöcherne Wirbelkörper. 2) Innerhalb der knöchernen Umhüllung befinden sich drei Membranen. Die äußerste heißt **Dura mater** (lateinisch für „harte Mutter"). Sie besteht aus einer festen Doppelschicht aus Kollagenfasern, die das Gehirn locker umschließt. Die mittlere Hirnhaut, die **Arachnoidea** („Spinnwebhaut"), ist eine sehr dünne Schicht aus zartem kollagenem Bindegewebe, die den Konturen des Gehirns genau folgt. Die dritte Schicht schließlich heißt **Pia mater** (lateinisch für „weiche Mutter") und ist eine mittelstarke bindegewebige Membran aus netzartigen, elastischen und kollagenen Fasern; sie haftet direkt an der Oberfläche des Nervensystems. 3) Die Cerebrospinalflüssigkeit schützt das Gehirn vor Stößen und plötzlichen Druckveränderungen. Sie füllt die Hirnventrikel und zirkuliert unterhalb der Arachnoidea im sogenannten Subarachnoidalraum um das Zentralnervensystem. Die klare, farblose Flüssigkeit enthält Natriumchlorid und andere Salze und wird von Zellanhäufungen (den Plexus choroidei) hergestellt, die in die Ventrikel hineinreichen. Die Cerebrospinalflüssigkeit wird dort laufend neu gebildet, fließt von den Ventrikeln aus um das Gehirn und wird in den venösen Sinus (Gefäßerweiterungen) der Dura mater absorbiert. Wenn der Abfluß blockiert ist, wie es bei Kindern mit sogenanntem Wasserkopf (Hydrocephalus internus) der Fall ist, erweitern sich die Ventrikel infolge des erhöhten Flüssigkeitsdrucks, was zu einem stark vergrößerten Kopfvolumen führt. Der Wasserkopf kann durch eine künstliche Drainage der Ventrikel behandelt werden. Es ist unwahrscheinlich, daß die Cerebrospinalflüssigkeit das Gehirn in irgendeiner Weise ernährt. Allerdings besteht die Möglichkeit, daß sie beim Abtransport von Abfallprodukten des Stoffwechsels aus dem Gehirn eine Rolle spielt. 4) Die sogenannte **Blut-Hirn-Schranke** schützt das Gehirn vor dem unkontrollierten Eindringen chemischer Substanzen aus dem gesamten Körper. Diese Barriere besteht aus Gliazellen, welche die Blutgefäße des Gehirns dicht umhüllen. Sie wirkt wie ein Filter und kontrolliert den Durchtritt vieler großer Moleküle aus dem Blut in das Nervengewebe.

Literatur

Brodmann, K. *Vergleichende Lokalisationlehre der Grosshirnrinde in ihren Prinzipien dargestellt auf Grund des Zellenbaues.* Leipzig: J. A. Barth, 1909.

Curtis, B. A., S. Jacobson, E. M. Marcus. *An Introduction to the Neurosciences.* Philadelphia: Saunders, 1972.

Elliott, H. *Textbook of Neuroanatomy.* Philadelphia: Lippincott, 1969.

Everett, N. B. *Functional Neuroanatomy.* Philadelphia: Lea and Febiger, 1965.

Hamilton, L. W. *Basic Limbic System Anatomy of the Rat.* New York, London: Plenum, 1976.

Herrick, C. J. *Brains of Rats and Men.* Chicago: University of Chicago Press, 1926.

MacLean, P. D. Psychosomatic disease and the „visceral brain": Recent developments bearing on the Papez theory of emotion. *Psychosomatic Medicine* 11: 338–353, 1949.

Papez, J. W. A proposed mechanism of emotion. *Archives of Neurology and Psychiatry* 38: 724–744, 1937.

Passingham, R. E. Brain size and intelligence in man. *Brain Behavior and Evolution* 16: 253–270, 1979.

Penfield, W., E. Boldrey. Somatic motor and sensory representation in the cerebral cortex as studied by electrical stimulation. *Brain* 60: 389–443, 1958.

Penfield, W., H. H. Jasper. *Epilepsy and the Functional Anatomy of the Human Brain.* Boston: Little, Brown, 1954.

Ranson, S. W., S. L. Clark. *The Anatomy of the Nervous System.* Philadelphia: Saunders, 1959.

Sarnat, H. B., M. G. Netsky. *Evolution of the Nervous System.* New York: Oxford University Press, 1974.

Truex, R. C., M. B. Carpenter. *Human Neuroanatomy.* Baltimore: Williams and Wilkins, 1969.

4

Die zelluläre Organisation des Nervensystems

Wenn männliche Samtfalter sich paaren wollen, fliegen sie auf zu Weibchen, die gerade über sie hinwegfliegen. Die Reaktion der Männchen auf die Weibchen ist jedoch nicht immer frei von Irrtümern, denn manchmal fliegen sie auch zu anderen vorbeifliegenden Objekten hin. Dies ließ den Verhaltensforscher Tinbergen vermuten, daß es möglich sein sollte, durch kontrollierte Experimente den wirksamsten Stimulus zum Auslösen der Annäherungsreaktion des Männchens zu entdecken. Tinbergen bastelte Modellschmetterlinge, befestigte sie an der Leine einer Angelrute und ließ sie „fliegen", um festzustellen, welche Modelle die Männchen am effektivsten anlockten. Obwohl die Weibchen sehr farbenprächtig sind und die Männchen Farben auch sehen können, erwies sich die Färbung als unwichtig. Die Männchen wurden von dunklen, großen und sich unregelmäßig bewegenden Stimuli angezogen. Überdies verstärkten sich diese Merkmale gegenseitig, und Tinbergen schloß daraus, daß das Nervensystem der Männchen eine „Sammelstation" enthält, in der die verschiedenen Eigenschaften des Stimulus integriert werden.

Obwohl sie ohne Kenntnisse oder Untersuchungen des Nervensystems des Schmetterlings durchgeführt wurden, lieferten Tinbergens Experimente Hinweise darauf, wie dieses System arbeiten mußte; sie sind also ein Beispiel für hervorragende Verhaltensforschung. Aber um zu verstehen, wie der Vorgang der Integration vonstatten geht, ist es notwendig, sowohl die anatomische Organisation der Sammelstation als auch ihre physiologische Aktivität zu kennen. Dies fällt in den Bereich der Neuropsychologie. Durch sorgfältiges Beobachten und kontrollierte Experimente kann man vieles über das Verhalten von Menschen lernen, aber eine detaillierte Kenntnis darüber, wie das Nervensystem das Verhalten kontrolliert, erlangt man durch die Erforschung der Struktur von Zellen und ihrer Arbeitsweise. Die folgenden Abschnitte beschreiben kurz 1) die physikalischen Eigenschaften von Nervenzellen und die zu ihrer Untersuchung eingesetzten Methoden und 2) die elektrische Aktivität von Neuronen und die Techniken, mit denen man diese Aktivität aufzeichnet.

Die Struktur der Nervenzelle

Neuronen sind die integrierenden Einheiten des Nervensystems, und obwohl sie vieles mit anderen Zellen des Körpers gemeinsam haben, weisen sie auch ganz besondere Eigenschaften auf, mit deren Hilfe sie ihre speziellen Funktionen erfüllen können.

Hier seien einige allgemeine Kenntnisse über Neuronen und ihre Funktionen vorgestellt. Neuronen im Gehirn teilen und regenerieren sich nicht mehr, sobald sie einmal fertig ausgebildet sind. Sofern sie nicht durch äußere Einflüsse absterben, leben die meisten so lange wie der Organismus, zu dem sie gehören. Zwischen den einzelnen Neuronen besteht kein direkter Kontakt, sondern sie sind durch schmale Zwischenräume voneinander getrennt; über diesen Zwischenraum hinweg kommunizieren sie mit Hilfe einer chemischen Sprache. Neuronen variieren enorm in Größe und Form, wobei die Unterschiede Zeugnis der Anpassung eines jeden Neurons an seine spezielle Funktion sind. Neuronen sind zu Ansammlungen, sogenannten Kernen, zusammengeschlossen, die jeweils ihren eigenen Beitrag zum Verhalten leisten. Neuronen verändern ihr Verhalten mit der Erfahrung: sie lernen, erinnern und vergessen. Sie können auch falsch funktionieren und Störungen des Verhaltens hervorrufen. Während der Entwicklung werden weit mehr Neuronen gebildet als letztendlich überleben; der Zelltod ist also ein wesentlicher Teil der Entwicklung und Ausformung des erwachsenen Gehirns. Neuronen, die das Zentralnervensystem (ZNS) verlassen, wie zum Beispiel sensorische Neuronen oder Motoneuronen, behalten die Fähigkeit zur Regeneration. Auch die Stammzellen, aus denen die Zellen des Gehirns ursprünglich hervorgegangen sind, bleiben beim Erwachsenen vorhanden und behalten die Fähigkeit, neue Zellen zu erzeugen.

Abbildung 4.1 stellt ein stark schematisiertes Neuron dar. Das Neuron ist von einer speziellen Membran umgeben. Es hat einen **Zellkörper**, auch **Soma** genannt (griechisch für „Körper"), in dem sich der **Zellkern** und andere Organellen befinden. Die Oberfläche des Neurons ist durch stark verzweigte Fortsätze, die **Dendriten** (vom griechischen Wort für „Baum") vergrößert, auf denen viele **dendritische Dornen** oder **Spines** (der englische Begriff hierfür) sitzen. An den Spines setzen bevorzugt synaptische Endigungen von anderen Neuronen an. Jedes Neuron besitzt einen Fortsatz, den man als **Axon** oder **Neurit** (aus dem Griechischen für „Achse") bezeichnet, und der an einer Auswölbung der Zellmembran, dem **Axonhügel**, entspringt. Das Axon verzweigt sich am Ende zu mehreren **Telodendrien**, die alle jeweils in Synapsen enden. Es ist oft von einer isolierenden Hülle aus Gliazellen umgeben, der **Myelinscheide**, so daß es nur in den Räumen zwischen den Gliazellen, den **Ranvierschen Schnürringen**, der Extrazellulärflüssigkeit ausgesetzt ist.

Neuronen funktionieren wie in Abbildung 4.2 dargestellt: An den Dendriten trifft die Information von vielen anderen Neuronen ein, und zwar in Form einer elektrischen Ladungsänderung. Wenn die Ladungsänderung eine bestimmte Schwelle überschreitet, entsteht am Axonhügel ein elektrischer Impuls, der entlang des Axons zu den Synapsen weitergeleitet wird. Da der Impuls nur an den Ranvierschen Schnürringen, den exponierten Stellen der Membran, weitergeleitet werden kann, „springt" er von einem Ranvierschen Schnürring zum nächsten. Die Synapsen setzen eine chemische **Transmittersubstanz** frei, die an der Membran der benachbarten Zellen eine Ladungsänderung hervorruft und auf diese Weise die Information überträgt. (Der Begriff „Information" soll die Annahme andeuten, daß die Aktivität der Zelle für das Verhalten des Organismus von Bedeutung ist.)

4.1 Ein typisches Neuron mit einigen seiner wichtigsten strukturellen Merkmalen.

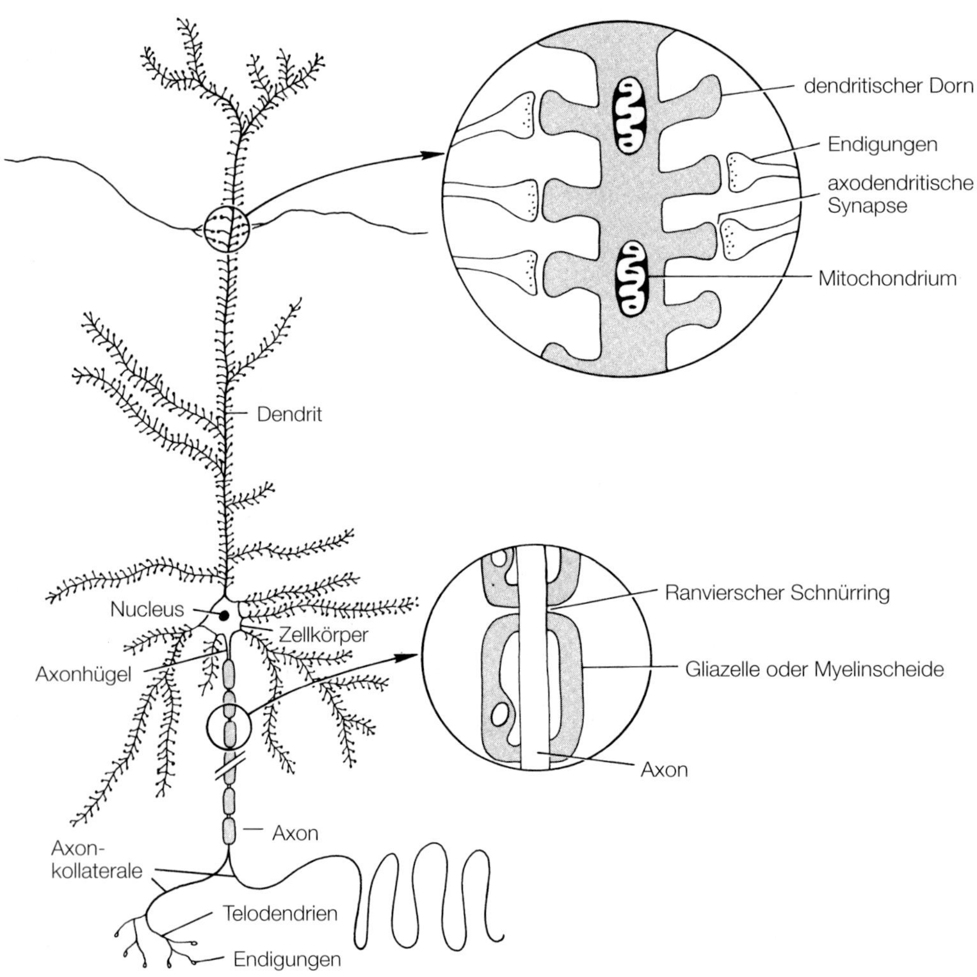

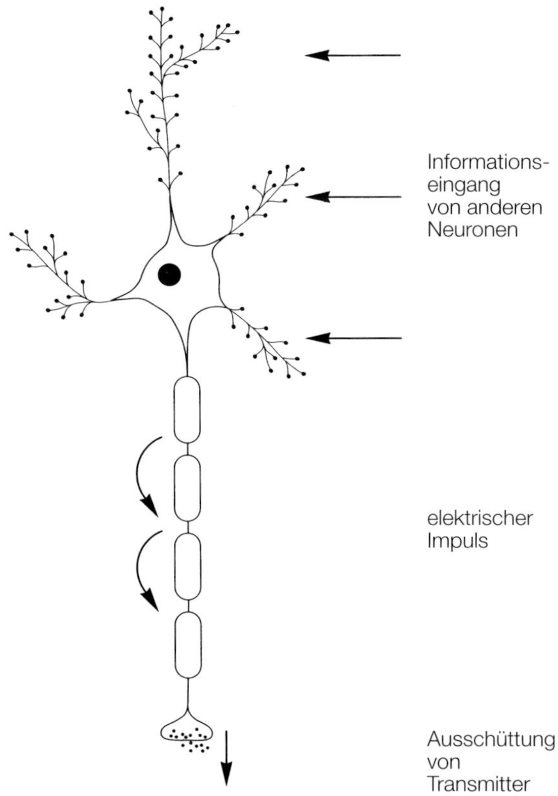

4.2 Folge von Schritten bei der Signalleitung in einem Neuron. Der Informationseingang (Input) von anderen Neuronen erzeugt eine elektrische Ladung auf den Dendriten, die wiederum am Axonhügel ein Aktionspotential auslöst. Das Aktionspotential wandert das Axon entlang und verursacht die Freisetzung von Transmitter an der Synapse.

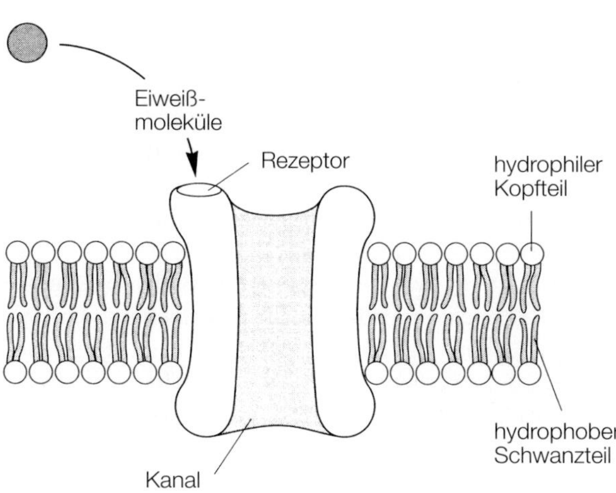

4.3 Die Zellmembran besteht aus bipolaren Molekülen, deren Köpfe nach außen und deren Schwänze ins Zellinnere zeigen. In die Membran eingelagert sind Proteinmoleküle; diese können als Rezeptoren fungieren, an denen chemische Substanzen wirken können, oder auch als Kanäle, die es bestimmten Substanzen erlauben, die Membran zu passieren.

Die Zellmembran

Die Zellmembran umgibt die gesamte Zelle und besteht aus einer doppelten Schicht von Molekülen (Abbildung 4.3). Jedes Molekül hat einen Kopf und zwei Schwänze. Die Köpfe werden von dem Wasser im Cytoplasma und im Interzellulärraum angezogen, die Schwänze jedoch vom Wasser abgestoßen, so daß die Köpfe nach außen und die Schwänze ins Innere der Doppelschicht gerichtet sind. Die Membran ist semipermeabel, das heißt, sie wirkt als Barriere für viele Substanzen, erlaubt einigen jedoch, zu passieren. In die Membran eingebettet sind Proteine. Diese können als **Rezeptoren** für verschiedene Substanzen fungieren, als Kanäle, durch die bestimmte Stoffe in die Zelle gelangen können, oder sie können aktiv Substanzen durch die Zellmembran transportieren. Die Eigenschaften der Membran und der Proteine erlauben also den Einstrom und Ausstrom von Substanzen sowie die Veränderung des elektrischen Ladungsgefälles an der Membran.

Der Zellkörper

Der mit Cytoplasma gefüllte Zellkörper enthält eine Vielzahl von Substanzen, die seine Struktur und Funktion bestimmen. Die wichtigsten Bestandteile des Zellkörpers sind in Abbildung 4.4 skizziert. Eine wichtige Funktion des Zellkörpers und seiner Organellen ist die Herstellung und der Transport von Proteinen und anderen Substanzen. Einige dieser Proteine sind dazu bestimmt, als Transmitter ausgeschüttet zu werden, andere werden zur Aufrechterhaltung der Zellfunktionen gebraucht.

Der Zellkern

Jede Zelle besitzt einen Zellkern, der die **Chromosomen** und einen **Nucleolus** enthält. Die Chromosomen bestehen aus **Desoxyribonucleinsäure (DNA)**, dem genetischen Material der Zelle. Die DNA enthält den Code, der das Wachstum und die Differenzierung der Zelle zu ihrer reifen Form kontrolliert. Die ausgereifte Zelle produziert weiterhin die Proteine, die zum Erhalt ihrer Struktur und zur Kommunikation mit anderen Zellen notwendig sind. Die Zelle kann auch auf externe Signale (zum Beispiel Hormone) antworten und ihre Struktur und Funktion verändern, um neue Aktivitäten zu ermöglichen. Der Nucleolus produziert die sogenannte **ribosomale Ribonucleinsäure (rRNA)**, die an der Bildung von Proteinen beteiligt ist.

Endoplasmatisches Reticulum, Golgi-Apparat und Lysosomen

Durch das gesamte Cytoplasma erstreckt sich ein Netzwerk aus membranähnlichen Strukturen, das sogenannte **endoplasmatische Reticulum (ER)**. Manche Ribosomen heften

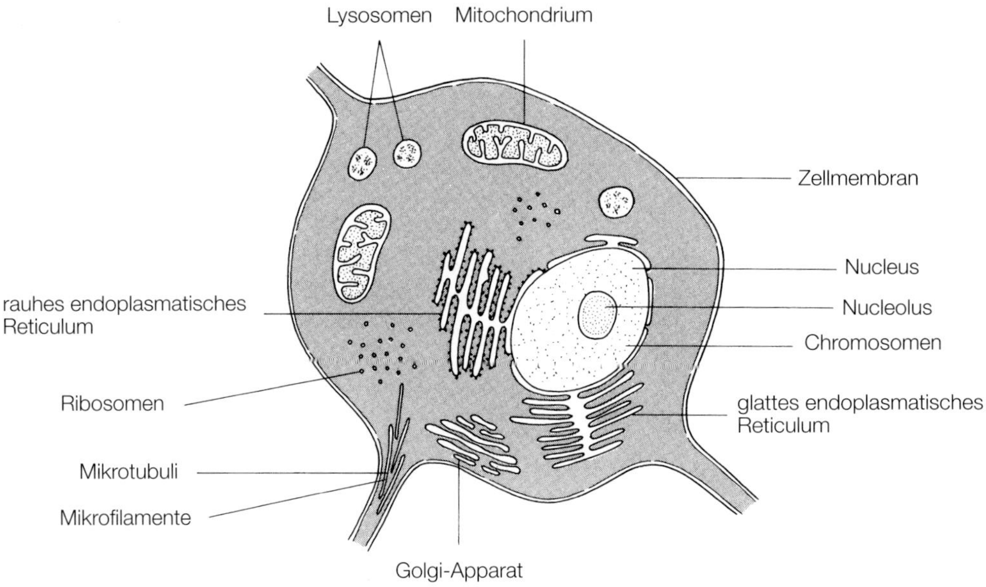

4.4 Ein typischer Zellkörper mit einigen der wichtigsten Organellen.

sich an das ER an und geben ihm ein rauhes Erscheinungsbild. Der von Ribosomen besetzte Teil des ER wird daher auch als rauhes ER bezeichnet. Man nimmt an, daß das rauhe ER Proteine synthetisiert, die für den Export aus der Zelle bestimmt sind. Das übrige ER wird glattes ER genannt. Als man Zellen erstmals mit dem Lichtmikroskop untersuchte, entdeckte man eine Ansammlung von dichtem Material um den Zellkern herum. Diese sogenannte **Nissl-Substanz** hatte eine starke Affinität für bestimmte Farbstoffe, und so wurden die **Nissl-Farbstoffe** zu einem häufig verwendeten Hilfsmittel zum Anfärben von Nervenzellen für die mikroskopische Untersuchung. Als das Elektronenmikroskop entwickelt war, zeigte sich, daß es sich bei der Nissl-Substanz um rauhes ER handelte. Mit Nissl-Färbungen läßt sich also der Zellkörper sichtbar machen, da sie seine reichen Proteinvorräte anfärben.

Betrachtet man die Zelle im Lichtmikroskop, so ist eine Struktur zu erkennen, die man **Golgi-Apparat** nennt. Die Untersuchung des Golgi-Apparats mit dem Elektronenmikroskop zeigt, daß es sich um eine Ansammlung von glattem ER handelt, in der Proteine aus dem rauhen ER gesammelt und von einer Membran umhüllt werden, so daß Granula entstehen. Diese Granula werden in andere Bereiche der Zelle transportiert oder exportiert.

Der Zellkörper enthält Organellen verschiedener Größen, die wie Säcke geformt sind. Diese bezeichnet man als **Lysosomen** (vom griechischen *lyso-* für „auflösen"). Lysosomen enthalten Enzyme, die eine Vielzahl von Substanzen abbauen, welche sowohl von innerhalb als auch von außerhalb der Zelle stammen. Lysosomen können sogenannte **Lipofuscin-Granula** hinterlassen, die in zunehmendem Maße in Zellen erscheinen, wenn diese altern.

Mitochondrien

Die meisten Vorgänge innerhalb der Zelle benötigen Energie, die in den **Mitochondrien** (vom griechischen *mito* für „Faden" und *chondrion* für „Körnchen") bereitgestellt wird. Sie haben eine charakteristische Zigarrenform mit einer glatten äußeren und einer gefalteten inneren Membran. Man vermutet, daß die Mitochondrien ursprünglich primitive Organismen waren, die im Zuge einer symbiotischen Beziehung in die Zelle inkorporiert worden sind. Gehirnzellen gewinnen ihre gesamte Energie aus Glucose, die in dem Maße, wie sie benötigt wird, aus dem Blut entnommen wird (es gibt im Gehirn keine Mechanismen für eine Glucosespeicherung, und so führt ein Mangel an Glucose zu einem schnellen Absterben von Zellen). Die Mitochondrien nehmen Glucose auf und bauen sie ab, wobei **Adenosintriphosphat** (**ATP**) entsteht, das von anderen Bestandteilen der Zelle als Energiequelle genutzt wird. Eine andere Funktion der Mitochondrien ist die Speicherung von Calcium, das bei der Regulation der Transmitterfreisetzung aus den synaptischen Endigungen eine Rolle spielt. Cytochromoxidase ist ein in Mitochondrien vorkommendes Enzym, das angefärbt werden kann. Regionen des Gehirns, die eine hohe Stoffwechselaktivität aufweisen, enthalten viele Mitochondrien und können somit durch Cytochromoxidase-Färbungen hervorgehoben werden.

Mikrotubuli und Mikrofilamente

Zellen enthalten viele dünne, faserige Strukturen im Zellkörper sowie in den Fortsätzen. **Mikrotubuli** verschiedener Größe sind am Transport von Proteinen vom Zellkörper zu entfernten Teilen der Zelle (orthograder Transport) oder von entfernten Zellelementen zum Zellkörper (retrograder Transport) beteiligt. Die Substanzen werden auf der Oberfläche der Mikrotubuli transportiert. Es scheint zwei Transportsysteme zu geben: bei dem einen wandern Proteine etwa 1 mm pro Tag, bei dem anderen 100 mm pro Tag oder noch schneller. Diese Transportsysteme wurden erforscht, um Neuronen und ihre Verknüpfungen zu markieren. Eine Vielzahl von Substanzen und fluoreszierenden Farbstoffen werden von **Mikrofilamenten** transportiert. Injiziert man diese Farbstoffe ins Gewebe, werden sie aufgenommen und entlang der Mikrofilamente transportiert. Sie machen die Zellen sichtbar, wenn man das Gewebe anschließend in einem Mikroskop betrachtet, das mit für die jeweilige Substanz geeigneten Filtern ausgestattet ist. Die Funktion der Mikrofilamente ist noch ungewiß, sie könnten jedoch an der Kontrolle von Form, Bewegung und Fluidität des Cytoplasmas beteiligt sein.

Herstellung von Proteinen

Proteine sind von zentraler Bedeutung für die Struktur und Funktion der Zelle, und die oben beschriebenen Organellen sind an ihrer Bildung beteiligt (Abbildung 4.5). **Messenger RNA (mRNA)** wird an der DNA gebildet und ins Cytoplasma entlassen, während rRNA im Nucleolus entsteht. Beide RNAs lagern sich zu einem Polyribosom zusammen, in dem die Proteinsynthese stattfindet. Die neugebildeten Proteine heften sich an den Golgi-Apparat, wo sie von einer Membran umschlossen werden. Sie werden anschließend exportiert, um eine Vielzahl von Funktionen zu erfüllen, und an die Oberfläche von Mikrotubuli transportiert, wo sie zu der Struktur und Funktion der Zellmembran beitragen.

Die Dendriten

Dendriten sind Auswüchse des Zellkörpers, welche die Oberfläche der Zelle vergrößern und darauf spezialisiert sind, Informationen von anderen Zellen zu empfangen. Die Anzahl der Dendriten variiert von Neuron zu Neuron; einige besitzen nur wenige, andere dagegen mehr als 20. Jeder Dendrit kann sich ausgiebig verzweigen. Dendriten können zwischen wenigen Mikrometern und einigen Millimetern lang sein und verjüngen sich zum Ende der Verzweigung. Manche Dendriten haben rauhe Anhänge, die **Dornen** oder **Spines.** Diese vergrößern die Fläche der Zellmembran noch weiter und sind die Stellen, an denen die synaptischen Endigungen anderer Zellen mit dem Dendriten Synapsen bilden.

Eine herausragende Eigenschaft der Dendriten ist ihre Fähigkeit, während des gesamten Lebens eines Tieres zu wachsen und sich zu verändern. Das Wachstum von Dendriten erlaubt mehr Verknüpfungen mit anderen Neuronen. Diese Verknüpfungen wiederum können die Grundlage für Lernvorgänge bilden. Es wurde bereits vermutet, daß Menschen, die intellektuell aktiv bleiben, im Alter längere Dendriten aufweisen als andere. Krankheiten, die eine geistige Retardierung oder Senilität bewirken, sind dagegen oft mit verkürzten Dendriten oder einer verringerten Anzahl an Spines assoziiert.

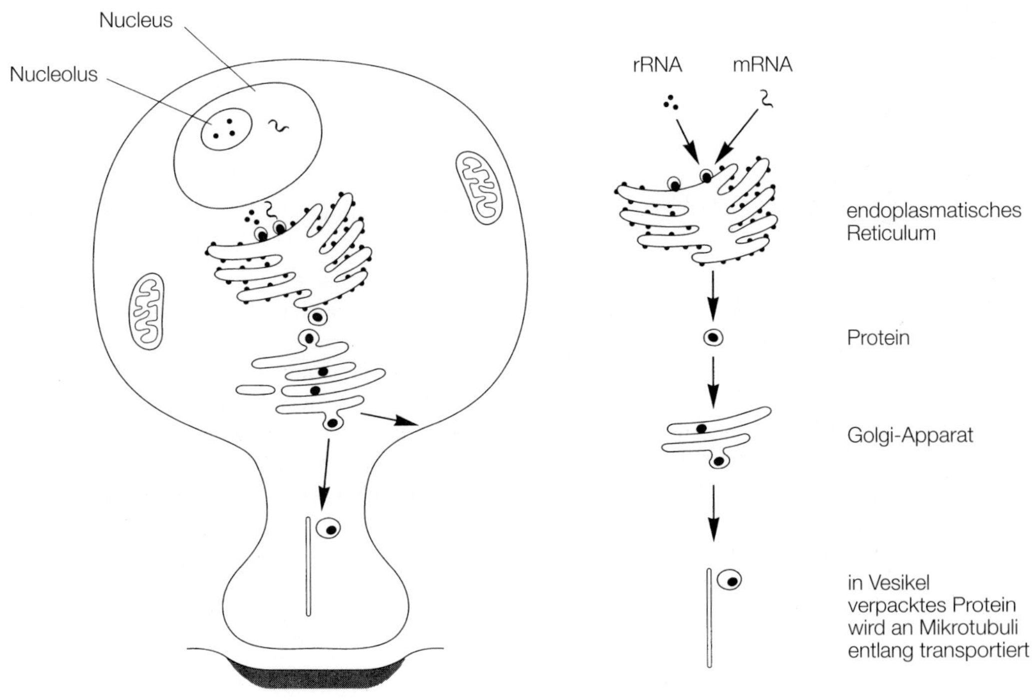

4.5 Schritte der Proteinsynthese.

Das Axon

Das Axon entspringt aus dem Zellkörper am Axonhügel. Es überträgt Informationen, die es von den Dendriten und dem zugehörigen Zellkörper empfängt, auf andere Zellen. Jedes Neuron hat nur ein einziges Axon, dessen Länge zwischen wenigen Mikrometern und mehr als einem Meter betragen kann. Die meisten Axone haben Verzweigungen, sogenannte **Kollateralen**. Die feinen Endstrukturen des Axons und seiner Kollateralen bezeichnet man als Telodendrien. Diese wiederum enden in kleinen Anschwellungen, den sogenannten Endknöpfchen, die mit anderen Zellen in Kontakt treten. Das Axon kann neue Telodendrien und Kollateralen ausbilden und liefert somit zusammen mit den Dendriten und Spines die Voraussetzungen, neu erworbene Fähigkeiten und Erlerntes zu vermitteln. Da jedes Neuron nur ein Axon besitzt, kann die Zelle nur eine Botschaft senden, aber die Kollateralen (und Telodendrien) ermöglichen, daß diese Botschaft in mehrere Richtungen weitergegeben werden kann.

Die Synapse

Die synaptischen Endigungen enthalten chemische Substanzen, die, wenn sie freigesetzt werden, die Aktivität anderer Zellen beeinflussen. Bei manchen synaptischen Verbindungen, den sogenannten elektrischen Synapsen (*Gap Junctions*), treten die Neuronen in direkten Kontakt zueinander, bei den meisten jedoch ist zwischen der Endigung und der Zielzelle ein schmaler Spalt. Wie anhand der sieben Arten des synaptischen Kontaktes mit einer Pyramidenzelle der Hippocampusformation dargestellt (Abbildung 4.6), sind die Verknüpfungen zwischen Neuronen nicht willkürlich. Verschiedene Zellgruppen kontaktieren bestimmte Bereiche der Zielzelle. Man nimmt an, daß Synapsen am Zellkörper potentiell einflußreicher sind als solche in der Peripherie der Zelle, da sie näher am Axonhügel liegen, an dem das Aktionspotential erzeugt wird.

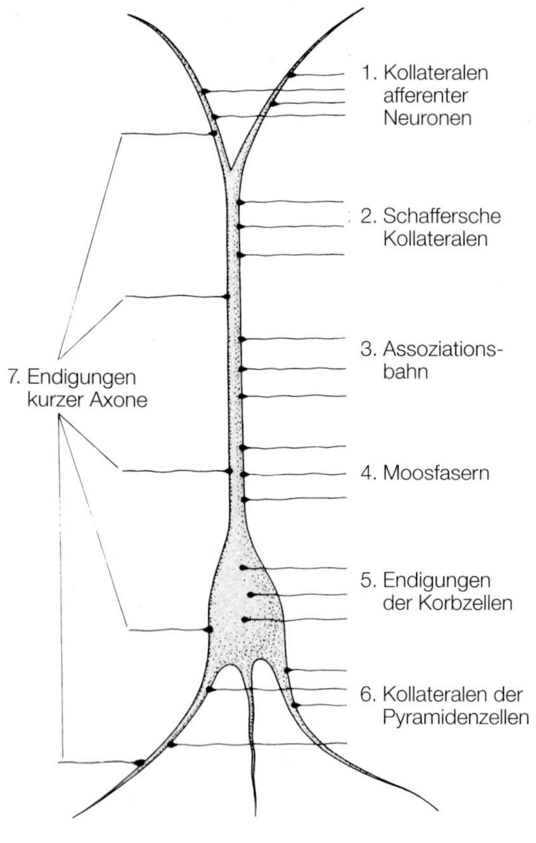

4.6 Verschiedene Eingänge zu einer Pyramidenzelle im Hippocampus.

Die elektrische Aktivität des Neurons

Viele der wegbereitenden Untersuchungen zur elektrischen Aktivität des Neurons, wie etwa die Arbeiten von Hodgkin und Huxley, wurden aufgrund einer Empfehlung des Biologen J. Z. Young am Riesenaxon des Tintenfisches durchgeführt. Dieses Axon hat einen Durchmesser von bis zu einem Millimeter und ist damit hundertmal dicker als die Axone menschlicher Nervenzellen. Das Tintenfischaxon vermittelt die Kontraktion von Muskeln, die Wasser aus der Mantelhöhle des Tintenfisches pressen und somit das Tier nach dem Rückstoßprinzip durch das Wasser bewegen. Da es für eine effektive Fortbewegung notwendig ist, daß sich alle Muskeln des Körpers zugleich kontrahieren, aktivieren die dicksten Axone, die die Information am schnellsten weiterleiten, die am weitesten entfernten Muskeln. Dank seiner Größe läßt sich das Riesenaxon des Tintenfisches leicht präparieren und für Experimente zur Untersuchung der elektrischen Signalleitung in Axonen nutzen.

Das Ruhepotential

Über der Zellmembran von Neuronen besteht ein Ladungsgefälle. Mit Hilfe eines Oszillographen (eines Spannungsmeßgerätes mit einem eingebauten Monitor) läßt sich dieses Ladungsgefälle messen. Treten keine störenden Prozesse ein, so bleibt die gemessene Spannung relativ konstant bei etwa –70 Millivolt (mV) (der Wert variiert bei verschiedenen Tieren zwischen –55 und –90 mV). Diese Spannung nennt man auch **Ruhepotential**; sie ist in Abbildung 4.7 graphisch dargestellt. Die folgenden Absätze beschreiben, wie das Ruhepotential erzeugt und aufrechterhalten wird.

Konzentrationsgradienten und elektrostatische Gradienten Man stelle sich das folgende Experiment vor: Gibt man Tafelsalz in ein Glas mit Wasser, so löst es sich auf in Natrium- (Na^+) und Chloridionen (Cl^-). Die Natriumionen tragen eine positive Ladung, die Chloridionen eine negative. Unter-

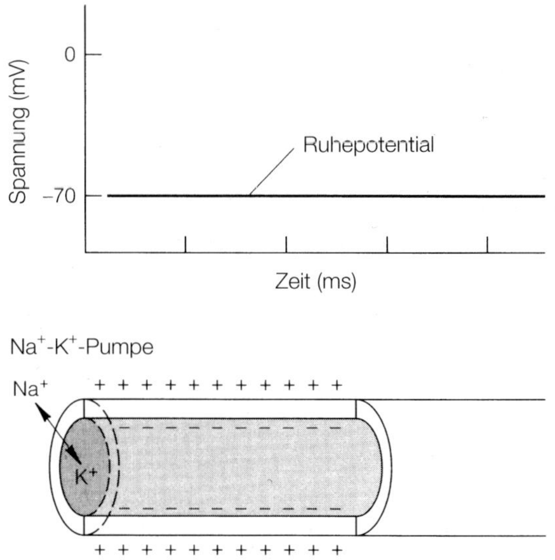

4.7 Aufgrund ihrer Permeabilität und der Aktivität der Na^+-K^+-Pumpe bildet sich an der Membran einer Nervenzelle eine Potentialdifferenz aus, wobei die Innenseite der Membran gegenüber der Außenseite negativ geladen ist. Diese Spannung beträgt etwa –70 mV und wird als Ruhepotential bezeichnet.

schiede in der Konzentration der Ionen führen dazu, daß die Ionen entlang ihres **Konzentrationsgradienten** in verschiedene Regionen fließen, bis sie gleichmäßig verteilt sind. Unterschiede in der Ladungsverteilung lassen die Ionen entlang ihres **elektrostatischen Gradienten** fließen, bis die Ladung überall gleich ist.

Spannt man eine Membran, welche die Ionen daran hindert, von einer Seite zur anderen zu passieren, durch die Mitte des Glases und gibt das Salz auf die eine Seite, dann wird es auf dieser Seite bleiben. Verwendet man jedoch eine Membran, die Natrium passieren läßt, ergibt sich eine sehr interessante Situation: Die Natriumionen fließen durch die Membran, getrieben durch ihren Konzentrationsgradienten, um sich gleichmäßig in dem Wasser auf beiden Seiten der Membran zu verteilen. Hierzu müssen sie sich von den Chloridionen entfernen. Da diese jedoch negativ geladen sind, ziehen sie die Natriumionen an. Dadurch wird ein elektrostatischer Gradient für Natrium erzeugt, der entgegen dem Konzentrationsgradienten gerichtet ist. Die letztendliche Verteilung der Natriumionen ist ein Ergebnis dieser beiden Kräfte, die auf sie einwirken: Die meisten verbleiben auf ihrer ursprünglichen Seite der Membran, um die Ladung der Chloridionen zu neutralisieren, aber einige diffundieren durch die Membran hindurch. Auf der einen Seite der Membran befinden sich also Natriumionen, auf der anderen außerdem Chloridionen, so daß ein Ladungsgefälle entsteht. Dies illustriert annähernd die Vorgänge an einer Zellmembran.

Der Beitrag der Zellmembran Die Membran des Axons einer Nervenzelle trennt zwei Flüssigkeitskompartimente voneinander, das **intrazelluläre** und das **extrazelluläre**, die beide eine Vielzahl von Ionen enthalten. Von diesen sind negativ geladene organische Ionen (A^-) und Chloridionen (Cl^-) sowie positiv geladene Kalium- (K^+) und Natriumionen (Na^+) besonders wichtig für die elektrische Signalleitung. Diese Ionen wären gleichmäßig auf beiden Seiten der Membran verteilt, wenn diese ihre Passage von einer Seite zur anderen nicht behindern würde. Dies ist aber der Fall, und zwar gleich dreifach:

1. Die Membran ist undurchlässig für A^--Ionen, weil diese einfach zu groß sind, um durch sie hindurch zu gelangen; folglich werden sie in der intrazellulären Lösung zurückgehalten.
2. Sie ist semipermeabel für Na^+, K^+ und Cl^-. Normalerweise passiert K^+ leichter als Na^+ (obwohl Na^+ kleiner ist als K^+ ist es von einer größeren Hydrathülle umgeben). Außerdem verändert sich die Durchlässigkeit der Membran in bestimmten Situationen, so daß diese Ionen zu bestimmten Zeiten leichter passieren können als sonst. Für jedes dieser Ionen gibt es einen eigenen Ionenkanaltyp.
3. Die Membran enthält ein Pumpensystem, die Na^+-K^+-Pumpe, die intrazelluläres Na^+ gegen extrazelluläres K^+ austauscht.

Das Ergebnis dieser drei Prozesse ist eine negative Ladung auf der Membraninnenseite im Verhältnis zur Außenseite, die zu einer Potentialdifferenz von etwa –75 mV führt.

Der Beitrag von K^+-Ionen Die Konzentration von verschiedenen Substanzen in der intrazellulären Lösung kann für das folgende Experiment herangezogen werden: Man entnimmt die Flüssigkeit aus einem Tintenfisch-Riesenaxon und ersetzt sie durch eine Lösung mit der normalen A^--Konzentration. Dann bringt man die anderen Substanzen der extrazellulären Flüssigkeit auf beide Seiten der Membran. Nun mißt man die Spannung an der Membran, indem man mit einem Spannungsmeßgerät verbundene Elektroden auf der Innen- und Außenseite plaziert. Zunächst liegt keine Potentialdifferenz über der Membran vor, aber langsam wird das Potential auf der Innenseite negativer, bis es schließlich relativ zur Außenseite –75 mV beträgt. Danach verändert es sich nicht mehr weiter.

Dieser Potentialunterschied entwickelt sich wie oben beschrieben. Die meisten K^+-Ionen bleiben im Innern des Axons, um die negative Ladung der organischen Anionen auszugleichen. Manche verlassen die Zelle und verbleiben auf der Außenseite der Zellmembran, nach außen gezogen durch den Konzentrationsgradienten, nach innen durch das Ladungsgefälle. Abbildung 4.8 illustriert, wie eine kleine Menge von K^+-Ionen auf der Außenseite der Membran eine Spannung erzeugen kann. Die positiven Ladungen direkt an der äußeren Membranoberfläche entsprechen den K^+-Ionen, die durch die Membran nach außen gedrungen sind. Die negativen Ladungen an der Membraninnenseite entsprechen den A^--Ionen, die nicht durch die Barriere dringen konnten. Man beachte, daß sich die Ladungsdifferenz nur in der un-

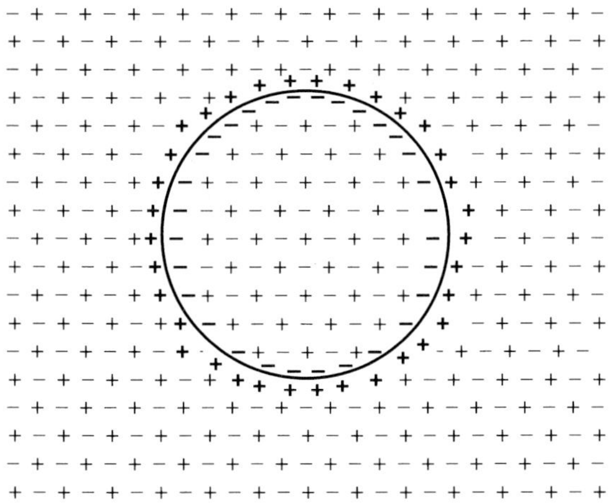

4.8 Der Nettoüberschuß an positiven Ladungen an der Außenseite der Zellmembran eines Neurons entspricht nur einem Bruchteil der gesamten Ionen innerhalb und außerhalb der Zelle.

mittelbaren Nachbarschaft der Membran ausbildet, die übrige extra- und intrazelluläre Flüssigkeit befindet sich im Ladungsgleichgewicht.

Da einige K^+-Ionen durch die Membran gelangten, muß diese Poren enthalten, die groß genug sind, um K^+ passieren zu lassen, jedoch klein genug, um die größeren A^--Ionen zurückzuhalten. Diese Poren nennt man **K^+-Kanäle.** Die Existenz dieser Kanäle wurde auch auf andere Weise bestätigt: Gibt man **Tetraethylammonium (TEA)** auf eine Membran, dann passieren keine K^+-Ionen; TEA bindet an K^+-Kanäle und blockiert sie.

Der Beitrag von Na^+-Ionen Im Jahre 1902 bediente sich Julius Bernstein einer Gleichung, der sogenannten Nernstschen Gleichung, um, ohne ein Experiment durchzuführen, die durch K^+ hervorgerufene Potentialdifferenz an der Zellmembran vorauszusagen. Als das entsprechende Experiment in den vierziger Jahren des 20. Jahrhunderts dann tatsächlich durchgeführt wurde, bestätigte es die Ergebnisse von Bernstein nur zum Teil. Es mußte also neben Kalium noch ein anderer Faktor zum Membranpotential beitragen.

Dieser Faktor, so stellte sich heraus, waren die Na^+-Ionen. Berechnungen der Konzentration dieser Ionen in der extrazellulären Flüssigkeit ergaben, daß dort mehr Na^+-Ionen vorliegen als in der intrazellulären Lösung. Die Membran kontrolliert also den Konzentrationsausgleich von Na^+. Experimente mit TEA zeigten, daß Na^+ nicht durch die K^+-Kanäle passieren kann, da TEA den Na^+-Einwärtsstrom nicht blockierte. Dies ließ vermuten, daß Na^+-Ionen ihre eigenen Kanäle haben, was durch die Entdeckung bestätigt wurde, daß Tetrodotoxin, das Gift des Kugelfisches, die Permeabilität der Membran für Na^+-Ionen blockiert. Wie bereits oben erwähnt, hören K^+-Ionen irgendwann auf, aus der Zelle zu fließen, weil ihrer Auswärtsbewegung die elektrische Anziehungskraft entgegenwirkt. Selbstverständlich kann der Einwärtsstrom von Na^+ diese Anziehungskraft neutralisieren. Gäbe es keine anderen Kontrollen, würden die Na^+-Ionen einströmen, die K^+-Ionen hinausfließen, und das Ladungsgefälle an der Membran wäre schnell ausgeglichen.

Da das Ladungsgefälle jedoch bestehen bleibt, liegt der Schluß nahe, daß die Membran „Pumpen" enthält, die Na^+-Ionen wieder aus der Zelle heraus pumpen. Die gegenwärtige Theorie besagt, daß es eine Na^+-K^+-Pumpe gibt, die Na^+ aus der Zelle transportiert und dabei drei Na^+-Ionen gegen zwei K^+-Ionen austauscht. Die K^+-Ionen fließen natürlich schnell wieder nach außen, aber die Na^+-Ionen kehren nur sehr langsam wieder in die Zelle zurück, weil die Na^+-Kanäle geschlossen sind. Die Na^+-K^+-Pumpe benötigt Energie, und man hat gezeigt, daß ihre Funktion durch ein Stoffwechselgift, wie etwa Ouabain, blockiert werden kann.

Bislang haben wir noch nicht den Beitrag von Cl^- berücksichtigt. Chloridionen können die Membran nach Belieben passiv durchqueren. Dementsprechend reagieren sie auf elektrische und chemische Gradienten und beeinflussen das durch die aktiv verteilten Na^+- und K^+-Ionen aufgebaute Membranpotential nicht.

Stimulation

Das Membranpotential kann durch elektrische Erregung der Membran oder durch Blockieren beziehungsweise Öffnen der Ionenkanäle mittels chemischer Substanzen verändert werden. Jeglichen Einfluß, der zu einer Spannungsänderung führt, bezeichnet man als **Stimulus**, und den Vorgang, ob natürlicherweise auftretend oder als Irritation zu verstehen, als **Stimulation**. Im Experiment stimuliert man Neuronen entweder mit Hilfe von chemischen Stoffen oder durch kurze elektrische Pulse, die man über kleine Drähte, sogenannte **Stimulationselektroden**, appliziert.

Graduierte Potentiale

Wird ein Axon stimuliert, dann verändert sich die Spannung über der Membran. Abhängig von der Art der Stimulation kann das Membranpotential zu- oder abnehmen (Abbildung 4.9). Diese **graduierten Potentiale** sind von kurzer Dauer, auf die Region der Stimulation begrenzt und proportional zur Intensität des Stimulus. Bildlich kann man sich ein solches Potential vorstellen wie die Wellen um einen Stein, den man in einen See geworfen hat: Die Wellen sind um so größer, je größer der Stein war, und werden schwächer, wenn sie sich fortbewegen.

Bewirkt eine Stimulation eine Veränderung des Membranpotentials in Richtung von 0 mV, so wird die Membran depolarisiert. Wenn sich die Potentialdifferenz zwischen Innen- und Außenseite erhöht, wird die Membran hyperpolarisiert. Die **Depolarisation** beruht auf einem verstärkten Einstrom von Na^+-Ionen, die **Hyperpolarisation** dagegen auf einem verstärkten K^+-Ausstrom oder einem erhöhten Cl^--Einstrom.

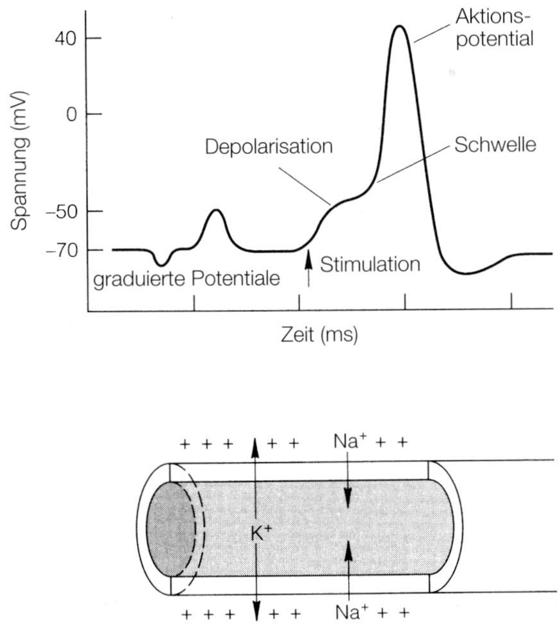

4.9 Die Stimulation der Membran bewirkt, daß ihre Permeabilität für Na^+-Ionen zunimmt. Als Folge davon nimmt das Potential über der Membran ab, die Membran wird depolarisiert. Bei etwa –50 mV, dem Schwellenwert, wird die Membran vollkommen permeabel, und das Membranpotential kehrt nahezu im selben Augenblick sein Vorzeichen um. Nun strömen K^+-Ionen aus der Zelle aus und bringen dadurch das Membranpotential wieder auf seinen Ruhewert zurück. Diese Folge von Ereignissen liegt der oben dargestellten Spannungskurve zugrunde, die man als Aktionspotential bezeichnet.

Das Aktionspotential

Wenn die Stimulation stark genug ist, um das Membranpotential weiter als bis auf –50 mV zu depolarisieren, verändert sich die Situation an der Membran einer Nervenzelle drastisch. Bei diesem Membranpotential wird die Membran vollkommen permeabel für Na^+, und Na^+ strömt in die Zelle, bis die Spannung 0 mV passiert, ihr Vorzeichen wechselt und etwa +50 mV erreicht. Die Änderung der Permeabilität ist recht kurz; sie dauert nur etwa eine halbe Millisekunde an, dann schließen sich die Na^+-Kanäle wieder. Gleichzeitig wird die Permeabilität für K^+-Ionen erhöht, die nun aus der Zelle ausströmen und den Na^+-Einstrom kompensieren. Nach diesen Veränderungen ist das Ruhepotential der Membran wieder hergestellt. Die Spannung, bei der es zu diesen Veränderungen kommt, bezeichnet man als **Schwelle**. Das plötzliche Umkehren des Membranpotentials und die Rückkehr zum Ruhepotential nennt man **Aktionspotential**. Der Vorgang ist graphisch in Abbildung 4.9 dargestellt.

Tore und Kanäle

Wodurch wird ein Aktionspotential ausgelöst? Die Leitfähigkeit der Kanäle für Na^+ wird durch Tore (englisch *gates*) kontrolliert, die in das Kanalprotein eingebaut sind (Abbildung 4.10A). Diese Tore reagieren auf die Spannung über der Membran und öffnen sich, wenn die Membran depolarisiert wird. In Abbildung 4.10A ziehen die Ladungen in der Membran beim Ruhepotential die Ladungen auf dem Tormolekül an, so daß dieses den Na^+-Kanal blockiert. Durch Stimulation wird das Membranpotential umgekehrt (Abbildung 4.10B). Nun werden die Ladungen auf dem Tormolekül abgestoßen, das Tor schwingt herum und erlaubt den Na^+-Ionen den freien Durchtritt durch den Kanal (Abbildung 4.10C). Das Membranpotential wirkt somit als Stimulus für das Öffnen **spannungsgesteuerter Kanäle** und die Entstehung eines Aktionspotentials.

Der Nervenimpuls

Wenn ein Aktionspotential an einer Stelle der Membran einer Nervenzelle auftritt, wirkt es als Stimulus, um benachbarte spannungsgesteuerte Na^+-Kanäle zu öffnen. Folglich wird ein Aktionspotential, das an einem Ende eines Axons ausgelöst wurde, am Axon entlang weiterwandern. (Aktionspotentiale

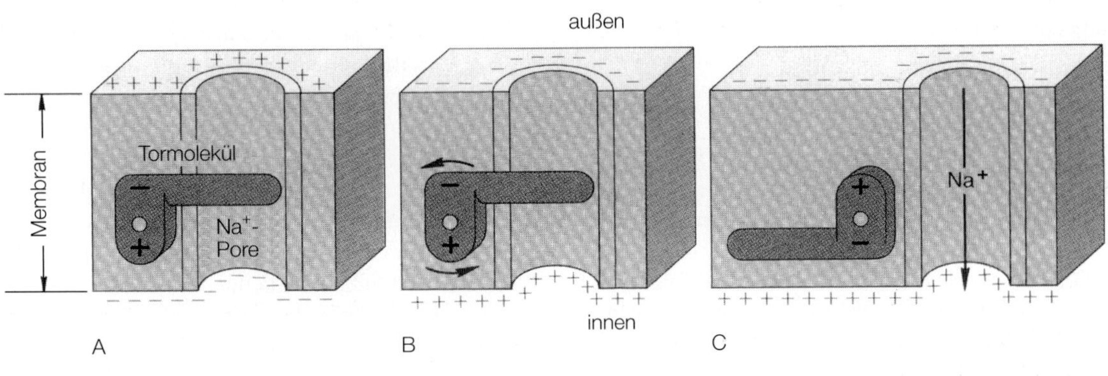

4.10 Hypothetisches Erklärungsmodell für die molekularen Ereignisse, die spannungsgesteuerten Strömen zugrunde liegen. A. Membrankanal einer Nervenzelle im Ruhestadium. B. Während einer Depolarisation kehrt sich das Membranpotential um, und das Tor des Kanals öffnet sich. C. Na^+-Ionen können die Membran ungehindert passieren.

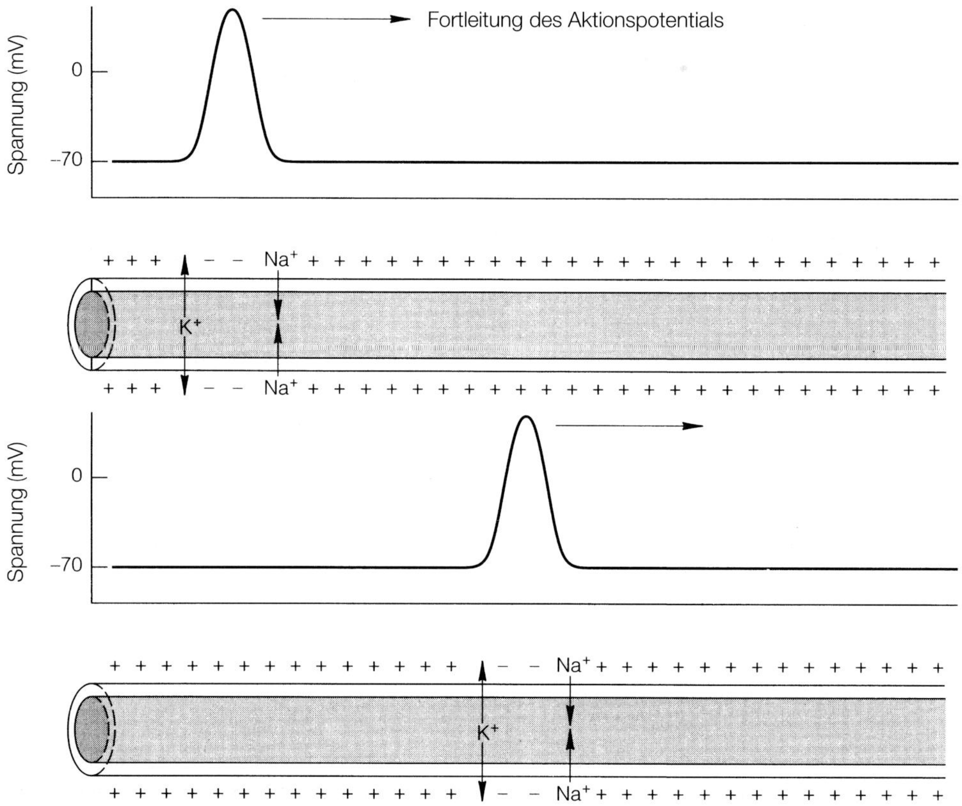

4.11 Da ein Aktionspotential an einer Stelle des Axons benachbarte spannungsgesteuerte Na^+-Kanäle öffnet, wandert es das Axon entlang.

können in beide Richtungen wandern, sie beginnen jedoch normalerweise am Zellkörper und bewegen sich von ihm weg.) Dieses wandernde Aktionspotential bezeichnet man als **Nervenimpuls** (Abbildung 4.11). Die Geschwindigkeit, mit der der Impuls das Axon entlangwandert, ist relativ gering (zwischen 1 und 100 Meter pro Sekunde), aber Neuronen können mit sehr unterschiedlicher Frequenz „feuern". Gewöhnlich schicken sie weniger als 100 Aktionspotentiale pro Sekunde durch ihr Axon, es sind jedoch auch 1 000 pro Sekunde möglich.

Saltatorische Erregungsleitung

Der Nervenimpuls wandert nicht bei allen Neuronen genau gleich schnell. Mindestens zwei Faktoren beeinflussen seine Geschwindigkeit. Der eine ist der Widerstand, welcher der Ausbreitung des Stromes entlang des Axons entgegengesetzt wird. Die Geschwindigkeit der Fortleitung erhöht sich, wenn der Widerstand abnimmt, und der Widerstand wird am effektivsten durch eine Vergrößerung des Axondurchmessers reduziert. Daher leiten dicke Axone schneller als dünne. Hinge das Nervensystem jedoch nur von diesem Faktor ab, dann müßten die Axone extrem dick sein, was sehr hinderlich wäre. Als Alternative dazu werden Gliazellen herangezogen, um die Leitungsgeschwindigkeit zu erhöhen.

Schwannsche Zellen im peripheren Nervensystem und Oligodendrocyten im Zentralnervensystem wickeln sich um manche Axone und bilden eine kompakte Schicht aus Myelin (vom griechischen Wort für „Mark") über der Zellmembran. Zwischen den Gliazellen ist die Membran des Axons exponiert (Ranvierscher Schnürring) (Abbildung 4.12). Bei solchen myelinisierten Axonen springt der Nervenimpuls von Schnürring zu Schnürring, und man bezeichnet diesen Vorgang als **saltatorische Erregungsleitung** (vom lateinischen Verb für „springen"). Dies ist eine extrem effiziente Weise, um die Leitungsgeschwindigkeit zu erhöhen, denn ein dünnes myelinisiertes Axon kann einen Impuls genauso schnell weiterleiten wie ein 30mal dickeres unmyelinisiertes Axon.

Das Vorhandensein von Myelin spart auch Energie. Da das Myelin über dem größten Teil des Axons verhindert, daß sich Ströme longitudinal fortleiten, müssen die Stoffwechselvorgänge, die zur Aufrechterhaltung des Ruhepotentials notwendig sind, nur an den Schnürringen ablaufen. Bedenkt man die wichtige Rolle des Myelins, so sind die verheerenden Folgen von Krankheiten, die eine Demyelinisierung verursachen, wie etwa Multiple Sklerose oder das Guillain-Barré-Syndrom, zu verstehen.

das topaktuelle
Nachschlagewerk
LEXIKON
DER NATURWISSENSCHAFTLER
ASTRONOMEN • BIOLOGEN •
CHEMIKER • GEOLOGEN • MEDIZINER
• PHYSIKER •
NEU
Spektrum

5

Die biochemische Aktivität des Gehirns

Eines der bemerkenswertesten Experimente, die es je im Zusammenhang mit dem Nervensystem gab, wurde im Jahre 1921 von Otto Loewi durchgeführt. Loewi reizte den Vagusnerv eines Frosches, der das Herz des Tieres innerviert, und verursachte dadurch eine Verringerung des Herzschlags. Währenddessen spülte er das Herz mit einer Lösung, die er sammelte. Als er diese Lösung danach auf ein zweites Herz gab, verlangsamte sich auch dessen Schlagfrequenz. Von dem ersten Herz mußte also eine Substanz freigesetzt worden sein, welche die Schlagfrequenz des zweiten verlangsamte. Loewi bezeichnete diese Substanz als „Vagusstoff" und identifizierte sie wenige Jahre später als Acetylcholin. Er konnte durch Reizung des Vagusnervs den Herzschlag auch erhöhen, und die dabei erhaltene Substanz bewirkte bei einem zweiten Herz ebenfalls eine Beschleunigung des Herzschlags. Diese Substanz erwies sich als Adrenalin. Obwohl das Experiment anfangs schwierig zu verifizieren war – es hing von der Reizung ab, von der Art des Frosches, von der Jahreszeit und so weiter – konnte er das Ergebnis schließlich doch verläßlich wiederholen und auch bei Kaninchen, Katzen und Hunden bestätigen. Diese zukunftsweisenden Experimente führten zu zukunftsträchtigen Vorstellungen darüber, wie Nervenzellen Muskeln und Drüsen beeinflussen, und schließlich zu der Identifizierung von Substanzen, die es den Neuronen erlauben, miteinander zu kommunizieren, sowie zur Entdeckung der Regeln, denen diese Kommunikation unterworfen ist. Sie lieferten auch die wissenschaftliche Basis für die *Psychopharmakologie*, die sich damit befaßt, wie Pharmaka durch ihre Wirkung auf das Nervensystem das Verhalten beeinflussen. Besonders bemerkenswert ist, daß sich Loewi bei seinen Experimenten bereits der meisten Vorgehensweisen bediente, die man in der Folge zur Erforschung der Neurotransmitter im Gehirn benutzte. Dazu zählen die Isolierung von Funktionen, die Stimulation der Transmitterfreisetzung, das Aufsammeln und Identifizieren des Transmitters und die Überprüfung seiner Wirkung.

Die Synapse

Man ist sich heute darüber einig, daß Neuronen durch die Wirkung von chemischen Substanzen, die sie freisetzen, miteinander kommunizieren. Diese Substanzen, die sogenannten **Neurotransmitter**, werden von den Synapsen des einen Neurons ausgeschüttet und auf die Membran eines anderen übertragen. Neuronen können ihre Transmitter synthetisieren und freisetzen, und einige können sie auch wieder aufnehmen und erneut verwenden.

Die Struktur der Synapse

Abbildung 5.1 zeigt schematisch einen Querschnitt durch eine Synapse. Die Membran, welche die Endigung umgibt, bezeichnet man als **präsynaptische Membran**. Mikrotubuli aus dem Axon reichen bis in die Endigung hinein. Sie transportieren unter anderem Vorläufersubstanzen für die Synthese von Neurotransmittern. In der Endigung befinden sich Mitochondrien, die Energie für die Stoffwechselvorgänge bereitstellen. Außerdem können die Endigungen zwei Arten von Vesikeln enthalten: **Speichergranula**, in denen die Neurotransmitter vermutlich über längere Zeiträume gespeichert

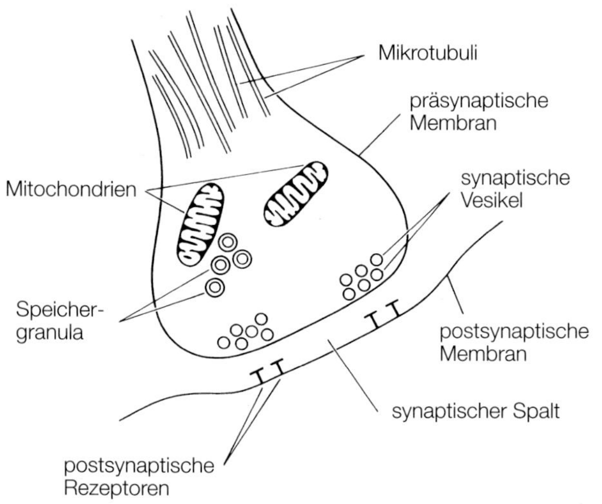

5.1 Die wichtigsten Strukturen einer Synapse.

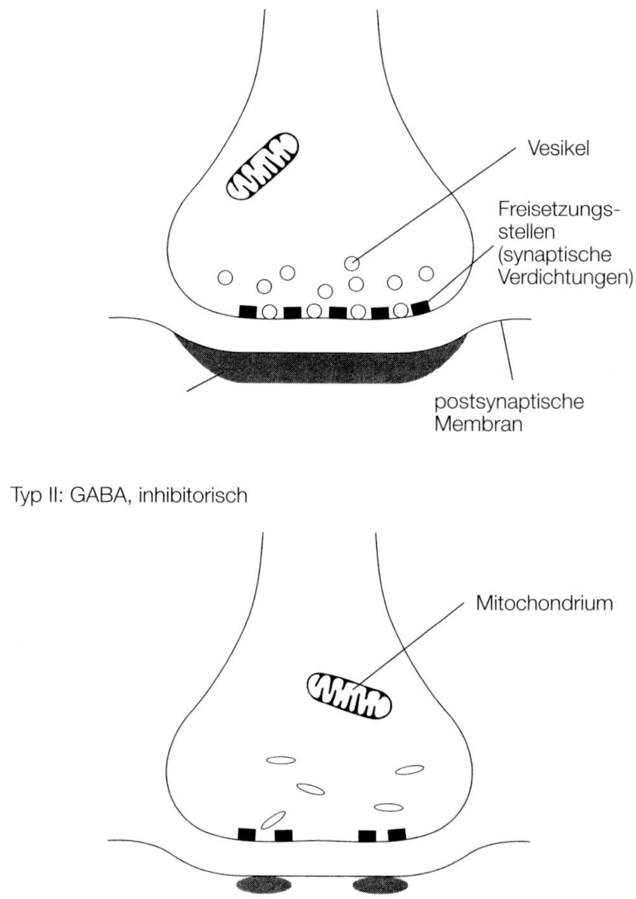

5.2 Ultrastrukturelle Unterschiede zwischen zwei Typen von Synapsen. Die Synapse vom Typ I verwendet Glutamat als Transmitter und ist exzitatorisch, die Typ-II-Synapse verwendet GABA und ist inhibitorisch.

werden, und **synaptische Vesikel**, welche die Neurotransmitter für den sofortigen Gebrauch enthalten. Die Endigung ist durch einen schmalen Spalt, den sogenannten **synaptischen Spalt**, von dem postsynaptischen Neuron getrennt. Die **postsynaptische Membran** enthält spezialisierte Proteine, die als Rezeptoren für die Neurotransmitter dienen.

Arten von Synapsen

Es gibt Unterschiede in der Form der Endigungen und der Struktur der Verknüpfung, die sie mit Neuronen ausbilden. Auch ist die Struktur und die Größe der Granula in den Endigungen nicht immer gleich. Und schließlich variiert die Dichte der präsynaptischen und der postsynaptischen Membran im Bereich der Synapse. Diese Unterschiede in Größe und Dichte spiegeln die verschiedenen Funktionen der Endigungen wider. Obwohl noch immer nicht klar ist, wie das Erscheinungsbild einer Synapse mit ihrer Funktion zusammenhängt, hemmen manche Endigungen die Aktivität der postsynaptischen Zelle, während andere die postsynaptische Zelle erregen. Abbildung 5.2 zeigt einige der Unterschiede im Erscheinungsbild einer glutamatergen Synapse, die erregend wirkt, und einer Synapse, die γ-Aminobuttersäure (GABA) als Transmitter verwendet und hemmend wirkt. Man beachte die Unterschiede in der Form der Vesikel, in ihren Ausmaßen, mit denen sie mit der Membran verschmelzen (beziehungsweise aus der Membran zurückgewonnen werden) und in der Breite des synaptischen Spaltes (*synaptic cleft*).

Die Endigungen von Neuronen bilden eine Vielzahl von Kontakten mit verschiedenen Bereichen anderer Neuronen aus, also nicht nur mit dem Zellkörper. Beispiele für Verknüpfungen sind in Abbildung 5.3 gezeigt. Die verschiedenen Typen von Verknüpfungen werden danach benannt, welche Teile der Zellen miteinander in Kontakt stehen; zum Beispiel axodendritisch für ein Axon, das eine Synapse mit einem Dendriten ausbildet. Ein Axon kann Synapsen mit Dendriten, mit dem Zellkörper und mit anderen Axonen ausbilden. Diese Verknüpfungen bezeichnet man dann als axo-dendritisch, axo-somatisch, axo-axonisch oder axo-synaptisch. Auch Dendriten können miteinander Verknüpfungen ausbilden, also dendro-dendritische Synapsen. Auch kann der röhrenförmige Teil des Axons über anderen Axonen und Dendriten zu liegen kommen und mit ihnen – gewissermaßen en passant – in Kontakt treten. Es gibt auch Endigungen, die nicht mit anderen neuronalen Elementen Synapsen ausbilden, sondern ihre Transmitter in den Extrazellulärraum ausschütten. Diese nennt man axo-extrazelluläre Synapsen. Stellt man sich das Nervensystem als zahlreiche miteinander verbundene Leitungsbahnen für Informationen vor, so wird schnell klar, daß die vielfältigen Arten der Verknüpfungen zahlreiche Möglichkeiten für einzigartige beziehungsweise neuartige Kommuni-

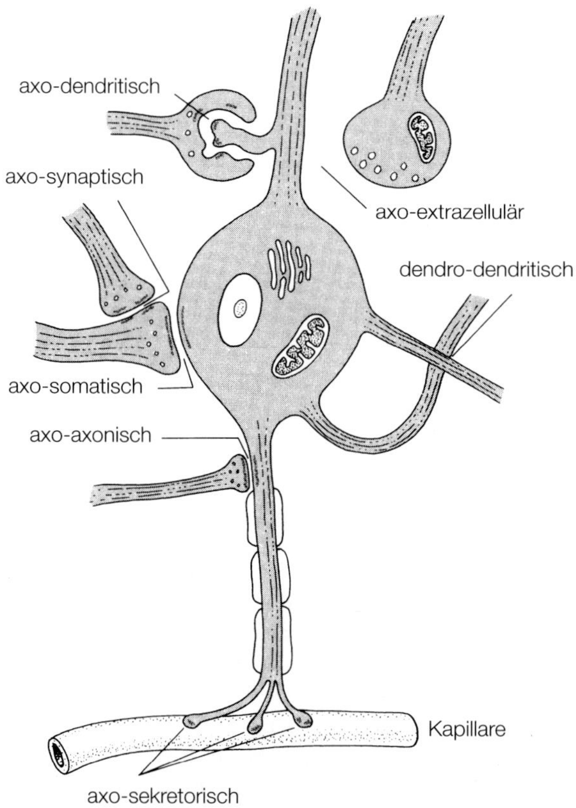

5.3 Typen synaptischer Verknüpfungen im Zentralnervensystem.

kationsbahnen eröffnen. Neben Verknüpfungen mit anderen Nervenzellen bilden Neuronen auch Synapsen mit Muskelzellen aus und schaffen somit die Grundlage für die neuronale Kontrolle der Muskelkontraktion. Außerdem können sie an Kapillaren enden und sogenannte Neurohormone in die Blutbahn sezernieren (axo-sekretorische Verknüpfungen). Auf diese Weise kann das Nervensystem wie ein hormonales System wirken, das den Blutstrom nutzt, um die Transmitter im gesamten Organismus zu verteilen.

Einzelne Schritte bei der Signalübertragung an der Synapse

Für die Synthese eines Neurotransmitters, seine Freisetzung und schließlich seine Entsorgung sind eine Reihe von Schritten notwendig. In Abbildung 5.4 sind die sieben Schritte, von denen man konventionsgemäß spricht, dargestellt. Wie wir später noch sehen werden, handelt es sich bei jedem dieser Schritte um einen biochemischen Vorgang, der potentiell in irgendeiner Weise beeinflußt werden kann, was sich auch auf die Funktion der Synapse auswirkt. Die meisten Drogen entfalten ihre Wirkung an einem dieser biochemischen Schritte:

1. *Synthese*. Der Transmitter wird entweder im Zellkörper hergestellt und zur Synapse transportiert oder aus der Nahrung gewonnen oder vom Neuron selbst synthetisierte Vorstufen werden das Axon entlang in die Endigung transportiert, wo sie in die Transmittersynthese einfließen.
2. *Speicherung*. Der Transmitter kann auf verschiedene Weise in den Endigungen gespeichert werden. Mindestens eine davon ist die Speicherung in Vesikeln (in Abbildung 5.4 als Kreise dargestellt), in denen er für die Ausschüttung zur Verfügung steht.
3. *Ausschüttung*. Wenn das Neuron „feuert“, entlassen einige der Vesikel ihren Inhalt in den synaptischen Spalt.
4. *Wechselwirkung mit Rezeptoren*. Der freigesetzte Neurotransmitter diffundiert durch den synaptischen Spalt und bindet schwach an spezielle Rezeptoren in der postsynaptischen Membran, wodurch er entweder eine Depolarisation oder eine Hyperpolarisation der postsynaptischen Membran hervorruft. In vielen Systemen ist mehr als ein Typ postsynaptischer Rezeptoren für den Neurotransmitter sensitiv.
5. *Inaktivierung*. Bei manchen Synapsen wird der Neurotransmitter im synaptischen Spalt inaktiviert.
6. *Wiederaufnahme*. Bei anderen Synapsen wird der Transmitter wieder in das präsynaptische Neuron aufgenommen. Bei manchen Synapsen kann es sowohl zur Inaktivierung als auch zur Wiederaufnahme kommen.
7. *Abbau*. Der freie Neurotransmitter innerhalb der Endigung kann abgebaut werden, um die Transmitterkonzentration im Neuron zu regulieren.

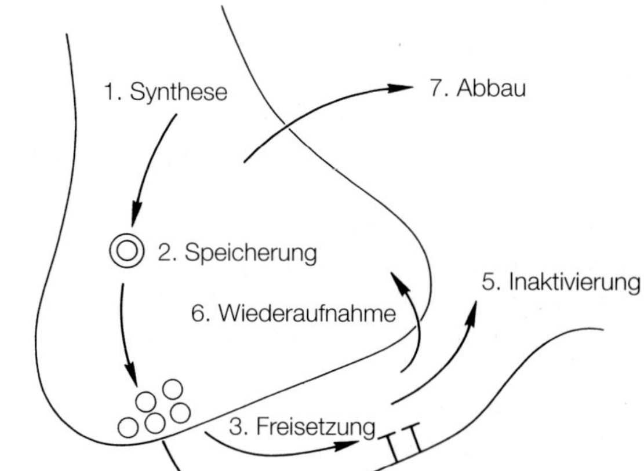

5.4 Einzelne Schritte der Signalübertragung an Synapsen.

Transmitter

Im Nervensystem sind viele verschiedene Transmitter aktiv. Wie in der Einleitung zu diesem Kapitel erwähnt, war Acetylcholin der erste Transmitter, den man identifiziert hat. Seine Identifizierung war nicht so schwierig wie die anderer Transmitter, weil die cholinergen Synapsen der Nerv-Muskel-Übertragung leicht zugänglich sind. Acetylcholin war auch die erste Transmittersubstanz, die man im Zentralnervensystem nachweisen konnte. Die Motoneuronen, die ihre Axone zu den Muskeln senden, haben auch Kollateralen im Rückenmark, deren Synapsen, wie sich herausstellte, ebenfalls Acetylcholin enthalten. Dies führte zur Formulierung der allgemeinen Regel, daß alle Synapsen eines bestimmten Neurons mit demselben Transmitter arbeiten. Transmittersubstanzen im Gehirn zu identifizieren ist weitaus schwieriger, weil dort viele verschiedene Synapsen in enger Nachbarschaft vorkommen.

Beweise für die Funktion als Transmitter

Zum Beweis dafür, daß eine Substanz als Transmitter fungiert, muß diese Substanz viele Kriterien erfüllen. Diese sind denen sehr ähnlich, die Otto Loewi angewendet hatte, um zu demonstrieren, daß Adrenalin und Acetylcholin die Transmitter sind, welche die Herzschlagrate regulieren. Einige sind im folgenden aufgeführt:

1. Die Substanz ist in den Endigungen vorhanden.
2. Die Substanz wird freigesetzt, wenn das Neuron feuert.
3. Wird die Substanz direkt auf das innervierte Organ gebracht, so hat dies die gleiche Wirkung wie eine Reizung des Nervs.
4. Es existiert im synaptischen Spalt ein biochemischer Mechanismus zur Inaktivierung der Substanz oder ein Aufnahmemechanismus dafür.
5. Abbau oder Inaktivierung der Substanz muß die Wirkungen einer Reizung des Nervs blockieren.

Die technischen Möglichkeiten sind heute noch nicht ausreichend, um tatsächlich all diese Kriterien zu überprüfen. Viele Substanzen, von denen viele Hinweise vorliegen, daß sie als Transmitter fungieren, können daher nur als „potentielle" Transmitter bezeichnet werden. Trotzdem erfüllen zahlreiche Substanzen zumindest einige der Kriterien, und man kann sie mit einiger Sicherheit als Transmitter bezeichnen.

Arten von Transmittern

Es gibt Hinweise darauf, daß mindestens 60 Substanzen als Transmitter fungieren können. Diese lassen sich in drei Gruppen unterteilen: 1) kleine Moleküle, 2) Peptide, das heißt kurze Aminosäureketten, und 3) Gase.

Tabelle 5.1: Klassische Neurotransmitter

Acetylcholin
Dopamin (DA)
Noradrenalin (NA)
Adrenalin
Serotonin (5-HT)
Histamin
γ-Aminobuttersäure (GABA)
Glycin
Glutamat

Die erste Gruppe umfaßt neun Transmitter, und man bezeichnet diese manchmal auch als die klassischen Neurotransmitter. Sie sind in Tabelle 5.1 aufgelistet. Es gibt mindestens 50 Peptidtransmitter, die heute in 10 Familien unterteilt werden. Darunter befinden sich Peptide, die auch im Darmsystem vorkommen und möglicherweise eine Rolle bei der zentralen Kontrolle des Essens und Trinkens spielen, vom Hypothalamus freigesetzte Peptidhormone, aus der Hypophyse stammende Peptide und andere (Tabelle 5.2). Einige Peptide wirken wie Opiate, das heißt, sie haben schmerzunterdrückende und andere opiatähnliche Eigenschaften. Zu den Gasen zählen Stickstoffmonoxid (NO) und Kohlenmonoxid (CO), die sich von den anderen Transmittern darin unterscheiden, daß sie durch Membranen diffundieren können und keine genau definierten Rezeptoren in der postsynaptischen Membran zum Ziel haben.

Es gibt einige Unterschiede zwischen den klassischen Neurotransmittern und den Peptiden. Davon abgesehen, daß die klassischen Transmitter kleiner sind als die Peptide, werden sie aus einfachen Grundsubstanzen synthetisiert oder aus der Nahrung gewonnen. So wird beispielsweise Acetylcholin aus Cholin hergestellt, das aus der Nahrung stammt. Dopamin und Noradrenalin gehen durch geringfügige Umwandlungen aus der ebenfalls in der Nahrung enthaltenen Aminosäure Tyrosin hervor. Serotonin leitet sich von der Aminosäure Tryptophan ab, und man hat gezeigt, daß der Verzehr tryptophanreicher Lebensmittel, wie etwa Bananen, die Serotoninaktivität im Gehirn erhöht. Die Aminosäuren Glutamat, Aspartat und Glycin werden direkt aus Nahrungsproteinen

Tabelle 5.2: Einige Familien neuroaktiver Peptide

Opioide:	Enkephaline, Dynorphin
Sekrete der Neurohypophyse:	Vasopressin, Oxytocin
Sekretine:	gastrisches inhibitorisches Peptid, Releasing-Faktoren für das Wachstumshormon
Insulin-Familie:	Insulin, Insulin-Wachstumsfaktoren
Gastrin-Familie:	Gastrin, Cholecystokinin
Somatostatin-Familie:	Polypeptide des Pankreas

gewonnen. Die Synthese von GABA erfordert lediglich das Entfernen einer Carboxylgruppe (COOH) von Glutamat. Außerdem wirken diese Transmitter in sehr hohen Konzentrationen und ihre Effekte sind kurzlebig. Da sie in der Synapse selbst hergestellt werden, können die Speicher nach Gebrauch schnell wieder aufgefüllt werden.

Die Peptidtransmitter bestehen dagegen aus zwei oder mehr Aminosäuren, die durch Ribosomen im Zellkörper, gemäß den Instruktionen, die auf den Chromosomen im Zellkern festgelegt sind, miteinander verknüpft werden. Folglich müssen sie vom Zellkörper in die Synapse transportiert werden. Sie sind Bruchstücke größerer Peptidmoleküle, sind bereits in geringen Konzentrationen wirksam und ihre Effekte scheinen lang anzuhalten. Sind sie verbraucht worden, so dauert es einige Zeit, bis die Speicher wieder gefüllt sind.

Gase wie NO scheinen in ihren Transmitterfunktionen vielseitiger. Sie können Membranen leicht durchdringen und somit ins Innere der Zelle gelangen, um deren Funktion zu beeinflussen. Gase können auch in umgekehrter Richtung wirken: Wird eine Zelle erregt, so kann sie NO freisetzen, das wiederum das Verhalten der Zelle beeinflußt, die sie erregt hat; das heißt, es kann der Zelle signalisieren, weiterzufeuern oder das Feuern einzustellen.

Ursprünglich glaubte man, daß ein Neuron in allen seinen Endigungen denselben Transmitter enthielte. Man weiß heute, daß die neuroaktiven Peptide gemeinsam mit klassischen Neurotransmittern in den Endigungen vorkommen können. Es ist jedoch unklar, ob die Peptide in diesen Situationen tatsächlich im engeren Sinne als Transmitter wirken, oder ob sie eher einen modulatorischen Effekt auf die synaptische Transmission ausüben.

Es gibt keine umkehrbare Beziehung (1:1) zwischen Transmittern und ihren Funktionen; jeder Transmitter kann auf vielerlei Weise mit dem Verhalten in Zusammenhang stehen. So werden zum Beispiel alle Muskeln durch Acetylcholin zur Kontraktion veranlaßt, aber Acetylcholin wirkt auch im sympathischen Nervensystem und im Gehirn. Im sympathischen System ruft Noradrenalin im allgemeinen Wirkungen hervor, die denen von Acetylcholin entgegen gerichtet sind (man denke zum Beispiel an Otto Loewis Herzexperimente); es wirkt ebenfalls auch im Gehirn. GABA (inhibitorisch) und Glutamat (exzitatorisch) kommen in fast allen Gehirnregionen vor. Transmittersysteme scheinen sich auch gegenseitig zu beeinflussen: Verändert sich der Transmitterspiegel in dem einen System, so hat das Auswirkungen auf die Aktivität anderer Transmitter. So haben zum Beispiel die wichtigsten Klassen von Pharmaka (Tabelle 5.3), mit Ausnahme einiger Beruhigungsmittel, bestimmte süchtig machende Eigenschaften. Es ist schwer vorzustellen, daß all die Transmitter, die diese Pharmaka beeinflussen, zu körpereigenen Belohnungssystemen gehören sollten. Eine glaubhaftere Theorie besagt, daß diese Pharmaka süchtig machen, weil sie entweder direkt oder indirekt einen einzigen Transmitter beeinflussen, der belohnende Wirkungen hat. Da die wichtigsten Beruhigungsmittel nicht nur den belohnenden Effekt anderer Pharmaka blockieren, sondern auch die Wirkung des Neurotransmitters Dopamin, nimmt man an, daß Dopamin der Transmitter des Belohnungssystems ist.

Rezeptoren

Transmitter wirken auf Rezeptoren in der postsynaptischen Membran ein. Die Rezeptoren sind Proteine, die aus der Zellmembran herausragen, damit die Transmitter an sie binden können. Man nimmt an, daß Rezeptoren aus zwei Komponenten bestehen: einer Bindungsstelle, an die sich der Transmitter anlagert, und einem Kanal, der sich öffnet, wenn der Transmitter gebunden ist, und durch den Ionen die Membran passieren können. Abbildung 5.5A zeigt schematisch einen Acetylcholinrezeptor. Er besteht aus fünf Untereinheiten, die wie Blütenblätter angeordnet sind. Zwei dieser Untereinheiten, die sogenannten α-Untereinheiten, enthalten Bindungsstellen für Acetylcholin, wie in Abbildug 5.5B angedeutet. Wenn beide Stellen mit Acetylcholin besetzt sind, verändert sich die Konformation des Rezeptors und der Kanal öffnet sich, um Na^+-Ionen in die Zelle hinein und K^+-Ionen hinaus zu lassen.

Auf diese Weise aktivierte Rezeptoren können mindestens zwei Effekte hervorrufen. Wie in Abbildung 5.6 gezeigt ist, kann sich die Konformation eines von einem Transmitter besetzten Rezeptors verändern, um Ionen durch die Membran passieren zu lassen. Wenn die auf diese Weise hervorgerufene Spannungsänderung an der Membran groß genug ist, öffnen sich benachbarte Na^+-Kanäle, durch die dann Na^+-Ionen in die Zelle eindringen. Einige Rezeptoren können auch eine Folge chemischer Reaktionen in der Zelle auslösen. Dies kann ebenfalls zu einem veränderten Ionenfluß durch einen Membrankanal führen, Veränderungen in der Anzahl der Rezeptoren zur Folge haben oder andere Strukturen in der Zelle beeinflussen. Die Substanzen, die diese letztgenannten Wirkungen vermitteln, heißen **Second Messengers** („zweite Boten"). (Der „First Messenger" oder erste Bote ist der Neurotransmitter.) Der erste Mechanismus dient zur Auslösung von Aktionspotentialen, der zweite kann dagegen die Zellen dauerhaft beeinflussen, vielleicht zum Zwecke von Aktivitäten wie Lernen.

Rezeptoren, die auf einen bestimmten Transmitter reagieren, können gewöhnlich in zwei oder mehr Formen vorliegen. Auf Muskeln beispielsweise kommt der nicotinerge Acetylcholinrezeptor vor (so genannt, weil er neben Acetylcholin auch durch Nicotin erregbar ist), während die meisten Acetylcholinrezeptoren im Gehirn muscarinerge Acetylcholinrezeptoren sind (benannt nach Muscarin, dem Gift des Fliegenpilzes, das diese Rezeptoren aktiviert). Die muscarinergen Rezeptoren reagieren nicht auf Nicotin und umgekehrt. Unterschiede in den Rezeptoreigenschaften können

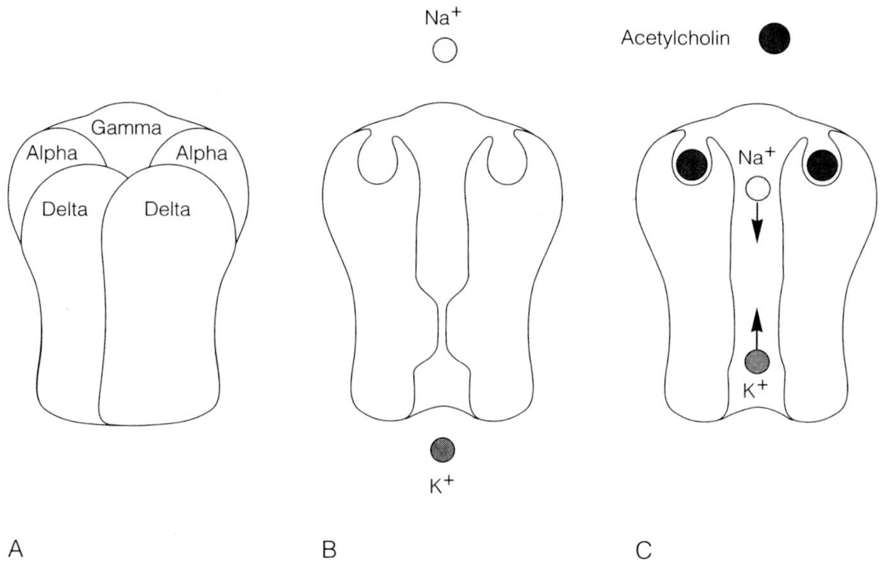

5.5 Der Acetylcholinrezeptor. A. Der Rezeptor besteht aus fünf Proteinuntereinheiten. B. Querschnitt durch die α-Untereinheiten, die die Bindungsstelle für Acetylcholin enthalten. C. Wenn Acetylcholin die Bindungsstellen in beiden α-Untereinheiten besetzt, öffnet sich ein Kanal im Innern des Moleküls und läßt Ionen passieren.

mit spezifischen Veränderungen zusammenhängen, die der Rezeptor in der Zelle herbeiführt. Abgesehen von den funktionalen Implikationen haben Rezeptoren auch eine pharmakologische Bedeutung. Eine Substanz, welche die Funktion eines Transmitters blockiert, indem sie an einem Rezeptortyp wirkt, beeinflußt nicht unbedingt auch die Funktion dieses Transmitters an seinen anderen Rezeptoren. Zum Beispiel Curare (eine Substanz, welche die Indianer Südamerikas auf ihre Pfeilspitzen strichen) blockiert die nicotinergen Acetylcholinrezeptoren auf Muskelzellen und führt zum Erstickungstod, weil unter anderem die Atemmuskulatur gelähmt wird. Curare hat jedoch keine Wirkung auf die muscarinergen Rezeptoren, die in vielen anderen Organen des Körpers vorkommen. Manche Krankheitserscheinungen lassen sich dadurch erklären, daß sie mit einer Abnormität eines bestimmten Rezeptors zusammenhängen. So gibt es beispielsweise mindestens fünf verschiedene Dopaminrezeptoren, und eine mögliche Erklärung für die Schizophrenie ist, daß einer von ihnen, nämlich der D2-Rezeptor, im Übermaß vorkommt.

Die Verteilung der Transmitter

Die Verteilung der Neurotransmitter läßt sich auf verschiedene Arten feststellen. Man kann Gewebeproben aus verschiedenen Gehirnregionen auf ihren Gehalt an bestimmten Transmittern hin vergleichen. Diese Art der Anaylse liefert jedoch nur ein relatives Maß für die Transmitterverteilung. Es hat sich herausgestellt, daß die meisten Transmitter in allen Regionen des Gehirns vorkommen, jedoch mit beträchtlichen Variationen in der Konzentration. Es ist im allgemeinen nicht sinnvoll, aus den Konzentrationsunterschieden auf die Funktion der Transmitter zurückzuschließen. So kann zum Beispiel eine kleine Menge eines Transmitters in einer Region ebenso wichtig für eine bestimmte Funktion sein wie eine große Menge in einer anderen.

Eine andere Technik, um die Transmitterverteilung zu bestimmen, ist, das Gehirngewebe mit Substanzen anzufärben, die mit einem Transmitter in Wechselwirkung treten, das heißt mit seinen Rezeptoren oder einem anderen Stoff, der eng mit der Funktion des betreffenden Transmitters verbunden ist. Zum Beispiel können Noradrenalin und Dopamin angefärbt werden, indem man Gewebeschnitte in Formaldehyddampf bringt und anschließend unter UV-Licht betrachtet. Beide Transmitter fluoreszieren grün, jedoch in einem leicht unterschiedlichen Farbton. Die Anwesenheit von Acetylcholin läßt sich durch Behandlung des Gewebes mit einer Substanz namens Butylthiocholin nachweisen. Diese färbt das Enzym Acetylcholinesterase, das Acetylcholin abbaut, schwarz. In den meisten, aber nicht in allen Gehirnregionen, deutet die Acetylcholinesterase auf das Vorhandensein von Acetylcholin hin. Es werden laufend neue Techniken entwickelt, um die Konzentration und die Verteilung von Transmittern zu ermitteln.

Wie diese neurochemischen Kartierungsverfahren ergaben, können Transmitter auf mindestens zweierlei Weise im Gehirn verteilt sein. Im ersten Fall befinden sich Zellen mit diesem Transmitter in verschiedenen Bereichen des Gehirns. Der Einfluß dieser Zellen und ihres Transmitters ist meist eng be-

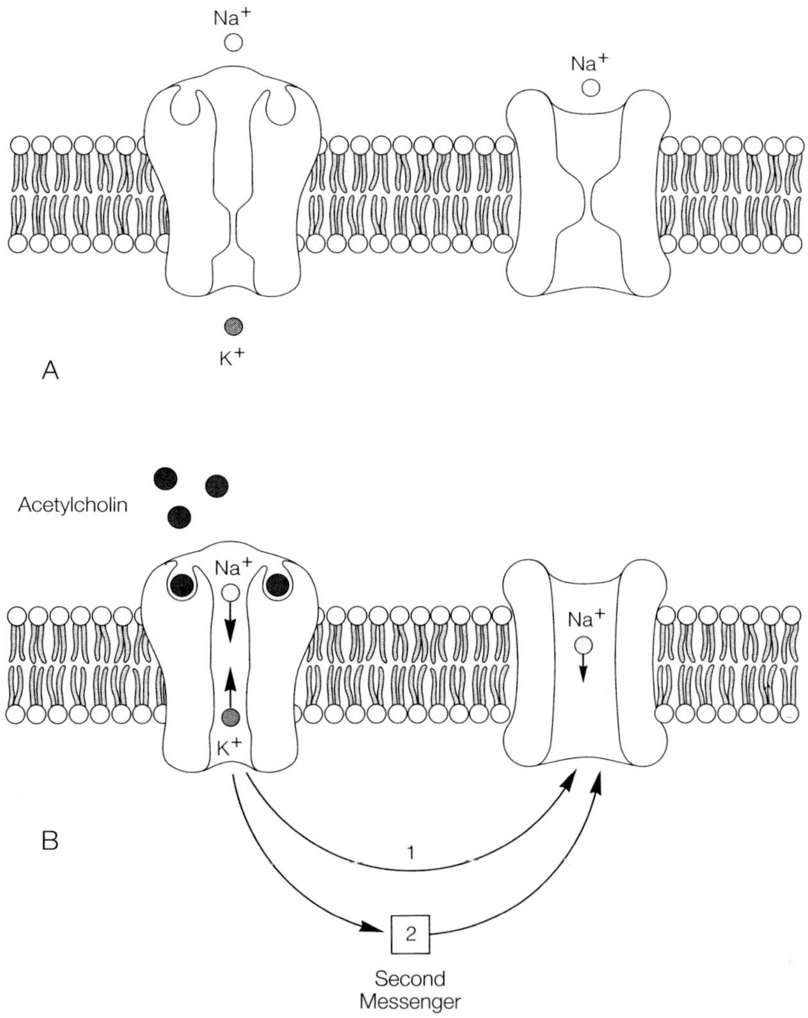

5.6 Zwei Wirkungsweisen von Rezeptoren. Acetylcholin kann an einen Rezeptor binden und den Ionenkanal öffnen. Die daraus resultierende Änderung des Membranpotentials kann (1) benachbarte spannungsgesteuerte Kanäle öffnen und/oder (2) einen Second Messenger aktivieren, der seinerseits die Zellmembran und ihre Rezeptoren beeinflussen kann.

grenzt. Im zweiten Fall sind Neuronen, die den betreffenden Transmitter enthalten, mehr oder weniger auf ein Kerngebiet beschränkt, aber ihre Axone ziehen in viele verschiedene Regionen des Gehirns. Der Ursprung und die Ausdehnung des dopaminergen, noradrenergen und serotonergen Systems sind Beispiele für den zweiten Typ. Die Verteilung dieser Transmitter im Gehirn der Ratte ist schematisch in Abbildung 5.7 gezeigt. Man beachte, daß die Zellkörper jeweils auf ein kleines Gebiet beschränkt sind, ihre Axone jedoch nahezu in das gesamte Gehirn projizieren. Diese Systeme ähneln hormonalen Systemen, mit dem Unterschied, daß die Transmitter durch die Axone und nicht durch den Blutstrom von ihrem Ursprungsort wegtransportiert werden. Ähnliche Karten hat man auch für andere Transmittersysteme erstellt, darunter für cholinerge und opioide Systeme, und im allgemeinen stimmt die bei der Ratte (dem bevorzugten Tiermodell für derartige Forschungen) beobachtete Organisation recht gut mit der bei anderen Tieren und beim Menschen überein.

Geistige Krankheiten und Neurotransmitter

Seit dem 19. Jahrhundert hat man vermutet, daß Psychosen – die Denkprozesse beeinflussende Krankheiten wie Schizophrenie oder die manisch-depressive Krankheit – das Ergebnis einer Fehlfunktion des Gehirns sind. Verschiedentlich hat man vorgeschlagen, daß Psychosen auf tatsächlichen Verletzungen des Gehirns beruhen, auf der Aufnahme von Toxinen, die das Gehirn vergiften, oder auf der Synthese eines Giftstoffs durch das Gehirn selbst, der die Fehlfunktion verursachte. Diese Vorstellungen wurden dadurch ermutigt, daß verschiedene chemische Substanzen (wie etwa Atropin), wenn man sie aufgenommen hatte, Verhaltensweisen hervorriefen, die denen bei einer Psychose ähnelten. Im Jahre 1952 beobachteten französische Ärzte, daß die anästhesierende Substanz Chlorpromazin beruhigend auf die vor einer Ope-

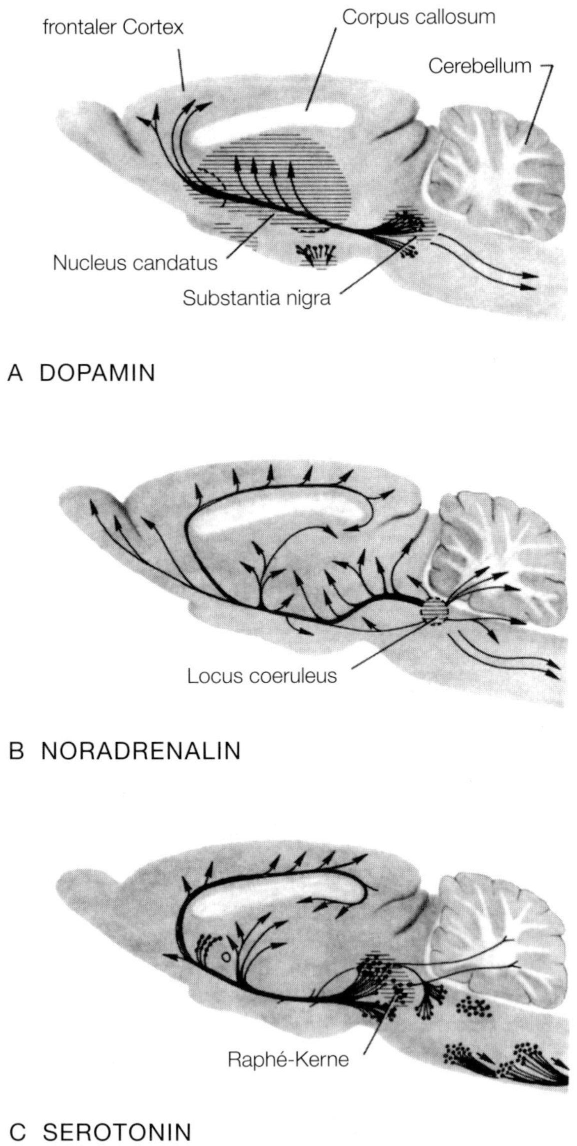

5.7 Projektionen des dopaminergen, noradrenergen und serotonergen Systems. Die Zellkörper sind durch schwarze Punkte symbolisiert. (Nach Cooper et al., 1991.)

ration stehenden Patienten wirkte. Als man sie bei psychotischen Patienten einsetzte, zeigte sie erstaunliche therapeutische Wirkungen. Bereits 1955 verwendete man Chlorpromazin vielerorts in Nordamerika, wo es wahrscheinlich erheblich dazu beitrug, die Anzahl der Patienten in Nervenheilanstalten zu reduzieren (Abbildung 5.8). Seitdem wurden viele andere antipsychotische Pharmaka eingeführt und ihre Wirkungsmechanismen intensiv erforscht. Da man heute annimmt, daß viele Psychopharmaka ihre Wirkung durch die Modifikation synaptischer Aktivität entfalten, wird der Rest dieses Kapitels sich mit einigen der mutmaßlichen Wirkungen von Pharmaka auf die Transmittersysteme befassen.

Drogen und Barrieren zur Begrenzung ihres Einflusses

Wenn der Zielort einer beliebigen, als Droge wirkenden Substanz (die im folgenden unter dem Begriff „Droge" verwendet wird) im Gehirn liegt, muß sie zahlreiche Barrieren überwinden, um dorthin zu gelangen. Drogen werden meist oral aufgenommen. Wie allgemein bekannt ist, gelangt auf diesem Wege aufgenommener Alkohol recht schnell ins Gehirn. Dagegen zeigt Curare, das die neuromuskulären Synapsen blockiert und Tod durch Atemlähmung hervorrufen kann, bei oraler Aufnahme keine Wirkung. Wird es jedoch durch die Haut verabreicht, wirkt es sehr rasch. (Aus diesem Grund konnten die südamerikanischen Indianer Tiere mit Curarebestrichenen Pfeilspitzen töten und danach ohne sich selbst zu schaden ihr Fleisch verzehren.) Worauf beruhen diese Unterschiede?

Oral aufgenommene Drogen erreichen den Blutstrom, nachdem sie im Magen oder im Dünndarm absorbiert worden sind, wobei die Absorption durch gleichzeitig vorhandene Nahrungsmittel beeinträchtigt werden kann. Auch die Art und die Form einer oral aufgenommenen Droge bestimmen mit, wie schnell oder ob sie überhaupt absorbiert wird. Liegt die Droge in fester Form vor, so wird sie nicht absorbiert, sofern sie nicht in den Verdauungssäften gelöst werden kann. Im allgemeinen gilt: wenn es sich bei einer Droge um eine schwache Säure handelt, wird sie im Magen absorbiert, ist sie jedoch eine schwache Base, muß sie den Magen passieren – wobei sie zerstört werden kann –, bevor sie im Dünndarm absorbiert wird. Die Eigenschaften von Drogen, die ihre Absorptionsfähigkeit bestimmen, sind gewöhnlich in der Standardliteratur, wie etwa bei Gilman et al., zusammengefaßt.

Der Gastrointestinaltrakt kann durch Inhalation der Droge umgangen werden. Sie kann durch die Lunge direkt ins Blut übergehen oder durch Injektion in die Muskulatur oder in die Blutbahn verabreicht werden. Gewöhnlich sind bei dieser Art der Verabreichung weit geringere Dosen notwendig als bei oraler Gabe. Sobald eine Droge sich im Gefäßsystem befindet, wird sie durch die etwa sechs Liter zirkulierenden Blutes des Menschen verdünnt und steht nun neuen Barrieren gegenüber. Wenn sie gut an Proteine bindet, heftet sie sich an Blutproteine an und bleibt im Kreislaufsystem. Ist sie wasser-, aber nicht fettlöslich, so geht sie in die Extrazellulärflüssigkeit über, und wenn sie fettlöslich ist, dringt sie auch durch die Membranen in die Zellen ein. Die ungefähr 35 Liter Wasser in der extra- und intrazellulären Flüssigkeit verdünnen die Droge weiter.

Das Gehirn stellt ihr eine weitere Barriere entgegen, die **Blut-Hirn-Schranke**. Die Membran der Blutkapillaren im Körper enthält Poren, die vielen Substanzen den Durchtritt erlauben. Im Gehirn sind die Zellen der Kapillarwände eng miteinander verbunden und außen von einer lipidreichen Schicht aus Gliagewebe bedeckt, die von Ausläufern der nahegelegenen Astrocyten gebildet wird. Eine Substanz muß also die Wand der Kapillaren und die Gliaschicht durchdringen, um

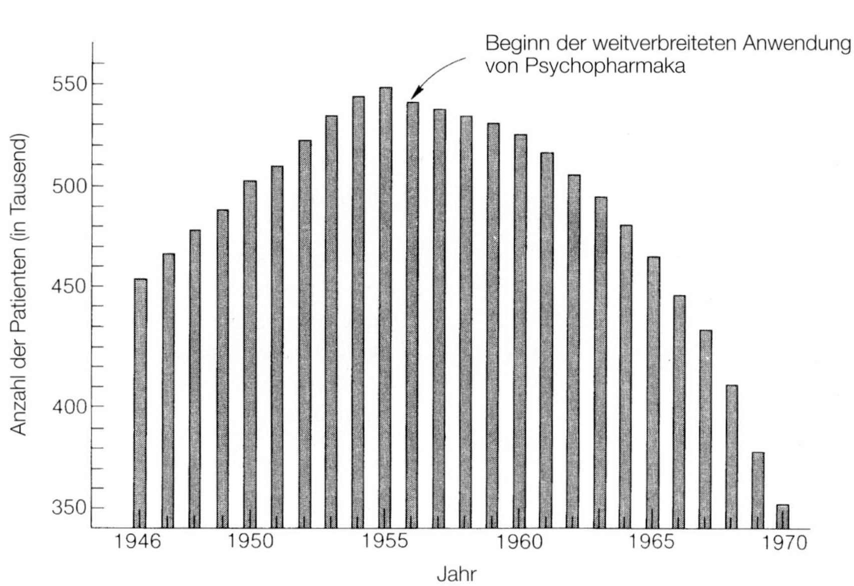

5.8 Patienten in psychiatrischen Kliniken der Vereinigten Staaten von 1946 bis 1970. Man beachte die drastische Abnahme in der Patientenzahl nach 1955, dem Beginn des Einsatzes von Psychopharmaka. (Nach Efron, 1968.)

aus dem Blutstrom ins Gehirn zu gelangen. Die Blut-Hirn-Schranke wirkt somit für manche Substanzen, wie etwa Penicillin, als Hindernis. Wenn Pharmaka, die im Gehirn wirken sollen, die Blut-Hirn-Schranke nicht passieren können, müssen sie direkt in die Cerebrospinalflüssigkeit oder ins Gehirngewebe selbst injiziert werden. Die direkte Injektion ins Gewebe wendet man oft bei Versuchstieren an, aber im allgemeinen nicht beim Menschen, da sie zu Komplikationen führen kann.

Auch Vorgänge, die an der Beseitigung von Pharmaka aus dem Körper beteiligt sind, beeinflussen deren Wirkung und Wirkungsdauer. Drogen, die sehr gut fettlöslich sind, werden rasch von Fettzellen aufgenommen und dann langsam beseitigt. Schnellwirkende Anästhetika sind beispielsweise gut fettlöslich, und ihre Wirkung im Gehirn ist kurzfristig, weil sie im Fettgewebe absorbiert werden. Drogen werden in den Nieren, der Leber, der Galle, durch den Schweiß, mit der Milch oder mit der Atemluft umgewandelt und ausgeschieden. Ihre Persistenz im Körper hängt von der Route ab, über die sie beseitigt werden, und von der metabolischen Effizienz innerhalb dieser Route. So erhöht beispielsweise die Leber ihre Kapazität, wenn sie Alkohol zu verarbeiten hat, so daß Trinker Alkohol oft schneller metabolisieren können als Abstinenzler. Manche Substanzen, insbesondere bestimmte Metalle wie etwa Quecksilber, können gar nicht ausgeschieden werden. Wenn sie wiederholt verabreicht werden, akkumulieren sie daher im Körper, bis sie schließlich toxische Wirkungen zeigen. Pharmaka werden gewöhnlich mit Bezug auf die Verabreichungsart und die Beseitigung entwickelt, so daß die Geschwindigkeit der Absorption und die Wirkungsdauer kontrolliert werden können.

Die meisten Informationen bezüglich Administration, Absorption, Elimination und Wirkungen von Drogen findet man in der Standardliteratur, wie etwa dem bereits zitierten Gilman et al. Es empfiehlt sich, solche Bücher zu Rate zu ziehen, bevor man selbst ein Medikament einnimmt oder wenn man mit Patienten zu tun hat, die Medikamente erhalten.

Klassifikation von Psychopharmaka

Man kann Drogen anhand von mehreren Klassifikationssystemen einordnen: anhand des Transmitters, den sie beeinflussen, anhand ihrer chemischen Struktur oder anhand ihrer Wirkung. Ein weitverbreitetes Klassifikationssystem wurde von der Weltgesundheitsorganisation (WHO) entwickelt. Diesem System zufolge gibt es fünf wichtige Typen von **Psychopharmaka**, die anhand ihrer Wirkungen auf das Verhalten geordnet sind (Tabelle 5.3).

Wie bereits erwähnt können Drogen den Kommunikationsprozeß zwischen den Zellen an mehreren Punkten beeinflussen, aber unabhängig von ihrem Wirkungsort haben sie immer nur einen der beiden folgenden Effekte: Sie erhöhen oder vermindern die Effektivität der synaptischen Verbindungen. Wie Drogen ihre Wirkung durch Modulation der Neurotransmission ausüben können, sei am Beispiel der neuromuskulären Synapse erläutert (Abbildung 5.9). Aus der Nahrung gewonnenes Cholin wird durch Acetyl-Coenzym A (Acetyl-CoA) in Acetylcholin (ACh) umgewandelt. Das Gift der Spinnenart Schwarze Witwe verursacht zum Beispiel, daß ACh aus der Synapse ausgeschüttet wird, während Botulinustoxin (ein Lebensmittelgift) die Freisetzung blockiert. Die Rezep-

Tabelle 5.3: Substratklassen, welche die Stimmung oder das Verhalten beeinflussen

1. *Sedativa*
   Barbiturate: Phenobarbital, Pentobarbital, Thiopental-Natrium
   Nicht-Barbiturat-Hypnotika: Methaqualon
   Anxiolytika (Benzodiazepine): Chlordiazepoxid, Diazepam
   andere: Alkohol, Bromid, Paraldehyd, Chloralhydrat, Ether, Halothan, Chloroform
2. *Stimulantien und Krampfgifte*
   Amphetamine
   klinische Antidepressiva
   Monoaminoxidasehemmer (MAO-Hemmer)
   trizyklische Antidepressiva
   Cocain
   Krampfgifte: Strychnin, Pikrotoxin
   Coffein
   Nicotin
3. *Narkosemittel*, *Analgetika* (*Opiate*)
   Opium, Heroin, Morphium, Codein
4. *Neuroleptika*
   Phenothiazinderviate: Chlorpromazin
   Reserpin (*Serpasil*)
   Butyrophenonderivate: Haloperidol
   Lithium
5. *Psychedelika* (*Halluzinogene*)
   LSD (Lysergsäurediethylamid)
   Mescalin
   Psilocybin
   substituierte Amphetamine: MDMA (Ecstasy)
   Tryptamin-Derivate: Bufotenin
   Phencyclidin
   Tetrahydrocannabinole: Cannabis, Marihuana, Haschisch

Bemerkung: Handelsnamen sind nicht aufgeführt; einige Substanzen sind in Deutschland nicht oder nicht mehr als Arzneimittel zugelassen.
Quelle: Nach Julien, 1985.

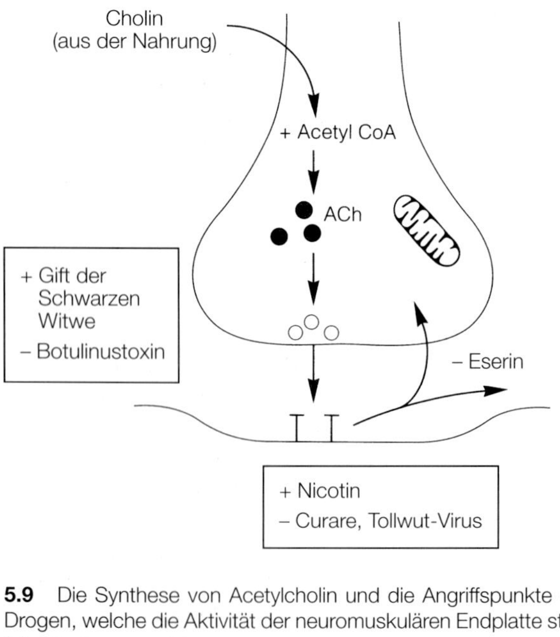

5.9 Die Synthese von Acetylcholin und die Angriffspunkte einiger Drogen, welche die Aktivität der neuromuskulären Endplatte steigern (+) oder hemmen (–).

toren werden durch Nicotin stimuliert und durch Curare blockiert. Der Abbau des Acetylcholins wird durch Eserin gehemmt. Daraus erklärt sich auch, weshalb eine Vergiftung mit einer Droge wie Curare mit Eserin behandelbar ist. Indem es den Abbau blockiert, erhöht Eserin die Menge an Acetylcholin im synaptischen Spalt und hebt dadurch die Wirkung von Curare auf. Die Symptome der Myasthenia gravis, einer Autoimmunkrankheit, die zu Muskelschwäche und sogar zu Atemlähmungen führen kann, beruhen darauf, daß die Effizienz, mit der die postsynaptischen ACh-Rezeptoren Acetylcholin binden, reduziert ist. Mit Eserin läßt sich diese Krankheit behandeln, da es die Acetylcholinmenge im synaptischen Spalt erhöht.

Sedativa

Sedativa sind Pharmaka, die in geringen Dosen angstmildernd, in mittleren beruhigend und in hohen Dosen anästhetisch wirken beziehungsweise zum Koma führen. Jede dieser Substanzen kann, in der geeigneten Dosis verabreicht, die in Abbildung 5.10 aufgeführten Effekte hervorrufen. Zu den Sedativa zählen die Barbiturate, die Benzodiazepine (bekannt als schwache Beruhigungsmittel oder *minor tranquilizers*, wie etwa Diazepam) und Alkohol. Sie werden häufig aufgrund ihrer angstlösenden Wirkung als Anxiolytika und als Narkotika eingesetzt, sind geeignet zur Behandlung epileptischer Anfälle und können zur Verminderung der negativen Nebenwirkungen von Stimulantien angewendet werden. Vermutlich unterdrücken die Sedativa die Aktivität von Systemen, welche für eine erhöhte Wachsamkeit oder die Initiation von Bewegungen verantwortlich sind. Möglicherweise hemmen sie in geringen Dosen die Aktivität noradrenerger Synapsen und blockieren in höheren Dosen die Neurotransmission in vielen Systemen, wodurch sie eine Anästhesie oder sogar ein Koma herbeiführen; ihr genauer Wirkungsmechanismus ist jedoch noch unbekannt. Benzodiazepine wirken, so nimmt man an, indem sie die GABAergen Systeme stimulieren. Da GABA ein weit im Gehirn verbreiteter, inhibitorischer Transmitter ist, kann eine Verstärkung der Wirkung dieses Transmitters zu einer umfassenden Inaktivierung von Gehirnsystemen führen.

Aufgrund ihrer Wirkung im gesamten Nervensystem addieren sich die Effekte der Sedativa. Bei der gleichzeitigen Einnahme zweier solcher Substanzen sind die Wirkungen oft stärker als aufgrund der jeweiligen Wirkungen der Einzelsubstanzen zu erwarten wäre. Die durch diese Pharmaka hervorgerufene Verhaltensdämpfung ist oft von einer Phase der Hypererregbarkeit gefolgt. Nach wiederholter Verabreichung kann die Hypererregbarkeit extreme Ausmaße annehmen und in Krämpfen oder gar mit dem Tod enden. Die längerfristige Einnahme von Sedativa führt im allgemeinen zur Abhängigkeit und zur Gewöhnung. **Abhängigkeit** bezeichnet das ständige Bedürfnis nach der betreffenden Droge, **Gewöhnung** oder Toleranz bezeichnet die immer schwächer werdende Wirkung nach wiederholter Einnahme. Gewöhnung kann entweder auf einer verbesserten Verstoffwechselung der Sub-

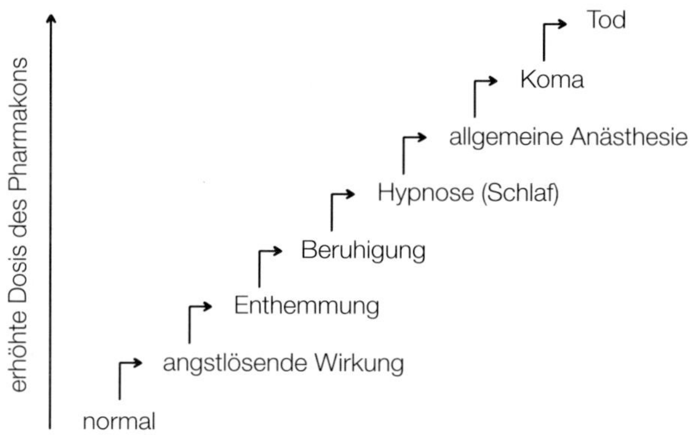

5.10 Dieses Schema zeigt, wie steigende Dosen von Sedativa das Verhalten beeinflussen. (Nach Julien, 1985.)

stanz beruhen oder auf einer geringeren Reaktivität des Nervensystems. Die Absetzung eines Sedativums (Alkohol ist ein gutes Beispiel) wird oft durch Abhängigkeit, Gewöhnung und Entzugserscheinungen erschwert. Vielen Berichten zufolge schränken Sedativa das Erinnerungsvermögen ein, insbesondere für nur kurze Zeit zurückliegende oder gerade stattfindende Ereignisse. Nicht zuletzt ist es ein Merkmal von Sedativa, daß man bei einer bestehenden Abhängigkeit von einer Substanz diese durch eine andere ersetzen kann (*cross-dependence*). Viele Fälle von Drogenabhängigkeit werden durch den Mißbrauch vieler Drogen gleichzeitig kompliziert, wie etwa die Einnahme von Benzodiazepinen gegen Angstgefühle, gleichzeitigem erhöhten Alkoholkonsum und Verwendung von Schlaftabletten (Barbiturate). Die beste Behandlung ist in solchen Fällen ein sukzessives Absetzen. Bei akuter Vergiftung können Stimulantien hilfreich sein; es gibt jedoch keines, das allen hemmenden Effekten der Sedativa entgegenwirkt.

Stimulantien

Stimulantien verstärken die Verhaltensaktivität entweder, indem sie die motorische Aktivität erhöhen, oder, indem sie der Müdigkeit entgegenwirken. Zu Stimulantien gehören verschiedene Pharmaka mit synergistischen Effekten, die anders sind als die der Sedativa. Sie lassen sich in vier Gruppen unterteilen: Verhaltensstimulantien, klinische Antidepressiva, krampfauslösende Mittel (Konvulsiva) und allgemeine Stimulantien.

Zu den **Verhaltensstimulantien** zählen Cocain und die Amphetamine, von denen man annimmt, daß sie sowohl die Freisetzung von Dopamin und Noradrenalin aus der präsynaptischen Endigung erhöhen, als auch den Wiederaufnahmemechanismus für Dopamin blockieren, welcher den Transmitter nach seiner Wirkung am Rezeptor wieder aus dem synaptischen Spalt entfernt. Beide Effekte erhöhen nicht nur die Menge an verfügbarem Dopamin, sondern verlängern auch die Zeitspanne, während der der Transmitter an den Rezeptoren wirken kann. Verhaltensstimulantien können auch andere aminerge Synapsen beeinflussen. Amphetamine haben antidepressive Eigenschaften, in der Klinik werden sie jedoch vor allem angewendet, um der Narkolepsie entgegenzutreten, einer unkontrollierbaren Neigung, einzuschlafen. Man verabreicht sie auch an hyperaktive Kinder, denen sie helfen sollen, ihre Konzentrationsfähigkeit zu verbessern.

Amphetamine fördern in geringen Dosen die kognitive Wachheit und wirken der Müdigkeit entgegen. Wiederholte Anwendung führt zu Gewöhnung und Abhängigkeit. Das Ausmaß der Gewöhnung ist oft bemerkenswert: Personen, die mit einer Dosis von 1 Milligramm (mg) beginnen, können schließlich 1 000 bis 2 000 mg je Dosis einnehmen. Werden die Drogen intravenös eingenommen, treten Gewöhnung und Abhängigkeit schneller ein, und der Abhängige kann einen Zustand der Schizophrenie entwickeln, der vom klinischen Krankheitsbild nicht zu unterscheiden ist. Bei mittlerer Anwendungsintensität führen Amphetamine auch zu einer **Sensitivierung**, das heißt zu stärkeren Verhaltensreaktionen (dem Gegenteil der Gewöhnung). Theoretisch kann es bereits bei einer einmaligen Drogeneinnahme zu einer Sensitivierung kommen, die dann für unbestimmte Zeit anhält. Robinson und Becker haben einen Überblick über einige Amphetaminwirkungen und die Veränderungen, die möglicherweise der Sensitivierung zugrunde liegen, zusammengestellt.

Zu den **Antidepressiva** zählen Desipramin, Imipramin, Fluoxetin und einige andere stimulierend wirkende Substanzen. Diese Pharmaka wirken ebenfalls an dopaminergen, noradrenergen und serotonergen Synapsen: sie erleichtern die Transmission, indem sie die Zeitspanne, während der der Transmitter am Rezeptor wirken kann, verlängern. Einige trizyklische Antidepressiva, wie etwa Desipramin, wirken sich insbesondere auf die Wiederaufnahme von Noradrenalin aus, während andere, wie Imipramin und Fluoxetin, selektiv die Wiederaufnahme von Serotonin blockieren. Bereits Sigmund Freud zeigte, daß Cocain Depressionen entgegenwirkt. Heute sind jedoch die trizyklischen Antidepressiva das Mittel der Wahl zur Behandlung von Depressionen. Manche dieser Substanzen sind bei der Behandlung verschiedener Patienten effektiver als andere, was darauf hindeutet, daß es mindestens zwei Formen der Depression gibt: eine, die einer reduzierten noradrenergen Transmission zuzuschreiben ist, und eine andere, die auf einer gehemmten serotonergen Transmission beruht.

Die Gruppe der **Konvulsiva** umfaßt unter anderem Strychnin, Pikrotoxin, Pentylentetrazol und Bicucullin. Sie wirken alle auf verschiedene Transmittersysteme ein und verursachen Krämpfe. Obwohl sie nicht in der Klinik eingesetzt werden, finden sie in der experimentellen Forschung Anwendung.

Zu den allgemeinen, auf der **zellulären Ebene** wirkenden Stimulantien gehören Coffein und Nicotin. Coffein hemmt ein Enzym, das normalerweise den Abbau von zyklischem Adenosinmonophosphat (cAMP) katalysiert. Der resultierende Anstieg des cAMP-Spiegels in der Zelle führt zu einer erhöhten Produktion von Glucose und stellt somit mehr Energie zur Verfügung, was wiederum eine erhöhte Zellaktivität ermöglicht. Nicotin stimuliert den Acetylcholinrezeptor an der neuromuskulären Synapse und verursacht dann eine lang anhaltende Blockade der Verbindung. Beide Substanzen haben vermutlich noch zahlreiche andere Wirkungen.

Narkotisierende Analgetika

Die **narkotisierenden Analgetika**, wie Heroin und Morphin (Morphium), gehören – obgleich sie aufgrund ihrer addiktiven (süchtig machenden) Eigenschaften häufig mißbraucht werden – zu den wirksamsten schmerzstillenden Mitteln, die uns derzeit zur Verfügung stehen. Dem Verständnis ihres Wirkungsmechanismus ist man in jüngerer Zeit durch die Entdeckung endogener opiatähnlicher Substanzen im Gehirn näher gekommen. Vermutlich fungieren diese natürlicherweise vorkommenden Opiatpeptide im Gehirn als Neurotransmitter, und die Analgetika wirken, indem sie die postsynaptischen Rezeptoren für diese Transmitter aktivieren.

Antipsychotisch wirkende Substanzen

Die **antipsychotischen Pharmaka** (auch als **Neuroleptika** oder *major tranquilizers* bezeichnet) sind Substanzen, die sich als wirksam zur Behandlung von Schizophrenie erwiesen haben. Das am häufigsten eingesetzte Neuroleptikum ist Chlorpromazin. Es gibt zwei Hauptklassen von antipsychotischen Pharmaka: die **Phenothiazine**, zu denen neben vielen anderen auch Chlorpromazin gehört, und die **Butyrophenone**, von denen Haloperidol das bekannteste ist. Aufgrund der großen Zahl an Schizophrenie-Patienten werden immer neue Antipsychotika entwickelt, und derzeit sind etwa 2000 dieser Substanzen erhältlich. Obwohl beide Substanzklassen sowohl noradrenerge als auch dopaminerge Systeme beeinflussen, scheint ihre antipsychotische Aktivität auf ihrer Wirkung auf die dopaminergen Systeme zu beruhen. Vermutlich reduzieren sie die dopaminerge Transmission, indem sie die Dopaminrezeptoren blockieren.

Die Wirksamkeit dieser Pharmaka bei der Behandlung der Schizophrenie hat zu der „Dopamin-Hypothese der Schizophrenie" geführt, der zufolge einige Formen der Schizophrenie entweder auf überhöhte Dopaminspiegel oder auf eine zu hohe Zahl an Dopaminrezeptoren zurückgehen. Diese Hypothese sollte mit Vorsicht betrachtet werden. Zwischen den einzelnen Transmittersystemen bestehen komplexe Wechselwirkungen, und es ist gut möglich, daß die Schizophrenie durch Unregelmäßigkeiten in einem oder mehreren der vielen bekannten und unbekannten Systeme, die normalerweise bei dopaminergen Synapsen Wechselwirkungen eingehen, verursacht wird.

Psychedelika

Die **psychedelischen Drogen** sind Substanzen, welche die Wahrnehmung und kognitiven Prozesse beeinflussen. Sie lassen sich mindestens drei Hauptgruppen zuordnen: 1) Acetylcholin-Psychedelika blockieren oder erleichtern die Transmission an cholinergen Synapsen. Substanzen wie Atropin blockieren die Acetylcholinwirkung im Gehirn; andere, wie etwa Muscarin, stimulieren Acetylcholinrezeptoren, indem sie die Wirkung von Acetylcholin nachahmen. 2) Zu den Noradrenalin-Psychedelika gehören Mescalin und wahrscheinlich auch Cannabis. Sie wirken vermutlich, indem sie die postsynaptischen Rezeptoren für Noradrenalin stimulieren. 3) Serotonin-Psychedelika, wie zum Beispiel LSD (Lysergsäurediethylamid) und Psilocybin, imitieren möglicherweise die Wirkung von Serotonin, indem sie postsynaptische Rezeptoren in serotonergen Synapsen stimulieren, oder sie hemmen die Aktivität serotonerger Neuronen. Außerdem können diese Substanzen Noradrenalinrezeptoren aktivieren.

Neurotoxine

Im Sommer 1987 gab es wenig Regen auf Prince Edward Island in Kanada, die ins Meer mündenden Flüsse begannen auszutrocknen, und im Flußbett wuchsen marine Algen. Die Algen wurden ins Meer gespült und von Muscheln gefressen. Im November und Dezember wurden diese Muscheln von mehr als 100 Menschen verzehrt, die daraufhin starke Krankheitssymptome entwickelten. Einige von ihnen litten an fortdauernden Gedächtnisstörungen, ihre übrigen kognitiven Funktionen waren jedoch intakt. *Post mortem*-Untersuchungen von vier der verstorbenen Patienten zeigten, daß ihre Temporallappen geschädigt waren. Man vermutet, daß die Krankheit und die Gehirnschädigung durch die Substanz *Domoinsäure* verursacht wurde, die von den Algen produziert worden war und gegen die die Muscheln offenbar unempfindlich waren. Das Neurotoxin gelangte in das Gehirn der Menschen, die von den Muscheln gegessen hatten, und zerstörte selektiv an Gedächtnisfunktionen beteiligte Zellen in den Temporallappen.

Was hier passiert war, konnte man sehr schnell aufklären, weil im Jahre 1971 Olney und seine Kollegen – die untersuchten, warum mit der Nahrung aufgenommenes Natriumglutamat Kopfschmerzen hervorruft – Glutamat-ähnliche Substanzen entdeckt hatten, die an Glutamatrezeptoren binden können und diese so stark aktivieren, bis die zugehörigen Zellen schließlich absterben. Zu diesen **Neurotoxinen** gehören *Kainsäure*, *Ibotensäure* und andere Substanzen. Domoinsäure ist mit diesen verwandt und der wirksamste Vertreter der Gruppe.

Injiziert man diese Neurotoxine direkt ins Gehirn, so binden sie an Glutamatrezeptoren und führen bei den betroffenen Zellen zu einer Übererregung. Neuronen, die keine Glutamatrezeptoren tragen, sind dementsprechend gegenüber diesen Substanzen unempfindlich. Die Neurotoxine sind daher ein nützliches Werkzeug, um Zellen in bestimmten Regionen des Gehirns selektiv zu zerstören und auf diese Weise auf ihre Funktion zurückzuschließen. Sie liefern auch Hinweise auf andere Mechanismen, durch die es zu einer Gehirnschädigung kommen kann. Man vermutet, daß das Gehirn möglicherweise eigene Neurotoxine produziert, was die verschiedenen neurologischen Erkrankungen zugrundeliegende Selbstzerstörung bestimmter Gehirnregionen zur Folge hat. Bei Patienten mit Chorea Huntington liegt eine Degeneration des Nucleus caudatus vor, und man vermutet, daß die Zellen dieses Nucleus absterben, weil in dieser Gehirnregion eine Domoinsäure-ähnliche Substanz produziert wird, die Neurone dieses Kerns zerstört.

Dieses Neurotoxin-Modell liefert weitere Einblicke in endogene Gehirnschädigungen. Bereits seit langer Zeit weiß man, daß eine **cerebrale Hypoxie** (ein Sauerstoffmangel im Gehirn) und eine **cerebrale Ischämie** (eine Unterbrechung der Blutzufuhr in eine Region des Gehirns) zu irreparablen Gehirnschäden führen. Eine cerebrale Ischämie ist in zwei häufigen klinischen Situationen zu beobachten: beim Herzstillstand und bei einer Arteriosklerose der Carotiden oder der vertebrobasilären Arterien. Patienten, die eine Ischämie erlitten haben, zeigen oft dauerhafte Gedächtnisstörungen und andere neurologische Symptome. Eine Zeitlang nahm man an, der Sauerstoffmangel (Anoxie) sei per se die Hauptursache der Schäden. Diese Hypothese wies jedoch einige Ungereimtheiten auf, wie etwa die Tatsache, daß die Schädigung oft erst Stunden oder gar Tage nach dem Durchblutungsstillstand auftrat. Heute glaubt man, daß die von der Anoxie betroffenen Zellen übermäßig viel Glutamat ausschütten. Nervenzellen, die besonders empfindlich gegenüber Anoxien sind, wie etwa die CA1-Neuronen des Hippocampus, weisen hohe Dichten an Glutamatrezeptoren auf. Man schreibt folglich dem übermäßig ausgeschütteten Glutamat eine ursächliche Beteiligung an dem Tod dieser Zellen zu. Wenn dies zutrifft, sollte sich durch Blockieren der Glutamatrezeptoren unmittelbar nach einer Anoxie oder einem Schlaganfall der Zelltod verhindern lassen. Einige experimentelle Befunde deuten darauf hin, daß das Absterben der Zellen auf diese Weise tatsächlich verzögert werden kann.

Ein weiteres, häufig experimentell angewandtes Neurotoxin ist 6-Hydroxydopamin (6-OHDA). Es ähnelt Dopamin und kann eingesetzt werden, um selektiv dopaminerge Neuronen zu zerstören. Je nach Art der Anwendung kann man mit 6-OHDA dopaminerge, noradrenerge Neuronen oder beide Neuronentypen ausschalten. Es ist also sehr nützlich, um die Rolle dieser Transmitter experimentell zu untersuchen. In die Gehirnventrikel injiziert, zerstört 6-OHDA gewöhnlich nur noradrenerge Neuronen. Verabreicht man es gemeinsam mit Pargylin, einem Monoaminoxidasehemmer, zerstört es auch dopaminerge Zellen. Injiziert man außerdem Desipramin, eine Substanz, die die Noradrenalinaufnahme hemmt (Blocker), um die Aufnahme von 6-OHDA in die noradrenergen Zellen zu verhindern, so werden nur dopaminerge Neuronen zerstört. Durch selektives Ausschalten dopaminerger Zellen kann man auf diese Weise ein Tiermodell für die Parkinson-Krankheit erzeugen. Diese Krankheit des Menschen ist durch das selektive Absterben dopaminerger Neuronen gekennzeichnet. In jüngerer Zeit hat sich herausgestellt, daß MPTP, ein synthetisches Morphinanalogon, welches versehentlich in einer illegalen Drogenfabrik hergestellt wurde, ebenfalls das selektive Absterben dopaminerger Zellen beim Menschen verursachen kann. Drogenabhängige, die es benutzten, entwickelten unmittelbar danach Parkinson-Symptome. Im Gegensatz zu 6-OHDA muß diese Substanz nicht direkt ins Gehirn injiziert werden. Die Tatsache, daß eine peripher verabreichte Substanz wie MPTP als Neurotoxin wirken kann, hat Spekulationen darüber ausgelöst, ob vielleicht auch verschiedene Chemikalien in Schadstoffen Neurotoxine sein könnten. Etwa zur gleichen Zeit, zu der 6-OHDA entwickelt wurde, entdeckte man, daß 5,7-Dihydroxytryptamin (5,7-DHT) in analoger Weise zur Zerstörung serotonerger Neuronen eingesetzt werden kann. Es ließen sich wahrscheinlich noch viele weitere Substanzen finden, die neurotoxisch auf verschiedene Systeme wirken können.

Die Entdeckung verschiedener Neurotoxine und die Erforschung ihrer Wirkungsweise eröffnet viele neue Ansätze, um zu verstehen, wie es zu den unterschiedlichen Arten von Hirnschädigungen kommen kann. Dies vertieft unser Wissen darüber, wie Krankheiten des Gehirns voranschreiten, wie möglicherweise Umweltgifte auf das Gehirn einwirken und wie manche oral aufgenommenen Substanzen anhaltende Verhaltensänderungen verursachen können. Und all das wiederum weist neue Wege für Maßnahmen zur Prävention und Behandlung.

Zusammenfassung

Neuronen kommunizieren miteinander, indem sie an ihren synaptischen Endigungen Transmittersubstanzen ausschütten. Diese binden an die Rezeptoren anderer Neuronen, aktivieren oder hemmen sie oder beeinflussen ihre Funktion in anderer Weise. Bei der Synthese, Freisetzung, Wirkung und Wiederaufnahme von Transmittern handelt es sich um biochemische Prozesse, die durch Drogen beeinflußt werden können. Ein Verständnis der Wirkungsweise von Neurotransmittern ermöglicht uns also auch Einblicke in das normale Verhalten und in die Mechanismen, durch die viele Drogen unser Verhalten beeinflussen. Zahlreiche Krankheiten und neurologische Störungen haben möglicherweise ihre Ursache in einer Fehlfunktion der Transmittersysteme. Ihre Behandlung würde also ebenfalls durch ein besseres Verständnis der Transmitterfunktion erleichtert.

Literatur

Cooper, J. R., F. E. Bloom, R. H. Roth. *The Biochemical Basis of Neuropharmacology.* New York: Oxford University Press, 1991.

Efron, D. H. (Hrsg.) *Psychopharmacology: A Review of Progress.* Washington, D.C.: U.S. Department of Health, Education, and Welfare, 1968.

Gilman, A. G., L. S. Goodman, A. Gilman (Hrsg.) *The Pharmacological Basis of Therapy,* 6. Auflage New York: Macmillan, 1980.

Hokfelt, T. O., A. Johansson, A. Ljungdahl, J. M. Jundberg, M. Schultzberg. Peptidergic neurons. *Nature* (London) 284: 515–521, 1980.

Julien, R. M. *Drogen und Psychopharmaka.* Heidelberg, Berlin, Oxford: Spektrum Akademischer Verlag, 1996.

Kandel, E. R., J. H. Schwartz. *Principles of Neural Science.* New York: Elsevier North Holland, 1991.

Olney, J. W., O. L. Ho, V. Rhee. Cytotoxic effects of acidic and sulphur-containing amino acids on the infant mouse central nervous system. *Experimental Brain Research* 14: 61–67, 1971.

Robinson, T. E., J. B. Becker. Enduring changes in brain and behavior produced by chronic amphetamine administration: A review and evaluation of animal models of amphetamine psychosis. *Brain Research Reviews* 11: 157–198, 1986.

Teitelbaum, J. S., R. J. Zatorre, S. Carpenter, D. Gendron, A. C. Evans, A. Gjedde, N. R. Cashman. Neurologic sequelae of domoic acid intoxication due to the ingestion of contaminated mussels. *The New England Journal of Medicine* 322: 1781–1787, 1990.

6

Die Organisation sensorischer Systeme

Wir glauben gemeinhin, daß alles, was wir sehen, hören, berühren oder schmecken, reale Dinge in einer realen Welt sind. Die einzige Botschaft, die unser Gehirn erhält, ist jedoch die neuronale Erregung, die entlang der Neuronen der verschiedenen sensorischen Bahnen weitergeleitet wird. Obwohl Empfindungen wie Sehen oder Riechen sehr unterschiedlich sind, sind die Entladungen der Nervenzellen der einzelnen sensorischen Systeme einander sehr ähnlich, ebenso wie auch die Neuronen selbst. Wir verstehen heute recht gut, wie Neuronen die Energie eines Reizes, etwa Lichtwellen, in neuronale Entladungen umwandeln können, und wir kennen die Bahnen, in denen ihre Fortsätze zum Gehirn ziehen. Wir wissen jedoch nicht, wie wir schließlich zu der Überzeugung gelangen, daß die eine Sorte von Entladungen repräsentiert, wie die Welt aussieht, und die andere Sorte, wie sie schmeckt. Einige Philosophen haben die These aufgestellt, daß wir uns alles, was wir wissen, durch unsere Sinne angeeignet haben, und dies scheint an sich vernünftig. Allerdings wissen wir auch, daß uns unsere Sinne durchaus täuschen können. Deswegen haben andere Philosophen vorgeschlagen, daß wir bereits ein angeborenes Wissen über die Welt besitzen müssen, um zwischen realen und eingebildeten Sinneswahrnehmungen unterscheiden zu können. Auch das scheint vernünftig.

In diesem Kapitel werden wir zusammenfassen, wie sensorische Information zum Cortex gelangt. Besonders betonen werden wir zwei Organisationsmerkmale sensorischer Systeme: 1) In jedem sensorischen System gibt es viele Submodalitäten, und 2) jede Submodalität ist auf eine ganz spezifische Funktion abgestimmt.

Allgemeine Prinzipien sensorischer Systeme

Man spricht gewöhnlich von fünf Sinnessystemen (Fühlen, Geschmack, Geruch, Sehen und Hören). Sinnvoller ist jedoch die Feststellung, daß es fünf Modalitäten gibt, durch die wir Informationen erhalten können. Innerhalb jeder dieser Modalitäten gibt es zahlreiche Submodalitäten oder Subsysteme. Diese Submodalitäten unterscheiden sich im Hinblick auf ihre Rezeptoren, die Größe der von den Rezeptoren zum Gehirn ziehenden Fasern, ihre Verknüpfungen innerhalb des Gehirns und den Reaktionen, die sie hervorrufen.

Rezeptoren

Rezeptoren sind spezialisierte Teile einer Zelle, welche die Energie eines Reizes, zum Beispiel von Lichtwellen, in neuronale Aktivität umwandeln. Die Rezeptoren der einzelnen sensorischen Systeme sind unterschiedlich, und sie können dementsprechend verschiedene Energieformen umsetzen. Beim Sehvorgang wird Lichtenergie durch die Rezeptoren der Netzhaut (Retina) in chemische Energie umgewandelt und diese wiederum in neuronale Aktivität. Im auditorischen System werden Schallwellen in mehrere Formen mechanischer Energie umgewandelt, welche die Rezeptoren aktiviert und zu einer neuronalen Entladung führt. Innerhalb des somatosensorischen Systems wird mechanische Energie in Form von Berührung, Druck und Vibration auf Mechanorezeptoren übertragen, deren Aktivität eine Erregung der Nervenzellen bewirkt. Bei Geschmack und Geruch lagern sich Moleküle aus der Nahrung oder aus der Luft an ganz spezielle, paßgenaue Rezeptoren an und aktivieren so die betroffene neuronale Faserverbindung. Bei der Schmerzwahrnehmung setzt das betroffene Gewebe eine chemische Substanz frei, die Neurokinin genannt wird und wie ein Neurotransmitter Schmerzfasern erregt.

Bei der Energieumwandlung wirken die Rezeptoren wie Filter. Wenn wir Mehl auf ein Sieb geben und schütteln, so fällt der feine Mehlstaub durch, die gröberen Bestandteile und Klümpchen bleiben hängen. In ähnlicher Weise sind Rezeptoren für jede Sinnesmodalität so gestaltet, daß sie nur auf einen ganz bestimmten Bereich des entsprechenden Energiespektrums reagieren. So reagieren die Hörrezeptoren des menschlichen Ohres auf Wellenlängen zwischen 20 und 20000 Hz (ein Hertz entspricht einer Schwingung pro Sekunde). Elefanten können Geräusche von unter 20 Hz hören und erzeugen, die der Mensch nicht hören kann. Fledermäuse können Geräusche über 120000 Hz hören und erzeugen, die der Mensch ebenfalls nicht wahrzunehmen vermag. Tatsächlich sind die sensorischen Fähigkeiten des Menschen im Vergleich mit vielen Tieren eher durchschnittlich. Selbst unsere Haushunde sind im Vergleich zu uns regelrechte Wundertiere: Sie können Gerüche erkennen, die wir nicht wahrnehmen können, sie können die von Nagetieren und Fledermäusen erzeugten Ultraschallgeräusche hören, und sie können im Dunkeln sehen. Wir können dagegen nur mit unserem besseren Farbsehvermögen aufwarten. Offensichtlich besitzt jede Tierart einen besonderen Satz sensorischer Filter, die ein idiosynkratisches Bild der Realität vermitteln.

Rezeptive Felder

Rezeptoren haben sogenannte **rezeptive Felder.** Das rezeptive Feld eines Rezeptors ist der Teil der Umgebung, auf den er reagiert. Beim Sehsinn ist das rezeptive Feld ziemlich klar erkennbar. Fixiert man irgendeine Stelle im Raum, so wird der gesehene Ausschnitt als Gesichtsfeld (als rezeptives Feld des Gesamtsystems) bezeichnet. Schließt man ein Auge, so stellt der übrig gebliebene Bildausschnitt das rezeptive Feld für das offene Auge dar. Im Auge befindet sich die halbkugelförmige Retina mit Tausenden von Rezeptoren. Aufgrund der Form der Retina weist jeder Rezeptor in eine bestimmte Richtung, vergleichbar mit einem Teleskop, das auf einen bestimmten Teil des Himmels gerichtet ist. Der kleine Ausschnitt des Gesichtsfeldes, aus dem jeder Rezeptor Lichtenergie empfängt, bildet sein rezeptives Feld. Natürlich kann dieses durch Bewegungen des Kopfes oder der Augen verändert werden. Ebenso bildet der Teil der Haut, in dem ein Hautrezeptor liegt, jeweils ein rezeptives Feld. Es ist zumeist nur einige Quadratmillimeter groß. Das rezeptive Feld des Tastsinnes als Ganzem besteht entsprechend aus der gesamten Körperoberfläche. Rezeptive Felder dienen nicht nur zur Aufnahme sensorischer Informationen, sondern auch zur Lokalisierung von Reizen im Raum. Hierzu wird das, was benachbarte rezeptive Felder registrieren, auf höherer Ebene verglichen.

Manche Systeme, beispielsweise das olfaktorische, verfügen über eine wenig ausgeprägte Lokalisationsfähigkeit. Wir haben zwar zwei Nasenöffnungen, aber es ist fraglich, ob sie dazu geeignet sind, die Richtung von Gerüchen wahrzunehmen. Das auditorische System nimmt die meisten Töne mit beiden Ohren auf. Eine Lokalisation der Schallquelle erfolgt durch eine Verrechnung der unterschiedlichen Zeitpunkte, an denen Schwingungen auf die Ohren treffen, sowie durch die Wahrnehmung von Lautstärkeunterschieden. Das Ohr, das der Schallquelle näher ist, nimmt die Geräusche zuerst und mit größerer Lautstärke wahr. Aus diesem Grund fällt es uns oft schwer, genau vor uns oder hinter uns liegende Schallquellen zu lokalisieren. Beim Geschmack liegt eine interessante topographische Organisation der Rezeptoren für verschiedenartige Reize vor. Rezeptoren für süße Substanzen liegen hauptsächlich an der Zungenspitze, die für bittere im Zungenhintergrund und solche für salzigen und sauren Geschmack an den Zungenrändern. Damit haben wir unterschiedliche rezeptive Felder, die auf verschiedene Geschmacksrichtungen ansprechen. Die Anordnung der Felder hat aber eher mit der Frage zu tun, ob man eine Speise essen soll, als mit der Frage, wo sie sich gerade auf der Zunge befindet. Die Zungenspitze ist ein geeigneter Ort für Süßerezeptoren, weil süße Speisen (früher) zum Überleben sehr vorteilhaft waren und deshalb am besten gleich in den Mund geschoben wurden. Bitter schmeckende Speisen sind andererseits hin und wieder giftig; sie können deshalb, sobald die Rezeptoren auf dem Zungenhintergrund sie wahrnehmen, ausgespuckt werden.

Zellen des Zentralnervensystems haben ebenfalls rezeptive Felder. Will man also die Aktivität einer Zelle im Gehirn aufzeichnen, muß man einen Stimulus hin- und herbewegen, um den Teil der Umgebung, auf den die Zelle reagiert (das rezeptive Feld), zu finden. Durch Vergleichen der räumlichen Beziehung zwischen den Zellen im Gehirn und ihren rezeptiven Feldern kann man die verschiedenen sensorischen Felder des Cortex kartieren.

Schnell und langsam adaptierende Rezeptoren

Jedes sensorische System beantwortet Fragen wie „Ist dort etwas?“ und „Ist es immer noch dort?“, indem es verschiedene Subsysteme auf die einzelnen Fragen ansetzt. Rezeptoren, die feststellen, ob etwas „dort ist“, sind leicht zu aktivieren, aber sie inaktivieren auch schnell wieder. Man nennt sie schnell adaptierende Rezeptoren. Berührt man seinen eigenen Arm ganz leicht mit einem Finger, so spürt man die Berührung sofort; wenn man dann jedoch seinen Finger ruhig liegen läßt, verschwindet die Empfindung, weil die Rezeptoren adaptieren. Dies geschieht, weil die Rezeptoren an den Haarwurzeln dazu dienen, Bewegungen von Objekten auf der Haut wahrzunehmen. Drückt man ein wenig fester, so fühlt man die Berührung deutlich länger, weil die Druckrezeptoren langsamer adaptieren. Im visuellen System haben Hell-Dunkel-empfindliche Rezeptoren geringere Erregungsschwellen und adaptieren langsamer als Rezeptoren für Farbe. Ein Hund, bei dem hauptsächlich das Hell-Dunkel-Sehen ausgeprägt ist, reagiert daher sehr gut auf sich bewegende Objekte, und es fällt ihm schwerer, unbewegliche Objekte wahrzunehmen.

Lokalisierung und Identifizierung

Sensorische Systeme sind so konstruiert, daß sie Reize lokalisieren und identifizieren können. Die rezeptiven Felder der einzelnen Rezeptoren überlappen sich normalerweise. Wird ein Rezeptor durch einen Reiz stärker erregt als ein anderer, dann liegt das in Frage kommende Objekt eher im Bereich des ersteren. Sensorische Systeme müssen auch die Frage, um was es sich bei einem Reiz handelt, beantworten können. Die Erkundung eines Reizes wird häufig durch die Rezeptorendichte und deren Überlappung erzielt. Tastrezeptoren sind auf den Fingern zahlreicher vorhanden als auf einem gleich großen Teil des Rückens. Mit den Fingern kann man folglich sehr viel besser unterscheiden. Im visuellen System unterliegt die Organisation der Rezeptoren zwei verschiedenen architektonischen Prinzipien, was die Wahrnehmung erleichtert. Die Fovea (Sehgrube) ist das Gebiet des „schärfsten Sehens“. Dort befinden sich nur farbempfindliche Zapfen, die, klein und dicht gepackt, genaue Unterscheidungen in hellem Licht zu treffen vermögen. In der Peripherie der Retina bestehen die Rezeptoren zunehmend aus den zum Hell-Dunkel-Sehen dienenden Stäbchen. Diese sind größer und weiter gestreut, aber viele Stäbchen senden ihre Informationen zu einigen wenigen Neuronen. Die Unterscheidungsfähigkeit der Stäbchen ist nicht sonderlich ausgeprägt, aber ihre Fähigkeit, Licht zu entdecken (zum Beispiel ein brennendes Streichholz in der Entfernung von drei Kilometern in einer dunklen Nacht), ist bemerkenswert.

Neuronale Verschaltungen

Jedes sensorische System benötigt drei oder vier seriell geschaltete Neuronen, um Informationen vom Rezeptor zum Cortex zu leiten. So sind zum Beispiel im visuellen und im somatosensorischen System drei, im auditorischen vier Neuronen in Serie geschaltet. Zieht man in Betracht, daß es zuerst zu einer Konvergenz der Informationen in den neuronalen Relaisstationen und dann zu einer Divergenz der Informationen im Cortex kommt, wird der Wechsel der Informationscodes von einer Relaisstation zur anderen offensichtlich. Am Beispiel des visuellen Systems ist dies in Abbildung 6.1 schematisch dargestellt. Lashley errechnete, daß es im visuellen System der Ratte ungefähr neun Millionen Zapfen und Stäbchen, 3,5 Millionen Bipolarzellen, 0,2 Millionen Ganglienzellen, 0,03 Millionen Zellen im Corpus geniculatum laterale und 0,6 Millionen Zellen im Areal 17 gibt. (Diese Zelltypen werden in dem späteren Abschnitt über das Sehen detailliert dargestellt). Eine direkte Punkt-zu-Punkt-Verbindung und -Übertragung zwischen Relaisstationen ist folglich ausge-

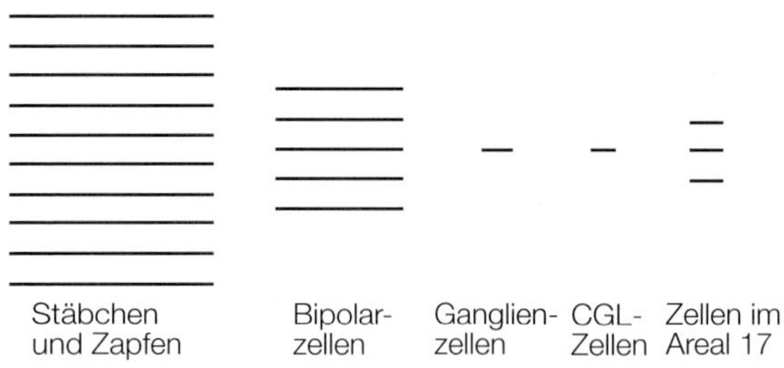

6.1 Schematische Darstellung der Zellzahl auf jeder Ebene des visuellen Systems. Sowohl die Länge als auch die Anzahl der Linien stellen die relative Zellzahl dar.

schlossen. Vielmehr ist in aufeinanderfolgenden Relaisstationen eine Neucodierung der Informationen erforderlich. Beispielsweise vergleicht man unser visuelles System oft mit einer normalen Kamera, weil es eine Linse, eine Blende (die Iris) und eine lichtempfindliche Schicht (die Retina) enthält. Tatsächlich funktioniert es aber eher wie eine Videokamera, die Bilder in Wellen umwandelt, und wie ein Fernseher, der die Wellen später wieder decodiert. Auch alle anderen sensorischen Submodalitäten wandeln Energie in Codes um, die später im Gehirn in Wahrnehmungen übersetzt werden.

An den Synapsen zwischen den einzelnen Neuronen können drei wichtige Ereignisse stattfinden. Erstens kann eine motorische Reaktion hervorgerufen werden. Zum Beispiel sind die Axone von Schmerzrezeptoren zunächst im Rückenmark verschaltet, wo sie einen Rückziehreflex auslösen können. Die nächste Schaltstation liegt im Hirnstamm, wo das Signal Bewegungen einer Gliedmaße oder des ganzen Körpers hervorrufen kann, die vermutlich der Distanzierung von dem schmerzhaften Reiz dienen. Und schließlich bilden die Schmerzfasern Synapsen im Thalamus, wo sie, gemeinsam mit den Verknüpfungen im Cortex, eine Antizipation des Reizes und somit ein Vermeidungsverhalten bewirken können. Zweitens kann die Botschaft, die diese Systeme übermitteln, modifiziert werden. So können zum Beispiel vom Cortex kommende Signale die sensorischen Signale blockieren oder verstärken. Wenn wir von einer Tätigkeit ganz in Anspruch genommen sind, wie etwa beim Ausüben einer Sportart, kann es geschehen, daß wir eine Verletzung nicht wahrnehmen. Denken wir jedoch später an unsere Verletzung, so kommt sie uns oft viel schmerzhafter vor. Drittens können die einzelnen Systeme miteinander in Wechselwirkung treten. Beispielsweise reiben wir häufig die Körperregion um eine Verletzung herum, um den Schmerz zu mildern. Die Aktivierung von Berührungs- und Druckrezeptoren kann also offensichtlich die Signalleitung in den Schmerzbahnen blockieren.

Codierung der Information

Ist die Reizenergie erst einmal in „neuronale Energie“ übertragen worden, so wird die gesamte Information der sensorischen Systeme durch Aktionspotentiale codiert und über

Axonbündel, die *Nerven,* zum Zentralnervensystem weitergeleitet. Ist das Zentralnervensystem erreicht, heißt ein Axonbündel *Tractus* (Faserzug). Alle Axone in sämtlichen sensorischen Systemen verwenden die gleiche Art von Signal. Daraus ergibt sich die Frage, wie identische elektrochemische Signale die verschiedenen Empfindungen codieren und eine Differenzierung zulassen. Wie können also unterschiedliche Charakteristika einer bestimmten Sinnesempfindung durch ein Aktionspotential codiert werden? Die Antworten sind teils einfach, teils kompliziert. Die Anwesenheit eines Reizes kann durch Zunahme oder Abnahme der Entladungsrate eines Neurons übermittelt werden, wobei die Reizintensität durch das Ausmaß der Veränderung der Entladungsrate ausgedrückt wird. Im visuellen System werden qualitative Veränderungen – zum Beispiel ein Wechsel von rot zu grün – entweder durch die Aktivität verschiedener Neuronen oder durch unterschiedliche Entladungsphasen in ein und derselben Nervenzelle codiert. (Eine stärkere Aktivität bedeutet beispielsweise „roter", eine geringere Aktivität „grüner".)

Weniger klar ist allerdings, wie wir Berührung, Klang und Geruch unterschiedlich wahrnehmen. Als Erklärung kommt in Betracht, daß verschiedene Gehirngebiete diese Empfindungen empfangen und verarbeiten, daß also Ursprungs- und Verarbeitungsort für die Wahrnehmung wichtig sind. Einer anderen Erklärung zufolge erkennen wir Unterschiede durch Lernen. Eine dritte Hypothese besagt, daß jedem sensorischen System eine bevorzugte Verbindung mit bestimmten Bewegungsabläufen zuzuordnen ist; diese Bewegungsabläufe garantieren, daß die sensorischen Signale auf allen Ebenen neuronaler Organisation getrennt bleiben. Beispielsweise lösen Schmerzreize Rückziehreaktionen aus, während leichte Berührungs- und Druckreize eine Annäherung hervorrufen. Solche Unterscheidungen zwischen verschiedenen Reizformen sind jedoch nicht immer problemlos. Es gibt Personen, die „in Farbe hören" oder „Gerüche als Töne wahrnehmen". Die Fähigkeit, Sinnesqualitäten zu vermischen, bezeichnet man als **Synästhesie**. Jeder, der das Geräusch kennt, das durch das Reiben der Fingernägel an einer Tafel erzeugt wird, hat auch schon ein Geräusch „gefühlt".

Sensorische Subsysteme

Wir betrachten das visuelle System normalerweise als eine Einheit. Aus Abbildung 6.2 geht aber hervor, daß es in Wirklichkeit aus mehreren Subsystemen besteht. Der Aktivität

6.2 Schematische Darstellung visueller Subsysteme. Die Zahlen bezeichnen bestimmte Hirnstrukturen, die Linien einzelne visuelle Faserverbindungen. Jede Faserverbindung und ihre zugehörige Hirnstruktur bilden ein Subsystem, entsprechend der Beschreibung im Text.

visuelles Subsystem	postulierte Funktionen
1. Nucleus supraopticus	Kontrolle tageszeitlicher Rhythmen (Schlaf, Essen etc.) in Abhängigkeit vom Tag-Nacht-Zyklus
2. Prätectum	Veränderungen der Pupillengröße in Abhängigkeit von Helligkeitsänderungen
3. Colliculus superior	Ausrichtung des Kopfes, insbesondere auf Objekte im peripheren Gesichtsfeld
4. Epiphyse (Zirbeldrüse)	zirkadiane Dauerrhythmen
5. Nucleus opticus accessorius	Augenbewegung zum Ausgleich von Kopfbewegungen
6. visueller Cortex	Mustererkennung, Tiefenwahrnehmung, Farbensehen, Bewegungssehen
7. frontale Augenfelder	Willkürbewegungen der Augen

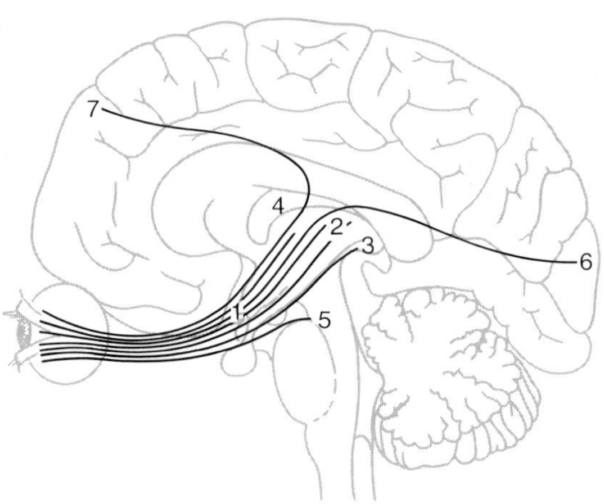

einiger dieser Subsysteme sind wir uns bewußt, über die anderer Subsysteme wissen wir nur durch wissenschaftliche Untersuchungen. Ein Faserzug zieht vom Auge zum Nucleus supraopticus des Hypothalamus (1), der an der inneren Uhr für Verhaltensformen wie Nahrungsaufnahme oder Schlaf beteiligt ist. Eine andere Verbindung führt ins Mittelhirn zum Prätectum (2), das die Pupillenreaktion auf Licht kontrolliert. Ein Faserzug zieht zum Colliculus superior im Mittelhirn (3), der die Kopfbewegungen zu fixierten Objekten kontrolliert. Eine weitere Verbindung erreicht die Epiphyse (4), die eine Langzeitkontrolle der zirkadianen Rhythmen übernimmt. Ein anderer Faserzug führt zum Nucleus opticus accessorius (5), der für den Ausgleich der Augenbewegungen bei gleichzeitigen Kopfbewegungen zuständig ist. Dann gibt es die schon besprochene Verbindung zum visuellen Cortex (6), der Mustererkennung, Farbwahrnehmung, räumliches Sehen und die Erfassung bewegter Objekte kontrolliert. Schließlich zieht eine Faserverbindung zum frontalen Cortex (7), welcher die willkürlichen Augenbewegungen steuert. Die Projektionen zu vielen dieser „Sehzentren“ sind oft indirekt und beziehen auch andere Gehirnstrukturen mit ein.

Ebenso, wie viele visuelle Bahnen in verschiedene Gehirnregionen ziehen, projizieren viele unterschiedliche Subsysteme zum visuellen Cortex. Dies führt zu zahlreichen parallelen visuellen Systemen, die durch den visuellen Cortex miteinander verbunden sind und die jeweils spezielle Aspekte des Sehens verarbeiten. So sind zum Beispiel die Systeme zur Mustererkennung, Farberkennung, Tiefenwahrnehmung und Bewegungswahrnehmung voneinander genauso unabhängig wie die auditorischen oder gustatorischen Systeme. Allein aus der Tatsache, daß sie anatomisch eng nebeneinander liegen, darf

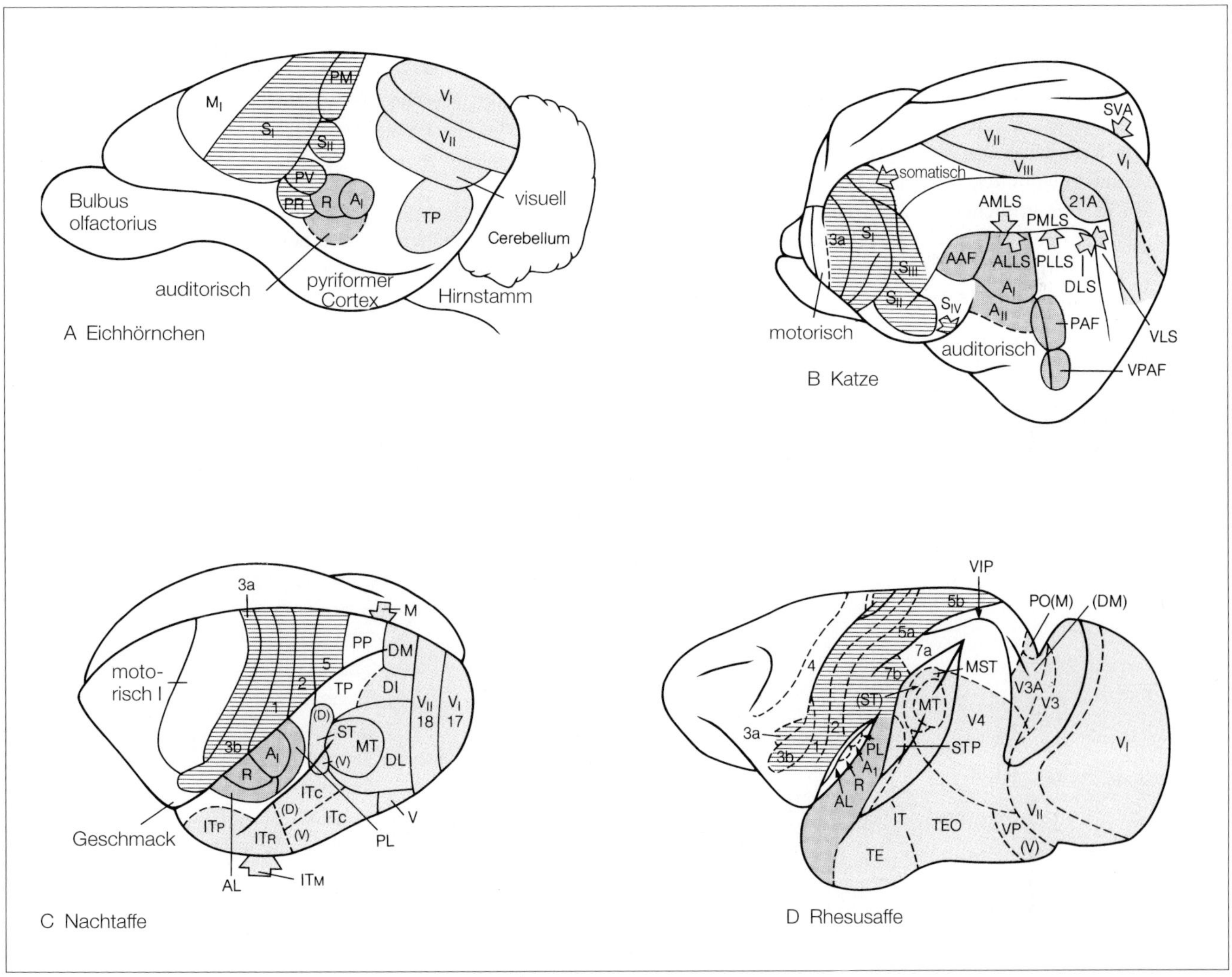

6.3 Unterteilungen des sensorischen Cortex bei einigen gut untersuchten Säugetieren.
A. Der Cortex des Eichhörnchens hat fünf somatische, zwei bis drei auditorische und zwischen zwei und vier visuelle Regionen. B. Bei der Katze werden zwölf visuelle, vier somatische und fünf auditorische Areale unterschieden. C. Bis jetzt wurden beim Nachtaffen 14 verschiedene visuelle, vier auditorische und fünf somatische Gebiete gefunden. D. Beim Rhesusaffen sind zwölf visuelle Areale, vier auditorische und acht somatosensorische Felder bekannt. (Nach Kaas 1987.)

man nicht schließen, daß sie funktional identisch oder sogar austauschbar sind. Ebenso enthalten alle anderen sensorischen Systeme Subsysteme mit ganz spezifischen Funktionen.

Mehrfachrepräsentation

Bei den meisten Säugetieren wird ein sensorisches Feld im Neocortex nicht nur einmal, sondern mehrmals abgebildet (Abbildung 6.3). Wie oft es abgebildet wird, hängt von der Tierart ab. Man beachte, daß das Eichhörnchen in Abbildung 6.3 drei visuelle Felder besitzt, die Eulenkopfmeerkatze dagegen 14. Wenn jedes dieser Systeme auf ein visuelles Merkmal der Umgebung anspricht, können die Nachtaffen elf Arten von Dingen wahrnehmen, die ein Eichhörnchen nicht sehen kann (natürlich vorausgesetzt, daß die visuellen Systeme der beiden Tierarten korrekt kartiert worden sind). Man weiß nicht, welches diese elf Dinge sein könnten, denn beide Arten leben auf Bäumen, können Farben sehen, besitzen eine gute Raumwahrnehmung und so weiter. Die Affen benutzen jedoch ihre Finger viel effizienter, zeigen verschiedene Formen des Gesichtsausdrucks und haben ein vielfältigeres Nahrungsspektrum als Eichhörnchen. Diese Verhaltensunterschiede könnten im Zusammenhang mit den zusätzlichen Funktionen der Affen stehen. Alle Säuger besitzen mindestens eine Repräsentation für jedes Sinnessystem, die man als das primäre Feld für dieses System bezeichnet. Zusätzliche Areale werden gewöhnlich sekundäre Felder genannt, da der größte Teil der sie erreichenden Information bereits in den primären Feldern verschaltet wurde. Jede zusätzliche Repräsentation dient vermutlich der Codierung eines bestimmten Aspekts einer Sinnesmodalität.

Sehen

Photorezeptoren

In Abbildung 6.4 sind das Auge und seine rezeptive Oberfläche, die Netzhaut, dargestellt. Trifft Licht von einem Objekt auf das Auge, so wird es durch die Hornhaut und dann durch die Linse abgelenkt, so daß auf den Rezeptoren des Augenhintergrundes ein scharfes Bild entsteht. Das Licht durchdringt zunächst die gesamte Retina, einschließlich der Photorezeptorschicht, und wird dann von der Lederhaut auf die Photorezeptoren zurückreflektiert. Die Barriere der retinalen Zellen nimmt auf unsere Sehgenauigkeit aus zwei Gründen wenig Einfluß: Zum einen sind die Zellen ziemlich lichtdurchlässig und die Photorezeptoren äußerst empfindlich. Sie werden schon durch die Absorption eines einzigen Photons erregt. Zum anderen sind die Axone, die den Sehnerv bilden, im zentralen Teil der Retina, in der Fovea, ein wenig auseinandergerückt, damit das Licht leichter an die Rezeptoren gelangt. Dadurch erscheint die Fovea auf der retinalen Oberfläche als leichte Eindellung.

Die Retina enthält zwei Typen von Photorezeptoren, die Zapfen und die Stäbchen. Beide dienen dazu, Lichtenergie in Aktionspotentiale umzusetzen. **Stäbchen**, die noch auf Dämmerlicht ansprechen, werden hauptsächlich für das Sehen bei Nacht benutzt. **Zapfen** arbeiten bei hellem Licht besser und werden zum Sehen bei Tageslicht und zum Farbensehen verwendet. Es gibt drei jeweils optimal auf bestimmte Wellenlängen ansprechende Zapfentypen, die rote, blaue beziehungsweise gelbe Farbtöne hervorrufen. Stäbchen und Zapfen sind über die Netzhaut unterschiedlich verteilt. Zapfen sind im Bereich der Fovea sehr dicht gepackt. Stäbchen befinden sich hauptsächlich an der Peripherie der Retina. Die Bedeutung dieser Verteilung kann man am ehesten beim Nachtsehen erkennen: Will man einen lichtschwachen Gegenstand, wie etwa einen kleinen Stern, erkennen, so schaut man am besten knapp daran vorbei.

6.4 A. Die Anatomie des Auges. B. Die Anatomie der Retina. (Nach Bailey 1981.)

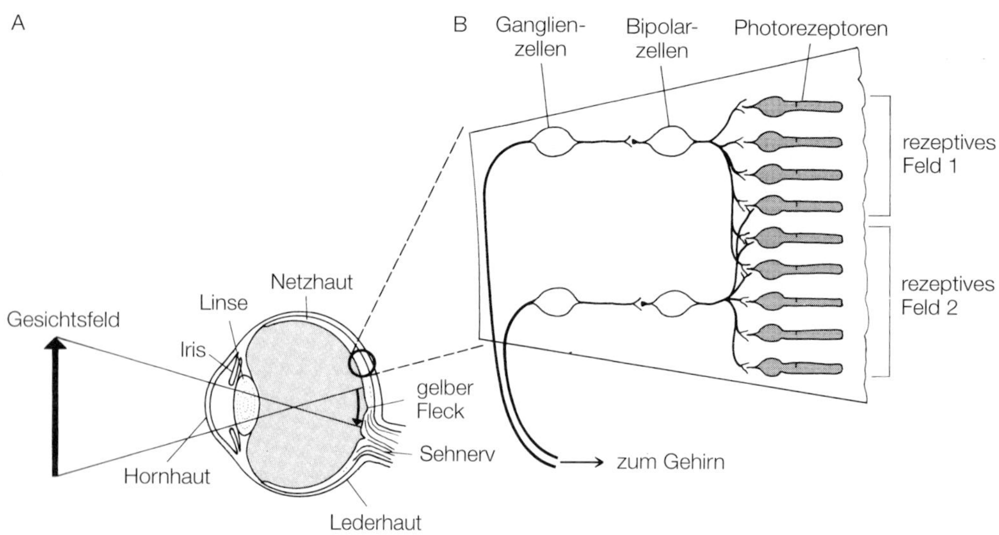

Die Photorezeptoren sind mit **Bipolarzellen** verbunden, auf die sie die Generatorpotentiale übertragen. Die Bipolarzellen lösen in den **Ganglienzellen** Aktionspotentiale aus. Wie in Abbildung 6.4 dargestellt ist, senden die Ganglienzellen Axone ins eigentliche Gehirn (die Retina ist selbst ein –

6.5 A. Projektion des Gesichtsfelds. Man beachte, daß die Gesichtsfeldhälften (linkes beziehungsweise rechtes Gesichtsfeld) zum kontralateralen visuellen Cortex projiziert werden. B. Projektion des rechten Gesichtsfelds auf die linke Hemisphäre (mediane Ansicht). Die topographische Beziehung zwischen Gesichtsfeld und visuellem Cortex ist dargestellt. (Nach Poggio 1968.)

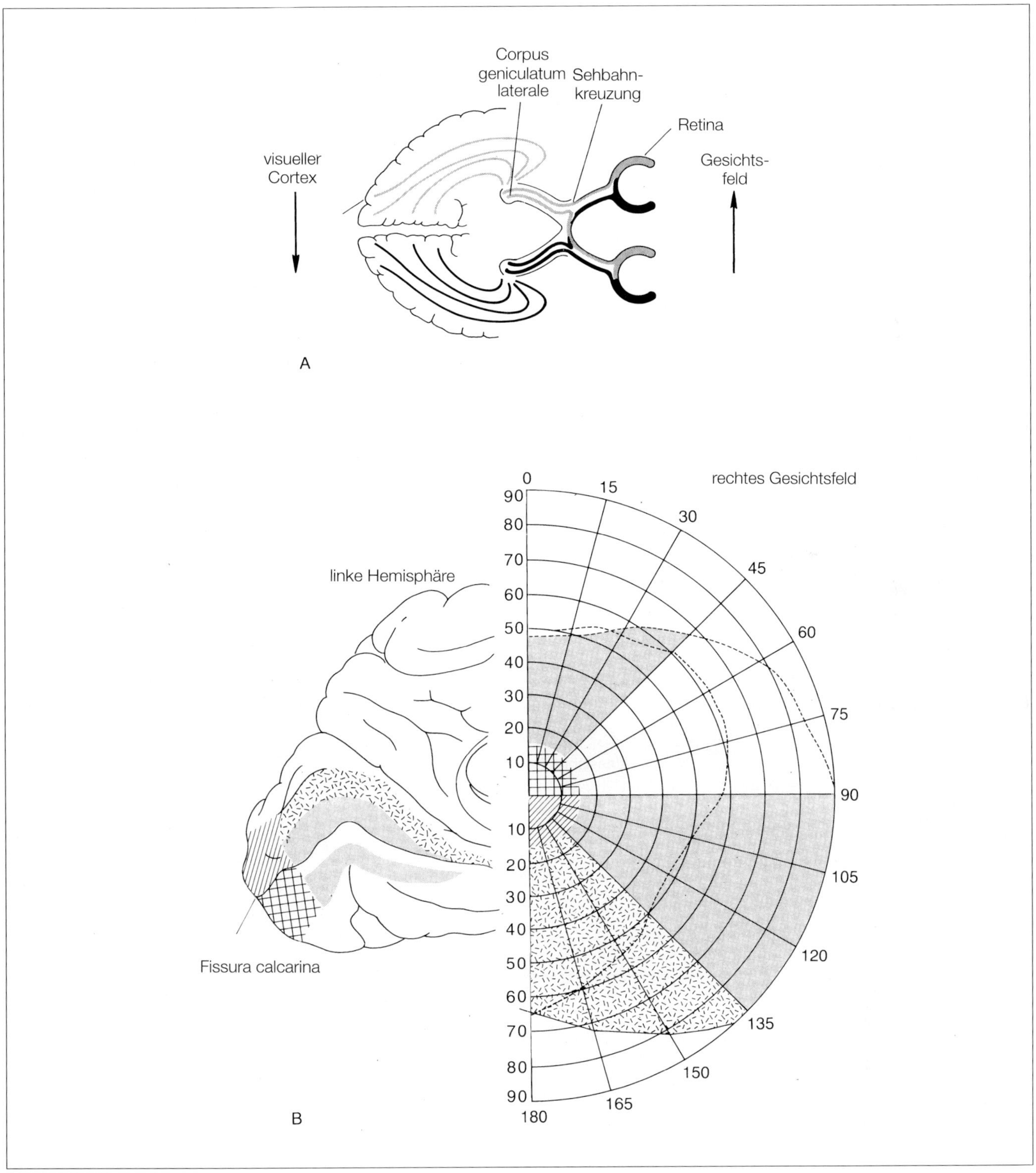

sozusagen ausgelagerter – Teil des Gehirns). Zusätzlich zu den Zellen, die Signale zum Cortex weiterleiten, gibt es in der Retina noch andere Zellen – darunter die Horizontal- und die Amakrinzellen –, die eine Rolle bei der Codierung der visuellen Information spielen.

Faserzüge des visuellen Systems

Die Axone der Ganglienzellen verlassen die Netzhaut und bilden den Sehnerv. Kurz vor Eintritt der Sehnerven in das Gehirn verzweigen sie sich und bilden das **Chiasma opticum** (vom griechischen Buchstaben χ), die Sehbahnkreuzung. Hier kreuzen etwa die Hälfte der Fasern aus jedem Auge, so wie dies in Abbildung 6.5A dargstellt ist. Durch diese Überkreuzung wird jede Gesichtsfeldhälfte in der jeweils gegenüberliegenden Hemisphäre des Gehirns repräsentiert. Bei Tieren, die ihre Augen an den Seiten des Kopfes tragen, wie etwa Ratten, sind bis zu 95 Prozent der Sehnervenfasern gekreuzt, um diese kontralaterale Repräsentation zu gewährleisten.

Nachdem die Axone der Ganglienzellen in das Gehirn eingedrungen sind, bilden sie eine Reihe getrennt verlaufender Faserzüge. Der größte von ihnen ist die klassische **Sehbahn**, das geniculo-striatale System. Diese umfaßt alle Fasern, die vom Auge zum Corpus geniculatum laterale (CGL) des Thalamus führen, dort umgeschaltet werden und in Schicht IV des primären visuellen Cortex ziehen. (Die Schicht IV des primären visuellen Cortex ist bei Primaten sehr dick und zieht sich wie ein Streifen durch den Cortex. Man nennt den primären visuellen Cortex daher auch striären oder Streifencortex.) Das CGL weist sechs gut unterscheidbare Schichten auf: Die Schichten 2, 3 und 5 erhalten Fasern aus dem ipsilateralen, die Schichten 1, 4 und 6 aus dem kontralateralen Auge. Die Topographie des Gesichtsfelds bleibt im CGL erhalten. Dessen zentraler Teil repräsentiert das zentrale Gesichtsfeld, die peripheren Teile das periphere Gesichtsfeld.

Die Neuronen des CGL projizieren hauptsächlich zum Areal 17 des visuellen Cortex (man nimmt an, daß auch kleinere Projektionen in andere Areale existieren). Die topographische Zuordnung wird aus Abbildung 6.5B ersichtlich. Man kann sie sich leicht merken, wenn man beachtet, daß rechts mit links und oben mit unten vertauscht ist. Das heißt, der zentrale Teil des Gesichtsfelds ist ganz am Ende von Areal 17 repräsentiert, der periphere Teil dagegen eher in der Mitte. Der obere Teil des Gesichtsfelds findet seine Repräsentation unterhalb der Fissura calcarina, und der untere Teil wird oberhalb dieser Fissur abgebildet. In Abbildung 6.5 ist auch zu erkennen, daß die auf der linken Seite der Retina eintreffende visuelle Information, die also aus der rechten Gesichtsfeldhälfte stammt, schließlich in die linke Hemisphäre geleitet wird.

Andere Faserverbindungen des Auges ziehen zum Colliculus superior, zum Nucleus opticus accessorius, zum Prätectum und zum Nucleus supraopticus, wie dies in Abbildung 6.6 dargestellt ist. Aus dieser Abbildung wird auch ersichtlich, daß die Projektionen zum Colliculus superior den Cortex über das Pulvinar und den Nucleus lateralis posterior erreichen können. Da diese Bahn dem visuellen System der Fische, Amphibien und Reptilien entspricht, ist zu vermuten, daß sie eine recht gute visuelle Wahrnehmung ermöglicht.

Der visuelle Cortex

Die sechs Schichten des CGL lassen sich aufgrund der Zellgröße, die wiederum mit der Art der von den Zellen übertragenen Information in Zusammenhang steht, in zwei Zellgrup-

6.6 Die Faserverbindungen des visuellen Systems. Eines der Subsysteme, nämlich die klassische Sehbahn, ist auf die Analyse von Mustern spezialisiert. Das andere System, die Verbindung über Tectum und Pulvinar, spielt für die Entdeckung visueller Reize und die Ausrichtung des Kopfes zu ihnen eine besondere Rolle.

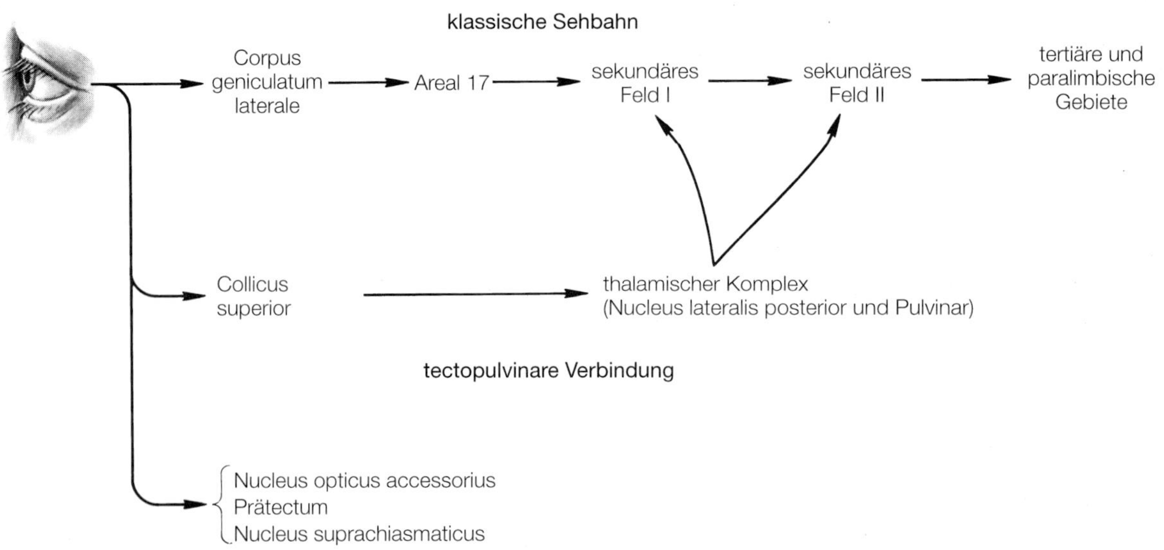

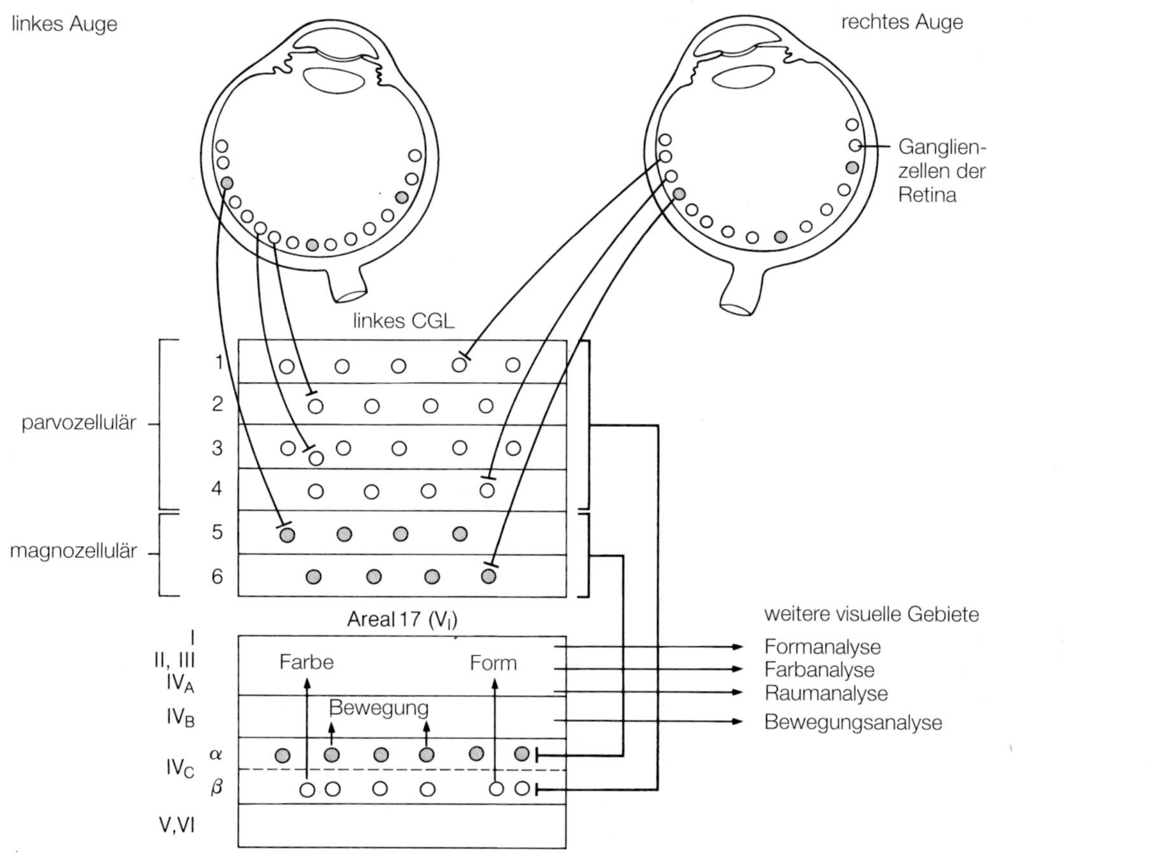

6.7 Diese schematisierte Darstellung zeigt, daß das visuelle System der Primaten aus mehreren unabhängigen Komponenten besteht, die für Bewegung, Farbe, räumliches Sehen und Formerkennung unterschiedlich sensitiv sind. Die parvozellulären Neuronen erhalten Eingänge von jeweils nur einem Zapfentyp, während die magnozellulären Neuronen Signale von mehr als einem Zapfentyp empfangen. Die parvozellulären und magnozellulären Neuronen des CGL projizieren zu verschiedenen Teilen der Schicht IV in Areal 17; diese beiden Zielzonen stehen wiederum in unterschiedlichen Verbindungen mit corticalen Säulen. Dies führt zu einer Trennung der Systeme für Farbe, Form und Bewegung.

pen einteilen (Abbildung 6.7): Die Schichten 5 und 6 werden **magnozelluläre Schichten** genannt, da sie aus Zellen mit großem Soma bestehen. Sie erhalten ihren Eingang von den Fortsätzen großer Ganglienzellen, den sogenannten Y-Fasern. Diese Ganglienzellen wiederum erhalten ihre Informationen von allen drei Zapfentypen. Die magnozellulären Neuronen sind also sehr empfindlich für Helligkeitsunterschiede, jedoch nicht für Farbe. Die Schichten 1 bis 4 bezeichnet man als **parvozelluläre Schichten**, weil sie aus kleineren Zellen bestehen. Sie erhalten Eingänge von kleinen Ganglienzellen, die ihrerseits Signale von jeweils einem der drei Zapfentypen empfangen. Die parvozellulären Neuronen sind also weniger empfindlich für Licht im allgemeinen, dafür jedoch sensitiver für Farbe. Die Projektionen dieser verschiedenen Zellen des CGL bleiben bis in die Schicht IV des visuellen Cortex getrennt. Ein Bereich der Schicht IV empfängt ausschließlich Eingänge aus den parvozellulären Schichten des CGL, ein anderer ausschließlich Eingänge aus den magnozellulären Schichten. Diese Trennung setzt sich bis in die sekundären Areale fort. Die verschiedenen sekundären Areale sind auf unterschiedliche visuelle Informationen spezialisiert, zum Beispiel auf Form, Bewegung, räumliche Ausdehnung und Farbe.

Es existieren vermutlich noch andere Subsysteme innerhalb des geniculostriären Systems. Die genaue Anzahl der Retinarepräsentationen beim Menschen ist nicht bekannt; bei Affen gibt es aber bis zu 14 unabhängig organisierte Areale. In jedem dieser Gebiete ist das gesamte Gesichtsfeld repräsentiert. Diese Repräsentationen sind nicht identisch, denn Größe und Organisation der Areale sind unterschiedlich.

Es wurde bereits erwähnt, daß die linke Gesichtsfeldhälfte in der rechten Hemisphäre repräsentiert ist und umgekehrt. Wie werden nun aber die beiden Hälften zu einer einheitlichen Repräsentation der visuellen Welt zusammengebracht? Das Corpus callosum verbindet die Mittellinie einer Repräsentation in einer Hemisphäre mit der Mittellinie der Repräsentation in der anderen Hemisphäre. Der Rest der beiden Repräsentationen ist nicht verknüpft.

Eigenschaften der Neuronen in verschiedenen visuellen Feldern

Mit Hilfe von Mikroelektroden haben Neurophysiologen die Aktivität von Neuronen bei anästhesierten Katzen und Affen abgeleitet, und zwar so, daß Lichtreize auf einem im Gesichtsfeld des Tieres liegenden Bildschirm dargeboten werden. Wie bereits erwähnt, sind Zellen auf jeder Ebene des visuellen Systems nur für eine ganz bestimmte Region des Gesichtsfelds (für ihr rezeptives Feld) empfindlich. Zwischen den Zellen der einzelnen Verarbeitungsstufen bestehen allerdings Unterschiede. Erstens scheinen die rezeptiven Felder mit jeder Schaltstation, die dem sekundären Cortex näher liegt, größer zu werden. Zweitens verarbeiten Zellen auf verschiedenen Ebenen des visuellen Systems unterschiedliche Reizmerkmale.

Generell gilt, daß ein visueller Reiz um so komplexer sein muß, je „höher" eine Zelle in der Hierarchie des visuellen Systems angesiedelt ist. Zellen in der Retina reagieren zum Beispiel am stärksten auf Lichtpunkte im Zentrum ihres rezeptiven Feldes. Bei manchen Netzhautzellen führt die Belichtung dazu, daß die Entladungsrate rasch ansteigt, bei anderen blockiert sie die Entladung. Im Gegensatz dazu sind Zellen in Areal 17 am ehesten durch Lichtstreifen in einer bestimmten Bewegungsrichtung zu erregen. Einige Zellen reagieren maximal auf Lichtstreifen in einem Winkel von 90° zur Horizontalen, während andere am besten auf Streifen mit anderer Orientierung reagieren. Außerdem sind manche Zellen empfindlicher für Farbe, andere empfindlicher für Bewegung und so weiter.

Zellen in den sekundären Arealen benötigen komplexere Reize; sie reagieren am heftigsten auf ganz spezifische Stimuli wie Farbe oder Bewegung. So benötigen zum Beispiel Zellen in manchen visuellen Arealen, wie etwa im inferiortemporalen Cortex, eine ganz bestimmte Form (etwa eine Hand oder ein Gesicht), um mit maximaler Stärke zu reagieren, wobei sie jedoch große Schwankungen in der Größe des Stimulus zulassen. Diese sogenannte **Objektkonstanz** könnte eine der physiologischen Grundlagen der Wahrnehmungskonstanz sein.

Hören

Hörrezeptoren

Geräusche und Töne entsprechen Schwankungen des Luftdrucks; die Frequenz dieser Schwankungen bestimmt die Höhe des Tones, den wir hören, und die Amplitude der Schwankungen seine Lautstärke. Das Ohr ist in drei Teile untergliedert: das äußere Ohr, das Mittelohr und das Innenohr (Abbildung 6.8A). Das äußere Ohr besteht aus der Ohrmuschel und dem äußeren Gehörgang. Die Ohrmuschel fängt den Schall, also die Luftdruckschwankungen, auf und reflektiert ihn in den äußeren Gehörgang, der ihn seinerseits ein wenig verstärkt und zum Trommelfell weiterleitet. Wenn Schallwellen auf das Trommelfell treffen, wird es in Schwingung versetzt.

Das Mittelohr enthält die drei Gehörknöchelchen, den Hammer (Malleus), den Amboß (Uncus) und den Steigbügel (Stapes). Diese liegen hintereinander in der Paukenhöhle und verbinden das Trommelfell mit dem sogenannten ovalen Fenster, einer Öffnung im Felsenbein. Die Vibration des Trommelfells überträgt sich auf die Gehörknöchelchen, welche sie wie ein Hebelgestänge verstärken und zum ovalen Fenster leiten.

Im Innenohr befindet sich die Cochlea (die Schnecke), das ist derjenige Teil des Ohres, der die Rezeptoren enthält. Die Cochlea ist mit einer Flüssigkeit gefüllt, durch die sich eine dünne Membran spannt, die Basilarmembran. In einem Teil der Basilarmembran, dem sogenannten Cortisches Organ, befinden sich die Haarzellen, die eigentlichen Hörrezeptoren. Der Steigbügel überträgt seine Vibration über das ovale Fenster auf die Flüssigkeit in der Cochlea, und die Wellen bringen die Basilarmembran zum Schwingen. Wenn sich die Basilarmembran bewegt, werden die Haarzellen erregt, die daraufhin Aktionspotentiale erzeugen.

Die Basilarmembran ist nicht ebenmäßig gebaut: In der Nähe der Gehörknöchelchen ist sie ziemlich schmal (100 µm) und dick, am anderen Ende ist sie breiter und dünner. Im späten 19. Jahrhundert formulierte Hermann von Helmholtz die Hypothese, daß verschiedene Teile der Basilarmembran aufgrund ihres Baues bei verschiedenen Frequenzen unterschiedlich schwingen. Helmholtz traf mit dieser Theorie den Sachverhalt nicht ganz exakt. Erst Georg von Békésy beobachtete im Jahre 1960 die Basilarmembran direkt und wies nach, daß sich eine Wanderwelle an ihr entlang bewegt, die am ovalen Fenster ihren Ausgangspunkt hat. Ihm war es gelungen, kleine Körnchen auf die Basilarmembran zu legen und zu beobachten, wie sie bei verschiedenen Vibrationsfrequenzen an verschiedenen Stellen der Membran hochhüpften. Der Ort der maximalen Auslenkung der Basilarmembran ist von der Schallfrequenz abhängig. Höhere Töne verursachen ein Maximum in der Nähe des ovalen Fensters, niedrige eines nahe dem Ende der Basilarmembran, im Bereich des Apex der Cochlea. Zur Veranschaulichung stelle man sich vor, daß man ein langes Handtuch an einem Ende anfaßt und schüttelt. Bewegt man es schnell, entstehen kleine Wellen, die in der Nähe des gehaltenen Endes bleiben und dort ihr Maximum erreichen. Schüttelt man es sehr langsam und mit größerer Bewegung, erreichen die Wellen ihr Maximum erst in einem entfernteren Teil des Handtuchs. Der Unterschied zwischen der Basilarmembran und dem Handtuch besteht darin, daß die Basilarmembran sehr kurz ist (33 mm) und daß es hier je Frequenz nur zu einem Maximum kommt. Die Haarzellen im Cortischen Organ werden dort maximal erregt, wo die Welle ihr Maximum erreicht. Ein Signal, das aus vielen Frequenzen zusammengesetzt ist, bewirkt folglich maximale Auslenkungen an verschiedenen

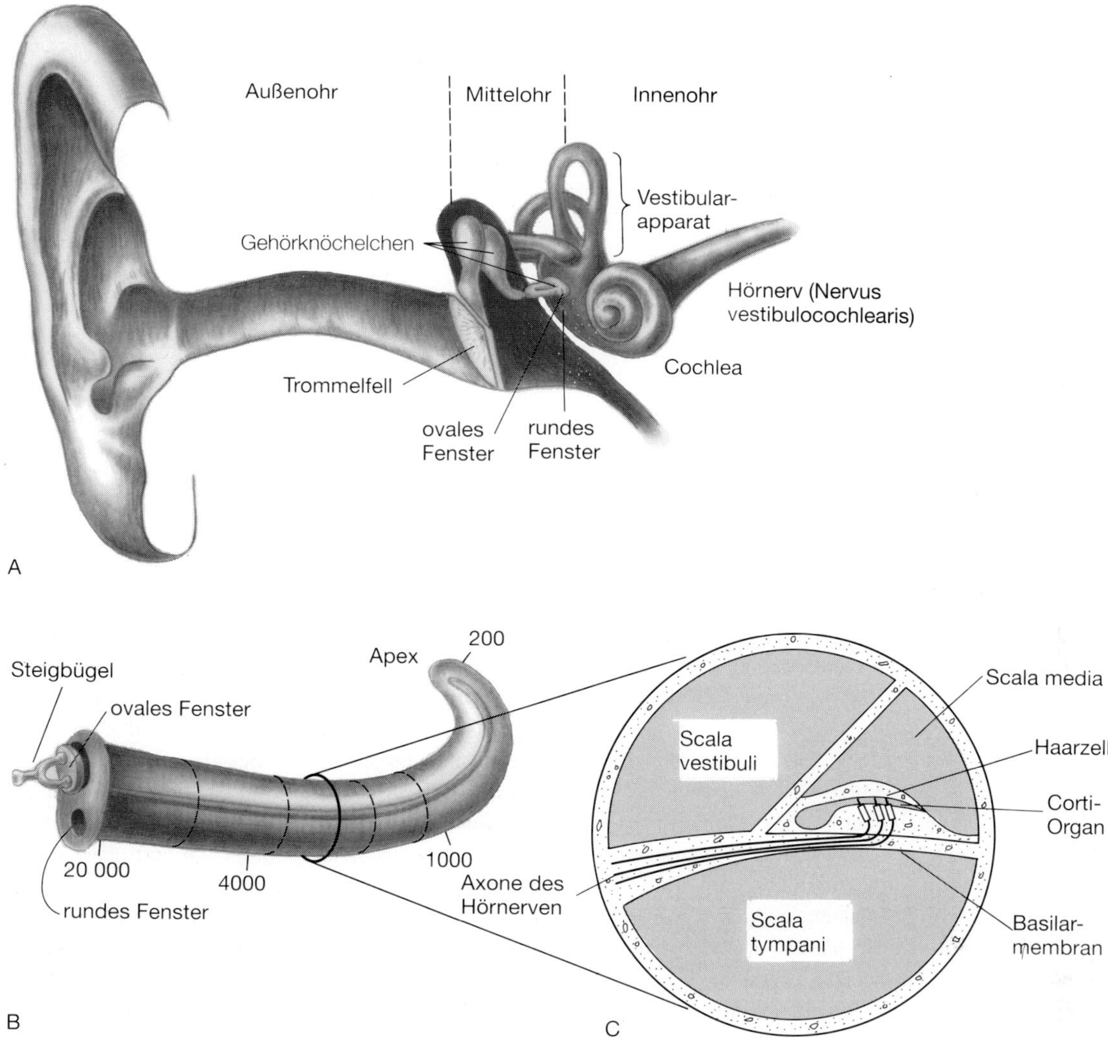

6.8 A. Die Anatomie des Ohres. B. Die Anatomie von Cochlea und Basilarmembran. Die Ziffern beziehen sich auf Frequenzen, auf welche die Basilarmembran an diesen Stellen maximal reagiert. (Zur besseren Übersicht wurde die Cochlea „entspiralisiert".) C. Schnitt durch die Cochlea.

Orten auf der Membran und führt dazu, daß viele Haarzellen erregt werden.

Ähnlich wie im visuellen System haben die Rezeptoren im auditorischen System jeweils ein eigenes rezeptives Feld; gleiches gilt für die Zellen in höheren auditorischen Zentren. Das rezeptive Feld einer Haarzelle kann natürlich nicht ein Ort im Raum sein, wie das im visuellen System der Fall ist, sondern nur eine bestimmte Schallfrequenz. Im Gegensatz zu den retinotopen Karten des visuellen Systems besteht das auditorische System aus verschiedenen tonotopen Karten. Durch Vergleich der Ankunftszeit eines Geräuschs an beiden Ohren kann eine Geräuschquelle im Raum geortet werden. Das auditorische System besitzt also ebenfalls eine Karte des umgebenden Raumes, in der es Schallquellen lokalisiert.

Auditorische Faserverbindungen

Die Axone der Haarzellen verlassen die Cochlea und bilden dabei einen wesentlichen Teil des Hörnervs (Nervus vestibulocochlearis; dieser ist mit dem sogenannten VIII. Hirnnerv identisch). Zunächst zieht er in Höhe der Medulla in den unteren Teil des Hirnstamms und bildet entweder im dorsalen oder ventralen Nucleus cochlearis beziehungsweise im Nucleus olivarius superior Synapsen. Die Axone der Neuronen in diesen Kernen bilden den Lemniscus lateralis, der in bestimmten Abschnitten des Colliculus inferior endet. Vom Colliculus aus ziehen zwei getrennte Faserzüge zum ventralen und dorsalen Teil des Corpus geniculatum mediale (Abbildung 6.9). Die ventrale Region des Corpus geniculatum mediale projiziert zum Kernstück des auditorischen Cortex, zum Feld AI (Brodmannsches Feld 41), die dorsale Region sendet Signale zu sekundären Gebieten. Diese Aufteilung entspricht somit dem allgemeinen Bild multipler, unabhängiger, aufsteigender Faserverbindungen zum Cortex. Im Gegensatz zum visuellen System führen im auditorischen System sowohl ipsilaterale als auch kontralaterale Faserverbindungen

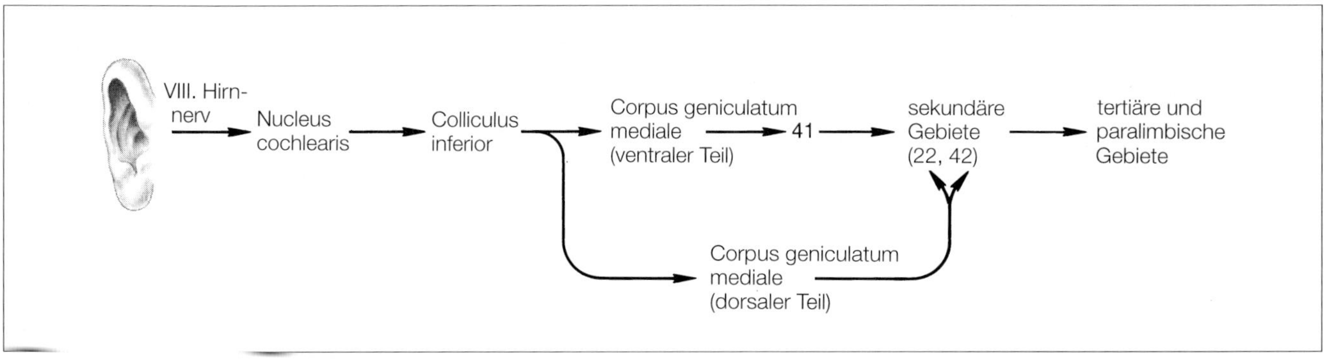

6.9 Die wichtigsten Faserverbindungen des auditorischen Systems.

zum Cortex, womit eine bilaterale Repräsentation jedes Nucleus cochlearis im Cortex gewährleistet ist. Dennoch ist die Hörafferenz zum Cortex überwiegend kontralateral verschaltet. Diese Tatsache ist für das Verständnis von Untersuchungen der cerebralen Asymmetrie von Bedeutung.

Der auditorische Cortex

Im Gegensatz zu Untersuchungen über den visuellen und somatosensorischen Cortex gibt es verhältnismäßig wenig an Primaten gewonnene Forschungsergebnisse über den auditorischen Cortex. Meistens wurden Katzen analysiert, wobei direkte Vergleiche zum auditorischen Cortex des Menschen nicht gesichert sind. Dennoch reichen die Daten zur Formulierung eines allgemeinen Organisationsprinzips des auditorischen Systems bei Primaten. Unterschiedliche Regionen des Corpus geniculatum mediale projizieren zu unabhängig arbeitenden, tonotop organisierten Cortexgebieten (und zwar sowohl bei Katzen als auch bei Affen). Zu diesen Regionen zählen der primäre auditorische Cortex (AI oder Brodmannsches Feld 41) und mindestens vier umliegende Gebiete.

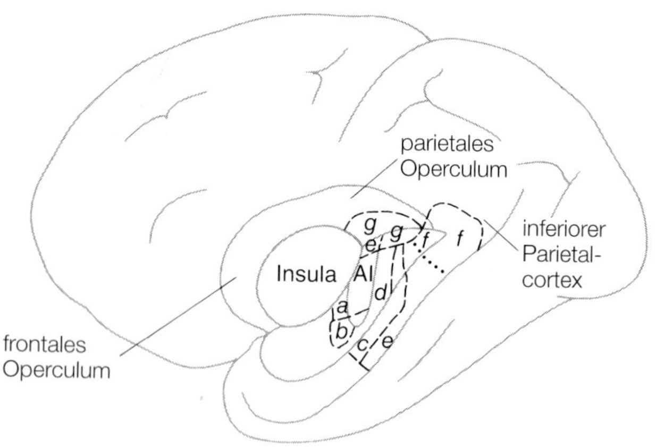

6.10 Auditorische Felder beim Menschen. Die gestrichelten Linien bezeichnen Grenzen zwischen den Arealen, die durchgezogenen Linien sind Sulci. Die Fissura lateralis ist geöffnet dargestellt, um den in der Tiefe liegenden Cortex sichtbar zu machen. Die sekundären Areale sind mit a bis g bezeichnet. (Nach Galaburda und Sanides 1980.)

Das Kernstück des menschlichen auditorischen Systems liegt innerhalb des **Heschlscher Gyrus** (Abbildung 6.10). Es wird von sieben sekundären Gebieten (a bis g in Abbildung 6.10) umgeben. Obwohl man gemeinhin annimmt, daß der auditorische Cortex im Temporallappen liegt, kann man aus der Abbildung 6.10 ersehen, daß er sich tatsächlich auch in den Parietallappen hinein ausdehnt, und zwar sowohl in das parietale Operculum, welches das Gewebe auf der oberen Seite der Fissura lateralis bildet, als auch in den inferioren parietalen Cortex, den Cortexbereich am posterioren Ende der Fissura lateralis. Die tonotope Organisation dieser auditorischen Areale muß noch genau kartiert werden. Es hat jedoch den Anschein, als seien in jedem Subfeld die tiefen Töne jeweils posterior und die hohen Töne eher anterior repräsentiert.

Es gibt artspezifische Differenzen in der Organisation des sekundären Cortex, denn der Mensch weist hier eine ausgeprägte anatomische Asymmetrie auf, die in dieser Prägnanz bei Katzen und Affen nicht zu beobachten ist. Bei rechtshändigen Personen ist der sekundäre auditorische Cortex (das **Planum temporale**) auf der linken Seite größer, der primäre auditorische Cortex (Heschlscher Gyrus) dagegen auf der rechten Seite.

Eigenschaften von Neuronen im auditorischen System

Aus elektrophysiologischen Untersuchungen mit Mikroelektroden weiß man, daß einzelne Neuronen im auditorischen System die Frequenz (Tonhöhe) codieren, wobei unterschiedliche Neuronen durch jeweils andere Frequenzen maximal erregt werden. Im allgemeinen sind Neuronen in subcorticalen Kernen für ein breiteres Frequenzband empfänglich als solche in höheren Teilen des Gehirns. Ein Neuron im Nucleus cochlearis hat deshalb beispielsweise eine Empfindlichkeitskurve, deren Maximum bei 7000 Hz liegt, spricht aber zusätzlich noch auf Frequenzen zwischen 1000 und 12000 Hz an. Ein Neuron im Areal AI, das ebenfalls für eine Frequenz von 7000 Hz maximal empfindlich ist, spricht im Gegensatz dazu überhaupt nur noch auf Frequenzen zwischen 5000 und 9000 Hz an. In manchen sekundären Gebieten wird die Frequenzspezifität außerdem leicht reduziert, weil Zellen hier sowohl auf die geringen Zeitunterschiede reagieren, mit denen Schallwellen an den beiden Ohren eintreffen (Unterschiede bis zu 30 ms werden wahrgenommen), als auch auf andere Charakteristika von Schallereignissen, etwa auf harmonische Obertöne. Es gilt als sehr wahrscheinlich, daß es in sekundären und eventuell in tertiären auditorischen Feldern Neuronen gibt, die auf Phoneme (wie „da", „la", „ma") maximal ansprechen, auch wenn dafür noch keine Beweise vorliegen.

Gleichgewicht

Das Innenohr enthält auch das Rezeptorsystem, das es uns erlaubt, aufrecht zu stehen und unser Gleichgewicht zu halten. Dieses System ist aus zwei Teilen aufgebaut: 1) den **Bogengängen** mit jeweils einem **Cupula-Organ** und 2) den **Macula-Organen**, dem **Utriculus** und dem **Sacculus**. Diese Organe enthalten ebenfalls Haarsinneszellen, die ausgelenkt werden, wenn der Kopf sich bewegt. Die drei Bogengänge liegen in senkrecht zueinander stehenden Ebenen und können somit auf jede beliebige Bewegung des Kopfes reagieren. Die Macula-Organe reagieren auf lineare Beschleunigungen des Kopfes sowie auf seine Position in Relation zur Erdanziehungskraft. Sie vermitteln also Informationen über die statische Position des Kopfes im Raum, während die Cupulae in den Bogengängen eher auf Bewegungen des Kopfes ansprechen. Die Gleichgewichtsrezeptoren projizieren durch den VIII. Hirnnerv in eine Reihe von Kernen im Hirnstamm. Diese Kerne sind an der Aufrechterhaltung des Gleichgewichts bei Körperbewegungen und an der Kontrolle der Augenbewegungen beteiligt.

Fühlen

Visuelle und auditorische Systeme werden als **exterozeptive Systeme** bezeichnet, weil sie auf Reize aus der Umwelt ansprechen. Das somatosensorische System, das System der Körperempfindungen, hat ebenfalls exterozeptive Funktionen, darüber hinaus dient es auch der **propriozeptiven Wahrnehmung**, da es Informationen über die relative Lage der Körperteile zueinander und über die Lage des Körpers im Raum liefert. Man faßt es auch als **interozeptiv** auf, und das bedeutet, daß es Vorgänge im Körper, wie den Blutdruck, registriert. Das somatosensorische System ist also kein einheitliches, sondern ein multiples System, das sich aus mehreren Submodalitäten zusammensetzt. Erstens dient es der Wahrnehmung von Berührung und Druck. Darunter versteht man Empfindungen, die durch mechanische Stimulation der Körperoberfläche hervorgerufen werden. Zweitens vermittelt es den Positionssinn oder die **Kinästhesie.** Diese Empfindung entsteht durch mechanische Einflüsse auf Muskeln und Gelenke. Sie besteht aus zwei Komponenten, nämlich aus dem Sinn für die Position der Körperteile in Ruhe und aus der Wahrnehmung der Bewegung von Körperteilen. Drittens dient das somatosensorische System der Wahrnehmung von Hitze und Kälte. Schließlich ist es für Schmerzempfindungen zuständig.

Somatosensorische Rezeptoren

Das somatosensorische System weist mindestens zwanzig verschiedene Rezeptortypen auf, von denen jeder auf eine bestimmte Energieform reagiert. Darüber hinaus ist die rezeptive Oberfläche des somatosensorischen Systems sehr viel größer als die der anderen Sinne: Rezeptoren gibt es in allen Körpergeweben – außer im Gehirn. Die grundlegende Organisation der Rezeptoren ist jedoch die gleiche wie die der beiden schon besprochenen Systeme. Auch hier wird das Membranpotential durch eine bestimmte Form der Energie verändert; ebenso besitzt jeder Rezeptor ein eigenes rezeptives Feld, in diesem Fall eine bestimmte Region des Körpergewebes.

Haarrezeptoren Haarrezeptoren befinden sich in den Haarfollikeln und sprechen nur auf die Bewegung eines Haares an. Es gibt verschiedene Typen von Haarrezeptoren; ein jeder hat seine besonderen morphologischen und physiologischen Merkmale.

Berührungsrezeptoren Die Berührungsrezeptoren unterscheiden sich in der Ansprechbarkeit auf Stimuli und in der Morphologie. Sie reagieren auf Reizeigenschaften wie Vibration und Druck auf die Haut sowie auf bestimmte Haarbewegungen, wobei manche Rezeptoren auf die Geschwindigkeit reagieren, mit der die Reizung beginnt, andere auf die Dauer oder auf sich bewegende Reize. Zu den Berührungsrezeptoren gehören die Pacini-Körperchen, die Meissner-Körperchen, die Merkel-Zellen und die Ruffini-Körperchen sowie freie Nervenendigungen.

Temperaturrezeptoren Temperaturrezeptoren (Kälte- und Wärmerezeptoren) reagieren auf Temperaturveränderungen, wobei die Entladungsrate mit der Hauttemperatur in Beziehung steht. Kälterezeptoren werden durch eine Abnahme der Hauttemperatur gereizt, wobei die Hautausgangstemperatur von 15° bis 40° Celsius reichen kann. Wärmerezeptoren reagieren in einem Bereich von 30° bis 48° Celsius maximal auf eine Erhöhung der Hauttemperatur. Andere Rezeptoren (manche Berührungsrezeptoren und Schmerzrezeptoren) reagieren ebenfalls auf schnelle Temperaturschwankungen. Sie sind im Gegensatz zu den Temperaturrezeptoren aber nicht ausschließlich darauf spezialisiert.

Nocizeptoren Nocizeptoren oder Schmerzrezeptoren beginnen bei mechanischen und thermischen Reizen zu reagieren, deren Intensität gewebebedrohlich ist. Manche dieser Rezeptoren reagieren auch auf chemische Reize. Insgesamt gibt es vier Typen von Nocizeptoren: rein mechanische, mechanisch-thermische, Tiefendruck-Schmerz-Rezeptoren und viscerale Afferenzen. Die Entladung dieser Rezeptortypen ist mit einer starken oder scharfen Schmerzempfindung verbunden, die uns sagt, wo der Schmerz auftritt, oder mit einem eher dumpfen Schmerz, der uns wissen läßt, daß wir noch immer verletzt sind.

Gelenkrezeptoren Gelenkrezeptoren reagieren auf die Bewegung und die Lage der Extremitäten. Es gibt davon mindestens drei Typen, nämlich Ruffini-Körperchen, Pacini-artige Körperchen und Golgi-Rezeptoren.

Muskel- und Sehnenrezeptoren Diese Rezeptoren befinden sich in Muskeln und Sehnen; sie reagieren hauptsächlich auf Streckungen und Kontraktionen. Zu ihnen zählen die Rezeptoren der Muskelspindeln und die Golgi-Sehnenorgane.

Aus diesem kurzen Überblick über somatosensorische Rezeptoren wird bereits deutlich, daß die zentrale Repräsentation der Informationen aus allen diesen Rezeptortypen sehr komplex sein muß, wenn eine Abbildung im Cortex möglich sein soll.

Somatosensorische Faserverbindungen

Das somatosensorische System besteht aus zwei Subsystemen. Das eine ist für Berührung, Druck und Kinästhesie zuständig, das andere codiert Schmerz- und Temperaturempfinden. Die Fasern des erstgenannten Systems verlassen die Rezeptoren und steigen über die dorsalen Bahnen des Rückenmarks zum Gehirn auf, wo sie im Nucleus cuneatus und Nucleus gracilis des unteren Hirnstamms Synapsen bilden. Die dort entspringenden Axone kreuzen zur gegenüberliegenden Seite des Gehirns und bilden den medialen Lemniscus, der in der Region des Nucleus ventralis posterior im ventrobasalen Thalamus endet (Abbildung 6.11). Dieser thalamische Kern projiziert hauptsächlich zu den Brodmannschen Feldern 3, 2 und 1 und bildet dort unabhängig voneinander funktionierende somatotope Areale.

Die Fasern des Schmerz- und Temperatursystems bilden im Hinterhorn des Rückenmarks (in der Substantia gelatinosa) die erste Synapse. In dieser Region kreuzen die Fasern zur anderen Seite des Rückenmarks und formen den lateralen spinothalamischen Trakt, der im wesentlichen in dorsalen Kernen des ventrobasalen und posterioren Thalamus endet. Diese Nuclei projizieren wiederum zu den Brodmannschen Feldern 3, 2 und 1. Wie bei den anderen sensorischen Systemen gibt es im somatosensorischen System also mehrfache Faserzüge, die eine unabhängige Repräsentation der Rezeptorinformationen gewährleisten.

Somatosensorischer Cortex

Wie die anderen Systeme setzt sich das somatosensorische aus einem zentralen primären Feld und einer Reihe von sekundären Feldern zusammen. S_I (das somatosensorische Areal I oder die Brodmannschen-Felder 1, 2 und 3) bildet das primäre Feld, welches in S_{II} und in die Brodmannschen Felder 5 und 7 projiziert (Abbildung 6.12). S_I sendet auch Fasern in den angrenzenden motorischen Cortex, nämlich in das Brodmannsche Feld 4. Abbildung 6.12A zeigt einen Sagittalschnitt durch diese Areale.

6.11 Die wichtigsten Verbindungen des somatosensorischen Systems. Es besteht aus zwei Untersystemen, die im somatosensorischen Cortex konvergieren: eines für leichte Berührung, Druck und Kinästhesie, das andere für Schmerz und Temperatur.

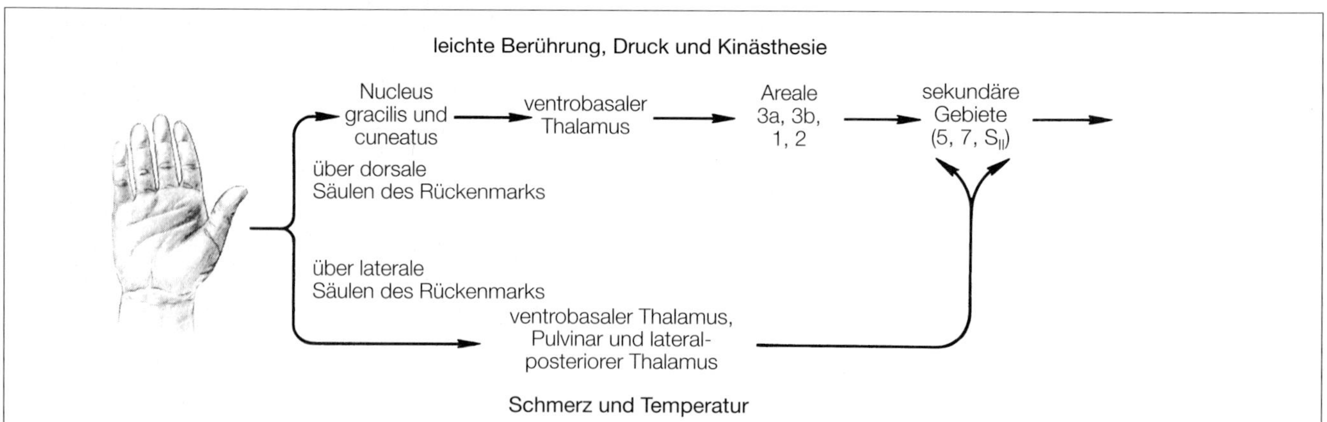

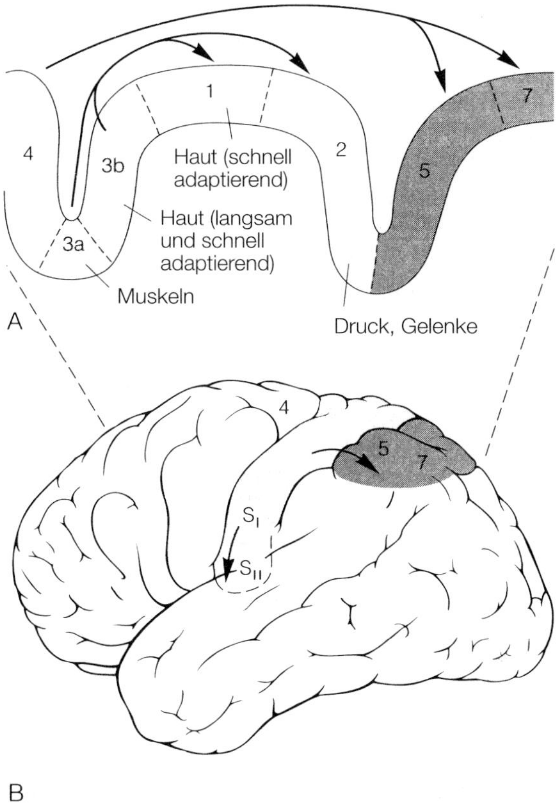

6.12 A. Ein Schnitt durch S_I (Brodmannsche Felder 3, 1 und 2) mit seinen Unterteilungen, den wichtigsten Antworteigenschaften seiner Zellen und deren Wechselbeziehungen. B. Seitenansicht des menschlichen Cortex mit den an der Somatosensorik beteiligten Arealen.

S_I besteht aus mindestens vier Brodmannschen Feldern: 3a, 3b, 1 und 2. Elektrophysiologische Messungen haben ergeben, daß in jedem dieser Felder die Reaktion auf einen Typ von Sinnesrezeptoren überwiegt. Areal 3a repräsentiert die Muskelrezeptoren, die Informationen über Position und Bewegung der Körpermuskulatur übermitteln, Areal 3b die schnell und langsam adaptierenden Hautrezeptoren, Areal 1 repräsentiert hauptsächlich schnell adaptierende Hautrezeptoren und Areal 2 die Druck- und Gelenkrezeptoren. Der Körper wird also mindestens viermal in S_I repräsentiert. Außerdem projizieren zahlreiche andere Rezeptortypen in jedes dieser Areale, es ist also durchaus möglich, daß es in Wirklichkeit noch viel mehr somatosensorische Repräsentationsfelder gibt.

Die somatotopen Karten stellen die Körperoberfläche verzerrt dar (Abbildung 6.13), wobei sie jedoch der subjektiven Erfahrung hinsichtlich der Empfindlichkeit verschiedener Körperteile entsprechen. Das bedeutet, daß Lippen, Zunge, Hände und Finger im Cortex einen größeren Raum einnehmen als der Rest des Körpers. Gleichzeitig sind sie die empfindlichsten Gebiete des Körpers. Somatotope Karten entsprechen also zumindest teilweise der Rezeptorverteilung in der Peripherie.

Verschiedene Säugetierarten unterscheiden sich hinsichtlich der Aufteilung der Körperoberfläche in einzelne somatotopische Karten beträchtlich. Bei der Ratte zum Beispiel sind die Schnauze und insbesondere die Tasthaare (Vibrissen) im Verhältnis zu anderen Körperteilen sehr stark repräsentiert. Die Vibrissen der Ratte sind extrem sensibel, denn mit einer einzelnen Vibrisse können die Tiere sensorische Differenzierungen vornehmen. Dagegen sollte ein Ameisenbär, der mit seiner Zunge Ameisen aufspürt, eine beeindruckende corticale Repräsentation seiner Zunge besitzen.

Eigenschaften von Neuronen in somatosensorischen Gebieten

Aus elektrophysiologischen Untersuchungen ist bekannt, daß im somatosensorischen System mindestens fünf verschiedene Grundformen der Wahrnehmung unabhängig voneinander codiert werden: leichte Berührung der Haut, tiefer Druck auf das Bindegewebe unter der Haut, Bewegung von Gelenken, Schmerz und Temperatur. Im Thalamus sind die Zielzellen hochspezifisch. Jede Zelle reagiert nur auf eine Reizart maximal. Auf der nächsthöheren Ebene, im Cortex, reagieren Neuronen ebenso selektiv auf bestimmte Reize, aber jede Zelle ist für eine kleinere Hautregion zuständig. Dies macht eine genauere Ortsbestimmung möglich.

In anderen Cortexregionen, etwa in den Brodmannschen Arealen 1 und 2, sind die rezeptiven Felder größer und die Eigenschaften der Zellen komplexer. So reagieren die Zellen

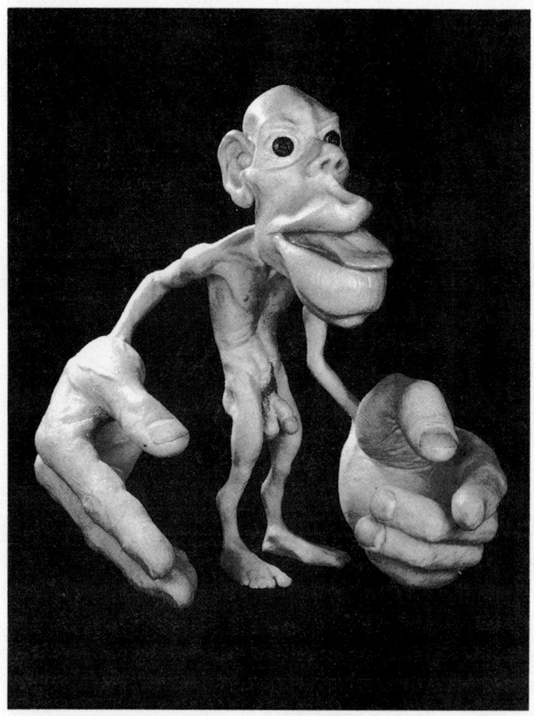

6.13 Diese verzerrt dargestellte menschliche Figur ist der sensorische Homunculus. Er spiegelt die Repräsentation des Körpers auf dem somatosensorischen Cortex wider. (Nach Bloom und Lazerson 1988.)

dort beispielsweise auf Kanten oder ganze Objekte. Besonders Zellen in der Handregion besitzen sehr komplexe Eigenschaften. Sie reagieren nur auf Reizbewegungen in einer Richtung oder nur auf eine bestimmte Orientierung taktiler Reize. Diese Neuronen sind vermutlich dann relevant, wenn die Hand zur Erkundung einer Objektform bewegt wird. Ferner spielen sie bei der **Stereognosie** eine Rolle, das heißt bei der Fähigkeit, durch Berührung die dreidimensionale Struktur eines Objektes zu erkennen.

Geschmack und Geruch

Der Geschmacks- und der Geruchssinn besitzen auf der corticalen Oberfläche keine derart ausgedehnte Abbildung wie das visuelle, auditorische und somatosensorische System. Deshalb sind sie für viele Neurowissenschaftler uninteressant, und wir wissen über diese beiden Systeme und ihre Rezeptoren relativ wenig.

Rezeptoren

Im Gegensatz zu den anderen Sinnen, in denen Reize in physikalischer Energieform auftreten, sind die adäquaten Reize für Geschmack und Geruch chemischer Natur. Wie zu erwarten, ist jedes System mit spezialisierten Rezeptoren ausgestattet. Die Geschmacksrezeptoren heißen Geschmacksknospen und werden häufig mit den Papillen, den Wärzchen auf der Zunge, verwechselt. Diese kleinen Erhöhungen unterstützen vermutlich die Zunge bei der Nahrungsaufnahme. Die Geschmacksknospen liegen um die Papillen herum. Die Zunge ist von Speichel umgeben, mit dem die chemischen Bestandteile der Speisen zur Geschmacksbestimmung vermischt werden. Ist die Zunge trocken, funktionieren die Geschmacksknospen nur unzureichend, so daß man dann kaum etwas schmeckt.

Wir verfügen über vier Typen von Geschmacksrezeptoren, wobei jeder Typ auf ein anderes chemisches Merkmal der Speisen anspricht, nämlich auf süß, sauer, salzig oder bitter. Die Rezeptoren zur Feststellung des bitteren Geschmacks befinden sich ausschließlich auf dem Zungenhintergrund, wogegen die für süße Speisen auf der Zungenspitze liegen. Rezeptoren für die Geschmacksrichtung sauer und salzig befinden sich am Zungenrand. Die Spezifität eines bestimmten Rezeptors ist nicht absolut, da einige auf eine Vielfalt chemischer Reize reagieren. Wahrscheinlich ist der wahrgenommene Geschmack das Ergebnis der Aktivitätsmuster ganzer Geschmacksrezeptorpopulationen. Interessanterweise gibt es sowohl innerhalb einer Art wie auch zwischen verschiedenen Tierarten erhebliche Unterschiede in der Bevorzugung bestimmter Geschmacksrichtungen. Menschen und Ratten lieben zum Beispiel Rohrzucker und Süßstofflösungen, Hunde weisen Süßstoff zurück, und Katzen verhalten sich beiden gegenüber indifferent. Zwischen Menschen bestehen eindeutige Unterschiede in den Geschmackswahrnehmungsschwellen. Ältere Menschen haben meistens eine erhöhte Geschmackschwelle, was hauptsächlich auf eine altersbedingte drastische quantitative Reduktion der Geschmacksknospen zurückzuführen ist. So verwundert es nicht, daß Kinder auf scharfe Gewürze empfindlich reagieren: Ihr Geschmacksempfinden ist eben um einiges feiner. Bartoshuk hat nachgewiesen, daß auch zwischen Erwachsenen ganz deutliche Unterschiede zu beobachten sind. Manche Personen empfinden bestimmte Geschmacksrichtungen als stark und aufdringlich, während andere den gleichen Reizen gegenüber gleichgültig sind.

Die Rezeptoren für die Geruchswahrnehmung bilden das olfaktorische Epithel (die Nasenschleimhaut) in der Nasenhöhle. Die Oberfläche der Nasenschleimhaut wird von drei Zelltypen gebildet: Den Rezeptorzellen, den Stützzellen und den darunter liegenden Basalzellen. Die Rezeptorzellen sind von einer Schleimschicht bedeckt, in die ihre Cilien (Fortsätze) eingebettet sind. Gerüche müssen folglich zunächst die Schleimschicht durchdringen, um die Rezeptoren zu erreichen. Das bedeutet, daß jede Veränderung in der Zusammensetzung der Schleimschicht (zum Beispiel bei Erkältung) einen Einfluß darauf ausübt, wie leicht ein Geruch die Rezeptoren erreichen kann. Die von der Epithelschicht eingenommene Fläche variiert zwischen verschiedenen Spezies erheblich. Beim Menschen liegt sie in einer Größenordnung, von zwei bis vier Quadratzentimetern, bei Hunden etwa bei 18 und bei Katzen 21 Quadratzentimeter. Aus diesen Unterschieden geht hervor, daß es artspezifische Geruchsempfindlichkeiten geben muß, was übrigens durch Beobachtungen bestätigt wird.

Bis heute ist noch nicht ganz klar, wie einzelne Gerüche eine unterschiedliche Aktivität der Rezeptoren hervorrufen, die ja nicht auf bestimmte Gerüche spezialisiert sind. Wahrscheinlich sprechen bestimmte Proteine innerhalb der Rezeptorzellen auf verschiedene Moleküle eines gegebenen Duftes an. Möglicherweise sind die Rezeptorproteine auch ungleich auf den Rezeptorzellen verteilt, so daß die gleichzeitige Reaktion vieler Rezeptoren ein besonderes Muster neuronaler Aktivität anregt, welches das olfaktorische System als einen bestimmten Geruch erkennt.

Faserverbindungen

Die Informationen über die Reizverarbeitung in der Zunge werden durch drei Hirnnerven weitergeleitet: durch den Nervus glossopharyngeus, den Nervus vagus und durch einen Ast (Chorda tympani) des Nervus facialis. Alle drei Nerven (auch IX., X. und VII. Hirnnerv genannt) treten in den Tractus solitarius ein, der den Hauptgeschmacksnerv bildet. Wie in Abbildung 6.14 deutlich wird, gehen vom Tractus solitarius zwei Faserverbindungen aus. Ein Weg führt zum Nucleus ventralis

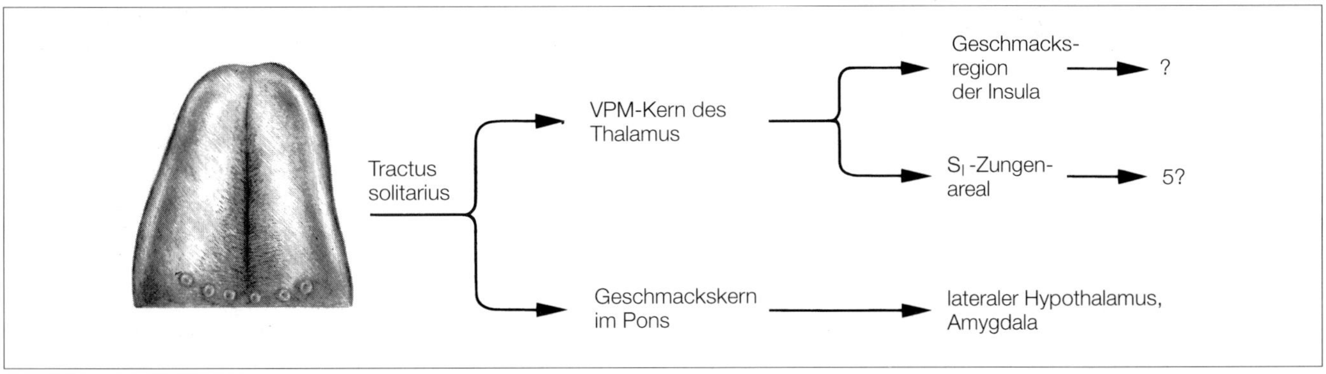

6.14 Die wichtigsten Verbindungen des gustatorischen Systems.

posterior des Thalamus, der seinerseits Ausgangspunkt für zwei Faserzüge zu S_I beziehungsweise zum insulären Cortex rostral zu S_{II} ist. Die letztgenannte Region hat sich vermutlich auf den Geschmack spezialisiert, denn sie reagiert nicht auf taktile Stimulationen. Das Gebiet S_I reagiert dagegen auch auf taktile Reize; vermutlich spielt es bei der Lokalisation des Geschmacks auf der Zunge eine Rolle. Weinliebhaber kennen diesen Unterschied, denn Weine werden nicht nur durch ihre geschmacklichen Qualitäten, sondern auch durch den Ort des Geschmacks auf der Zunge charakterisiert. Ein zweiter Faserzug, der dem Tractus solitarius entspringt, führt zu einem Geschmackskern im Pons und von dort zum lateralen Hypothalamus und zur Amygdala. Beide Regionen haben mit Hungergefühl und Essen zu tun. Man kennt jedoch die genaue Bedeutung der dort eintreffenden Geschmacksinformationen noch nicht.

Die Axone der olfaktorischen Rezeptorzellen bilden Synapsen im Bulbus olfactorius. Den Bulbus kann man als Analogon zur Retina betrachten. Er besteht aus mehreren Zellschichten, über deren funktionelle Organisation nur wenig bekannt ist. Seine Fasern bilden den lateralen olfaktorischen Trakt, der zum pyriformen Cortex führt (Abbildung 6.15). Die primäre Projektion des pyriformen Cortex führt zu zentralen Anteilen des Nucleus medialis dorsalis im Thalamus, der zum orbitofrontalen Cortex projiziert. Man kann also gewissermaßen den orbitofrontalen Cortex als primären olfaktorischen Neocortex bezeichnen. Ein sekundärer olfaktorischer Cortex scheint nicht zu existieren. Vom pyriformen Cortex aus führt eine weitere Verbindung zum lateralen Hypothalamus, der ebenfalls zum orbitofrontalen Cortex projiziert. Wie in anderen sensorischen Systemen auch, gibt es hier zwei parallele Wege, auf denen der Cortex mit olfaktorischer Information versorgt wird.

Wahrnehmung

Bis hierhin haben wir einen Überblick über die grundlegende Organisation sensorischer Systeme gegeben, wobei die Faserverbindungen von den Rezeptoren bis zum tertiären Cortex dargestellt und die grundlegende Arbeitsweise sensorischer Systeme herausgearbeitet wurde. Allerdings ist das gezeichnete Bild ziemlich lebensfern, denn sensorische Erfahrungen sind reichhaltiger, als die Beschreibung der Anatomie und Physiologie glauben läßt. Unsere sensorischen Eindrücke

6.15 Die wichtigsten Verbindungen des olfaktorischen Systems.

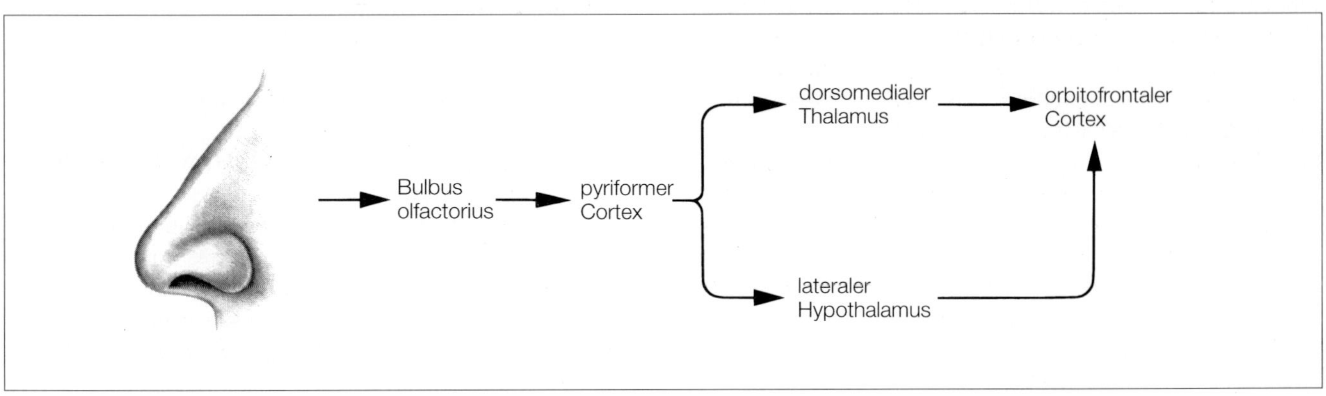

A

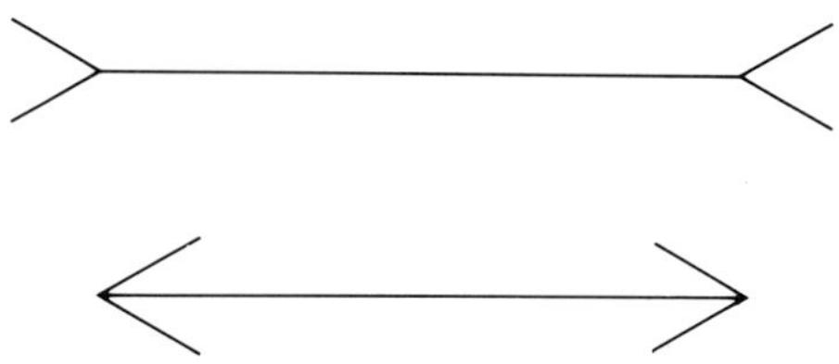

B

6.16 Ein Nachweis des Unterschieds zwischen Empfindung und Wahrnehmung. A. Diese zweideutige sogenannte Kippfigur wurde erstmals von Rubin veröffentlicht. Sie wird entweder als Vase oder als zwei Gesichter gesehen. B. Die Müller-Lyersche Täuschung: Die obere Linie erscheint wegen der Kontextinformation (Pfeile) länger als die untere.

sind offensichtlich durch frühere Erfahrungen, durch den Kontext ihres Auftretens, durch emotionale Zustände und so weiter beeinflußt. Auch geschieht in sensorischen Systemen mehr als nur die Umsetzung physikalischer Energie in neuronale Aktivität. Unsere subjektive Erfahrung der physikalischen Energie wird als *Wahrnehmung* bezeichnet. Diese interessiert den Psychologen viel eher als der Vorgang der sensorischen Übertragung.

Den deutlichsten Beweis dafür, daß Wahrnehmung mehr als bloße Empfindung ist, liefert einerseits die Übertragung ein und derselben sensorischen Informationen in völlig verschiedene Wahrnehmungen, andererseits die Tatsache, daß Wahrnehmungen durch den Kontext des sensorischen Ereignisses modifiziert werden. Der klassische Nachweis des erstgenannten Effekts wird durch Kippfiguren, beispielsweise die Rubin-Vase, erbracht (Abbildung 6.16A). Diese Figur kann man entweder als eine Vase oder als zwei Gesichter im Profil sehen. Fixiert man das Zentrum der Figur, alterniert die Wahrnehmung zwischen beiden Formen, und zwar bei konstanter sensorischer Information. Die Müller-Lyersche Täuschung (Abbildung 6.16B) belegt den Einfluß der Umgebung oder des Kontextes. Die obere Linie erscheint länger als die untere, obwohl beide identische Längenmaße besitzen. Informationen aus der unmittelbaren Umgebung (die Pfeilspitzen) sind für die unterschiedliche Wahrnehmung verantwortlich. Kippfiguren und optische Täuschungen betreffen vielschichtige Wahrnehmungsphänomene, die jenseits der primären sensorischen Areale verarbeitet werden. Zudem belegen sie die Komplexität der durch sekundäre und tertiäre sensorische Regionen verarbeiteten Wahrnehmungsphänomene und gewähren Einblick in die Grundlagen kognitiver Prozesse.

Literatur

Bartoshuk, L.M. Gustatory system. In: R.B. Masterton (Hrsg.) *Handbook of Behavioral Neurobiology,* Bd. 1. New York: Plenum, 1978.

Bloom, F.E., A. Lazerson. *Brain, Mind, and Behavior.* New York: W.H. Freeman, 1988.

Galaburda, A., F. Sanides. Cytoarchitectonic organization of the human auditory cortex. *Journal of Comparative Neurology* 190: 597–610, 1980.

Imig, T.J., M.A. Ruggero, L.M. Kitzes, E. Javel, J.F. Brugge. Organization of auditory cortex in the owl monkey *(Aotus trivirgatus). Journal of Comparative Neurology* 171: 111–128, 1977.

Kaas, J.H. The organization and evolution of neocortex. In: S.P. Wise (Hrsg.) *Higher Brain Functions.* New York: John Wiley, 1987.

Kandel, E.R., J. H. Schwartz. *Principles of Neural Science.* New York: Elsevier, 1991.

Lashley, K.S. The mechanisms of vision. XVI. The functioning of small remnants of the visual cortex. *Journal of Comparative Neurology* 70: 45–67, 1939.

Livingston, M., D. Hubel. Segregation of form, color, movement and depth: Anatomy, physiology, and perception. *Science* 240: 740–749, 1988.

Masterton, R.B. (Hrsg.) *Handbook of Behavioral Neurobiology,* Bd. 1. New York: Plenum, 1978.

Merzenich, M.M., J.F. Brugge. Representation of the cochlear partition on the superior temporal plane of the macaque monkey. *Brain Research* 50: 276–296, 1973.

Poggio, G.F. Central neural mechanisms in vision. In: V.B. Mountcastle (Hrsg.) *Medical Physiology.* St Louis: Mosby, 1968.

7

Die Organisation motorischer Systeme

Die ersten Bewegungen des *Schwanzlurchs Ambystoma* während seiner Entwicklung sind Windungen des ganzen Körpers. Allmählich verändert sich diese Art von Einrollbewegung, bis sich wiederholende, abwechselnde Schlängelbewegungen das Tier durch das Wasser treiben. Die Entwicklung von *Ambystoma* endet aber nicht mit der Schwimmfähigkeit, denn nun entwickeln sich die vorderen Gliedmaßen und dann die hinteren. Zunächst sind die Gehbewegungen den Schwimmbewegungen untergeordnet, das heißt, die Gliedmaßen werden nur zusammen mit den Schlängelbewegungen des ganzen Körpers eingesetzt. Reift das Tier dann weiter heran, treten die Schlängelbewegungen in den Hintergrund, und schließlich wird der Körper bei fixiertem Rumpf durch koordinierte Bewegungen der Beine fortbewegt. Diese Beschreibung der Ontogenese der Bewegungen bei *Ambystoma* durch Coghill illustriert zwei Entwicklungsprinzipien: Die Tiere entwickeln sich sowohl strukturell als auch funktionell im Hinblick auf ihre Bewegungen von rostral nach caudal, also von der Nase zum Schwanz, und von proximal nach distal, also vom Rumpf zu den Extremitäten.

Diese Prinzipien können wir wiederfinden, wenn wir Twitchells Beschreibung betrachten, wie menschliche Babies die Fähigkeit zum Ergreifen von Gegenständen entwickeln (Abbildung 7.1). Vor der Geburt bewegt sich ein Kind hauptsächlich mit dem ganzen Körper. Danach entwickelt es allmählich eine Greifreaktion und damit die Fähigkeit, mit einer Extremität nach einem Objekt zu greifen, um es an sich heranzubringen. Dies geschieht in verschiedenen Stadien. Kurz nach der Geburt kann ein Kind alle Gelenke eines Armes bewegen, um etwas an den Körper heranzuziehen. Es ist aber in diesem Stadium noch nicht deutlich, ob die Bewegung unabhängig von anderen Körperbewegungen vollzogen wird. Zwischen dem ersten und vierten Lebensmonat kann das Kind Objekte ergreifen, die an seine Hand herangebracht werden. Es tut dies aber nur, indem es alle Finger simultan schließt. Zwischen dem dritten und elften Monat beginnt es, seine Hand nach etwas auszustrecken und danach zu greifen. Zwischen dem achten und elften Monat entwickelt es schließlich den „Pinzettgriff". Dazu werden Zeigefinger und Daumen einer Hand verwendet. Die Entwicklung des Pinzettgriffs ist sehr wichtig, weil er gezielte Greifbewegungen erlaubt und dem Kind darüber hinaus die Möglichkeit gibt, kleine Objekte oder solche, die an schwer erreichbaren Stellen liegen, zu handhaben. Die sequentielle Entwicklung von Ganzkörperbewegungen zu Bewegungen der Gliedmaßen bis hin zu unabhängigen Fingerbewegungen verdeutlicht die oben beschriebenen Prinzipien.

Tiere können eine Fülle verschiedenartiger Bewegungen ausführen: Schwimmen, Kriechen, Gehen, Hüpfen, Fliegen und so weiter. Sie sind darüber hinaus in der Lage, verschiedene Teile ihres Körpers, wie die Extremitäten oder den Mund, für bestimmte Manipulationen zu verwenden. Die Befunde, die in diesem Kapitel vorgestellt werden, lassen den Schluß zu, daß all diesen verschiedenen Bewegungen die gleiche, einfache Organisation zugrunde liegt. Das motorische System kann in mehrere Subsysteme aufgeteilt werden. Diese Subsysteme kontrollieren Bewegungen des ganzen Körpers, unabhängige Bewegungen der Extremitäten, einzelner Körperteile, wie etwa der Zunge, und der Finger. Diese Organisationsform kann sowohl an der Evolution als auch an der ontogenetischen Entwicklung von Bewegungen und an der anatomischen Organisation des motorischen Systems beobachtet werden. Einfach gebaute und junge Tiere können sich nur mit dem ganzen Körper fortbewegen, wie es zum Beispiel Fische tun. Höher entwickelte oder auch ältere Tiere führen koordinierte Bewegungen der Extremitäten aus, zum

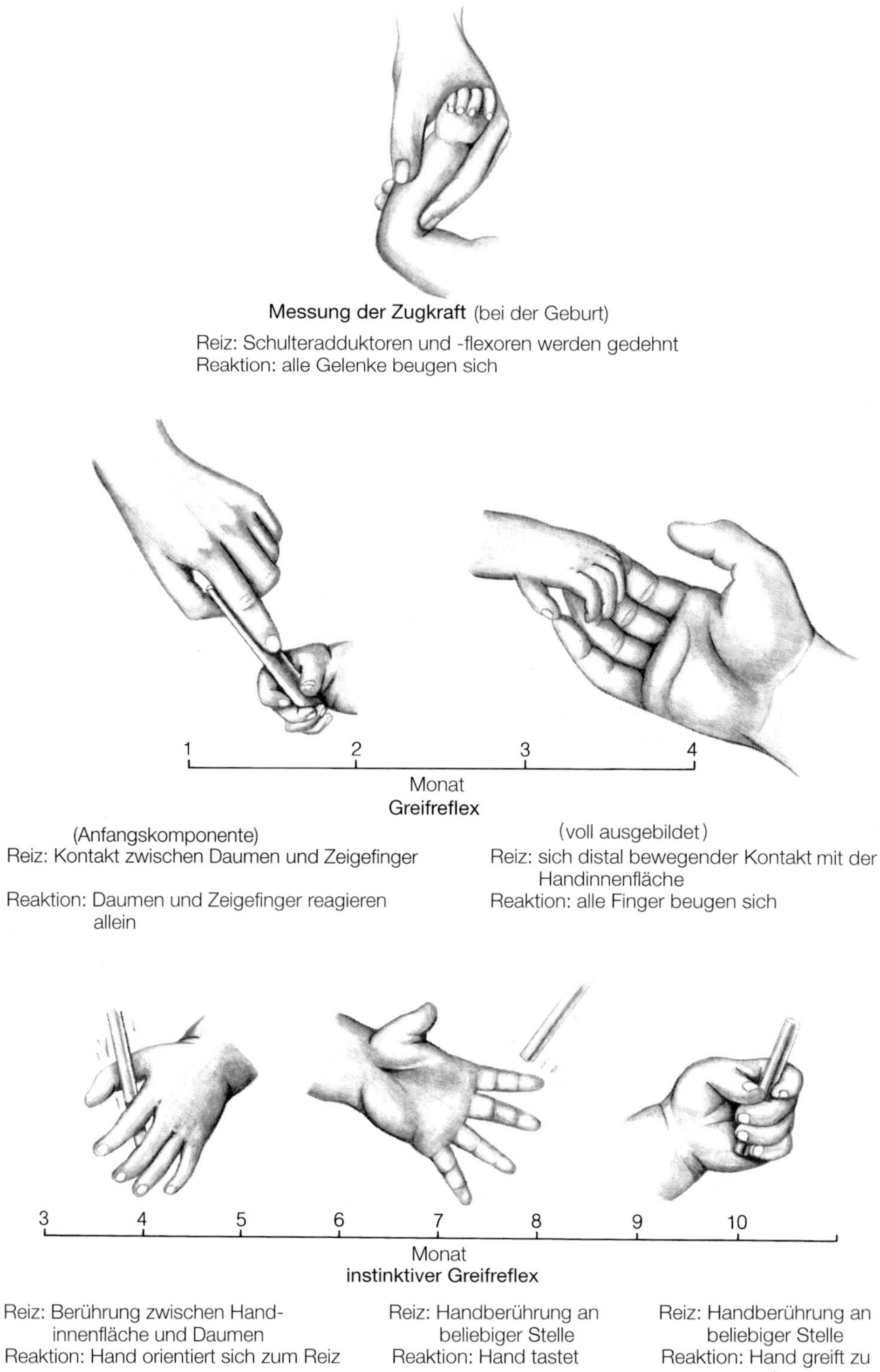

7.1 Entwicklung des automatischen Greifreflexes beim Kleinkind. (Nach Twitchell 1965.)

Beispiel Rinder oder Pferde, wenn sie gehen. Primaten einschließlich des Menschen können schließlich nicht nur Ganzkörper- und koordinierte Extremitätenbewegungen ausführen, sondern auch feinste Bewegungen ihrer Gliedmaßen und der Finger zum Ergreifen von Gegenständen. Abgestuftere und unabhängigere Bewegungen der Finger wie die beim Pinzettgriff sind für einige Primaten und besonders den Menschen charakteristisch. Schädigungen des Gehirns können eines oder mehrere der beteiligten Subsysteme in Mitleidenschaft ziehen und somit zu Beeinträchtigungen in der Bewegung des Rumpfes, der Gliedmaßen oder der Hand führen.

Die Anatomie des motorischen Systems

Das motorische System kann in mehrere Hauptkomponenten unterteilt werden. Dazu zählen das Rückenmark, der Hirnstamm, das Kleinhirn, die Basalganglien und der Neocortex. Diese Komponenten sind hierarchisch organisiert, sie arbeiten jedoch parallel zueinander und sind eng miteinander verknüpft (Abbildung 7.2).

Unser heutiges Verständnis der motorischen Systeme beruht weitgehend auf den Arbeiten von Kuypers und Kollegen, die sich eines bereits alten, aber genialen Verfahrens bedienten, um ihre Funktionsweise zu erforschen. Sie markierten zunächst motorische Fasern von den Muskeln bis zurück zu ihren Zellkörpern im Rückenmark. Dann identifizierten sie diejenigen Axone, welche diese Rückenmarkzellen mit Neuronen in verschiedenen Strukturen des Gehirns verbinden. Ihre Untersuchungen brachten zwei wichtige Organisationsprinzipien der motorischen Systeme zutage: 1) Es gibt zwei Gruppen vom Gehirn absteigender Faserzüge. Die Finger-, Muskel-, Arm- und Schultermuskulatur wird durch die eine Gruppe kontrolliert, der Rumpf (die Körperachse) durch die andere. Beide Faserverbindungen kann man nicht nur anhand von Verlauf und Herkunft unterscheiden, sondern auch noch auf andere Weise. Faserzüge, die Hand- und Armbewegungen steuern, kreuzen auf die andere Körperseite und kontrollieren nur die kontralateralen Gliedmaßen; jene, die den Rumpf kontrollieren, kreuzen nicht, sondern verzweigen sich und innervieren beide Seiten des Rückenmarks. 2) Einige der Fasern in der gekreuzten Bahn bilden direkte Verknüpfungen zu Motoneuronen aus, und die Finger werden über diese direkten Kontakte gesteuert. Wir wollen nun zunächst das Rückenmark genauer beschreiben und dann seine Projektionen zum Gehirn, um schließlich die an der Bewegung beteiligten Gehirnstrukturen zu betrachten.

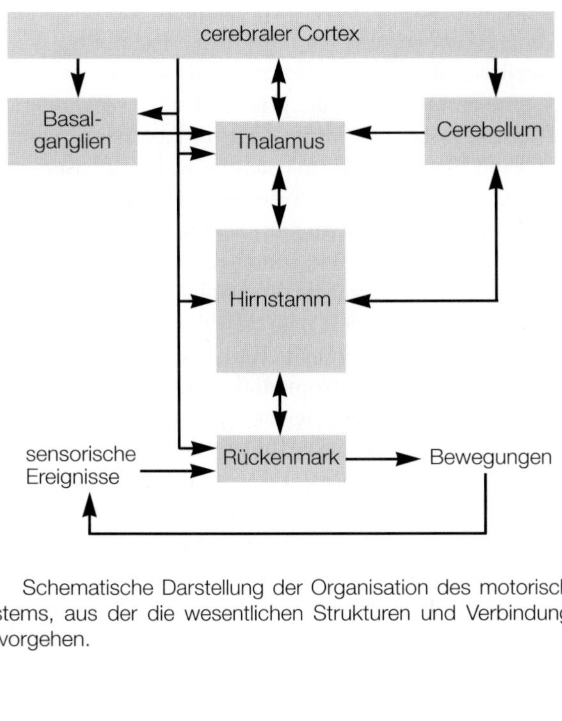

7.2 Schematische Darstellung der Organisation des motorischen Systems, aus der die wesentlichen Strukturen und Verbindungen hervorgehen.

Das Rückenmark

Struktur des Rückenmarks

Das Rückenmark erfüllt drei Funktionen: Es enthält die Schaltkreise zur Steuerung vieler Reflexe, Programme für komplexere Bewegungsmuster, wie zum Beispiel Laufen, und es verschaltet Informationen zwischen Körper und Gehirn. Das Rückenmark erhält durch die Dorsalwurzeln der Spinalnerven Projektionen von den somato-sensorischen Rezeptoren des Körpers. Einige dieser Projektionen bilden Synapsen mit Motoneuronen und Interneuronen, um Reflexe bilden zu können, während andere zum Gehirn weiterziehen, um an komplexeren Bewegungen mitzuwirken. Zusätzlich zu den „großen" Projektionen zum und vom Gehirn enthält das Rückenmark auch viele kleine Faserverbindungen, welche die einzelnen Segmente miteinander verknüpfen.

Das Rückenmark kann funktionell und anatomisch in einen inneren und einen äußeren „Ring" untergliedert werden. Der innere Ring besteht aus grauer Substanz, also hauptsächlich aus Zellkörpern. Er hat im Querschnitt des Rückenmarks die Form eines Schmetterlings. Die hinteren Flügel werden **Hinterhörner** oder – räumlich gedacht – *dorsale Säulen* genannt, die vorderen Flügel bezeichnet man als **Vorderhörner** oder *ventrale Säulen*. Der Bereich zwischen den Hörnern ist die **intermediäre Zone** (Abbildung 7.3A). Die Zellen der Hinterhörner sind größtenteils sensorisch, diejenigen der intermediären Zone und der Vorderhörner hauptsächlich motorisch. (Der Begriff „Säule" rührt daher, daß diese Anordnung über die ganze Länge des Rückenmarks erhalten ist. Beim Menschen werden die Säulen aufgrund der aufrechten Körperhaltung statt als ventral und dorsal auch als anterior und posterior bezeichnet.) Der äußere Ring besteht aus weißer Substanz, also aus Faserzügen, die vom Gehirn kommen oder dorthin ziehen. Die weiße Substanz auf beiden Seiten des Rückenmarks wird durch die Vorder- und Hinterhörner der grauen Substanz in drei Stränge (lateinisch *funiculi*) unterteilt: den Hinter-, den Seiten- und den Vorderstrang. Die Hinterstränge übertragen sensorische Informationen zum Gehirn, während die Seiten- und Vorderstränge hauptsächlich motorische Instruktionen vom Gehirn übermitteln.

Interneuronen und Motoneuronen

Die Zellen der intermediären Zone des Rückenmarks nennt man **Interneuronen**. Sie projizieren auf motorische Zellen in den Vorderhörnern. Die motorischen Zellen, sogenannte

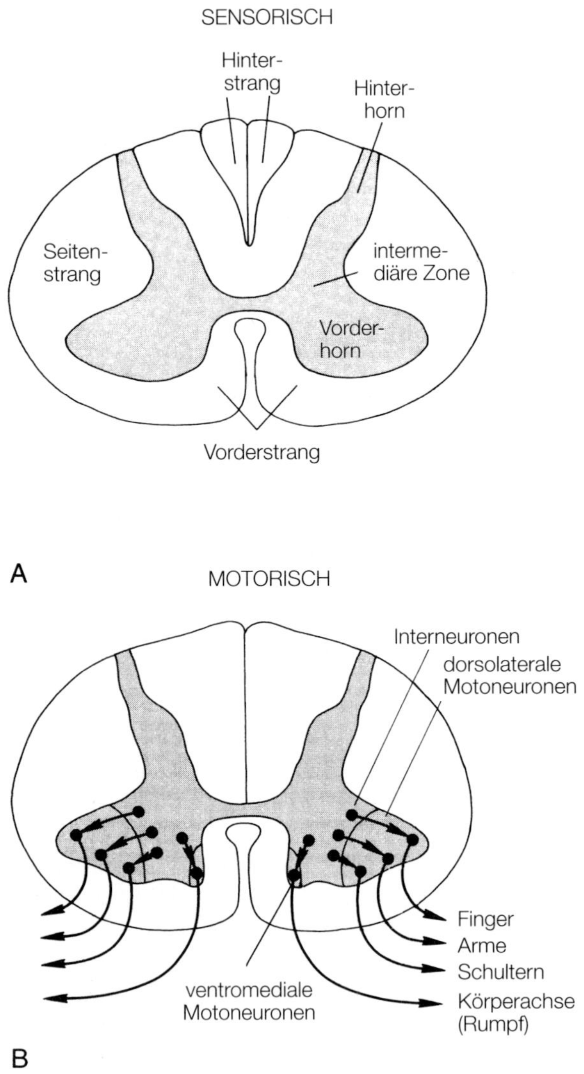

7.3 A. Die wichtigsten Strukturen des Rückenmarks. B. Topographische Beziehungen zwischen Interneuronen und Motoneuronen und die Körperteile, mit denen die Motoneuronen in Verbindung stehen.

Motoneuronen, projizieren ihrerseits in die Muskulatur (Abbildung 7.3). Alle Bewegungen werden über die Motoneuronen gesteuert, die man deswegen auch als „gemeinsame Endstrecke" bezeichnet. Wie sich herausgestellt hat, stehen nur wenige andere Zelltypen in direkter Verbindung mit den Motoneuronen. Meist bilden sie zunächst eine Synapse mit Interneuronen, die ihrerseits mit Motoneuronen in Kontakt stehen.

In den Vorderhörnern gibt es zwei Zonen von Motoneuronen: eine Gruppe von eher seitlich gelegenen Zellen bezeichnet man als *dorsolaterale Gruppe*, eine mediale Ansammlung als *ventromediale Gruppe* (Abbildung 7.3B). Die Motoneuronen der dorsolateralen Gruppe innervieren die Schulter-, Arm-, Hand- und Fingermuskulatur. Sie sind so angeordnet, daß Neuronen, die die Finger innervieren, eher dorsal gelegen sind, und jene, die Arme und Schultern innervieren, eher ventral. Motoneuronen der ventromedialen Gruppe innervieren die proximale Muskulatur, das heißt die Muskulatur, die entlang einer gedachten Mittellinie des Körpers, der Körperachse, verläuft. Die Interneuronen sind in ähnlicher Weise angeordnet. Jene im dorsolateralen Teil der intermediären Zone bilden mit dorsolateralen Motoneuronen Synapsen. Interneuronen im ventromedialen Teil der intermediären Zone sind mit ventromedialen Motoneuronen verbunden. Als Folge dieser Anordnung kontrollieren die dorsolateralen Interneuronen die distale und die ventromedialen Interneuronen die proximale Muskulatur.

Außer der Beziehung zwischen der Lage der Motoneuronen und der Kontrolle bestimmter Muskeln des Körpers besteht auch eine distal-zentral ausgerichtete Organisation von Motoneuronen. Mehr distal gelegene Zellen führen tendenziell zu Streckbewegungen (Extensionen), eher zentral gelegene Zellen bewirken in der Regel Beugebewegungen (Flexionen). Man nimmt an, daß Motoneuronen und Interneuronen in Gruppen organisiert sind, die dann auch bestimmte Muskelgruppen kontrollieren und vielleicht sogar bestimmte Arten von Bewegung vermitteln.

Projektionen zu Interneuronen und Motoneuronen

Jedes Motoneuron steht mit Tausenden von Nervenendigungen anderer Nervenzellen in Kontakt und muß deshalb beim Aktivieren einer Muskelkontraktion die „Mehrheitsmeinung" seiner unterschiedlichen Afferenzen wiedergeben. Motoneuronen erhalten nur verhältnismäßig wenig direkte Informationseingänge. Die meisten Botschaften werden über Interneuronen übertragen. Diese Informationen stammen aus drei Hauptquellen: aus dem Körper, aus dem Gehirn und aus Rückenmarksegmenten. Im folgenden beschränken wir die Beschreibung auf Projektionen aus dem Gehirn.

Es gibt mindestens neun verschiedene Projektionen aus dem Gehirn, wobei jede vermutlich am Zustandekommen einer anderen Bewegungsform beteiligt ist. Diese Faserverbindungen kann man in zwei Systeme unterteilen (Abbildung 7.4A). Das **laterale System** verbindet das Gehirn mit dorsolateralen Interneuronen und Motoneuronen. Es enthält zwei große Bahnen: den lateralen cortikospinalen Trakt oder Tractus corticospinalis lateralis und den rubrospinalen Trakt oder Tractus rubrospinalis (vom Nucleus ruber im Mittelhirn zum Rückenmark). Das **ventromediale System** verbindet das Gehirn mit ventromedial gelegenen Interneuronen und Motoneuronen. Es enthält den vestibulospinalen, den reticulospinalen und den tectospinalen Trakt (alle aus dem Hirnstamm), sowie den ventralen cortikospinalen Trakt, der seinen Ursprung im Neocortex hat (Abbildung 7.4B). (Die beiden Systeme sind so angeordnet, daß sie auf ihrem Weg entlang des Rückenmarks leicht zu den Neuronen gelangen können, mit denen sie Verknüpfungen ausbilden.) Aufgrund dieser Verknüpfungen kontrolliert das laterale System die distale und das ventromediale System die proximale Muskulatur.

Die Architektur des Hirnstamms ist komplexer als die des Rückenmarks. Dessen Grundplan ist aber in der Anordnung von Strukturen im Hirnstamm noch erkennbar. Sensorische und motorische Fasern des Rückenmarks setzen sich in den sensorischen und motorischen Fasern der zwölf (römisch numerierten) Hirnnerven fort, die dem Hirnstamm entspringen. Die Gruppen spinaler Motoneuronen haben ihre Entsprechung in den motorischen Hirnnervenkernen.

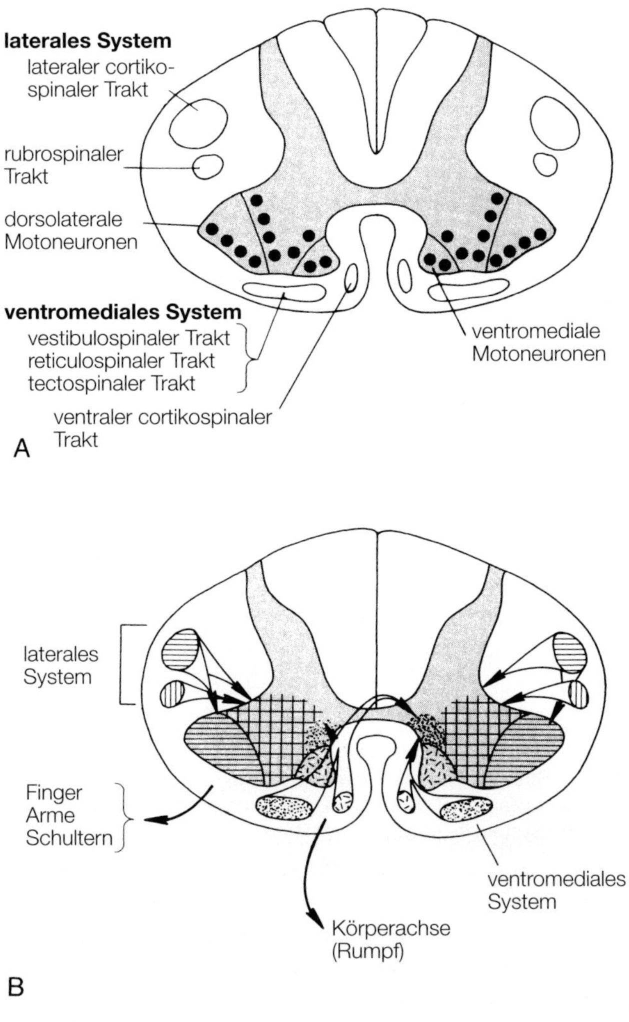

7.4 A. Lage des lateralen und ventromedialen Fasersystems sowie der Interneuronen und Motoneuronen der Vorderhörner. B. Projektionen der Faserzüge des lateralen und ventromedialen Systems auf Interneuronen und Motoneuronen. Die Pfeile geben Gebiete an, mit denen diese Faserzüge in Verbindung stehen.

Der zentrale Ursprung motorischer Bahnen

Wie oben erwähnt, gibt es zwei Systeme, die vom Gehirn zum Rückenmark projizieren. Jedes enthält zumindest einen Faserzug, der aus dem Cortex stammt, und einen, der dem Hirnstamm entspringt. Es scheint daher, daß das Gehirn eine duale Kontrolle über Bewegungen ausübt. Der Cortex kann die distale Muskulatur durch ein laterales Projektionssystem kontrollieren und die proximale Muskulatur durch ein ventromediales. Der Hirnstamm verteilt seine Projektionen auf gleiche Weise. Beide Ebenen, die der cortikalen Kontrolle und die durch den Hirnstamm gesteuerte, werden im folgenden separat beschrieben.

Ursprung des ventromedialen Systems im Hirnstamm

Der Hirnstamm enthält eine Reihe von Zellgruppen, die ihre Fasern über das ventromediale System zu den motorischen Kernen des Hirnstamms und zu den Motoneuronen des Rückenmarks senden. Diese Strukturen vermitteln zahlreiche komplexe Aktivitäten, wie zum Beispiel eine aufrechte Körperhaltung, Laufen, die Kontrolle des Schlaf- und Wachrhythmus sowie die Steuerung regulatorischer Verhaltensweisen wie Fressen, Trinken und sexuelle Aktivitäten. Die Fasern des Hirnstamms haben ihren Ursprung in den vestibulären Nuclei, in der Retikulärformation und im Tectum. Der vestibulospinale Trakt übermittelt Informationen aus dem Vestibularapparat des Innenohres und dient hauptsächlich dazu, die Haltung und das Gleichgewicht zu wahren. Der tectospinale Trakt enthält Axone, die aus dem Colliculus superior, also aus dem Mittelhirnzentrum des visuellen Systems stammen. Seine Funktion besteht darin, Orientierungsbewegungen auf visuelle Reize zu ermöglichen. Die reticulospinalen Bahnen entspringen den vielen Zellgruppen der Retikulärformation, die ihrerseits Projektionen aus den meisten sensorischen Systemen, dem Hirnstamm und dem Rückenmark erhält. Ihre absteigenden Fasersysteme sind sehr wahrscheinlich für gut organisierte Bewegungen, zum Beispiel Gehen, Schwimmen oder Rennen von Bedeutung.

Die Faserzüge des ventromedialen Systems sind in Abbildung 7.5A dargestellt. Bemerkenswerterweise kreuzen sie (abgesehen von Fasern aus dem Tectum) nicht in Höhe des Hirnstamms, sondern projizieren zu medial gelegenen Interneuronen in der intermediären Zone des Rückenmarks. Die Axone des ventromedialen Systems bilden zahlreiche Kollateralen zu Interneuronen in vielen Segmenten des Rückenmarks. Die Eigenheit ihrer Verteilung und die synaptischen Endigungen auf medial gelegenen Interneuronen des Rückenmarks lassen den Schluß zu, daß diese Neuronen Ganzkörperbewegungen auslösen, die viele Muskelgruppen der axialen und proximalen Körpermuskulatur involvieren. Die Fasern des ventromedialen Systems projizieren auch zu den extraokularen Motoneuronen der Hirnnerven III, IV und VI sowie

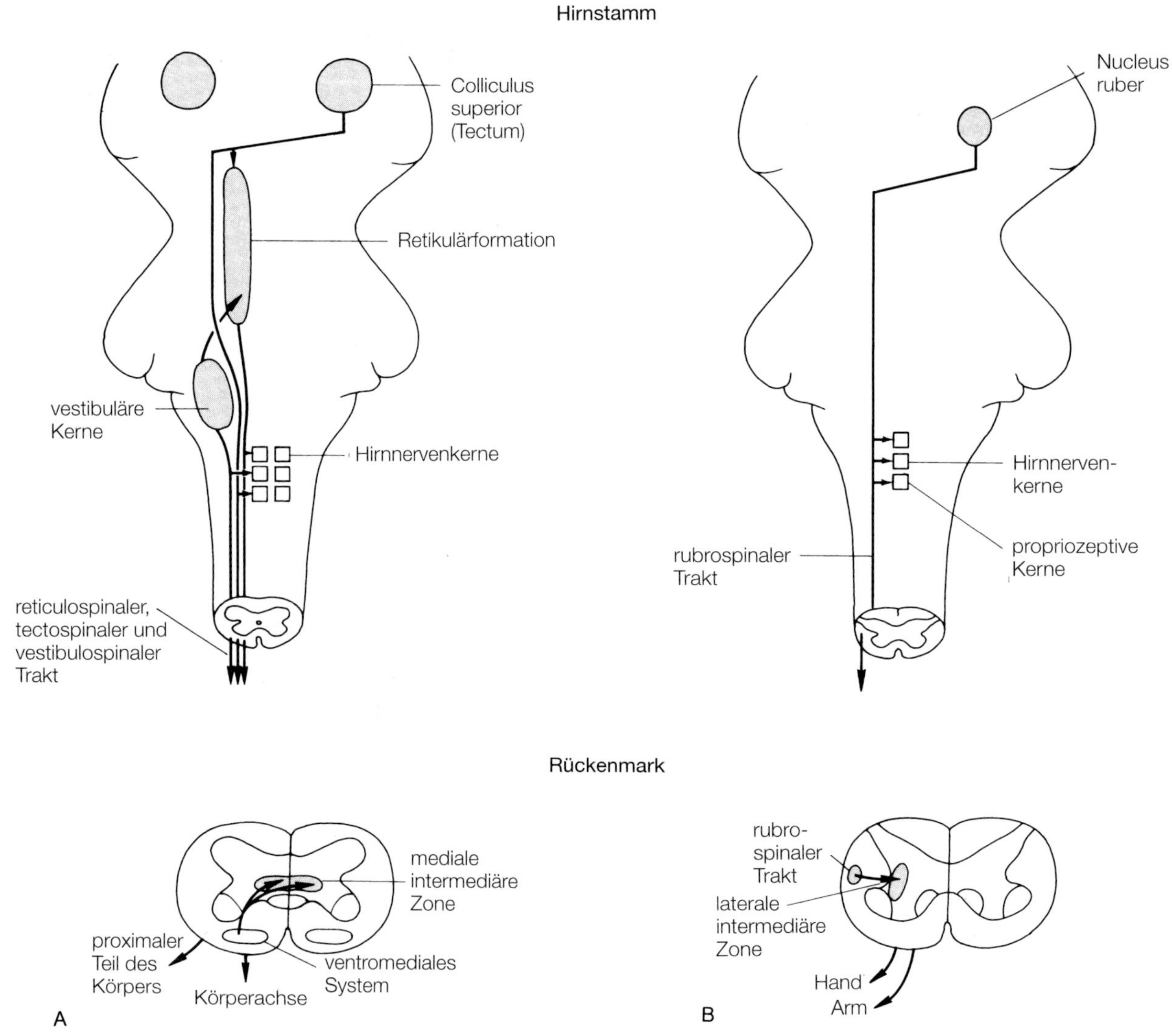

7.5 A. Strukturen des Hirnstamms, die Fasern zum ventromedialen System beitragen. B. Strukturen des Hirnstamms, die Fasern zum lateralen System beitragen. (Nach Ghez 1981.)

zu den Kernen des Nervus vagus (X), Nervus glossopharyngeus (IX) und Nervus accessorius (XI). Diese Kerngebiete kontrollieren unter anderem Augen- und Kopfbewegungen sowie Bewegungen im Mund- und Kehlkopfbereich.

Die Projektionen vom Hirnstamm zum Rückenmark enthalten auch Axone von noradrenergen, serotonergen und dopaminergen Neuronen. Vermutlich sind diese Projektionen deshalb eher für die Modulation von Bewegungen als für ihre Auslösung von Bedeutung.

Ursprünge des lateralen Systems im Hirnstamm

Der Nucleus ruber und der dazugehörende rubrospinale Trakt erscheinen in der Evolution erstmals bei Tieren, die gehen, was darauf hindeutet, daß diese Strukturen eine Rolle bei der Bewegung der Gliedmaßen spielen. Überraschenderweise ist der Nucleus ruber bei Primaten und insbesondere beim Menschen relativ klein. Dies läßt vermuten, daß seine Funktionen zum Teil von denjenigen Strukturen übernommen wurden, die für die differenzierteren Bewegungen dieser Spezies verantwortlich sind.

Der Nucleus ruber des Mittelhirns sendet seine Fasern, den rubrospinalen Trakt, über das laterale System zum Rückenmark (Abbildung 7.5B). Dieses Fasersystem kreuzt über die Mitte und innerviert den kontralateral gelegenen Teil des Rückenmarks. Es besitzt auch Kollateralen zu den Hirnnervenkernen, die Gesichtsbewegungen kontrollieren (dem Nucleus facialis (VII) und dem Nervus hypoglossus (XII)). Die rubrospinalen Fasern enden an Interneuronen im lateralen Bereich der intermediären Zone des Rückenmarks. Sie haben weniger Kollateralen und stehen mit weniger Rückenmarksegmenten in Verbindungen als die Fasern des ventromedia-

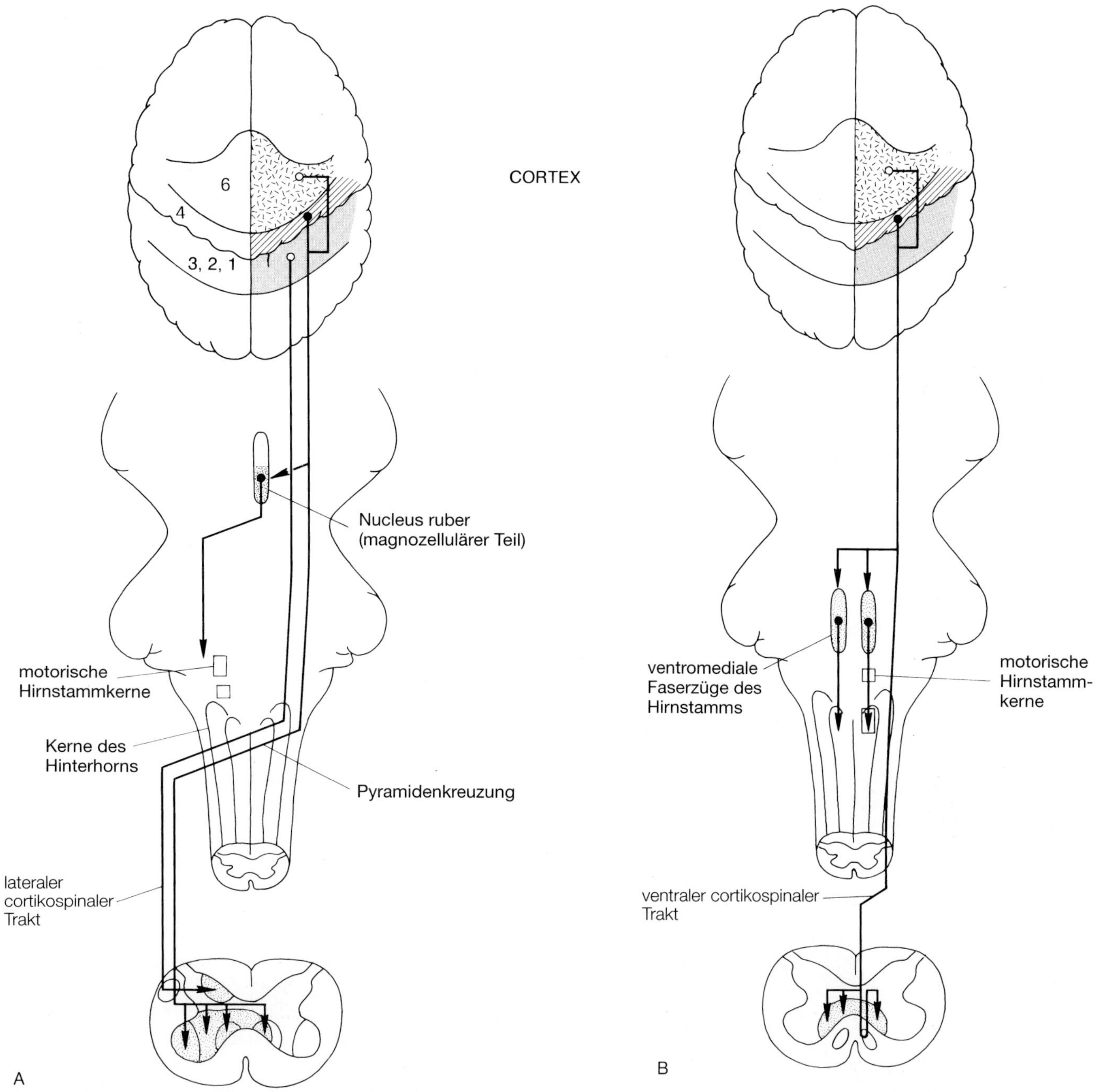

7.6 A. Cortikospinale Projektionen, die zum lateralen System beitragen. B. Cortikospinale Projektionen, die zum ventromedialen System beitragen. (Nach Ghez 1991.)

len Systems. Der Organisation und den Verbindungen nach kontrollieren sie unabhängige Bewegungen der distalen Muskulatur, zum Beispiel die Bewegungen von Händen, Füßen, Armen und Beinen. Der rubrospinale Trakt sendet auch Kollateralen zum sensorischen Nucleus des Trigeminus (der V. Hirnnerv; sein sensorischer Kern erhält Afferenzen vom Gesicht), der seinerseits Kollateralen zu den Nuclei des Hinterhorns sendet (diese verschalten propriozeptive Informationen aus dem Körper). Dieses Verschaltungsmuster legt für den rubrospinalen Trakt eine eher modulierende Rolle bei der Verarbeitung sensorischer Informationen aus dem Körper nahe.

Der Cortex

Die motorischen Regionen des Cortex sind ohne Zweifel für geschickte Bewegungen verantwortlich. Der Cortex, insbesondere die motorischen Brodmannschen Felder 4 und 6 sowie die sensorischen Felder 3, 2 und 1 senden *cortikofugale*

Fasern (von *fugal* für „fliehend") zu motorischen Kernen des Hirnstamms und zu Interneuronen und Motoneuronen im Rückenmark. Die zu den motorischen Kernen ziehenden Fasern werden **cortikobulbäre Fasern** genannt, jene, die zum Rückenmark ziehen, heißen **cortikospinale Fasern**. Auch hier gibt es wieder zwei Bahnen zum Rückenmark: eine, die als Teil des lateralen Systems in die andere Körperhälfte kreuzt, und eine nicht kreuzende, die zum ventromedialen System gehört. Die Projektionen der cortikofugalen Fasern sind in Abbildung 7.6 dargestellt. Abbildung 7.6A zeigt den Verlauf der cortikofugalen Komponente des lateralen Systems. Die Fasern des lateralen Systems enden hauptsächlich auf Interneuronen des lateralen Teils der intermediären Zone und auf eher lateral gelegenen Motoneuronen. Sie kontrollieren also distale Bewegungen. Abbildung 7.6B verdeutlicht den Verlauf der cortikofugalen Fasern im ventromedialen System. Diese Fasern enden bilateral auf den am weitesten medial gelegenen Interneuronen und Motoneuronen und kontrollieren dadurch proximale Bewegungen.

Motorischer Cortex und Bewegung

Der Cortex ist topographisch so aufgebaut, daß seine unterschiedlichen Teile verschiedene Körperbewegungen kontrollieren. Diese topographische Anordnung führt beim Menschen zu einem Homunculus und bei anderen Tieren zu einer entsprechenden Figur auf dem Cortex. Die cortikofugalen Projektionen vieler Arten wurden von Kuypers, Brinkmann und anderen beschrieben. Zur Illustration sehen wir uns die Verhältnisse beim Affen an (Abbildung 7.7). Der Rumpf des entsprechend der corticalen Repräsentation eingezeichneten Tierkörpers projiziert durch das ventromediale System, und die Gliedmaßen projizieren durch das laterale System. Diese Faserzüge kontrollieren proximale beziehungsweise distale Bewegungen.

Die cortikospinalen Bahnen überlappen ein wenig im Rükkenmark. Die Projektionen aus der Cortexregion, die die Vorderextremitäten steuert, steigen eng gepackt zu den Interneuronen und Motoneuronen des cervikalen Abschnitts des Rückenmarks ab, um von dort aus die Bewegungen der Gliedmaßen zu kontrollieren. Sie ziehen jedoch auch in andere Abschnitte des Rückenmarks. Diese Überlappung ist vermutlich bei der Steuerung von Bewegungen, zu denen mehrere Körperteile beitragen, von Bedeutung.

Der Cortex sendet auch Fasern in viele andere Regionen des Hirnstamms, wie etwa in den Nucleus ruber und einige Kerne des ventromedialen Systems. Durch diese Verknüpfungen kann der Cortex eine gewisse Kontrolle über die motorischen Funktionen dieser Kerne ausüben. Es gibt auch Projektionen zu den Hinterstrangkernen und den Kernen der Hirnnerven, die als Schaltstationen für Körperempfindungen fungieren. Durch diese Bahnen kann der Cortex sensorische Eingänge aus dem Körper modulieren.

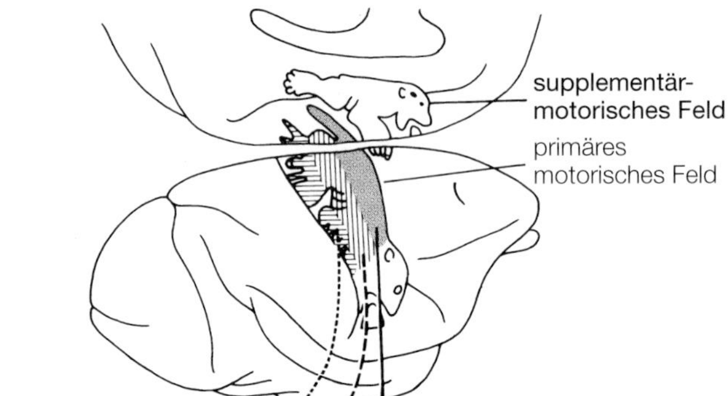

7.7 Die Beziehungen zwischen primärem motorischen Cortex, seinen descendierenden Fasern, den Interneuronen des Rückenmarks, den Motoneuronen und der Körpermuskulatur beim Affen. (Nach Lawrence und Kuypers 1968.)

Artspezifische, entwicklungsbedingte und interindividuelle Unterschiede

Jedem, der das Verhalten von Tieren beobachtet, sind die beachtlichen Unterschiede zwischen Bewegungen verschiedener Tiere geläufig. Manche dieser Unterschiede lassen sich auf verschiedenartige Verbindungen der zum Rückenmark und zu den Hirnnervenkernen im Hirnstamm absteigenden motorischen Fasern zurückführen.

Der Tractus corticospinalis kann im Tierexperiment auf einfache Weise selektiv durchtrennt werden. Dadurch, daß man die degenerierten Endigungen der durchtrennten Axone mit der von Nauta entwickelten Imprägnierungstechnik sichtbar macht, läßt sich anatomisch nachweisen, wo die Fasern enden. Kuypers und andere haben die Verteilung der Faserendigungen bei verschiedenen Spezies untersucht. Einige ihrer Ergebnisse sind in Abbildung 7.8 dargestellt. Das Opossum, das keine sehr feingesteuerten Beinbewegungen ausführt, weist nur Endigungen im Hinterhornbereich auf. Dies legt den Schluß nahe, daß die cortikospinale Bahn bei dieser Tierart hauptsächlich zur Modulation von Körperempfindungen dient. Die Katze weist Endigungen in der intermediären Zone auf, wo die Interneuronen lokalisiert sind. Katzen können zwar mit der ganzen Pfote nach Gegenständen „greifen", sie sind jedoch nicht zu einzelnen, voneinander unabhängigen Fingerbewegungen in der Lage. Der Rhesusaffe hat zusätzlich Endigungen auf den am weitesten lateral gelegenen Motoneuronen. Da er in gewissem Maße differenzierte Fingerbewegungen wie etwa den Pinzettgriff ausführen kann, nimmt man an, daß diese Projektionen unabhängige Fingerbewegungen steuern. Schimpansen und Menschen schließlich verfügen über synaptische Endigungen auf allen Motoneuronen und Interneuronen. Diese Verknüpfungen verleihen uns und unseren nächsten Verwandten weitere feinmotorische Fähigkeiten.

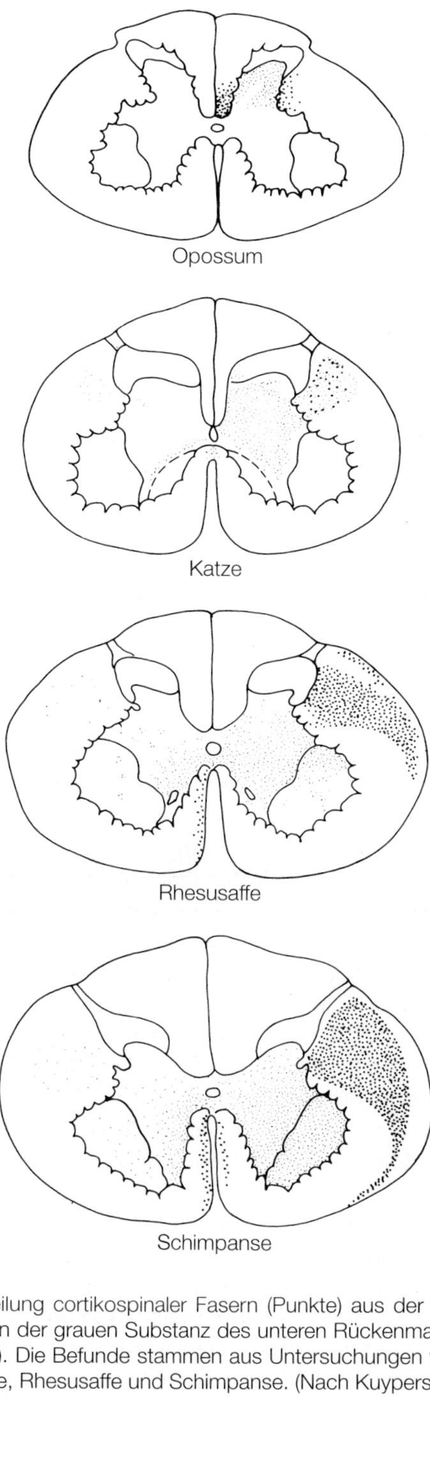

7.8 Verteilung cortikospinaler Fasern (Punkte) aus der linken Hemisphäre in der grauen Substanz des unteren Rückenmarks (Cervicalbereich). Die Befunde stammen aus Untersuchungen von Opossum, Katze, Rhesusaffe und Schimpanse. (Nach Kuypers 1981.)

Dieselbe Beziehung zwischen Bewegung und Verknüpfungen der cortikospinalen Fasern ist während der Entwicklung zu beobachten. Untersuchungen an Affen unterschiedlichen Alters ergaben, daß die cortikospinalen Endigungen im Laufe der Individualentwicklung allmählich ausgebildet werden und daß das Tier mit ihrer zunehmenden Dichte immer differenziertere Bewegungen auszuführen vermag. Untersuchungen über den Durchmesser der Axone zeigten darüber hinaus, daß die dicksten Fasern, welche die Information am schnellsten weiterleiten, nur einen kleinen Teil aller cortikofugalen Fasern bilden. Sie sind es aber, die eine direkte Verbindung zu Motoneuronen herstellen. Diese Fasern, die ihren Ursprung in dem Repräsentationsareal der Finger des motorischen Cortex haben und deren unabhängige Bewegungen ermöglichen, reifen und funktionieren relativ spät in der Entwicklung.

Untersuchungen der cortikofugalen Faserverbindungen beim Menschen weisen auf beträchtliche Unterschiede zwischen verschiedenen Individuen hin. Nyberg-Hansen und Rinvik haben einige dieser Variationen beschrieben. Dazu gehört, daß unter Umständen der cortikospinale Trakt vollständig kreuzt, daß er überhaupt nicht kreuzt, oder daß zwei gekreuzte oder zwei ungekreuzte cortikospinale Faserzüge auftreten. Die funktionale Bedeutung dieser Variationsbreite ist nicht bekannt. Wie Yakovlev und Rakic herausfanden, weisen 80 % der Individuen auf der rechten Seite des Rückenmarks größere Faserzüge auf. Bei den restlichen 20 % ist das Größenverhältnis umgekehrt. Denkbar wäre, daß diese Asymmetrie mit der Händigkeit korreliert, das heißt, daß die meisten rechtshändigen Menschen auf der rechten Seite mehr cortikospinale Projektionen haben. Die Beziehung zwischen Händigkeit und der Größe des cortikospinalen Traktes ist aber nicht eindeutig. Die Asymmetrie kann deshalb nicht schlüssig mit bestimmten Funktionen in Beziehung gesetzt werden.

Unabhängigkeit des lateralen und des ventromedialen Systems

Ergebnisse aus Verhaltensstudien unterstützen die Befunde, daß sich das motorische System aus verschiedenen absteigenden Systemen zusammensetzt. Dies wird aus den folgend dargestellten Untersuchungen an Tieren und Menschen deutlich, die eine Gehirnschädigung erlitten haben. Um den Beitrag des lateralen und des ventromedialen Systems zu analysieren, untersuchten Kuypers und seine Kollegen Rhesusaffen, deren motorisches System in seiner Anatomie dem menschlichen sehr ähnlich ist. Bei einer Gruppe von Affen durchtrennten sie die Fasern des lateralen Systems und in einer anderen Gruppe die des ventromedialen Systems.

Etwa 15 Tage nach der Läsion des lateralen Systems hatten die Tiere die Fähigkeit zu den meisten ihrer Bewegungen wiedererlangt. Zum Fressen mußten sie die Hand durch die Gitterstäbe strecken, die Nahrung ergreifen und in den Käfig holen. Sie streckten nur zögerlich ihre Arme ganz aus und verfingen sich oft mit den Fingern zwischen den Stäben.

Sobald sie das Futter erreichten, umschlossen sie es mit allen Fingern gleichzeitig. Die Bewegung war aber kraftlos und mit einer Beugung des ganzen Armes verbunden. Allmählich erhöhten sich allerdings Bewegungsgeschwindigkeit und -stärke. Die Tiere wiesen jedoch weiterhin zwei auffällige Beeinträchtigungen auf. Zum einen konnten sie Futter nicht mit dem Pinzettgriff zwischen Daumen und Zeigefinger aufnehmen, zum anderen hatten sie Schwierigkeiten, den Griff zu lösen, nachdem sie einmal das Futter mit der ganzen Hand umfaßt hatten. Sie mußten es mit der Schnauze aus der Hand reißen. Bei der Fortbewegung konnten sie jedoch ohne weiteres die Gitterstäbe loslassen. Das wichtigste bleibende Problem bestand also darin, Hand und Finger zum Ergreifen und Handhaben von Gegenständen einzusetzen.

Auch andere Studien sprechen dafür, daß das laterale System an der Feinkontrolle von Gliedmaßen- und Fingerbewegungen beteiligt ist. Beck und Chambers erfaßten die Funktionsfähigkeit der Gliedmaßen bei Affen nach Läsionen des corticospinalen Traktes. Die Tiere zeigten verlangsamte Reaktionen bei Aufgaben mit zwei Wahlmöglichkeiten, bei denen sie die betroffenen Gliedmaßen einsetzen sollten, wobei der Verlust an Muskelstärke bei der Beugung größer war als bei der Streckung. Außerdem fiel die Beugung des Handgelenks schwächer aus als die des Ellbogen- oder Schultergelenks. Passingham und seine Mitarbeiter entfernten bei Rhesusaffen unilateral den motorischen (Brodmannsches Feld 4) und den sensorischen Cortex (Brodmannsche Felder 3, 2, 1), also jene Areale, von denen die meisten cortikospinalen Fasern ausgehen. Nach einer Erholungsphase gewannen die Affen die Fähigkeit wieder, den kontralateral zur Läsionsseite liegenden Arm für Kletterbewegungen im Käfig einzusetzen, und bei ein wenig Hilfestellung gelang es ihnen auch, mit diesem Arm nach Futter zu greifen. Sie konnten jedoch keinen Pinzettgriff anwenden, um Futterstückchen aus einem Loch zu holen, obwohl es ihnen gelang, Futter durch Bewegungen der ganzen Hand aufzunehmen. Um weitere Beeinträchtigungen der Greifbewegungen festzustellen, wurden die Affen darauf trainiert, ihre Hand durch ein Loch in einer durchsichtigen Plastikwand zu strecken, um zu einem Stück Futter zu gelangen, das an der anderen Seite dieser Wand befestigt war. Sobald sie jedoch die Hand durch das Loch gesteckt hatten, mußten sie diese auf die Seite, nach oben oder nach unten drehen, um die Belohnung zu erreichen. Die Tiere vermochten weder das Handgelenk noch den Ellbogen zu drehen, um an das Futter zu gelangen, was zeigt, daß der Cortex nicht nur für einzelne Fingerbewegungen zuständig ist, sondern auch für zielgerichtete und komplexe Bewegungen einzelner Gelenke.

Die Läsionsexperimente lassen vermuten, daß Bahnen des ventromedialen Systems an Bewegungen des ganzen Körpers beteiligt sind. Tiere mit solchen Läsionen wiesen eine auffällige abnorme Haltung auf, eine anhaltende Unfähigkeit, sich aufzurichten, und große Schwierigkeiten bei der Bewegung des ganzen Körpers oder der proximalen Gelenke. Ebenfalls zeigten sie eine ausgeprägte Beugehaltung von Kopf, Gliedmaßen und Rumpf, die sich im Laufe der Erholung zwar allmählich besserte, jedoch nicht vollständig verschwand. Auch nachdem die Tiere wieder sitzen konnten, blieben sie unsicher und kippten sehr leicht mit angezogenen Schultern nach vorne. Schon bei kleinen Bewegungen oder plötzlichen Geräuschen stürzten sie. Während des Fallens vermochten sie keine Korrekturbewegungen auszuführen. Die Tiere hatten darüber hinaus große Schwierigkeiten beim Gehen; sie gingen mit engen, kleinen Schritten, kamen oft vom Ziel ab und stießen an Gegenstände. War das laterale System unversehrt, behielten sie die Fähigkeit, ihre Gliedmaßen und Hände zielgerichtet einzusetzen.

Spezielle Systeme beim Menschen

Viele Untersuchungen an Menschen, bei denen der motorische Cortex oder die cortikospinalen Projektionen geschädigt waren, erbrachten sehr ähnliche Ergebnisse wie die oben beschriebenen Läsionsexperimente an Affen. Menschen können zwar ihre Arme zum Ergreifen von Gegenständen nutzen, aber unabhängige Bewegungen der Finger sind stark beeinträchtigt. Jeannerod beispielsweise hat die menschliche Greifbewegung als aus zwei Komponenten bestehend beschrieben: 1) Die *Transportkomponente* umfaßt Bewegungen des Armes zu dem Zielgegenstand hin. Diese Bewegungen werden hauptsächlich vom Oberarm ausgeführt. 2) Die *Manipulationskomponente* besteht darin, die Finger zunächst zu spreizen und den Gegenstand entsprechend zu formen, um sie dann um ihn herum zu schließen. Dies beginnt bereits, während sich die Hand noch dem Zielobjekt nähert.

Jeannerod führt zweierlei Hinweise dafür an, daß diese beiden Komponenten der Greifbewegung voneinander unabhängig sind. Wie er in einer Reihe von Verhaltensstudien belegte, kann bei Veränderungen der Größe des Zielobjekts während der Transportbewegung die Manipulationskomponente unabhängig von der Transportkomponente verändert werden. Er zeigte ebenfalls, daß bei Patienten mit Läsionen der Pyramidenbahn die Transportkomponente der Bewegung weit weniger beeinträchtigt ist als die Manipulationskomponente (Abbildung 7.9). Die Pyramidenbahn scheint also beim Menschen ebenso wie beim Affen für geschickte Hand- und Fingerbewegungen unabdingbar zu sein.

Prablanc und Kollegen (zitiert nach Jeannerod) berichteten von einem sehr interessanten Ergebnis aus Verhaltensuntersuchungen, das für die funktionale Unabhängigkeit von proximalen und distalen Bewegungen spricht. Sie ließen ihre Versuchspersonen Prismengläser tragen, die Objekte in ihrem Gesichtsfeld verschoben. Wenn die Personen nach einem Gegenstand fassen wollten, griffen sie an die Position, an der sie ihn wahrnahmen, und somit also vorbei. Nach ein paar Versuchen gewöhnten sie sich an die Prismengläser und griffen an die richtige Stelle. Sollte nun die andere Hand verwendet werden, mußte sie ebenso „eingelernt" werden wie die erste Hand. Es gab also keinen Transfer von dem Training der ersten Hand. Es war sogar möglich, die eine Hand mit Prismen zu trainieren, die alles nach rechts rückten, und die ande-

Geburt operiert und danach wieder in den Uterus zurückversetzt. Dabei stellten die Forscher eine gute postnatale Entwicklung der Bewegung fest. Natürlich sehen die Tiere; so ist es durchaus möglich, daß sie Bewegungen unter visueller Kontrolle ausführen. Um auch diese Möglichkeit genauer zu untersuchen, wurden Affenbabies die Augen verbunden. Dennoch konnten sie sich danach gut bewegen. Sie waren sogar in der Lage zu greifen und den Pinzettgriff auszuführen, vorausgesetzt man hatte ihnen beigebracht, wo die Objekte, die sie erreichen sollten, zu suchen waren. Diese Experimente zeigen, daß im Zentralnervensystem motorische Programme existieren, die unabhängig von sensorischen Reizen oder Rückmeldungen arbeiten.

Wie die folgende Beschreibung der Auswirkung von Deafferenzierungen zeigt, sind die Betroffenen motorisch beeinträchtigt. Die Bedeutung sensorischer Informationen für normales Gehen beim Menschen wird durch eine **Ataxie** verdeutlicht, die auf einer genetischen Störung basiert und als Friedreich-Ataxie bezeichnet wird. Die Patienten leiden an einer Degeneration der Hinterstränge, in denen afferente Fasern verlaufen, welche Informationen über Berührung und Druck aus dem Körper weiterleiten. Sie haben kaum oder gar keinen Sinn für ihre Position im Raum und nur ein schwaches Gefühl für passive Bewegungen und Vibration. Wenn diese Menschen gehen, unterstützen sie ihren Körper auf verschiedene Weise: Sie gehen breitbeinig, schlurfen und schwanken dabei. Der aufrechte Gang des Menschen ist ein kleiner Balanceakt. Wir müssen das Gewicht von einem Bein auf das andere verlagern und ausbalancieren, wenn das Gewicht durch die Bewegung vorwärts geschoben wird. Dieses Halten des Gleichgewichts erfordert offensichtlich auch afferente Informationen, denn eine Ataxie verringert sich weder im Laufe der Zeit noch durch Übung. Beim Menschen ist die Bewegung nach einer Deafferenzierung folglich stärker beeinträchtigt als bei Affen, wobei der Unterschied durch die komplexere Art der Fortbewegung erklärbar ist (Affen sind Vierfüßler).

Rothwell und seine Mitarbeiter haben die motorischen Fähigkeiten des Patienten G.O. beschrieben, der durch eine schwere Krankheit des peripheren sensorischen Systems deafferenziert wurde. Seine Kraft war unbeeinträchtigt; er konnte Fingerbewegungen exakt ausführen, zum Beispiel einzelne Finger bewegen, Figuren bei geschlossenen Augen in der Luft nachzeichnen, den Daumen über verschiedene Entfernungen und mit verschiedenen Geschwindigkeiten bewegen, Gewichte schätzen und Zugkräfte mit dem Daumen ausgleichen. Außerdem fuhr er weiterhin sein altes Auto, war aber unfähig, mit einem anderen Fahrzeug umzugehen. Im täglichen Leben waren seine Hände für ihn allerdings mehr oder weniger nutzlos: Er konnte nicht schreiben, keine Hemden zuknöpfen und keine Tasse halten. Seine Schwierigkeit lag darin, die Kraft beizubehalten. Bewegungen begann er ganz normal, aber je länger sie dauerten, desto mehr zerfiel das Bewegungsmuster. Dies wurde am deutlichsten, wenn er versuchte, seinen Koffer zu tragen. Wenn er nicht dauernd danach schaute und sich vergewisserte, daß er noch da war, ließ er ihn schnell fallen. Die bei G.O. beobachteten

Symptome stütz
sensorische Rück
gung nicht nötig
eine Zeitlang auf
Die durch De
tigungen der Fi
schwerwiegend a
einer Schädigung
und ihre Mitarbei
Verwendung der
fanden heraus, d
beim Fellputzen,
trächtigt blieben,
dergewonnen wu
der Lage, Zeigefi
stärksten Punkte
Sie hatten desweg
ten Bewegungen
ten notwendig sin

Cortikale Reizun

Frühe Stimulation
spezielle Regione
perteile kontrollie
geringer Reizstärk
man die Bewegun
Cortex zuordnete
und Bewegung n
Repräsentation de
in seinem berühn
also ein „Fingerfe
fende Finger. Die
me, Bewegungen
Projektionen von
auf spinale Moton
Frühe elektroph
Zellen im motoris
bestätigen. Sie er
Aktivierung besti
nen des motorisc
Untersuchungen b
Strecken des Hand
dann die Pyramid
die entlang cortik
zurückgeleitet wer
denen er ableitete,
so bestätigte dies,
Rückenmark proj
in der Armregion
wenn der Affe de
frequenz zunahm,
notwendig war. Ei
eigentlichen Bewe
deutlich darauf hi

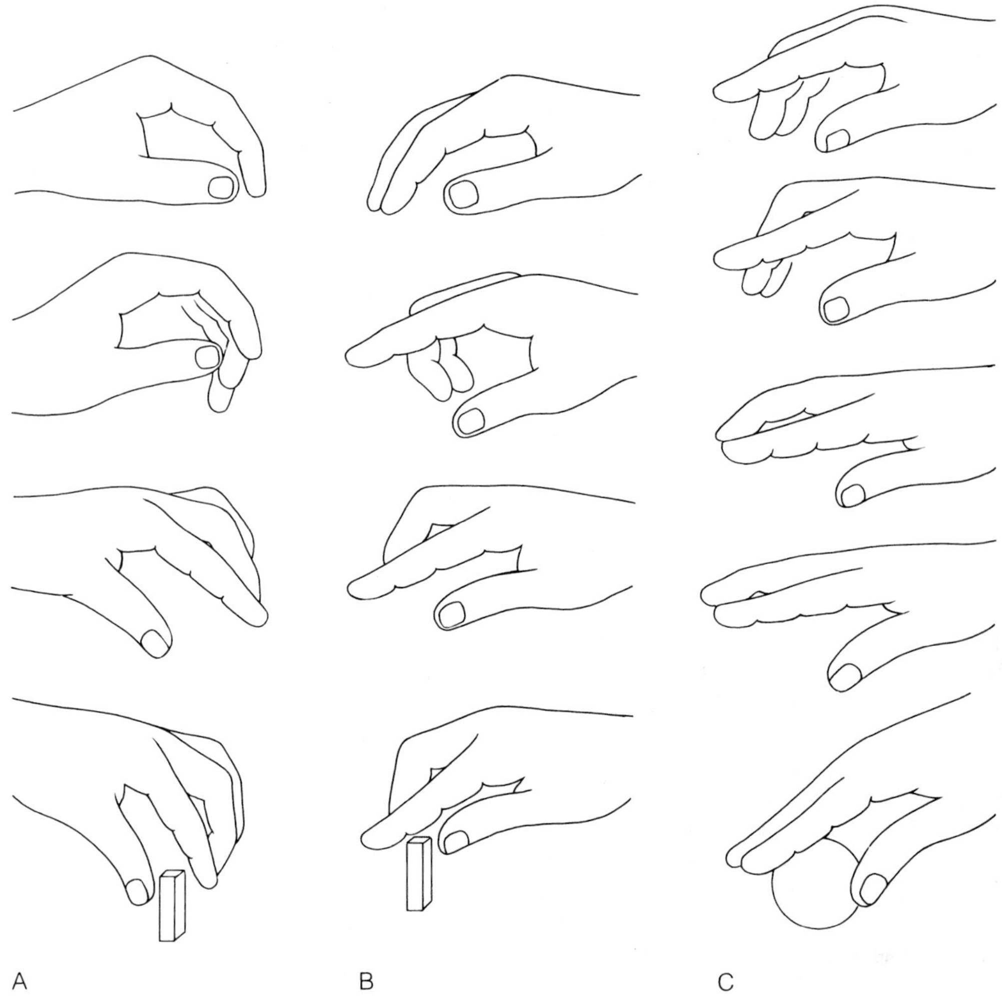

7.9 Greifbewegungen der Finger bei geschädigter Pyramidenbahn. A. Nicht betroffene Hand. B. und C. Betroffene Hand. (Nach Jeannerod 1988.)

re mit Prismen, die die Gegenstände nach links verschoben. Wenn die Versuchspersonen allerdings geübt hatten, mit einem Stock zwischen den Zähnen die verschobenen Gegenstände zu berühren, wurde die erlernte Fähigkeit auf beide Hände übertragen. Diese Ergebnisse lassen darauf schließen, daß die an dem motorischen Erlernen von Handbewegungen beteiligten Mechanismen teilweise unabhängig von Systemen arbeiten, welche andere Bewegungen kontrollieren. Sie zeigen ebenfalls, daß etwas, das anhand von proximalen Bewegungen erlernt wurde, auf distale Bewegungen übertragen werden kann.

Sensomotorische Integration

Cortikale Organisation

Bis in die fünfziger Jahre waren die Theorien darüber, wie willkürliches Verhalten erzeugt wird, recht einfach. Man vermutete, daß der motorische Cortex (Areal 4) durch die Pyramidenbahn Signale sendet, welche die Motoneuronen direkt kontrollieren und dadurch Bewegungen hervorrufen. Eine Durchtrennung der Pyramidenbahn würde, so erwartete man, zu einem Verlust aller Willkürbewegungen führen. Als sich herausstellte, daß dies nicht der Fall war, wurde das Modell der direkten cortikalen Steuerung nach und nach in fast allen Aspekten fallengelassen.

Es wurde inzwischen durch ein Modell hierarchisch und parallel organisierter Kontrolle ersetzt (Abbildung 7.10). Danach umfassen die an der Bewegungssteuerung beteiligten cortikalen Strukturen den primären motorischen Cortex (Areal 4), den supplementär-motorischen Cortex (den dorsalen Bereich von Areal 6), den prämotorischen Cortex (den

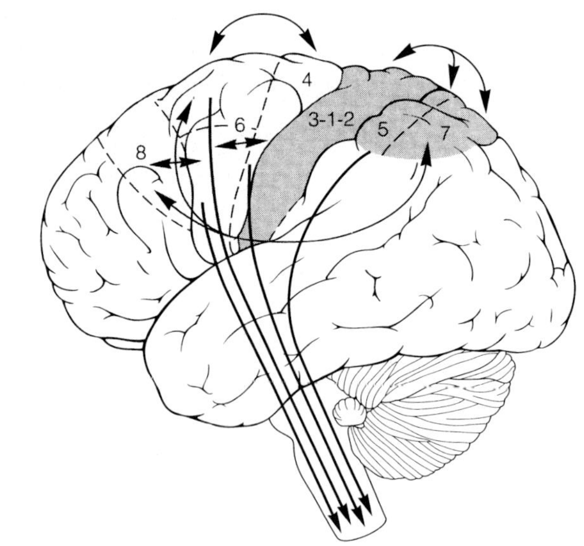

7.10 Heutige Vorstellungen über die motorischen Systeme des Cortex. Die sensorischen (1, 2, 3, 5, 7) und motorischen (4, 6, 8) Felder sind durch zahlreiche reziproke Verknüpfungen miteinander verbunden. Es existieren eine Reihe separater, zum Rückenmark absteigender Bahnen.

ventralen Bereich von Areal 6), den primären sensorischen Cortex (die Areale 3, 2 und 1) und den posterior-parietalen Cortex (Areale 5 und 7). Einige angrenzende Regionen, darunter Areal 8, sind vermutlich ebenfalls hinzuzuzählen. Alle diese Regionen enthalten Zellen, die ihre Axone durch die Pyramidenbahn zum Rückenmark senden. Sie sind auch in unterschiedlichem Ausmaß miteinander verknüpft. Sie sind hierarchisch angeordnet, wobei die Information vom sensorischen über den parietalen zum frontalen Cortex und von dort zum motorischen Cortex gelangt.

Strick und Mitarbeiter schlugen vor, daß innerhalb dieser Hierarchie auch eine parallele Kontrolle der Bewegung erfolgt. Hauptunterstützung für dieses Modell liefern anatomische Untersuchungen. Die Organisation von Areal 4, dem supplementär-motorischen und dem prämotorischen Cortex ist so ähnlich, daß man diese Strukturen als parallele Systeme betrachten kann, die jeweils eine absteigende Bahn zur Bewegungskontrolle besitzen. Welche Art von Bewegung die Systeme im einzelnen steuern ist noch unklar.

Durch Anwendung verschiedener Verfahren zur Anfärbung von Faserzügen sind Galea und Darian-Smith zur Überzeugung gelangt, daß mindestens neun verschiedene Subsysteme innerhalb der Cortex und Rückenmark verbindenden Systeme existieren. Diese haben ihren Ursprung in verschiedenen Arealen und unterscheiden sich hauptsächlich im Hinblick auf ihre jeweiligen Verknüpfungen. Drei dieser Projektionen entstammen dem Brodmannschen Areal 4, die übrigen anderen sensorischen und motorischen Cortexfeldern. Jedes dieser Systeme scheint bezüglich seiner Verbindungen zum Thalamus, zum Kleinhirn und zu anderen Strukturen sowie Verknüpfungen innerhalb des Rückenmarks Besonderheiten auf-

zuweisen. Man
proke Verknüpf
liegen noch keir
Aufgabe jedes
sen, doch mögl
Funktion ausüb
teragieren.

Sensorische Be

Reiz-Reaktions-
ten nur als Reak
ist. Bei komple
tion als Stimulu
an, motorisches
Reflexen. In ei
dem Jahre 195
tensweisen wie
Klavierspielen
seien, um von e
können. Seiner
Bewegungsseq
lung von jeder
können.

Lashleys Hy
schaftlern akze
daß Bewegunge
meldungen abhä
tung, als hierau
ihre Ursache nic
haben können,
Bereiche des N
hauptsächlich
Beispiele sollen

Unter **Deaff**
des somatosens
trennung senso
formationen vo
chenden Experi
großes Spektru
Informationen
sind. Rothwell
Deafferenzieru
nauer untersuc
ziert, so schein
re Glieder zu
den kontralate
schnell, den de
Arme deaffere
lungsphase vor
werden. Das T
Gitterstäben se
griff nach Obje
vor der Deaffe
Arbeitsgruppe

gung beteiligt waren, und nicht nur auf diese antworteten. Evarts Experimente legten also den Schluß nahe, daß die Zellen des motorischen Cortex direkt zur Steuerung der Kraft beitragen, die von bestimmten Muskeln zur Bewegung des Handgelenks erzeugt wird.

Wie spätere Untersuchungen an Affen jedoch zeigten, ist die Situation komplexer als aufgrund von Evarts Ergebnissen zu vermuten. Zum einen schlugen Galea und Darian-Smith vor, daß es statt eines einzigen Homunculus bis zu neun derartigen Repräsentationen geben könnte, von denen sich allein drei im primären motorischen Cortex befinden. Zweitens scheinen bestimmte Bewegungen eines Körperteils komplexer zu sein und nicht allein durch Reizung eines Cortexfeldes ausgelöst werden zu können. Normalerweise führt die Reizung eines „Fingerfeldes" sogar bei geringster Reizstärke zu Bewegungen von mehreren Fingern. Außerdem kann man auch Fingerbewegungen hervorrufen, indem man mindestens zwei verschiedene Areale des primären motorischen Cortex reizt. Schließlich trainierten Schieber und Hibbard Affen darauf, ihre Finger und ihr Handgelenk auf visuelle Signale hin einzeln zu beugen oder zu strecken. Dann zeichneten sie die Aktivität einzelner Zellen in den Finger- und Handgelenkfeldern des motorischen Cortex auf, während der Affe die entsprechende Bewegung ausführte. Sie stellten fest, daß einzelne Zellpopulationen im motorischen Cortex in hohem Maße überlappen; das heißt, Zellen im Finger- und im Handgelenkfeld waren bei verschiedenen Finger- oder Handgelenkbewegungen aktiv. Diese Ergebnisse deuten darauf hin, daß Bewegungen eines Fingers nicht nur durch die Aktivität von Zellen in einem Fingerfeld ausgelöst werden, sondern auf der Aktivität vieler Zellen in allen Fingerfeldern und dem Handgelenkfeld und womöglich sogar in einem viel größeren Cortexbereich beruhen.

Wenn der motorische Cortex Bewegungen nicht allein durch Aktivierung der entsprechenden Muskeln in der geeigneten Reihenfolge hervorbringt, wie schafft er es dann? Georgopoulos und Kollegen wollten diese Fragen beantworten, indem sie die Aktivität von Zellen im motorischen Cortex beobachteten. Ihrer Hypothese zufolge befiehlt der Cortex nicht, bestimmte Muskeln zu kontrahieren, sondern die Gliedmaße in eine bestimmte Position im Raum zu bringen. Beispielsweise fanden sie heraus, daß ein typisches Neuron bei vielen verschiedenen Handbewegungen feuert, daß seine Impulsfrequenz jedoch am höchsten ist, wenn die Hand sich in eine bestimmte Richtung bewegt. Je näher die Bewegungsrichtung an dieser optimalen Richtung liegt, desto höher ist die Entladungsfrequenz. Diesen Ergebnissen zufolge ist also eine Population von Zellen dafür verantwortlich, daß eine Bewegung in eine bestimmten Position im Raum ausgeführt wird.

Diese Hypothese wurde von Fetz aus zwei Gründen kritisiert. Zum einen argumentiert er, daß richtungsselektive Zellen an zu vielen Stellen des motorischen Systems zu finden seien (im motorischen Cortex, im sensorischen Cortex, in den Basalganglien und so weiter), als daß sie tatsächlich alle für die Bewegungsrichtung verantwortlich sein könnten. Und zweitens kritisiert er, daß die ausgewählten Zellen aus einer großen Zellpopulation herausgegriffen wurden, von denen viele weniger eindeutig interpretierbare Entladungsmuster zeigten. Fetz' Ansicht zufolge könnten diese Zellen ebensogut nur die Stärke der Muskelkontraktion codieren, denn die Bewegung einer Gliedmaße in eine Richtung erfordert ein anderes Kontraktionsmuster als die Bewegung in eine andere Richtung.

Es gibt auch andere potentielle Erklärungen für die fehlende Spezifität zwischen corticaler Repräsentation und Bewegung. Eines der ältesten Erklärungsmodelle für die motorische Organisation ist das der Ethologen, dem zufolge Bewegungen als Handlungsmuster organisiert sind. Dieses Modell basiert auf dem Gedanken, daß alle Tiere, auch der Mensch, nur ein begrenztes Repertoire an Bewegungsmustern aufweisen, und daß nur wenige davon die Bewegung einzelner Körperteile beinhalten. Der Leser oder die Leserin kann sich dies verdeutlichen, indem er oder sie versucht, einige definierte Fingerbewegungen auszuführen: Es ist sehr schwierig, einen Finger zu bewegen und dabei die anderen ruhig zu halten. Ethologen argumentieren, daß die von den Vertretern einer bestimmten Art ausgeführten Bewegungen artspezifisch sind und einem bestimmten Zweck dienen. Wenn wir einen kleinen Gegenstand ergreifen, benützen wir, wie alle anderen Menschen und viele Affenarten, den Pinzettgriff. Dem ethologischen Ansatz zufolge sind in den Karten des motorischen Cortex arttypische Bewegungsmuster codiert, die meist die Bewegung mehrerer Körperteile umfassen. Formt man beispielsweise die Hand zu einem Pinzettgriff, so sind daran normalerweise Bewegungen mehrerer Finger beteiligt. Zu diesen Bewegungen wäre den anderen Modellen zufolge die simultane Aktivität vieler Teile des motorischen Systems erforderlich. Auch wären die Netzwerke aus Zellen, die solche Handlungsmuster codieren, nicht flexibel genug, um eine Modifizierung der Bewegungen durch Lernen zu ermöglichen.

Eine dritte Möglichkeit, die ohne die von dem Handlungsmuster-Modell geforderte (Prä-)Organisation auskommt, ist das Modell neuronaler Netzwerke. Neuronale Netzwerke sind hypothetische oder durch Computer simulierte Zellverbände, die in wechselseitig miteinander verknüpften Schichten organisiert sind. Die reziproken Verknüpfungen ermöglichen es dem Netzwerk zu lernen, Probleme zu lösen. Bei jedem Problem sind die meisten Zellen eines Netzwerks aktiv, aber ihr Aktivitätsmuster variiert von Aufgabe zu Aufgabe. Hat sich ein neuronales Netzwerk durch Lernvorgänge so organisiert, daß es Bewegungen hervorrufen kann, dann hat es die von einem motorischen Programm vorgegebene Struktur; es besitzt diese Struktur jedoch nicht aufgrund eines angeborenen Organisationsplans, sondern aufgrund der mit dem Lernen verbundenen Selbstorganisation. Eine Schwierigkeit des Netzwerkansatzes ist, daß er die artspezifische Natur von Bewegungen nicht ohne weiteres erklären kann. Möglicherweise lassen sich jedoch die beiden Ansätze der motorischen Programme und der neuronalen Netzwerke miteinander vereinbaren: Es könnte ein angeborenes Bewegungsrepertoire existieren, das einem neuronalen Netzwerk seine anfängliche Organisation verleiht, ihm aber genügend Flexibilität läßt, um neue motorische Fertigkeiten erlernen zu können.

Lateralität der Bewegungskontrolle

Während anatomische und elektrophysiologische Studien auf eine ausgeprägte Parallelverarbeitung in motorischen Systemen hindeuten, liefern andere Untersuchungstechniken Hinweise auf eine hierarchische Organisation.

Wie wir wissen, kontrolliert der motorische Cortex Bewegungen der Gliedmaßen auf der gegenüberliegenden Körperseite. Bei Rechtshändern scheinen die Befehle dazu aus der linken Hemisphäre zu kommen, unabhängig davon, welche

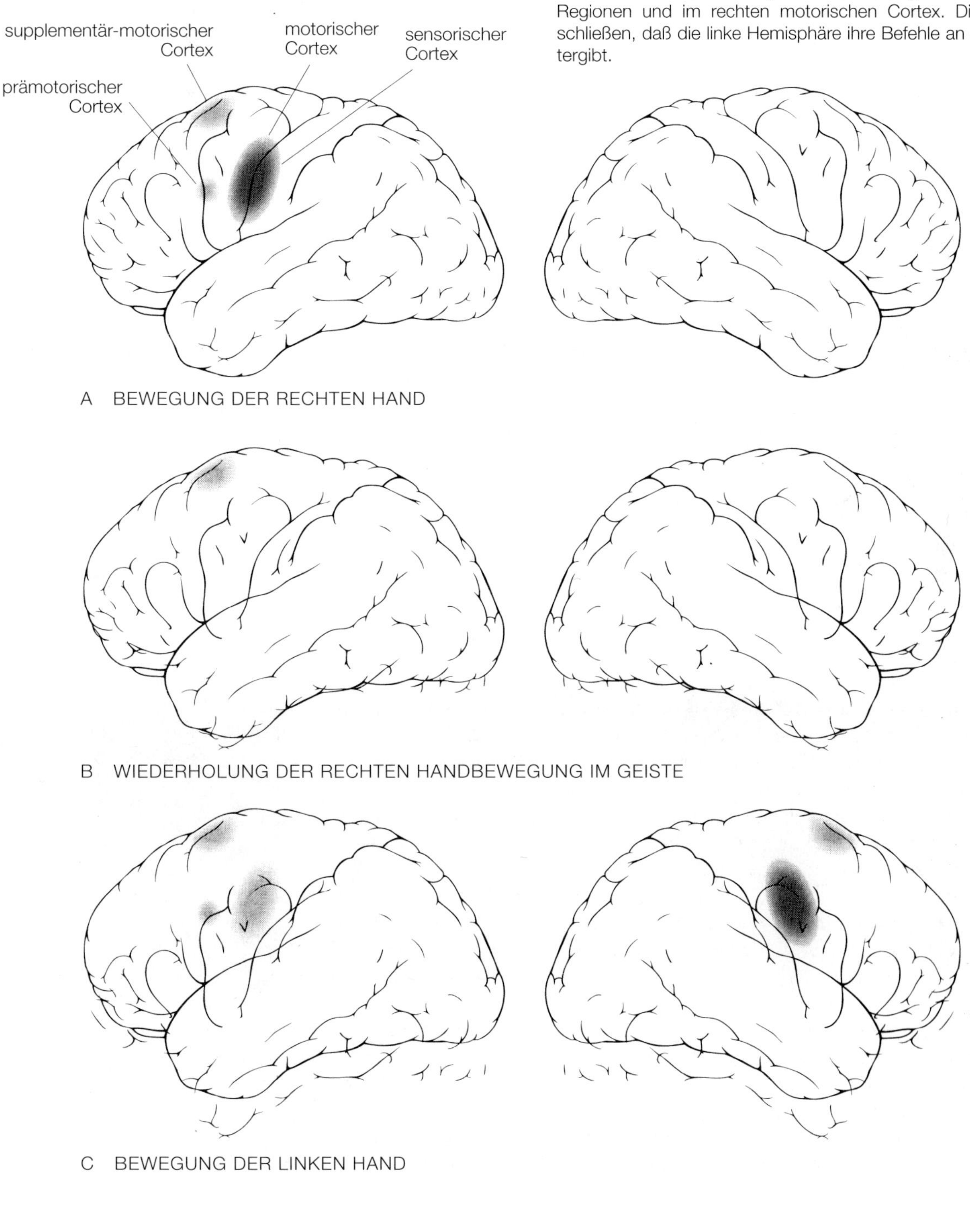

7.11 Bei einer mit der rechten Hand ausgeführten Bewegungsfolge ist eine Durchblutungssteigerung im supplementär-motorischen, prämotorischen und motorischen Cortex der linken Hemisphäre zu beobachten. B. Bei Wiederholung der Bewegungsfolge im Geiste ist die Durchblutung nur im supplementär-motorischen Cortex erhöht. C. Wird dieselbe Bewegungsfolge mit der linken Hand ausgeführt, kommt es zu einem Anstieg der Durchblutung in linken motorischen Regionen und im rechten motorischen Cortex. Dies läßt darauf schließen, daß die linke Hemisphäre ihre Befehle an die rechte weitergibt.

Körperseite bewegt wird. Diesen Schluß hat man aus Untersuchungsergebnissen an Patienten mit Gehirnschädigungen sowie aus Messungen der regionalen Gehirndurchblutung (*regional cerebral blood flow*, rCBF) gezogen. Wenn eine Person eine Folge von Bewegungen mit dem rechten Arm ausführt, nimmt im linken motorischen Cortex die Durchblutung stark zu. Im supplementär-motorischen und prämotorischen Cortex steigt sie ebenfalls an, jedoch in geringerem Maße (Abbildung 7.11A). Wenn die Versuchsperson sich die Bewegung nur vorstellt, sie aber nicht ausführt, steigt die Durchblutung nur im supplementär-motorischen Cortex an (Abbildung 7.11B). Man vermutet, daß die Durchblutungssteigerung im motorischen Cortex mit der Bewegung selbst zusammenhängt, die im Assoziationscortex und im prämotorischen Cortex dagegen mit der Programmierung der Bewegungsfolge. Es kommt nicht zu einer erkennbaren Durchblutungssteigerung in der rechten Hemisphäre, wenn der rechte Arm bewegt wird. Bewegt die Versuchsperson ihren linken Arm, ist eine starke Erhöhung der Durchblutung im rechten motorischen Cortex, aber auch im linken Assoziationscortex zu beobachten (Abbildung 7.11C). Diese Veränderungen lassen darauf schließen, daß der motorische Cortex der rechten Gehirnhälfte die Bewegungen zwar erzeugt, sie jedoch von den Assoziations- und motorischen Feldern der linken Hemisphäre „befohlen" werden. Die Befehle werden vermutlich durch das Corpus callosum aus der linken in die rechte Hemisphäre gesendet.

Die Basalganglien

Die Basalganglien bestehen aus mehreren Kernen im Vorderhirn, die mit dem Mittelhirn, dem Zwischenhirn, dem Thalamus und dem Cortex in Verbindung stehen (Abbildung 7.12). Sie haben keine direkte Verbindung zum Rückenmark, werden aber traditionsgemäß als Teil des motorischen Systems

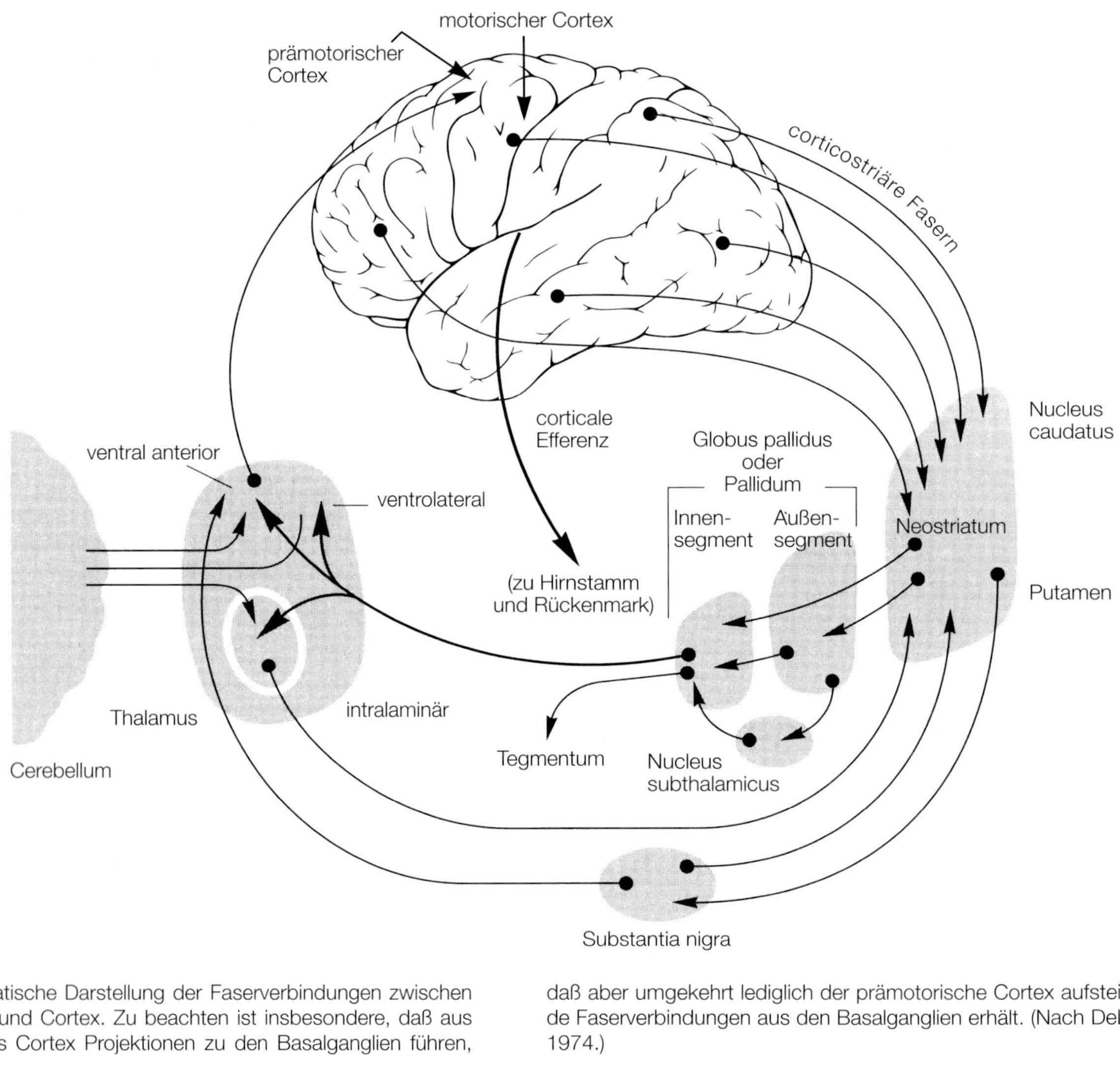

7.12 Schematische Darstellung der Faserverbindungen zwischen Basalganglien und Cortex. Zu beachten ist insbesondere, daß aus allen Teilen des Cortex Projektionen zu den Basalganglien führen, daß aber umgekehrt lediglich der prämotorische Cortex aufsteigende Faserverbindungen aus den Basalganglien erhält. (Nach DeLong 1974.)

angesehen. Diese Einschätzung basiert zum Großteil auf klinischen Beobachtungen, die zeigen, daß Zerstörungen verschiedener Teile der Basalganglien zu Bewegungsveränderungen wie **Akinesie** (Fehlen von Spontanbewegungen) oder **Hyperkinesie** (ungewöhnlich langsame oder schnelle unwillkürliche Bewegungen) führen. Die Basalganglien üben mindestens zwei wichtige Funktionen bei der Bewegungskontrolle aus. Zum einen sind sie Teil eines Schaltkreises, der fast den gesamten Neocortex mit dem Motorcortex verbindet. Man kann die Aufrechterhaltung der Verbindungen zum Motorcortex als ihre allgemeine Aufgabe ansehen, weil sie dadurch an der efferenten cortikalen Kontrolle der Funktionen teilhaben. Zusätzlich üben sie eine spezielle Funktion aus, denn diese erfüllen sie immer noch, auch wenn der Cortex nicht mehr arbeitet, und bei geschädigten Basalganglien und funktionsfähigem Cortex sind Abnormitäten zu beobachten, die bei Läsionen des Cortex nicht auftreten. Die anatomischen Beziehungen zwischen den einzelnen Elementen der Basalganglien, den Afferenzen, den Efferenzen und dem Cortex sind in Abbildung 7.12 dargestellt. Die Architektur dieser Strukturen und der Verbindungen mit dem Cortex legt die Vermutung nahe, daß sie einen Schaltkreis mit dem assoziativen motorischen Cortex bilden. Projektionen aus allen Teilen des Cortex führen zum Neostriatum. Dieses sendet Fasern zum äußeren und inneren Glied des Pallidum (Globus pallidus), und von dort aus ziehen Axonbündel zum ventral-anterioren und ventrolateralen Thalamus. Projektionen aus diesen Nuclei enden im supplementär-motorischen Cortex. Bei oberflächlicher Betrachtung scheinen alle Bereiche des Cortex in der Lage zu sein, über den supplementär-motorischen Cortex einen modulierenden Einfluß auf den Motorcortex auszuüben.

Die Basalganglien sind reziprok mit der Substantia nigra im Mittelhirn verbunden, und die von der Substantia nigra kommenden Endigungen enthalten den Transmitter Dopamin.

Die beiden Formen motorischer Störungen, die als Folge einer Schädigung der Basalganglien auftreten, sind nahezu entgegengesetzt. Die akinetischen Störungen wie die Parkinson-Krankheit, die auf einem Mangel an Dopamin beruhen, sind durch Muskelsteifheit und Schwierigkeiten bei der Ausführung von Bewegungen gekennzeichnet. Für die hyperkinetischen Störungen wie Chorea Huntington sind häufige unbeabsichtigte Bewegungen charakteristisch. Was überrascht, ist, daß die beiden Krankheitstypen vermutlich miteinander verwandt sind. Wenn Parkinson-Patienten Medikamente erhalten, so treten als Nebenwirkung oft unwillkürliche Bewegungen auf, die denen bei Chorea Huntington sehr ähnlich sind.

Es gibt mehrere Hypothesen zur Funktion der Basalganglien. Keine ist vollkommen zufriedenstellend, und keine schließt die anderen aus. Da eine Schädigung der Basalganglien motorische Defizite zur Folge hat, nimmt man an, daß sie motorische Funktionen erfüllen. Da alle Bereiche des Neocortex auf das Striatum projizieren und von dort letztlich in die anterior gelegenen Cortexregionen, die an der Bewegungsplanung und -steuerung beteiligt sind, vermutet man auch, daß die Basalganglien bei der Organisation und Kontrolle komplexer Bewegungen eine Rolle spielen. Ein Beispiel für eine solche komplexe Bewegung ist das Ergreifen eines Gegenstands. Hierzu ist es notwendig, daß mehrere Gelenke gleichzeitig aktiviert werden und daß die Hand in kontrollierter Weise zu einer bestimmten Position im Raum geführt wird. Außerdem muß ein Objekt von bestimmter Größe und Form ergriffen werden. Die Unfähigkeit zu dieser Art von Bewegung bei der Parkinson-Krankheit und ihr unbeabsichtigtes Auftreten bei Chorea Huntington stimmen mit der oben erwähnten Hypothese überein. Eine andere Theorie zur Funktion der Basalganglien gründet sich auf unseren Kenntnissen über das dopaminerge System. Es gibt eine sehr ausgeprägte dopaminerge Projektion von der Substantia nigra zum Striatum. Wie man annimmt, erfüllt Dopamin neben der Beteiligung an der Bewegungssteuerung noch eine weitere Funktion: es vermittelt Belohnung. Die belohnenden Eigenschaften von Suchtdrogen wie Cocain oder Morphium sowie die Befriedigung, die sich nach dem Essen oder Trinken einstellt, scheinen von einem intakten dopaminergen System abzuhängen. Man nimmt daher an, daß Bewegungen, die zum Erreichen eines bestimmten Zieles beitragen, durch die Wirkungen von Dopamin im Striatum verstärkt werden. Solchermaßen ausgewählte Bewegungen können in ähnlichen zukünftigen Situationen schneller aktiviert werden. Da die Auswahl von Bewegungen, die in Zukunft bevorzugt verwendet werden sollen, Lernen bedeutet, vermuten einige Wissenschaftler, daß die Basalganglien für das motorische Lernen von Bedeutung sind. Zu wissen, welche Bewegungen auszuführen sind, wenn man einen Lichtschalter sieht, einen Schnürsenkel oder einen Türgriff, könnte also durch die Basalganglien vermittelt werden. Einige der Strategien und neuronalen Verknüpfungen, durch welche die Basalganglien solche Funktionen erfüllen könnten, wurden von Ann Graybiel und ihren Kollegen zusammengetragen.

Keele und Ivry vertreten die Auffassung, die Hauptfunktion der Basalganglien sei es, die für normale Körperbewegungen notwendige Kraft zu erzeugen. Wenn die Kräfte zu stark sind oder gleichzeitig an den agonistischen und an den antagonistischen Muskel „geliefert" werden, ist eine Muskelsteifheit die Folge. Werden die Kräfte nicht gleichmäßig erzeugt, kommt es zur Hyperkinesie. Sie überprüften diese Hypothese, indem sie Patienten mit geschädigten Basalganglien einen Krafttest durchführen ließen: Die Personen sahen eine Linie auf einem Monitor. Durch Drücken einer Taste konnten sie eine zweite Linie erzeugen und, indem sie unterschiedlich stark auf die Taste drückten, die Länge der zweiten Linie der ersten angleichen. Nach einigen Übungsdurchgängen sollten sie mit der richtigen Kraft auf die Taste drücken, obwohl die vorgegebene Linie nicht mehr auf dem Monitor zu sehen war. Patienten mit geschädigten Basalganglien konnten die notwendige Kraft nicht gleichmäßig erzeugen, während Patienten mit Läsionen im Cortex oder Kleinhirn die Aufgabe problemlos bewältigten. Aldridge und Kollegen fanden heraus, daß Menschen oder Tiere mit geschädigten Basalganglien Schwierigkeiten haben, von einer

Tätigkeit zu einer anderen zu wechseln oder Bewegungen in geordneter Reihenfolge auszuführen. Auch dies könnte mit Problemen bei der Erzeugung der zum Beginnen oder zum Abbrechen einer Handlung notwendigen Kraft zusammenhängen.

Eine Schädigung der Basalganglien verschlimmert auch die Folgen einer Läsion im Cortex. Eine der häufigsten Ursachen von Gehirnläsionen beim Menschen sind Schlaganfälle, also eine Verstopfung oder Beschädigung von Blutgefäßen im Gehirn. Viele Personen sind nach einem Schlaganfall auf einer Seite des Körper gelähmt **(Hemiplegie)** und deshalb zum Beispiel unfähig, die Beweglichkeit des von der verletzten Hemisphäre innervierten Armes wiederzuerlangen. Diese Behinderung ist schwerwiegender, als wenn nur der Cortex geschädigt wäre. Eine Läsion im Cortex sollte hauptsächlich Handbewegungen beeinträchtigen, Schlaganfallpatienten können jedoch oft ihren Arm überhaupt nicht mehr einsetzen. Dieser Unterschied kann mit zusätzlichen Nervengewebeschädigungen erklärt werden, die durch den Riß oder die Blockade von Blutgefäßen im Gehirn entstehen. Derartige Schäden betreffen nicht nur corticale Areale, sondern gewöhnlich auch die Basalganglien. Und gerade der Einfluß der Basalganglien auf die Feinmotorik wurde in Untersuchungen des motorischen Systems oft vernachlässigt. Es ist noch nicht klar, wie die eher indirekten Verbindungen der Basalganglien Motoneuronen kontrollieren. Immerhin konnte man durch Versuche mit Ratten schwerwiegende Beeinträchtigungen im Gebrauch der Gliedmaßen nachweisen, zu denen es kam, wenn Zellen im Bereich von Nucleus caudatus und Putamen oder dopaminerge Projektionen in dieser Region zerstört wurden. Die Beeinträchtigungen sind schlimmer, wenn auch der Cortex geschädigt ist. (Eine Übersicht über diese Arbeiten findet sich bei Whishaw et al.)

Kleinhirn und motorisches System

Das Cerebellum wird im allgemeinen als ein wichtiger Teil des motorischen Systems betrachtet. Es sendet jedoch keine direkten Projektionen zu motorischen Neuronen oder den Interneuronen im Rückenmark, sondern projiziert vielmehr auf mehrere Kerne, deren Fasern dann direkt oder indirekt in das laterale oder ventromediale System des Rückenmarks einmünden. (Die Abbildung 7.13 vermittelt ein vereinfachtes Bild.)

Das *Archicerebellum,* das bei Fischen das gesamte Kleinhirn darstellt, ist die erste cerebelläre Struktur, die sich im menschlichen Fetus entwickelt. Bei Säugetieren bildet es den eher medial und ventral gelegenen Teil des Cerebellums. Projektionen, die vom Archicerebellum ausgehen, verbinden den Nucleus fastigii mit der Retikulärformation und den vestibulären Kernen. Faserbündel aus diesen Hirngebieten bilden einen Teil des ventromedialen Systems im Rückenmark, das, wie bereits dargelegt wurde, proximale Bewegungen des Körpers, etwa Körperhaltung und Gehen oder Laufen, kontrolliert. Tumoren oder Läsionen in diesem Kleinhirngebiet beeinträchtigen den aufrechten Gang, haben aber keine Auswirkung auf andere Bewegungen wie den zielgerichteten Einsatz der Finger. So weist zum Beispiel eine Person mit einer medialen Schädigung im Cerebellum im Liegen keine Symptome auf.

Das *Paläocerebellum* ist die dominante cerebelläre Struktur aller vierbeinigen Tiere, von den Amphibien bis zu den Säugetieren. Projektionen von den Kernen dieses Kleinhirngebiets führen zum Nucleus ruber und erreichen vermutlich auch andere Hirnstammnuclei. Dieses System ist daher vermutlich an der Kontrolle von Bewegungen der Gliedmaßen

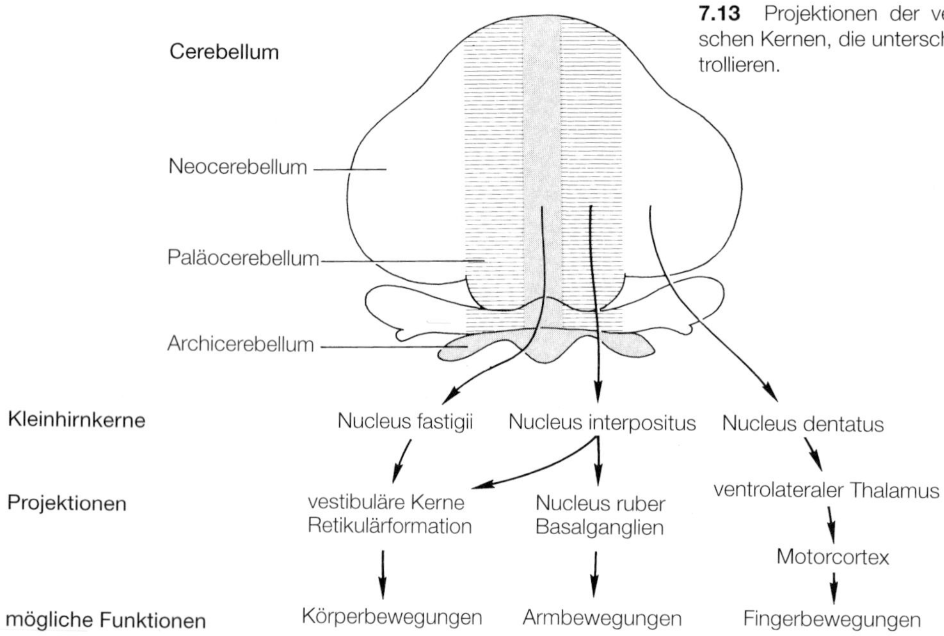

7.13 Projektionen der verschiedenen Kleinhirnareale zu motorischen Kernen, die unterschiedliche Teile der Körpermuskulatur kontrollieren.

beteiligt, und zwar über das laterale System. Es ist aber auch in die Kontrolle von Körperbewegungen einbezogen, in diesem Falle durch das ventromediale System. Die Hauptwirkung einer Verletzung in diesem Gebiet besteht in einer zunehmenden Versteifung der Glieder. Dies führt vor allem zu Störungen der distalen Bewegungen. Schädigungen dieser Art sind jedoch selten.

Das *Neocerebellum* bildet den äußersten, lateralen Teil des Kleinhirns. Obwohl es auch bei Tieren, die mit ihren Gliedmaßen asymmetrische Bewegungen ausführen können, gut entwickelt ist, erreicht es bei Primaten die höchste Entwicklungsstufe. Projektionen aus den lateralen Nuclei in diesem Cerebellumbereich führen zum ventralen Thalamus und von dort zum präzentralen motorischen Cortex. Demnach hat dieses Hirngebiet Zugang zum Tractus corticospinalis – dieser kontrolliert sowohl distale Bewegungen der Arme und Finger als auch proximale Bewegungen des Körpers. Eine Läsion im Neocerebellum führt zu Schwäche- und Ermüdungserscheinungen, zu Schwierigkeiten, Körperteile zu lokalisieren, und zu verschiedenen Beeinträchtigungen der Kontrolle der Extremitäten. Dazu gehören überschießende Bewegungen, Gleichgewichtsprobleme, Unsicherheit in den Gelenken und die Unfähigkeit, rhythmische Bewegungen auszuführen.

Obwohl die einzelnen Regionen des Kleinhirns an der Bewegung ganz bestimmter Körperteile beteiligt zu sein scheinen, ist in jedem Areal der gesamte Körper repräsentiert. Ebenso ist der Körper vollständig im Nucleus fastigii repräsentiert, im Nucleus interpositus und im Nucleus dentatus. Das Cerebellum ist so organisiert, daß alle diese Körperrepräsentationen miteinander verbunden sind. Diese Organisation steht vermutlich mit der Tatsache in Zusammenhang, daß Bewegungen einzelner Körperteile selten isoliert erfolgen. Beispielsweise erfordert die Bewegung des Armes, die vom Paläocerebellum gesteuert wird, oft eine Regulation von Hand-, Finger- und Körperstellung.

Die meisten bisherigen Bemühungen, die Funktion des Kleinhirns zu verstehen, hatten die folgenden vier Aspekte zum Gegenstand: 1) die Rolle des Kleinhirns bei der Sicherung der Genauigkeit einer bestimmten Bewegung, 2) seine Beteiligung an der Einbindung von mehreren Einzelbewegungen in eine koordinierte komplexe Bewegung, 3) seine Funktion bei Lernvorgängen und 4) seine Bedeutung für die zeitliche Koordination von Bewegungen.

Es existieren zahlreiche Veröffentlichungen – sie reichen teilweise mehr als hundert Jahre zurück –, die darauf hindeuten, daß das Kleinhirn die Genauigkeit einzelner Bewegungen oder die Integration mehrerer Einzelbewegungen in eine koordinierte Bewegungsfolge kontrolliert. Thach und Kollegen haben in einem Übersichtsartikel einen Großteil dieser Literatur zusammengefaßt. Obwohl Bewegungsdefizite dokumentiert werden können, so ihre Schlußfolgerung, ist nicht eindeutig, daß die Defizite tatsächlich auf eine Fehlfunktion des Kleinhirns zurückgehen. Ihrer Ansicht nach werden Einzelbewegungen oder koordinierte Bewegungsfolgen von anderen Gehirnstrukturen als dem Kleinhirn, etwa dem motorischen Cortex, erzeugt. Das Kleinhirn muß eher einen zusätzlichen Beitrag leisten. Sie schlagen vor, daß die Funktion des Kleinhirns in der Feinsteuerung und Korrektur von Bewegungen besteht. So erfordern zum Beispiel Tätigkeiten wie Seilspringen, Tennisspielen, Maschinenschreiben, das Werfen eines Balles oder das Spielen eines Musikinstruments von Wiederholung zu Wiederholung feine Justierungen, damit sie präzise durchgeführt werden können. Obwohl der Weltrekord, einen Basketball in den Korb zu werfen, bei etwa 2 500 aufeinanderfolgenden Treffern liegt, haben selbst die meisten Profispieler Schwierigkeiten, zehn Treffer in Folge zu landen. Nach jedem Fehlwurf müssen die Spieler ihre Haltung, das Zielen und ihre Bewegung korrigieren, sonst geht auch der nächste Wurf vorbei. Diese Feinjustierungen werden möglicherweise vom Kleinhirn geleistet und dort für zukünftigen Bedarf gespeichert.

Abbildung 7.14 zeigt ein Experiment, mit dem Thatch und seine Mitarbeiter eine solche Funktion für das Kleinhirn demonstrierten. Eine Versuchsperson wirft einen Dartpfeil auf ein Ziel. Nach einigen Versuchen setzt sie eine Brille mit Prismengläsern auf (Abbildung 7.14A). Die Prismen beugen die Lichtstrahlen so, daß die Person zwar auf das Ziel schaut, ihr Blick jedoch in Wirklichkeit links daran vorbei gerichtet ist. Die ersten Würfe mit Prismen treffen links neben das Ziel (in die Richtung, aus der das Licht in die Augen fällt). Da die Versuchperson sehen kann, daß die Pfeile ihr Ziel verfehlen, korrigiert sie nun die Richtung mit jedem Wurf, bis sie das Ziel wieder trifft. Wird nun die Brille wieder abgenommen, sind die Würfe zunächst nach rechts verschoben. Dies spiegelt die erlernte Korrektur der Bewegung wider. Nach einer gewissen Anzahl von Würfen ist auch hier die Genauigkeit wieder erreicht. Abbildung 7.14C zeigt die Ergebnisse eines Patienten mit geschädigter Olive (einem Teil der cerebellären Schaltkreise). Ohne Prismenbrille treffen die Würfe mehr oder weniger nahe ans Ziel, mit Brille sind die Würfe im Winkel verschoben, sie werden jedoch nicht korrigiert. Wird die Brille abgenommen, sind die Würfe wieder korrekt. Der Patient lernt also nicht, seine Würfe beim Tragen der Prismen zu korrigieren, nach Entfernen der Prismen tritt auch kein Nacheffekt auf. Thatch und seinen Mitarbeitern zufolge besteht die Funktion des Kleinhirns also darin, die Genauigkeit von Bewegungen in den vielen verschiedenen Situationen, in denen sie ausgeführt werden, sicherzustellen.

Keele und Ivry nehmen an, daß das zugrundeliegende Defizit bei Erkrankungen des Kleinhirns ein Verlust der zeitlichen Koordination ist. Ihrer Ansicht nach funktioniert das Kleinhirn wie eine Uhr oder ein Schrittmacher um sicherzustellen, daß Bewegungen zur richtigen Zeit ablaufen. Diese Zeitgeberfunktion soll nicht nur Bewegungen betreffen, sondern auch andere Ereignisse. Die Wissenschaftler haben dies anhand zweier Arten von Tests demonstriert: Bei einem motorischen Test zur zeitlichen Koordination sollten Patienten einen Finger im Gleichtakt mit einem Metronom auf die Tischplatte klopfen. Nach einer gewissen Zeit wurde das Metronom ausgeschaltet und die Patienten sollten in demselben Rhythmus weiterklopfen. Patienten mit Läsionen des Kleinhirns, insbesondere mit Schädigungen lateraler Kleinhirn-

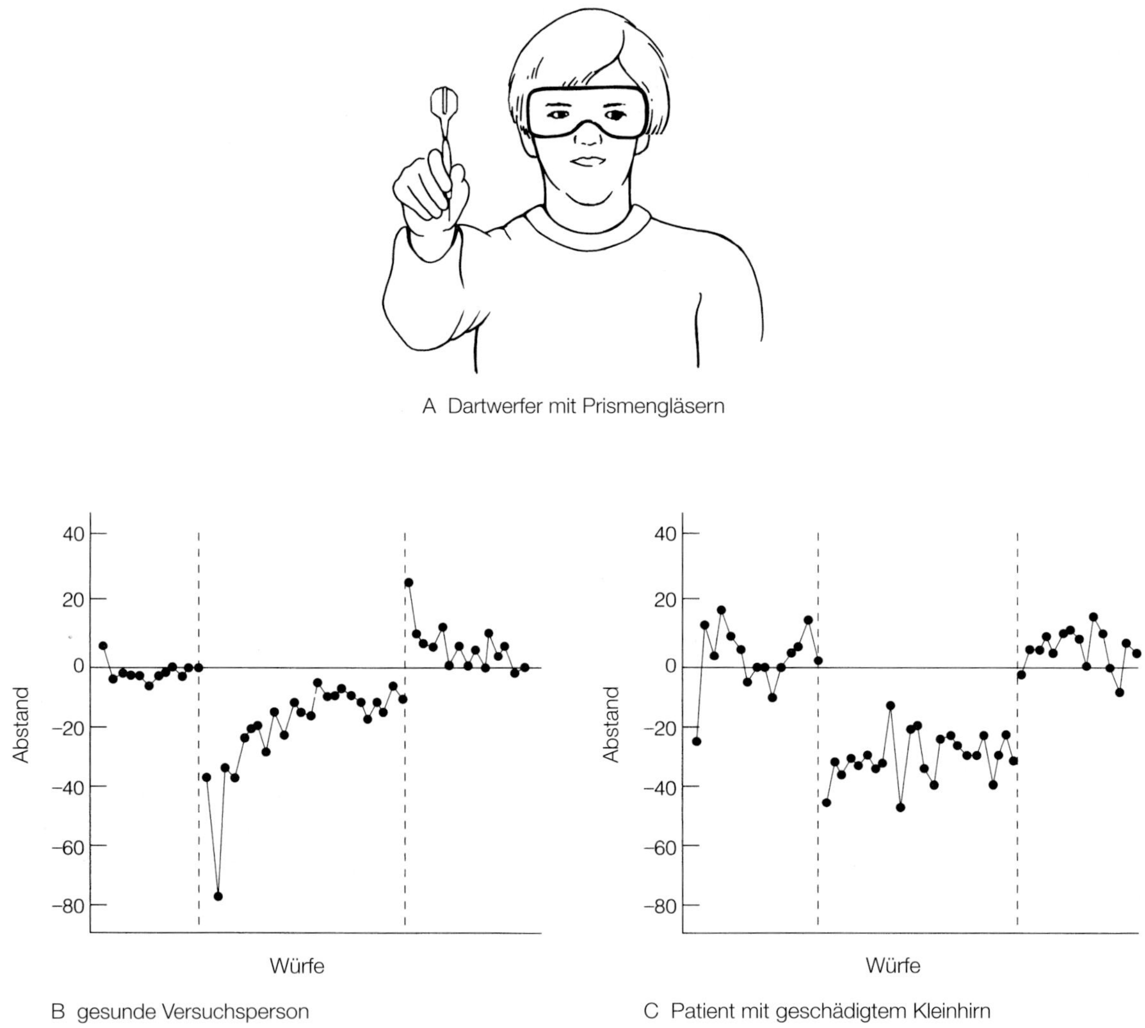

7.14 A. Die Aufgabenstellung: Ein Dartwerfer mit Prismengläsern fixiert das genau vor ihm liegende Ziel, die in seine Augen fallenden Lichtstrahlen kommen dabei jedoch von links. B. Gesunde Versuchspersonen werfen den Pfeil ohne Brille ins Ziel und mit Brille zunächst links am Ziel vorbei. Nach einigen Fehlwürfen korrigieren sie ihre Wurfrichtung. Wird die Brille abgenommen, werfen sie zunächst rechts vorbei, korrigieren dann jedoch wieder. C. Ein Patient mit einer Schädigung der cerebellären Schaltkreise korrigiert seine Wurfrichtung nicht, wenn er die Prismengläser trägt, und es tritt auch kein Nacheffekt auf, wenn er die Brille wieder abnimmt.

regionen, hatten bei dieser Aufgabe Schwierigkeiten, während Patienten mit Läsionen im Cortex oder in den Basalganglien sie problemlos bewältigten. Beim zweiten Test, der Wahrnehmungsaufgabe, wurden den Patienten zwei Paare aufeinanderfolgender Töne vorgespielt. Der Zeitabstand zwischen den ersten beiden Tönen war immer derselbe, der zwischen dem dritten und vierten Ton veränderte sich bei jedem Durchgang. Die Patienten sollten nun sagen, ob die Pause zwischen den letzten beiden Tönen länger oder kürzer war als die zwischen dem ersten Tonpaar. Auch hier hatten Patienten mit Kleinhirnschädigungen Schwierigkeiten, Patienten mit Läsionen des Cortex oder der Basalganglien nicht. Die Ergebnisse beider Tests lassen also den Schluß zu, daß das Kleinhirn als Uhr fungiert, um Bewegungen oder sensorische Ereignisse zeitlich zu koordinieren. Diese Theorie steht nicht im Widerspruch zu der von Thatch und seinen Kollegen, da beide eine Beteiligung des Kleinhirns an Lernvorgängen fordern.

Zusammenfassung

Das motorische System umfaßt den größten Teil des Gehirns. Es besteht aus separaten Subsystemen, die Bewegungen des gesamten Körpers, der Gliedmaßen sowie feingesteuerte Hand- und Fingerbewegungen erzeugen. Obwohl Bewegungen auch ohne sensorischen Informationseingang erzeugt werden können, laufen differenzierte Bewegungen nur mit einem funktionierenden sensorischen System normal ab. Das Rückenmark und der Hirnstamm codieren die meisten Elemente von einfachen und komplexen Bewegungen, wie zum Beispiel von Reflex- und Laufbewegungen. Gemeinsam mit dem sensorischen Cortex ist der motorische Cortex für die Produktion differenzierterer Bewegungen, insbesondere Bewegungen der Arme, Hände und Finger, zuständig. Die Basalganglien und das Kleinhirn spielen eine wichtige Rolle bei der Bereitstellung der benötigten Kraft, der zeitlichen Koordination und der Ausführung fein abgestimmter Bewegungen. Eine der auffallendsten Eigenschaften des motorischen Systems ist seine Redundanz: Bei sehr vielen verschiedenartigen Gehirnläsionen bleibt eine beträchtliche Bewegungsfähigkeit erhalten, die durch die nicht geschädigten Teile des motorischen Systems vermittelt wird.

Literatur

Adkins, R.J., R.W. Morse, A.L. Towe. Control of somatosensory input by cerebral cortex. *Science* 153: 1020–1022, 1966.

Aldridge, J.W., K.C. Berridge, M. Herman, L. Zimmer. Neuronal coding of serial order: Syntax of grooming in the neostriatum. *Psychological Science* 4: 391–395, 1993.

Beck, C.H., W.W. Chambers. Speed, accuracy, and strength of forelimb movement after unilateral pyramidotomy in rhesus monkeys. *Journal of Comparative and Physiological Psychology* 70: 1–22, 1970.

Coghill, G.E. *Anatomy and the Problem of Behavior.* New York, London: Hafner, 1964.

DeLong, M.R. Motor functions of the basal ganglia: Single-unit activity during movement. In: F.O. Schmitt, F.G. Worden (Hrsg.) *The Neurosciences: Third Study Program.* Cambridge, Mass.: MIT Press, 1974.

Evarts, E.V. Sensorimotor cortex activity associated with movements triggered by visual as compared to somesthetic inputs. In: F.O. Schmitt, F.G. Worden (Hrsg.) *The Neurosciences: Third Study Program.* Cambridge, Mass.: MIT Press, 1974.

Fetz, E.E. Are movement parameters recognizably coded in the activity of single neurons? *Behavioral and Brain Sciences* 15: 679–690, 1992.

Galea, M.P., I. Darian-Smith. Multiple corticospinal neuron populations in the Macaque monkey are specified by their unique cortical origins, spinal terminations, and connections. *Cerebral Cortex* 4: 166–194, 1994.

Georgopoulos, A.P., M. Taira, A. Lukashin. Cognitive neurophysiology of the motor cortex. *Science* 260: 47–52, 1993.

Ghez, C. Introduction to the motor systems. In: E.R. Kandel, J.H. Schwartz (Hrsg.) *Principles of Neural Science.* New York: Elsevier, 1991.

Graybiel, A.M., T. Aosaki, A.W. Flaherty, M. Kimura. The basal ganglia and adaptive motor control. *Science* 265: 1826–1831, 1994.

Groves, P.M. A theory of the functional organization of the neostriatum and the neostriatal control of voluntary movement. *Brain Research Reviews* 5: 109–132, 1982.

Jeannerod, M. *The Neural and Behavioural Organization of Goal-Directed Movements.* Oxford: The Clarendon Press, 1988.

Kawashima, R., K. Yamada, S. Kinomura, T. Yamaguchi, H. Matsui, S. Yoshioka, H. Fukuda. Regional cerebral blood flow changes of cortical motor areas and prefrontal areas in humans related to ipsilateral and contralateral hand movement. *Brain Research* 623: 33–40, 1993.

Keele, S.W., R. Ivry. Does the cerebellum provide a common computation for diverse tasks?: A timing hypothesis. In: A. Diamond (Hrsg.) *The Development and Neural Bases of Higher Cognitive Functions, Annals of the New York Academy of Sciences* 608: 197–211, 1991.

Kuypers, H.G.J.M. Anatomy of descending pathways. In: V.B. Brooks (Hrsg.) *The Nervous System. Handbook of Physiology,* Bd. VII. Bethesda, Md.: American Physiological Society, 1981.

Lashley, K.S. The problem of serial order in behavior. In: L.A. Jeffress (Hrsg.) *Cerebral Mechanisms and Behavior.* New York: Wiley, 1951.

Leonard, C.M., D.S. Glendinning, T. Wilfong, B.Y. Cooper, C.J. Vierck, Jr. Alterations of natural hand movements after interruption of fasciculus cuneatus in the macaque. *Somatosensory and Motor Research* 9: 61–75, 1991.

Nyberg-Hansen, R., E. Rinvik. Some comments on the pyramidal tract, with special reference to its individual variations in man. *Acta Neurologica Scandinavia* 39: 1–30, 1963.

Passingham, R.E., V.H. Perry, F. Wilkinson. The long-term effects of removal of sensorimotor cortex in infant and adult rhesus monkeys. *Brain* 106: 675–705, 1983.

Roland, P.E., B. Larsen, N.A. Lassen, E. Skinhøj. Supplementary motor area and other cortical areas in organization of voluntary movements in man. *Journal of Neurophysiology* 43: 539–560, 1980.

Rothwell, J.C., M.M. Traub, B.L. Day, J.A. Obeso, P.K. Thomas, C.D. Marsden. Manual motor performance in a deafferented man. *Brain* 105: 515–542, 1982.

Schieber, M.H., L.S. Hibbard. How somatotopic is the motor cortex hand area? *Science* 261: 489–492, 1993.

Thach, W. T., H. P. Goodkin, J. G. Keating. The cerebellum and the adaptive coordination of movement. *Annual Reviews of Neuroscience* 15: 403–442, 1992.

Twitchell, T. E. The automatic grasping response of infants. *Neuropsychologia* 3: 247–259, 1965.

Whishaw, I. Q., W. T. O'Connor, S. G. Dunnett. The contributions of motor cortex, nigrostriatal dopamine and caudate-putamen to skilled forelimb use in the rat. *Brain* 109: 805–843, 1986.

Yakovlev, P. E., P. Rakic. Patterns of decussation of bulbar pyramids and distribution of pyramidal tracts to two sides of the spinal cord. *Transactions of the American Neurological Association* 91: 366–367, 1966.

Teil II

Die Organisation des Cortex

Die Neuropsychologie befaßt sich primär mit den Funktionen des menschlichen Cortex. Den zweiten Teil dieses Buches wollen wir mit den allgemeinen Prinzipien der Funktion des Neocortex beginnen (Kapitel 8). Die Kapitel 9 und 10 beschreiben anschließend die Aufteilung der Funktionen zwischen den beiden Hemisphären, die, wenngleich nicht fast ausschließlich beim Menschen zu finden, dort sicherlich am ausgeprägtesten ist. Diese Aufteilung ist nicht nur ein eigenständiges Studienobjekt, sondern eröffnet auch neue Einblicke in die Funktionsweise des Cortex. Es gab in der Neuropsychologie einen Trend, sich eher mit „höheren" Funktionen (zum Beispiel Gedächtnis und Sprache) zu befassen als mit Neuroanatomie. Wir glauben, daß beides notwendig ist. Deshalb beschreiben die Kapitel 11 bis 14 die anatomischen Funktionen der einzelnen Lappen in jeder Hemisphäre. (Teil III befaßt sich mit der Diskussion der höheren Funktionen.) Natürlich arbeiten die einzelnen Lappen nicht isoliert voneinander, deshalb widmen wir uns in Kapitel 15 ihren funktionalen Wechselbeziehungen.

Um zu verstehen, wie der Cortex arbeitet, empfiehlt es sich, zunächst die Prozesse zu betrachten, die unserem Verhalten zugrunde liegen. Wir haben bereits die sensorischen Systeme kennengelernt und gesehen, daß jede Sinnesmodalität aus multiplen Bahnen zusammengesetzt ist, die der sensorischen Information mehrere Wege zum Cortex eröffnen. Allerdings ist die Analyse der sensorischen Information damit noch keineswegs abgeschlossen, denn wir haben uns noch nicht denjenigen Aspekten der Gehirnaktivität zugewandt, die Gedanken oder Kognition ermöglichen. Eine Methode, sich diesem Thema anzunähern, ist zu fragen, wozu ein neurales System in der Lage sein muß, um den einfachsten Aspekten der Kognition gerecht zu werden. Wir werden zunächst einige dieser Aspekte vorstellen, bevor wir uns damit befassen, wo und wie sie im Gehirn angewandt werden.

Wie wir gesehen haben, sind die Eingänge der verschiedenen sensorischen Systeme voneinander unabhängig, dennoch nehmen wir einen Sinnesreiz als einheitliches Perzept wahr. Wenn wir beispielsweise eine Katze berühren, haben wir gleichzeitig verschiedene Sinneseindrücke: Die Katze hat ein Fell mit einer bestimmten Beschaffenheit, das Fell hat eine Farbe, die Katze kann schnurren, miauen oder knurren, und sie hat einen Geruch. Diese verschiedenen sensorischen Informationen werden nicht getrennt voneinander wahrgenommen, sondern gemeinsam als einheitliche sensorische Erfahrung. Die Fähigkeit, konkurrierende sensorische Signale als einheitliches Perzept zu erkennen, bezeichnet man als **intermodalen Vergleich** (englisch ***cross-modal matching***). Ein solcher Modalitätsvergleich ist mit jeder beliebigen Kombination visueller, auditorischer und somatischer Reize möglich; in jedem Fall, so nimmt man an, erfolgt der Vergleich im Cortex, wo die Eingänge aus den verschiedenen sensorischen Systemen zusammentreffen.

Jedes unserer Sinnessysteme erzeugt eine punktgenaue Repräsentation der Rezeptoren im Cortex. Anhand dieser Repräsentationen sollte es möglich sein, festzustellen, wo die entsprechende Information herkommt. Einige Gegebenheiten in der sensorischen Verarbeitung erschweren jedoch diese Rückschlüsse. Erstens sind unsere Rezeptoroberflächen nicht gleichmäßig repräsentiert. Beispielsweise nehmen Hand und Gesicht mehr Platz auf der Cortexoberfläche ein als etwa der Rücken, und die Fovea ist in einem vergleichsweise größeren Areal repräsentiert als die Peripherie der Retina. Würde also von den sensorischen Karten direkt auf die Lokalisation des Stimulus geschlossen, so wäre das Ergebnis falsch. Unsere

Kenntnis darüber, *wo* die Dinge sind, die wir wahrnehmen, unsere „räumliche Karte“, muß also von dieser verzerrten Repräsentation unabhängig sein: Wir benötigen ein räumliches Koordinatensystem, das uns eine verläßliche Reproduktion des uns umgebenden Raumes liefert, und zwar unabhängig von der proportionalen Repräsentation durch die Rezeptoren. Zweitens werden Ort und Inhalt der sensorischen Information nicht in denselben Neuronen codiert. So reagieren zum Beispiel farbempfindliche Neuronen immer auf Farbe – unabhängig davon, wo diese Farbe ist; und Neuronen, die auf die Lokalisation eines Reizes ansprechen, reagieren nur auf Stimuli in einem sehr kleinen Bereich der uns umgebenden Welt. Würden die Lokalisationsneuronen auch Informationen über das Reizmuster übermitteln, wäre eine Redundanz im gesamten Repräsentationsbereich des Gesichtsfeldes notwendig, und dies wäre sehr ineffizient. Drittens brauchen wir ein räumliches Koordinatensystem, das motorische Reaktionen unabhängig von sensorischen Inhalten steuert. Das heißt, wir müssen in der Lage sein, die Lokalisation eines Reizes zu bestimmen, ohne zu wissen, um welche Art von Reiz es sich handelt. So können wir uns beispielsweise vor einem heranfliegenden Objekt, etwa einem Schneeball, ducken, ohne daß wir wissen, daß es sich um einen Schneeball handelt. In diesem Fall sind für die Notwendigkeit einer motorischen Reaktion die Details über den Stimulus irrelevant.

Würden wir auf alle Sinnesreize reagieren, wären wir von der Vielzahl der Eindrücke überwältigt. Wir brauchen ein System, das Informationen filtern kann und nur auf die relevanten Anteile reagiert. Dieser Filterprozeß, den man oft als *selektive Aufmerksamkeit* bezeichnet, dient dazu, eine geringe Menge an Informationen auszuwählen und den Rest zu ignorieren. Wenn Sie zum Beispiel diese Seite lesen, ignorieren Sie die Form des Blattes, seine Farbe, den Fernseher nebenan, das Gefühl der Schuhe an den Füßen, den Geschmack in Ihrem Mund und so weiter. Wenn wir irrelevante Stimuli nicht ignorieren könnten, würde es uns extrem schwerfallen, überhaupt irgendetwas zu verstehen!

Aufmerksamkeit ist jedoch ein zweischneidiges Schwert, denn wenn wir unsere Aufmerksamkeit auf eine bestimmte Reizkonfiguration gerichtet haben, müssen wir in der Lage bleiben, sie, sobald dies notwendig wird, auf eine andere Konfiguration zu lenken. Wir brauchen also einen Mechanismus, der eine Aufmerksamkeitveränderung ermöglicht und diese zur richtigen Zeit in die Wege leitet. Wenn wir unserer Aufmerksamkeit nicht eine andere Richtung geben können, sind wir zu unflexibel, und wenn wir sie zu leicht verschieben, sind wir zerstreut und ablenkbar.

Wenngleich unsere Reaktion auf einen sensorischen Eingang durchaus unmittelbar sein kann, setzt sie oft, manchmal sogar um eine recht lange Zeitspanne, verzögert ein. Dies insbesondere dann, wenn sie von zusätzlichen Informationen abhängt. Man führe sich beispielsweise die Situation vor Augen, einem sehr langen Witz zuzuhören. Wir reagieren nicht, bevor die Pointe erreicht ist, und müssen oft wichtige Informationen vom Beginn der Geschichte speichern, um die Pointe auch zu verstehen. Ähnliche Beispiele sind das Lesen eines Zeitungsartikels, Diskussionen, Musikhören, der Vergleich des Geschmacks zweier Weine und so weiter. Eine interessante Eigenschaft dieses Speichersystems ist, daß es die Information größtenteils nur für kurze Zeit behalten muß. Natürlich können wir unmöglich alles behalten, was wir erleben, noch nicht einmal alles, was wir durch unsere Aufmerksamkeit herausfiltern, da wir sonst bald von der Informationsflut überwältigt würden. Wir müssen also über ein Filtersystem verfügen, das die Informationen für eine längere Speicherung auswählt und möglicherweise sogar selbst eine Rolle beim Speichervorgang innehat.

Ein Großteil unserer sensorischen Verarbeitung scheint bereits von Geburt an organisiert zu sein und benötigt nur wenig Erfahrung. Babies reagieren auf Berührung, Temperatur, Geschmack und so weiter. Unsere Wahrnehmung anderer sensorischer Ereignisse ist jedoch in starkem Maße von Erfahrung abhängig. Der Extremfall sind abstrakte Informationen wie Sprache, die nur durch das vorherige Erlernen eine Bedeutung erhalten hat. Wenn wir beispielsweise das Wort „Hund“ lesen, erlaubt uns unsere Erfahrung mit der deutschen Sprache, das Wort und seine Bedeutung zu identifizieren. Andere Anordnungen der Buchstaben, wie etwa „Hnud“ werden nicht in derselben Weise verarbeitet und sind bedeutungslos. Dies legt den Schluß nahe, daß wir einen Speicher für Wörter besitzen (manchmal auch als Lexikon bezeichnet), den wir durchsuchen und mit dem gelesenen oder gehörten Wort vergleichen. Darüber hinaus hat das Wort „Hund“ eine Vielzahl von Bedeutungen (sowohl Denotationen als auch Konnotationen), die ebenfalls gespeichert sind. Es muß auch ein paralleler Speicher für andere Arten der visuellen Information existieren – etwa für Musiknoten, für Verkehrszeichen, Zahlen, mathematische Gleichungen und so weiter –, die offensichtlich erlernt sind und nicht von vornherein eine Bedeutung für das Nervensystem haben. Solche Speicher für abstrakte Inhalte sind nicht auf das visuelle System beschränkt. Sie müssen auch für auditorisches Material wie Wörter, Klänge und Sätze existieren.

Nicht die gesamte afferente Information, die in unseren Cortex gelangt, kommt von außen. Wir benötigen Mechanismen, die Körperbewegungen registrieren und die sensorischen Systeme darüber informieren. Wenn wir beispielsweise Ball spielen und laufen müssen, um einen fliegenden Ball zu fangen, scheint sich der Ball in zweierlei Hinsicht zu bewegen: erstens aufgrund seiner eigenen tatsächlichen Flugbahn und zweitens aufgrund unserer Kopfbewegung, wenn wir rennen. In beiden Fällen bewegt sich das Bild des Balles über die Retina, die Ursache ist jedoch jeweils eine andere. Die Tatsache, daß wir den Ball fangen können (zumindest mit einer gewissen Übung!), impliziert, daß das Gehirn zwischen den Bewegungen, die auf der Geschwindigkeit des Balles beruhen, und jenen, die durch das Auf und Ab unseres Kopfes hervorgerufen werden, unterscheiden kann. Es scheint, als würden die motorischen Systeme die sensorischen über die Körperbewegungen „informieren“, was den sensorischen Systemen ermöglicht, diese von den Bewegungen des Balles zu subtrahieren. Das System kann getäuscht werden, wenn es keine afferente Rückmeldung (als Reafferenz bezeichnet) gibt, wenn der Körper beispielsweise durch eine externe Kraft bewegt wird. Wenn man vorsichtig durch leichten Druck auf den Augapfel sein Auge verschiebt, so scheint sich die Umgebung zu bewegen. Eine ähnliche Bewegung des Auges durch Kontraktion der entsprechenden Augenmuskeln führt aufgrund der Reafferenz nicht zu einem solchen Eindruck.

Informationen zur Bewegungskontrolle können direkt von Ereignissen und Dingen in der Umgebung stammen oder von Reafferenzprozessen. Sie können auch „repräsentatorisch" sein in dem Sinne, daß es sich um eine interne Repräsentation von etwas handelt, das in der externen Welt stattfand oder noch immer stattfindet. Wenn das Verhalten durch eine Repräsentation gesteuert wird, so basiert dies auf einer neuralen Aufzeichnung, die unabhängig vom aktuellen sensorischen Eingang ist. Dieses Verhalten kann verschiedene Formen annehmen. Ein einfaches Beispiel ist zu beobachten, wie ein Gegenstand in eine Schublade gelegt wird, und ihn später dort wieder herauszuholen, obwohl er zwischenzeitlich nicht mehr sichtbar ist. Unser Verhalten wird in diesem Fall durch eine mentale Repräsentation des Gegenstandes in der Schublade gesteuert. Ein etwas komplexeres Beispiel ist, wenn wir einen Weg zu einem uns bekannten Restaurant gehen, den wir zuvor noch nicht gegangen sind. Hier wird unser Verhalten durch eine internalisierte Repräsentation des Restaurants und seiner Position auf einer Art „kognitiver Karte" der Umgebung gesteuert. Interne Repräsentationen sind komplex, denn sie müssen verschiedene Arten von Informationen umfassen, darunter sowohl die räumliche Lokalisation der sensorischen Information als auch ihre Natur (Farbe, Tonhöhe, Geruch und so weiter). Sind keine Informationen repräsentiert, hängt das Verhalten von direkten Informationen ab, und die betroffenen Personen sind möglicherweise nicht in der Lage, vorauszuplanen oder wie auch immer geartete Vorstellungen zu entwickeln.

Schließlich brauchen wir, wenn wir Bewegungen zur richtigen Zeit und am richtigen Ort ausführen wollen, einen Speicher für die Bewegungen, die wir gerade ausgeführt haben, und einen Plan oder ein Programm, was nun zu tun ist. Die grundlegende Idee dabei ist, daß nur mit dem Wissen darüber, was gerade passiert, neue Verhaltenseinheiten oder Einheitenfolgen initiiert werden können. Wenn wir sitzen und in einen anderen Raum gehen wollen, können wir mit dem Gehen erst beginnen, wenn wir aufgestanden sind. Dies benötigt eine Rückmeldung darüber, daß wir aufgestanden sind, und eventuell auch eine Inhibition der Beinbewegungen, damit wir überhaupt stehen können. Es könnte auch notwendig sein, einen Plan zu haben, der besagt, welche Bewegungen nacheinander auszuführen sind. Man könnte dies auch als antizipierendes motorisches Programm bezeichnen. Die Idee dabei ist, daß die Bewegungen bereits im voraus in der richtigen Reihenfolge organisiert werden können und das motorische Programm vom Gehirn „gelesen" wird, um die Bewegungen in der richtigen Reihenfolge zu produzieren.

Es sollte klargeworden sein, daß die Komplexität des menschlichen Verhaltens eine beträchtlich intensivere Verarbeitung der sensorischen Information benötigt als eine einfache Umorganisation der Eingangsinformationen verschiedener sensorischer Bahnen. Es sind viele andere Prozesse beteiligt, welche größtenteils im Cortex ablaufen. Einzelne Einheiten kognitiver Aktivitäten verschiedenen Regionen des Cortex zuzuordnen, ist naheliegend, aber mit Problemen verbunden, denn die Komplexität der Vorgänge benötigt die kontinuierliche Wechselwirkung der verschiedenen Cortexregionen. Auch gibt es für wahrscheinlich alle Probleme mehrere Lösungsmöglichkeiten, und an den verschiedenen Strategien können unterschiedliche Cortexregionen beteiligt sein. Trotz alledem können wir einige Verallgemeinerungen treffen, die uns ein Grundgerüst zur Erforschung der Organisation des Cortex liefern.

8

Organisationsprinzipien des Neocortex

Eines Tages beschloß Herr Higgins, Französisch zu lernen, um französische Dichter lesen und genießen zu können. Nach einem Jahr sprach er es schon fast fließend. Da wurde ihm jedoch klar, daß er, um Französisch wirklich verstehen zu können, Latein studieren mußte. Und so vertiefte er sich in das Studium dieser Sprache, um nach einem Jahr festzustellen, daß er sich, um tatsächlich des Lateinischen mächtig zu werden, mit Altgriechisch befassen muß. Da Herr Higgins fest entschlossen war, die französische Sprache zu beherrschen, begann er mit dem Griechischstudium. Nach einem weiteren Jahr intensiven Lernens erkannte er schließlich, daß er Sanskrit lernen muß, um Griechisch wirklich verstehen zu können. Dabei ergab sich allerdings ein kleines Problem, da nur wenige Menschen Sanskrit lehrten. Nach einigen Monaten gelang es ihm, einen alten Mann in Indien ausfindig zu machen, der ein wahrer Sanskritgelehrter war. Sehr erfreut über die Möglichkeit, bald richtig Französisch zu verstehen, zog Higgins nach Indien und begann, bei dem alten Mann Sanskrit zu lernen. Dieser starb allerdings nach sechs Monaten. Enttäuscht kehrte Higgins im festen Glauben nach Hause zurück, daß es für ihn nun unmöglich wäre, wirklich Französisch zu lernen.

Diese kleine Geschichte offenbart einige Schwierigkeiten, denen ein Psychologe begegnet, wenn er die neurologischen Grundlagen des menschlichen Verhaltens untersuchen will. Natürlich muß der Psychologe Grundstruktur und Organisation des Gehirns (insbesondere des Neocortex) kennen und Grundwissen über die neuesten Entwicklungen auf dem Gebiet der Neuroanatomie, Neurochemie und Neurophysiologie besitzen. Ein Problem besteht darin, Grenzen zu ziehen. Kenntnisse der Mikrostruktur von Mitochondrien mögen interessant und wohl auch notwendig sein, um die Funktionsweise eines Neurons genau bestimmen zu können. Es bleibt aber fraglich, ob diese Kenntnis für die Untersuchung der neurologischen Kontrolle der Sprache wirklich unerläßlich ist. Für das Problem der Grenzziehung gibt es keine allgemeingültige Lösung. Man muß sozusagen vermeiden, vom Sanskrit völlig vereinnahmt zu werden, obwohl man eigentlich nur die Wurzeln der französischen Sprache kennenlernen will.

Funktionale Ebenen vom Rückenmark bis zum Cortex

Eine Metapher für die Beziehung des Cortex zum Rückenmark ist die Beziehung des Pianisten zum Klavier. Der Cortex ist der Pianist, der Verhalten erzeugt, indem er auf subcortikalen „Tasten" spielt. Diese Vorstellung kann bis zu der Mitte des 19. Jahrhunderts zurückverfolgt werden. Damals äußerte Herbert Spencer die Vermutung, jeder Schritt in der Evolution habe dem Gehirn eine neue Ebene hinzugefügt und eine neue Ebene der Verhaltenskomplexität erzeugt. Spencers Vorstellung wurde von Hughlings-Jackson aufgegriffen und zu einem zentralen Gedanken in den neurologischen Theorien des 20. Jahrhunderts.

Die Idee von funktionalen Ebenen in der Organisation des Nervensystems geht teilweise auf frühe Ergebnisse zurück, die zeigten, daß das Gehirn eine bemerkenswerte Fähigkeit zum weiteren Funktionieren hat, wenn Teile von ihm zerstört worden sind. In dieser Hinsicht ist das Gehirn anders als zum Beispiel ein Radio, das nicht mehr funktioniert, wenn ein

Bauteil entfernt wird oder ausfällt. Diese Unverwüstlichkeit des Nervensystems machte Du Verney im Jahre 1700 allgemein bekannt. In einer öffentlichen Vorführung präparierte er einen Nerv und den zugehörigen Muskel aus einem Frosch heraus und zeigte, daß der Nerv auch außerhalb des Körpers noch arbeitet, denn bei Berührung bewirkte er eine Kontraktion des Muskels. 1853 demonstrierte Pflüger, daß ein Frosch allein mit seinem Rückenmark überleben kann und zu recht komplexen Reaktionen imstande ist. Wenn man Säure auf die rechte Körperseite des Frosches applizierte, bewegte er das rechte Hinterbein nach vorn, um sie wegzuwischen. Andere Wissenschaftler, darunter Ridi im Jahre 1810, zeigten, daß Amphibien laufen können, wenn Teile des Hirnstamms intakt geblieben sind, und 1884 untersuchte Fano die Bewegungsmuster einer Schildkröte, die nur noch den unteren Bereich des Hirnstamms besaß. Diesen frühen Experimenten folgte die systematischere Erforschung der Kapazität der unterschiedlichen Teile des Nervensystems und eine Untersuchung deren strukturellen Details.

Eine solche systematische Studie führte Berridge über das Putzverhalten der Ratte durch. Ratten (und andere Tiere, wie auch wir Menschen) beginnen am Kopf, um dann von oben nach unten beziehungsweise von vorn nach hinten den restlichen Körper zu reinigen. Zunächst reiben die Ratten mit ihren Pfoten in symmetrischen, kreisenden Bewegungen über ihre Nase, dann wischen sie über das Gesicht und hinter den Ohren, und schließlich wenden sie sich um und lecken das Körperfell. Diese Handlungsfolge läßt sich in mehr als 50 miteinander verbundene Bewegungen unterteilen. Bei der Untersuchung dieser Bewegungen fand Berridge heraus, daß an der Erzeugung der einzelnen Elemente und der Folge der einzelnen Verhaltensweisen viele Ebenen des Nervensystems beteiligt sind. Das heißt, das Verhalten wird nicht nur von einem einzigen Ort im Gehirn erzeugt, sondern hängt von vielen Regionen ab, darunter Rückenmark, Hinterhirn, Mittelhirn, Zwischenhirn, Basalganglien und Cortex. Die folgenden Abschnitte beschreiben einige der von den verschiedenen anatomischen Ebenen des Nervensystems vermittelten Funktionen (Abbildung 8.1). Parallele Funktionen des menschlichen Gehirns werden in dem entsprechenden Zusammenhang erwähnt.

Das Rückenmark und Reflexe

Tiere, deren Rückenmark vom Gehirn abgetrennt ist, können keine Willkürbewegungen ausführen, weil das Gehirn keine Kontrolle mehr über die Neuronen des Rückenmarks hat. Nichtsdestoweniger ist das Rückenmark intakt und kann viele Reflexe vermitteln, wie etwa das Heranführen einer Gliedmaße an den Ort eines taktilen Stimulus oder das Zurückziehen der Gliedmaße von einem Schmerzreiz. Das Rückenmark enthält auch die Schaltkreise, die zur Fortbewegung notwendig sind, so daß die Tiere zu laufen vermögen, wenn der Körper durch externe Hilfen aufrecht gehalten wird.

Das Hinterhirn und die Kontrolle der Körperhaltung

Wenn das Gehirn so geschädigt wird, daß Hinterhirn (Rhombencephalon) und Rückenmark noch miteinander verbunden, aber vom Rest des Gehirns getrennt sind, bezeichnet man das Tier als decerebriert auf Höhe des Hinterhirns (englisch *low-decerebrate*). Der sensorische Eingang in das Hinterhirn stammt hauptsächlich aus dem Kopf und wird über die Hirnnerven IV bis XII geleitet. Die meisten dieser Nerven sind in motorischen Kernen im Hinterhirn verschaltet, deren efferente Fasern Muskeln in Kopf und Nacken kontrollieren. Im Rückenmark sind nur wenige Interneuronen zwischen die sensorischen und motorischen Projektionen geschaltet. Im Hinterhirn hingegen haben sich sehr viele davon entwickelt, die Kerne und andere komplexe Koordinationszentren, wie etwa das Cerebellum, bilden. Der sensorische Eingang in das Hinterhirn ist nicht auf die Hirnnerven beschränkt; auch die spinalen sensorischen Systeme haben Zugang zu den motorischen Systemen des Hinterhirns, genau wie das Hinterhirn Verbindungen zu motorischen Systemen des Rückenmarks hat.

Bazett und Penfield sowie Bard und Macht führten Experimente mit Katzen durch, die auf Höhe des Hinterhirnes decerebriert waren, bei denen die Tiere über Wochen und Monate am Leben gehalten wurden. Die Katzen waren generell inaktiv, solange sie nicht gestört wurden, und zeigten keine wirksame Thermoregulation. Allerdings schluckten sie auf ihre Zunge gelegte Nahrung und konnten somit gefüttert werden. Reizte man die Tiere leicht mit einer der verschiedenen sensorischen Modalitäten (Berührung, Schmerz, Geräusche und so weiter), veränderten sie ihre normale, liegende Körperhaltung zu einer Kauerstellung. War der Reiz stärker, liefen sie – etwas unsicher – langsam davon. Die verwendeten Reize riefen auch affektive Verhaltensweisen hervor, die bei normalen Katzen zu beobachten sind, wie etwa Beißen, Fauchen, Knurren und mit dem Schwanz wedeln.

Eines der typischsten Merkmale des vom Hinterhirn gesteuerten Verhaltens ist eine eigentümliche Steifheit, die sogenannte Decerebrierungsstarre. Sie wird durch einen erhöhten Muskeltonus, insbesondere derjenigen Muskeln verursacht, welche die normale stehende Körperhaltung stabilisieren, also der Schwerkraft entgegenwirken. Dies sind gleichzeitig die stärksten Muskeln des Körpers. Aufgrund dieser Rigidität sind die Beine des Tieres, wenn man es in eine aufrechte Position bringt, ausgestreckt und der Kopf ist nach oben gebogen. Sherrington bezeichnet diese Rigidität auch als „übertriebenes Stehen".

Auch bei einer vorliegenden Decerebrierungsstarre läßt sich durch Veränderung der Kopfhaltung eine Reihe von *Haltungsreflexen* auslösen. Drückt man den Kopf eines stehenden Tieres nach unten, so beugen sich die Vorderbeine und die Hinterbeine strecken sich; biegt man den Kopf nach oben, beugen sich die Hinterbeine und die Vorderbeine strecken sich. Die erste Haltung würde normalerweise eingenommen, wenn das Tier beispielsweise unter ein Sofa schauen wollte, die zweite beim Blick auf ein Regal an der Wand. Das Drehen des Kopfes zur Seite führt zum Strecken der Beine auf dersel-

ANATOMIE

BEZEICHNUNG	VERHALTENSWEISEN
normales Tier (Cortex)	führt willkürliche Bewegungsfolgen in organisierten Muster durch; reagiert auf sensorische Stimulationsmuster; besitzt Schaltkreise für die Erzeugung kognitiver Karten und für das „Erkennen" von Beziehungen zwischen Objekten und Ereignissen; fügt eine emotionale Komponente hinzu
decortiziertes Tier (Basalganglien)	verknüpft willkürliche und automatisierte Bewegungen gut genug, um sich in einer einfachen Umgebung selbst erhalten zu können (Fressen, Trinken)
decerebriertes Tier (Hypothalamus, Thalamus sind intakt)	Willkürbewegungen treten spontan auf und sind übertrieben, aber ziellos; zeigt gut integrierte, jedoch kaum zielgerichtete affektive Verhaltensweisen; effektiv funktionierende Thermoregulation
auf Höhe des Mittelhirns decerebriertes Tier	reagiert auf einfache Merkmale auditorischer und visueller Reize; führt automatisierte Bewegungen aus (z. B. Fellpflege); führt bei geeigneter Stimulation Teile willkürlicher Bewegungsfolgen aus (Stehen, Laufen, sich Umdrehen, Springen, Klettern usw.)
auf Höhe des Hinterhirns decerebriertes Tier (Rautenhirn)	führt bei geeigneter Stimulation Bewegungseinheiten aus (Fauchen, Beißen, Knurren, Kauen, Lecken usw.); zeigt übertriebenes Stehen, Haltungsreflexe und Elemente von Schlaf-Wach-Verhalten
spinales Tier (Rückenmark)	zeigt bei geeigneter sensorischer Reizung Reflexe (Streckreflexe, Rückziehreflexe, Haltungsreflexe, Kratzreflex, Pfotenschütteln usw.)

8.1 Von den verschiedenen Ebenen des Nervensystems unterstützte Verhaltensweisen. Die höchste verbleibende Ebene ist grau unterlegt.

ben Körperseite und zum Beugen der gegenüberliegenden Beine. Diese Reaktion tritt bei einer gesunden Katze auf, die ihren Kopf nach einem Gegenstand oder einem anderen Tier gedreht hat und sich bereit macht, die Verfolgung aufzunehmen. Legt man die Tiere auf die Seite, so strecken sie die unteren Beine (die den Boden berühren) und beugen die oberen. Dies ist eine statische Reaktion, welche die erste Phase des Aufrichte-Reflex repräsentiert.

Bei gesunden Tieren gibt es zweierlei Arten von Schlaf: Der *ruhige Schlaf* (*quiet sleep*) ist durch einen gewissen Muskeltonus gekennzeichnet, der *aktive Schlaf* (*active sleep*) durch das Fehlen eines Muskeltonus. (Man bezeichnet diese Schlaftypen auch als Slow-wave-Schlaf und Traumschlaf.) Tiere, die auf Höhe des Hinterhirns decerebriert wurden, zeigen zu unterschiedlichen Zeiten Merkmale beider Schlafarten. Läßt man die Tiere ungestört, verlieren sie nach und nach ihre Rigidität und sinken in eine vornübergeneigte Lage. Jeder geringste Reiz, sei es ein Geräusch oder eine Berührung, löst sofort wieder die Rigidität aus. Diese Verhaltensänderung scheint dem ruhigen Schlaf ähnlich zu sein: Die Tiere zeigen auch einen plötzlichen völligen Verlust des Muskeltonus, der zwischen 15 Sekunden und 12 Minuten anhält; ein Verhalten das dem aktiven oder Traumschlaf zu entsprechen scheint, insbesondere weil auch Patienten, die an einer sogenannten **Narkolepsie** leiden, zuweilen in aktiven Schlaf fallen. Die für Schlaf verantwortlichen neuralen Zentren sind also im Hinterhirn lokalisiert.

Das Verhalten dieser decerebrierten Tiere unterscheidet sich von dem Verhalten von Tieren mit geschädigtem Rükkenmark in mehrerer Hinsicht: Erstens werden Reaktionen wie mit dem Schwanz wedeln und Beißen durch verschiedene (und oft kumulative) Arten der Stimulation hervorgerufen. Solche Reaktionen lassen sich folgendermaßen erklären: In seiner einfachsten Form ist das Schwanzwedeln ein Rückziehreflex des Schwanzes vor einem unangenehmen Reiz; es handelt sich um einen Rückenmarksreflex. Beißen ist ein Reflex des Kauapparats, der durch Stimulation des Gesichts ausgelöst wird; er wird über die sensorischen und motorischen Bestandteile des Nervus trigeminus (V) und das Hinterhirn vermittelt. Da die sensorischen Komponenten der Rückenmarks- und Hinterhirnreflexe mit den motorischen Komponenten der jeweiligen Reflexe gekoppelt sind, kann das Kneifen in die Oberlippe oder in den Schwanz einer Katze dieselbe Reaktion auslösen: das Schwanzwedeln und Beißen. Dieses Prinzip der Verbindung sensorischer und motorischer Komponenten unterschiedlicher Ebenen ist eine organisatorische Eigenschaft aller funktionalen Ebenen des Gehirns.

Die bei decerebrierten (auf Höhe des Hinterhirns) Tieren zu beobachtenden Verhaltensänderungen entsprechen denen beim Menschen, die aufgrund einer Schädigung des Hirnstamms, die den unteren Teil des Hirnstamms nahezu vollständig vom Rest des Gehirns abtrennt, in ein Koma gefallen sind. Barrett und seine Mitarbeiter haben eine Reihe solcher Fälle dokumentiert. Die Betroffenen können zwischen Bewußtseinszuständen wechseln, die dem Schlafen und Wachen ähneln, mit ihren Augen bewegliche visuelle Stimuli verfolgen, Husten, Lächeln, Nahrung schlucken, sie zeigen eine Decerebrierungsstarre und führen Haltungskorrekturen aus, wenn man sie bewegt. Wenn sie richtig gepflegt werden, können solche Menschen Monate oder Jahre ohne nennenswerte Veränderung ihres Zustands überleben.

Das Mittelhirn und spontane Bewegungen

Die nächste Ebene der Gehirnorganisation kann bei Tieren beobachtet werden, die ein intaktes Mittelhirn besitzen – in dessen Tectum die Koordinierungszentren für das Sehen (Colliculus superior) und Hören (Colliculus inferior) liegen, und in dessen Tegmentum sich eine Reihe von motorischen Kernen befindet –, bei denen jedoch die Funktionen der höheren Zentren ausgeschaltet sind. Die zu diesem Zustand führende Schädigung bezeichnet man als **Decerebrierung** auf Höhe des Hinterhirns (englisch *high decerebration*). Visuelle und auditorische Eingänge ermöglichen dem Tier, Ereignisse aus einer gewissen Entfernung wahrzunehmen; es kann daher auf entfernte Objekte reagieren, indem es sich auf sie zu bewegt.

Bard und Macht berichten, daß solcherart decerebrierte Katzen laufen und stehen, wieder in eine aufrechte Körperhaltung gelangen können, wenn man sie auf den Rücken gedreht hat, und sogar rennen oder klettern, wenn man sie entsprechend reizt. Bignall und Schramm fanden heraus, daß in ihrer frühen Jugend decerebrierte Kätzchen sich zu visuellen und auditorischen Stimuli hin orientieren können. Die Tiere vermögen sogar eine Angriffsreaktion auszuführen und mit der Pfote eine Geräuschquelle zu attackieren. Bignall und Schramm nutzten dieses Verhalten teilweise aus, um ihre Kätzchen zu füttern: Sie plazierten Futter in die Nähe der Geräuschquelle; beim Angriff auf diese fanden die Tiere die Nahrung und fingen an zu fressen. Obwohl die Katzen sich bewegende Objekte angriffen, deutete nichts darauf hin, daß sie tatsächlich sehen konnten, denn sie stießen beim Laufen ständig irgendwo an. Woods berichtete, daß auf Höhe des Mittelhirns decerebrierte Katzen sehr aktiv sind und alle Bewegungen ausführen, die auch bei normalen Katzen zu beobachten sind; Grill und Norgren zufolge sind solche Katzen generell inaktiv und zeigen nur dann ein normales Bewegungsverhalten, wenn man sie stört. Möglicherweise haben Bignall und Schramm wie auch Woods einen Teil des Hypothalamus intakt gelassen, was die höhere Aktivität ihrer Tiere im Vergleich zu anderen Studien erklären würde.

Diese Experimente zeigen, daß alle Bestandteile (oder Unterklassen) willkürlicher Bewegungen – Bewegungen, die ein Tier von einer Stelle zu einer anderen bringen, wie etwa Umdrehen, Laufen, Klettern und Schwimmen – auf der Ebene des Mittelhirns repräsentiert sind. Gesunde Tiere nutzen Willkürbewegungen zu verschiedenen Zwecken, beispielsweise zur Nahrungs- und Wassersuche, zur Exploration eines neuen Territoriums oder zur Flucht vor einem Freßfeind. Diese Bewegungen wurden auch verschiedentlich als appetitiv, instrumentell, zweckorientiert oder operant bezeichnet. Willkürbewegungen, die durch auf niedriger Ebene angesiedelte Systeme zur Haltungskontrolle oder durch Reflexsysteme vermittelt werden, lassen sich auch durch sensorischen Eingang auf niedriger Ebene auslösen. Das heißt, durch Kneifen oder eine Veränderung der Körperhaltung kann man eine Umdrehbewegung, Lauf- oder Kletterbewegungen auslösen. Diese neue Verhaltensebene ist also mit ihr untergeordneten Verhaltensebenen sowohl durch aufsteigende als auch durch absteigende Bahnen verbunden, genau so, wie das Hinterhirn und die verschiedenen Ebenen des Rückenmarks miteinander verknüpft sind.

Auf Höhe des Mittelhirns decerebrierte Tiere können auch **automatische Bewegungen**, das heißt aufeinanderfolgende stereotype Verhaltenseinheiten effektiv ausführen. Fellpflege, Nahrung kauen, Wasser trinken und Futter abweisen sind sol-

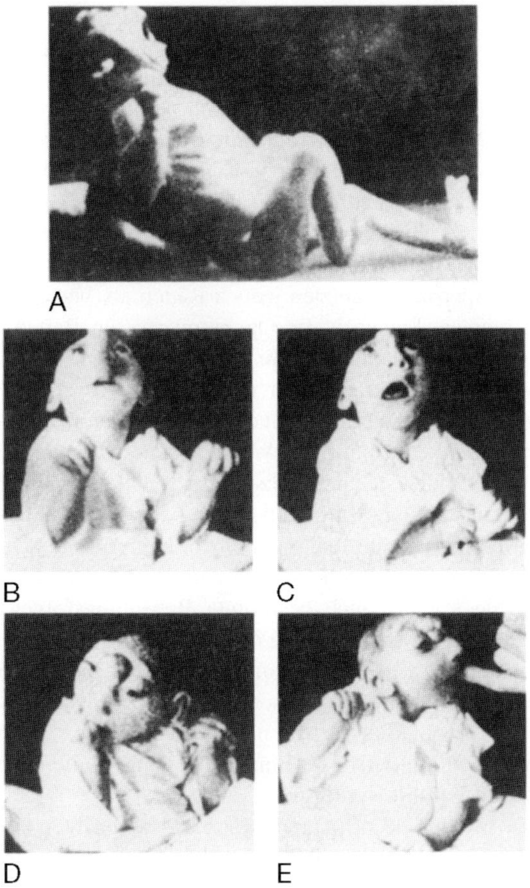

8.2 Instinktives Verhalten und orale Automatismen bei einem Kind, dem die normalerweise oberhalb des Mesencephalon gelegenen Gehirnstrukturen fehlten. A. Gähnen mit Spreizen der Arme. B. Orale Abwehrbewegungen, wenn die Lippen berührt wurden, mit Ablenkung der Augen. C. Koordinierte Blick- und Schnappbewegungen, wenn der Untersucher seinen Finger aus dem Blickfeld des Kindes entfernt. D. Spontanes Saugen an der eigenen Hand. E. Orale Abwehrbewegungen nach links mit gleichzeitiger Ablenkung von Kopf und Augen sowie tonischen Reflexen der Arme. (Nach Gamper (1926), *Zeitschr. Ges. Neurol. Psychiat.* 104: 49.)

che typischen automatischen Bewegungen der Ratte. Im allgemeinen dienen automatische Verhaltensweisen (auch als Reflexverhalten, Konsumverhalten oder reaktives Verhalten bezeichnet) dazu, eine Konsumhandlung durchzuführen, und nicht dazu, ein Tier von einem Ort zu einem anderen zu bringen. Die Fellpflege ist ein hervorragendes Beispiel für ein automatisches Verhalten, denn sie besteht aus einer großen Zahl automatisierter Bewegungen, die in einer bestimmten Reihenfolge und in stereotyper Art und Weise ausgeführt werden. Wenn das Fell einer Ratte naß wird, schüttelt sie zuerst das Wasser ab, setzt sich dann auf ihre Hinterbeine und schüttelt ihre Vorderpfoten, die sie anschließend ableckt. Nun wischt sie sich schnell mit bilateral symmetrischen Bewegungen über die Nase und mit leicht asymmetrischen Bewegungen über das Gesicht. Schließlich dreht sie sich um und leckt sich das Körperfell. Das Abweisen von Futter ist ähnlich komplex. Wenn man gesättigten decerebrierten Ratten Futter anbietet, führen sie eine Reihe aufeinanderfolgender Einzelbewegungen aus: Sie schlagen schnell mit der Zunge, reiben ihr Kinn ab und schieben mit der Pfote das Futter weg. Diese Verhaltenweisen entsprechen dem Abwehrverhalten von normalen Ratten, die ihnen vorgesetztes Futter als schädlich befunden haben. Sind die Tiere allerdings nicht gesättigt, trinken sie Wasser und kauen sie Nahrung, die man an ihren Mund geführt hat.

Es gibt zahlreiche Berichte über Kinder, die nahezu ohne Großhirn geboren wurden. Ein von Gamper untersuchtes Kind (Abbildung 8.2) besaß keine über dem Diencephalon liegenden Gehirnstrukturen, und auch vom Diencephalon war nur ein kleiner Teil intakt. Dieses Kind entsprach somit anatomisch einem auf Höhe des Mittelhirns decerebrierten Tier. Es zeigte viele Verhaltensweisen, die auch bei gesunden Kleinkindern zu beobachten sind: Es konnte sitzen, war abwechselnd wach und schlief, es war in der Lage zu saugen, gähnen, sich strecken, schreien und visuelle Stimuli mit den Augen zu verfolgen. Das Kind zeigte allerdings wenig spontane Aktivitäten, und wenn man es allein ließ, verblieb es meist in einem schläfrigen Zustand. Brackbill untersuchte ein ähnliches Kind und fand heraus, daß es sich auditorischen Reizen von 60 bis 90 Dezibel (dB) ebenso zuwandte, wie dies gesunde Kinder tun. Im Gegensatz zu gesunden Kindern veränderte sich die Stärke seiner Reaktionen jedoch nicht, und es war auch keine Habituation (eine graduelle Abnahme der Reaktionsstärke bei wiederholter Reizung) zu beobachten. Brackbill schloß daher, daß das Großhirn für die Produktion von Bewegungen nicht notwendig ist, wohl aber zu ihrer Verminderung oder Hemmung. Im allgemeinen bleiben Kinder mit derart umfassenden Gehirnschäden nicht lange am Leben, und diejenigen, die mehrere Monate überleben, entwickeln nicht die bei gesunden Kindern zu beobachtenden komplexen Bewegungen. Sie scheinen dieselben Verhaltenskapazitäten zu besitzen wie decerebrierte Tiere.

Die Rolle des Zwischenhirns bei Affekt und Motivation

Einem decerebrierten Tier, dessen Zwischenhirn intakt ist, fehlen zwar die Basalganglien und die beiden Großhirnhemisphären, es besitzt jedoch ein vollständiges olfaktorisches System, das es ihm erlaubt, Gerüche aus einiger Entfernung wahrzunehmen. Hypothalamus und Hypophyse sind ebenfalls intakt, und ihre Kontrolle über das Hormonsystem integriert Gehirnaktivität und physiologische Vorgänge im Körper. Man nimmt an, daß der Hypothalamus an der **Homöostase** beteiligt ist, also an der Aufrechterhaltung der Körpertemperatur, des chemischen Gleichgewichts, der Energiereserven und so weiter. Die Tiere halten eine normale Körpertemperatur aufrecht, aber sie fressen und trinken nicht genug, um sich selbst zu ernähren. Das Diencephalon fügt dem Verhalten eine Dimension des Affekts und der Motivation hinzu, in dem Sinne, daß das Verhalten „energetisiert" und anhält.

Wie bereits erwähnt, zeigen auf Höhe des Mittelhirns decerebrierte Tiere viele der Verhaltenskomponenten von Wut, diese sind jedoch weder energetisiert, noch integriert oder überdauernd. Cannon und Brittain untersuchten decerebrierte Ratten, deren Diencephalon intakt war und beschrieben sogenannte quasi-emotionale Phänomene (oder Scheinwut), wie man sie gewöhnlich bei wütenden Tieren beobachtet. Das Verhalten besteht aus folgenden Elementen: Mit-dem-Schwanz-Schlagen, Einen-Buckel-Machen, Beinbewegungen, Die-Krallen-Zeigen, Knurren und Beißen. Sympathicussymptome der Wut sind ebenfalls vorhanden, darunter das Aufrichten der Schwanzhaare, Schweißabsonderung an den Fußballen, Pupillenerweiterung, Mikturation, Blutdruckerhöhung, ein hoher Herzschlag und ein Anstieg der Adrenalin- und Blutzuckerkonzentration. Diese Erregungszustände bleiben oft über Stunden bestehen. Bard entfernte verschiedene Anteile von Vorderhirn und Hirnstamm und fand heraus, daß mindestens der hintere Teil des Hypothalamus intakt bleiben muß, damit diese Scheinwut auftreten kann. Klinische Berichte deuten darauf hin, daß ähnliche Attacken scheinbarer Emotionalität auch bei Menschen auftreten können, die Läsionen des Hypothalamus erlitten haben. Das heißt, es gibt Menschen, die unkontrollierbare Wut zeigen oder sich im wahrsten Sinne des Wortes totlachen können.

Eines der typischsten Merkmale des Verhaltens von decerebrierten Tieren ist ihre konstante Aktivität. Diese wurde von Sørenson und Ellison sowie von Grill und Norgren an Ratten beobachtet und von Goltz an Hunden. Da auch gesunde Tiere, denen man lange kein Futter und Wasser gegeben hat, sehr aktiv werden, könnte man vermuten, daß die Hyperaktivität eines decerebrierten Tieres auf einem Mangelzustand beruht; das heißt, das Tier sucht nach Nahrung oder Wasser. Wie Grill und Norgren jedoch herausfanden, führt auch das Füttern der Ratten zur gleichen Zeit und mit der gleichen Futtermenge wie Kontrolltiere nicht zu einer Beendigung der Hyperaktivität.

Diese beiden Beispiele für Verhaltensweisen bei Tieren ohne Großhirn aber mit intaktem Diencephalon lassen vermuten, daß das Zwischenhirn dem Verhalten eine energetisierende Dimension hinzufügt, welche die Klassifizierung als affektiv oder motiviert rechtfertigt. Brittain und Cannon waren sich jedoch der Unangemessenheit des Wutverhaltens ihrer decerebrierten Katze bewußt, und deswegen nannten sie dieses Verhalten „Scheinwut", um es von der gerichteten Wut einer normalen Katze zu unterscheiden. Vielleicht sollte man die Hyperaktivität der decerebrierten Tiere als Scheinmotivation bezeichnen, um sie von dem zielgerichteten Verhalten gesunder Tiere abzugrenzen. In diesem Sinne sind der Affekt und die Motivation der decerebrierten Tiere dem übertriebenen Stehen vergleichbar, das bei decerebrierten (auf Höhe des Hinterhirns) Tieren zu beobachten ist. Bei funktionierender Kontrolle durch das Vorderhirn kann das betreffende Verhalten zu bestimmten Zwecken ausgelöst werden, aber in Abwesenheit einer solchen Kontrolle ist das Verhalten des Tieres übertrieben und erscheint unangebracht.

Die Basalganglien und die Selbsterhaltung

Unter **Decortizierung** versteht man die Entfernung des Neocortex, wobei die Basalganglien und der Hirnstamm intakt bleiben. Decortizierte Tiere wurden genauer untersucht als die anderen Tiermodelle, da sie sich selbst ohne besondere Pflege unter Laborbedingungen am Leben halten können.

Die ersten genaueren Untersuchungen führte Goltz an decortizierten Hunden durch (Kapitel 1), die am besten kontrollierten Experimente nutzten jedoch Ratten als Versuchstiere. Bereits einen Tag nach der Operation fressen Ratten Nahrungsbrei und halten damit ihr Körpergewicht konstant. Sie fressen auch trockenes Futter und trinken Wasser, das man ihnen an den Mund bringt. Mit ein bißchen Training (das daraus besteht, die Öffnung des Wasserspenders an ihren Mund zu halten) finden sie auch selbst Wasser, und sie können sich mit Wasser und Kraftfutter am Leben halten. Ihr Schlaf- und Wachrhythmus ist normal, sie rennen, klettern und schwimmen, und sie finden sich sogar in einfachen Labyrinthen zurecht. Sie können auch bestimmte Bewegungsfolgen ausführen. Beispielsweise umfaßt die Kopulation eine Reihe von aufeinanderfolgenden Bewegungen, die über mehrere Stunden andauern können. Dennoch führen die decerebrierten Tiere das Kopulationsverhalten nahezu normal aus. Auch die Fellpflege umfaßt etwa 50 Einzelbewegungen, die ebenfalls normal ausgeführt werden.

Was bei der decortizierten Ratte zu beobachten ist und wahrscheinlich durch die Basalganglien vermittelt wird, ist die Fähigkeit, automatische Bewegungen zu Willkürbewegungen zusammenzufügen, so daß das Verhalten biologisch anpassungsfähig wird. Ein Großteil dieser Aneinanderreihung von Bewegungen beruht vermutlich auf der Hemmung oder Erleichterung von Willkürbewegungen. Beispielsweise läuft das Tier solange, bis es Nahrung oder Wasser findet, und hemmt dann die Laufbewegung, um zu trinken oder zu fressen. Die Basalganglien enthalten also wahrscheinlich die Schaltkreise, die notwendig sind, damit der Reiz eine Bewegung hemmen und die Nahrungsaufnahme ermöglichen kann.

Der Cortex

Was der Cortex leistet, kann ebenfalls erforscht werden, indem man untersucht, was das decortizierte Tier (dem nur der Neocortex oder zusätzlich die Basalganglien entfernt wurden) *nicht tun* kann. Alle elementare Bewegungen, die Tiere dann noch ausführen können, scheinen Teil ihres Verhaltensrepertoires ohne Cortexbeteiligung zu sein. Sie können in scheinbar normaler Weise laufen, essen, trinken, kopulieren, Nachwuchs aufziehen und so weiter. Allerdings gibt es auch Verhaltensweisen, zu denen decortizierte Tiere offensichtlich nicht in der Lage sind. Sie bauen keine Nester, obwohl sie einige Nestbauverhaltensweisen zeigen. Sie horten keine Nahrung, obwohl sie durchaus Futter umhertragen. Sie haben offenbar auch Schwierigkeiten, differenzierte Bewegungen mit der Zunge oder den Gliedmaßen auszuführen, denn sie können nicht durch Vorstrecken der Zunge oder eines Vorderbeins nach Futter „greifen". Sie sind zur Unterscheidung von Mustern verschiedener Sinnesmodalitäten imstande, aber nur, wenn die Muster relativ einfach sind. Eine Untersuchungsreihe von Oakley zeigte, daß die Tiere bei Tests zur klassischen und operanten Konditionierung, zum Annäherungsverhalten (*approach learning*), zum Lernen durch Hinweisreize und zur Mustererkennung recht gut abschneiden. Oakleys Experimente bestätigten, daß der Cortex für das Lernen *per se* nicht unbedingt notwendig ist. Es gibt jedoch bestimmte Arten des Lernens, bei denen die Tiere versagen. Dazu gehören die Orientierung im Raum sowie die Unterscheidung komplexerer Muster.

Eine wichtige Erkenntnis aus Decortizierungsexperimenten ist, daß der Cortex dem Verhaltensrepertoire eines Tieres im Hinblick auf neue Bewegungen nicht viel hinzufügt. Er scheint vielmehr die Angemessenheit aller Bewegungen zu überwachen und sie neuen Situationen anzupassen. Tiere ohne Cortex können also ihre Gliedmaßen zu vielen Zwecken verwenden, aber Tiere mit Cortex sind zu geschickteren Bewegungen in der Lage. Tiere ohne Cortex können sehen und hören, Tiere mit Cortex vermögen jedoch, komplexere Reizmuster wahrzunehmen.

Die Struktur des Cortex

Wie die Gesamtheit der Verhaltensweisen von Tieren ohne Cortex erkennen läßt, fügt der Cortex der Analyse sensorischer Ereignisse neue Dimensionen hinzu und beinhaltet neue Ebenen der Bewegungskontrolle. Welches sind die strukturellen Merkmale des Cortex, die dies ermöglichen?

Wie bereits erwähnt, läßt sich der Cortex anhand von topographischen Karten unterteilen (Kapitel 3), die auf verschiedenen anatomischen und funktionalen Kriterien basieren. Die erste vollständige Karte des menschlichen Cortex wurde 1905 von Campbell veröffentlicht; sie basierte auf der Struktur der einzelnen Zellen und der Verteilung des Myelins. Wenig später gab es bereits einige alternative Versionen, die bemerkenswerteste davon stammte von Brodmann. Die verschiedenen Karten entsprechen einander nicht exakt, sie sind nach unterschiedlichen Kriterien erstellt worden und verwenden verschiedene Nomenklaturen. Mit Hilfe neuer Färbetechniken ist es überdies möglich, die cortikalen Felder noch weiter zu unterteilen und neu zu definieren. Dadurch haben sich die Schätzungen über die Anzahl der Cortexareale im menschlichen Gehirn von den etwa 50 Brodmannschen Feldern auf weit über 200 erhöht.

Eine der wohl am besten abgesicherten Erkenntnisse der Neuroanatomie in den letzten hundert Jahren ist, daß man Regionen des Cortex als **primären sensorischen Cortex**, **primären motorischen Cortex** und **Assoziationscortex** klassifizieren kann. Der Assoziationscortex wird gewöhnlich noch weiter unterteilt in den **sekundären Cortex**, der Informationen aus den primären Arealen weiterverarbeitet, und in **übergeordnete Regionen**, die vermutlich Informationen aus mehr als einem System integrieren. Diese Vorstellung läßt sich auf Flechsig und seine Untersuchungen zur Entwicklung des Myelins im Cortex zurückverfolgen. Flechsig unterteilte den Cortex in 1) eine früh myelinisierende, ursprüngliche Zone, die den motorischen Cortex und eine Region des visuellen, auditorischen und somatosensorischen Cortex umfaßt, 2) einen an diese ursprüngliche Zone angrenzenden Cortexbereich, der sich danach myelinisiert, und 3) eine spätmyelinisierende Zone, die er als „Assoziationszone" bezeichnete. Flechsig vermutete, daß diese unterschiedlichen Zonen verschiedene psychologische Funktionen erfüllen, wobei die primären Zonen relativ einfache sensorische Analysen durchführen und die höchsten geistigen Funktionen in den Assoziationsfeldern lokalisiert sein sollten. Diese Vorstellung hatte großen Einfluß auf die neurologischen Denkmodelle des 20. Jahrhunderts.

Cortikale Zellen

Es gibt zwei Hauptkategorien cortikaler Nervenzellen, die man leicht anhand des Vorhandenseins beziehungsweise Fehlens dendritischer Dornen unterscheiden kann: dornentragende und dornenlose Zellen.

Zu den dornentragenden Neuronen zählen die **Pyramidenzellen**, deren Zellkörper etwa pyramidenförmig ist, sowie dornentragende **Sternzellen**. Bei letzteren handelt es sich um kleinere, sternförmige Interneuronen. Sie sind durch die Dornen gekennzeichnet, mit denen ihre Dendriten übersät sind. Dornentragende Neuronen sind exzitatiorisch und verwenden oft Glutamat oder Aspartat als Transmitter. Die Pyramidenzellen, die den größten Anteil der cortikalen Neuronen ausmachen (70–85 %), sind die efferenten Projektionsneuronen des Cortex. Sie finden sich in den Schichten II, III, IV und VI. Im allgemeinen senden die größten Zellen ihre Axone in die am weitesten entfernten Zielgebiete. Die Pyramidenzellen in Schicht V sind am größten. Sie projizieren zum Hirnstamm und zum Rückenmark. Die Pyramidenzellen in den Schichten II und III sind kleiner und senden ihre Signale in andere Cortexregionen (Abbildung 8.3).

Dornenlose Neuronen haben kurze Axone und besitzen, wie der Name bereits sagt, keine dendritischen Dornen. Es handelt sich hierbei um Interneuronen mit recht variablem Erscheinungsbild, und die verschiedenen Typen werden hauptsächlich aufgrund der Konfiguration ihrer Axone und Dendriten benannt. Ein dornenloser Sternzellen-Typ ist zum Beispiel die Korbzelle, weil ihre horizontal verlaufenden Axone Synapsen bilden, die die postsynaptische Zelle wie ein Korbgeflecht umschlingen. Trotz der Unterschiede in der Form sind alle dornenlosen Neuronen inhibitorisch und verwenden mit hoher Wahrscheinlichkeit GABA als Transmitter. Es kommen jedoch auch viele andere Transmitter vor: Nahe-

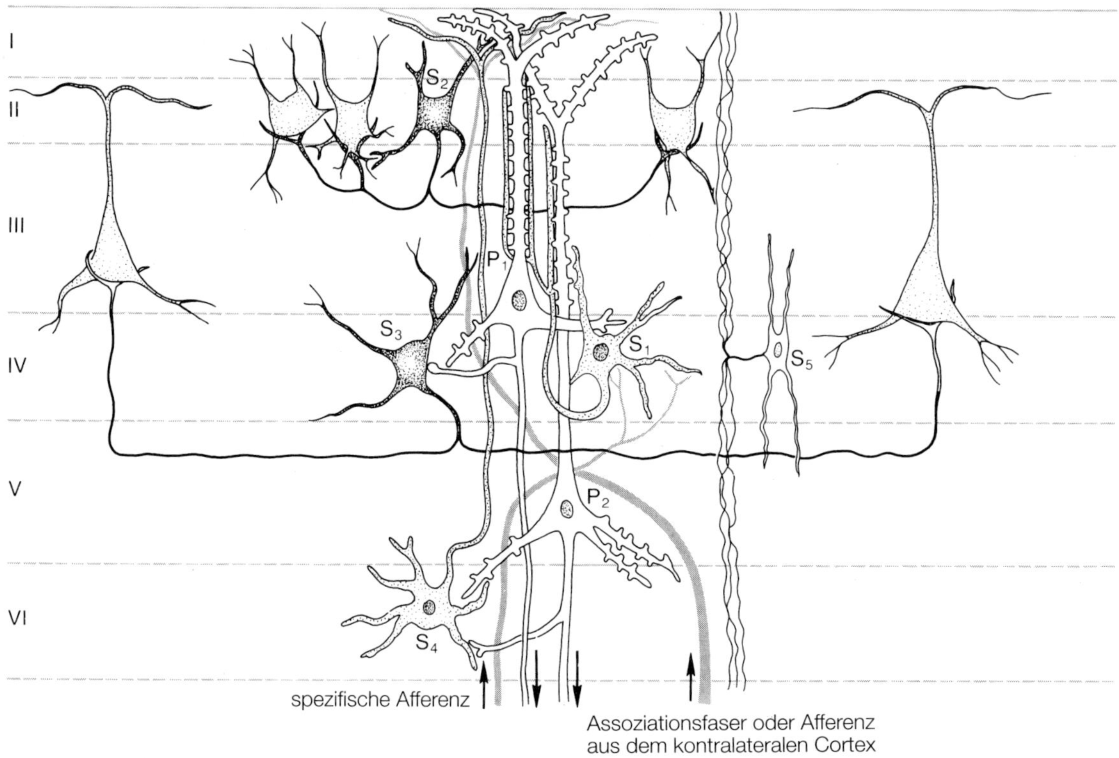

8.3 Darstellung der häufigsten neocortikalen Zellarten. Pyramidenzellen (P_1 und P_2) gibt es hauptsächlich in den Schichten III und V. Sternzellen (S_1 bis S_5) kommen in allen Schichten des Cortex vor. Thalamische afferente Axone erreichen den Cortex in Schicht IV und bilden mit Interneuronen (Sternzellen vom Typ S_1) Synapsen. Assoziative oder kontralaterale Faserverbindungen ziehen zu oberflächennäheren Schichten und bilden entweder mit Interneuronen oder mit den langen apikalen Dendriten der Pyramidenzellen Synapsen. Andere Interneuronen (Korbzellen; S_2) stellen Verbindungen innerhalb der oberflächennahen Schichten her, wobei sie ihre Zielzellen möglicherweise hemmen. Größere Korbzellen (S_3) in tieferen Schichten wirken wahrscheinlich ebenfalls lateral (in ihrer Ebene) inhibitorisch. Fusiforme (spindelartige) Sternzellen (S_4) sind hauptsächlich in Schicht VI zu finden. Ihre Axone verlaufen vertikal und wirken erregend. Doppel-Bouquet-Zellen (S_5) dienen möglicherweise dazu, die Ausbreitung der Erregung über alle cortikalen Schichten sicherzustellen, wenn Schicht IV durch afferente Faserverbindungen erregt wird. Die Richtung der Pfeile zeigt Afferenzen (nach oben weisend) oder Efferenzen (nach unten weisend) an. (Nach Szentagothai 1969.)

zu alle klassischen Transmitter und Neuropeptide wurden bereits mit GABA colokalisiert in dornenlosen Zellen nachgewiesen. Diese Neuronen zeichnen sich also nicht nur durch eine extreme morphologische Vielfalt aus, sie zeigen auch eine bemerkenswerte chemische Mannigfaltigkeit.

Cortikale Schichten, Efferenzen und Afferenzen

Alle vier bis sechs Schichten des Cortex haben unterschiedliche Funktionen, Afferenzen (Eingänge) und Efferenzen (Ausgänge). Die Zellen der mittleren Schichten (insbesondere die in und um Schicht IV) bilden eine Zone der sensorischen Analyse, indem sie Projektionen aus anderen Cortexfeldern und Gehirnregionen empfangen. Es ist daher kaum überraschend, daß der sensorische Cortex eine ziemlich ausgeprägte Schicht IV und eine recht dünne Schicht V besitzt. Im motorischen Cortex ist dagegen Schicht V dicker als Schicht IV. Abbildung 8.4 verdeutlicht diesen Unterschied. Man kann so im gesamten Cortex alle Schichten identifizieren, und ihre Dicke spiegelt die Funktion des jeweiligen Cortexfelds wider.

Abbildung 8.4 illustriert noch ein weiteres Merkmal der cortikalen Organisation: Die Afferenzen zum Cortex lassen sich in zwei Typen einteilen, nämlich in spezifische und unspezifische Afferenzen.

Die *spezifischen Afferenzen* enden in relativ eng umgrenzten Bereichen des Cortex, gewöhnlich nur in einer oder zwei Schichten. Dazu zählen sowohl Projektionen aus dem Thalamus als auch aus der Amygdala. Die meisten dieser Projektionen enden in Schicht IV, obgleich es auch einige Faserverbindungen aus der Amygdala und einigen Thalamuskernen gibt, die in höher gelegene Schichten ziehen. Die spezifischen Afferenzen leiten Informationen (etwa sensorische Informationen) in ein bestimmtes Cortexareal.

Als *unspezifische Afferenzen* bezeichnet man jene, die sich diffus über weite Regionen des Cortex, manchmal sogar über seine gesamte Oberfläche, verteilen. Beispiele dafür sind noradrenerge Projektionen aus dem Hirnstamm, cholinerge Fasern aus dem basalen Vorderhirn und Projektionen aus einigen thalamischen Kernen. Unspezifische Afferenzen enden oft in mehreren oder allen Schichten des Cortex und setzen ihre Transmittersubstanzen sogar in den Extrazellulärraum frei. Sie erfüllen vermutlich allgemeine Funktionen wie die Aufrechterhaltung eines bestimmten Aktivitätslevels, so daß der Cortex Informationen verarbeiten kann.

Cortikale Säulen, „Blobs" und Streifen

Die meisten Interaktionen zwischen den einzelnen Cortexschichten vollziehen sich zwischen übereinanderliegenden Zellen. Es bestehen kaum Wechselwirkungen zwischen Zellen, die in mehr als einigen Millimetern seitlichem Abstand zueinander liegen (Abbildung 8.3). Diese vertikale Ausrichtung des Cortexgefüges bildet die Grundlage für eine zweite Art der neocortikalen Organisation: die Säulen.

Die vertikale Organisation des Cortex wurde mit vielen Bezeichnungen belegt, die gebräuchlichsten sind **Säule** oder **Modul**. Obwohl diese Begriffe nicht immer austauschbar sind, liegt ihnen die gleiche Vorstellung zugrunde, nämlich daß Gruppen von 150 bis 300 Neuronen kleine Schaltkreise bilden, die sich je nach Region über 0,5 bis 2 mm Breite erstrecken. Die Theorie einer modulären Organisation beruht hauptsächlich auf zweierlei Beobachtungen: Schneidet man das Gehirn horizontal zur Oberfläche und färbt es auf be-

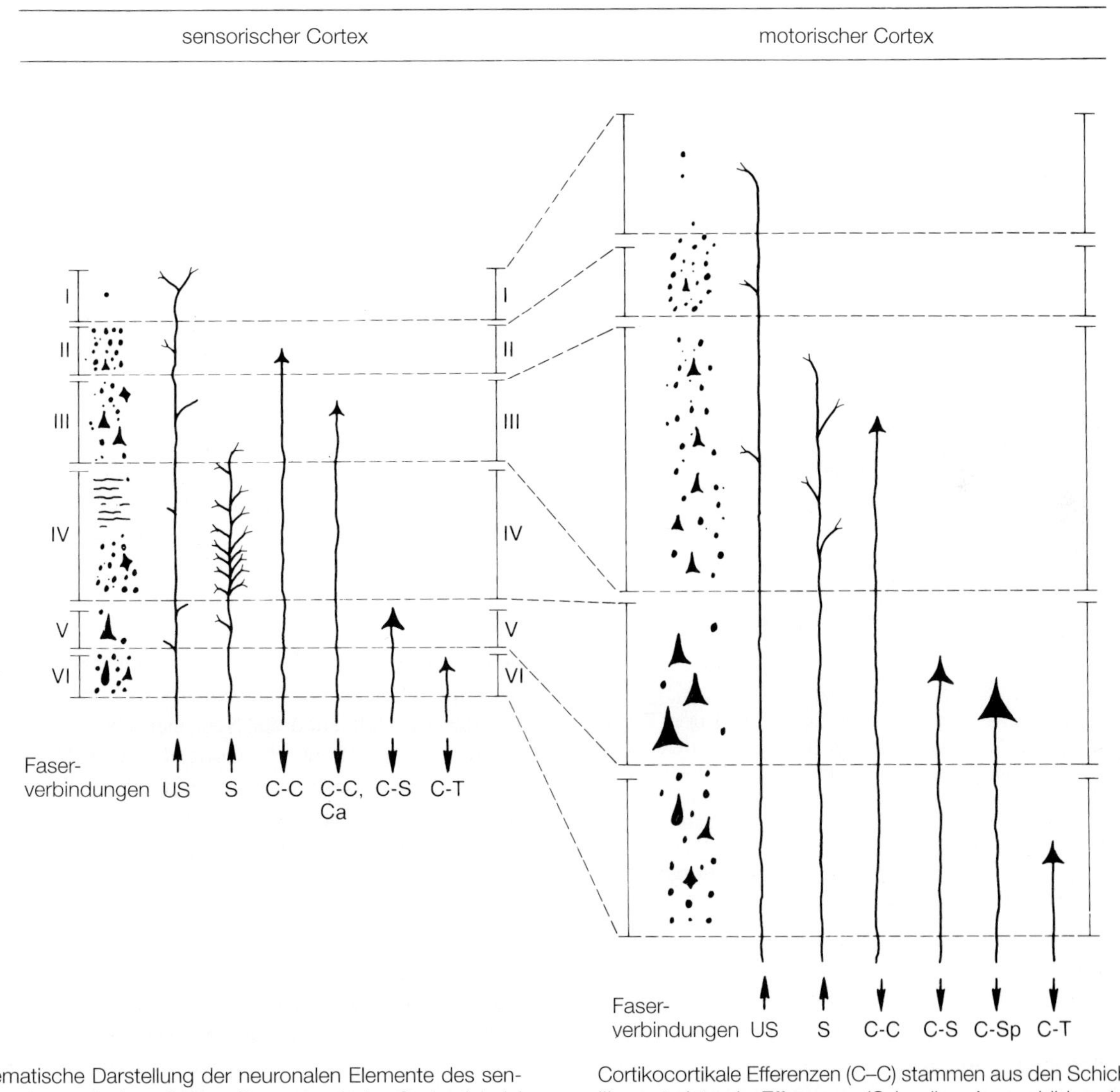

8.4 Schematische Darstellung der neuronalen Elemente des sensorischen und motorischen Cortex. Der sensorische Cortex ist viel dünner als der motorische, und die Größe der einzelnen Schichten unterscheidet sich in beiden Cortices sehr. Spezifische (S) und unspezifische (US) Afferenzen des Cortex verdeutlichen die unterschiedliche Verteilung von Eingangssignalen auf die einzelnen Schichten. Die cortikalen Efferenzen stammen ebenfalls aus verschiedenen Schichten, je nachdem, wohin die Projektion zieht. Cortikocortikale Efferenzen (C–C) stammen aus den Schichten II und III, contralaterale Efferenzen (Ca) – ihre Axone bilden das Corpus callosum – entspringen in Schicht III, und cortikosubcortikale (C–S) sowie cortikospinale (C–Sp) Efferenzen kommen aus Schicht V. Der Ursprung cortikothalamischer Efferenzen (C–T) liegt in Schicht VI. Die Richtung der Pfeile am unteren Teil der Abbildung zeigt Afferenzen (nach oben weisend) oder Efferenzen (nach unten weisend) an. (Nach Shepherd 1979.)

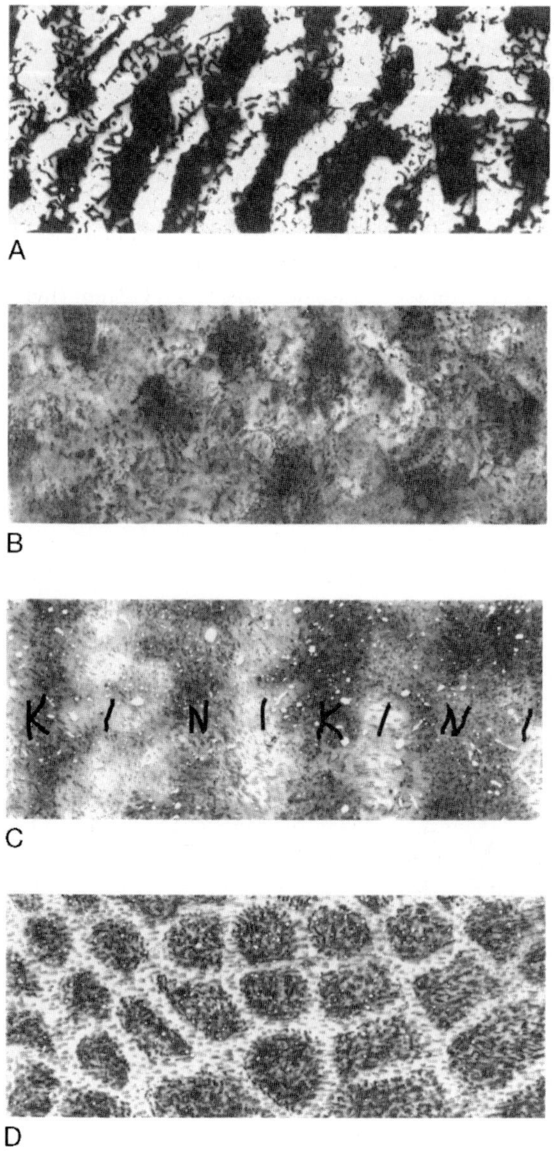

8.5 Beispiele für Flecken und Streifen im Cortex. A. Okuläre Dominanzsäulen in Schicht IV des primären visuellen Cortex eines Rhesusaffen (Autoradiographie nach Injektion von radioaktivem Prolin in ein Auge). B. Blobs in den Schichten II–III in Area V1 eines Totenkopfäffchens (Cytochromoxidasefärbung). C. Streifen in den Schichten II–III in Area V2 eines Totenkopfäffchens (Cytochromoxidasefärbung). D. Barrels in Schicht IV des primären sensorischen Cortex (S1) einer Ratte (Succinatdehydrogenasefärbung). (Nach Purves et al., 1992.)

stimmte Arten, werden im Cortex Muster aus Flecken oder Streifen sichtbar. Dies soll anhand einiger Beispiele verdeutlicht werden: Injiziert man eine radioaktiv markierte Aminosäure in das eine Auge eines Affen, wird die Radioaktivität über Synapsen hinweg in den visuellen Cortex transportiert. Dort ist sie jedoch nicht gleichmäßig verteilt, denn sie gelangt nur an Stellen, die mit dem injizierten Auge in Verbindung stehen (Abbildung 8.5A). Das Muster der im primären visuellen Cortex (Area 17) sichtbaren Radioaktivität besteht aus einer Reihe von Streifen, ähnlich dem Fellmuster eines Zebras. Mit einer anderen Technik entsteht allerdings ein anderes Muster. Färbt man den Cortex nämlich mit Hilfe der Cytochromoxidase-Technik, die Gehirnareale mit hoher Stoffwechselaktivität sichtbar macht, sieht man statt Streifen Flecken, die auch als „Blobs" bezeichnet werden (Abbildung 8.5B). Man weiß, daß diese Blobs an der Farbwahrnehmung beteiligt sind. Interessanterweise besteht das Muster, das man mit ebendieser Färbetechnik in Area 18 erhält, eher aus Streifen als aus Flecken (Abbildung 8.5C). Und schließlich ergibt eine Färbung des primären visuellen Cortex der Ratte mit Hilfe des Enzyms Succinatdehydrogenase ein Muster aus Flecken, die man als „Barrels" (englisch für „Faß" oder „Tonne") bezeichnet (Abbildung 8.5D). Jedes dieser Barrels entspricht einem Tasthaar im Schnauzenbereich der Ratte. Wie diese Beispiele zeigen, scheint es viele Arten von Modulen zu geben, und selbst die gleiche Färbetechnik zeigt in verschiedenen Regionen des Cortex eine unterschiedliche modulare Organisation.

Eine zweite Möglichkeit, die modulare Organisation zu demonstrieren, ist die physiologische Untersuchung des sensorischen Cortex. Bewegt man eine Mikroelektrode vertikal – also von Schicht I bis Schicht VI – durch den sensorischen Cortex, so scheinen alle Neuronen, deren Aktivität man ableitet, ähnliche Funktionen zu erfüllen. Befindet sich die Elektrode zum Beispiel im somatosensorischen Cortex und wird sie vertikal von Lamina I bis Lamina VI weiterbewegt, so reagieren Neuronen in jeder Schicht auf den gleichen taktilen Reiz (etwa eine leichte Berührung) auf einer bestimmten Körperstelle (beispielsweise dem linken Daumen). Die Zellen der Schicht IV werden aufgrund der dort eintreffenden distalen Afferenzen zuerst aktiviert. Zellen anderer Schichten haben längere Latenzzeiten, da mindestens eine zusätzliche Synapse mit einem Interneuron in Schicht IV dazwischen liegt, bevor die Erregung zu ihnen gelangt. Die Pyramidenzellen der Schicht V werden zuletzt erregt. Auch das ist naheliegend, denn sie stellen die Ausgangsstation für Signale dar. Die funktionalen Ähnlichkeiten der Neuronen über alle sechs Schichten und an jedem Punkt des Cortex legen die Vermutung nahe, daß die einfachste funktionale Einheit des Cortex aus einer senkrecht orientierten Säule von Zellen besteht, die jeweils einen „Miniaturschaltkreis" bilden. Gruppen solcher Säulen sind möglicherweise in größeren Einheiten organisiert. Zeichnet man mit einer Elektrode die Aktivität von Zellen der Area 17 (visueller Cortex) auf, so stellt man fest, daß alle Zellen einer Säule auf eine Linie mit einer bestimmten Orientierung reagieren (beispielsweise 45°). Bewegt man nun die Elektrode im Winkel durch den Cortex, beobachtet man, daß benachbarte Säulen auf sukzessiv verschobene Orientierungen antworten (zum Beispiel 60°, 90°), bis schließlich der komplette Bereich von 360° abgedeckt ist. Dann wiederholt sich das Muster. Im visuellen Cortex sind die Säulen also zu größeren Modulen zusammengefaßt.

So interessant die cortikalen Flecken, Streifen und Säulen auch sein mögen, es besteht beträchtliche Uneinigkeit darüber, wie ein Modul zu definieren ist und was das Vorhandensein eines Moduls in funktionaler Hinsicht bedeutet. Ein Problem dabei ist, daß Module zwar in den primären sensorischen Regionen gut erkennbar, in den Assoziationsfeldern oder im motorischen Cortex jedoch weit weniger deutlich sind. Auch bei dem Versuch einer gemeinsamen Definition der Ausmaße eines Moduls erhebt sich die Schwierigkeit, daß die Flecken und Streifen sehr unterschiedlich groß sind. Auch weisen eng verwandte Spezies oft stark unterschiedliche Anordnungen der oben genannten Streifen etc. auf, was ungewöhnlich erscheint, da es sich um fundamentale Einheiten der Cortexfunktion handeln soll. Zum Beispiel besitzen Altweltaffen sehr deutlich erkennbare okuläre Dominanzsäulen. Solche Säulen sind jedoch bei Neuweltaffen nicht zu finden, obwohl die visuellen Fähigkeiten der beiden Tiergruppen ähnlich sind.

Zeki äußerte die Ansicht, daß die Suche des Neurowissenschaftlers nach dem Grundmodul der cortikalen Organisation der Suche des Physikers nach der Grundeinheit aller Materie ähnlich sei. Zekis Ansicht beruht auf der Annahme, daß die Module im gesamten Cortex jeweils dieselbe Grundfunktion erfüllen. Dieser Sichtweise zufolge würde die Expansion des Cortex eine Vermehrung der Grundeinheiten mit sich bringen, so als würde man in einen Computer mehr Chips einbauen. Diese Vorstellung hat etwas für sich, sie klärt jedoch nicht, was die Grundfunktion eines Moduls sein könnte und wie es arbeitet. Kürzlich haben Purves und seine Kollegen folgende herausfordernde Hypothese entwickelt: Sie stellen fest, daß die Flecken und Streifen im Cortex den Mustern im Fell vieler Tiere ähneln. Obwohl diese Zeichnung dem Tier eine gewisse Tarnung oder sexuelle Attraktivität verleihen, sei, so ihre Behauptung, dies nicht der ursprüngliche Zweck des Fells. Dieser Analogie folgend schlagen sie vor, daß einige Modulmuster durchaus sekundäre Funktionen der Cortexorganisation widerspiegeln könnten. Eine Möglichkeit wäre, daß die Cortexmodule eine zufällige Konsequenz der Art der synaptischen Verarbeitung im Cortex sind. Mit anderen Worten: Wenn der Cortex seine intrinsischen Verbindungen ausbildet, um Informationen zu verarbeiten, stellt das vertikale Modul ein effizientes Verknüpfungsmuster dar. In diesem Sinne spiegelt das Modul sicherlich einen wichtigen Aspekt der cortikalen Organisation wider, allerdings *reflektiert* es eher das cortikale Verknüpfungsmuster, als dieses zu *verursachen*. Wenn dies tatsächlich der Fall ist, muß es auch eine alternative Möglichkeit (oder mehrere) der Organisation der cortikalen Aktivität geben, die keine festen Module benötigt.

Zusammenfassend läßt sich sagen, daß eine vertikale Komponente in der cortikalen Organisation eindeutig existiert, daß die grundlegende Struktur und Funktion eines Moduls bisher jedoch noch kaum zu definieren ist. Trotzdem scheint es wohl kein für alle Spezies und Cortexregionen gültiges Organisationsprinzip der cortikalen Verknüpfungen zu geben.

Multiple Repräsentationen: Die Kartierung der Wirklichkeit

Erste Vorstellungen zu visuellen, auditorischen und somatischen Funktionen besagten, daß im Cortex eine oder zwei Repräsentationen der externen Umgebung existierten, die für unsere grundlegenden Empfindungen verantwortlich seien. Als Penfield und seine Mitarbeiter an der Neurologischen Klinik in Montreal die motorischen und somatosensorischen Cortexbereiche ihrer Patienten reizten, stellten sie zum Beispiel fest, daß es im parietalen Cortex zwei Gebiete gibt, die eng umschriebene Körperregionen, wie etwa das Bein, die Hand oder das Gesicht, repräsentierten (Abbildung 3.3). Diese als Homunculi bezeichneten Regionen befanden sich in denjenigen Cortexgebieten, in denen man bereits grundlegende Sinnesempfindungen wie Tasten, Druck- und Temperaturempfindung lokalisiert hatte. Anschließende Untersuchungen an Versuchstieren führten zu der Identifizierung analoger Karten der visuellen und auditorischen Umgebung, und man nahm allgemein an, der Rest des Cortex sei mit komplexeren Funktionen betraut, die man unter dem Oberbegriff Kognition zusammenfassen könnte.

Diese simple Sichtweise der cortikalen Organisation wurde während der späten siebziger und achtziger Jahre verstärkt angezweifelt, als nämlich immer bessere physiologische und anatomische Techniken nach und nach eine Vielzahl solcher Karten – nicht mehr nur eine oder zwei – für jede Sinnesmodalität zutage brachten. Beispielsweise gibt es im Cortex des Affen – je nach dem, welcher Definition man sich anschließen möchte – zwischen 25 und 32 Regionen, die an visuellen Funktionen mitwirken. Wenn auch die somatosensorischen und auditorischen Karten weniger zahlreich sein mögen, so scheinen auch hier jeweils zehn bis 15 zu existieren. Die neu entdeckten Regionen sind nicht einfach Duplikate der bereits bekannten Karten, sondern sie scheinen vielmehr an der Verarbeitung unterschiedlicher Aspekte der sensorischen Erfahrung beteiligt zu sein. Beispielsweise gibt es im visuellen System Regionen, die auf die Verarbeitung grundlegender Merkmale wie Form, Farbe oder Bewegung spezialisiert sind. Darüber hinaus benötigen auch viele psychologische Vorgänge visuelle Informationen, wie etwa das bildhafte Gedächtnis für Gegenstände oder visuell gesteuerte Bewegungen. Zusätzlich zu diesen multiplen Karten wurden Regionen identifiziert, die bei mehr als einer Modalität eine Rolle spielen, beispielsweise beim Sehen und beim Tasten. Diese Regionen, auch unter der Bezeichnung **polymodaler** oder **multimodaler Cortex** bekannt, erfüllen ihre Funktion wahrscheinlich, indem sie Merkmale von Stimuli aus den verschiedenen Modalitäten zusammenführen. Beispielsweise können wir Gegenstände visuell identifizieren, die wir nur betastet haben, was auf ein gemeinsames Wahrnehmungssystem hindeutet, das die visuellen und somatosensorischen Systeme miteinander verbindet. Es gibt drei unterschiedliche Regionen des multimodalen Cortex, jeweils eine in den Parietal-, den Temporal- und den Frontallappen. Die Existenz dieser drei Regionen bedeutet, daß wahrscheinlich auch andere Vorgänge polymodale Informationen benötigen, wobei wir jedoch noch nicht wissen, welches diese Vorgänge sein könnten.

Aus der Entdeckung so vieler cortikaler Karten ergibt sich die interessante Schlußfolgerung, daß immer weniger Cortex für die komplexeren Funktionen übrig bleibt. Tatsächlich wissen wir heute, daß fast der gesamte Cortex hinter der Zentralfurche in irgendeiner Weise sensorische Funktion hat. Außerdem empfangen die Frontallappen Verbindungen aus vielen der cortikalen Karten, was auch für die vorderen Cortexregionen eine sensorische Funktion nahelegt.

Es kristallisiert sich zunehmend die Ansicht heraus, daß der Cortex im wesentlichen ein Organ der sensorischen Verarbeitung und damit verwandter Prozesse ist. Diese Vorstellung hat ebenfalls eine interessante Implikation: Tiere mit einem großen Cortex müssen eine ausgeprägtere sensorische Verarbeitung haben und die Welt anders wahrnehmen als Tiere mit kleinem Cortex. Jerison hat diese Idee weiterverfolgt und vorgeschlagen, unsere Kenntnis der Wirklichkeit stünde in direkter Beziehung zu der Struktur und der Anzahl unserer cortikalen Karten. Je mehr Karten ein Gehirn besitzt, desto mehr weiß das Tier über die es umgebende Welt, und desto mehr Verhaltensoptionen stehen ihm offen. Beispielsweise haben Tiere wie Ratten oder Hunde, die keine für die Farbanalyse zuständige Cortexregion besitzen, eine Schwarz-Weiß-Vorstellung der Welt. Dies begrenzt notwendigerweise die Verhaltensmöglichkeiten dieser Tiere, zumindest im Hinblick auf Farbe. Obwohl es für uns schwer vorstellbar ist, gibt es aber auch die umgekehrte Situation: Tiere, beispielsweise Hunde, die nicht wie wir „geruchsblind“ sind, „sehen“ vielleicht ihre Umwelt mit Hilfe objektspezifischer olfaktorischer Bilder, die für sie ebenso nützlich sind wie für uns unsere visuellen Wahrnehmungen. Diesem Denkansatz folgend kommt Jerison zu dem Schluß, daß die cortikalen Karten einer Tierart deren Wirklichkeit determinieren. Je mehr Karten vorhanden sind, desto komplexer müssen die internen Repräsentationen der umgebenden Welt sein.

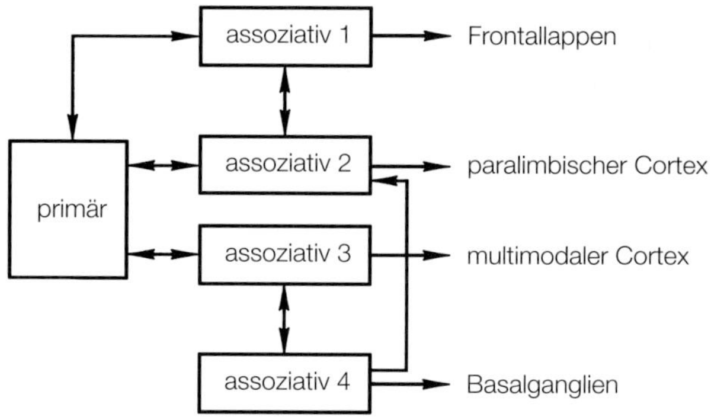

8.6 Schema der Organisationsebenen im Cortex. Der primäre sensorische Cortex projiziert in sekundäre Assoziationsfelder, die miteinander verküpft sind. Diese Regionen wiederum projizieren in verschiedene cortikale (darunter der Frontallappen, der paralimbische Cortex und der multimodale Cortex) sowie in subcortikale Zielgebiete (Basalganglien). Es existieren verschiedene Ebenen im Assoziationscortex, aus Gründen der Übersicht ist hier jedoch nur eine angedeutet.

Cortikale Systeme: Der Frontallappen, der paralimbische Cortex und subcortikale Schleifen

Die Verknüpfungen zwischen den einzelnen Cortexregionen innerhalb eines sensorischen Systems stellen nur einen kleinen Teil aller cortikalen Verknüpfungen dar. Es gibt vier weitere Grundtypen: Verknüpfungen des Frontallappens, paralimbische Verbindungen, subcortikale Schleifen und andere subcortikale Verknüpfungen. Wir werden all diese Typen einzeln betrachten.

Der Frontallappen kann wie folgt unterteilt werden: 1. in den motorischen Cortex, der den motorischen Homunculus bildet, 2. in den unmittelbar vor dem motorischen Cortex liegenden Teil der Hirnrinde, den man auch als **prämotorischen Cortex** bezeichnet, und 3. in den verbleibenden Anteil des Frontallappens, auch **präfrontaler Cortex** genannt. Sensorische Regionen sind nicht direkt mit dem motorischen Cortex verbunden, können aber entweder zum prämotorischen oder zum präfrontalen Cortex projizieren (Abbildung 8.6). Die Verbindungen zum prämotorischen Cortex sind beispielsweise an der Ordnung der Bewegungsreihenfolge oder an der Kontrolle von Hand-, Bein- oder Augenbewegungen in bezug auf bestimmte sensorische Stimuli beteiligt. Projektionen zum präfrontalen Cortex wirken an der zeitlichen Koordination von Bewegungen im Hinblick auf im Kurzzeitgedächtnis gespeicherte sensorische Informationen mit (siehe Kapitel 16).

Der **paralimbische Cortex**, der zu den phylogenetisch älteren Cortexanteilen zählt, grenzt unmittelbar an limbische Strukturen (Abbildung 8.7) und besteht grob betrachtet aus drei Schichten. Er ist an zwei Stellen der Hirnrinde zu finden: 1) auf der medialen Oberfläche des Temporallappens, wo man ihn auch als *pyriformen Cortex*, *entorhinalen Cortex* und *parahippocampalen Cortex* bezeichnet, und 2) direkt über dem Corpus callosum, wo er *cingulärer Cortex* heißt. Der paralimbische Cortex spielt eine besondere Rolle beim Gedächtnis.

Der Cortex empfängt seinen gesamten sensorischen Eingang aus subcortikalen Strukturen, und zwar entweder direkt aus dem Thalamus oder indirekt über andere Strukturen, wie beispielsweise das Tectum. Ebenso wie die intracortikalen Verknüpfungen sind auch diejenigen zwischen Cortex und subcortikalen Strukturen reziprok, so daß man sie sich als Feedback-Schleifen vorstellen kann (Abbildung 8.8). Dazu gehören unter anderem Projektionen aus dem Thalamus, der Amygdala und dem Hippocampus. Außerdem besteht eine indirekte Schleife zum Striatum, das seinerseits mit dem Thalamus verknüpft ist. Über die spezifischen Funktionen dieser Schleifen weiß man noch wenig, aber sie spielen vermutlich bei der Verstärkung oder Modulation der cortikalen Aktivität eine Rolle. Ein Beispiel ist das Hinzufügen einer affektiven Komponente zum visuellen Eingang durch die Amygdala. Ein

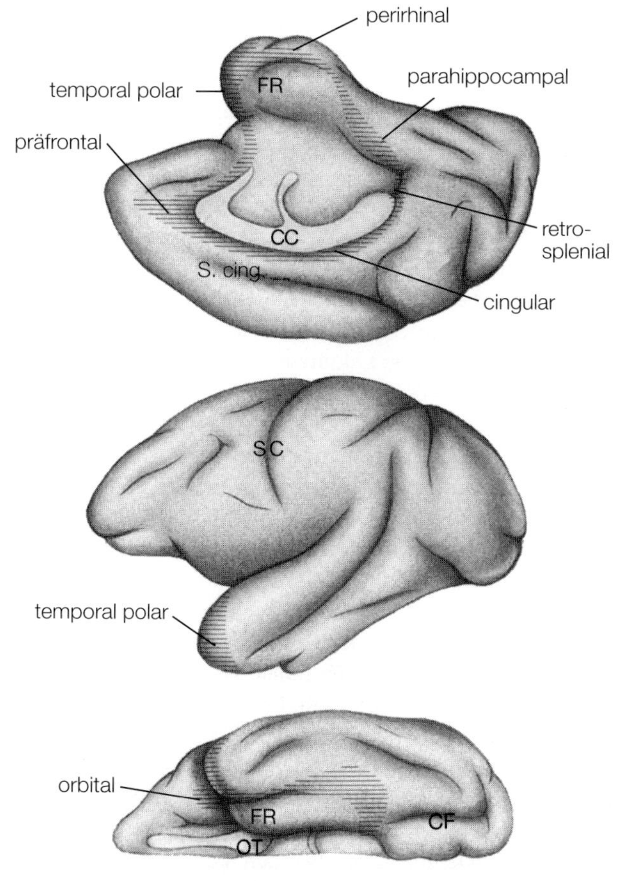

8.7 Skizze der medialen (oben), lateralen (Mitte) und ventralen (unten) Oberfläche des cerebralen Cortex des Rhesusaffen. Schraffiert sind die paralimbischen Regionen im präfrontalen, cingulären, retrosplenialen, parahippocampalen und perirhinalen Cortex. Abkürzungen: CC, Corpus callosum; S. cing., Sulcus cinguli; SC, Sulcus centralis; FR, Fissura rhinalis.

wilder Hund kann, wenn er uns angreift, eine starke affektive Reaktion auslösen, die zum Teil auf der affektiven Komponente beruht, welche die Amygdala der visuellen Wahrnehmung des Hundes hinzufügt. Tatsächlich scheinen Labortiere, bei denen man die Amygdala entfernt hat, keinerlei Angst mehr vor bedrohlichen Gegenständen oder Lebewesen zu haben. Wir haben beobachtet, wie Katzen ohne Amygdala völlig entspannt durch Räume gestreift sind, in denen sich gleichzeitig große Affen befanden, obwohl keine gesunde Katze erwägen würde, so etwas zu tun.

Cortikale Verknüpfungen: Informationsvertiefung und das Bindungsproblem

Wie wir gesehen haben, besitzt der Cortex viele anatomisch unterscheidbare und funktionell spezialisierte Regionen. Wie führt diese Organisation zu unserer einheitlichen und kohärenten Wahrnehmung von Dingen? Diese Frage bezeichnet man auch als **Bindungsproblem**. Das Bindungsproblem bezieht sich also darauf, wie Empfindungen in spezifischen sensorischen Kanälen (Fühlen, Sehen, Hören und so weiter) kombiniert werden können, so daß sie den einheitlichen Eindruck hervorbringen, den wir wahrzunehmen vermeinen. Oder beispielhaft formuliert: Warum fügen sich die Form, die Farbe und die Größe eines Gesichts bei seinem Anblick zu einer kohärenten Repräsentation zusammen?

Für dieses Problem scheint es zwei Lösungen zu geben. Es könnte ein übergeordnetes cortikales Zentrum bestehen, das Eingänge aus allen Cortexregionen erhält und diese Informationen zu einer einheitlichen Wahrnehmung verbindet. Diese Vorstellung war eine Zeitlang sehr beliebt, wird jedoch mehr und mehr aufgegeben, weil sich herausgestellt hat, daß eine solche Region nicht existiert. Eine zweite Lösung wäre, daß all die verschiedenen Cortexregionen – oder zumindest ein Teil von ihnen – miteinander verknüpft sind und die Information auf diese Weise irgendwie gemeinsam zugänglich ist. Diese Variante ist recht attraktiv, denn der Cortex ist durch ein kompliziertes Verknüpfungsmuster mit einigen interessanten Eigenschaften charakterisiert:

1. Nicht alle Cortexregionen sind miteinander verbunden, nicht einmal alle Areale innerhalb einer Sinnesmodalität. Es gibt also keine Region, die eine Wahrnehmung oder

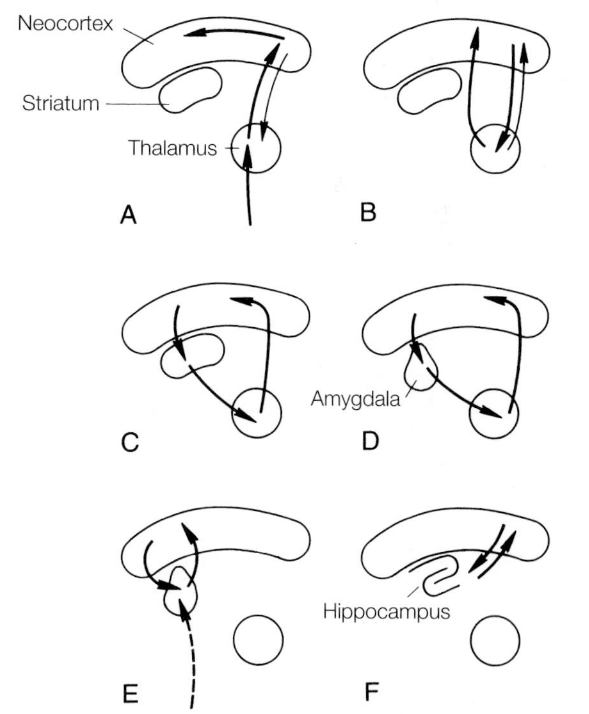

8.8 Schematische Zeichnungen der cortikosubcortikalen Rückkopplungsschleifen. In den Bildteilen A und B sieht man zwei verschiedene thalamische Rückkopplungsschleifen, C zeigt die cortikostriatothalamische Rückkopplungsschleife, D die cortikoamygdalärthalamische, E die cortikoamygdaläre und F die cortikohippocampale Rückkopplungsschleife. Jede dieser Verbindungen beeinflußt die laufende cortikale Aktivität. Die Dicke der Pfeile entspricht der Stärke der Verbindungen. Die gestrichelte Linie steht für verschiedene subcortikale Eingänge der Amygdala.

einen geistigen Zustand vollständig repräsentieren könnte. Verschiedene Autoren haben versucht, die Regeln der Verknüpfung herauszufinden; diese sind jedoch komplex und gehen über den Rahmen unserer vorliegenden Betrachtung hinaus (genaueres findet sich bei Felleman und van Essen; Pandya; Zeki). An dieser Stelle soll es genügen, daß etwa 40 % der möglichen intercortikalen Verknüpfungen innerhalb einer Sinnesmodalität auch tatsächlich gefunden wurden.

2. Alle Cortexregionen besitzen interne Verbindungen, die Einheiten mit ähnlichen Eigenschaften miteinander verknüpfen. Dies ist ein wichtiges Charakteristikum, denn es sorgt für die Verbindung benachbarter Neuronen und synchronisiert deren Aktivität.
3. Einer der bemerkenswertesten Aspekte der cortikalen Verschaltung ist das Prinzip der Informationsvertiefung (**Reentry**). Wenn eine Region A Informationen an Region B weiterleitet, sendet B daraufhin eine Rückmeldung an A (Abbildung 8.9). Dieses Reentry ist ein Mechanismus, durch den eine Cortexregion diejenige Region beeinflussen kann, von der sie eine Information empfangen hat. Zeki hat sogar vorgeschlagen, daß eine Region die Informationen aus einer anderen eventuell schon modifizieren kann, bevor sie sie überhaupt erhalten hat! Wichtig in diesem Zusammenhang ist, daß die Verbindungen von A und B nicht den gleichen Ursprungsort haben, was darauf schließen läßt, daß sie unterschiedliche Rollen bei der gegenseitigen Beeinflussung spielen.

Auf welche Weise Verknüpfungen innerhalb und zwischen Regionen sowie das Reentry möglicherweise das Bindungsproblem lösen können, wurde mit Hilfe von Computermodellen untersucht. Die zugrundeliegende Idee ist dabei, daß die

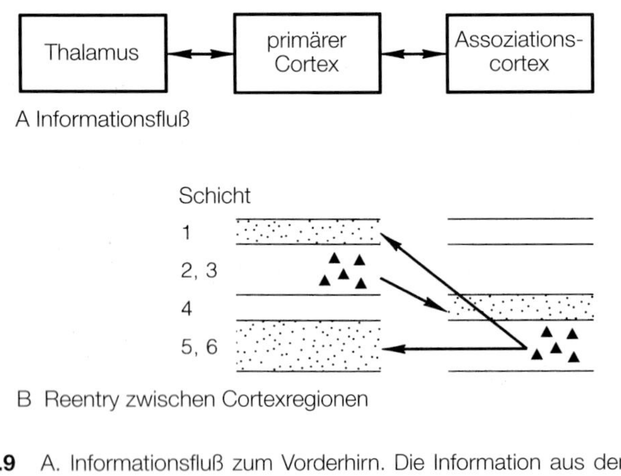

8.9 A. Informationsfluß zum Vorderhirn. Die Information aus dem Thalamus gelangt zum primären Cortex und von dort zum Assoziationscortex. B. Das Prinzip des Reentry. Die Projektionen des primären Cortex stammen aus den Schichten 2 und 3 und enden in Schicht 4. Es besteht eine rückläufige Faserverbindung (Reentry) aus den Schichten 5 und 6 in die Schichten 1 und 6. Dieses Prinzip des Reentry ist bei den intracortikalen Verknüpfungen in allen Schichten verwirklicht. Anhand dieser Verknüpfungsmustern kann man die „höheren" Ebenen identifizieren.

Hauptfunktion dieser Verbindungen darin besteht, die Aktivität innerhalb und zwischen Cortexarealen zu korrelieren. Durch diese Abstimmung soll ein vollkommen kohärentes Muster in allen Regionen des Wahrnehmungssystems entstehen. Diesen Vorgang bezeichnet man auch als *Integration*. Wie die Computermodelle gezeigt haben, kann sich die Integration sehr schnell vollziehen, nämlich im Rahmen von 50 bis 500 Millisekunden, so daß die Aktivität in den einzelnen Regionen für kurze Zeit koordiniert wird und ein einheitliches Perzept entstehen kann. (Wahrscheinlich sind viele Leser mit diesem Konzept der cortikalen Organisation nicht vertraut. Für eine weitergehende Lektüre empfehlen wir das Buch von Zeki.)

Jerison betrachtet das Bindungsproblem unter einem anderen Blickwinkel. Wir erinnern uns an seine Vorstellung von immer mehr Cortexarealen im Laufe der Evolution. Diese wachsende Zahl von Arealen ist nicht ohne Folgen für ein Gehirn, das viele neurosensorische Kanäle enthält, die dazu beitragen sollen, eine Vielzahl von Informationen zu einer einheitlichen Wahrnehmung zu integrieren. Da so viele verschiedene Informationen den Cortex erreichen, ist es notwendig festzustellen, welche von ihnen dieselben Eigenschaften der umgebenden Welt betreffen. Es wäre also nützlich, sie in irgendeiner Weise zu kennzeichnen. Derartige Markierungen müßten im Gehirn erzeugt werden und sich auf Gegenstände der Umgebung beziehen. Ebenso müßte es eine Art Markierung für ein Koordinatensystem der Umgebung geben, in dem die Gegenstände lokalisiert werden könnten. Mit anderen Worten, das Gehirn müßte eine Kennzeichnung für Raum und Zeit erschaffen. Man könnte sich auch vorstellen, daß eine Sinnesinformation so gekennzeichnet werden sollte, daß sie über die Zeit bestehen und bei Bedarf wieder auf sie zugegriffen werden kann, daß sie also erinnert werden kann. Man beachte, daß diese Konzepte von Raum, Zeit und Gedächtnis Produkte einer bestimmten Art von cortikaler Karte sind und nicht als solche in der den Cortex erreichenden Information enthalten sind. Unser Wissen um die Welt wird also sozusagen vom Gehirn konstruiert.

Für Jerison ist dieses Wissen gleichbedeutend mit *Geist*. Während sich die Karten entwickelten, mußte das Gehirn also auch den Geist erzeugen, um die Karten so zu organisieren, daß sie eine Kenntnis der externen Welt vermitteln können. Es ist nur ein kleiner Schritt von diesem Konzept zu der Vorstellung, daß die nächste Stufe in der geistigen Entwicklung die Sprache ist. Denn schließlich kann man Sprache als eine Möglichkeit betrachten, Wissen zu repräsentieren.

Bei dieser Betrachtungsweise wird klar, daß die zahlreichen Karten des menschlichen Cortex die Grundlage für unsere Wahrnehmung der Welt liefern sowie für unsere Kenntnis dieser Welt, für unsere Kognition. Es sollte also nicht überraschen, daß Verletzungen einzelner Cortexbereiche die Art und Weise verändern, wie wir unsere Umgebung wahrnehmen und wie wir über sie denken. Tatsächlich werden wir später eine Form eines sensorischen Defizits kennenlernen, die man als **Agnosie** bezeichnet, was gleichbedeutend ist mit „Nicht-Wissen".

Die funktionale Organisation des Cortex

Ein hierarchisches Modell der Cortexfunktion

Fleshig schlug als erster vor, daß anatomische Kriterien möglicherweise herangezogen werden könnten, um Aussagen über die Hierarchie von Cortexregionen zu treffen. Es war jedoch Luria, der diese Vorstellung in den sechziger Jahren weiter ausarbeitete. Er unterteilte den Cortex in zwei funktionale Einheiten (Abbildung 8.10). Erstere, nämlich der hintere Teil des Cortex, ist die *sensorische Einheit*. Sie empfängt sensorische Eindrücke, verarbeitet sie und speichert sie als Information. Der vordere Teil des Cortex (die Frontallappen) ist die *motorische Einheit*. Sie produziert Intentionen, organisiert diese zu Handlungsprogrammen und führt die Programme aus. Beide cortikalen Einheiten haben eine hierarchische Struktur, wobei drei Cortexzonen funktional übereinander angeordnet sind. Die erste Zone entspricht Fleshigs *primärem Cortex*, die zweite dem sich langsamer entwickelnden, an den primären Cortex angrenzenden Bereich, den Luria als *sekundären Cortex* bezeichnete. Die dritte schließlich entwickelt sich am langsamsten und wurde von Luria *tertiärer Cortex* genannt.

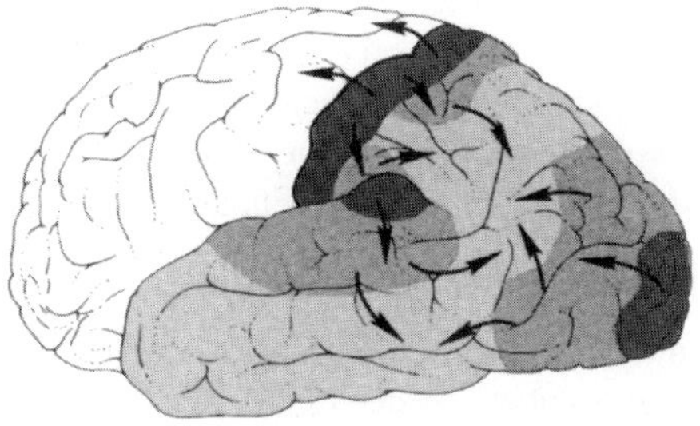

A sensorische Einheit

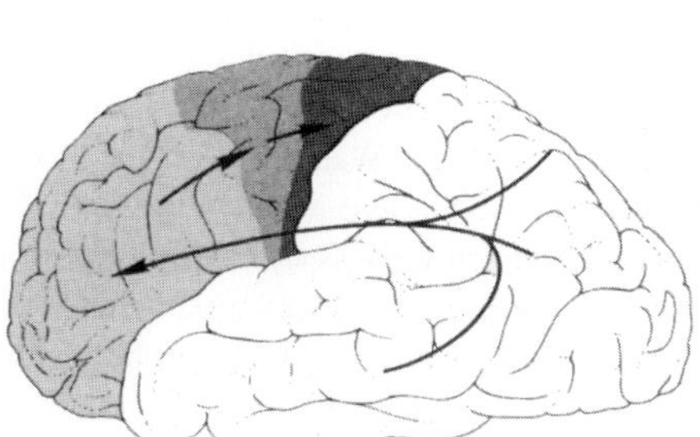

B motorische Einheit

8.10 A. Die erste funktionale Einheit des Cortex – die sensorische Einheit. (Dunkelgrau unterlegte Zonen entsprechen primären Regionen, hellgrau unterlegte sekundären Regionen, weiß belassene Bereiche sind tertiäre Regionen.) Die sensorische Information gelangt von den primären über die sekundären in die tertiären Regionen und wird dabei von der einfachen Sinnesempfindung zu symbolischen Empfindungen ausgearbeitet. B. Die zweite funktionale Einheit des Cortex – die motorische Einheit. Die symbolischen Vorgänge aus der sensorischen Einheit werden in den tertiären motorischen Einheiten in Intentionen übersetzt und anschließend in den sekundären und primären motorischen Regionen in Handlungsmuster. (Nach A. R. Luria (1973). The Copyright Agency of the USSR. Nachdruck mit Genehmigung.)

Luria stellte sich die Arbeitsweise des Cortex folgendermaßen vor: Die sensorische Information gelangt in die primären sensorischen Zonen, wird in den sekundären Zonen verarbeitet und in den tertiären Zonen der sensorischen oder posterioren Einheit integriert. Damit eine Handlung ausgeführt werden kann, wird Information aus den tertiären sensorischen Zonen im hinteren Cortexbereich in die tertiäre Zone der motorischen (oder frontalen) Einheit gesendet, anschließend zur sekundären Zone und schließlich zur primären motorischen Zone, wo die Ausführung der Handlung initiiert wird.

Als einfaches Beispiel für Lurias Funktionsmodell des Cortex stelle man sich vor, man spaziere einen Weg entlang und käme an einem Fußballspiel vorbei. In der primären visuellen Zone würde die Wahrnehmung der Bewegungen der Spieler und des Balles stattfinden. In der sekundären sensorischen Zone würde der Erkennungsprozeß ablaufen, daß es sich bei dem Treiben um ein Fußballspiel handelt. In der tertiären Zone schließlich würden die Geräusche und Bewegungen des Spiels zu dem Bewußtsein synthetisiert, daß eine Mannschaft gerade ein Tor geschossen hat und nun vorn liegt und daß das Spiel eine gewisse Bedeutung für die Plazierung der Mannschaften innerhalb der Liga hat. Diese Information würde zum paralimbischen Cortex weitergeleitet, um sie ins Gedächtnis aufzunehmen, sowie in die Amygdala, wo ihr emotionaler Wert festgestellt würde. Diese cortikalen Ereignisse könnten schließlich in der tertiären Zone des frontalen (motorischen) Cortex zu dem Vorhaben führen, selbst Fußball zu spielen. Die Programme zur Durchführung dieses Vorhabens würden in den sekundären frontalen Zonen erzeugt, die tatsächlichen, zum Spielen notwendigen Bewegungen hingegen in der primären Zone des frontalen Cortex initiiert.

Am Beispiel eines Fußballspiels können wir auch die Auswirkungen von Gehirnläsionen beschreiben. Eine Läsion im primären visuellen Cortex würde zu einem blinden Fleck in irgendeinem Teil des Gesichtsfelds führen, so daß die betreffende Person ihren Kopf nach vorn und nach hinten bewegen müßte, um das ganze Fußballspiel verfolgen zu können. Eine Läsion in einer sekundären visuellen Region würde ein Wahrnehmungsdefizit hervorrufen, und die Person wäre nicht in der Lage, die Aktivitäten auf dem Spielfeld als Fußballspiel zu erkennen. Eine Läsion in tertiären Arealen schließlich würde es unmöglich machen, die abstrakte Bedeutung des Spiels zu verstehen, nämlich daß eine der beiden Mannschaften gewinnen möchte. Eine Schädigung im paralimbischen Cortex würde bewirken, daß keine Erinnerung an das Spiel vorhanden ist, eine Läsion der Amygdala hätte zur Folge, daß die Person der Bedeutung des Spiels gegenüber vollkommen unempfänglich ist. Bei einer Schädigung der tertiären frontalen Regionen könnte sich die Absicht nicht mehr einstellen, selbst ein Fußballspieler zu werden, einem Verein beizutreten, ein

Trikot zu kaufen, zum Training zu gehen. Eine Läsion in sekundären frontalen Arealen würde die Erzeugung der zum Fußballspielen notwendigen Bewegungsfolgen behindern. Und eine Schädigung der primären Region schließlich würde die Ausführung der tatsächlichen Bewegungen beim Spiel, etwa das Schießen des Balles, erschweren.

Lurias Theorie basierte auf drei Annahmen: Zunächst setzte sie voraus, daß das Gehirn Informationen in einer seriellen Weise verarbeitet. Information aus den Rezeptoren geht also zunächst zum Thalamus, von dort zum primären sensorischen Cortex, zum sekundären und schließlich zum tertiären sensorischen Cortex. Analog geht die Ausgangsinformation vom tertiären sensorischen über den tertiären motorischen und den sekundären motorischen zum primären motorischen Cortex. Zweitens wurde angenommen, die serielle Verarbeitung sei hierarchisch organisiert. Das heißt, jede Ebene fügt dem Verarbeitungsvorgang eine gewisse Komplexität hinzu, so daß er sich nun qualitativ von der Verarbeitung in früheren Ebenen unterscheidet. Man könnte den tertiären Cortex also insofern als „Endstation" betrachten, als er Informationen aus den untergeordneten Regionen empfängt und die höchsten Formen kognitiver Aktivität entfaltet. Drittens stimmte Lurias These mit der allgemein verbreiteten Ansicht überein, unsere Wahrnehmung der Welt sei eine einheitliche, kohärente Entität. Wenn dies der Fall ist, so ist es logisch anzunehmen, daß ein aktiver Prozeß existieren muß, der dieses einheitliche Perzept erzeugt, und die einfachste Möglichkeit wäre, daß dies im tertiären Cortex geschieht.

Die Eleganz an Lurias Theorie liegt darin, daß sie die bekannte anatomische Organisation des Cortex benutzt, um eine einfache Erklärung für die Phänomene zu liefern, die Luria täglich in seiner Klinik beobachtete. Das Problem dabei ist, daß die dem Modell zugrundeliegenden Annahmen durch anatomische und physiologische Erkenntnisse der letzten Jahrzehnte in Frage gestellt werden. Man betrachte die im folgenden dargestellten Zusammenhänge.

Zunächst erfordert ein strikt hierarchisches Modell, daß alle Cortexregionen seriell miteinander verbunden sind; dies ist jedoch nicht der Fall. Wie wir gesehen haben, sind alle Cortexgebiete reziprok mit den Regionen verknüpft, in die sie projizieren (sogenannte *reentrant connections*). Das bedeutet, es gibt kein einfaches „Feedforward"-Arrangement (feedforward bedeutet hier eine in Richtung der Informationsweiterleitung erfolgende Zuschaltung von Botschaften). Außerdem stellten wir bereits fest, daß nur etwa 40 % der theoretisch möglichen Verknüpfungen zwischen den verschiedenen Regionen für eine Sinnesmodalität tatsächlich ausgebildet sind. Das bedeutet, es gibt keine einzelne Region, die Eingänge aus allen anderen Regionen erhält. Es ist also kaum möglich, daß in *einer* Region eine *einzige* Wahrnehmung erzeugt wird. Zweitens trifft Zeki folgende interessante Feststellung: Da jede Region des Cortex mit vielen anderen Cortexregionen verbunden ist, führt vermutlich jede Cortexregion mehr als eine Handlung aus, deren Ergebnis anschließend an verschiedene andere Areale weitergegeben wird. Außerdem sind die Ergebnisse einer Handlung wahrscheinlich für mehr als eine andere Cortexregion von Interesse, was die multiplen Verknüpfungen erklären würde. Diese Prinzipien sind im primären visuellen Cortex zu beobachten, der offensichtlich Informationen zu Farbe, Bewegung und Form verarbeitet. Diese Verarbeitungsprozesse stehen mit bestimmten Cortexregionen in Zusammenhang. Überdies können dieselben Verarbeitungsergebnisse sowohl in cortikale als auch in subcortikale Areale weitergegeben werden. Letzteres ist wichtig, weil es bedeutet, daß die cortikalen Verarbeitungsergebnisse Lurias hierarchische motorische Organisation „umgehen" und direkt in subcortikale motorische Strukturen gelangen können. Außerdem wirft die Tatsache, daß bestimmte Cortexregionen bestimmte Verarbeitungsschritte ausführen können, deren Resultate anschließend in viele andere Regionen geschickt werden, die Frage auf, was nun in diesem Prozeß tatsächlich hierarchisch ist. Mit anderen Worten: Können wir annehmen, daß seriell verknüpfte Regionen möglicherweise kompliziertere Operationen ausführen? Es scheint, als könne man eine Region wie den primären visuellen Cortex, der Farbe, Form und Bewegung verarbeitet, als komplexer bezeichnen als eine Region, die lediglich mit Farbe befaßt ist. Und schließlich setzte Luria seine Introspektion mit dem Ergebnis, daß Wahrnehmung ein einheitliches Phänomen sei, als korrekt voraus. Es scheint, als sei dies womöglich nicht der Fall. Das heißt, wir können eine einheitliche Wahrnehmung empfinden, obwohl keine „Endstation"-Region im Gehirn existiert, die diese Wahrnehmung als Entität erzeugt. Dies ist das zentrale Thema des Bindungsproblems, das wir bereits besprochen haben.

Wie können wir also mit unserem bisherigen Wissen eine sinnvolle Vorstellung von der Organisation des Cortex entwickeln? Es scheint hierfür zwei logische Möglichkeiten zu geben. Die eine wäre, daß der Cortex nicht hierarchisch organisiert ist, sondern eine Art ungeordnetes neurales Netzwerk darstellt. In dem Maße, in dem einzelne Individuen Erfahrungen sammeln, könnte dieses Netzwerk zunehmend geordneter werden und auf diese Weise Wahrnehmungen, Kognition und Gedächtnis ermöglichen. Viele Modelle, welche die Gehirnfunktion anhand von neuralen Netzen beschreiben, sehen vor, daß ein solcher Organisationsprozeß tatsächlich abläuft. Dies ist jedoch eher unwahrscheinlich. Die Ergebnisse zahlreicher Wahrnehmungsstudien deuten vielmehr darauf hin, daß das Gehirn sensorische Information bereits von Geburt an in einer sehr artspezifischen Weise filtert und ordnet.

Die andere Möglichkeit, von Felleman und van Essen vorgeschlagen, wäre, daß Cortexareale in definierter Weise hierarchisch organisiert sind, wobei jedes Areal relativ zu den anderen eine ganz bestimmte Position in der Hierarchie einnimmt, gleichzeitig aber mehr als ein Areal auf einer Hierarchieebene angesiedelt sein kann. Dieses Verarbeitungsmodell kann man als parallel-hierarchisch bezeichnen. Felleman und van Essen zufolge sollte es möglich sein, die Position der einzelnen Regionen in der Hierarchie anhand des Musters der Feedforward- und Feedbackverknüpfungen zu bestimmen. So enden aufsteigende (oder Feedforward-)Verknüpfungen in Schicht IV, während absteigende (oder Feedback-)Verbindun-

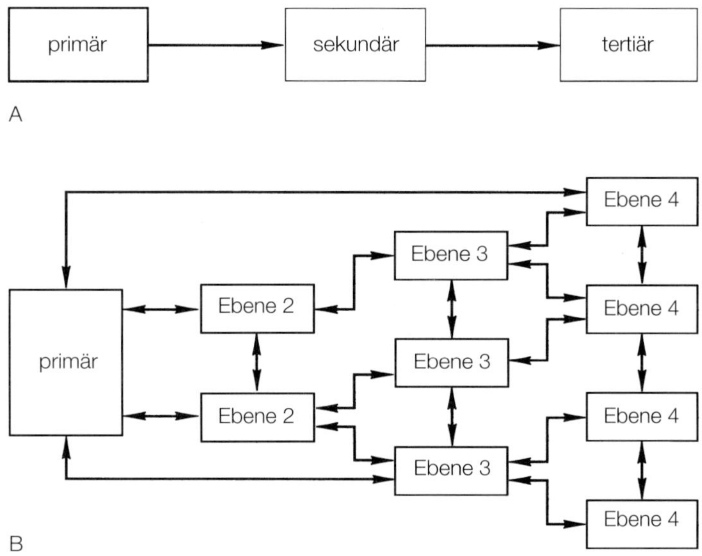

8.11 A. Lurias einfaches Modell einer seriellen hierarchischen Verarbeitung im Cortex. B. Felleman und van Essens Modell der verteilten hierarchischen Verarbeitung. In letzterem gibt es mehrere Ebenen von Assoziationsfeldern. Die Areale einer jeden Ebene sind miteinander verknüpft.

gen Schicht IV umgehen und meist in den oberflächlichen oder tieferliegenden Schichten enden (Abbildung 8.9). Die beiden Wissenschaftler klassifizierten auch einen dritten Verknüpfungstyp, der in Säulen organisiert ist, und dessen Fasern in allen Schichten enden. Dieser Verknüpfungstyp ist weniger häufig, liefert aber eine Grundlage, um mehrere Cortexareale auf derselben Hierarchieebene einzuordnen.

Indem sie das Muster der Verknüpfungen zwischen den visuellen, auditorischen und somatosensorischen Arealen analysierten, fanden Felleman und van Essen Hinweise auf das, was sie als „verteiltes hierarchisches System" bezeichneten. Abbildung 8.11B zeigt ein Diagramm eines solchen Systems. Es besteht aus mehreren Verarbeitungsebenen, und zwischen diesen Ebenen vermitteln miteinander verknüpfte Verarbeitungsbahnen, die vermutlich verschiedene Elemente der sensorischen Erfahrung repräsentieren. Man beachte, daß Verbindungen existieren, die eine oder mehrere Ebenen auslassen, und daß die Anzahl der Areale pro Ebene im Verlauf der Hierarchie zunimmt.

Ein neues Modell der Cortexfunktion

Das Modell von Felleman und van Essen bietet eine relativ einfache Vorstellung davon, wie die sensorische Verarbeitung im Cortex organisiert sein könnte. Zusammen mit dem Gedanken, daß die Feedback- oder die lateralen Verknüpfungen eine Lösung für das Bindungsproblem darstellen könnten, erklärt dieses Modell recht gut, wie unser Eindruck einer einheitlichen, kohärenten Wahrnehmung der Welt zustande kommt. Anhand von Karten der Cortexfelder (Abbildung 8.12), von Verschaltungsschemata für die einzelnen Felder des somatosensorischen und visuellen Systems (Abbildungen 8.13 und 8.14) sowie anhand einer Liste mit den Funktionen der einzelnen Areale (Tabelle 8.1) kann man Vermutungen darüber anstellen, wie Information innerhalb des Cortex geleitet und organisiert wird.

Um dieses neue Modell zu veranschaulichen, wollen wir nicht wieder auf unser Fußball-Beispiel zurückkommen, das wir für das Modell von Luria herangezogen hatten, obwohl es dem Leser oder der Leserin natürlich offensteht, das zu tun. Wir werden zunächst mit einigen einfacheren Beispielen beginnen, und zwar mit Rhesusaffen, da das neue Modell ja auch aufgrund von Ergebnissen an diesen Tieren entwickelt wurde. Angenommen, ein Affe soll in eine Schachtel hineingreifen, in der sich unter anderem auch einige Gummibärchen befinden. Wenn er ein Gummibärchen findet, darf er es behalten, wenn er jedoch etwas anderes ergreift, wird ihm dies weggenommen, und zur Strafe muß er eine gewisse Zeit warten, bis er aufs Neue in die Schachtel greifen darf. Der Affe muß also die Gegenstände in der Schachtel betasten, bis er ein Gummibärchen erkannt hat, und dieses dann mit dem Pinzettgriff fassen. Aus Tabelle 8.1 können wir ersehen, daß taktile Information zunächst in Area 3b des somatosensorischen Cortex organisiert wird und daß die motorische Ausgangsinformation zum Ergreifen aus Area 4 des motorischen Cortex kommt. Obwohl die Areae 3 und 4 auf der Karte in Abbildung 8.12 nahe nebeneinander liegen, zeigt das Verschaltungsschema in Abbildung 8.13, daß diese Felder nicht direkt miteinander verbunden sind. Auf diesem Schema ist auch zu erkennen, daß drei Informationsströme zu Area 4 ziehen. Einer zieht durch die Areae 1, 5 und S_{II} (S_{II} spielt eine Rolle bei der Mustererkennung), einer durch die Areae 2 und 7b (wahrscheinlich für die Formerkennung wichtig), und der dritte zieht durch Area 2 und durch das supplementär-motorische Areal (vermutlich für die Erzeugung von Bewegungsfolgen

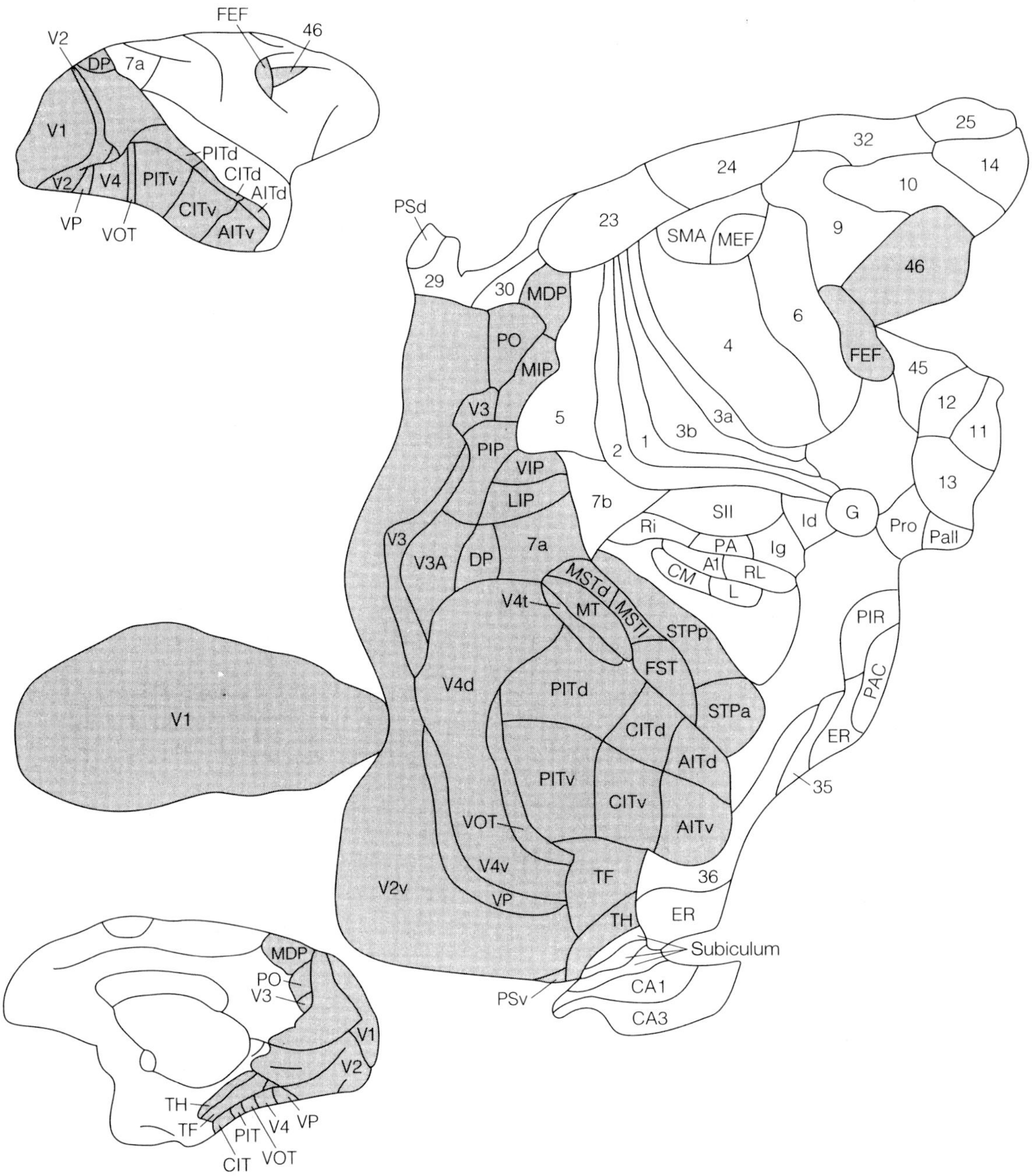

8.12 Karte der Cortexfelder des Makakken. Der Cortex ist hier in einer Ebene geglättet dargestellt, so daß auch das normalerweise in Sulci verborgene Gewebe sichtbar ist. Die Karte gibt einen Eindruck der relativen Größe der verschiedenen Cortexfelder sowie der Menge an Cortexgewebe, die verschiedenen Funktionen gewidmet ist. Die Lokalisation von 32 visuellen Arealen ist durch die graue Unterlegung angedeutet. Abkürzungen siehe Tabelle 8.1. (Nach Felleman und van Essen, 1991.)

von Bedeutung). Möglicherweise kann die Testaufgabe bereits mittels einer dieser drei Bahnen gelöst werden, ebensogut könnten jedoch alle drei gemeinsam daran beteiligt sein.

Ein zweites Beispiel: Man setzt den Affen vor einen Bildschirm, auf dem einige Gummibärchen von verschiedener Farbe zu sehen sind. Wenn er nun ein rotes Gummibärchen auf dem Bildschirm berührt, erhält er eine Belohnung, nicht aber wenn er ein andersfarbiges Gummibärchen berührt. Anhand der in Tabelle 8.1 gezeigten Liste von Funktionen können wir vermuten, daß der Affe das in Area V1 (Area 17) beginnende System für das Farbensehen einsetzt, um das richtige Gummibärchen zu identifizieren, und anschließend mit Hilfe von Area 4 des motorischen Systems auf es zeigt. Aufgrund des Verschaltungsschemas in Abbildung 8.14 können wir uns nun klar machen, daß der Affe für die Farbwahrnehmung das parvozelluläre System aktiviert, dessen Projektio-

Tabelle 8.1: Cortikale Felder des Affen

Lokalisation	Abkürzung	Bezeichnung	wahrscheinliche Funktion
Okzipitallappen	V1	visuelle Area 1 (17)	visuelle Sortierung
	V2	visuelle Area 2 (18)	visuelle Sortierung
	V3	visuelle Area 3	Sehen – dynamische Form
	V3A	visuelle Area 3A	Sehen – ?
	V4	visuelle Area 4	Sehen – Farbe
	V4t	V4 transitional	Sehen – ?
	MT (V5)	visuelle Area 5	Bewegung
	VP	ventral posterior visuell	Sehen – ?
	VOT	ventral okzipitotemporal	Sehen – ?
Temporallappen	FST	superior temporal, ventraler Anteil	Sehen
	PITd	posterior inferotemporal, dorsal	Sehen
	PITv	posterior inferotemporal, ventral	Sehen
	CITd	zentral inferotemporal, dorsal	Sehen
	CITv	zentral inferotemporal, ventral	Sehen
	AITd	anterior inferotemporal, dorsal	Sehen
	AITv	anterior inferotemporal, ventral	Sehen
	STPp	superior temporal polysensorisch, posterior	polymodal
	STPa	superior temporal polysensorisch, anterior	polymodal
	FT	FT (Hippocampusformation)	Gedächtnis
	TH	TH (Hippocampusformation)	Gedächtnis
	AI	primär auditorisch	Hören
	RL	rostrolateral auditorisch	Hören
	CM	caudomedial auditorisch	Hören
	L	lateral auditorisch	Hören
	PA	postauditorisch	somatisch oder auditorisch?
Hippocampus (HC)	ER	entorhinaler Cortex	Gedächtnis und/oder Raumorientierung
	35	Brodmannsche Area 35	Gedächtnis und/oder Raumorientierung
	36	Brodmannsche Area 36	Gedächtnis und/oder Raumorientierung
	Subiculum	(Prä-, Post-, Sub-) Subiculum	Gedächtnis und/oder Raumorientierung
	CAI	Ammonshorn, Area 1	Gedächtnis und/oder Raumorientierung
	CA3	Ammonshorn, Area 3	Gedächtnis und/oder Raumorientierung
Parietallappen	3a	primär somatosensorisch	Hautsinn?
	3b	primär somatosensorisch	taktil; Muskeln, Gelenke
	1	somatosensorisch	taktil – ?
	2	somatosensorisch	vestibulär
	S_{II}	sekundäre somatosensorische Karte	taktil – Mustererkennung
	5	sekundär somatosensorisch (Area PE)	taktil – Mutererkennung
	7a	sekundär visuell (Area PG)	visuomotorische Kontrolle
	7b	sekundär somatosensorisch (Area PF)	visuomotorische Kontrolle
	MSTd	medial superior temporal, dorsal	visuomotorische Kontrolle
	MSTl	medial superior temporal, lateral	visuomotorische Kontrolle
	PO	parieto-okzipital	visuomotorische Kontrolle
	PIP	posterior intraparietal	visuomotorische Kontrolle
	LIP	lateral intraparietal	visuomotorisch
	VIP	ventral intraparietal	visuomotorisch
	MIP	medial intraparietal	visuomotorisch
	MDP	medial dorsal parietal	visuomotorisch
	DP	dorsal anterior zum Sulus lunatus	visuomotorisch
Frontallappen	4	primär motorisch	feine Bewegungen
	6	sekundär motorisch	Bewegungsfolgen
	SMA	supplementär motorisch	beidhändige Bewegungen
	MEF	supplementäre Augenfelder	Augenbewegungen
	FEF	frontales Augenfeld	Augenbewegungen
	46	dorsolateral präfrontal	Gedächtnis, Bewegungen, Planung
	9, 10, 14	dorsal präfrontal	Gedächtnis, Bewegungen, Planung
	11,12,13	orbital präfrontal	Emotion, Gedächtnis
	25–32	medial präfrontal	Gedächtnis, Bewegungen, Planung
	G	gustatorisch	Geschmack
	PRO	Proisocortex	?
	PAL	Periallocortex	?
	PIR	olfaktorisch	Riechen
	PAC	olfaktorisch	Riechen
	ER	olfaktorisch	Riechen
Gyrus cinguli	23, 24, 29, 30		Motivation, Emotion, Raumorientierung, Gedächtnis

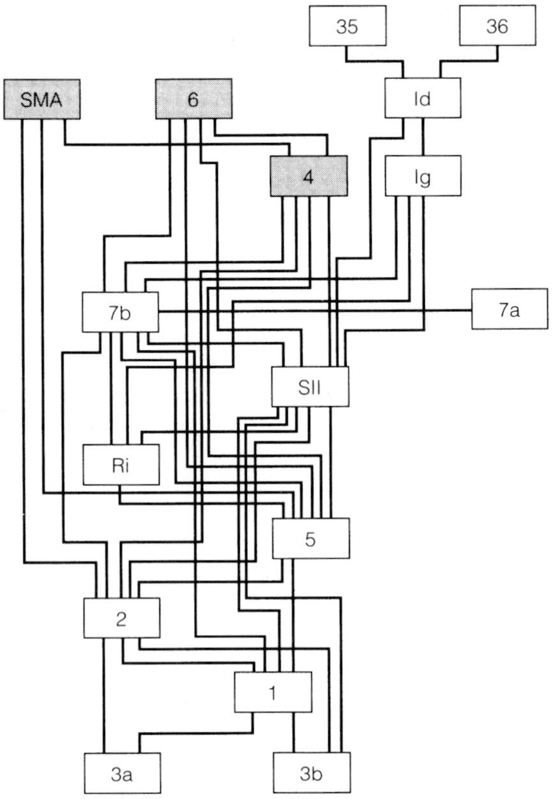

8.13 Vorschlag für eine Hierarchie der somatosensorischen und motorischen Areale, basierend auf 62 Verknüpfungen zwischen zehn somatosensorischen und drei motorischen Arealen (grau). Die hierarchische Zuordnung beruht auf den Angaben in Tabelle 8.1. Ebenfalls in dieser Hierarchie eingeschlossen sind die Verbindungen zu der visuellen Area 7a sowie zu den höher angesiedelten Assoziationsfeldern 35 und 36. Insgesamt umfaßt dieses Modell zehn Hierarchieebenen, womöglich sogar eine elfte; letztere ist jedoch aufgrund von Unklarheiten bezüglich der Verbindungen zwischen den motorischen Arealen noch sehr fraglich. (Nach Felleman und van Essen, 1991.)

nen über V1 nach V2 ziehen, und daß die Information von dort nach V4 (dem Farbmodul des visuellen Systems) gelangen muß. Wir können uns nun bereits denken, daß der Weg weiter über Area 7b in Area 4 führt; zumindest ist dies eine der theoretisch möglichen Routen.

Die letzte Gummibärchenaufgabe ist ebenfalls recht einfach. Man stelle sich vor, was geschehen würde, wenn das „richtige" Gummibärchen nicht nur rot, sondern auch noch sehr groß wäre und sich über den Bildschirm bewegen würde. Der Affe müßte nun Area V4 (Farbe), Area V3 (dynamische Form), das MT-Areal oder Area V5 (Form) aktivieren und die gesamte Information in Area 7b zusammenführen. Aber selbst dies fällt dem Tier nicht schwer (obwohl das Verschaltungsschema manchen von uns nun langsam zu kompliziert werden mag). Stellen wir dem Affen also nun eine Aufgabe, die ihn wirklich fordert: Wenn beim letzten Versuch ein großes, sich bewegendes, rotes Gummibärchen richtig war, ist beim nächsten Versuch ein kleines, grünes und unbewegliches das richtige. Nun muß sich der Affe daran erinnern, was er beim letzten Versuch gemacht hat, und ein Blick auf Tabelle 8.1 sagt uns, daß der temporale Cortex, vielleicht sogar der Hippocampus (HC), für diese Erinnerung notwendig ist. Es reicht nun nicht mehr aus, einfach eine Verbindung zu Area 7b einzuschlagen, sondern auch die temporalen Regionen müssen einbezogen werden. Um dieses Problem zu lösen, sind nahezu gleichzeitige Aktivitäten im occipitalen, parietalen, temporalen und motorischen Cortex notwendig. Natürlich lassen sich ohne weiteres einige Verbindungen ausfindig machen, die dies gewährleisten könnten. Die Frage ist jedoch, ob der Affe die Aufgabe auch tatsächlich auf diese Weise löst. Bedenkt man die Vielzahl der beteiligten Regionen und Verknüpfungen, ist diese Frage nicht ganz einfach zu beantworten. Natürlich kann der Experimentator das Problem jederzeit ein wenig vereinfachen, indem er ein Computerprogramm entwirft, das er regelmäßig mit den aktuellen Daten über Areale, Funktionen und Verknüpfungen füttert und das Lösungsmöglichkeiten für Aufgaben vorschlagen kann, wie wir sie eben betrachtet haben. Und wenn wir das erst geklärt haben, können wir uns mit anderen Phänomenen befassen, etwa damit, warum Affen eine ausgeprägte Vorliebe für rote Gummibärchen zeigen.

Zusammenfassung

Wir haben in diesem Kapitel sieben grundlegende Feststellungen getroffen. 1) Das Gehirn ist in funktionalen Ebenen organisiert, vom Rückenmark angefangen bis in den Cortex. (Das Rückenmark ist allerdings genau genommen nicht Teil des Gehirns.) Diese Ebenen lassen sich durch die Untersuchung von Tieren demonstrieren, denen unterschiedlich große Hirnbereiche entfernt wurden. 2) Der Cortex enthält zwei Grundtypen von Neuronen, dornentragende und dornenlose, die in sechs Schichten angeordnet sind. Diese Schichten kann man in sensorische, motorische und assoziative unterteilen. 3) Der Cortex weist auch eine vertikale Organisation auf, deren Einheiten die sogenannten Säulen oder Module sind. Sie sind in Form von Streifen oder Flecken in bestimmten histologischen Präparaten erkennbar. 4) Es existieren im Cortex multiple sensorische und motorische Repräsentationen. Im Laufe der Evolution der Säuger nimmt die Anzahl dieser Repräsentationen zu. 5) Ein charakteristisches Merkmal der cortikalen Verknüpfungen ist das Reentry-Prinzip: Jedes Cortexareal ist reziprok mit vielen anderen, jedoch nicht mit allen Arealen der betreffenden sensorischen Modalität verbunden. 6) Die Aktivität des Cortex wird nicht nur durch die Feedbackverbindungen aus anderen Cortexregionen beeinflußt, sondern auch durch solche aus subcortikalen Strukturen wie Amygdala und Hippocampus. 7) Der Cortex ist funktional als verteilt-hierarchisches System organisiert.

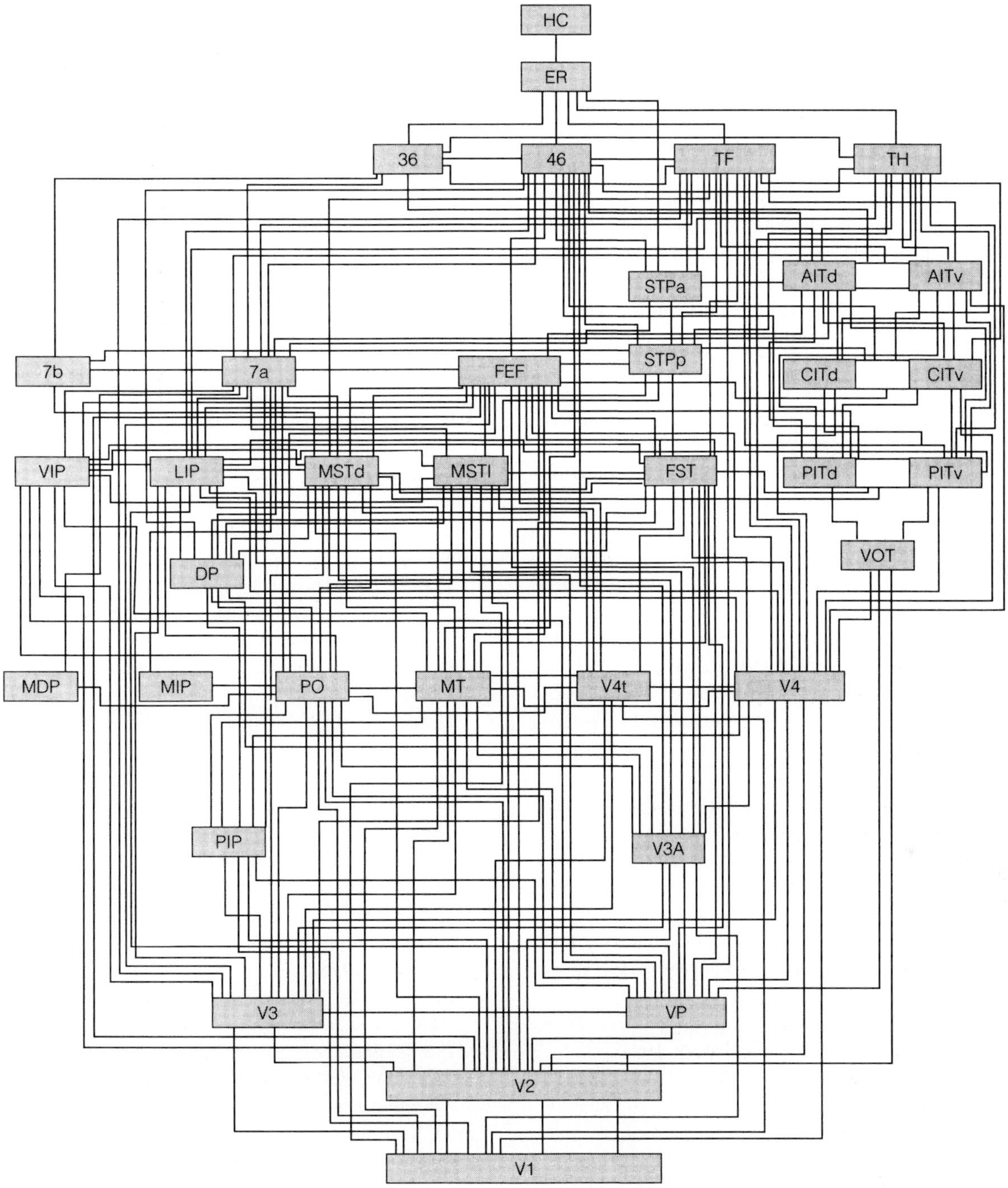

8.14 Hierarchie der visuellen Areale. Diese Hierarchie umfaßt 32 visuelle Areale des Cortex sowie einige nichtvisuelle Areale (Area 7b des somatosensorischen Cortex, perirhinale Area 36, ER und hippocampaler Komplex). Diese Felder sind durch 187 Verbindungen miteinander verknüpft, von denen sich die meisten als reziprok erwiesen haben. (Nach Felleman und van Essen, 1991.)

Literatur

Bard, P., M.B. Macht. The behavior of chronically decerebrate cats. In: G.E.W. Wolstenholm, C.M. O'Connor (Hrsg.) *Ciba Foundation Symposium on Neurological Basis of Behavior.* London: J.A. Churchill, 1958.

Barrett, R., H.H. Merritt, A. Wolf. Depression of consciousness as a result of cerebral lesions. *Research Publications of the Association for Research in Nervous and Mental Disease* 45: 241–276, 1967.

Bazett, H.C., W.G. Penfield. A study of the Sherrington decerebrate animal in the chronic as well as the acute condition. *Brain* 45: 185–265, 1922.

Berridge, K,C., I.Q. Whishaw. Cortex, striatum, and cerebellum: Control of serial order in a grooming sequence. *Experimental Brain Research* 90: 275–290, 1992.

Brackbill, Y. The role of the cortex in orienting: Orienting reflex in an encephalic human infant. *Developmental Psychology* 5: 195–201, 1971.

Felleman, D.J., D.C. van Essen. Distributed hierarchical processing in the primate cerebral cortex. *Cerebral Cortex* 1: 1–47, 1991.

Gallistel, C.R. *The Organization of Action.* Hillsdalle, N.J.: Lawrence Erlbaum Associates, 1980.

Gamper, E. In: J. Field, H.W. Magoun, V.E. Hall (Hrsg.) *Handbook of Physiology,* Bd. 2. Washington, D.C.: American Physiological Society, 1959.

Goltz, F. On the functions of the hemispheres. In: G. von Bonin (Hrsg.) *The Cerebral Cortex.* Springfield, Ill.: Charles C. Thomas, 1960.

Grill, H.J., R. Norgren. Neurological tests and behavioral deficits in chronic thalamic and chronic decerebrate rats. *Brain Research* 143: 299–312, 1978.

Grillner, S. Locomotion in the spinal cat. In: R.B. Stein (Hrsg.) *Control of Posture and Locomotion.* New York: Plenum, 1973.

Jerison, H.J. *Brain Size and the Evolution of Mind.* New York: American Museum of Natural History, 1991.

Kuhn, R.A. Functional capacity of the isolated human spinal cord. *Brain* 73: 1–51, 1950.

Le Brun Kemper, T., A.M. Galaburda. Principles of cytoarchitectonics. In: A. Peters, E.G. Jones (Hrsg.) *Cerebral Cortex,* Bd. 1. New York: Plenum Press, 1985.

Luria, A.R. *The Working Brain.* Harmondsworth, England: Penguin, 1973.

Oakley, D.A. Cerebral cortex and adaptive behavior. In: D.A. Oakley, H.C. Plotkin (Hrsg.) *Brain, Evolution and Behavior.* London: Methuen, 1979.

Pandya, D.N., E.H. Yeterian. Architecture and connections of cortical association areas. In: A. Peters, E.G. Jones (Hrsg.) *Cerebral Cortex,* Bd. 4. New York: Plenum Press, 1985.

Penfield, W., E. Boldrey. Somatic and motor sensory representation in the cerebral cortex of man as studied by electrical stimulation. *Brain* 60: 389–443, 1937.

Purves, D., D.R. Riddle, A.-S. LaMantia. Iterated patterns of brain circuitry (or how the brain gets its spots). *Trends in Neurosciences* 15: 362–368, 1992.

Shepherd, G.M. *The Synaptic Organization of the Brain,* 2. Auflage. New York: Oxford University Press, 1979.

Sherrington, C.S. *The Integrative Action of the Nervous System.* New Haven: Yale University Press, 1906.

Szentagothai, J. Architecture of the cerebral cortex. In: H.H. Jasper, A.A. Ward, A. Pope (Hrsg.) *Basic Mechanisms of the Epilepsies.* Boston: Little, Brown, 1969.

Tolman, E.C. *Behavior and Psychological Man.* Berkeley: University of California Press, 1961.

Tononi, G., O. Sporns, G.M. Edelman. Reentry and the problem of integrating multiple cortical areas: Simulation of dynamic integration in the visual system. *Cerebral Cortex* 2: 336–352, 1991.

Villablanca, J.R., C.E. Olmstead, I. de Andres. Effects of caudate nuclei or frontal cortical ablations in kittens: Responsiveness to auditory stimuli and comparisons with adult-operated littermates. *Experimental Neurology* 61: 635–649, 1978.

Whishaw, I.Q. The decorticate rat. In: B. Kolb, R. Tees (Hrsg.) *The Neocortex of the Rat.* Cambridge, Mass.: MIT Press, 1989.

Woods, J.W. Behavior of chronic decerebrate rats. *Journal of Neurophysiology* 27: 634–644, 1964.

Zeki, S. *A Vision of the Brain.* London: Blackwell Scientific, 1993.

9

Grundlagen der Hirnasymmetrie

Vor mehr als 100 Jahren haben Marc Dax und Paul Broca entdeckt, daß eine Verletzung der linken Hemisphäre die Unfähigkeit zu sprechen hervorruft, daß aber im Gegensatz dazu eine Schädigung der rechten Hemisphäre die Sprache nicht beeinträchtigt. Seit dieser Zeit wird allgemein akzeptiert, daß die linke Hemisphäre bei der Sprache eine Sonderrolle spielt. Die Sprache ist aber nicht die einzige Spezialfunktion der linken Hemisphäre: Liepmann verglich die Bewegungen von Patienten mit Läsionen in der linken Hemisphäre mit solchen, deren rechte Hemisphäre verletzt war, und zeigte, daß die linke Hemisphäre bei der Kontrolle von Bewegungen bedeutsam ist, die rechte jedoch nicht. Bis in die jüngere Zeit blieben dagegen die besonderen Funktionen der rechten Hemisphäre ein Rätsel. Erst durch die Arbeiten von Zangwill, Hécaen, Milner und anderen Wissenschaftlern wurde deutlich, daß die rechte Gehirnhälfte mehr als die linke bei der Analyse der räumlich-visuellen Dimensionen unserer Welt von Bedeutung ist.

Obgleich diese Befunde auf den ersten Blick das Verständnis für die Lateralität anscheinend erleichtern, wird das Gesamtproblem durch die drei folgenden Aspekte eher kompliziert.

1. Eine **Lateralität** (Asymmetrie) von Funktionen kann sowohl durch Umwelteinflüsse als auch durch genetisch bestimmte Faktoren, zum Beispiel Geschlecht und Händigkeit, beeinflußt werden. Bei Frauen und linkshändigen Personen scheint eine geringere funktionale Asymmetrie vorzuliegen als bei Männern und bei rechtshändigen Personen.
2. Lateralität ist ein relatives, kein absolutes Maß, da beide Hemisphären an der Kontrolle fast jeden Verhaltens beteiligt sind. Obgleich also die linke Hemisphäre für die Sprachproduktion von besonderer Wichtigkeit ist, verfügt auch die rechte Hemisphäre über Sprachfähigkeiten.
3. Während man früher aufgrund der Asymmetrie der Sprachfunktionen annahm, daß ein funktional asymmetrisches Gehirn allein ein Charakteristikum des Menschen darstellt, hat sich diese Vorstellung als falsch erwiesen. Wie wir inzwischen wissen, besitzen bestimmte Singvögel, Ratten, Katzen, Affen und Menschenaffen, funktional und anatomisch gesehen, ein asymmetrisches Gehirn.

Dieses Kapitel ist den Grundprinzipien der corticalen Asymmetrie gewidmet; in Kapitel 10 untersuchen wir die Faktoren, die für Variationen dieser Asymmetrie sorgen. Die meisten Fragen zur cerebralen Asymmetrie sind nach wie vor unbeantwortet. Unsere Erklärungsversuche berücksichtigen die verfügbaren Daten zur anatomischen und funktionalen Asymmetrie des Gehirns, die Beziehung zwischen Händigkeit und Geschlecht einerseits und Asymmetrie andererseits, den Einfluß von Kultur und Bildung und nicht zuletzt die Existenz von Asymmetrien bei Tieren.

Anatomische Asymmetrie des menschlichen Gehirns

Laut Hughlings-Jackson hielt Gratiolet im Jahre 1860 erstmals fest, daß die Windungen der linken Hemisphäre schneller reifen als die der rechten. Anatomische Asymmetrien fielen dann später im 19. Jahrhundert einer ganzen Reihe von

Autoren auf. Deren Beobachtungen blieben aber bis in die sechziger Jahre unseres Jahrhunderts im großen und ganzen unbeachtet. Dann erst faßte von Bonin die entsprechende Literatur zusammen, und Geschwind und Levitsky beschrieben eine relevant erscheinende anatomische Asymmetrie, die sie in Serienschnitten vieler menschlicher Gehirne erkennen konnten. Sie berichteten, daß das **Planum temporale** (das ist das direkt posterior vom auditorischen Cortex (Heschlscher Gyrus) gelegene corticale Gebiet) zusammen mit der Seitenfurche oder Sylvischen Furche (**Fissura lateralis**) bei 65 % der untersuchten Gehirne auf der linken Seite größer war als auf der rechten. Im Durchschnitt ist das Planum temporale der linken Hemisphäre fast 1 cm länger als das der rechten (Abbildung 9.1B).

Inzwischen sind zahlreiche Publikationen erschienen, in denen auf eine ganze Reihe anatomischer Unterschiede zwischen den beiden Hemisphären hingewiesen wird (Tabelle 9.1). Die acht wesentlichen Unterschiede kann man wie folgt zusammenfassen:

1. Die rechte Hemisphäre ist ein wenig größer und schwerer als die linke, aber die linke Hemisphäre scheint mehr graue Substanz zu enthalten.
2. Die Temporallappen weisen eine ausgeprägte Asymmetrie auf. Die Beobachtung von Geschwind und Levitsky, daß das Planum temporale auf der linken Seite größer ist als auf der rechten, wurde von vielen anderen Wissenschaftlern bestätigt, obgleich der Anteil von Personen mit einer solchen Asymmetrie in den einzelnen Untersuchungen zwischen 65 % und 90 % variiert. Im Gegensatz dazu ist der primäre auditorische Cortex, der in den Heschlschen Gyri (den Gyri temporales transversi) liegt, rechts größer. Außerdem gibt es rechts meistens zwei Heschlsche Gyri und links nur einen (Abbildung 9.1B). Die Temporallappen weisen also eine komplementäre Asymmetrie auf, die vielleicht die anatomische Basis für die funktionellen Unterschiede der Temporallappen in bezug auf Sprache und Musikalität darstellt.
3. Die Asymmetrie des Cortex im Temporallappen hat ihre Entsprechung im Thalamus. So fanden Eidelberg und Galaburda heraus, daß der Nucleus lateralis posterior, dessen Fasern zum parietalen Cortex in das Gebiet gerade caudal vom Planum temporale ziehen, auf der linken Seite größer ist, wohingegen der Nucleus geniculatum medialis, dessen Fasern zum primären auditorischen Cortex führen, rechts größer ist als links. Diese anatomische Asymmetrie entspricht einer offenkundigen funktionalen Asymmetrie des Thalamus, wobei der linke Thalamus in bezug auf die Sprache dominante Funktionen ausübt.
4. Der Verlauf der Fissura lateralis ist in beiden Gehirnhälften unterschiedlich. Auf der linken Seite steigt sie sanfter an als auf der rechten (Abbildung 9.1A). Der unterhalb der Fissura lateralis gelegene temporoparietale Cortex erscheint deshalb auf der rechten Seite größer.
5. Das **frontale Operculum** (das Brocasches Areal) ist rechts und links unterschiedlich organisiert. Das Gebiet, das man auf der Oberfläche des Gehirns erkennen kann, ist rechts etwa um ein Drittel größer als links, wogegen die corticale Fläche dieser Region, die in den Sulci verborgen ist, links größer ist als rechts. Diese Asymmetrie spiegelt möglicherweise eine funktionale Dissoziation dieser Regionen wider, wobei die linke Seite bei der Sprachproduktion eine

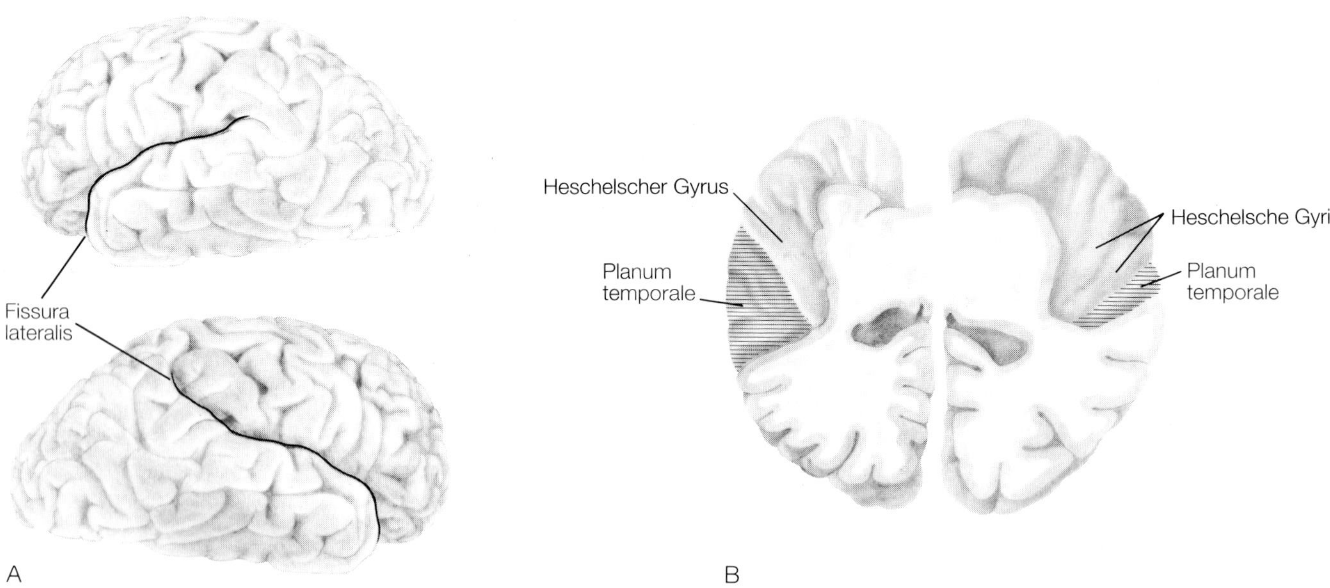

9.1 Die anatomischen Unterschiede zwischen den beiden Hemisphären sind in den Temporallappen sichtbar. A. Die Fissura lateralis der linken Hemisphäre (oben) hat eine sanftere Steigung als die der rechten Hemisphäre (unten). B. Mit einem Messer wurde entlang der Fissura lateralis in jeder Hemisphäre geschnitten und der obere Anteil des Gehirns entfernt. Dadurch wird das Planum temporale (dunkel gestreiftes Areal) sichtbar, das links größer ist als rechts.

Tabelle 9.1: Überblick über Untersuchungen, die eine anatomische Hirnasymmetrie nachweisen

Maß	Literatur
Asymmetrien zugunsten der linken Hemisphäre	
höheres spezifisches Gewicht	von Bonin 1962
längere Fissura lateralis	Heschl 1878; Eberstaller 1884; LeMay und Culebras 1972
größere Inselrinde	Kodama 1934
Verdopplung des Gyrus cinguli	Eberstaller 1884
relativ mehr graue Substanz	Von Bonin 1962; Gur et al.1980
größeres Planum temporale	Geschwind und Levitsky 1968; Teszner et al.1972; Witelson und Pallie 1973; Wada et al.1975; Rubens et al.1976; Kopp et al.1977
größerer Nucleus lateralis posterior	Eidelberg und Galaburda 1982
größerer inferiorer Parietallappen	LeMay und Culebras 1972
größeres Tpt-Gebiet des temporoparietalen Cortex	Galaburda und Sanides 1980
breiterer Occipitallappen	LeMay 1977
längeres occipitales Horn der Seitenventrikel	McRae et al.1968; Strauss und Fitz 1980
größeres Gesamtareal des frontalen Operculum	Falzi et al.1982
Asymmetrien zugunsten der rechten Hemisphäre	
schwerer	Broca 1865; Chrichton-Browne 1880
längeres Schädelinnenmaß	Hoadley und Pearson 1929
Verdopplung des Heschlschen Gyrus	von Economo und Horn 1930; Chi et al.1977
größerer Nucleus geniculatum mediale	Eidelberg und Galaburda 1982
größeres Areal des konvexen frontalen Operculum	Wada et al.1975
breiterer Frontallappen	LeMay 1977

Rolle spielt und die rechte möglicherweise die Klangfarbe der Stimme beeinflußt.

6. Verschiedene Neurotransmitter sind ebenfalls asymmetrisch verteilt, und zwar sowohl in corticalen als auch in subcorticalen Regionen. Die jeweiligen Asymmetrien in der Konzentration von Acetylcholin, GABA, Noradrenalin und Dopamin stehen mit den untersuchten Strukturen in Zusammenhang (siehe Falzi et al., Glick et al., Oke et al.).
7. Die rechte Hemisphäre erstreckt sich weiter nach vorne als die linke, diese wiederum weiter nach hinten als die rechte. Die Wahrscheinlichkeit, daß die occipitalen Hörner der Seitenventrikel rechts länger sind als links, ist fünfmal höher als die Wahrscheinlichkeit für umgekehrte Verhältnisse. Diese Asymmetrien spiegeln vermutlich einige der bisher noch nicht spezifizierten Grobunterschiede der Organisation des Gehirns wider.
8. Die Einzelheiten der anatomischen Asymmetrien werden durch Geschlecht und Händigkeit beeinflußt. Dieser Umstand wird im nächsten Kapitel besprochen.

Weil sich die beschriebenen anatomischen Asymmetrien der linken Hemisphäre hauptsächlich auf Sprachareale konzentrieren, ist man versucht anzunehmen, daß sie sich um der Sprachproduktion willen entwickelt haben. Daß diese Asymmetrien bei Foeten bereits im letzten Trimester zu beobachten sind, kann als Argument dafür dienen, daß Menschen eine angeborene Prädisposition für Sprache besitzen. Hier ist aber anzumerken, daß das Gehirn der Australopithecinen viele dieser Asymmetrien ebenfalls aufweist. Soweit wir wissen, besaßen die Australopithecinen aber noch keinen richtig ausgebildeten Sprechapparat. Es gibt darüber hinaus manche Asymmetrien (etwa die schwerere und größere rechte Hemisphäre und deren längere Seitenfurche), die man auch bei vielen Säugetieren feststellen kann. Schließlich möchten wir betonen, daß den anatomischen Asymmetrien, die mit der Sprache in Zusammenhang stehen, vielleicht zuviel Aufmerksamkeit geschenkt wurde. Vergrößerte Gebiete in der linken Hemisphäre müssen durch kleinere Gebiete der gleichen Hemisphäre oder größere Areale in der kontralateralen Hemisphäre wieder ausgeglichen werden.

Die Beschäftigung mit makroskopischer Asymmetrie des menschlichen Gehirns bildet natürlich die Grundlage für Vergleiche zwischen den Hemisphären. Dennoch sei daran erinnert, daß die Gehirnaktivität durch Neuronen gewährleistet wird. Deshalb ist die Frage sinnvoll, ob es auch bezüglich der Neuronen derartige Unterschiede gibt. Die Identifizierung struktureller Unterschiede zwischen Neuronen in homologen Arealen des Gehirns ist angesichts der riesigen Anzahl von Nervenzellen eine unglaublich schwierige Aufgabe. Trotzdem konnten Scheibel und seine Mitarbeiter unlängst die dendritischen Felder von Pyramidenzellen im Brocaschen Areal (LOP) und im Gesichtsareal des linken motorischen Cortex (LPC) mit denen in homologen Regionen auf der rechten Seite (ROP und RPC) vergleichen (Abbildung 9.2).

Ihre Ergebnisse zeigen, daß die Dendritenbäume der Neuronen in jeder dieser Regionen ein anderes Verzweigungsmuster aufweisen. Man kann erkennen, daß es im motorischen Sprachfeld (Brocaschen Areal) eine weitaus stärkere Verzweigung gibt als in den anderen Gebieten. Das Ausmaß der Verzweigung ist deshalb wichtig, weil jeder einzelne Zweig einen potentiellen Ort für die Vergrößerung oder Verringerung der Membranpotentiale im Dendritenbaum darstellt. Ein weitverzweigtes dendritisches Feld bedeutet einen höheren Freiheitsgrad der Zelle bezüglich ihrer Aktivität und damit

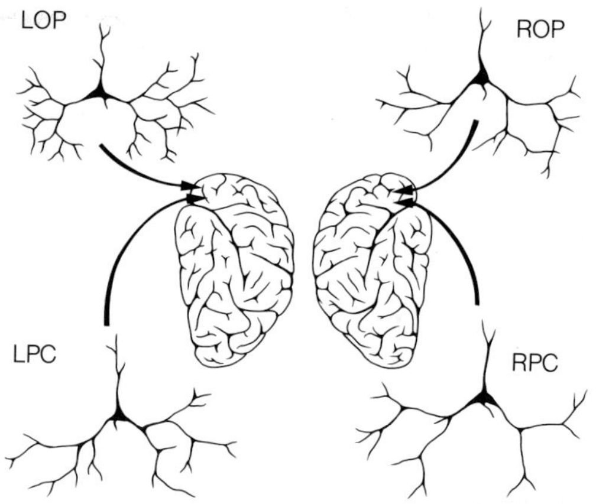

9.2 Diese schematische Zeichnung verdeutlicht die Unterschiede zwischen den Dendritenbäumen in vier Cortexfeldern: im linken triangulären Operculum (LOP), im rechten triangulären Operculum (ROP), im linken präzentralen Gyrus (LPC) und im rechten präzentralen Gyrus (RPC). (Aus Scheibel et al. 1985.)

eine differenziertere Reaktionsmöglichkeit. Die Daten von Scheibel sind mit Vorsicht aufzunehmen, weil sie an wenigen (sechs) Gehirnen gewonnen wurden. Bemerkenswert bleibt, daß fünf der sechs Gehirne dem Muster, das in Abbildung 9.2 als Beispiel dargestellt ist, entsprachen. Diese fünf Gehirne stammen von rechtshändigen Personen. Das Gehirn, in dem die Dendritenverzweigung diesem Muster nicht entsprach, stammt von einem Linkshänder.

Asymmetrie bei neurologischen Patienten

Die funktionelle Asymmetrie des Gehirns wurde zuerst dadurch entdeckt, daß man Patienten mit neurologischen Krankheiten untersuchte, deren Herd auf eine Hemisphäre begrenzt war. Die Verbesserung der neurochirurgischen Behandlung von Ausfällen, insbesondere bei Epilepsie, hat dazu geführt, daß viele geheilte Patienten bereitwillig an neuropsychologischen Untersuchungen teilnehmen. Man weiß deshalb eine ganze Menge über die Lateralisation und Lokalisation von Funktionen im cerebralen Cortex. Die Informationen von diesen Patienten bilden die Grundlage für einen erheblichen Teil dessen, was in den folgenden Kapiteln dieses Buches beschrieben werden wird. In diesem Abschnitt steht der Nachweis einer Lateralisation von Funktionen im Vordergrund. Dabei gehen wir besonders auf Patienten mit lateralisierten Läsionen oder mit einer Kommissurotomie ein. Besprochen werden auch jene Patienten, bei denen eine Hemisphäre durch die Injektion von Natriumamytal in die Halsschlagader anästhesiert worden ist.

Patienten mit lateralisierten Läsionen

Die älteste Methode zur Analyse einer Hemisphärenspezialisierung besteht darin, die Auswirkungen umgrenzter unilateraler Läsionen zu untersuchen, wie sie nach einem Schlaganfall, einer Operation und so weiter auftreten, um daraus die Funktion des betroffenen Areals abzuleiten. Für die Schlußfolgerung, daß einem Cortexgebiet eine spezielle oder eine lateralisierte Funktion zukommt, ist der Nachweis unumgänglich, daß Läsionen in anderen Gehirnarealen nicht zu ähnlichen Ausfallerscheinungen führen.

Die wirkungsvollste Methode zum Nachweis der Lateralisation von Funktionen nennt Teuber die **doppelte Dissoziation**. Darunter versteht man eine Analyse, die auf folgenden Beobachtungen aufbaut: Läsionen der linken Hemisphäre rechtshändiger Patienten führen zu Sprachstörungen (Beeinträchtigung von Sprechen, Schreiben und Lesen), die nach Läsionen der rechten Hemisphäre nicht auftreten. Die Funktionen der beiden Hemisphären können also getrennt voneinander betrachtet werden. Daneben lassen Fallbeschreibungen und experimentelle Befunde vermuten, daß das Lösen von räumlichen Aufgaben, das Singen, das Spielen von Instrumenten und das Unterscheiden von Tönen durch Läsionen der rechten Hemisphäre eher beeinträchtigt werden als durch linkshemisphärische Verletzungen. Da rechtshemisphärische Läsionen Funktionen beeinträchtigen, die von linkshemisphärischen Läsionen nicht beeinflußt werden (und umgekehrt), kann man annehmen, daß beide Hemisphären für solche Funktionen eine doppelte Dissoziation aufweisen. Einer ähnlichen Logik folgt die Lokalisation von Funktionen innerhalb einer Hemisphäre. Das bedeutet, daß Verhaltenstests, die eine Schädigung einer bestimmten Gehirnregion besonders sichtbar machen, die von anderen Regionen dagegen nicht, zur Lokalisierung von Funktionen innerhalb einer Hemisphäre herangezogen werden können. Dies geht aus Tabelle 9.2 hervor. Zwei hypothetische neocorticale Felder, nämlich Areal 102 und Areal 107, zeigen hier in Lese- und Schreibtests eine doppelte Dissoziation an. Die Schädigung des Areals 102 stört die Lesefähigkeit, eine Läsion in Areal 107 dagegen die Schreibfähigkeit. Im Prinzip kann dieses logische Vorgehen auf andere funktional nicht ineinandergreifende Felder erweitert werden, etwa durch eine dreifache oder eine vierfache Dissoziation und so weiter.

Um ein Beispiel für lateralisierte Funktionen in neurologischen Fällen zu geben, vergleichen wir zwei Patienten der Neurologischen Klinik in Montreal. Keiner der beiden war

Tabelle 9.2: Hypothetischer Verhaltenstest für doppelte Dissoziationen

Läsionsort im Neocortex	Lesefähigkeit	Schreibfähigkeit
102	beeinträchtigt	normal
107	normal	beeinträchtigt

zum Zeitpunkt der Untersuchung aphasisch. (Abbildung 9.3). Beim ersten Patienten (P. G.) handelte es sich um einen 31 Jahre alten Mann, der in den sechs Jahren vor seiner Operation unter epileptischen Anfällen gelitten hatte. Zum Zeitpunkt seiner Einlieferung waren die Anfälle medikamentös nur schwer zu kontrollieren. Die neurologische Untersuchung deutete auf eine große Läsion – die sich später als Gliom herausstellte – im anterioren Teil des linken Temporallappens hin. Präoperativ durchgeführte psychologische Tests belegten, daß dieser Mann eine ausgezeichnete Intelligenz besaß und geringe Einbußen nur bei Testaufgaben zum Sprachgedächtnis aufwies. Zwei Wochen nach der Operation ergaben die psychologischen Untersuchungen eine allgemeine Reduktion der Intelligenzwerte und einen weiteren Rückgang des Sprachgedächtnisses. Die Leistung bei anderen Testaufgaben – und dazu gehörte das Abrufen der Rey-Osterith-Figur (Abbildung 13.7C) – erschienen normal.

Dem zweiten Patienten (S. K.) wurde im rechten Temporallappen ein Astrocytom entfernt. Im Gegensatz zu P. G. erinnerte sich S. K. beim präoperativen Test (Abbildung 9.3B) nur schwach an die Rey-Osterith-Figur. Zwei Wochen nach der Operation zeigte die Wiederholung der Untersuchung eine beträchtliche Minderung der Intelligenzleistung und einen Rückgang des nichtverbalen Gedächtnisses; dies galt sowohl für einfache Zeichnungen als auch für Figuren, die der Rey-Osterith-Figur ähnelten. Der Vergleich beider Patienten verdeutlicht die doppelte Dissoziation: Der Patient, dem der linke Temporallappen entfernt worden war, wies nur bei Sprachtests eine Beeinträchtigung auf, wogegen der Patient mit der rechtstemporalen Lobektomie nur bei nichtverbalen Tests schlechter abschnitt. Aber die Leistungen beider Patienten waren bei vielen anderen Aufgaben normal. Dies ist ein starkes Indiz für Lokalisation und Lateralisation von Funktionen.

	präoperativ	postoperativ
Gesamt-IQ	123	109
verbaler IQ	122	103
Handlungs-IQ	121	114
Gedächtnisquotient	96[a]	73[a]
verbaler Abruf	7,0[a]	2,0
nichtverbaler Abruf	10,5	10,5
Kartensortiertest	6 Kategorien	6 Kategorien
Zeichnen nach Vorlage	34/36	34/36
Zeichnen aus dem Gedächtnis	22,5/36	23,5/36

[a] Signifikant niedrige Werte.

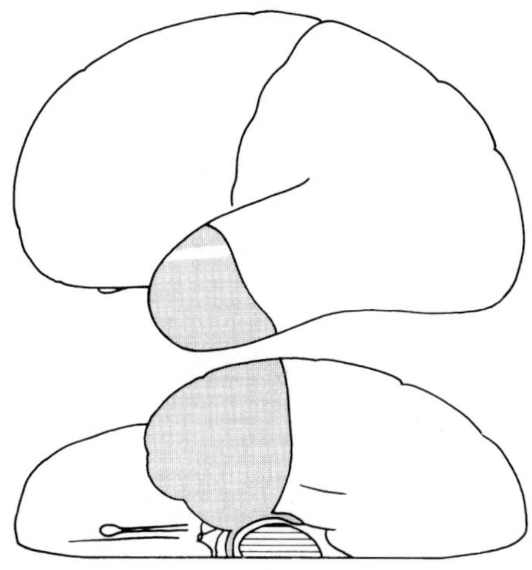

A linkstemporale Lobektomie

	präoperativ	postoperativ
Gesamt-IQ	114	103
verbaler IQ	115	115
Handlungs-IQ	110	89[a]
Gedächtnisquotient	121	101
verbaler Abruf	16,0	12,0
nichtverbaler Abruf	7,5	5,5[a]
Kartensortiertest	3 Kategorien	3 Kategorien
Zeichnen nach Vorlage	31/36	28/36[a]
Zeichnen aus dem Gedächtnis	11/36[a]	13/36[a]

[a] Signifikant niedrige Werte.

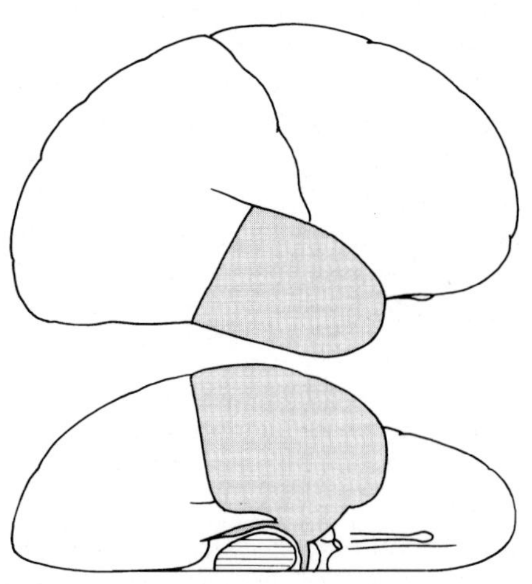

B rechtstemporale Lobektomie

9.3 Ein Vergleich psychologischer Testresultate von einem Patienten mit einer linkstemporalen Lobektomie (A) und einem mit einer rechtstemporalen Lobektomie (B) aus der Neurologischen Klinik in Montreal. Die operativ entfernte Region ist dunkel markiert (jeweils in seitlicher und unterer Ansicht der Hemisphäre). Die Zeichnungen sind nach den Angaben der Chirurgen zur Zeit der Operation angefertigt. (Nach Taylor 1969.)

Patienten mit einer Kommissurotomie

Epileptische Anfälle können in einem umgrenzten Gebiet einer Hemisphäre beginnen und sich über die Fasern des Corpus callosum zu homologen Arealen der kontralateralen Hemisphäre ausbreiten. In den frühen vierziger Jahren unseres Jahrhunderts wurde durch William van Wagnen, einem amerikanischen Neurochirurgen, das Verfahren der Kommissurotomie entwickelt. Es sah vor, alle 200 000 000 Nervenfasern des Corpus callosum zu durchtrennen. Van Wagnen wandte diese Methode bei fehlschlagender medikamentöser Behandlung an. Der therapeutische Erfolg der Operation war zunächst uneinheitlich; deshalb wurden Kommissurotomien bis Anfang der sechziger Jahre nicht mehr durchgeführt. Dann motivierten die Forschungsarbeiten von Myers und Sperry an Tieren dazu, diese Technik wieder in Betracht zu ziehen. Zwei kalifornische Chirurgen, Joe Bogen und Phillip Vogel, führten eine vollständige Durchtrennung des Corpus callosum und der kleineren **vorderen Kommissur** (Commissura anterior) bei etwa zwei Dutzend epileptischen Patienten durch, bei denen alle anderen Therapien versagt hatten. Die Operation erwies sich als medizinisch erfolgreich, denn sie befreite die Patienten nahezu völlig von ihren Krämpfen und beeinträchtigte ihr Alltagsleben nur geringfügig. Eine genaue psychologische Untersuchung durch Roger Sperry und seine Mitarbeiter wies aber bald nach, daß diese Menschen ein einzigartiges Verhaltenssyndrom entwickelten, das neue Erkenntnisse über die cerebrale Asymmetrie möglich gemacht hat.

Abbildung 9.4 verdeutlicht die Wirkung von Kommissurotomien auf die normale Gehirnfunktion. Nach einer Durchtrennung des Corpus callosum arbeiten die beiden Hemisphären unabhängig voneinander. Jede erhält Informationen aus allen sensorischen Systemen, und jede kann die Muskulatur des Körpers kontrollieren. Aber die beiden Hemisphären können keine Informationen mehr austauschen. Da die Funktionen in solchermaßen getrennten Cortexhälften (oft wird der amerikanische Ausdruck *split-brain* für „gespaltenes Gehirn" verwendet) in jeder Hälfte isoliert sind, kann man einer Hemisphäre sensorische Informationen zuführen und die Reaktion untersuchen, ohne daß die andere davon berührt wird.

Nach zahlreichen Untersuchungen an Split-Brain-Patienten ist inzwischen allgemein bekannt, daß immer dann, wenn die linke Hemisphäre Zugang zu Informationen hat, sie auch den Sprachvorgang in die Wege leiten und über „ihre" Informationen sprechen kann. Die rechte Hemisphäre besitzt zwar offensichtlich gute Fähigkeiten zur Wiedererkennung, ist aber nicht in der Lage, den Sprachprozeß in Gang zu setzen, denn sie hat keinen Zugang zu den entsprechenden Mechanismen der linken Hemisphäre. Das nun folgende Beispiel verdeutlicht dieses Phänomen:

> Die Patientin N. G., eine kalifornische Hausfrau, sitzt vor einem Projektionsschirm, in dessen Zentrum ein kleiner schwarzer Punkt dargeboten wird. Sie wird aufgefordert, diesen Punkt zu fixieren. Hat sich der Versuchsleiter dessen versichert, so erscheint für sehr kurze Zeit das Bild einer Tasse auf dem Schirm rechts von dem Punkt. N. G. berichtet, daß sie eine Tasse gesehen hat. Sie wird erneut aufgefordert, den Punkt zu fixieren. Diesmal wird kurzzeitig das Bild eines Löffels dargeboten, und zwar links von dem Fleck. Sie berichtet,

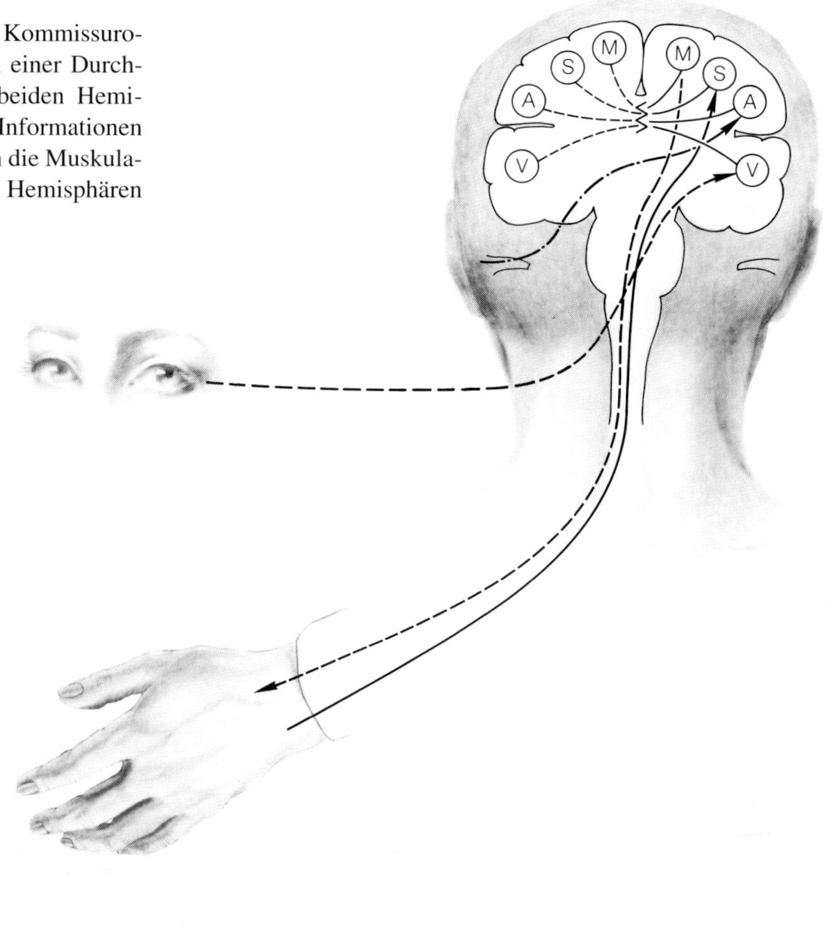

9.4 Die Auswirkung einer Kommissurotomie auf Verbindungen zwischen den Hemisphären und auf sensorische und motorische Systeme. Beachtenswert ist, daß die Verbindungen zwischen dem visuellen (V), auditorischen (A), somatosensorischen (S), motorischen Gebiet (M) und den Rezeptoren und Effektoren zwar nicht betroffen sind, daß aber die Verbindungen zwischen homotopen Arealen beider Hemisphären durchtrennt werden. Jede Hemisphäre arbeitet deshalb unabhängig von der anderen und ohne eine Zugangsmöglichkeit zu deren Empfindungen, Gedanken oder Handlungen.

nichts gesehen zu haben: „Nichts, es gab nichts.“ Bittet man sie nun, mit der linken Hand hinter dem Schirm nur durch Berührung herauszufinden, welches unter verschiedenen Objekten dem gleicht, das soeben gezeigt worden ist, so betastet sie mit dieser Hand jedes Objekt und hält schließlich den Löffel fest. Auf die Frage, was sie in der Hand hält, antwortet sie „einen Bleistift“. (Springer und Deutsch 1981.)

Das Verhalten der Patientin N. G. vermittelt einen Eindruck davon, welches Verhalten die beiden Hemisphären hervorbringen, wenn sie nicht interagieren können. Das Bild der Tasse wurde in die „sprechende“ linke Hemisphäre projiziert, die natürlich darauf reagieren konnte. Das Bild des Löffels wurde der rechten Hemisphäre dargeboten. Da diese nicht „sprechen“ kann, und da mit der linken Hirnhälfte keine Verbindung besteht, konnte N. G. nichts von einem Löffel berichten (Abbildungen 9.5 und 9.6). Die Fähigkeiten der rechten Hemisphäre kommen deutlich zum Ausdruck, wenn die linke Hand, die durch die rechte Hemisphäre kontrolliert wird, zur Identifizierung des Objekts benutzt wird. Wenn die Versuchsperson schließlich gefragt wird, was ihre linke Hand

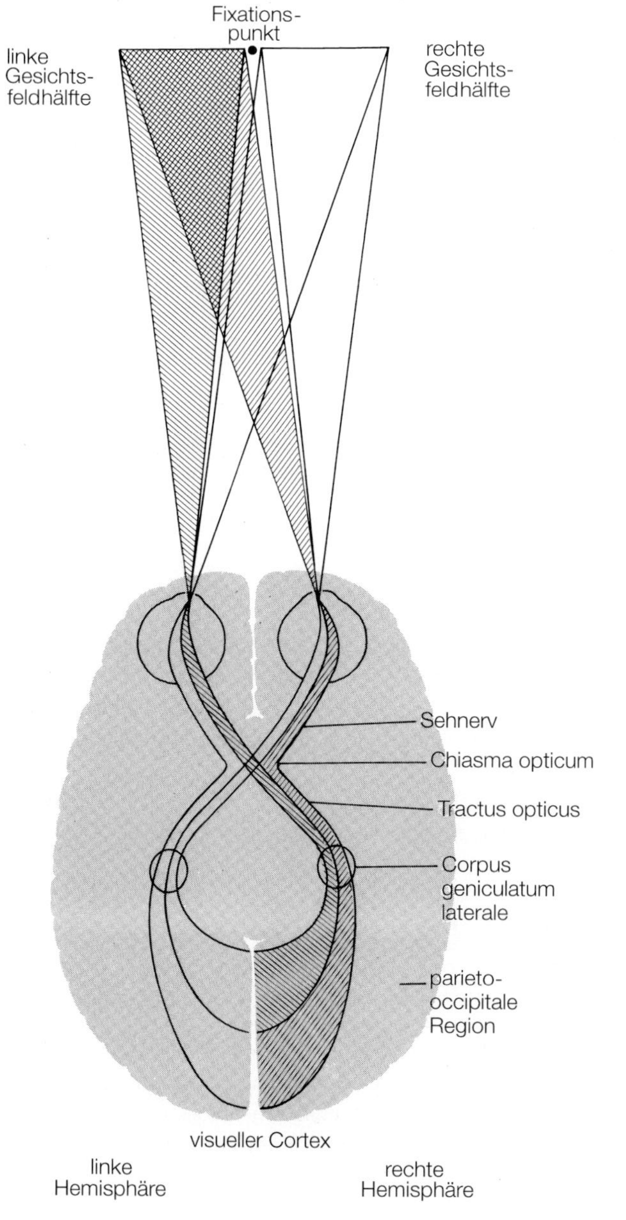

9.5 Die Sehbahn verläuft teilweise gekreuzt, und zwar so, daß die Gesichtsfeldhälften (und nicht die Netzhautbilder) nur in jeweils einer Hemisphäre repräsentiert sind. Das gesamte Gesichtsfeld links vom Fixationspunkt (schraffierte Fläche) ist im rechten visuellen Cortex repräsentiert und das gesamte Feld rechts vom Fixationspunkt im linken visuellen Cortex.

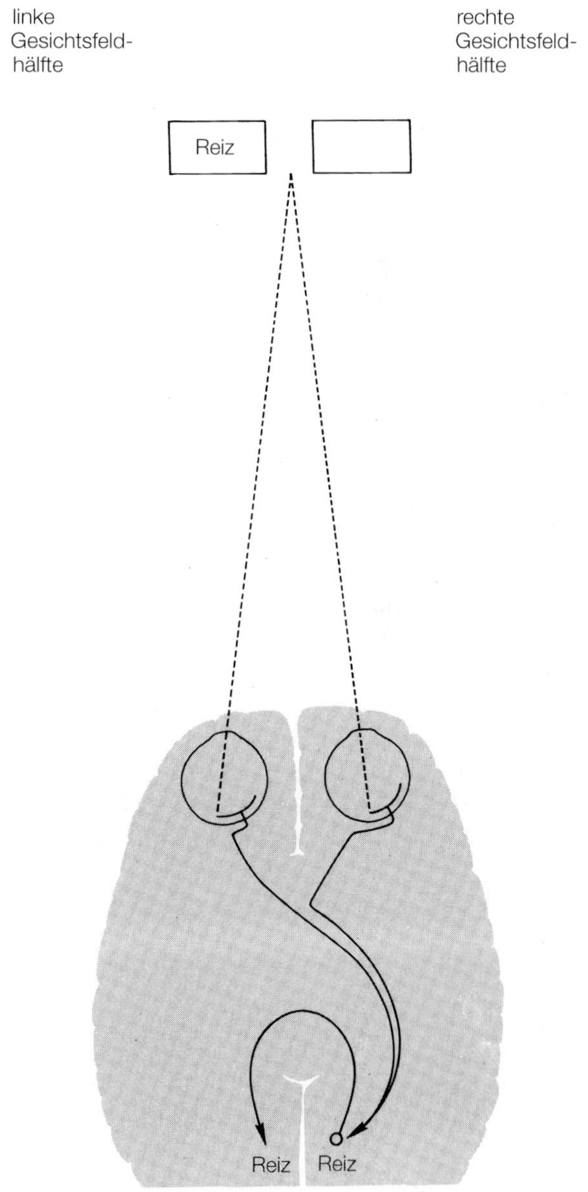

9.6 Die visuellen Informationen aus dem linken Gesichtsfeld gelangen zunächst in den rechten visuellen Cortex. Von dort werden sie über das Corpus callosum in den linken visuellen Cortex transferiert. Eine Durchtrennung des Corpus callosum verhindert eine solche Übertragung.

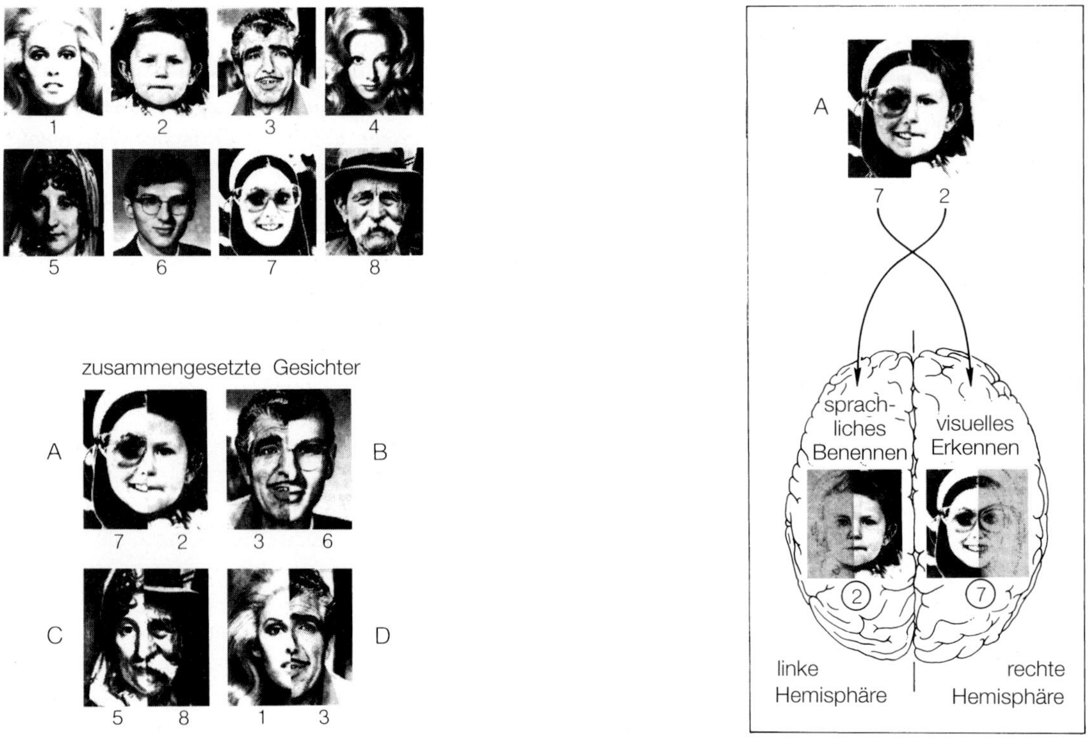

9.7 Zusammengesetzte Gesichter, wie Levy und seine Mitarbeiter sie benutzten, um die besondere Bedeutung der rechten Hemisphäre bei der Gesichtserkennung zu nachzuweisen. Split-Brain-Patienten wurden die Bilder A bis D gezeigt. Nach der Aufforderung, aus einer Reihe von Gesichtern (Bilder 1 bis 8) dasjenige auszuwählen, welches sie gesehen hatten, entschieden sich die Patienten für das Gesicht, das sich in ihrem linken Gesichtsfeld befunden hatte (in diesem Beispiel Gesicht 7), wie dies auf der rechten Seite der Abbildung dargestellt ist. (Aus Levy et al. 1972. Nachdruck mit Genehmigung von Oxford University Press, Oxford.)

hält – wobei sich die Hand hinter dem Schirm befindet und damit nicht sichtbar ist – so „weiß" die linke Hemisphäre das nicht und rät fälschlicherweise „Bleistift".

Die besonderen Fähigkeiten der rechten Hemisphäre bei der Gesichtserkennung lassen sich auch bei Split-Brain-Patienten nachweisen. Levy entwickelte einen Test mit „Gesichtschimären", die aus zusammengesetzten Gesichtern und anderen Reizmustern bestehen (die Gesichter wurden entlang der Längsachse geteilt und neu montiert); (Abbildung 9.7). Wenn man diese zusammengesetzten Gesichter jeweils hälftig den beiden Hemisphären präsentiert, so scheint die Ungleichheit zwischen den Bildhälften den Patienten nicht bewußt zu werden. Auf die Aufforderung, das gerade gesehene Bild herauszusuchen, wählen sie das Gesicht, welches in ihrer linken Gesichtsfeldhälfte (das heißt in ihrer rechten Hemisphäre) repräsentiert ist. Dies zeigt, daß die rechte Hemisphäre bei der Gesichtserkennung eine besondere Rolle spielt.

Zusammenfassend kann man feststellen: Aufgrund sorgfältiger und manchmal geradezu genialer Untersuchungen an Patienten mit Kommissurotomien wurden Beweise für eine komplementäre Spezialisierung der beiden Hemisphären geliefert. Man muß aber in Rechnung stellen, daß diese Patienten, so interessant die Untersuchungsergebnisse auch sein mögen, nur einen geringen Anteil der Allgemeinbevölkerung ausmachen und daß ihre Hemisphären auf keinen Fall normal arbeiten. Die meisten dieser Patienten hatten lokale Läsionen, welche anfänglich die epileptischen Anfälle verursacht hatten. Einige mögen sogar seit früher Jugend Gehirnschädigungen, die zu einer Reorganisation cerebraler Funktionen führten, erlitten haben. Verallgemeinerungen müssen deshalb mit Vorsicht aufgenommen werden. Wir werden auf dieses Thema in Kapitel 16 noch einmal zurückkommen.

Reizung des Cortex

In den frühen dreißiger Jahren leisteten Wilder Penfield und seine Mitarbeiter am Neurologischen Institut in Montreal Pionierarbeit bei der Verwendung operativer Methoden zur Behandlung von Epilepsie bei Patienten, die auf medikamentöse Therapie nicht mehr ansprachen. Ihr Vorgehen bestand darin, jene Cortexregion zu entfernen, aus der die anomalen Entladungen der Nervenzellen stammten. Da es sich hierbei um eine im voraus geplante therapeutische Operation handelte, konnte Penfield auch dafür sorgen, daß für die Kontrolle der Sprache und der Bewegungen wesentliche Areale nicht zerstört wurden. Um nun die Sprach- und Bewegungsareale zu identifizieren und das Ausmaß des epileptischen Gewebeherdes abzugrenzen, reizte er den offenliegenden Cortex und registrierte die Reaktionen des wachen, nur lokal betäubten Patienten. Die sorgfältige Untersuchung Hunderter von Patienten, die in Montreal durch Penfield und später durch seine ehemaligen Studenten, insbesondere durch Theodore Rasmussen und in jüngerer Zeit durch George Ojemann und seine Mitarbeiter an der Universität Washington, durchgeführt wurden, haben eindeutige Beweise für die cerebrale Asymmetrie erbracht: Eine Reizung der linken Hemisphäre kann die Sprechfähigkeit blockieren, wogegen eine Reizung der rechten Hemisphäre dies nur selten vermag. Die Bedeutung dieser Technik für die Neuropsychologie kann nicht hoch genug eingeschätzt werden. Unmittelbar nach einem operativen Eingriff haben Psychologen häufig die Gelegenheit, Patienten zu untersuchen und die Resultate der cortikalen Reizung mit ihrer psychologischen Bewertung in Zusammenhang zu bringen. Die von Rasmussen und Brenda Milner am Neurologischen Institut in Montreal durchgeführten Untersuchungen liefern ein gutes Beispiel einer solchen Zusammenarbeit.

Die elektrische Reizung der Cortexoberfläche eines Patienten, der bei Bewußtsein ist, hat im allgemeinen vier wesentliche Auswirkungen, drei erregende und eine hemmende. Die Reizung kann erstens gut lokalisierbare Bewegungen, lokalisierte Dysthesien (ein Taubheitsgefühl oder Kitzeln der Haut) und die Wahrnehmung von Lichtblitzen oder Summgeräuschen hervorrufen. Diese Reaktionen werden normalerweise jeweils vom primären motorischen, somatosensorischen, visuellen oder auditorischen Areal und deren Faserzügen verursacht und entstehen etwa gleich oft bei Reizung jeder der beiden Hemisphären. Dieses Resultat illustriert die häufig übersehene Tatsache, daß das Gehirn sowohl symmetrische als auch asymmetrische Funktionen hat. Die Reizung kann zweitens auch das hervorrufen, was Penfield „interpretatorische" und „erfahrungsbedingte" Reaktionen nennt. Diese ungewöhnlichen, aber oft gut reproduzierbaren Phänomene umfassen Änderungen der Interpretation der Umwelt durch den Patienten. Dazu gehören *déjà vu*-Erlebnisse, Furcht, Traumzustände und die Reproduktion visueller und auditorischer Merkmale einzelner früherer Erlebnisse. Dieses Phänomen erhält man gewöhnlich, wenn man das für epileptische Entladungen verantwortliche Gewebe reizt. Es tritt asymmetrisch auf: Eine Reizung des rechten Temporallappens ruft die eben beschriebenen Phänomene häufiger hervor als eine Reizung des linken. Dies läßt vermuten, daß die rechte Hemisphäre Wahrnehmungsfunktionen übernimmt, die der linken fremd sind. Drittens kann eine Reizung des linken frontalen oder temporalen Gebiets die Sprachproduktion beschleunigen. Ojemann vermutet, daß diese Beschleunigung aus einer Art „Alarmaktivierung" resultiert, die auch bei anderen kognitiven Prozessen zu beobachten ist, besonders bei Gedächtnisvorgängen. Gleichwohl ist es schwierig, diese Form der Aktivierung verläßlich nachzuweisen. Schließlich kann eine Reizung auch Funktionen blockieren. Diese Wirkung wird bei komplexen Vorgängen wie der Sprache und dem Gedächtnis deutlich. Sie tritt aber nur in Erscheinung, wenn die Reizung stattfindet, während der Patient die genannten Verhaltensweisen zeigt, denn eine Reizung derselben Region hat bei einem in dieser Beziehung inaktiven Patienten keinen erkennbaren Effekt. Die Unterbrechung der Sprache gehört zu den bekannten Folgen einer Reizung der linken Hemisphäre, aber erst vor kurzem konnte gezeigt werden, daß auch eine Reizung der rechten Hemisphäre bestimmte Verhaltensformen unterbricht. Ojemann und seine Kollegen berichteten, daß die Beurteilung der Orientierung vorgegebener Linien gestört ist, der Gesichtsausdruck einer anderen Person nicht mehr richtig erkannt wird, und das Kurzzeitgedächtnis für Gesichter ausfällt. Alle diese Effekte resultieren fast ausschließlich aus Reizungen des temporoparietalen Cortex und entsprechen damit dem, was man diesem Cortexteil an visuell-räumlichen Funktionen zuschreibt.

Eine Reizung des Cortex hat sich also insgesamt als nützliches Instrument erwiesen, um sowohl die Lokalität wie auch die Lateralität von Funktionen aufzuzeigen. Die Wirkung von Reizungen, die eine Aktivität unterbrechen, ist häufig sehr eng lokalisiert. Sie wechselt oft schon, wenn man den Reizort nur um einige Millimeter verschiebt, ist aber bei einzelnen Patienten häufig gut reproduzierbar. Diese Methode ermöglicht vermutlich die zur Zeit beste Einschätzung einer Lokalisation von Funktionen, die wir bezüglich der Gehirn-Verhaltens-Beziehungen des Menschen erhalten können. Ein weiterer, aber eher verwirrender Aspekt der Ergebnisse cortikaler Stimulation besteht darin, daß die genaue Lage und die Ausdehnung von Cortexgebieten, deren Reizung ein bestimmtes Verhalten beeinflußt, von Mensch zu Mensch erheblich variieren. Man kann darüber spekulieren, ob diese Variationen den individuellen Unterschieden bei verschiedenen Fertigkeiten zugrunde liegen, da bei verschiedenen Individuen vermutlich unterschiedlich große Cortexflächen bestimmten Funktionen zugeordnet sind. (Vorläufige Ergebnisse entsprechender Analysen finden sich bei Ojemann.)

Natriumamobarbitalinjektionen in die Halsschlagader

Obgleich die Sprachfähigkeit gewöhnlich in der linken Hemisphäre lokalisiert ist, weist ein kleiner Prozentsatz von zumeist linkshändigen Personen eine Sprachlokalisation in der rechten Hemisphäre auf. Bei einer genau plazierten Hirnoperation zur Behandlung von Störungen wie der Epilepsie und unter Vermeidung einer Schädigung der jeweiligen Sprachareale ist es für den Chirurgen unabdingbar, deren Lokalisation genau zu kennen. Um Sicherheit in Zweifelsfällen zu erreichen, haben Wada und Rasmussen die Methode der Natriumamobarbitalinjektion in die Halsschlagader (Carotis) entwickelt. Die Injektion führt zu einer kurzzeitigen Anästhesie der ipsilateral zur gewählten Halsarterie gelegenen Hemisphäre. (Heute erfolgen die Injektionen normalerweise über einen in die Arteria femoralis eingeführten Katheter.) Dies erlaubt eine eindeutige Lokalisierung der Sprache, da eine Injektion in die Sprachhemisphäre zu einem mehrminütigen Sprachverlust führt. Beginnt die Person dann wieder zu sprechen, treten charakteristische aphasische Irrtümer auf. Eine Injektion der Substanz in die „stumme" Hemisphäre führt entweder zu keinem oder nur zu einem sehr kurzen Sprachverlust. Die Injektion von Natriumamobarbital in die Carotis hat den Vorteil, daß die Funktionen jeder Hemisphäre isoliert untersucht werden können, da die jeweils andere Hirnhälfte anästhesiert ist und, funktional gesehen, ausfällt. Da die Anästhesie einige Minuten anhält, lassen sich eine ganze Reihe von Funktionen untersuchen – dazu gehören das Gedächtnis und Bewegungsvorgänge –, und man kann die Fähigkeiten einer Hemisphäre bei gleichzeitigem Ausfall der anderen Hemisphäre feststellen.

Solche Tests werden immer bilateral durchgeführt, wobei zwischen den Injektionen einige Tage liegen müssen. Man will sicher sein, daß keine Nachwirkungen der ersten Injektion das Ergebnis der zweiten beeinflussen. An der Neurologischen Klinik in Montreal, an der Wada ursprünglich diese Methode entwickelte, wird ein kleiner Katheter unter röntgenologischer Kontrolle bis in den inneren Ast der Halsschlagader (Carotis interna) eingeführt. Dann erstellt man eine Angiographie (eine Röntgenaufnahme der Hirnblutgefäße). Daraufhin wird der Patient im Untersuchungszimmer einem Probelauf unterzogen, der ihn mit den Tests vertraut macht, die nach der Injektion von Natriumamobarbital durchgeführt werden. So erhält man den Ausgangswert für die Leistungsfähigkeit, den man mit den Testergebnissen nach der Injektion vergleicht. Die Versuchsperson muß dann eine Reihe von einfachen Aufgaben lösen, zum Beispiel solche, die das Kurzzeitgedächtnis für verbales (Wörter oder Sätze) und nichtverbales Material (Fotos von Gesichtern oder Objekten) prüfen, oder solche, in denen der Gedächtnisabruf für die gleichen Aufgaben erst nach einer bestimmten Zeit ermöglicht wird (*delayed memory*). Kurz vor der Gabe des Anästhetikums liegt die Versuchsperson flach auf dem Rücken, hat beide Knie angezogen und beide Hände erhoben, wobei sich Finger und Zehen bewegen sollen. Die Patienten werden aufgefordert, von 20 an rückwärts zu zählen, und ohne weitere Warnung injiziert der Neurochirurg über einen Katheter die Substanz. Dieser Vorgang dauert zwei bis drei Sekunden. Innerhalb weniger Sekunden sind dramatische Veränderungen des Verhaltens zu beobachten.

Der kontralateral zur Injektion gelegene Arm und das entsprechende Bein fallen gelähmt auf das Bett. Die Patienten reagieren nicht, wenn man die betroffenen Glieder kräftig zwickt. Ist die injizierte Hemisphäre für Sprache nicht dominant, so zählt die Person weiter und führt auch die verbalen Aufgaben durch, während die Halbseitenlähmung anhält. Gleichwohl gibt es öfter eine Periode von etwa 20 bis 30 Sekunden, während der die Person verwirrt erscheint und schweigt. Gewöhnlich erlangt sie das Sprachvermögen aber ohne Mühe wieder. Trifft die Injektion die sprachdominante Hemisphäre, so verstummt die Person und bleibt so lange aphasisch, bis die Hemiparese abklingt – gewöhnlich nach vier bis zehn Minuten. Die Sprachfähigkeit wird geprüft, indem man den Patienten auffordert, eine Reihe gewöhnlicher Objekte, die ihm in rascher Folge gezeigt werden, zu benennen, die Wochentage vorwärts und rückwärts aufzusagen oder sie einfach auszusprechen und zu buchstabieren. Zusätzlich zur Aphasie und Parese ist der Patient völlig außerstande, auf visuelle Reize im kontralateral zur Injektion gelegenen Gesichtsfeld zu reagieren; dies gilt für eine Anästhesie der rechten ebenso wie der linken Hemisphäre. Es kommt zum Beispiel weder zu einem Blinzeln noch zu einer Orientierungsreaktion auf einen plötzlich erscheinenden Reiz. Darüber hinaus führt eine Injektion in die „sprechende" Hemisphäre nicht nur zu einer kontralateralen Hemiparese, sondern auch zu einer Unfähigkeit der ipsilateralen Hemisphäre, Bewegungsfolgen zu erzeugen. Letzteres bezeichnet man auch als **Apraxie.**

Ähnlich wie die elektrische Hirnreizung hat sich der Natriumamobarbitaltest als eine sehr effektive Methode zur Bestimmung der Sprachhemisphäre erwiesen. Tabelle 9.3 verdeutlicht den Zusammenhang zwischen Handpräferenz und Lateralität von Sprache in einer großen Patientengruppe ($n = 262$), die von Rasmussen und Milner untersucht wurde. Wie man von Daten der Hirnreizungen her erwarten würde, gibt es ein starkes Übergewicht zugunsten einer Sprachrepräsentation in der linken Hemisphäre: 96 % der rechtshändigen und 70 % der linkshändigen Personen weisen Sprachstörungen nach einer Natriumamobarbitalinjektion in die linke (nicht aber in die rechte) Hemisphäre auf. Überraschenderweise waren bei 4 % der untersuchten Rechtshänder die Sprachfunktionen in der rechten Hemisphäre lokalisiert. Anschließende Untersuchungen von Milner und Taylor ergaben einen Wert von 1,7 %. Dies entspricht etwa dem Anteil an Rechtshändern, die nach einer rechtshemisphärischen Läsion eine Aphasie zeigen, und erinnert uns daran, daß die Sprache bei manchen Rechtshändern in der rechten Hemisphäre lokalisiert ist. Die Resultate für Linkshänder stützen die oft vertretene Ansicht, daß bei linkshändigen und beidhändigen Personen das Muster der Sprachrepräsentation weniger vorhersagbar ist als bei rechtshändigen. Die Mehrheit der linkshändigen Personen weist allerdings eine Sprachrepräsentation in der linken Hemisphäre auf. Interessanterweise ergab sich bei keiner der rechtshändigen Personen ein Hinweis auf eine bilaterale Organisation der Sprache. Im Gegensatz dazu zeigten 15 % der links- oder beidhändigen Personen eine signifikante Sprachstörung nach einer Anästhesie der rechten oder der linken Seite. Vermutlich hatten diese Patienten aber dennoch keine symmetrische, bilaterale Repräsentation der Sprachfunktionen, denn die Injektion in die eine Hemisphäre störte eher die Benennungsfunktion, wogegen die Injektion in die andere Hemisphäre die serielle Klassifizierung (zum Beispiel

Tabelle 9.3: Zusammenhänge zwischen Sprachlateralisierung und Händigkeit

		Sprachrepräsentation (in %)		
Händigkeit	Anzahl der Fälle	links	bilateral	rechts
rechts	140	96	0	4
links	122	70	15	15

Quelle: Nach Rasmussen und Milner 1977.

das Ordnen der Wochentage) beeinträchtigte. Obwohl also manche Menschen eine bilaterale Repräsentation der Sprache aufweisen, ist diese vermutlich trotzdem asymmetrisch. Daher ist die Meinung unzutreffend, diese Menschen hätten „zwei linke Hemisphären". Weiterführende Untersuchungen dieser Patienten würden wohl ergeben, daß deren visuell-räumliche Funktionen ebenfalls bilateral und asymmetrisch repräsentiert sind. Dies ist allerdings eine bloße Vermutung.

Asymmetrie des gesunden Gehirns

Die Untersuchung neurologischer Patienten zeigt deutlich, daß eine funktionale Differenzierung zwischen den Hemisphären, besonders hinsichtlich ihres Anteils an der Sprachkontrolle, existiert. Wir hatten bereits darauf hingewiesen, daß Rückschlüsse vom funktional gestörten Gehirn auf das gesunde problematisch sind. Allein aufgrund eines spezifischen Verhaltenssyndroms infolge der Zerstörung eines Gehirnareals darf man nicht folgern, daß diese Region das nun gestörte Verhalten einmal kontrolliert hat.

Beispielsweise bedeutet die Tasache, daß 98 % der Rechtshänder, die ihre Sprachfunktionen aufgrund eines Schlaganfalls mit Auswirkungen auf die „Sprachfelder" der linken Hemisphäre verloren haben, nicht, daß die Funktion der linken Hemisphäre die Erzeugung von Sprache ist. Sie besagt vielmehr, daß die linke Hemisphäre Instruktionen gibt, die für die normalen Sprachfunktionen notwendig sind. Die Frage lautet: Welches sind diese Funktionen? Ein möglicher Ansatz zur Beantwortung dieser Frage ist die Untersuchung des gesunden Gehirns. Man kann dann versuchen, von der Sprachproduktion auf die Funktionen der einzelnen Gehirnteile zu schließen. Häufig nutzt man hierbei die anatomische Organisation der sensorischen und motorischen Systeme aus, um Einblick in die Funktionsweise des Gehirns zu erhalten. Dieser Ansatz wird als Lateralitätsforschung bezeichnet. Lateralitätsuntersuchungen sind jedoch nicht ganz unproblematisch, wie wir gleich sehen werden.

Asymmetrie des visuellen Systems

Die Organisation des visuellen Systems macht es möglich, jeder Hemisphäre getrennt visuelle Informationen zuzuleiten. Abbildung 9.5 zeigt die Beziehung zwischen beiden Gesichtsfeldhälften und den jeweiligen Projektionen zum visuellen Cortex: Visuelle Reize im linken Gesichtsfeld werden auf den rechten visuellen Cortex abgebildet, Reize im rechten Gesichtsfeld verarbeitet dagegen der linke visuelle Cortex. Verwendet man zur Untersuchung ein **Tachistoskop**, so können visuelle Reize jeder Gesichtsfeldhälfte individuell dargeboten werden. Die Versuchspersonen werden aufgefordert, einen zentral gelegenen Punkt (oder ein zentrales Kreuz) auf dem Bildschirm zu fixieren (Abbildung 9.6). Dann wird ungefähr 50 Millisekunden lang ein Bild in eine Gesichtsfeldhälfte projiziert. Die Zeit ist kurz genug, um das Bild zu verarbeiten, bevor sich die Augen vom Fixationspunkt wegbewegen. Vergleicht man die Genauigkeit, mit der eine gegebene Information von den beiden visuellen Feldern verarbeitet wird, so kann man daraus ableiten, welche der beiden Hemisphären für die verschiedenen Arten der Informationsverarbeitung am besten geeignet ist.

In den frühen fünfziger Jahren verwendeten Mishkin und Forgays zum ersten Mal ein Tachistoskop und konnten damit zeigen, daß gesunde rechtshändige Personen Wörter im rechten Gesichtsfeld genauer wiedererkennen als im linken Gesichtsfeld. Mishkin und Forgays glaubten, daß erworbene richtungsspezifische Lesegewohnheiten (von links nach rechts) für diesen Unterschied verantwortlich sind. Die ein Jahrzehnt später durchgeführten Untersuchungen an Split-Brain-Patienten sprechen aber für eine andere Erklärung: Informationen aus nur einer Gesichtsfeldhälfte werden am besten durch jene Hemisphäre verarbeitet, die für solche Informationen spezialisiert ist. Bietet man der linken Hemisphäre Wörter dar, dann werden sie dort rascher verarbeitet als bei der Darbietung für die „stumme" rechte Hemisphäre. Diese Folgerung war nicht nur deshalb bedeutend, weil sie mit den klinischen Ergebnissen zur Spezialisierung der Cortexhälften in Einklang stand, sondern auch, weil sie nahelegte, daß Unterschiede in den von der linken und rechten Hemisphäre durchgeführten Verarbeitungsvorgängen möglicherweise auf einem grundlegenden Unterschied in den Wahrnehmungsprozessen in beiden Hemisphären beruhen.

Die sichersten Belege dafür, daß Untersuchungen mit einem Tachistoskop auch funktionale Unterschiede im Gehirn messen, bestehen darin, daß die bei tachistoskopischen Untersuchungen festgestellten Asymmetrien denen bei neurologischen Patienten entsprechen. So werden zum Beispiel bei gesunden Personen Informationen aus dem rechten Gesichtsfeld besser verarbeitet, wenn sie aus Wörtern oder Buchstaben bestehen. Ein Vorteil des linken Gesichtsfelds gilt für Reize, die in der rechten Hemisphäre verarbeitet werden, zum Beispiel Gesichter und andere visuell-räumliche Reize (Tabelle 9.4).

Asymmetrie des auditorischen Systems

Das auditorische System ist nicht so vollständig überkreuzt wie das visuelle; beide Hemisphären erhalten Projektionen von beiden Ohren. Es scheint aber, daß die überkreuzt verlaufenden Verbindungen besser entwickelt sind und bevorzugt Zugang zum Cortex haben. So werden Töne, die das rechte Ohr aufnimmt, hauptsächlich von der linken Hemisphäre verarbeitet und umgekehrt. Abbildung 9.8 illustriert diese Beziehung.

In den frühen sechziger Jahren untersuchte Doreen Kimura am Neurologischen Institut in Montreal Patienten mit Hilfe des **dichotischen Hörtests**. Dabei wurden gesprochene Zif-

Tabelle 9.4: Die Asymmetrie (relative Werte) von Funktionen bei gesunden Versuchspersonen

getestete Funktion	Aufgabe	Dominanz[a] der linken Hemisphäre	Dominanz[a] der rechten Hemisphäre
visuell (Tachistoskop)	Buchstaben	1,2	1,0
	Wörter	1,5	1,0
	Punktlokalisation auf Flächen	1,0	1,2
	Punkt- und Formenaufzählung	1,0	1,2
	Vergleich gebogener Linien	1,0	1,1
	stereoskopisches Tiefensehen	1,0	1,3
	Gesichter	1,0	1,2
auditorisch (dichotisches Hören)	Wörter	1,9	1,0
	sinnfreie Silben	1,7	1,0
	rückwärts Gesprochenes	1,7	1,0
	Melodieverlauf	1,0	1,2
	nichtsprachliche Laute (Husten, Lachen, etc.)	1,0	1,1
manuell	Feinmotorik	1,0	1,0
	sprachbegleitende Gestik	3,1	1,0
	Blindenschrift		signifikant höher

[a]Die Zahlen drücken die relative Dominanz der Hemisphäre bei jeder Aufgabe aus. Quelle: Nach Kimura 1973.

fernpaare (zum Beispiel „Zwei" und „Sechs") *gleichzeitig* über Kopfhörer dargeboten, doch jede Zahl war jeweils nur von einem Ohr zu hören. Den Versuchspersonen wurden in der Untersuchung drei Zahlenpaare dargeboten. Die Aufgabe war, sich an möglichst viele Zahlen zu erinnern, und zwar unabhängig von der Reihenfolge ihrer Darbietung. Kimura interessierte sich für die Verarbeitungsfähigkeiten des auditorischen Systems von Patienten mit Läsionen im Temporallappen. Sie stellte fest, daß alle Versuchspersonen unabhängig vom Läsionsort eher Zahlen behalten hatten, die dem rechten Ohr dargeboten worden waren. Diese Überlegenheit des rechten Ohres wurde auch bei gesunden Kontrollpersonen gefunden. Kimura nahm deshalb an, daß immer dann, wenn unterschiedliche Reize gleichzeitig auf beide Ohren eintreffen, die Verbindung vom rechten Ohr zur „sprechenden" Hemisphäre einen bevorzugten Zugang hat, und daß Informationen aus dem ipsilateral verlaufenden Faserzug vom linken Ohr unterdrückt werden. Beim dichotischen Hörtest muß der Reiz vom linken Ohr zur rechten Hemisphäre kreuzen und dann über das Corpus callosum zur linken Hemisphäre zurückkehren. Dieser indirekte Weg vom linken Ohr zur linken Hemisphäre bringt einen Nachteil für Reize mit sich, die diesem Ohr dargeboten werden. Wörter hingegen, die man dem rechten Ohr darbietet, werden genauer erinnert. Nachdem der Vorteil des rechten Ohres für die Wahrnehmung dichotisch dargebotener Sprachreize offenkundig geworden war, mußten als nächstes Aufgaben im Hinblick auf die mögliche Überlegenheit des linken Ohres erfunden werden. Kimura berichtete 1964 über eine Untersuchung, bei der es um die Wahrnehmung von Melodien ging: Zwei kurze Kammermusikfragmente wurden gleichzeitig jeweils einem Ohr dargeboten; es folgten Teile aus vier Musikstücken, in die die beiden zuvor gehörten Teile eingebaut worden waren. Sie wurden beiden Ohren vorgespielt. Die Versuchsperson sollte entscheiden, welche der vier Fragmente sie schon gehört hatten. Überraschenderweise entdeckte Kimura bei dieser Aufgabe einen Vorteil des linken Ohres.

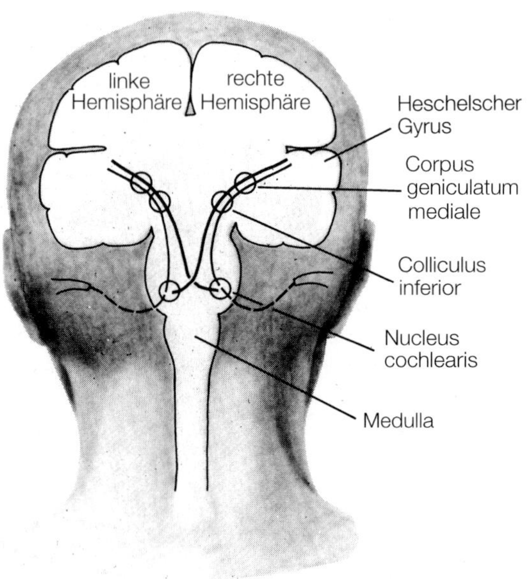

9.8 Die auditorischen Faserverbindungen von den Ohren zu den auditorischen Arealen der rechten und der linken Hemisphäre sind teilweise gekreuzt. Obwohl jede Hemisphäre Informationen von beiden Ohren empfängt, sind die neuronalen Verbindungen eines Ohres zur kontralateralen Hemisphäre stärker als die zur ipsilateralen Hemisphäre. Stehen ipsilateral und kontralateral einlaufende Informationen in Konkurrenz, so nimmt man an, daß der stärkere kontralaterale Informationsfluß die ipsilateralen Informationen hemmt. (Nach Kimura 1973.)

Doch nicht alle Versuchspersonen zeigen bei dichotischen Tests eine bevorzugte Wahrnehmung der Signale aus einem

Tabelle 9.5: Überblick über Tests zur Überlegenheit eines Ohres bei dichotischen Reizen

Test	Literatur
Tests, die eine Überlegenheit des rechten Ohres zeigen	
Zahlen	Kimura 1961
Wörter	Kimura 1967
sinnfreie Silben	Kimura 1967
Formantenübergänge	Lauter 1982
rückwärts Gesprochenes	Kimura und Folb 1968
Morsezeichen	Papcun et al. 1973
schwierige Rhythmen	Natale 1977
prosodische Entscheidungen	Zurif 1974
Prosodie bei Formantenübergang	Halperin et al.1973
Ordnen zeitlicher Informationen	Divenyi und Efron 1979
bewegungsbezogene Töne	Süssmann 1979
Tests, die eine Überlegenheit des linken Ohres zeigen	
Melodien	Kimura 1964
Akkorde	Gelfand et al.1980
Umweltlaute	Curry 1977
emotionale Lautgebung und Summen von Melodien	King und Kimura 1972
Prosodie unabhängig vom sprachlichen Inhalt	Zurif 1974
komplexe Tonhöhenwahrnehmung	Sidtis 1982
Tests, die keine Überlegenheit eines Ohres erkennen lassen	
Vokale	Blumstein et al. 1977
isolierte Reibelaute	Darwin 1974
Rhythmen	Gordon 1970
unmelodisches Summen	van Lancker und Fromkin 1973

Quelle: Nach Noffsinger 1985.

Ohr. Wenn diese Effekte auftreten, sind sie nicht groß, und außerdem sind die Resultate von einer Reihe kontextbezogener Einflüsse und von der Testroutine abhängig. Dennoch waren Kimuras Untersuchungen für die Erforschung der Lateralität relevant. Sie ergänzten die aus der neurologischen Literatur bekannten Resultate und eröffneten jedem, der Vorstellungskraft und ein Stereotonbandgerät besitzt, ein neues Forschungsfeld. Was noch wichtiger ist: Ihre Methode ist auch eine Technik zur Feststellung der Hemisphärendominanz für Sprache. Dies ist von besonderem klinischen Interesse, zumal bei linkshändigen Patienten. Darüber hinaus läßt sich der Test in bestimmten Fällen klinisch anwenden, da Patienten mit linkstemporaler Schädigung sprachliche Aufgaben schlecht lösen und Patienten mit Schädigungen des Corpus callosum fast überhaupt keine Wörter aufnehmen, die dem linken Ohr dargeboten werden. (Bei letzteren gilt allerdings, daß sie Wörter, die am linken Ohr eintreffen, wiederholen, wenn dem rechten Ohr nicht gleichzeitig ein Reiz dargeboten wird).

Die Experimente von Kimura implizieren zunächst, daß die linke Hemisphäre auf die Verarbeitung von Geräuschen spezialisiert ist, die mit Sprache assoziiert werden, während die rechte mit Musik verbundene Geräusche verarbeitet (Tabelle 9.5). Sie lassen jedoch auch eine andere Interpretation zu: Es ist möglich, daß die Asymmetrie mit einem anderen Aspekt der zeitlichen oder spektralen Struktur von Geräuschen zusammenhängt, und nicht mit Sprache oder Musik per se. Betrachten wir zum Beispiel die Ergebnisse von Papcun und Kollegen. Wie sie zeigten, können Telegraphisten Morsecodes besser mit dem rechten Ohr wahrnehmen als mit dem linken, obwohl die Codes sich nur durch ihre zeitliche Struktur unterscheiden. Diese Studie könnte somit als Hinweis gewertet werden, daß die linke Hemisphäre möglicherweise weniger auf Sprache spezialisiert ist als auf „irgendetwas anderes". Dieses „andere" könnte zum Beispiel die Analyse von komplexen zeitlichen Mikrostrukturen sein. Wir werden bei unserer Diskussion der Sprache auf diese Vorstellung zurückkommen.

Asymmetrie des somatosensorischen Systems

Experimente über die Lateralität somatischer Empfindungen sind bislang nicht so populär gewesen wie entsprechende Untersuchungen am visuellen und auditorischen System. Das somatosensorische System verläuft fast vollkommen gekreuzt und besitzt damit ein Merkmal, das einen einfachen Vergleich zwischen beiden Hemisphären erlaubt (Abbildung 9.9). Verbindet man die Augen einer Versuchsperson und stellt ihr dann mehrere Aufgaben (zum Beispiel Braille-Schrift zu lesen oder mit jeder Hand separat Objekte zu manipulieren), fällt auf, daß jede Hand die Aufgaben unterschiedlich löst. Diese Unterschiede gelten als Indiz für funktionale Asymmetrien der cerebralen Organisation.

Bei einer Studie wurde verglichen, welche Leistung die rechte oder linke Hand erbringen kann, wenn verschiedene Formen, Winkel oder Muster erkannt werden sollen. Bei rechtshändigen Personen ist die linke Hand bei fast allen Aufgaben dieser Art überlegen. Rudel und seine Mitarbeiter stellten fest, daß sowohl blinde als auch sehende Versuchspersonen die Braille-Schrift mit der linken Hand schneller entziffern können als mit der rechten. In der Tat sind manche Kinder recht schnelle Leser, wenn sie die linke Hand verwenden. Bedienen sie sich aber der rechten Hand, können sie fast nicht mehr lesen. Da es sich bei der Braille-Schrift um eine räumliche Anordnung von Punkten handelt, stimmt diese Beobachtung mit der allgemeinen Annahme überein, daß die rechte Hemisphäre bei der Verarbeitung räumlicher Informationen viel wichtiger ist als die linke.

Ein zweiter somatosensorischer Test, der sogenannte **dichaptische Test**, stellt ein Analogon zum dichotischen Hörtest dar. Er wurde von Sandra Witelson entwickelt. Sie bot jeder Hand einer Versuchsperson eine jeweils andere, unbekannte komplexe Form dar, welche nicht gesehen werden konnte. Diese Objekte sollten betastet und dann mit einer Reihe

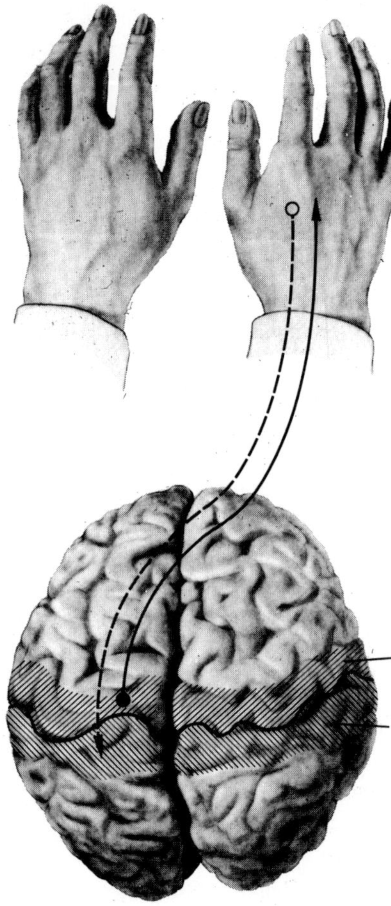

9.9 Somatosensorische und motorische Faserverbindungen sind fast vollkommen gekreuzt. Jede Hand ist hauptsächlich mit der kontralateralen Hemisphäre verschaltet.

visuell dargebotener Gegenstände verglichen werden. Die Aufgabe bestand darin, die zuvor betasteten Objekte zu identifizieren. Die Ergebnisse wiesen auf eine Überlegenheit der linken Hand – und damit der rechten Hemisphäre – bei der Erkennung der Objekte hin. Erst kürzlich haben Gibson und Bryden die Leistungen der linken und rechten Hand noch besser differenzieren können. In ihren Experimenten wurden den Versuchspersonen dichaptisch verschiedene, unregelmäßige Muster oder Buchstaben aus Sandpapier dargeboten, die langsam über die Fingerkuppen bewegt wurden. Die Versuchspersonen zeigten eine Überlegenheit der rechten Hand, wenn es um die Identifizierung von Buchstaben ging, und einen Vorteil der linken Hand bei der Identifizierung nichtsprachlicher Formen.

Die vielleicht eleganteste Untersuchung in diesem Bereich wurde von Nachson und Carmon im Jahre 1975 durchgeführt. Sie stellten ihren Versuchspersonen zwei Aufgaben: eine, die sie als „räumlich", und eine weitere, die sie als „sequentiell" bezeichneten. Bei diesen Aufgaben wurden der Zeige-, der Mittel- und der Ringfinger durch spitz zulaufende Metallstäbchen gereizt. Je nach Aufgabenstellung sollten die Testpersonen auf einen kleinen Mikroschalter drücken, der neben den Stäbchen angebracht war. Bei der räumlichen Aufgabe wurde ein Finger einmal, ein anderer zweimal und der dritte überhaupt nicht gereizt. Die Aufgabe bestand darin, ein Reizmuster zu erkennen und auf den entsprechenden Mikroschalter zu drücken. Bei der sequentiellen Aufgabe wurden die drei Finger in zufälliger Folge gereizt, und die Versuchspersonen mußten die Schalter in der entsprechenden Reihenfolge bedienen. Bei beidhändiger Reizung unterliefen den Versuchspersonen bei sequentiellen Aufgaben mit der linken Hand, bei räumlichen Aufgaben dagegen mit der rechten Hand mehr Fehler. Dieses Resultat ist deshalb wichtig, weil es die Rolle der linken Hemisphäre bei der sequentiellen Analyse belegt. Dabei handelt es sich um eine Fähigkeit, von der man annehmen kann, daß sie bei der Kontrolle komplexer Bewegungen von Bedeutung ist. Dies ist vermutlich eine besondere Eigenschaft der linken Hemisphäre.

Asymmetrie des motorischen Systems

Obgleich ein bedeutender Teil des motorischen Systems ungekreuzt ist, legen klinische Untersuchungen, die zunächst von Wyke und in jüngster Zeit von Kimura und anderen durchgeführt wurden, die Vermutung nahe, daß es bei der Kontrolle der Bewegung auch eine funktionale Asymmetrie gibt. Folgt man der Logik des Vorgehens bei Untersuchungen der Asymmetrie des intakten sensorischen Systems, so scheint es sinnvoll, auch nach Asymmetrien der motorischen Kontrolle zu suchen. Eine Schwierigkeit besteht jedoch darin, daß es eine Asymmetrie der sensorischen Eingangsinformationen gibt; deshalb wird die Untersuchung motorischer Asymmetrien möglicherweise durch den Umstand erschwert, daß beide Hemisphären hier nicht gleiche Voraussetzungen haben. Stellt sich zum Beispiel heraus, daß die rechte Hand auf verbale Reize schneller reagiert als die linke, so läßt sich nicht entscheiden, ob nur eine motorische Asymmetrie oder ob eine Asymmetrie der Wahrnehmung vorliegt. Daher sind zwei Arten von Experimenten entwickelt worden, um motorische Asymmetrien genauer zu untersuchen: die direkte Beobachtung der motorischen Asymmetrie und Aufgaben zur Erfassung möglicher Interferenzen.

Falls es bei der Kontrolle der Bewegung eine inhärente Asymmetrie gibt, läßt sich diese eventuell dann beobachten, wenn Personen anderen Beschäftigungen nachgehen. Denkbar ist zum Beispiel, daß die rechte Hand mehr bewegt wird, während man eine verbale Aufgabe löst (die aber keine manuelle Reaktion erfordert), und möglicherweise ist die linke Hand während der Lösung einer nichtverbalen Aufgabe aktiver (für die ebenfalls keine manuelle Reaktion notwendig ist). Es ist allgemein bekannt, daß Menschen ihr Sprechen häufig mit Gesten begleiten. Kimura machte Filmaufnahmen von sprechenden oder summenden Personen und konnte zeigen, daß rechtshändige Menschen ihr Sprechen bevorzugt mit Gesten der rechten Hand begleiten, daß sie aber, wenn sie sich kratzen, die Nase reiben oder ihren Körper berühren, keine

Hand präferieren. Kimura deutete die Gesten mit der kontralateral zur „sprechenden" Hemisphäre gelegenen Hand als Indiz für eine Beziehung zwischen Sprache und bestimmten manuellen Aktivitäten.

Da Unterschiede im Gestikulieren (bei rechtshändigen Personen wird die rechte Hand bevorzugt) eher auf Unterschiede der Handpräferenz als auf eine funktionelle Asymmetrie der motorischen Kontrolle zurückgeführt werden könnten, wurde in einer weiteren Testreihe die Asymmetrie von Handbewegungen verglichen, während gleichzeitig verbale oder nichtverbale Aufgaben gelöst werden mußten. Kimura machte Videoaufnahmen von rechtshändigen Personen, während diese in drei unterschiedlichen Testaufgaben Bausteine zusammensetzten. Die erste Aufgabe (die sogenannte neutrale Aufgabe) erforderte das Zusammensetzen von weißen Bauklötzen zu einer Fünf-mal-fünf-Matrix. Bei dem zweiten Aufgabentyp (einer verbalen Aufgabe) sollten die Versuchspersonen Würfel mit Buchstaben wie in einem Kreuzworträtsel richtig anordnen. Beim dritten Aufgabentyp (einer nonverbalen Aufgabe) sollten die Versuchspersonen mit Elementen der gleichen Größe wie in den beiden vorausgegangenen Aufgaben ein Puzzle zusammensetzen. Zur Lösung der neutralen Aufgabe bewegten die Versuchspersonen die Bauklötze mit der rechten Hand und hielten sie mit der linken in Position. Bei der verbalen Aufgabe wiesen die meisten aufgabenorientierten Bewegungen auf eine Präferenz der rechten Hand hin. Im Gegensatz dazu ergab die nichtverbale Aufgabe eine erhöhte aufgabenzentrierte Bevorzugung der linken Hand. Diese Befunde legen nahe, daß die beiden Hemisphären bei der Bewegungskontrolle einander ergänzende Rollen übernehmen und daß es sich dabei um eine Asymmetrie handelt, die von der angeborenen Handpräferenz beeinflußt ist.

Ein zweiter Typ motorischer Asymmetrie wurde bei komplexen Mundbewegungen beobachtet. Wolf und Goodale filmten Mundbewegungen, während Versuchspersonen verbale und nichtverbale Bewegungen ausführten, und unterzogen dieses Material einer Einzelbildanalyse. Abbildung 9.10 verdeutlicht das wichtigste Ergebnis: Die rechte Seite des Mundes öffnet sich sowohl bei verbalen als auch bei nichtverbalen Aufgaben weiter und schneller als die linke. Die genaue Ortsbestimmung der Bewegung ist ein wichtiger Faktor für die Quantifizierung der Rechtspräferenz. Bewegungen innerhalb einer Sequenz weisen eine größere Asymmetrie auf als Bewegungen am Beginn der Sequenz. Goodales Beobachtung stützt die Vermutung, daß die linke Hemisphäre bei der Auswahl, der Programmierung und der Produktion von verbalen und nichtverbalen Mundbewegungen eine spezifische Rolle übernimmt. Angesichts der Behauptung, daß die linke Gesichtsseite Emotionen stärker zum Ausdruck bringt als die rechte, bietet es sich an, Goodales Technik bei der Analyse des Beginns spontaner Ausdrucksveränderungen des Gesichts zu verwenden. Wenn die rechte Hemisphäre bei der Kontrolle des Gesichtsausdrucks dominiert, sollte der Beginn der Bewegungen auf der linken Seite rascher erfolgen. Goodale konnte zeigen, daß dies tatsächlich der Fall ist.

In mehreren Laboratorien wurde unlängst ein den meisten Menschen vertrautes Phänomen untersucht – die Schwierigkeit, zwei komplexe Aufgaben gleichzeitig zu lösen. Werden Versuchspersonen gebeten, einen kleinen Holzdübel auf ihrem rechten oder linken Zeigefinger zu balancieren, während sie gleichzeitig sprechen, können sie die Balance mit der linken Hand viel länger halten als mit der rechten. Ähnliche Ergebnisse werden auch von anderen komplexen Aufgaben, etwa rhythmischen Klopfbewegungen mit den Fingern, berichtet. Das Sprechen interferiert nur, wenn die ge-

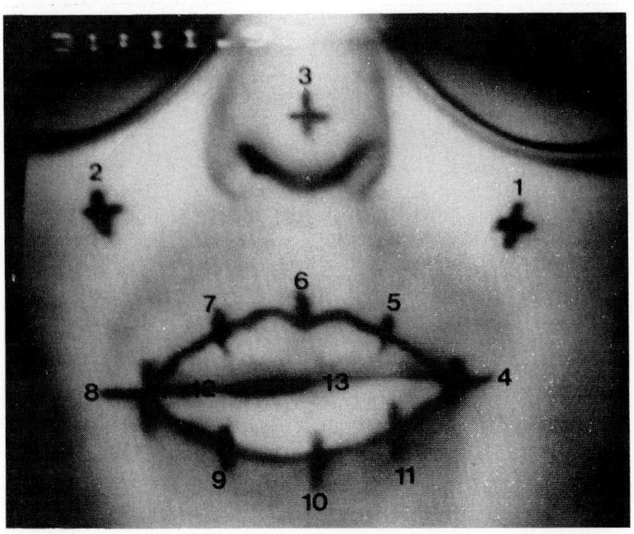

A

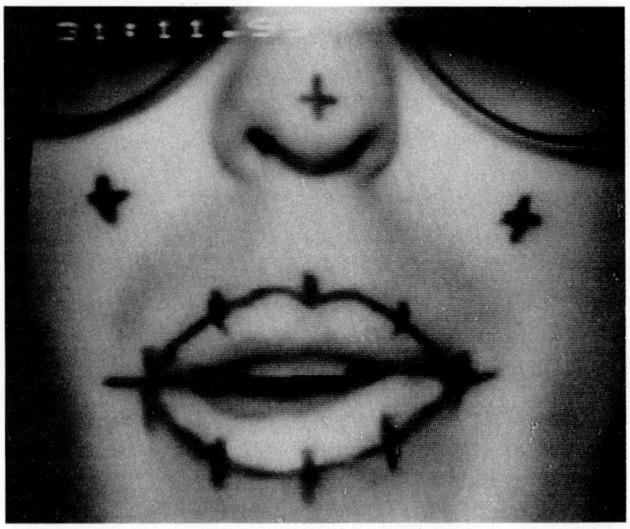

B

9.10 Aufeinanderfolgende Videobilder zeigen den Verlauf der Mundöffnung während der Bildung der Silbe „ma" in der Lautfolge „ma-bo-pi". Bild B wurde 67 Millisekunden nach Bild A aufgenommen. (Nachdruck mit Genehmigung aus Wolf, M. E.; M. A. Goodale. Oral asymmetries during verbal and nonverbal movements of the mouth. In: *Neuropsychologia* 25, S. 375–396, 1987.)

forderte Leistung mit der rechten Hand erbracht werden soll. Die vermutlich interessanteste Interferenzaufgabe, die den Autoren bekannt geworden ist, stammt aus einem unveröffentlichten Experiment von Haigs und Kinsbourne. Sie baten mehrere arbeitslose Musiker, jeden Tag in ihr Labor zu kommen und dort Klavier zu spielen. Die Aufgabe bestand darin, mit jeder Hand ein schwieriges Musikstück spielen zu lernen, und zwar so, daß das Stück dann simultan mit beiden Händen gespielt werden konnte. Sobald die Musiker diese schwierige Aufgabe gemeistert hatten, wurden sie vom Versuchsleiter gebeten, während des Spielens zu summen oder zu sprechen. Offenkundig störte das Sprechen das Spiel der rechten Hand, und das Summen interferierte mit dem Spiel der linken Hand!

So interessant diese Interferenzuntersuchungen auch sein mögen, die Effekte selbst werden kaum nachvollzogen und sind offenbar recht kompliziert. Es ist allgemein bekannt, daß wir Interferenzeffekten um so weniger unterliegen, je besser wir eine motorische Handlung beherrschen. Man betrachte doch die Schwierigkeit, die einem das Sprechen bereitet, wenn man Tennisspielen (oder Autofahren) lernt. Für einen professionellen Tennisspieler (oder geübten Autofahrer) stellt hingegen eine solche Interferenzaufgabe kaum eine Herausforderung dar. Interferenzstudien können sinnvoll sein, wenn es um die Beschreibung der Rolle beider Hemisphären bei der Kontrolle von Bewegungen geht. Handelt es sich aber um deren komplementäre Funktion, bleiben noch viele Fragen offen. So müßte man festzustellen, welche Bewegungstypen eine Hemisphäre besonders gut kontrolliert, denn diese Bewegungen werden mit großer Wahrscheinlichkeit Interferenzeffekten widerstehen. Zudem müßten die jeweiligen Fähigkeiten der beiden Hemisphären, simultane Finger- beziehungsweise Gliedmaßenbewegungen, geprüft werden. Möglicherweise sind Fingerbewegungen gegenüber Interferenzeffekten empfindlicher, wenn sie von der rechten Hemisphäre (im Gegensatz zur linken) gesteuert werden. Untersuchungen von Interferenzeffekten sind und bleiben wichtig, denn sie können neue Erkenntnisse über die Organisation der motorischen Systeme zutage fördern.

Was kann man aus Lateralitätsuntersuchungen über Gehirnfunktionen erfahren?

Lateralitätsuntersuchungen bilden eine sinnvolle Ergänzung der Untersuchung neurologischer Patienten. Sie liegen einem Teil der heutigen Theoriebildung über Art und Herkunft cerebraler Asymmetrien zugrunde. Man muß sich jedoch darüber im klaren sein, daß diese Untersuchungen Gehirnfunktionen nur indirekt erfassen können und daß sie bei weitem nicht das ideale Handwerkszeug darstellen, für das man sie oft hält. Folgende Probleme sind zu bedenken:

Lateralitätsmessungen korrelieren nicht perfekt mit invasiven Methoden zur Erfassung cerebraler Asymmetrien. So zeigen zum Beispiel dichotische Hörtests bei etwa 80% der rechtshändigen Versuchspersonen eine Überlegenheit des rechten Ohres bei gesprochenen Wörtern, aber mit dem Natriumamytaltest und durch Cortexreizung kann man zeigen, daß die Sprache bei über 95% der rechtshändigen Personen in der linken Hemisphäre repräsentiert ist. Wodurch könnte diese Diskrepanz verursacht sein? Mehrere Möglichkeiten sind denkbar. Es könnte sein, daß der Test verschiedene Variablen erfaßt, von denen die relative cerebrale Dominanz nur eine ist. Es könnte aber auch sein, daß dichotische Hörtests mit anatomischen Asymmetrien enger korrelieren als die Reizversuche und der Amytaltest. So ist bekannt, daß nur etwa 75 bis 80% aller Gehirne rechtshändiger Personen im Bereich des sensorischen Sprachfeldes (Wernickesches Areal) links etwas größer sind als rechts, daß aber bei 99% dieser Gehirne – folgt man den Daten aus dem Natriumamobarbitaltest – die Sprache in der linken Hemisphäre repräsentiert ist. Strauss und Mitarbeiter sind davon ausgegangen, daß es zwischen der Anatomie und dem Verhalten eine Korrelation gibt, und haben zur Stützung dieser Hypothese einige vorläufige Daten mitgeteilt. Dennoch bleibt die Frage offen, warum sowohl der Amytaltest als auch Untersuchungen gehirngeschädigter Patienten einen solch großen Prozentsatz von Personen mit linkshemisphärisch organisierter Sprache ausweisen.

Die bekanntesten Lateralitätsmessungen korrelieren nicht sehr stark miteinander. Man sollte aber annehmen, daß zumindest tachistoskopische und dichotische Lateralitätsmessungen bei der gleichen Versuchsperson eine hohe Übereinstimmung aufweisen. Das ist jedoch nicht der Fall. Es mag also trotz allem sein, daß diese Tests nicht wirklich das Gleiche messen; und es gibt auch keinen einfachen Weg, um individuelle Unterschiede der neuronalen Organisation des Cortex oder der funktionalen Repräsentation im Cortex mit der jeweiligen Leistung bei Lateralitätstests in Beziehung zu setzen. Interindividuelle Unterschiede der Gehirne gesunder Versuchspersonen vergrößern sicherlich die Varianz der Testergebnisse. Gegenwärtig besteht keine Möglichkeit, zwischen Anatomie und Leistung eine systematische Beziehung herzustellen.

Verschiedenen Handlungsstrategien, die einzelne Personen bei Lateralitätsaufgaben einschlagen, können deren Leistungen signifikant verändern. Werden die Probanden zum Beispiel aufgefordert, besonders auf diejenigen Wörter zu achten, die bei einer dichotischen Aufgabe dem linken Ohr dargeboten werden, so verhindern sie – falls sie dies tatsächlich tun – die normalerweise auftretende Präferenz des rechten Ohres für Wörter. Manche Versuchspersonen gehen auch mit bestimmten Vorstellungen in einen Test hinein; das kann natürlich ihre Leistung beeinflussen. Schließlich können Lateralitätseffekte auch einfach das Resultat bestimmter Erfahrungen sein, statt auf biologischen Faktoren zu beruhen. Dieser Verdacht wird durch die Beobachtung erhärtet, daß eine wiederholte Untersuchung der gleichen Person oft keine konstanten Resultate erbringt.

Die Bedenken bezüglich der Nützlichkeit der Lateralitätsstudien erreichen ihren Höhepunkt in einem sehr sachverständigen und provokativen Buch von Efron. Seiner Theorie zufolge sind die bei Lateralitätsuntersuchungen zutage gebrachten Unterschiede vollständig durch die Art und Weise zu erklären, in der das Gehirn sensorische Information „abtastet". Man stelle sich das folgende Experiment vor: In einer waagerechten Reihe werden für 100 Millisekunden sechs Zahlen präsentiert. Jeweils drei Zahlen fallen in jede Gesichtsfeldhälfte, das heißt, 1, 2 und 3 in die linke und 4, 5, 6 in die rechte. Die Versuchspersonen sollen nun die Zahlen wiederholen. Die meisten behaupten, die Reihenfolge der Zahlen sei 4, 5, 6, 1, 2, 3 gewesen. Es scheint also, daß die Versuchspersonen zunächst den Inhalt der rechten Gesichtsfeldhälfte von links nach rechts abtasten, und dann den der linken. Man beachte, daß dieses Abtasten nichts mit einer Augenbewegung zum Lesen der Zahlen zu tun hat, denn die Zahlen sind nur für 100 ms zu sehen, also viel zu kurz für eine Bewegung der Augen. Das Abtasten erfolgt also, nachdem der visuelle Stimulus bereits wieder verschwunden ist. Man würde erwarten, daß die Genauigkeit des Abtastens abnimmt, je länger dieser Vorgang dauert, da die Information mit der Zeit schwächer wird. Weitere Experimente haben diese Vermutung bestätigt. Efron hat zahlreiche Untersuchungen dieser Art durchgeführt und ist zu dem Schluß gekommen, daß das Gehirn dazu tendiert, Informationen seriell abzutasten. Wenn dies zutrifft, muß es notwendigerweise manche Stimuli vor den anderen untersuchen. Wenn tatsächlich eine Tendenz vorliegt, Stimuli in einer Gesichtsfeldhälfte früher zu beachten als solche in der anderen Hälfte, so würde dies allein schon zu einer Asymmetrie in den Leistungen der beiden Hemisphären führen, ohne daß daran Unterschiede in der Verarbeitungskapazität der beiden Gehirnhälften beteiligt sein müssen. Natürlich gibt es immer eine Variabilität bezüglich der Hälfte, die zuerst abgetastet wird, aber dies ist ein anderes Problem. Efron behauptet nicht, daß die beiden Hemisphären funktional und anatomisch identisch seien, sondern vielmehr, daß die offensichtliche Lateralität nicht per se als Erklärung dienen kann, und daß wir sehr kritisch sein müssen, wenn wir von einer „Spezialisierung" der Hemisphären lesen. Aber welche Funktionen sind nun eigentlich lateralisiert?

Messung der Gehirndurchblutung und der Stoffwechselrate

Im Jahre 1890 äußerten Roy und Sherrington zum ersten Mal die Vermutung, daß die Blutversorgung in Gehirnregionen, in denen gerade eine erhöhte funktionale Aktivität stattfindet, proportional ansteigt. Eine fortlaufende Messung der momentanen Gehirndurchblutung ist schwierig, aber möglich, und seit dem Jahre 1890 sind einige geniale Techniken entwickelt worden. Wie in Kapitel 4 erwähnt, löste die Entwicklung der Computertomographie weitere Forschungen im Bereich der bildgebenden Verfahren aus, aus denen verschiedene neue Techniken hervorgingen, darunter die Positronen-Emissions-Tomographie (PET) und die *single-photon emission computerized tomography* (SPECT).

Die Verwendung dieser beiden Techniken steht erst am Anfang. Es bedarf eines besseren Auflösungsvermögens, um aktivierte Cortexareale genau markieren zu können. Wenn diese Technik jedoch weiter vervollkommnet wird, wird sie sicherlich zu einer wichtigen Methode bei der Untersuchung cerebraler Funktionen werden; dies gilt sowohl für die Lokalisierung wie für die Erforschung der Lateralität von Funktionen.

Lokalisierung von Funktionen

Aufgrund des geringen Auflösungsvermögens und der geringen Geschwindigkeit der bildgebenden Verfahren lassen sich cortikale Aktivierungen von nur wenigen Sekunden nicht erfassen. Deshalb stellt man bei den meisten Untersuchungen nach wie vor nur einfache Aufgaben, die minutenlang wiederholt werden. Dennoch sind die Resultate beeindruckend. Messungen der regionalen Durchblutung wurden durchgeführt, um das cortikale Aktivitätsmuster im wachen Ruhezustand festzustellen (eine Versuchsperson sitzt still mit verschlossenen Augen und Ohren da). Es ergibt sich ein stabiles „Ruhemuster", bei dem der Frontallappen nur ungefähr 15 % stärker durchblutet wird als die gesamte Hemisphäre im Durchschnitt. Diese Verteilung der cortikalen Aktivität ändert sich rasch bei auditorischer, visueller oder taktiler Stimulation und bei der Ausführung rhythmischer Bewegungen. Ein auditorischer Reiz aktiviert bilateral den Gyrus temporalis superior, ein visueller Reiz den kontralateralen occipitalen Cortex, und die einfache taktile Objekterkundung mit der Hand, dem Mund oder dem Fuß die entsprechenden Teile der kontralateral gelegenen sensomotorischen Areale. Auf ähnliche Weise aktivieren rhythmische Bewegungen der Hand, der Finger, der Lippen oder Zehen kontralaterale sensomotorische Regionen. Die Aktivierung im Gehirn ist nicht allein auf primäre sensorische und primäre motorische Regionen beschränkt, sondern wird gewöhnlich von einer Aktivierung des Frontallappens – oder zumindest eines Teils davon – begleitet. Rhythmische Bewegungen steigern auch die Tätigkeit des supplementär-motorischen Cortex, und taktile Unterscheidungsaufgaben stehen im Zusammenhang mit einer Aktivitätserhöhung im Sulcus frontalis superior. Beobachtungen dieser Art bestätigen die Hypothese, daß der frontale Cortex bei der Verarbeitung sensorischer Informationen und bei der Bewegung eine Rolle spielt (siehe auch Kapitel 14).

Die cortikale Durchblutung bei Denkprozessen

Einer der interessantesten Befunde, die man mit Hirndurchblutungsmessungen und PET-Untersuchungen bislang gewonnen hat, stammt aus den neueren Arbeiten von Roland und seinen Mitarbeitern. Sie konnten bei bestimmten Denkvorgängen Änderungen des cortikalen Blutflusses und der cortikalen Stoffwechselaktivität entdecken und lokalisieren. In einer ihrer Untersuchungen wurden den Versuchspersonen drei Denkaufgaben gestellt, während derer der regionale Blutfluß im Cortex gemessen wurde. Bei der ersten sollten die Versuchspersonen durch Kopfrechnen von der Zahl 50 die Zahl 3 subtrahieren, dann von 47 wiederum die Zahl 3, und so weiter. Bei der zweiten Aufgabe, der „Merkvers-Aufgabe", übersprang die Versuchsperson im Kopf jedes zweite Wort in einem Vers mit neun Wörtern. Bei der „Orientierungsaufgabe" sollten sich die Versuchspersonen vorstellen, wie sie ihr Haus verlassen und jeweils bei der nächsten Straßenecke abwechselnd nach links oder rechts weitergehen. Drei wichtige Ergebnisse sind zu nennen: 1) Die regionale Durchblutung außerhalb der primären sensorischen und motorischen Areale wird durch Denkvorgänge erhöht. 2) Unterschiedliche Denkvorgänge aktivieren verschiedene cortikale Areale: Je nach Aufgabe gab es Aktivitätsveränderungen im frontalen, temporalen und parietalen Cortex. Manche Cortexbereiche wurden nur durch eine oder zwei der drei Aufgaben aktiviert. Bereiche des präfrontalen Cortex beider Hemisphären wurden dagegen bei allen Aufgaben und bei allen Versuchspersonen aktiviert. Dies läßt darauf schließen, daß dem präfrontalen Cortex bei der Organisation geistiger Aktivität eine besondere Bedeutung zukommt. Wichtig ist, daß weder die primären noch die sekundären auditorischen und somatosensorischen Regionen besonders aktiv waren; die Veränderungen sind also nicht auf eine generelle cerebrale Aktivitätszunahme zurückzuführen. 3) Die Resultate verdeutlichen, daß Denkvorgänge Stoffwechselaktivität erfordern. Interessanterweise benötigt ein bestimmter Denkvorgang sogar eine höhere Aktivität als das Lösen der von Roland in vorausgegangenen Experimenten gestellten Aufgaben. In diesen Experimenten wurden die Versuchspersonen aufgefordert, Willkürbewegungen auszuführen oder sensorische Reize zu verarbeiten. Schließlich machten die verschiedenen Aktivitätsmuster eine Asymmetrie sichtbar: Obwohl beim Lösen der meisten Aufgaben die

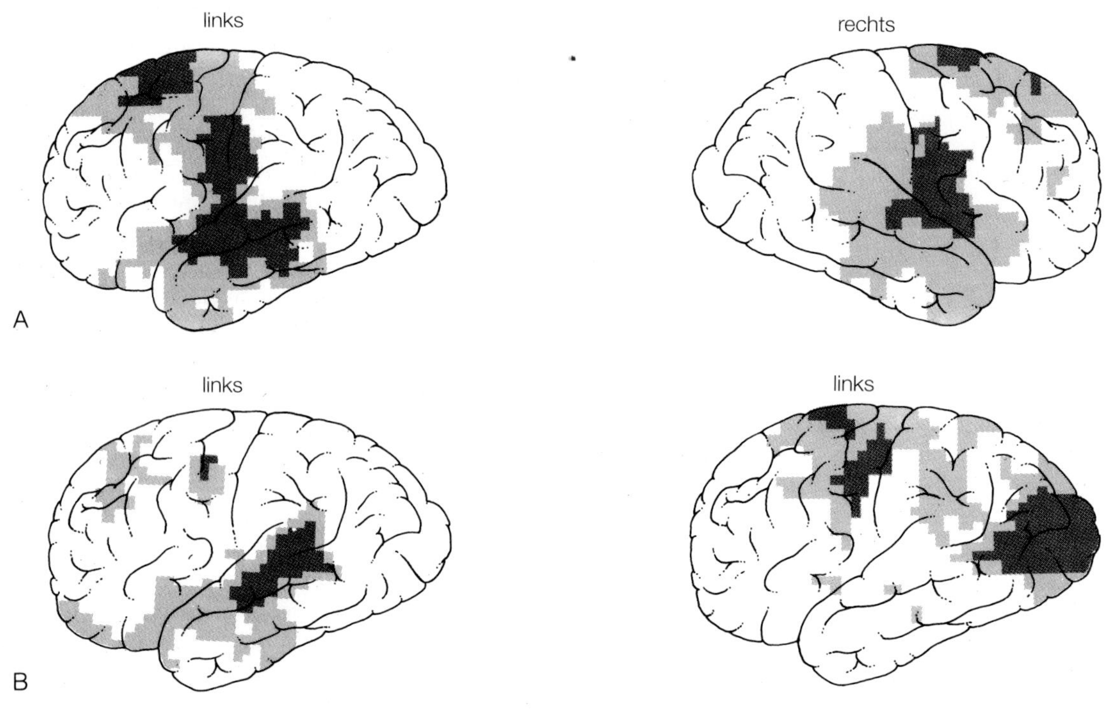

9.11 Der Zusammenhang von Hirntätigkeit und regionaler Hirndurchblutung. Da das Muster des regionalen Blutflusses von der Aufgabenstellung abhängt, kann man auf die Bedeutung verschiedener Areale für die jeweiligen Funktionen schließen: Eine leichte Schattierung bezeichnet Gebiete durchschnittlicher Durchblutung; eine starke Schattierung zeigt, daß dort der Blutfluß höher ist, und die Gebiete ohne Schattierung weisen auf eine unterdurchschnittliche Durchblutung hin. A. Der Sprechvorgang aktiviert den Mund-, Zungen- und Kehlkopfbereich des motorischen und somatosensorischen Cortex, des supplementär-motorischen Areals und des auditorischen Cortex. Diese Bilder, die aus den Daten von neun Versuchspersonen gemittelt wurden, machen Aktivitätsunterschiede zwischen der linken und rechten Hemisphäre sichtbar. In der linken Hemisphäre ist das Mundareal aktiver, ebenso der auditorische Cortex und Teile von Areal 22. B. Sensorische Wahrnehmungen verändern das Muster der cerebralen Durchblutung, und es werden Bereiche sichtbar, die an der Verarbeitung sensorischer Reize beteiligt sind. Während einer Untersuchung (rechtes Gehirn in B) beobachtete die Versuchsperson mit den Augen ein sich bewegendes Objekt. Dies war von einer hohen Aktivität im visuellen Cortex und in den frontalen Augenfeldern begleitet. Während einer zweiten Untersuchung (linkes Gehirn) hörte die gleiche Versuchsperson gesprochene Wörter, und das führte zu einer erhöhten Aktivität im auditorischen Cortex. Zu beachten ist, daß die Positionen der Fissura lateralis und des Sulcus centralis nur annähernd gezeichnet sind. Ihre genaue Lage ließe sich nur ermitteln, wenn der Schädel geöffnet würde. Die rechteckig geformten Flächen ergeben sich aufgrund der meßtechnischen Möglichkeiten und der Datenberechnung; sie stehen deshalb nicht für die genaue Form der Areale im Gehirn. (Vereinfacht nach Lassen et al. 1978.)

Aktivität bilateral zunahm, war diese je nach Hemisphäre unterschiedlich ausgeprägt.

Lateralität von Funktionen

Die bildgebenden Verfahren wurden zum Nachweis von Asymmetrien in der Funktionsweise des Cortex eingesetzt. Wie man schon vermuten kann, verteilen sich die Markierungssubstanzen asymmetrisch, je nachdem, ob Versuchspersonen einem Gespräch nur zuhören oder sich daran beteiligen (Abbildung 9.11). Beim Zuhören ergeben sich regionale Veränderungen der cortikalen Aktivität in beiden Hemisphären, insbesondere in den beiden auditorischen Cortices. Die linke Hemisphäre weist darüber hinaus eine erhöhte Zunahme in den motorischen (Broca) und sensorischen (Wernicke) Sprachareal en auf. Bei Beteiligung am Gespräch erhöht sich die Aktivität zusätzlich in den motorischen Arealen, in denen Gesicht und Mund repräsentiert sind, sowie im supplementärmotorischen Cortex. Erstaunlicherweise bewirkt das, was wir als „automatisches" Sprechen bezeichnen – zum Beispiel die dauernde Wiederholung der Wochentage – *keine* Zunahme der Aktivität im Brocaschen Areal. In Anbetracht des Lehrsatzes, daß dieses Areal die Produktion von Sprachbewegungen verursacht, hätte man dies eigentlich nicht vermuten dürfen; auch die oben besprochenen Natriumamobarbitaltests und Cortexreizungen ließen dies nicht erwarten. Dagegen erhöht sich die Aktivität im Temporallappen, wenn man das Gedächtnis für Tonhöhen und Klangfarben prüft (*Seashore Musical Aptitude Test*). Dieses Resultat steht in Einklang mit den Befunden Milners, aus denen hervorgeht, daß Läsionen im rechten Temporallappen die Leistung bei diesem Test beeinträchtigen. Dabbs und andere Wissenschaftler haben zudem herausgefunden, daß die beiden Hemisphären unterschiedlich durchblutet werden. Die rechte Hemisphäre erhält demnach ein wenig mehr Blut als die linke. Dies hängt wohl damit zusammen, daß die rechte Hemisphäre etwas größer ist. Andere Gründe dürfen jedoch nicht ausgeschlossen werden.

Insgesamt sind die Methoden der Messung der cerebralen Durchblutung und des Glucoseverbrauchs vielversprechend, unter der Voraussetzung einer besseren zeitlichen und räumlichen Auflösung. Man sollte nicht übersehen, daß mit der jetzigen Technik eine Messung kurzzeitiger kognitiver Prozesse (kürzer als etwa 45 Sekunden) ausgeschlossen ist.

Elektrische Ableitung

Die elektrische Aktivität des Gehirns gesunder Personen kann durch Elektroencephalographie (EEG) und Magnetencephalographie (MEG) ermittelt werden. Beide Ableitungen lassen sich mit unterschiedlichen Reizen in Beziehung setzen. Ebenso kann die elektrische Aktivität, die dem Reiz unmittelbar vorausgeht und ihm unmittelbar folgt, mit Reiz und Reaktion in Relation gesetzt werden. *Ereigniskorrelierte Potentiale* (*event-related potentials,* ERPs) sind beispielhaft für solche Messungen. Es handelt sich dabei um kurzfristige Potentialschwankungen, die im Gehirn im Zusammenhang mit sensorischen, motorischen oder kognitiven Ereignissen erzeugt werden. Ein Beispiel eines ereigniskorrelierten Potentials ist in Abbildung 4.14 gezeigt. Die Maxima beziehungsweise Minima dieser Wellen werden als P_1, N_1, P_3 oder P_{200}, P_{300} und so weiter bezeichnet (P steht für positiv und N für negativ). Die Nomenklatur ist zum Teil etwas verwirrend, da P_3 auch als P_{300} beschrieben werden kann, wobei sich der Index in diesem Fall auf die seit dem Reizbeginn vergangene Zeit bezieht. Besondere Aufmerksamkeit hat eine relativ spät auftretende Aktivitätswelle (P_{300}) auf sich gezogen, weil sie immer dann auftritt, wenn eine Person einen vorgegebenen Reiz aktiv verarbeitet.

Die den ERP-Messungen zugrundeliegende Annahme ist, daß ein Teil der für die Potentiale verantwortlichen neuronalen Aktivität eine funktionelle Bedeutung für die betreffenden kognitiven Prozesse hat. Die Korrelation zwischen ERP-Aktivität und Sprache hat sich als geeignetes experimentelles Paradigma erwiesen, um den Zusammenhang zwischen ERPs und kognitiven Funktionen zu bewerten. Man betrachte das folgende einfache Beispiel: Helen Neville präsentierte ihren Versuchspersonen tachistoskopisch zwei verschiedene Wörter aus jeweils vier Buchstaben in beide Gesichtsfeldhälften, und die Versuchspersonen sollten die Wörter wiederholen. Im Kontrollversuch bot sie unscharfe Wörter dar, die nicht lesbar waren. Zwischen der Amplitude des ERPs bei den lesbaren und der bei den unlesbaren Wörtern (vergleiche die Differenz zwischen N_1 und P_2 in Abbildung 9.12A) bestand ein deutlicher Unterschied. Diesen führt man auf das Ablaufen verschiedener kognitiver Prozesse unter den beiden Bedingungen zurück.

Drei Aspekte solcher ERP-Untersuchungen sollten an dieser Stelle erläutert werden: 1) Beide Hemisphären reagieren auf die Wörter. 2) Oft ist zwar eine gewisse Asymmetrie in der Stärke der Antwort zu beobachten, die Unterschiede sind jedoch minimal, und manchmal reagieren die Hemisphären auch gleich stark. Wenn das ERP tatsächlich als Maß für die Vorgänge in den Hemisphären herangezogen werden kann, so ergibt sich daraus, daß während der Aufgabe zahlreiche Verarbeitungsprozesse ablaufen, die größtenteils nicht lateralisiert sind, auch wenn es sich um linguistisches Material handelt. 3) Unser Beispiel zeigte Unterschiede zwischen den verschiedenen ERPs in dem Bereich zwischen N_1 und P_2. Dies ist jedoch bei weitem nicht der einzige Bereich, in dem ERPs zugrundeliegende Verarbeitungsvorgänge widerspiegeln; auch Veränderungen zwischen P_3 und N_4 sind häufig zu beobachten.

Der Bereich der ERP-Untersuchungen hat in den letzten Jahren zwei große Fortschritte erfahren: Zum einen wurden Meßsysteme entwickelt, die gleichzeitig über mehr als 100 Kanälen verfügen. Und zum zweiten kann man heute die

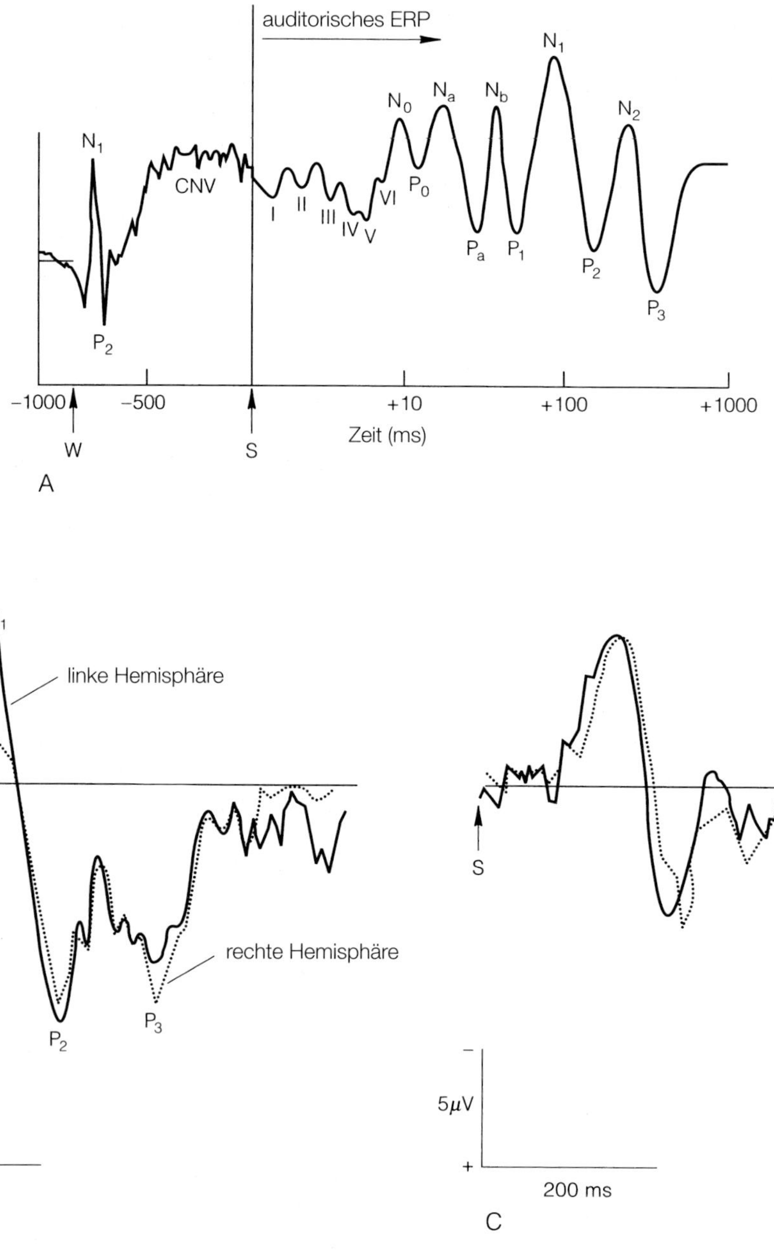

9.12 Idealisierte Wellenform eines auditorischen ERP. Zu erkennen sind die Reaktionen des Hirnstamms (Wellen I–VI), die nach mittlerer Latenzzeit auftretenden Komponenten (Wellen N_0, P_0, N_a, P_a, N_b), die nach langer Latenzzeit auftretenden Komponenten (Wellen P_1, N_1, P_2, N_2) sowie mit der Aufgabe zusammenhängende endogene Komponenten (N_2, P_3). Dem antizipierten akustischen Signal geht eine langsame negative Auslenkung voraus (z. B. CNV). Man beachte die logarithmische Zeitskala. (Nach Kutas und Hillyard 1984.) Darunter sind ERPs dargestellt, die man über der linken und rechten Hemisphäre von Versuchsperson 1 nach der Präsentation lesbarer (B) und unscharfer (C) Wortpaare abgeleitet hat. Die ERPs in B und C wurden von Elektroden über den Parietallappen aufgezeichnet (P_3 und P_4). (Nach Neville 1980.)

elektrophysiologischen Daten mit Kernspintomogrammen desselben Gehirns vergleichen. Dies ermöglicht dem Wissenschaftler, gleichzeitig in verschiedenen Gehirnregionen ablaufende Verarbeitungsprozesse aufzuspüren. Gevins hat dies *ereigniskorrelierte Kovarianz* (*event-related covariance,* ERC) genannt. Die Idee dabei ist, daß ERPs in den verschiedenen Gehirnregionen ereigniskorrelierte Gesamtaktivitäten widerspiegeln, die zeitlich miteinander in Zusammenhang stehen sollten. Man könnte sich vorstellen, daß bei der Verarbeitung visueller Informationen im Anschluß an eine Aktivität in visuellen Arealen ERPs in frontalen Regionen, die ebenfalls visuelle Informationen erhalten, auftreten.

Wie wir in Kapitel 4 gesehen haben, stellen neuromagnetische Messungen (MEGs) eine weitere Möglichkeit dar, auf cortikale Aktivitäten zu schließen. Wie EEGs können MEGs über die Zeit gemittelt und mit kognitiven Verarbeitungsvorgängen korreliert werden. Man bezeichnet sie dann auch als *gemittelte evozierte magnetische Felder (average evoked magnetic fields,* AEFs). Ebenso wie bei den ERPs ist auch bei den AEFs eine Tendenz zur Asymmetrie erkennbar; das eindrucksvollste Ergebnis ist aber, daß an den meisten kognitiven Vorgängen beide Hemisphären beteiligt sind. Diese Forschungen stecken jedoch noch in den Anfängen, da die Kosten für die notwendigen Geräte sehr hoch sind. Dennoch wird von dieser Technik in den nächsten Jahren sicher noch viel zu hören sein. Eine umfassende Übersicht findet sich bei Hari.

Welche Funktionen sind lateralisiert?

Es drängt sich die Vermutung auf, daß die beschriebenen funktionalen Asymmetrien einen erheblichen Unterschied zwischen der kognitiven Verarbeitung der linken und derjenigen der rechten Hemisphäre anzeigen. Bevor wir diese Frage aufgreifen, wollen wir zunächst die bisher vorliegenden Daten zusammenfassen, denn jede theoretische Behauptung sollte nach Möglichkeit im Lichte der verfügbaren Informationen betrachtet werden.

Tabelle 9.6 faßt die wichtigsten Daten zur cerebralen Lateralität zusammen und illustriert die Spannbreite der Funktionen, die eher in der rechten beziehungsweise in der linken Hemisphäre lokalisiert sind. Bei rechtshändigen Personen spielt die linke Hemisphäre eine etwas größere Rolle bei der Sprache und bei der Kontrolle komplexer Willkürbewegungen. Die rechte Hemisphäre dominiert ihrerseits bei der Kontrolle bestimmter visuell-räumlicher Fähigkeiten.

Tabelle 9.6: Cerebrale Lateralisation im Überblick

Funktion	linke Hemisphäre	rechte Hemisphäre
visuelles System	Buchstaben, Wörter	komplexe geometrische Muster Gesichter
auditorisches System	sprachverwandte Laute	nichtsprachliche Umweltgeräusche Musik
somatosensorisches System	?	taktiles Wiedererkennen komplexer Reizmuster Blindenschrift
Bewegung	komplexe Willkürbewegungen	Bewegungen im Raum
Gedächtnis	verbales Gedächtnis	nichtverbales Gedächtnis
Sprache	Sprechen Lesen Schreiben Rechnen	Prosodie?
räumliche Prozesse		Geometrie Richtungssinn mentale Rotation von Formen

Anmerkung: Genannt sind Funktionen, die bei rechtshändigen Menschen hauptsächlich durch die jeweils angegebene Hemisphäre vermittelt werden.

Theoretische Argumente

In den letzten Jahren gab es eine wahre Flut von Vermutungen, was im Gehirn alles lateralisiert ist. Im allgemeinen konkurrieren aber zwei Theorien: Die eine favorisiert den Gedanken, daß jede Hemisphäre bestimmte Funktionen ausübt, die andere basiert auf der Vorstellung von einer kooperativen Interaktion beider Hemisphären.

Unilaterale Spezialisierungsmodelle In ihrer extremsten Form beinhalten solche Modelle, daß bestimmte psychische Prozesse in nur einer Hemisphäre stattfinden. Seit Broca wird zum Beispiel argumentiert, daß allein die linke Hemisphäre Sprachfunktionen übernimmt. Die wohl am gründlichsten durchdachte moderne Version einer „links-ist-die-Sprache"-Theorie stammt von Lenneberg. Liepmann schlug um die Jahrhundertwende eine Modifikation der damaligen Sprachtheorie vor. Er nahm an, daß die linke Hemisphäre für einige Formen motorischer Kontrolle spezialisiert ist, weshalb sowohl die Aphasie als auch die Apraxie zu den Hauptsymptomen linksseitiger Schädigungen gehören. Kimura entwickelte diesen Gedanken weiter, indem sie vorschlug, daß die linke Hemisphäre zwar verbale Funktionen ausübt, aber nicht speziell darauf, sondern eher auf bestimmte motorische Funktionen (verbale wie nichtverbale) spezialisiert ist. Kimuras Argument basiert auf zwei Voraussetzungen. Zum einen unterbrechen Läsionen der linken Hemisphäre die Willkürmotorik – diese Beeinträchtigung steht mit Sprachstörungen in Zusammenhang. Zum anderen glaubt Kimura, daß sich das Sprechen aus Gestik in Verbindung mit einfachen Lauten entwickelt hat, und nimmt an, daß daraus eine Form der Kommunikation entstanden ist, die heute in erster Linie auf vokaler Ebene stattfindet, die aber die Kapazität für manuelle und gestische Verständigung weiterhin in sich trägt. Da sich die neurologische Kontrolle des Sprechens und der Sprache aus einem System der motorischen Kontrolle der Gestik entwickelt hat, ist die linke Hemisphäre nicht auf die Sprache an sich, sondern eher auf die motorische Kontrolle spezialisiert.

Mehrere andere Autoren vertreten dagegen die Ansicht, daß in der linken Hemisphäre nicht die motorische Kontrolle *per se*, sondern die Fähigkeit zur zeitlichen Feinauflösung von Reizen lokalisiert ist. Anders gesagt, da die Analyse und Produktion der Sprache eine hohe Auflösung in sehr kurzen

Intervallen nötig macht, könnte die linke Hemisphäre auf zeitliche Sequenzierung spezialisiert sein. Weitere Ausarbeitungen dieser Idee (beispielsweise bei Sergent) haben die Kapazität der linken Hemisphäre für die genaue Einschätzung von Zeitintervallen betont, gleichgültig ob die Reize nun verbal sind oder nicht. Die meisten Vorschläge zur Spezialisierung der linken Hemisphäre schweigen sich über Entsprechendes in der rechten Hemisphäre aus. Häufig wird gesagt, die rechte Hemisphäre sei auf visuell-räumliche Funktionen spezialisiert. Eine Ausnahme bildet die Hypothese zur zeitlichen Unterscheidung, die davon ausgeht, daß die rechte Hemisphäre für die grobe Auflösung von Zeitintervallen zuständig ist. Sergent glaubt zum Beispiel, daß die rechte Hemisphäre bei der Gesichtererkennung überlegen ist, weil nicht feinste Unterschiede, sondern die *Gestalt* insgesamt dafür von Bedeutung ist.

Andere Modelle zur Spezialisierung beider Hemisphären haben sich nicht auf die unterschiedliche Verarbeitung bestimmter psychischer Prozesse festgelegt, sondern betonen, daß beide Hemisphären Informationen generell auf unterschiedliche Weise verarbeiten. Der erste Vorschlag dieser Art wurde von Semmes im Jahre 1968 gemacht. Auf der Basis vorausgegangener Untersuchungen an Veteranen des Zweiten Weltkriegs, die an Gehirnverletzungen aufgrund von Kopfschüssen litten, schloß sie, daß die linke Hemisphäre unter Einbeziehung eng begrenzter funktioneller Regionen, die rechte Hemisphäre dagegen eher diffus arbeitet – etwa in der Art, die Lashley als Massenaktion oder Äquipotenz beschrieben hat. Semmes hat festgestellt, daß kleine Läsionen der linken Hemisphäre zu einer Vielzahl spezifischer Einbußen führen, etwa Schwierigkeiten beim Buchstabieren oder Lesen, wobei die jeweilige Beeinträchtigung vom Läsionsort abhängt. Läsionen ähnlicher Größe in der rechten Hemisphäre blieben häufig ohne erkennbare Wirkung. Große Läsionen aber führten, *unabhängig* von der Hemisphäre, die sie betrafen, immer zu vielen Ausfallerscheinungen. Um diesen Unterschied zu erklären, nahm Semmes an, daß eine Person mit einer kleinen Läsion der rechten Hemisphäre keine Ausfallserscheinungen zeigt, weil die besonderen Funktionen der rechten Hemisphäre nicht in eng umgrenzten Regionen zu suchen sind, sondern eher diffus repräsentiert sind. Eine große Läsion der rechten Hemisphäre führt aber zu mehr Ausfallerscheinungen, als man von der Summe kleinerer Läsionen her erwartet, weil damit ein ganzes „funktionales Feld" entfernt wird. Große Läsionen der linken Hemisphäre verursachen einfach deshalb viele Ausfallserscheinungen, weil viele kleine funktionale Regionen zerstört werden. In der linken Hemisphäre entspricht also der Totalausfall der Summe der Einzelausfälle.

Semmes glaubte, daß diese unterschiedliche Organisation der Hemisphären für eine effiziente Kontrolle ihrer jeweiligen Funktionen von Vorteil sei. Die diffuse Organisation der rechten Hemisphäre wird für räumliche Fähigkeiten als vorteilhaft angesehen, weil eine räumliche Analyse die Integration unterschiedlicher Informationen (visuelle, auditorische, taktile und so weiter) zu einem Perzept erfordert. Sprachfunktionen werden nicht auf diese Weise integriert, sondern bleiben als einzelne Einheiten bestehen. Aus diesen grundlegenden Gedanken über die unterschiedlichen Funktionen der beiden Hemisphären ergab sich die Vorstellung, daß zwei verschiedene Arten kognitiver Informationsverarbeitung vorliegen (siehe zum Beispiel Levy und Sperry).

> Die linke Hemisphäre arbeitet eher logisch und analytisch, ähnlich einem Computer. Sie analysiert die eingehenden Informationen sequentiell und abstrahiert daraus die relevanten Details, die sie mit einer sprachlichen Bezeichnung versieht. Die rechte Hemisphäre synthetisiert hauptsächlich. Sie befaßt sich eher mit ganzheitlichen Reizkonfigurationen und organisiert und verarbeitet Informationen als Gestalt (Harris 1978, S. 463).

Obgleich diese Ideen das Interesse von Philosophen und der allgemeinen Öffentlichkeit geweckt haben, ist es wichtig festzuhalten, daß sie auf bloßen Gedankenkonstruktionen beruhen und von den vorliegenden Daten, wie den in Tabelle 9.6 zusammengefaßten, zum Teil weit entfernt sind.

Interaktionsmodelle Die verschiedenen Formen von Interaktionsmodellen beruhen alle auf der Grundannahme, daß beide Hemisphären über die Kapazität verfügen, bestimmte Funktionen alleine auszuüben, daß dieser Fall in der Regel aber nicht eintritt. Die Beantwortung der Frage „Warum eigentlich nicht?" hat zu einer Vielzahl von Debatten, Experimenten und Modellen geführt. Es seien einige Lesarten solcher Interaktionsmodelle betrachtet. Zunächst gibt es die Vorstellung, daß beide Hemisphären simultan arbeiten, sich aber auf verschiedene Aspekte der Informationsverarbeitung konzentrieren. Dies stellt ein direktes Analogon zur Idee der mehrkanaligen sensorischen Informationsverarbeitung dar. Das Interaktionsmodell geht dabei einen Schritt weiter und betrachtet die beiden Hemisphären als zwei weitere Klassen sensorischer Kanäle. Obgleich dieses Modell attraktiv ist, konnte es bislang noch nicht befriedigend erklären, wie die Informationen vereinigt werden, um am Ende ein einziges Perzept, das heißt eine einheitliche Wahrnehmung, entstehen zu lassen. Es gibt ferner Modelle, die davon ausgehen, daß die beiden Hemisphären bestimmte Aktivitäten der jeweils anderen Seite unterdrücken (siehe zum Beispiel Kinsbourne und Moscovitch). Demnach unterdrückt die linke Hemisphäre die Sprachverarbeitung der rechten, und die rechte Hemisphäre hemmt die Verarbeitung von Musik durch die linke Hirnhälfte. Vom Standpunkt der ontogenetischen Entwicklung betrachtet, hat diese Vorstellung etwas für sich, da sich die Sprache auch in der „falschen" Hemisphäre entwickeln kann, wenn die normalerweise sprachdominante Hemisphäre eine funktionale Störung aufweist. Wird das Sprachareal in der Kindheit zerstört, kann sich die Sprache in der rechten Hemisphäre entwickeln. Eine Schwierigkeit dieser Modelle besteht aber darin, daß die physiologischen Mechanismen der Hemmung bislang noch nicht spezifiziert worden sind.

Ein dritter Typ der Interaktionshypothesen sind die Informationsverarbeitungsmodelle. Sie gehen entweder davon aus, daß beide Hemisphären bestimmte Informationen bevorzugt erhalten und deshalb unterschiedliche Analysen durchführen, oder sie nehmen an, daß es irgendeinen Mechanismus gibt, der jede der beiden Hemisphären dazu befähigt, nach bestimmten Informationstypen „Ausschau zu halten" und deshalb unterschiedliche Analysen vorzunehmen (siehe Moscovitch). Die Einzelheiten dieser Modelle sind komplex und basieren im wesentlichen auf der Informationsverarbeitungstheorie der Kognitiven Psychologie. Ein interessantes Merkmal einiger dieser Modelle besteht in ihrer Annahme, daß eine Hemisphäre, wenn sie beschäftigt ist, in der Lage ist, bestimmte Funktionen der anderen Hemisphäre zuzuordnen. Diese Modelle werden aber notwendigerweise dann vage, wenn es um die Frage geht, welche physiologischen Mechanismen für diese selektive Aufmerksamkeit verantwortlich sind.

Zusammenfassend heißt das, daß es auf die Frage, was eigentlich lateralisiert ist, keine einfache und allgemein akzeptierte Antwort gibt. An Ideen und Schlußfolgerungen fehlt es nicht. Wichtig wären mehr Informationen über die Art der Asymmetrie und über deren ontogenetischen und phylogenetischen Ursprung.

Bevorzugte kognitive Strategien

Aufgrund der genannten theoretischen Argumente läßt sich spekulieren, ob individuelle Unterschiede im Verhalten gesunder Versuchspersonen zumindest zum Teil auf die unterschiedliche Organisation und auf die Lateralität der Hemisphären zurückzuführen sind. Man kann annehmen, daß Personen, die analytisch und sprachlogisch an Aufgaben herangehen, möglicherweise ihre linke Hemisphäre im Alltag effizienter nutzen als Menschen, die sich hauptsächlich mit allgemeinen Zusammenhängen befassen, also bevorzugt ihre rechte Hemisphäre verwenden. So können zum Beispiel zwei Professoren, nennen wir sie Alpha und Beta, ausgezeichnete Wissenschaftler sein, sich aber darin unterscheiden, wie sie arbeiten und denken.

Alpha ist pingelig, läßt kein Detail aus, und wenn er sich neues Wissen aneignet, überblickt er jede Einzelheit und behält vollkommen die Übersicht. Alpha drückt sich gewählt aus und beherrscht leicht jede Diskussion durch sein schnelles Denken und seine eleganten Argumente. Er schreibt klar, schweift nicht ab – Grammatik und Orthographie sind fehlerfrei. Alpha ist sportlich und spielt außerdem hervorragend Tennis. Seltsamerweise schneidet er bei anderen Sportarten nur mittelmäßig ab. Wenn er aber lange genug übt, kann er sich auch darin stark verbessern. Alphas Büro schließlich ist sauber und aufgeräumt, jedes Ding liegt genau am richtigen Platz. Auf seinem Arbeitstisch liegen nur Unterlagen zu dem Forschungsprojekt, an dem er gerade arbeitet.

Beta scheint dagegen nur einen allgemeinen Überblick über neues Material zu gewinnen, selten erinnert er sich an Einzelheiten. Aber er greift rasch Ideen auf und zeigt sich häufig imstande, unterschiedliche Begriffe zu einem sinnvollen Ganzen zusammenzufügen. Seine Denkweise erscheint oft als ungeordnet. Es ist schwer für ihn, Mitarbeitern seine Gedanken mitzuteilen. Wenn man ihm aber genug Zeit läßt, so beeindruckt er häufig mit neuen Einsichten in Probleme. Im Gegensatz zu Alpha schreibt er nicht so gut, drückt sich in gewundenen Sätzen aus und kämpft mit grammatikalischen und orthographischen Schwierigkeiten, die ihn selbst aber kaum tangieren. Dennoch schafft es Beta, zum richtigen Zeitpunkt die richtigen Fragen zu stellen und scheinbar unterschiedliche Argumente auf einen Punkt zu bringen. So wie Alpha treibt auch Beta gerne Sport, aber im Gegensatz zu ersterem erlernt er neue Sportarten rasch, obgleich es ihm niemals gelingt, bei irgendeinem sportlichen Ereignis zu den Besten zu zählen. Im Betas Büro herrscht Durcheinander, und auf seinem Schreibtisch häufen sich Zeitschriften, Manuskripte und Bücher, weil er an mehreren Projekten gleichzeitig arbeitet.

Alpha und Beta sind Extremfälle „linkshemisphärischer" und „rechtshemisphärischer" Personen. Der grundlegende Unterschied zwischen ihnen besteht darin, daß jeder die Probleme mit Hilfe einer anderen *bevorzugten kognitiven Strategie* angeht. Alpha ist analytisch, logisch, peinlich genau und sprachgewandt, Beta hingegen erfaßt Zusammenhänge und konzentriert sich darauf, verschiedene Konzepte zu einem sinnvollen Ganzen zusammenzufassen. Sowohl bei den kognitiven als auch bei den motorischen Fähigkeiten unterscheiden sich Alpha und Beta grundlegend – vermutlich drückt dies Unterschiede der Gehirnorganisation und „Dominanz" der Hemisphären aus.

So verführerisch diese Analyse auch sein mag – Vorsicht ist geboten, denn es handelt sich um reine Spekulationen, die jeder empirischen Basis entbehren. Möglicherweise tragen andere Faktoren als die funktionale Organisation des Gehirns zu bevorzugten kognitiven Strategien bei. Eine Untersuchung von Webster und Thurber zeigt zum Beispiel, daß eine bestimmte innere Einstellung, auch **kognitiver Set** genannt, einige Lateralitätstests beeinflußt. Webster und Thurber wiederholten den bereits beschriebenen dichaptischen Test von Witelson und Pallie, fügten aber eine weitere Variable hinzu. Eine Gruppe (die Gestaltgruppe) sollte Formen dadurch lernen, daß sie sich die Gesamterscheinung oder Gestalt vorstellte; eine zweite Gruppe (die analytische Gruppe) sollte die Unterscheidungsmerkmale jeder Form identifizieren und sich merken. Diese Art der Manipulation beeinflußte nachweislich das Ausmaß der Überlegenheit der linken Hand, da die „Gestaltgruppe" viel größere Unterschiede der Leistungsfähigkeit zwischen beiden Händen aufwies als die analytische Gruppe. Wenn auch die Ursache für diesen Effekt ungewiß bleibt, so deutet das Ergebnis doch darauf hin, daß bestimmte kognitive Strategien die verwendeten Lateralitätstests nachhaltig beeinflussen. Die Annahme ist nicht abwegig, daß Unterschiede der bevorzugten kognitiven Strategien Folge einer bestimmten Sozialisierung oder bestimmter Umweltfaktoren sind, die zu neuronalen, biologischen und genetischen

Faktoren hinzutreten. Dennoch scheint die Hypothese, daß individuelle Unterschiede im Verhalten teilweise auf individuellen Unterschieden der Gehirnorganisation basieren, eine ernsthafte Prüfung wert zu sein.

Verhaltensmessungen in der Neuropsychologie

An dieser Stelle sollten wir kurz auf die Schwierigkeiten bei der Messung von Verhalten eingehen. Man könnte meinen, von all den in der Neuropsychologie eingesetzten Verfahren sei die Messung von Dingen oder Ereignissen das am einfachsten anzuwendende und zu reproduzierende. Dies ist nicht der Fall. Viele Messungen werden vorgenommen, um Hinweise für Rückschlüsse auf andere Vorgänge zu erhalten. Wenn beispielsweise beim dichotischen Hören mehr mit dem rechten Ohr gehörte Wörter erinnert werden als mit dem linken Ohr gehörte, schließt man daraus, daß die Sprache in der linken Hemisphäre lokalisiert ist. Die dieser Schlußfolgerung zugrundeliegenden Annahmen sind relativ einfach, und dennoch werden die Ergebnisse von so vielen Variablen beeinflußt, daß Bryden diesem Problem ein ganzes Buch gewidmet hat. Man könnte fragen, ob die Ergebnisse wohl eindeutiger wären, wenn eine objektivere Meßgröße wie etwa das Gehirnvolumen herangezogen würde. Dies ist jedoch unwahrscheinlich. Es scheint so viele verschiedene Möglichkeiten zu geben, Objekte zu messen, daß nahezu jedes Ergebnis erzielt werden kann. Man betrachte das folgende Beispiel.

Wahrscheinlich hat jeder Mensch ab und zu das Gefühl, daß seine Füße nicht exakt gleich groß sind. Oft manifestiert sich der Unterschied in einem unbequemeren Sitz des einen Schuhs eines neuen Paares. (Es hat wohl noch niemand in einer solchen Situation behauptet, die Schuhe hätten nicht dieselbe Größe.) Die Fußgröße könnte mit Unterschieden in der Gehirnorganisation zusammenhängen. Beispielsweise weiß man bereits seit langer Zeit, daß eine Schädigung einer Hemisphäre im Kindesalter zu kleineren Gliedmaßen auf der kontralateralen Körperseite führen kann (Abbildung 9.13). Jere und Jerome Levy haben Unterschiede in der Fußgröße bei 150 gesunden Menschen gemessen, um daraus auf die cerebrale Organisation zurückzuschließen. Sie fanden heraus, daß bei signifikant mehr rechtshändigen Frauen der linke Fuß größer ist als der rechte, während bei signifikant mehr rechtshändigen Männern der rechte größer ist als der linke. Die Levys rechneten bei ihren Messungen die Fußgröße in Schuhgrößen um und trugen die Unterschiede auf eine 7-Punkte-Skala auf. In mehreren späteren Studien wurde versucht, die beschriebenen Ergebnisse zu reproduzieren. Mascie-Taylor und Kollegen maßen die Fußgröße mittels eines „standardisierten anthropometrischen Verfahrens" (das an anderer Stelle beschrieben war, und zwar als Länge von der Ferse zur Spitze des längsten Zehs im Sitzen und mit geschnittenen Fußnägeln). Sie fanden heraus, daß der linke Fuß bei beiden Geschlechtern länger ist als der rechte, was mit sieben vorausgegangenen Studien in Einklang stand. Auch ein Zusammenhang mit der Händigkeit war nicht festzustellen. Peters

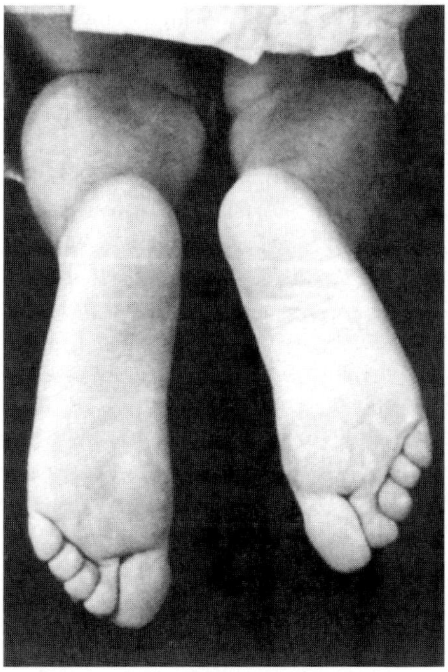

9.13 Asymmetrie im Wachstum von Körperteilen aufgrund einer linken frontoparietalen Läsion bei der Geburt. Ein solcher Fall zeigt, daß das Wachstum unter cortikaler Kontrolle steht. Dies hat nichts mit der Verkümmerung nicht benutzter Gliedmaßen gemein. (Aus W. Penfield und H. Jasper, Copyright 1954, Nachdruck mit Genehmigung.)

und seine Mitarbeiter maßen die Fußlänge von der Ferse bis zum längsten Zeh bei 365 sitzenden Personen. Sie fanden keine signifikanten Unterschiede zwischen dem linken und rechten Fuß – weder im Hinblick auf das Geschlecht noch in bezug auf die Händigkeit –, und führten drei weitere Studien als Bestätigung ihrer Ergebnisse an. Yanowitz und seine Kollegen zeichneten die Umrisse der Füße von 105 Personen auf Papier. Auch sie fanden keine Unterschiede in der Fußgröße, die sich mit Geschlecht oder Händigkeit korrelieren ließen. Aufsummiert ergibt das eine Studie für einen Effekt der Händigkeit sowie des Geschlechts, acht Studien für einen größeren linken Fuß und zwei Studien für „kein Unterschied", wobei letztere noch teilweise durch drei weitere Studien bestätigt werden. Natürlich hat diese Geschichte, wie alle guten Geschichten, ein Nachspiel, aber hierzu möchten wir den interessierten Leser auf Peters Übersichtsartikel verweisen.

Vielleicht hat der Leser eingangs gedacht, die Fußgröße zu messen sei eine einfache Angelegenheit. Wie diese Untersuchungsreihe zeigt, war dies ein Irrtum. Je nach der Meßapparatur, den Punkten, zwischen denen die Länge gemessen wird, je nach dem, ob die Personen sitzen oder stehen, welche Tageszeit ist und vielleicht sogar, welche Art Schuhe vor der Messung getragen wurden, können unterschiedliche Ergebnisse erzielt werden. Bei vielen der genannten Studien war die Bedeutung dieser Variablen nicht erkannt worden, und bei anderen war die Meßmethode nicht detailliert genug beschrieben, um sie exakt zu reproduzieren. Interessanterweise wurde die objektivste Methode, nämlich die Photographie, in keiner der Studien eingesetzt (siehe Abbildung 9.13). Eine photographische Dokumentation der Füße hätte jedem an der Frage der geeigneten Meßmethode interessierten Wissenschaftler jederzeit eine erneute Bewertung der Ergebnisse ermöglicht.

Aus diesem Beispiel sind mindestens drei Lehren zu ziehen (von denen keine lautet, daß es nicht möglich sei, Messungen durchzuführen). Erstens: Wenn es Probleme bereitet, so etwas wie Füße zu messen, sollten auf solchen Messungen beruhende Rückschlüsse auf das Gehirn mit Vorsicht erfolgen. Zweitens: Es spricht nichts gegen wiederholte Messungen. Wenn sie übereinstimmen, messen sie alle dasselbe, wenn nicht, sind entweder viele Faktoren am Werk oder einige der Messungen sind nicht verläßlich. Drittens: Wenn eine Messung vorgenommen werden muß, sollte das von allen möglichen Verfahren sinnvollste angewendet werden.

Schlußbemerkungen

Es wurde deutlich, daß die Hemisphären des menschlichen Gehirns anatomisch und funktionell asymmetrisch sind. Bevor wir in Kapitel 10 auf Abweichungen der cortikalen Asymmetrie von der angenommenen „Normalsituation" eingehen, möchten wir auf zwei häufige Mißverständnisse aufmerksam machen:

Erstens sind viele cortikale Funktionen nicht asymmetrisch, sondern im Gegenteil symmetrisch. Wir stellten Studenten in einer Prüfung zum Beispiel die Frage: Wie manifestiert sich eine funktionale Symmetrie des menschlichen Gehirns? Die meisten Studenten hielten dies für eine Fangfrage und antworteten: „Es ist nicht symmetrisch, es ist asymmetrisch." Das ist natürlich falsch, weil viele Funktionen, insbesondere solche, die auf den primären sensorischen und motorischen Arealen beruhen, in beiden Gehirnhälften vorzufinden sind. Wir müssen auch festhalten, daß die funktionalen Unterschiede zwischen den beiden Hemisphären nicht absolut, sondern relativ sind. Wenn Natriumamobarbital eine Hemisphäre aphasisch werden läßt, heißt es noch lange nicht, daß alle Sprachfunktionen von dieser „aphasisch gemachten Hemisphäre" ausgeübt werden.

Zweitens ist die Lage innerhalb des Gehirns mindestens genauso bedeutend wie die Hemisphärenzuordnung, eine Tatsache, die von Theoretikern oft übersehen wird. Auch wenn die Frontallappen asymmetrisch sind, entsprechen die Funktionen des rechten und linken Frontallappens einander viel mehr, als sie etwa den Funktionen des posterioren Cortex der gleichen Hemisphäre entsprechen. Es ist in der Tat häufig schwierig, bei Patienten die geschädigte Hemisphäre ohne neurologische Untersuchungen zu bestimmen, selbst wenn der Läsionsort (frontal, temporal oder parietal) offenkundig ist. Vermutlich tut man gut daran, die cortikalen Funktionen als lokalisiert anzunehmen und die Gehirnseite, in der die Läsion liegt, bloß als Hinweis auf diese Lokalisation zu deuten.

Drittens ist die linke Hemisphäre – obwohl der Schluß naheliegt, ihre Funktion sei „Sprache" – lediglich an Vorgängen beteiligt, die für bestimmte Aspekte der Sprache notwendig sind. Ebenso scheint die rechte Hemisphäre speziell mit anderen Verarbeitungsprozessen befaßt, wie etwa denjenigen, die den visuell-räumlichen Funktionen zugrunde liegen. Wenngleich Forschungen zur cerebralen Asymmetrie und eine Extrapolation der neuropsychologischen Ergebnisse zur Analyse von kulturellen und geschlechtlichen Unterschieden – um nur zwei zu nennen – in Mode gekommen sind, sollten wir uns stets vor Augen halten, daß die Lücke zwischen den vorhandenen Daten und dem Verständnis ihrer Bedeutung, die wir durch Rückschlüsse überwinden müssen, sehr groß ist. Aus heutiger Sicht kann man lediglich mit Sicherheit behaupten, daß wir noch nicht wissen, auf welche Funktionen die beiden Hemisphären jeweils spezialisiert sind.

Literatur

Allen, M. Models of hemispheric specialization. *Psychological Bulletin* 93: 73–104, 1983.

Amaducci, L., S. Sorbi, A. Albanese, G. Gainotti. Choline acetyltransferase (ChAT) activity differs in right and left human temporal lobes. *Neurology* 31: 799–805, 1981.

Blumstein, S., V. Tartter, D. Michel, B. Hirsch, E. Leiter. The role of distinctive features in the dichotic perception of words. *Brain and Language* 4: 508–520, 1977.

Bonin, B. von. Anatomical asymmetries of the cerebral hemispheres. In V. B. Mountcastle (Hrsg.) *Interhemispheric Relations and Cerebral Dominance.* Baltimore: Johns Hopkins Press, 1962.

Brandeis, D., D. Lehmann. Event-related potentials of the brain and cognitive processes: Approaches and applications. *Neuropsychologia* 24: 151–168, 1986.

Broca, P. Sur la faculté du langage articulé. *Bulletins et Mémoires de la Société D'Anthropologie de Paris* 6: 377–393, 1865.

Bryden, M. P. *Laterality: Functional Asymmetry in the Intact Brain.* New York: Academic Press, 1982.

Carmon, A., Y. Harishanu, E. Lowinger, L. Lavy. Asymmetries in hemispheric blood volume and cerebral dominance. *Behavioral Biology* 7: 853–859, 1972.

Chi, J. G., E. C. Dooling, F. H. Gilles. Left-right asymmetries of the temporal speech areas of the human fetus. *Archives of Neurology* 34: 346–348, 1977.

Crichton-Browne, J. On the weight of the brain: Its component parts in the insane. *Brain* 2: 42–67, 1880.

Cunningham, D. F. *Contribution to the Surface Anatomy of the Cerebral Hemispheres.* Dublin: Royal Irish Academy, 1892.

Curry, F. A. Comparison of left-handed subjects on verbal and nonverbal dichotic listening tasks. *Cortex* 3: 343–352, 1967.

Dabbs, J. M. Left-right differences in cerebral blood flow and cognition. *Psychophysiology* 17: 548–551, 1980.

Darwin, C. Ear differences and hemispheric specialization. In: F. O. Schmitt, F. G. Worden (Hrsg.) *The Neurosciences: Third Study Program.* Cambridge, Mass.: MIT Press, 1974.

Divenyi, P., R. Efron. Spectral versus temporal features in dichotic listening. *Brain and Language* 7: 375–386, 1979.

Eberstaller, O. Zur Oberflächenanatomie der Großhirnhemisphären. *Wien. Med. Blätter* 7: 479–482, 542–582, 644–646, 1884.

Economo, C. V. von, L. Horn. Über Windungsrelief, Masse and Rindenarchitektonik der Supratemporalfläche, ihre individuellen und ihre Seitenunterschiede. *Zeitschrift für Neurologie und Psychiatrie* 130: 678–757, 1930.

Efron, R. *The Decline and Fall of Hemispheric Specialization.* Hillsdale, N.J.: Lawrence Erlbaum, 1990.

Eidelberg, D., A. M. Galaburda. Symmetry and asymmetry in the human posterior thalamus. *Archives of Neurology* 39: 325–332, 1982.

Falzi, G., P. Perrone, L. A. Vignolo. Right-left asymmetry in anterior speech region. *Archives of Neurology* 39: 239–240, 1982.

Galaburda, A. M., M. LeMay, T. L. Kemper, N. Geschwind. Right-left asymmetries in the brain. *Science* 199: 852–856, 1978.

Galaburda, A. M., F. Sanides. Cytoarchitectonic organization of the human auditory cortex. *Journal of Comparative Neurology* 190: 597-610, 1980.

Gelfand, S., S. Hoffmand, S. Waltzman, N. Piper. Dichotic CV recognition at various interaural temporal onset asynchronies: Effect of age. *Journal of the Acoustical Society of America* 68: 1258–1261, 1980.

Geschwind, N., W. Levitsky. Left-right asymmetries in temporal speech region. *Science* 161: 186–187, 1968.

Gevins, A. Distributed neuroelectric patterns of human neocortex during simple cognitive tasks. *Progress in Brain Research* 85: 337–355, 1990.

Gibson, C., M. P. Bryden. Dichaptic recognition of shapes and letters in children. *Canadian Journal of Psychology* 37: 132–143, 1983.

Glick, S. D., D. A. Ross, L. B. Hough. Lateral asymmetry of neurotransmitters in human brain. *Brain Research* 234: 53–63, 1982.

Gordon, H. Hemispheric asymmetries in the perception of musical chords. *Cortex* 6: 387–398, 1970.

Graves, R., H. Goodglass, T. Landis. Mouth asymmetry during spontaneous speech. *Neuropsychologia* 20: 371–381, 1982.

Gur, R. C., I. K. Packer, J. P. Hungerbuhler, M. Reivich, W. D. Obrist, W. S. Amarnek, H. Sackheim. Differences in distribution of gray and white matter in human cerebral hemispheres. *Science* 207: 1226–1228, 1980.

Halperin, Y., I. Nachson, A. Carmon. Shift of ear superiority in dichotic listening to temporally patterned nonverbal stimuli. *Journal of the Acoutistical Society of America* 53: 46–50, 1973.

Hampson, E., D. Kimura. Hand movement asymmetries during verbal and nonverbal tasks. *Canadian Journal of Psychology* 38: 102–125, 1984.

Hari, R. The neuromagnetic method in the study of the human auditory cortex. In: F. Grandori, M. Hoke, G. I. Romani (Hrsg.) *Auditory Evoked Magnetic Fields and Potentials. Advances in Audiology,* Bd. 6. Basel: Karger, 1990.

Harris, L. J. Sex differences in spatial ability: Possible environmental, genetic, and neurological factors. In: M. Kinsbourne (Hrsg.) *Asymmetrical Function of the Brain.* Cambridge, Mass.: Cambridge University Press, 1978.

Heschl, R. L. *Über die vordere quere Schläfenwindung des Menschlichen Grosshirns.* Wien: Braumüller, 1878.

Hoadley, M. D., K. Pearson. Measurement of internal diameter of skull in relation to „pre-eminence“ of left hemisphere. *Biometrika* 21: 94–123, 1929.

Kimura, D. Some effects of temporal-lobe damage on auditory perception. *Canadian Journal of Psychology* 15: 156–165, 1961.

Kimura, D. Left-right differences in the perception of melodies. *Quarterly Journal of Experimental Psychology* 16: 355–358, 1964.

Kimura, D. Functional asymmetry of the brain in dichotic listening. *Cortex* 3: 163–178, 1967.

Kimura, D. The asymmetry of the human brain. *Scientific American* 228: 70–78, 1973.

Kimura, D., S. Folb. Neural processing of background sounds. *Science* 161: 395–396, 1968.

King, F., D. Kimura. Left-ear superiority in dichotic perception of vocal, non-verbal sounds. *Canadian Journal of Psychology* 26: 111–116, 1972.

Kinsbourne, M. Eye and head turning indicates cerebral lateralization. *Science* 176: 539–541, 1971.

Kinsboume, M., J. Cook. Generalized and lateralized effects of concurrent verbalization on a unimanual skill. *Quarterly Journal of Experimental Psychology* 23: 341–345, 1971.

Kinsbourne, M., R. E. Hicks. Functional cerebral space: A model for overflow, transfer and interference effects in human performance. In: J. Requin (Hrsg.) *Attention and Performance,* Bd. 7. NewYork: Academic Press, 1978.

Kodama, L. Beiträge zur Anatomie des Zentralnervensystems der Japaner. VIII. Insula Reil ii. *Folia Anatomica Japan* 12: 423–444, 1934.

Kutas, M., S.A. Hillyard. Event-related potentials in cognitive science. In: M.S. Gazzaniga (Hrsg.) *Handbook of Cognitive Neuroscience*. New York: Plenum Press, 1984.

Lassen, N.A., D.H. Ingvar, E. Skinhfij. Brain function and blood flow. *Scientific American* 239: 62–71, 1978.

Lauter, J. Dichotic identification of complex sounds: Absolute and relative ear advantrages. *Journal of the Acoustical Society of America* 71: 701–707, 1982.

LeMay, M. Asymmetries of the skull and handedness. *Journal of the Neurological Sciences* 32: 243–253, 1977.

LeMay, M. Morphological aspects of human brain asymmetry. *Trends in Neurosciences* 5: 273–275, 1982.

LeMay, M., A. Culebras. Human brain-morphologic differences in the hemispheres demonstrable by carotid arteriography. *New England Journal of Medicine* 287: 168–170, 1972.

Levy, J., J.M. Levy. Human lateralization from head to foot. Sex-related factors. *Science* 200: 1291–1292, 1978.

Levy, J., J.M. Levy. Foot-length asymmetry, sex, and handedness. *Science* 212: 1418–1419, 1981.

Levy, J., C. Trevarthen, R.W. Sperry. Perception of bilateral chimeric figures following hemispheric deconnection. *Brain* 95: 61-78, 1972.

Mascie-Taylor, C.G.N., A.M. MacLarnon, P.M. Lanigan, I.C. McManus. Foot-length asymmetry, sex, and handedness. *Science* 212: 1416–1417.

McRae, D.L., C.L. Branch, B. Milner. The occipital horns and cerebral dominance. *Neurology* 18: 95–98, 1968.

Mishkin, M., D.G. Forgays. Word recognition as a function of retinal locus. *Journal of Experimental Psychology* 43: 43–48, 1952.

Moscovitch, M. Information processing and the cerebral hemispheres. In: M. Gazzaniga (Hrsg.) *Handbook of Behavioral Neurobiology,* Bd. 2. New York: Plenum Press, 1979.

Nachson, I., A. Carmon. Hand preference in sequential and spatial discrimination tasks. *Cortex* 11: 123–131, 1975.

Natale, M. Perception of nonlinguistic auditory rhythms by the speech hemisphere. *Brain and Language* 4: 32–44, 1977.

Neville, H. Event-related potentials in neuropsychological studies of language. *Brain and Language* 11: 300–318, 1980.

Noffsinger, D. Dichotic-listening techniques in the study of hemispheric asymmetries. In: D.F. Benson, E. Zaidel (Hrsg.) *The Dual Brain.* New York: Guilford Press, 1985.

Ojemann, G.A. Brain organization for language from the perspective of electrical stimulation mapping. *Behavioral and Brain Sciences* 6: 189–230, 1983.

Oke, A., R. Keller, I. Mefford, R.N. Adams. Lateralization of norepinephrine in human thalamus. *Science* 200: 1411–1413, 1978.

Papcun, G., S. Krashen, D. Terbeek, R. Remington, R. Harshman. Is the left hemisphere organized for speech, language and/or something else? *Journal of the Acoustical Society of America* 55: 319–327, 1974.

Penfield, W., H. Jasper. *Epilepsy and the Functional Anatomy of the Human Brain.* Boston: Little, Brown, 1954.

Peters, M. Footedness: Asymmetries in foot preference and skill and neuropsychological assessment of foot movement. *Psychological Bulletin* 103: 179–192, 1988.

Peters, M.B., B. Petries, D. Oddie. Foot-length asymmetry, sex, and handedness. *Science* 212: 1417–1418, 1981.

Posner, M.I., M.E. Raichle. Bilder des Geistes: *Hirnforscher auf den Spuren des Denkens.* Heidelberg, Berlin, Oxford: Spektrum Akademischer Verlag, 1996.

Rasmussen, T., B. Milner. The role of early left brain injury in determining lateralization of cerebral speech functions. *Annals of the New York Academy of Sciences* 299: 355–369, 1977.

Roland, P.E., L. Eriksson, S. Stone-Elander, L. Widen. Does mental activity change the oxidative metabolism of the brain? *Journal of Neuroscience* 7: 2372–2389, 1987.

Roland, P.E., L. Friberg. Localization of cortical areas activated by thinking. *Journal of Neurophysiology* 53: 1219–1243, 1985.

Roland, P.E., E. Skinhfij, N.A. Lassen, B. Larsen. The role of different cortical areas in man in the organization of voluntary movements in extrapersonal space. *Journal of Neurophysiology* 43: 137–150, 1980.

Roy, C.S., M.B. Sherrington. On the regulation of the blood supply of the brain. *Journal of Physiology* 11: 85, 1890.

Rubens, A.B. Anatomical asymmetries of human cerebral cortex. In: S. Harnad, R.W. Doty, L. Goldstein, J. Jaynes, G. Krauthamer (Hrsg.) *Lateralization in the Nervous System.* New York: Academic Press, 1977.

Rubens, A.M., M.W. Mahowald, J.T, Hutton. Asymmetry of the lateral (Sylvian) fissures in man. *Neurology* 26: 620–624, 1976.

Rudel, R.G., M.B. Denckla, E. Spalten. The functional asymmetry of Braille letter learning in normal sighted children. *Neurology* 24: 733–738, 1974.

Scheibel, A.B., I. Fried, L. Paul, A. Forsythe, U. Tomiyasu, A. Wechsler, A. Kao, J. Slotnick. Differentiating characteristics of the human speech cortex: A quantitative Golgi study. In: D.F. Benson, E. Zaidel (Hrsg.) *The Dual Brain.* New York: Guilford Press, 1985.

Semmes, J. Hemispheric specialization: A possible clue to mechanism. *Neuropsychologia* 6: 11–26, 1968.

Sergent, J. Role of the input in visual hemispheric asymmetries. *Psychological Bulletin* 93: 481–512, 1983.

Sidtis, J. Predicting brain organization from dichotic listening performance: Cortical and subcortical functional asymmetries contribute to perceptual asymmetries. *Brain and Language* 17: 287–300, 1982.

Springer, S.P., G. Deutsch. *Linkes/Rechtes Gehirn,* 3. erweiterte Auflage. Heidelberg, Berlin, Oxford: Spektrum Akademischer Verlag, 1995.

Squires, N.K., C. Ollo. Human evoked potential techniques: Possible applications to neuropsychology. In: H.J. Hannay (Hrsg.) *Experimental Techniques in Human Neuropsychology.* New York: Oxford University Press, 1986.

Strauss, E., C. Fitz. Occipital horn asymmetry in children. *Annals of Neurology* 18:437–439, 1980.

Strauss, E., B. Kosaka, J. Wada. The neurological basis of lateralized cerebral function: A review. *Human Neurobiology* 2: 115–127, 1983.

Strauss, E., B. Kosaka, J. Wada. Visual laterality effects and cerebral speech dominance determined by the carotid Amytal test. *Neuropsychologia* 23: 567–570, 1985.

Taylor, L. B. Localisation of cerebral lesions by psychological testing. *Clinical Neurology* 16: 269–287, 1969.

Teszner, D., A. Tzavaras, H. Hécaen. L'asymetries droite-gauche du planum temporale: A-propos de l'etude de 100 cerveaux. *Revue Neurologique* 126: 444–449, 1972.

Teuber, H.-L. Physiological psychology. *Annual Review of Psychology* 6: 267–296, 1955.

Van Lancker, D., V. Fromkin. Hemispheric specialization for pitch and „tone": Evidence from Thai. *Journal of Phonetics* 1: 101–109, 1973.

Wada, J. A., R. Clarke, A. Hamm. Cerebral hemispheric asymmetry in humans: Cortical speech zones in 100 adult and 100 infant brains. *Archives of Neurology* 32: 239–246, 1975.

Wada, J., T. Rasmussen. Intracarotid injection of sodium Amytal for the lateralization of cerebral speech dominance. *Journal of Neurosurgery* 17: 266–282, 1960.

Webster, W. G., A. D. Thurber. Problem solving strategies and manifest brain asymmetry. *Cortex* 14: 474–484, 1978.

Witelson, S. F., W. Pallie. Left hemisphere specialization for language in the newborn: Neuroanatomical evidence of asymmetry. *Brain* 96: 641–646, 1973.

Wolf, M. E., M. A. Goodale. Oral asymmetries during verbal and non-verbal movements of the mouth. *Neuropsychologia* 25: 375–396, 1987.

Wyke, M. The effect of brain lesions on an arm-hand precision task. *Neuropsychologia* 6: 125–134, 1968.

Zangwill, O. L. *Cerebral Dominance and Its Relation to Psychological Function.* Springfield, Ill.: Charles C. Thomas, 1960.

Zurif, E. Auditory lateralization. Prosodic and syntactic factors. *Brain and Language* 1: 391–401, 1974.

10

Variationen der Hirnasymmetrie

Die Asymmetrie ist eines der bemerkenswerten Charakteristika der cerebralen Organisation. Ohne Zweifel stellt sie sowohl in der populärwissenschaftlichen als auch in der Fachliteratur ein vieldiskutiertes Thema dar. Die Asymmetrie zeichnet sich durch beachtliche anatomische und funktionale interindividuelle Variationen der Rechts-links-Unterschiede aus. Vielleicht eröffnet eine Betrachtung der Art dieser Unterschiede die Chance, die lateralisierten Verarbeitungsprozesse voneinander abzugrenzen und weitere Erkenntnisse über Art und Herkunft der cerebralen Asymmetrie zu gewinnen.

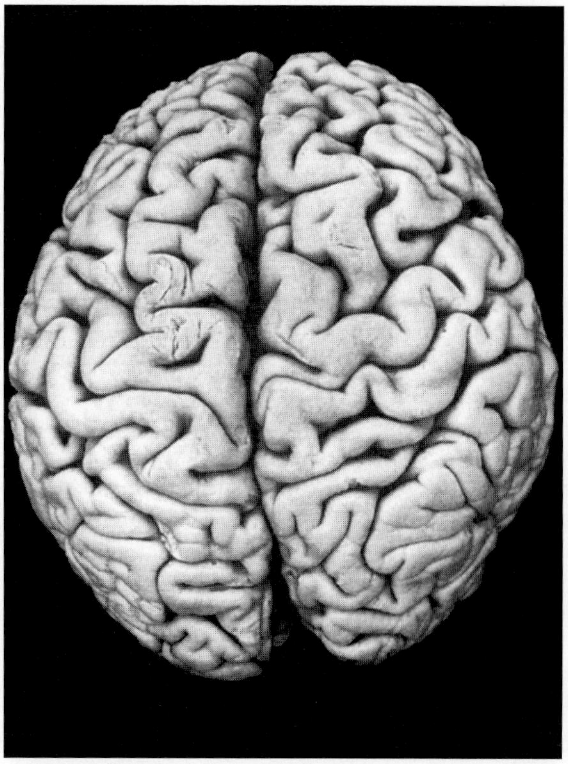

10.1 Photographie eines menschlichen Gehirns, von oben betrachtet. Man beachte das unterschiedliche Erscheinungsbild der beiden Hemisphären.

Individuelle Unterschiede der anatomischen Asymmetrie

Jedes Gehirn ist einzigartig. Gehirne unterscheiden sich hinsichtlich des Umfangs, der Verteilung der Gyri und der grauen und weißen Substanz, der Cytoarchitektur, der Neurochemie, der Anordnung der Blutgefäße und so weiter. Es erhebt sich deshalb die Frage, ob die Unterschiede in der anatomischen Organisation in irgendeiner Beziehung zu Faktoren wie Händigkeit oder Geschlecht stehen und ob sie mit funktionalen Unterschieden in Zusammenhang gebracht werden können.

Händigkeit

Sandra Witelson nahm 1985 eine sorgfältige Überprüfung der Literatur vor, um Indizien für einen Zusammenhang zwischen anatomischen Asymmetrien und Händigkeit zusammenzutragen. Sie fand Hinweise darauf, daß die Handpräferenz mit einer Rechts-links-Asymmetrie im Bereich des parietalen Operculum, des frontalen Cortex, der Occipitalregion, der Anordnung der Gefäße und dem cortikalen Durchblutungsmuster in Beziehung steht (Tabelle 10.1). Der Gesamtüberblick ergibt, daß im Vergleich zu den rechtshändigen Personen ein relativ größerer Anteil linkshändiger Menschen entweder keine oder eine umgekehrte anatomische Asymmetrie aufweist. Die Frage ist, ob dieser Unterschied funktional von Bedeutung ist. Zur Klärung dieser Frage verglichen Ratcliffe und seine Kollegen die Asymmetrie bezüglich des Verlaufs der Fissura lateralis (dieser wurde durch eine Angiographie bestimmt) mit den Ergebnissen des Natriumamobarbitaltests zur Sprachlokalisation. Sie stellten fest, daß der Gefäßverlauf von links- und rechtshändigen Personen, bei denen das Sprachzentrum in der linken Hemisphäre lokalisiert ist, am oberen Ende der Fissura lateralis einen Rechts-links-Unterschied aufweist: Die Winkel zwischen den am posterioren Ende aus der linken und rechten Fissura lateralis austretenden Gefäße unterscheidet sich um 27°. Links- und rechtshändige Personen, deren Sprache rechtshemisphärisch oder bilateral repräsentiert ist, wiesen einen durchschnittlichen Unterschied in diesem Winkel von 0° auf. Die anatomische Asymmetrie steht in diesem Fall also in Beziehung zur Sprachrepräsentation und nicht zur Händigkeit. Anders ausgedrückt: Die individuellen Unterschiede in der anatomischen Organisation variieren mit der Lokalisation der Sprache, nicht mit der Händigkeit.

Die Händigkeit scheint in engerer Beziehung zu anatomischen Anomalien zu stehen, da bei linkshändigen Personen die Lateralität der Sprache weit streut. Eine Untersuchung von Yakovlev und Rakic ist für diesen Punkt von großer Bedeutung. Bei sorgfältiger Begutachtung von 300 Fällen fanden sie heraus, daß bei 80 % der Pyramidentrakt, der zur rechten Hand führt, mehr Fasern enthält als der Teil des Pyramidentrakts, der zur linken Hand führt. Offenbar ziehen also mehr Fasern zur rechten Hand als zur linken Hand, und zwar sowohl von der kontralateralen als auch von der ipsilateralen Hemisphäre. Darüber hinaus kreuzt der kontralaterale Faserzug von der linken Hemisphäre in der Medulla auf einer höheren Ebene als der Trakt, der von der rechten Hemisphäre ausgeht. Bislang gibt es solche Daten nur von elf linkshändigen Personen, aber das Verlaufsmuster ist bei ihnen ziemlich ähnlich: Neun der elf Personen (82 %) wiesen diesen typischen rechtsseitigen Überhang an Fasern auf. Da man bei zwei Dritteln dieser linkshändigen Personen annehmen kann, daß ihre Sprache in der linken Hemisphäre lokalisiert ist, scheint zwischen der Lokalisation der Sprache und den Besonderheiten im Verlauf des Pyramidentrakts eine engere Beziehung zu bestehen als zwischen der Händigkeit und der Organisation dieses Faserzugs.

Die Variationen der anatomischen Asymmetrie sind deshalb schwer zu erklären, weil es sowohl links- als auch rechtshändige Personen gibt, die eine ausgeprägte Dissoziation zwischen morphologischer und funktioneller Asymmetrie aufweisen. Es kann zum Beispiel sein, daß der Natriumamobarbitaltest die Sprache in der linken Hemisphäre, andere neurologische Untersuchungen das temporoparietale Sprachgebiet dagegen rechts orten. Man betrachte nur die in Tabelle 10.1 verzeichnete, relativ große Anzahl rechtshändiger Personen, welche die erwartete Asymmetrie nicht oder eine umgekehrte Asymmetrie aufweisen. Diese Fälle bilden ein gravierendes Interpretationsproblem, denn sie lassen vermuten, daß andere, bislang noch nicht bekannte Faktoren für interindividuelle Unterschiede bei links- wie bei rechtshändigen Personen verantwortlich sind.

Einer der möglichen Faktoren ist in den unterschiedlichen Verbindungen zwischen den Hemisphären zu suchen. Zur Überprüfung dieser Hypothese, hat Witelson die Handpräferenz vieler unheilbar kranker Personen erfaßt. Danach untersuchte sie *post mortem* deren Gehirne und richtete ihr besonderes Augenmerk auf die Größe des Corpus callosum. Sie machte einen Längsschnitt und stellte fest (Abbildung 10.2), daß der Balken bei beidhändigen und linkshändigen Personen 11 % mehr Fläche besitzt als bei rechtshändigen Personen. Tabelle 10.2 verdeutlicht dies. Es müßte nun noch festgestellt werden, ob das größere Corpus callosum bei links- und beidhändigen Personen mehr Fasern, dickere Axone oder mehr Myelin enthält. Falls der Unterschied auf die Anzahl der Faserverbindungen zurückzuführen ist, so würde dies einer Differenz von etwa 25 Millionen Axonen entsprechen. Wird Witelsons Ergebnis durch andere Wissenschaftler bestätigt, so könnte das bedeuten, daß bei linkshändigen Personen die interhemisphärische Interaktion intensiver ist als bei rechtshändigen, was den Schluß nahelegen müßte, daß die cerebrale Organisation von links- und rechtshändigen Personen grundlegend verschieden ist.

Tabelle 10.1: Prozentuale Häufigkeit der hirnanatomischen Asymmetrien in der Bevölkerung in Abhängigkeit von der Händigkeit

gemessene Größe	Händigkeit	links größer (in %)	rechts größer (in %)	kein Unterschied (in %)
Blutvolumen	rechts	25	62	13
	links	64	28	8
parietales Operculum	rechts	67	8	25
	links	22	7	71
frontale Breite	rechts	19	61	20
	links	27	40	33
occipitale Breite	rechts	66	9	25
	links	38	27	35
occipitales Horn	rechts	60	10	30
	links	38	31	31

Quelle: Nach Hochberg und LeMay 1975, Le May 1977, Carmon et al. 1972 und McRae et al. 1968.

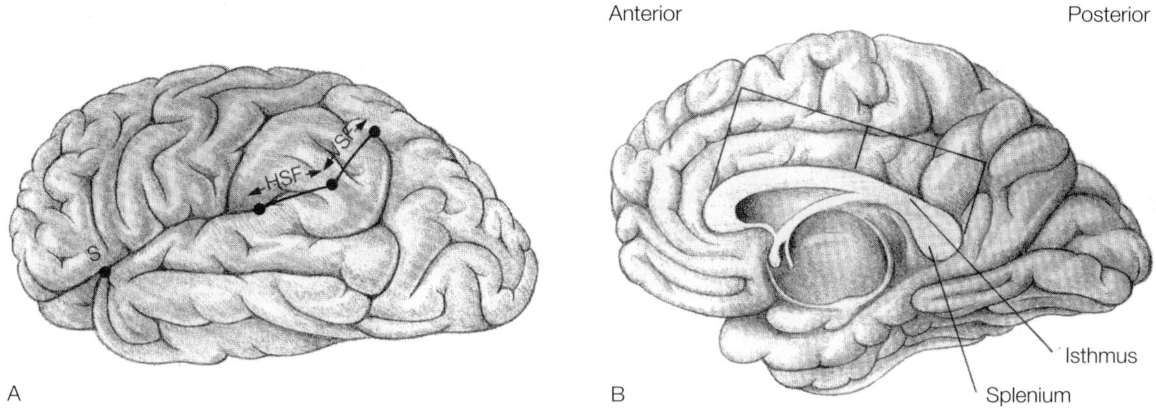

10.2 A. Eine Seitenansicht des menschlichen Gehirns zur Illustration der Meßpunkte für die Sylvische Furche. HSF bezeichnet den horizontalen Teil, S den Beginn der Sylvischen Furche und VSF den vertikalen Teil.

B. Das menschliche Corpus callosum im Mediansagittalschnitt. Eingezeichnet sind die typischerweise gemessenen Längen und Flächen: die Gesamtlänge und Gesamtfläche, der vordere und der hintere Teil sowie das Splenium.

Geschlecht

Einige Unterschiede der anatomischen Asymmetrie der Großhirnhemisphären lassen sich mit dem Geschlecht in Verbindung bringen. Zwar wird häufig behauptet, daß die Hemisphären des weiblichen Gehirns weniger symmetrisch sind als die der Männer, aber diese Schlußfolgerung begründet sich im großen und ganzen auf nicht sonderlich präzisen Daten. Unserer Kenntnis nach gibt es nur drei statistisch zuverlässige geschlechtsspezifische Unterschiede im menschlichen Gehirn: Erstens ist die Asymmetrie des Planum temporale (links größer als rechts) häufiger bei Männern zu beobachten als bei Frauen. Im Zuge einer MRI-Studie entdeckten Kulynych und Kollegen eine ausgeprägte Asymmetrie bei Männern (links 38 % größer), nicht jedoch bei Frauen. Zu diesem Ergebnis kommen allerdings nicht alle Studien (zum Beispiel Aboitiz et al.), und wir müssen es daher mit Vorsicht interpretieren. Zweitens haben Witelson und Kigar die Steigung der Sylvischen Furche in Relation zu verschiedenen cortikalen Referenzpunkten gemessen (Abbildung 10.2A) und daraufhin separat die horizontalen und vertikalen Komponenten ermittelt.

Wie sie herausfanden, ist die horizontale Komponente in der linken Hemisphäre beider Geschlechter länger als in der rechten, und bei Männern ist sie länger als bei Frauen. In der rechten Hemisphäre ist die horizontale Komponente bei Männern und Frauen gleich lang. Bei Männern liegt also eine ausgeprägtere Asymmetrie der Sylvischen Furche vor als bei Frauen. Zusammengenommen legen die Ergebnisse der Untersuchungen zum Planum temporale und der Sylvischen Furche einen Geschlechtsdimorphismus bezüglich der Organisation der Sprachfunktionen nahe. Drittens berichteten De Lacoste-Utamsing und Holloway, daß der posteriore Teil des Corpus callosum (das sogenannte Splenium) bei Frauen signifikant größer ist als bei Männern (Abbildung 10.2B). Diese Befunde zum Corpus callosum haben großes Interesse und kontroverse Diskussionen hervorgerufen. Sie haben sogar eine beträchtliche Resonanz in Publikumszeitschriften erfahren, wo sie als gesicherte Tatsache hingestellt wurden. Das *Time*-Magazin kam zu dem Schluß, daß dieser Unterschied „womöglich die Grundlage der weiblichen Intuition" sei. Die Kontroverse entstand, weil die Daten in den meisten anderen Studien – sei es anhand von *post mortem*-Untersuchungen (siehe die Daten von Witelson in Tabelle 10.2) oder Kernspintomogrammen – nicht reproduziert werden konnten. Wahlsten und Bishop werteten 28 Studien aus und kamen zu dem Schluß, daß es keinen überzeugenden Beweis für einen Geschlechtsdimorphismus gibt. Eine vorsichtige Interpretation der entsprechenden Literatur führt deshalb zu der Schlußfolgerung, daß eine geschlechtliche Differenzierung des Corpus callosum noch nicht bewiesen ist.

Eine der sorgfältigsten Studien zum Corpus callosum wurde von Witelson durchgeführt; sie untersuchte die Gehirne von Personen, die vor ihrem Tod neuropsychologischen Tests unterzogen worden waren. Der Vorteil dieser Studie bestand in der Möglichkeit, die Handpräferenz und kognitive Funk-

Tabelle 10.2: Überblick über Gehirnmaße, getrennt nach Händigkeit und Geschlecht

Gruppe	*n*	Alter (Jahre)	Gehirngewicht (g)	Corpus-callosum-Fläche (mm^2)
männlich				
RH	7	48	1442	672
MH	5	49	1511	801[a]
weiblich				
RH	20	51	1269	655
MH	10	49	1269	697[a]

Bemerkung: RH, ausgeprägt rechtshändige Personen; MH, links- oder beidhändige Personen; [a]signifikanter Unterschied zur gleichgeschlechtlichen Vergleichsgruppe.
Quelle: Nach Witelson 1985.

tionen zu bestimmen und sie anschließend mit morphologischen Merkmalen in Beziehung zu setzen. Sie fand heraus, daß Frauen kein größeres Callosum oder Splenium besitzen als Männer, selbst wenn die Größe dieser Strukturen bezüglich des Gehirngewichts – das bei Männern höher liegt, weil sie im Durchschnitt sowieso größer sind – normiert wurde. Sie entdeckte jedoch, daß ein relativ kleine Bereich genau vor dem Splenium (der Isthmus) bei Frauen stärker ausgebildet ist. Außerdem stellte sich heraus, daß die Größe des Callosum bei Männern mit dem Alter abnimmt, bei Frauen hingegen nicht, und daß sie, ebenfalls nur bei Männern, mit der Händigkeit variiert. Der Zusammenhang mit Geschlecht, Alter und Handpräferenz ist interessant, da diese Variablen bei *post mortem*-Untersuchungen normalerweise nicht kontrollierbar sind. Es sind jedoch weitere Studien notwendig, um diesen Zusammenhang noch detaillierter zu erforschen.

Händigkeit und funktionale Asymmetrien

Wie der Begriff *sinister* gewöhnlich mit teuflisch oder linkisch gleichgesetzt wird, aber dem lateinischen Ursprung nach „links" bedeutet, so wurde die Linkshändigkeit in der Geschichte häufig als etwas Seltsames oder Ungewöhnliches empfunden. Schätzungsweise jeder zehnte Mensch ist Linkshänder – damit meint man Personen, die mit der linken Hand schreiben. Werden andere Kriterien zugrunde gelegt, so schwankt der Anteil zwischen 10 und 30 %. Händigkeit ist also kein absolutes Maß. Manche Menschen sind fast vollkommen linkshändig, andere verwenden eher beide Hände.

Tabelle 10.3: Angaben zur Händigkeit beim Ausüben bestimmter Alltagstätigkeiten

Tätigkeit	„linke Hand" (in %)	„linke oder rechte Hand" (in %)	„rechte Hand" (in %)
Austeilen von Karten	17,02	3,32	79,66
Aufschrauben eines Gefäßes	16,50	17,49	66,01
Schaufeln	13,53	11,89	74,58
Fegen	13,49	16,89	69,62
Faden einfädeln	13,10	9,74	77,16
Schreiben	10,60	0,34	89,06
Anzünden eines Streichholzes	9,95	8,74	81,31
Ballwerfen	9,44	1,29	89,47
Hämmern	9,22	2,54	88,24
Zähneputzen	9,18	2,59	89,31
Benutzen eines Tennisschlägers	8,10	2,59	89,31
Schneiden mit Schere	6,20	6,81	86,99

Bemerkung: Die Prozentzahlen basieren auf den Antworten von 2321 befragten Personen.
Quelle: Nach Annett 1970.

Ein gute Übersicht der Händigkeit wurde von Annett zusammengestellt (Tabelle 10.3), die über 2 000 Erwachsene befragte, welche Hand sie für zwölf wohldefinierte Aufgaben benutzen. Wie man sieht, schwankt die Häufigkeit der Linkshändigkeit zwischen etwa 6 % (Schneiden mit der Schere) und ungefähr 17 % (Austeilen von Spielkarten).

Theorien der Handpräferenz

Die zahlreichen Theorien zur Erklärung der Handpräferenzen werden ihren Schwerpunkten entsprechend als anatomische, genetische, Hormon- oder Umwelttheorien klassifiziert.

Umwelttheorien Es gibt drei verschiedene Varianten der Umwelttheorie. Sie betonen entweder die Nützlichkeit eines Verhaltens, die Verstärkung durch die Umwelt oder ein Unfallereignis. Die erste, an der Zweckbestimmtheit orientierte Theorie (manchmal auch Schwert-und-Schild-Hypothese genannt) besagt, daß ein Soldat im Altertum sein Schild in der linken Hand trug, um sein Herz besser zu schützen und damit seine Überlebenschancen zu erhöhen. Da die linke Hand mit dem Tragen des Schildes beschäftigt war, wurde die rechte Hand für verschiedene andere Bewegungen immer geschickter und schließlich für die meisten Alltagshandlungen verwendet. Eine „weibliche" Variante dieser Theorie besagt, daß es für ein Kind sinnvoller ist, wenn die Mutter es auf dem linken Arm trägt, weil es dann durch den Rhythmus des mütterlichen Herzens beruhigt wird. Damit bliebe, wie beim Soldaten, die rechte Hand für andere Handlungen frei. Solchen Theorien stellen sich einige Probleme entgegen. Die Möglichkeit, daß Händigkeit zuerst da war und deshalb für die jeweiligen Verhaltensweisen Ursache sein könnte, ist nur eins von vielen. Mac Neilage und Kollegen führten an, daß Affen mit der linken Hand Früchte ergreifen, während sie sich mit der rechten am Baum festhalten. Da sie stärker ausgebildet war, könnte sich die rechte Hand bei am Boden lebenden Primaten zur dominanten entwickelt haben.

Die zweite Variante der Umwelttheorie, die einen Verstärkungseffekt für die Verwendung der rechten Hand betont, wurde von Collins entwickelt. Sie basiert auf einigen einfallsreichen Experimenten zur „Händigkeit" bei Mäusen. Collins zog Mäuse in einer Umgebung auf, die so verändert war, daß die Mäuse ihre rechte oder linke Pfote verwenden mußten, um Futter in einer Röhre an der Seitenwand des Käfigs zu erreichen. Nun stellte sich heraus, daß die Anzahl der erwachsenen rechts- beziehungsweise linkspfotigen Mäuse in direkter Beziehung zur Lernsituation stand. Daraus wurde geschlossen, daß die Pfotenpräferenz durch die Umwelt verstärkt worden war. Dies läßt sich auf den Menschen übertragen. Die Umwelt eines Kindes ist auf vielfältige Weise für rechtshändige Personen angelegt, was wiederum eine Verstärkung der rechten Hand bewirkt. Früher wurden Kinder sogar gezwungen, mit der rechten Hand zu schreiben. Obgleich Collins' Theorie die Bedeutung von Umweltfaktoren hervorhebt, kann sie weder die Unterschiede zwischen einer Vertrautheit beziehungsweise Fremdheit mit einer Händigkeit noch die Beziehung zwischen Händigkeit und cerebraler Dominanz erklären. Sie scheint zudem nicht in Betracht zu ziehen, mit welcher Hand Kinder schreiben lernen, wenn man ihnen die Freiheit läßt. Die Anzahl der linkshändig schreibenden Kinder steigt lediglich auf 10 % an, was etwa dem Anteil der Linkshänder in bislang untersuchten Kulturen entspricht.

Die dritte Lesart der Umwelttheorie nimmt eine genetisch bedingte Tendenz zur Rechtshändigkeit an. Linkshändigkeit kommt entsprechend dieser Lesart aufgrund bestimmter unfallbedingter cerebraler Defekte zustande. Um der Häufung der Linkshändigkeit in manchen Familien gerecht zu werden, haben Bakan und seine Mitarbeiter behauptet, daß es unter linkshändigen Personen eine besonders hohe Wahrscheinlichkeit für schwere Geburten gibt. Diese erhöhen die Risiken einer Gehirnschädigung und verursachen somit die besondere Häufung der Linkshändigkeit. Folgerichtig wäre zu erwarten, daß bei einigen erwachsenen Linkshändern durch cerebrale Schädigungen verursachte kognitive Defizite auftreten. Dies ist bis heute nicht nachgewiesen worden. Man könnte dann wie folgt argumentieren: Da die vorhergesagte Schädigung bereits in früher Kindheit auftritt, kompensiert das Gehirn sie soweit, daß als einziges Symptom die Linkshändigkeit des Erwachsenen übrig bleibt. Dieses Argument ist aber kaum plausibel und stützt die Theorie nicht.

Anatomische Theorien Zwei von mehreren anatomischen Theorien bieten für die Handpräferenz eine gut belegte, auf der anatomischen Asymmetrie beruhende Erklärung an. Beim ersten Theorieansatz wird die Rechtshändigkeit einer beschleunigten Reifung und einer ausgeprägteren Entwicklung der linken Hemisphäre zugeschrieben. Durch Verallgemeinerung ergibt sich die Vorhersage, daß linkshändige Personen, in deren Familie Linkshändigkeit selten auftritt, die spiegelbildlich organisierte Asymmetrie von Rechtshändern aufweisen, wogegen linkshändige Personen, in deren Familien viele Linkshänder zu finden sind, keine anatomische Asymmetrie aufweisen. Die Überprüfung dieser Vorhersagen ist in Ermangelung von Untersuchungen über die anatomische Asymmetrie der Händigkeit und über die Händigkeit in ganzen Familiengeschichten kaum möglich. Diese Theorie wirft ein weiteres Problem auf, denn sie weicht der Frage „Warum gibt es überhaupt Händigkeit?“ aus und rückt stattdessen die Frage „Warum gibt es eine anatomische Asymmetrie?“ in den Vordergrund.

Die zweite Theorie knüpft zum Teil an dieses Problem an. Wie Morgan bereits betont hat, weisen viele Tiere einen linksseitigen Entwicklungsvorteil auf. Bei Vögeln gibt es zum Beispiel eine linksseitige Präferenz für größere Ovarien und eine linksseitige Kontrolle des Gesangs. Auch sind der linke Temporalcortex beim Menschen und der Umfang der linken Schädelseite bei Menschenaffen größer. Dieses Übergewicht von Asymmetrien, welche die linke Seite bevorzugen, relativiert die häufig beachtete linkshemisphärische Sprachkontrolle und rückt sie mit all den anderen anatomischen Asymmetrien in eine Reihe. Da weder genetische Indizien noch eine genetisch ausgerichtete Theorie diese Asymmetrien beim Menschen genau vorhersagen können, nimmt Morgan an, daß sie allesamt aus einigen fundamentalen biochemischen Asymmetrien im menschlichen Körper resultieren. Die Übertragung von Morgans Theorie auf die Händigkeit bereitet Schwierigkeiten, weil sie die Linkshändigkeit im Zusammenhang mit anderen „normalen“ Asymmetrien (etwa dem Sitz des Herzens) nicht zu erklären vermag.

Hormontheorien Geschwind und Galaburda haben eine neue Theorie entwickelt, die behauptet, daß die cerebrale Asymmetrie während der frühen Ontogenese signifikant verändert wird und daß dadurch ein anomales hemisphärisches Organisationsmuster entsteht. Ein Faktor, der die cerebrale Organisation während der Entwicklung beeinflußt, ist das Hormon Testosteron. Dabei handelt es sich um das wichtigste männliche Hormon (es kommt auch bei Frauen vor, allerdings in sehr viel geringerer Konzentration). Von Testosteron weiß man, daß es sich auf die Entwicklung einerseits des Hypothalamus und des Cortex bei Säugetieren, und andererseits von nicht neuralem Gewebe auswirkt. Es ist anzunehmen, daß Testosteron das Gehirn des Menschen ebenfalls beeinflußt. Geschwind und Galaburda glauben, daß Testosteron hauptsächlich eine hemmende Wirkung hat. Steigt seine Konzentration über ein „normales“ Maß, so kann es die Entwicklung verlangsamen. Dies geschieht möglicherweise dadurch, daß es direkt auf das Gehirn einwirkt, oder indirekt, indem es die Genexpression beeinflußt. Eine zentrale Aussage dieser Theorie beschränkt die hemmende Wirkung von Testosteron hauptsächlich auf die linke Hemisphäre, wodurch die rechte schneller wachsen müßte. Dies führt wiederum zu einer veränderten cerebralen Organisation und induziert bei manchen Personen Linkshändigkeit. Zudem wird angenommen, daß Testosteron das Immunsystem beeinflußt und die Abwehr schwächt, so daß Krankheiten häufiger auftreten.

Viele Details der Geschwind-Galaburda-Theorie gehen über die in diesem Buch dargestellten Argumentationen hinaus. Die Theorie hat eine beträchtliche Anzahl weiterer Untersuchungen angeregt. Leider stehen die meisten Ergebnisse dieser Studien nicht mit der Theorie im Einklang (eine gute Übersicht findet sich bei Bryden, McManus und Bulman-Fleming). So untersuchten Grimshaw und Mitarbeiter die Handpräferenz bei Kindern, bei deren Müttern eine Amniozentese durchgeführt worden war, und von denen foetale Testosteronwerte bekannt waren. Dabei stellte sich heraus, daß erhöhte Testosteronwerte nicht zu einer erhöhten Wahrscheinlichkeit der Linkshändigkeit führen.

Genetische Theorien Von den vielen genetischen Modellen zur Händigkeit postulieren die meisten ein oder mehrere dominante Gene für Rechtshändigkeit und ein oder mehrere rezessive Gene für Linkshändigkeit. Keines dieser Modelle kann aber die Wahrscheinlichkeit für das Auftreten von Linkshändigkeit genau vorhersagen.

Die besten Erklärungsversuche bieten die genetischen Modelle der Händigkeit von Annett einerseits, von Levy und

Nagylaki andererseits. Annett nimmt an, daß es ein Gen gibt, das Rechtshändigkeit induziert, aber keines für Linkshändigkeit. Falls das Gen für Rechtshändigkeit im Genom einer Person fehlt, dann ergibt sich deren Händigkeit durch Zufall. Innerhalb der Personengruppe mit zufallsbedingter Händigkeit wird die Wahrscheinlichkeit für Rechtshändigkeit stets ein wenig höher sein, weil Umweltfaktoren die Wahl der rechten Hand begünstigen. Die Theorie von Levy und Nagylaki ist etwas komplexer. Die Autoren arbeiten mit einem Modell mit zwei Genen und vier Allelen. Dabei vermuten sie jeweils ein Gen für Händigkeit und eines für die Seite des Sprachzentrums. Die Gene für Linkshändigkeit beziehungsweise rechtshemisphärisch lokalisierte Sprache wäre dann jeweils rezessiv. Keine der genetischen Theorien kann wirklich überzeugen. So hat man bisher beispielsweise keinen Versuch unternommen, zwischen familiär und anders bedingter Linkshändigkeit zu differenzieren.

Aus diesem Überblick über Theorien zur Händigkeit geht hervor, daß wir nicht wissen, weshalb es zur Händigkeit kommt – vielleicht wird man das auch nie genau wissen.

Die cerebrale Organisation bei Linkshändern

In der neurologischen Literatur wird der Glaube verbreitet, daß kognitive Funktionen bei linkshändigen Personen im Gegensatz zu rechtshändigen eher bilateral organisiert sind. Dieser Glaube stammt vermutlich aus der Aphasieliteratur, die darüber berichtet, daß es bei hirngeschädigten Linkshändern eher zu Aphasien kommt als bei rechtshändigen Personen mit einer vergleichbaren Schädigung, daß aber bei linkshändigen Personen die postoperative Erholung rascher und vollständiger ist. Eine sorgfältige Überprüfung der Literatur legt jedoch nahe, daß diese Meinungen im großen und ganzen auf vielen Einzelfällen, nicht aber auf systematischen Untersuchungen beruhen. Zwei groß angelegte Untersuchungsreihen deuten darauf hin, daß der berühmte Unterschied der cerebralen Organisation von Links- beziehungsweise Rechtshändern in dieser Form vielleicht gar nicht existiert. Wir haben bereits den Natriumamobarbitaltest besprochen und auf die Daten von Rasmussen und Milner hingewiesen. Diese Autoren berichteten, daß bei etwa 70% der linkshändigen Personen die Sprache in der linken Hemisphäre, bei 15% in der rechten und bei weiteren 15% bilateral repräsentiert ist. Des weiteren berichtete Kimura über die Häufigkeit des Auftretens von Aphasien und Apraxien in einer Gruppe von 520 Patienten, die aufgrund unilateraler Gehirnschädigungen ausgewählt worden waren. Die Häufigkeit der Linkshändigkeit hielt sich in dieser Population innerhalb des erwarteten Rahmens. Die linkshändigen Patienten hatten im Vergleich zu rechtshändigen Personen häufiger weder eine Aphasie noch eine Apraxie entwickelt. Aphasien traten weniger häufig auf als bei rechtshändigen Personen (70%). Das entspricht dem Wert, den man aufgrund der Natriumamobarbitalversuche vorhersagen würde. Auch wenn die Sprache also bei einigen linkshändigen Personen bilateral oder rechtshemisphärisch lokalisiert ist, so gilt dies dennoch nicht für die Mehrheit der Linkshänder.

Man hat auch angenommen, daß sich Linkshänder aufgrund des familiären Hintergrunds bezüglich der cerebralen Organisation auf zwei Gruppen verteilen. In der einen Gruppe wären die Menschen mit gehäufter familiärer Linkshändigkeit vertreten, in der anderen Gruppe solche ohne entsprechende Familiengeschichte („nicht familiäre" Linkshändigkeit). Gemäß Hécaen und Sauguet verhalten sich Linkshänder ohne „familiäre Linkshändigkeit" nach unilateralen Gehirnläsionen bei neuropsychologischen Untersuchungen ähnlich wie rechtshändige Patienten. Patienten mit einer familiären Linkshändigkeit verhalten sich anders, was Hécaen und Sauguet vermuten läßt, daß bei ihnen auch ein anderes Muster der cerebralen Organisation vorliegt.

Alles in allem wird die Hypothese daß sich die cerebrale Organisation sprachlicher und nichtsprachlicher Funktionen bei den 70% der linkshändigen Personen, deren Sprachzentrum linkshemisphärisch ist, von der cerebralen Organisation dieser Funktionen bei Rechtshändern unterscheidet, kaum gestützt. Ein Punkt sollte aber noch gestreift werden: Es gibt eine höhere Inzidenz von Linkshändigkeit bei geistig retardierten neurologisch gestörten Kindern. Das ist nicht überraschend. Wenn nämlich die dominante Hemisphäre in früher Jugend verletzt wird, können Händigkeit und Sprachdominanz von der normalerweise nichtdominanten Hemisphäre gesteuert werden. Und da es so viel mehr rechtshändige Kinder gibt, kann man schon allein aufgrund der Wahrscheinlichkeit annehmen, daß mehr rechtshändige Kinder mit linkshemisphärischer Schädigung einen Dominanzwechsel zur rechten Hemisphäre aufweisen als umgekehrt. Daraus kann man allerdings keinen Schluß auf kognitive Defizite oder auf Unterschiede in der cerebralen Organisation der Gesamtpopulation der Linkshänder ziehen.

Eine weitere Frage betrifft die Organisation der Hemisphären bei Linkshändern mit rechtshemisphärisch organisierter Sprache. Man kann sich fragen, ob bei diesen Personen nicht einfach ein direkter Funktionswechsel zwischen den Hemisphären stattgefunden hat. Leider ist wenig über die funktionale Organisation des Gehirns von Personen mit rechtshemisphärischer Sprache und anderweitig „normalem" Gehirn bekannt.

Geschlechtsunterschiede bei der cerebralen Organisation

Eine der offenkundigsten Ursachen individueller Unterschiede menschlichen Verhaltens ist das Geschlecht: Männer und Frauen verhalten sich anders. Hier stellt sich die Frage, ob irgendwelche Unterschiede im kognitiven Verhalten von Männern und Frauen auf biologische Unterschiede zwischen den Gehirnen beider Geschlechter zurückzuführen sind. Es gibt zahlreiche zufällige Beschreibungen sowie experimentelle Befunde zu kognitiven Differenzen zwischen Männern und Frauen; man hat gelegentlich versucht, sie mit der Gehirnorganisation in Beziehung zu setzen. Falls überhaupt ein einziger geschlechtsspezifischer Unterschied erschlossen werden kann, dann ist es die größere Sprachgewandtheit der Frauen und das bessere räumliche Vorstellungsvermögen der Männer. Die Unterschiede werden auf ein geschlechtsspezifisches Muster der cerebralen Organisation zurückgeführt. Bevor wir aber die verschiedenen Theorien vorstellen, sollen zunächst die Daten vorgestellt und zusammengefaßt werden.

Indizien für Geschlechtsunterschiede

Befunde, welche die Annahme signifikanter Geschlechtsunterschiede bei der cerebralen Organisation unterstützen, stammen hauptsächlich aus Untersuchungen an gesunden Versuchspersonen. Sie umfassen Lateralitätstests, Messungen der Hirndurchblutung, aber auch Beobachtungen an neurologischen Patienten.

Gesunde Versuchspersonen Den Einstieg in die Untersuchung kognitiver Unterschiede zwischen Männern und Frauen erleichtert das 1974 erschienene Buch *The Psychology of Sex Differences* von MacCoby und Jacklin. Den Autoren gelang es durch sorgfältige Zusammenfassung der Literatur, vier zuverlässige geschlechtsbezogene Unterschiede herauszuarbeiten:

1. Mädchen haben größere sprachliche Fähigkeiten als Knaben. Eine zunehmende weibliche Überlegenheit beginnt etwa ab dem 11. Lebensjahr und festigt sich während der Schulzeit und vermutlich auch später. Mädchen erreichen höhere Werte in Testaufgaben, die sowohl die rezeptive als auch die produktive Sprachfähigkeit messen. Das gleiche gilt für komplexe verbale Aufgaben (Aufgaben auf „hohem Niveau"), deren Lösung das Verständnis schwieriger Texte, die Produktion von Analogien oder kreatives Schreiben erfordern. Es gilt natürlich auch für Aufgaben auf „niedrigem Niveau", wie dies etwa bei Sprachflußtests der Fall ist. Einen einfachen Beweis für diese geschlechtsspezifischen Unterschiede liefert der Lückentext in Abbildung 10.3D. Bei diesem Test wird jeweils der Anfangsbuchstabe eines Wortes vorgegeben; die Sätze bestehen aus vier Wörtern. Gefordert ist die Ergänzung der fehlenden Buchstaben, damit ein sinnvoller Satz entsteht. Weibliche Testteilnehmer schneiden dabei besser ab als männliche. Insgesamt ist jedoch die weibliche Überlegenheit bei verbalen Aufgaben relativ gering. Sie entspricht etwa einem Viertel einer Standardabweichung.
2. Männer zeichnen sich durch besondere visuell-räumliche Fähigkeiten aus. Das bedeutet, daß sie bei Tests zur Wiedererkennung und zur Entdeckung verschiedener Formen, zur mentalen Rotation zwei- oder dreidimensionaler Objekte, zur Messung geometrischer Fähigkeiten, des Orientierungssinns und so weiter, besser abschneiden. Gleiches trifft auf das Verfolgen und Zielen auf bewegte Objekte sowie auf allgemeine geographische Kenntnisse zu. Einfache Testverfahren zur Feststellung derartiger Unterschiede sind in Abbildung 10.3 dargestellt. Bei der Aufgabe zur Schätzung des Wasserspiegels (Bildteil A), die durch Thomas und seine Mitarbeiter entwickelt wurde, wird den Versuchspersonen das Bild eines geneigten Gefäßes vorgelegt, auf dem sie den Wasserspiegel einzeichnen sollen. Bei 62 zufällig ausgewählten Studenten betrug die mittlere Abweichung von der korrekten Horizontalen etwa 2°. Bei 91 Studentinnen wiesen 28 (31 %) die gleiche Leistung auf wie die Männer, wogegen die anderen Frauen Linien mit einer Abweichung von 15 bis 20° von der Horizontalen einzeichneten. Anders ausgedrückt, den männlichen Versuchsteilnehmern war klar, daß der Wasserspiegel stets der Horizontalen entspricht. Etwa 69 % der Frauen war dies nicht klar. In entwicklungspsychologischen Untersuchungen fanden Thomas und seine Mitarbeiter heraus, daß die meisten Knaben etwa im Alter von zwölf Jahren die Wasseroberfläche horizontal einzeichnen, daß Mädchen diesen Sachverhalt aber erst später erkennen. Wie die sprachliche Überlegenheit bei Frauen, so ist auch die überlegene räumliche Vorstellungskraft bei Männern insgesamt nicht absolut zu sehen, sondern beträgt nur etwa 40 % einer Standardabweichung.
3. Knaben zeichnen sich durch größere mathematische Fähigkeiten aus. Obgleich sich die Geschlechter beim Erwerb der Mengen- und Zahlbegriffe anfangs nicht unterscheiden, entwickeln sich die mathematischen Fähigkeiten bei Knaben ab dem 12. oder 13. Lebensjahr schneller als bei Mädchen. Die besseren mathematischen Fähigkeiten können in gewissem Umfang auf die Anzahl der von Knaben besuchten Mathematikkurse zurückgeführt werden. Knaben belegen derartige Kurse in den USA nämlich häufiger als Mädchen. Aber dieser Umstand kann die Unterschiede nur zum Teil erklären. Die vielleicht interessantesten Untersuchungen zu diesem Thema wurden von Benbow und Stanley durchgeführt. Im Jahre 1971 rief Julian Stanley die *Study of Mathematically Precocious Youth* (Studie mit mathematisch hochbegabten Jugendlichen) ins Leben. Über einen Zeitraum von 15 Jahren unterzog man Tausende zwölfjähriger Kinder einer Prüfung der mathematischen Begabung. Besonders interessierten sich die Wissenschaftler für die Kinder mit den besten Resultaten, da sie möglicherweise am wenigsten von externen Faktoren wie sozialem Druck beeinflußt waren. Ihre bemerkenswerteste Beobachtung war, daß die Unterschiede zwischen den Geschlechtern zunahmen, je besser die Leistungen waren. Das heißt, obwohl die durchschnittlichen Leistungen bei Jungen nur geringfügig höher

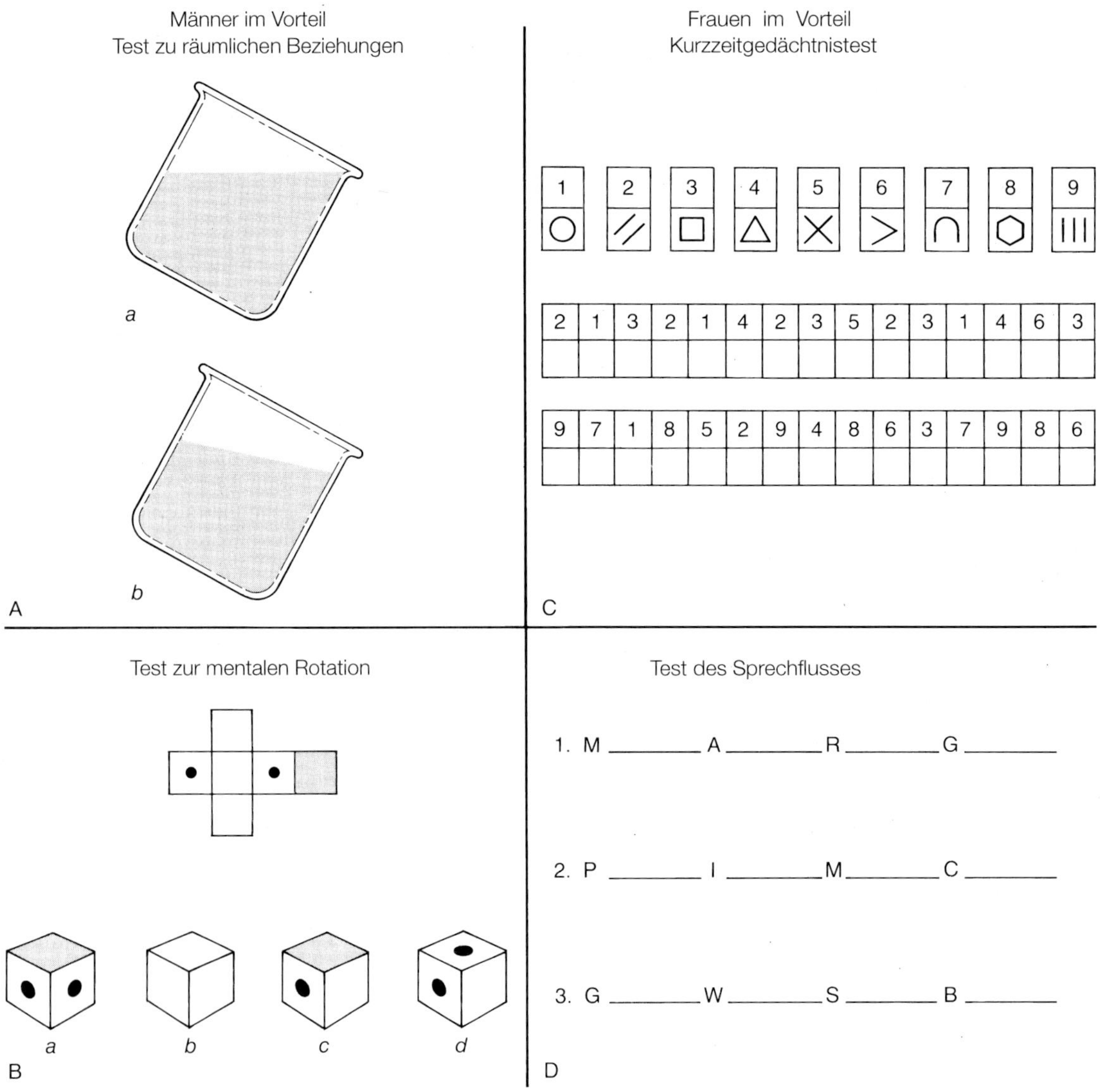

10.3 Beispiele für vier Aufgabentypen, die von den beiden Geschlechtern unterschiedlich gut gelöst werden. A. In die Zeichnung des geneigten Glases soll der Wasserspiegel eingezeichnet werden. Der Test erfaßt, ob die Person weiß, daß der Wasserspiegel immer horizontal verläuft. Das untere Bild (b) legt nahe, daß dies nicht bekannt ist – ein Fehler, der von etwa zwei Dritteln aller Frauen gemacht wird. B. Bei dieser Aufgabe muß die Versuchsperson aus den Würfeln denjenigen auswählen, der dem oben angegebenen Plan entspricht. Normalerweise lösen Männer diese Aufgabe schneller als Frauen. C. Bei diesem Test müssen die richtigen Symbole – entsprechend den oben angegebenen Beispielen – in die leeren Kästchen eingesetzt werden. Bei einem Zeitlimit von 90 Sekunden schaffen Frauen 10 % bis 20 % mehr Kästchen als Männer. D. In diesem Test werden die Versuchspersonen aufgefordert, den Freiraum zwischen den vorgegebenen Buchstaben zu füllen, so daß Wörter entstehen, die einen sinnvollen Satz ergeben. Frauen sind dabei schneller als Männer.

lagen als bei Mädchen, war bei den Besten ein deutlicher Unterschied festzustellen: In dieser Gruppe waren zwölfmal mehr Jungen als Mädchen vertreten. Darüber hinaus fand sich dieses Verhältnis weltweit in den verschiedensten Kulturen wieder, obwohl die absoluten Leistungen je nach Schulsystem variierten. Benbow und Stanley haben nach einer primär umgebungsbedingten Erklärung für ihre Ergebnisse gesucht, sie aber nicht gefunden. Vielmehr fanden sie heraus, daß mathematisch hochbegabte Kinder im Vergleich zu normal begabten Kindern mit doppelter Wahrscheinlichkeit Linkshänder sind oder Allergien haben, was auf einen physischen Unterschied schließen läßt. Überdies wiesen die Autoren darauf hin, daß erstgeborene Kinder vor der Geburt einer höheren Konzentration mütterlicher Hormone ausgesetzt sind, und die meisten der mathematisch hochbegabten Kinder waren erstgeborene. Benbow kam zu dem Schluß, es müsse auch noch ein biologischer Faktor existieren, der für die geschlechtsbezogenen Unterschiede verantwortlich ist; er betonte jedoch, daß Einflüsse aus der Umgebung womöglich mit den biologischen in Wechselwirkung treten würden. Benbows und Stanleys Studie hat also keine eindeutigen Ergebnisse erbracht, und die Diskussion um die Entdeckung, daß Jungen oder Männer bessere Mathematiker sind, hält noch immer an.

4. Männer sind physisch aggressiver als Frauen. Hier macht sich der Geschlechterunterschied bereits mit dem Beginn sozialer Spiele, also im Alter von etwa zwei bis drei Jahren bemerkbar – er bleibt bis zur Studienzeit erhalten. Untersuchungen an Primaten, in der Regel an Rhesusaffen, zeigen, daß die erhöhte Aggressionsbereitschaft bei männlichen Tieren vermutlich zum Teil auf die prä- und postnatale Ausschüttung von Androgenen zurückzuführen ist. Die Kastration junger männlicher Ratten oder Affen verringert die Aggressivität, die Behandlung junger Weibchen mit Testosteron erhöht sie.

Geschlechtsunterschiede bei einfachen Testleistungen haben weitreichende Implikationen für neuropsychologische Diagnosen, denn das Geschlecht wirkt sich ja auf das zu erwartende normale Leistungsniveau aus. Dies läßt sich an einem einfachen Beispiel verdeutlichen. Wir prüften Schulkinder mit Hilfe dreier neurologischer Tests und stellten bei zweien geschlechtsspezifische Unterschiede fest (Abbildung 10.4).

10.4 Die Leistung von weiblichen und männlichen Jugendlichen und Kindern bei drei neuropsychologischen Tests. A. Bei einem Test, in dem ein Fahrrad zu zeichnen ist, erzielen Männer höhere Werte als Frauen. B. Bei dem sogenannten Chicago Word-Fluency Test, einem Wortschatz- beziehungsweise Sprachflußtest, erbringen Frauen bessere Leistungen als Männer. C. Beim Abzeichnen der Rey-Figur und beim Zeichnen der Figur aus dem Gedächtnis gibt es zwischen Männern und Frauen keinen Unterschied. (Whishaw und Kolb, unveröffentlicht.)

Beim „Fahrradzeichnen" schnitten Knaben besser ab als Mädchen (ausgewertet wurden insbesondere bestimmte Details wie Lenker, Pedale und Speichen) beim Chicago Word-Fluency Test waren Mädchen besser als Knaben. (Dieser Test der Sprachgewandtheit verlangt von den Versuchspersonen, daß sie in fünf Minuten möglichst viele Wörter mit dem Anfangsbuchstaben S aufschreiben und in vier Minuten möglichst viele vierbuchstabige Wörter, die mit C anfangen.) In manchen Altersstufen fanden Mädchen über zehn Wörter mehr als Knaben. Beim Nachzeichnen und Erinnern der Rey-Figur (siehe Abbildung 13.7C) wurden keine Geschlechtsunterschiede bemerkt. Aus der Tatsache, daß bei diesen klinischen Tests signifikante geschlechtsspezifische Unterschiede zu verzeichnen sind, folgt, daß man für die klinische Untersuchung auch geschlechtsspezifische Normen aufstellen sollte. Bis heute wurden derartige Normen aber erst für sehr wenige klinische Tests entwickelt.

Die von MacCoby und Jacklin beschriebenen Geschlechtsunterschiede wurden oft als räumliche oder sprachliche Vorteile von Männern beziehungsweise von Frauen charakterisiert. Jüngere Untersuchungen haben jedoch ergeben, daß solch eine Dichotomie zu stark vereinfacht wäre. Es existieren zahlreiche Unterschiede, die nicht einfach als „verbal" oder „räumlich" etikettiert werden dürfen. Folgt man der Übersichtsarbeit von Harshman und seinen Mitarbeitern, so übertreffen Frauen Männer in der Wahrnehmungsgeschwindigkeit und im visuellen Gedächtnis (Abbildung 10.3C). Männer sind besser, wenn es um das Erkennen von Figuren vor einem komplexen Hintergrund geht, um Kartenlesen oder um Zielgerichtete Tätigkeiten wie den Weg weisen oder Bälle fangen. Daß Frauen bezüglich der Wahrnehmungsgeschwindigkeit und des visuellen Gedächtnisses Männern überlegen sind, läßt sich aus der allgemeinen Feststellung der sprachlichen Überlegenheit nicht vorhersagen. Zutreffend ist aber,

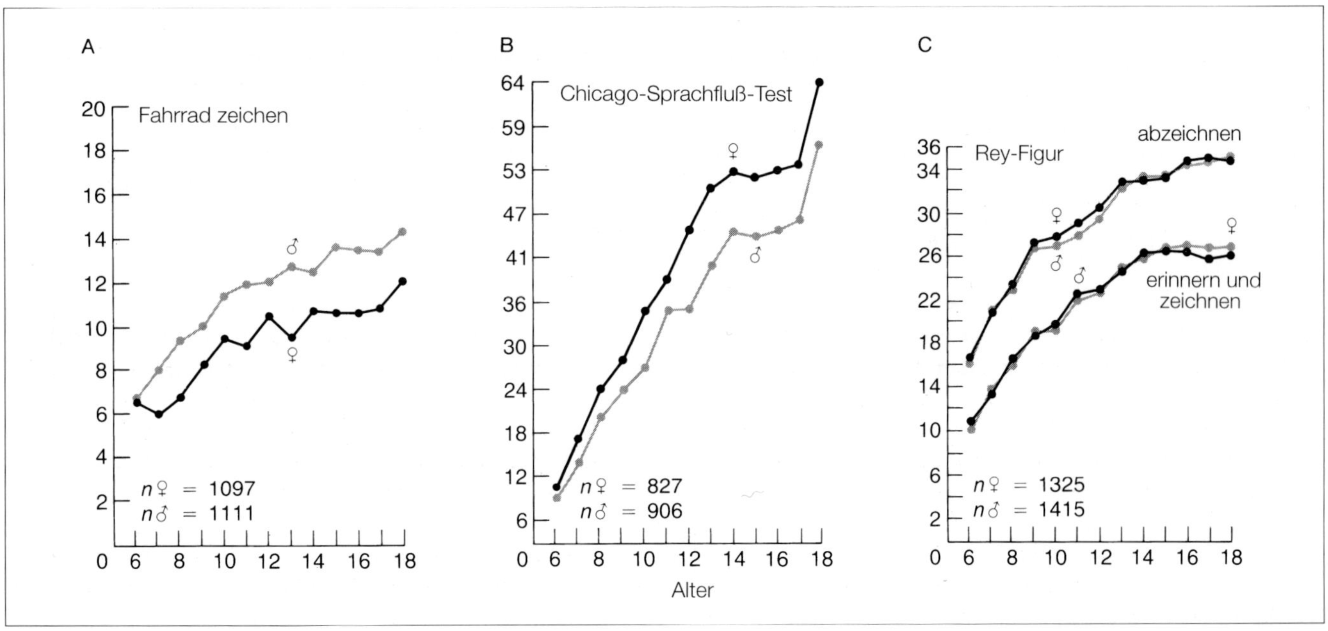

daß Männer bei Aufgaben des „räumlichen Typs" immer noch am besten abschneiden. Einige Wissenschaftler ließen sich immer wieder durch anektodische Beschreibungen beeindrucken, aus denen hervorgeht, daß Männer besser Schach spielen oder besser komponieren. In Rußland, wo Schachspielen ein Nationalsport ist, ist bisher noch keine Frau Großmeisterin geworden (außerdem spielen Frauen auf eigenen Turnieren). Was die Musik betrifft, so scheinen Frauen ebenso gut zu spielen wie Männer, aber wenige sind herausragende Komponistinnen. Es wurde angenommen, daß Männer deshalb überlegen sind, weil die Musik räumliche Fertigkeiten erfordert. Vielleicht spricht einiges dafür, daß Geschlechtsunterschiede beim Schachspielen und beim Komponieren auf räumliche Faktoren zurückzuführen sind. Man kann aber ebenso kulturelle Ursachen und Umweltbedingungen als Grund dafür ansehen, daß Frauen auf diesen Gebieten keine hervorragende Rolle spielen. Beispielsweise haben Männer während ihres ganzen Lebens mehr Bewegungsfreiheit und werden stärker angespornt, an sportlichen Wettkämpfen teilzunehmen. Diese Erfahrungen spiegeln sich möglicherweise in den visuell-räumlichen Tests.

Untersuchungen zur Lateralität Wenn die eben beschriebenen Unterschiede eher physiologischer als kultureller Natur sind, müßten in der Verteilung verbaler und räumlicher Funktionen auf die Hemisphären geschlechtsspezifische Differenzen auffallen. Angaben über solche Unterschiede der Lateralität sind aber inkonsistent. Bryden legt Wert auf die Feststellung, daß die Forschung durch Variabilität, methodische Differenzen und die Bevorzugung kleiner Versuchsgruppen gekennzeichnet ist, so daß es schwer ist, mit Sicherheit zu sagen, ob die beobachteten Unterschiede tatsächlichen Lateralitätsunterschieden in der Gesamtpopulation entsprechen. Dennoch folgert er, daß die Mehrzahl der verbal-dichotischen und verbal-tachistoskopischen Untersuchungen, die geschlechtsspezifische Effekte ergaben, auf ein größeres Maß an Lateralität bei Männern schließen lassen. Obwohl geschlechtsspezifische Unterschiede bei Tests der Gestaltwahrnehmung nicht so konsistent ausfallen, gibt es Hinweise, daß Männer sowohl bei der visuellen Wahrnehmung als auch im taktilen Bereich eine stärkere Lateralisierung entwickeln als Frauen. Es bleibt aber festzuhalten, daß Unterschiede etwa beim Ausmaß der Wahrnehmungsasymmetrien stark durch die Weise beeinflußt werden können, wie die Versuchspersonen Testaufgaben lösen. Frauen könnten zum Beispiel verbale Strategien verwenden, um räumliche Probleme zu lösen oder um räumliche Angaben zu codieren. Dies kann einen Lateralitätseffekt erzeugen, der allerdings nicht auf Unterschiede der cerebralen Lateralisation zurückzuführen ist, sondern auf unterschiedliche Strategien oder auf eine Bevorzugung bestimmter Problemlösungsstrategien. Wir stimmen mit Bryden überein, daß diese Erklärungsalternative genauso plausibel ist.

Cerebrale Durchblutung Die Varianz der cortikalen Durchblutung bei kognitiver Aktivität hängt offenbar sowohl mit dem Geschlecht als auch mit der Händigkeit einer Person zusammen. Im Jahre 1982 entdeckten Gur und seine Mitarbeiter, daß sowohl Frauen als auch linkshändige Personen eine höhere Durchblutungsrate und einen höheren Gewebeanteil mit raschem Blutaustausch aufweisen als rechtshändige Personen. Alle Gruppen zeigten beim Lösen sprachlicher Aufgaben eine Zunahme des cerebralen Blutflusses in der linken Hemisphäre, dagegen eine erhöhte Durchblutung der rechten Hemisphäre beim Lösen räumlicher Aufgaben. Bei Frauen und linkshändigen Personen lag aber im Vergleich zu rechtshändigen Männern eine jeweils steilere Kurve vor. Die Autoren werteten diese Daten als mögliches Indiz für geschlechtsspezifische Unterschiede der Verteilung von grauer und weißer Substanz in den Hemisphären. Diese Hypothese muß durch *post mortem*-Untersuchungen noch bestätigt werden. Gur und seine Mitarbeiter fanden jedoch keinen Hinweis auf einen einfachen geschlechtsspezifischen Unterschied bei verbalen und räumlichen Bearbeitungsstrategien.

Neurologische Patienten Lansdell hat zwar 1962 als erster über geschlechtsspezifische Unterschiede bei den Auswirkungen links- und rechtstemporaler Lobektomien berichtet. Weitere Unterschiede wurden jedoch erst durch Veröffentlichungen von McGlone in den späten siebziger und achtziger Jahren angeregt. Ihre Arbeiten veranlaßten andere, die Möglichkeit von zumindest zwei geschlechtsspezifischen Unterschieden bei neurologischen Patienten zu untersuchen.

1. Es besteht ein geschlechtsspezifischer Unterschied in der Wirkung von links- oder rechtshemisphärischen Schlaganfällen auf die Leistung beim Wechsler-Intelligenztest (*Wechsler Adult Intelligence Scale*, WAIS). Wie Inglis und Lawson durch verschiedene statistische Auswertungen der gewonnenen Daten zeigten, beeinträchtigen bei Männern Schädigungen in der linken und der rechten Hemisphäre die Leistungen im Verbal- und im Handlungsteil des Tests in gegensätzlicher Weise. Bei Frauen hingegen schmälern Läsionen in der linken Hemisphäre sowohl den Intelligenzquotienten im verbalen als auch den im Handlungsteil, Läsionen in der rechten Hemisphäre haben hier keine Auswirkungen (Abbildung 10.5). Inglis und Lawson fanden also bei beiden Geschlechtern einen vergleichbaren Effekt von linkshemisphärischen Läsionen auf den verbalen Intelligenzquotienten, aber Männer mit rechtshemisphärischen Läsionen waren stärker beeinträchtigt als Frauen. Dies läßt unter Umständen auf eine unterschiedliche Organisation der rechten Hemisphäre bei Frauen und Männern schließen. Allerdings ist dies nicht sehr wahrscheinlich, da es keine Hinweise gibt auf geschlechtsspezifische Unterschiede bei verschiedenen Symptomen, die gewöhnlich mit einer Schädigung der rechten Hemisphäre in Verbindung gebracht werden. Andererseits besteht auch die Möglichkeit, daß Frauen eher als Männer verbale Strategien (das heißt einen verbalen kognitiven Modus) anwenden, um die Aufgaben des Handlungsteils zu lösen.
2. Die Arbeiten von Kimura haben gezeigt, daß die Anordnung der cortikalen Organisation *innerhalb* der Hemi-

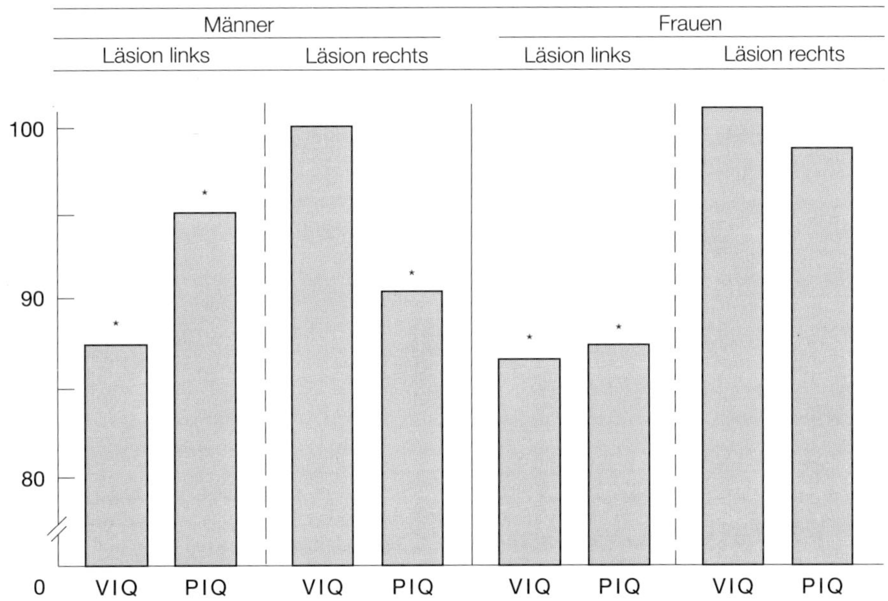

10.5 Überblick über die von Inglis und Lawson ausgewerteten Untersuchungen, die den Sprach- und den Handlungsteil von Intelligenztests bei neurologischen Patienten angeben. Dabei entdeckte man deutliche Geschlechtsunterschiede, wobei Männer mit linkshemisphärischen Läsionen geringere Leistungen im Verbalteil von Intelligenztests (VIQ) aufwiesen, wogegen Männer mit rechtshemisphärischen Läsionen beim Handlungsteil (PIQ) Einbußen zeigten. Im Gegensatz dazu hatten Frauen mit linkshemisphärischen Läsionen sowohl Einbußen beim Handlungs- als auch beim Verbalteil des Intelligenzquotienten. Frauen mit rechtshemisphärischen Läsionen zeigten jedoch keinerlei Leistungsabnahmen. Die Sternchen bezeichnen Werte, die vom Ausgangswert 100 signifikant abweichen.

sphären bei beiden Geschlechtern verschieden sein kann. Obgleich Männer und Frauen nach linksseitigen Läsionen mit etwa gleicher Wahrscheinlichkeit aphasisch sind, werden Männer nach einer Verletzung im anterioren oder im posterioren Cortex oft sowohl aphasisch als auch apraktisch, wogegen Frauen derartige Störungen viel eher nach anterioren Läsionen als nach posterioren Läsionen aufweisen (Abbildung 10.6). Kimura berichtete von analogen geschlechtsspezifischen Unterschieden nach rechtshemisphärischen Läsionen bei einer kleinen Patientengruppe. Bei Frauen führen anteriore, nicht aber posteriore rechtshemisphärische Läsionen zu Ausfällen im Handlungsteil des WAIS. Männer hingegen sind sowohl bei anterioren als auch bei posterioren Läsionen in ihren entsprechenden Leistungen beeinträchtigt. Wir haben bei unseren Untersuchungen an Ratten mit präfrontalen Läsionen ähnliche Ergebnisse gefunden: Männliche Ratten mit solchen Läsionen haben weit weniger Schwierigkeiten bei verschiedenen Tests zur räumlichen Orientierung als weibliche Tiere mit gleichen Läsionen. Dies könnte auf einen grundsätzlichen geschlechtsspezifischen Unterschied der cerebralen Organisation bei Säugern hindeuten. Tatsächlich konnten wir in einer anatomischen Studie einen deutlichen Unterschied in der dendritischen Organisation von Neuronen im präfrontalen Cortex männlicher und weiblicher Ratten zeigen. Dieser Unterschied ließ sich durch Behandlungen, die den Testosteronspiegel während der Embryonalentwicklung entweder erhöhten oder erniedrigten, beeinflussen.

In jüngerer Zeit haben Strauss und ihre Mitarbeiter von einem überraschenden Ergebnis berichtet. Sie behandelten 94 Epilepsie-Patienten, die im Kindesalter eine Gehirnschädigung erlitten hatten sich nun freiwillig für eine Operation mit Natriumamobarbital zur Verfügung stellten. Wie man weiß, führt eine Läsion der linken Hemisphäre bei Kindern zu einer Verschiebung der Sprachfunktionen in die rechte Hemisphäre. Die Forscher nahmen daher an, daß dies auch bei ihren Patienten mit linkshemisphärischer Läsion geschehen war. Überraschenderweise stellte sich jedoch heraus, daß es bei der Wahrscheinlichkeit einer cerebralen Neuorganisation infolge linkshemisphärischer Schädigung nach mehr als einem Lebensjahr einen geschlechtsspezifischen Unterschied gibt: Bei Frauen ist eine Neuorganisation eher unwahrscheinlich, bei Männern dagegen findet eine Verschiebung der Sprachfunktionen statt, und zwar sogar teilweise bei Schädigungen, die erst im Pubertätsalter erlitten wurden. Das männliche Gehirn weist also möglicherweise eine höhere Plastizität nach einer Schädigung auf als das weibliche. Falls dies tatsächlich zutrifft, hat diese Beobachtung wichtige Implikationen.

Die Daten deuten insgesamt darauf hin, daß es bei neurologischen Patienten nach unilateralen Gehirnläsionen je nach Geschlecht zu unterschiedlichen Ausfällen kommt. Wie sich die Geschlechter in der cerebralen Organisation unterscheiden, ist derzeit unbekannt. McGlones Schlußfolgerung, daß das weibliche Gehirn funktional symmetrischer aufgebaut ist als das männliche, scheint zu einfach und wird den Daten nicht gerecht. Kimuras Daten lassen vermuten, daß intrahe-

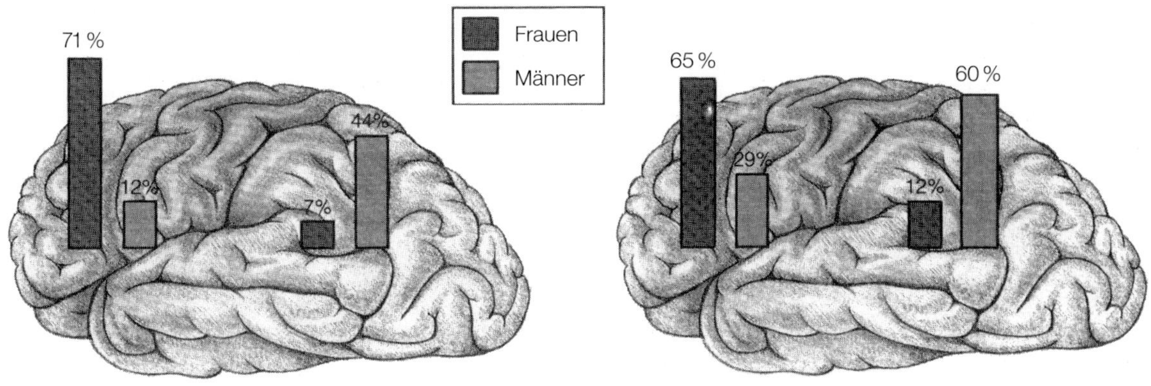

A Häufigkeit der Apraxie

B Häufigkeit der Aphasie

10.6 A. Eine Apraxie, das heißt Schwierigkeiten bei der Selektion von Handbewegungen, ist bei Frauen mit einer Schädigung in frontalen Regionen der linken Hemisphäre assoziiert und bei Männern mit Schädigungen im hinteren Bereich. Auch geht sie oft mit Schwierigkeiten bei der Sprachorganisation einher. B. Aphasien oder Sprachstörungen treten bei Frauen am häufigsten auf, wenn die Läsion im vorderen Bereich des Gehirns liegt. Bei Männern hingegen sind sie eher bei Läsionen in posterioren Regionen zu beobachten. Die hier dargestellten Daten stammen von einer Patientengruppe. (Nach Kimura 1992.)

misphärische Unterschiede der cortikalen Organisation existieren. Die Ergebnisse bedürfen aber einer gründlichen Verifizierung. Darüber hinaus sollten vorhandene PET-Daten noch dahingehend ausgewertet werden, ob es bei bestimmten Aufgaben bei Frauen und Männern zu unterschiedlichen Aktivierungsmustern kommt. Schließlich darf man nicht übersehen, daß offensichtliche geschlechtsspezifische Unterschiede, insbesondere im Rechts-links-Bereich auch verschiedene Problemlösungsstrategien widerspiegeln können, also keine neurologischen Unterschiede zum Ausdruck bringen müssen.

Erklärung geschlechtsspezifischer Unterschiede

Für geschlechtsspezifische Unterschiede werden häufig die folgenden sechs Erklärungen vorgeschlagen: 1) Die Gehirnorganisation ist unterschiedlich. 2) Die hormonalen Einwirkungen auf die Hirnfunktionen sind unterschiedlich. 3) Genetische, geschlechtsgebundene Unterschiede liegen vor. 4) Die Reifung verläuft unterschiedlich schnell. 5) Verschiedenartige Einflüsse durch die Umgebung sind festzustellen. 6) Es werden verschiedene kognitive Strategien verwendet.

Unterschiedliche Gehirnorganisation In den vorhergehenden Abschnitten wurde bereits auf geschlechtsspezifische Unterschiede der cerebralen Organisation eingegangen, die sich aus Untersuchungen an neurologischen Patienten, aus anatomischen Studien und aus Lateralitätsuntersuchungen ergeben haben. Aufgrund der vorliegenden Daten ist es möglich, daß Läsionen das männliche und das weibliche Gehirn unterschiedlich beeinflussen. Daß dies aber auf Unterschiede in der Gehirnorganisation zurückzuführen ist, ist bislang noch nicht bewiesen worden.

Hormonale Einflüsse Es ist bekannt, daß sich bei der neuronalen Kontrolle vieler reproduktiver und nichtreproduktiver Verhaltensmuster geschlechtsspezifische Unterschiede bemerkbar machen. Bei Vögeln und Säugern beeinflußt das Vorhandensein von Testosteron in kritischen Phasen der Entwicklung sowohl die Anatomie des Hypothalamus als die der Vorderhirnstrukturen. Man nimmt an, daß die beobachteten morphologischen Unterschiede für den Verhaltensdimorphismus verantwortlich sind. Der Einfluß der Gonadenhormone auf das Gehirn und das Verhalten wird oft als *induktiver* oder *organisierender Vorgang* charakterisiert. Im Gehirn, so glaubt man, führt dieser organisierende Effekt zu einer *sexuellen Differenzierung*. Die Einflußnahme der Geschlechtshormone (insbesondere der Androgene) während der Entwicklung zeitigt permanente Wirkung. Die Mechanismen dieser Einflußnahme sind aber im einzelnen nicht bekannt. Die Androgene (typische männliche Hormone) scheinen im Gehirn in Östrogene (weibliche Hormone) umgewandelt zu werden; ferner scheint eine Bindung von Östrogen an Rezeptoren eine Maskulinisierung des Gehirns zu bewirken. Östrogenrezeptoren wurden im sich entwickelnden Cortex von Nagetieren und Primaten gefunden, nicht aber im jeweils adulten Gehirn. Dies legt den Schluß nahe, daß diese Hormone nur während der Entwicklung einen organisierenden Einfluß auf das Gehirn der Säugetiere ausüben. Es darf aber nicht ausgeschlossen werden, daß sie auch im späteren Leben neuronale Funktionen beeinflussen. Obwohl man annimmt, daß die Hormone ihre wichtigsten organisatorischen Wirkungen bereits während der Entwicklung entfalten, gibt es Gründe zu vermuten, daß es auch im Erwachsenenalter noch längerfristige signifikante Hormonwirkungen gibt. Erstens haben Hampson und Kimura gezeigt, daß die Leistung von Frauen bei bestimmten Aufgaben im Verlauf des Menstruationszyklus variiert, also wenn sich der Östrogenspiegel verändert. Hohe Östrogenspiegel waren mit relativ schwachen Leistungen bei

Tests zur räumlichen Vorstellung assoziiert, sowie mit verbesserten sprachlichen und motorischen Fähigkeiten. Die Schwankungen der Östrogenkonzentration können direkt oder indirekt wirken. Wie man weiß, wird der Catecholaminspiegel (zum Beispiel Adrenalin und Dopamin) durch Östrogen beeinflußt, und dementsprechend variiert er während des Östruszyklus der Ratte. Bedenkt man die große Bedeutung der Catecholamine bei der Bewegung und anderen Verhaltensweisen, so wird offensichtlich, daß Östrogen einen Einfluß auf das Verhalten ausüben kann, und zwar insbesondere durch die Aktivierung von Dopaminrezeptoren. Es gibt Dopaminrezeptoren im präfrontalen Cortex und in mediotemporalen Regionen, so daß Östrogen die Verarbeitungsprozesse in diesen Gehirnregionen beeinflussen könnte.

Östrogen übt auch einige direkte Wirkungen auf die Struktur von Neuronen aus. Wooley und ihre Mitarbeiter haben gezeigt, daß sich bei weiblichen Ratten während des Östruszyklus die Anzahl der dendritischen Dornen auf Hippocampusneuronen drastisch verändert (Abbildung 10.7). Das bedeutet, daß die Zahl der Synapsen im Hippocampus der Rattenweibchen in einem Zyklus von nur *vier Tagen* ansteigt und wieder abfällt! Es gibt kaum Grund anzunehmen, daß solche Veränderungen nicht auch im menschlichen Gehirn stattfinden. Ebenfalls in diesen Zusammenhang passen die Ergebnisse von Stewart und Kolb. Sie haben herausgefunden, daß es bei weiblichen Ratten, denen man im mittleren Lebensalter die Ovarien entfernt hatte, zu einer drastischen Zunahme an Dendriten und Dendritendornen im Cortex kommt. Wenn diese

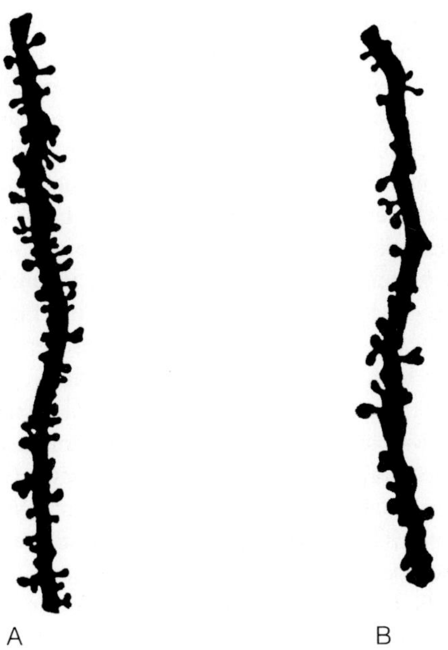

10.7 Mit einem Zeichengerät (Camera lucida) angefertigte Zeichnungen von Dendriten hippocampaler Pyramidenzellen in einer Phase hoher (A) und geringer (B) Östrogenkonzentration während des Östruszyklus einer Ratte. Man beachte, daß der Dendrit bei geringer Östrogenkonzentration deutlich weniger Dornen trägt. (Nach Wooley et al. 1990.)

Autoren auch nicht versuchten, ihre Ergebnisse mit zyklischen Schwankungen des Östrogenspiegels zu korrelieren, so stehen diese doch mit der allgemeinen Auffassung im Einklang, daß Östrogen eine direkte Wirkung auf cerebrale Neuronen im adulten Tier ausübt.

Es gibt auch Gründe anzunehmen, daß Testosteron die Kognition bei Erwachsenen beeinflußt. Anfang des 20. Jahrhunderts glaubte man, Testosteron könne den Alterungsprozeß verzögern, aber es existieren kaum Hinweise darauf, daß die Hunderte von Männern, denen man Hodengewebe implantierte, von dieser Behandlung in irgendeiner Weise profitierten. (Hamilton hat darüber ein interessantes Buch geschrieben.) Dennoch legen neuere Ergebnisse den Schluß nahe, daß eine Testosteronbehandlung die räumlich-kognitiven Fähigkeiten bei älteren Männern verbessern kann. Janowski und ihre Mitarbeiter verabreichten älteren Männern Testosteron (oder ein Plazebo) über Scrotalpflaster und beobachteten eine signifikante Leistungssteigerung bei räumlichen Aufgaben, nicht aber bei verbalen oder anderen kognitiven Tests. Die Blutwerte zeigten interessanterweise eine Abnahme der Östradiolkonzentration und einen erhöhten Testosteronspiegel. Die geringen Östradiolkonzentrationen korrelierten mit den verbesserten räumlichen Fähigkeiten. Dies war aufgrund von Hamptons Ergebnissen über die monatlichen Schwankungen bei Frauen zu erwarten. Mit anderen Worten: Es könnte sein, daß weniger das Testosteron selbst die positiven Effekte vermittelt, als vielmehr die Reduktion der Östrogenkonzentration.

Alles in allem steht außer Frage, daß Gonadenhormone signifikante Einflüsse auf die Entwicklung und Funktion des Gehirns ausüben. Obwohl es wenige direkte Hinweise dazu gibt, wie diese Effekte möglicherweise mit den geschlechtsspezifischen Unterschieden bei kognitiven Funktionen in Beziehung stehen, gibt es guten Grund zu der Annahme, daß zumindest einige dieser Unterschiede mit den Geschlechtshormonen zusammenhängen. Die vielleicht interessanteste Hypothese besagt, daß Gonadenhormone das weibliche oder männliche Gehirn dahingehend beeinflussen, daß es schwächer oder stärker auf bestimmte Umwelteinflüsse reagiert.

Möglich ist zum Beispiel, daß sie die Empfindlichkeit corticaler Neuronen für Einflüsse von Umgebungsreizen beeinflussen. Wie Juraska gefunden hat, modifiziert eine perinatale Verabreichung von Hormonen die Fähigkeit von Neuronen, später infolge von Umweltreizen die Größe ihres Dendritenbaums zu verändern. Außerdem konnte sie zeigen, daß die von externen Faktoren induzierten Veränderungen in Hippocampus und Neocortex unterschiedlich stark durch Gonadenhormone beeinflußt werden. Beispielsweise ist der weibliche Hippocampus in neuer Umgebung weitaus plastischer als der männliche, und diese Plastizität ist östrogenabhängig. Diese Art der hormonvermittelten selektiven Wirkung von Erfahrung auf das Gehirn ist von großer Bedeutung, da sie eine Erklärungsmöglichkeit dafür bietet, wie Erfahrungsfaktoren (einschließlich sozialer Faktoren) das männliche und weibliche Gehirn in verschiedener Weise beeinflussen können, was zu geschlechtsspezifischen Unterschieden in Gehirn und Verhalten führt.

Die Tatsache, daß Geschlechtshormone für die Gehirnfunktion bei Erwachsenen wichtig sind, eröffnet eine interessante Möglichkeit: Die kognitiven Funktionen der beiden Geschlechter divergieren möglicherweise in der Pubertät und beginnen nach der Menopause wieder zu konvergieren. Uns ist keine Studie zur direkten Überprüfung dieser Hypothese bekannt.

Geschlechtsgebundene genetische Unterschiede Zahlreiche Wissenschaftler gehen davon aus, daß der wesentliche Faktor für unterschiedliche räumliche Fertigkeiten bei Männern und Frauen genetisch bedingt ist. Ihrer Überzeugung nach ist ein rezessives Gen auf dem X-Chromosom dafür verantwortlich. Jeder gesunde Mensch hat 46 Chromosomen, die in 23 Paaren angeordnet sind. Jeweils ein Chromosom eines Paares stammt vom Vater, das andere von der Mutter. Das 23. Paar bilden die Geschlechtschromosomen. Handelt es sich um zwei X-Chromosomen, so ist das Kind ein Mädchen (XX). Besteht das Geschlechtschromosomenpaar aus einem X- und einem Y-Chromosom, ist das Kind ein Knabe (XY). Falls ein Gen auf dem X-Chromosom für eine bestimmte Anlage rezessiv ist, dann wird diese Anlage bei einem Mädchen nur dann zum Ausdruck kommen, wenn das entsprechende Gen auf beiden X-Chromosomen vorkommt. Wenn das Kind ein Knabe wird, braucht sich das rezessive Gen aber nur auf einem Chromosom zu befinden, um wirksam zu sein. Wenn also die Mutter das rezessive Gen auf beiden X-Chromosomen trägt, so werden alle Söhne dieses Merkmal aufweisen, ihre Töchter aber nur dann, wenn auch der Vater das rezessive Gen auf seinem X-Chromosom hat. Diese Hypothese hat großes Interesse hervorgerufen und viele weitere Forschungen ausgelöst, eine sorgfältige Übersicht vom Boles kommt jedoch zu dem Schluß, daß eine genetische Komponente der räumlichen Fähigkeiten noch zu beweisen ist.

Reifungsgeschwindigkeit Ontogenetische Untersuchungen zeigen, daß zwischen Männern und Frauen ein grundlegender Unterschied in der Reifung des Gehirns besteht, der möglicherweise einige der in der Adoleszenz beobachteten Geschlechtsunterschiede, erklärt. Seit langem ist bekannt, daß Mädchen im allgemeinen früher zu sprechen beginnen als Knaben und daß sie in ihrer Kindheit ein größeres Vokabular entwickeln und komplexere sprachliche Konstruktionen verwenden, als Knaben dies tun. Die Sprache von Mädchen ist häufig artikulierter als die der Jungen, zudem lesen Mädchen im allgemeinen besser. Obgleich ontogenetische Untersuchungen über Lateralität bei Kindern einander widersprechende Resultate erbrachten, zeigen dichotische und tachistoskopische Untersuchungen häufig, daß es bei Mädchen früher zur Entwicklung der Asymmetrie kommt als bei Knaben. Da allgemein bekannt ist, daß Frauen ihre körperliche Reife in der Regel eher erlangen als Männer, ist es sinnvoll anzunehmen, daß auch das Gehirn von Männern langsamer reift als das von Frauen. Darüber hinaus hält man die Reifungsgeschwindigkeit für eine kritische Determinante der Gehirnasymmetrie. Das heißt, je langsamer ein Kind reift, desto ausgeprägter ist die cerebrale Asymmetrie. Eine Untersuchung von Waber liefert Indizien zugunsten dieser Hypothese. Waber berichtet, daß früh gereifte Erwachsene – unabhängig vom Geschlecht – bei sprachlichen Tests besser abschneiden als bei räumlichen Tests, wogegen die Ergebnisse von „Spätentwicklern“ genau umgekehrt waren. Diese Untersuchung besagt also, daß die Reifungsgeschwindigkeit die Organisation cortikaler Funktionen beeinflussen könnte. Da Frauen im Durchschnitt schneller reifen als Männer, könnten die besseren räumlichen Fertigkeiten der Männer in direkter Beziehung zu ihrer relativ langsamen Entwicklung stehen.

Umwelt Die vermutlich bedeutendste psychologische Lehre von den geschlechtsspezifischen Unterschieden besagt, daß unterschiedliche Umwelteinflüsse das Verhalten von Männern und Frauen determinieren. In bezug auf räumliche Fertigkeiten wird etwa angenommen, daß man von Knaben eine größere Unabhängigkeit erwartet als von Mädchen und daß erstere deshalb ihre Umwelt viel intensiver erkunden und manipulieren – das sind Aktivitäten, die räumliche Fertigkeiten fördern. Harris hat unlängst in einer Übersichtsarbeit alle Forschungsergebnisse zusammengefaßt, die für eine solche Ansicht sprechen. Er mußte erkennen, daß nur ein geringer Teil der Untersuchungsergebnisse eine solche Ansicht stützen. Ein Beispiel dafür ist die Untersuchung von Thomas und Mitarbeitern über die Einschätzung des Wasserspiegels von Flüssigkeiten (Abbildung 10.3A). Mädchen, die diese Aufgabe falsch gelöst hatten, bekamen wiederholt eine Flasche gezeigt, die zur Hälfte mit rot gefärbtem Wasser gefüllt war und die in verschiedene Winkel gedreht wurde. Immer wieder wurden sie aufgefordert, die „vermutete Wasserlinie“ anzugeben, indem sie in einer zweiten Flasche eine rot-weiße Scheibe entsprechend drehen sollten. Auch dann, wenn die Versuchspersonen nur die Scheibe nach der sichtbaren, realen Wasserfläche ausrichten sollten, ließ sich bei Versuchsteilnehmerinnen keine nennenswerte Verbesserung beobachten. Die Versuchsteilnehmerinnen behaupteten vielmehr, daß der Wasserspiegel horizontal verlaufe, wenn die Flasche senkrecht steht, aber geneigt sei, wenn die Flasche schräg steht. Männliche und weibliche Versuchsteilnehmer, welche die Aufgabe richtig lösten, sagten, daß der Wasserspiegel stets horizontal verlaufe. *A priori* müßte man vermuten, daß Versuchsteilnehmerinnen im Umgang mit geneigten Gefäßen genau so viel Erfahrung sammeln wie männliche Versuchsteilnehmer und daß selbst dann, wenn eine solche Erfahrung fehlt, eine spezielle Instruktion hilfreich ist. Dies ist aber nicht der Fall. Obwohl also Umwelttheorien in ihrer Logik verlockend sind, gibt es keine Hinweise dafür, daß die beobachteten Geschlechterunterschiede bei verbalen und räumlichen Verhaltensweisen allein auf die Umwelt oder auf soziale Faktoren zurückgeführt werden können.

Bevorzugte kognitive Strategien Es wurde inzwischen mehrfach darauf hingewiesen, daß die unterschiedlichen Strategien, die Männer und Frauen zur Lösung bestimmter Aufgaben verwenden, zumindest zum Teil für die beobachteten geschlechtsspezifischen Unterschiede verantwortlich sein könnten. Möglicherweise prädestinieren sowohl genetische Faktoren wie auch Umweltbedingungen und bestimmte Aspekte der Reifung Männer und Frauen für die Wahl bestimmter kognitiver Verfahren. Anders gesagt: Frauen entwickeln sich eher so, daß sie Probleme primär sprachlich lösen. Da dieser Lösungsweg bei räumlichen Problemen weniger effizient ist, weisen Frauen hier offenkundig ein Defizit auf. Unter Zugrundelegung der gleichen Logik sollten Frauen entsprechend bei sprachlichen Aufgaben besser abschneiden als Männer. Beides bedarf jedoch zusätzlicher Untersuchungen.

Zusammenfassung

Es gibt Indizien für mindestens vier signifikante kognitive Unterschiede zwischen beiden Geschlechtern: sprachliche Unterschiede, visuell-räumliche Unterschiede, Differenzen in rechnerischen Fähigkeiten und schließlich Unterschiede in der Aggressionsbereitschaft. Obgleich die Ursachen dieser geschlechtsspezifischen Unterschiede unbekannt sind, steht zu vermuten, daß sie teilweise biologisch bedingt sind. Harshman und seine Mitarbeiter schlossen unlängst eine anspruchsvolle Untersuchung über den Zusammenhang zwischen Geschlecht und Händigkeit einerseits und kognitiven Fähigkeiten andererseits ab. Sie stellten eine signifikante Wechselwirkung zwischen Geschlecht und Händigkeit fest, das heißt, geschlechtsspezifische Unterschiede der sprachlichen und visuell-räumlichen Verhaltensweisen variieren in Abhängigkeit von der Händigkeit. (Man erinnere sich an die Studie von Witelson, die ebenfalls eine Abhängigkeit der Größe des Corpus callosum von Geschlecht und Händigkeit ergab.) Es ist kaum vorstellbar, daß soziale und Umweltfaktoren allein für dieses Ergebnis verantwortlich sind. Deshalb ist es plausibel, geschlechtsspezifische Unterschiede zumindest teilweise auf neurologische, durch die jeweilige Umwelt modulierte Faktoren zurückzuführen.

Der Einfluß der Umwelt auf die Asymmetrie

Aus Laboruntersuchungen ist bekannt, daß die Umwelt das Gehirnwachstum von Tieren merklich beeinflußt. Deshalb kann man vermuten, daß unterschiedliche Umwelteinflüsse auch das menschliche Gehirn differentiell beeinflussen und zu unterschiedlichen Mustern cerebraler Asymmetrie führen. Möglicherweise sind dabei zwei Umweltfaktoren relevant: die Kultur und die Bildung.

Der Einfluß der Kultur auf die Asymmetrie des Gehirns

Die meisten Untersuchungen über unterschiedliche kulturelle Einflüsse beziehen sich auf die Sprache. Man hat angenommen, daß nichteuropäische Sprachen wie Japanisch oder Chinesisch eher die rechte Hemisphäre mit beanspruchen, da in ihnen die **Prosodie** (ausgeprägte Sprachmelodik) eine wichtige Rolle spielt. Man ist ferner davon ausgegangen, daß zwei- oder mehrsprachige Personen eine andere Sprachorganisation aufweisen als einsprachige. Lateralitätsuntersuchungen haben außerdem die Vorstellung gestützt, daß asiatische Sprachen und die Idiome der amerikanischen Ureinwohner mit größerer Wahrscheinlichkeit bilateral repräsentiert sind. Es wurde aber bereits hervorgehoben, daß Lateralitätsuntersuchungen durch Faktoren wie Strategiewahl oder Aufgabenerfordernisse beeinflußt werden können und daß man deshalb vorsichtig sein muß, wenn man daraus kulturell bedingte Unterschiede der Gehirnorganisation ableitet (siehe Uyehara, Cooper und Obler et al.).

Untersuchungen an neurologischen Patienten haben keine Hinweise auf kulturelle oder sprachbedingte Unterschiede der cerebralen Organisation gegeben. Ein gutes Beispiel dafür ist die Arbeit von Rapport und seinen Mitarbeitern. Sie untersuchten die Sprachfunktionen von sieben Personen, die sowohl Englisch als auch Chinesisch sprachen, aber Malayisch oder Kantonesisch als Muttersprache erlernt hatten. Zu ihrem Methodenrepertoire gehörten der Natriumamobarbitaltest, cortikale Stimulationen und klinische Untersuchungen. Sie fanden heraus, daß alle Patienten eine Linksdominanz sowohl für Chinesisch als auch für Englisch besaßen. Die rechte Hemisphäre leistete zum Sprachvermögen der Personen keinen stabilen größeren Beitrag. Obgleich bei bilingualen Personen vermutlich alle Sprachkenntnisse in der linken Hemisphäre lokalisiert sind, ist damit die Möglichkeit nicht ausgeschlossen, daß die Sprachzonen der linken Hemisphäre ausgedehnter sind und daß ihre Mikroorganisation anders aussieht. In diesem Zusammenhang ist zu bedenken, daß Erfahrungen zum Beispiel die somatosensorische Organisation des Cortex modifizieren können. Somit sind analoge Effekte von Erfahrungen auf die Sprachzonen nicht auszuschließen. Sprache und Umgebung wirken sich gleichwohl vermutlich eher auf die Entwicklung kognitiver Problemlösungsstrategien aus, die in der Tat kulturell bedingt sind und nicht unmittelbar auf der cerebrale Asymmetrie *per se* beruhen.

Die japanische Sprache eröffnet eine ungewöhnliche Gelegenheit zur Untersuchung der Gehirnorganisation, denn sie unterscheidet sich von europäischen Sprachen darin, daß sie zwei Arten von Schriftzeichen umfaßt: Phonogramme (Kana) und Ideogramme (Kanji). Die Phonogramme entsprechen gewissermaßen unseren Buchstaben, denn jedes Phonogramm steht für einen gesprochen Klang. Ein Ideogramm hingegen repräsentiert eine Bedeutungseinheit, die etwa einem oder mehreren Wörtern gleichkommt. Es wurde vorgeschlagen, daß das Gehirn diese beiden Schriftzeichentypen beim Lesen in unterschiedlicher Weise verarbeitet, ja sogar, daß die rechte Hemisphäre Kanji verarbeitet und die linke Kana. Es gibt für beide Hypothesen kaum Belege. Beispielsweise haben Sugishita und seine Kollegen bei einer großen Gruppe von Patienten keine eindeutige Beziehung zwischen Defiziten beim Lesen der ein oder anderen Schriftform und dem Ort der Läsion in der linken Hemisphäre gefunden. Vielmehr waren die Lesefähigkeiten der meisten ihrer Patienten bei beiden Schriften etwa gleich eingeschränkt.

Bildung, Hörvermögen und Asymmetrie

Sowohl die Bildung wie auch die angeborene Gehörlosigkeit sind als mögliche Faktoren für eine veränderte Hemisphärenspezialisierung angesehen worden. Die wenigen Indizien für eine Veränderung der cerebralen Organisation durch die Schulbildung sind allerdings nicht schlüssig interpretierbar. Sie basieren größtenteils auf Lateralitätsuntersuchungen die schwer zu interpretieren sind. Auch scheinen sich analphabetische Aphasiker nicht von aphasischen Patienten, die lesen und schreiben können, zu unterscheiden. Einige Indizien sprechen aber dafür, daß angeborene Gehörlosigkeit die cerebrale Informationsverarbeitung modifiziert. Obgleich eine linkshemisphärische Schädigung bei Menschen, die sich in der amerikanischen Zeichensprache (Ameslan, für *American Sign Language*) verständigen, eine Aphasie hervorruft – womöglich wegen der motorischen Beeinträchtigung –, gibt es Hinweise darauf, daß bei Menschen mit angeborener Gehörlosigkeit abnorme Muster der cerebralen Organisation vorliegen. Erstens haben verschiedene Labors unabhängig voneinander berichtet, daß von Geburt an taube Menschen nicht die normalerweise zu beobachtende Überlegenheit der rechten Gesichtsfeldhälfte bei Aufgaben zur Sprachverarbeitung zeigen. Dies konnte als Hinweis darauf interpretiert werden, daß bei fehlender Erfahrung mit gesprochener Sprache die Lateralisierung eines oder mehrerer Aspekte nichtauditorischer Sprachfunktionen verschwindet beziehungsweise verschwinden. Die Ergebnisse könnten aber auch strategische Unterschiede widerspiegeln, die auf verschiedenen auditorischen Erfahrungen beruhen.

Zweitens berichtete Neville, daß durch das Betrachten von Strichzeichnungen hervorgerufene, also visuelle evozierte Potentiale bei Kindern mit normalem Hörvermögen in der rechten Hemisphäre signifikant größer sind, und bei tauben Kindern, die sich mit Zeichensprache verständigen, in der linken Hemisphäre. Interessanterweise war bei Kindern, welche die Zeichensprache nicht beherrschen und sich pantomimisch verständigen, keinerlei Asymmetrie zu beobachten. Aus diesen Ergebnissen schloß Neville, daß die tauben, sich mit Zeichensprache verständigenden Kinder ihre Sprache etwa auf die gleiche Weise erwerben, wie gesunde Kinder die Verbalsprache, nämlich mit ihrer linken Hemisphäre. Da die Zeichensprache jedoch visuell-räumliche Komponenten umfaßt, könnten sich bestimmte visuell-räumliche Funktionen in der linken Hemisphäre entwickelt haben, die den unerwarteten linkshemisphärischen Effekt auftreten lassen. Das Fehlen einer Asymmetrie bei Kindern, die keiner Zeichensprache mächtig sind, könnte bedeuten, daß der Mangel an Spracherfahrung auf irgendeine Weise bestimmte Aspekte der cerebralen Asymmetrie verschwinden läßt, oder daß die Ausbildung einer Asymmetrie der Spracherfahrung bedarf. Wenn die sich pantomimisch verständigenden Kinder vor ihrer Pubertät die Zeichensprache erlernen, kann sich bei ihnen eine Asymmetrie evozierter Potentiale entwickeln, die der bei Kindern, die diese Sprache bereits beherrschen, ähnlich ist.

Obwohl angeborene Gehörlosigkeit bestimmte Aspekte der cerebralen Organisation verändern kann, hat Kimura in einer Übersichtsarbeit über elf Fälle von gestörter Zeichensprache nach einer Gehirnschädigung gefunden, daß die Ähnlichkeit in der Asymmetrie von tauben und sprechenden Personen bemerkenswert ist. Sie beobachtete, daß von neun rechtshändigen „Zeichensprachlern" mit linkshemisphärischen Läsionen *alle* eine Störung der Zeichensprache entwickelten. Von zwei Linkshändern mit gestörter Zeichensprache hatte einer eine linkshemisphärische und einer eine rechtshemisphärische Läsion. Diese Ergebnisse entsprechen genau dem, was man bei einer Population von Menschen erwarten würde, die der gesprochenen Sprache fähig sind. Das Verstehen der Sprachzeichen sowie das Schreiben waren in ähnlicher Weise beeinträchtigt wie die Zeichengebung, während die Lesefähigkeit intakt blieb. Kimuras Theorie zufolge war das Lesen nicht betroffen, weil es nicht auf Silben basiert, sondern auf einem visuell-visuellen Vergleich. Kimuras Arbeit ist sehr instruktiv, da sie die Entwicklung einer auf Zeichen basierenden Sprache und die der normalen verbalen Sprachen auf die gleiche anatomische Basis zurückführt. Dies unterstützt die Vorstellung, daß Sprache sich an einem bevorzugten Ort entwickelt, und daß dieser anatomisch determiniert ist.

Ein weiterer Hinweis, daß die frühkindliche Umgebung die Ausbildung von Asymmetrie beeinflußt, ergibt sich aus einer Studie mit dem Mädchen Genie, das fast zwölf Jahre lang extrem isoliert aufgewachsen war, schlecht ernährt wurde und kaum Erfahrungen – welcher Art auch immer – machen konnte. Sie wurde entdeckt, als sie dreizehneinhalb Jahre alt war, nachdem sie den größten Teil ihres Lebens isoliert in einem kleinen, geschlossenen Raum verbracht hatte. Während dieser Zeit war sie für jedes Geräusch, das sie verursacht hatte, bestraft worden. Nach ihrer Rettung verlief Genies kognitive Entwicklung sehr schnell, wobei ihre Sprachfähigkeit jedoch hinter anderen Fähigkeiten zurück lag. Die Ergebnisse von dichotischen Hörtests sprachen dafür, daß sie Rechtshänderin war: Obwohl beide Ohren normal hörten, war eine deutliche Überlegenheit des linken Ohres (also der rechten Hemisphäre) sowohl für verbale als auch für nicht verbale Geräusche zu beobachten. Das rechte Ohr war nahezu vollkommen unterdrückt – ein Phänomen, das für Menschen mit schweren linkshemisphärischen Läsionen charakteristisch ist. Genies rechte Hemisphäre schien sowohl verbale als auch nicht verbale akustische Reize zu verarbeiten, genau wie es bei Menschen der Fall ist, die in ihrer Kindheit die linke Hemisphäre verloren haben.

Es gibt mindestens drei mögliche Erklärungen für Genies abnormale Lateralität: 1) Die geringe Benutzung der linken Hemisphäre könnte schlicht zu einer Degeneration dieser Hirnhälfte geführt haben. Dies ist jedoch unwahrscheinlich. 2) Das Fehlen geeigneter auditorischer Reize hatte zur Folge, daß die linke Hemisphäre die Fähigkeit zur Verarbeitung linguistischer Stimuli verloren hat. Dies ist möglich, denn bekanntlich haben Menschen, die als Kind nicht mit Fremdsprachen in Berührung gekommen sind, im Erwachsenenalter Schwierigkeiten, bestimmte Phoneme voneinander zu unterscheiden, obwohl sie dazu als Kind durchaus in der Lage waren (siehe Werker und Tees). 3) Genies linke Hemisphäre wurde entweder durch die rechte Hemisphäre oder durch eine andere Struktur gehemmt, oder sie erfüllte andere Funktionen. Diese dritte Hypothese muß noch überprüft werden.

Auswirkungen einer Hemidecortizierung

Bei manchen Personen mit lebensbedrohenden Krämpfen aufgrund einer schweren Hirnverletzung in der Kindheit wird eine Hemisphäre entfernt, um die Anfälle unter Kontrolle zu bringen. Obwohl diese Operationen häufig in der frühen Adoleszenz durchgeführt werden, sind sie manchmal auch im ersten Lebensjahr nötig, also bevor sich die Sprache entwickelt hat. Eine Untersuchung dieser letztgenannten Fälle ist bezüglich der Frage, wie sich eine cerebrale Lateralisierung entwickelt, besonders hilfreich. Unterscheiden sich die beiden Hemisphären schon von Geburt an, dann sollte man annehmen, daß eine Entfernung der linken beziehungsweise rechten Hemisphäre unterschiedliche Auswirkungen auf spätere kognitive Fähigkeiten hat.

Die wesentlichsten Resultate von Untersuchungen über linguistische und visuell-räumliche Fähigkeiten bei Patienten nach unilateraler Hemidecortizierung legen den Schluß nahe, daß beide Hemisphären eine funktionale Spezialisierung aufweisen, obwohl sie auch beide fähig zu sein scheinen, einige der Funktionen zu übernehmen, die normalerweise durch die jeweils ausgefallene Hemisphäre vermittelt werden. Tabelle 10.4 faßt die diesbezüglichen Daten zusammen. Interessant ist dabei, daß linksseitige Hemidecortizierungen nicht zu schweren Defiziten in visuell-räumlichen Fähigkeiten führen. Dennoch kann die rechte Hemisphäre die linke nicht vollständig ersetzen, denn die Patienten haben Schwierigkeiten bei komplexen visuell-räumlichen Aufgaben.

In einer Analyse von Sprachfunktionen haben Dennis und Whitaker herausgefunden, daß eine Abtragung der linken Hemisphäre zu Schwierigkeiten beim Verständnis gesprochener Sprache führt, wenn die Bedeutung mittels komplexer syntaktischer Strukturen übertagen wurde. Dies konnte man bei rechtsseitigen Hemidecortizierungen nicht beobachten. Es fiel auf, daß die Schwierigkeiten der erstgenannten Gruppe besonders groß waren, wenn das komplexe Satzgefüge einen Fehler enthielt. Die Patienten hatten Schwierigkeiten, die Bedeutungsvielfalt eines Satzes zu erkennen, semantische und syntaktische Informationen zu integrieren und fehlende Pronomina zu ergänzen. Es fiel ihnen auch schwer, Urteile darüber zu bilden, wie einzelne Satzglieder miteinander in Verbindung standen. Dennis führte eine Untersuchung zum Wortverständnis durch und stellte dabei fest, daß beide Hemisphären die Bedeutung von Wörtern verstehen und auch spontan Wortlisten bilden können. Wenn es aber darum geht, anhand verschiedener Hinweise passende Wörter zu suchen, so ist die linke Hemisphäre der rechten überlegen. Beide Hemisphären können Objekte anhand von Bildern oder von Beschreibungen identifizieren, die linke Hemisphäre kann sie jedoch auch durch „reimt sich auf ..." finden, wohingegen die rechte Hemisphäre diesen sprachlichen Zugang nicht hat. Bei der Untersuchung der Lesefertigkeit haben Dennis und ihre Mitarbeiter entdeckt, daß beide Hemisphären etwa gleich gut lesen, wenn es um ein übergeordnetes Leseverständnis geht. Die linke Hemisphäre ist jedoch der rechten beim Lesen und Buchstabieren unbekannter Wörter und beim Gebrauch von Satzstrukturen, die flüssiges Lesen ermöglichen, überlegen. Auch kann die linke Hemisphäre Prosa flüssiger lesen und macht weniger Fehler bezüglich der semantischen oder syntaktischen Struktur eines Satzes. Die Überlegenheit der linken Hemisphäre scheint in ihrer Fähigkeit begründet zu sein, Sprachregeln zu handhaben und sie auszuschöpfen. Auch die rechte Hemisphäre besitzt sprachliche Stärken. Sie ist besser, wenn Assoziationen zwischen Symbolen und sinnfreien Wörtern zu knüpfen sind. Dennis hat die Untersuchungen über das Sprachverhalten folgendermaßen zusammengefaßt: Wenn man Sprache als Kombination von Strukturen (Morphologie), Klang (Phonologie) und Bildhaftigkeit (Logographie) auffaßt, dann zeigt die isolierte linke Hemisphäre eine bessere Leistung hinsichtlich der Morphologie und Phonologie der Sprache. Ihre Leistung bei der Interpretation logographischer Sprachelemente ist schlechter, als die der rechten Hemisphäre.

Ähnliche Daten erhält man bei Tests zur visuell-räumlichen Funktion. Kohn und Dennis stellten fest, daß Patienten nach Entfernung der rechten Hemisphäre zwar bei einfachen Tests visuell-räumlicher Funktionen, etwa beim Zeichnen, ähnlich gut abschneiden, wie Patienten, deren linker

Tabelle 10.4: Auswirkungen einer Hemidecortizierung auf verbale und visuell-räumliche Fähigkeiten

	linksseitige Hemidecortizierung	rechtsseitige Hemidecortizierung
Intelligenz	normal (unterer Bereich)	normal (unterer Bereich)
Sprachtests		
einfache	normal	normal
komplexe	schlecht	normal
visuell-räumliche Tests		
einfache	normal	normal
komplexe	normal	schlecht

Quelle: Nach Kohn und Dennis 1974 sowie Dennis und Whitaker 1976.

Cortex entnommen wurde, daß sie aber bei komplexen Aufgaben, wie zum Beispiel beim Landkartenlesen und bei Labyrinth-Lernaufgaben signifikant schlechtere Leistungen erbringen.

Jede Hemisphäre kann also einige Funktionen der anderen Hemisphäre übernehmen, wenn diese während der frühen Jugend entfernt wurde. Keine von beiden ist aber in der Lage, alle Funktionen der anderen Hemisphäre zu übernehmen. Es gibt also zwar Hinweise auf eine Plastizität des sich entwickelnden Cortex, aber es liegen auch überzeugende Beweise vor, die gegen eine Äquipotenz sprechen. Beiden Hemisphären scheint eine Verarbeitungsfähigkeit innezuwohnen, die vermutlich angeboren ist. Außerdem muß für die Übernahme neuer Fähigkeiten und Fertigkeiten ein gewisser Preis bezahlt werden! Von wenigen Ausnahmen abgesehen, sind Patienten nach einer Hemidecortizierung, was die Intelligenz angeht, bestenfalls durchschnittlich, und die noch intakte Hemisphäre funktioniert häufig weniger effizient, als bei gesunden Kontrollpersonen.

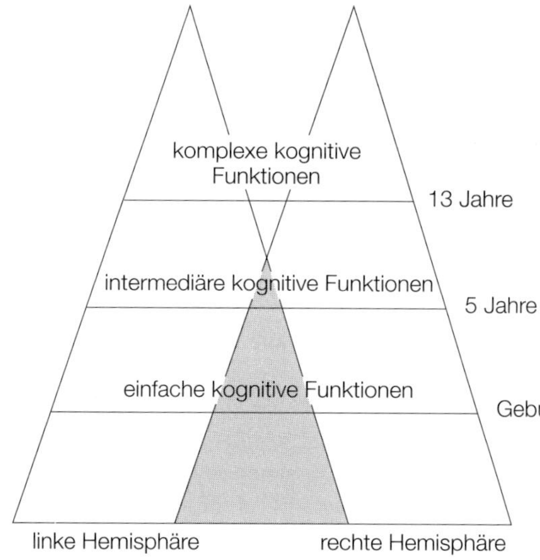

10.8 Modell der Entwicklung kognitiver Funktionen der rechten und linken Hemisphäre bei gesunden Personen. Am unteren Ende der Pyramiden sind die kognitiven Funktionen relativ einfach, und die Funktionen beider Hemisphären überlappen beträchtlich. An den Spitzen der Pyramiden sind komplexe Funktionen repräsentiert; dort gibt es keine funktionale Überlappung der Hemisphären. Wichtig ist, daß nicht die Hemisphären selbst im Hinblick auf eine bestimmte Funktion lateralisiert werden, sondern daß eher neue Aufgaben hinzutreten, die spezieller sind als die alten. Da beide Hemisphären in früher Kindheit funktional überlappen, kann jede Hälfte zu diesem Zeitpunkt die Aufgaben der anderen, zum Beispiel nach einer Hirnverletzung, übernehmen.

Die Entwicklung der Asymmetrie

Es gibt drei allgemeine theoretische Positionen, die man im Hinblick auf die Ontogenese cerebraler Spezialisierung einnehmen kann. Wir haben sie als Reifungshypothese, Invarianzhypothese und Parallelentwicklungshypothese bezeichnet. Nach der Reifungshypothese kann sich jede Hemisphäre sowohl auf sprachliche als auch auf nichtsprachliche Funktionen spezialisieren, wobei die Festlegung dem Zufall überlassen bleibt. Gemäß der Invarianzhypothese nimmt die linke Hemisphäre eine Sonderrolle ein, denn sie ist genetisch determiniert, sprachliche Fähigkeiten zu entwickeln. Die rechte Hemisphäre übernimmt dann, was übrig bleibt. Entsprechend der Hypothese der parallelen Entwicklung nehmen beide Hemisphären aufgrund ihrer Entwicklung eine Sonderrolle ein: Die eine Hemisphäre ist dazu bestimmt, Sprachfunktionen zu übernehmen, die andere ist für nichtsprachliche Funktionen prädestiniert.

Obwohl es für jede der genannten Hypothesen gute Argumente gibt, lassen sich mit der Hypothese der parallelen Entwicklung, wenn diese für frühe Entwicklungsphasen eine gewisse Flexibilität beziehungsweise Äquipotenz zuläßt, die meisten der vorliegenden Daten erklären. Die kognitiven Funktionen jeder Hemisphäre können als hierarchisch organisiert betrachtet werden. Einfache oder auf einer „unteren Ebene“ liegende Funktionen bilden die Basis dieser Hierarchie. Ihnen entsprechen einzelne Funktionen in primär sensorischen und motorischen Gebieten, in Sprach- und in visuellräumlichen Feldern. Komplexere, das heißt „höhere“ Ebenen repräsentieren Funktionen, die in diesem Hierarchiegebäude weiter oben stehen. Die Komplexesten liegen natürlich an der Spitze. Sie sind gleichzeitig am stärksten lateralisiert. Man kann annehmen, daß sich die Hemisphären bei der Geburt hinsichtlich ihrer Funktion weitgehend überlappen, weil beide grundlegende Verhaltensweisen steuern. Bei fünfjährigen Kindern zeigen die neu entwickelten kognitiven Fähigkeiten höherer Ordnung nur noch wenig Überlappung. Jede Hemisphäre spezialisiert sich zunehmend. In der Pubertät schließlich hat jede Hemisphäre ihr einzigartiges Funktionsspektrum entwickelt (Abbildung 10.8). Die Abbildung zeigt auch, daß sich die beiden Hemisphären im Zuge der Entwicklung nicht weiter lateralisieren, sondern daß die sich entwickelnden kognitiven Fähigkeiten auf die grundlegenden Funktionen aufbauen und daß sie von Geburt an in der einen oder anderen Hemisphäre lokalisiert sind.

Jedes Modell einer cerebralen Entwicklung muß sich die Frage gefallen lassen, wie Funktionen auf eine Hemisphäre beschränkt werden und weshalb sie sich nicht bilateral ausbreiten. Die Parallelentwicklungshypothese kann diese Frage beantworten. Moscovitch hat in mehreren Arbeiten die Möglichkeit betont, daß eine Hemisphäre aktiv die andere inhibiert und deshalb die kontralaterale Hemisphäre davon abhält, ähnliche Funktionen zu entwickeln. Diese aktive Hemmung entwickelt sich vermutlich vom fünften Lebensjahr an, da das Corpus callosum in diesem Alter seine volle Funktionalität erlangt. Moscovitch glaubt, daß eine solche Hemmung nicht nur die nachfolgende Entwickung von Sprachvorgängen in der rechten Hemisphäre unterdrückt und umgekehrt, sondern auch Sprachfähigkeiten inhibiert, die sich bereits in der rechten Hemisphäre befinden. Diese Vorstellung wird durch Beobachtungen unterstützt, die zeigen, daß bei kommissurektomierten Patienten die rechte Hemisphäre größere Sprachfähigkeiten aufweist, als man es von der Untersuchung gesunder Personen her erwarten würde. Möglicherweise kommt dieses Resultat deshalb zustande, weil die rechte Hemisphäre nicht mehr der Hemmung durch die linke ausgesetzt ist. Netley berichtet auch, daß Menschen, die ohne Corpus callosum geboren werden, bei dichotischen Hörtests nur wenig oder keine funktionale Asymmetrie aufweisen. Dies läßt vermuten, daß ein Fehlen interhemisphärischer Faserverbindungen eine hemisphärische Differenzierung vermindert. Dieses Phänomen folgt direkt aus den Vorhersagen von Moscovitch.

Asymmetrie bei anderen Spezies

Bei vielen Diskussionen über die Natur der cerebralen Asymmetrie und ihre Bedeutung für die Diversität des menschlichen Verhaltens wird stillschweigend angenommen, daß die Asymmetrie mit typisch menschlichen intellektuellen Charakteristika wie etwa Sprache zusammenhängt. Die Asymmetrie ist jedoch kein ausschließlich menschliches Merkmal. Vielmehr wurde gezeigt, daß bestimmte Elemente der kommunikativen Lautäußerungen bei Fröschen und Salamandern auf der linken Seite des Gehirns lateralisiert sind. Die Erforschung der Ursprünge und der Evolution der Lateralität anhand nichtmenschlicher Gehirne ist also grundlegend für ein Verständnis der Asymmetrie im menschlichen Gehirn. Eine vollständige Diskussion dieser Problematik würde den Umfang dieses Buches sprengen, und wir empfehlen daher den recht aktuellen Band von Bradshaw und Rogers. Wir wollen uns hier auf einige der interessantesten und stabilsten Daten über Vögel, Nagetiere und nichtmenschliche Primaten beschränken.

Asymmetrie bei Vögeln

Fernando Nottebohm berichtete 1971 von einer überraschenden Entdeckung. Er hatte festgestellt, daß nach einer Durchtrennung des linken Nervus hypoglossus bei Kanarienvögeln der Gesang der Vögel stark beeinträchtigt war, nicht aber nach einer Läsion des rechten Nervus hypoglossus. Anschließende Untersuchungen in seinem Labor sowie in vielen anderen haben gezeigt, daß zwischen den Strukturen in beiden Hemisphären, die den Vogelgesang kontrollieren, Unterschiede existieren und daß viele mit dem Gesang zusammenhängende Gehirnregionen geschlechtsdimorph, also zwischen den Geschlechtern unterschiedlich ausgebildet sind. Obwohl eine linkshemisphärische Dominanz für den Gesang bei vielen Singvogelarten, selbst bei Hühnern, nachgewiesen wurde, ist sie jedoch nicht bei allen Singvögeln vorhanden. So weist der Zebrafink nur eine geringe anatomische oder funktionale Asymmetrie auf, obwohl er singen kann. Möglicherweise betrifft die Lateralität nicht das Singen *per se*, sondern andere, noch unbekannte Aspekte der Lautäußerung bei Vögeln.

Nottebohms Entdeckung führte zu einem großen Interesse an der möglichen Asymmetrie des visuellen Systems von Vögeln, weil sich die beiden Sehnerven der meisten Vögel im Chiasma opticum fast vollständig überkreuzen. Jede Hemisphäre empfängt also fast ausschließlich Informationen aus einem Auge. Von experimentellem Vorteil ist an dieser Gegebenheit, daß man die Lateralität visueller Funktionen untersuchen kann, indem man nur einem Auge der Vögel visuelle Reize darbietet. Außerdem besitzen Vögel kein Corpus callosum, und obwohl einige kleinere Kommissuren existieren, ist der Informationstransfer zwischen den Hemisphären bei Vögeln geringer als bei Säugern. Inzwischen wurde für eine Reihe visuell gesteuerter Funktionen bei Vögeln eine Lateralität nachgewiesen. Den Ergebnissen von Bradshaw und Rogers zufolge ist das System des rechten Auges für die Einordnung von Objekten, etwa Eßbares von nicht Eßbarem zu unterscheiden, zuständig. Das linke Auge ist hingegen darauf spezialisiert, auf die einzelnen Eigenschaften eines jeden Stimulus zu reagieren, wie etwa auf Farbe, Größe, Form und topographische Informationen. Die linke Hemisphäre von Vögeln scheint also auf die Klassifizierung von Objekten spezialisiert zu sein, die rechte auf die Verarbeitung topographischer Informationen. Untersuchungen von Horn und Kollegen haben auch eine Asymmetrie der Gedächtnisbildung bei Hühnern zutage gebracht. Wenn die Tiere Dinge erlernen, finden in den beiden Hemisphären unterschiedliche synaptische und neurochemische Veränderungen statt. Dies spiegelt vermutlich einen Unterschied in der Informationsverarbeitung in den beiden Gehirnhälften wider. Eine interessante Asymmetrie tritt während des Schlafens auf: Vögel verbringen den größten Teil ihrer Ruhephasen mit nur einer schlafenden Hemisphäre; dies erlaubt es ihnen wahrscheinlich, ihre Umgebung auch während des „Schlafens“ zu beobachten. Andererseits bedeutet dies auch eine vorübergehende Asymmetrie der sensorischen Verarbeitung, die für die Tiere wichtige Implikationen mit sich bringen könnte. An dieser Stelle sei die Bemerkung erlaubt, daß unilateraler Schlaf auch bei dem Tierstamm der Cetaceae (zu dem die Wale und Delphine zählen) sowie bei Seelöwen auftritt, was bei Säugetieren, die einer besonders großen Gefahr des Ertrinkens ausgesetzt sind, durchaus sinnvoll erscheint.

Alles in allem haben die Untersuchungen an Vögeln gezeigt, daß Lateralität im Gehirn viele Formen annehmen kann und keine einzigartige Eigenschaft der Säuger ist. Vor dem Hintergrund der ständig wachsenden Liste von funktionalen und strukturellen Asymmetrien bei Vögeln gingen Bradshaw und Rogers sogar so weit, sich zu fragen, warum es nicht die Symmetrie ist, die einer Erklärung bedarf!

Asymmetrie bei Nagetieren

Studien an Ratten und Mäusen haben sich auf zwei recht unterschiedliche Arten der Asymmetrie konzentriert. Die erste Art waren Haltungs- und motorische Asymmetrien, wie etwa die Pfotenpräferenz und die Bewegungsrichtung. Diese Form der Lateralität war bei einzelnen Tieren vorhanden und konnte mit individuellen Unterschieden in der Transmitterverteilung, insbesondere der Verteilung von Dopamin, in Zusammenhang gebracht werden. Im Gegensatz zur Händigkeit beim Menschen sind die meisten Haltungsasymmetrien bei Nagetieren zufällig über die Population verteilt. Obwohl die neurale Grundlage individueller Präferenzen für das Verständnis motorischer Asymmetrien oder Haltungsasymmetrien beim Menschen wichtig ist, läßt sich also aus der Richtung der Asymmetrie nicht direkt auf die Beziehung zwischen Gehirn und Verhalten schließen.

Die zweite Form der Lateralität ist in unserem Zusammenhang interessanter, da sie, wie die Lateralität bei Vögeln, in der gesamten Population zu beobachten ist. Wie beim Menschen besteht auch hier eine Asymmetrie in der Anatomie der beiden Großhirnhemisphären, wobei die rechte Hemisphäre größer ist. Darüber hinaus ist der Cortex in der rechten Hemisphäre dicker, insbesonere in visuellen und posterior-parietalen Regionen. Dieser Unterschied wird durch Hormone beeinflußt. Beispielsweise haben mehrere Forschergruppen einen geschlechtsspezifischen Unterschied in der Asymmetrie beobachtet: bei Männchen ist sie ausgeprägter als bei Weibchen. Wie Stewart und Kolb außerdem zeigten, verschwindet die anatomische Asymmetrie bei Männchen durch pränatalen Streß oder postnatale Kastration. Dies liegt vermutlich in Veränderungen der normalen hormonalen Mikroumgebung begründet. Die Suche nach funktionalen Entsprechungen zu den anatomischen Asymmetrien brachte kontroverse Ergebnisse. Nichtsdestotrotz mehren sich die Hinweise, daß die linke Hemisphäre auf die Verarbeitung artspezifischer Lautäußerungen spezialisiert ist, unserem derzeitigen Verständnis entsprechend also auf die Verarbeitung von Reizen in einem zeitlichen Muster (sequentielle Verarbeitung). Es wurde behauptet, daß die rechte Hemisphäre die Kontrolle von emotionalem und räumlichem Verhalten zur Aufgabe hat; dies ist jedoch noch sehr spekulativ. In einer umfangreichen Studie zum motorischen, sozialen und räumlichen Verhalten von Ratten mit linker oder rechter Hemidecortication konnten wir keinerlei wie auch immer geartete funktionale Asymmetrie in der Gesamtpopulation zeigen. Obwohl bei einzelnen Tieren bestimmte Funktionen eher in einer Hemisphäre lokalisiert sind, ist dies noch kein Beweis für eine Lateralität emotionaler oder räumlicher Funktionen bei Ratten. Wie wir andererseits bereits wissen, führt eine halbseitige Decortizierung bei Kindern zu einer weit schwächer ausgeprägten Asymmetrie, als man erwarten würde, so daß man Untersuchungen kleiner unilateraler Läsionen vielleicht mehr Gewicht beimessen sollte.

Eine interessante Asymmetrie bei Nagetieren ist die vermutete Lateralität der Modulation von Immunantworten. Beispielsweise unterdrücken bei Mäusen Läsionen in der linken Hemisphäre die T-Zell-Funktionen, nicht jedoch rechtshemisphärische Läsionen. Dies beruht womöglich auf einer lateralisierten Kontrolle der Sekretion bestimmter Hormone, wie etwa Prolactin. Bislang weiß man noch nicht, ob solche Asymmetrien auch in der Kontrolle der Immunfunktionen beim Menschen existieren, es wurden jedoch schon entsprechende Vermutungen geäußert (siehe Kang und Kollegen).

Wie wir bereits erwähnt haben, kann Streß die anatomischen Asymmetrien des Cortex bei Ratten verändern, und viele Forschergruppen haben vorgeschlagen, daß er auch funktionale Asymmetrien beeinflußt. So haben Denneberg und seine Mitarbeiter die Hypothese aufgestellt, daß bestimmte Erfahrungen die beiden Hemisphären im Laufe der Entwicklung in unterschiedlicher Weise verändern können. Wenn man sich vorstellt, daß verschiedene Erfahrungen mit unterschiedlichem Streß verbunden sind, so könnten Dennebergs Ergebnisse durch eine lateralisierte Reaktion auf verschiedene Streßhormone, etwa Glucocorticoide, erklärt werden.

Asymmetrie bei nichtmenschlichen Primaten

Eine Tendenz in der Gehirnevolution bei Primaten ist die Verschiebung der Sylvischen Furche aus einer fast vertikalen Orientierung in eine eher horizontale. Dies impliziert eine Vergrößerung des Parietallappens, wodurch die Sylvische Furche nach unten verschoben wird, und zwar besonders in der linken Hemisphäre. Genau wie beim menschlichen Gehirn ist auch bei Menschenaffen und Altweltaffen die Sylvische Furche in der rechten Hemisphäre stärker geneigt als in der linken. Außerdem sind bei den entsprechenden Arten, ebenfalls wie beim Menschen, der rechte Frontallappen und der linke Occipitallappen größer. Die Daten über Neuweltaffen beinhalten eine größere Variabilität, aber auch hier scheint eine Asymmetrie der Sylvischen Furche vorzuliegen. Die Existenz von Asymmetrien bei nichtmenschlichen Primaten bedeutet nicht, daß diese mit denen beim Menschen identisch sein müssen. Bradshaw und Rogers kommen zu dem Schluß, daß die Asymmetrien in den parietalen und temporalen Strukturen, die mit der Sprache zusammenhängen, in der Evolution erst mit dem Auftauchen des Menschen ihre volle Ausprägung erreichten. (Das heißt, sie sind bei fossilen Hominiden und menschlichen Gehirnen zu erkennen.) Dies läßt vermuten, daß eine verstärkte Entwicklung der Sprachregionen im hinteren Teil des Gehirns erst mit dem Erscheinen der Hominiden eingesetzt hat.

Studien zur Handpräferenz bei nichtmenschlichen Primaten brachten sehr heterogene Ergebnisse. Mike Warrens in den sechziger Jahren durchgeführten Untersuchungen zeigten, daß bei Rhesusaffen eindeutig keine Handpräferenz besteht, und Warren schloß daraus, daß die gelegentlich beobachteten Bevorzugungen von der Aufgabenstellung abhängen und sehr stark durch Lernen beeinflußt werden.

In jüngerer Zeit stellten McNeilage und seine Kollegen die Hypothese auf, man habe eine Handpräferenz bei Affen bisher übersehen, weil sich die entsprechenden Studien auf ganz bestimmte Bewegungstypen konzentrierten. Ihre Grundannahme lautet, daß zu dem Zeitpunkt, als sich die Primaten entwickelten, eine Präferenz in der Benutzung der Gliedmaßen bereits vorhanden war. Beim Greifen wurde der linke Arm verwendet, während der rechte den Körper stützte. Als sich die Greifhand entwickelte und Primaten ihren Körper immer aufrechter hielten, war bald keine Hand mehr für die Stützung des Körpers notwendig. Weil diese Hand nunmehr frei war, konnte sie sich auf die Manipulation von Gegenständen spezialisieren. Später schlugen die Wissenschaftler vor, daß die Spezialisierung der Hände mit einer Spezialisierung der Hemisphären einherging, nämlich mit einer rechtshemisphärischen (linke Hand) perzeptuomotorischen Spezialisierung für das Beutefangen mit einer Hand (das Ergreifen schnell fliegender Insekten oder anderer kleiner Tiere) und einer linkshemisphärischen Spezialisierung für Ganzkörperbewegungen. Diese Hypothese wurde vehement diskutiert. Eines der schwerwiegendsten Probleme in diesem Zusammenhang ist, daß Studien zur Benutzung der Gliedmaßen bei Primaten durch die kaum mögliche Kontrolle unzähliger verfälschender Faktoren erschwert werden, wie etwa Unterschiede zwischen Spezies, Alter, Geschlecht, Schwierigkeitsgrad der Aufgabe, Übung und Lernen, Stichprobenumfang und vieles mehr. Dennoch gibt es zunehmend mehr Hinweise, die zumindest einige Aspekte der Theorie stützen. Beispielsweise hat Wards Gruppe bei Prosimiern und einigen Altweltaffenarten eine Bevorzugung der linken Hand für das Fangen von Beute und das Ergreifen von Nahrung festgestellt. Gegen diese Theorie spricht, daß die cerebrale Asymmetrie der Händigkeit vorausgehen muß, und es ist noch nicht sicher, ob dies tatsächlich der Fall ist und wie es dazu gekommen sein könnte.

Wenn es gilt, bei nichtmenschlichen Primaten etwas nachzuweisen, was der Asymmetrie des menschlichen Gehirns ähnlich ist, scheinen Tests der taktilen, visuellen und auditorischen Wahrnehmung ein vernünftiger Ansatz zu sein. Hierzu seien einige Beispiele angeführt. Hörster und Ettlinger trainierten 155 Rhesusaffen darauf, bei einer Aufgabe, in der sie einen Zylinder von einer Kugel unterscheiden sollten, mit einer Antwort durch Berühren zu reagieren. Wie die Ergebnisse zeigten, waren die 78 Affen, die spontan mit der linken Hand reagierten, den 77 Affen, welche die rechte Hand verwendeten, überlegen. Genau wie beim Menschen ist also auch hier die rechte Hemisphäre der linken überlegen, was auf eine Asymmetrie schließen läßt.

Hamilton und Vermeire verfolgten einen anderen Ansatz. Sie brachten 25 Split-Brain-Affen bei, zwei Typen von visuellen Stimuli zu unterscheiden, für die beim Menschen eine Lateralität der Verarbeitung nachgewiesen wurde. Bei einer Aufgabe sollten die Tiere zwischen Paaren von Linien differenzieren, die sich jeweils um 15° in ihren Steigungen unterschieden (etwa 15° und 30° oder 105° und 120°). Bei jedem Paar galt die am stärksten geneigte Linie als richtig, und der Affe bekam eine Belohnung, wenn er sie auswählte. Die beiden Hemisphären wurden einzeln getestet. Die Ergebnisse zeigten, daß die Affen die Unterscheidung leichter mit der linken Hemisphäre erlernten. Bei der zweiten Aufgabe sollten die Tiere zwischen verschiedenen Affengesichtern differenzieren. Die rechte Hemisphäre erwies sich als die die bessere beim Unterscheiden und Erinnern der Gesichter. Es gab keine signifikante Abweichung zwischen den Hemisphären bei einer einfachen Unterscheidung zwischen schwarzen und weißen Mustern. Das erstaunliche an diesen Ergebnissen ist, daß Menschen bei der Linienorientierungsaufgabe eine rechtshemisphärische Überlegenheit zeigen, und nicht eine linkshemisphärische wie die Affen. Trotzdem gibt es einige recht verläßliche Hinweise auf eine Spezialisierung der Hemisphären bei der Verarbeitung von verschiedenen Arten visueller Information.

Auch scheinen sich die beiden Hemisphären bei der Erzeugung von verschiedenen Formen des Gesichtsausdruckes zu unterscheiden. Man führte Split-Brain-Affen Videoaufzeichnungen von Menschen, Affen, anderen Tieren und Landschaften vor und erfaßte die Zeit, die sie mit dem Betrachten der Videos verbrachten, sowie die arttypische Mimik. In der Tat gingen mehr Grimassen von der rechten Hemisphäre aus als von der linken Hemisphäre. Dies würde man auch aufgrund von Studien mit Menschen erwarten. Bei einer anderen Untersuchung fand Hauser heraus, daß die Affen einen neuen Gesichtsausdruck zunächst in ihrer linken Gesichtshälfte produzieren und dann erst in der rechten. Auch war die Mimik in der linken Hälfte intensiver. Man erinnere sich, daß ein ähnliches Ergebnis auch bereits für den Menschen erhalten wurde.

Schließlich wurden zahlreiche Untersuchungen zur Asymmetrie in der auditorischen Verarbeitung durchgeführt. Dewson entfernte in einer frühen Studie bei vier Rhesusaffen den Gyrus temporalis superior (der etwa dem Wernickeschen Areal des Menschen entspricht). Dies führte zu einem anhaltenden Defizit bei auditorisch-visuellen Aufgaben, wenn die Läsion in der linken Hemisphäre lag. Bei rechtshemisphärischen Läsionen waren keine Defizite zu beobachten. Im Experiment sollten die Affen eine Taste drücken, die einen von zwei akustischen Reizen aktivierte: entweder einen Ton von 1 000 Hz oder sogenanntes weißes Rauschen. Die Tiere wurden auf zwei Reaktionsmöglichkeiten trainiert, nämlich auf das Bedienen eines grünen beziehungsweise eines roten Schalters. War zuvor der Ton zu hören, sollte der Affe den roten Schalter betätigen, nach dem weißen Rauschen jedoch den grünen. Für jede richtige Reaktion gab es eine Belohnung. Läsionen des Gyrus temporalis superior auf der linken Seite beeinträchtigten die Leistung, Läsionen des entsprechenden Areals auf der rechten Seite dagegen nicht. Die Möglichkeit einer Asymmetrie im auditorischen System wurde jedoch erst durch die Arbeiten von Petersen und seinen Mitarbeitern bestätigt. Sie verglichen die Fähigkeit von japanischen Makaken, zwischen kommunikationsrelevanten und irrelevanten Geräuschen zu unterscheiden. Die Tiere konnten die bedeutungsvollen Geräusche mit dem rechten Ohr besser unterscheiden als mit dem linken. Daraus schließen die Forscher, daß japanische Makaken die linke Hemisphäre etwa in der Weise verwenden, wie Menschen es tun. Eine weitere Untersuchung von Heffner und Heffner unterstützt diese Schlußfolgerung. Sie brachten Affen bei, zwei Formen ihrer speziellen „coo"-Laute zu unterscheiden. Danach wurde ihnen der linke oder der rechte Gyrus temporalis superior beziehungsweise der linke oder der rechte parietale Cortex entfernt. Eine Entfernung des linken, nicht aber des rechten temporalen Cortex führte zu einer Leistungseinbuße. Parietale Läsionen blieben ohne Wirkung. Seltsamerweise konnten die Tiere aber nach entsprechendem Training trotz der linkstemporalen Läsion die Aufgabe wieder lösen. Wurde die entsprechende Struktur in der verbliebenen Hemisphäre später entfernt, waren die Tiere bei der Lösung dieser Aufgabe dauerhaft beeinträchtigt, und Verbesserungen wurden nun auch durch Training nicht mehr erreicht.

Zusammenfassung

Die Gehirne von Säugetieren weisen deutliche anatomische Asymmetrien auf, die möglicherweise denen des Menschen ähneln. Es bestehen auch funktionale Asymmetrien in der Erzeugung von Wahrnehmungen und möglicherweise in anderen Bereichen. Der Nachweis einer Asymmetrie bei anderen Säugetieren läßt womöglich vermuten, daß die Asymmetrie des menschlichen Gehirns nicht in direkter Beziehung zur Händigkeit oder zur Sprache steht. Wir neigen zu der Annahme, daß die Hemisphären von Säugetieren eher für die Analyse bestimmter Arten sensorischer Information und vielleicht für die Kontrolle bestimmter Bewegungsformen spezialisiert sind.

Schlußbemerkung

Die Entdeckung systematischer Beziehungen zwischen der normalen Variation der cerebralen Organisation und individuellen Unterschieden kognitiver Fähigkeiten stellt heute eine der größten Herausforderungen an die Neuropsychologie dar. Die Komplexität des menschlichen Gehirns erschwert die Erforschung dieses Problems, das allerdings prinzipiell lösbar zu sein scheint. Jeder Mensch besitzt in seinem Verhaltensrepertoire einzigartige Kompetenzen und Schwächen („Achillesfersen"), die gewiß mit der jeweiligen Organisation des Gehirns in Beziehung gesetzt werden können. Der Nachweis von Händigkeitsdifferenzen macht deutlich, daß diese zum Teil angeboren sind, auch wenn Umweltfaktoren mit großer Sicherheit die cerebrale Organisation mit beeinflussen. Schließlich ist darauf hinzuweisen, daß wir zwar die Unterschiede in der asymmetrischen Organisation des Großhirns angesprochen haben, daß aber die individuelle Varianz *innerhalb* einer Hemisphäre mindestens so groß sein kann wie die *zwischen* den Hemisphären.

Literatur

Aboitiz, F., A.B. Scheibel, E. Zaidel. Morphometry of the Sylvian fissure and the corpus callosum, with emphasis on sex differences. *Brain* 115: 1521–1541, 1992.

Annett, M. A classification of hand preference by association analysis. *British Journal of Psychology* 61: 303–321, 1970.

Bakan, P., G. Dibb, P. Reed. Handedness and birth stress. *Neuropsychologia* 11: 363–366, 1973.

Benbow, C.P. Sex differences in mathematical reasoning ability in intellectually talented preadolescents: Their nature, effects, and possible causes. *Behavioral and Brain Sciences* 11: 169–232, 1988.

Boles, D.B. X-linkage of spatial ability: A critical review. *Child Development* 51: 625–635, 1980.

Bradshaw, J., L. Rogers. *The Evolution of Lateral Asymmetries, Language, Tool Use, and Intellect.* New York: Academic Press, 1993.

Bryden M.P., I.C. McManus, M.B. Bulman-Fleming. Evaluating the empirical support for the Geschwind-Behan-Galaburda model of cerebral lateralization. *Brain and Cognition,* in press.

Carmon, A., Y. Harishanu, E. Lowinger, S. Lavy. Asymmetries in hemispheric blood volume and cerebral dominance. *Behavioral Biology* 7: 853–859, 1972.

Collins, R.L. Toward an admissible genetic rnodel for the inheritance of the degree and direction of asymmetry. In: S. Harnad, R.W. Doty, L. Goldstein, J. Jaynes, G. Krauthamer (Hrsg.) *Lateralization of the Nervous System.* New York: Academic Press, 1977.

Curtiss, S. *Genie: a Psycholinguistic Study of a Modern-Day „Wild Child".* New York: Academic Press, 1978.

de Lacaste-Utamsing, C., R.L. Holloway. Sexual dimorphism in the human corpus callosum. *Science* 16: 1431–1432, 1982.

Dennenberg, V.H. Hemispheric lateraliry in animals and the effects of early experience. *The Behavioral and Brain Sciences* 4: 1–50, 1981.

Dennis, M. Capacity and strategy for syntactic comprehension after left or right hemidecortication. *Brain and Language* 10: 287–317, 1980.

Dennis, M. Language acquisition in a single hemisphere: Semantic organization. In: D. Caplan (Hrsg.) *Biological*

Studies of Mental Processes. Cambridge, Mass.: MIT Press, 1980.

Dennis, M., M. Lovett, C. A. Wiegel-Crump. Written language acquisition after left or right hemidecortication in infancy. *Brain and Language* 12: 54–91, 1981.

Dennis, M., H. A. Whitaker. Language acquisition following hemidecortication: Linguistic superiority of the left over the right hemisphere. *Brain and Language* 3: 404–433, 1976.

Dewson, J. H. Preliminary evidence of hemispheric asymmetry of auditory function in monkeys. In: S. Harnad, R. W. Doty, L. Goldstein, J. Jaynes, G. Krautamer (Hrsg.) *Lateralization in the Nervous System*. New York: Academic Press, 1977.

Geschwind, N., A. M. Galaburda. *Cerebral Lateralization: Biological Mechanisms, Associations, and Pathology*. Cambridge, Mass.: MIT Press, 1987.

Grimshaw, G. M., M. P. Bryden, J. K. Finegan. Relations between prenatal testosterone and cerebral lateralization at age 10. *Journal of Clinical and Experimental Neuropsychology* 15: 39–40, 1993.

Gualtieri, T., R. E. Hicks. An immunoreactive theory of selective male affliction. *Behavioral and Brain Sciences* 8: 427–477, 1985.

Gur, R. C., R. E. Gur, W. D. Obrist, J. P. Hungerbuhler, D. Younkin, A. D. Rosen, B. E. Skolnick, M. Reivich. Sex and handedness differences in cerebral blood flow during test and cognitive activity. *Sience* 217: 659–660, 1982.

Hamilton, C. R., B. A. Vermeire. Complementary hemispheric superiorities in monkeys. *Science* 242: 1691–1694, 1988.

Hamilton, D. *The Monkey Gland Affair*. London: Chatto & Windus, 1986.

Hampson, E. Variations in sex-related cognitive abilities across the menstrual cycle. *Brain and Cognition* 14: 26–43, 1990.

Hampson, E., D. Kimura. Sex differences and hormonal influences on cognitive function in humans. In: J. B. Becker, S. M. Breedlove, D. Crews (Hrsg.) *Behavioral Endocrinoloy*. Cambridge, Mass.: MIT Press, 1992.

Hardyck, C., L. F. Petrinovich. Left-handedness. *Psychological Bulletin* 84: 384–404, 1977.

Harshman, R. A., E. Hampson, S. A. Berenbaum. Individual differences in cognitive abilities and brain organization, Teil I: Sex and handedness. Differences in ability. *Canadian Journal of Psychology* 37: 144–192. 1983.

Hauser, M. D. Right hemisphere dominance for the production of facial expression in monkeys. *Science* 261: 475–477, 1993.

Hécaen, H., M. DeAgostini, A. Monzon-Montes. Cerebral organization in left-handers. *Brain and Language* 12: 261–284, 1981.

Hécaen, H., J. Sauguet. Cerebral dominance in left-handed subjects. *Cortex* 7: 19–48, 1971.

Heffner, H. E., R. S. Heffner. Temporal lobe lesions and perception of species-specific vocalizations by macaques. *Science* 226: 75–76, 1984.

Hochberg, F. H., M. LeMay. Arteriographic correlates of handedness. *Neurology* 25: 218–222, 1975.

Horn, G. Neural basis of recognition memory investigated through an analysis of imprinting. *Philosophical Transactions of the Royal Society London B* 329: 133–142, 1990.

Hörster, W., G. Ettlinger. An association between hand preferences and tactile discrimination performance in the rhesus monkey. *Neuropsychologica* 21: 411–413, 1985.

Ifune, C. K., B. A. Vermeire, C. R. Hamilton. Hemispheric differences in split-brain monkeys viewing and responding to videotape recordings. *Behavioral and Neural Biology* 41: 231–235, 1984.

Inglis, J., J. S. Lawson. A meta-analysis of sex differences in the effects of unilateral brain damage on intelligence test results. *Canadian Journal of Psychology* 36: 670–683, 1982.

Inglis, R., M. Rickman, J. S. Lawson, A. W. MacLean, T. N. Monga. Sex differences in the cognitive effects of unilateral brain damage. *Cortex* 18: 257–276, 1982.

Janowsky, J. S., S. K. Oviatt, E. S. Orwoll. Testosterone influences spatial cognition in older men. *Behavioral Neuroscience* 108: 325–332, 1994.

Juraska, J. Sex differences in developmental plasticity of behavior and the brain. In: W. T. Greenough, J. M. Juraska (Hrsg.) *Developmental Neuropsychology*. NewYork: Academic Press, 1986.

Kang, D.-H., R. J. Davidson, C. L. Coe, R. E. Wheeler, A. J. Tomarken, W. B. Ershler. Frontal brain asymmetry and immune function. *Behavior Neuroscience* 105: 860–869, 1991.

Kertesz, A., N. Geschwind. Patterns of pyramidal decussation and their relationship to handedness. *Archives of Neurology* 14: 326–332, 1971.

Kimura, D. Sex differences in cerebral organization for speech and praxic functions. *Canadian Journal of Psychology* 37: 19–35, 1983.

Kimura, D. Weibliches und männliches Gehirn. *Spektrum der Wissenschaft:* 104–113: November, 1992.

Kolb, B., A. MacKintosh, I. Q. Whishaw, R. J. Sutherland. Evidence for anatomical but not functional asymmetry in the hemidecorticate rat. *Behavioral Neuroscience* 98: 44–58, 1984.

Kolb, B., J. Stewart. Sex-related differences in dendritic branching of cells in the prefrontal cortex of rats. *Journal of Neuroendocrinology* 3: 95–99, 1991.

Kolb, B., R. J. Sutherland, A. J. Nonneman, I. Q. Whishaw. Asymmetry in the cerebral hemispheres of the rat, mouse, rabbit, and cat: The right hemisphere is larger. *Experimental Neurology* 78: 348–359, 1982.

Lansdell, H. A sex difference in effect of temporal-lobe neurosurgery on design preference. *Nature* 194: 852–854, 1962.

Levy, J. Possible basis for the evolution of lateral specialization of the human brain. *Nature* 224: 614–615, 1969.

Levy, J., T. Nagylaki. A model for the genetics of handedness. *Genetics* 72: 117–128, 1972.

MacCoby, E., C. Jacklin. *The Psychology of Sex Differences.* Stanford, Calif.: Stanford University Press, 1974.

McGlone, J. Sex differences in the cerebral organization of verbal function to patients with unilateral brain lesions. *Brain* 100: 775–793, 1977.

McGlone, J. Sex differences in human brain asymmetry: A critical survey. *Behavioral and Brain Sciences* 3: 215–263, 1980.

McKeever, W.F., H.W. Hoemann, V.A. Florina, A.D. van Deventer. Evidence of minimal cerebral asymmetries in the congenitally deaf. *Neuropsychologia* 14: 413–423, 1976.

MacNeilage, P.F., M.G. Studdert-Kennedy, B. Lindblom. Primate handedness reconsidered. *Behavioral and Brain Sciences* 10: 247–303, 1987.

MacNeilage, P.F., M.G. Studdert-Kennedy, B. Lindblom. Primate handedness: a foot in the door. *Behavioral and Brain Sciences* 11: 737–746, 1988.

Manning, A.A., W. Gobel, R. Markman, T. LaBrech. Lateral cerebral differences in the deaf in response to linguistic and nonlinguistic stimuli. *Brain and Language* 4: 309–321, 1977.

Moscovitch, M. The development of lateralization of language functions and its relation to cognitive and linguistic development: A review and some theoretical speculations. In: S.J. Segalowitz, F.A. Gruber (Hrsg.) *Language Development and Neurological Theory*. New York: Academic Press, 1977.

Netley, C. Dichotic listening of callosal agenesis and Turner's syndrome patients. In: S.J. Segalowitz, F.A. Gruber (Hrsg.) *Language Development and Neurological Theory*. New York: Academic Press, 1977.

Neville, H. Electroencephalographic testing of cerebral specialization in normal and congenitally deaf children: A preliminary report. In: S.J. Segalowitz, F.A. Gruber (Hrsg.) *Language Development and Neurological Theory.* New York: Academic Press, 1977.

Nottebohm, F. Brain pathways for vocal learning in birds: A review of the first 10 years. *Progress in Psychobiology and Physiological Psychology* 9: 85–124, 1980.

Obler, L.K., R.J. Zatoree, L. Galloway, Jr., J. Vaid. Cerebral lateralization in bilinguals: Methodological issues. *Brain and Language* 15: 40–54, 1982.

Peters, M. Corpus callosum. *Canadian Journal of Psychology* 42: 313–324, 1988.

Petersen, M.R., M.D. Beecher, S.R. Zoloth, D.B. Moody, W.C. Stebbins. Neural lateralization. Evidence from studies of the perception of species-specific vocalizations by Japanese macaques *(Macaca fuscata). Science* 202: 324–326, 1978.

Rapport, R.L., C.T. Tan, H.A. Whitaker. Language function and dysfunction among Chinese- and English-speaking polyglots: Cortical stimulation. Wada testing, and clinical studies. *Brain and Language* 18: 342–366, 1983.

Ratcliffe, G., C. Dila, L. Taylor, B. Milner. The morphological asymmetry of the hemispheres and cerebral dominance for speech: A possible relationship. *Brain and Language* 11: 87–98, 1980.

Stewart, J., B. Kolb. The effects of neonatal gonadectomy and prenatal stress on cortical thickness and asymmetry in rats. *Behavioral and Neural Biology* 49: 344–360, 1988.

Stewart, J., B. Kolb. Dendritic branching in cortical pyramidal cells in response to ovariectomy in adult female rats: Suppression by neonatal exposure to testosterone. *Brain Research* 1994.

Sugishita, M., K. Otomo, S. Kabe, K. Yunoki. A critical appraisal of neuropsychological correlates of Japanese ideogram (Kanji) and phonogram (Kana) reading. *Brain* 115: 1563–1585, 1992.

Thomas, H., W. Jamison, D.D. Hummel. Observation is insufficient for discovering that the surface of still water is invariantly horizontal. *Science* 191: 173–174, 1973.

Tzavaras, A., G. Kaprinis, A. Gatzoyas. Literacy and hemispheric specialization for language: Dichotic listening in illiterates. *Neuropsychologia* 19: 565–570, 1981.

Uyehara, J.M., W.C. Cooper, Jr. Hemispheric differences for verbal and nonverbal stimuli in Japanese- and English-speaking subjects assessed by Tsunoda's method. *Brain and Language* 10: 405–417, 1980.

Waber, D.P. Sex differences in cognition: A function of maturation rate. *Science* 192: 572–573, 1976.

Wada, J.A., R. Clarke, A. Hamm. Cerebral asymmetry in humans: Cortical speech zones in 100 adult and 100 infant brains. *Archives of Neurology* 32: 239–246, 1975.

Wahlsten, D., K.M. Bishop. Sex differences in the human corpus callosum. Unpublished manuscript, 1994.

Warren, J.M. Functional lateralization in the brain. *Annals of the New York Academy of Sciences* 299: 273–280, 1977.

Wechsler, A.F. Crossed aphasia in an illiterate dextral. *Brain and Language* 3: 164–172, 1976.

Witelson, S.F. Early hemisphere specialization and interhemispheric plasticity: An empirical and theoretical review. In: S.J. Segalowitz, F.A. Gruber (Hrsg.) *Language Development and Neurological Theory*. New York: Academic Press, 1977.

Witelson, S.F. The brain connection: The corpus callosum is larger in left-handers. *Science* 229: 665–668, 1985.

Witelson, S.F. Hand and sex differences in the isthmus and genu of the human corpus callosum. *Brain* 112: 799–835, 1989.

Witelson, S.F., C.H. Goldsmith. The relationship of hand preference to anatomy of the corpus callosum in men. *Brain Research* 545: 175–182, 1991.

Witelson, S.F., D.L. Kigar. Sylvian fissure morphology and asymmetry in men and women: Bilateral differences in relation to handedness in men. *Journal of Comparative Neurology* 323: 326–340, 1992.

Wittig, M. A., A. C. Petersen. *Sex-Related Differences in Cognitive Functioning*. New York: Academic Press, 1979.

Woolley, C. S., E. Gould, M. Frankfurt, B. S. McEwen. Naturally occurring fluctuation in dendritic spine density on adult hippocampal pyramidal neurons. *Journal of Neuroscience* 10: 4035–4039, 1990.

Yakovlev, P. I., P. Rakic. Patterns of decussation of bulbar pyramids and distribution of pyramidal tracts on two sides of the spinal cord. *Transactions of the American Neurological Association* 91: 366–367, 1966.

11

Der Occipitallappen

Über die Occipitallappen oder Hinterhauptslappen weiß man wahrscheinlich mehr als über jede andere Region des Cortex. Dies beruht hauptsächlich auf der Wichtigkeit des Sehsinns für den Menschen und dem entsprechend großen Interesse der Wissenschaftler an der Verarbeitung visueller Information im Gehirn. Ramon y Cajal unternahm um die Jahrhundertwende den wohl ersten Versuch einer Beschreibung der Organisation des visuellen Systems. Kurze Zeit später beschrieb Brodmann drei occipitale Regionen, die offensichtlich mit visuellen Funktionen betraut waren (seine Areae 17, 18 und 19), aber erst bei der Untersuchung von verletzten Soldaten im Ersten Weltkrieg gelangen die ersten wirklichen Fortschritte in bezug auf die funktionelle Organisation des visuellen Systems. In den letzten 20 Jahren sind wir mit unserem Verständnis der visuellen Verarbeitung sehr vorangekommen. Dies verdanken wir großenteils neuen histologischen und physiologischen Methoden sowie Ansätzen aus der Verhaltensforschung, die unsere Ansichten über die Funktion der occipitalen Regionen und des visuellen Systems ganz allgemein drastisch verändert haben. Einige der neuen Theorien sind immer noch Thema kontroverser Diskussionen, aber es scheint sich allmählich ein Konsensus bezüglich der generellen Prinzipien der occipitalen Organisation herauszubilden.

Dieses Kapitel konzentriert sich zwar auf die Occipitallappen, es besteht jedoch keine deutliche anatomische Trennung zwischen dem occipitalen, dem temporalen und dem parietalen Cortex. Obwohl das Sehen die einzige Funktion der Occipitallappen ist, erfüllen auch große Teile anderer Cortexareale visuelle Funktionen, die eng mit den occipitalen Regionen assoziiert sind (siehe Abbildung 8.12). Tatsächlich weiß man, daß im Primatengehirn den visuellen Funktionen ein größerer Teil des Cortex zukommt als allen anderen Aktivitäten. Felleman und van Essen zeigten, daß von den 32 Cortexarealen des Affengehirns mit visuellen Funktionen (der Affencortex besteht ihrer Einteilung zufolge aus insgesamt etwa 70 Arealen) nur neun tatsächlich im Occipitallappen liegen. Die Gesamtfläche der mit Sehen betrauten Regionen beträgt etwa 55 % der Cortexoberfläche, für die somatosensorischen und auditorischen Regionen sind es 11 beziehungsweise 3 %. Es ist interessant, daß nur ein so geringer Teil des Affencortex am Hören beteiligt ist. Dies spiegelt einen großen Unterschied zwischen dem Gehirn des Menschen und des Affen wider, denn bei uns nehmen die auditorischen Regionen weit mehr Raum ein (siehe Kapitel 6). Die Spekulation, es sei nicht überraschend, daß Affen mit einem so kleinen auditorischen Cortex nicht gut sprechen können, ist gar nicht so weit hergeholt!

Die Karte des Cortex von Felleman und van Essen illustriert auch eine weitere interessante Tatsache: Die normalerweise benutzte Nomenklatur der Cortexanatomie ist vergleichbar mit einem kalten Buffet, in dem die verschiedensten Häppchen angeboten werden. Einige der Areale werden noch immer gemäß der Brodmannschen Zahlen benannt, aber viele haben andere Namen, die bestenfalls aus ihrer charakteristischen Eigenart ableitbar sind. In diesem Zusammenhang ist allein wichtig zu erkennen, daß neben den Occipitallappen auch große Teile der Parietal- und Temporallappen visuelle Funktionen haben.

Anatomie der Occipitallappen

Die Occipitallappen bilden den hinteren Pol der beiden Großhirnhemisphären und liegen unterhalb des Hinterhauptbeins. An der medialen Oberfläche der Hemisphäre ist der Occipitallappen durch den Sulcus parieto-occipitalis vom Parietallappen getrennt (Abbildung 11.1). Es gibt im lateralen Bereich allerdings keine deutlichen anatomischen Grenzen zwischen dem occipitalen Cortex und dem temporalen oder parietalen Cortex, da das occipitale Gewebe mit den anderen Regionen verwoben ist. Das Fehlen augenfälliger Grenzlinien macht es schwierig, die Ausdehnung der occipitalen Regionen präzise zu definieren und hat schon zu einiger Verwirrung über die genauen Grenzen geführt. Die deutlichste Grenzlinie ist die Fissura calcarina, die einen Großteil des primären visu-

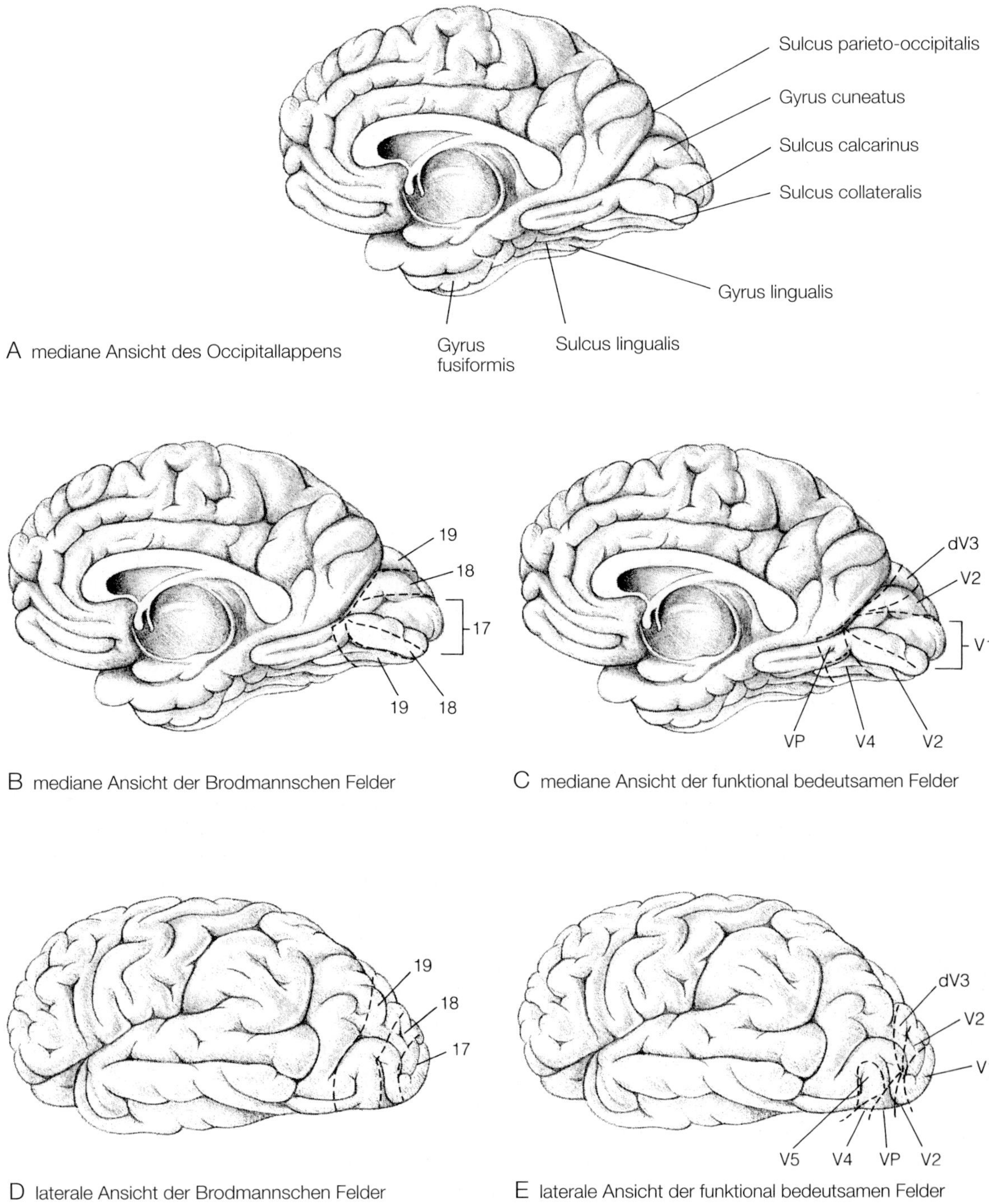

11.1 Grobe Anatomie des Occipitallappens. A. Medialansicht mit den wichtigsten Strukturen. B. Medialansicht der cytoarchitektonischen Felder nach Brodmann. C. Medialansicht funktionaler Felder. D. Lateralansicht der Brodmannschen Areale. E. Lateralansicht funktionaler Felder.

ellen Cortex enthält (Abbildung 11.1). Sie ist unter anderem deshalb interessant, weil sie die Repräsentationen der oberen und der unteren Hälfte des Gesichtsfeldes voneinander trennt, wie in Abbildung 6.5 gezeigt. Auf der ventralen Oberfläche der Hemisphäre befinden sich zwei Gyri (der Gyrus lingualis und der Gyrus fusiformis). Der Gyrus lingualis enthält Teile der Areae V2 und VP, während V4 im Gyrus fusiformis liegt (Abbildung 11.1).

Unterteilungen des occipitalen Cortex

Brodmann teilte den Occipitallappen ursprünglich in drei getrennte anatomische Regionen ein (Areae 17, 18 und 19), die bis vor kurzer Zeit als die visuellen Regionen des Cortex betrachtet wurden. Jüngere Studien mit bildgebenden, neueren physiologischen und anatomischen Verfahren haben weitaus feinere Unterteilungen erlaubt, wobei Area 17 jedoch noch immer als das primäre visuelle Feld verstanden und somit als V1 bezeichnet wird. Wir kennen heute mindestens sechs verschiedene occipitale Regionen: V1, V2, V3, V3A, V4 und V5 (Abbildung 11.2). Area V5 nennt man auch MT-Areal. Area V3 wird manchmal weiter in einen dorsalen (dV3) und einen ventralen (vV3 oder VP) Bereich unterteilt. Diese Unterteilung von V3 basiert auf der Beobachtung, daß die obere Gesichtsfeldhälfte in VP und die untere in dV3 repräsentiert wird. Previc hat vermutet, daß die oberen und unteren Bereiche von V3 verschiedene Funktionen erfüllen, wobei der obere Teil eher für visuelles Suchen und Erkennen, der untere für visuomotorische Aufgaben zuständig sein könnte. Dies ist ein interessantes Konzept, das, wenn es tatsächlich zutrifft, auch für andere visuelle Regionen gelten könnte.

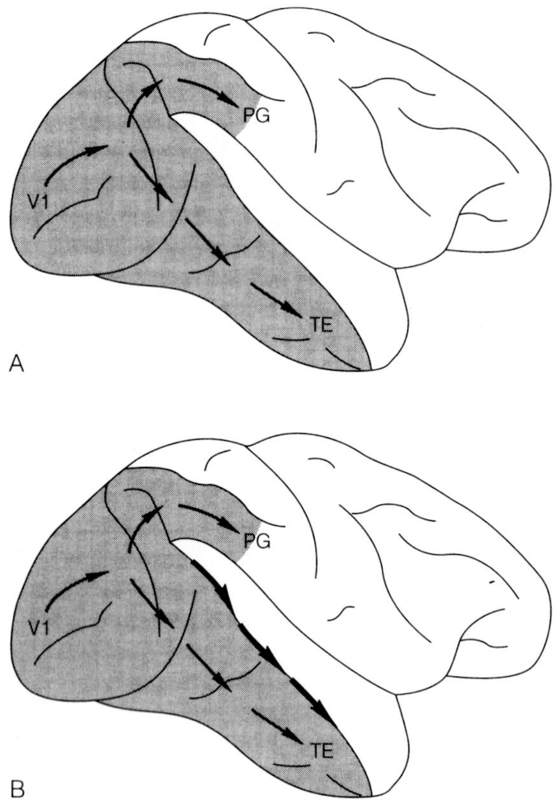

11.2 A. Ungerleider und Mishkins Vorstellung von zwei visuellen Informationsströmen, von denen der eine zur Area PG im parietalen Cortex zieht und der andere zur Area TE im temporalen Cortex. B. Boussaoud, Ungerleider und Desimones Vorstellung von einer dritten visuellen Bahn im Sulcus temporalis superior.

Eine der bemerkenswertesten Eigenschaften von V1 ist die komplexe geschichtete Organisation, die hier von allen Cortexarealen am deutlichsten ausgeprägt ist. Obwohl man normalerweise von sechs Cortexschichten spricht, sind in V1 weit mehr zu erkennen – unter anderem, weil die Schicht 4 wiederum in vier kleinere Schichten unterteilt ist. Überraschend ist auch, daß V1, obwohl es anatomisch betrachtet homogen erscheint, sich bei Anfärbung des Enzyms Cytochromoxidase (das bei der Bereitstellung von Energie für die Zellen eine wichtige Rolle spielt) als sehr heterogen erweist: Es gibt Regionen mit einem hohen Gehalt an Cytochromoxidase, die sogenannten Blobs, die durch Interblob-Regionen mit geringer Cytochromoxidase-Aktivität voneinander getrennt werden (siehe Abbildung 8.5). Es hat sich herausgestellt, daß die Zellen in den Blob-Regionen an der Farbwahrnehmung und die in den Interblob-Regionen an der Wahrnehmung von Form und Bewegung beteiligt sind. Die Entdeckung, daß Area V1 funktionell heterogen ist, kam überraschend, bedeutet sie doch, daß ein bestimmtes Cortexareal mehr als eine Funktion haben kann. Auch V2 erwies sich als heterogen in bezug auf den Gehalt an Cytochromoxidase, aber hier finden sich Streifen anstelle von Blobs (Abbildung 8.5). Eine Sorte von Streifen ist dünn, und diese Streifen werden daher als „dünne Streifen" bezeichnet; sie sind an der Farbwahrnehmung beteiligt. Zwei andere Typen von Streifen, die sogenannten „dicken Streifen" und die „blassen Streifen", spielen bei der Wahrnehmung von Form beziehungsweise Bewegung eine Rolle. Die Heterogenität, die wir in V1 beobachten und die Farbe, Form und Bewegung repräsentiert, ist also auch in V2 zu finden, wenn auch in leicht abgewandelter Organisation.

Beim Größenvergleich der verschiedenen visuellen Areale fanden Felleman und van Essen bis zu 50 Unterschieden. Die Areae V1 und V2 sind die größten und besetzen jeweils etwa 11 % der Gesamtfläche des Cortex. V4 ist das nächstkleinere mit etwa 5 %; die übrigen Regionen sind viel kleiner. Die verhältnismäßig große Ausdehnung von V1, V2 und V4 hängt vermutlich auf irgendeine Weise mit der Funktion dieser Regionen zusammen, wobei die Gemeinsamkeit der drei Areae die Farbwahrnehmung ist – eines der Schlüsselmerkmale des Sehens bei Primaten. Darüber hinaus spielen alle drei Areae eine Rolle beim Erkennen von Form.

Verknüpfungen des visuellen Cortex

In den späten sechziger Jahren war man sich darüber einig, daß der visuelle Cortex hierarchisch organisiert sei und die Information von Area 17 über Area 18 in Area 19 gelange. Man nahm an, daß jedes visuelle Areal die Verarbeitung durch das vorausgehende Areal um einige Schritte weiterführte. Heute wissen wir, daß diese Theorie einer simplen hierarchischen Organisation zu einfach war. Man glaubt inzwischen, daß die visuelle Information in einem über mehrere Regionen ausgedehnten, hierarchischen Vorgang verarbeitet wird, wobei auf jeder Ebene viele Parallelverbindungen existieren, wie in Abbildung 8.11 angedeutet. Es gibt immer noch eine Hierarchie, innerhalb derer bestehen jedoch auch zahlreiche parallele Verknüpfungen, die jeweils relativ separate Funktionen erfüllen. Die Details all dieser Verbindungen zwischen den occipitalen Feldern und von dort aus zu parietalen, temporalen und frontalen Regionen sind verwirrend, aber es lassen sich ein paar einfache Prinzipien herausfiltern (Abbildung 11.2). 1) V1 ist das übergeordnete Areal: es erhält zahlreiche Informationen vom Corpus geniculatum laterale des Thalamus und projiziert in alle anderen occipitalen Regionen. V1 ist die höchste Stufe in der Hierarchie. 2) V2 projiziert ebenfalls in alle anderen occipitalen Felder; es entspricht der zweiten Stufe. 3) Von V2 gehen drei getrennte parallele Bahnen aus, die zum parietalen Cortex, zum Sulcus temporalis superior und zum inferior-temporalen Cortex ziehen (Abbildung 11.2). Die parietale Bahn spielt bei der visuellen Bewegungssteuerung eine Rolle, die inferior-temporale Bahn ist mit der Wahrnehmung von Objekten (einschließlich Farbe) betraut, und die Bahn zum Sulcus temporalis superior ist wahrscheinlich für visuell-räumliche Funktionen von Bedeutung.

Eine Theorie zur Funktion des Occipitallappens

Wir haben gesehen, daß die Areae V1 und V2 funktionell heterogen sind; in beiden werden Farbe, Form und Bewegung getrennt verarbeitet. Die heterogenen Funktionen von V1 und V2 stehen im Gegensatz zu den Funktionen der nachgeordneten Areale. In gewissem Sinne scheinen V1 und V2 wie kleine Briefkästen zu funktionieren, in denen verschiedene Typen von Information zusammengestellt werden, bevor sie zu stärker spezialisierten visuellen Arealen verschickt werden. Von V1 und V2 gehen drei parallele Bahnen aus, die mit verschiedenen Attributen der visuellen Information befaßt sind (siehe Abbildung 11.4). Die Information aus den Blob-Regionen von Area V1 gelangt in Area V4, die man somit als ein Farb-Areal betrachten kann. Manche Zellen in V4 reagieren nicht ausschließlich auf Farbe, sondern außerdem auch noch auf Form. Der magnozelluläre Eingang zu V1 führt Faserverbindungen weiter zu V2 sowie zu Area V5, die auf die Verarbeitung von Bewegung spezialisiert ist. Schließlich gibt es einen Eingang zu V3, der mit der von Zeki benannten „dynamischen Form“ betraut ist – das heißt, der Form von sich bewegenden Objekten. Das Sehen beginnt also im primären Cortex (V1), der viele verschiedene Funktionen hat, und setzt sich in stärker spezialisierten Regionen fort. Es überrascht nicht, daß selektive Läsionen in den Areae V3, V4 und V5 recht spezifische Defizite in der visuellen Informationsverarbeitung zur Folge haben. Eine Schädigung in V4 führt dazu, daß die betroffene Person nur noch Grautöne sehen kann. Interessanterweise können solche Patienten nicht nur keine Farben mehr wahrnehmen, sondern sie vermögen sich auch nicht mehr an Farben zu erinnern, die sie vor der Verletzung wahrgenommen haben, oder sich Farben vorzustellen. Eine Schädigung von V4 führt also zu einem Verlust der Farb-Kognition oder der Fähigkeit, über Farben nachzudenken. In ähnlicher Weise führt eine Läsion in V5 zur Unfähigkeit, sich bewegende Objekte wahrzunehmen. Ruhende Objekte werden von den Betroffenen gesehen, aber sobald sie sich bewegen, verschwinden sie. Theoretisch würde eine Läsion in V3 die Formwahrnehmung beeinträchtigen, aber da V4 ebenfalls Form verarbeitet, wird die Formwahrnehmung erst infolge einer sehr großen Läsion von V3 und V4 vollständig ausgelöscht.

Eine der wichtigsten Beschränkungen der Funktion von V3, V4 und V5 besteht darin, daß sie alle recht viele Informationen von V1 erhalten. Patienten mit Läsionen in V1 verhalten sich, als wären sie blind, obwohl man zeigen kann, daß noch immer visuelle Informationen in höhere Ebenen gelangen können – teilweise über kleine Projektionen vom CGL nach V2 und teilweise über Projektionen vom Colliculus zum Thalamus (zum Pulvinar) oder zum Cortex (das in Kapitel 6 beschriebene tectopulvinare System). Das Problem von Menschen mit Schädigungen in V1 ist, daß sie sich der visuellen Information nicht bewußt sind; daher kann man nur mit besonderen Testverfahren nachweisen, daß unter diesen Bedingungen tatsächlich einige Aspekte des Sehens noch funktionieren. So antworten Patienten mit Läsionen in V1 auf die Frage, was sie sehen, oft mit „nichts“, reagieren aber auf auf bestimmte visuelle Reize, was zeigt, daß sie in Wirklichkeit doch etwas „sehen“ können. V1 scheint also noch in einem anderen Sinne für das Sehen essentiell zu sein: V1 bringt anscheinend das, was die spezialisierteren Regionen tun, in einen sinnvollen Zusammenhang. Es gibt jedoch auch Berichte über Personen mit beachtlichen Schädigungen der V1-Region, die visuelle Informationen zum Teil auch bewußt wahrnehmen, so zum Beispiel Bewegung. Burbur und seine Mitarbeiter schlugen vor, daß diese Wahrnehmung durch die Funktionsfähigkeit von V3 ermöglicht werden, aber dies ist bislang noch hypothetisch.

Visuelle Funktionen, die über die des Occipitallappens hinausgehen

Die Verarbeitung visueller Informationen endet nicht in den sekundären visuellen Areae V3, V4 und V5. Es gibt zahlreiche visuelle Regionen in den Parietal-, Temporal- und Frontallappen (siehe Abbildung 8.14). Nicht von allen diesen zusätzlichen visuellen Regionen kennt man bereits die Funktion, aber man kann darüber spekulieren. Hierzu unterteilen wir die visuellen Phänomene in fünf Kategorien: Sehen für Bewegung, Bewegung zum Sehen, visuelles Erkennen, visuelles Raumempfinden und visuelle Aufmerksamkeit.

Sehen für Bewegung bezieht sich auf die visuelle Verarbeitung, die für die Steuerung spezifischer Bewegungen notwendig ist. Wenn wir zum Beispiel nach einer Tasse greifen, nehmen unsere Finger eine bestimmte Stellung ein, die uns das Festhalten der Tasse erlauben. Diese Bewegung wird ganz offensichtlich visuell gesteuert, denn wir müssen unsere Fingerhaltung dabei nicht bewußt verändern. Neben den Systemen für die Steuerung der Greifbewegung muß es auch visuelle Regionen geben, die andere Arten der Bewegung kontrollieren, wie etwa Bewegungen der Augen, des Kopfes und des ganzen Körpers. Ein einziges System könnte nicht alle diese Bewegungen steuern, da die Anforderungen dabei sehr unterschiedlich sind. Das Ergreifen eines Gummibärchens erfordert eine ganz andere Art der motorischen Kontrolle als das Ducken vor einem heranfliegenden Schneeball, aber beide Bewegungen werden visuell gesteuert. Außerdem muß das Sehen zur Steuerung eigener Bewegungen auf Bewegungen des Zielobjekts reagieren. Das Fangen eines Balles zum Beispiel erfordert spezifische Informationen über seine augenblickliche Position, Flugbahn, Geschwindigkeit und Form. Man nimmt an, daß das Sehen für die Bewegungssteuerung eine Funktion der parietalen visuellen Areale ist.

Bewegung zum Sehen ist eher ein *top down*-Vorgang, bei dem ein Betrachter aktiv nach einem bestimmten Aspekt des Zielobjekts sucht und seine Aufmerksamkeit gezielt darauf richtet (Abbildung 11.3). Wenn wir einen visuellen Stimulus betrachten, starren wir ihn nicht einfach an; vielmehr tasten wir ihn mit zahlreichen Augenbewegungen ab. Diese sind nicht zufällig, sondern kreisen um wichtige oder herausragende Merkmale des Stimulus. Wenn wir zum Beispiel ein Gesicht betrachten, bewegen sich unsere Augen sehr oft zu denen unseres Gegenübers und zu seinem Mund. Interessanterweise richtet sich unser Blick dabei häufiger in unsere linke Gesichtsfeldhälfte (also auf die rechte Hälfte des betrachteten Gesichts) als in die rechte. Diese Bevorzugung könnte speziell für die Verarbeitung von Gesichtern wichtig sein, da sie beim Betrachten anderer Stimuli nicht auftritt. Menschen mit Defiziten in der Bewegung zum Zwecke des Sehens haben mit hoher Wahrscheinlichkeit auch signifikante Schwächen in der visuellen Wahrnehmung, obwohl man das noch nicht systematisch untersucht hat. Weiterhin bemerkenswert ist, daß wir oft unsere Augen bewegen, wenn wir über bestimmte Arten von visueller Information nachdenken. So führen Versuchspersonen, die im Geiste einen Gegenstand rotieren lassen sollen, um einfache Fragen zu dessen Erscheinungsbild zu beantworten, gewöhnlich viele Augenbewegungen aus, und zwar insbesondere zur linken Seite hin. Auch wenn Personen Dinge im Dunkeln tun, etwa einen Film in eine Entwicklerspule drehen, bewegen sie heftig die Augen. Interessanterweise enden diese Bewegungen, sobald sie die Augen schließen. Viele Dinge scheinen im Dunkeln tatsächlich einfacher zu sein, wenn die Augen geschlossen sind. Da wir im

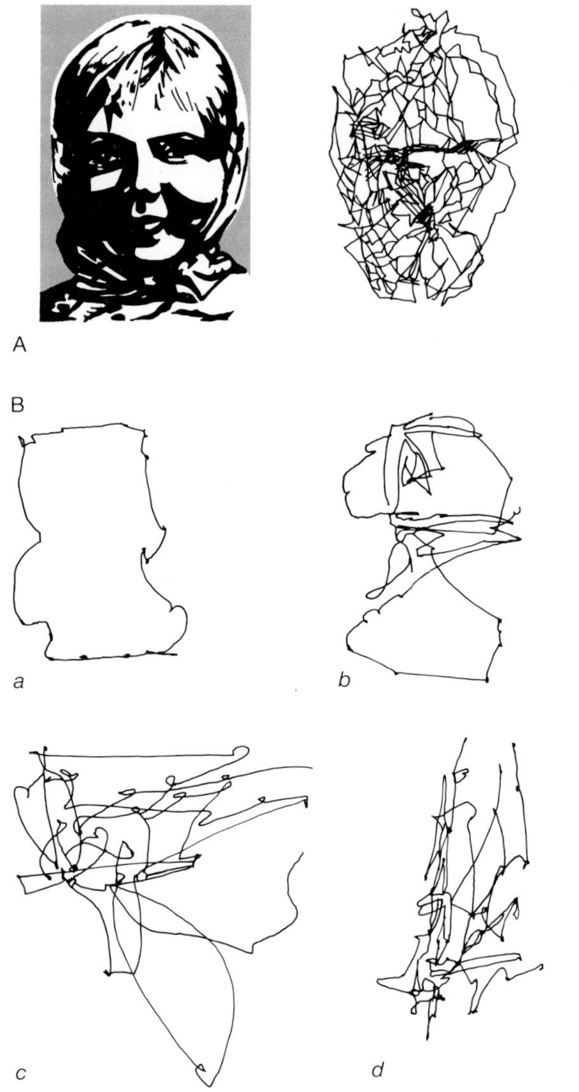

11.3 Augenbewegungen während der visuellen Abtastung eines Reizes. A. Die Augenbewegungen einer gesunden Versuchsperson konzentrieren sich auf markante Merkmale des Gesichts (Augen, Nase, Mund). Die Blicke richten sich insgesamt eher auf die linke Seite der Photographie als auf die rechte. B. Die Augenbewegungen einer gesunden Versuchsperson, die eine Kugel (a) und eine Büste (b) betrachtet. Die Bildteile c und d zeigen die Augenbewegungen einer agnostischen Person, welche die gleichen Gegenstände betrachtet. Man beachte die zufälligen Augenbewegungen bei der agnostischen Person. (Aus Luria, A. R. *The Working Brain*. (Copyright 1973) Copyright-Agentur der ehemaligen UdSSR. Nachdruck mit Genehmigung.)

Dunkeln auf taktile Reize angewiesen sind, kommt es möglicherweise zu Störungen durch das visuelle System, solange die Augen geöffnet sind.

Visuelles Erkennen bezieht sich auf die Fähigkeit, visuelle Informationen zu erkennen und zu verstehen. So können wir zum Beispiel bestimmte Gesichter erkennen und verschiedene Formen des Gesichtsausdrucks unterscheiden und interpretieren. In ähnlicher Weise vermögen wir Buchstaben oder Symbole zu erkennen und ihnen eine Bedeutung zuzuordnen. Wir können verschiedene Nahrungsmittel, Werkzeuge, Körperteile und so weiter identifizieren. Es ist nicht zu erwarten, daß wir für jede Kategorie visueller Information eigene visuelle Regionen besitzen, aber es gibt vermutlich zumindest eine gewisse Spezialisierung für biologisch wichtige Informationen, wie etwa für Gesichter. Tatsächlich existieren Zellen im temporalen Cortex, die offenbar spezifisch auf Gesichter oder Hände reagieren. Auf das visuelle Erkennen spezialisiert sind die visuellen Regionen in den Temporallappen.

Das visuelle Raumempfinden basiert auf der Tatsache, daß visuelle Informationen von bestimmten Orten im Raum stammen. Diese Informationen werden benötigt, um Bewegungen zu Objekten im Raum hin auszurichten und diesen eine Bedeutung zuzuordnen. Die Raumposition ist jedoch kein einheitliches Merkmal: Objekte haben eine bestimmte Position relativ zu einem Individuum (egozentrischer Raum) und relativ zueinander (allozentrischer Raum). Die Position des Objekts im egozentrischen Raum ist für die Steuerung von Bewegungen zu diesem Objekt hin wichtig. Es ist daher wahrscheinlich, daß diese Eigenschaften in Systemen codiert werden, die mit dem Sehen zur Bewegungskontrolle zu tun haben. Die allozentrischen Eigenschaften eines Objekts sind dagegen zur Ausbildung jeder Art von Gedächtnis für die räumliche Position notwendig. Eine Schlüsseleigenschaft der allozentrischen Raumcodierung ist ihre Abhängigkeit von der Identität bestimmter Merkmale der Umgebung. Sie hängt daher wahrscheinlich mit den am visuellen Erkennen beteiligten Regionen zusammen. Es laufen also vermutlich sowohl in parietalen wie auch in temporalen visuellen Regionen räumliche Verarbeitungsprozesse ab, die jedoch sehr unterschiedliche Funktionen haben.

Visuelle Bahnen außerhalb des Occipitallappens

1982 schlugen Ungerleider und Mishkin vor, daß es über die Occipitallappen hinausgehend zwei große Verarbeitungsbahnen für visuelle Informationen gibt. Eine erste, dorsale Bahn verläuft von V1 zu den parietalen visuellen Regionen. Dieses System ist hauptsächlich damit befaßt, *wo* die visuelle Information im Raum lokalisiert ist. Eine zweite, ventrale Bahn zieht von V1 zu den temporalen visuellen Feldern (Abbildung 11.2). Diese befaßt sich damit, um *was* es sich bei der visuellen Information handelt. Dieser Vorschlag von Ungerleider und Mishkin war sehr einflußreich und schien durch eine Vielzahl von anatomischen und Verhaltensbeobachtungen bestätigt zu werden. Es gibt kaum Zweifel daran, daß Menschen und Affen mit Läsionen im Parietallappen Schwierigkeiten haben, die Bewegungen ihrer Augen oder Gliedmaßen auf bestimmte Punkte im Raum hin zu richten. Ebenfalls steht außer Frage, daß eine Schädigung des Temporallappens zu Defiziten im visuellen Erkennen und visuellen Lernen führt. Kürzlich haben Milner und Goodale jedoch eine signifikante Modifikation des Modells von Ungerleider und Mishkin gefordert.

Milner und Goodale argumentieren, daß das „Wo-Was"-Modell zwar oberflächlich betrachtet sehr reizvoll ist, es jedoch neue Hinweise aus Verhaltensbeobachtungen zur Verarbeitung in der dorsalen Bahn nicht erklären könne. Ihr Vorschlag basierte auf Beobachtungen an einer Patientin, die zwar blind war, aber dennoch ihre Hände und Finger korrekt formen konnte, wenn sie nach bestimmten Gegenständen greifen sollte. Ihre dorsale Verarbeitungsbahn war offensichtlich intakt, da sie „unbewußt" die Position, Größe und Form der Objekte erkennen konnte. Demgegenüber erklärten Patienten mit Schädigungen in der dorsalen Bahn, Objekte bewußt sehen zu können, sie konnten sie jedoch nicht ergreifen oder die Hand in der dazu notwendigen Weise formen. Goodale und Milner schlagen daher vor, das dorsale System nicht als ein reines „Wo"-System zu betrachten, sondern vielmehr als eine Gruppe von mehreren Systemen für die simultane visuelle Kontrolle von Bewegung. Ihre Argumentation basiert auf mehreren Indizien. Zunächst besteht das hervorstechende Merkmal der Neuronen in posterior-parietalen Regionen darin, daß sie während einer Kombination aus visueller Stimulation und damit verbundenem Verhalten aktiv sind. Zum Beispiel sind manche Zellen nur aktiv, wenn ein Affe nach einem ganz bestimmten Gegenstand greift. Das einfache Betrachten des Objekts ohne gleichzeitige Bewegung aktiviert diese Neuronen nicht. Diese „visuellen" Neuronen sind also insofern einzigartig, als sie nur dann aktiv werden, wenn das Gehirn auf eine visuelle Information hin tatsächlich eine Bewegung initiiert. Goodale und Milner schlagen deshalb vor, daß diese Neuronen als Schaltstelle zwischen der Analyse der visuellen Umgebung und der motorischen Handlung in dieser Umgebung fungieren. Natürlich haben die Anforderungen durch eine Bewegung wichtige Implikationen für die Art der Informationen, die zum parietalen Cortex gesendet werden müssen. Hierzu zählen Informationen über die Form, Bewegung und Position eines Gegenstandes. Wahrscheinlich werden alle drei visuellen Eigenschaften separat codiert, und es existieren daher mindestens drei getrennte Informationsströme von V1 zum parietalen Cortex (Abbildung 11.4). Einer zieht von V1 über V5 in den Parietallappen, ein zweiter von V1 über V3 und V3A, und ein dritter von V1 über V2. Diese drei Bahnen müssen funktionell unterscheidbar sein. Schließlich argumentieren Goodale und Milner, daß die meisten der visuellen Beeinträchtigungen, die mit Läsionen im parietalen Cortex zusammenhängen, die Visuomotorik oder die Orientierung betreffen. (Wir werden darauf im nächsten Kapitel zurückkommen.)

Das Modell von Goodale und Milner ist also ein neues Konzept, um die funktionelle Trennung zwischen den dorsa-

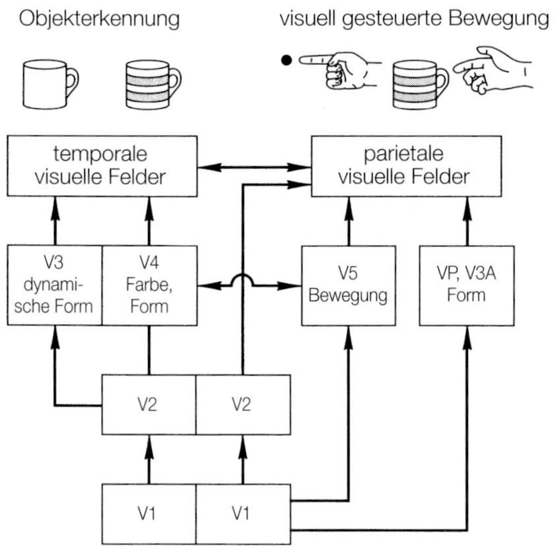

11.4 Die wichtigsten Bahnen der beiden separaten visuellen Informationsströme. V1 und V2 ziehen zu V3, V3A, V4 und V5, die ihrerseits zu temporalen oder parietalen visuellen Feldern projizieren. (Nach Goodale, 1993).

len und ventralen Bahnen der visuellen Verarbeitung zu beschreiben. Allerdings ist noch ein weiterer Punkt hinzuzufügen: Man nimmt heute an, daß es neben dem dorsalen und dem ventralen noch ein drittes System der visuellen Verarbeitung gibt. Diese dritte Bahn hat ihren Ursprung in Strukturen, die sowohl mit den parietalen als auch mit den temporalen Bahnen assoziiert sind, und zieht in eine Region des Temporallappens, die im Sulcus temporalis superior (STS) verborgen liegt (Abbildung 11.2). Diese Region ist durch polysensorische Neuronen charakterisiert, das heißt durch Neuronen, die sowohl auf visuelle als auch auf auditorische beziehungsweise somatosensorische Informationen reagieren. Die Funktion dieser dritten Bahn ist derzeit noch unklar, aber die Wechselwirkung der parietalen und temporalen Informationsströme im STS legt eine gewisse Interaktion zwischen den „Bewegungs“- und den „Erkennungs“-Bahnen nahe.

PET-Untersuchungen der dorsalen und ventralen Bahnen

Regionen, die mit bestimmten visuellen Vorgängen assoziiert sind, lassen sich identifizieren, indem man die regionale Durchblutung im Gehirn während der Durchführung visueller Aufgaben mißt. Ungerleider und Haxby haben die Ergebnisse einiger solcher Untersuchungen zusammengestellt (Abbildung 11.5). In den Untersuchungen von Haxby und Kollegen sollten die Versuchspersonen zwei Aufgaben durchführen. Erstens sollten sie zeigen, welches von zwei präsentierten Gesichtern mit einem dritten identisch war. Und zweitens sollten sie erkennen, welcher von zwei visuellen Stimuli einen Punkt (oder ein Quadrat) an derselben Stelle hat wie ein dritter Stimulus. Die Ergebnisse zeigten eine Aktivierung temporaler Regionen bei der Aufgabe mit den Gesichtern und eine Akti-

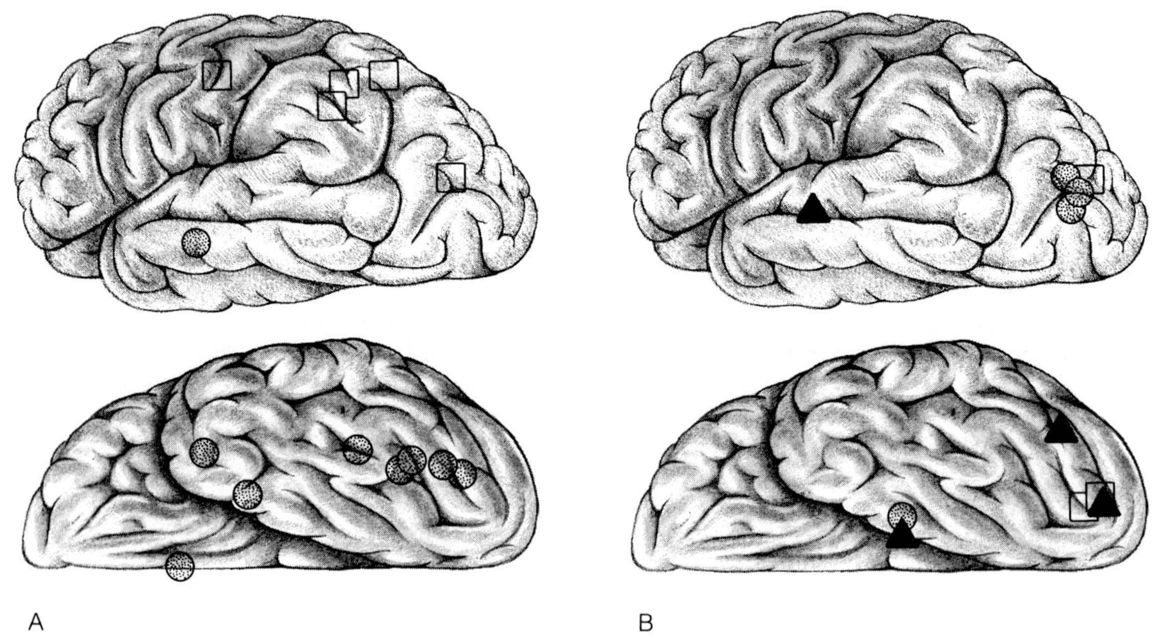

11.5 A. Zusammenfassung einiger Ergebnisse von PET-Studien, die eine selektive Aktivierung bestimmter Cortexregionen bei Aufgaben zur Gesichtererkennung (Kreise) beziehungsweise zum Raumempfinden (Quadrate) zeigen. B. Selektive Aktivierung von Feldern, die an der Wahrnehmung von Farbe (Quadrate), Bewegung (Kreise) und Form (Dreiecke) beteiligt sind. (Nach Ungerleider und Haxby, 1994).

vierung posterior-parietaler Regionen bei der Lokalisierungsaufgabe. Darüber hinaus war bei letzterer auch eine Aktivierung frontaler Areale zu beobachten, was die Hypothese unterstützt, daß der Frontallappen bei bestimmten Aspekten der visuellen Verarbeitung eine Rolle spielt. Eine Schwierigkeit bei der Interpretation der Lokalisierungsaufgaben ist, daß die Versuchspersonen ihre Augen bewegen müssen; hierzu ist eine Aktivierung von Regionen in der dorsalen Bahn notwendig, so daß nicht klar ist, ob die im Parietallappen beobachtete Aktivität auf die räumliche oder die Bewegungskomponente zurückgeht. Eine wichtige Aussage ist jedoch, daß an den beiden Aufgaben verschiedene Regionen beteiligt sind. Eine ähnliche Trennung ist bei der Verarbeitung von Bewegung, Farbe, und Form zu beobachten (Abbildung 11.5B). Das Erkennen von Bewegung aktiviert Regionen in der Nachbarschaft von V5, während beim Erkennen von Form Bereiche entlang des Sulcus temporalis superior und im ventralen Teil des Temporallappens aktiv werden. Die Wahrnehmung von Farbe geht mit einer Aktivierung im Bereich des Gyrus lingualis einher, wo sich Area V4 befindet. Bei einer Studie war auch eine Aktivierung einer lateralen Region des Occipitallappens zu beobachten, die jedoch vor dem Hintergrund von Läsionsstudien schwierig zu interpretieren ist. Bei dieser Studie war eine besondere Aufmerksamkeit notwendig, was bei der Interpretation der erwähnten Aktivierung zu bedenken ist.

Alles in allem passen die Ergebnisse der Durchblutungsuntersuchungen bei gesunden Versuchspersonen zu dem allgemeinen Konzept zweier getrennter Bahnen – einer zum Parietallappen und einer zum Temporallappen führenden. Außerdem erfüllen die verschiedenen temporalen und occipitalen Regionen eindeutig getrennte visuelle Funktionen.

Störungen der visuellen Bahnen

Obwohl wir bereits auf die Auswirkungen spezifischer Läsionen des Cortex hingewiesen haben, gibt es auch viele Syndrome, die auf einer Schädigung der visuellen Bahnen zwischen der Retina und dem Cortex beruhen (Abbildung 11.6).

Die Zerstörung der Retina oder des Sehnervs eines Auges führt zu einer **monokularen Blindheit**, das heißt zum Sehverlust eines Auges. Eine Läsion im Kernbereich des Chiasma opticum zerstört die kreuzenden Fasern und führt zu einer **bitemporalen Hemianopsie**, das heißt zum Verlust des Sehens in beiden temporalen Halbfeldern. Die Zerstörung des lateralen Teils der Sehbahnkreuzung induziert einen Ausfall im nasalen Gesichtsfeld; man spricht von **nasaler Hemianopsie**. Eine vollständige Durchtrennung des Tractus opticus, ein Verlust des Corpus geniculatum laterale oder ein Ausfall der Area V1 verursacht eine **homonyme Hemianopsie**. Darunter versteht man die Blindheit in einem Gesichtsfeld. Handelt es sich um eine partielle Läsion (so wie dies oft der Fall ist), kommt es zu einer **Quadrantenanopsie**, bei der nur ein Teil des Gesichtsfeldes verlorengeht (Abbildungen 11.5 und 11.7). Läsionen im Occipitallappen verschonen häufig den zentralen Teil des Gesichtsfeldes, die Macula. Die einleuchtendste Erklärung für das **Aussparen der Macula** be-

11.6 Visuelle Ausfälle nach einer Verletzung in verschiedenen Ebenen des visuellen Systems (bezeichnet durch Zahlen). Die dunklere Region des jeweiligen Gesichtsfeldes bezeichnet ein blindes Gebiet. (Nach Curtis 1972.)

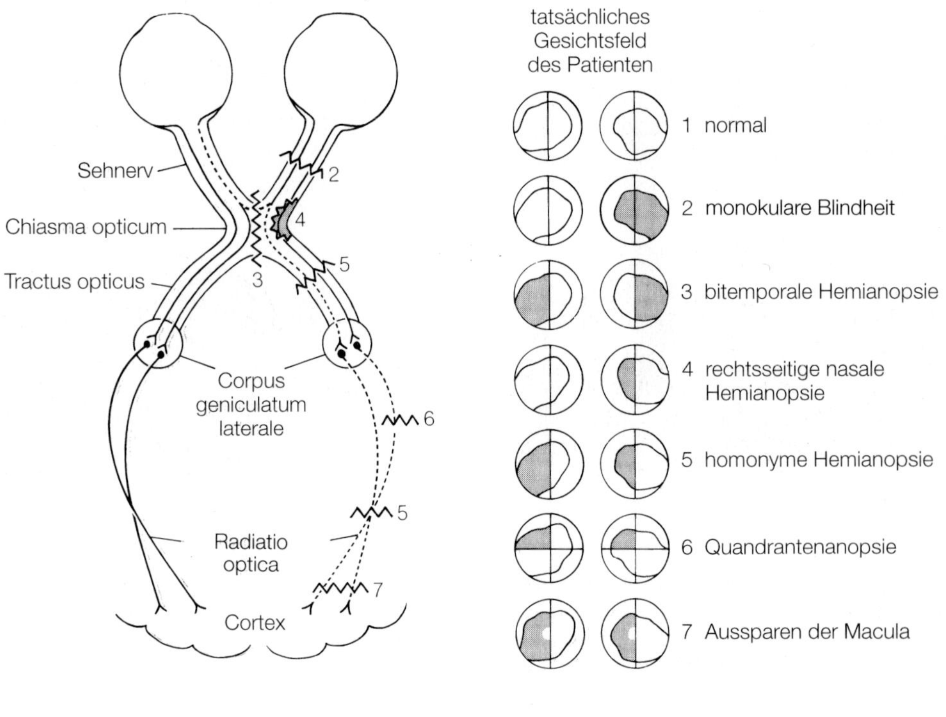

steht darin, daß diese Region sowohl von der mittleren als auch von der hinteren Hirnarterie versorgt und damit widerstandsfähiger gegenüber großen Hemisphärenläsionen wird. Ein Grund wird auch darin gesehen, daß die Fovearegion der Retina auf beide Hemisphären projiziert, so daß auch dann, wenn der Occipitallappen einer Hemisphäre zerstört ist, die Projektionen der Fovea auf den anderen Occipitallappen erhalten bleiben. Die zuerst genannte Erklärung ist die plausiblere. Der Erhalt maculären Sehens hilft, Läsionen im Tractus opticus oder Thalamus von solchen im Cortex zu trennen, denn das Sehen im Maculabereich bleibt gewöhnlich nur nach großen Läsionen im visuellen Cortex intakt. Das ist aber nicht immer der Fall, so daß viele Personen mit Läsionen im visuellen Cortex einen vollständigen Sehverlust in einem Viertel oder in einer Hälfte der Fovea aufweisen.

Kleine Läsionen im Occipitallappen führen oft zu **Scotomen**. Das sind kleine blinde Flecken im Gesichtsfeld (Abbildung 11.7). Ein Merkmal dieser Ausfälle besteht darin, daß die Betroffenen sich ihrer oft überhaupt nicht bewußt sind. Dies ist auf den **Nystagmus**, also auf die ständigen kleinen unwillkürlichen Augenbewegungen, welche die Lücken „ausfüllen", zurückzuführen. Da die Augen normalerweise dauernd in Bewegung sind, verändert sich die Lage des Scotoms im Gesichtsfeld ständig. Das erlaubt dem Gehirn, alle Informationen aus dem Gesichtsfeld aufzunehmen. Werden die Augen in Ruhestellung gebracht, so ergänzt das visuelle System Objekte, Gesichter und so weiter. Aus genau dem gleichen Grund nehmen wir unseren blinden Fleck nicht wahr. Das visuelle System kann ein Scotom so vollständig kompensieren, daß dieses nur nachgewiesen werden kann, indem man das visuelle System eines Patienten „täuscht". Dazu werden Objekte vollständig in das Scotom „hineinversetzt", und dem Patienten werden keine Augenbewegungen erlaubt. Danach fragt man, um welches Objekt es sich handelt. Erwidert der Patient, es sei gar kein Objekt vorhanden, dann bewegt der Versuchsleiter das Objekt aus dem Scotombereich hinaus, bis es plötzlich in einer intakten Region des Gesichtsfeldes erscheint, womit die Existenz einer blinden Region bewiesen ist. Ein ähnliches Phänomen kann man am eigenen blinden Fleck vorführen: Schließen Sie ein Auge und blicken sie dabei auf eine Stelle am anderen Ende des Zimmers. Gleichzeitig bewegen Sie einen kleinen Gegenstand (Watte-

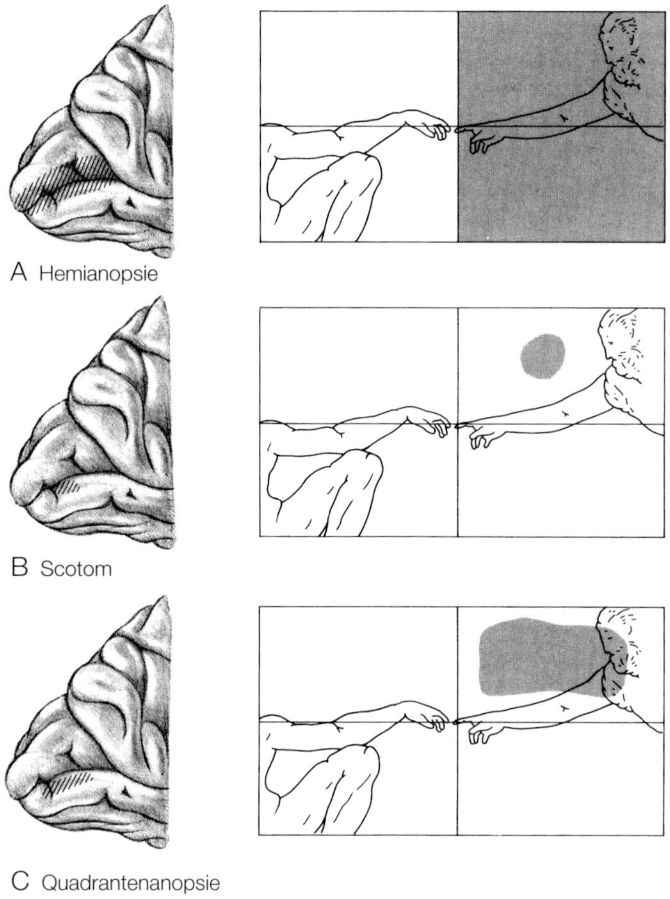

11.7 Folgen von Läsionen in V1. Die schattierten Flächen zeigen die Region der visuellen Ausfälle an. A. Auswirkungen einer kompletten Läsion von V1 in der linken Hemisphäre. Es besteht eine Hemianopsie der rechten Gesichtsfeldhälfte. B. Eine kleinere Läsion am unteren Rand der Fissura calcarina. Sie führt zu einem Scotom. C. Eine größere Läsion am unteren Rand der Fissura calcarina resultiert in einem größeren Scotom, das den größten Teil des oberen rechten Gesichtsfeldquadranten betrifft.

stäbchen) mit gestrecktem Arm von der angepeilten Stelle aus exakt horizontal nach rechts. Wenn er Ihren blinden Fleck erreicht (etwa 18° seitlich vom Fixpunkt), wird er ganz oder teilweise verschwinden. Sie können nun den Wattestab langsam durch den blinden Fleck bewegen, und er kommt dann plötzlich an dessen anderer Seite wieder zum Vorschein.

Störungen der Cortexfunktionen

Die Erforschung selektiver Störungen der visuellen Funktionen ist kaum möglich und meist auf Fallstudien beschränkt. Der Grund hierfür ist, daß natürliche Läsionen sich selten an die Grenzen bestimmter Areae halten. Um ein Gefühl für die spezifischen Symptome einer Verletzung des visuellen Cortex zu vermitteln, stellen wir hier einige Fallbeispiele vor, die unterschiedliche Symptome und eine unterschiedliche Pathologie aufweisen. Wir beginnen mit einer Schädigung von V1 und folgen anschließend der Hierarchie zu übergeordneten Arealen und komplexeren visuellen Störungen.

Der Fall B. K.: Schädigung von V1 und Scotom

Eines Morgens wachte B. K. auf und stellte plötzlich fest, daß er im linken Gesichtsfeld eine Hemianopie hatte.

Da er bereits eine lange Krankheitsgeschichte klassischer Migräne vorweisen konnte, in welcher die Aura fast immer im linken Gesichtsfeld lag, hatte er wahrscheinlich einen migränebedingten Schlaganfall erlitten. Innerhalb weniger Stunden erlangte er seine Sehfähigkeit im unteren Anteil des Feldes zurück, nicht aber im oberen Quadranten. Ein Computertomogramm (Abbildung 11.8) zeigte ganz deutlich einen Infarkt in der rechten Occipitalregion an. Das Ausmaß eines Gesichtsfelddefektes wird normalerweise durch *perimetrische Messungen* festgestellt. Mit dieser standardisierten Methode erfaßt man das Ausmaß eines Gesichtsfelddefektes, indem die Person einen schwarzen Punkt im Zentrum einer großen weißen Halbkugel fixiert. Nun wird ein kleiner Lichtpunkt durch das Feld geführt. Die Versuchsperson wird aufgefordert

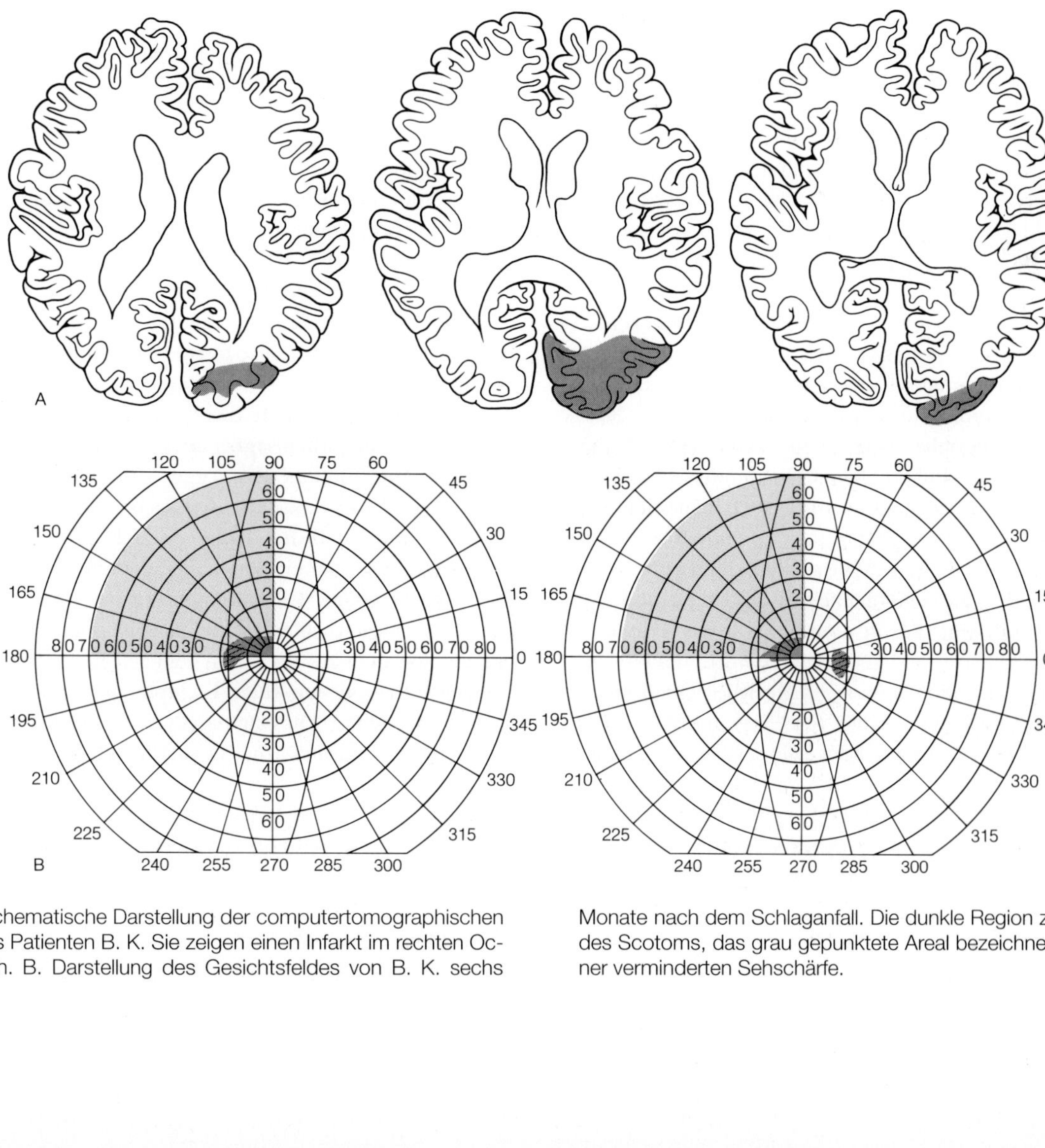

11.8 A. Schematische Darstellung der computertomographischen Befunde des Patienten B. K. Sie zeigen einen Infarkt im rechten Occipitalbereich. B. Darstellung des Gesichtsfeldes von B. K. sechs Monate nach dem Schlaganfall. Die dunkle Region zeigt das Gebiet des Scotoms, das grau gepunktete Areal bezeichnet das Gebiet einer verminderten Sehschärfe.

zu sagen, wann sie den Punkt sieht. Helligkeit und Größe des Lichtpunktes können variiert werden, wodurch sich die Schwierigkeit der Aufgabe verändert. Die Antworten der Versuchsperson erlauben es, das Gebiet der „Blindheit" auf einer schematischen Darstellung des Gesichtsfeldes einzuzeichnen (Abbildung 11.8). Die Größe des Gesichtsfeldes wird durch den Winkelgrad angegeben. Für B. K. umfaßte das Gebiet der völligen Blindheit, also der Unfähigkeit, im Test irgendein Licht zu erkennen, 6° entlang des vertikalen und ungefähr 15° lateral entlang des horizontalen Meridians. Das Gebiet über diesem Bereich im linken oberen Quadranten war auch nicht normalsichtig, da weniger helles Licht dort nicht wahrgenommen wurde.

Am besten läßt sich der visuelle Defekt anhand seiner Entwicklung nach dem Schlaganfall beschreiben. In den ersten zwei bis drei Tagen erschien der linke obere Quadrant dunkel, etwa so, als sei ein Stück Rauchglas vor das Auge geschoben worden, das nun die Sicht blockiert. Am vierten Tag verschwand diese Dunkelheit und wurde durch ein Phänomen abgelöst, das man als „visuelles Rauschen" oder auch als *Scintillationsscotom* bezeichnet. Diese Störung ähnelt einem Fernsehbild auf einem freien Kanal, das mit farbigem „Schnee" rauscht. Ungefähr zur gleichen Zeit sah B. K. in diesem Feld erstmals wieder Bewegungen. Sie erschienen zunächst als eine Art Wanderwellen, wie kleine wellenförmige Bewegungen auf einem Teich. Form oder Muster konnte er nicht wahrnehmen. Ein seltsames Phänomen stellte B. K. zum ersten Mal vier Tage nach dem Schlaganfall fest: Bewegte man einen Lichtreiz im blinden Feld, wurde er erst erkannt, nachdem er in einen anderen Gesichtsfeldquadranten gelangte. B. K. war sich aber immer bewußt, daß das Licht bereits im blinden Feld gewesen war, und er konnte sogar genau sagen, wo es das blinde Feld tangiert hatte. Anders ausgedrückt, er nahm eine Ortsbestimmung vor, ohne wahrzunehmen, was an diesem Ort vorging. (Dieses Phänomen bezeichnet man auch als Blindsehen. Es wird im Zusammenhang mit dem Fall D. B. näher erläutert.) Im Laufe der folgenden vier bis sechs Monate schrumpfte das blinde Areal etwas; die Sehgenauigkeit in der Peripherie nahm zu. Dennoch blieb die Formwahrnehmung im linken oberen Quadranten außerhalb des Scotoms nach wie vor beeinträchtigt. Noch heute liegt ein Scintillationsscotom vor („Farbrauschen"), das sich seit den ersten Tagen nach dem Schlaganfall wenig verändert hat.

Diese von B. K. wahrgenommenen visuellen Phänomene lassen darauf schließen, daß in einem Areal des primären visuellen Cortex ein vollständiger Zelltod eingetreten ist. Die eingeschränkte Formwahrnehmung im Rest des Quadranten beruht vermutlich auf einem Verlust von einigen, jedoch nicht allen Neuronen in V1. Möglicherweise reagieren manche Zelltypen auf Sauerstoffmangel (Ischämie) besonders empfindlich. Die Beobachtungen von B. K. zeigen auch, daß der sekundäre visuelle Cortex noch funktionstüchtig ist, weil – auch wenn die Formwahrnehmung fehlt – die Farbwahrnehmung vorhanden ist. B. K. kann also die Farben von Objekten genau wahrnehmen, obwohl er die Objekte nicht zu identifizieren vermag. Kurzsichtige Menschen machen ähnliche Erfahrungen. Sie nehmen die Farben von Objekten oder Lichtreizen wahr, während deren Form nicht erkennbar ist. Der Schlaganfall von B. K. veranschaulicht, daß es zumindest vier voneinander unabhängige visuelle Funktionen gibt, nämlich die Formwahrnehmung (die ihm fehlt), die Farbwahrnehmung, die Bewegungswahrnehmung und die Ortsbestimmung.

Der Verlust eines Viertels der Fovea führte dazu, daß B. K. mehrere visuelle Irrtümer unterliefen. Unmittelbar nach dem Schlaganfall konnte er nur unter großen Schwierigkeiten lesen. Blickt man auf ein Wort, so liegt der Fixationspunkt in dessen Zentrum. Das bedeutete für B. K., daß das halbe Wort fehlte. Für ihn war es auch schwierig, den Rand einer Buchseite zu erfassen, wenn diese im beeinträchtigten Blickfeld lag. Bei B. K. stellte sich die normale Lesefähigkeit wieder ein, als er lernte, immer ein wenig nach oben und nach links zu blicken; dadurch fielen die Wörter in sein normalsichtiges Blickfeld. Diese „Erholungsphase" dauerte ungefähr sechs Wochen. Die Fähigkeit, Squash oder Tennis zu spielen, stellte ebenfalls ein Problem dar, denn wenn der Ball im Scotom war, wurde er unsichtbar. Außerdem war die Erkennung von Gesichtern schwieriger und zeitaufwendiger als vor dem Schlaganfall, da die Informationen aus dem linken Gesichtsfeld fehlten. Sie scheinen für das Erkennen von Gesichtern aber besonders wichtig zu sein.

Der Fall D. B.: Schädigung von V1 und Blindsehen

D. B. gehört zu den am intensivsten untersuchten Menschen mit gestörten Sehfunktionen infolge einer occipitalen Läsion (siehe auch die detaillierte Beschreibung in dem Buch von Weiskrantz). D. B.s rechte Fissura calcarina wurde herausoperiert, um ein Angiom (eine Ansammlung anormaler Blutgefäße) zu entfernen. D. B. hat daher eine Hemianopsie, wie durch Standard-Perimetrie festgestellt wurde, aber seine Sehleistungen sind überraschend gut. Fragt man ihn, was er in seinem linken Gesichtsfeld sehe, so antwortet er gewöhnlich „nichts". Gelegentlich sagt er aber auch, er habe ein „Gefühl", daß sich ein Stimulus dem Auge „nähere", oder daß der Stimulus „glatt" oder „zackig" sei. Weiskrantz zufolge betont er jedoch immer, daß dies nicht wirklich „sehen" sei, sondern normalerweise eher ein Raten, und daß ihm die Worte fehlten, um eine bewußte Wahrnehmung zu beschreiben. Trotzdem hat D. B. einige interessante visuelle Fähigkeiten. Erstens liegt er, wenn er auf Stellen in dem geschädigten Gesichtsfeld zeigen soll, an denen kurze Lichtpunkte aufleuchten, überraschend oft richtig. Dies steht in krassem Gegensatz zu seinem subjektiven Eindruck, daß er überhaupt nichts sehe. Außerdem scheint er die Orientierung von Linien unterscheiden zu können, die er, wie er behauptet, nicht „sehen" kann. So kann er einen Unterschied von 10° zwischen zwei nacheinander in seinem geschädigten Gesichtsfeld präsentierten Gittern ausmachen. Und schließlich ist er in der Lage, einige Formen von Bewegung zu erkennen. Präsentiert man ihm einen sich heftig bewegenden Stimulus, berichtet er, etwas zu „sehen". In einem solchen Fall sagt er zwar nicht, daß er einen Stimulus sehe, sondern spricht von komplexen Mustern aus Linien und Gittern. Möglicherweise sind diese etwas ähnliches wie B. K.s wandernde Linien. Zusammenfassend ist zu sagen, daß D. B. an „cortikaler Blindheit" leidet und keine bewußte visuelle Wahrnehmung im Sinne von „Sehen" hat, daß er aber dennoch in der Lage ist, die Position der Gegenstände zu benennen, die er nicht wahrnehmen kann.

Der Fall J. I.: Schädigung von V4 und Farbe

Sacks und Wasserman berichten die bewegende Geschichte von J. I., einem Maler, der plötzlich farbenblind wurde. 1986 erlitt er bei einem Autounfall eine Gehirnerschütterung. Die auffallendsten Symptome nach dem Unfall waren, daß er keinerlei Farben mehr unterscheiden konnte, seine Sehschärfe jedoch besser war als zuvor. »Innerhalb weniger Tage ... bekam ich Adleraugen – ich kann einen Wurm sehen, der sich einen Häuserblock von mir entfernt auf dem Boden windet. Die Sehschärfe ist unglaublich.« Die Auswirkungen des Farbenverlusts waren weit stärker als man erwartet hätte. J. I. konnte kaum den Schmerz ertragen, in einer Welt aus Grautönen zu leben. Er empfand das veränderte Erscheinungsbild der Menschen unerträglich, da ihre Haut nun von einem abstoßenden Grauton war. Er ekelte sich vor Nahrungsmitteln, weil sie grau und tot aussahen, und mußte mit geschlossenen Augen essen. Fleisch erschien ihm nun „rattenfarben". Er konnte sich nicht einmal mehr Farben vorstellen. Das mentale Bild einer Tomate war ebenso schwarz wie das Bild einer wirklichen Tomate in seinem Blickfeld. Selbst seine Träume, früher einmal lebhaft bunt, waren nun schwarz und grau. Eine detaillierte Untersuchung seiner Sehfähigkeit durch Sacks und Wasserman, und später durch Zeki, ergab, daß er den üblichen Definitionen entsprechend farbenblind war, daß diese Farbenblindheit jedoch einer ganz spezifischen Schädigung im occipitalen Cortex zuzuschreiben war. Außerdem schien seine Sehschärfe besser geworden zu sein, besonders im Zwielicht oder nachts. Zwei Jahre nach seinem Unfall hatte J. I.s Verzweiflung nachgelassen, und es schien auch, daß er sich nicht mehr gut an Farben erinnern konnte. Dies ist sehr bemerkenswert, denn Menschen, die infolge einer Verletzung der Augen oder des Sehnervs blind werden, verlieren ihre Vorstellung oder ihre Erinnerung an Farben nicht. Es besteht kaum Zweifel daran, daß die Vorstellungskraft und das Gedächtnis auf die Funktion zumindest einiger cortikaler Strukturen angewiesen sind, die für die ursprüngliche Wahrnehmung notwendig waren.

Der Fall L. M.: Schädigung von V5 und Bewegungswahrnehmung

Zihl und seine Kollegen berichten von einer 43jährigen Frau, die aufgrund einer Gefäßabnormität eine bilaterale Verletzung der Occipitallappen aufwies. Ihre wichtigste chronische Beeinträchtigung war der Verlust des Bewegungssehens. So hatte sie beispielsweise Schwierigkeiten, Tee in eine Tasse zu gießen, weil die Flüssigkeit ihr wie gefroren erschien. Außerdem wußte sie nicht, wann sie aufhören sollte zu gießen, denn sie konnte den Pegel in der Tasse nicht steigen sehen. Sie fand es verwirrend, mit anderen Menschen im selben Raum zu sein, da sie nicht sehen konnte, wenn diese sich bewegten, und sie daher plötzlich „hier oder dort" zu sein schienen, ohne daß sie sie dazwischen wahrgenommen hatte. Die Ergebnisse anderer Tests visueller Funktionen waren im wesentlichen normal. Sie konnte Farben unterscheiden, Gegenstände erkennen, lesen und schreiben. Dieses Syndrom ist besonders faszinierend, weil wir intuitiv kaum glauben würden, daß so etwas tatsächlich möglich ist! Der Verlust des Farben- oder Formensehens paßt zu unserer alltäglichen Erfahrung, daß Menschen farbenblind oder kurzsichtig sein können. Der Verlust der Fähigkeit, sich bewegende Gegenstände zu sehen, mutet dagegen beinahe unglaubwürdig an. Der Fall L. M. ist wichtig, weil er zeigt, daß das Gehirn die Bewegung eines Objekts offenbar getrennt von seiner Form analysiert.

Der Fall D. F.: Schädigung des Occipitallappens und visuelle Agnosie

Der Begriff der visuellen Agnosie wurde von Sigmund Freud geprägt. Er bezeichnete damit die Unfähigkeit, einzelne visuelle Eindrücke zu vollständigen Mustern zusammenzusetzen, also die Unfähigkeit, Objekte oder Abbildungen von Objekten zu erkennen beziehungsweise sie zu skizzieren oder abzuzeichnen. Goodale und Milner und Kollegen untersuchten intensiv eine 35 Jahre alte visuelle Agnostikerin, die infolge einer Kohlenmonoxidvergiftung eine bilaterale Schädigung der seitlichen Occipitallappen (hauptsächlich der Areae 18 und 19) sowie des Gewebes an der Grenze zwischen parietalem und occipitalem Cortex davongetragen hat. Das wichtigste Defizit von D. F. ist eine ausgeprägte Unfähigkeit, einfache Strichzeichnungen von Gegenständen zu erkennen, was man auch visuelle Formagnosie nennt. Obwohl D. F. also Objekte selbst gut erkennen kann, gelingt ihr dies mit den entsprechenden Zeichnungen nicht. Darüber hinaus hat sie große Schwierigkeiten, Gegenstände oder sogar Strichzeichnungen von Gegenständen abzuzeichnen, obwohl sie sie aus dem Gedächtnis durchaus gut skizzieren kann (Abbildung 11.9). Es scheint also, als hätte D. F. einen schwerwiegenden Defekt in der Formwahrnehmung. Das bemerkenswerte ist jedoch die offensichtlich vollkommen intakte Steuerung ihrer Hand- und Fingerbewegungen zum Ergreifen von Gegenständen, die sie nicht einmal wahrnehmen kann. Ein Beispiel: Obwohl sie große Schwierigkeiten hat, Linien als horizontal oder vertikal zu erkennen, kann sie eine Karte in Schlitze mit verschiedener Orientierung stecken. Die Analyse von Videoaufnahmen zeigte, daß D. F., genau wie gesunde Versuchspersonen, die Karte bereits zum Beginn der Bewegung richtig ausrichtet. Mit anderen Worten: D. F. kann Informationen über die

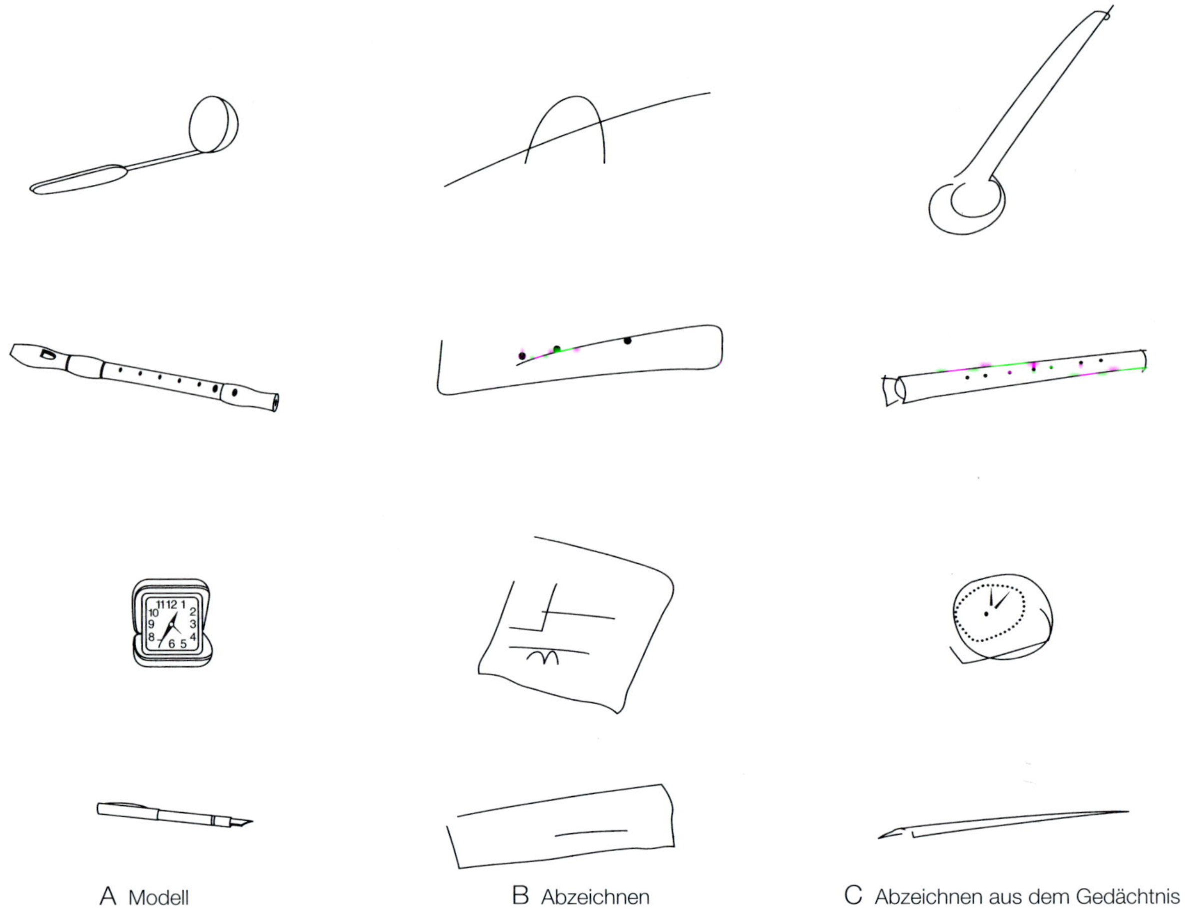

11.9 Einige von D. F.s Zeichnungen. Links sind die Originalzeichnungen abgebildet, die man D. F. vorgelegt hat. Die mittleren Bilder entstanden beim Abzeichnen der Originalzeichnungen, die rechten beim Zeichnen nach dem Gedächtnis. Man beachte, daß die Zeichnung nach dem Gedächtnis besser ist als die direkte Kopie der Originalzeichnungen.

visuelle Form nutzen, um zu Objekten hin gerichtete Bewegungen zu kontrollieren (eine Funktion der dorsalen Bahn), sie kann dieselbe visuelle Information aber nicht dazu nutzen, um die betreffenden Objekte zu erkennen (eine Funktion der ventralen Bahn).

Der Fall V. K.: Schädigung des Parietallappens und visuomotorische Kontrolle

Eine Schädigung im hinteren Parietallappen führt zu einer als optische Ataxie bezeichneten Störung. Darunter versteht man ein Defizit bei visuell gesteuerten Handbewegungen, das nicht motorischen oder somatosensorischen Mängeln, einem eingeschränkten Gesichtsfeld oder einer verminderten Sehschärfe zugeschrieben werden kann. V. K. ist eine Frau, bei der es zu bilateralen Blutungen in occipital-parietalen Regionen gekommen war. Ihr Fall wurde von Jakobson und Kollegen beschrieben. Obwohl es anfangs schien, als sei sie vollkommen erblindet, verschwanden ihre Symptome größtenteils im Laufe eines Monats, und es blieben lediglich eine gestörte Blickkontrolle, eine eingeschränkte visuelle Aufmerksamkeit und eine optische Ataxie zurück. (Diese Symptome bezeichnet man zusammen als Balint-Syndrom.) Sie hatte ein gutes Formen- und Farbensehvermögen und konnte Objekte erkennen und benennen. V. K.s Fähigkeit, Gegenstände zu ergreifen, war jedoch sehr eingeschränkt. Im Gegensatz zu D. F., die nach verschiedenen Objekten, die sie nicht wahrnahm, greifen und ihre Handstellung korrekt ausrichten konnte, vermochte V. K. nicht mehr, ihre Arm- und Handbewegungen zum Ergreifen von Gegenständen, die sie durchaus sehen konnte, zu koordinieren. Diese Schwierigkeit beruhte nicht nur auf einer Unfähigkeit zur räumlichen Bewegungskontrolle, denn sie konnte auf Objekte im Raum zeigen. Was ihr nicht gelang war, die richtige Handstellung zu formen, die für den jeweiligen Gegenstand notwendig war. Die Fälle D. F. und V. K. legen den Schluß nahe, daß die Mechanismen, die der bewußten Wahrnehmung der Form von Objekten zugrunde liegen, andere sind als diejenigen, die visuell gesteuerte Bewegungen zu diesen Objekten hin kontrollieren.

Die Fälle D. und T.: Visuelle Vorgänge auf höherer Ebene

Diese beiden von Campbell und Kollegen beschriebenen Fälle illustrieren eine sehr interessante Aufteilung der visuellen Funktionen. D. hat eine Läsion in der rechten occipital-temporalen Region, die mit einer Quadrantenanopsie links oben einhergeht, welche sich bis in den linken unteren Quadranten erstreckt. Wie wir bereits aufgrund der Symptome von B. K. erwarten würden, hatte sie anfangs einige Schwierigkeiten beim Lesen, aber ihr Sprachvermögen war intakt. Bemerkenswerterweise war sie absolut nicht in der Lage, Menschen anhand ihrer Gesichter zu erkennen, und hatte auch Probleme, Handschriften zu lesen, einschließlich ihrer eigenen. Die Unfähigkeit, Gesichter zu identifizieren, auch bekannt als Prosopagnosie, ist besonders interessant, weil Prosopagnostiker oft nicht einmal ihr eigenes Gesicht im Spiegel erkennen! Obwohl D. keine Gesichter zu erkennen vermochte, konnte sie Informationen aus Gesichtern nutzen. Beispielsweise erzielte sie bei verschiedenen Versuchen, von den Lippen zu lesen, vollkommen normale Ergebnisse. Außerdem konnte sie Grimassen und Gesichtsausdrücke anderer Menschen imitieren.

Der Fall T. steht in interessantem Kontrast zu D. Diese Frau hat eine linke occipital-temporale Läsion mit einer rechten Hemianopsie. Sie hatte große Schwierigkeiten zu lesen (Alexie) und war unfähig, Farben zu benennen, obwohl sie sie unterscheiden konnte. Im Gegensatz zu D. hatte T. keine Probleme damit, bekannte Gesichter zu erkennen, sie konnte jedoch nur schlecht von den Lippen lesen.

Zusammen zeigen diese beiden Fälle, daß das Erkennen von Gesichtern und das Herauslesen von Sprachinformation aus Gesichtern nicht dasselbe cortikale System betreffen. Außerdem läßt die Tatsache, daß D. eine Läsion auf der rechten Seite und eine Störung bei der Gesichtererkennung aufweist und T. eine Läsion links und eine eingeschränkte Fähigkeit zum Lesen von den Lippen, auf eine gewisse Asymmetrie mancher Aspekte der Occipitallappenfunktionen schließen. Es muß noch detaillierter gezeigt werden, welche visuellen Vorgänge in den beiden Fällen gestört sind, und welche Läsionen genau für die Defizite bei der Gesichtererkennung und beim Lippenablesen verantwortlich sind.

Zusammenfassung

Aus den Verhaltenstests und der Pathologie der beschriebenen Fällen lassen sich mehrere Prinzipien ableiten. Erstens gibt es eindeutig unterschiedliche Syndrome visueller Störungen. Zweitens können einige der Symptome als Hinweise auf eine funktionelle Trennung zwischen dem Sehen für die Bewegungssteuerung (die dorsale Bahn) und dem visuellen Erkennen (die ventrale Bahn) gewertet werden. Drittens impliziert die Möglichkeit zur Zuordnung der Symptome der verschiedenen Patienten, daß unser subjektiver Eindruck einer einheitlichen visuellen Wahrnehmung falsch ist. Die Tatsache, daß ruhende Gegenstände gesehen werden können, sie aber verschwinden, sobald sie sich bewegen, ist besonders verwirrend, denn dies scheint dem gesunden Menschenverstand zu widersprechen, der uns sagt, daß ein Gegenstand immer genauso real existiert, ob er sich nun bewegt oder nicht. Ganz offensichtlich behandelt unser Gehirn Objekte aber in diesen beiden Situationen nicht gleich! Schließlich gibt es zumindest Hinweise darauf, daß eine Asymmetrie in den Funktionen der Occipitallappen vorliegt.

Visuelle Agnosien

Eine der Schwierigkeiten bei der Beschreibung der Symptomatik und Pathologie der Agnosien ist, daß in der neurologischen Literatur eine verwirrende Vielfalt von Patienten und Symptomen vorgestellt wird. Außerdem gibt es, wie Farah hervorgehoben hat, kein Einvernehmen über die Taxonomie der Agnosien, was eine Klassifizierung verschiedener Symptommuster sehr erschwert. Wir werden hier die visuellen Agnosien in visuelle Objektagnosien und andere Agnosien unterteilen.

Objektagnosien

Die traditionelle Klassifizierung der Objektagnosien geht auf Lissauer (1890) zurück und unterscheidet zwei allgemeine Formen der visuellen Objektagnosien: die apperzeptive Agnosie und die assoziative Agnosie. Die **apperzeptive Agnosie** bezeichnet jeglichen Verlust der Objekterkennung, bei dem grundlegende visuelle Funktionen (Scharfsehen, Farben- und Bewegungssehen) erhalten sind. Diese Kategorie der Agnosie wurde für eine extrem heterogene Gruppe von Patienten festgestellt; der hervorstechendste Mangel ist die Unfähigkeit, ein Perzept von der Struktur eines oder mehrerer Objekte zu entwickeln. Im einfachsten Fall sind die Patienten lediglich nicht in der Lage, einfache Formen zu erkennen, abzuzeichnen oder zu vergleichen. Viele Patienten weisen aber noch ein weiteres ungewöhnliches Symptom auf, das man oft als Simultanagnosie bezeichnet. In diesem Fall können die Patienten die Grundform eines Objekts erkennen, sie vermögen jedoch nicht, zu einem Zeitpunkt mehr als ein Objekt wahrzunehmen. Präsentiert man also zwei Objekte gleichzeitig, wird nur eines wahrgenommen. Solche Patienten verhalten sich oft, als seien sie blind, vermutlich weil sie durch diese Aufgabe einfach überfordert sind. Man versuche nur einmal, die Welt zu betrachten, aber immer nur jeweils ein Objekt zu sehen!

Die apperzeptive Agnosie beruht nicht auf einer begrenzten Läsion, sondern ist im allgemeinen das Ergebnis einer großen bilateralen Schädigung der lateral gelegenen Regionen der Occipitallappen, einschließlich der Bereiche, die Informationen zu der ventralen Bahn senden. Solche Verletzungen entstehen wohl am häufigsten durch Kohlenmonoxidvergiftung, die anscheinend zu einem neuronalen Zelltod in Regionen führt, die an der Grenze zwischen den Versorgungsgebieten verschiedener arterieller Systeme liegen.

Die **assoziative Agnosie** bezeichnet die Unfähigkeit, Objekte zu erkennen, obwohl sie offensichtlich wahrgenommen werden. Der assoziative Agnostiker kann also eine Zeichnung recht genau kopieren, was auf eine zusammenhängende Wahrnehmung hindeutet, kann den gezeichneten Gegenstand jedoch nicht identifizieren. Man nimmt daher an, daß diese Form der Agnosie auf einer „höheren kognitiven" Verarbeitungsebene lokalisiert ist, die mit gespeicherter Information über Objekte in Zusammenhang steht. Im Endeffekt handelt es sich hierbei um ein Defizit von Gedächtnisfunktionen, das nicht nur in der Vergangenheit angeeignetes Wissen betrifft, sondern auch das Ansammeln neuen Wissens. Assoziative Agnosien sind eher mit Schädigungen von Regionen in der ventralen Bahn assoziiert, die in der Verarbeitungshierarchie an späterer Stelle stehen, wie etwa die vorderen Temporallappen.

Andere Agnosien

Wir wollen kurz drei weitere Formen der visuellen Agnosie betrachten. Die erste ist die Agnosie für Gesichter oder **Prosopagnosie**. Personen mit Prosopagnosie können kein Gesicht, das sie bereits zuvor gesehen haben, wiedererkennen. Dies gilt auch für ihr eigenes Gesicht im Spiegel oder auf einem Photo. Sie können Menschen jedoch anhand bestimmter Informationen in ihrem Gesicht identifizieren, wie etwa einem Muttermal, einem Bart oder einer charakteristischen Frisur. Wie Damasio mitteilt, können die meisten Prosopagnostiker menschliche von nichtmenschlichen Gesichtern unterscheiden und Gesichtsausdrücke normal erkennen. Alle *post mortem*-Untersuchungen von Prosopagnostikern brachten eine bilaterale Schädigung zutage, und Studien mit bildgebenden Verfahren an lebenden Patienten bestätigen in den meisten Fällen die bilaterale Natur der Läsion, wobei das Zentrum der Schädigung in der Region unterhalb der Fissura calcarina und der Grenze zwischen Occipital- und Temporallappen liegt (Abbildung 11.1). Dies impliziert, daß der Vorgang der Gesichtererkennung wahrscheinlich bilateral lokalisiert ist, beide Seiten aber vermutlich einen unterschiedlichen Beitrag leisten (siehe unten). Patienten mit einer Schädigung im Bereich des rechten Gyrus fusiformis und Gyrus lingualis (Abbildung 11.1) weisen ebenfalls deutliche Mängel bei der Gesichtererkennung auf, die meist nur langsam erfolgt und oft falsch ist. Solche Patienten haben jedoch nicht das allumfassende Defizit, das auch ihr eigenes Gesicht einschließt, und das bei einer Prosopagnosie nach bilateraler Schädigung auftritt.

Eine zweite Form der Agnosie ist die **Alexie**, die Unfähigkeit zu lesen. Die Alexie wird oft als das zu Gesichtererkennungsproblemen komplementäre Symptom angesehen. Sie beruht meist auf einer Schädigung der linken Gyri fusiformis und lingualis. Beide Hemisphären können Buchstaben lesen, aber nur die linke scheint in der Lage zu sein, die Buchstaben zu lexikalischen Repräsentationen zu kombinieren. Die Alexie kann als Form der Objektagnosie verstanden werden, bei der keine ganzheitlichen Wahrnehmungen aus Einzelteilen konstruiert werden können. Sie könnte aber auch eine Form der assoziativen Agnosie sein; in diesem Fall wäre das Wortgedächtnis (der lexikalische Speicher) entweder beschädigt oder nicht zugänglich.

Eine letzte Form der Agnosie kann man als visuell-räumliche Agnosie bezeichnen. Dieser Begriff bezieht sich auf eine Vielzahl von Störungen der räumlichen Wahrnehmung und Orientierung. Eine der hinderlichsten Formen ist die topographische Desorientierung, die sich zum Beispiel in der Unfähigkeit äußert, sich in vertrauter Umgebung, etwa der eigenen Nachbarschaft, zurechtzufinden. Personen mit dieser Störung scheinen nicht in der Lage zu sein, Anhaltspunkte in der Umgebung zu erkennen, die ihnen die richtige Richtung weisen könnten. Die meisten Menschen mit topographischer Desorientierung haben auch andere visuelle Defizite, insbesondere Mängel in der Gesichtererkennung. Es überrascht also nicht, daß die wichtigste Region für diese Störung medial in der rechten occipital-temporalen Region liegt und die Gyri fusiformis und lingualis einschließt.

Ein wichtiger Punkt für das Verständnis der visuellen Agnosien ist, daß es sich bei der am häufigsten betroffenen Gehirnregion um das Gewebe an der Grenze zwischen Occipital- und Temporallappen handelt, das zur ventralen visuellen Bahn gehört. Man beachte allerdings, daß man die verschiedenen Agnosien zumindest teilweise unterteilen kann, was bedeutet, daß es innerhalb der ventralen Bahn verschiedene Pfade der visuellen Informationsverarbeitung geben muß. Es scheint, als gingen die visuellen Agnosien nicht auf eine Schädigung der dorsalen Bahn zurück.

Gibt es etwas Besonderes bei der Gesichtererkennung?

Gesichter vermitteln für uns Menschen eine Fülle sozialer und affektiver Informationen. Die Bedeutung von Gesichtern als visuellen Reizen hat verschiedene Autoren zur Annahme veranlaßt, daß ein spezifischer Analyseprozeß für Gesichter existieren muß, der analog zu der angeborenen Wortanalysefähigkeit der linken Hemisphäre funktioniert. Wird das visuelle System mit Wörtern konfrontiert, setzt sich ein besonderer Verarbeitungsmechanismus im tertiären visuellen Gebiet der linken Hemisphäre in Bewegung, der das Wortverstehen gewährleistet. Teuber nahm an, daß bei der Wahrnehmung von Gesichtern ein spezieller Verarbeitungsmechanismus in der rechten Hemisphäre einsetzt und daß Gesichter dort – ähnlich wie Wörter in der linken Hemisphäre – erkannt werden. Gestützt wird diese Annahme durch die Beobachtung, daß die Wahrnehmung von Gesichtern stark vom Blickwinkel abhängt. Yin stellte fest, daß das Gedächtnis für Photographien von Gesichtern bei Patienten mit rechtsposterioren Läsionen beeinträchtigt ist. Diese Beeinträchtigung verringerte sich jedoch, sobald die Photographien auf den Kopf gestellt wurden oder stattdessen andere komplexe visuelle Reize (etwa Häuser) abbildeten. Er folgerte daraus, daß Bilder von Gesichtern, wenn sie in normaler senkrechter Lage dargeboten werden, durch einen ganz besonderen Mechanismus in der rechten Hemisphäre verarbeitet und ähnlich wie Wörter erkannt werden. Da die verkehrten Gesichter diesen Verarbeitungsmechanismus nicht aktivierten, konnten die Patienten sie erkennen.

Die mögliche Existenz eines besonderen Mechanismus für die Gesichtererkennung gibt zu mehreren Fragen Anlaß. Erstens: Wo ist er lokalisiert, falls ein eigener Verarbeitungsmechanismus nur für Gesichter existiert? Der tertiäre Assoziationscortex im rechten Parietallappen kommt dafür in Frage. Bei Affen liegen keinerlei Hinweise für eine Asymmetrie im temporalen Cortex vor, was jedoch nicht bedeuten muß, daß dies auch für den Menschen gilt. Zweitens gibt es einige Zweifel hinsichtlich der Art eines besonderen Wahrnehmungsmechanismus. Teuber scheint angenommen zu haben, daß dieser Mechanismus einzelne Merkmale von Gesichtern zu einem Ganzen, das heißt zu einer *Gestalt* integriert. Ungewiß bleibt, warum dieser Mechanismus nur auf Gesichter anspricht. Eine klug angelegte Untersuchung von Diamond und Carey weist in der Tat auf einen möglichen Mechanismus hin, der aber nicht gesichtsspezifisch ist. Den Befunden von Diamond und Carey nach konnten Hundeexperten, die individuelle Hundegesichter des gleichen Wurfes zu unterscheiden vermochten, Photographien, die um 180° gedreht wurden, nicht eindeutig erkennen. Die Autoren glauben, daß wir gewissermaßen Experten für die Unterscheidung von menschlichen Gesichtern (oder von Hundegesichtern) und deshalb besonders störanfällig sind, wenn die Photographien gedreht werden. Die Tatsache, daß Kinder Gesichter nicht besonders gut unterscheiden und durch auf dem Kopf stehende Bilder wenig beeindruckt werden, steht mit dieser Annahme in Einklang. Dennoch gibt es kaum Zweifel: Gesichter werden durch die rechte Hemisphäre auf besondere Art und Weise verarbeitet. So wurden zum Beispiel Versuchspersonen Photographien von Gesichtern dargeboten, wie sie in Abbildung 11.10 wiedergegeben sind.

Die beiden unteren Photographien sind aus der linken oder rechten Gesichtshälfte des ursprünglichen Gesichts zusammengesetzt, das auf der oberen Photographie zu sehen ist. Fragt man die Personen, welche der zusammengesetzten Photographien dem Original am ähnlichsten ist, so setzen gesunde Versuchspersonen das aus den linken Gesichtshälften montierte Gesicht (Abbildung 11.10C) mit dem Originalphoto gleich und zwar unabhängig davon, ob die Photos „normal" oder auf dem Kopf stehend dargeboten werden. Patienten mit rechtstemporalen oder rechtsparietalen Läsionen können weder das rechte noch das linke zusammengesetzte Bild mit dem

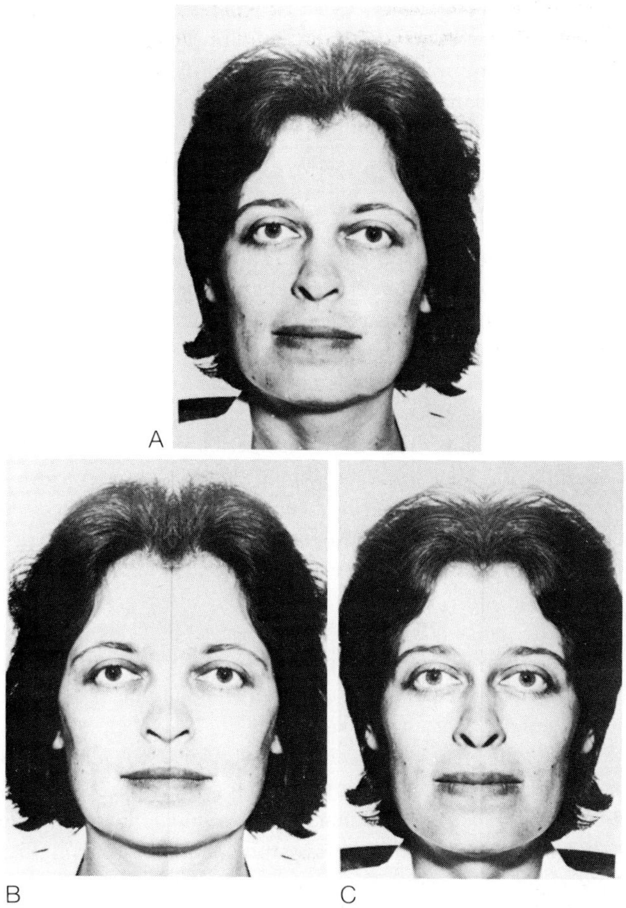

11.10 Beispiel eines Tests, bei dem jeweils die linke oder die rechte Hälfte des Gesichts verdoppelt und zu einem Ganzen zusammengesetzt wurden. Die Versuchspersonen sollten angeben, welches der beiden unten dargebotenen Bilder (B oder C) dem oberen Photo (A) am ähnlichsten sieht. Das Bild C wurde von den Kontrollpersonen signifikant häufiger gewählt als das Bild B. Bild C entspricht dem Teil des Bildes A, der in das linke Gesichtsfeld der Versuchsperson fällt. (Nach Kolb, Milner und Taylor, 1983.)

Originalgesicht in Verbindung bringen, und zwar unabhängig davon, ob die Bilder normal oder auf dem Kopf stehend dargeboten werden.

Der Gedanke, Gesichter könnten etwas Besonderes sein, ist also faszinierend, wenngleich das oben beschriebene Phänomen auch etwas nüchterner betrachtet werden kann. Die Gesichterwahrnehmung und das Gedächtnis für Gesichter lassen sich auch erklären, wenn man der posterioren rechten Hemisphäre eine allgemeine Spezialisierung für die Verarbeitung komplexer visueller Reize zuschreibt. Die Wahrnehmung von Gesichtern ist deshalb gegenüber Störungen des rechten posterioren Cortex empfindlich, weil Gesichter besonders komplex sind und weil es so viele verschiedene Gesichter gibt, die sich auf den ersten Blick ähnlich sehen. So läßt sich die Einzigartigkeit menschlicher Gesichter auf kleinste Unterschiede zurückführen, wobei die Fähigkeit, diese Besonderheiten zu erkennen, beträchtliche Übung erfordert. Möglicherweise schließt sie sogar eine genetische Prädisposition mit ein. So gesehen, könnte ein Defizit bei der Gesichtserkennung teilweise mit Störungen der Identifizierung charakteristischer Merkmale erklärt werden und nicht nur einem Mangel an korrekter Gestaltbildung zuzuschreiben sein. Wird der normale Anblick eines Gesichts gestört, kann es zu einer Beeinträchtigung der Gesichtererkennung kommen, obwohl die Wahrnehmung des betrachteten Gesichts intakt geblieben ist. Dies trifft womöglich auch auf die anfänglichen Erkennungsschwierigkeiten gesunder Erwachsener beim Unterscheiden von Individuen einer anderen Rasse zu. Man muß lernen, die Gesichter von Personen verschiedener Rassen auf eine jeweils besondere Weise zu unterscheiden.

Schließlich wollen wir noch auf die Wahrnehmung unseres eigenen Gesichts eingehen. Diese bietet ein einmaliges Beispiel für die visuelle Wahrnehmung, weil wir unser Gesicht hauptsächlich als Spiegelbild kennen und dadurch immer ein seitenverkehrtes Bild vor Augen haben. Abbildung 11.10 illustriert die Bedeutung dieses Unterschieds. Das obere Photo zeigt, wie diese Frau von anderen Personen gesehen wird. Weil die meisten Rechtshänder hauptsächlich das linke Gesichtsfeld bevorzugen, wählen sie fast alle das unten rechts dargestellte Bild als jenes, das ihrer Meinung nach dem Original am ähnlichsten ist. Was würde die Frau aber selbst auswählen? Sie sieht ihr Gesicht normalerweise spiegelverkehrt, und deshalb wählt sie wahrscheinlich (und in der Tat verhält sie sich so) die andere, unten links abgebildete Photographie. Hier macht sich eine bemerkenswerte Folge unseres Selbstbildnisses bemerkbar, das ja auch spiegelverkehrt ist. Viele Leute beklagen sich darüber, daß sie nicht photogen seien, daß ihre Portraits niemals im richtigen Winkel aufgenommen würden, daß ihr Haar nicht richtig liegt und so weiter. Das Problem betrifft womöglich etwas anderes: Wir haben uns daran gewöhnt, uns spiegelbildlich zu sehen. Wenn wir ein Photo von uns betrachten, sehen wir eine Seite unseres Gesichtes, die wir normalerweise nicht selektiv wahrnehmen. Wir sehen uns selbst also anders, als andere Menschen dies tun.

Visuelle Vorstellung

Die Fähigkeit, im Geiste visuelle Bilder heraufzubeschwören, ist ein zentraler Bestandteil menschlichen Denkens. Vorstellungskraft ist tatsächlich für viele Arten der Problemlösung, wie etwa Kopfrechnen, Kartenlesen und mechanisches Denken, von großer Bedeutung. Wir haben bereits früher in diesem Kapitel festgestellt, daß Menschen mit einer Schädigung von V4 ihre Fähigkeit zur Farbwahrnehmung verlieren und sich auch keine Farben mehr vorstellen können. Dies legt den Schluß nahe, daß zumindest manche Formen der Vorstellung von denselben Gehirnregionen abhängen, die auch an der ursprünglichen Wahrnehmung beteiligt waren. Untersuchungen der cortikalen Aktivität (EEG und ERP) sowie PET-Studien bestätigen die allgemeine Hypothese, daß Vorstellungen teilweise an denselben Stellen des Cortex repräsentiert sind wie visuelle Wahrnehmungen. Farah hat allerdings eine kleine Gruppe von Patienten beschrieben, deren Sehvermögen nicht beeinträchtigt ist, die jedoch Defizite bei der Erzeugung mentaler Bilder aufweisen. Die meisten dieser Patienten haben eine Läsion im hinteren Teil der linken Hemisphäre, was darauf hindeutet, daß sich dort eine Region befindet, die für die Bilderzeugung notwendig ist. Vermutlich arbeitet diese Region mit anderen visuellen Arealen zusammen, um Bilder in V1 und danach in anderen Regionen zu erzeugen. Hier stellt sich unter anderem die Frage, ob eine Person mit einer Schädigung, die zu visueller Agnosie geführt hat, möglicherweise noch die intakte Region für die Bilderzeugung in der linken Hemisphäre besitzt und somit Vorstellungen von Dingen erzeugen kann, die sie nicht mehr wahrzunehmen vermag? Behrmann und Kollegen haben tatsächlich von einem solchen Patienten, C. K., berichtet, der keine Bilder von Gegenständen abzeichnen oder Objekte erkennen kann, der jedoch in der Lage ist, aus dem Gedächtnis Dinge zu skizzieren. Das interessante bei C. K. ist, daß er sich Objekte vorstellen und auch recht detailliert aus dem Gedächtnis zeichnen kann, obwohl er sie nicht erkennt. Dies bedeutet, daß es zwischen den Systemen, die an der Wahrnehmung von Objekten beteiligt sind, und denjenigen, die bei der Erzeugung mentaler Bilder eine Rolle spielen, eine gewisse Trennung geben muß. Es ist unwahrscheinlich, daß die neuralen Strukturen, welche die Wahrnehmung und die Vorstellung von Objekten vermitteln, vollkommen unabhängig voneinander sind. Sicher ist jedoch, daß ein Defizit bei der Wahrnehmung von Objekten nicht einfach auf einem Verlust der mentalen Repräsentationen (das heißt dem Gedächtnis) von Objekten beruht.

Es wurde sehr kontrovers diskutiert, ob die mentale Rotation von Objekten möglicherweise in einer bestimmten Region in der rechten Hemisphäre lokalisiert ist. In ihrem Übersichsartikel über die Literatur zu diesem Thema schreibt Farah, daß die Untersuchungen „erschreckend inkonsistent" waren. Sie schlug vor, daß an der mentalen Rotation wahrscheinlich beide Hemisphären beteiligt sind, wobei die rechte in einem gewissen Maße dominant ist. (Weitere Übersichten bei Farah und bei Kosslyn.)

Zusammenfassung

Die Funktion des Occipitallappens ist das Sehen. Unterschiedliche anatomische Regionen innerhalb des Occipitallappens sind an der Wahrnehmung von Form, Bewegung und Farbe beteiligt. Die occipitalen Strukturen bilden den Beginn der visuellen Verarbeitung, darüber hinaus existiert eine Vielzahl an visuellen Systemen, die sich zwei großen Verarbeitungsbahnen zuordnen lassen. Die eine zieht ventral zum Temporallappen, die andere dorsal zum Parietallappen. Die ventrale Bahn ist mit großer Wahrscheinlichkeit an verschiedenen Aspekten der Stimuluserkennung beteiligt. Die dorsale Bahn ist mit der Steuerung von Bewegungen im Raum betraut. Die Repräsentation von Rauminformationen ist auf die Erkennung von Anhaltspunkten in der Umgebung angewiesen, was bedeutet, daß die visuell-räumliche Erkennung von der Verarbeitung in der ventralen Bahn abhängig ist. Ein wichtiger Aspekt der Trennung des dorsalen und ventralen Anteils der visuellen Verarbeitung besteht darin, daß es sich bei keiner der beiden Bahnen um ein einzelnes System handelt. Es existieren vielmehr klar voneinander abgrenzbare Subsysteme für verschiedene Funktionen. Schließlich deutet einiges darauf hin, daß manche occipitalen Regionen, insbesondere diejenigen an der Grenze zum Temporallappen, funktionell asymmetrisch sind. So scheint es vor allem eine gewisse Spezialisierung für die Erkennung von Wörtern in der linken und für diejenige von Gesichtern in der rechten Hemisphäre zu geben.

Literatur

Barbur, J.L., J.D.G. Watson, R.S.J. Frackowiak, S. Zeki. Conscious visual perception without V1. *Brain* 116: 1293–1302, 1993.

Behrmann, M., G. Winocur, M. Moscovitch. Dissociation between mental imagery and object recognition in a brain-damaged patient. *Nature* 359: 636–637,1992.

Boussaoud, D., L.G. Ungerleider, R. Desimone. Pathways for motion analysis: Cortical connections of the medial superior temporal and fundus of the superior temporal visual areas in the macaque. *Journal of Comparative Neurology* 296: 462–495, 1990.

Campbell, R., T. Landis, M. Regard. Face recognition and lipreading: A neurological dissociation. *Brain* 109: 509–521, 1986.

Clarke, S., J. Miklossy. Occipital cortex in man: Organization of callosal connections, related myelo- and cytoarchitecture, and putative foundaries of functional visual areas. *Journal of Comparative Neurology* 298: 188–214, 1990.

Curtis, B. Visual system. In: B.A. Curtis, S. Jacobson, E.M. Marcus (Hrsg.) *An Introduction to the Neurosciences.* Philadelphia and Toronto: W.B. Saunders, 1972.

Damasio, A.R., H. Damasio, G.W. Van Hoesen. Prosopagnosia: Anatomical basis and behavioral mechanisms. *Neurology* 32: 331–341, 1982.

Damasio, A.R., D. Tranel, H. Damasio. Disorders of visual recognition. In: F. Boller, J. Grafman (Hrsg.) *Handbook of Neuropsychology,* Bd. 2. Elsevier: Amsterdam, 1989.

Diamond, R., S. Carey. Why faces are and are not special: An effect of expertise. *Journal of Experimental Psychology: General* 15: 107–117, 1986.

Farah, M.J. *Visual Agnosia.* Cambridge, Mass.: MIT Press, 1990.

Farah, M.J. The neurological basis of mental imagey: A componential analysis. *Cognition* 18: 245–272, 1984.

Farah, M.J. The neuropsychology of mental imagery. In: F. Boller, J. Grafman (Hrsg.) *Handbook of Neuropsychology,* Bd. 2. Amsterdam: Elsevier, 1990.

Felleman, D.J., D.C. van Essen. Distributed hierarchical processing in primate cerebral cortex. *Cerebral Cortex* 1: 1–47, 1991.

Goodale, M.A. Visual pathways supporting perception and action in the primate cerebral cortex. *Current Opinion in Neurobiology* 3: 578–585, 1993.

Goodale, M.A., D.A. Milner, L.S. Jakobson, J.D.P. Carey. A neurological dissociation between perceiving objects and grasping them. *Nature* 349: 154–156, 1991.

Jacobsen, L.S., Y.M. Archibald, D.P. Carey, M.A. Goodale. A kinematic analysis of reaching and grasping movements in a patient recovering from optic ataxia. *Neuropsychologia* 29: 803–809, 1991.

Kolb, B., B. Milner, L. Taylor. Perception of faces by patients with localized cortical excisions. *Canadian Journal of Psychology* 37: 8–18, 1983.

Kosslyn, S.M. Seeing and imaging in the cerebral hemispheres: A computational approach. *Psychological Review* 94: 148–175, 1987.

Lissauer, H. Ein Fall von Seelenblindheit nebst einem Beitrage zur Theorie derselben. *Archiv für Psychiatrie und Nervenkrankheiten* 21: 222–270, 1890.

Luria, A.R. *The Working Brain.* New York: Penguin, 1973.

Meadows, J.C. Disturbed perception of colours associated with localized cerebral lesions. *Brain* 97: 615–632, 1974.

Milner, A.D., M.A. Goodale. Visual pathways to perception and action. *Progress in Brain Research* 95: 317–337, 1993.

Milner, A.D., M.A. Goodale. *The Visual Brain in Action.* Oxford: Oxford University Press, 1995.

Previc, F.H. Functional specialization in the lower and upper visual fields in humans: Its ecological origins and neurophysiological implications. *Behavioral and Brain Sciences* 13: 519–575, 1990.

Sacks, O., R. Wasserman. The case of the colorblind painter. *The New York Review of Books* 34: 25–33, 1987.

Servos, P., M.A. Goodale, G.K. Humphrey. The drawing of objects by a visual form agnosic: Contribution of surface properties and memorial representations. *Neuropsychologia* 31: 251–259, 1993.

Ungerleider, L. G., J. V. Haxby. „What“ and „where“ in the human brain. *Current Opinion in Neurobiology* 4: 15–165, 1994.

Ungerleider, L. G., M. Mishkin. Two cortical visual systems. In: D. J. Ingle, M. A. Goodale, R. J. W. Mansfield (Hrsg.) *Analysis of Visual Behavior.* MIT Press: Cambridge, Mass., 1982.

Weiskrantz, L. *Blindsight: A Case History and Implications.* Oxford: Oxford University Press, 1986.

Yin, R. K. Face recognition by brain-injured patients: A dissociable ability? *Neuropsychologia* 8: 395–402, 1970.

Zeki, S. Das geistige Abbild der Welt. *Spektrum der Wissenschaft:* 54–63, 1992.

Zeki, S. *A Vision of the Brain.* Oxford: Blackwell, 1993.

Zihl, J., D. von Cramon, N. Mai. Selective disturbance of movement vision after bilateral brain damage. *Brain* 106: 313–340, 1983.

12

Der Parietallappen

Patienten mit einer großen Läsion im Parietallappen zeigen eine interessante Konfiguration von Symptomen. Diese umfaßt beispielsweise die Unfähigkeit, sich einem Reiz in der einen Hälfte ihrer Umgebung zuzuwenden, einen Verlust der Rechenfähigkeit, die Unfähigkeit zum Kartenlesen sowie Schwierigkeiten beim Ergreifen von Gegenständen. Die Interpretation dieser Defizite ist eines der herausforderndsten Probleme der Neurowissenschaften. Teilweise liegt dies daran, daß man die genannten Symptome nur schwer bei Tiermodellen, an denen man die Funktion der Parietallappen untersuchen möchte, hervorrufen kann. Die normalerweise verwendeten Versuchstiere, wie Ratten und Katzen, haben einen nur wenig ausgeprägten Parietallappen, und obwohl Affen mit geschädigtem Parietallappen viele Symptome zeigen, die den bei Menschen beobachteten ähneln, sind mit Sprache oder mit räumlicher Vorstellung zusammenhängende Symptome an diesen Tieren nur sehr schwer zu untersuchen. Überdies sind die Parietallappen des Menschen deutlich größer als die des Affen, was möglicherweise der Grund dafür sein könnte, daß der Mensch einige Symptome zeigt, die beim Affen nicht hervorgerufen werden können. In diesem Kapitel werden wir ein Modell der Organisation des Parietallappens vorstellen und anschließend die wichtigsten Symptome einer Parietallappenläsion diskutieren.

Anatomie des Parietallappens

Unterteilungen des parietalen Cortex

Der Parietallappen ist die Region des Cortex unter dem parietalen Schädelknochen. Dieses Gebiet wird anterior durch den Sulcus centralis begrenzt, ventral durch die Fissura lateralis, dorsal durch den Gyrus cinguli und posterior durch den Sulcus parieto-occipitalis. Zu den wesentlichen Regionen des Parietallappens gehören der Gyrus postcentralis (die Brodmannschen Felder l, 2 und 3), der Lobulus parietalis superior mit den Feldern 5 und 7, das Operculum parietalis (Area 43), der Gyrus supramarginalis (Area 40) und der Gyrus angularis (Area 39; Abbildung 12.1). Die Gyri supramarginalis und angularis bezeichnet man zusammen oft als inferioren Parietallappen. Der Parietallappen läßt sich in zwei funktionale Zonen einteilen: eine anteriore Zone mit den Areae 1, 2, 3 und 43 und eine posteriore Zone, die die verbleibenden Areae einschließt. Die anteriore Zone ist der somatosensorische Cortex, die posteriore Zone bezeichnet man als posteriorparietalen Cortex.

Im Laufe der menschlichen Evolution haben sich die Parietallappen stark vergrößert, insbesondere der inferiore Be-

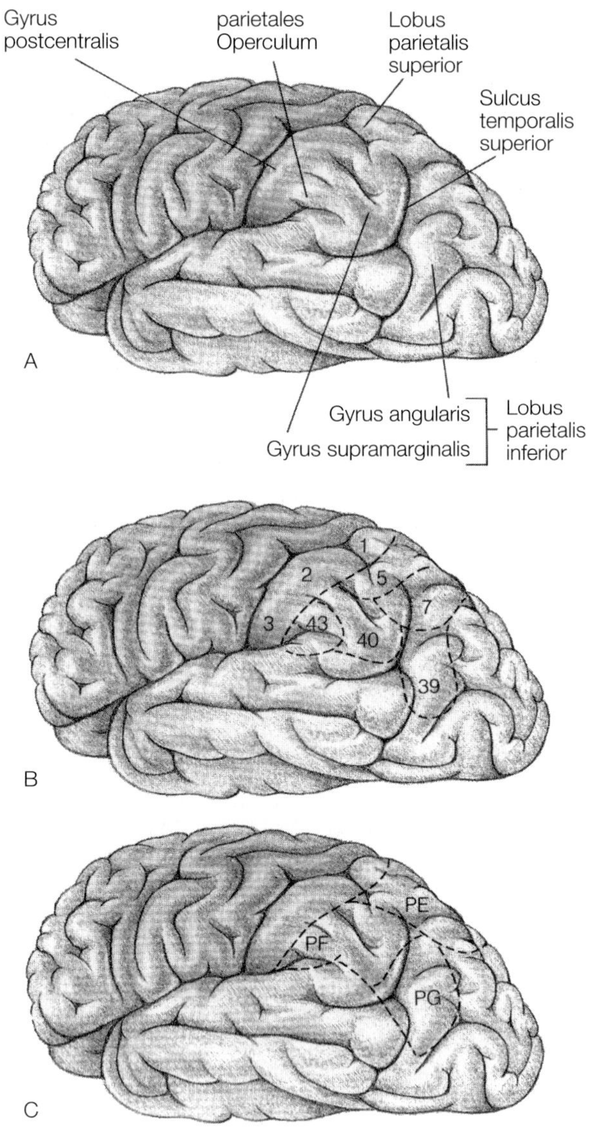

12.1 Makroskopische Betrachtung des Parietallappens. A. Die wichtigsten Gyri und Sulci. B. Die cytoarchitektonischen Felder nach Brodmann. C. Die cytoarchitektonischen Felder nach von Economo.

reich. Diese Größenzunahme hat den Vergleich zwischen verschiedenen Regionen des menschlichen Gehirns mit Regionen des Affengehirns erschwert, vor allem, weil Brodmann die Areae 39 und 40 beim Affen nicht identifizieren konnte. Dies löste eine Kontroverse darüber aus, ob Affen überhaupt Felder besitzen, die den Areae 39 und 40 homolog sind. Aufschluß gibt in diesem Zusammenhang ein anderer Anatom, C. von Economo. In von Economos Karten, wo die parietalen Felder als PA (parietales Feld A), PB und so weiter benannt sind, finden sich drei posteriore Areae (PE, PF und PG), die er sowohl beim Menschen als auch beim Affen beschrieben hatte (Abbildung 12.1C). Wenn wir dieses System heranziehen, entspricht Area PF der Area 7b in Felleman und van Essens Karte und Area PE der Area 5 (siehe Abbildung 8.12). Die Area PG des Affen schließt entsprechend die Areae 7a, VIP, LIP, IPG, PP, MSTc und MSTp ein. Diese letzteren Areae haben hauptsächlich visuelle Funktion (siehe Kapitel 11).

Eine beim Menschen signifikant vergrößerte Region scheinen die polymodalen Teile der Area PG und der angrenzende polymodale Cortex im Sulcus temporalis superior (STS) zu sein. Wie in Kapitel 8 erläutert, bezeichnet man solche Zellen als polymodal, die Eingänge von mehr als einer Modalität erhalten. Die polymodalen Zellen in PG reagieren auf somatosensorische und visuelle Informationen, diejenigen im STS (superioren temporalen Sulcus) auf verschiedene Kombinationen auditorischer, visueller und somatosensorischer Eingänge. Die Größenzunahme der Area PG und im STS ist insbesondere deswegen interessant, weil diese Region im menschlichen Gehirn eine asymmetrische Anatomie aufweist (siehe Abbildung 9.1). So ist Area PG (und vielleicht auch der STS) möglicherweise rechts viel größer als links. Wenn PG eine visuelle Funktion hat und beim Menschen, insbesondere in der rechten Hemisphäre, vergrößert ist, könnte man bei einer Läsion im rechten Parietallappen für den Menschen spezifische visuelle Symptome erwarten. Und tatsächlich stellen sich solche, nur beim Menschen vorkommenden, Symptome bei einer entsprechenden Läsion ein. Allerdings ist auch die Area PG in der linken Hemisphäre des Menschen größer als die des Affen, so daß auch bei einer linkshemisphärischen Schädigung typisch menschliche Symptome auftreten sollten. Auch dies ist der Fall.

Verknüpfungen des parietalen Cortex

Der vordere parietale Cortex ist in direkter Weise verknüpft, wie aus Fellemans und van Essens Hierarchie zu erkennen ist (Abbildung 8.13). So existieren Projektionen aus dem primären somatosensorischen Cortex zu Area PE, die eine Funktion beim taktilen Erkennen hat, sowie zu motorischen Regionen wie dem primären motorischen Cortex (Area 4), supplementär-motorischen und prämotorischen Regionen. Die motorischen Verknüpfungen vermitteln wahrscheinlich Informationen über die Position der Gliedmaßen damit Bewegungen kontrolliert werden können (siehe Kapitel 7).

Beim Affen wurden mehr als 100 Ein- und Ausgänge aus den Areae 5 und 7 (PE, PF und PG) beschrieben (Abbildung 8.13). Wir wollen hier jedoch nur wenige grundlegende Verknüpfungsprinzipien zusammenfassen (Abbildung 12.2).

1. Area PE (Brodmannsche Area 5) hat im wesentlichen somatosensorische Funktion. Sie empfängt die meisten ihrer Eingänge aus dem primären somatosensorischen Cortex. Die Verbindungen ihrer cortikalen Ausgänge ziehen zum primären motorischen Cortex (Area 4), zu supplementärmotorischen und prämotorischen Regionen sowie zu PF. Area PE spielt eine Rolle bei der Bewegungssteuerung, indem sie Informationen über die Stellung der Gliedmaßen liefert.

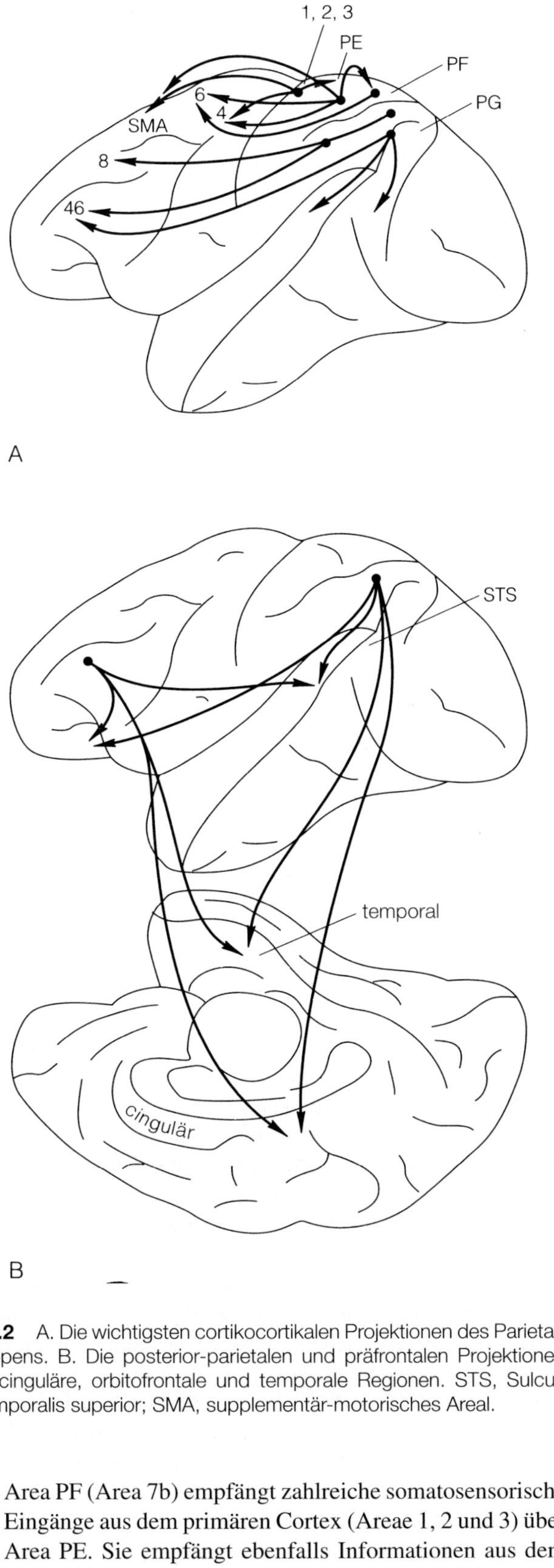

12.2 A. Die wichtigsten corticocortikalen Projektionen des Parietallappens. B. Die posterior-parietalen und präfrontalen Projektionen in cinguläre, orbitofrontale und temporale Regionen. STS, Sulcus temporalis superior; SMA, supplementär-motorisches Areal.

2. Area PF (Area 7b) empfängt zahlreiche somatosensorische Eingänge aus dem primären Cortex (Areae 1, 2 und 3) über Area PE. Sie empfängt ebenfalls Informationen aus dem motorischen und prämotorischen Cortex und einige wenige visuelle Eingänge aus Area PG. Die efferenten Verbindungen der Area PF ähneln denen von PE, sie vermitteln vermutlich bereits weiterverarbeitete Informationen derselben Art für das motorische System.
3. Area PG (Area 7b und visuelle Areale) empfängt komplexere Eingänge, darunter visuelle, somatosensorische, propriozeptive, auditorische, vestibuläre (Gleichgewicht), okulomotorische (Augenbewegungen) und cinguläre (Motivation?). Diese Region bezeichnete MacDonald Critchley aufgrund ihrer zahlreichen Verknüpfungen als die „parieto-temporo-occipitale Kreuzung“. Es scheint, als spiegele die Funktion der Area PG dieses Gemisch aus verschiedenen Modalitäten wider. Diese Region ist Teil der in Kapitel 11 besprochenen dorsalen Bahn von Ungerleider und Mishkin. Man vermutet, daß sie eine Rolle bei der Kontrolle räumlich gesteuerten Verhaltens spielt.
4. Es besteht eine enge Beziehung zwischen den Verbindungen des hinteren Parietallappens und denen des präfrontalen Cortex (insbesondere Area 46; siehe Abbildungen 8.12 und 8.14): Es existieren Verknüpfungen zwischen dem posterior-parietalen Cortex (PG und PF) und der dorsolateralen präfrontalen Region. Auch projizieren sowohl präfrontale als auch posterior-parietale Regionen in dieselben Felder des paralimbischen und temporalen Cortex sowie zum Hippocampus und in verschiedene subcortikale Regionen. Diese Verknüpfungen deuten auf eine enge funktionale Beziehung zwischen dem präfrontalen und dem parietalen Cortex hin, die vermutlich bei der Kontrolle räumlich gesteuerten Verhaltens von Bedeutung ist.

Eine Theorie der Funktion des Parietallappens

Betrachtet man die anterioren (somatosensorischen) und posterioren parietalen Zonen als funktional getrennt arbeitende Einheiten, so wird man auch zwei unabhängige Funktionen des Parietallappens postulieren. Eine Funktion betrifft hauptsächlich somatische Empfindungen und Wahrnehmungen, die andere ist primär auf die Integration sensorischer Informationen aus somatischen und visuellen Regionen und in geringerem Ausmaß auf die Integration sensorischer Informationen aus anderen sensorischen Regionen spezialisiert. Im folgenden werden die Funktionen der posterior-parietalen Zonen im Vordergrund stehen, denn die somatosensorischen Funktionen wurden schon in Kapitel 6 gestreift.

Stellen wir uns vor, wir essen mit einem Freund in einem Restaurant zu Abend. Vor uns befinden sich Besteck, verschiedenes Geschirr, ein Korb mit Brot, ein Glas Wasser, vielleicht eines mit Wein oder eine Tasse Kaffee, eine Tischdecke und natürlich unser Freund. Ohne die geringste Mühe wählen wir verschiedene Utensilien und Speisen aus, während wir gleichzeitig mit unserem Freund reden. Wenn wir jedoch analysieren, was hierzu alles notwendig ist, erkennen wir, daß unser Gehirn mit mehreren komplexen Aufgaben konfrontiert ist. Beispielsweise müssen wir gezielt nach einem Glas, einer Tasse, einer Gabel oder einem Stück Brot greifen und den entsprechenden Gegenstand in die Hand nehmen. Alle diese Bewegungen sind zu verschiedenen Orten hin gerichtet und erfordern unterschiedliche Handstellungen oder Armbewegungen. Unsere Augen und unser Kopf müssen verschiedenen Gegenständen oder Positionen im Raum zugewandt sein, und wir müssen die Bewegungen von Armen und Kopf koordinieren, um die Speisen in unseren Mund zu bringen. Darüber hinaus müssen wir bestimmte Gegenstände herausgreifen und andere außer acht lassen (denn wir bedienen uns normalerweise nicht der Speisen und Getränke unseres Gegenübers). Außerdem müssen wir den Worten unseres Gesprächspartners zuhören und andere Gespräche in unserer Umgebung ignorieren. Wenn wir essen, müssen wir uns entscheiden, welche Speisen auf unserem Teller wir zuerst essen wollen und das dafür geeignete Besteck auswählen. Außerdem müssen wir unsere Bewegungen in der richtigen Reihenfolge ausführen. Beispielsweise müssen wir die Speisen erst zerkleinern, bevor wir sie auf die Gabel legen. Ebenso müssen wir, wenn wir Brot essen wollen, zunächst das Messer ergreifen, ein wenig Butter abschneiden, die Butter auf das Brot streichen und dann das Brot abbeißen.

Wenn wir darüber nachdenken, wie das Gehirn all diese Aufgaben bewältigen kann, wird klar, daß im Gehirn eine Art Repräsentation der Position der verschiedenen Gegenstände um uns herum existieren muß, eine Art Karte, auf der eingetragen ist, wo die einzelnen Dinge sind. Außerdem ist zu vermuten, daß diese Karte all unseren Sinnen gemeinsam ist, denn wir können ohne offensichtliche Anstrengung zwischen visueller, auditorischer oder taktiler Information hin und her wechseln. Aufgrund klinischer Untersuchungen von Patienten mit geschädigtem Parietallappen hat man über mehr als 50 Jahre allgemein angenommen, daß der Parietallappen bei der Erstellung dieser Karte von zentraler Bedeutung ist. Worauf basiert nun aber diese Karte? Die verbreitetste, auf Introspektion basierende Ansicht ist, daß der uns umgebende Raum topographisch kartiert ist, weil dies die Art ist, wie er uns erscheint. Wir setzen also voraus, daß die Welt um uns herum so ist, wie wir sie wahrnehmen, und daß somit eine einheitliche räumliche Karte existieren muß. (Dies ist ein Aspekt des in Kapitel 8 besprochenen Bindungsproblems.) Leider gibt es kaum Hinweise auf die tatsächliche Existenz einer solchen Karte im Gehirn. Es scheint vielmehr, als gebe es nicht eine einzige Karte, sondern eine Vielzahl von Repräsentationen des Raumes, die aufgrund zweierlei Kriterien unterschiedlich eingesetzt werden: Erstens werden verschiedene Repräsentationen für unterschiedliche Verhaltensanforderungen genutzt. Und zweitens sind die Repräsentationen von unterschiedlicher Komplexität: Sie reichen von sehr einfachen Repräsentationen, die sich zur Kontrolle einfacher Bewegungen eignen, bis hin zu eher abstrakten, die vermutlich komplexere Informationen, wie beispielsweise topographische Gegebenheiten, repräsentieren. Wir wollen nun die einzelnen Aspekte der Repräsentationen nacheinander betrachten.

Die Verwendung von räumlicher Information

Wie Goodale und Milner betonten, sind Informationen über die Position von Objekten im Raum einerseits notwendig, um Bewegungen in einer bestimmten Richtung relativ zu diesen Objekten zu ermöglichen, und andererseits, um den Objekten eine Bedeutung zuzuordnen. In diesem Sinne ist die räumliche Information als Untergruppe der visuellen Information zu verstehen, ähnlich wie Information über Form, Bewegung oder Farbe. Aber ebenso wie die Form ist auch die räumliche Information auf mehr als eine Art und Weise im visuellen System codiert. Der entscheidende Faktor sowohl für die Form als auch für den Raum ist, wie die Information weiter verwendet werden soll.

Wir erinnern uns, daß es zwei Grundtypen der Formerkennung gibt. Die eine dient der Erkennung von Gegenständen, die andere der Bewegungssteuerung. Die räumliche Information kann analog betrachtet werden. Die Information, die zur Determination der räumlichen Beziehung zwischen Objekten erforderlich ist – unabhängig davon, wie sich die betreffenden Objekte verhalten –, unterscheidet sich stark von der Information, die notwendig ist, um Bewegungen der Augen, des Kopfes oder der Gliedmaßen in Richtung dieser Objekte zu steuern. Im letzteren Fall muß das Zentrum der visuomotorischen Kontrolle der Betrachter selbst sein, das heißt, die Position eines Objekts, seine Orientierung und seine Bewegung müssen relativ zum Betrachter bestimmt werden. Da sich unsere Augen, unser Kopf, die Beine und der gesamte Körper ständig bewegen, müssen überdies, wenn wir eine Handlung ausführen wollen, laufend Berechnungen über unsere Orientierung, Bewegung und Position durchgeführt werden. Detailmerkmale des Objekts, wie etwa seine Farbe, sind für die visuomotorische Kontrolle der auf den Betrachter bezogenen Bewegungen irrelevant. Zur Steuerung der Handbewegung ist also keine detaillierte visuelle Repräsentation notwendig. Milner schlägt in diesem Zusammenhang vor, daß das Gehirn auf der Grundlage der minimal notwendigen Information arbeitet. Zu viele Informationen zu bekommen, kann für alle Systeme kontraproduktiv sein. Im Gegensatz zu dem auf den Betrachter bezogenen System muß sich das aufs Objekt bezogene System mit Eigenschaften wie Größe, Form, Farbe und relativer Position der Objekte befassen, damit diese in unterschiedlichem visuellen Kontext oder aus verschiedenen Blickwinkeln erkannt werden können. In diesem Falle sind also die Details der Objekte (Farbe, Form) von Bedeutung. Um zu wissen, wo sich die rote Tasse relativ zur grünen befindet, muß jede der beiden Tassen identifiziert werden.

Der posterior-parietale Cortex ist Teil des auf den Betrachter bezogenen Systems. Da es viele Arten von betrachterbezogenen Bewegungen gibt (Augen-, Kopf-, Gliedmaßen- und Körperbewegungen sowie Kombinationen aus diesen), müssen jeweils separate Kontrollsysteme existieren. Nehmen wir zum Beispiel an, die Kontrolle der Augen basiere auf der Sehachse, die der Gliedmaßen dagegen auf der Position der Schultern. Die Bewegungen der Augen und der Gliedmaßen sind von sehr unterschiedlicher Art. Wie wir gesehen haben, gibt es in posterior-parietalen Regionen zahlreiche visuelle Felder (siehe Fellemans und van Essens Karte in Abbildung 8.12), und es existieren viele Projektionen aus diesen Regionen in motorische Strukturen zur Steuerung der Augen- (frontale Augenfelder, Area 8) und Gliedmaßenbewegungen (prämotorischer und supplementär-motorischer Cortex). Außerdem bestehen Verbindungen zu präfrontalen Regionen (Area 46), die eine Rolle beim Kurzzeitgedächtnis und bei der Lokalisierung von Ereignissen im Raum spielen.

Der Temporallappen ist an der Codierung der relativen Beziehung zwischen Objekten beteiligt. Ein Teil davon findet wahrscheinlich in der polymodalen Region des STS statt, ein anderer Teil in der Hippocampusformation. Auf die Bedeutung des temporalen Cortex werden wir später noch zurückkommen.

Die Rolle der posterior-parietalen Region bei der visuomotorischen Steuerung wurde durch die Untersuchung von Neuronen im posterioren Teil des Parietallappens von Affen bestätigt. Die Aktivität dieser Neuronen spiegelt das aktuelle Verhalten des Tieres als Reaktion auf einen visuellen Reiz wider. Tatsächlich sind die meisten Neuronen im posterior-parietalen Cortex sowohl während des sensorischen Inputs als auch während der Bewegung aktiv. Beispielsweise gibt es Zellen, die nur schwach auf stationäre visuelle Reize reagieren, die sich aber verstärkt entladen, wenn das Tier aktiv seine Augen oder Arme zu dem Stimulus hin bewegt, oder auch, wenn es lediglich *seine Aufmerksamkeit zu dem Reiz hin lenkt.* Einige Zellen sind aktiv, wenn der Affe einen Gegenstand in der Hand bewegt, und reagieren auch auf die strukturellen Merkmale des Objekts, wie beispielsweise seine Größe und seine Orientierung. Diese Neuronen sind also für diejenigen Eigenschaften eines Objekts empfindlich, die die zu seiner Handhabung notwendige Handstellung bestimmen. Ein allen posterior-parietalen Neuronen gemeinsames Charakteristikum ist ihre Reaktivität auf Bewegungen der Augen und auf die Position der Augen in den Augenhöhlen. Werden die Zellen durch einen Reiz in der optimalen Position innerhalb ihres rezeptiven Feldes stimuliert, ist ihre Entladungsfrequenz dann am höchsten, wenn sich die Augen in einer ganz bestimmten Stellung befinden. Diese Entladung scheint das Ausmaß der Augenbewegung (auch als Sakkade bezeichnet) zu signalisieren, die nötig ist, damit das visuelle Zielobjekt in der Fovea der Retina abgebildet wird. Mit anderen Worten, diese Zellen nehmen visuelle Informationen auf und steuern anschließend die Bewegung der Augen, damit das interessierende Objekt möglichst genau abgebildet und analysiert werden kann. Eine interessante Eigenschaft vieler posterior-parietaler Zellen, die mit Augenbewegungen zu tun haben, ist, daß sie bevorzugt auf visuelle Stimuli reagieren, die eine Bedeutung für das Verhalten haben, wie etwa auf Reize, die eine Belohnung signalisieren. Daraus hat man den Schluß gezogen, daß diese Zellen durch den „motivatorischen" Charakter der Information beeinflußt werden.

Stein faßt die Reaktionen der posterior-parietalen Neuronen zusammen, indem er auf zwei wichtige Eigenschaften verweist, die all diesen Neuronen gemeinsam sind: Erstens empfangen sie kombinierte sensorische, motivatorische und damit zusammenhängende motorische Eingänge. Zweitens erhöht sich ihre Entladungsrate, wenn das Tier seine Aufmerksamkeit einem Zielobjekt zuwendet oder eine Bewegung zu diesem hin ausführt. Diese Neuronen sind daher gut geeignet, um die notwendige sensorische Information in Befehle für die Steuerung der Aufmerksamkeit und der motorischen Reaktion zu transformieren.

Es ist nicht möglich, die Aktivität einzelner Neuronen im posterior-parietalen Cortex des Menschen zu untersuchen, aber man kann ereigniskorrelierte Potentiale (ERPs) als Reaktion auf visuelle Stimuli aufzeichnen. Wenn also ein Stimulus in einer Gesichtsfeldhälfte präsentiert wird, würde man die Aktivierung in der gegenüberliegenden Hemisphäre erwarten, die ja die Information aus dem kontralateralen Gesichtsfeld erhält. Wie Hillyard gezeigt hat, kommt es etwa 100–200 Millisekunden nach der Präsentation eines visuellen Reizes in einer Gesichtsfeldhälfte im ERP zu einem großen negativen Ausschlag im posterior-parietalen Cortex. Dieser ist stärker als der im occipitalen Cortex und am stärksten in der dem Reiz gegenüberliegenden Hemisphäre. Zwei interessante Charakteristika dieser ERP-Wellen erinnern an das Verhalten der Neuronen des Affen: 1) Bittet man die Versuchsperson, ihre Aufmerksamkeit auf eine bestimmte Stelle in einer Gesichtsfeldhälfte zu richten, ist das ERP am größten, wenn der Reiz genau an dieser Stelle präsentiert wird. 2) Es kommt etwa 100–200 Millisekunden vor dem Einsetzen der Augenbewegungen zu einer ausgeprägten Reaktion im Parietallappen. Wenn die Versuchspersonen ihre Aufmerksamkeit auf visuelle Ziele richten, nimmt, wie Roland zeigen konnte, die Durchblutung bevorzugt in posterior-parietalen Regionen zu.

Zusammengenommen unterstützen elektrophysiologische und Daten über die Gehirndurchblutung die allgemeine Auffassung, daß der posterior-parietale Cortex eine wichtige Rolle bei der Steuerung von Bewegungen und bei der Ortung von Stimuli im Raum spielt. Daher liegt die Vermutung nahe, daß posterior-parietale Läsionen diese beiden Funktionen beeinträchtigen.

Die Rolle des superior-parietalen Cortex bei der Kontrolle von Augenbewegungen hat wichtige Implikationen für PET-Untersuchungen zur Verarbeitung visueller Informationen. Wie in Kapitel 11 erwähnt, haben Haxby und Kollegen gezeigt, daß es zu einer Zunahme der Durchblutung im posterior-parietalen Cortex kommt, wenn Versuchpersonen verschiedene Positionen im Raum identifizieren sollten. Dies führte zu der Annahme, daß die dorsale Verarbeitungsbahn an der „räumlichen" Informationsverarbeitung beteiligt sein könnte. Ein Schwachpunkt dieser Annahme ist jedoch, daß Menschen beim Lösen räumlicher Versuchsaufgaben ihre Augen bewegen. Die im PET-Bild sichtbare gesteigerte Durchblutung könnte daher auch auf die Bewegung der Augen zurückzuführen sein, und nicht darauf, wo sich das Zielobjekt zu diesem Zeitpunkt gerade befindet. Tatsächlich wurde auch schon behauptet, daß Menschen, wenn sie Aufgaben lösen, bei denen sie Objekte im Geiste rotieren lassen sollen, ihre Augen abwechselnd vor und zurück bewegen. Diese Augenbewegungen könnten Ausdruck der Aktivität parietaler Schaltkreise sein und stellen durchaus ein Problem für PET-Untersuchungen dar. Dies verdeutlicht die praktischen Schwierigkeiten, aussagekräftige Experimente für Brainimaging-Untersuchungen zu entwerfen.

Die Komplexität der räumlichen Information

Der zweite Aspekt der räumlichen Repräsentationen ist ihre Komplexität. Die Kontrolle der Bewegung von Gliedmaßen oder Augen ist relativ einfach, aber es gibt auch andere Arten von betrachterbezogenen Repräsentationen, die weit komplexer sind. Beispielsweise richtet sich das Konzept des „rechts" und „links" nach dem Betrachter, es erfordert aber nicht unbedingt eine Bewegung. Patienten mit posterior-parietalen Läsionen können nicht mehr gut zwischen rechts und links unterscheiden. Es existieren jedoch noch weit komplexere Beziehungen. So können wir im Geiste Bilder von Gegenständen erzeugen und sie räumlich verändern. Patienten mit posterior-parietalen Läsionen sind auch hierin eingeschränkt. Tatsächlich besteht kaum Zweifel, daß parietale Läsionen mit verschiedenen Formen komplexer räumlicher Verarbeitung interferieren, an denen die dorsale visuelle Bahn und ihre Funktion bei der visuomotorischen Steuerung offensichtlich nicht beteiligt sind. Goodale und Milner schlagen daher vor, daß diese komplexen räumlichen Defizite auf einer Schädigung temporalparietaler polysensorischer Regionen beruhen, die ja im menschlichen Gehirn sehr ausgedehnt sind. (Dies entspricht der dritten Verarbeitungsbahn in Abbildung 11.2.) Diese Vorstellung ist zwar noch sehr spekulativ, wenn sie sich jedoch als zutreffend erweist, sollten wir – da diese Regionen in der rechten Hemisphäre ausgeprägter sind als in der linken – nach einer rechtshemisphärischen Schädigung stärkere Einbußen bei solchen „räumlichen Aufgaben" beobachten als nach linkshemisphärischen Läsionen. Dies ist tatsächlich der Fall.

Andere funktionale Aspekte des parietalen Cortex

Es gibt drei andere mit dem Parietallappen zusammenhängende Symptome, die nicht in das einfache Konzept des Parietallappens als einem visuomotorischen Kontrollzentrum passen. Dies sind Schwierigkeiten mit dem Rechnen, mit Mathematik allgemein sowie mit bestimmten sprachlichen Fähigkeiten.

Luria hatte vorgeschlagen, daß Mathematik und Arithmetik eine quasi-räumliche Struktur besitzen. Beispielsweise besitzen Additionen und Subtraktionen räumliche Eigenschaften, die für die richtige Lösung wichtig sind. Man betrachte die Subtraktion der Zahl 25 von 52. Die 2 und die 5 stehen jeweils an unterschiedlicher Position und haben damit verschiedene Bedeutung. Bei der Subtraktion muß sich im Geiste sozusagen die 2 in der Einer-Position eine 10 von der 5 in der Zehner-Position „ausleihen". So betrachtet liegt der Grund für die **Acalculie** (die Unfähigkeit zu Rechnen) bei Patienten mit geschädigtem Parietallappen in der räumlichen Natur der Aufgabe. Tatsächlich können solche Patienten einfache Aufgaben wie 6–4 lösen, weil die räumlichen Anforderungen hier nur gering sind. Selbst mit etwas schwierigeren Aufgaben, wie 984–23, haben die Patienten kaum Probleme. Die Rechenfähigkeit kommt erst bei komplexeren Aufgaben an ihre Grenze, etwa bei 983–24. Wir können uns nun vorstellen, daß diese Aufgabe in gewisser Weise analog zu der geistigen Manipulation von Formen ist, abgesehen davon, daß hier die Formen durch Symbole ersetzt sind. Wenn dies tatsächlich der Fall ist, so hängt diese Operation womöglich von dem polysensorischen Gewebe an der Grenze zwischen dem linken Temporal- und Parietallappen ab.

Die Sprache stellt in vielerlei Hinsicht die gleichen Anforderungen wie das Rechnen. Die Wörter „Rot" und „Tor" bestehen aus denselben Buchstaben, jedoch in unterschiedlicher räumlicher Anordnung. Ebenso bestehen die Satzteile „die Freundin meiner Schwester" und „die Schwester meiner Freundin" aus identischen Wörtern, allerdings mit sehr unterschiedlicher Bedeutung. Aus diesem Grund vermuteten Luria und andere Wissenschaftler, Sprache könne als quasi-räumlich verstanden werden. Die Patienten haben eventuell eine klare Vorstellung der individuellen Elemente, sind jedoch nicht fähig, die Gesamtheit zu verstehen, sobald der Satzbau eine Rolle spielt. Auch das könnte von der polysensorischen Region an der temporal-parietalen Grenze abhängen.

Zusammenfassung

Die Aufgabe des posterioren Parietallappens, so nimmt man an, besteht in der Kontrolle der visuomotorischen Steuerung von Bewegungen im egozentrischen (das heißt auf den Betrachter bezogenen) Raum. Dies wird am deutlichsten bei der Kontrolle der Arm- und der Augenbewegungen, die zum Ergreifen oder Manipulieren eines Gegenstands nötig sind. Die Augenbewegungen sind wichtig, weil sie dem visuellen System die Zuwendung zu bestimmten sensorischen Signalen in der Umgebung erlauben. Die polymodale Region des posterior-parietalen Cortex ist auch für viele Aspekte des „mentalen Raumes" von Bedeutung, von einfachen Rechen- und Lesevorgängen bis hin zur mentalen Rotation und Manipulation visueller Bilder.

Somatosensorische Symptome bei Läsionen des Parietallappens

In diesem Abschnitt werden wir uns mit den somatosensorischen Symptomen befassen, die im Zusammenhang mit einer Schädigung des Gyrus postcentralis (Areae 1, 2, 3a und 3b) und angrenzender Cortexregionen (PE und PF) zu beobachten sind.

Somatosensorische Schwellenwerte

Eine Schädigung des Gyrus postcentralis ist typischerweise mit ausgeprägten Veränderungen der somatosensorischen Schwellenwerte assoziiert. Die gründlichsten Untersuchungen solcher Veränderungen wurden von Semmes und ihren Kollegen an hirnverletzten Kriegsveteranen durchgeführt. Detaillierte Berichte liegen auch von Corkin und ihren Mitarbeitern über Patienten vor, bei welchen zur Linderung epileptischer Anfälle Hirnoperationen durchgeführt worden waren. Beide Forschergruppen entdeckten, daß Läsionen im Gyrus postcentralis zu ungewöhnlich hohen Sinnesempfindungsschwellen führen, die den Sinn für die Lage im Raum beeinträchtigen und Störungen der Stereognosie verursachen. In der Untersuchung von Corkin und ihren Mitarbeitern stellte sich zum Beispiel heraus, daß die Patienten eine leichte Berührung der Haut kaum feststellen und nicht erkennen konnten, ob sie durch eine oder zwei kleine scharfe Spitzen gereizt wurden. Es bereitete ihnen außerdem Schwierigkeiten, die Reizpunkte auf der Haut der zur Läsion kontralateralen Körperseite zu lokalisieren. Bei verbundenen Augen vermochten sie nicht zu sagen, ob die Finger der kontralateral zur Läsion befindlichen Hand passiv bewegt wurden oder nicht. Läsionen im Gyrus postcentralis können auch zu Ausfallserscheinungen führen, die Luria als afferente Parese bezeichnet hat. Hierbei sind die Bewegungen der Finger ungeschickt und schwerfällig, weil der Person die notwendigen Rückmeldungen über die genaue Fingerstellung fehlen.

Somatische Wahrnehmungsstörungen

Die Existenz normaler somatosensorischer Wahrnehmungsschwellen schließt die Möglichkeit anderer somatosensorischer Störungen nicht aus. Zunächst ist hier die **Astereognosie** zu nennen, eine Störung, die sich durch Tests der taktilen Wahrnehmung von Objekteigenschaften nachweisen läßt. Ein solcher Test ist in Abbildung 12.3 gezeigt. Bei diesen Tests sollen die Patienten Gegenstände mit den Händen erkennen, oder man legt ihnen Formen auf die Handfläche, und sie sollen danach die entsprechenden Formen aus mehreren anderen, ebenfalls ihrem Blick verborgenen, herausfinden.

Eine zweite Störung der Körperwahrnehmung beschreibt man als **Simultanextinktion.** Sie kann nur durch spezielle Untersuchungsmethoden nachgewiesen werden. Eine Person wird unter Normalbedingungen mit einer Umgebung konfrontiert, in der viele sensorische Reize gleichzeitig auf sie eintreffen. Dennoch kann sie jeden sensorischen Eindruck individuell unterscheiden und wahrnehmen. Ein Test, bei dem der Versuchsperson Reize stets einzeln und nacheinander dargeboten werden, stellt somit eigentlich eine unnatürliche Situation dar, in der möglicherweise vorhandene sensorische

12.3 Beispiele für Tests der taktilen Objekterkennung. A. Eines der Reizmuster wird der Versuchsperson fünf Sekunden lang in die offene Handfläche gelegt und dann in die Reihe zurückgeschoben. Die Aufgabe besteht darin, aus sechs verschiedenen Mustern dasjenige herauszufinden, das die Handfläche berührt hat. B. Ein Duplikat eines der Reizobjekte wird von der Versuchsperson in die Hand genommen. Auch hier soll sie durch einen Vergleich das entsprechende Objekt aus einer Reihe verschiedener Muster herausfinden. (Nach Teuber 1968.)

Störungen unterschätzt oder gar nicht erkannt werden. Um eine komplexere sensorische Reizsituation herzustellen, werden nun zwei taktile Reize simultan auf gleiche oder verschiedene Körperteile gegeben. Ziel einer solchen doppelten und simultanen Reizung ist es, ein Krankheitsbild aufzudecken, bei dem jeder Reiz erkannt wird, wenn er einzeln dargeboten wird, aber nur einer der beiden Reize, wenn man diese gleichzeitig darbietet. Die Unfähigkeit, einen der beiden simultanen Reize zu erkennen, bezeichnet man gewöhnlich als **Extinktion**. Eine Extinktion geht normalerweise mit einer Schädigung des sekundären somatosensorischen Cortex (Areae PE und PF) einher, und zwar meist im rechten Parietallappen.

„Blindfühlen"

Es wurde schon darüber berichtet, daß Patienten den Ort eines visuellen Reizes bestimmen können, obwohl sie behaupten, ihn nicht gesehen zu haben. Paillard und seine Mitarbeiter berichteten über eine Frau, die ein taktiles Analogon des Blindsehens aufzuweisen scheint. Eine große Läsion der Felder PE, PF und eines Teils von PG hatte eine völlige Taubheit der rechten Körperseite bewirkt, die so schwerwiegend war, daß sie sich leicht schnitt oder verbrannte, ohne sich dessen bewußt zu werden. Sie konnte jedoch mit ihrer linken Hand auf die Stellen ihrer rechten Hand weisen, an denen sie zwar berührt worden war, obgleich sie die Berührung selbst nicht gespürt hatte! Auch wenn es sich hier um einen Einzelfall handelt, erinnert dieses Phänomen an das Blindsehen. Die

Existenz einer taktilen Entsprechung zum Blindsehen ist deshalb bedeutsam, weil sie vermuten läßt, daß es im taktilen System (genau wie im visuellen) zwei Mechanismen gibt, die jeweils für die Wahrnehmung beziehungsweise für die Lokalisation eines Reizes zuständig sind. Möglicherweise ist dies ein organisatorisches Merkmal aller sensorischen Systeme.

Somatosensorische Agnosien

Es gibt zwei Haupttypen somatosensorischer Agnosien, die soeben besprochene Astereognosie und die Asomatognosie, der Verlust der Empfindung des eigenen Körpers und Körperzustands. Obwohl Astereognosie nicht notwendigerweise eine Störung taktiler Wahrnehmung ist, wird sie in diesem Abschnitt erwähnt, da sie klinisch häufig als Agnosie beschrieben wird.

Die **Asomatognosie** gehört zu den seltsamsten Formen der Agnosie überhaupt. Man kann sich dieses Syndrom kaum vorstellen, solange man nicht eine Person gesehen hat, die einen Teil ihres Körpers oder eine offenkundige Krankheit verleugnet. Es gibt verschiedene Formen der Asomatognosie. Dazu gehören die **Anosognosie** (das Nichtgewahrwerden einer Krankheit), die **Anosodiaphorie** (das Verleugnen einer Krankheit), die **Autotopagnosie** (die Unfähigkeit, eigene Körperteile zu lokalisieren und zu benennen) und schließlich die **Schmerzasymbolie** (das Fehlen normaler schmerzbezogener Reaktionen).

Die Asomatognosie kann für eine oder beide Körperseiten bestehen. Meist betrifft sie jedoch die linke Körperseite und beruht auf Läsionen in der rechten Hemisphäre. Eine Ausnahme sind die Autopagnosien, die gewöhnlich auf Läsionen im linken parietalen Cortex zurückzuführen sind. Das häufigste Beispiel für diese Störung ist die Fingeragnosie, bei der die Betroffenen nicht in der Lage sind, dem Untersucher die einzelnen Finger ihrer Hände zu zeigen oder auf sie zu deuten.

Symptome einer posterior-parietalen Schädigung

Die klinische Literatur beschreibt eine verwirrende Vielzahl von Symptomen bei einer Schädigung im posterioren Parietallappen. Wir wollen uns hier auf die am häufigsten beobachteten Störungen beschränken.

Das Balint-Syndrom

Im Jahre 1909 beschrieb Balint einen Patienten mit bilateralen parietalen Läsionen und eigenartigen visuellen Symptomen. Der Patient wies keine Gesichtsfelddefekte auf und konnte Objekte, Bilder und Farben normal erkennen, verwenden, und benennen. Dennoch zeigte er drei ungewöhnliche Symptome. Zunächst richtete er seinen Blick etwa 35° bis 40° rechts an den Objekten vorbei, die er betrachten sollte, obwohl er normalerweise spontan geradeaus blickte, wenn Objekte direkt vor ihm plaziert wurden. Er konnte seine Augen also bewegen, sie jedoch nicht auf einen bestimmten visuellen Reiz fixieren. Wurde die Aufmerksamkeit des Patienten auf ein Objekt gerichtet, so bemerkte er keinen anderen Reiz mehr. Nur wenn man ihn geradezu dazu zwang, konnte er weitere vor ihm liegende Objekte benennen, verhielt sich dann aber bald wie zuvor und vernachlässigte diese Reize. Balint glaubte, daß der Aufmerksamkeitshorizont des Patienten nur jeweils ein Objekt umfaßte. Diese Störung erschwerte das Lesen außerordentlich, da jeder Buchstabe für sich wahrgenommen wurde. (Diese Störung bezeichnet man auch oft als Simultagnosie.) Schließlich hatte der Patient große Schwierigkeiten, unter Führung der Augen nach Gegenständen zu greifen. Balint bezeichnete dieses Symptom als **optische Ataxie**. Wie er beobachtete, konnte der Patient immer noch Bewegungen in Relation zu seinem eigenen Körper korrekt ausführen, dies vermutlich mit Hilfe taktiler oder propriozeptiver Informationen, er war jedoch nicht mehr zu visuell gesteuerten Bewegungen in der Lage.

Obwohl das Balint-Syndrom eher selten auftritt, ist die optische Ataxie ein häufiges Symptom bei posterior-parietalen Läsionen; sie kann auch bei unilateralen Läsionen auftreten. Die Beschreibung einer Patientin von Damasio und Benton verdeutlicht dies:

> Die Patientin griff ständig daneben, wenn sie Gegenstände in ihrer Nähe, zum Beispiel einen Bleistift, Zigaretten, Zündhölzer oder einen Aschenbecher in die Hand nehmen wollte. Gewöhnlich verfehlte sie den Gegenstand um fünf bis zwanzig Zentimeter, tastete dann aber die Oberfläche des Tisches ab, bis sie ihr Ziel erreichte. Dieses Herumsuchen, das sie ein- bis zweimal durchführte, war häufig erfolgreich und verschaffte ihr das gewünschte Objekt. Gelegentlich aber griff die Hand von neuem daneben, entweder hinter das Objekt oder seitlich davon. Mit einer schnellen, taktil gesteuerten Korrektur gelang es ihr dann, die Hand auf den Gegenstand zu legen ... Im Gegensatz dazu waren Bewegungen, die keine visuelle Kontrolle erfordern, etwa das Zu- oder Aufknöpfen von Kleidungsstücken, das Deuten auf einen Körperteil oder das Führen der Zigarette zum Mund nicht beeinträchtigt. Diese Bewegungen waren glatt, schnell und zielgerichtet. (Damasio und Benton 1979, S. 171.)

Die Defizite bei der Blicksteuerung und bei visuell gesteuerten Greifbewegungen beruhen höchstwahrscheinlich auf Läsionen in superior-parietalen Regionen (Area PE). Läsionen im inferior-parietalen Cortex werden nicht von einer optischen Ataxie begleitet, was auf eine klare funktionale Trennung der beiden posterior-parietalen Regionen schließen läßt.

Kontralateraler Neglect und andere Symptome bei Läsionen im rechten Parietallappen

Bereits John Hughlings-Jackson berichtete im Jahre 1874 über Wahrnehmungsstörungen nach Läsionen des rechten Parietallappens. Aber erst in den vierziger Jahren dieses Jahrhunderts beschrieben Paterson und Zangwill die Auswirkungen solcher Läsionen genauer. Die inzwischen klassische Arbeit von McFie und Zangwill von 1960 faßte zahlreiche frühere Beschreibungen zusammen und charakterisierte mehrere Symptome von Läsionen im rechten Parietalcortex. Die folgende Fallgeschichte illustriert einige davon.

Der 67 Jahre alte Patient P. hatte einen Schlaganfall im rechten Parietallappen erlitten. Als wir ihn das erste Mal sahen (24 Stunden nach der Aufnahme in die Klinik), zeigte er keine Gesichtsfelddefekte und keine Parese. Er hatte aber eine Reihe anderer Symptome:

1. Herr P. zeigte einen Neglect der linken Seite seines Körpers und seiner Umwelt. Wurde er aufgefordert, die Arme hochzuheben, so hob er den linken Arm nicht; er tat es aber, wenn man seinen linken Arm dabei berührte. Wurde er aufgefordert, das Zifferblatt einer Uhr zu zeichnen, so trug er alle Ziffern auf der rechten Seite des Zifferblatts ein. Bat man ihn schließlich, zusammengesetzte Substantive zu lesen, zum Beispiel „Eiscreme" oder „Fußball", so laß er nur „Creme" oder „Ball". Beim Anziehen ließ er die linke Seite seiner Kleider außer acht, und wenn er sich rasierte, tat er das nur rechts. Taktile Reize auf der linken Seite seines Körpers ignorierte er völlig. Schließlich schien er sich nicht bewußt zu sein, daß irgend etwas mit ihm nicht in Ordnung war, und er fragte sich, was denn die ganze Aufregung um ihn solle (Anosagnosie). All diese Symptome bezeichnet man als **kontralateralen Neglect**.
2. Patient P. konnte weder Würfel zu einem vorgegebenen Muster zusammenfügen (konstruktive Apraxie), noch mit der einen oder anderen Hand freihändig zeichnen, abzeichnen oder Figuren aus Papier schneiden. Wenn er zeichnete, fügte er überflüssige Striche hinzu, in der Hoffnung, dann das Bild korrekt zu zeichnen. Die Zeichnungen ließen im allgemeinen genaue räumliche Relationen vermissen. Häufig haben Patienten mit einem halbseitigen Neglect Schwierigkeiten, die linke Seite einer Vorlage korrekt abzuzeichnen. Dies verdeutlicht Abbildung 12.4.
3. Herr P. hatte auch topographische Ausfälle. Aus dem Gedächtnis konnte er Karten von ihm gut bekannten Regionen nicht zeichnen. Versuchte er zum Beispiel, eine Karte seiner Wohngegend anzufertigen, gab er weder die Richtungen der räumlichen Orientierungspunkte noch die Distanzen korrekt an. Trotz all dieser Störungen wußte Herr P., wo er war und welches Datum man schrieb, er erkannte die Gesichter seiner Familie wieder, und seine Sprachfunktionen waren intakt, so daß er normal sprach, las und schrieb.

12.4 Zeichnungen von einem Patienten mit kontralateralem Neglect nach den jeweiligen Vorlagen. (Aus: Bloom, F. E.; A. Lazerson. *Brain, Mind and Behavior*, New York: H. W. Freeman, S. 300, 1988. Nachdruck mit Genehmigung.)

Der beim Patienten P. beobachtete halbseitige Neglect ist eines der faszinierendsten Symptome cerebraler Dysfunktionen. Typischerweise handelt es sich um einen Neglect visueller, auditorischer und somatosensorischer Reize auf der Körper- oder Raumseite, die kontralateral zur Läsion liegt. Hinzu kommt, daß die Störung nicht immer wahrgenommen und daher bestritten wird. Die Erholung geht in zwei Schritten vor sich. Zunächst kommt es zu einer **Allästhesie**. Sie ist durch Versuche charakterisiert, auf Reize der vernachlässigten Seite zu reagieren. Dabei verhalten sich die Patienten so, als befänden sich die Reize auf der beachteten, „guten" Seite. Sie reagieren und orientieren sich auf visuelle, taktile oder auditorische Reize der linken Körperseite also so, als wären sie auf der rechten. Das zweite Stadium wird als **Simultan-**

extinktion bezeichnet: Eine Person reagiert wieder auf Reize der bislang vernachlässigten Körperseite, außer wenn beide Körperseiten gleichzeitig stimuliert werden. In diesem Fall bemerkt sie die Reizung nur auf der ipsilateral zur Läsion gelegenen Seite.

Es gibt einige Schwierigkeiten, das Neglectphänomen richtig zu verstehen. Wo, zum Beispiel, muß die Läsion liegen, um diesen Effekt hervorzurufen? Abbildung 12.5A vermittelt das Bild, das Heilman und Watson erhielten, als sie die Läsionen von 13 Neglectpatienten zusammenfaßten. Der inferiore Parietallappen war das Gebiet, in dem sich die Läsionen am meisten überlagern (Abb. 12.5B). Zu erwähnen bleibt jedoch, daß man einen halbseitigen Neglect hin und wieder auch nach Läsionen des Frontallappens oder des cingulären Cortex, sowie nach Läsionen subcortikaler Strukturen beobachtet. Zu letzteren zählen unter anderem der Colliculus superior und der laterate Hypothalamus. Nicht klar ist, ob ein und dasselbe Phänomen aus derart verschiedenen Läsionen resultiert.

Die zweite Frage lautet: Warum stellt sich überhaupt ein Neglect ein? Dafür werden zwei Theorien angeboten. Gemäß der einen wird ein Neglect durch fehlerhafte Wahrnehmungen oder Empfindungen verursacht. Die andere Theorie besagt, daß ein Neglect durch fehlerhafte Formen der Aufmerksamkeit oder der Orientierung verursacht wird. Das stärkste Argument für die Theorie fehlerhafter Empfindung besteht darin, daß eine Läsion des Parietallappens, der ja Informationen von allen sensorischen Regionen erhält, die Integration der Empfindungen stört. Denny-Brown und Chambers bezeichneten diese integrative Funktion als *Morphosynthese* und deren Unterbrechung als *Amorphosynthese*. Der heutige Standpunkt der Vertreter dieser Hypothese ist der folgende: Ein Neglect folgt deshalb auf Läsionen des rechten Parietallappens, weil die Integration der räumlichen Eigenschaften von Reizen gestört wird. Als Folge davon kann das Nervensystem deren Lage im Raum nicht mehr genau einschätzen und ignoriert sie, obwohl sie nach wie vor wahrgenommen werden. Diese Vernachlässigung tritt unilateral auf, da die linke Hemisphäre noch einige rudimentäre Fähigkeiten zur räumlichen Synthese besitzt, die ein ähnliches Phänomen auf der rechten Seite des Körpers oder der Umwelt verhindern. Diese Fähigkeiten können jedoch viele andere Verhaltensstörungen infolge von Läsionen des rechten Parietallappens nicht kompensieren.

Critchley und andere Autoren haben vermutet, daß ein Neglect aus der Unfähigkeit resultiert, auf Reize *zu achten*, obwohl diese sehr wohl registriert werden. Diese Ansicht wurde unlängst von Heilman und Watson weiterentwickelt. Sie glauben, daß der Neglect durch eine Störung der Orientierungsreaktion verursacht wird. Der Defekt resultiert aus der Beeinträchtigung eines Systems, dessen Funktion darin besteht, das Individuum beim Auftauchen neuer sensorischer Reize in einen Zustand erhöhter gerichteter Aufmerksamkeit zu versetzen.

Ein weiteres häufiges Symptom nach Läsionen des rechten Parietallappens wurde von Warrington und ihren Mitarbeitern beschrieben: Es handelt sich um die schwere Beeinträchtigung der Fähigkeit, unter einem ungewohnten Blickwinkel dargestellte Objekte zu erkennen. Werden die Objekte hingegen in einer geläufigen Perspektive dargeboten, so können die Patienten sie identifizieren. Eine Seitenansicht eines Eimers wird zum Beispiel leicht erkannt. Eine Ansicht des gleichen Eimers von oben bereitet den Patienten dagegen große Schwierigkeiten (Abbildung 12.6). Warrington schließt daraus, daß das Defizit nicht die Begriffsbildung, sondern die Klassifikation von Wahrnehmungen, also die Zuordnung von

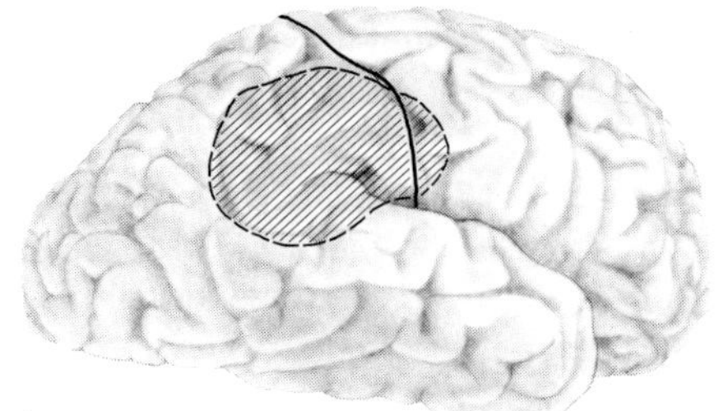

A

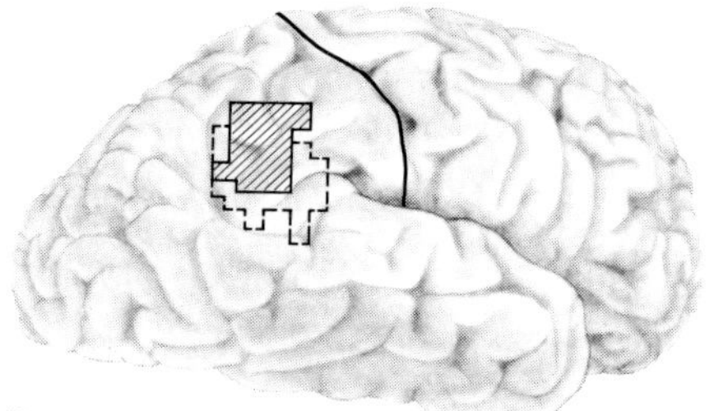

B

12.5 A. Übersicht über die bei 13 Patienten mit einem kontralateralen Neglect insgesamt zerstörte Cortexregion (Beschreibung von Heilmann und Watson). Die Zone der größten Überlappung konzentriert sich bei den Patienten auf den rechten Lobulus parietalis inferior. B. Zusammenfassung der Regionen, deren Läsion bei Tests zur Erkennung von Objekten unter ungewöhnlichem Blickwinkel (Warrington- und Taylor-Test) Defizite erzeugen. Die Schraffur kennzeichnet das Gebiet größter Überlappung. Die vergleichbare Lage der Schraffuren der Bildteile A und B ist auffällig.

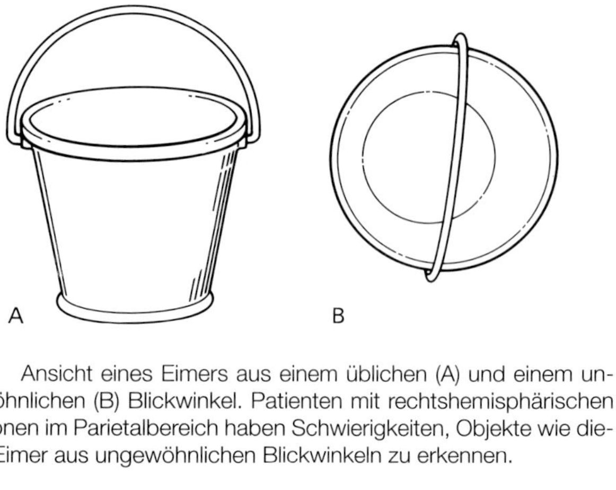

A B

12.6 Ansicht eines Eimers aus einem üblichen (A) und einem ungewöhnlichen (B) Blickwinkel. Patienten mit rechtshemisphärischen Läsionen im Parietalbereich haben Schwierigkeiten, Objekte wie diesen Eimer aus ungewöhnlichen Blickwinkeln zu erkennen.

Informationen zum Begriff „Eimer“ betrifft. Dazu bedarf es einer Art räumlichen Vergleichs, bei dem die gängigen Vorstellungen des Objekts im Raum rotiert werden müssen, um mit der neuartigen Perspektive übereinzustimmen. Warrington und Taylor nehmen an, daß der Ort dieses Defizits ungefähr im Lobulus parietalis inferior liegt und damit in der gleichen Region, die als Ursprungsort des kontralateralen Neglects angesehen wird (Abbildung 12.5B).

Das Gerstmann-Syndrom und andere Symptome bei Läsion des linken Parietallappens

Im Jahre 1924 beschrieb Josef Gerstmann einen Patienten mit einem ungewöhnlichen Symptom, das nach einem Schlaganfall im linken Patietallappen aufgetreten war. Es handelte sich um einen Fall von Fingeragnosie. Der Patient konnte die Finger seiner eigenen Hand weder erkennen noch benennen. Diese Entdeckung erregte beträchtliches Interesse. In den folgenden Jahren wurden weitere Symptome entdeckt, welche die Fingeragnosie begleiten. Dazu gehören die Verwechslung von rechts und links, die **Agraphie** (Schreibunfähigkeit) und die **Acalculie** (die Unfähigkeit, Rechenoperationen durchzuführen). Diese vier Symptome wurden zusammen unter dem Namen **Gerstmann-Syndrom** bekannt. Gerstmann und andere Wissenschaftler behaupteten, daß eine eng begrenzte Läsion im linken Parietallappen, hauptsächlich im Gyrus angularis (Area PG), von derartigen Symptomen begleitet wird. Traten diese vier Symptome gemeinsam auf, so hatte der betreffende Patient definitionsgemäß ein Gerstmann-Syndrom. Die entsprechende Läsion sollte im Gyrus angularis lokalisierbar sein. Es ist zu bezweifeln, daß das Gerstmann-Syndrom eine nützliche Klassifikation in der Routinediagnostik darstellt, aber alle Symtome lassen sich mit linksparietalen Läsionen in Zusammenhang bringen.

Linksparietale Läsionen können auch mit vielen anderen Symptomen einhergehen, von denen einige durch die folgende Fallgeschichte illustriert werden:

Am 24. August 1975 hatte S., ein elfjähriger Junge, plötzlich einen Krampfanfall, der hauptsächlich zu Zuckungen der rechten Körperseite und hier insbesondere der oberen Extremitäten und der rechten Gesichtshälfte, führte. Er erhielt krampflösende Medikamente und war gut drei Wochen symptomfrei. Dann begann er plötzlich von oben nach unten und rückwärts zu schreiben. Er wurde sofort an einen Neurologen überwiesen, der ein malignes Astrocytom im linken Parietallappen diagnostizierte. Eine sorgfältige neuropsychologische Untersuchung förderte eine ganze Reihe von Symptomen zutage, die für Läsionen im Bereich des linken Parietallappens charakteristisch sind:

1. S. wies mehrere Anzeichen gestörter Sprachfunktionen auf. Er konnte nicht einmal mehr seinen Namen schreiben (Agraphie), und er hatte schwerwiegende Leseschwierigkeiten (Dyslexie). Er sprach langsam und stockend, wobei ihm viele grammatikalische Fehler unterliefen (Dysphasie).
2. Er war völlig unfähig, Würfel zu einem bestimmten Muster zusammenzusetzen, und hatte Schwierigkeiten, neue Bewegungsfolgen der Gliedmaßen zu erlernen, was auf eine Apraxie schließen ließ.
3. Beim Kopfrechnen hatte er große Schwierigkeiten (Dyscalculie), er konnte nicht einmal einfache Additions- oder Subtraktionsaufgaben lösen.
4. Er hatte ein schlechtes Gedächtnis für Ziffernfolgen, wobei er sich nur drei Zahlen merken konnte, unabhängig davon, ob sie ihm mündlich oder schriftlich dargeboten wurden.
5. Rechts und links konnte er nicht unterscheiden. In allen Tests reagierte er zufällig.
6. Auf der rechten Seite zeigte er eine Hemianopie, die vermutlich darauf zurückzuführen war, daß der Tumor die Sehbahnfasern zwischen dem Corpus geniculatum laterale und Area 17 zerstört hatte.

Als sich der Tumor von Patient S. weiter vergrößerte, kam es zu Bewegungsstörungen auf der rechten Körperseite, denn die Geschwulst übte Druck auf den Frontallappen aus. Ende Oktober des gleichen Jahres verstarb der Junge. Weder die Operation noch die Chemotherapie konnten das Wachstum des Tumors bremsen.

Die Symptome von S. ähneln jenen anderer uns bekannter Patienten mit Schädigungen im linken Parietalbereich. S. hatte aber keine Fingeragnosie, eines der Symptome des Gerstmann-Syndroms, und das zeigt, daß selbst große Läsionen nicht bei jedem Patienten die gleichen Wirkungen entfalten.

Apraxie und der Parietallappen

Apraxie ist eine Bewegungsstörung, die durch einen Verlust feingesteuerter Bewegungen gekennzeichnet ist, der nicht auf einer physiologischen Schwäche beruht. Sie äußert sich in einer allgemeinen Bewegungsunfähigkeit, in einem abnormalen Muskeltonus oder abnormaler Haltung, in geistigem Verfall, geringem intellektuellen Niveau oder anderen Bewegungsstörungen wie etwa einem Tremor. Es gibt viele Typen der Apraxie, von denen wir uns hier jedoch auf zwei konzentrieren werden: die ideomotorische Apraxie und die Konstruktionsapraxie. Patienten mit ideomotorischer Apraxie können Bewegungen nicht nachahmen oder bestimmte Gesten ausführen, wie etwa jemandem zur Begrüßung zu winken. Patienten mit Läsionen im linken posterioren Parietallappen leiden häufig an dieser Form der Apraxie. Wie Kimura zeigte, lassen sich die Defizite solcher Patienten abschätzen, wenn man sie bittet, eine bestimmte Folge von Armbewegungen, wie sie etwa in Abbildung 12.7 skizziert sind,

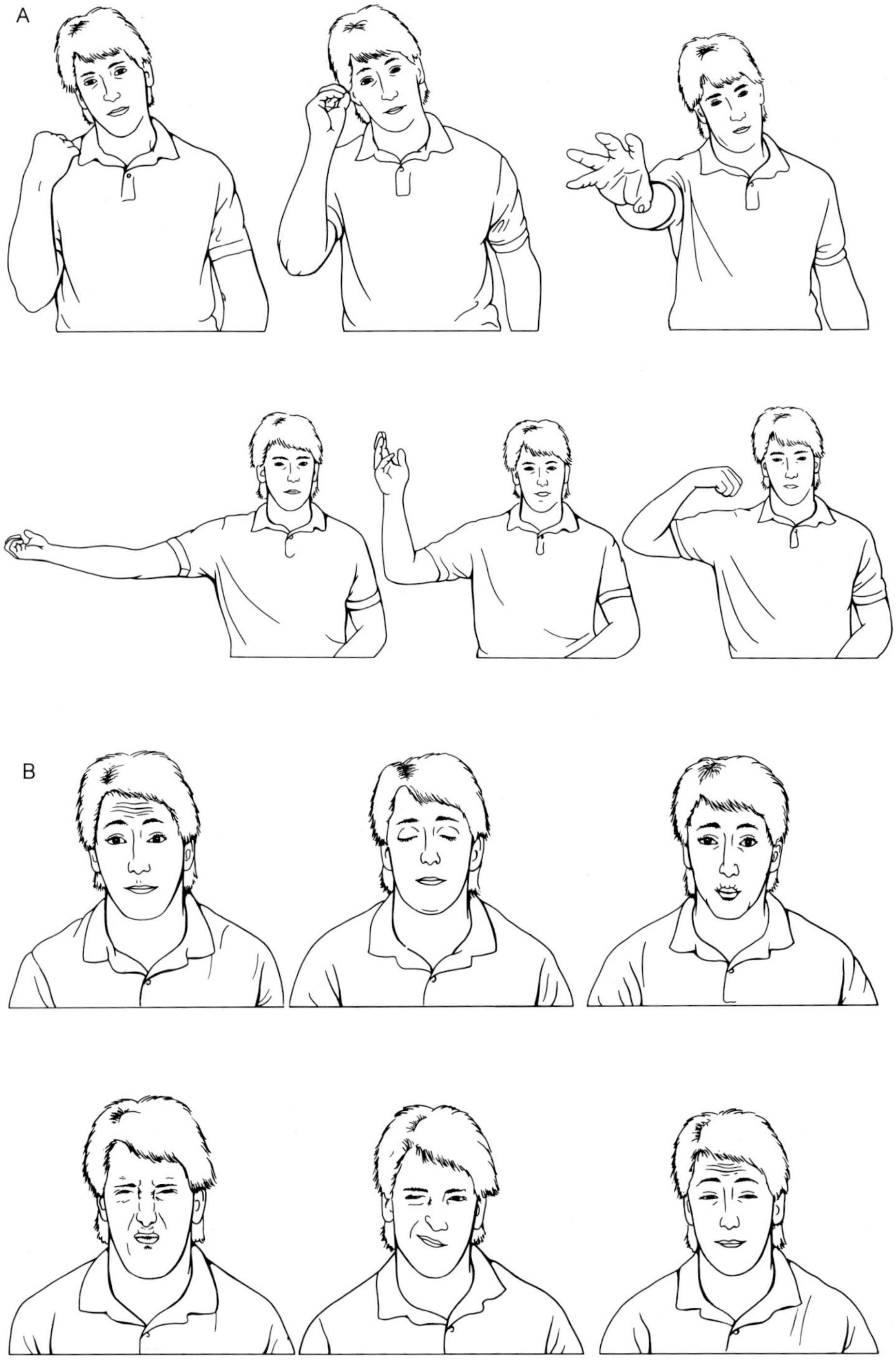

12.7 A. Beispiele für einen Test, bei dem eine Sequenz von Armbewegungen nachgeahmt werden soll. Die Versuchspersonen sollen jede der dargestellten Bewegungssequenzen so genau wie möglich nachahmen. B. Beispielhafte Aufgaben eines Tests, bei dem Gesichtsbewegungen der Reihe nach imitiert werden sollen.

nachzuahmen. Patienten mit Läsionen im linken Parietallappen haben dabei große Schwierigkeiten, Patienten mit geschädigtem rechten Parietallappen hingegen führen die Aufgabe problemlos aus. Auf die ideomotorische Apraxie werden wir in Kapitel 23 nochmals zurückkommen.

Die Konstruktionsapraxie ist eine visuomotorische Störung, bei der die Betroffenen nicht in der Lage sind, beispielsweise Objekte zusammenzusetzen, aufzubauen oder etwas zu zeichnen. Sie geben sich zwar Mühe, die räumliche Struktur des Ergebnisses ist jedoch sehr ungeordnet. So können Patienten mit einer Konstruktionsapraxie zum Beispiel kein Puzzle zusammensetzen. Eine Konstruktionsapraxie kann nach einer Schädigung jedes der beiden Parietallappen auftreten, allerdings besteht eine beträchtliche Kontroverse darüber, ob die Symptome bei rechts- und linksseitiger Läsion dieselben sind (siehe den Übersichtsartikel von Benton). Trotz alledem tritt die Konstruktionsapraxie häufig bei Patienten mit posterior-parietalen Läsionen auf.

Sowohl die ideomotorische als auch die Konstruktionsapraxie kann man sich als Bewegungsstörungen vorstellen, die von einer Unterbrechung der für die Bewegungssteuerung zuständigen parietofrontalen Bahnen herrühren. Mountcastle schlug vor, daß der posterior-parietale Cortex möglicherweise nicht nur afferente Signale über die taktilen und visuellen Repräsentationen der Umgebung erhält, sondern auch über die Körperhaltung und über Bewegungen. Seiner Hypothese zufolge arbeitet dieser Cortexbereich als „Kommandozentrale für die Bewegungen der Gliedmaßen, Hände und Augen innerhalb des unmittelbaren persönlichen Raumes". Der Parietallappen integriert also nicht nur sensorische und räumliche Informationen, um genaue Bewegungen im Raum zu ermöglichen, sondern steuert auch selbst Bewegungen in der unmittelbaren Umgebung des Körpers. Sowohl die ideomotorische als auch die Konstruktionsapraxie kann man als Beispiel einer Fehlfunktion dieser Steuerung verstehen.

Zeichnen

Obwohl bekannt ist, daß das Zeichnen nach Läsionen sowohl der rechten als auch der linken Hemisphäre beeinträchtigt ist, glaubt man allgemein, daß die Beeinträchtigung nach Schädigungen der rechten Hemisphäre größer ausfällt und daß besonders nach einer Läsion im rechten Parietallappen der Ausfall am markantesten ist. Diese Annahme stimmt mit der allgemeinen Vorstellung überein, daß die rechte Hemisphäre bei räumlichen Fähigkeiten die Hauptrolle spielt, sie ist jedoch möglicherweise falsch. Es scheint, daß die Störungen beim Zeichnen nach Läsionen der rechten beziehungsweise der linken Hemisphäre unterschiedlich ausfallen. So baten zum Beispiel Kimura und Faust eine große Zahl von Patienten, ein Haus und einen Menschen zu zeichnen. Apraktische oder aphasische Patienten mit Läsionen in der linken Hemisphäre schnitten schlecht ab; ihre Zeichnungen waren weniger deutlich erkennbar und enthielten insgesamt weniger Striche als die von Patienten mit Läsionen in der rechten Hemisphäre. Letztere hatten dagegen die Tendenz, Details der linken Seite ihrer Zeichnungen auszulassen und die Zeichnungen auf dem Blatt zu rotieren. Auch wenn man also annimmt, daß die Fähigkeit zu zeichnen durch Läsionen des rechten Parietallappens besonders beeinträchtigt wird, so könnte diese Schlußfolgerung vorschnell gezogen worden sein. Möglicherweise ist sie aufgrund einer beschränkten, vielleicht durch einen systematischen Fehler verfälschten Patientenpopulation zustande gekommen, in der apraktische und aphasische Patienten nicht vertreten waren. Die Fähigkeit zu zeichnen ist sehr komplex. Sie beruht sowohl auf verbalen als auch auf nichtverbalen Prozessen. Werden Versuchspersonen zum Beispiel gebeten, ein Fahrrad zu zeichnen, so bilden viele mental eine Liste der wichtigen Fahrradteile (Speichen, Kette und so weiter). Ohne diese Verbalisierung wäre bei solchen Personen die Darstellung weniger vollständig. Leiden Personen darüber hinaus an einer Apraxie, ist zu erwarten, daß sie Schwierigkeiten bei der Ausführung der erforderlichen Bewegungen haben werden. Auch sind die einzelnen Teile eines Fahrrades nach einer bestimmten räumlichen Organisation angeordnet. Ist diese räumliche Kognition schwach, so stimmt mit hoher Wahrscheinlichkeit die Zeichnung nicht.

Räumliche Aufmerksamkeit

Wenn wir uns in unserer Umwelt bewegen, werden wir mit einer Unzahl sensorischer Informationen konfrontiert, die das Nervensystem unmöglich alle in gleicher Weise beachten kann. Das Gehirn muß also bestimmte Informationen zur weiteren Bearbeitung auswählen. Man denke zum Beispiel an die Reizüberflutung, wenn wir in einem Kaufhaus einen alten Freund treffen und stehenbleiben, um uns mit ihm zu unterhalten: Es sind viele Leute anwesend und Unmengen von Artikeln ausgestellt, die man kaufen kann. Außerdem gibt es ein verwirrendes Durcheinander von Geräuschen – andere Personen sprechen, Musik ertönt, die Registrierkassen lärmen, neuartige Gerüche strömen auf uns ein und so weiter. Dennoch können wir uns auf eine kleine Auswahl der einlaufenden Informationen konzentrieren und die meisten anderen Signale ignorieren. Dabei kann es sogar geschehen, daß wir wichtigere Informationen ausschließen. Diese Selektivität des sensorischen Systems wird von Kognitionspsychologen als *selektive Aufmerksamkeit* bezeichnet. Wir achten also nur auf ganz bestimmte Reize. Neuere Arbeiten von Posner und seinen Mitarbeitern legen die Vermutung nahe, daß der Parietalcortex bei diesen Vorgängen eine wichtige Rolle spielt, insbesondere wenn es um visuell-räumliche Informationen geht.

In Posners Experimenten wurden die Versuchspersonen aufgefordert, einen Hebel zu drücken, sobald sie ein visuelles Signal sahen. Zu Beginn jedes Versuchsdurchgangs wurde also ein visueller Hinweisreiz dargeboten, der die Aufmerksamkeit auf die eine oder die andere Seite des Gesichtsfeldes lenkte. In den meisten Versuchsdurchgängen wurde der Zielreiz in derselben Gesichtsfeldhälfte dargeboten, wie das Signal (valide Versuche). In manchen Durchgängen jedoch erschien der Zielreiz in der anderen Gesichtsfeldhälfte (invalide Versuche). Wie zu erwarten war, reagierten gesunde Versuchspersonen auf valide Versuchsdurchgänge signifikant schneller als auf invalide. Noch wichtiger als dieses Ergebnis sind jene Befunde Posners, die zeigen, daß Patienten mit Läsionen im parietalen Cortex bei den validen Versuchsdurchgängen fast so gut abschnitten wie gesunde Kontrollpersonen, bei invaliden Versuchsdurchgängen aber viel schlechter, und zwar immer dann, wenn ein Reiz in der kontralateral zur Läsion befindlichen Gesichtsfeldhälfte erschien. Anders ausgedrückt: Wurde ein Reiz bei einem invaliden Versuchsdurchgang links dargeboten, so waren Patienten mit Läsionen des rechten Parietallappens beeinträchtigt, wurde der Reiz jedoch rechts dargeboten, schnitten Versuchspersonen mit Läsionen im linken Parietalcortex besonders schlecht ab. Dieses Ergebnis ist nicht einfach ein Beispiel für einen kontralateralen Neglect, denn es gab keine Asymmetrie. Sowohl Patienten mit Läsionen des linken als auch solche mit Läsionen des rechten Parietalcortex sind in den jeweiligen Versuchsdurchgängen beeinträchtigt.

Posners Ansicht nach besteht eine Funktion des Parietallappens darin, einen Aufmerksamkeitswechsel von einem Reiz auf den anderen zu erlauben; diesen Vorgang nennt er *Loslösen (disengagement)*. Denken wir noch einmal an unser Beispiel des Abendessens mit einem Freund: Während wir essen, wenden wir uns nacheinander den Erbsen zu, dem Brot und so weiter, und bei jedem dieser Wechsel lösen und lenken wir unsere Aufmerksamkeit neu. Im nächsen Kapitel wird schließlich gezeigt werden, daß der Temporalcortex bei der Selektion auditorischer und bestimmter visueller Reize von Bedeutung ist. Sehr wahrscheinlich selektiert der parietale Cortex visuell-räumliche Informationen (möglicherweise auch auditorisch-räumliche), während der Temporallappen nichträumliche Informationen auswählt. Es kann sein, daß der Frontallappen bei diesen Aufmerksamkeitsvorgängen eine allgemeinere Rolle übernimmt.

Störungen der räumlichen Kognition

Der Begriff „räumliche Kognition" bezieht sich auf eine Reihe von Fertigkeiten, zu denen unter anderem die gedankliche Verwendung und Manipulation von Gegenständen und Karten gehört. Gute Beispiele sind die in den Abbildungen 10.3 und 19.11 dargestellten Aufgaben zur mentalen Rotation. Ein anderes wäre die Fähigkeit, eine um 180° gedrehte (auf dem Kopf stehende) Karte zu „lesen". Es besteht kaum Zweifel daran, daß posteriore Läsionen, die höchstwahrscheinlich die PG-Region und den polymodalen Cortex des STS einschließen, zu Schwierigkeiten bei solchen Aufgaben führen. Obwohl in der neuropsychologischen Literatur weithin angenommen wird, daß die rechte Hemisphäre die „räumliche" ist und Defizite der räumlichen Kognition daher auf posterioren Schädigungen in der rechten Hemisphäre beruhen, sind die klinischen Hinweise diesbezüglich alles andere als überzeugend. Tatsächlich deutet vieles darauf hin, daß links- und rechtshemisphärische Läsionen unterschiedlichen Einfluß auf die räumliche Kognition haben. Beispielsweise hat Corballis vorgeschlagen, daß bei mentaler Rotation zwei verschiedene Operationen notwendig sind: Erstens muß der Stimulus im Geiste abgebildet und zweitens das so entstandene Bild manipuliert werden. Newcombe und Ratcliffe äußerten die Vermutung, das linkshemisphärische Defizit könnte auf einer Unfähigkeit beruhen, ein geeignetes mentales Bild zu erzeugen. In Kapitel 11 haben wir gesehen, daß Schwierigkeiten bei der räumlichen Vorstellung oft auf Läsionen im linken Occipitallappen zurückgehen. Das rechtshemisphärische Defizit könnte dagegen die Unfähigkeit widerspiegeln, mit dem vorhandenen mentalen Bild weitere Operationen durchzuführen.

Defizite in der Fähigkeit, topographische Informationen zu nutzen, sind mit größerer Wahrscheinlichkeit mit einer Schädigung der rechten Hemisphäre assoziiert als mit einer Schädigung der linken. Zu solchen Störungen gehören unter anderem eine fehlende Erinnerung an die familiäre Umgebung, eine Unfähigkeit, die Position von Ländern oder Städten oder ähnlichem auf einer Karte anzuzeigen oder sich in der Umgebung zurechtzufinden. Erwartungsgemäß sind solche Schwierigkeiten oft mit anderen visuellen Defiziten assoziiert (etwa visuellem Neglekt oder visueller Agnosie), es wurden jedoch auch Patienten mit recht spezifischen Störungen der topographischen Orientierung beschrieben. De Renzi schließt daraus, daß eine Verletzung der rechten Hemisphäre eine Voraussetzung für solche Störungen ist. Newcombe und Ratcliffe weisen darauf hin, daß die Defizite häufig mit einer Verletzung der rechten cerebralen posterioren Arterie (Arteria cerebralis posterior) verbunden sind und daher oft occipital-temporale und hippocampale Regionen der rechten Hemisphäre einschließen. Wenn der parietale Cortex beteiligt ist, dann meist der untere Abschnitt, und zwar wahrscheinlich Area PG und der STS.

Rechter und linker Parietallappen: Ein Vergleich

In einer klassischen Arbeit verglichen McFie und Zangwill die Symptome von Patienten mit recht- oder linksparietalen Läsionen. Dabei zeigte sich, daß trotz einiger überlappender Symptome eine klare Asymmetrie besteht (Tabelle 12.1). Darüber hinaus haben wir ja bereits gesehen, daß die ideomotorische Apraxie eher mit linksparietalen als mit rechtsparietalen Läsionen assoziiert ist.

Tabelle 12.1: Vergleich der Auswirkungen von Läsionen des rechten und linken Parietallappens

	Prozentsatz von Personen mit Defiziten[a]	
	links	rechts
unilateraler Neglect	13	67
Unfähigkeit, sich anzukleiden	13	67
Zählen von Würfeln	0	86
Schneiden von Papier	0	90
Verlust topographischer Fähigkeiten	13	50
Rechts-links-Unterscheidung	63	0
Weigl-Kartensortiertest	83	6

[a] Man beachte die geringe, aber signifikante Überlappung der Symptome bei Läsionen der rechten beziehungsweise linken Seite.
Quelle: Nach McFie und Zangwill 1960.

Ein Aspekt von McFies und Zangwills Untersuchung, der zum Nachdenken anregt, ist, daß zwar eine eindeutige Asymmetrie besteht, daß aber Läsionen der beiden Hemisphären auch einige überlappende Syndrome hervorrufen. Neuropsychologische Studien neigen dazu, Asymmetrien bei Auswirkungen von Läsionen überzubetonen, denn auch die überlappenden Symptome sind von theoretischer Bedeutung. Wie wir ja bereits weiter oben festgestellt haben, sind sowohl die Konstruktionsapraxie als auch Störungen der räumlichen Kognition kaum lateralisiert. Viele der in Kapitel 9 diskutierten Theorien zur Asymmetrie der beiden Hemisphären können diese Unregelmäßigkeit bezüglich der Lokalisation der Symptome nicht erklären und unterstellen oft weit größere Unterschiede in den Auswirkungen von Läsionen als tatsächlich an Patienten beobachtet werden. Eine Erklärung für die partielle Überschneidung von Symptomen hängt mit der bevorzugten kognitiven Strategie zusammen, die in Kapitel 9 vorgestellt wurde. Dort wurde verdeutlicht, daß viele Probleme entweder verbal-kognitiv oder räumlich gelöst werden können und daß sowohl genetische Faktoren als auch Reifungs- und Umweltfaktoren die Wahl der Problemlösungsstrategie beeinflussen. Ein komplexes räumliches Problem wie das Lesen einer auf dem Kopf stehenden Karte wird entweder durch „Kognition räumlicher Art" (die Richtung, die einzuschlagen ist, muß ebenfalls um 180° gedreht werden) oder durch „verbale Kognition" (die räumliche Information wird in Worte übersetzt und das Problem Schritt für Schritt „durchgesprochen") gelöst.

Es gibt Menschen, die verbale Lösungsstrategien auch dann vorziehen, wenn sie nicht besonders effizient sind. Haben diese Menschen Läsionen im linken Parietallappen, so kann man davon ausgehen, daß bei ihnen auch Funktionen beeinträchtigt sind, die normalerweise dem rechten Parietallappen zugeschrieben werden. Es gibt wenig direkte Beweise für eine funktionale Überschneidung. Wir halten diesen Gedanken dennoch für interessant und überdenkenswert, weil er sowohl individuelle Unterschiede als auch die bei Läsionsuntersuchungen zutage tretenden funktionalen Überschneidungen zum Teil erklären kann.

Zusammenfassung der wichtigsten Symptome

Tabelle 12.2 faßt die wichtigsten Symptome bei Läsionen des Parietallappens zusammen. Eine Schädigung des anteriorparietalen Cortex, einschließlich der Area PE, führt zu Defiziten bei verschiedenen sensorischen Funktionen. Die meisten der anderen Störungen werden durch Läsionen der posteriorparietalen Regionen verursacht. In der Tabelle sind auch die am häufigsten beteiligten Regionen aufgeführt. Es gibt jedoch nur wenige Studien, die eine eindeutige anatomische Abgrenzung dieser Regionen liefern. Eine der größten Schwierigkeiten bei der genauen Zuordnung der geschädigten Bereiche ist, daß die natürlicherweise auftretenden Läsionen nur selten die anatomischen Grenzen respektieren und sich auch oft nicht auf den Neocortex beschränken. Darüber hinaus ist der Parietallappen – im Gegensatz zu Frontal- und Temporallappen – selten Fokus epileptischer Anfälle und wird daher auch nur selten zur Eindämmung solcher Anfälle entfernt.

Tabelle 12.2: Die wichtigsten Symptome nach Schädigung des Parietallappens

Symptome	wahrscheinlichster Läsionsort	Literatur
gestörte taktile Funktionen	Areae 1, 2, 3	Semmes et al.1960 Corkin et al.1970
taktile Agnosie	Area PE	Hécaen und Albert 1978 Brown 1972
Apraxie	Areae PF, PG links	Heilmann und Rothi 1993 Geschwind 1975 Kimura 1980
konstruktive Apraxie	Area PG rechts	Benton 1990
Acalculie	Areae PG, STS links	Levin et al. 1993
gestörter intermodaler Vergleich	Areae PG, STS	Butters und Brody 1968
kontralateraler Neglect	Area PG rechts	Heilman et al. 1993
gestörtes Körperbild	Area PE?	Benton und Sivan 1993
Verwechslung von rechts und links	Areae PF, PG	Semmes et al. 1960
gestörte räumliche Fähigkeiten	Areae PE, PG?	Newcombe und Radcliff 1990
Störungen beim Zeichnen	Area PG	Warrington et al.1966 Kimura und Faust 1987
fehlerhafte Augenbewegungen	Areae PE, PF	Tyler 1968
fehlerhaftes Greifen	Areae 5, 7	Damasio und Benton 1979

Klinisch-neuropsychologische Untersuchungen

Es wurde bereits deutlich, daß umgrenzte Läsionen des Parietallappens zu einer Vielfalt von Verhaltensänderungen führen. Logischerweise kann man davon ausgehen, daß Verhaltenstests zur Messung der Hirnschädigungen bei neurologisch abgeklärten Fällen auch dazu dienen können, Ort und Ausmaß der Schädigung oder der Dysfunktion bei neu eingewiesenen Patienten festzustellen (siehe Kapitel 26 für weitere Details zur neuropsychologischen Untersuchung). In diesem Abschnitt fassen wir Tests zusammen, die sich als empfindliche und verläßliche Indikatoren von Gehirnverletzungen erwiesen haben (Tabelle 12.3). Mit diesen Testverfahren lassen sich zwar nicht alle Symptome einer Parietallappenschädigung erfassen, zumindest aber ein breites Spektrum von Funktionen des Parietallappens. Es wäre sehr ungewöhnlich,

Tabelle 12.3: Standardisierte klinisch-neuropsychologische Tests bei Schäden des Parietallappens

Funktion	Test[a]	Literatur
Somatosensorik	Zwei-Punkt-Unterscheidung	Corkin et al. 1970
taktile Formerkennung	Formentest nach Seguin-Goddard taktile Unterscheidung	Teuber und Weinstein 1954 Benton et al. 1983
kontralateraler Neglect	Linienunterteilung	Schenkenberg et al. 1980
visuelle Wahrnehmung	unvollständige Figuren (Gollin) Vervollständigungstest (Mooney)	Warrington und Rabin 1970 Milner 1980
räumliche Beziehungen	Rechts-Links-Unterscheidung	Benton et al. 1983
Sprachverständnis Leseverständnis	Token-Test Token-Test	de Renzi und Faglioni 1978
Apraxie	Kimura-Kastentest	Kimura 1977

[a] Es handelt sich um standardisierte Tests, die an großen Patientenpopulationen mit genau bekannten, eng umschriebenen Hirnschäden ermittelt wurden.

wenn jemand bei all diesen Tests normale Leistungen zeigen und dennoch andere Symptome einer Parietallappenschädigung aufweisen würde.

Der Test zur Zwei-Punkt-Unterscheidung erlaubt eine Bewertung somatosensorischer Schwellen. (Wie bereits erwähnt, heben Läsionen des Gyrus postcentralis die somatosensorische Schwelle auf der kontralateralen Körperseite an.) Bei diesem Test soll die Versuchsperson mit verbundenen Augen berichten, ob sie ein oder zwei Druckpunkte auf der Haut (gewöhnlich auf den Handflächen oder im Gesicht) spürt. Zunächst ist der Abstand zwischen den Punkten groß (etwa drei Zentimeter); er wird aber allmählich verringert, bis die Versuchsperson beide Druckpunkte nicht mehr unterscheidet. In Extremfällen muß dieser Vorgang sogar verkehrt werden, das heißt, der Abstand wird so lange vergrößert, bis die Versuchsperson zum ersten Mal berichtet, daß sie zwei Druckpunkte spürt.

Der Seguin-Goddard-Formenkasten ist ein Test der taktilen Formenerkennung. Die Versuchspersonen müssen mit verbundenen Augen zehn Holzklötze unterschiedlicher Form (Sterne, Dreiecke und so weiter) erkennen und versuchen, sie in entsprechend geformte Löcher eines Holzbretts einzufügen. Danach werden sowohl das Brett als auch die Holzteile entfernt. Die Versuchspersonen sollen nun die Anordnung der Holzteile im Brett aus dem Gedächtnis zeichnen. Der genaue, für die Defizite bei diesem Test verantwortliche Läsionsort ist noch umstritten. Dennoch zeigen Untersuchungen zur taktilen Leistungsfähigkeit von Affen mit Parietalläsionen, daß die Areae PE und PF für die taktile Erkennung unter Ausschluß des visuellen Systems vermutlich von Bedeutung sind. Die oben erwähnte Zeichenaufgabe für Patienten (bei der aus dem Gedächtnis und mittels intermodalen Vergleichs gezeichnet werden soll), wird vermutlich durch Läsionen in Area PG beeinträchtigt.

Es gibt mehrere Verfahren zur Diagnose eines kontralateralen Neglects. Wir bevorzugen den von Schenkenberg und seinen Mitarbeitern entwickelten, weil er besonders empfindlich ist. Bei diesem Test werden die Versuchspersonen aufgefordert, die Mitte von Linien zu markieren. Insgesamt befinden sich zwanzig Linien unterschiedlicher Länge auf einem Blatt in verschiedenen Positionen. Manche Linien sind links vom Zentrum, manche in der Mitte, manche rechts davon. Neglectpatienten ignorieren typischerweise die Linien, die sich auf der linken Seite des Blattes befinden.

Die visuelle Wahrnehmungsfähigkeit kann leicht durch den Mooney-Vervollständigungstest oder durch den Gollin-Test mit unvollständigen Figuren ermittelt werden. In beiden Tests werden den Versuchspersonen unvollständige Bilder von Gesichtern oder Objekten gezeigt, aus denen sie eine Gesamtgestalt zusammensetzen sollen. Diese Tests eignen sich besonders gut zum Nachweis von Läsionen an der Grenze zwischen dem rechten Parietal- und Temporallappen, die vermutlich Teile der ventralen visuellen Bahn betreffen.

Beim Test zur Rechts-links-Unterscheidung wird den Versuchspersonen eine ganze Serie von gezeichneten Händen, Füßen, Ohren und so weiter vorgelegt, und zwar in verschiedenen Orientierungen (auf den Kopf gestellt, von hinten gesehen und so fort). Die Versuchspersonen sollen angeben, ob die Zeichnung von einem linken oder rechten Körperteil stammt. In einer verbalen Variante dieses Tests stellt man den

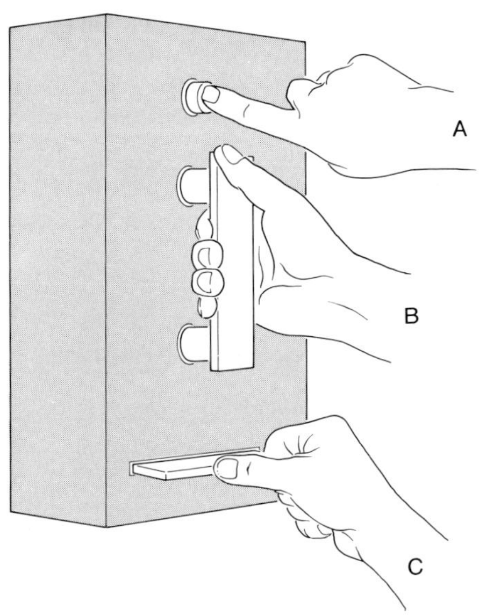

12.8 Der Kimura-Kastentest. Die Versuchspersonen sollen eine Bewegungssequenz erlernen. Zunächst muß der Knopf mit dem Zeigefinger gedrückt (A), dann der Griff, wie gezeigt, gezogen (B) und schließlich die Leiste mit dem Daumen gedrückt werden (C). Patienten mit einer Apraxie sind bei der Lösung dieser Aufgabe beeinträchtigt. Möglicherweise erlernen sie die Bewegungsfolge trotz intensiven Trainings überhaupt nicht.

Versuchspersonen verschiedene Aufgaben, beispielsweise: „Berühren Sie bitte ihr rechtes Ohr mit der linken Hand!" Beide Tests sind empfindliche Diagnosewerkzeuge für Schädigungen des linken parietalen Cortex. Vorsicht ist bei der Beurteilung dennoch geboten, da auch Personen mit Läsionen im linken Frontallappen bei der Ausführung dieser Aufgaben häufig beeinträchtigt sind.

Der Token-Test ist ein leicht anwendbarer Test des Sprachverständnisses. Zwanzig verschiedene Zeichen (*token*), das heißt vier Formen (große und kleine Kreise, große und kleine Quadrate) in jeweils fünf Farben (weiß, schwarz, gelb, grün, rot), werden den Versuchspersonen dargeboten. Der Test beginnt mit einer relativ einfachen Aufgabe (zum Beispiel der Anweisung, den großen weißen Kreis zu berühren) und wird dann immer schwieriger (etwa den großen gelben Kreis mit dem großen grünen Dreieck zu berühren). Der Test kann auch zur Prüfung des Leseverständnisses verwendet werden, indem man der Versuchsperson die Instruktionen schriftlich gibt und sie bittet, diese laut zu lesen und dann entsprechend zu handeln. Wir haben uns bisher noch nicht der Sprache als Funktion des Parietallappens zugewandt, aber die hintere Sprachregion grenzt an Area PG. Area PG betreffende Schädigungen schließen daher auch oft temporale, mit Sprache assoziierte Regionen ein, und es kommt zur Aphasie.

Leider gibt es keine standardisierten Testversionen für Apraxie, die dem Token-Test für Aphasie entsprechen. Vermutlich ist gegenwärtig der Kastentest von Kimura (Abbildung 12.8) der beste; er bildet das dringend notwendige Analogon zum Token-Test. Die Versuchspersonen werden aufgefordert, drei verschiedene aufeinanderfolgende Bewegungen an diesem Kasten durchzuführen. Zunächst muß mit dem Zeigefinger ein Knopf gedrückt. dann ein Hebel mit allen vier Fingern gezogen und zum Schluß eine Leiste mit dem Daumen gedrückt werden. Apraktiker haben mit diesen Testaufgaben große Schwierigkeiten; sie beherrschen die einfache Bewegungsabfolge auch nach ausführlicher Übung nicht.

Die neun erwähnten Tests bilden eine einfache, standardisierte und gut durchdachte Batterie zur Untersuchung von Schädigungen im Parietallappen. Zusätzlich gibt es eine gute Testserie, die von Goodglass und Kaplan als sogenannte „Parietallappentestbatterie" zusammengestellt wurde.

Zusammenfassung

Der Parietallappen kann in drei funktionale Bereiche unterteilt werden. Die am weitesten anterior gelegenen Regionen sind primär an somatosensorischen Funktionen beteiligt. Der superior-parietale Bereich ist hauptsächlich mit der visuellen Steuerung von Bewegungen von Hand und Fingern, Gliedmaßen, Kopf und Augen befaßt. Dieser Bereich hat also sozusagen „räumliche" Funktion, wobei die tatsächliche Natur dieser räumlichen Funktion noch immer umstritten ist. Der inferior-parietale Bereich spielt eine Rolle bei Vorgängen, die mit räumlicher Kognition zusammenhängen, und bei den „quasi-räumlichen" Prozessen, die zum Beispiel beim Rechnen und Lesen zum Tragen kommen.

Literatur

Andersen, R. A. Inferior parietal lobule function in spatial perception and visuomotor integration. *Handbook of Physiology* 5: 483–518, 1987.

Balint, R. Seelenlähmung des „Schauens", optische Ataxie, räumliche Störung der Aufmerksamkeit. *Monatsschr. Psychiatr. Neurol.* 25: 51–81, 1909.

Benton, A. L. Contructional apraxia. In: F. Boller, J. Grafman (Hrsg.) *Handbook of Neuropsychology,* Bd. 2. Amsterdam: Elsevier, 1990.

Benton, A. L., K. de S. Hamsher, N. R. Varney, O. Spreen. *Contributions to Neuropsychological Assessment.* New York: Oxford University Press, 1983.

Benton, A. L., A. B. Sivan. Disturbances of body schema. In: K. M. Heilman, E. Valenstein (Hrsg.) *Clinical Neuropsychology,* 3. Auflage New York: Oxford University Press, 1993.

Butters, N., B. A. Brody. The role of the left parietal lobe in the mediation of intra- and cross-modal associations. *Cortex* 4: 328–343, 1968.

Corballis, M. C. Mental rotation: Anatomy of a paradigm. In: M. Potegal (Hrsg.) *Spatial Abilities: Development and Physiological Foundations.* New York: Academic Press, 1900.

Corkin, S., B. Milner, T. Rasmussen. Somatosensory thresholds. *Archives of Neurology* 23: 41–58, 1970.

Critchley, M. *The Parietal Lobes.* London: Arnold, 1953.

Damasio, A. R., A. L. Benton. Impairment of hand movements under visual guidance. *Neurology* 29: 170–178, 1979.

De Renzi, E., P. Faglioni. Normative data and screening power of a shortened version of the token test. *Cortex* 14: 41–49, 1978.

Eidelberg, D., A.M. Galaburda. Inferior parietal lobule: Divergent architectonic asymmetries in the human brain. *Archives of Neurology* 41: 843–852, 1984.

Gerstmann, J. Some notes on the Gerstmann syndrome. *Neurology* 7: 866–869, 1957.

Geschwind, N. The apraxias: Neural mechanisms of disorders of learned movement. *American Scientist* 63: 188–195, 1975.

Goodale, M.A. Visual pathways supporting perception and action in the primate cerebral cortex. *Current Opinion in Neurobiology* 3: 578–585, 1993.

Goodglass, H., E. Kaplan. *The Assessment of Aphasia.* Philadelphia: Lea & Febiger, 1972.

Hécaen, H. Aphasic, apraxic, and agnosic syndromes in right and left hemisphere lesions. In: P. Vincken, G. Bruyn (Hrsg.) *Handbook of Clinical Neurology,* Bd. 4. Amsterdam: North-Holland, 1969.

Hécaen, H., M.L. Albert. *Human Neuropsychology.* New York: John Wiley, 1978.

Heilman, K.M., L.J. Gonzalez Rothi. Apraxia. In: K.M. Heilman, E. Valenstein (Hrsg.) *Clinical Neuropsychology,* 3. Auflage. New York: Oxford University Press, 1993.

Heilman, K.M., R.T. Watson, E. Valenstein. Neglect and related disorders. In: K.M. Heilman, E. Valenstein (Hrsg.) *Clinical Neuropsychology,* 3. Auflage. New York: Oxford University Press, 1993.

Hyvarinen, J. *The Parietal Cortex of Monkey and Man.* Berlin: Springer-Verlag, 1982.

Kimura, D. Acquisition of a motor skill after left hemisphere damage. *Brain* 100: 527–542, 1977.

Kimura, D. Neuromotor mechanisms in the evolution of human communication. In: H.D. Steklis, MJ. Raleigh (Hrsg.) *Neurobiology of Social Communication in Primates: An Evolutionary Perspective.* New York: Academic Press, 1980.

Kimura, D., R. Faust. Spontaneous drawing in an unselected sample of patients with unilateral cerebral damage. In: D. Ottoson (Hrsg.) *Duality and Unity of the Brain.* Wenner-Gren Center International Symposium Series (Bd. 47). New York: MacMillan, 1987.

Levin, H.S., F.C. Goldstein, P.A. Spiers. Acalculia. In: K.M. Heilman, E. Valenstein (Hrsg.) *Clinical Neuropsychology,* 3. Auflage. New York: Oxford University Press, 1993.

McFie, J., O.L. Zangwill. Visual-constructive disabilities associated with lesions of the left cerebral hemisphere. *Brain* 83: 243–260, 1960.

Milner, B. Complementary functional specializations of the human cerebral hemispheres. In: R. Levy-Montalcini (Hrsg.) *Neurons, Transmitters, and Behavior.* Vatican City: Pontificiae Academiae Scientiarum Scripta Varia, 1980.

Milner, D.A., D.P. Carey, M. Harvey. Visually guided action and the „need to know". *Behavioral and Brain Sciences* 17: 213–214, 1994.

Mountcastle, V.B., J.C. Lynch, A. Georgopoulos, H. Sakata, C. Acuna. Posterior parietal association cortex of the monkey: Command functions for operation within extrapersonal space. *Journal of Neurophysiology* 38: 871–908, 1975.

Newcombe, F., G. Radcliff. Disorders of visuospatial analysis. In: F. Boller, J. Grafman (Hrsg.) *Handbook of Neuropsychology,* Bd. 2. Amsterdam: Elsevier, 1990.

Paterson, A., O.L. Zangwill. Disorders of space perception association with lesions of the right cerebral hemisphere. *Brain* 67: 331–358, 1944.

Posner, M.I., A.W. Inhoff, F.J. Friedrich, A. Cohen. Isolating attentional systems: A cognitive-anatomical analysis. *Psychobiology* 15: 107–121, 1987.

Posner, M.I., J.A. Walker, J.J. Friedrich, R.D. Rafal. Effects of parietal lobe injury on covert orienting of visual attention. *Journal of Neuroscience* 4: 1863–1874, 1984.

Schenkenberg, T., D.C. Bradford, E.T. Ajax. Line bisection and unilateral visual neglect in patients with neurologic impairment. *Neurology* 30: 509–517, 1980.

Semmes, J., B. Turner. Effects of cortical lesions on somatosensory task. *Journal of Investigations in Dermatology* 69: 181–189, 1977.

Semmes, J., S. Weinstein, L. Ghent, H.-L. Teuber. *Somatosensory Changes after Penetrating Brain Wounds in Man.* Cambridge, Mass.: Harvard University Press, 1960.

Semmes, J., S. Weinstein, L. Ghent, H.-L. Teuber. Correlates of impaired orientation in personal and extra-personal space. *Brain* 86: 747–772, 1963.

Stein, J.F. The representation of egocentric space in the posterior parietal cortex. *Behavioral and Brain Sciences* 15: 691–700, 1992.

Teuber, H.-L., S. Weinstein. Performance on a formboard task after penetrating brain injury. *Journal of Psychology* 38: 177–190, 1954.

Traverse, J., Latto, P. Impairments in route negotiation through a maze after dorsolateral frontal, inferior parietal or premotor lesions in cynomolgus monkeys. *Behavioural Brain Research* 20: 203–215, 1986.

Tyler, H.R. Abnormalities of perception with defective eye rnovements (Balint's syndrome). *Cortex* 4: 154–171, 1968.

Warrington, E.K., M. James, M. Kinsbourne. Drawing disability in relation to laterality of cerebral lesion. *Brain* 89: 53–82, 1966.

Warrington, E.K., P. Rabin. Perceptual matching in patients with cerebral lesions. *Neuropsychologia* 8: 475–487, 1970.

Warrington, E.K., A.M. Taylor. The contribution of the right parietal lobe to object recognition. *Cortex* 9: 152–164, 1973.

Warrington, E.K., L. Weiskrantz. An analysis of short-term and long-term memory defects in man. In: J.A. Deutsch (Hrsg.) *The Physiological Basis of Memory.* New York: Academic Press, 1993.

13

Der Temporallappen

Im ausgehenden 19. Jahrhundert waren bereits drei wesentliche Auswirkungen von Läsionen im Temporallappen beschrieben worden. Im Jahre 1874 erfaßte Karl Wernicke eine Sprachstörung, 1888 beobachteten Brown und Schaefer Beeinträchtigungen des Affekts und der Persönlichkeit, und Bechterew berichtete im Jahre 1899 über Gedächtnisstörungen. Aber erst in den letzten 30 Jahren wurden die Funktionen der beiden Temporallappen, insbesondere die des rechten, geklärt. In diesem Kapitel geben wir einen Überblick über die Anatomie des Temporallappens. Danach stellen wir ein einfaches theoretisches Modell seiner Funktion vor, beschreiben die grundlegenden Symptome von Läsionen des Temporallappens und stellen schließlich kurz einige klinische Tests zur Funktion der Temporallappen vor.

Anatomie des Temporallappens

Unterteilungen des temporalen Cortex

Der Temporallappen umfaßt das Gehirngewebe, das unterhalb der Sylvischen Furche und anterior des occipitalen und parietalen Cortex liegt (Abbildungen 13.1 und 13.2). Brodmann identifizierte 10 temporale Felder. Jüngere anatomische Untersuchungen an Affen brachten jedoch weit mehr Felder zutage (siehe Fellemans und van Essens Karte in Abbildung 8.12), und es ist wahrscheinlich, daß es auch beim Menschen mehr sind als Brodmann identifizierte. Auf der lateralen Oberfläche des Temporallappens befinden sich die auditorischen Felder (Brodmannsche Areae 41, 42 und 22 in Abbildung 13.1) sowie die Felder der ventralen visuellen Verarbeitungsbahn (Areae 20, 21, 37 und 38 in Abbildung 13.1). Die visuellen Regionen werden auch oft als inferotemporaler Cortex bezeichnet, oder der Definition von Economos folgend, als TE. Wie man aus Abbildung 13.3 ersehen kann, umfassen die Sulci des Temporallappens, insbesondere die Sylvische Furche, deren nach innen gefaltetes Gewebe die sogenannte Insula bildet, ein ziemlich großes Stück Cortex. Zur Insula gehört sowohl der gustatorische Cortex als auch der auditorische Assoziationscortex. Der Sulcus temporalis superior der den oberen und unteren temporalen Gyrus voneinander trennt, umfaßt ebenfalls viel Rindenstrukturen (Abbildung 13.3). Der Cortex des STS ist multimodal, das heißt, er empfängt Informationen aus auditorischen, visuellen und somatischen Regionen sowie aus den beiden anderen polymodalen Regionen (frontal und parietal) und dem paralimbischen Cortex.

Die mediale temporale Region schließt den Hippocampus ein, das ihn umgebende Cortexareal (Uncus, Subiculum, entorhinaler Cortex, perirhinaler Cortex) sowie den Gyrus fusiformis. Der entorhinale Cortex umfaßt die Brodmannsche Area 28, der perirhinale Cortex die Areae 35 und 36 (Abbildungen 8.12 und 13.3). Die Areae TH und TF sind cortikale Felder am posterioren Ende des Temporallappens; man bezeichnet sie oft als parahippocampalen Cortex. Der Gyrus fusiformis und der Gyrus temporalis inferior sind funktional gesehen Teil des lateralen temporalen Cortex.

Verbindungen des temporalen Cortex

Der Temporallappen besitzt ein weit verzweigtes internes Kommunikationsnetz. Darüber hinaus gibt es zahlreiche afferente Projektionen von den sensorischen Systemen und effe-

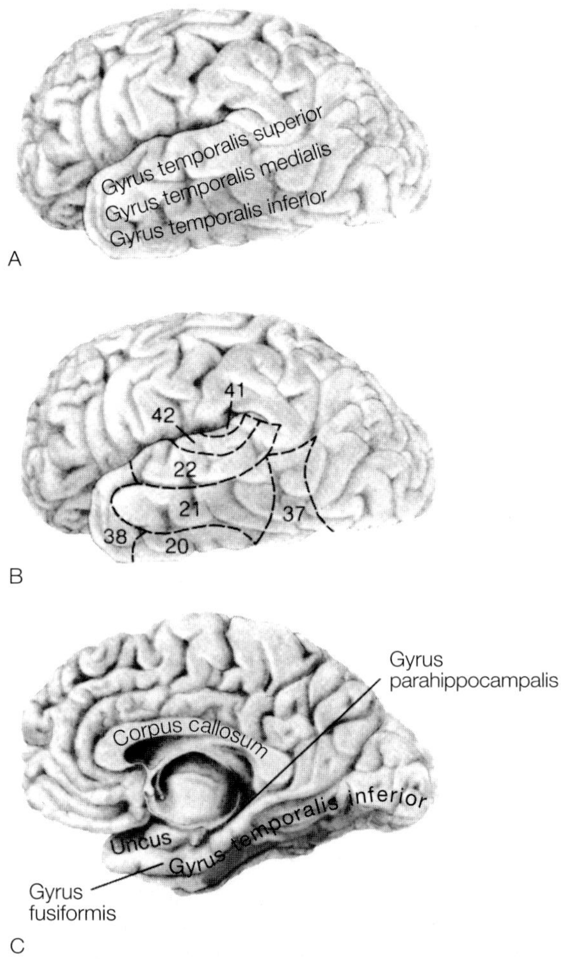

13.1 Makroskopische Anatomie des Temporallappens. Die englischen Bezeichnungen werden hier in alphabetischer Reihenfolge mit ihren lateinischen oder deutschen Namen wiedergegeben. A. Die drei wichtigsten, an der lateralen Oberfläche des Temporallappens sichtbaren Gyri. B. Die cytoarchitektonischen Felder der lateralen Oberfläche nach Brodmann. C. Die in medianer Ansicht erkennbaren Gyri des Temporallappens.

rente Projektionen zu parietalen und frontalen Assoziationsgebieten sowie zum limbischen System und zu den Basalganglien. Der linke und der rechte Temporallappen sind über das Corpus callosum und über die anteriore Kommissur miteinander verbunden. Ersteres vernetzt die neocortikalen Anteile und letztere die archicortikalen Strukturen.

Untersuchungen über die Verbindungen des Temporalcortex bei Affen haben ergeben, daß es vier Typen corticocortikaler Verbindungen gibt. Diese sind in Abbildung 13.4 schematisch dargestellt. Der erste besteht aus einer hierarchischen Anordnung von Faserzügen, die von primären und sekundären auditorischen und visuellen Gebieten ausgehen und im temporalen Pol enden, der zweite Typ umfaßt eine ganze Serie paralleler Projektionen von den visuellen und auditorischen Assoziationsgebieten, die in den polymodalen Regionen des Sulcus temporalis superior enden. Der dritte Projektionstyp stammt aus auditorischen und visuellen Assoziationsgebieten und endet in medialen temporalen Regionen. Die Axone erreichen zunächst den entorhinalen Cortex und ziehen von dort in den Hippocampus und/oder in die Amygdala. Die Projektion zum Hippocampus ist wichtig (die Fasern bilden den Tractus perforans): Eine Unterbrechung führt zu einer starken Störung der hippocampalen Aktivität. Der vierte Projektionstyp schließlich wird durch eine Serie paralleler Faserzüge zum Frontallappen gebildet. Vermutlich dienen die genannten Projektionen unterschiedlichen Funktionen; im nächsten Abschnitt wird dies deutlich werden. Die hierarchisch organisierte sensorische Faserverbindung dient wahrscheinlich der Reizerkennung, der polymodale Faserzug spielt möglicherweise bei der Kategorisierung von Reizen

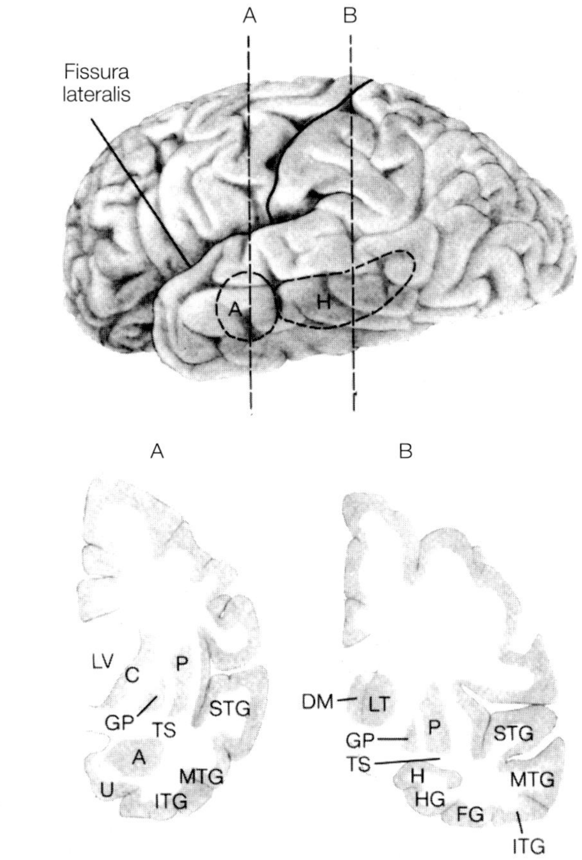

13.2 Oben: Seitenansicht der linken Hemisphäre, in der die Position von Amygdala (A, gestrichelter Kreis) und Hippocampus (H, gestricheltes Oval) angedeutet sind; beide liegen tief im Innern des Temporallappens. Die gestrichelten senkrechten Linien A und B geben in etwa die Position der unten gezeigten Frontalschnitte an. Unten: Frontalschnitte durch die linke Hemisphäre, in denen cortikale und subcortikale Regionen des Temporallappens zu sehen sind. A, Amygdala; C, Nucleus caudatus; DM, Nucleus dorsalis medialis des Thalamus; FG, Gyrus fusiformis; GP, Globus pallidus (Pallidum); H, Hippocampus; HG, Gyrus hippocampalis; ITG, Gyrus temporalis inferior; LT, lateraler Thalamus; LV, Seitenventrikel; MTG, Gyrus temporalis medialis; P, Putamen; STG, Gyrus temporalis superior; U, Uncus.

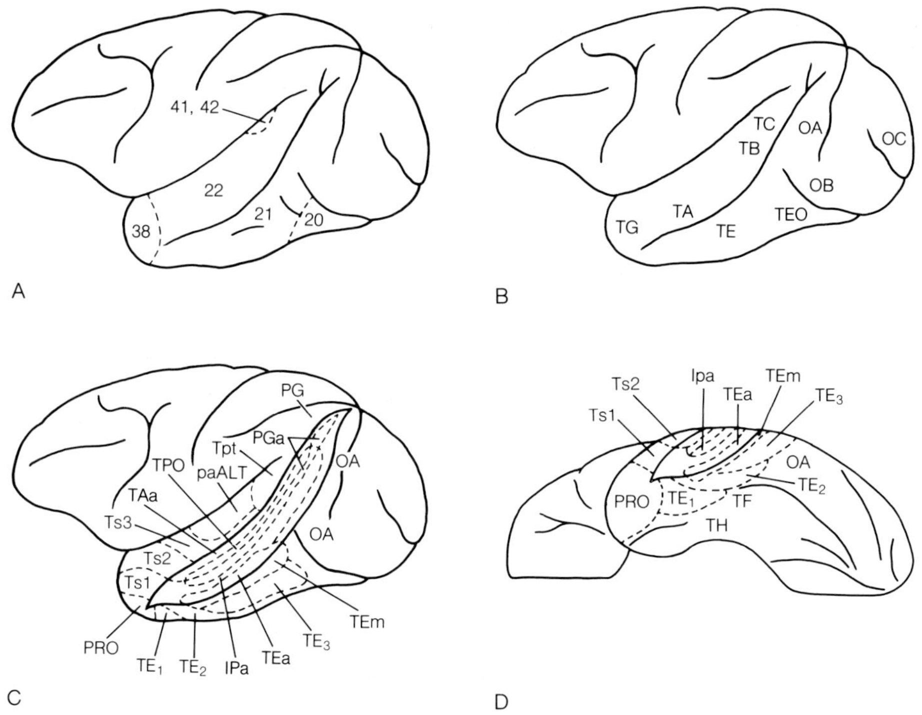

13.3 Cytoarchitektonische Regionen des temporalen Cortex beim Rhesusaffen. A. Brodmannsche Felder. B. Areae nach von Bonin und Bailey. C, D. Laterale und ventrale Ansicht des Temporallappens entsprechend der Einteilung von Seltzer und Pandya mit den multimodalen Gebieten im Sulcus temporalis superior.

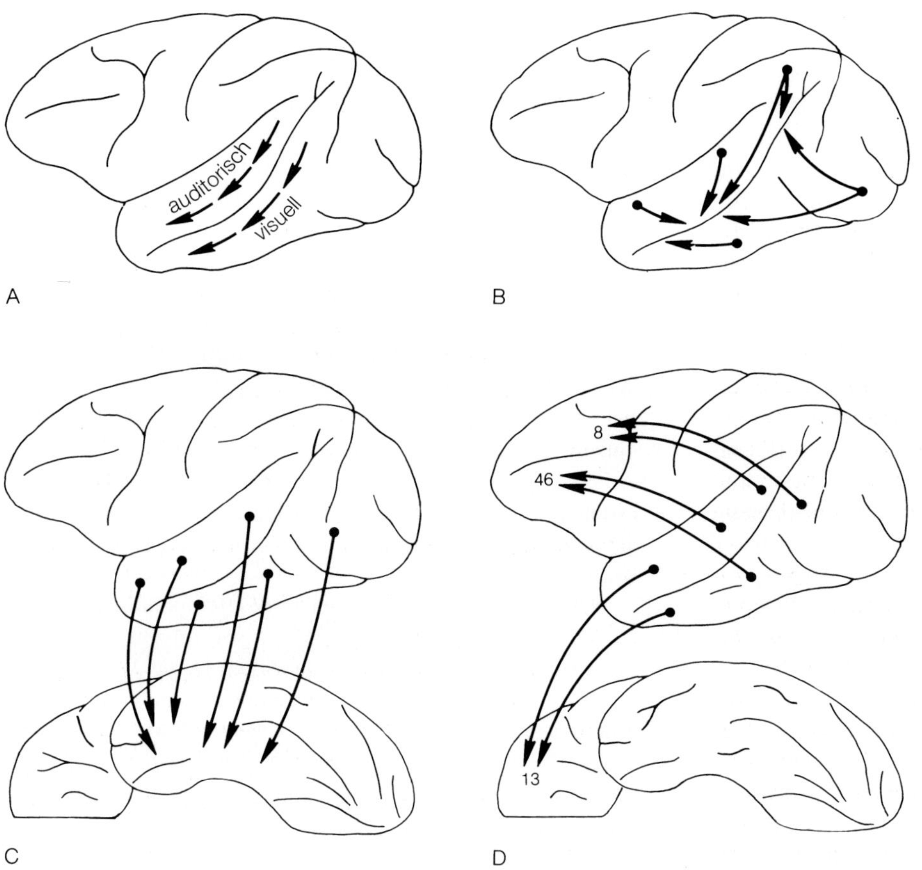

13.4 Die wichtigsten intracortikalen Verbindungen des Temporallappens. A. Auditorische und visuelle Informationen kommen von den primären Regionen und gelangen zum temporalen Pol. Sie ziehen durch mediale temporale Bereiche. B. Auditorische, visuelle und somatische Afferenzen ziehen zu den multimodalen Regionen des Sulcus temporalis superior. C. Auditorische und visuelle Informationen erreichen die mediale temporale Region einschließlich der Amygdala und des Hippocampus. D. Auditorische und visuelle Informationen gelangen auch zu zwei präfrontalen Regionen, nämlich zur dorsolateralen Oberfläche und zur orbitalen Region (Area 13).

eine Rolle, die mediale temporale Projektion ist wichtig für das Langzeitgedächtnis, und die Projektion zum Frontallappen schließlich dient mehreren Aspekten von Bewegungskontrolle, Kurzzeitgedächtnis und Affekt.

Eine Theorie der Funktionen des Temporallappens

Der Temporallappen besitzt keine einheitliche Funktion, da er sowohl den primären und sekundären auditorischen und visuellen Cortex, den limbischen Cortex als auch die Amygdala umfaßt. Anhand der Anatomie können wir drei grundlegende Funktionen des temporalen Cortex herausfiltern: die Verarbeitung auditorischen Informationseinganges, das Erkennen visueller Objekte und die Langzeitspeicherung sensorischer Informationen. Darüber hinaus können wir auch der verbleibenden temporalen Region, der Amygdala, eine Funktion zuordnen: Die Amygdala fügt den sensorischen Informationen und den Gedächtnisinhalten eine affektive, also emotionale Komponente hinzu.

Diese Funktionen lassen sich am besten verstehen, indem man untersucht, wie sensorische Informationen im Nervensystem analysiert werden. Man betrachte das folgende Beispiel: Sie gehen im Wald spazieren. Dabei bemerken Sie, daß Sie von vielen verschiedenen Vögeln umgeben sind, und beschließen, sich zu merken, welche Vögel Sie gesehen haben, um später Ihrer Schwester, einer begeisterten Ornithologin, davon berichten zu können. Während Sie also so durch den Wald gehen, halten Sie plötzlich an und gehen zurück: Am Wegrand liegt eine Kreuzotter – und schon haben Sie beschlossen, sich ein andermal mit den Vögeln zu beschäftigen.

Welche sensorischen Vorgänge sind hier beteiligt? Während Sie zunächst nach verschiedenen Vögeln Ausschau hielten, achteten Sie auf bestimmte Farben, Formen und auf die Größe der einzelnen Vögel. Dies fällt unter den Begriff Objekterkennung und ist die Aufgabe der ventralen visuellen Bahn im Temporallappen. Außerdem mußten Sie die Vögel schnell kategorisieren, da Sie oft gleich wieder davonflogen, und Sie mußten aus unterschiedlichen Perspektiven gewonnene visuelle Informationen miteinander vergleichen (beispielsweise die Seitenansicht mit der Ansicht von hinten). Dieser Prozeß der Kategorisierung ist von zentraler Bedeutung sowohl für die Wahrnehmung als auch für das Gedächtnis und hängt wahrscheinlich von den Regionen innerhalb des STS ab. Für die Kategorisierung ist möglicherweise auch eine gezielte Aufmerksamkeit notwendig, da wahrscheinlich bestimmte Merkmale des beobachteten Objekts stärker ins Gewicht fallen als andere. Zum Beispiel erfordert die Klassifizierung zweier verschiedener gelber Vögel, daß wir unsere Aufmerksamkeit von der Farbe Gelb weglenken und statt dessen auf die Form, die Größe und andere Merkmale richten. Eine Schädigung des temporalen Cortex führt also zu Schwierigkeiten bei der Identifizierung und Kategorisierung von Reizen. Es bereitet keine Probleme, den Reiz zu lokalisieren, oder überhaupt zu erkennen, daß ein Reiz vorhanden ist, da dies Funktionen der posterior-parietalen beziehungsweise primären sensorischen Areale sind. Während des Spaziergangs haben Sie wahrscheinlich auch Vogelgezwitscher gehört und mußten die Vogelstimmen mit den visuellen Informationen vergleichen. Diesen Vergleich zwischen visueller und auditorischer Information bezeichnet man auch als **intermodalen Vergleich**, und hieran ist wahrscheinlich ebenfalls der STS beteiligt. Da Sie im Wald sehr viele Vögel sehen, müssen Sie Informationen über sie im Gedächtnis behalten, auf die Sie später wieder zugreifen können. Außerdem müssen Sie auf die bereits in unserem Gedächtnis gespeicherten Namen der gesehenen Vögel zurückgreifen. An diesem Langzeitgedächtnis ist die gesamte ventrale visuelle Bahn beteiligt, sowie der paralimbische mediotemporale Cortex. Wenn Sie nun auf die Schlange treffen, hören Sie zunächst ein ungewöhnliches Rascheln, das Ihre Aufmerksamkeit auf sich lenkt und Sie anhalten läßt. Beim Absuchen des Wegrandes sehen und identifizieren Sie die Schlange, und Herzschlag sowie Blutdruck schnellen in die Höhe. Diese affektive Reaktion ist eine Funktion der Amygdala. Die Assoziation zwischen sensorischem Eingang und Emotion ist für das Lernen von zentraler Bedeutung, da auf diese Weise die Reize mit ihren möglichen positiven, neutralen oder negativen Folgen in Zusammenhang gebracht werden und das Verhalten entsprechend angepaßt werden kann. Ohne dieses System würden alle Reize gleich behandelt werden. Man bedenke nur die Folgen, die es haben könnte, wenn Sie bei der Begegnung mit der Kreuzotter, die schließlich Giftzähne besitzt, nicht an die Gefahren denken würden, die ein Biß durch diese Schlange womöglich mit sich bringt. Oder man stelle sich vor, man könnte bestimmte positive Gefühle (etwa Verliebtsein) nicht mit der betreffenden Person assoziieren. Versuchstiere mit geschädigter Amygdala werden sehr ruhig und reagieren nicht mehr auf bedrohende Stimuli. So entwickeln beispielsweise Affen, die zuvor große Angst vor Schlangen hatten, plötzlich eine völlig indifferente Haltung diesen Tieren gegenüber. Wenn Sie bei Ihrem Spaziergang schließlich Ihren ursprünglichen Weg verlassen und eine andere Route einschlagen, benutzen Sie Ihren Hippocampus. Der Hippocampus enthält Zellen, die bestimmte Positionen im Raum codieren, und die es uns in ihrer Gesamtheit ermöglichen, uns in unserer Umgebung zurechtzufinden und uns zu erinnern, wo wir gerade sind.

Wenn wir uns diese Funktionen des Temporallappens vor Augen halten, können wir ermessen, wie folgenschwer sich ihr Verlust auf unser Verhalten auswirken würde. Wir könnten keine Ereignisse im Raum mehr wahrnehmen oder uns an sie erinnern – das gilt auch für die Sprache – und wir würden unseren Affekt verlieren. Allerdings könnten wir immer noch mit Hilfe unserer dorsalen visuellen Bahn visuell gesteuerte Bewegungen ausführen, und unter bestimmten Umständen würden wir vermutlich ziemlich normal erscheinen.

Asymmetrie der Temporallappenfunktionen

Die Temporallappen beider Hemisphären sind für epileptische Zustände besonders empfindlich. Die Tatsache, daß eine operative Entfernung des anomal reagierenden Temporallappens häufig zu einer Besserung epileptischer Leiden führt, hat es Neuropsychologen ermöglicht, die Spezialisierung der jeweiligen Temporallappen sorgfältig zu untersuchen. Ein Vergleich der Konsequenzen von links- und rechtstemporalen Lobektomien durch Milner und ihre Mitarbeiter hat gezeigt, daß spezifische Gedächtnisdefekte seitenabhängig sind. Eine Schädigung des linken Temporallappens wird mit einem Defizit des Sprachgedächtnisses in Zusammenhang gebracht, eine Störung des rechten mit Mängeln beim nichtverbalen Gedächtnis (beispielsweise beim Gedächtnis für Gesichter). Auch sind Läsionen im linken Temporallappen mit Schwierigkeiten bei der Verarbeitung von Sprachlauten verbunden, Läsionen im rechten Temporallappen hingegen mit Schwierigkeiten bei der Verarbeitung von Musik. Über die jeweilige Rolle des linken und rechten Temporallappens bei affektivem Verhalten ist jedoch nicht viel bekannt. Die Vermutung, daß dieses ebenfalls asymmetrisch organisiert ist, stammt aus bislang nicht quantifizierten klinischen Beobachtungen. Läsionen im linken beziehungsweise rechten Temporallappen scheinen unterschiedliche Auswirkungen auf die Persönlichkeit zu haben. Läsionen auf der rechten Seite – aber nicht auf der linken – führen offenbar zu einer Beeinträchtigung bei der Interpretation des Gesichtsausdrucks.

Betrachtet man die Literatur über die Folgen unilateraler temporaler Lobektomien, ist man überrascht, daß die Entfernung einer derart großen Cortexregion verhältnismäßig geringfügige Effekte hervorzurufen scheint. Aus diesen Untersuchungen darf man aber nicht schließen, daß eine Entfernung beider Temporallappen nur zu einer Summierung der jeweiligen Symptome führt. Eine bilaterale Entfernung des Temporallappens hat sowohl für das Gedächtnis als auch für das emotionale Verhalten dramatische Konsequenzen, welche die Auswirkungen unilateraler Lobektomien übertreffen. Obwohl die beiden Temporallappen recht spezialisiert sind, besteht also eine erhebliche funktionale Überschneidung. Die vorhandene Asymmetrie darf somit nicht überbewertet werden.

Die Symptomatik von Temporallappenläsionen

Es gibt acht wichtige Symptome, die man mit Störungen des Temporallappens in Zusammenhang bringt: 1) Störungen der auditorischen Empfindung und Wahrnehmung, 2) Störungen der selektiven Aufmerksamkeit gegenüber auditorischen und visuellen Eingangssignalen, 3) Störungen der visuellen Wahrnehmung, 4) eine gestörte Organisation und Kategorisierung sprachlicher Reize, 5) ein gestörtes Sprachverständnis, 6) ein gestörtes Langzeitgedächtnis, 7) Persönlichkeitsveränderungen und ein verändertes affektives Verhalten sowie schließlich 8) Veränderungen des Sexualverhaltens. Tabelle 13.1 enthält eine Zusammenfassung der Hauptsymptome von Temporallappenschädigungen. Sie nennt die wahrscheinlichsten Läsionsorte und enthält auch eine Zusammenstellung von Literaturhinweisen zu diesem Thema.

Tabelle 13.1: Die wichtigsten Symptome nach einer Temporallappenschädigung

Symptome	wahrscheinlichster Läsionsort	Literatur
Störung der auditorischen Wahrnehmung	Areae 41, 42, 22	Vignolo 1969 Hécaen und Albert 1978
Störung bei der Selektion visueller und auditorischer Reizeingänge	Areae TE, STS	Dorff et al.1965 Sparks et al.1970
visuelle Wahrnehmungsstörungen	Areae TE, STS und Amygdala	Meier und French 1968 Milner 1968
auditorische Wahrnehmungsstörungen	Areae 41, 42, 22	Swisher und Hirsch 1972 Samson und Zatorre 1988
Beeinträchtigungen bei der Organisation und Kategorisierung von Materialien	Areae TE, STS	Wilkins und Moscovitch 1978 Read 1981
eingeschränkte Verwendung von Kontextinformation	Areae TE 21, 38	Milner 1958
Störung des Sprachverständnisses	Area 22 links	Hécaen und Albert 1978
schlechtes Langzeitgedächtnis	Areae TE, TF, TH, 28	Milner 1970
Veränderungen der Persönlichkeit und des Affekts	Areae TE und Amygdala	Pincus und Tucker 1974 Blumer und Benson 1975
Veränderungen der sexuellen Aktivität	Amygdala und ?	Blumer und Walker 1975

Störungen der Hörwahrnehmung

Eine Schädigung des primären visuellen oder somatosensorischen Cortex führt zu einem Verlust bewußter Wahrnehmungen. Es liegt daher nahe, zu vermuten, daß eine bilaterale Schädigung des auditorischen Cortex die sogenannte *kortikale Taubheit* hervorruft. Klinische Beobachtungen sowie Ergebnisse aus Tierversuchen unterstützen diese Vermutung jedoch nicht. Tatsächlich führt weder eine bilaterale noch eine unilaterale Schädigung des auditorischen Cortex bei Säugern zu einem nennenswerten Verlust an Empfindlichkeit für Veränderungen in der Frequenz eines Klanges. Allerdings kommt es durchaus zu Störungen der auditorischen Wahrnehmung. Tallal und Piercy entdeckten zum Beispiel, daß Patienten mit Läsionen, die den auditorischen Cortex mit erfaßten, 43 ms (Millisekunden) dauernde Schallereignisse mit wechselnder Frequenz nicht unterschieden; sie waren dazu jedoch imstande, wenn die Dauer 95 ms betrug. Eine zweite Beeinträchtigung, die damit im Zusammenhang steht, bezieht sich auf die Beurteilung der Gleichzeitigkeit kurzer Schallereignisse. Offenbar vergrößern cortikale Läsionen die Zeitdauer, die *zwischen* zwei Schallereignissen liegen muß, damit man sie voneinander unterscheiden kann. Diese Störung steht vermutlich mit der häufig gehörten Klage von Patienten mit linksseitigen Temporal- oder Parietallappenläsionen in Beziehung, die lautet, andere Personen würden zu schnell sprechen. Das Problem betrifft nicht so sehr die Schnelligkeit des Sprachflusses, sondern die Unfähigkeit, rasch hintereinander gesprochene Laute auseinanderzuhalten. Dieses Problem stellt sich auch gesunden Personen beim Erlernen einer Fremdsprache. Eine dritte Hörwahrnehmungsstörung bezieht sich ebenfalls auf einen Zeitaspekt des auditorischen Reizes, nämlich auf die Beurteilung der zeitlichen Reihenfolge des Auftretens von Schallereignissen. Gibt man einer gesunden Kontrollperson zwei Töne vor, so genügt eine zeitliche Trennung von 50 bis 60 ms, um ihr die Entscheidung darüber zu ermöglichen, welcher der beiden Töne zuerst dargeboten wurde. Patienten mit Läsionen im Temporallappen benötigen dafür unter Umständen bis zu 500 ms. Es scheint, als ob jede der bisher genannten Hörwahrnehmungsstörungen schwerwiegender ist, wenn sie auf linksseitigen und nicht auf rechtsseitigen Läsionen im Temporallappen basiert. Die betroffenen auditorischen Fähigkeiten sind vermutlich bei der Unterscheidung von Sprachlauten besonders wichtig.

Sprache unterscheidet sich in mancher Hinsicht von anderen auditorischen Reizen. Zunächst stammen die Sprachklänge hauptsächlich aus drei begrenzten Frequenzbereichen, die man *Formanten* nennt. Abbildung 13.5A zeigt Klangspektrogramme von Silben, die jeweils aus zwei Formanten gebildet

13.5 A. Spektrogramm dreier Silben aus jeweils zwei Formanten. B. Spektrogramm von Silben, die sich hinsichtlich des Beginns der Lautgebung unterscheiden. (Nach Springer 1979.)

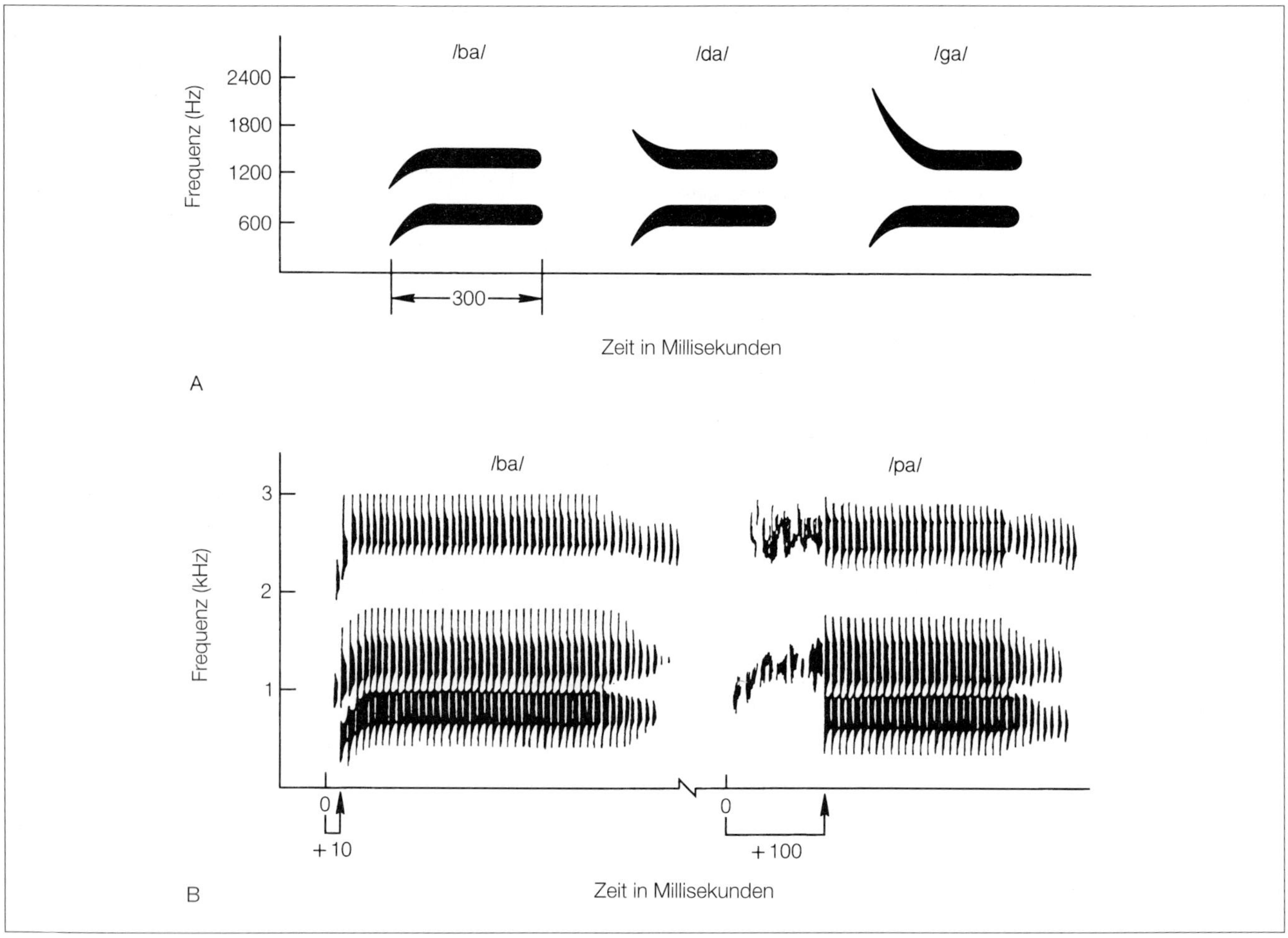

wurde zuerst durch Milner nachgewiesen, die entdeckte, daß Patienten mit Lobektomien des rechten Temporallappens die Cartoons des McGill-Bildertests nicht richtig interpretieren. Eine dieser Zeichnungen zeigt zum Beispiel einen Affen in einem Käfig, an dessen Wand ein Ölbild hängt – eine offensichtliche Seltsamkeit. Patienten mit Läsionen im rechten Temporallappen können die Einzelheiten des Bildes genau beschreiben, aber den ungewöhnlichen Charakter dieses und anderer Bilder nicht erkennen. Bei Tests zur visuellen Vervollständigung, etwa beim Mooney-Closure-Test, oder bei Tests zur Unterscheidung komplexer Muster (Abbildung 13.7) schneiden solche Patienten ebenfalls schlecht ab. Eines der vermutlich interessantesten visuellen Defizite betrifft die Wahrnehmung und das Wiedererkennen von Gesichtern. Kolb und seine Mitarbeiter legten Patienten Photographien eines aus verschiedenen Bildern zusammengesetzten Gesichts vor (Kapitel 11, Abbildung 11.10). Dabei entdeckten sie, daß Personen mit Gewebeverlusten im rechten Temporallappen keine bevorzugte Wahrnehmung desjenigen Teils des Gesichts haben, das in ihre linke Gesichtsfeldhälfte fällt. Sie schlossen daraus, daß die Patienten Gesichter nicht normal wahrnehmen. Diese Schlußfolgerung deckt sich mit Berichten über Patienten mit Schädigung im rechten Temporallappen. Sie sind beim Wiedererkennen von Gesichtern und von Portraitaufnahmen ebenso beeinträchtigt wie beim jeweiligen Abruf von Gesichtern aus dem Gedächtnis. Außerdem scheinen diese Patienten die kleinen sozialen Signale (zum Beispiel kurze Blicke auf die Armbanduhr, die man macht, wenn man ein Gespräch beenden möchte) nicht wahrzunehmen. Offenbar gelingt es ihnen nicht, die Bedeutung solcher visuellen Signale richtig einzuschätzen.

Die Beschreibung von Defiziten visueller Wahrnehmung bei Menschen mit geschädigtem Temporallappen steht im Einklang mit der hypothetischen Rolle des inferotemporalen Cortex in der ventralen visuellen Verarbeitungsbahn nach Ungerleider und Mishkin (Kapitel 11). Wie zahlreiche Arbeiten zeigen, haben Affen recht große und sehr selektive Schwierigkeiten beim Erlernen von Aufgaben, die ein visuelles Erkennen von Objekten erfordern. Darüber hinaus weiß man bereits seit langem, daß Neuronen im inferotemporalen Cortex von Affen selektive Eigenschaften aufweisen, etwa eine selektive Reaktion auf Gesichter oder Hände. Beispielsweise haben Perrett und seine Mitarbeiter gezeigt, daß Neuronen im STS bevorzugt auf Gesichter reagieren, die frontal beziehungsweise im Profil gezeigt werden, auf bestimmte Kopfhaltungen oder sogar auf bestimmte Formen des Gesichtsausdruckes. In jüngerer Zeit hat Perrett auch nachgewiesen, daß bestimmte Zellen des STS maximal empfindlich auf den Körper reagieren, wenn er sich in eine bestimmte Richtung bewegt (Abbildung 13.8). Dies ist sehr bemerkenswert, denn die Grundform des Körpers bleibt ja dieselbe, unabhängig davon, in welche Richtung er sich bewegt; das einzig variable ist die Richtung.

Ein Problem bei der Identifizierung von Neuronen im Temporallappen, die auf bestimmte visuelle Reize spezialisiert sind, ist, daß wohl kaum für jede nur erdenkliche Objektei-

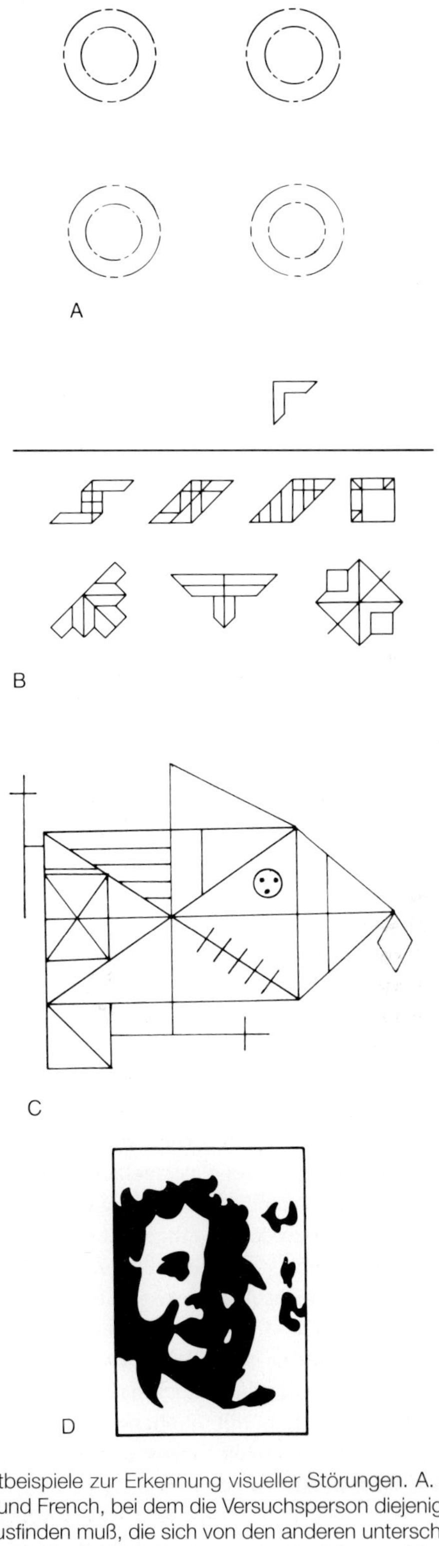

13.7 Testbeispiele zur Erkennung visueller Störungen. A. Der Test von Meier und French, bei dem die Versuchsperson diejenige Zeichnung herausfinden muß, die sich von den anderen unterscheidet. B. Beispiel des Gottschaldt-Tests der versteckten Figuren. Hier besteht die Aufgabe darin, in jeder einzelnen Figur die Vorgabe (über dem Spiegelstrich) zu entdecken und ihren Umriß zu zeichnen. C. Die Rey-Osterith-Figur. Die Versuchsperson wird aufgefordert, diese Figur so genau wie möglich abzuzeichnen. D. Beispiel des Mooney-Tests der visuellen Geschlossenheit. Hier besteht die Aufgabe darin, in einem Bild mit mehrdeutigen Schattierungen ein Gesicht zu erkennen.

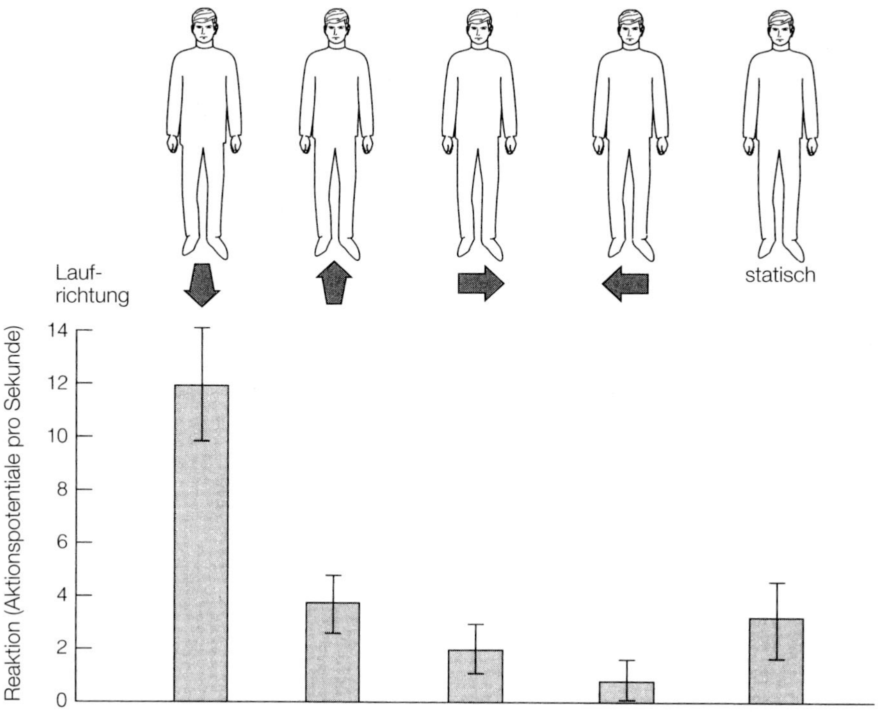

13.8 Neuronale Empfindlichkeit für die Richtung von Körperbewegungen. Oben: Schematische Darstellung der Frontalansicht eines menschlichen Körpers. Unten: Das Histogramm läßt erkennen, daß Neuronen im Sulcus temporalis superior stärker reagieren, wenn sich ein Mensch dem Affen nähert, als wenn er sich von ihm entfernt, nach rechts oder nach links rückt oder einfach stehen bleibt. (Nach Perrett et al. 1990.)

genschaft ein jeweils spezifisches Neuron im temporalen Cortex existiert. Tanaka hat daher versucht, die Eigenschaften zu bestimmten, die für die Aktivierung von Neuronen im inferotemporalen Cortex des Affen bedeutsam sind. Zusammen mit seinen Mitarbeitern präsentierte er seinen Versuchstieren viele dreidimensionale Tier- und Pflanzenmodelle, um für die jeweils gemessenen Zellen den wirksamsten Reiz herauszufinden. Anschließend versuchten die Wissenschaftler, die unbedingt notwendigen sowie die gerade noch ausreichenden Eigenschaften der jeweiligen Reizmuster zu bestimmen. Wie Tanaka herausfand, benötigen Zellen in Area TE zu ihrer Aktivierung recht komplexe Merkmalseigenschaften (Abbildung 13.9). Diese bestehen in einer Kombination aus mehreren Merkmalen, wie beispielsweise Orientierung, Größe, Farbe und Oberflächenbeschaffenheit des Objekts. Überdies neigen Zellen mit ähnlichen, wenn auch leicht unterschiedlichen, selektiven Eigenschaften dazu, sich innerhalb des Cortex in Säulen zu organisieren (Abbildung 13.9). Da die Organisation des Cortex eine wichtige vertikale Komponente aufweist (Kapitel 8), und da die in den einzelnen Säulen gruppierten Neuronen in ihrer Selektivität nicht identisch sind, liegt die Vermutung nahe, daß ein Objekt nicht durch die Aktivität einer Zelle, sondern vielmehr durch die Aktivität mehrerer Zellen innerhalb eines Moduls repräsentiert wird. Dies ist eine wichtige Entdeckung, denn sie liefert eine Erklärung für das Phänomen der Äquivalenz eines gegebenen Stimulus, also der Tatsache, daß ein bestimmtes Objekt immer als solches wahrgenommen wird, von welcher Seite man es auch betrachtet. Tanaka vermutet, daß die Repräsentation von Objekten durch zahlreiche Zellen innerhalb eines Moduls – in dem die Selektivität von Zelle zu Zelle leicht variiert und die Repräsentation eines gegebenen Reizes also stark überlappt – eine Möglichkeit bietet, die Auswirkungen geringfügiger Veränderungen der eingehenden visuellen Information zu minimieren.

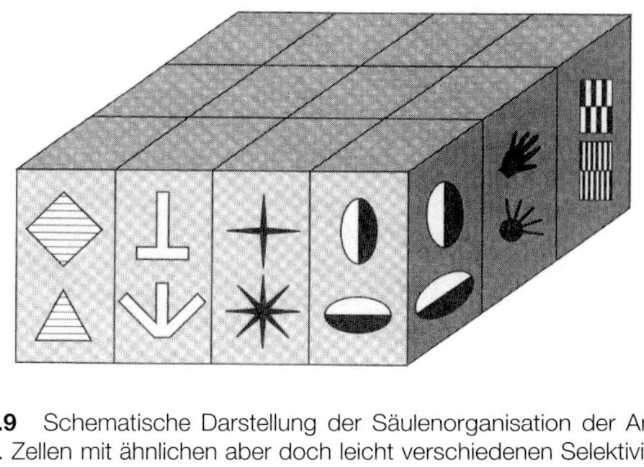

13.9 Schematische Darstellung der Säulenorganisation der Area TE. Zellen mit ähnlichen aber doch leicht verschiedenen Selektivitäten sind in vertikalen, also senkrecht zur Cortexoberfläche orientierten Säulen angeordnet.

Tanaka und andere Wissenschaftler haben auch zwei weitere bemerkenswerte Eigenschaften von inferotemporalen Neuronen des Affen beschrieben. Erstens verändert sich die Reizspezifität dieser Neuronen durch Erfahrung. Die Affen wurden ein Jahr lang darauf trainiert, 28 komplexe Formen zu unterscheiden. Anschließend bestimmte man die Reizpräferenzen vieler inferotemporaler Neuronen mit Hilfe einer größeren Zahl von Pflanzen- und Tiermodellen. 39 % der inferotemporalen Neuronen reagierten maximal auf einige der bereits im Training verwendeten Stimuli. Bei nicht zuvor trainierten Affen betrug dieser Anteil nur 9 %. Dieses Ergebnis ist insbesondere deswegen interessant, weil es zeigt, daß die Rolle des Temporallappens bei der visuellen Verarbeitung nicht genetisch determiniert ist, sondern von Erfahrung und Übung abhängt. Man könnte nun vermuten, daß es diese Erfahrungsabhängigkeit dem visuellen System ermöglicht, sich an die unterschiedlichen Anforderungen einer wechselnden visuellen Umgebung anzupassen. Dies ist auch für die Fähigkeit des Menschen zum Wiedererkennen visueller Reize von großer Bedeutung, an die ja beispielsweise in Waldregionen ganz andere Anforderungen gestellt werden als in einer offenen Ebene oder in der Stadt. Überdies stellen erfahrungsabhängige visuelle Neuronen sicher, daß wir visuelle Objekte erkennen können, die unser Gehirn im Laufe seiner Evolution gar nicht kennengelernt hat.

Die zweite interessante Eigenschaft dieser Neuronen ist, daß sie nicht nur an der Verarbeitung visueller Informationen beteiligt sind, sondern auch einen Mechanismus für die interne Repräsentation der Vorstellung von Objekten liefern. Fuster und Jervey demonstrierten als erste folgendes: Zeigt man Affen bestimmte Gegenstände, an die sie sich erinnern sollen, feuern bestimmte Neuronen im inferotemporalen Cortex auch während der „Erinnerungsphase" weiter. Diese selektiven Entladungen von Neuronen schaffen möglicherweise die Basis des Arbeitsgedächtnisses für den betreffenden Reiz. Darüber hinaus wurde angenommen, daß diese Entladungen möglicherweise die Grundlage für die geistige Vorstellung darstellen. Die Entladung von Neuronengruppen, die selektiv auf bestimmte Merkmale eines Objekts reagieren, könne also eine geistige Vorstellung des betreffenden Objekts in seiner Abwesenheit erzeugen. Wie Jones zeigte, haben Patienten mit Läsionen im rechten Temporallappen nur eine schwache Vorstellungskraft. Man erinnere sich in diesem Zusammenhang auch an das Ergebnis von Zatorre, daß Patienten mit geschädigtem rechten Temporallappen eine nur relativ schwach entwicklelte musische Vorstellung aufweisen.

Störungen der Auswahl visueller und auditorischer Stimuli

Wir haben nur eine beschränkte Kapazität, um die Informationsfülle aus unserer Umwelt zu verarbeiten. Deshalb müssen wir von den eintreffenden Informationen einige zur weiteren Bearbeitung auswählen. Diese Selektion erfolgt normalerweise unbewußt. (Man kann natürlich auch eine bewußte Kontrolle ausüben, wenn man zum Beispiel nach einem Briefkasten Ausschau hält, in den man einen Brief einwerfen will). Die Selektivität der auditorischen Wahrnehmung wird am besten durch das Problem veranschaulicht, das dann entsteht, wenn man zwei Gespräche gleichzeitig verfolgen möchte. Da es unmöglich ist, beide Gespräche gleichzeitig zu verarbeiten, folgt das auditorische System einer von zwei Strategien: entweder wird eine der beiden Konversationen völlig ignoriert, oder die Aufmerksamkeit pendelt zwischen beiden Gesprächen hin und her. In jedem Fall handelt es sich um eine Selektion der eintreffenden Informationen. Die selektive Wahrnehmung im visuellen System funktioniert ähnlich. Weil es zum Beispiel nicht möglich ist, alle Ereignisse einer Leichtathletikveranstaltung gleichzeitig zu beobachten, springt die Aufmerksamkeit entweder von einem zum anderen Ereignis oder richtet sich ganz auf einen Vorgang.

Betrachten wir nun eine Person mit geschädigtem Temporallappen. Es wird noch deutlich werden, daß in diesem Fall die Selektion sowohl von auditorischen als auch von visuellen Eingangssignalen beeinträchtigt ist. Normalerweise erkennt man dies nur anhand besonderer Testverfahren. Eine selektive Aufmerksamkeit bezüglich auditorischer Informationen untersucht man am besten mit einem dichotischen Hörtest. In Kapitel 9 wurde bereits beschrieben, daß Testpersonen, denen eine ganze Liste von Wortpaaren dichotisch dargeboten wird, mehr Wörter „mit dem rechten Ohr" aufnehmen. Werden Tonsequenzen dichotisch präsentiert, sind die Signale am linken Ohr im Vorteil. Schulhoff und Goodglass haben diese Technik auf Patienten mit Temporallappenläsionen angewandt und gezeigt, daß die Überlegenheit des jeweiligen Ohres zwar in beiden Fällen noch vorhanden ist, aber Läsionen des linken Temporallappens zu einer Reduktion der Gesamtzahl der wahrgenommenen Wörter führen und solche im rechten Temporallappen die Anzahl der gehörten Tonsequenzen drastisch reduzieren. Eine mögliche Erklärung für diesen Effekt besagt, daß das Nervensystem Schwierigkeiten hat, die Aufmerksamkeit selektiv auf die Informationen zu lenken, die an einem Ohr eintreffen, und gleichzeitig versucht, alle anderen Informationen ebenfalls aufzunehmen. Deshalb sinkt die Leistung so drastisch ab. Analoge Befunde liegen auch für visuelle Eingangssignale vor. Dorff und seine Kollegen boten zwei unterschiedliche visuelle Reize simultan dar, und zwar jeweils einen Reiz in jeder Gesichtsfeldhälfte. Eine Läsion des linken Temporallappens beeinträchtigte das Erinnern des Reizes, der im rechten Gesichtsfeld dargeboten wurde, eine Schädigung des rechten Temporallappens beeinträchtigte dagegen den Abruf der in *beiden* Gesichtsfeldhälften dargebotenen visuellen Reize. Möglicherweise ist das Nervensystem dieser Patienten nicht in der Lage, sich auf bestimmte Reizcharakteristika zu konzentrieren, um so eine effiziente Wahrnehmung zu garantieren und neue Informationen zu speichern. Im Zusammenhang mit visuellen Informationen ist jedoch bemerkenswert, daß Läsionen im rechten Temporallappen bilaterale Einbußen hervorrufen, wogegen Läsionen des linken Temporallappens nur unilaterale Defizite bewirken. Dieser Unterschied impliziert, daß der rechte Temporallappen bei der selektiven Aufmerksamkeit auf visuelle Informationen eine ausgeprägtere Rolle spielt als der linke.

Kategorienbildung

Wird man gebeten, eine Wortliste zu lernen, beispielsweise „Hund, Auto, Bus, Apfel, Ratte, Zitrone, Katze, Lastwagen, Orange", so ordnet man die Wörter gewöhnlich drei unterschiedlichen Klassen zu, nämlich den Tieren, den Fahrzeugen und den Früchten. Muß man die Liste später wieder aus dem Gedächtnis abrufen, dann ist es sehr wahrscheinlich, daß man sich anhand der Kategorien an die gesuchten Testwörter erinnert. Die Kategorien werden also wahrscheinlich als Erinnerungshilfe benutzt. Die Fähigkeit, Informationen zu organisieren, ist für die Sprachfähigkeit und das Gedächtnis besonders wichtig. Sie ermöglicht uns zum Beispiel, sehr lange Sätze zu verstehen, und zwar sowohl hinsichtlich ihrer Bedeutung, als auch hinsichtlich der daraus ableitbaren Informationen. Die Organisation sensorischer Informationen ist offensichtlich eine Funktion der Temporallappen. Patienten mit Lobektomien des linken Temporallappens sind gerade bei dieser Art von Organisation beeinträchtigt, auch wenn es sich nur um die Kategorisierung einfacher Bilder oder geläufiger Objekte handelt. Es bereitet den Patienten also große Schwierigkeiten, Wörter oder Bilder einzelnen Kategorien zuzuordnen und Kategorien zu verwenden, die den meisten von uns geläufig sind und die wir automatisch benutzen. Milner hat zum Beispiel beobachtet, daß solche Patienten Schwierigkeiten haben, einer Kategorie (zum Beispiel Tier) einige Beispiele (wie Hund, Katze, Ratte) zuzuordnen, obgleich die Betroffenen bei anderen sprachlichen Anforderungen keine Einbußen erleiden. Da die Personen schon bei einfachen Kategorisierungen im Laborversuch beeinträchtigt sind, kann man sich vorstellen, daß die Defizite der spontanen Organisation in realen Situationen zu kognitiven Einbußen führen, besonders hinsichtlich ihres Gedächtnisses für komplexe Sachverhalte.

Unlängst haben Neurolinguisten eine weitere Kategorisierung postuliert, die möglicherweise im linken Temporallappen stattfindet. Semantische Kategorien sind hierarchischer Natur, wobei jeder einzelne Begriff gleichzeitig mehreren Kategorien angehören kann. Eine Ente gehört beispielsweise zur Kategorie der Tiere, der Vögel und der Wasservögel. Jede dieser Kategorien stellt eine Unterkategorie der vorausgegangenen dar. Patienten mit temporalen Läsionen können Sprachstörungen (Dysphasien) aufweisen, bei denen sie übergeordnete Kategorien erkennen, untergeordnete aber nicht.

Verwendung von Kontextinformationen

Die Bedeutung einer Information kann vom Kontext abhängen. Ein Wort wie „Fall" kann sich auf einen Sturz, auf die Beschreibung eines Patienten oder eines juristischen oder anderen Problems beziehen. So hängt wahrscheinlich das Wiedererkennen von Gesichtern auch vom Kontext ab. Die meisten von uns haben Schwierigkeiten, eine nicht näher bekannte Person wiederzuerkennen, wenn wir sie in einer Situation treffen, in welcher der normale Kontext fehlt (wenn wir zum Beispiel in Paris den Angestellten eines Ladens aus unserer Nachbarschaft treffen). Oft können wir die Person erst „einordnen", wenn wir die Kontextinformationen wieder abrufen. Ein komplexeres Beispiel für die Bedeutungsgebung durch den Kontext findet sich in sozialen Situationen. Die Interpretation von Ereigissen und unserer eigenen Rolle bei diesen Ereignissen hängt vom sozialen Kontext ab. Die gleichen Stimuli werden, je nachdem, ob wir mit unseren Eltern oder mit unseren Kameraden zusammen sind, anders interpretiert. Diese Fähigkeit, den Kontext als Schlüssel zur Wiedererkennung von Reizen zu verwenden, hängt vermutlich von einem normal funktionierenden Temporallappen ab. Es gibt darüber aber nur wenige Daten. In einer Untersuchung stellten Kolb und Taylor fest, daß Patienten mit Temporallappenläsionen Schwierigkeiten haben, einer ohne Gesicht gezeichneten Person den situationsabhängigen richtigen Gesichtsausdruck zuzuordnen, wenn die einzigen Hinweise aus dem situativen Kontext – zum Beispiel eine Überraschungsparty oder ein Begräbnis – stammen. Die Ausfälle von Patienten mit rechtstemporaler Lobektomie beim McGill-Bildertest wurden bereits beschrieben (siehe unter Störungen der visuellen Wahrnehmung). Den einzigen Hinweis auf die Anomalie der einzelnen Bilder liefert bei diesem Test der Zusammenhang. Zur Bedeutung der Kontextinformation bei visuellen oder auditorischen Reizen sind jedoch weitere Studien erforderlich.

Gedächtnis

Für viele Neuropsychologen ist die Untersuchung der Temporallappen gleichbedeutend mit der Untersuchung des Gedächtnisses. In den meisten Lehrbüchern der Physiologischen Psychologie wird man deshalb beim Stichwort „Temporallappen" eine Besprechung der Amnesie finden. Das Interesse für die Rolle des Temporallappens bei Gedächtnisfunktionen wurde in den frühen fünfziger Jahren durch die Entdeckung geweckt, daß eine bilaterale Entfernung des medialen Temporallappens einschließlich des Hippocampus und der Amygdala eine Amnesie verursacht, die alle Ereignisse nach dem Operationszeitpunkt betrifft (**anterograde Amnesie**). Man weiß heute, daß sowohl der Hippocampus als auch der temporale Neocortex für die Gedächtnisfunktion von Bedeutung sind (siehe Kapitel 16). Eine Schädigung des inferotemporalen Cortex beeinträchtigt ganz spezifisch den bewußten Zugriff auf gespeicherte Informationen. Dabei steht die Schwere der Gedächtnisstörung in direktem Verhältnis zu der Größe der Läsion. Läsionen des linken Temporallappens führen zu einer Beeinträchtigung beim Abruf verbalen Materials, etwa von Kurzgeschichten, Wortlisten und so weiter. Dies geschieht unabhängig davon, ob es visuell oder auditorisch dargeboten wird. Läsionen des rechten Temporallappens führen zu einem beeinträchtigten Abruf nichtverbalen Materials, etwa von geometrischen Zeichnungen, Gesichtern und Melodien. Im Gegensatz zu Läsionen im Parietallappen führen Schädigungen im Temporalbereich aber nicht zu einer Störung des Abrufs von Informationen, die kurz zuvor aufgenommen wurden (Kurzzeitgedächtnis). Temporal- und Parietallappen üben also eher komplementäre als redundante Gedächtnisfunktionen aus.

Die beiden folgenden Fallgeschichten unterstreichen die Bedeutung des linken und rechten Temporallappens für das Gedächtnis. Herr B., ein 38jähriger Mann, litt an einem Astrocytom im linken Temporallappen. Vor Beginn der Krankheit war er erfolgreich im Management einer Ölgesellschaft tätig gewesen und für seine Effizienz bekannt. Als sich sein Tumor entwickelte, wurde er zunehmend vergeßlich, und zum Zeitpunkt seiner Einweisung in das Krankenhaus war auch seine Arbeitseffizienz drastisch gesunken. Er vergaß geschäftliche und private Termine und andere wichtige Ereignisse. Vergeßlichkeit war bei ihm zu einem derartigen Problem geworden, daß er das Wichtigste auf Zetteln notieren mußte. Oft aber verlegte er diese Notizen, was zu noch größeren Unannehmlichkeiten führte. In formalen Gedächtnistests wies er besondere Schwierigkeiten bei der Erinnerung an Kurzgeschichten auf, die ihm erst einige Minuten zuvor vorgelesen worden waren. So wurde ihm folgende Geschichte aus dem Wechsler-Gedächtnistest mit der Bitte vorgelesen, diese so genau wie möglich wiederzugeben: „Anna Thompson aus dem Süden von Boston war als Putzfrau in einem Bürogebäude beschäftigt. Sie wurde letzte Nacht in der Staatsstraße überfallen, und es wurden ihr 15 Dollar geraubt. Sie hatte vier kleine Kinder, die Miete war fällig, und die Familie hatte in den letzten zwei Tagen nichts gegessen. Die Polizeibeamten waren von ihrer Geschichte so gerührt, daß sie das Geld durch eine Sammlung wieder zusammenzubringen versuchten." Herr B. erinnerte sich an folgendes: „Eine Frau wurde ausgeraubt und ging zur Polizei, wo man ihr einen neuen Geldbeutel machte. Sie hatte auch einige Kinder." Dies ist für jemanden mit der Intelligenz und Bildung von Herrn B. eine sehr schlechte Leistung. Sein Kurzzeitgedächtnis für Zahlen war aber gut. Folgen von sieben Zahlen konnte er genau wiederholen. Dies belegt die Integrität der Funktionen des linken Parietallappens. Er konnte sich auch an geometrische Zeichnungen normal gut erinnern, was deutlich auf die Asymmetrie der Gedächtnisfunktionen hinweist, denn sein rechter Temporallappen war nach wie vor intakt.

Der Fall von Frau C. ist komplementär zu dem Krankheitsbild von Herrn B. Es handelt sich hier um eine 22 Jahre alte, intelligente Studentin, die einen Tumor im rechten Temporallappen entwickelte. Als wir sie nach der Operation zum ersten Mal trafen, beklagte sie einen Gedächtnisverlust. Bei formalen Untersuchungen des verbalen Gedächtnisses, und bei der Wiedergabe der Geschichte der Anna Thompson lag ihre Leistung im Normalbereich. Bei formalen Tests des visuellen Gedächtnisses, insbesondere des Gedächtnisses für geometrische Zeichnungen, war sie aber stark beeinträchtigt. In einem

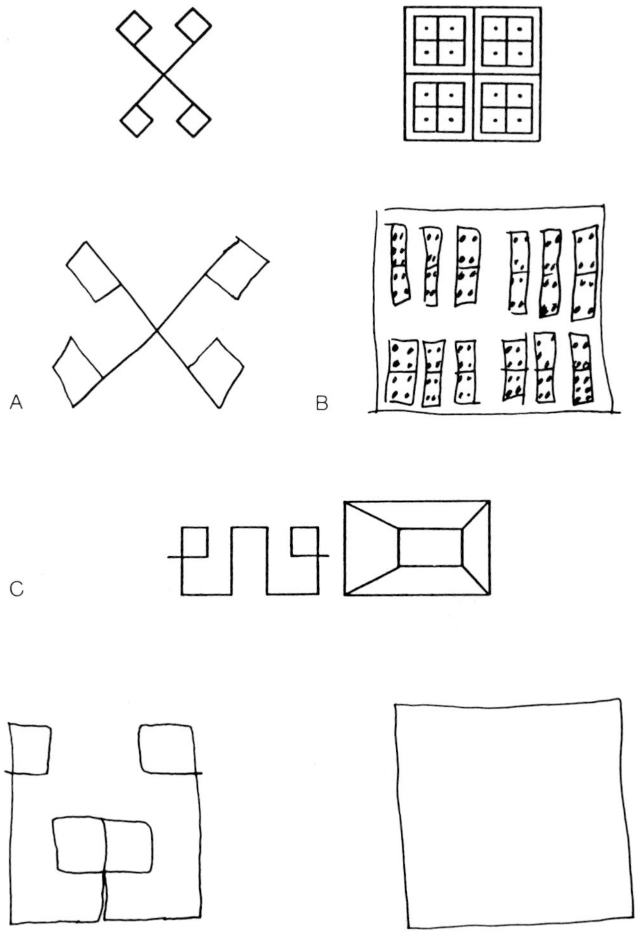

13.10 Darstellung einer beeinträchtigten Erinnerung an geometrische Figuren am Beispiel von Frau C. Bei jedem Bildteil (A, B, C) stellt die obere Figur die Originalvorlage dar und die untere Figur die Zeichnung von Frau C., die sie unmittelbar, nachdem sie die Originalfigur für zehn Sekunden gesehen hatte, anfertigte. Es fällt auf, daß die Beeinträchtigung von Frau C. bei komplexen Figuren deutlicher zutage tritt. Frau C. konnte auch die einfachsten Figuren nicht mehr aus dem Gedächtnis zeichnen, wenn seit dem Betrachten zehn Minuten vergangen waren.

dieser Tests wurde ihr eine geometrische Figur zehn Sekunden lang gezeigt, die sie unmittelbar danach aus dem Gedächtnis zeichnen sollte. Zehn Minuten später wurde sie gebeten, die Figur noch einmal zu zeichnen. Wie aus Abbildung 13.10 zu erkennen ist, hatte sie Schwierigkeiten mit dem sofortigen Abruf aus dem Gedächtnis. Nach zehn Minuten war sie unfähig, irgendeine der gezeigten Figuren aus dem Kopf zu zeichnen.

Affekt und Persönlichkeit

Man weiß schon seit fast 100 Jahren, daß der Temporallappen beim Menschen mit Störungen des Affekts in Zusammenhang steht. Unser Wissen über die Details dieses Zusammenhangs ist aber immer noch fragmentarisch. Wilder Penfield und andere Wissenschaftler berichteten in den fünfziger Jahren darüber, daß eine Reizung des anterioren und medialen temporalen Cortex zu Angstgefühlen führt und daß eine Stimulation der Amygdala manchmal ähnliche Empfindungen hervorbringt.

Eine Temporallappenepilepsie wird traditionell ebenfalls mit Veränderungen von Persönlichkeitsmerkmalen in Beziehung gebracht: Es kommt zu einer Überbetonung der Trivialitäten und Nebensächlichkeiten des täglichen Lebens. Pincus und Tucker beschreiben verschiedene Symptome einer solchen Persönlichkeit. Dazu gehören eine pedantische Sprache, Egozentrik, Beharren auf persönlichen Problemen im Gespräch, paranoide Züge, die Überbeschäftigung mit Religion und die Neigung zu aggressiven Ausbrüchen. Diese Konstellation von Verhaltensmerkmalen nennt man *Temporallappenpersönlichkeit*. Dennoch gibt es wenige Menschen, auf die alle diese Charakterzüge zutreffen. Nach Läsionen des Temporallappens werden ähnliche Veränderungen der Persönlichkeit beschrieben. Auch hier scheint eine Asymmetrie vorzuliegen, denn eine Lobektomie des rechten Temporallappens steht mit diesen Persönlichkeitsmerkmalen eher in Zusammenhang als eine Lobektomie des linken Temporallappens. Schließlich wird eine Temporallappenepilepsie seit langem, wenn auch nur anekdotisch, mit psychoseähnlichen Episoden in Verbindung gebracht. Slater und seine Mitarbeiter wiesen 1963 zum ersten Mal eine statistische Beziehung zwischen dem Auftreten einer Temporallappenepilepsie und einer Psychose nach. Da nach einer Lobektomie des Temporallappens keine derartige Beziehung zur Epilepsie bekannt ist, wird vermutet, daß ein chronisch abnormes Entladungsmuster der Temporallappenneuronen zu biochemischen und elektrophysiologischen Veränderungen im Gehirn führt, was dann psychotische Verhaltensweisen erzeugt.

Klinisch-neuropsychologische Untersuchungen

Es gibt eine ganze Reihe standardisierter Untersuchungsverfahren, die sich als empfindliche und valide Indikatoren für Verletzungen des Temporallappens erwiesen haben (Tabelle 13.2). Ähnlich wie klinisch-neuropsychologische Tests der Parietallappenfunktionen erfassen auch diese Verfahren nicht alle der in Tabelle 13.2 zusammengefaßten Symptome. Es wäre aber höchst ungewöhnlich, wenn jemand mit einer Schädigung des Temporallappens in allen angegebenen Tests normale Leistungen zeigte.

Die Verarbeitungsfähigkeit für auditorische oder visuelle Reize kann man mit dichotischen Hörtests oder dem McGill-Bildertest erfassen. Letzterer wird heute nicht mehr als sehr empfindlicher Indikator gewertet wie in den fünfziger Jahren, als man ihn zum ersten Mal verwendete. Dies mag daran liegen, daß die Durchschnittsperson durch die Erfahrung mit dem Fernsehen besser trainierte visuelle Wahrnehmungsfähigkeiten besitzt als früher. Nichtsdestoweniger läßt ein niedriger Wert bei diesem Test fast immer auf eine Funktionsstörung des rechten Temporallappens schließen.

Der beste Test für das allgemeine Sprachgedächtnis ist der revidierte Wechsler-Gedächtnistest. Weil der Quotient dieses Tests aber durch nichtspezifische Aufmerksamkeitsstörungen beeinflußt wird, werden häufig zwei Teiltests, nämlich der Paarassoziationstest und der Test mit logischen Geschichten, zur spezifischen Messung des verbalen Gedächtnisses und seiner Kapazitäten verwendet. Im Paarassoziationstest muß die Person eine Serie von Wortpaaren (etwa Norden – Süden oder Kohlkopf – Federhalter) erlernen und in der Lage sein, wenn eines der Worte vorgelesen wird, das andere zu reproduzieren. Das Beispiel eines Tests für das logische Gedächtnis wurde bereits in der Fallbeschreibung von Herrn B., der an Störungen des verbalen Gedächtnisses litt, genannt.

Der Rey-Osterith-Test ist höchst geeignet, wenn es um die Erfassung nichtverbaler Gedächtnisfunktionen des rechten Temporallappens geht (Abbildung 13.7C). Einer Versuchsperson wird ein komplexes geometrisches Muster vorgelegt, man fordert sie auf, dieses so genau wie möglich abzuzeichnen. Eine Dreiviertelstunde später wird geprüft, wieviel die Testperson von der komplexen Figur in Erinnerung behalten hat. Diese soll sie nun aus dem Gedächtnis zeichnen. Die Testkriterien gewährleisten zwar eine objektive Messung des nonverbalen Gedächtnisses; ein Nachteil besteht aber darin,

Tabelle 13.2: Standardisierte klinisch-neuropsychologische Tests bei Temporallappenschäden

Funktion	Test	Literatur
Fähigkeit zur auditorischen Informationsverarbeitung	dichotisch dargebotene Wörter und Melodien	Sparks et al.1970
Fähigkeit zur visuellen Informationsverarbeitung	McGill-Bildanomalietest	Milner 1958
verbales Gedächtnis	revidierter Wechsler-Gedächtnistest; logische Geschichten und Paarassoziationen	Milner 1975
nonverbales Gedächtnis	Test komplexer Figuren nach Rey	Taylor 1969
Sprache	Token-Test	de Renzi und Faglioni 1978

daß depressive oder wenig motivierte Personen nur deshalb schlechte Leistungen erbringen, weil sie sich nicht ernsthaft bemühen, sich an die Muster zu erinnern, und nicht etwa, weil sie eine Schädigung des rechten Temporallappens aufweisen. Für dieses Problem existiert keine einfache Lösung, zumal es bei allen nonverbalen Gedächtnistests auftritt.

Schließlich kann eine Störung des Sprachverständnisses auch das Ergebnis einer Läsion in verschiedenen Sprachzonen der linken Hemisphäre sein (also einer Läsion im Parietal-, Temporal- oder Frontallappen). Gegenwärtig gibt es kein neuropsychologisches Untersuchungsinstrumentarium, mit dem sich ein geschädigtes Areal in der linken Hemisphäre genau lokalisieren läßt. Deshalb empfehlen wir hier wieder den Token-Test zum Sprachverständnis.

Zusammenfassung

Die Temporallappen sind auf die Analyse auditorischer und visueller Information spezialisiert. Die auditorische Analyse weist besondere Merkmale auf, die die Verarbeitung von Sprache und Musik ermöglichen. Die visuelle Analyse im Temporallappen vollzieht sich in der ventralen visuellen Verarbeitungsbahn, die auf die Erkennung von Form spezialisiert ist. Der mediale temporale Cortex spielt eine wichtige Rolle beim Langzeitgedächtnis. Die unter den Temporallappen liegende subcortikale Struktur, die Amygdala, fügt einer Wahrnehmung eine affektive Komponente bei und ermöglicht damit erst, die Bedeutung eines bestimmten Reizes zu erkennen.

Literatur

Blumer, D., D.F. Benson. Personality changes with frontal and temporal lesions. In: D.F. Benson, F. Blumer (Hrsg.) *Psychiatric Aspects of Neurologic Disease.* New York: Grune & Stratton, 1975.

Chedru, F., V. Bastard, R. Efron. Auditory micropattern discrimination in brain damaged patients. *Neuropsycholgia* 16: 141–149, 1978.

de Renzi, E., P. Faglioni. Normative data and screening power of a shortened version of the token test. *Cortex* 14: 41–49, 1978.

Dorff, J.E., A.F. Mirsky, M. Mishkin. Effects of unilateral temporal lobe removals on tachistoscopic recognition in the left and right visual fields. *Neuropsychologia* 3: 39–51, 1965.

Fuster, J.M., J.P. Jervey. Neuronal firing in the inferotemporal cortex of the monkey in a visual memory task. *Journal of Neuroscience* 2: 361–375, 1982.

Geschwind, N. Disconnexion syndromes in animals and man. *Brain* 88: 237–294, 585–644, 1965.

Hécaen, H., M.L. Albert. *Human Neuropsychology*. New York: John Wiley, 1978.

Kolb, B., B. Milner, L. Taylor. Perception of faces by patients with localized cortical excisions. *Canadian Journal of Psychology* 37: 8–18, 1983.

Kolb, B., L. Taylor. Facial expression and the neocortex. *Society for Neuroscience Abstracts* 14: 219, 1988.

Lackner, J.R., H.-L. Teuber. Alterations in auditory fusion thresholds after cerebral injury in man. *Neuropsychologia* 11: 409–415, 1973.

Liberman, A. On finding that speech is special. *American Psychologist* 37: 148–167, 1982.

Meier, M.S., L.A. French. Lateralized deficits in complex visual discrimination and bilateral transfer of reminiscence following unilateral temporal lobectomy. *Neuropsychologia* 3: 261–272, 1968.

Milner, B. Psychological defects produced by temporal lobe excision. *Research Publications of the Association for Research in Nervous and Mental Disease* 38: 244–257, 1958.

Milner, B. Visual recognition and recall after right temporal lobe excision in man. *Neuropsychologia* 6: 191–209, 1968.

Milner, B. Memory and the medial temporal regions of the brain. In: K.H. Pribram, D.E. Broadbent (Hrsg.) *Biological Bases of Memory*. New York: Academic Press, 1970.

Penfield, W., H.H. Jasper. *Epilepsy and the Functional Anatomy of the Human Brain*. Boston: Little, Brown, 1959.

Perret, D.I., M.H. Harries, P.J. Benson, A.J. Chitty, A.J. Mistlin. Retrieval of structure from rigid and biological motion: An analysis of the visual responses of neurones in the macaque temporal cortex. In: A. Blake, T. Troscianko (Hrsg.) *AI and the Eye*. New York: John Wiley, 1990.

Perret, D.I., P. Smith, D.D. Potter, A.J. Mistlin, A.S. Head, A.D. Milner, M.A. Jeeves. Neurons responsive to faces in the temporal cortex: Studies of functional organization, sensitivity to identity and relation to perception. *Human Neurobiology* 3: 197–208, 1984.

Pincus, J.H., G.J. Tucker. *Behavioral Neurology*. New York: Oxford University Press, 1974.

Read, D.E. Solving deductive-reasoning problems after unilateral temporal lobectomy. *Brain and Language* 12: 116–127, 1981.

Ritsma, R. Frequencies dominant in the perception of pitch of complex sounds. *Journal of the Acoustical Society of America* 42: 191–198, 1967.

Samson, S., R.J. Zatorre. Discrimination of melodic and harmonic stimuli after unilateral cerebral excisions. *Brain and Cognition* 7: 348–360, 1988.

Schulhoff, C., H. Goodglass. Dichotic listening: Side of brain injury and cerebral dominance. *Neuropsychologia* 7: 149–160, 1969.

Sidtis, J.J. Music, pitch perception, and the mechanisms of cortical hearing. In: M.S. Gazzaniga (Hrsg.) *Handbook of Cognitive Neuroscience*. New York: Plenum Press, 1984.

Sparks, R., H. Goodglass, B. Nickel. Ipsilateral versus contralateral extinction in dichotic listening from hemispheric lesions. *Cortex* 6: 249–260, 1970.

Swisher, L., I.J. Hirsch. Brain damage and the ordering of two temporally successive stimuli. *Neuropsychologia* 10: 137–152, 1972.

Tanaka, K. Neuronal mechanisms of object recognition. *Science* 262: 685–688, 1993.

Taylor, L.B. Localization of cerebral lesions by psychological testing. *Clinical Neurosurgery* 16: 269–287, 1969.

Ungerleider, L.G., M. Mishkin. Two cortical visual systems. In: D.J. Ingle, M.H. Goodale, R.J.W. Mansfield (Hrsg.) *The Analysis of Visual Behavior.* Cambridge, Mass.: MIT Press, 1982.

Vignolo, L.A. Auditory agnosia: A review and report of recent evidence. In: A.L. Benton (Hrsg.) *Contributions to Clinical Neuropsychology*. Chicago: Aldine, 1969.

Wilkins, A., M. Moscovitch. Selective impairment of semantic memory after temporal lobectomy. *Neuropsychologia* 16: 73–79, 1978.

Wolberg, Z., J.D. Newman. Auditory cortex of squirrel monkey: Response patterns of single cells to species-specific vocalizations. *Science* 175: 212–214, 1972.

Zatorre, R.J. Musical perception and cerebral function: A critical review. *Music Perception* 2: 196–221, 1984.

Zatorre, R.J., A.R. Halpern. Effect of unilateral temporal-lobe excision on perception and imagery of songs. *Neuropsychologia* 31: 221–232, 1993.

14

Der Frontallappen

In früheren Zeiten waren die Behauptungen über die Funktion der Frontallappen sehr übertrieben und extrem. Von Galls Zeiten bis in die dreißiger Jahre des 20. Jahrhunderts vermutete man, die Frontallappen seien der Sitz der höchsten Intelligenzleistungen. So verschiedene Funktionen wie „abstraktes Verhalten", Voraussicht, intellektuelle Synthesen, ethisches Verhalten, Affekt und Selbstbewußtsein wurden von zahlreichen Autoren vorgeschlagen. Die genannten Funktionen sind jedoch sehr schwer objektiv zu definieren oder zu untersuchen. Nichtsdestoweniger sind wir heute in der Lage, uns eine allgemeine Theorie zur Funktion der Frontallappen vorzustellen und eine Übersicht über die wichtigsten Symptome bei Verletzungen dieser Cortexregionen zu geben.

Anatomie des Frontallappens

Die Frontallappen des Menschen umfassen das gesamte Cortexgewebe anterior des Sulcus centralis. Dieses sehr große Gebiet entspricht etwa 20 % des gesamten Neocortex und besteht aus mehreren funktional getrennten Regionen, die wir hier drei allgemeinen Kategorien zuordnen wollen: 1) motorische, 2) prämotorische und 3) präfrontale Regionen. Der motorische Cortex entspricht der Area 4, der prämotorische Cortex umfaßt die Areae 6 und 8. Letztere kann wiederum in vier Areae unterteilt werden: laterale Area 6 (prämotorischer Cortex), mediale Area 6 (supplementär-motorischer Cortex), Area 8 (frontales Augenfeld) und Area 8A (supplementäres Augenfeld) (Abbildung 14.1). Beim Menschen hat sich das laterale prämotorische Areal im Zuge der Entwicklung der Brocaschen Region (Area 44) ausgedehnt. Die etwas seltsam anmutende Bezeichnung „präfrontaler Cortex" geht auf eine Beobachtung von Rose und Woolsey zurück. Diese beiden Wissenschaftler hatten entdeckt, daß der Frontallappen aller Säuger eine große Region beinhaltet, die Projektionen aus dem Nucleus dorsalis medialis des Thalamus empfängt, und sie nannten diese Region präfrontalen Cortex. Der präfrontale Cortex von Primaten kann in drei Regionen unterteilt werden: 1) den dorsolateralen präfrontalen Cortex (Areae 9 und 46), 2) den inferioren (oder ventralen) präfrontalen Cortex (Areae 11, 12, 13 und 14), und 3) den mediofrontalen Cortex (Areae 25 und 32). Einen Teil des inferiofrontalen Cortex (die Areae 11, 13 und 14) bezeichnet man aufgrund seiner Beziehung zur Orbita des Auges auch als orbitofrontalen Cortex. Das mediofrontale Areal wird manchmal als Teil des vorderen cingulären Cortex betrachtet, und nicht als Teil des präfrontalen Cortex. Wie im Temporallappen gibt es auch im Frontallappen zwei multimodale Felder mit Zellen, die auf Kombinationen von visuellen, auditorischen und somatischen Reizen reagieren. Diese Felder liegen im lateralen prämotorischen Cortex (Area 6) und in Area 46 (Abbildung 14.2).

Verknüpfungen der motorischen und prämotorischen Felder

Die motorischen und prämotorischen Felder können als Teil eines funktionellen Systems zur direkten Bewegungskontrolle betrachtet werden. Innerhalb dieses Systems existieren verschiedene Arten von Verknüpfungen.

Über seine Projektionen zu den spinalen Motoneuronen wirkt der motorische Cortex an der Kontrolle der Arm-/

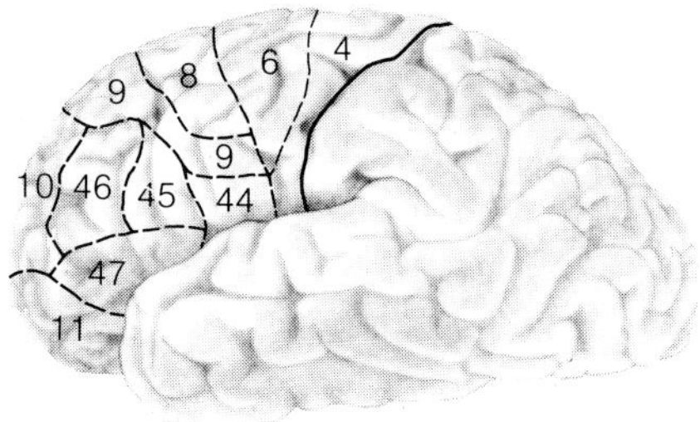

A Seitenansicht

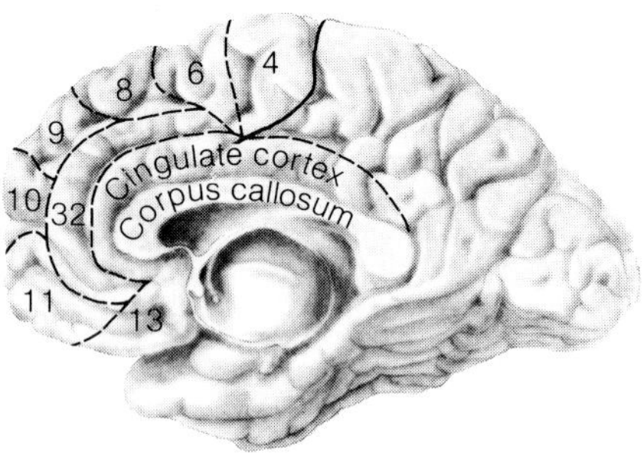

B mediane Ansicht

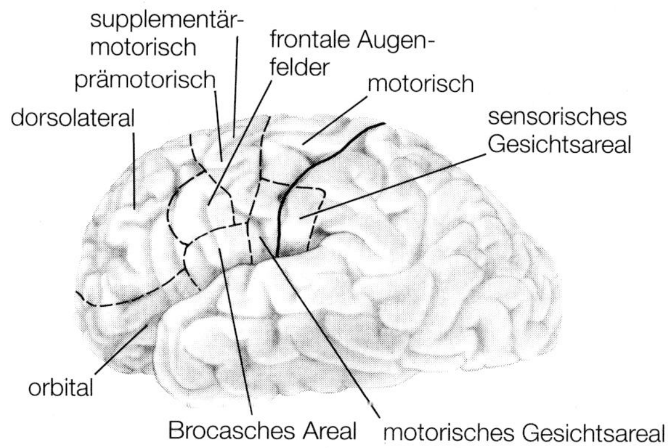

C Funktionskarte

14.1 Laterale (A) und mediane (B) Ansicht der cytoarchitektonischen Felder des Frontallappens nach Brodmann. Der englische Begriff *Cingulate cortex* bezeichnet den Gyrus cinguli. C. Ungefähre Grenzen funktionaler Gebiete des Frontallappens. Man beachte, daß Area 6 zwei funktionelle Zonen umfaßt: den prämotorischen Cortex auf der lateralen Oberfläche und den supplementär-motorischen Cortex auf der medianen Oberfläche.

Bein-, Hand-/Fuß- und Finger-/Zehenbewegungen mit. Die Verknüpfungen zu den motorischen Hirnnerven dienen der Kontrolle der Gesichtsmuskulatur. Der motorische Cortex projiziert auch zu anderen motorischen Strukturen, wie etwa zu den Basalganglien und dem Nucleus ruber.

Die prämotorischen Regionen können Bewegungen direkt über cortikospinale Projektionen beeinflussen, oder indirekt über Verbindungen zum motorischen Cortex. Sie empfangen auch Projektionen aus den posterior-parietalen Feldern PE und PF. Die prämotorischen Felder sind also mit Regionen verknüpft, die an der Ausführung von Gliedmaßenbewegungen beteiligt sind.

Die frontalen Augenfelder (Areae 8 und 8A) empfangen Projektionen von Regionen, die an der Kontrolle von Augenbewegungen teilhaben, und senden auch ihrerseits Fasern in diese Gebiete. Sie erhalten also visuelle Informationen aus der posterior-parietalen Area PG und dem Colliculus superior.

Alle prämotorischen Areale erhalten Projektionen aus dem dorsolateralen präfrontalen Cortex. Das bedeutet, daß dieses präfrontale Gebiet eine gewisse Bedeutung für die Kontrolle von Gliedmaßen- und Augenbewegungen hat.

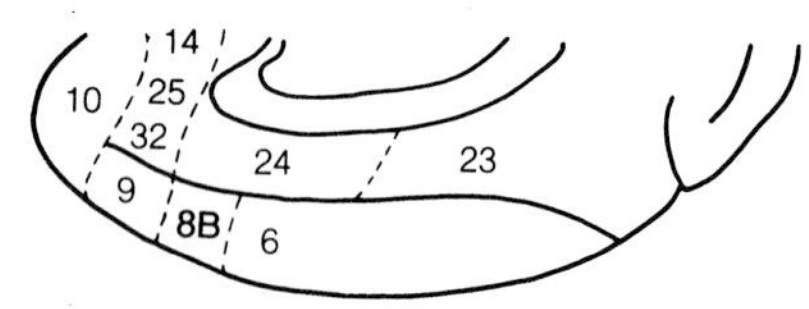

A

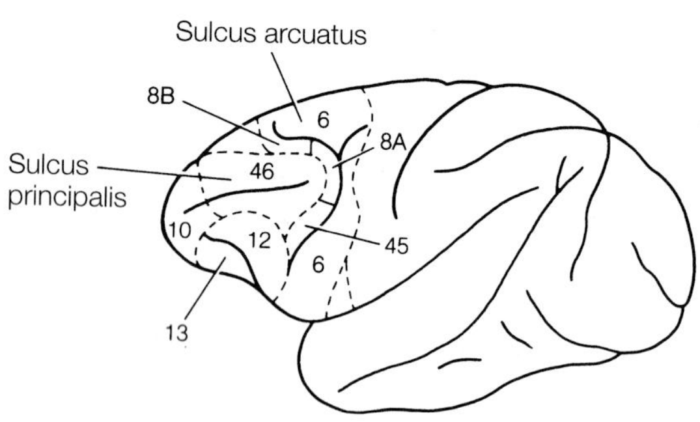

B

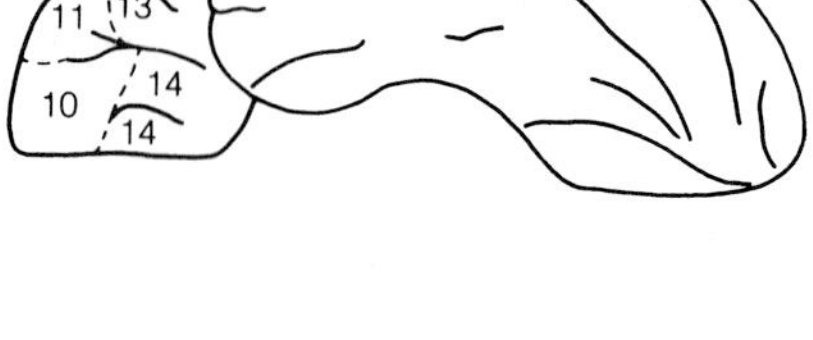

C

14.2 Mediane (A), laterale (B) und ventrale (C) Ansicht der cytoarchitektonischen Felder im Frontallappen des Rhesusaffen nach Walker. Im Frontallappen des Affen befinden sich zwei wichtige Sulci: der Sulcus principalis und der Sulcus arcuatus. Die schattierten Bereiche entsprechen den Regionen des multimodalen Cortex.

Verknüpfungen der präfrontalen Regionen

Die präfrontalen Regionen können als die Endpunkte der dorsalen und ventralen Verarbeitungsbahn gesehen werden. Tatsächlich zählen Felleman und van Essen sogar einige präfrontale Regionen zum visuellen Cortex (Abbildung 8.12).

Die dorsolaterale präfrontale Region (Areae 9 und 46) empfängt die meisten ihrer Projektionen aus den posterior-parietalen Feldern und dem Sulcus temporalis superior. Diese Verknüpfungen sind reziprok. Darüber hinaus ist der dorsolaterale Cortex intensiv mit Regionen verknüpft, in die auch der posterior-parietale Cortex projiziert, darunter der cinguläre Cortex, die Basalganglien und der Colliculus superior (siehe Abbildung 12.2). Der Schlüssel zum Verständnis der Funktion des dorsolateralen Cortex liegt in seiner Beziehung zu posterior-parietalen Regionen (Abbildung 14.3).

Das inferiofrontale Gebiet (Areae 11 bis 14) erhält seine wichtigsten Afferenzen aus dem Temporallappen; zu nennen sind hier die auditorischen Regionen des Gyrus temporalis superior, die visuellen Regionen um Area TE und den Sulcus temporalis superior sowie die Amygdala. Darüber hinaus existieren Projektionen aus dem somatosensorischen Cortex (Area 43), dem gustatorischen Cortex (in der Insula) und den olfaktorischen Regionen des pyriformen Cortex. Die gustatorischen und olfaktorischen Verknüpfungen ziehen zum orbitalen Cortex, die visuellen, auditorischen und somatosensorischen größtenteils zu Area 12. Die inferiofrontalen Felder projizieren subcortikal zu Amygdala und Hypothalamus. Diese Verbindungen ermöglichen eine Beeinflussung des autonomen Nervensystems, welches unter anderem Veränderungen von Blutdruck und Atmung kontrolliert. Diese Veränderungen sind bei emotionalen Reaktionen von Bedeutung.

Die präfrontalen Regionen erhalten bedeutende Projektionen von dopaminergen Zellen im Tegmentum. Diese Projektion spielt bei der Regulation der Reaktion präfrontaler Neuronen auf Reize – auch auf Streßreize – eine wichtige Rolle. Abnorme Projektionen sind von Bedeutung bei der Schizophrenie.

14.3 Schematische Darstellung der corticocortikalen Verbindungen des Frontallappens beim Rhesusaffen. A. Verbindungen zur dorsolateralen Oberfläche; sie umfassen Projektionen aus posterior-parietalen sowie temporalen Regionen. B. Verbindungen zur inferiofrontalen Oberfläche; sie haben ihren Ursprung im Temporallappen. Projektionen aus der Insula und dem olfaktorischen Cortex sind nicht gezeigt.

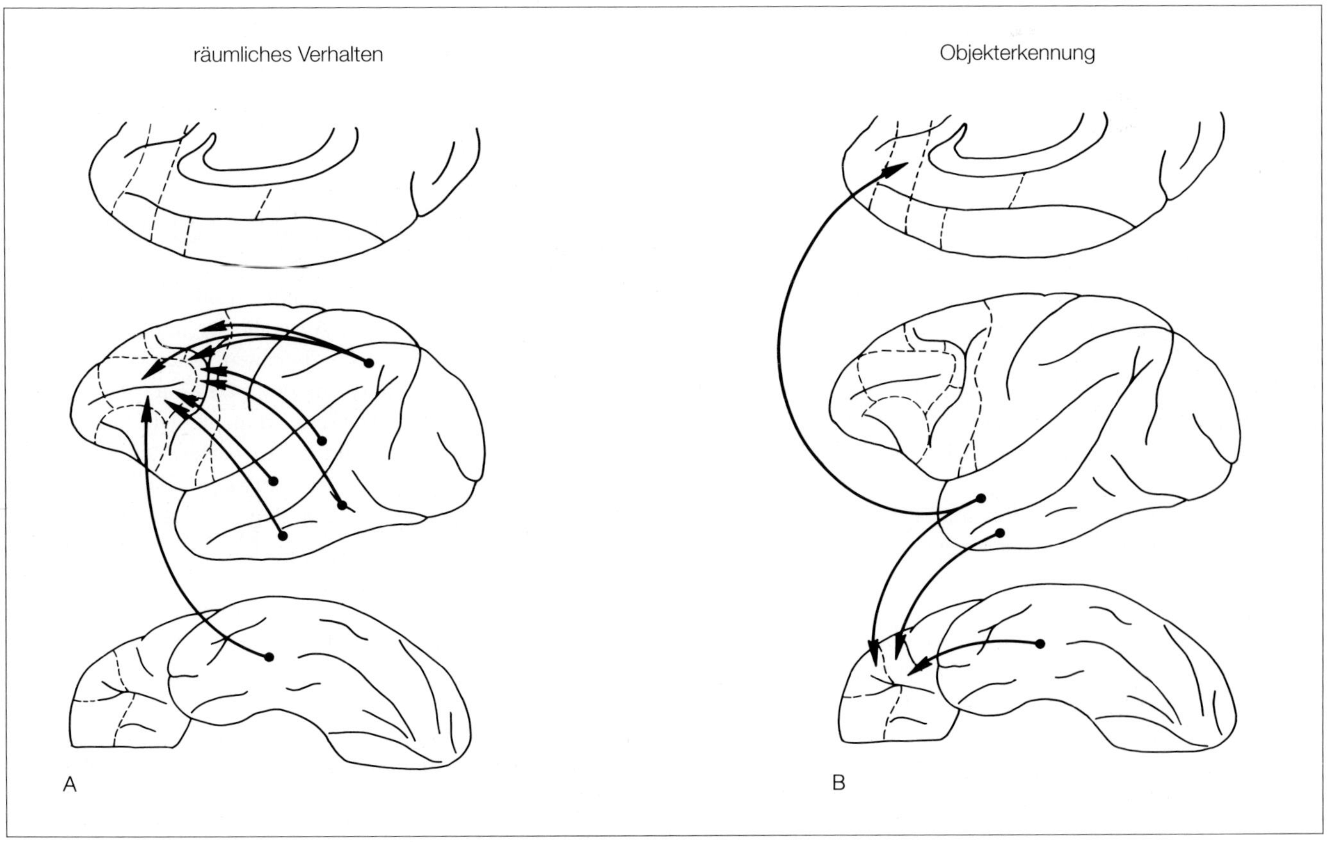

Eine Theorie der Funktionen des Frontallappens

Stellen Sie sich folgende Situation vor: Ganz spontan haben Sie Freunde zum Essen eingeladen. Da nichts zu essen im Haus ist, müssen Sie noch schnell einkaufen und verlassen Ihre Arbeitsstelle um fünf Uhr nachmittags. Zuvor stellen Sie jedoch eine Einkaufsliste zusammen. Sie arbeiten unter Zeitdruck, weil Sie ja noch vor Ihren Gästen zuhause ankommen wollen und noch das Essen vorbereiten müssen. Da die Dinge, die Sie einkaufen möchten, nicht alle im selben Laden erhältlich sind, müssen Sie einen effiziente „Einkaufsroute" entwerfen. Auch dürfen Sie sich nicht durch Waren in den Auslagen ablenken lassen, die Sie nicht unbedingt kaufen wollen (etwa Schuhe), oder durch ausgedehnte Gespräche mit den Verkäufern oder mit Freuden, die Sie womöglich treffen.

Diese Aufgabe bringt zwar ein wenig Hektik, stellt jedoch für die meisten Menschen keine wirkliche Herausforderung dar. Patienten mit geschädigtem Frontallappen können sie jedoch nicht bewältigen. Die Aspekte, an denen der Frontallappen beteiligt ist, sind hierbei die folgenden: 1) Wir müssen unser Verhalten im voraus planen und aus mehreren Möglichkeiten auswählen; 2) in Anbetracht der Zeitknappheit müssen wir ablenkende Reize ignorieren und uns auf die anstehende Aufgabe konzentrieren; 3) wir müssen einen Überblick darüber behalten, welche Geschäfte wir bereits besucht und was wir schon gekauft haben (denn wir wollen nicht am Ende vier Laibe Brot haben und dafür aber kein Gemüse).

Die in unserem Zusammenhang wichtigen Anforderungen dieser Aufgabe lassen sich zusammenfassen als „zeitliche Organisation des Verhaltens". Dies genau ist die Funktion des Frontallappens. Die prämotorischen und präfrontalen Regionen tragen in unterschiedlicher Weise zu dieser Funktion bei, und wir werden sie daher im folgenden einzeln betrachten.

Funktionen des prämotorischen Cortex

Während der motorische Cortex die Ausführung einzelner Bewegungen steuert, wählt der prämotorische Cortex die Bewegungen, die ausgeführt werden sollen, aus einer Reihe von Möglichkeiten aus. Man betrachte das Verhalten eines ruhenden Hundes. Er kann auf den Ruf seines Herrchens reagieren und aufstehen, oder er kann aus keinem ersichtlichen Grund aufstehen und ein wenig im Hof herumspazieren. Die ersteren Bewegungen werden als Reaktion auf ein bestimmtes Umweltsignal ausgeführt, die letzteren kann man sich dagegen eher als Reaktion auf ein internes Ereignis vorstellen. Passingham schlägt vor, daß die prämotorischen Regionen primär ein Verhalten als Reaktion auf ein externes Signal auswählen, die supplementär-motorischen Regionen hingegen einen größeren Beitrag leisten, wenn keine solchen Signale vorliegen.

Genau wie die Bewegungen unserer Gliedmaßen müssen wir auch unsere Augenbewegungen auswählen. Dies ist Aufgabe der frontalen Augenfelder. Wie Arm- oder Beinbewegungen, so können auch Augenbewegungen zu bestimmten sichtbaren Zielen hin gerichtet sein oder aber aufgrund von internen Signalen erfolgen. Wir können also unsere Augen bewegen, um bestimmte Objekte anzuschauen, oder wir können – anscheinend ziellos – umherschauen. Passinghams Hypothese zufolge ist Area 8 auf reizgesteuerte Bewegungen spezialisiert und Area 8A auf intern ausgelöste.

Die Rolle des prämotorischen Cortex bei der Auswahl einer Reaktion wurde an gesunden Versuchspersonen erstmals von Roland und seinen Mitarbeitern demonstriert. Sie verglichen die cerebrale Durchblutung bei Versuchspersonen, die entweder eine repetitive Bewegung mit einem einzelnen Finger oder eine komplexe Folge aus 16 Einzelbewegungen mit allen Fingern einer Hand ausführten. Bei der Aufgabe mit der Bewegungsfolge war im supplementär-motorischen Cortex *beider Hemisphären* eine stärkere Zunahme der Durchblutung festzustellen als bei der repetitiven Bewegung. Allerdings zeigte sich kein gesteigerter Blutfluß in der prämotorischen Region. Roland schloß daraus, daß der supplementär-motorische Cortex eine besondere Rolle bei der Auswahl und Steuerung motorischer Sequenzen spielt. Ein wichtiger Aspekt von Rolands Experiment ist, daß die Bewegungen nicht durch ein externes Signal ausgelöst wurden. Das Zustandekommen der Bewegungsfolge war also intern gesteuert. Wie Deiber und seine Kollegen gezeigt haben, wird der prämotorische Cortex aktiv, wenn die Bewegungsfolgen durch ein externes Signal ausgelöst werden. In ihrem Experiment führten die Versuchspersonen jeweils eine von zwei Aufgaben durch: Bei der ersten sollten sie, sobald ein Ton erklang, eine ganz bestimmte Bewegung ausführen, nämlich einen Steuerknüppel nach vorn bewegen. In diesem Fall fand also keine Auswahl der Reaktion statt, denn jedesmal wurde dieselbe Bewegung ausgeführt. Bei der zweiten Aufgabe sollten die Versuchspersonen beim Erklingen des Tones den Joystick zufällig in eine von vier Richtungen bewegen (nach vorn, nach hinten, nach rechts oder nach links). Dies erforderte eine Auswahl der durchzuführenden Bewegung. Die Ergebnisse brachten einen signifikanten Effekt der Bewegungsauswahl zutage: Bei der Auswahlaufgabe war eine deutliche stärkere Erhöhung der Durchblutung beider prämotorischer Regionen zu beobachten als bei der stereotypen Bewegung. Es ist unerwartet, daß bei Deibers Aufgabe beide prämotorischen Regionen aktiviert wurden, aber ein jüngeres Experiment von Jenkins und Mitarbeitern könnte eine Erklärung dafür liefern. Diese Autoren verglichen die Durchführung einer zuvor erlernten Bewegungsfolge mit dem Neulernen einer Folge, wobei bei letzterem ein Ton anzeigte, ob die Bewegungsfolge korrekt ausgeführt wurde oder nicht. Bei der bereits eingeübten Folge war die mediale Region vergleichsweise aktiver, bei der neu zu erlernenden Bewegungsfolge die laterale Region. Passingham schlägt daher vor, daß die bereits vertraute Bewegung durch interne Signale gesteuert wird, während die Versuchspersonen bei der Lernaufgabe ihre Aufmerksamkeit auf externe Signale richten müssen.

Funktionen des präfrontalen Cortex

Der motorische Cortex ist für die Ausführung von Bewegungen verantwortlich, der prämotorische Cortex wählt Bewegungen aus, der präfrontale Cortex steuert die kognitiven Vorgänge, die nötig sind, damit zu der richtigen Zeit und am richtigen Ort die richtigen Bewegungen ausgeführt werden. Diese Auswahl kann durch interne Informationen kontrolliert werden oder als Reaktion auf einen gegebenen Kontext erfolgen. Wir wollen diese beiden Aspekte im folgenden einzeln betrachten.

Die interne Aufzeichnung dessen, was gerade geschehen ist, ist von der aktuellen sensorischen Information unabhängig und kann als temporäres Gedächtnis oder **Kurzzeitgedächtnis** bezeichnet werden. Wir verwenden hier den Begriff temporäres Gedächtnis im Sinne einer neuralen Aufzeichnung von kurz zuvor geschehenen Ereignissen. Diese Ereignisse können mit Dingen oder Orten zusammenhängen und entsprechend über Bahnen der Objekterkennung oder der Raumwahrnehmung verarbeitet werden. Wir erinnern uns, daß beide Verarbeitungsbahnen zum präfrontalen Cortex führen, wenn sie dort auch in unterschiedlichen Feldern aufschalten. Dies legt den Schluß nahe, daß – in unterschiedlichen Regionen des frontalen Cortex – ein temporäres Gedächtnis sowohl für Rauminformationen als auch für Informationen über Objekte existiert. Die dorsolateralen Felder sind insbesondere an der Auswahl von Verhaltensaktivitäten beteiligt, die auf den Inhalten des temporären Gedächtnisses basieren. Menschen mit mangelndem temporären Gedächtnis werden von Signalen aus ihrer Umgebung abhängig, die ihr Verhalten steuern. Das heißt, ihr Verhalten wird nicht durch internalisiertes Wissen kontrolliert, sondern direkt durch Einflüsse aus der Umgebung. Dieser Zustand führt beispielsweise dazu, daß Patienten mit Verletzungen des Frontallappens Schwierigkeiten haben, Reaktionen auf externe Signale hin zu unterdrücken. Bei unserem Beispiel mit der Einladung zum Abendessen würden solche Patienten beispielsweise vermutlich in das an ihrem Weg liegende Schuhgeschäft eintreten oder sich von Bekannten zu einem kurzen Plausch verleiten lassen. Sicherlich haben wir alle schon einmal selbst erlebt, daß uns die Organisation unseres Verhaltens entglitten ist und wir eher von externen Reizen als von interner Information gesteuert wurden. Wie oft haben wir etwas angefangen, wurden durch eine Frage oder ein anderes Ereignis abgelenkt, und wußten danach nicht mehr, was wir gerade getan haben? Leider nimmt dieses Phänomen mit dem Alter zu, was nicht gerade eine beruhigende Information über den Zustand des eigenen präfrontalen Cortex ist!

Das Verhalten hängt von dem jeweiligen Kontext ab. Ein Verhalten, das im einen Moment angemessen ist, kann also bereits bei geringen Veränderungen des Umfeldes unpassend sein. Dies ist sehr schön an Jane Goodalls anschaulicher Beschreibung der verschiedenen von Schimpansen gezeigten Verhaltensmuster zu erkennen. Die Zusammensetzung der sozialen Gruppe steuert zu jedem Zeitpunkt das Verhalten eines jeden Tieres in der Gruppe. Beispielsweise kann ein bestimmter Schimpanse in Gegenwart bestimmter anderer Schimpansen, die sich wiederum in bestimmten Positionen befinden, sehr herausfordernd und entspannt, in Gegenwart anderer Affen oder bei anderer räumlicher Konstellation dagegen jedoch sehr zurückhaltend und nervös sein. Außerdem scheint ein Fehler bei der Bewertung des jeweiligen Kontexts schwerwiegende Folgen haben zu können. Vermutlich hat sich der Frontallappen bei Primaten mit ihrer extrem sozialen Lebensweise nicht von ungefähr zu dieser beachtlichen Größe entwickelt. Die Bedeutung des sozialen Kontexts können wir leicht selbst ermessen, wenn wir beispielsweise unser Verhalten in Gegenwart unserer Eltern mit dem in Gegenwart unserer besten Freunde vergleichen. Im allgemeinen sind in diesen Situationen der Klang unserer Stimme, die Verwendung von Dialekt- oder Schimpfworten sowie das Thema der Unterhaltungen recht unterschiedlich.

Die kontextbezogene Auswahl von Verhaltensweisen benötigt detaillierte sensorische Informationen, die dem inferiofrontalen Cortex vom Parietallappen zur Verfügung gestellt werden. Natürlich schließt der Begriff Kontext auch den affektiven Kontext ein, die Informationen darüber werden von der Amygdala geliefert. Menschen mit inferiofrontalen Läsionen, die bei gedeckten Schädel-Hirn-Verletzungen relativ häufig sind, haben Schwierigkeiten mit der Bewertung des Kontexts, insbesondere in gesellschaftlichen Situationen, und treten daher sehr häufig in Fettnäpfchen.

Asymmetrie der Funktion beider Frontallappen

Angesichts der asymmetrischen Funktion der Assoziationcortices von Parietal- und Temporallappen sollte man erwarten, daß auch die beiden Frontallappen funktional asymmetrisch organisiert sind. Dies ist tatsächlich der Fall. Im Einklang mit der allgemein komplementären Organisation der rechten und linken Hemisphäre spielt der linke Frontallappen eher eine Rolle bei Bewegungen, die mit Sprache zusammenhängen, der rechte Frontallappen dagegen eher bei anderen Bewegungen, etwa bei der Mimik. Wie beim Parietal- und Temporallappen ist die Asymmetrie der Funktionen des Frontallappens nicht absolut, sondern relativ. Untersuchungen an Patienten mit Frontalläsionen legen nahe, daß *beide* Frontallappen bei fast allen Verhaltensweisen von Belang sind. Die Lateralität der Funktionen, die durch Frontallappenläsionen gestört werden, ist also weit weniger ausgeprägt als die bei weiter posterior lokalisierten Schädigungen.

Allerdings gibt es auch hier, ähnlich wie beim Temporallappen, Grund zu der Annahme, daß einige Symptome bifrontaler Läsionen durch Läsionen in nur einer Hemisphäre nicht ausgelöst werden können. In Tabelle 14.1 sind die Ergebnisse einer Studie zusammengefaßt, in der Verhaltensausfälle nach unilateralen oder bilateralen Läsionen miteinander verglichen

Tabelle 14.1: Vergleich der Häufigkeit von Leistungseinbußen bei Patienten mit ein- oder beidseitigen Frontallappenläsionen

Test	Prozentsatz von Patienten, die ein Defizit zeigen		
	Läsion links	Läsion rechts	Läsion bilateral
Sprachfluß	70	38	71
Wörterlernen	30	13	86
Würfelkonstruktion	10	50	43
Abzeichnen	10	38	43
Zeitorientierung	0	0	57
Sprichwörter	20	25	71

Quelle: Modifiziert nach Benton 1968.

werden. Menschen mit bifrontalen Läsionen sind praktisch nicht mehr in der Lage, eine vernünftige Auskunft über die aktuelle Uhrzeit zu geben oder Sprichwörter zu deuten. Solche Ausfälle beobachtet man nach unilateralen frontalen Läsionen nur selten.

Symptome nach Läsionen des Frontallappens

Wir beschäftigen uns hier primär mit den Effekten *unilateraler* frontaler Läsionen. Wir haben die Symptome acht großen Kategorien zugeordnet (Tabelle 14.2). Dies soll keinesfalls implizieren, daß sich das Gehirn an diese Kategorien hält, sondern einen konzeptionellen Rahmen für die genauere Betrachtung der einzelnen Symptome schaffen.

Motorische Störungen

Unter diesem Überbegriff haben wir Störungen zusammengefaßt, die sich auf verschiedene Bewegungstypen beziehen.

Feinmotorik, Geschwindigkeit und Kraft Eine Zerstörung des primären motorischen Cortex ist gewöhnlich mit einem chronischen Verlust der Fähigkeit zu unabhängigen feinmotorischen Fingerbewegungen verbunden. Dies hängt vermutlich mit einem Verlust der direkten corticospinalen Projektionen auf die Motoneuronen zusammen. Darüber hinaus kommt es zu Einbußen der Geschwindigkeit und der Kraft kontralateraler Hand- und Gliedmaßenbewegungen. Der Kraftverlust ist nicht nur ein Symptom von Schädigungen in Area 4, da auch Läsionen, die auf den präfrontalen Cortex beschränkt sind, einen solchen Verlust nach sich ziehen.

Bewegungsprogrammierung In einer klassischen Arbeit aus dem Jahre 1950 stellte Lashley die Frage, wie Bewegungen in einer ganz bestimmten Ordnung zusammengefügt werden. Wie kann zum Beispiel ein Geiger ein Arpeggio so schnell und fehlerlos spielen? Natürlich denkt er nicht über jede Note einzeln nach! Und wie kann ein Tennisspieler Bewegungen durchführen, deren Teilbewegung er unmöglich bedenkt? Diese Funktion, nämlich die serielle Ordnung komplexer Bewegungsfolgen in Abhängigkeit von sich laufend verändernden Reizen, muß – so Lashley – eine Aufgabe des Neocortex sein. Obwohl er der Ansicht war, daß der ganze Neocortex daran beteiligt ist, ist es eher so, daß nur die Frontallappen involviert sind.

Eine Entfernung des supplementär-motorischen Cortex führt zu einer vorübergehenden Störung fast aller willkürlichen Bewegungen (darunter auch der Sprachbewegungen, wenn die Entfernung linkshemisphärisch war). Hier ist aber dennoch eine rasche Erholung erkennbar. Die einzige überdauernde Behinderung betrifft die Fähigkeit, rasche Bewegungswechsel von Fingern oder den Händen durchzuführen. Als wahrscheinlicher Grund für die relativ schwach ausgeprägte Symptomatik – auch nach großen Läsionen – wurde vorgeschlagen, daß sowohl der rechte als auch der linke prämotorische Cortex an der Bewegungskontrolle beteiligt sind. Dieses Denkmodell wird durch Beobachtungen an Menschen unterstützt, wonach *beide* prämotorischen Areale während der Durchführung von Aufgaben mit einer Hand eine verstärkte Durchblutung aufweisen. Bei Affen zeigen Neuronen im rechten *und* im linken prämotorischen Cortex eine erhöhte Aktivität, unabhängig davon, welche Hand bewegt wird. Außerdem existiert eine bilaterale Projektion von jedem der beiden supplementär-motorischen Areale zu den Basalganglien.

Weitere Befunde, die auf eine Bedeutung des frontalen Cortex für die Bewegungsprogrammierung hinweisen, stammen aus einer Untersuchung von Kolb und Milner. Diese baten Patienten mit eingrenzbaren unilateralen Lobektomien im Frontalbereich, eine Folge von Arm- oder Gesichtsbewegungen nachzuahmen (Abbildung 12.7). Obwohl die Patienten bei der Nachahmung von Armbewegungen eine leichte Beeinträchtigung aufwiesen, fiel diese im Vergleich zur Leistung von Patienten mit Läsionen im linken Parietallappen gering aus. Im Gegensatz dazu hatten aber Patienten mit Läsionen in beiden Frontallappen große Schwierigkeiten, wenn Gesichtsbewegungen nachgeahmt werden sollten. Eine Analyse der Leistungen bei dieser Aufgabe ergab, daß Patienten mit Frontallappenläsionen bei der Abfolge der einzelnen Bewegungen mehr Fehler machten als gesunde Kontrollpersonen oder andere Patientengruppen. Anders ausgedrückt, hatten diese Patienten größere Schwierigkeiten, einzelne Komponenten der Bewegungsfolge in eine Gesamtabfolge einzuordnen. Die Einzelbewegungen selbst wurden zwar korrekt erinnert, jedoch in der falschen Reihenfolge. Natürlich machten diese Patienten auch andere Fehler. Sie irrten sich zum Beispiel bei Aufgaben, in denen ihr Gedächtnis für zuvor gezeigte Gegenstände überprüft wurde. Zur Nachahmung von Bewegungsfolgen ist das temporäre Gedächtnis notwendig, und unser Eindruck ist, daß die Defizite zum größten Teil auf

Tabelle 14.2: Die Hauptsymptome nach Frontallappenschädigungen

häufigstes Symptom	Läsionsort	Literatur
Störungen der Motorik		
Verlust der Feinmotorik	Area 4	Kuypers 1981
Kraftverlust	Area 4, 6; dorsolateral	Leonard et al. 1988
mangelhafte Bewegungsprogrammierung	prämotorisch, dorsolateral	Roland et al. 1980
mangelhafte willkürliche Fixierung mit den Augen	frontale Augenfelder	Kolb und Milner 1981
mangelhafte visuelle Reafferenz	dorsolateral, prämotorisch	Guitton et al. 1982
Broca-Aphasie	Area 44	Teuber 1964
		Brown 1972
Verlust des divergenten Denkens		
eingeschränkte Spontaneität	orbital	Jones-Gotman und Milner 1977
mangelhafte Strategiebildung	dorsolateral ?	Shallice und Evans 1978
umweltgesteuerte Verhaltenskontrolle		
geringe Antwortunterdrückung	präfrontal	Miller 1964
Risikobereitschaft, Regelverstoß	präfrontal	Miller 1985
beeinträchtigtes assoziatives Lernen	dorsolateral	Petrides 1982
schlechtes Zeitgedächtnis		
schlechtes Kurzzeitgedächtnis	dorsolateral	Milner 1974
schlechte Häufigkeitsschätzung	dorsolateral	Smith und Milner 1985
schlechter Abruf selbstorganisierter Gedächtnisinhalte	dorsolateral	Petrides und Milner 1982
schlechte Leistungen bei verzögerten Antworten	dorsolateral	Freedman und Oscar-Beerman 1986
gestörtes Sozialverhalten	orbital, dorsolateral	Blumer und Benson 1975
verändertes Sexualverhalten	orbital	Walker und Blumer 1975
beeinträchtigte olfaktorische Unterscheidungsfähigkeit	orbital	Potter und Butters 1980
Störungen im Zusammenhang mit Läsionen im Gesichtsareal	Gesichtsareal	Taylor 1979

den dorsolateralen Läsionen beruhen. Die Beobachtung, daß die Nachahmung von Gesichtsbewegungen, nicht aber von Armbewegungen bei den Patienten von Kolb und Milner schwer beeinträchtigt war, läßt darauf schließen, daß der Frontallappen bei der Kontrolle der Gesichtsmuskulatur, möglicherweise sogar einschließlich der Zungenmuskulatur, von besonderer Bedeutung ist. Im nächsten Abschnitt wird gezeigt werden, daß Patienten mit Frontallappenschädigung eine deutlich eingeschränkte spontane Mimik aufweisen. Dieser Befund steht mit einer möglichen Sonderrolle des Frontallappens bei der Kontrolle der Gesichtsmuskulatur in Einklang.

Willkürliche Blickbewegungen Eine ganze Reihe von Untersuchungen, in denen verschiedene Techniken angewendet wurden, haben ergeben, daß Läsionen des Frontallappens zu Änderungen der Blickbewegungen führen. Teuber präsentierte seinen Patienten 48 Reize auf einem Bildschirm. Diese unterschieden sich entweder durch die Form, die Farbe oder durch beides (Abbildung 14.4). Nach einem Warnsignal erschien das Doppel eines der 48 Reizmuster im Zentrum des Bildschirms, und die Versuchsperson sollte das entsprechende Muster suchen und darauf deuten. Patienten mit Läsionen im Frontallappen waren dazu nicht fähig.

Luria zeichnete die Augenbewegungen von Patienten auf, während diese ein Bild komplexen Inhalts genau anschauten. Das Muster der Augenbewegungen von Patienten mit großen Läsionen im Frontallappen unterschied sich sehr von dem gesunder Kontrollpersonen oder von Patienten mit posterioren Läsionen. Wurde zum Beispiel eine gesunde Kontrollperson gebeten, das Alter der Personen, die auf dem Bild zu sehen waren, zu schätzen, so fixierte sie den Kopf. Wurden Kon-

14.4 Visueller Suchtest nach Teuber (1964). Die Versuchsperson soll ein Duplikat der Form finden, die im Quadrat im Bildzentrum abgebildet ist.

trollpersonen nach der Kleidung gefragt, richteten sie ihre Augen darauf. Patienten mit großen Läsionen im Frontallappen neigten dazu, ihren Blick mehr oder weniger zufällig über das ganze Bild gleiten zu lassen; unterschiedliche Fragen zum Inhalt des Bildes hatten keinen Einfluß auf das Muster ihrer Augenbewegungen. (Die visuelle Suche bei dieser Aufgabe erfordert internes Wissen, um die Augenbewegungen zu steuern.)

Guitton und seine Mitarbeiter untersuchten eine andere Störung der Augenbewegungen bei Patienten mit Frontallappenläsionen. Sie prüften deren Fähigkeit, willkürliche Augenbewegungen auf kurz präsentierte Reize oder von ihnen weg zu richten. Die Reize erschienen zufallsverteilt links oder rechts von einem Fixationspunkt. Normalerweise lenkt man eine rasche Augenbewegung, eine sogenannte *Sakkade,* in Richtung eines Reizes, der in der rechten oder linken Gesichtsfeldhälfte kurz dargeboten wird. Auch Patienten mit Läsionen des Frontallappens hatten dabei keine Schwierigkeiten. Deshalb fügten Guitton und seine Mitarbeiter dieser Aufgabe eine zweite Komponente hinzu: die Patienten sollten Augenbewegungen nicht mehr auf das Ziel lenken, sondern sie wurden nun aufgefordert, ihre Augenbewegung weg vom Ziel auf den entsprechenden Ort in der gegenüberliegenden Gesichtsfeldhälfte zu richten. Die Aufgabe erforderte also eine Hemmung der normalen Sakkade bei gleichzeitiger Aktivierung einer willkürlichen Sakkade zu dem entsprechenden Ort im gegenüberliegenden Halbfeld. Bei dieser veränderten Aufgabenstellung hatten die Patienten zwei Probleme: Im Gegensatz zu gesunden Personen, die eine Sakkade zum Zielreiz in etwa 20 % der Versuchsdurchgänge nicht unterdrücken konnten, zeigten Patienten mit Läsionen im Frontallappen viel größere Fehlerquoten. Gesunde Personen hatten keine Schwierigkeit, eine große Korrektursakkade ins kontralaterale Halbfeld zu lenken, nachdem sie zunächst eine Sakkade in die falsche Richtung (zum Reiz hin) gemacht hatten. Patienten mit Frontallappenläsionen, die auch das frontale Augenfeld betrafen, hatten dann Schwierigkeiten, die Augenbewegung zu korrigieren, wenn die Reaktion von der geschädigten Hemisphäre gesteuert werden mußte. Ihr Problem bestand also darin, die Augen in die Gesichtsfeldhälfte zu lenken, die kontralateral zum Läsionsort im Frontallappen lag. Korrekturbewegungen in Richtung des ipsilateral zum Läsionsort gelegenen Halbfeldes bereiteten dagegen keine Schwierigkeiten.

Die Probleme von Patienten mit frontalen Läsionen bei visuellen Suchbewegungen und bei Sakkaden weisen auf die Bedeutung des Frontallappens für mehrere Aspekte der Kontrolle der Augenbewegungen hin. Es ist sehr wahrscheinlich, daß die größten Ausfallserscheinungen bei der Durchführung solcher Suchaufgaben mit Läsionen des frontalen Augenfeldes im Zusammenhang stehen, obwohl bislang nur Guitton und seine Mitarbeiter einen entsprechenden Nachweis führen konnten.

Reafferenz Wenn man auf den Augapfel drückt, scheint sich die Umwelt zu bewegen. Bewegt man jedoch die Augen mit den entsprechenden Muskeln, bleibt das Bild der Umwelt stabil. Warum ist das so? Teuber hat angenommen, daß bei einer Augenbewegung zwei Dinge geschehen: Erstens wird ein Signal erzeugt, das zur Bewegung führt, und zweitens gibt es eine Signalkopie (Efferenzkopie), die das Gehirn darüber informiert, daß eine genau definierte Bewegung in eine bestimmte Richtung stattfindet. Dieses Signal wird mit der neuen Meldung von den Augen über die scheinbare Bewegung der Umwelt verrechnet, und deshalb bleibt das Bild stabil. Werden die Augen mechanisch („von außen") bewegt, fällt die Efferenzkopie weg, und die Umwelt scheint sich zu bewegen. Dieses Prinzip der Verrechnung von motorischem Befehl mit einer ausgeführten Augenbewegung wird **Reafferenz** genannt.

Laut Teuber bedarf es immer zweier Signale, um Willkürbewegungen auszuführen: erstens das Kommando zur Bewegung, das durch das motorische System übermittelt wird und die Bewegungen bewirkt, und zweitens eine Efferenzkopie, die vom Frontallappen ausgeht und zum parietalen und temporalen Assoziationscortex gelangt und das sensorische System über die zu erwartende Eigenbewegung informiert. Das sensorische System eines Menschen ist daher in der Lage, Veränderungen der Umwelt im Zusammenhang mit der Information über die jeweilige Eigenbewegung zu interpretieren. Wenn man rennt, bleibt die Umwelt stabil, auch wenn sich die Sinnesorgane bewegen. Dies ist möglich, weil es eine Efferenzkopie gibt, die vom frontalen Cortex zum parietotemporalen Cortex gelangt und dort signalisiert, daß eine Eigenbewegung stattfindet. Eine Läsion des Frontallappens kann deshalb nicht nur die Ausführung einer Bewegung beeinträchtigen, sondern auch das Signal, welches das Gehirn über die Eigenbewegung informieren soll, stören. Auf diese Weise wird die Wahrnehmung der Umwelt durch den posterioren Assoziationscortex verändert.

Es gibt zwei Quellen für Befunde, denen zufolge der Frontallappen bei Primaten vermutlich bei der Reafferenz eine Rolle spielt. Dazu zählen zum einen Untersuchungen der Eigenschaften von Neuronen im frontalen Augenfeld und zum anderen Experimente mit Prismen. Bizzi und Schiller haben, neben anderen Wissenschaftlern, herausgefunden, daß einige Zellen im frontalen Augenfeld dann aktiv sind, wenn die Augen bewegt werden. Diese Zellen können nicht dazu dienen, die Augenbewegung zu erzeugen; in diesem Fall hätten sie aktiv sein müssen, bevor die Augenbewegung erfolgt. Eher ist anzunehmen, daß sie die jeweilige Bewegung überwachen, und dieser Prozeß entspricht in etwa dem, was man von einer an der Reafferenz beteiligten Region erwartet.

Weitere Hinweise stammen aus einer Untersuchung von Bossom. In den frühen sechziger Jahren haben Held und andere Wissenschaftler Experimente mit Prismen durchgeführt, die sie Menschen und Tieren vor die Augen setzten. Was das Individuum sah, war systematisch gegenüber seiner eigentlichen Position verschoben. Linien schienen gebogen und gekrümmt zu sein, was mit den optischen Verzerrungen zusammenhängt, die durch das Prisma erzeugt werden. Nachdem die Prismenbrillen einige Stunden lang getragen wurden, verschwanden die Störungen allmählich, und Bewegungen, etwa das Greifen nach einem Objekt, konnten normal durchgeführt werden. Nahm man dann die Prismenbrillen plötzlich wieder ab, stellten sich sofort optische Verzerrungen ein, und nach einer bestimmten Adaptationszeit war die Wahrnehmung wieder normal. Ein wichtiger Aspekt dieser Experimente war der Befund, daß stundenlanges passives Sitzen nicht zu der Anpassungsleistung führte. Dazu mußte sich das Individuum aktiv in seiner Umwelt bewegen. Dies impliziert, daß die Adaptation an das Prisma nicht im sensorischen, sondern eher im motorischen System stattfindet. Aufgrund dieser Erkenntnisse setzte Bossom selektive Läsionen im frontalen, temporalen, parietalen oder occipitalen Cortex von Affen, um herauszufinden, ob die Läsionen eine Adaptation an das Prisma verhindern konnten. Wie man aufgrund der Arbeit von Held vorhersagen würde, beeinträchtigen tatsächlich nur Frontalläsionen die Adaptation gegenüber den räumlichen Verzerrungen, die durch das Prisma hervorgerufen wurden. Läsionen im parietalen, temporalen und occipitalen Bereich hatten diesen Effekt nicht. Teuber interpretiert diese Befunde als Beweis, daß Reafferenz für eine Adaptation notwendig ist. Anders ausgedrückt, die Auswirkungen einer Bewegung müssen in enger Beziehung zu den afferenten sensorischen Informationen überwacht werden. Nur so kann das Gehirn die Bewegungen genau justieren.

Sprache Sprache ist ein Beispiel für Bewegungsauswahl. Wörter sind Reaktionen, die im Gesamtkontext von sowohl externen als auch internen Reizen erzeugt werden. Passingham zufolge muß der Frontallappen, wenn er einen Mechanismus zur Auswahl von Reaktionen enthält, auch Wörter auswählen. Außerdem weist er darauf hin, daß im Frontallappen zwei Sprachregionen existieren: Das Brocasche Areal, das er als Erweiterung des lateralen prämotorischen Areals ansieht, und die supplementäre Sprachregion, die seiner Ansicht nach eine Erweiterung des supplementär-motorischen Areals darstellt. So betrachtet spielt das Brocasche Areal eine wichtige Rolle, wenn auf der Grundlage eines Objekts, eincs anderen Wortes, eines Buchstabens oder einer bestimmten Bedeutung ein Wort erzeugt werden muß. Das Brocasche Areal wählt also, analog zur Funktion der prämotorischen Areale bei anderen Verhaltensweisen, Wörter auf der Basis externer Signale aus. Das supplementäre Sprachfeld dagegen muß Wörter ohne externe Signale auswählen, was in etwa der Funktion des supplementär-motorischen Cortex bei anderen Verhaltensweisen entspricht.

Schlaganfallpatienten, bei denen das Brocasche Areal geschädigt ist, sind in ihrer Fähigkeit zum Einsatz von Verben eingeschränkt und haben Schwierigkeiten mit der entsprechenden Grammatik. Dieses Symptom bezeichnet man auch als Agrammatismus. Patienten, bei denen die Schädigung das supplementäre Sprachfeld betrifft und sich bis in mediofrontale Regionen der linken Hemisphäre ausdehnt, sind oft stumm. Die Sprachfähigkeit kehrt bei Patienten mit unilateralen Läsionen gewöhnlich nach ein paar Wochen zurück, nicht jedoch bei solchen mit bilateralen Schädigungen. Dies spricht ebenfalls für die bilaterale Beteiligung der supplementär-motorischen Regionen an der Bewegungsauswahl. Die Rolle des supplementär-motorischen Cortex wird auch durch die Durchblutungsmessungen von Roland bestätigt. Wie er nachwies, kommt es zu einer Aktivierung der medialen prämotorischen Region, wenn Versuchspersonen sich an die Monate eines Jahres erinnern sollen, was ohne externe Signale erfolgt.

Verlust divergenten Denkens

Einer der deutlichsten Unterschiede zwischen den Auswirkungen von parietalen und temporalen Läsionen einerseits und Läsionen des Frontallappens andererseits besteht in der Leistung bei Intelligenztests. Posteriore Läsionen führen regelmäßig zu einer (oft beträchtlichen) Verringerung des Intelligenzquotienten, frontale Läsionen dagegen nicht. Guilford hat festgestellt, daß traditionelle Intelligenztests offenbar das messen, was man als *konvergentes Denken* bezeichnen kann: Auf jede Frage erbringt das konvergente Denken nur eine richtige Antwort. In diesem Sinne wird bei Definitionen von Wörtern, bei Fragen nach Ereignissen, bei mathematischen Problemen, bei Puzzles und bei Bauklotzkonstruktionen nur jeweils eine richtige Antwort erwartet, die dann entsprechend einfach zu bewerten ist. Es gibt aber noch eine andere Art der Kognition, die man als *divergentes Denken* bezeichnen kann. In diesem Fall kommt es auf die Anzahl und Vielfalt der Antworten auf eine Frage an und nicht darauf, daß man *eine* ganz bestimmte Antwort gibt. Ein Beispiel wäre etwa die Frage, was man mit einem Kleiderbügel anfangen kann. Zangwill hat die Hypothese aufgestellt, daß eine Verletzung des Frontallappens mit dieser Art des Denkens interferiert und weniger mit der Art, die durch die üblichen Intelligenztests gemessen wird. Diese Vorstellung wird durch mehrere andere Indizien gestützt.

Spontaneität des Verhaltens Schon lange hat man beobachtet, daß Patienten mit Läsionen des Frontallappens ein Verhalten zeigen, das Zangwill als einen „gewissen Verlust der Spontansprache" und als die „Schwierigkeit, angemessene Wörter oder Sätze hervorzubringen" bezeichnet hat. Nachfolgende Untersuchungen einer Vielzahl von Autoren – von Milner und später von Ramier und Hécaen, um nur einige zu nennen – konnten dieses Defizit quantifizieren. Die Wissenschaftler legten ihren Patienten dem Thurstone-Test für Sprachfluß (*Thurstones Word-Fluency Test*) vergleichbare Tests vor. Die Patienten wurden zunächst gebeten, entweder schriftlich oder mündlich innerhalb von fünf Minuten so viele Wörter wie möglich zusammenzustellen, die alle mit einem bestimmten Buchstaben beginnen. Danach sollten sie das gleiche für vierbuchstabige Wörter mit einem anderen Anfangsbuchstaben tun. Patienten mit Läsionen im Frontallappen erbringen bei diesem Test schlechte Leistungen: im Durchschnitt sammeln sie insgesamt 35 Wörter. Obwohl die wesentliche Region, die diese Störung verursacht, im linken orbitofrontalen Bereich zu liegen scheint, führen Läsionen im

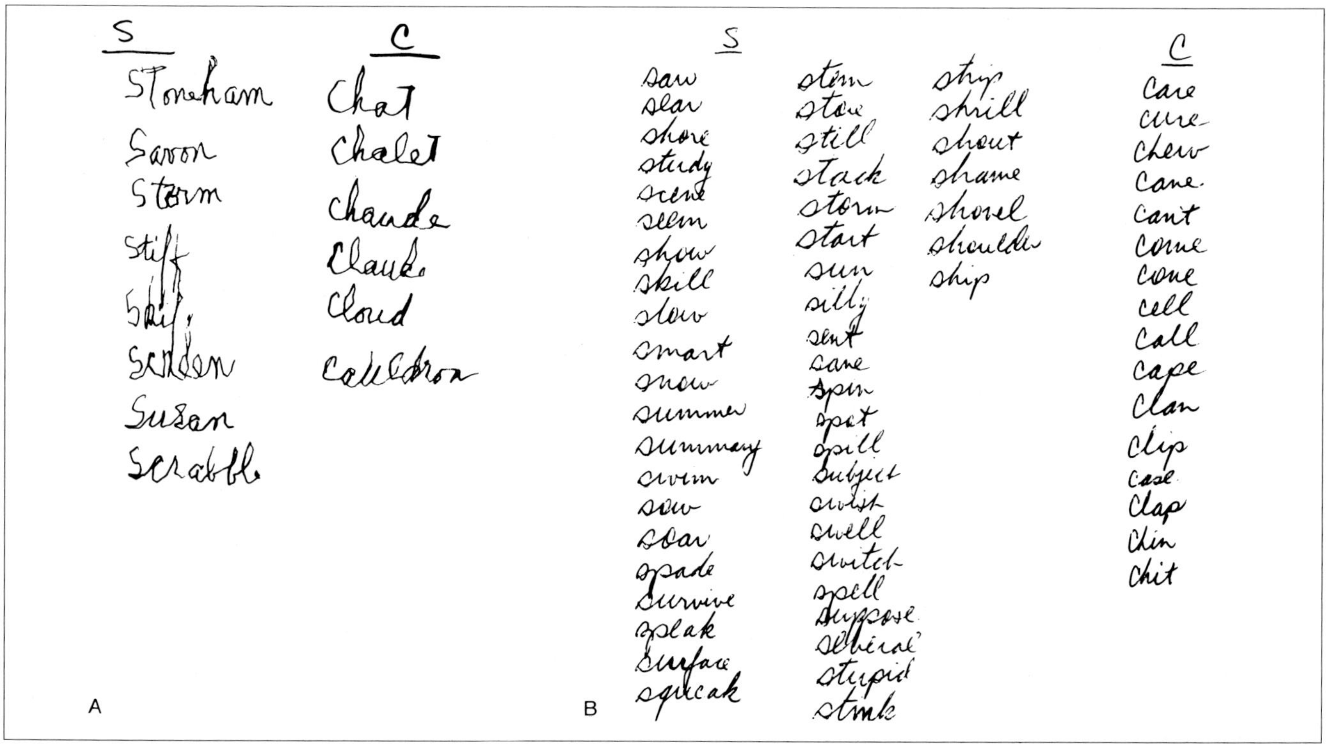

14.5 Test der Sprachgewandtheit (*word-fluency test*). Die Wortliste von Frau P. (A) und die einer gesunden Kontrollperson (B). Beide Personen hatten fünf Minuten Zeit, so viele (englische) Wörter wie möglich aufzuschreiben, die mit dem Buchstaben s beginnen. Anschließend hatten sie vier Minuten Zeit, um so viele Wörter wie möglich zu schreiben, die mit dem Buchstaben c beginnen und aus vier Buchstaben bestehen. Auffällig ist die geringe Leistung von Frau P. und ihr Nichtbeachten der Regeln bei den Wörtern, die mit c beginnen und vier Buchstaben haben sollten. (Frau P. war mehrsprachig, wenngleich Englisch ihre Muttersprache war.)

rechten orbitofrontalen Bereich ebenfalls zu einer beträchtlichen Reduktion der Sprachgewandtheit. Auch hier zeigt sich weniger Asymmetrie in der Funktion der Frontallappen als man erwartet. Der folgende Fall ist ein Beispiel für geringen spontanen Wortfluß, der durch eine Läsion im rechten Frontallappen verursacht wurde.

Frau P., eine 63 Jahre alte Dame mit Hochschulabschluß, litt an einem großen Astrocytom im rechten Frontallappen. Abbildung 14.5A zeigt ihr Testergebnis; vier Merkmale einer Frontalläsion kommen deutlich zum Ausdruck. Erstens findet Frau P. auffällig wenig Wörter: nur acht, die mit s beginnen, und sechs, die mit einem c anfangen. (Kontrollpersonen ähnlichen Alters und mit ähnlicher Bildung schaffen in der gleichen Zeit über 60 Wörter). Zweitens wird klar, daß sie gegen die Regeln verstößt. Das ist typisch für Frontallappenpatienten bei diesem Test. Mehrmals erinnerten wir Frau P. daran, daß die Wörter, die mit c beginnen, nur vier Buchstaben haben sollten. Sie antwortete »Ja, ja, ich weiß. Aber jedes Mal finde ich Wörter mit mehr als vier Buchstaben.« Obwohl sie also die Anweisung verstand, konnte sie dieser Instruktion nicht Folge leisten. Drittens ist ihr Schriftbild ziemlich krakelig, etwa so, wie das eines Kindes, das gerade schreiben lernt. Dies deutet darauf hin, daß ihr Tumor auch die Areae 4 und 6 in Mitleidenschaft gezogen hatte. Schließlich sprach Frau P. während des Tests ständig, sie beklagte sich, daß ihr keine neuen Wörter mehr einfielen, und schaute im Raum herum, um Gegenstände zu entdecken, die mit den benötigten Buchstaben beginnen.

In einer Untersuchung von Jones-Gotman und Milner wird die Frage gestellt, ob diese Störung des Sprachflusses eventuell ein nonverbales Analogon besitzt. Die Forscher erdachten ein geniales Experiment, bei dem sie die Patienten baten, innerhalb von fünf Minuten so viele Motive wie möglich zu zeichnen. (Die Bilder sollten keine „Kunstwerke" sein, also schnell und grob angefertigt werden). Danach wurden die Patienten gebeten, noch einmal möglichst viele Zeichnungen anzufertigen, aber dazu pro Motiv nur vier Linien zu verwenden (ein Kreis zählte als eine Linie). Die Resultate waren – wie man in Abbildung 14.6 erkennen kann – ein gelungenes Analogon zum Test der Sprachgewandtheit. Aus der Abbildung läßt sich auch ablesen, daß Läsionen des rechten Frontallappens zu einer sehr starken Verarmung bei der Produktion unterschiedlicher Motive führen. Gesunde Kontrollpersonen zeichneten etwa 35 Bildchen, Patienten mit Läsionen im linken Frontalbereich etwa 24 und solche mit Schädigungen des rechten Frontallappens nur ungefähr 15. Dieses Defizit scheint auf eine Verringerung der Ideenproduktion und auf eine starke *Perseveration* (Beharrung) hinzudeuten. Wie beim

Sprachfluß scheinen Läsionen im zentralen Gesichtsareal auch bei diesem Test größere Defizite zu erzeugen als Läsionen, die weiter anterior liegen. Es gibt aber bislang keine klaren Hinweise, daß orbitofrontale Läsionen die Fähigkeit, kreative Zeichnungen zu erstellen, mehr beeinflussen als dorsale Verletzungen.

Es stellt sich zudem die Frage, ob Patienten mit Läsionen im Frontallappen überhaupt eine allgemein reduzierte Spontaneität aufweisen. Dies würde mit der allgemeinen Vorstellung in Einklang stehen, daß der Frontallappen geeignete Bewegungen auf der Grundlage von internen Informationen auswählt. Bei einem Ausfall dieser Funktion würden die Betroffenen nur noch wenig „spontanes" Verhalten an den Tag legen. Mit diesem Hintergedanken erfaßten Kolb und Milner das Spontanverhalten von Frontallappenpatienten. Patienten mit Frontallappenläsionen zeigten weniger spontane Mimik und Gestik als gesunde Kontrollpersonen oder Patienten mit weiter posterior lokalisierten Läsionen. Darüber hinaus waren drastische Unterschiede in der Anzahl der von den Patienten während einer neuropsychologischen Befragung gesprochenen Wörter festzustellen: Patienten mit linksfrontalen Schädigungen sprachen nur wenig, solche mit rechtsfrontalen Läsionen waren dagegen überaus gesprächig. Obwohl bisher noch nicht sehr viele Verhaltensweisen untersucht worden sind, gibt es Grund zu der Annahme, daß bei Frontallappenpatienten spontanes Verhalten generell vermindert ist. Patienten mit Frontallappenschädigungen erscheinen charakteristischerweise lethargisch. Es bereitet ihnen häufig Mühe, morgens aufzustehen, sich anzukleiden und andere Tätigkeiten des täglichen Lebens zu initiieren, etwa zur Arbeit zu gehen. Einer unserer Patienten stellt ein geradezu verblüffendes Beispiel dar. Es handelte sich um einen hervorragenden Rechtsanwalt, der ein Meningiom (Hirnhauttumor) entlang der Mittellinie zwischen beiden Cortices im Frontalbereich hatte. Der Tumor wurde chirurgisch entfernt, es blieb aber eine bilaterale Schädigung im oberen Bereich beider Frontallappen zurück. Der IQ des Patienten blieb außergewöhnlich hoch (über 140), und auch sein Gedächtnis für juristische Fragen war unbeeinträchtigt. Dennoch konnte er in seinem Beruf nicht weiter arbeiten, da er morgens nicht aufstand. Er zog es vor, im Bett zu liegen und fernzusehen. Nur dann, wenn seine Frau ihn geradezu zwang, stand er auf, konnte sich im Büro aber auf keinerlei fachliche Arbeit konzentrieren. Alles, was dort vor sich ging, lenkte ihn ab. Dennoch blieb er interessanterweise für seine Kollegen eine gute Informationsquelle, obwohl sie sein Verhalten nicht tolerierten und ihn daher nur telefonisch konsultierten.

Entwicklung von Strategien Patienten mit Läsionen im Frontallappen sind immer dann ganz besonders beeinträchtigt, wenn neue Pläne oder Problemlösungsstrategien entwickelt werden sollen. Als zum Beispiel Shallice und Evans ihren Patienten Fragen stellten, die ein Nachdenken auf der Basis von Allgemeinwissen erforderlich machten und keine sofortige Lösungsstrategie nahelegten, stellten sie fest, daß Patienten mit Frontallappenläsionen sehr schlechte Leistun-

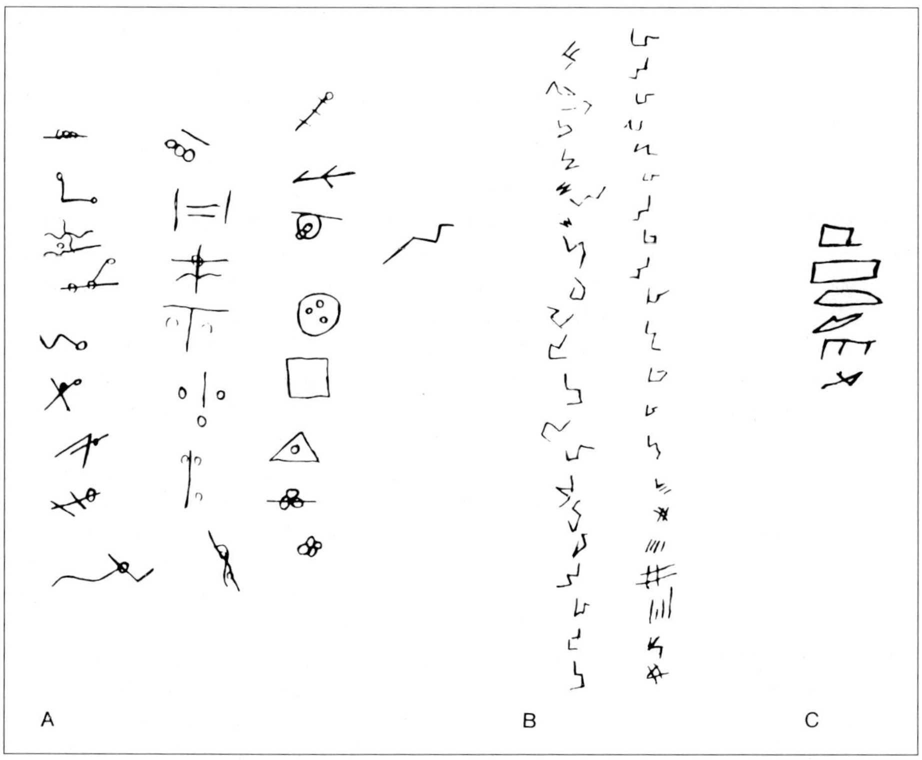

14.6 Test der Produktivität beim Zeichnen (*design fluency test*). A. Die Zeichnungen einer gesunden Kontrollperson. B. Zeichnungen eines Patienten mit einer Läsion im Frontallappen, die Perseveration erkennen lassen. C. Zeichnungen eines Frontallappenpatienten, die auf einen Mangel an Spontaneität schließen lassen.

gen erzielten und manchmal äußerst seltsame Antworten gaben. In einer Folgeuntersuchung stellten Shallice und Burgers ihren Patienten eine Aufgabe, die unserer bereits besprochenen Organisation einer Einladung zum Abendessen stark ähnelte: Die Patienten erhielten eine Liste mit sechs Besorgungen (zum Beispiel „Kaufen Sie einen Laib Mischbrot") und die Anweisung, sich 15 Minuten nach dem „Start" an einem bestimmten Ort einzufinden. Außerdem sollten sie die Antworten auf vier Fragen sammeln (beispielsweise den Preis von einem Pfund Tomaten herausfinden). Sie sollten Geschäfte nur betreten, wenn sie darin auch tatsächlich etwas kaufen wollten, und die Aufgaben so schnell wie möglich, jedoch ohne Hetze, ausführen. Die Frontallappenpatienten empfanden diese einfache Aufgabe als sehr schwierig. Sie verhielten sich ineffizient, hielten sich nicht an die Vorgaben (traten zum Beispiel unnötigerweise in Geschäfte ein), und zwei der drei Patienten konnten mindestens vier der Einzelaufgaben nicht ausführen. Bei der Befragung gaben jedoch alle Patienten an, sie hätten die Aufgabenstellung verstanden und wollten sie auch entsprechend ausführen. Ähnliche Schwierigkeiten mit Situationen des täglichen Lebens zeigten sich auch in einer Untersuchung von Smith und Milner. Sie baten ihre Veruchspersonen, den Preis von Gegenständen, zum Beispiel von einer Nähmaschine, zu schätzen. Sie gingen davon aus, daß man, um solch eine Aufgabe bewältigen zu können, eine Strategie entwickeln muß. Zu dieser Strategie gehört es, herauszufinden, was eine typische Nähmaschine ausmacht und in welchen Kategorien diese preislich wohl rangiert. Patienten mit Läsionen im Frontallappen, insbesondere im rechten Frontallappen, schnitten bei dieser Aufgabe sehr schlecht ab. Im Gegensatz dazu hatten Patienten mit Läsionen im Temporallappen, die bei anderen Aufgaben erhebliche Gedächtnisprobleme zeigten, bei dieser Aufgabe, ebenso wie Kontrollpersonen, keine Defizite. Es ist also unwahrscheinlich, daß es einfache Erklärungen im Sinne einer Gedächtnisstörung für die schlechte Leistung bei Frontallappenpatienten gibt.

Verhaltenskontrolle durch die Umwelt: Eine gestörte Antwortunterdrückung und inflexibles Verhalten

Die wohl am häufigsten beobachtete Eigenschaft von neuropsychologisch getesteten Patienten mit Frontallappenläsionen besteht in ihren Schwierigkeiten, Informationen aus der Umwelt zur Kontrolle, Veränderung und Regelung ihres eigenen Verhaltens zu verwenden. Dies zeigt sich in vielfacher Hinsicht.

Antwortunterdrückung Patienten mit Läsionen im Frontallappen zeigen ein durchgängig starres Antwortverhalten (Perseveration) in einer Reihe von Testsituationen, und zwar gerade bei Aufgaben, in denen flexible Reaktionen verlangt werden. Das eindrucksvollste Beispiel dieses Phänomens bietet der Wisconsin-Kartensortiertest, der von Milner ausführlich verwendet wurde. Der Testperson werden dabei vier Karten vorgelegt (Abbildung 14.7). Sie unterscheiden sich in Farbe, Form und Anzahl der abgebildeten Elemente. Die Aufgabe der Versuchsperson besteht darin, die Karten nach Kriterien zu ordnen. Welches Kriterium gerade „gilt" (Farbe, Form oder Elementanzahl), erfährt sie dadurch, daß sie Rückmeldung über ihre Wahl bekommt. Im Prinzip funktioniert dies folgendermaßen: Zunächst ist die richtige Lösung beispielsweise die Farbe. Nachdem die Versuchsperson dies herausgefunden hat, wechselt das gewünschte Kriterium – nun ist es zum Beispiel die Form –, und zwar ohne Ankündigung. Das bedeutet, daß die Versuchsperson ihr Ordnungsschema, das an der Farbe orientiert war, aktiv unterdrücken und zum Klassifikationsschema Form überwechseln muß. Nachdem dies der Versuchsperson gelungen ist, wechselt das Kriterium wieder unerwartet und bezieht sich nun auf die Anzahl der Elemente. Danach ist wieder die Farbe dran und so weiter.

Dieser Wechsel der Antwortstrategie ist für Personen mit Läsionen im Frontallappen besonders schwierig. Es kann vorkommen, daß sie bei der ersten Wahl (Farbe) über 100 Karten

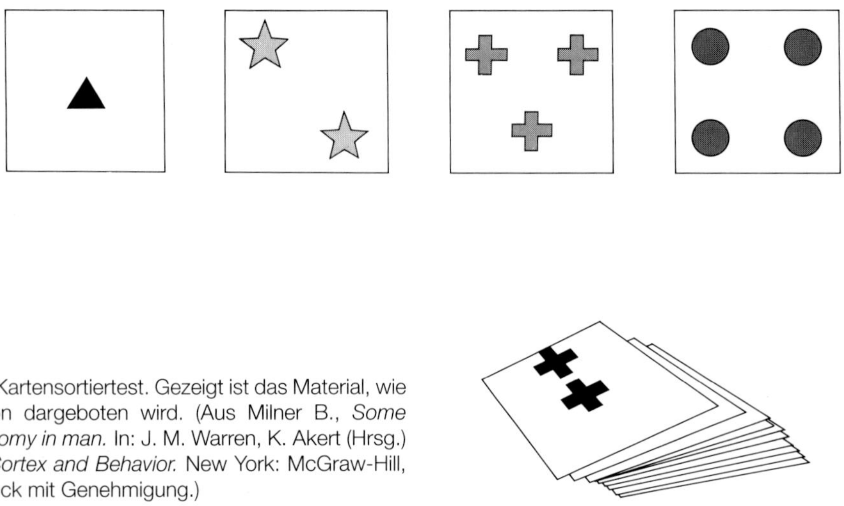

14.7 Der Wisconsin-Kartensortiertest. Gezeigt ist das Material, wie es der Versuchsperson dargeboten wird. (Aus Milner B., *Some effects of frontal lobectomy in man.* In: J. M. Warren, K. Akert (Hrsg.) *The Frontal Granular Cortex and Behavior.* New York: McGraw-Hill, 1964, S. 315. Nachdruck mit Genehmigung.)

lang bleiben, bis der Test schließlich abgebrochen wird. Es kann auch sein, daß sie während dieser ganzen Periode bestätigen, daß sie wissen, daß die Farbe nicht mehr die richtige Lösung darstellt. Dennoch sortieren sie die Karten aufgrund des Farbkriteriums. So sagte zum Beispiel eine Person (völlig richtig): »Möglicherweise ist nun die Form das richtige Kriterium. Es wird also falsch sein, die Karten der Farbe nach zu sortieren, es wird falsch sein, immer wieder falsch.« Eine solche Perseveration beobachtet man bei allen Aufgaben, bei denen Patienten mit Frontallappenläsionen ihre Antwortstrategien ändern müssen. Dies zeigt, daß diese Region für die Flexibilität des Verhaltens notwendig ist. Hier ist festzuhalten, daß man bei diesen Kartensortieraufgaben den Versuchspersonen keinerlei Hinweis darauf geben darf, daß ein Wechsel des richtigen Kriteriums zu erwarten ist, denn viele Patienten mit Frontallappenläsionen verbessern ihre Leistung drastisch, wenn sie einen solchen Hinweis erhalten. Offenbar genügt ein solcher Tip, um eine für die Lösung der Aufgabe ausreichende Flexibilität zu erzeugen. Aus den Arbeiten von Milner geht offenbar hervor, daß hauptsächlich die Area 9 in der linken Hemisphäre für diesen Effekt ausschlaggebend ist. Liegen die Läsionen an anderen Orten, im linken oder im rechten Frontallappen, so führen sie zwar auch zu Störungen bei der Lösung dieses Aufgabentyps, aber das Ausmaß der Beeinträchtigung ist nicht so groß.

Auch die Leistung beim sogenannten Stroop-Test zeigt den Verlust der Antwortunterdrückung nach Schädigungen im Frontallappen. Bei diesem Test werden Versuchspersonen mit einer Liste von Wörtern konfrontiert, die Farben bezeichnen (Blau, Grün, Rot und so weiter). Dabei ist jedes Wort in einer bestimmten Farbe geschrieben, aber niemals in der Farbe, die es ausdrückt. (So ist zum Beispiel das Wort „Gelb“ mit blauer, grüner oder roter Tinte geschrieben). Die Aufgabe der Versuchsperson besteht darin, so schnell wie möglich die Farbe zu nennen, in der die jeweiligen Wörter geschrieben sind. Dazu muß die Antwort, die man nach dem Lesen des Wortes geben würde, unterdrückt werden. Eine solche Unterdrückung bereitet auch vielen Kontrollpersonen Schwierigkeiten. Perret hat festgestellt, daß Patienten mit Läsionen im linken Frontallappen nicht in der Lage sind, das laute Lesen des Wortes zu unterdrücken. Dadurch sind sie beim Lösen dieser Aufgabe beeinträchtigt.

Risikobereitschaft und die Verletzung von Regeln Patienten mit Frontallappenschädigungen unterscheiden sich von anderen Patienten dadurch, daß sie mit Aufgabeninstruktionen nicht zurechtkommen. Besonders häufig geschieht dies nach Milners Untersuchungen bei Aufgaben, in denen mit einem Stift ein Labyrinth durchfahren werden muß und bei denen ein Summton anzeigt, daß ein Fehler gemacht wurde und die Versuchsperson von neuem beginnen muß. Patienten mit Läsionen im Frontallappen neigen dazu, dieses Signal nicht zu beachten. Sie fahren mit dem Stift den falschen Weg weiter und machen noch mehr Fehler. Dieses Verhalten erinnert an die Unfähigkeit, die sich auch im oben erwähnten Kartensortiertest ausdrückte. In einer neueren Untersuchung stellte Miller die Versuchspersonen vor die Aufgabe, aufgrund von Teilinformationen Wörter zu erraten. Jeder zusätzliche Hinweis, den die Versuchsperson benötigte, brachte ihr einen niedrigeren Wert auf einer Punkteskala für richtige Antworten ein. Punkte konnten nur gesammelt werden, wenn die Aufgabe richtig gelöst wurde. Eine falsche Antwort annullierte alle Punkte für diese Frage. Patienten mit Frontallappenläsionen waren risikofreudiger (und machten mehr Fehler) als andere Patienten, wobei Patienten mit frontalen und temporalen Schädigungen das größte Risiko eingingen.

Assoziatives Lernen Es wurde schon oft behauptet, daß Patienten mit großen Läsionen im Frontallappen nicht in der Lage sind, ihr Verhalten auf äußere Reize hin zu verändern. So beschrieben Luria und Homskaya Patienten (mit massiven Frontallappentumoren), die nicht dazu gebracht werden konnten, mit der rechten Hand auf ein rotes Licht und mit der linken Hand auf ein grünes Licht zu reagieren. Dies war auch dann der Fall, wenn die Patienten die rechte und die linke Hand korrekt benennen und die Anweisung wiederholen konnten. In einer ähnlichen Studie bat Petrides Frontallappenpatienten, zufällige Assoziationen zwischen Farben und bestimmten Orten im Raum oder zwischen Farben und besonderen Haltungen der Hand zu lernen. Im ersten Test präsentierte man den Patienten sechs blaue Lichter und sechs weiße Karten, die vor den Patienten auf dem Tisch in einer Reihe lagen. Jedes Licht war mit einer dieser Indexkarten assoziiert. Die Aufgabe der Versuchsperson bestand nun darin, herauszufinden, welche Karte zu welchem Licht gehört. Sowohl eine Läsion im linken als auch im rechten Frontallappen führte zu einer sehr schlechten Leistung bei dieser Aufgabe. Das gleiche galt für eine analoge Aufgabe, in der sechs unterschiedliche Karten sechs verschiedenen Handstellungen zugeordnet werden sollten. Auch hier hatten Patienten mit Läsionen im Frontallappen Ausfallserscheinungen, die einem Gedächtnisverlust nicht zugeschrieben werden konnten, da Temporallappenpatienten, die ansonsten bei Gedächtnistests schlecht abschnitten, gerade bei dieser Aufgabe normale Leistungen erbrachten.

Genau wie Menschen mit Frontallappenläsionen weisen auch Affen mit solchen Eingriffen Schwierigkeiten beim Erlernen von zufälligen Beziehungen zwischen einer Reihe von Reizen und einer Reihe von Reaktionen auf. Petrides trainierte Affen darauf, einen Hebel in verschiedene Richtungen zu bewegen, wenn er ihnen verschiedene Gegenstände präsentierte. Im Gegensatz zu den Kontrolltieren, die die Aufgabe sehr schnell beherrschten, waren Affen mit Läsionen im prämotorischen Cortex dazu nicht in der Lage, obwohl sie andere Aufgaben durchaus meisterten.

Mangelhaftes temporäres Gedächtnis

Die vermutlich bedeutendste experimentelle Entdeckung im Rahmen der Erforschung der Funktionen des Temporallappens war Jacobsens Befund, daß Schimpansen mit Läsionen im Frontallappen bei Aufgaben mit verzögerten Anworten beeinträchtigt sind. Ein solches Experiment verläuft beispielsweise wie folgt: Der Affe kann zusehen, wie eine Belohnung in eines von mehreren bedeckten Gefäßen gelegt wurde. Anschließend wird dem Schimpansen kurz die Sicht auf die Gefäße versperrt. Nach wenigen Sekunden erhält der Affe jedoch freien Blick und darf sich die Belohnung aus dem betreffenden Gefäß holen. Tiere mit präfrontalen Läsionen treffen selbst nach einiger Übung nur zufällig das richtige Gefäß. Obwohl dieses Verhaltensdefizit wahrscheinlich nicht allein auf einen einzelnen Ausfall zurückgeführt werden kann, ist es schwierig zu interpretieren, ohne auf irgendeine Art der Gedächtnisstörung Bezug zu nehmen. Vier zusätzliche Experimente sind hier erwähnenswert.

Betrachten wir als erstes das Experiment von Passingham, der Affen vor die Aufgabe stellte, 25 einzelne Türchen zu öffnen, um Futter zu erhalten. Hinter jeder Tür befand sich nur einmal am Tag Futter. Das Tier mußte also lernen, die Türchen, die es an einem Tag bereits geöffnet hatte, nicht noch einmal zu öffnen. Passingham entdeckte, daß Läsionen in Area 46 bei dieser Aufgabe zu ausgeprägten Beeinträchtigungen führten. Während gesunde Affen eine Strategie entwickelten, die Türen fast ohne Wiederholungen zu öffnen, verhielten sich die operierten Tiere sehr ineffizient. Sie versuchten häufig, Türen noch einmal zu öffnen, die sie bereits gewählt hatten (Abbildung 14.8A).

In einem zweiten Experiment brachten Funahashi, Bruce und Goldman-Rakic Affen bei, einen zentralen Lichtpunkt zu fixieren, während ein anderer Lichtpunkt („das Ziellicht") an einer von acht möglichen Positionen im Gesichtsfeld kurz aufblinkte. Die Affen mußten warten, bis der fixierte Punkt erloschen war, um dann ihre Augen auf die Stelle zu richten, wo das Ziellicht erschienen war. Unilaterale Läsionen im Sulcus principalis (ein Teil von Area 46) interferierten stark mit der Fähigkeit der Affen, sich an den Ort des Zielreizes in einem begrenzten Umfeld des kontralateralen Gesichtsfelds zu erinnern (Abbildung 14.8B). Die Autoren interpretieren ihre Befunde als Hinweis darauf, daß der Sulcus principalis einen Mechanismus enthält, der Reaktionen aufgrund gespeicherter Informationen leiten kann. In diesem Fall hatten die Informationen räumlichen Charakter.

Das dritte Experiment stammt von Mishkin und seinen Kollegen. Affen sollten eine Aufgabe lernen, bei der das Tier nach einer zeitlichen Verzögerung durch Vergleich feststellen muß, daß ein bestimmter Testreiz nicht zu einer Reihe von Beispielreizen gehört *(delayed nonmatching to sample)*. Bei dieser Aufgabe wurde dem Tier ein unbekanntes Objekt präsentiert, das es entfernen mußte, um darunter Futter zu finden (Abbildung 14.8C). Nach einer kurzen Zeit wurde dem Tier das gleiche Objekt zusammen mit einem anderen Objekt vorgelegt. Das Tier sollte das schon bekannte Objekt erkennen und nun das unbekannte Objekt wegrücken, um eine Belohnung zu erhalten. Tiere mit Läsionen in Area 10 und 32 sind bei diesem Aufgabentyp beeinträchtigt. Mishkin interpretiert seine Resultate als Hinweis darauf, daß diese Areale im frontalen Cortex normalerweise bei der Kurzzeitspeicherung von Objektinformationen mitwirken.

Das letzte Experiment war eine Studie von Petrides im Jahre 1991, bei der er Affen zwei verschiedene Aufgaben stellte. Bei der ersten präsentierte er den Tieren drei Gegenstände und ließ sie einen davon als spätere Belohnung auswählen. Anschließend gab er den Affen die Wahl zwischen diesem Objekt und einem, das sie zuvor zurückgewiesen hatten. Die Tiere erhielten ihre Belohnung jedoch nur, wenn sie sich nun für das zuvor verschmähte Objekt entschieden. Bei der zweiten Aufgabe zeigte er den Affen wiederum drei Gegenstände und ließ sie einen davon auswählen. Anschließend präsentierte er ihnen nun jedoch das zuvor gewählte Objekt und ein neues, das sie zuvor noch nicht gesehen hatten. Bei der ersten Aufgabe mußte sich das Tier daran erinnern, welchen der Gegenstände es ausgewählt hatte, bei der zweiten lediglich, welchen es zuvor schon einmal gesehen hatte. Affen mit dorsolateralen Läsionen wählten bei der ersten Aufgabe auch nach mehrmaliger Wiederholung nur zufällig aus, schnitten bei der zweiten Aufgabe jedoch genauso gut ab wie gesunde Tiere. Dies läßt vermuten, daß der dorsolaterale Cortex eine Rolle bei der Überwachung intern erzeugter Reaktionen spielt.

Die vier Experimente weisen zusammen darauf hin, daß der frontale Cortex bei bestimmten Aspekten des Kurzzeitgedächtnisses eindeutig eine Rolle spielt. Sie zeigen auch, daß unterschiedliche Regionen des präfrontalen Cortex an der Speicherung verschiedener Informationstypen beteiligt sind. Angesichts der anatomischen Verbindungen ist es wahrscheinlich, daß die Area 46 für eine interne Repräsentation der räumlichen Informationen von Bedeutung ist und die mediale Region für eine Speicherung der Objektinformationen.

14.8 Schematische Darstellung frontaler Läsionen bei Affen (jeweils linker Teil der Abbildungen). Die schraffierte Region zeigt die Läsionsorte bei den drei Experimenten. A. Die Untersuchung von Passingham. Hier besteht die Aufgabe darin, aus jedem der 25 Kästen eine Futterbelohnung herauszuholen. Man beachte, daß Kontrolltiere selten zu einem Kasten zurückkehren, den sie bereits untersucht haben, während Affen mit einer Läsion im Sulcus principalis viele Fehler machen. B. Die Untersuchung von Funahashi und seinen Mitarbeitern. Hierbei geht es darum, den zentralen Punkt mit den Augen zu fixieren und dann nach einer kurzen Verzögerung die Augen auf den Punkt zu richten, an dem kurz ein Lichtblitz erscheint. (Das Experiment sieht acht solche Orte im Gesichtsfeld vor.) Der Prozentsatz richtiger Reaktionen wird durch die jeweilige Position der Linien entlang der Achsen angegeben. Die Verzögerung betrug drei Sekunden. Zu beachten ist, daß der Affe in einer Region des visuellen Feldes schlecht abschneidet, und zwar kontralateral zur Läsion. Läsionen in anderen Teilen der Area 46 verursachten auch Defizite in anderen Regionen des Gesichtsfeldes. C. Die Untersuchung von Mishkin. Dem Affen wird ein Objekt gezeigt, und wenn er es entfernt, erhält er eine Futterbelohnung. Dann werden dem Affen nach kurzer Zeit zwei Objekte dargeboten, und nun liegt die Futterbelohnung unter dem neu hinzugekommenen. Der Affe muß lernen, immer das bislang unbekannte Objekt zu entfernen. Affen mit Läsionen im medialen Frontalbereich sind bei der Lösung dieser nicht-räumlichen Aufgabe beeinträchtigt.

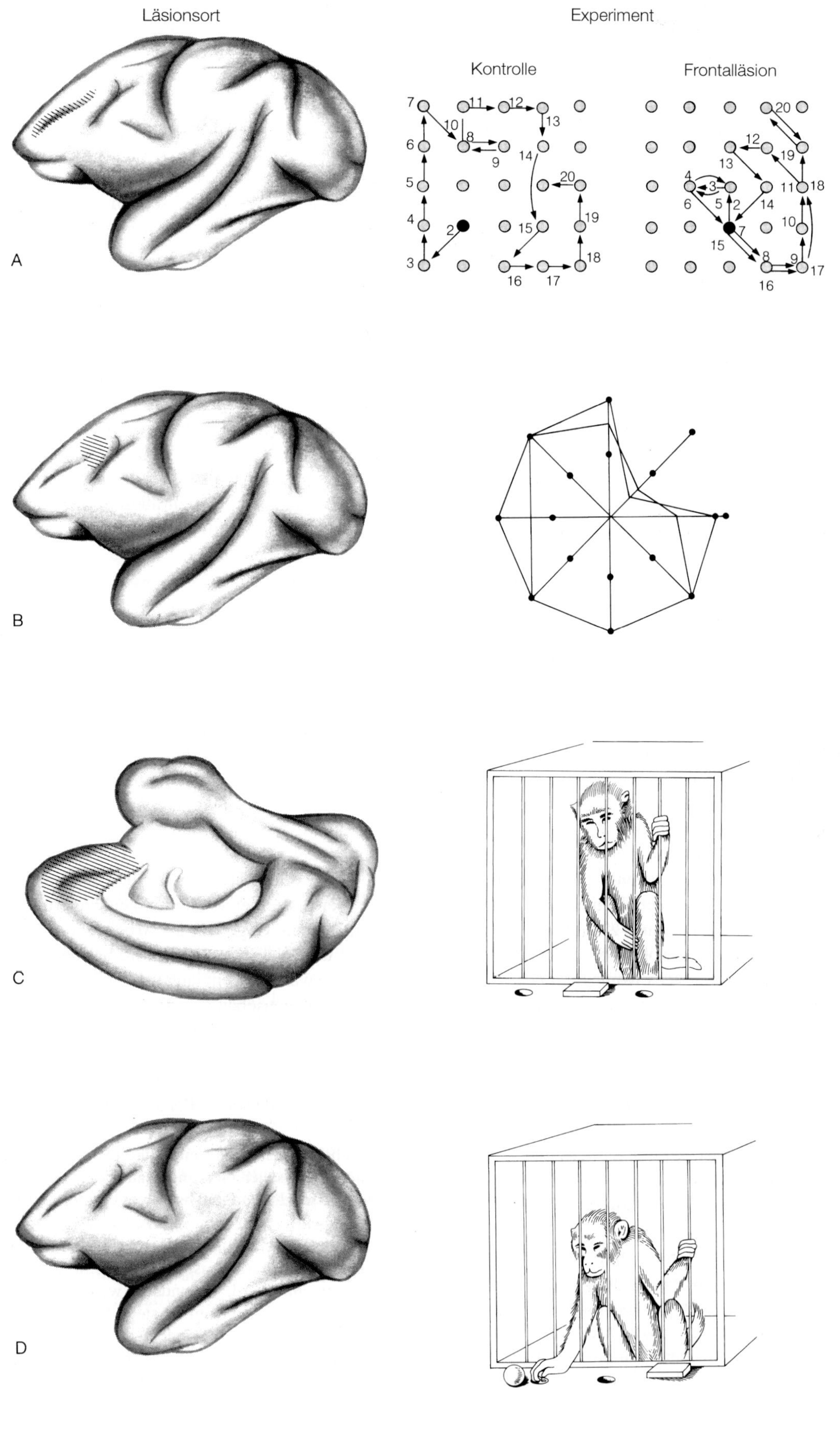

Läsionsort
Experiment
Kontrolle
Frontalläsion
A
B
C
D

Die Patienten buchstabieren überdies sehr schlecht. Manchmal schreiben sie auch Wörter, die man nicht entziffern kann. Ihre geringe sprachliche Gewandtheit findet ihr Gegenstück in einer Zeichenschwäche. Patienten mit einer Läsion im rechten Gesichtsareal sind schlechte Zeichner, schlechtere als Patienten mit großen anteriofrontalen Läsionen. Dieser Mangel an Spontaneität im verbalen und zeichnerischen Ausdruck ist ganz erstaunlich angesichts der normal ausgeprägten Spontaneität des Gesichtsausdrucks.

Insgesamt führt also ein unilateraler Verlust des cortikalen Areals, welches das Gesicht repräsentiert, zu keinen signifikanten chronischen Einbußen der sensorischen oder motorischen Kontrolle des Gesichts (vermutlich weil das Gesicht im Cortex bilateral repräsentiert ist); er führt aber zu überraschenden chronischen Einbußen bei der phonetischen Unterscheidung, beim Buchstabieren, beim Sprachfluß und beim Zeichnen. Die vorläufigen Daten von Taylor lassen vermuten, daß diese Beeinträchtigungen hauptsächlich von einer Schädigung der präzentralen motorischen Repräsentation des Gesichts herrühren und weniger von einer Schädigung der postzentralen sensorischen Repräsentation. Die Ursache dieser Ausfälle ist jedoch bislang nicht exakt geklärt.

Klinisch-neuropsychologische Untersuchung von Frontallappenläsionen

Angesichts der Anzahl und Vielfalt von Symptomen, die mit einer Schädigung des Frontallappens verbunden sind, gibt es überraschend wenige standardisierte neuropsychologische Testmethoden, die man zur Untersuchung der Funktion des Frontallappens anwenden kann. Die zur Verfügung stehenden Tests (Tabelle 14.3) sind aber sehr gut. Was in den vorherigen Kapiteln für die Tests der Funktionen von Parietal- und Temporallappen galt, trifft auch hier zu: Es wäre sehr ungewöhnlich, träfe man eine Person, die eine Frontallappenschädigung aufweist und bei sämtlichen unten vorgestellten Tests normale Leistungen erbringt.

Der bereits beschriebene Wisconsin-Kartensortiertest (Abbildung 14.7) ist, was die Untersuchung der Funktionen des dorsolateralen frontalen Cortex betrifft, der beste Test, der zur Verfügung steht. Die jeweils richtige Lösung ändert sich ohne Wissen der Versuchsperson immer dann, wenn sie eine Lösungsstrategie erkannt und eingeschlagen hat.

Wie bereits erwähnt, müssen die Versuchspersonen beim Thurstone-Test des Wortschatzes (auch Chicago-Wortflußtest genannt) innerhalb von fünf Minuten möglichst viele Wörter sagen oder schreiben, die mit einem bestimmten Buchstaben anfangen; danach sollen sie innerhalb von vier Minuten Wörter finden, die mit einem anderen Buchstaben beginnen und nur aus vier Buchstaben bestehen. Zwar gilt allgemein, daß Personen, die in irgendeiner Region des präfrontalen Cortex eine Läsion haben, bei diesem Test schlecht abschneiden, es wurde aber auch festgestellt, daß Patienten mit Läsionen im Gesichtsareal des frontalen Cortex am schlechtesten abschneiden. (Jene mit orbitalen Läsionen sind allerdings nur wenig besser.) Natürlich ist die Leistung minimal, wenn die Läsion in der linken Hemisphäre liegt.

Der Test der Produktivität beim Zeichnen (*design fluency test*) nach Gotman und Milner (Abbildung 14.6) ist ebenfalls sehr nützlich, obwohl manchmal nicht ganz leicht auszuwerten. Bei diesem Test sollen die Versuchspersonen in einem Zeitraum von fünf Minuten soviele abstrakte Figuren zeichnen, wie sie können. Frontallappenpatienten zeichnen nur sehr wenige Figuren und oft sehr gegenständlich, oder sie zeichnen dieselbe Figur mehrmals. Ebenso wie die Sprachflußtests ist auch dieser Test für Schädigungen der Orbitalregionen am empfindlichsten.

Zu den Tests, die motorische Funktionen messen, gehören Tests der Kraftentwicklung (Handdynamometer), Tests, welche die Geschwindigkeit messen, mit der man mit den Fingern auf den Tisch klopfen kann und solche, die Bewegungssequenzen erfassen. Die Stärke und die Geschwindigkeit der Fingerbewegungen sind kontralateral zum Läsionsort reduziert, besonders wenn dieser in der Nähe des präzentralen oder postzentralen Gyrus liegt. Die Abfolge motorischer Ver-

Tabelle 14.3: Standardisierte klinisch-neuropsychologische Tests bei Schäden des Frontallappens

Funktion	Test	Literatur
Antwortunterdrückung	Wisconsin-Kartensortiertest	Milner 1964
	Stroop-Test	Perrett 1974
Sprachfluß	Sprachflußtest nach Thurstone	Milner 1964 Ramier und Hécaen 1970
Produktivität beim Zeichnen	*design-fluency*-Test nach Gotman-Milner	Jones-Gotman und Milner 1977
Motorik	Fingerklopfen Handdynamometer Sequenzieren	Reitan und Davidson 1974 Taylor 1979 Kolb und Milner 1981
Sprachverständnis bei Aphasie	Token-Test	de Renzi und Faglioni 1978
Buchstabieren		Taylor 1979
Unterscheidung von Phonemen		Taylor 1979

haltensweisen kann untersucht werden, indem man den Test von Kolb und Milner verwendet. Dieser Test (zur Veränderung des Gesichtsausdrucks) erfordert allerdings einige Übung und sollte anhand von Videoaufzeichnungen durchgeführt werden. Einfachere Tests der Bewegungsprogramme, etwa der Kimura-Kastentest (Kapitel 12), sind nicht geeignet, weil Patienten mit frontalen Läsionen nur dann schlecht abschneiden, wenn das Läsionsgebiet die Basalganglien einbezieht.

Wie in vorausgegangenen Kapiteln empfehlen wir die Anwendung des Token-Tests als schnellen Diagnosetest für Aphasie, der, falls notwendig, durch ausführlichere Aphasietests ergänzt werden kann. Obwohl man allgemein annimmt, daß eine Zerstörung des Brocaschen Areals nur zu Beeinträchtigungen der Sprachproduktion, nicht aber zu Einbußen im Sprachverständnis führt, werden wir in Kapitel 17 zeigen, daß dies so nicht zutrifft. Läsionen des linken Frontallappens in der unmittelbaren Umgebung des Brocaschen Areals führen sowohl zu Störungen des Sprachverständnisses als auch zu Störungen der Sprachproduktion. Die Buchstabierfähigkeit wird bei frontalen Läsionen, die das Gesichtsareal betreffen, schwerwiegend beeinträchtigt und kann durch jeden standardisierten Buchstabiertest untersucht werden. Die phonetische Unterscheidung, ein Test, der von Sitt und Huntington beschrieben und von Taylor bei neuropsychologischen Patienten angewandt wurde, ist ein weiteres Instrument, um die Bedeutung des Gesichtsareals zu untersuchen. Dabei wird eine ganze Serie von sinnlosen Wörtern wie „Agma" dargeboten, und die Aufgabe der Versuchsperson besteht darin, den ersten Konsonantenklang zu identifizieren. Dieser Test ist auch für Kontrollpersonen schwierig. Personen mit Läsionen im Gesichtsareal, besonders in dem der linken Seite, schneiden dabei am schlechtesten ab. Läsionen des Frontallappens, die außerhalb des Gesichtsareals liegen, können die Leistung bei diesem Test ebenfalls signifikant beeinträchtigen.

Wenn keine Sprachstörungen vorliegen, ist es möglicherweise schwierig, mit neuropsychologischen Tests die Schädigung dem linken oder rechten Frontallappen zuzuordnen, da sich beide Frontallappen funktional ganz beträchtlich überschneiden. Die klinische Einstufung einer Persönlichkeit als pseudodepressiv beziehungsweise pseudopsychopathisch mag sinnvoll sein, um eine Dysfunktion in der rechten oder linken Hemisphäre zu lokalisieren; Vorsicht ist dennoch angebracht, denn es gibt keine standardisierten quantitativen Maße für diese Symptome.

Weitere Aspekte von Frontallappenfunktionen

Bislang haben wir die Ergebnisse anatomischer Untersuchungen und die von Läsionsstudien bei unserer Analyse der Funktionen des Frontallappens in den Vordergrund gerückt und sind nur hin und wieder auf elektrophysiologische Befunde eingegangen. Es gibt daneben noch eine andere Möglichkeit, den Frontallappen und seine Funktionen zu untersuchen – und zwar, indem man Teilpopulationen betrachtet, deren Frontallappen mit großer Wahrscheinlichkeit anomal oder zumindest anders funktioniert als der von gesunden erwachsenen Personen. Dazu gehören Personen mit Krankheiten, die den Frontallappen betreffen, und gesunde Kinder, deren Frontallappen ja noch nicht ausgereift sind.

Krankheiten, die den Frontallappen betreffen

Viele Symptome nach Läsionen des Frontallappens sind auch für Personen mit psychiatrischen oder neurologischen Störungen charakteristisch, insbesondere für Personen, die an Schizophrenie (Kapitel 18), an der Parkinson-Krankheit (Kapitel 20) oder am Korsakoff-Syndrom (Kapitel 16) leiden. Bei jeder dieser Erkrankungen gibt es Grund zu der Annahme, daß die Frontallappen nicht mehr normal funktionieren. So geht man bei der Schizophrenie davon aus, daß es Veränderungen in den mesocortikalen dopaminergen Projektionen gibt (sie enden hauptsächlich im Frontallappen), daß es im Frontallappen zu einer verringerten Blutversorgung kommt und möglicherweise sogar zu einer Atrophie. Schizophrene Patienten schneiden bei allen Testaufgaben, die Funktionen des Frontallappens messen, schlecht ab, und sie zeigen auch ein abnormes Muster bei der Kontrolle der Augenbewegungen. Bei Tests zur Erfassung der Funktionen des Parietallappens liegen ihre Ergebnisse im Normbereich. Die Parkinson-Krankheit resultiert aus einem Verlust dopaminerger Zellen in der Substantia nigra. Diese Zellen projizieren zwar primär zum Nucleus caudatus, es gibt aber auch eine direkte Projektion zum präfrontalen Cortex und eine indirekte über den Nucleus dorsomedialis des Thalamus. Parkinson-Patienten zeigen einen reduzierten mimischen Ausdruck – ähnlich wie Patienten mit Frontallappenläsionen. Außerdem sind sie beim Wisconsin-Kartensortiertest und bei Aufgaben mit verzögerten Antworten beeinträchtigt. Patienten mit Korsakoff-Syndrom schließlich leiden an einer alkoholinduzierten Zerstörung des dorsomedialen Thalamus und haben möglicherweise einen Mangel an Catecholaminen im frontalen Cortex. Auch Korsakoff-Patienten schneiden beim Kartensortiertest und bei Tests des räumlichen Gedächtnisses, etwa mit verzögerten Antworten, schlecht ab. Es ist also sehr wahrscheinlich, daß eine Störung der Frontallappenfunktionen ganz wesentlich zu den Verhaltenssymptomen beiträgt, die man bei schizophrenen Patienten, bei Parkinson-Patienten und bei Korsakoff-Patienten beobachten kann.

Die Entwicklung des Frontallappens

In einer Untersuchung, die eine Veränderung der synaptischen Dichte im präfrontalen Cortex zum Gegenstand hatte, berichtete Huttenlocher, daß die synaptische Dichte im ersten

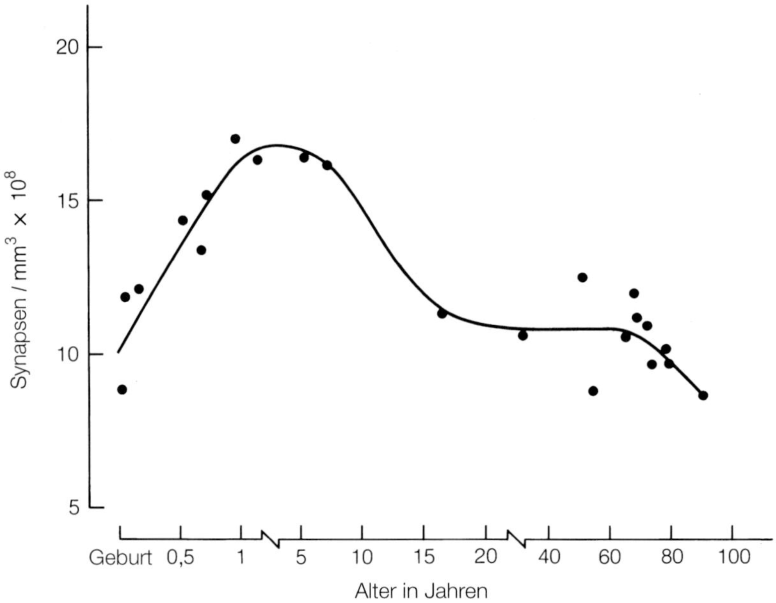

14.10 Anzahl von Synapsen in Schicht III des mittleren frontalen Gyrus des Menschen in Abhängigkeit vom Alter. Die Anzahl der Synapsen erhöht sich im ersten Lebensjahr und nimmt danach ab, wobei sie im Alter von etwa 16 Jahren einen stabilen Wert erreicht. Ein weiterer Rückgang tritt etwa nach dem 70. Lebensjahr auf. (Nach Huttenlocher 1979.)

Lebensjahr bis zu einem Niveau zunimmt, das weit über dem von Erwachsenen liegt. Danach kommt es zu einer allmählichen Abnahme der Synapsendichte, ein Vorgang, der etwa einen Zeitraum von 16 Jahren umfaßt (Abbildung 14.10). Keine Veränderungen gibt es seiner Untersuchung zufolge zwischen 16 und 72 Jahren. Im Alter von 74 bis 90 Jahren konnte Huttenleder bei wenigen untersuchten Gehirnen eine allmähliche weitere Abnahme der Synapsendichte beobachten. Die Überproduktion von Synapsen beim Kleinkind ist auch typisch für andere cortikale Regionen. Sie scheint ein allgemeines Charakteristikum der Gehirnentwicklung zu sein (Kapitel 21). So wurde zum Beispiel postuliert, daß Neuronen, die keine funktionellen synaptischen Kontakte knüpfen können, einer synaptischen Regeneration unterliegen, dadurch eine unnötige Redundanz im Gehirn verhindern und gleichzeitig die Effizienz der Verarbeitung steigern. Die langsame Reifung des frontalen Cortex legt nahe, daß die zeitliche Organisation des Verhaltens ebenfalls ein langsamer Prozeß ist, der erst in der Adoleszenz seinen endgültigen Abschluß findet. Es ist sehr schwierig, die Leistung bei neuropsychologischen Tests mit Daten der anatomischen Entwicklung zu korrelieren, weil auch andere Gehirnteile noch ausreifen. Man kann auch nicht sicher sein, welche Rolle die Erziehung bei der gemessenen Leistung spielt. Wir haben dennoch herausgefunden, daß die Leistungen bei Tests wie dem Kartensortiertest und bei Tests der Produktivität beim Zeichnen frühestens etwa ab dem zwölften Lebensjahr dem Niveau der Adoleszenz entsprechen. Der Mensch erreicht seine soziale Reife erst spät.

Da einer der komplexesten Aspekte des sozialen Verhaltens bei Primaten die Kontextabhängigkeit ist und die meisten Erwachsenen mit Frontallappenläsionen gerade bei diesen Verhaltensweisen besondere Schwierigkeiten haben, wollten wir herausfinden, ob Kinder in der Lage sind, die Emotionen von Personen kontextabhängig richtig einzuschätzen. Wir verwendeten einen Test, den wir entwickelt hatten, um Patienten mit Läsionen im Frontallappen zu untersuchen: Den Versuchspersonen wird eine Reihe von Zeichnungen vorgelegt, die eine emotionsgeladene Situation darstellen, zum Beispiel eine Überraschungsparty, ein Begräbnis und so weiter. Das Gesicht der jeweiligen Schlüsselperson ist leer gelassen. Die Aufgabe besteht darin, den angemessenen Gesichtsausdruck aus einer Serie von vorgegebenen Portraitphotos auszuwählen.

Unsere Ergebnisse zeigen, daß Kinder etwa ab dem achten Lebensjahr zwar die Emotionen der verschiedenen Personen auf den Photographien fast ebenso gut beurteilen konnten wie Erwachsene, daß sie aber, ähnlich wie Patienten mit einer Frontallappenschädigung, bis etwa zu ihrem 15. Lebensjahr den Kontext nicht richtig interpretierten. Verhaltensweisen, von denen man glaubt, daß sie von einer normalen Funktionsweise des Frontallappens abhängen, entwickeln sich also langsam. Dies würde man auch aufgrund anatomischer Untersuchungen erwarten.

Zusammenfassung

Der Frontallappen kann als Zielstruktur der räumlichen und Objekterkennungsfunktionen, die im Occipitallappen „beginnen“, verstanden werden. Die Funktion des Frontallappens bei diesen Vorgängen ist es, im Hinblick auf den Kontext und auf internes Wissen Verhaltensweisen auszuwählen. Man kann den Frontallappen in drei separate funktionale Zonen unterteilen: den motorischen, den prämotorischen und den präfrontalen Cortex. Der motorische Cortex ist für die Ausführung von Bewegungen zuständig, der prämotorische Cortex wählt die Bewegungen aus. Der präfrontale Cortex kontrolliert die kognitiven Prozesse, so daß zur richtigen Zeit und am richtigen Ort die richtigen Bewegungen ausgewählt werden. Der prämotorische Cortex wiederum kann in zwei Regionen unterteilt werden: Der laterale Bereich ist für die Auswahl von Verhaltensweisen als Reaktion auf externe Signale zuständig, der supplementäre Bereich für die Auswahl auf der Grundlage internen Wissens. Der präfrontale Cortex läßt sich ebenfalls in zwei allgemeine Regionen unterteilen: Der dorsolaterale Bereich ist für die Verhaltensauswahl auf der Grundlage des temporären Gedächtnisses verantwortlich, der inferior-präfrontale Bereich für die Auswahl im Hinblick auf den Kontext, und zwar sowohl auf aktuellem als auch auf angeeignetem Wissen basierenden Kontext.

Literatur

Benton, A.L. Differential effects of frontal lobe disease. *Neuropsychologia* 6: 53–60, 1968.

Bizzi, E., P.H. Schiller. Single unit activity in the frontal eye fields of unanesthetized monkeys during head and eye movement. *Experimental Brain Research* 10: 151–158, 1970.

Blumer, D., D.F. Benson. Personality changes with frontal and temporal lobe lesions. In: D.F. Benson, D. Blumer (Hrsg.) *Psychiatric Aspects of Neurologic Disease.* New York: Grune & Stratton, 1975.

Bossom, J. The effect of brain lesions on adaptation in monkeys. *Psychonomic Science* 2: 45–46, 1965.

Brown, J. *Aphasia, Apraxia and Agnosia.* Springfield, Ill.: Charles C. Thomas, 1972.

Bruce, C.J., M.E. Goldberg. Physiology of the frontal eye fields. *Trends in Neuroscience* 7: 436–441, 1984.

Butter, C.M., D.R. Snyder. Alterations in aversive and aggressive behaviors following orbital frontal lesions in rhesus monkeys. *Acta Neurobiologiae Experimentalis* 32: 525–565, 1972.

Deiber, M.-P., R.E. Passingham, J.G. Colebatch, K.J. Friston, P.D. Nixon, R.S.J. Frackowiak. Cortical areas and the selection of movement. A study with positron emmision tomography. *Experimental Brain Research* 84: 393–402, 1991.

de Renzi, E., P. Faglioni. Normantive data and screening power of a shortened version of the token test. *Cortex* 14: 41–49, 1978.

Drewe, E.A. Go-no-go learning after frontal lobe lesions in humans. *Cortex* 11: 8–16, 1975.

Freedman, M., M. Oscar-Berman. Bilateral frontal lobe disease and selective delayed response deficits in humans. *Behavioral Neuroscience* 100: 337–342, 1986.

Funahashi, S., C.J. Bruce, P.S. Goldman-Rakic. Perimetry of spatial memory representation in primate prefrontal cortex. *Society for Neuroscience Abstracts* 12: 554, 1986.

Fuster, J.M. *The Prefrontal Cortex*, 2. Auflage. New York: Raven Press, 1989.

Goldman-Rakic, P.S. Circuitry of the primate prefrontal cortex and regulation of behavior by representational memory. In: F. Blum (Hrsg.) *Handbook of Physiology; Nervous System, Bd. V: Higher Functions of the Brain, Teil 1.* Bethesda, Md.: American Physiological Society, 1987.

Guilford, J.P. *The Nature of Human Intelligence.* New York: McGraw-Hill, 1967.

Guitton, D., H.A. Buchtel, R.M. Douglas. Disturbances of voluntary saccadic eye-movement mechanisms following discrete unilateral frontal-lobe removals. In: G. Lennerstrand, D.S. Lee, E.L. Keller (Hrsg.) *Functional Basis of Ocular Motility Disorders.* Oxford: Pergamon, 1982.

Held, R. Dissociation of visual funtion by deprivation and rearrangement. *Psychology Forschung* 31: 338–348, 1968.

Huttenlocher, P.R. Synaptic density in human frontal cortex-developmental changes and effects of aging. *Brain Research* 163: 195–205, 1979.

Jacobsen, C.F. Studies of cerebral function in primates. *Comparative Psychology Monographs* 13: 1–68, 1936.

Jenkins, I.H., R.E. Passingham, P.D. Nixon, R.S.J. Frackowiak, D.J. Brooks. The learning of motor sequences: A PET study. *European Journal of Neuroscience* (Suppl. 5): 3215, 1992.

Jones-Gotman, M., B. Milner. Design fluency: The invention of nonsense drawings after focal cortical lesions. *Neuropsychologia* 15: 653–674, 1977.

Kolb, B., B. Milner. Performance of complex arm and facial movements after focal brains lesions. *Neuropsychologia* 19: 505–514, 1981.

Kolb, B., B. Milner. Observations on spontaneous facial expression after focal cerebral excisions and after intracarotid injection of sodium Amytal. *Neuropsychologia* 19: 514–515, 1981.

Kolb, B., L. Taylor. Affective behavior in patients with localized cortical excisions: An analysis of lesion site and side. *Science* 214: 89–91, 1981.

Kolb, B., L. Taylor, B. Wilson. Developmental changes in the recognition and comprehension of facial expression: Implications for frontal lobe function. *Brain and Cognition* 20: 74–84, 1992.

Kuypers, H.G.J.M. Anatomy of the descending pathways. In: V.B. Brooks, *The Nervous System, Handbook of Physiology*, Bd. 2. Baltimore: Williams and Wilkins, 1981.

Lashley, K.S. The problem of serial order in behavior. In: F.A. Beach, D.O. Hebb, C.T. Morgan, H.W. Nissen (Hrsg.) *The Neuropsychology of Lashley*. New York: McGraw-Hill, 1960.

Leonard, G., L. Jones, B. Milner. Residual impairment in handgrip strength after unilateral frontal-lobe lesions. *Neuropsychologia* 26: 555–564, 1988.

Luria, A.R. *The Working Brain*. New York: Penguin, 1973.

Luria, A.R., E.D. Homskaya. Disturbance in the regulative role of speech with frontal lobe lesions. In: J.M. Warren, K. Akert (Hrsg.) *Frontal Granular Cortex and Behavior*. New York: McGraw-Hill, 1964.

Miller, L. Cognitive risk taking after frontal or temporal lobectomy. I. The synthesis of fragmented visual information. *Neuropsychologia* 23: 359–369, 1985.

Miller, L., B. Milner. Cognitive risk taking after frontal or temporal lobectomy. II. The synthesis of phonemic and semantic information. *Neuropsychologia* 23: 371–379, 1985.

Milner, B. Some effects of frontal lobectomy in man. In: J.M. Warren, K. Akert (Hrsg.) *The Frontal Granular Cortex and Behavior*. New York: McGraw-Hill, 1964.

Milner, B., P. Corsi, G. Leonard. Frontal cortex contribution to recency judgements. *Neuropsychologia* 29: 601–618, 1991.

Milner, B., M. Petrides. Behavioural effects of frontallobe lesions in man. *Trends in Neurosciences* 7: 403–407, 1984.

Mishkin, M., F.J. Manning. Non-spatial memory after selective prefrontal lesions in monkeys. *Brain Research* 143: 313–323, 1978.

Passingham, R.E. Memory of monkeys (*Macaca mulatta*) with lesions in prefrontal cortex. *Behavioral Neuroscience* 99: 3–21, 1985.

Passinghain, R.E. *The Frontal Lobes and Voluntary Action*. Oxford: Oxford University Press, 1993.

Perret, E. The left frontal lobe of man and the suppression of habitual responses in verbal categorical behavior. *Neuropsychologia* 12: 323–330, 1974.

Petrides, M. Motor conditional associative learning after selective prefrontal lesions in the monkey. *Behavioural Brain Research* 5: 407–413, 1982.

Petrides, M. Functional specialization within the dorsolateral frontal cortex for serial order memory. *Proceedings of the Royal Society, London* B246: 299–306, 1991.

Petrides, M., B. Milner. Deficit on subject ordered tasks after frontal- and temporal-lobe lesions in man. *Neuropsychologia* 20: 249–262, 1982.

Potter, H., N. Butters. An assessment of olfactory deficits in patients with damage to prefrontal cortex. *Neuropsychologia* 18: 621–628, 1980.

Ramier, A.-M., H. Hécaen. Role respectif des atteintes frontales et de la lateralisation lésionnelle dans les deficits de la „fluence verbale.“ *Revue de Neurologie* 123: 17–22, 1970.

Roland, P.E. Metabolic measurements of the working frontal cortex in man. *Trends in Neuroscience* 7: 430–435, 1984.

Roland, P.E., L. Friberg. Localization of cortical areas activated by thinking. *Journal of Neurophysiology* 53: 1219–1243, 1985.

Roland, P.E., B. Larsen, N.A. Lassen, E. Skinhoj. Supplementary motor area and other cortical areas in organization of voluntary movements in man. *Journal of Neurophysiology* 43: 118–136, 1980.

Rose, J.E., C.N. Woolsey. The orbitofrontal cortex and its connections with the mediodorsal nucleus in rabbit, sheep and cat. *Research Publications of the Association of Nervous and Mental Disease* 27: 210–232, 1948.

Semmes, J., S. Weinstein, L. Ghent, H.-L. Teuber. Impaired orientation in personal and extrapersonal space. *Brain* 86: 747–772, 1963.

Shallice, T., P. Burgess. Deficits in strategy application following frontal lobe damage in man. *Brain* 114: 727–741, 1991.

Shallice, T., M.E. Evans. The involvement of the frontal lobes in cognitive estimation. *Cortex* 14: 294–303, 1978.

Smith, M.L., B. Milner. Differential effects of frontallobe lesions on cognitive estimation and spatial memory. *Neuropsychologia* 22: 697–705, 1984.

Stitt, C., D. Huntington. Some relationships among articulation, auditory abilities and certain other variables. *Journal of Speech and Learning Research* 12: 576–593, 1969.

Taylor, L. Psychological assessment of neurosurgical patients. In: T. Rasmussen, R. Marino (Hrsg.) *Functional Neurosurgery*. New York: Raven Press, 1979.

Teuber, H.-L. The riddle of frontal lobe function in man. In: J.M. Warren, K. Akert (Hrsg.) *The Frontal Granular Cortex and Behavior.* New York: McGraw-Hill, 1964.

Teuber, H.-L. Unity and diversity of frontal lobe function. *Acta Neurobiologiae Experimentalis* 32: 615–656, 1972.

Tyler, H.R. Disorders of visual scanning with frontal lobe lesions. In: S. Locke (Hrsg.) *Modern Neurology* London: J. and A. Churchill, 1969.

Walker, E.A., D. Blumer. The localization of sex in the brain. In: K.J. Zulch, O. Creutzfeldt, and G.C. Galbraith (Hrsg.) *Cerebral Localization*. Berlin and New York: Springer-Verlag, 1975.

Zangwill, O.L. Psychological deficits associated with frontal lobe lesions. *International Journal of Neurology* 5: 395–402, 1966.

15

Diskonnektionssyndrome

Diskonnektion bezeichnet die Unterbrechung der Verbindungen zwischen zwei Arealen, ohne daß diese selbst zerstört werden. Die Verhaltensänderungen, die daraus hervorgehen, können sehr seltsam anmuten und sich deutlich von dem unterscheiden, was man nach einer Zerstörung der Areale selbst erwartet hätte. Abbildung 15.1 zeigt das Experiment von Downer, bei dem ein Affe einer besonderen Form der Diskonnektion unterzogen wurde. Alle Kommissuren, welche die beiden Gehirnhälften miteinander verbinden, wurden durchtrennt und die Amygdala einseitig entfernt. Danach verdeckte Downer ein Auge des Tieres mit einer Klappe und zeigte ihm verschiedene Objekte. Wurden die Objekte dem Auge vorgeführt, das ipsilateral zur Hemisphäre mit der zerstörten Amygdala lag, so schien das Tier sehr „zahm" zu sein, auch wenn die dargebotenen Objekte es eigentlich ängstigen sollten. Wurden die gleichen Objekte (nach einem Augenklappenwechsel) aber dem Auge dargeboten, das ipsilateral zur intakten Amygdala lag, so reagierte das Tier mit normalen arttypischen Antworten und erschien entsprechend „wild". Die Erklärung: damit der Affe arttypisch auf visuelle Reize reagieren kann, müssen die Informationen vom Auge zum visuellen Cortex und von dort aus zum Temporallappen und zur Amydala geleitet werden. Von der Amygdala gehen Signale zum Hirnstamm und zum frontalen Cortex, wobei autonome Reaktionen, Bewegungen und eine veränderte Mimik ausgelöst werden. Werden die Kommissuren zwischen beiden Hemisphären zerstört, gelangt die visuelle Information aus dem offenen Auge nur in die ipsilaterale Hemisphäre. Enthält diese Hemisphäre eine intakte Amygdala, so ist der Kreis zur Aktivierung arttypischen Verhaltens geschlossen, und das Verhalten erscheint normal. Fehlt die Amygdala jedoch, so kann die visuelle Information dem motorischen System nicht zugeleitet werden, und es ist deshalb nicht möglich, arttypisches Verhalten auszulösen. Wären die Kommissuren intakt geblieben, hätte man das Experiment nicht durchführen können, da die Informationen aus einer Hemisphäre zur anderen übertragen worden wären und deshalb jedes Auge „Zugang" zur intakten Amygdala gehabt hätte.

Bislang haben wir die Bedeutung neocortikaler und subcortikaler Regionen bei der Kontrolle verschiedener Verhaltensaspekte besprochen. Wir haben bereits bestimmte Verhaltensstörungen mit unterschiedlichen Gehirnläsionen in Zusammenhang gebracht und von diesen Defiziten auf die Funktion der zerstörten oder verletzten Gehirnregion zu schließen versucht. Dabei wurde aber die Diskussion über die Bedeutung der Verbindungen zwischen den Regionen zurückgestellt. Dies holen wir in diesem Kapitel nach: Wir betrachten die Bedeutung verschiedener cerebraler Verbindungen und die Folgen ihrer Zerstörung. Das Durchtrennen von Verbindungen wird als *Diskonnektion* bezeichnet und die Gesamtheit der dadurch ausgelösten Verhaltensstörungen als *Diskonnektionssyndrom*. Zunächst wollen wir die Hauptverbindungen der beiden Hemisphären zusammenfassend darstellen.

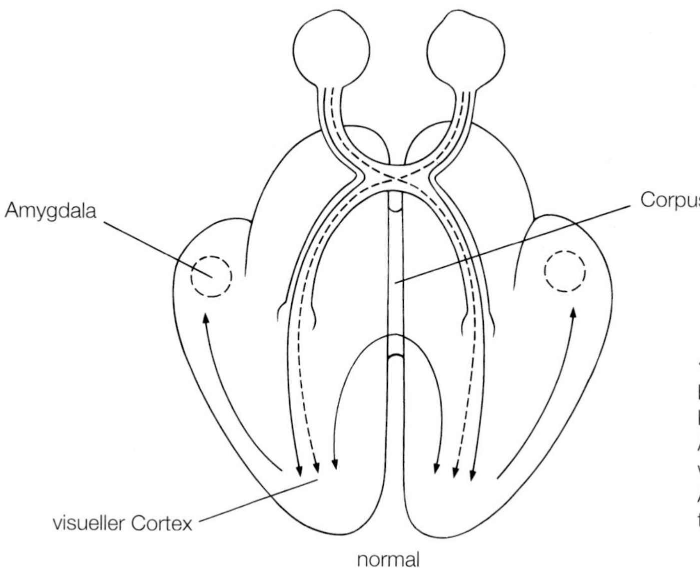

15.1 Downers Experiment. A. Die Kommissuren zwischen den beiden Gehirnhälften werden durchtrennt, die Amygdala auf der linken Seite wird entfernt, und das rechte Auge wird verdeckt. Der Affe zeigt keine arttypischen Verhaltensweisen auf visuelle Reize und wird als „zahm" beschrieben. B. Verdeckt man nun aber das linke Auge, zeigt der gleiche Affe auf visuelle Reize hin arttypische Verhaltensweisen und wird als „wild" klassifiziert.

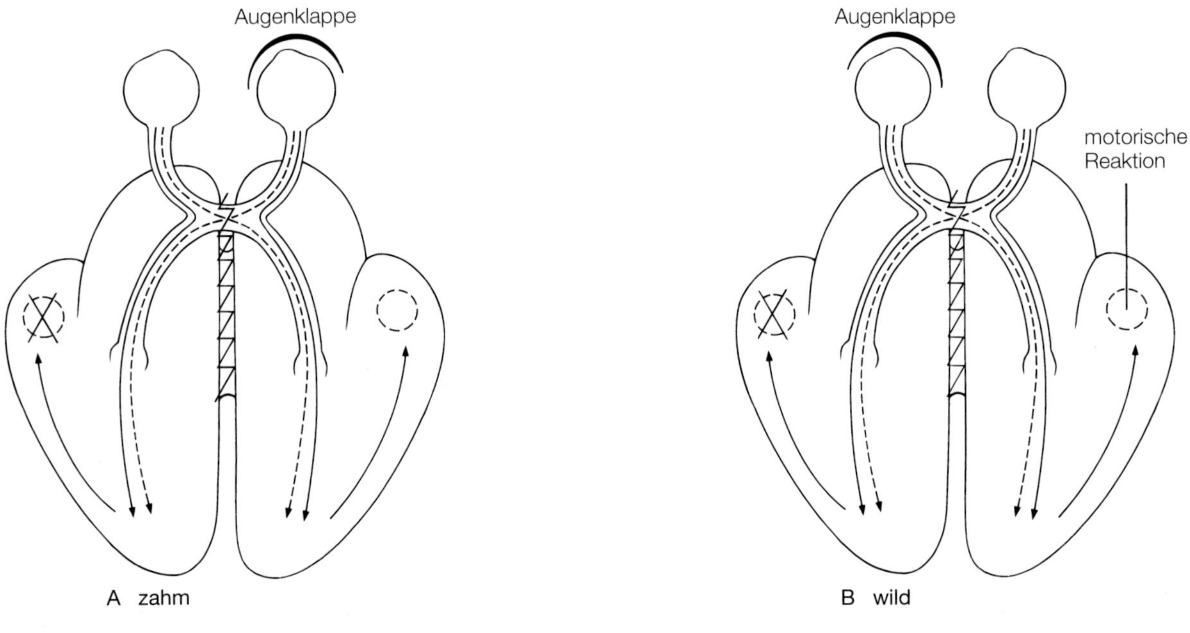

Anatomie cerebraler Faserverbindungen

Es gibt drei große Gruppen von Faserverbindungen des Neocortex: Assoziationsfasern, Projektionsfasern und kommissurale Faserverbindungen.

Assoziationsfasern

Man unterscheidet zwei Typen von Assoziationsfasern: lange Faserbündel, die weit entfernte cortikale Areale verbinden, und kurze subcortikale Verbindungen, sogenannte U-Fasern, die benachbarte neocortikale Areale miteinander verknüpfen. Zu den langen Bündeln gehören der Fasciculus uncinatus, das Cingulum, der Fasciculus longitudinalis superior, der Fasciculus longitudinalis inferior und der Fasciculus frontooccipitalis inferior.

Projektionsfasern

Die Projektionsfasern umfassen zum einen aufsteigende Fasersysteme aus subcortikalen Arealen, die zum Neocortex führen, wie etwa die Projektionen aus dem Thalamus. Zum anderen rechnet man absteigende Fasersysteme vom Neocortex zum Hirnstamm und zum Rückenmark dazu.

Kommissurale Faserverbindungen

Die Hauptfunktion kommissuraler Faserverbindungen besteht in der Informationsübertragung zwischen den Hemisphären. Zu ihnen zählt man hauptsächlich das Corpus callosum, die Commissura anterior und die hippocampalen Kommissuren. Das **Corpus callosum**, der Balken, stellt die Hauptverbindung zwischen den neocortikalen Feldern der beiden Hemisphären dar. Beim Menschen umfaßt es zwischen 200 und 800 Millionen Fasern, wobei ungefähr die Hälfte davon unmyelinisiert und ziemlich dünn sind. Die meisten, aber nicht alle Areale beider Hemisphären stehen miteinander in Verbindung. Abbildung 15.2 zeigt die Anordnung dieser interhemisphärischen Faserverbindungen im Gehirn des Rhesusaffen. Der größte Teil von Area 17, also des primären visuellen Cortex (V1), hat keine interhemisphärischen Faserverbindungen. Davon ausgenommen ist jedoch der Abschnitt des visuellen Cortex, der den vertikalen Meridian, das heißt die Gesichtsfeldmitte, repräsentiert. Dies hat man funktional wie folgt zu erklären versucht: Der primäre visuelle Cortex stellt eine topographische Repräsentation der visuellen Welt dar, und es gibt keine Notwendigkeit, eine Hälfte dieser Repräsentation mit der anderen zu verbinden. Auch die motorischen und sensorischen Areale distaler Anteile unserer Gliedmaßen haben keine derartige Verbindung. In diesem Fall könnte man annehmen, daß keine interhemisphärischen Faserverbindungen nötig sind, weil Hände und Füße im Prinzip unabhängig voneinander agieren.

Bei denjenigen Arealen, die interhemisphärische Faserverbindungen aufweisen, herrscht keine Homogenität hinsichtlich der Dichte der Projektionen. Bezirke des Cortex, in denen die Mittellinie unseres Körpers repräsentiert ist, etwa der zentrale Bereich visueller und auditorischer Felder und die sensorischen und motorischen Repräsentationen von der Rumpfmitte, weisen die höchste Verbindungsdichte auf. Der Zweck dieser Faserverbindungen wird darin gesehen, daß Körperbewegungen oder Aktionen im zentralen Körperbereich einer engen interhemisphärischen Kooperation bedürfen. Eine bekannte Arbeitshypothese über die Funktion des Corpus callosum ist die sogenannte Reißverschlußhypothese. Sie besagt, daß das Corpus callosum die Repräsentationen des Körpers und des Raumes, die durch die Fissura longitudinalis getrennt werden, wieder zusammenfügt.

Die durch das Corpus callosum hergestellten Verbindungen lassen sich in drei Klassen einteilen: 1) Die meisten dieser Projektionen sind topographisch organisiert. Das heißt, sie erreichen homotope (identische) Punkte in der kontralateralen Hemisphäre. Möglicherweise werden dadurch zwei Areale funktional miteinander verschmolzen. 2) Eine andere Gruppe von Projektionen erreicht Areale, auf die das homotope kontralaterale Gebiet projiziert. Auch die Projektionsareale in einer Hemisphäre behalten also eine enge Beziehung zu parallelen Arealen der kontralateralen Hemisphäre. 3) Eine weitere Gruppe von Projektionen weist eine diffuse Endverschaltung auf. Möglicherweise versetzen diese Projektionen

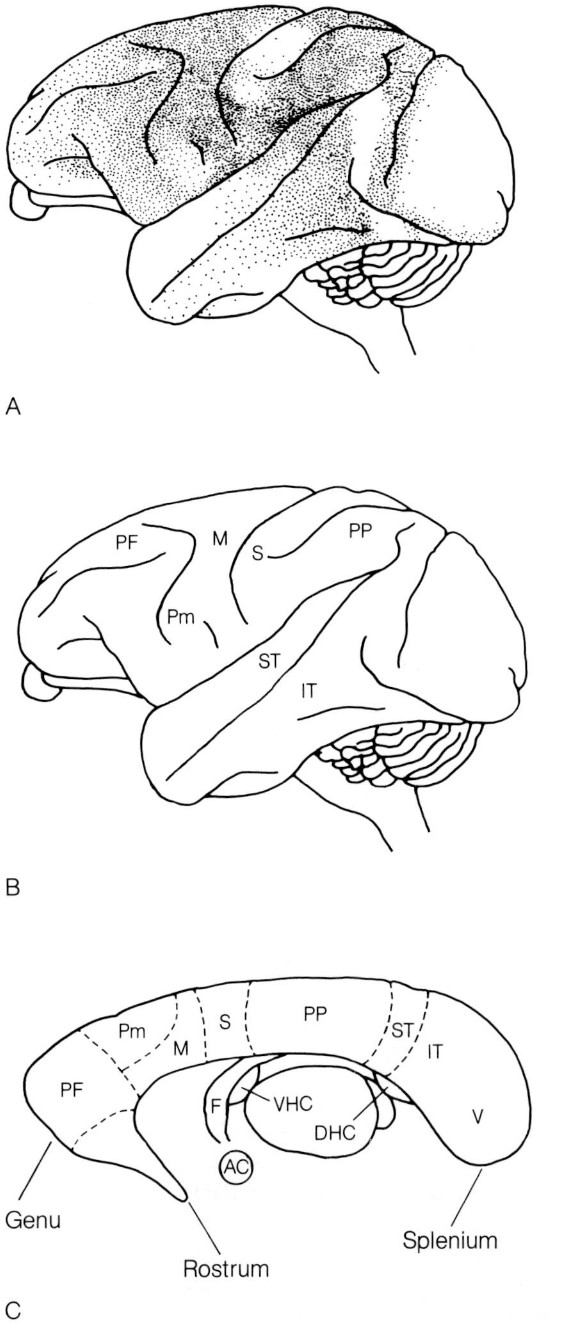

15.2 A. Die grauen Gebiete entsprechen Regionen des Rhesusaffencortex, in die Projektionen von der kontralateralen Hemisphäre ziehen. B. In die mit Buchstaben gekennzeichneten Orte wurde eine radioaktive Markierungssubstanz injiziert: IT, inferiorer temporaler Cortex; M, motorischer Cortex; PF, präfrontaler Cortex; PM, prämotorischer Cortex; PP, posteriorer parietaler Cortex; ST, superiorer temporaler Gyrus. C. Bereiche des Corpus callosum, durch welche die Markierungssubstanz transportiert wurde, die man zuvor in die entsprechenden Cortexareale injiziert hatte (Abkürzungen für cortikale Gebiete siehe unter B; V, occipitale visuelle Areale). Außerdem sind einige markante Faserzüge gekennzeichnet: AC, anteriore Kommissur; DHC, dorsale hippocampale Kommissur; F, Fornix, VHC, ventrale hippocampale Kommissur. (Nach Pandya und Seltzer 1986.)

die jeweils relevanten Areale einer Hemisphäre in Aktionsbereitschaft, wenn die kontralaterale Hemisphäre aktiv ist.

Die räumliche Anordnung der einzelnen Faserverbindungen des Corpus callosum ist ziemlich genau festgelegt. Die Abbildungen 15.2B und 15.2C zeigen das Verteilungsmuster beim Rhesusaffen. Der anteriore Anteil des Corpus callosum wird **Genu** (lateinisch für „Knie") genannt. Er enthält Fasern des präfrontalen Cortex. Fasern, die durch den mittleren Teil des Corpus callosum verlaufen, stammen – von anterior nach posterior betrachtet – vom prämotorischen Cortex, vom motorischen Cortex, vom somatosensorischen und vom posterioren parietalen Cortex. Fasern des posterioren Teils, der auch **Splenium** genannt wird, verbinden jeweils den oberen temporalen, den unteren temporalen und den visuellen Cortex der linken und rechten Hemisphäre. Die **anteriore Kommissur** ist viel kleiner als das Corpus callosum und verbindet hauptsächlich Teile des anterioren Temporallappens, der Amygdala und den paläocortikalen Anteil des Temporallappens (Hippocampus und **entorhinaler Cortex**). Bei Menschen, die ohne Corpus callosum geboren werden (ein Zustand, der als **Agenese des Corpus callosum** bezeichnet wird), ist die anteriore Kommissur beträchtlich vergrößert und verbindet deutlich mehr Regionen des Neocortex miteinander als sonst.

Auswirkungen von Diskonnektionen auf das Verhalten

Colonnier berichtet von einer interessanten Geschichte, in der ein Monsieur de la Peyronie im Jahre 1741 eine Zusammenfassung der gesamten Literatur über die Hirnstrukturen erstellte, die als Sitz der Seele galten. Peyronie tat die Behauptung ab, daß die damals diskutierten Strukturen Sitz der Seele sein könnten. Er beschrieb dann einige seiner eigenen Patienten und behauptete: »Es scheint, als könne das Corpus callosum weder zusammengedrückt noch anderweitig verletzt werden, ohne daß alle Sinnesempfindungen ausgelöscht werden« (Colonnier, S. 35). Peyronie glaubte deshalb, daß das Corpus callosum notwendigerweise der Sitz der Seele sein müsse. Colonnier berichtet weiter, daß im Jahre 1941 McCulloch und Garol ebenfalls die Literatur zusammenfaßten und folgerten, daß nach einer Läsion des Corpus callosum kaum Beeinträchtigungen zu beobachten seien, außer vielleicht einigen sehr komplizierten Aktivitäten.

Die klinische Bedeutung der Unterbrechung von Faserverbindungen wurde erstmals ernsthaft von Karl Wernicke im Jahre 1874 bedacht und stellte ein wichtiges Beispiel früher neurologischer Betrachtungen dar. Er postulierte die Existenz eines aphasischen Syndroms (der **Leitungsaphasie**) als Folge einer Durchtrennung der Faserverbindungen zwischen der anterioren und der posterioren Sprachzone. Dejerine war 1892 der erste, der eine ganz besondere Verhaltensstörung nachweisen konnte, die aus einer krankhaften Veränderung des Corpus callosum resultierte. In einer Reihe von Publikationen um die Jahrhundertwende wies Hugo Liepmann ganz eindeutig die Bedeutung durchtrennter Faserverbindungen nach, indem er darstellen konnte, daß sie ein ursächlicher Faktor für die Auswirkungen von Hirnschädigungen sind. Nachdem Liepmann das Verhalten eines Patienten genau untersucht hatte, machte er Vorhersagen über eine ganze Reihe von Diskonnektionen innerhalb des Neocortex, die angeblich für die beobachteten Verhaltensweisen verantwortlich waren. Als der Patient starb, veröffentlichte Liepmann im Jahre 1906 die Autopsiebefunde, die seine Hypothese unterstützten. Ganz ausführlich beschrieb er das Prinzip der Diskonnektion, insbesondere im Hinblick darauf, daß daraus einige Apraxien entstehen könnten. Um etwa die linke Hand auf Aufforderung in einer bestimmten Weise zu gebrauchen, mußte seiner Ansicht nach das Kommando – das nur die linke, „verbale" Hemisphäre versteht – von dort über das Corpus callosum in die rechte Hemisphäre weitergeleitet werden, die dann die Bewegung der linken Hand kontrolliert. Dieser Vorgang ist in Abbildung 15.3 dargestellt. Durchtrennt man den Teil des Corpus callosum, in dem die Übertragung der Bewegungsaufforderung von der linken in die rechte Hemisphäre stattfindet, so verhindert man, daß das Kommando die rechte Hemisphäre und deren motorisches Areal erreicht. Das heißt, die Versuchsperson versteht zwar noch die Anordnung, ihre linke Hand gehorcht ihr aber nicht mehr (Abbildung 15.3B). Diese „Apraxie" der linken Hand würde auch bei einer Läsion des motorischen Cortex der rechten Hemisphäre auftreten, wo die tatsächlich stattfindende Bewegung der linken Hand kontrolliert wird.

Die Schlußfolgerungen Liepmanns waren zwar bestechend, wurden aber aus drei Gründen allgemein ignoriert: 1) Die Ergebnisse waren in deutscher Sprache publiziert und deshalb von englischsprechenden Neurologen nicht beachtet worden. (Die Publikationen Liepmanns wurden erst kürzlich von Doreen Kimura ins Englische übersetzt.) 2) Außer dem ungewöhnlichen Fall eines Patienten, der gewissermaßen eine natürliche Läsion des Corpus callosum aufwies, konnten alle anderen beobachteten Verhaltensstörungen auf Schädigungen der grauen Substanz zurückgeführt werden, ohne daß man auf die verbindenden Fasersysteme eingehen mußte. 3) Es gab eine große Anzahl tierexperimenteller Untersuchungen, die ergeben hatten, daß auf eine Durchtrennung des Corpus callosum keine signifikanten Verhaltensänderungen folgen. Erst in den späten fünfziger und sechziger Jahren stellte sich heraus, daß die Resultate dieser Tierversuche auf die nur wenig differenzierte experimentelle Methodik zurückgeführt werden konnten.

Eine interessante Reihe von Veröffentlichungen von Myers und Sperry belebte in den frühen fünfziger Jahren erneut das Interesse an den Folgen einer Diskonnektion neocortikaler Regionen. Die Wissenschaftler untersuchten an Katzen die Verhaltensauswirkungen nach einer Durchtrennung des Corpus callosum. Ihre Arbeit bestätigte andere frühere Beobach-

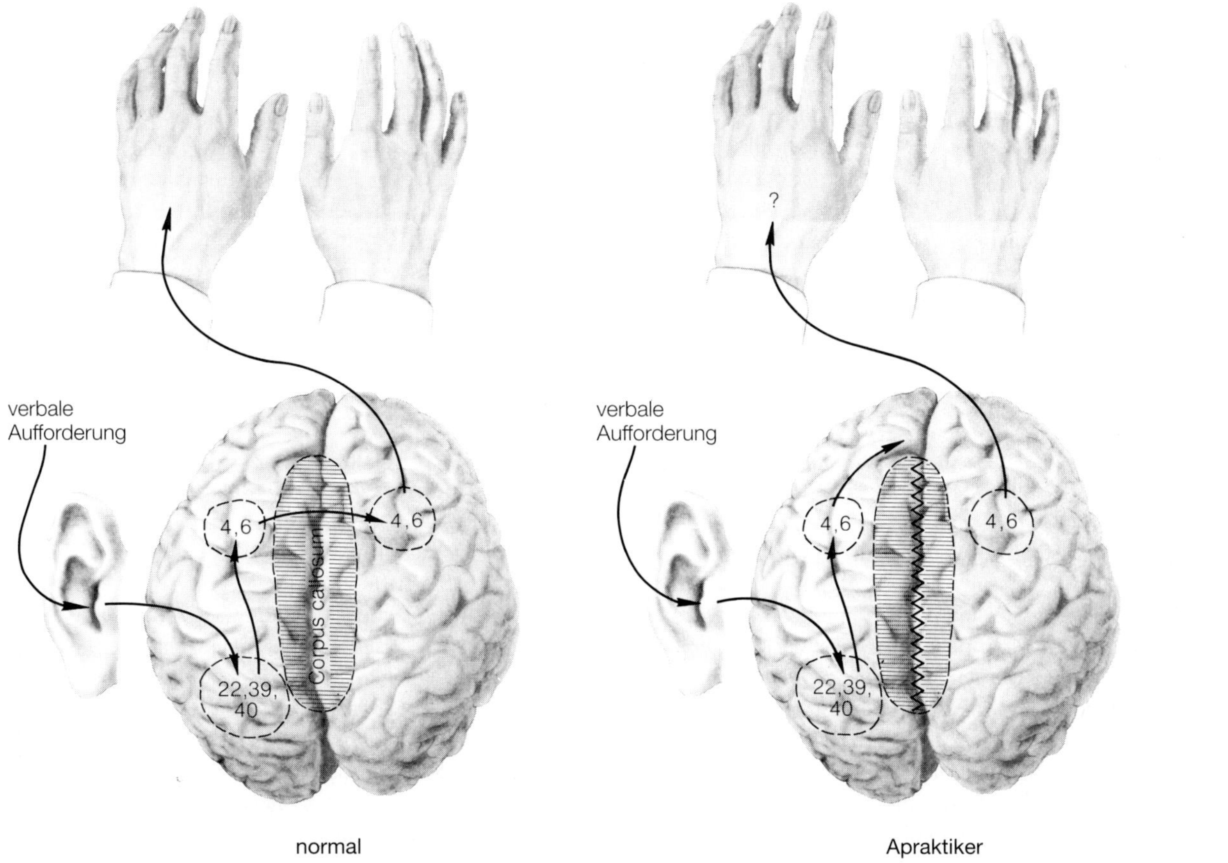

15.3 Liepmanns Theorie der Apraxie als einer Folge von Läsionen des Corpus callosum. Die Zickzacklinie im rechts dargestellten Gehirn markiert die Durchtrennung des Corpus callosum. Beim Apraktiker kann eine verbale Aufforderung den motorischen Cortex (Area 4) der rechten Hemisphäre nicht erreichen. Geschwind sieht die Ursache für eine bilaterale Apraxie in der läsionsbedingten Diskonnektion der posterioren Sprachzone (Areae 22, 39, 40) vom motorischen Cortex (Areae 4 und 6) in der linken Hemisphäre. In diesem Fall kann die verbale Aufforderung weder den linken noch den rechten motorischen Cortex erreichen.

tungen, daß diese Tiere von nichtoperierten Kontrolltieren fast nicht zu unterscheiden waren und bei den meisten Tests und Trainingsmethoden Leistungen im Normbereich aufwiesen. Im Gegensatz zu den früheren Experimenten zeigten ihre Untersuchungen jedoch bei ganz bestimmten Versuchsanordnungen schwere Beeinträchtigungen der operierten Tiere. Wurden zum Beispiel sensorische Informationen jeder Hemisphäre getrennt zugeleitet, so konnte man in jeder Hemisphäre eigene Prozesse der Wahrnehmung, des Lernens und des Gedächtnisses nachweisen. Das Corpus callosum hatte also tatsächlich eine wichtige Funktion! Diese Schlußfolgerung konnten Sperry und seine Mitarbeiter in weiteren Untersuchungen über die Wirkungen einer operativen Durchtrennung des Corpus callosum zur Behandlung von anderweitig nicht behandelbaren Epilepsien (Kapitel 9) eindeutig bestätigen.

Die Erfolge von Myers und Sperry weckten das Interesse an anderen Verbindungen des Gehirns. Geschwind nahm die Untersuchung klinischer Effekte von natürlich vorkommenden neocortikalen Läsionen wieder auf, um herauszufinden, ob sie sich möglicherweise auf eine Diskonnektion verschiedener Regionen der Hemisphären gründen. Parallel dazu begann Mishkin Tiermodelle für menschliche Diskonnektionssyndrome zu entwickeln. Dazu isolierte sie normalerweise verknüpfte neocortikale Regionen voneinander und zeigte so ihre starke funktionale Abhängigkeit.

Die anatomische Organisation des Neocortex erlaubt recht einfache Diskonnektionen: 1) Zum Beispiel besteht zwischen den primären sensorischen Arealen keine direkte Verbindung; sie können daher leicht voneinander getrennt werden. 2) Auch in sensorischen Arealen höherer Ordnung gibt es wenige direkte Verbindungen zwischen den einzelnen sensorischen Systemen, so daß auch in diesem Fall eine Trennung problemlos ist. 3) Da die Hemisphären sich sehr stark ähneln und nur durch einige wenige Projektionssysteme partiell miteinander verbunden sind, kann man sie ohne Schwierigkeiten voneinander trennen. Eine derartige Diskonnektion ist manchmal sogar angeboren.

Im weiteren Verlauf dieses Kapitels werden wir zunächst die Forschungen von Sperry über sogenannte **Split-Brain-**

Patienten (Personen, deren interhemisphärische Faserverbindungen mehr oder weniger komplett durchtrennt sind) besprechen, denn diese Patienten erweisen sich als gutes Modell für Diskonnektionssyndrome. Danach konzentrieren wir uns auf die Neuinterpretation der drei klassischen Symptome cortikaler Schäden (Aphasie, Apraxie und Agnosie) als Diskonnektionssyndrome durch Geschwind. Schließlich wollen wir uns kurz mit Mishkins Tiermodellen der Diskonnektion des visuellen Systems befassen.

Diskonnektion der Hemisphären

Es gibt drei Zustände, bei denen die Hemisphären vollständig voneinander getrennt sind. 1) Beim Menschen werden die interhemisphärischen Faserverbindungen manchmal operativ durchtrennt, um eine schwere Epilepsie zu behandeln. 2) Hin und wieder werden Menschen mit wenigen oder ganz ohne interhemisphärische Faserverbindungen geboren. 3) Im Tierexperiment durchtrennt man die Verbindungen beider Hemisphären, um funktionale Systeme aufzuspüren, ein experimentelles Modell für die Bedingungen beim Menschen zu schaffen und grundlegende Fragen zur Entwicklung der interhemisphärischen Kommunikation zu untersuchen.

Epileptische Entladungen können in einem umgrenzten Gebiet einer Hemisphäre (meistens im Temporallappen) beginnen und sich von dort über die Fasern des Corpus callosum und der anterioren Kommissur in homologe Areale der kontralateralen Hemisphäre ausbreiten. Diese Anfälle bringt man normalerweise durch krampflösende Medikamente unter Kontrolle. Manchmal hilft aber diese Behandlung wenig, und die Anfälle werden lebensbedrohlich, weil sie stündlich oder öfter auftreten. Um hier Erleichterung zu verschaffen, werden das Corpus callosum und die anteriore Kommissur operativ durchtrennt. Dies verhindert eine Ausbreitung der anomalen elektrischen Aktivität von einer Hemisphäre in die andere. Patienten, die eine solche Operation hinter sich haben, zeigen eine wesentliche Verbesserung ihrer Symptome und oft auch ausgeprägte Steigerungen ihres Wohlbefindens, ihrer Fähigkeiten und ihrer Intelligenz.

Die Gründe für das angeborene Fehlen interhemisphärischer Faserverbindungen sind nicht bekannt. Interessanterweise haben Albinoformen bei fast allen Spezies sowie Siamkatzen einige Besonderheiten hinsichtlich ihrer gekreuzt verlaufenden Faserzüge. Meist findet man eine verringerte Anzahl ungekreuzter Faserverbindungen beim visuellen System. Zum Stand der Forschungen über interhemisphärische Faserverbindungen wurden mehrere Übersichtsarbeiten veröffentlicht, unter anderem von Steele Russel und seinen Mitarbeitern im Jahre 1979 und von Lepore und seinen Mitarbeitern im Jahre 1986.

Kommissurotomie

Der Begriff der *Kommissurotomie* bezeichnet die Durchtrennung von Hemisphärenkommissuren zur Behandlung der Epilepsie. Diese Technik wurde von den Chirurgen Phillip Vogel und Joe Bogen am White Memorial Medical Center in Los Angeles (wieder) eingeführt. Inzwischen sind die von Sperry und seinen Mitarbeitern an Split-Brain-Patienten gewonnenen Erkenntnisse allgemein bekannt. Als Folge des operativen Eingriffs verfügt jede Hemisphäre über ein Fasersystem, mit dem nur die jeweils entgegengesetzte Gesichtsfeldhälfte „gesehen" werden kann. Außerdem erhält jede Hemisphäre hauptsächlich Informationen von der kontralateralen Körperseite und kontrolliert deren Bewegungen. Bei Menschen mit lateralisierten Sprachfunktionen wird außerdem die Sprachkontrolle isoliert und nur die dominante Hemisphäre (meistens die linke) kann „sprechen". Normalerweise braucht man etwa ein Jahr, um sich von den Folgen dieses Eingriffs zu erholen. Innerhalb von zwei Jahren können die typischen Patienten wieder zur Schule oder zur Arbeit gehen und den Pflichten im Haushalt nachkommen. Eine normale medizinische Untersuchung fördert im Verhalten der operierten Personen nichts Außergewöhnliches zutage; ihre Werte bei Standardtests sind normal. Das Alltagsverhalten dieser Patienten scheint sich durch nichts von dem gesunder Personen zu unterscheiden. Nur mit besonderen Testverfahren kann man Unterschiede feststellen und zeigen, daß jede Hemisphäre ihre eigenen Empfindungen, Wahrnehmungen, Gedanken und Gedächtnisinhalte hat, die der anderen Hemisphäre nicht zugänglich sind. Gewöhnlich untersucht man dies, indem man einer Hemisphäre Reize anbietet und überprüft, ob die andere Hemisphäre von ihnen Kenntnis hat. Wird eine operierte Person zum Beispiel gebeten, ein Objekt, das sie nicht sehen kann, zu betasten und dann mit der anderen Hand ein ähnliches Objekt aus einer Reihe von Gegenständen auszuwählen, so ist sie dazu nicht in der Lage. Wird einem Nasenloch ein bestimmter Duft angeboten, so kann dieser nicht mit einem Duft im anderen Nasenloch verglichen werden. Objekte, die in einer Gesichtsfeldhälfte gesehen werden, können in der anderen nicht wiedererkannt werden und so weiter. Beide Hemisphären arbeiten zwar unabhängig voneinander, aber sie tun dies auf allerhöchstem Niveau. Dies zeigt sich auch bei der Sprache: Die nichtdominante Hemisphäre kann zwar nicht sprechen, aber Anweisungen verstehen, Geschriebenes lesen, sie kann Bilder Wörtern zuordnen und geschriebene Wörter in gesprochener Form wiedererkennen und umgekehrt. Die sprachlichen Fähigkeiten sind bei Substantiven am stärksten ausgeprägt, bei Verben am schwächsten. Die nichtdominante Hemisphäre leistet auch bei einer Vielzahl räumlicher Aufgaben Besonderes. Dazu gehört das Abzeichnen von Vorlagen, die Interpretation eines Gesichtsausdrucks, das Einfügen von geometrischen Gegenständen in passend ausgeschnittene Formen und so weiter. Die nichtdominante Hemisphäre verfügt außerdem über ein Konzept des „Selbst". Sie kann soziale Situationen, Fotos des zugehörigen Individuums, von Familienmitgliedern, Bekannten und Angehörigen sowie von bedeutenden historischen und lebenden Persönlichkeiten erkennen und identifizieren. Beide Hemisphären haben zudem Kenntnis über Zustände des Körpers, zum Beispiel darüber, ob man Hunger hat oder ermüdet ist.

Angeborenes Fehlen oder frühzeitige Durchtrennung des Corpus callosum

Ergebnisse, die man bei adulten kommissurotomierten Patienten erhält, finden sich nicht unbedingt auch bei Menschen, die ohne Corpus callosum geboren wurden. Letztere können durchaus interhemisphärische Vergleiche visueller und taktiler Informationen durchführen. Man nimmt an, daß die verbliebenen Kommissuren mehr Information weiterleiten und daß die Betroffenen die wenigen ungekreuzt verlaufenden Projektionen (zum Beispiel im taktilen Bereich) effektiver verwenden. Menschen ohne Balken sind aber bei manchen Aufgaben auch nicht fehlerfrei. Es gibt zahlreiche Berichte über einen gering ausgeprägten Informationsaustausch zwischen den Hemisphären speziell bei hohen Reizkomplexitäten. Auch wurde von unspezifischen Beeinträchtigungen bei der Ausführung von Aufgaben berichtet. Lassonde bot zum Beispiel sechs Personen, die ohne Corpus callosum geboren worden waren, visuelle Stimuli paarweise an und bat sie zu entscheiden, ob die Paare gleich oder ungleich waren. Dabei handelte es sich um Buchstaben, Zahlen, Farben oder Formen. Die Stimuluspaare wurden jeweils in einer Gesichtsfeldhälfte dargeboten und waren übereinander angeordnet (intrahemisphärische Aufgaben). Es gab auch die Variante, bei der die Reize eines Paares in verschiedenen Gesichtsfeldhälften dargeboten wurden (interhemisphärische Aufgabe). Bei jeder dieser Testbedingungen schnitt die Gruppe ohne Corpus callosum genauso gut ab wie die Kontrollgruppe, aber die Reaktionszeiten waren beidesmal sehr lang. Lassonde glaubt, daß das Corpus callosum sowohl bei der Aktivierung der Hemisphären als auch beim Transfer von Informationen eine Rolle spielt. Die untersuchten Personen ohne Corpus callosum hatten seiner Meinung nach alternative Möglichkeiten zum interhemisphärischen Transfer der Informationen, nicht aber zur Aktivierung der beiden Hemisphären.

Von Jeeves wurde eine ganz besonders interessante Frage angesprochen, die Personen mit einer Agenese (Nichtentwicklung) des Corpus callosum betrifft. Es geht um die Entstehung der Sprachlateralität und anderer Asymmetrien. Eine Erklärung dafür, warum Sprache in einer Hemisphäre lateralisiert ist, besagt, daß, sobald die Sprachentwicklung in einer Hemisphäre einsetzt, diese die Sprachentwicklung in der anderen aktiv unterdrückt. Bei Personen mit einer Corpus-callosum-Agenese ist die Möglichkeit für einen solchen inhibitorischen Prozeß außerordentlich gering. Wo entwickeln sie also ihre Sprache? Die Antwort darauf lautet offenbar, daß eine bedeutende Anzahl dieser Menschen sowohl Sprache als auch andere Funktionen ähnlich verteilt haben wie die Allgemeinbevölkerung. Sie sind zudem eher rechtshändig. Das bedeutet, daß das Corpus callosum und andere Kommissuren offenbar für die Entwicklung von Asymmetrien letztlich nicht notwendig ist.

Die Konsequenzen eines angeborenen Fehlens oder der Durchtrennung des Corpus callosum in frühester Jugend ähneln sich sehr. Lassonde und seine Mitarbeiter verglichen die Leistung von fünf Kindern im Alter von sechs bis 16 Jahren bei einer interhemisphärischen Übertragung taktiler Informationen und motorischem Lernen. Jüngere Kinder zeigten sich durch die Operationen weniger beeinträchtigt als ältere. Die Wissenschaftler vermuten, daß die jüngeren Kinder auf ipsilaterale Faserverbindungen zurückgriffen, um diejenigen Informationen zu erhalten, die sie zur Bewegungsausübung benötigten. Die Tatsache, daß ältere Kinder stärker beeinträchtigt sind, läßt vermuten, daß eine Durchtrennung in früher Jugend den ipsilateralen Faserverbindungen mehr Zeit läßt, neue Verbindungen einzugehen, eine neue funktionale Bedeutung zu erhalten oder auch einfach sensibler zu werden.

Diskonnektion funktionaler Systeme

Sperry, Gazzaniga und andere Wissenschaftler haben die Auswirkung einer Hemisphärendiskonnektion auf Verhaltensweisen, die in Zusammenhang mit sensorischen und motorischen Systemen stehen, ausführlich untersucht.

Riechen

Im Gegensatz zu anderen Sinnessystemen verläuft das olfaktorische System nicht gekreuzt: Die Informationen vom linken Nasenloch erreichen die linke Hemisphäre, die vom rechten Nasenloch die rechte. Durch die anteriore Kommissur verlaufende Fasern verknüpfen die olfaktorischen Regionen der beiden Hemisphären, genau wie Fasern des Corpus callosum den motorischen Cortex beider Hemisphären miteinander verbinden.

Wird die anteriore Kommissur durchtrennt, so können Düfte, die nur das rechte Nasenloch erreichen, nicht mehr benannt werden, weil die linke Hemisphäre, in der die Sprache lokalisiert ist, keinen Zugang zu diesen Geruchsinformationen hat. Die rechte Hemisphäre verfügt zwar über dieses Wissen, kann aber die Sprache nicht kontrollieren. Daß das olfaktorische System dennoch intakt ist, zeigt sich daran, daß der Patient mit der linken Hand ein Objekt auswählen kann, das dem wahrgenommenen Duft entspricht, zum Beispiel eine Orange. In diesem Fall ist eine Verbindung zur Sprache nicht notwendig, denn die rechte Hemisphäre besitzt die olfaktorischen Informationen und kontrolliert die linke Hand. Würde man die Person bitten, die rechte Hand zu verwenden, wäre sie nicht in der Lage, eine Wahl zu treffen, weil die linke

Hemisphäre, welche die rechte Hand kontrolliert, keinen Zugang zur sensorischen Information des rechten Nasenlochs hat. Der Patient erscheint also bei Verwendung einer Hand normal, bei Verwendung der anderen Hand anosmisch (Abbildung 15.4).

Sehen

Wie bereits beschrieben wurde, verläuft das visuelle System gekreuzt. Informationen aus einer Gesichtsfeldhälfte erreichen selektiv einen korrespondierenden Ort im kontralateralen visuellen Cortex. Hier sei daran erinnert, daß Wissenschaftler diesen Verarbeitungsweg genutzt haben, um zu zeigen, daß in der linken und rechten Gesichtsfeldhälfte jeweils eine besondere Überlegenheit für verschiedene Reizarten besteht. Verbales Material (etwa Wörter) wird zum Beispiel genauer wahrgenommen, wenn es in der rechten Gesichtsfeldhälfte dargeboten wird. Dies ist vermutlich der Fall, weil die Informationen dann direkt die linke und damit meistens die Sprachhemisphäre erreichten. Verschiedene andere Arten visuell-räumlicher Informationen zeigen eine Überlegenheit der linken Gesichtsfeldhälfte, da die rechte Hemisphäre bei der Analyse dieser Informationen wichtiger zu sein scheint. Man sollte aber nicht vergessen, daß diese Überlegenheit einer Gesichtsfeldhälfte bei gesunden Personen nur *relativ* ist. Das heißt, Wörter, die der linken Gesichtsfeldhälfte dargeboten werden und deshalb die rechte Hemisphäre erreichen, werden durchaus wahrgenommen, wenn auch nicht so genau und so konsistent, wie dies der Fall ist, wenn sie im rechten Blickfeld erscheinen. Zu diesen relativen Effekten kommt es deshalb, weil jede Hemisphäre über das Corpus callosum, das auch die visuellen Areale miteinander verbindet, einen potentiellen Zugang zu den Informationen der kontralateralen Hemisphäre hat. Bei Split-Brain-Patienten besteht ein solcher Zugang nicht mehr, die Verbindung ist durchtrennt. Da die Sprache bei rechtshändigen Patienten meistens in der linken Hemisphäre lokalisiert ist, werden visuelle Informationen, die man in der linken Gesichtsfeldhälfte darbietet, von verbalen Assoziationen abgeschnitten, weil die Informationen in die rechte, nichtsprachliche Hemisphäre gelangen. Komplexes visuelles Material, das man in der rechten Gesichtsfeldhälfte präsentiert, wird ebenfalls inadäquat weiterverarbeitet, weil kein Zugang zu den visuell-räumlichen Fähigkeiten der rechten Hemisphäre besteht. Bietet man folglich das Untersuchungsmaterial entsprechend selektiv an, so sollte sich Aphasie, Agnosie, Alexie und Akopie bei einem Patienten nachweisen lassen, der „normalerweise" keines dieser Symptome aufweist. Daß dies tatsächlich gelingt, wird im folgenden geschildert.

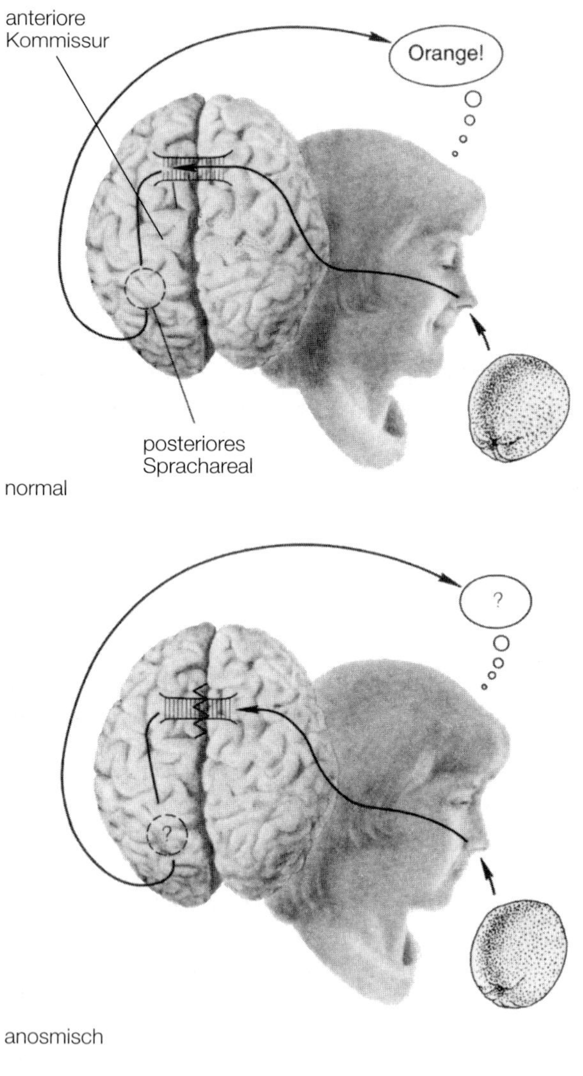

15.4 Bei einer gesunden Person erreichen olfaktorische Signale aus dem rechten Nasenloch direkt die rechte Hemisphäre und gelangen über die vordere Kommissur in die linke „sprachbegabte" Hemisphäre (posteriores Sprachareal). Eine Anosmie resultiert aus einer Durchtrennung der anterioren Kommissur. Wird diese Faserverbindung zerstört, so kann die linke Hemisphäre nicht wissen, welchen Geruch die rechte Hemisphäre wahrgenommen hat.

Zunächst betrachten wir die sprachbezogenen Defizite (die Aphasie, die Alexie und die Agnosie). Bietet man in der linken Gesichtsfeldhälfte verbales Material dar, so sind kommissurotomierte Patienten nicht in der Lage, es zu lesen oder diesbezüglich Fragen mündlich zu beantworten, da die linke Hemisphäre keinen Zugang zu den Informationen hat. Zeigt man das gleiche verbale Material in der rechten Gesichtsfeldhälfte, so haben die Patienten keine Schwierigkeiten, da die visuellen Informationen in diesem Fall direkt in die linke Hemisphäre gelangen. Wird also ein Objekt in der linken Gesichtsfeldhälfte gezeigt, so kann der Patient es nicht benennen – er erscheint agnostisch oder aphasisch. Bietet man dasselbe Objekt allerdings im rechten Blickfeld an, wird es korrekt benannt, weil der linke visuelle Cortex, der das Objekt wahrnimmt, auch Zugang zu den Sprachareal hat. Das heißt, ein Split-Brain-Patient ist dann aphasisch, alexisch oder agnostisch, wenn verbales Material oder Objekte, die eine verbale Reaktion erforderlich machen, der rechten Hemisphäre dargeboten werden. Derselbe Patient zeigt aber normale Reaktionen, wenn das Material der linken Hemisphäre zugänglich gemacht wird.

Ein weiteres Defizit kann man beobachten, wenn solche Patienten gebeten werden, eine komplexe Figur abzuzeichnen. Wie schon besprochen, ist die rechte Hemisphäre auf die Wahrnehmung komplexen visuellen Materials spezialisiert. Da die rechte Hemisphäre die linke Hand kontrolliert, läßt sich vorhersagen, daß die komplexe Figur mit der linken Hand abgezeichet werden kann, nicht aber mit der rechten, denn der rechten Hand fehlt die Expertise der rechten Hemisphäre. Mit der linken Hand zeichnet der Patient die Figur tatsächlich gut ab, wohingegen die rechte Hand diese Leistung nicht vollbringen kann und deshalb akopisch ist.

Fühlen

Das somatosensorische System ist ebenso wie das visuelle vollständig gekreuzt. Die Berührungsempfindungen der linken Hand erreichen die rechte Hemisphäre und jene der rechten Hand die linke Hemisphäre. Wird ein Objekt in die linke Hand eines gesunden Menschen gelegt, so kann es deshalb benannt werden, weil die Tastinformationen zur rechten Hemisphäre gelangen, von dort aus über das Corpus callosum in die linke Hemisphäre kreuzen und Zugang zum Sprachareal finden.

Analog dazu kann man bei geschlossenen Augen eine Hand (etwa die rechte) so formen, daß sie eine ganz bestimmte Stellung einnimmt, und kann dies mit der linken Hand sofort kopieren, denn die taktilen Informationen aus der rechten Hand erreichen die linke Hemisphäre, kreuzen von dort via Corpus callosum zur rechten Hemisphäre und ermöglichen der linken Hand, eine ähnliche Stellung einzunehmen.

Sind beide Hemisphären aber voneinander getrennt, so werden die somatosensorischen Funktionen der rechten und linken Körperhälfte voneinander unabhängig. Legt man zum Beispiel einem Patienten, dessen Augen verbunden sind, ein Objekt in die linke Hand und bittet ihn, aus einer Reihe verschiedener Gegenstände den eben gefühlten auszuwählen, so kann die Versuchsperson diese Aufgabe mit der linken Hand, nicht aber mit der rechten ausführen. Legt man dem gleichen Patienten ein Objekt in die rechte Hand, so kann er es benennen. Dies ist aber nicht möglich, wenn es ihm in die linke Hand gegeben wird, weil in diesem Fall die sensorische Informationsverarbeitung in der rechten Hemisphäre vom Sprachareal isoliert ist.

Solche Diskonnektionseffekte kann man auch ohne Verwendung eines Objekts zeigen. Ein Patient mit verbundenen Augen, dessen eine Hand eine bestimmte Form nachahmt, kann diese Position mit der anderen Hand nicht nachmachen, denn ohne Corpus callosum gibt es keine Möglichkeit, zwischen den Hemisphären und damit zwischen den Händen Informationen zu übermitteln. Sind die Augen des Patienten nicht verschlossen, weiß er, was die Hände „tun", weil er sie betrachten kann.

Hören

Das auditorische System ist etwas komplexer als die anderen Sinnessysteme, da es sowohl über gekreuzte als auch über ungekreuzte Verbindungen verfügt. Obgleich die linke Hemisphäre den größten Teil ihrer Informationen aus dem rechten Ohr erhält, erreichen sie auch Signale aus dem linken Ohr. Wörter, die man dem linken Ohr darbietet, können also direkt in die linke Hemisphäre gelangen, sie können aber auch zur rechten Hemisphäre geleitet werden und von dort über das Corpus callosum zur linken Seite gelangen. Bei gesunden Personen zeigen dichotische Hörtests ganz klar, daß kontralaterale Informationen bevorzugt werden. Wörter, die man dem rechten Ohr zuführt, werden eher wahrgenommen als Wörter, die gleichzeitig dem linken Ohr dargeboten werden. Dieser Unterschied ist aber relativ, denn die Patienten berichten auch über Wörter, die dem linken Ohr präsentiert wurden.

Die eben beschriebene bilaterale anatomische Anordnung scheint also die Auswirkungen einer Diskonnektion reduzieren zu können. Dennoch kann man folgendes nachweisen: beim dichotischen Hören werden Informationen aus dem linken Ohr vollkommen unterdrückt; der Patient berichtet nur über die Wörter, die dem rechten Ohr dargeboten werden. Ziffernfolgen oder Wörter, die das rechte Ohr erreichen, werden wiedergegeben, solche, die dem linken Ohr dargeboten werden, dagegen nicht. Etwas überraschend ist dies schon, denn man sollte annehmen, daß Wörter, die dem linken Ohr zugeführt werden, selbst unter diesen Bedingungen einen bestimmten Zugang zur linken Hemisphäre haben. Dieser direkte Zugang scheint aber nicht genutzt zu werden.

Bewegung

Da das motorische System im großen und ganzen gekreuzt verläuft, lassen sich verschiedene Arten von Schwierigkeiten nach einer Diskonnektion der beiden Hemisphären vorhersagen. Zunächst kann man bei Split-Brain-Patienten für jede Aufgabe, die eine verbale Anordnung für die linke Hand beinhaltet, eine Form der Apraxie oder Agraphie erwarten. Die linke Hand erhält ja keine Instruktion von der linken Hemisphäre, sondern von der abgetrennten rechten Seite. Die linke Hand ist also unfähig, einer Anordnung zu folgen (Apraxie) oder zu schreiben (Agraphie). Zu diesen Störungen kommt es nicht, wenn die rechte Hand verwendet werden soll, denn diese hat Zugang zur Sprachhemisphäre. Wird ein Split-Brain-Patient gebeten, mit der rechten Hand eine geometrische Figur abzuzeichnen, so sollte es zu einer Störung kommen (Akopie), da diese Hand keinen Zugang zur rechten Hemisphäre hat, die gewöhnlich bei dieser Aufgabe eine bevorzugte Rolle spielt. Derartige Diskonnektionssymptome beobachtet man tatsächlich bei kommissurotomierten Patienten, obgleich der Schweregrad des Defizits mit der Zeit abnimmt. Dies kann möglicherweise damit zusammenhängen, daß die linke Hemisphäre auch eine Kontrolle über die ipsilaterale Motorik hat und davon zunehmend Gebrauch macht.

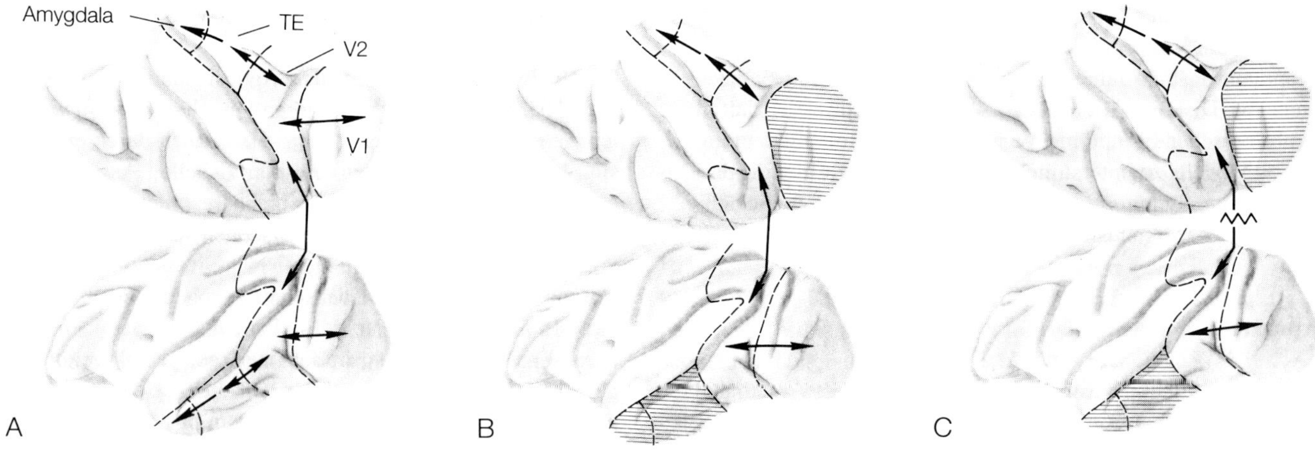

15.6 Auswirkungen von Diskonnektionen im visuellen System von Affen. A. Hier ist das visuelle System intakt. B. Der linke visuelle Cortex verfügt weiterhin über einen Zugang zum visuellen Assoziationscortex der rechten Hemisphäre; deshalb ist die Sehfähigkeit erhalten. C. Die noch intakten Komponenten des visuellen Systems sind hier voneinander entkoppelt, was zu ausgeprägten Sehstörungen führt. (Nach Mishkin 1979.)

Kapitel mit einer Besprechung von Downers genialem Experiment begannen, mit dem er die Auswirkungen einer temporalen Lobektomie demonstrierte. Mishkin und andere Wissenschaftler haben die Methode der Diskonnektion verschiedener Gehirnareale bei Tieren dazu benutzt, um funktionale Verschaltungen innerhalb der hierarchischen Organisation des visuellen Systems und unlängst auch des somatosensorischen Systems nachzuweisen. Die Ergebnisse dieser Versuche belegen eindeutig den Nutzen der Diskonnektionshypothese, und sie haben zu einem bedeutenden Fortschritt in der Erforschung sensorischer Systeme beigetragen.

Fasern des visuellen Systems verlaufen in jeder Hemisphäre von Area V1 zu Area V2 und zu den Areae V3, V4 und V5 derselben Hemisphäre. Faserverbindungen von V3, V4 und V5 erreichen über das Corpus callosum das entsprechende Gebiet der anderen Hemisphäre sowie die Area TE in derselben Hemisphäre. Area TE steht mit dem anterioren temporalen Cortex (Area 21) und der ipsilateralen Amygdala in Verbindung. Mit der Gegenseite ist sie über die anteriore Kommissur verknüpft. Was geschieht mit dem Sehsinn, wenn man diese Verbindungen durchtrennt? Zur Beantwortung dieser Frage hat man Experimente an Affen durchgeführt. Bei solchen Experimenten muß zunächst herausgefunden werden, welche visuellen Fähigkeiten diese Tiere überhaupt besitzen. Die einfachste Art, dies zu tun, besteht darin, den Tieren eine visuelle Unterscheidung beizubringen, zum Beispiel die eines Kreuzes von einem Kreis. Man verbindet eine Futterbelohnung selektiv mit einem der beiden Stimuli. Die Aufgabe des Affen besteht darin, den richtigen Reiz zu identifizieren und entsprechend zu reagieren. Gesunde Tiere bewältigen ein solches Problem nach 100 bis 150 Versuchen. Deshalb wird bei einem operierten Tier, das dieses Problem auch nach 1 000 Versuchsdurchgängen nicht lernt, angenommen, daß es die Aufgabe nicht begreifen kann. Man schließt daraus, daß die Läsion eine wichtige Auswirkung auf die Fähigkeit des Affen hat, zwischen visuellen Reizen zu unterscheiden.

Mishkin und andere Forscher verwendeten diese Art von Aufgaben und konnten damit zeigen, daß bilaterale Läsionen der Areae V1, V2 oder TE zu einer Störung oder Unfähigkeit führen, visuelle Unterscheidungsprobleme zu lösen. Da unilaterale Läsionen keine solche Wirkung haben, scheint es, als sei ein intaktes „Trio" der Areae V1, V2 und TE notwendig. Eine Einschränkung gilt aber: Die noch verbleibenden Regionen müssen miteinander in Verbindung stehen. Eine Läsion wie in Abbildung 15.6B, die Area V1 auf der rechten und Area TE auf der linken Seite betrifft, interferiert nicht mit der Leistung, da immer noch ein intaktes Gesamtsystem verbleibt, das genutzt werden kann. Werden nun die Verbindungen zwischen den beiden Hemisphären durchtrennt, sind die neocortikalen Areale zwar immer noch intakt, aber nicht mehr miteinander verbunden, und das führt zu dem Unvermögen, das visuelle Unterscheidungsproblem zu lösen (Abbildung 15.6C). Denn zweifellos funktionieren die neocortikalen Regionen nicht richtig, wenn sie nicht miteinander kommunizieren können.

Mishkin untersuchte zunächst Area TE, da er glaubte, daß sie die höchste Stufe des visuellen Systems darstelle. In jüngster Zeit ist er aber der Frage nachgegangen, wie visuelle Reize „motivationale" oder „emotionale" Bedeutung erlangen. Hier sei an die Affen mit bilateralen temporalen Lobektomien von Klüver und Bucy erinnert, die visuellen Reizen keine affektive Bedeutung mehr zumaßen. Das heißt, sie versuchten wiederholt, schlecht schmeckende Gegenstände zu fressen oder nahmen Ungenießbares ins Maul. In einem Artikel, den Geschwind 1965 schrieb, äußerte er die Vermutung, daß dieses Symptom eine Diskonnektion der Amygdala vom visuellen System widerspiegelt. Das bedeutet, das visuelle System des Tieres kann zwar intakt sein, das Tier verhält sich aber dennoch so, als sei der Sehsinn nicht in Ordnung, weil er von einem anderen System getrennt ist, das seinerseits den visuellen Informationen eine Bedeutung zumißt. Abbildung

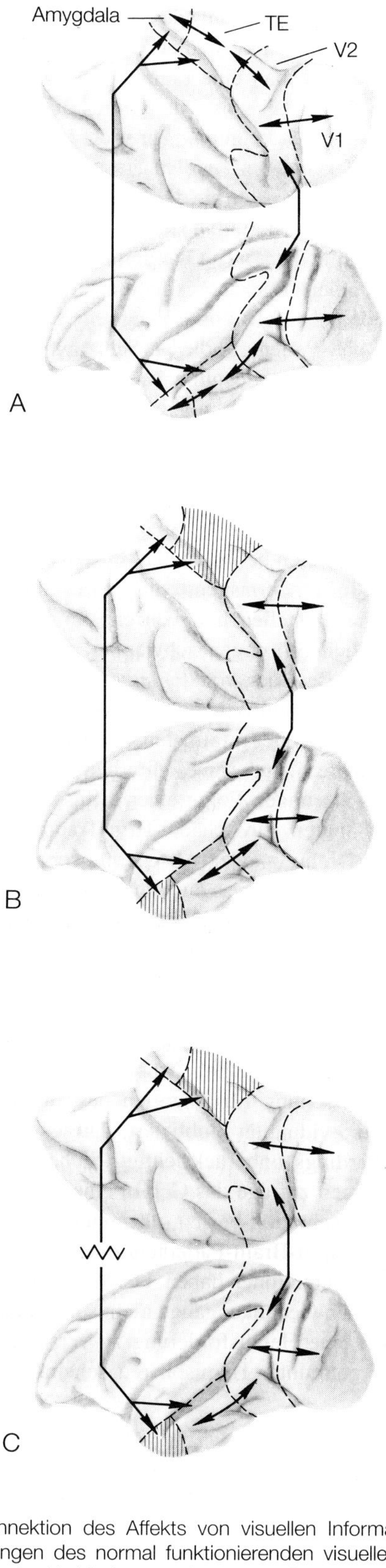

15.7 Diskonnektion des Affekts von visuellen Informationen. A. Die Verbindungen des normal funktionierenden visuellen Systems einschließlich der Verbindungen durch das Corpus callosum und die vordere Kommissur. B. Wenn Teile des Systems zerstört werden, kann es dennoch weiter funktionieren. C. Nach einer Durchtrennung der vorderen Kommissur wird die visuelle Information vom Affekt isoliert, und das führt zu visuellen Defiziten. (Nach Mishkin 1979.)

15.7A illustriert die zusätzlichen Verbindungen, wenn die Amygdala in dieses so erweiterte visuelle System einbezogen wird. Area TE steht mit der ipsilateralen Amygdala direkt und mit der kontralateralen Amygdala über die anteriore Kommissur in Verbindung.

Um Geschwinds Annahme zu untersuchen, erdachte Mishkin ein Experiment, das in Abbildung 15.7B und C dargestellt ist: Die Amygdala wurde auf der linken und der inferiore temporale Cortex auf der rechten Seite entfernt. Diese Anordnung ließ ein komplettes System – bestehend aus den Areae V1, V2 und TE sowie einer Amygdala – intakt, und die Leistung des Affen bei der Lösung visueller Probleme war erwartungsgemäß normal. Anschließend wurde die anteriore Kommissur durchtrennt, wobei alle notwendigen Teile des Systems zwar intakt blieben, aber die funktionsfähige Amygdala von dem neocortikalen Anteil des visuellen Systems getrennt wurde. Es kam zu einer sofortigen Verschlechterung bei der Lösung visueller Probleme, was darauf schließen läßt, daß die normale Verarbeitung visueller Informationen gestört war, wie dies Geschwind anhand seines Modells vorhergesagt hatte.

In einer weiteren Anwendung des Diskonnektionsmodells zur Untersuchung des visuellen Systems haben Nakamura und Mishkin gezeigt, daß Affen blind werden, wenn das intakte visuelle System von nichtvisuellen Regionen getrennt wird. Der Neocortex von Versuchstieren wurde unilateral abgetragen, wobei die visuellen Areale (und der motorische und limbische Cortex) ausgespart blieben. Danach durchtrennten die beiden Forscher die interhemisphärischen Kommissuren und den kontralateralen Sehnerv. Entgegen den Erwartungen waren die operierten Tiere blind! Keines zeigte eine nachweisbare Reaktion auf visuelle Reize, unabhängig davon, ob es sich um Futter, angsterregende Objekte oder plötzliche Bewegungen handelte. Wurden die Tiere in eine ihnen unbekannte Umgebung gesetzt, stießen sie an Hindernisse und fanden Futter nur, wenn sie es zufällig berührten oder ertasteten. Zwar zeigten einige Affen mit der Zeit Anzeichen einer Erholung, andere taten dies aber nicht und blieben auch zwei Jahre nach der Operation funktional blind. Weitere Experimente zeigten, daß der visuelle Cortex, elektrophysiologisch betrachtet, immer noch funktionierte. Trotzdem verhielten sich die Tiere so, als sei er nicht mehr intakt. Diese Ergebnisse zeigen, wie wichtig es ist, die Faserverbindungen eines funktionellen Systems und nicht nur die Areale selbst zu untersuchen.

Schlußfolgerungen

Eine Reihe von Themen wurde in diesem Kapitel bislang nicht behandelt. Diese sollen zum Schluß kurz angesprochen werden. Es gibt bei höheren Wirbeltieren je nach Spezies bedeutende Unterschiede in der Anatomie und der Funktion

Teil III

Höhere Funktionen

Wie die Neurologie seit langer Zeit die Gehirnstrukturen untersucht, so erforscht die Psychologie die hypothetischen Funktionen von Gehirn, Sprache, Emotion, Raumempfinden und Aufmerksamkeit. Die Kapitel 16 bis 20 befassen sich mit der Gehirnfunktion aus dem Blickwinkel des daran interessierten Psychologen. Ein Großteil des Grundwissens wurde bereits im zweiten Teil dieses Buches vorgestellt, der Blickwinkel ist nun aber ein ganz anderer, so daß sich die erneute Betrachtung der Zusammenhänge durchaus lohnt.

16

Gedächtnis

Mitte des 19. Jahrhunderts begannen Psychologen damit, die Gedächtnisfunktionen zu untersuchen. Die erste Monographie, sie stammt von Ebbinghaus, wurde im Jahre 1885 veröffentlicht. Die achtziger Jahre des 19. Jahrhunderts waren ein revolutionäres Jahrzehnt für die Gedächtnisforschung, denn zu dieser Zeit wurden erstmals Gedächtnisstörungen beschrieben. Die achtziger Jahre unseres Jahrhunderts bezeichnete Schacter als zweite Revolution, denn nun erkannte man, daß Gedächtnis in verschiedenen Formen existiert. Gleichzeitig mit der Entdeckung verschiedener Gedächtnisformen wurden neue Ansätze zur Untersuchung der neuralen Grundlage des Gedächtnisses entwickelt. Dazu gehörten neue theoretische Modelle, das steigende Interesse der Kognitionspsychologen an der Gehirnfunktion sowie der Einsatz von bildgebenden Verfahren.

Mögliche Ursachen eines Gedächtnisverlusts

Wir haben alle schon einmal die Erfahrung einer **Amnesie**, eines Gedächtnisverlusts, gemacht. Das eindrücklichste Beispiel für Vergessen ist die infantile Amnesie. Obwohl die ersten Lebensjahre gemeinhin als extrem wichtige Phase in der kindlichen Entwicklung betrachtet werden, erinnern wir uns als Erwachsene nicht bewußt an diese Zeit. Möglicherweise ist die Information immer noch vorhanden, aber wir können nicht mehr auf sie zugreifen, weil die Entwicklung des Vorderhirns diese Gedächtnisinhalte blockiert. Eine plausiblere Erklärung ist, daß wir in der Kindheit ein Gedächtnissystem nutzen und als Erwachsene ein anderes, neu entwickeltes. Die Inhalte scheinen verloren, weil sie nicht in dem neuen, bewußten System der Erwachsenen gespeichert sind.

Auch Erwachsene vergessen. Dies wird eindrucksvoll durch Menschen belegt, die irgendwann und irgendwo auftauchen und sich nicht an ihr bisheriges Leben erinnern können, deren motorische und Sprachfähigkeiten jedoch intakt sind. Eine akute Form der Amnesie wurde durch Fisher und Adam beschrieben: Die **transiente globale Amnesie** beginnt plötzlich, ohne offensichtlichen Grund gehen alte Gedächtnisinhalte verloren, und es ist nicht mehr möglich, neue zu bilden. Dieses Syndrom wurde mit Gehirnerschütterungen, Migräne, Hypoglykämie und Epilepsie in Verbindung gebracht, sowie mit einer Unterbrechung des Blutflusses in der Arteria cerebalis posterior. Letzteres kann entweder aufgrund einer vorübergehenden Ischämie oder einer Embolie geschehen. Die transiente globale Amnesie kann ein einmaliges Ereignis sein, Markowitsch vermutet jedoch, daß es auch zu dauerhaften Gedächtnisverlusten kommen kann. Tatsächlich zeigte eine sorgfältige Untersuchung von Mazzuchi und Mitarbeitern, daß bei der transienten Globalamnesie signifikante chronische Gedächtnisdefizite bestehen. Aufgrund der zügigen und starken Erholung und weil nur selten sorgfältige Gedächtnistests durchgeführt werden, wird dies häufig übersehen.

Kopfverletzungen führen ebenfalls oft zu einer Amnesie, wobei die Schwere der Verletzung die Merkmale der Amnesie bestimmt. Typischerweise kommt es zu einem vorübergehenden Bewußtseinsverlust, dem eine kurze Phase der Verwirrung folgt. Das nicht mehr erinnerte Zeitintervall schrumpft im Zuge der Erholung, und es bleibt oft nur eine Restamnesie für die Zeitspanne von wenigen Sekunden bis zu einer Minute unmittelbar vor der Verletzung. Die Dauer der posttraumatischen Amnesie ist unterschiedlich. Whitty und Zangwill befragten eine Gruppe von Patienten mit schweren Kopfverletzungen und fanden heraus, daß die Amnesie bei 10 % von ihnen kürzer als eine Woche anhielt, bei 30 % zwischen zwei und drei Wochen, und bei den verbleibenden 60 % länger als drei Wochen. Manchmal blieben bestimmte Ereignisse, wie etwa der Besuch eines Verwandten oder eine ungewöhnliche Begebenheit, als „Erinnerungsinseln" während dieser amnestischen Phase bestehen. Die posttraumatische Amnesie endet meist sehr abrupt, und zwar oft nach einer normalen Schlafphase.

Eine Amnesie kann auch auf andere Weise hervorgerufen werden. So kommt es oft nach der Einnahme von Beruhigungsmitteln oder nach Alkoholgenuß zu Gedächtnisverlusten. Ein zur Behandlung von Depressionen eingesetztes Verfahren, die Elektrokrampftherapie, kann ebenfalls Gedächtnisausfälle zur Folge haben. Dieses Verfahren wurde zur Erforschung der Amnesie an Tiermodellen verbreitet eingesetzt. Im Jahre 1933 führte von Meduna eine Therapie ein, bei der durch die Substanz Metrazol Krämpfe ausgelöst wurden. Er glaubte, Menschen mit Epilepsie könnten nicht gleichzeitig an Schizophrenie leiden, und postulierte daher, daß seine künstlich ausgelösten Krämpfe die Schizophrenie heilen sollten. Im Jahre 1937 ersetzten Zerletti und Bini die medikamentöse Behandlung durch Elektroschocks und erfanden dadurch die **Elektrokrampftherapie** (*electroconvulsive shock therapy*, kurz ECT oder ECS). Bei dieser Therapie werden 70 bis 120 Volt Wechselstromspannung über Schläfenelektroden für etwa eine halbe Sekunde lang angelegt. Die Behandlung wird gewöhnlich ein- bis dreimal die Woche wiederholt, und der ganze Behandlungszeitraum dauert zwischen zwei und vier Wochen. Um den Körper von den physikalischen Folgen des Krampfes zu schützen, werden Beruhigungsmittel, Muskelrelaxantien und manchmal Atropin kurz vor der jeweiligen Behandlung verabreicht.

Die Elektrokrampftherapie kann zwar Depressionen mildern, eine schwerwiegende Nebenwirkung ist jedoch ihr negativer Einfluß auf das Gedächtnis. Diese Konsequenz wurde sorgfältig untersucht. In einer Übersichtsarbeit aus dem Jahre 1982 gelangen Taylor und seine Mitarbeiter zu mehreren Schlußfolgerungen, die sich auf die Art des Gedächtnisverlustes bezogen: 1) Ein bilateraler Elektroschock führt häufig zu Veränderungen des Gedächtnisses, und zwar auch schon dann, wenn die übliche Anzahl von Behandlungen eingehalten wird (acht oder neun). 2) Der Effekt der Therapie auf das Gedächtnis scheint kumulativ zu sein, sukzessive Behandlungen vergrößern die Auswirkung. 3) Die Mehrzahl der kognitiven Ausfälle und Gedächtnisstörungen scheint vollkommen reversibel zu sein. Sie verschwinden innerhalb von sechs bis sieben Monaten. 4) Einige geringe, aber andauernde Defizite können jedoch auch noch nach Monaten festgestellt werden (dies betrifft besonders persönliche oder autobiographische Daten). 5) Die andauernden Beeinträchtigungen scheinen den Patienten eher lästig zu sein, als ihre Geisteskräfte ernsthaft zu beeinträchtigen. Mehrfach wurde die Behauptung aufgestellt, eine unilaterale Krampftherapie habe weniger negative Einflüsse auf das Gedächtnis als eine bilaterale. Sinnvoll erscheint die Annahme, unilaterale Elektroschocks auf der linken Hemisphäre würden hauptsächlich verbal übertragene Gedächtnisinhalte stören, solche auf der rechten Seite dagegen im wesentlichen nichtverbale Gedächtnisinhalte.

Eine Schädigung umgrenzter Bereiche des Gehirns kann ebenfalls zu einer oft ungewöhnlichen Amnesie führen. Beispielsweise gibt es Berichte von Menschen, die plötzlich eine Amnesie für die Bedeutung von Substantiven zeigen, nicht aber für Verben oder umgekehrt. Anderen Berichten zufolge können Menschen eine Amnesie für Tiere, aber nicht für Personen entwickeln, oder ausschließlich für menschliche Gesichter.

Dann sind da noch die alltäglichen kleinen Amnesien: Wir vergessen die Namen oder Gesichter unserer Mitmenschen, unsere Schlüssel und vieles mehr. Auch vergessen wir sehr schnell Dinge, die wir nicht oft brauchen, wie etwa Telefonnummern, die wir nur einmal gewählt haben. Diese Art des Gedächtnisschwundes macht insbesondere vielen älteren Menschen zu schaffen. Oft zeigt sie sich zunächst in einer fehlenden Erinnerung an die Namen von Leuten, mit denen wir nicht oft zu tun haben, und an Informationen, die wir aus Zeitungen oder aus Gesprächen aufgenommen haben. Gedächtnisstörungen des Alters können sehr behindernd sein, zum Beispiel bei der Alzheimer-Krankheit. Diese ist durch den Verlust vieler Gedächtnisinhalte aus vergangenen Zeiten sowie ein Absterben von Neuronen und andere krankhafte Veränderungen im Cortex gekennzeichnet.

Was zeigen uns all diese Beispiele? Sie lassen vermuten, daß es verschiedene Arten von Gedächtnis gibt, von denen eine etwa im Alter von zwei Jahren beginnt. Sie besagen, daß Gedächtnisinhalte verloren gehen können und daß die jüngsten Inhalte dafür am anfälligsten sind. Sie lassen vermuten, daß sich das Gedächtnis für Personen von dem für bestimmte Fertigkeiten oder Landschaften unterscheidet, da Amnestiker zwar das eine verlieren, das andere jedoch behalten können. Und sie zeigen, daß die Fähigkeit zur Bildung neuer Gedächtnisinhalte verloren gehen kann, während älteres Wissen behalten wird, aber daß auch beide Gedächtnisarten gemeinsam ausfallen können. Es wurden mindestens zwei Ansätze zur Klassifizierung von Gedächtnisstörungen entwickelt: Der erste geht von einem einzigen Gedächtniszentrum im Gehirn aus, der zweite davon, daß viele Arten von Gedächtnis existieren, die jeweils an anderer Stelle im Gehirn lokalisiert sind. Dieser zweite Ansatz gewann in jüngerer Zeit immer mehr an Bedeutung.

Bevor wir nun die verschiedenen Gedächtnisstörungen genauer betrachten werden, wollen wir zunächst einige Begriffe definieren. Eine Amnesie für neue Informationen bezeichnet man als **anterograde Amnesie**, eine für in der Vergangenheit Gelerntes als **retrograde Amnesie**. Das Gedächtnis für Informationen, die nur über kurze Zeit behalten werden, etwa Telefonnummern oder eine Wegbeschreibung, nennt man **Kurzzeitgedächtnis**. Analog dazu ist das Gedächtnis für langfristig erinnerte Informationen, etwa die eigene Telefonnummer oder den eigenen Schulweg, das **Langzeitgedächtnis**. Die Suche nach der neuralen Grundlage des Gedächtnisses orientiert sich hauptsächlich an diesen verschiedenen Prozessen.

Die neuropsychologische Erforschung des Gedächtnisses

Die ersten formalen neuropsychologischen Untersuchungen des Gedächtnisses datieren auf das Jahr 1915 zurück, als Karl Lashley sein Lebenswerk begann, indem er versuchte, jene neuralen Orte zu identifizieren, an denen erlerntes Verhalten gespeichert ist. In den meisten seiner Experimente entfernte er entweder Teile des Neocortex, oder er durchtrennte Faserverbindungen in der Hoffnung, einen transcortikalen Informationsaustausch zwischen sensorischen und motorischen Cortexregionen zu unterbinden. Doch auch nach Hunderten von Experimenten war Lashley immer noch nicht in der Lage, spezifische Gedächtnisinhalte auszulöschen. Im Jahre 1950 folgerte er schließlich, daß »es nicht möglich ist, an irgendeiner Stelle des Nervensystems Gedächtnisinhalte zu lokalisieren. Begrenzte Regionen sind möglicherweise für Lern- oder Erinnerungsvorgänge einer speziellen Handlung wichtig, aber das Engramm ist überall in der Region repräsentiert.« (Lashley 1950).

Später zeigte sich, daß Lashleys Schlußfolgerung nahezu prophetisch war, aber die Gedächtnisforschung sollte zunächst noch einen Umweg gehen. Nur drei Jahre später, im Jahre 1953, machte der Neurochirurg William Scoville unabsichtlich eine der wohl wichtigsten Entdeckungen der Neuropsychologie. Damals operierte er den heute berühmten Patienten H. M. Eine bilaterale Entfernung des Hippocampus bei H. M. (Abbildung 16.1) machte diesen für praktisch alle Ereignisse nach dem Operationszeitpunkt amnestisch. Ausgehend von Lashleys Arbeiten würde niemand vorhergesagt haben, daß die Entfernung einer Hirnstruktur, zumal einer, die angeblich primär olfaktorische Funktionen hatte, dazu führen könnte, daß eine Person sich zwar an Ereignisse aus der Vergangenheit erinnert (das heißt an alles vor der Operation), aber keine neuen Gedächtnisinhalte mehr bilden kann! Der Chirurg hatte mit seiner Operation den Prozeß der Informationsspeicherung oder des Abrufs neuer Informationen gestört. Bereits gespeicherte Gedächtnisinhalte und deren Abruf hatte er damit aber nicht beeinträchtigt. Der Fall H. M. leitete eine Revolution bei der Untersuchung von Gedächtnisprozessen ein und verlagerte den Forschungsschwerpunkt von dem Versuch der Lokalisation des Gedächtnisses zur Analyse des Speichervorgangs. So stellt in der Tat die an H. M. durch Scoville und Milner gemachte Beobachtung vermutlich den zweitwichtigsten Befund dar, der jemals in der Neuropsychologie gemacht wurde. (Er wird nur durch Brocas Arbeiten übertroffen.) Da dem Fall H. M. eine so große Bedeutung zukommt, wollen wir ihn hier kurz beschreiben.

Der Fall H. M.

In den fünfziger Jahren unseres Jahrhunderts wurde die Bedeutung des Temporallappens für das menschliche Gedächtnis eindeutig nachgewiesen, und zwar in Veröffentlichungen, die sich auf mehrere Patienten mit bilateralen hippocampalen Läsionen bezogen. Der Patient H. M. von Scoville und Milner ist der am besten bekannte. Bislang hat man ihn schon über 35 Jahre lang untersucht. Er litt an epileptischen Krämpfen, die immer schwerer wurden, und sein Gesundheitszustand verschlechterte sich dauernd, obwohl er hohe Medikamentendosen einnahm. Am 23. August 1953 führte William Scoville mit dem Ziel, die Krämpfe zu beenden, eine bilaterale, mediotemporale Resektion durch. Danach erlitt H. M. eine schwere anterograde Gedächtnisstörung, die bis zum heutigen Tag anhält und sich nur wenig verbessert hat.

Der Intelligenzquotient von H. M. liegt über dem allgemeinen Durchschnitt (118 auf der Wechsler-Intelligenzskala). Bei verschiedenen Wahrnehmungstests schnitt er im Normbereich ab. Sein Gedächtnis für Ereignisse, die vor seiner Operation stattgefunden haben, ist gut. Ebenso seine Fähigkeit, sich weit zurückliegende ins Gedächtnis zu rufen, zum Beispiel, was sich in seiner Schulzeit zutrug, oder Einzelheiten seiner beruflichen Tätigkeit um das 20. Lebensjahr herum. In sozialer Hinsicht ist H. M. ein ruhiger Mensch mit guten Manieren. Er kleidet sich sauber, muß aber daran erinnert werden, daß er sich rasieren soll. Er spricht monoton, artikuliert seine Wörter aber gut, und sein Vokabular entspricht seinem überdurchschnittlichen Intelligenzquotienten. Sein Sprachverständnis ist normal. Er versteht auch komplexes verbales Material und Witze.

H. M.s Erinnerungsfähigkeit an persönliche Ereignisse ist sehr interessant und wird durch die nun folgende Beschreibung bezeugt. Zu beachten ist, daß er in seinen Alltagsfähigkeiten und in seinem Alltagsleben schwer beeinträchtigt ist und nur manche Dinge nach vielem Wiederholen im Gedächtnis behalten kann.

H. M. wurde die ganze Zeit von seiner Mutter versorgt, die ihn normalerweise überall hin begleitete. im Jahr 1966 war seine Mutter im Hartford-Krankenhaus, um sich dort von einer kleineren Operation zu erholen. Gerade zu dieser Zeit reiste H. M. nach Boston. Deshalb packte dieses Mal sein Vater seine Sachen ein und brachte ihn zu uns in das Büro von Dr. Scoville, wo wir uns vor seiner Abreise noch einmal treffen wollten. Der Vater hatte den Patienten auch am gleichen Morgen zu einem Besuch der Mutter ins Krankenhaus mitgenommen, der dritte Besuch innerhalb einer Woche. Als wir ihn über diese Besuche befragten, schien sich H. M. daran nicht zu erinnern. Er hatte aber eine vage Vorstellung, daß mit seiner Mutter etwas geschehen sei. Auf der Reise nach Boston sagte er immer, daß es ihm nicht besonders gut gehe und daß er sich um einen Elternteil Sorge mache, aber er wußte nicht, um welchen. Als er gefragt wurde, wer seinen Koffer für die Reise

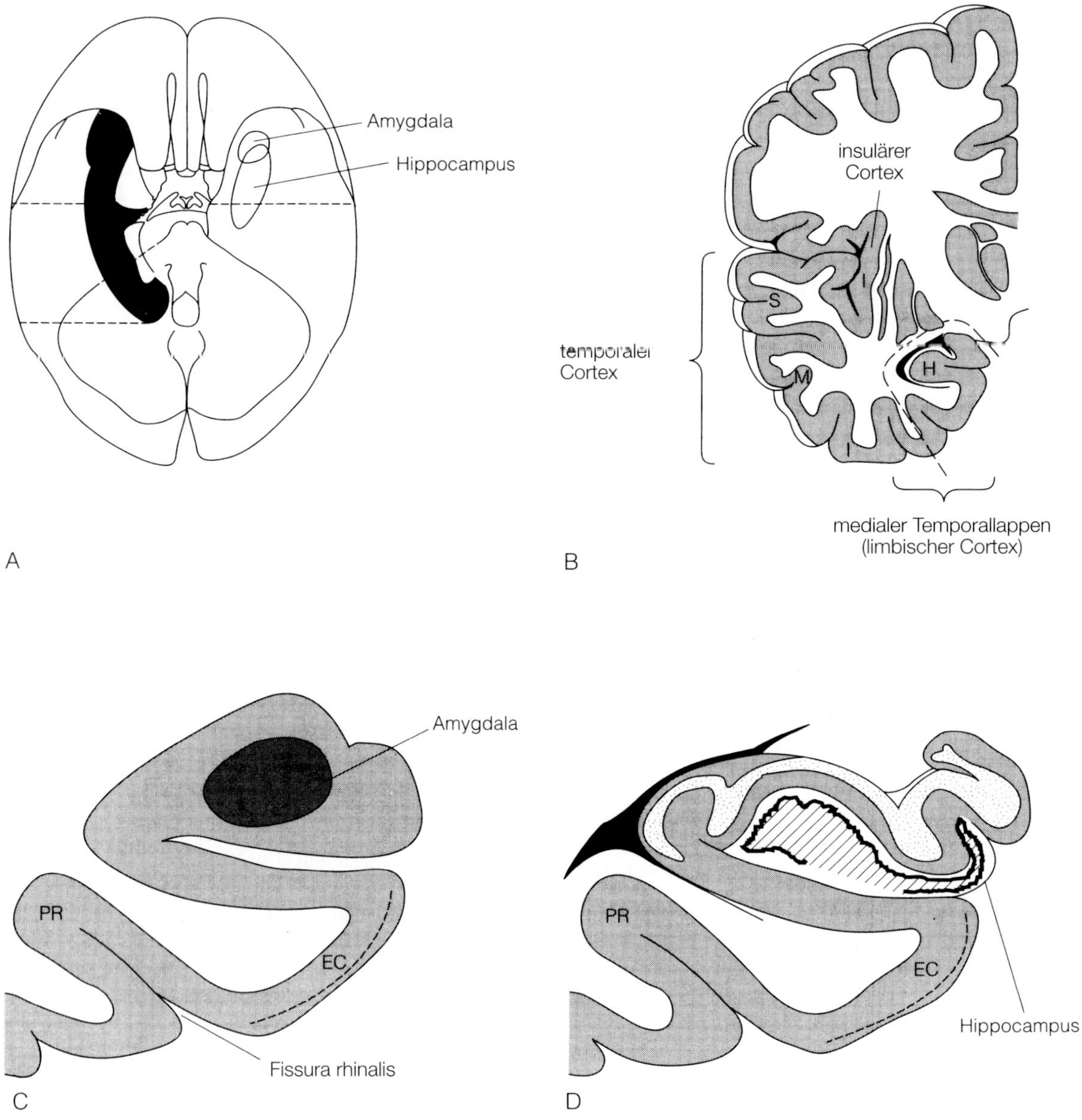

16.1 A. Die linke Seite der Abbildung zeigt die Ausdehnung von H. M.s Läsion; die rechte Seite wurde intakt gezeichnet, um die ungefähre Lage von Amygdala und Hippocampus anzudeuten. B. Ein Coronalschnitt durch eine Hemisphäre auf der Ebene des Hippocampus (H). Es ist die Position des temporalen Cortex zu erkennen (S, M und I bezeichnen den Gyrus temporalis superior, medialis beziehungsweise inferior) sowie die der mediotemporalen limbischen Region. Die gestrichelte Linie deutet die ungefähre Ausdehnung von H. M.s Läsion an. C. Ein Coronalschnitt durch den medialen Bereich des limbischen Lappens mit angedeuteter Amygdala. D. Ein Coronalschnitt durch den medialen Bereich des limbischen Lappens mit angedeutetem Hippocampus. Man beachte bei C. und D. die Position von entorhinalem (EC) und perirhinalem (PR) Cortex. Letzterer entspricht der Region um die Fissura rhinalis.

gepackt hatte, antwortete er: »Es scheint, als sei es meine Mutter gewesen. Aber gerade darüber bin ich mir nicht sicher. Wenn es meiner Mutter tatsächlich schlecht gehen sollte, dann hätte es auch mein Vater gewesen sein können.« Obwohl wir ihm die Situation während der Reise immer wieder erklärten, war H. M. niemals in der Lage, sich eine klare Vorstellung darüber zu machen, was geschehen war, und auch als wir Boston erreichten, hatte er das gleiche „ungute Gefühl" und fragte sich, ob mit einem Elternteil etwas nicht in Ordnung sei. Allmählich verschwand sein unangenehmes Gefühl, und obwohl man ihm wiederholt versicherte, daß er jederzeit nach Hause telefonieren könne, schien es, daß er nicht mehr wußte, warum er das tun solle. Am nächsten Tag war ihm überhaupt nicht mehr bewußt, daß es in seiner Familie überhaupt irgendeinen Krankheitsfall gab. Fragte man ihn wieder, wer seinen Koffer gepackt hatte, so antwortete er: »Das muß meine Mutter gewesen sein. Solche Dinge tut sie immer.« Interessant war es für uns festzustellen, daß die emotionale Grundstimmung, mit der er das vage Wissen über die Krankheit seiner Mutter assoziierte, ebenso schnell verschwand, wie sein Wissen über die Ereignisse, welche die Stimmung ja verändert hatten.

In drei Nächten am klinischen wissenschaftlichen Zentrum klingelte der Patient mehrfach nach der Nachtschwester und bat sie, indem er sich vielmals entschuldigte, ihm zu sagen, wo er war und wie er hierher kam. Natürlich stellte er fest, daß er sich in einem Krankenhaus befand, aber er konnte keinerlei Einzelheiten des vergangenen Tages rekonstruieren. Bei einer anderen Gelegenheit bemerkte er: »Jeder Tag steht für sich selbst, egal welche Freude ich hatte oder welche Sorgen ich verspürte.« Nach unserem Eindruck verblaßten viele Ereignisse für ihn, lange bevor der Tag zu Ende war. Oft gibt er stereotype Beschreibungen seines Zustandes und sagt, daß er sich fühle, als ob er gerade aus einem Traum erwache. Seine Erfahrung scheint der einer Person zu gleichen, die sich gerade ihrer Umwelt voll bewußt wird, ohne die Situation völlig zu verstehen, weil sie sich nicht daran erinnern kann, was sich zuvor zugetragen hat.

Im Dezember 1967 (18 Monate nach dem Besuch in Boston) starb der Vater von H. M. überraschend. Von H. M. wurde berichtet, daß er zeitweise sehr irritiert und verstört gewesen sei und eines Abends voller Ärger aus dem Haus gelaufen wäre. Die Ursache seines Ärgers bestand darin, daß er einige seiner Schußwaffen vermißte. Er betrachtete sie als seinen wertvollsten Besitz, von dem er oft gesprochen hatte, und er hatte sie viele Jahre lang in seinem Zimmer aufgehoben. Einer seiner Onkel hatte jedoch nach des Vaters Tod Ansprüche geltend gemacht. Der Patient war über den ihm unerklärlichen Verlust sehr erregt. Er beruhigte sich aber wieder, als sie in das Zimmer zurückgebracht wurden. Seit dieser Zeit war er in seiner normalen, ausgeglichenen Grundstimmung. Fragte man ihn zwei Monate später nach seinen Eltern, so schien er eine leise Ahnung davon zu haben, daß sein Vater gestorben war. In diesen und ähnlichen Situationen zeigte er eine gewisse Fähigkeit, konstante Eigenschaften seiner unmittelbaren Umgebung behalten zu können. In diesem Fall kann die dauernde Abwesenheit eines Elternteils für ihn als außergewöhnlich effektiver Hinweis gewirkt haben. Denn bis zu diesem Zeitpunkt hatte H. M. sein ganzes Leben zu Hause mit Vater und Mutter verbracht.

Nach dem Tod seines Vaters erhielt H. M. eine permanente Arbeit in der Werkstätte eines staatlichen Rehabilitationszentrums. Dort verbrachte er die Wochentage mit ziemlich monotonen Arbeiten, die eigentlich für schwerbehinderte Patienten gedacht waren. Eine typische Aufgabe bestand darin, Zigarettenanzünder auf Schaufensterkartons anzubringen. Es ist typisch für ihn, daß er uns keinerlei Beschreibung seines Arbeitsplatzes geben kann und nichts über die Art seiner Arbeit oder über den Weg weiß, den er jeden Tag vom und zum Zentrum fährt. Im Gegensatz zu seiner Unfähigkeit, auch nach sechsmonatiger Dauer, seine Arbeitstätigkeit zu beschreiben, kann H. M. einen genauen Lageplan des Einfamilienhauses geben, in dem er seit acht Jahren lebt. Er scheint sich auch in der unmittelbaren Umgebung auszukennen, zumindest im Umkreis der nächsten zwei oder drei Wohnblocks. Über die weitere Umgebung weiß er nichts. Diese Einschränkungen lassen sich am ehesten illustrieren, wenn man beschreibt, wie er im Juni 1966 versucht hatte, uns zu seinem Haus zu geleiten. Damals fuhren wir ihn von Boston zurück. Nachdem wir die Hauptstraße verlassen hatten, baten wir ihn um Hilfe bei der Suche nach seinem Haus. Umgehend und höflich nannte er uns mehrere Abzweigungen. Schließlich gelangten wir auf eine Straße, von der er behauptete, daß sie ihm bekannt vorkam. Gleichzeitig gab er aber zu, daß wir nicht an der richtigen Adresse waren. Ein Telefongespräch mit seiner Mutter ergab, daß wir uns in der Straße befanden, wo er vor seiner Operation gelebt hatte. Aufgrund ihrer Angaben fanden wir dann den Weg zum Haus, wo H. M. lebte. Er erkannte seine Umgebung erst, als wir nur noch zwei Häuserblocks von seinem Haus entfernt waren und er es schon durch die Bäume schimmern sah. (Milner et al. 1968, S. 216f.)

Andere Hinweise auf die Gedächtnisfunktion des Temporallappens

Die Vorstellung, daß der Temporallappen für Gedächtnisprozesse von Bedeutung ist, geht nicht erst auf den Fall H. M. zurück. Daß der Temporallappen beim menschlichen Gedächtnis eine wichtige Rolle spielt, formulierte als Vorschlag erstmals Bechterew im Jahre 1900. Er berichtete von einem Patienten, der an schwerwiegendem Gedächtnisverlust litt, und wies bei der Autopsie dieses Patienten eine bilaterale Erweichung der Region um Uncus, Hippocampus und den angrenzenden mediotemporalen Cortex nach. In den fünfziger Jahren unseres Jahrhunderts schließlich wurde die Gedächtnisfunktion des Temporallappens ganz eindeutig durch mehrere Berichte nachgewiesen, die verschiedene Patienten mit bilateralen Schädigungen des temporalen Cortex beschrieben, darunter auch den Patienten H. M. Milner hat zwei weitere Patienten mit ausgeprägten Gedächtnisstörungen untersucht, von denen man ebenfalls annimmt, daß sie eine bilaterale hippocampale Schädigung haben. Er beobachtete an ihnen ähnliche Phänomene wie an H. M. Im Fall von P. B. handelte es sich um einen Ingenieur, dessen linker Temporallappen entnommen worden war, um eine schwere Epilepsie zu behandeln. Nach der Operation hatte er eine schwere anterograde Amnesie, die sich nicht verbesserte, sondern sich bis zu seinem Tod, 15 Jahre später, sogar noch verschlechterte. Bei der Autopsie von P. B. fiel außer dem vormals operativ entfernten linken Hippocampus eine Atrophie (Gewebeschwund) des rechten Hippocampus auf. Penfield und Milner nahmen an, daß der rechte Hippocampus von P. B. zum Zeitpunkt der Operation bereits funktionsunfähig gewesen war, was nach der Entnahme des linken Hippocampus zu der schweren Amnesie dieses Patienten führte. Andere Hinweise auf die Bedeutung der Temporallappen für das Gedächtnis stammen aus elektrophysiologischen Untersuchungen mit Hirnreizungen. Chapman und seine Mitarbeiter reizten bei zwei epileptischen Patienten den Hippocampus bilateral und bei dreizehn weiteren unilateral. Sie fanden heraus, daß bilaterale Reizungen zu einer retrograden Amnesie führten, die mehrere Stunden andauerte und zwei Wochen zurückreichte. Rasmussen und seine Kollegen beobachteten ebenfalls, daß eine Hirnreizung von Patienten während einer Temporallappenepilepsie-Operation zu Halluzinationen und anderen Empfindungen führt.

Interpretation von H. M.s Gedächtnismängeln

Die klassische Charakterisierung der Beeinträchtigungen von H. M.s Gedächtnis basierte auf einer Reihe von Annahmen. Da er ein Langzeitgedächtnis für Ereignisse vor der Operation sowie ein Kurzzeitgedächtnis für neue Informationen besaß, jedoch keine neuen Inhalte mehr im Langzeitgedächtnis speichern konnte, vermutete man, seine Defizite beruhten auf einer Unfähigkeit, neue Informationen zu speichern und zu festigen. Daraus folgerte man, daß vermutlich die für die Festigung der Information verantwortliche Struktur bei der temporalen Lobektomie mitentfernt worden sein mußte. Man faßte eine sehr ungewöhnliche Struktur im Temporallappen ins Auge, die möglicherweise für die Festigung der Gedächtnisinhalte verantwortlich sein könnte: den Hippocampus, von dem man bis dahin annahm, er sei an der Geruchswahrnehmung oder an emotionalen Vorgängen beteiligt (Abbildung 16.1). Einer Version dieser Theorie zufolge werden Gedächtnisinhalte für einige Wochen oder Monate im Hippocampus gespeichert und dann, im Zuge der Konsolidierung, in den Neocortex übertragen. Vermutlich hat H. M. den cortikalen Gedächtnisspeicher behalten, der Vorgang der Konsolidierung kann jedoch nicht mehr ablaufen.

Daraufhin wurden Hunderte von Experimenten durchgeführt, in denen man den Hippocampus bei Versuchstieren entfernte oder seine Funktion in anderer Weise unterband, um Licht auf seine Rolle bei der Konsolidierung von Gedächtnisinhalten zu werfen. Dabei entdeckte man verschiedene Funktionen des Hippocampus, aber das Muster der bei H. M. beobachteten Ausfälle ließ sich nie so recht im Labor nachahmen. Rückblickend läßt sich sagen, daß damals drei unkorrekte Schlußfolgerungen aus dem Fall H. M. gezogen wurden: 1) Man nahm an, die anterograde Amnesie beruhe auf der Schädigung des Hippocampus. Heute scheint es vielmehr so, als wäre die Läsion des Hippocampus nur für die räumlichen Einbußen von H. M. verantwortlich. Andere Regionen, die ebenfalls geschädigt wurden – darunter die Amygdala, die für das emotionale Gedächtnis verantwortlich zeichnet, sowie der für das Objekterkennungsgedächtnis zuständige rhinale Cortex (bestehend aus entorhinalem und perirhinalem Cortex) – tragen ebenfalls zu dieser Beeinträchtigung bei. H. M.s Gedächtnisschwäche ist also einer Schädigung von mindestens drei getrennten, am Gedächtnis beteiligten Regionen zuzuschreiben (Abbildung 16.1). 2) Man ging davon aus, daß eine einzige Struktur für den größten Teil, wenn nicht gar für die gesamte Gedächtnisbildung verantwortlich ist. Heute weiß man, daß es verschiedene Arten von Gedächtnis gibt, und bei H. M. ist nur eine dieser Gedächtnisformen beeinträchtigt. 3) Man nahm an, daß Inhalte des Kurzzeitgedächtnisses in solche des Langzeitgedächtnisses umgewandelt würden. Heute erkennt man zunehmend, daß Kurzzeit- und Langzeitgedächtnis voneinander unabhängig sind. Wir werden uns mit all diesen Aspekten in den folgenden Abschnitten genauer befassen.

Explizites und implizites Gedächtnis

Auch wenn H. M. schwere Einbußen bei Tests zeigt, die kinästetisches Gedächtnis messen, ebenso bei sprachlichen Gedächtnisaufgaben und Tests für visuelle Raumwahrnehmung, ist er bei Aufgaben, die motorisches Lernen zum Gegenstand haben, überraschend gut. In einem Experiment stellte Milner H. M. eine Aufgabe, bei der es galt, einen Stern vor einem Spiegel nachzuzeichnen. Der Patient sah den doppellinig gezeichneten Stern und seine Hand nur im Spiegel (Abbildung 16.2). Diese Aufgabe ist auch für gesunde Kontrollpersonen schwierig, obwohl sie sich durch Übung verbessern. H. M. wies hier eine ganz normale Lernkurve auf. Zwar konnte er sich nicht daran erinnern, diese Aufgabe jemals zuvor durchgeführt zu haben, aber er verbesserte sich

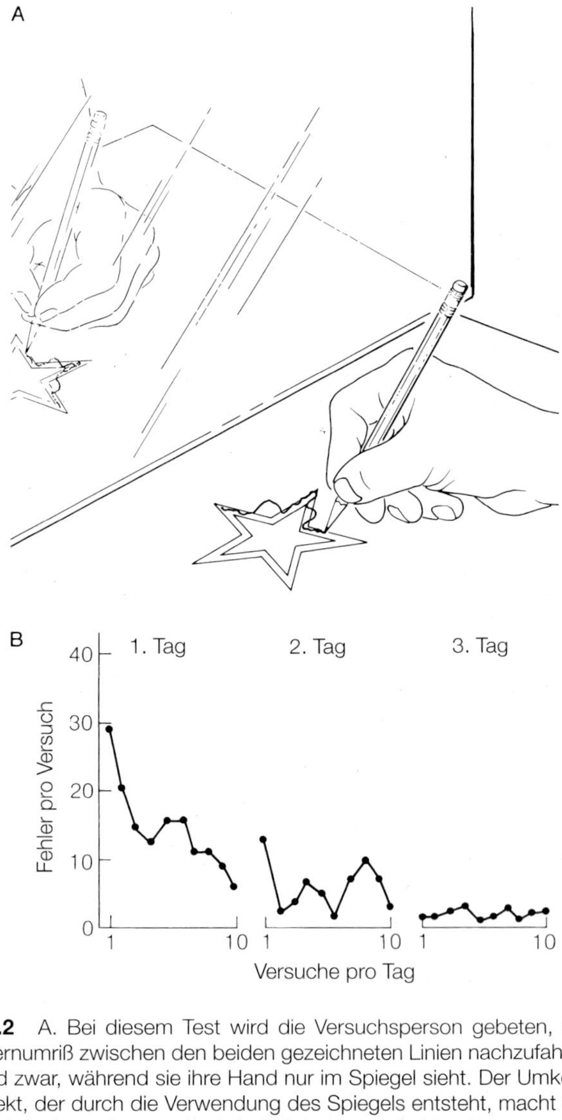

16.2 A. Bei diesem Test wird die Versuchsperson gebeten, den Sternumriß zwischen den beiden gezeichneten Linien nachzufahren, und zwar, während sie ihre Hand nur im Spiegel sieht. Der Umkehreffekt, der durch die Verwendung des Spiegels entsteht, macht diese Aufgabe anfangs schwierig. Wird eine der beiden Begrenzungslinien berührt oder überquert, so zählt dies als Fehler. B. Bei dieser motorischen Aufgabe, die das prozedurale Gedächtnis beansprucht, zeigt H. M. eine deutliche Verbesserung. (Nach Blakemore 1977.)

von Mal zu Mal über verschiedene Tage hinweg. Corkin brachte H.M. daraufhin eine ganze Reihe von manuellen Nachzeichenaufgaben und Koordinationsübungen bei. Selbst wenn hierbei seine anfängliche Leistung etwas schlechter war als die von Kontrollpersonen, verbesserte er sich doch allmählich auf ein Niveau in der Nähe des Normbereiches.

Im Jahre 1981 berichteten Cohen und Corkin von einem ähnlichen Resultat mit dem „Turm-von-Hanoi-Puzzle". Dies ist ein gut untersuchtes Problem, bei dem kleine Holzscheiben, die in der Mitte ein Loch haben, auf Stäbe gesetzt werden müssen. Zunächst sind alle Scheiben nach ihrer Größe angeordnet: die kleinste Scheibe liegt ganz oben, und unter ihr liegen Scheiben mit jeweils zunehmender Größe. Die Aufgabe besteht darin, die Holzscheiben so auf einen als „Ziel" ausgewählten Holzstab zu transferieren, daß wiederum die größte Scheibe zuunterst liegt und die kleinste ganz oben, wobei niemals eine größere Scheibe auf einer kleineren zu liegen kommen darf. Um diese Aufgabe zu lösen, müssen die Holzscheiben auf andere, zusätzlich zur Verfügung stehende Holzstäbchen verteilt werden. H. M. verbesserte sich dabei auch – genau wie gesunde Kontrollpersonen –, obwohl er die Einzelbewegungen nicht im Gedächtnis behielt und sich auch nicht daran erinnern konnte, ob die jeweilige Umsetzung der Scheiben der Lösung dienlich war oder sie verzögerte. In jedem Versuchsdurchgang gab er Kommentare von sich, die darauf schließen ließen, daß er diese Aufgabe zum ersten Mal durchführte. H. M. konnte, kurz gesagt, alle Operationen und Handlungen erlernen, die nötig waren, um diese Aufgabe allmählich zu bewältigen, auch wenn sein deklaratives Gedächtnis zu diesem Vorgang stark beeinträchtigt blieb. Vielleicht berücksichtigen ja einige Psychologen diesen Umstand, wenn sie motorische Fähigkeiten ihrer Patienten untersuchen.

Diese Unterscheidungsmöglichkeit zwischen Störungen beim motorischen Lernen und anderen Arten von Aufgaben erlaubt den Schluß, daß motorische Fertigkeiten unabhängig vom Temporallappensystem gespeichert werden. Eine Zeitlang betrachtete man motorisches Lernen im Hinblick auf die Verluste, die bei einer Schädigung des Temporallappens eintraten, als Ausnahme. Während der achtziger Jahre zeigten jedoch verschiedene Untersuchungen, daß es viele Gedächtnisarten gibt, die bei Patienten mit anterograder Amnesie erhalten bleiben. Diese Gedächtnisarten hat man zusammengefaßt und ihnen verschiedene Namen gegeben, wobei wir hier allerdings nur die Bezeichnung „implizites Gedächtnis" verwenden wollen. Das **implizite Gedächtnis** ist eine unbewußte Form des Gedächtnisses und steht dem **expliziten Gedächtnis** gegenüber, bei dem eine bewußte Erinnerung an frühere Erfahrungen möglich ist.

Einige weitere Beispiele des impliziten Gedächtnisses sollen uns helfen, seine Eigenschaften zu verstehen. Man stelle sich eine Aufgabe vor, bei der Versuchspersonen zunächst eine Liste von Wörtern lesen sollen. Später nennt man ihnen die Anfänge von einigen Wörtern, und sie sollen nun die Wörter vervollständigen, und zwar so, wie es ihnen gerade in den Sinn kommt. Einer der Wortanfänge könnte beispielsweise TER___ lauten und vervollständigt werden zu „Terrasse", „Termin", „Terz", „Terrain" und so weiter. Wenn allerdings eines der Wörter auf der zuvor gelesenen Liste „Termin" war, so wird dieser Begriff häufiger genannt werden als andere. Eine wichtige Eigenheit dieser Aufgabe ist, daß Amnestiker genausogute Ergebnisse erzielen wie gesunde Versuchspersonen. Durch ihr Verhalten zeigen sie also, daß sie sich durchaus daran erinnern, was auf der zuvor gelesenen Liste stand, obwohl sie behaupten, eine solche Liste niemals auch nur gesehen zu haben. Implizites Gedächtnis kann auch auf folgende Weise demonstriert werden: Man zeigt Versuchspersonen eine unvollständige Skizze und fragt sie, um was es sich handelt (Abbildung 16.3). Wenn sie das dargestellte Objekt nicht identifizieren können, gibt man ihnen eine neue Skizze, die ein wenig vollständiger ist als die vorherige. Dies wird solan-

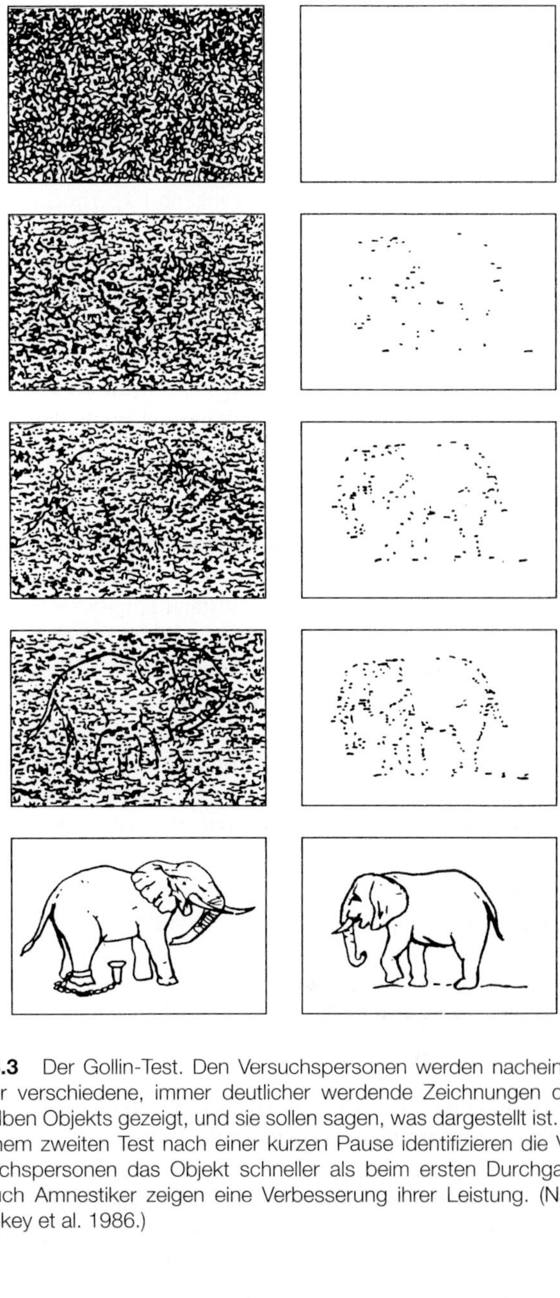

16.3 Der Gollin-Test. Den Versuchspersonen werden nacheinander verschiedene, immer deutlicher werdende Zeichnungen desselben Objekts gezeigt, und sie sollen sagen, was dargestellt ist. Bei einem zweiten Test nach einer kurzen Pause identifizieren die Versuchspersonen das Objekt schneller als beim ersten Durchgang. Auch Amnestiker zeigen eine Verbesserung ihrer Leistung. (Nach Vokey et al. 1986.)

ge weitergeführt, bis die Versuchspersonen das Bild schließlich erkennen. Führt man mit Kontrollpersonen und Amnestikern dasselbe Experiment zu einem späteren Zeitpunkt erneut durch, so werden beide Gruppen das zu vervollständigende Bild bereits zu einem früheren Zeitpunkt erkennen als beim ersten Mal. Das Verhalten der Amnestiker belegt also wiederum, daß sie sich an das vorausgegangene Experiment erinnern, obwohl ihnen nicht bewußt ist, daß man ihnen überhaupt jemals die Skizzen eines Elephanten gezeigt hat. Aufgaben dieser Art nennt man **Prägungsaufgaben** oder *priming*-Aufgaben. Daß H. M. ebenso wie viele andere Amnestiker solche Prägungsaufgaben ausführen kann, aber keine bewußte Erinnerung an diese Tests behält, wird als Hinweis auf die Unabhängigkeit von explizitem und implizitem Gedächtnis gewertet.

Diese Unabhängigkeit läßt sich auch bei gesunden Versuchspersonen zeigen. Bittet man sie, über die Bedeutung oder die Form eines bestimmten Wortes nachzudenken, so ist ihre spätere explizite Erinnerung an dieses Wort weit besser als sonst. Die Ergebnisse des Vervollständigungstests (implizites Gedächtnis) werden durch dieses vorherige Nachdenken nicht beeinflußt. Dies bezeichnet man auch als **Effekt der Verarbeitungsintensität** (*depth-of-processing effect*). Wenn den Versuchspersonen ein Wort in einer Sinnesmodalität präsentiert wird (sie hören das Wort) und sie es später in einer anderen Modalität wiedergeben sollen (es beispielsweise hinschreiben oder durch Lesen identifizieren sollen), so ist das Ergebnis bei der Vervollständigung des Wortanfangs schlechter, das explizite Gedächtnis jedoch nicht verändert. Dies beschreibt den sogenannten *study-test modality shift* (Test zum Modalitätswechsel). (Ein Student, der auf eine schriftliche Prüfung lernen muß, wird sicher die weiteren Implikationen des Tests zum Modalitätswechsel erkennen!)

Die Beziehung von anderen Gedächtnisformen zum expliziten und impliziten Gedächtnis

Die Bezeichnungen für die verschiedenen Gedächtnisformen können sehr verwirrend sein, denn viele Wissenschaftler haben verschiedene Zwei-Faktoren-Theorien zu Gedächtnisformen mit jeweils eigenen Bezeichnungen vorgeschlagen (Tabelle 16.1). Die meisten Begriffe in der linken Spalte dieser Tabelle beziehen sich auf das explizite, die meisten in der rechten Spalte auf das implizite Gedächtnis. Man betrachte beispielsweise die Unterscheidung von deklarativem und prozeduralen Gedächtnis, die in der Forschung über das menschliche Gedächtnis sehr verbreitet ist. Der Begriff deklarativ bezieht sich dabei auf Erfahrungen, über die wir später reden können, wie etwa „gestern abend fuhr ich mit meinem Fahrrad am Fluß entlang", prozedural dagegen auf die motorische Fertigkeit des Fahrradfahrens. Ein Amnestiker wie H. M. könnte zwar vielleicht Fahrad fahren, sich aber nicht an die Radfahrt erinnern. Die Unterscheidung zwischen Arbeits- und Referenzgedächtnis findet häufig in der Forschung an Tiermodellen Verwendung. Der Begriff Referenzgedächtnis

Tabelle 16.1: Begriffspaare, welche die beiden Gedächtnisarten beschreiben

explizit (bewußt)	implizit (unbewußt)
Tatsachen	Fertigkeiten
deklarativ	prozedural
Gedächtnis	Gewohnheit
wissen daß	wissen wie
lokal	klassifizierend
kognitive Übertragung	semantisch
bewußtes Erinnern	Fähigkeiten
geistige Ausarbeitung	Integration
Erinnern mit Aufzeichnen	Erinnern ohne Aufzeichnen
autobiographisch	perzeptorisch
repräsentational	dispositional
episodisch	semantisch
Arbeitsgedächtnis	Referenzgedächtnis

Die Tabelle veranschaulicht unterschiedliche Formen der Gedächtnisunterteilung, wie sie von verschiedenen Autoren vorgenommen wurden. Allen liegt die Vorstellung zugrunde, daß sich das Gedächtnis in einen oder mehrere Vorgänge aufteilen läßt. Die verschiedenen Begriffe einer Spalte beziehen sich nicht auf die gleichen Sachverhalte.
Quelle: Nach Squire 1987.

bezieht sich auf die Kenntnis der Regeln bei einer Aufgabe; beispielsweise kann eine Ratte lernen, daß sie an ganz bestimmten Stellen innerhalb eines Labyrinths Futter findet. Arbeitsgedächtnis dagegen bezieht sich auf Ereignisse, die während eines Versuchsdurchgangs eintreten können; so sollte sich eine Ratte zum Beispiel daran erinnern können, an welchen Stellen des Labyrinths sie während des Versuchdurchgangs bereits auf Futter gestoßen ist, und sollte folglich im weiteren Verlauf nicht mehr dorthin zurückkehren. Amnestische Ratten können zwar durch ein Labyrinth laufen, kehren aber immer wieder an Orte zurück, an denen sie bereits waren, weil sie sich nicht daran erinnern, dort das Futter bereits gefressen zu haben. Natürlich ist nicht auszuschließen, daß die Erfinder solcher Bezeichnungen damit etwas geringfügig anderes ausdrücken wollten, als wir hier beschreiben, aber diese Feinunterscheidungen betreffen uns hier nicht unmittelbar.

Es gibt auch andere Arten des Lernens, die sich anhand der Begriffe implizit und explizit unterscheiden lassen: Hulls Erlernen von Gewohnheiten, Skinners operantes Lernen und Pawlows klassische Konditionierung können alle als implizit bezeichnet werden. Eine Ratte, die lernt, einen Pfad entlangzulaufen oder einen Hebel zu betätigen, oder ein Hund, der als Reaktion auf das Erklingen einer Glocke vermehrt Speichel produziert, benutzt dabei eine Gedächtnisform, von der man weiß, daß sie bei den meisten Amnesien und auch bei Tieren mit geschädigtem medialen Temporallappen erhalten bleibt. Andererseits sind Krechevskys Hypothesentests, Kohlers einsichtsvolles und Tolmans absichtsvolles Verhalten alles Arten von Verhalten, die sozusagen vom expliziten Gedächtnis gesteuert werden. Auch hier könnte man sich vorstellen, daß ein Amnestiker in Schwierigkeiten käme, wenn er Aufgaben ausführen sollte, die solche Fähigkeiten erfordern. Es ist zu beachten, daß die Grenzen zwischen diesen Arten theoretischer

Unterscheidung nicht ganz scharf sind, da ein Tier sowohl explizites als auch implizites Gedächtnis aufweisen kann, wenn man es entsprechend trainiert.

Die neurale Grundlage von explizitem und implizitem Gedächtnis

Klassische Gedächtnistheorien gingen davon aus, daß im Gehirn eine Struktur existiert, die ganz allgemein das Gedächtnis beherbergt. Von dieser Vorstellung kommt man jedoch aus verschiedenen Gründen immer mehr ab. Beispielsweise ist es ganz und gar nicht sicher, daß es tatsächlich bestimmte Typen von Neuronen oder von Gehirnstrukturen gibt, die dem Lernen gewidmet sind. Untersuchungen an selbst sehr einfachen Tieren oder einfachen neuronalen Schaltkreisen, wie etwa denen des Rückenmarks, haben gezeigt, daß Lernen geradezu überall in neuralen Systemen möglich ist und stattfindet. Es scheint also vernünftig, anzunehmen, daß jeder Teil des Nervensystems zum Lernen befähigt ist. Manche Regionen oder manche Neuronen sind dabei vermutlich plastischer als andere, aber dies steht auf einem anderen Blatt.

Die Akzeptanz der Forderung, daß jeder Teil des Nervensystems lernen kann, hat weitreichende Implikationen. Dies bedeutet nämlich, daß Regionen, die auditorische Informationen verarbeiten, auch ein auditorisches Gedächtnis beinhalten, daß Regionen, die visuelle Informationen verarbeiten, Sitz des visuellen Gedächtnisses sind, daß an der Erzeugung von Bewegungen beteiligte Gehirnbereiche motorische Gedächtnisfunktionen erfüllen und so weiter. Es bedeutet auch, daß sich das Gedächtnis im Hinblick auf die spezialisierten Regionen innerhalb jeder der wichtigsten funktionalen Modalitäten noch weiter unterteilen ließe. Beispielsweise sollte es dann für das visuelle System zumindest teilweise selbständige Gedächtnisinhalte für Farbe, Form und Bewegung geben, weil diese Eigenschaften der visuellen Welt in verschiedenen Regionen des Gehirns analysiert werden. Wenn ein Mensch etwas anschaut, bildet er für diese Szene eine ganze Reihe von Erinnerungen (beispielsweise Farbe, Form, Bewegung) und nicht nur eine einzige. Da beim Menschen die Hemisphären funktional getrennt sind, könnte die Erinnerung an das visuelle Szenario überdies separat in jeder Hemisphäre codiert werden.

Hinweise darauf, daß Erinnerungen tatsächlich in der eben beschriebenen Weise codiert werden, stammen aus verschiedenen Quellen. Experimente mit Transferaufgaben zeigen, daß die Erinnerung davon abhängt, in welchem Maße die während einer Übungsaufgabe durchgeführten Verarbeitungsoperationen mit denen übereinstimmen, die während des entsprechenden Tests durchgeführt werden. Wenn beispielsweise eine Testaufgabe Großbuchstaben enthält, so führt ein „Priming" mit Großbuchstaben zu besseren Ergebnissen als eines mit Kleinbuchstaben. Wird im Test eine Liste auditorisch präsentiert, führt ein „Priming" mit einem auditorischen Signal zu besseren Resultaten als eines mit visuellem Signal. Marsolek und seine Kollegen lieferten auch Hinweise auf eine gleichzeitige, aber unterschiedliche Codierung durch die beiden Hemisphären. In ihren Experimenten gaben sie ihren Versuchspersonen zunächst eine Liste mit Wörtern vor und baten sie später, die dreibuchstabigen Wortanfänge auf einer zweiten Liste zu vervollständigen, und zwar mit den Wörtern, die ihnen zuerst in den Sinn kommen. Bei dieser Aufgabe wurden die Wortanfänge entweder der linken oder der rechten Hemisphäre präsentiert, indem man sie jeweils kurz in eine Gesichtsfeldhälfte einblendete. Der „Priming"-Effekt war geringer, wenn bei der rechten Hemisphäre von Groß- zu Kleinbuchstaben gewechselt wurde (beispielsweise von TER___ zu ter___). Wurde die Liste der linken Hemisphäre präsentiert, hatte ein Wechsel der Buchstabenart keinen Einfluß. Die Codierung erfolgt also in beiden Hemisphären gleichzeitig, aber unterschiedlich. Marsolek und Kollegen schlugen vor, daß die linke Hemisphäre abstrakte Repräsentationen von Wortformen codierte, die keine spezifischen Eigenschaften der Buchstaben beinhalten, die rechte Hemisphäre dagegen die wahrgenommene Buchstabenform. Diese Arbeitsteilung kann mit der Repräsentation von phonemischen Funktionen (Sprache) im Vergleich zu graphemischen (Raum) in den beiden Hemisphären verglichen werden.

Was bewirkt den Unterschied zwischen explizitem und implizitem Gedächtnis?

Die Antwort auf diese Frage hat zu einem Teil mit den Regionen des Gehirns zu tun, die das explizite und implizite Gedächtnis erzeugen. Die beiden Gedächtnisformen sind unterschiedlich, weil sie in verschiedenen neuralen Strukturen mit unterschiedlichen Funktionen lokalisiert sind. Zu einem anderen Teil liegt die Antwort in der Art und Weise der Informationsverarbeitung. Die implizite Information wird fast genauso codiert wie sie verarbeitet wird. Jacoby hat dies als „informationsgesteuerte" oder *bottom-up*-Verarbeitung bezeichnet. Das explizite Gedächtnis hängt hingegen von der konzeptionell gesteuerten *top-down*-Verarbeitung ab, bei der der Betreffende die Informationen reorganisiert. Die Erinnerung an eine Information wird also stark dadurch beeinflußt, wie die betreffende Information verarbeitet wurde. Da ein Mensch eine eher passive Rolle bei der Codierung impliziter Gedächtnisinhalte einnimmt, hat er später auch Schwierigkeiten, sich spontan an diese Inhalte zu erinnern. Dies fällt ihm leichter, wenn er zuvor durch eines der Merkmale des Originalstimulus „geprägt" wurde. Da man jedoch bei der expliziten Informationsverarbeitung eine recht aktive Rolle ausübt, können die Signale, die während der Verarbeitung verwendet wurden, später zur Initiierung einer spontanen Erinnerung dienen.

Wir wollen uns die Vorgänge, die jeweils beteiligt sein könnten, anhand einer Analogie verdeutlichen: Man stelle sich einen Sandhügel vor. Schüttet man oben Wasser darauf, so läuft es den Hügel hinab und bildet dabei zahlreiche kleine Kanäle. Die Kanäle sind überall auf dem Hügel und somit, genau wie das Gedächtnis, nicht lokalisiert. Schüttet man nun mehr Wasser auf den Hügel, und zwar immer an dieselbe Stelle, läuft es dieselbe Rinne hinab wie das Wasser zuvor und macht sie somit tiefer. Man könnte also sagen, daß das Wasser ein Gedächtnis für diesen Weg hat. Dies könnte als implizites Gedächtnis bezeichnet werden, da die Erosion ja hauptsächlich durch das Wasser verursacht wird. Mit diesem gedanklichen Sandhügel können wir experimentieren: Wenn wir nicht weiter Wasser über den Hügel gießen, füllen sich die ursprünglichen Rinnen langsam wieder auf – ein dem Vergessen analoger Vorgang. Wenn wir ein Loch in den Hügel graben (also eine Läsion erzeugen), beschädigen wir dadurch das Gedächtnis, wir zerstören es aber nicht völlig. Wir können auch noch andere Experimente mit dem Sandhügel durchführen. Man stelle sich vor, die Zusammensetzung des Hügels würde sich verändern. An einer Stelle, wo der Sand hart ist, entsteht zwar nur schwer ein Kanal, dieser wird dann aber lange halten. In weicheren Regionen bilden sich Kanäle schnell und verschwinden auch wieder schnell. Ein gewisser Teil des Gedächtnisses wird also bestehen bleiben, ein anderer Teil nicht. Wir können uns auch vorstellen, absichtlich einige Kanäle zu ziehen, in denen das Wasser einen vorgegebenen Weg ablaufen kann. Unser Gehirn ist vermutlich in genau dieser Weise auf eintreffende Informationen vorbereitet: Auf die Verarbeitung mancher Arten von Information ist es sehr gut vorbereitet, auf andere weniger gut. Wir können uns auch noch weitere Manipulationen vorstellen: Beispielsweise könnten wir Schieber in die Kanäle einbauen, um den Wasserstrom umzulenken. Dies käme dann bereits dem expliziten Gedächtnis sehr nahe, weil der Weg des Wassers dann nicht mehr vom Wasser selbst bestimmt würde.

Zurück in der Neurologie könnten wir uns also einzelne Gehirnregionen als Sandhügel vorstellen und den Vorgang des Gedächtnisses als den Weg, den die Information einschlägt, wenn sie diese Regionen passiert. Eine sensorische Information (das Wasser) gelangt ins Gehirn oder in eine Gehirnregion (an die Spitze des Hügels) und erzeugt Verhalten (verläßt den Hügel wieder an dessen Basis). Wie wir sehen, wird die Erinnerung also nicht an einer einzigen Stelle gespeichert, sondern ist vielmehr eine Funktion der Aktivität der betreffenden Gehirnregion. Diese Analogie ist eine einfache Möglichkeit, sich das Gedächtnis als Folge neuronaler Verknüpfungen vorzustellen, und nicht als eine festumrissene Struktur. Neuronale Netze, also lernfähige Computernetzwerke, funktionieren ganz ähnlich wie der Sandhügel. Die Information wird mehrfach durch die Neuronen des Netzwerks geschickt, während die Richtung des Informationsflusses durch Modifizierung der beteiligten Synapsen ständig angepaßt wird. Wenn nach einigen Durchläufen die das System verlassende Information korrekt ist, hat das Netzwerk, so sagt man, gelernt. Die Anpassung der Synapsen innerhalb des Netzwerks ist der Kanalisierung des Wassers auf seinem Weg den Hügel hinab sehr ähnlich.

Ein neurales Modell für das explizite Gedächtnis

Auf der Grundlage von Untersuchungen an Tieren und am Menschen haben Petri und Mishkin Modelle für explizites und implizites Gedächtnis vorgeschlagen. Abbildung 16.4 zeigt die neuralen Strukturen, die am expliziten Gedächtnis beteiligt sind. Die meisten dieser Strukturen sind Teil des limbischen Systems oder eng mit ihm verbunden.

Die vier wichtigsten limbischen Strukturen sind der rhinale Cortex, die Amygdala, der Hippocampus und der präfrontale Cortex. Diese Strukturen sind reziprok mit dem medialen

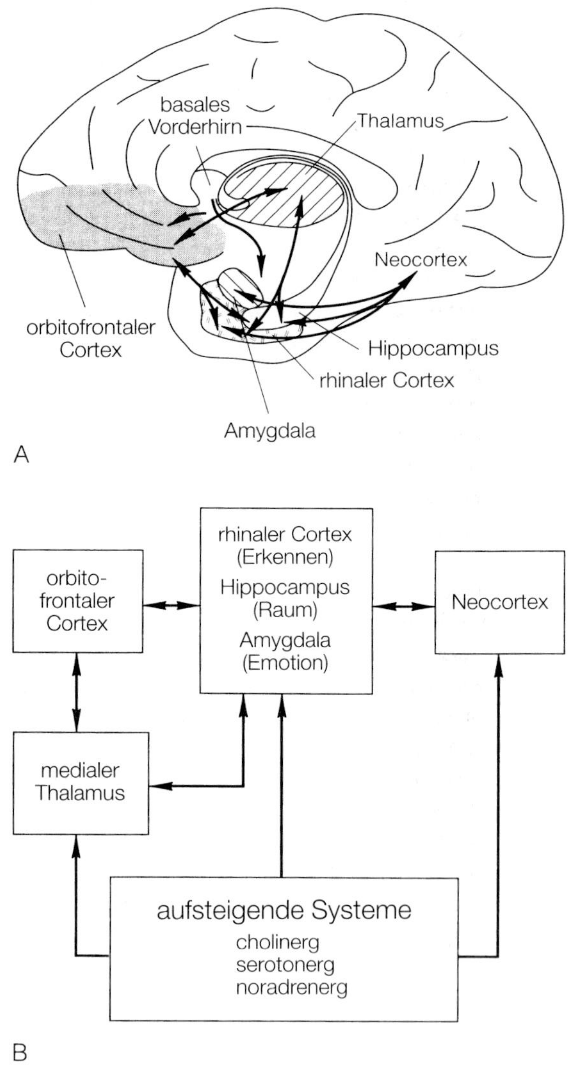

16.4 A. Vermutlich am expliziten Gedächtnis beteiligte anatomische Regionen. B. Informationsfluß in den Schaltkreisen des expliziten Gedächtnisses. Man beachte, daß Läsionen an beliebiger Stelle innerhalb dieser Schaltkreise das explizite Gedächtnis zerstören können. (Nach Petri und Mishkin 1994.)

Thalamus, dem basalen Vorderhirn und sensorischen Feldern des Neocortex verknüpft. Vor allem an Affen und Ratten gewonnene experimentelle Ergebnisse legen den Schluß nahe, daß der rhinale Cortex am Gedächtnis für Objekte beteiligt ist, der Hippocampus am räumlichen und die Amygdala am emotionalen Gedächtnis. Der mediale Thalamus stellt einen der Verbindungswege zwischen temporalen Strukturen und dem Frontallappen dar. Das basale Vorderhirn und andere Strukturen des Hirnstamms sind für die Aufrechterhaltung des für die Informationsverarbeitung notwendigen Aktivitätsniveaus in limbischen und cortikalen Strukturen von Bedeutung. Die limbischen Strukturen erhalten die zu verarbeitende Information wiederum vom Neocortex. Ein wichtiger Punkt ist, daß beim Patienten H. M. wie auch bei anderen Amnestikern viele dieser Strukturen geschädigt sind. Ihre anterograde Amnesie setzt sich also aus verschiedenen Arten von Gedächtnisstörungen zusammen. Wir werden nun die Bedeutung der genannten Strukturen für das Gedächtnis kurz beschreiben.

Der temporale Cortex

Die Temporallappen sind oft der Ursprungsort epileptischer Entladungen. Eine klassische Behandlungsmethode der Epilepsie besteht darin, den betroffenen Temporallappen einschließlich neocortikaler und limbischer Strukturen zu entfernen. Daher gibt es viele Patienten, die sich einer solchen Operation unterzogen haben und anschließend im Rahmen neuropsychologischer Studien untersucht wurden. Die Ergebnisse dieser Untersuchungen weisen darauf hin, daß es signifikante Gedächtnisdefizite gibt, die beim Entfernen von rechts- beziehungsweise linkshemisphärischen Strukturen unterschiedlich sind. Sie zeigen auch, daß der temporale Cortex einen signifikanten Beitrag zu den Gedächtnisausfällen leistet.

Nach der Entfernung des rechten Temporallappens weisen die Patienten Defizite bei der Gesichtererkennung, bei räumlichen Aufgaben und bei Labyrinth-Tests auf (Abbildung 16.5).

Einschränkungen in der Wahrnehmung der Raumposition werden beim Corsi-Test erkennbar, bei dem eine Versuchsperson lernen soll, mehrere Würfel auf einem Brett in einer bestimmten Reihenfolge mit den Fingern zu berühren (Abbildung 16.6). Ähnlich wie es eine Gedächtnisspanne für die maximale Anzahl von aufeinanderfolgenden Ziffern gibt, so existiert auch eine für Würfel. Patienten und gesunde Kontrollpersonen werden mit Serien von Würfelsequenzen getestet, die jeweils einen Würfel mehr enthalten, als die Gedächtnisspanne umfaßt. Allerdings wird eine bestimmte Berührungssequenz für die Würfel in jedem dritten Versuchsdurchgang wiederholt. Gesunde Versuchspersonen lernen die wiederholt geforderte Reihenfolge der Berührung innerhalb mehrerer Versuchsdurchgänge, auch wenn sie bei neu dargebotenen Sequenzen recht schlechte Leistungen erbringen. Versuchspersonen mit einer Schädigung im rechten Temporallappen lernen die wiederholt geforderte Berührungssequenz der Würfel nicht oder nur sehr langsam.

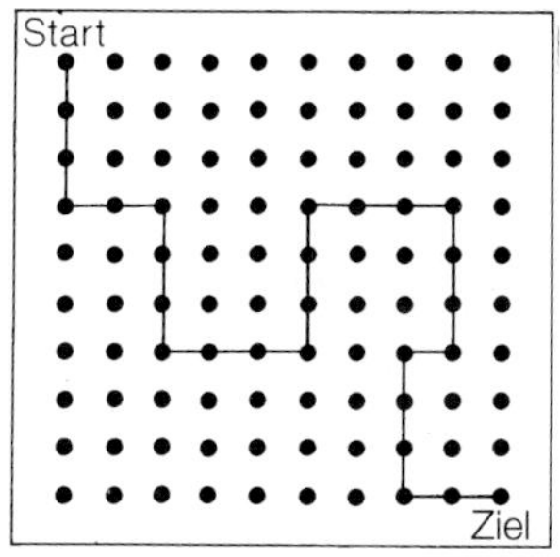

16.5 Ein optisch kontrolliertes Stiftlabyrinth. Die schwarzen Kreise repräsentieren die Spitzen von Metallbolzen in einem Holzbrett. Die Aufgabe besteht darin, den richtigen Weg, er ist hier durch die schwarze Linie markiert, zu entdecken und sich daran zu erinnern. Schwierigkeiten bei dieser Aufgabe stehen in direktem Zusammenhang mit dem Ausmaß der Zerstörung des rechten Hippocampus. (Nach Milner 1970.)

Nach Läsionen des linken Temporallappens kommt es zu funktionalen Beeinträchtigungen bei der Erinnerung an Wortlisten, an Folgen aus drei Konsonanten und bei nichträumlichen Assoziationen. Ebenso bestehen Defizite beim Hebb-Test mit wiederholt dargebotenen Ziffernfolgen. Dieser Test ähnelt dem Corsi-Würfeltest, denn auch hier wird den Versuchspersonen eine Reihe von Zahlen genannt, die länger ist als ihre Gedächtnisspanne für Ziffernfolgen. Innerhalb der Zahlenreihe findet sich eine kleine Folge, die sich wiederholt. Patienten mit Läsionen im linken Temporallappen weisen keine solche Lernkurve auf, wie sie in Abbildung 16.6C gezeigt ist, und lernen die wiederholt präsentierte Zahlenreihe nicht.

Unsere Beschreibung von Störungen des expliziten Gedächtnisses beruhte zum Großteil auf Untersuchungen von Patienten mit großen Läsionen im medialen Temporallappen. Die Strukturen des medialen Temporallappens erhalten ihre Informationen jedoch aus angrenzenden Cortexgebieten. Es ist daher zu erwarten, daß andere neocortikale Läsionen ebenfalls Einschränkungen des expliziten Gedächtnisses zur Folge haben. Milner und ihre Mitarbeiter konnten nach einer Zerstörung des neocortikalen Anteils der Temporallappen mit Hilfe verschiedener Gedächtnisaufgaben eine doppelte Dissoziation nachweisen. Demnach führen Läsionen des rechten Temporallappens zu einem gestörten Gedächtnis für nichtverbales Material, Läsionen des linken Temporallappens dagegen zu Ausfällen bei verbalen Gedächtnisleistungen. Diese Befunde sind in Tabelle 16.2 zusammengefaßt. Die Resultate zeigen, daß eine Entfernung des rechten Temporallappens zu einer beeinträchtigten Wiedergabe komplexer geometrischer Figuren, zu Störungen beim Paarassoziationslernen und Wiedererkennen von Nonsens-Zeichnungen sowie zu Beeinträchtigungen beim Erkennen von Melodien führt. Das gleiche gilt für die Leistung beim Erkennen zuvor dargebotener Portraitphotos. Bei Aufgaben, die das verbale Gedächtnis betreffen, werden kaum Ausfälle festgestellt. Eine Läsion des linken Temporallappens ruft aber Störungen bei verbalen Aufgaben

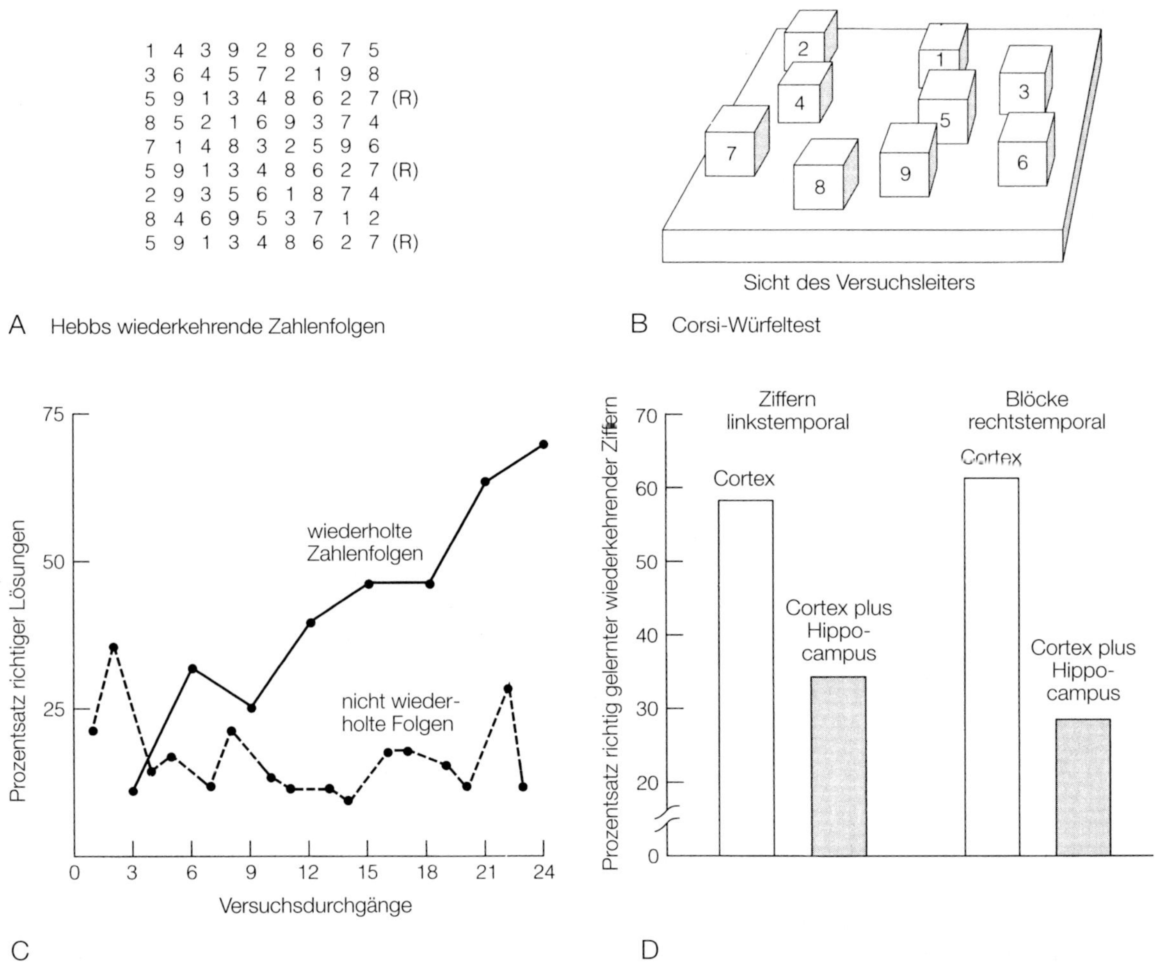

16.6 A. Hebb-Test mit wiederholten Ziffernfolgen. Den Versuchspersonen werden mehrere Folgen aus jeweils neun Ziffern dargeboten, was die Gedächtnisspanne für Ziffernfolgen übersteigt. Eine der Folgen ist immer gleich (R). B. Skizze des Corsi-Würfeltests. Die Versuchsperson muß die Würfel in derselben Reihenfolge berühren wie vom Versuchsleiter vorgemacht. Die Zahlen auf den Würfeln sind aus dem Blickwinkel des Versuchsleiters sichtbar, nicht jedoch aus dem der Versuchsperson. Auch hier ist eine Folge von Berührungen immer gleich. C. Die Leistung bei den wiederholten Ziffernfolgen verbessert sich mit der Anzahl der Durchgänge, bei nicht wiederholten Folgen ist keine Verbesserung zu beobachten. D. Patienten mit mediotemporalen Läsionen in der linken Hemisphäre zeigen schlechtere Leistungen bei dem Hebb-Zahlentest; solche mit mediotemporalen Läsionen in der rechten Hemisphäre schneiden beim Corsi-Würfeltest schlechter ab als normal.

hervor. Dazu gehört die Wiedergabe von zuvor angebotenen Geschichten, Wortpaaren, das Wiedererkennen von Wörtern oder Ziffern und von sich wiederholenden sinnfreien Silben. Auf nichtverbale Leistungen hat diese Läsion kaum einen Effekt. Eine Zerstörung des medialen Temporallappens steht also zwar mit schweren Ausfällen des Gedächtnisses im Zusamenhang, aber auch eine auf den temporalen Neocortex beschränkte Läsion führt zu Einbußen der Gedächtnisleistung.

Cortikale Verletzungen des parietalen, des posterior-temporalen und möglicherweise auch des occipitalen Cortex führen manchmal zu spezifischen Störungen des Langzeitgedächtnisses. Beispiele dafür sind die Farbamnesie, die Prosopagnosie („Gesichtsamnesie"), die Objektanomie (Unfähigkeit, sich an den Namen von Objekten zu erinnern) und die topographische Amnesie (Unfähigkeit, sich an die Position eines Objekts in der Umgebung zu erinnern). Über die Ursache dieser Störungen ist nur wenig bekannt, und vielfach muß eine bilaterale Läsion vorliegen. Daher handelt es sich wahrscheinlich um eine Art Diskonnektionsphänomen. Die topographische Amnesie steht möglicherweise in Beziehung mit einer Verletzung des posterioren parietalen Bereichs. Der Zusammenhang wurde aber bislang kaum untersucht. Dies liegt zum Teil daran, daß es nur wenige Patienten gibt, die eine Läsion im Parietalcortex aufweisen, ohne gleichzeitig auch bedeutende subcortikale pathologische Veränderungen zu zeigen. Der parietale Cortex ist darüber hinaus kein epilepsieinduzierendes Zentrum, weshalb hier nur wenige Fälle vorliegen, bei denen Operationen nötig wurden.

Es gibt einige Hinweise darauf, daß es sich bei den genannten Defiziten um solche des expliziten Gedächtnisses

Tabelle 16.2: Überblick über die Auswirkungen einer rechts- oder linksseitigen temporalen Lobektomie auf einige Gedächtnistests

Test	Läsionsort		Literatur
	linkstemporal	rechtstemporal	
Erinnern geometrischer Figuren (Rey)	–	×	Taylor 1969
Paar-Assoziations-Lernen sinnfreier Figuren	–	×	Prisko 1963
Wiedererkennen sinnfreier Figuren	–	×	Kimura 1963
Erinnern wiederkehrender sinnfreier Figuren	–	×	Kimura 1963
Wiedererkennen von Gesichtern	–	×	Warrington und James 1967
Wiedererkennen unbekannter Melodien	–	×	Zatorre 1985
Wiedererkennen von Liedern	–	×	Shankweiler 1966
Erinnern von Geschichten	×	–	Milner 1967
Paar-Assoziations-Lernen von Wörtern	×	–	Milner 1967
Wiedererkennen von Wörtern und Zahlen	×	–	Milner 1967
Erinnern wiederkehrender sinnfreier Silben	×	–	Corsi 1972

Bemerkung: × = signifikante Beeinträchtigung; – = normale Leistung.

handelt, denn Tests des impliziten Gedächtnisses lassen meist Restfähigkeiten erkennen. Beispielsweis behaupten Patienten mit einer Schädigung der Area 17, daß sie nichts sehen können. Fordert man sie jedoch auf, auf einen bestimmten Gegenstand zu zeigen, tun sie dies. Patienten mit einer Schädigung des temporalen Cortex, die ebenso behaupten, nichts zu sehen, können ihre Hand trotzdem richtig formen und Gegenstände ergreifen. Patienten mit Prosopagnosie, die berichten, sie könnten keine Gesichter erkennen, zeigen dennoch eine starke Wärmeentwicklung in der Haut, wenn der Name der zu dem Gesicht gehörenden Person erwähnt wird. In all diesen Fällen ist die bewußte Erinnerung oder das explizite Gedächtnis geschädigt, das implizite Gedächtnis jedoch erhalten.

Andere Regionen des Neocortex, darunter der frontale Cortex, sind ebenfalls am expliziten Gedächtnis beteiligt. So haben Tulving und Mitarbeiter anhand eigener Experimente und der Ergebnisse anderer Wissenschaftler mit Hilfe von PET-Studien gezeigt, daß der ventrolaterale frontale Cortex der linken Hemisphäre bevorzugt bei der Gedächtnisbildung für Wörter oder Wortfolgen aktiv ist. Interessanterweise sind diese Regionen jedoch nicht an dem späteren Zugriff auf die gespeicherten Inhalte beteiligt. Die PET-Ergebnisse der genannten Wissenschaftler zeigen, daß beim Zugriff auf gespeicherte Information der dorsolaterale frontale Cortex der rechten Hemisphäre sowie der posterior-parietale Cortex beider Hemisphären aktiv ist (Abbildung 16.7).

Einschränkungen des Gedächtnisses können auch auf diffusen Schädigungen beruhen, wie sie zum Beispiel bei der Herpes-simplex-Encephalitis und bei der Alzheimer-Krankheit auftreten. Damasio und seine Mitarbeiter beschreiben eine Reihe von Patienten mit Herpes-simplex-Encephalitis, bei denen die Schädigung der Temporallappen wie auch die des ventromedialen frontalen Cortex ähnlich ausgeprägt ist wie bei den sogenannten Temporallappenpatienten. Der Patient Boswell wird recht detailliert beschrieben. Wie viele Temporallappenpatienten zeigt er eine ausgeprägte anterograde Amnesie, weist jedoch eine normale Intelligenz und normale Sprachfähigkeiten auf und erreicht bei Tests zum impliziten Gedächtnis durchschnittliche Ergebnisse. Allerdings liegt bei ihm eine viel ausgeprägtere retrograde Amnesie vor als sie bei Temporallappenpatienten, wie etwa H. M., beobachtet wird. Boswell ist absolut nicht in der Lage, sich an Ereignisse seines bisherigen Lebens zu erinnern. Vermutlich ist die mediotemporale Läsion für seine anterograde Amnesie verantwortlich. Die zusätzliche Schädigung im lateralen temporalen Cortex im Bereich der Insula (dem medialen Teil des temporalen Cortex innerhalb des Sulcus lateralis, siehe Abbildung 16.1) spielt wahrscheinlich bei seiner retrograden Amnesie eine Rolle. Damasios Hypothese zufolge steht die Insula bei Patienten mit Herpes-simplex-Encephalitis besonders mit der retrograden Amnesie in Zusammenhang. Interessanterweise haben Posner und Raichle mit Hilfe von PET-Experimenten gezeigt, daß der Inselcortex aktiv ist, wenn Versuchspersonen gut eingeübte verbale Aufgaben ausführen, nicht jedoch, wenn sie mit einer neuen verbalen Aufgabe konfrontiert werden. Dies scheint mit Damasios Vorschlag, die Insula sei an dem Zugriff auf zuvor gespeicherte Inhalte beteiligt, in Einklang zu stehen.

Die **Alzheimer-Krankheit** ist eine progressive Erkrankung, die mit einem Verlust von Zellen und der Entwicklung anderer Abnormitäten im Assoziationscortex verbunden ist. Sie ist zunächst durch eine anterograde und später auch durch retrograde Amnesie charakterisiert. Zu den Gehirnregionen, in denen die ersten Schädigungen auftreten, zählt der mediale temporale Cortex. Im Zuge des Fortschreitens der Krankheit werden jedoch auch weitere Gebiete betroffen. Die Art und Weise der Veränderungen im Gehirn und die zu beobachtenden Gedächtnisschwächen legen nahe, daß der mediale temporale Cortex mit anterograder Amnesie, andere temporale Assoziationsfelder und frontale Cortexregionen mit retrograder Amnesie zusammenhängen. Wie bei anderen bisher beschriebenen Amnestikern zeigt sich auch bei Alzheimer-Patienten die Amnesie vor allem bei Tests zum expliziten Gedächtnis; möglicherweise ist jedoch auch das implizite Gedächtnis betroffen.

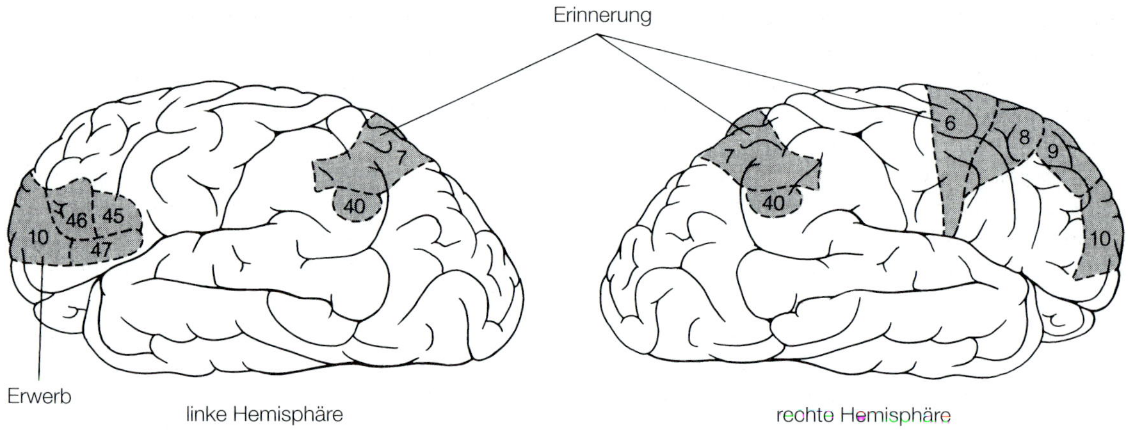

16.7 Cortexregionen, die, wie PET-Untersuchungen zeigten, beim Erwerb verbaler Gedächtnisinhalte beziehungsweise beim Zugriff auf diese aktiv sind. Während des Erwerbs von Gedächtnisinhalten ist eine Aktivierung des linken präfrontalen Cortex (Areae 10, 46, 45, 47) zu beobachten. Bei der Erinnerung an dasselbe Material zeigt sich eine Aktivität im rechten dorsolateralen Cortex (Areae 6, 8, 9, 10) und im parietalen Cortex beider Hemisphären (Areae 7 und 49). (Nach Tulving et al. 1994.)

Die Amygdala

Der Amygdala-Komplex besteht aus einer Reihe separater Kerne, von denen jeder wahrscheinlich spezifische Funktionen erfüllt. Daher ist es eigentlich nicht korrekt, sie gemeinsam zu betrachten, wie wir dies im folgenden tun werden. Diese Kerne wurden mit emotionalen, olfaktorischen und visceralen Ereignissen sowie mit der allgemeinen Wachheit (*arousal*) in Zusammenhang gebracht. Es gibt allerdings keine Untersuchungen, die einen Zusammenhang zwischen diesen spezifischen Verhaltensaspekten und anatomischen Strukturen eindeutig belegen. Sarter und Markowitsch haben die einschlägige Literatur über Untersuchungen an Mensch und Tier ausgewertet und schlagen vor, daß die Amygdala an Gedächtnisprozessen beteiligt ist, die mit emotional bedeutsamen Ereignissen zusammenhängen. Wenn die Amygdala also einen Beitrag zu der Amnesie von Patienten mit mediotemporalen Läsionen leistet, ist dieser möglicherweise emotionaler Natur.

Der Hippocampus

Früher hatte man angenommen, die Amnesie von Patienten mit Hippocampusläsionen sei auf diese hippocampalen Schädigungen zurückzuführen. Dies ist aber offensichtlich nicht der Fall. Zunächst gibt es heute eine umfangreiche Literatur, die den Hippocampus mit räumlichem Verhalten – zum Beispiel dem Auffinden einer bestimmten Stelle oder dem Erinnern an die Position von Gegenständen – in Zusammenhang bringt. Viele dieser Studien geben kaum Hinweise darauf, daß der Hippocampus auch an anderen Gedächtnisformen beteiligt ist. So brachten Modellversuche an Primaten, die aufgrund mediotemporaler Läsionen eine Amnesie aufwiesen und bei denen der Hippocampus absichtlich geschädigt wurde, Defizite im räumlichen Gedächtnis zutage (etwa bei der Erinnerung an die Position eines Objekts), lieferten jedoch keinen Hinweis auf andere Gedächtnismängel (wie etwa eine Amnesie für die Objekte selbst). Vor dem Hintergrund, daß Patienten mit mediotemporalen Läsionen bei räumlichen Aufgaben beeinträchtigt sind, ist es wahrscheinlich, daß tatsächlich nur dieses Defizit mit dem Verlust der hippocampalen Funktionen zusammenhängt.

Der perirhinale Cortex

In jüngerer Zeit entwickelte man ein beträchtliches Interesse für die Auswirkungen von Läsionen des rhinalen Cortex (entorhinaler und perirhinaler Cortex, siehe Abbildung 16.1). Modellversuche an Primaten mit mediotemporal begründeter Amnesie lieferten überraschende Ergebnisse. Der rhinale Cortex ist der am weitesten lateral gelegene Teil des medialen Temporallappens, der bei den meisten dieser Tiere geschädigt ist (Abbildung 16.1). Meunier und Mitarbeiter ließen Affen mit Läsionen in verschiedenen Regionen der Temporallappen Aufgaben zum visuellen Erkennen durchführen. Es zeigte sich, daß Tiere mit perirhinalen Läsionen am stärksten beeinträchtigt waren. Tatsächlich waren die Defizite ebenso ausgeprägt wie diejenigen, die man bei sehr großen mediotemporalen Läsionen beobachten kann. Diese Ergebnisse deuten eindrücklich darauf hin, daß die Mängel beim visuellen Wiedererkennen nicht auf hippocampalen, sondern vielmehr auf perirhinalen Läsionen beruhen.

Amnesien aufgrund diencephaler Läsionen

Die Belege für Amnesien aufgrund diencephaler Läsionen stammen aus zwei Quellen: von Patienten mit eng umschriebenen Läsionen im medialen Thalamus und von Patienten mit einem Korsakoff-Syndrom. Fokale Läsionen des medialen

Thalamus werden meistens durch Hirnblutungen oder Gefäßverschlüsse verursacht, die regelmäßig zu Gedächtnisproblemen führen. Es gibt aber nur wenige Fälle, bei denen sowohl ausführliche Verhaltensstudien als auch *post mortem*-Untersuchungen des Gehirns vorgenommen wurden, weshalb die Frage nach der genauen Art der „kritischen Läsion" noch einige Rätsel aufgibt. Über diencephale Schädigungen, die im Zusammenhang mit Alkoholmißbrauch stehen, ist mehr bekannt, obwohl auch hier die anatomische Lokalisation nicht eindeutig ist.

Daß chronischer Alkoholmißbrauch, besonders wenn er durch Unterernährung ergänzt wird, zu Gedächtnisstörungen führt, ist seit langem geläufig. Im späten 19. Jahrhundert erweckte der russische Arzt S. S. Korsakoff das Interesse an einem Syndrom, von dem er behauptete, es begleite chronischen Alkoholismus. Das offenkundigste Symptom war ein schwerer Gedächtnisverlust. Er schrieb:

> Die Störung des Gedächtnisses zeigt sich in einer eigenartigen Amnesie, bei der das Gedächtnis für kurz zurückliegende Ereignisse – für alles, was gerade geschehen ist – im wesentlichen gestört ist, wohingegen die weiter zurückliegende Vergangenheit ziemlich gut erinnert wird ... Dies zeigt sich hauptsächlich dadurch, daß der Patient dauernd die gleichen Fragen stellt und die gleichen Geschichten erzählt. Während der Konversation mit einem solchen Patienten ist es zunächst schwierig, überhaupt eine psychische Störung festzustellen. Der Patient vermittelt den Eindruck einer Person, die im Vollbesitz ihrer Fähigkeiten ist, er denkt über alles Mögliche gründlich nach, zieht richtige Schlußfolgerungen aus gegebenen Prämissen und macht intelligente Bemerkungen. Er spielt Schach oder ein Kartenspiel, kurz gesagt, er präsentiert sich als mental gesunde Person. Erst nach einem längeren Gespräch mit dem Patienten stellt man fest, daß er manchmal Ereignisse völlig durcheinanderbringt und daß er sich an überhaupt nichts erinnert, was um ihn herum vorgeht. Er weiß nicht mehr, ob er schon gegessen hat, ob er sich vom Bett erhoben hatte und so weiter. Manchmal vergißt der Patient, was sich gerade zuvor zugetragen hat: Man kommt in sein Zimmer, spricht mit ihm und geht für eine Minute hinaus, kommt dann wieder herein, und schon hat der Patient absolut keine Erinnerung daran, daß man soeben bei ihm gewesen ist. Patienten dieser Art können die gleiche Seite in einem Buch immer wieder lesen. Manchmal stundenlang, weil sie sich absolut nicht daran erinnern, was sie gelesen haben ... Bei all dem ist folgendes bemerkenswert: Während alle Ereignisse, die sich soeben zugetragen haben, vergessen werden, erinnert sich der Patient ziemlich genau an die Vergangenheit und an all das, was sich zutrug, lange bevor er krank wurde. Normalerweise hat er alles, was seit Beginn seiner Krankheit geschehen ist, vergessen, wobei sich dieser Zeitraum auch auf eine kurze Zeitspanne vor dem Ausbruch der Krankheit erstrecken kann. (Aus Oscar-Berman 1980, S. 410.)

Das **Korsakoff-Syndrom** wurde seit der wegweisenden Arbeit von Sanders und Warrington aus dem Jahre 1971 deshalb intensiv erforscht, weil es viel mehr Korsakoff-Patienten gibt als Menschen, die an Formen der globalen Amnesie leiden wie H. M. und R. B. Talland hat sechs Hauptsymptome der Korsakoff-Krankheit beschrieben:

1. *Anterograde Amnesie:* Die Patienten können keine neuen Gedächtnisinhalte mehr bilden, in formalen Gedächtnistests schneiden sie bei Paarassoziationstests besonders schlecht ab.
2. *Retrograde Amnesie:* Die Patienten weisen eine weitläufige Beeinträchtigung des Gedächtnisses für weit zurückliegende Gedächtnisinhalte auf. Die Beeinträchtigung umfaßt den größten Teil ihres Erwachsenendaseins. Dies kann durch ihr schlechtes Wiedererkennungsvermögen von berühmten Persönlichkeiten der vergangenen Jahre leicht gezeigt werden. Diese Persönlichkeiten werden von den meisten gesunden Menschen und auch von N. A. und H. M. präzise wiedererkannt.
3. *Konfabulation:* Die Patienten erfinden lieber Geschichten über vergangene Ereignisse, als daß sie einen Gedächtnisverlust zugeben. Diese Geschichten basieren oft auf vergangenen Erfahrungen und erscheinen deshalb plausibel. Wir fragten zum Beispiel einen Mann, wo er letzte Nacht gewesen sei, und er antwortete uns, er habe sich im Kriegsveteranenclub zusammen mit seinen Kameraden aufgehalten. Das war zwar nicht der Fall, aber es war in seiner Vergangenheit üblich gewesen und erschien deshalb als plausible Geschichte.
4. *Inhaltsleere Konversation:* Korsakoff-Patienten können vermutlich aufgrund ihrer Amnesie nur wenig zu einer spontanen Unterhaltung beitragen.
5. *Mangel an Einsicht:* Viele Patienten sind sich praktisch nicht bewußt, daß sie eine Gedächtnisstörung haben.
6. *Apathie:* Es besteht Gleichgültigkeit und anhaltendes Unvermögen, an längerfristigen Aktivitäten teilzunehmen. Der Patient verliert rasch das Interesse und scheint generell eine Veränderung nicht wahrzunehmen.

Diese Symptome werden alle bei Patienten beobachtet, die anderweitig ganz normal erscheinen. Sie haben einen normalen Intelligenzquotienten, sind aufgeweckt und aufmerksam, erscheinen motiviert und weisen im allgemeinen keine neurologischen Anzeichen einer cerebralen Störung auf, etwa ein ungewöhnliches EEG.

Die Symptomatik der Korsakoff-Krankheit kann ganz plötzlich innerhalb weniger Tage auftreten. Die Ursache ist ein Thiamin-(Vitamin-B1-)Mangel, der aus einem hohen chronischen Alkoholkonsum resultiert. Das Syndrom verläuft normalerweise progressiv. Es kann durch hohe Dosen von Vitamin B1 aufgehalten, aber nicht umgekehrt werden. Die Prognose ist schlecht, da nur etwa 20 % der Patienten bei Vitamin-B1-reicher Kost innerhalb eines Jahres eine Erholung zeigen. Viele Patienten erholen sich auch nach zehn oder 20 Jahren nicht.

Die tatsächliche Wirkung des Vitamin-B1-Mangels auf das Gehirn ist umstritten. Aber man nimmt allgemein an, es liege eine Schädigung des medialen Thalamus und der Mamillarkörper des Hypothalamus vor, wobei es zusätzlich zu einer allgemeinen cerebralen Atrophie kommt. Es herrscht weitgehend Übereinstimmung darin, daß die schwerwiegende Gedächtnisstörung von einer hypothalamischen Schädigung herrührt, da die Mamillarkörper über den Fornix Ziel hippocampaler Efferenzen sind. Die Schädigung des Diencephalon wurde also als Folge einer Diskonnektion des hippocampalen Kreislaufs betrachtet, die ihrerseits zu einer Amnesie führt. Das erscheint aber aus mehreren Gründen nicht sehr wahrscheinlich. Erstens ist in vielen Fällen nur der mediale Thalamus degeneriert, die Mamillarkörper sind nicht betroffen. Der umgekehrte Fall wird nicht beobachtet. Zweitens ziehen die Hauptefferenzen des Hippocampus über den entorhinalen Cortex und nicht über den Fornix. Darüber hinaus herrscht auch noch Unklarheit in der Frage, ob Läsionen des Fornix überhaupt eine Amnesie herbeiführen können. Woolsey und Nelson berichten zum Beispiel über einen Fall, wo keine offenkundigen neuropsychologischen Störungen vorlagen (das heißt keine offenkundigen Gedächtnisstörungen), obwohl ein bösartiger Tumor den Fornix bilateral zerstört hatte. Garcia-Bengochea und seine Mitarbeiter durchtrennten bei 14 epileptischen Patienten bilateral den Fornix und berichteten, eine Amnesie sei danach nicht aufgetreten. Nach Durchtrennung des Fornix wurde in zwei Fällen von Gedächtnisverlusten berichtet. Weil bei diesen Patienten aber keine Autopsie durchgeführt wurde, bleibt ungewiß, wo die Läsion tatsächlich gewesen ist. Insgesamt weisen die meisten Befunde darauf hin, daß eine Schädigung der Mamillarkörper und des Fornix nicht ausreichen, um einen Gedächtnisverlust herbeizuführen.

Zwischen dem Gedächtnisverlust, der nach diencephalen Schädigungen und dem, der nach Temporallappenläsionen auftritt, gibt es ganz klare Unterschiede. Temporallappenpatienten zeigen zum Beispiel eine ganz normale Entkopplung von proaktiver Interferenz, diencephale Patienten nicht. Personen mit einem Korsakoff-Syndrom erleiden darüber hinaus extensive Einbußen ihres Gedächtnisses für vergangene Ereignisse, Patienten mit Temporallappenläsionen haben solche Verluste nicht. Moscovitsch glaubt, Korsakoff-Patienten hätten mit zwei Problemen zu kämpfen, nämlich mit einer diencephalen Läsion und einer Funktionsminderung des Frontallappens. Die letztgenannte Schlußfolgerung basiert auf Befunden von Computertomogrammen, welche bei über 80 % der Korsakoff-Patienten eine frontale Atrophie erkennen lassen.

Das basale Vorderhirn

Das basale Vorderhirn liegt unmittelbar anterior des Hypothalamus. Es ist der Ursprungsort einer Vielzahl von Fasersträngen, darunter auch cholinerge Fasern, zum Vorderhirn. Die cholinergen Neuronen projizieren in alle Cortexareale und machen bis zu 70 % aller cholinergen Synapsen in diesen Regionen aus. Zunächst hatte man angenommen, der Verlust dieser cholinergen Zellen sei für die Amnesie bei Alzheimer-Patienten verantwortlich. In Experimenten mit Tieren zeigte sich jedoch, daß eine gezielte Zerstörung dieser Zellen mit Hilfe von Neurotoxinen zu einer Amnesie führt, und zwar besonders dann, wenn die Projektionen zum Temporallappen betroffen sind. Die cholinergen Zellen sind wahrscheinlich nicht an der Speicherung von Gedächtnisinhalten per se beteiligt, sondern spielen vermutlich eine Rolle bei der Aktivierung cortikaler Neuronen, so daß diese normal funktionieren können.

Serotonerge Neuronen im Mittelhirn und noradrenerge Neuronen im Hinterhirn projizieren ebenfalls zum limbischen System und zum Cortex; diese Zellen sind für die Aufrechterhaltung des Aktivierungszustands in diesen Regionen wichtig. Wenn in Modellversuchen bei Tieren (Tiermodell) nur *eine* dieser Zellgruppen entfernt wird, führt dies nicht zu schwerwiegenden Gedächtnisdefiziten. Eine schwerwiegende Amnesie kann jedoch erzeugt werden, indem man die serotonergen Zellen im Mittelhirn und die cholinergen Zellen im basalen Vorderhirn gemeinsam ausschaltet. Vanderwolf konnte zeigen, daß sich Tiere mit derartigen Läsionen verhalten, als sei ihr gesamter Neocortex entfernt worden: Sie sind zu keinerlei intelligenten Leistungen mehr fähig. Außerdem liefern cortikale EEGs bei diesen Tieren ein Aktivitätsmuster, wie es sonst typischerweise im Schlaf gemessen wird. Vanderwolfs Experimente legen den Schluß nahe, daß die cholinerge und die serotonerge Projektion gemeinsam für die Aufrechterhaltung einer dem Wachzustand entsprechenden cortikalen Aktivität verantwortlich sind. Wird eine der beiden Projektionen ausgeschaltet, kann die andere die Aktivität aufrechterhalten; nach Entfernung beider Projektionen ist jedoch keine cortikale Aktivierung mehr möglich. Bekanntermaßen ist eine Reihe von Alterskrankheiten mit einem Verlust von cholinergen und serotonergen Zellen verbunden, und es ist daher wahrscheinlich, daß diese Art des Zellverlusts zur Amnesie beiträgt. Betrifft die Schädigung nur aufsteigende Projektionen, dann ist eine Degeneration von Strukturen des Vorderhirns nicht zu erwarten. Wenn es also gelänge, die Schädigung durch pharmakologische Behandlung rückgängig zu machen, sollte es auch möglich sein, das Gedächtnis wiederherzustellen.

Das implizite Gedächtnis

Bis hierher haben wir uns hauptsächlich mit dem expliziten Gedächtnis befaßt. Wenn limbische Schaltkreise am expliziten Gedächtnis beteiligt sind, dann ist anzunehmen, daß beim impliziten Gedächtnis andere Gehirnstrukturen eine Rolle spielen. Petri und Mishkin haben für das implizite Gedächtnis einen bestimmten Schaltkreis im Gehirn vorgeschlagen (Abbildung 16.8). Eine zentrale Stellung in diesem Schaltkreis nehmen die Basalganglien (Nucleus caudatus und Putamen) ein. Sie empfangen Projektionen aus allen Gebieten des Neocortex und senden ihrerseits Fasern über den Globus pallidus und ventralen Thalamus zum prämotorischen Cortex. Die Basalganglien empfangen auch Projektionen von Zellen der Substantia nigra. Diese Projektionen nutzen den Neurotrans-

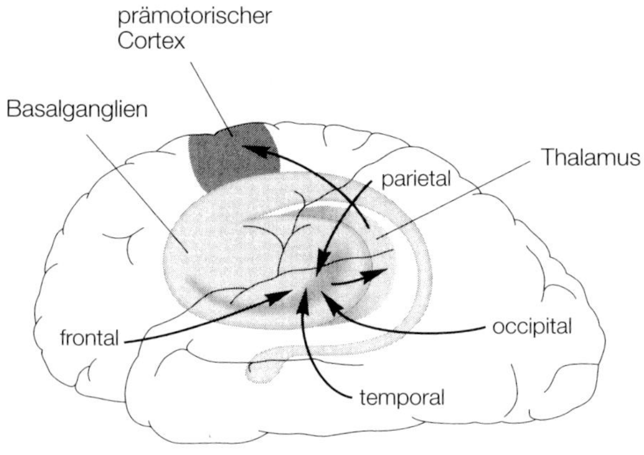

A

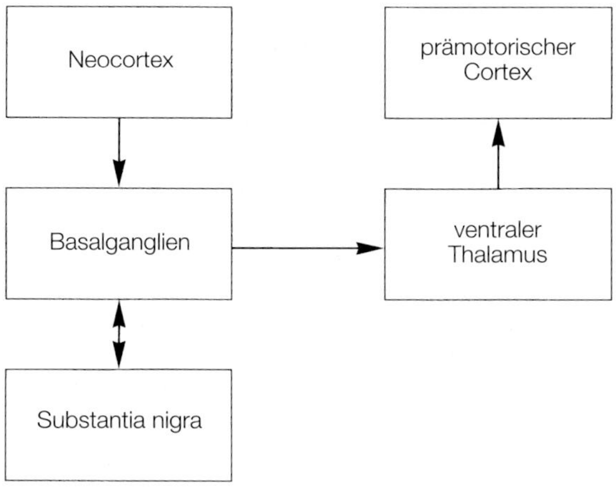

B

16.8 A. Vermutlich am impliziten Gedächtnis beteiligte neurale Strukturen. B. Die Information fließt vom Neocortex über die Basalganglien in den prämotorischen Cortex. (Nach Petri und Mishkin 1994.)

mitter Dopamin, der überall in den Basalganglien in hoher Konzentration vorkommt. Dopamin scheint für die Funktion der Basalganglienschaltkreise essentiell zu sein und könnte daher auch indirekt an der Gedächtnisbildung beteiligt sein. Es ist bemerkenswert, daß die Basalganglien traditionell als motorische Struktur klassifiziert wurden, weil ihre Läsion Beeinträchtigungen der Bewegung zur Folge hat. Die Schaltkreise, an denen die Basalganglien beteiligt sind, scheinen auch Eingänge aus dem sensorischen Neocortex zu erhalten und sie in motorische Regionen des Cortex weiterzuleiten.

Ebenso wie das Modell für das explizite Gedächtnis wurde auch das Modell für das implizite Gedächtnis auf Grund vieler Untersuchungen an Affen und Ratten entwickelt. Bei Tieren mit geschädigten Verknüpfungen der Basalganglien sollten das Wiedererkennen, das räumliche sowie das emotionale Gedächtnis erhalten sein. Andererseits sollten das Erlernen motorischer Fähigkeiten, das Erlernen der richtigen Reaktion auf ein Signal sowie die Leistung bei Assoziationsaufgaben eingeschränkt sein. Dies scheint tatsächlich zuzutreffen.

Wie Martone und ihre Kollegen gezeigt haben, weisen Patienten mit Chorea Huntington Defizite bei Zeichenaufgaben auf, bei denen sie ihre Bewegungen nur im Spiegel kontrollieren können (Abbildung 16.2) und bei denen Patienten mit Temporallappenläsionen Schwierigkeiten haben. Bei verbalen Erkennungsaufgaben erbringen die Huntington-Patienten normale Leistungen. **Chorea Huntington** ist durch eine Degeneration von Zellen der Basalganglien gekennzeichnet. Dies legt den Schluß nahe, daß die Schaltkreise, die man durch Untersuchungen an Affen und Ratten dem expliziten Gedächtnis zugeordnet hat, beim Menschen die Grundlage für motorische Fähigkeiten und implizites Gedächtnis bilden. An dieser Stelle sollten wir erwähnen, daß die Forschungen, die das explizite Gedächtnis mit dem limbischen Cortex in Verbindung bringen, weitaus intensiver sind als diejenigen, die sich mit dem Zusammenhang zwischen implizitem Gedächtnis und Basalganglien befassen.

Auch eine Reihe von Untersuchungen mit bildgebenden Verfahren unterstützt die Vorstellung, daß Strukturen innerhalb der Basalganglienschaltkreise am impliziten Gedächtnis beteiligt sind. Grafton und Mitarbeiter verfolgten mit Hilfe der PET-Technik den regionalen cerebralen Blutfluß (rCBF) bei gesunden Versuchspersonen, während diese eine motorische Aufgabe erlernten. Diese Aufgabe bestand darin, einen Stift in einer bestimmten Position auf einer sich drehenden Scheibe von der Größe einer Schallplatte zu halten. Die Aufgabe zielt auf Fähigkeiten ab, die denen beim Zeichnen unter spiegelbildlicher visueller Kontrolle sehr nahe kommen. Die Wissenschaftler entdeckten, daß die motorische Handlung mit einem Anstieg der Durchblutung im motorischen Cortex, in den Basalganglien und im Cerebellum einherging, und daß beim Erlernen der Aufgabe ebenfalls einige dieser Strukturen, nämlich unter anderem der primäre motorische Cortex, der supplementär-motorische Cortex und der Nucleus pulvinaris im Thalamus, aktiv waren.

Noch deutlicher demonstrierten Pascual-Leone und Mitarbeiter die Rolle des motorischen Cortex beim impliziten Lernen. In ihrer Untersuchung sollten die Versuchspersonen auf ein visuelles Signal hin eine von vier mit Zahlen markierten Tasten drücken. Wenn beispielsweise die Zahl 1 auf dem Monitor erschien, sollten sie mit dem ersten Finger die Taste Nummer 1 drücken. Als Maß für den Lernerfolg diente die Reaktionszeit bis zum Tastendruck. Bei der Messung wurde eine identische Folge von 12 Signalen mehrfach wiederholt, so daß die Versuchspersonen nach einigen Durchgängen bereits wußten, welche Zahl erscheinen würde, und sich auf die Reaktion vorbereiten konnten. Bei der Kontrollgruppe war hingegen die Reihenfolge der Einzelsignale zufällig. Die implizite Komponente bei dieser Aufgabe besteht in der Verkürzung der Reaktionszeit von Durchgang zu Durchgang. Die explizite Komponente zeigte sich darin, daß die Versuchspersonen mit der Zeit die Sequenz beherrschten und bereits ohne vorheriges Signal die richtige Taste drückten. Mit Hilfe der transcranialen magnetischen Stimulationstechnik ließ sich die Region des motorischen Cortex ermitteln, die die an der Reaktion beteiligten Muskelgruppen repräsentiert. Bei dieser Technik reizt man den motorischen Cortex mit Hilfe von über dem Schädel plazierten Leiterschleifen und mißt gleichzeitig die Muskelaktivität. Die Forscher konnten somit die Cortexregionen kartieren, die an der Aktivierung der Muskeln während verschiedener Phasen des Lernvorgangs beteiligt waren. Dabei stellte sich heraus, daß die Cortexareale, welche die beteiligten Muskeln repräsentierten, mit wachsender Übung immer größer wurden. Es schien also, als würde sich die für die betreffende motorische Reaktion zuständige Cortexregion während des Erlernens der Aufgabe ausweiten. Sobald die Versuchspersonen die Reihenfolge der Zahlen kannten, sie also ins explizite Gedächtnis übernommen hatten, kehrte die Ausdehnung der aktivierten Cortexbereiche wieder auf das Ausgangsniveau zurück. Das Erzeugen impliziter Gedächtnisinhalte umfaßt also eine Umorganisation des motorischen Cortex, die für eine vom expliziten Gedächtnis gesteuerte Handlung nicht notwendig ist.

Die motorischen Cortexbereiche empfangen über den Thalamus auch Projektionen aus dem Cerebellum. Thompson hat viele Hinweise darauf zusammengetragen, daß das Cerebellum eine wichtige Position innerhalb der Schaltkreise für das motorische Lernen einnimmt. Er und seine Mitarbeiter schlagen vor, daß das Cerebellum bei einer Form des impliziten Lernens, nämlich bei der klassischen Konditionierung, eine wichtige Rolle spielt. Bei ihren Versuchen reizen sie durch einen kurzen Luftstoß das Augenlid eines Kaninchens. Der Reiz war mit einem anderen Stimulus, etwa einem Ton, gekoppelt. Nach Läsionen der vom Cerebellum ausgehenden Bahnen war die konditionierte Reaktion (Lidschlag beim Erklingen des Tones) blockiert, nicht jedoch die unkonditionierte (Lidschlag nach dem Luftstoß). Die Wissenschaftler lieferten weitere Beweise für die Rolle des Cerebellums bei Lernvorgängen, indem sie zeigten, daß der Cortex für die Ausbildung der konditionierten Reaktion nicht unbedingt notwendig ist. Auf der Grundlage von solchen Experimenten entwickelte Thompson die Hypothese, daß das Cerebellum am Erlernen von definierten adaptiven Verhaltensreaktionen auf noxische Reize beteiligt ist.

Das Kurzzeitgedächtnis

Im Jahre 1890 unterschied William James zwischen einem, wie er es nannte, *primären Gedächtnis*, das nur kurze Zeit anhält, und einem *sekundären Gedächtnis*, worunter er das Wissen über einen früheren Zustand verstand, nachdem dieser bereits einmal aus dem Bewußtsein entschwunden war. Erst im Jahre 1958 traf dann Broadbent eine Unterscheidung von Kurzzeit- und Langzeitgedächtnis, auch wenn einige Autoren vor ihm bereits auf diese Unterscheidungsmöglichkeit hingewiesen hatten.

Das Kurzzeitgedächtnis, manchmal auch Arbeitsgedächtnis genannt, ist die Gedächtnisform, die wir benutzen, um Zahlen, Wörter, Namen oder anderes für kurze Zeit zu behalten. Baddely hat es einmal als „Notizblock-Gedächtnis" bezeichnet. Wir haben bereits weiter oben auf eine falsche Vorstellung bezüglich des Kurzzeitgedächtnisses hingewiesen, nämlich daß es notwendigerweise mit dem Langzeitgedächtnis in Verbindung steht. Das Wiederholen einer Zahlenreihe mag nützlich sein, um die Reihe ins Langzeitgedächtnis zu übertragen, aber es ist nicht der Inhalt des Kurzzeitgedächtnisses, der dabei übertragen wird. Wahrscheinlich ist jedoch, daß Inhalte aus dem Langzeitgedächtnis herausgezogen und für bestimmte Anwendungen (etwa zum Lösen einer Rechenaufgabe) im Kurzzeitgedächtnis behalten werden können. Kurzzeit- und Langzeitgedächtnis sind parallele Mechanismen, die Informationen separat und gleichzeitig verarbeiten.

Es gibt wahrscheinlich mehrere Formen des Kurzzeitgedächtnisses, jede davon mit einem eigenen neuralen Korrelat. Baddely hat mindestens zwei Formen vorgeschlagen: Eine ist ein visuell-räumlicher Notizblock, auf dem die Form und die räumliche Position von Objekten festgehalten werden. Die andere ist ein phonologischer Notizblock, der verbale Informationen speichert. Die Funktionen beider Gedächtnisarten ist es, Informationen bereit („on line") zu halten, bis auf sie physisch oder mental reagiert werden kann. Beide Formen des Kurzzeitgedächtnisses lassen sich weiter unterteilen und können in den beiden Hemisphären wiederum unterschiedliche Ausprägungen annehmen. Baddelys beide Notizblöcke sind Synonyme des dorsalen räumlich-visuellen Systems und des ventralen visuellen Objekterkennungssystems, die im folgenden beschrieben werden.

Warrington und ihre Mitarbeiter weisen darauf hin, daß sich das Kurzzeitgedächtnis in zweierlei Hinsicht vom Langzeitgedächtnis unterscheidet: einerseits im Hinblick auf die Defizite als solche, andererseits im Hinblick auf die neuralen Strukturen, auf denen die Defizite beruhen. Ein Patient, K.F., erlitt beispielsweise eine linksseitige posterotemporale Läsion. Diese verursachte die fast völlige Unfähigkeit, verbales Material wie Buchstaben, Ziffern, Wörter oder Sätze zu wiederholen. Sein Langzeitgedächtnis für Paarassoziationswörter oder für Kurzgeschichten war hingegen praktisch normal. Demgegenüber zeigen Patienten mit anterograder Amnesie für explizite Inhalte keine Einschränkungen im Kurzzeitgedächtnis für Wörter und Zahlen.

Bei einer größeren Fallsammlung stellten Warrington und ihre Mitarbeiter fest, daß manche Patienten eine Störung bei der Wiedergabe von Kurzzeitgedächtnisinhalten haben, wenn diese visuell dargeboten wurden, etwa bei Buchstaben und bei Zahlen, nicht aber, wenn die gleichen Reize auditorisch vorgegeben worden waren. Luria berichtete über Patienten, deren Schwierigkeiten gerade entgegengesetzt waren. Sie hatten ganz spezifische Ausfälle bei auditorisch dargebotenen, nicht aber bei visuell gezeigten sprachlichen Stimuli. Die Patienten waren also aphasisch, hatten aber keine Alexie.

Außerdem gibt es Hinweise darauf, daß eine Schädigung des präfrontalen Cortex Defizite bei der Erinnerung an die Position von Objekten hervorrufen kann. Einschränkungen des Kurzzeitgedächtnisses können auf einer Schädigung der polymodalen sensorischen Areale des posterior-parietalen Cortex beruhen, auf Läsionen in anderen Regionen des posterior-parietalen Cortex und solchen des Frontallappens. Warrington und Weiskrantz haben bei Patienten mit Läsionen an der Grenze zwischen Parietal-, Temporal- und Occipitallappen einige Fälle von spezifischen Defiziten des Kurzzeitgedächtnisses vorgestellt.

Wenn man annimmt, daß die linke parietotemporale Region bei der kurzzeitigen Speicherung verbalen Materials eine Rolle spielt, ist es dann nicht möglich, daß die rechte Parietalregion an der kurzzeitigen Speicherung nichtverbaler Informationen beteiligt ist? Darüber liegen zwar bislang noch keine Publikationen vor, aber der Gedanke scheint nicht abwegig. Man könnte zum Beispiel annehmen, die Gedächtnisspanne für den Corsi-Würfeltest sei bei Patienten mit Läsionen im rechten Parietallappen reduziert. Erste Daten von Milner weisen tatsächlich darauf hin.

Historisch gesehen wurde dem Frontallappen die Verantwortung für allerhöchste intellektuelle Funktionen unterstellt, aber bis vor kurzem gab es noch keinerlei Hinweise darauf, daß er auch am Gedächtnis beteiligt sein könnte. Heute weiß man, daß eine Schädigung des frontalen Cortex zu zahlreichen Defiziten des Kurzzeitgedächtnisses für die zeitliche Einordnung von Reizen führen kann. Die Testaufgaben, bei denen solche Mängel auftreten, können recht einfach sein, etwa: Führe bei diesem Signal nach einer kurzen Verzögerung die und die Handlung aus. Trotzdem vermischen sowohl Versuchstiere als auch Patienten mit Frontallappenläsionen bei den Testdurchgängen die zuvor dargebotenen Stimuli.

Prisko entwickelte im Jahre 1963 ein Experiment, das sich auf vorausgegangene Tierversuche bezog. Es handelte sich im wesentlichen um eine aus verschiedenen Stimuli zusammengesetzte Aufgabe, wobei zwei Reize (sie bilden ein sogenanntes Reizpaar) der gleichen sensorischen Modalität nacheinander und durch ein kurzes Intervall getrennt dargeboten wurden. Die Aufgabe der Versuchsperson bestand darin, herauszufinden, ob der zweite Reiz in einem gegebenen Reizpaar mit dem ersten identisch war. Bei der Hälfte der Versuche handelte es sich jeweils um gleiche Reize. Die Versuchsperson mußte sich also an den ersten Reiz des Paares erinnern, um ihn mit dem zweiten zu vergleichen, wobei gleichzeitig alle Stimuli aus vorausgegangenen Versuchsdurchgängen aktiv zu unterdrücken waren. Prisko verwendete als Reizpaare kurze Klicks, Lichtblitze, Töne, Farben und asymmetrische Nonsensmuster. Der gleiche Reiz wurde auch in verschiedenen Kombinationen wiederholt verwendet. Patienten mit unilateralen Läsionen im Frontallappen zeigten beim Vergleich dieser Klicks, Lichtblitze und Farben eine ausgeprägte Beeinträchtigung.

Bei Priskos Test ist wichtig, die Erinnerung an vorausgegangene Versuchsdurchgänge zu unterdrücken und sich nur auf den ersten Reiz des gerade dargebotenen Reizpaares zu konzentrieren. Ist nach einer Frontallappenläsion ein solches Verhalten nicht mehr möglich, dann kommt es nach wiederholter Darbietung einiger Reize zu Interferenzeffekten mit den vorangegangenen Reizpaaren und dadurch zu einer schwerwiegenden Beeinträchtigung der Testleistung. Weil also die zuletzt gesehenen Reize von denen, die bereits früher dargeboten wurden, nicht mehr richtig unterschieden werden können, verwischt sich die zeitliche Unterscheidung bei Patienten mit Frontallappenläsionen zunehmend. Diese letztgenannte Möglichkeit wurde in einem Experiment von Corsi noch ausführlicher untersucht.

Das Corsi-Experiment bestand aus zwei Aufgaben, einer verbalen und einer nichtverbalen. Die Versuchsperson hatte die Aufgabe zu entscheiden, welchen von zwei dargebotenen Reizen sie zuletzt gesehen hatte. Bei der verbalen Aufgabe sollten die Versuchspersonen Wortpaare lesen, die auf einer Serie von Karten dargeboten wurden (zum Beispiel Cowboy – Eisenbahnschienen). Von Zeit zu Zeit erschien eine Karte, auf der ebenfalls zwei Wörter zu lesen waren, aber zwischen ihnen stand ein Fragezeichen. Die Versuchsperson mußte dann angeben, welches der beiden Wörter sie zuletzt gelesen hatte. Manchmal waren beide Wörter vorher schon einmal aufgetaucht, manchmal nur eines davon. Im zweiten Fall wurde diese Aufgabe zu einem einfachen Test der Wiedererkennung, im erstgenannten Fall war sie ein Test für das Kurzzeitgedächtnis. Patienten mit Läsionen im linken Temporallappen zeigten beim Wiedererkennen ein geringes Defizit, was zu ihren Schwierigkeiten mit dem verbalen Gedächtnis paßt, Patienten mit Frontallappenläsionen wiesen normale Leistungen auf. Bei der Testvariante, die das Kurzzeitgedächtnis beansprucht, waren linkshemisphärisch und rechtshemisphärisch frontallappengeschädigte Patienten beeinträchtigt. Die linksseitig geschädigte Patientengruppe zeigte dabei noch schlechtere Ergebnisse.

Die nichtverbale Aufgabe war mit der verbalen identisch, sieht man einmal davon ab, daß die Reize hier nicht geschriebene Wörter waren, sondern Photographien von Zeichnungen. Patienten mit Läsionen im rechten Temporallappen wiesen entsprechend ihrer Schädigung des visuellen Gedächtnisses Wiedererkennungsstörungen auf, Versuchspersonen mit Läsionen im rechten Frontallappen zeigten dagegen normale Leistungen. Beim Testteil, der das Kurzzeitgedächtnis maß, war die Patientengruppe mit Frontallappenläsionen beeinträchtigt, wobei die rechtshemisphärisch geschädigten Patienten signifikant schlechtere Leistungen aufwiesen. Das Experiment von Corsi unterstützt also Priskos Befunde dadurch, daß auch darin ein Gedächtnisdefizit bezüglich der zeitlichen Einordnung von Ereignissen offenbar wird. Diese Schlußfolgerung wird durch jüngste Ergebnisse von Petrides unterstützt, wonach bei Patienten mit Frontallappenläsionen Störungen bei Aufgaben, die eine eigene Organisation von Material beinhalten, auftraten. Die Daten stehen also im Einklang mit der Hypothese, der Frontallappen spiele für das Gedächtnis dann eine Rolle, wenn Ereignisse in ihrer zeitlichen Abfolge voneinander zu trennen sind. Priskos Daten legen bei Patienten mit Frontalläsionen aber auch noch eine andere Art von Ge-

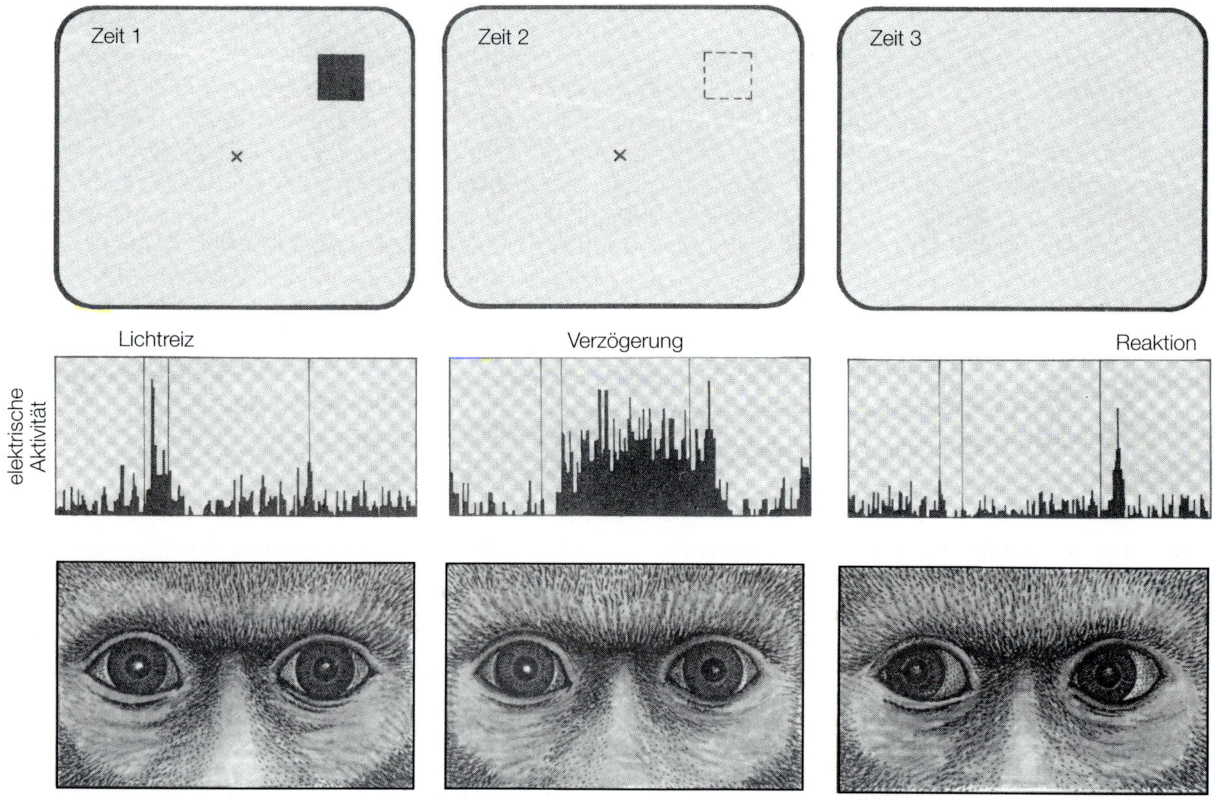

16.9 Einzelne Zellen können die räumliche Position eines Objekts codieren. Der Affe fixiert mit seinem Blick das x auf dem Bildschirm. Nachdem das Licht (Viereck) aufgeleuchtet hat, muß er seinen Blick noch für einige Sekunden auf die Bildschirmmitte fixiert halten und dann erst auf die Stelle richten, an der zuvor das Licht erschienen war. Während der Verzögerung codieren einzelne Zellen in Area 8 die Erinnerung an die Position des Zielreizes.

dächtnisdefiziten nahe, die in Bezug zu deren besonderer Störanfälligkeit stehen, wenn neues Material dargeboten wird.

Diesem Problem wurde von Moscovitch und Milner durch einen besonderen Test Aufmerksamkeit geschenkt. In ihrem Experiment wurden den Patienten fünf unterschiedliche Wortlisten von je zwölf Wörtern vorgelesen, und die Patienten sollten jede Liste unmittelbar nach deren Darbietung wiederholen. In den ersten vier Listen waren alle Wörter aus der gleichen Kategorie gewählt, zum Beispiel aus dem Sport. Danach folgte die fünfte Liste, die Wörter einer anderen Kategorie enthielt, zum Beispiel verschiedene Berufe. Gesunde Versuchspersonen merken sich von Liste 1 bis hin zu Liste 4 immer weniger Wörter richtig (sie zeigen eine proaktive Interferenz). Sie zeigen aber bei Liste 5 ein zusätzliches Phänomen. Hier erinnern sie sich an genauso viele Wörter wie bei Liste 1 und demonstrieren damit eine *Entkopplung von der proaktiven Interferenz.* Patienten mit Läsionen im Frontallappen weisen, wie man auch nach Priskos Experimenten vorhersagen würde, eine starke proaktive Interferenz auf. Überraschenderweise zeigten sie kein Anzeichen für eine Entkopplung von der proaktiven Interferenz bei der Liste 5. Diese Daten implizieren, daß Frontallappenläsionen ein weiteres Gedächtnisdefizit hervorrufen, das man bei Patienten mit großen Temporallappenläsionen nicht beobachten kann.

Eine weitere Gedächtnisstörung bei Patienten mit Frontallappenläsionen wurde mit einem Test demonstriert, bei dem Bewegungen nachgeahmt werden müssen. Kolb und Milner führten eine Untersuchung durch, in der die Nachahmung komplexer Arm- und Gesichtsbewegungen von Patienten mit cortikalen Läsionen verlangt wurde. Dabei machten Frontallappenpatienten nicht nur Fehler in der Abfolge der Bewegungsabläufe, sondern fügten auch noch neue, falsche Bewegungen dazu und ließen andere aus. Wurden sie zum Beispiel gebeten, drei einzelne Gesichtsbewegungen nachzuahmen, so kam es vor, daß Frontallappenpatienten eine Bewegung ausließen *(Auslassungsfehler)* oder eine Bewegung hinzufügten, die sie in einem vorausgegangenen Testdurchgang gesehen hatten *(Einfügungsfehler).* Diese fehlerhaften Einfügungen stellen möglicherweise ein weiteres Beispiel von Interferenzeffekten dar, wohingegen die Auslassungsfehler typisch für Defizite im Kurzzeitgedächtnis sind. Moscovitch glaubt, daß ganz bestimmte Fehler des Kurzzeitgedächtnisses beziehungsweise Arbeitsgedächtnisses für die Leistung von Frontallappenpatienten bei manchen Gedächtnistests charakteristisch sind.

Experimente mit Affen und mit Menschen legen nahe, daß an den verschiedenen Formen des Kurzzeitgedächtnisses verschiedene Areale des präfrontalen Cortex beteiligt sind. Fuster hat Affen bestimmte Gegenstände präsentiert, die die Tiere zunächst eine kurze Zeit im Gedächtnis behalten mußten, bevor sie eine Reaktion ausführen durften. Dabei konnte er zeigen, daß bestimmte Neuronen im frontalen Cortex während dieser Verzögerung aktiv sind. Vermutlich sind diese Neuronen also dafür zuständig, durch ihre Aktivität die Zeitspanne zwischen Reiz und Reaktion zu überbrücken (Abbildung 16.9). Goldman-Rakic und ihre Mitarbeiter haben dieses Phänomen mit Hilfe zweier Testaufgaben genauer untersucht. Die eine Aufgabe beinhaltete die Erinnerung an die Position des Objekts im Raum, die andere die Erinnerung an die Identität des Gegenstands. Bei der ersten Aufgabe sollten die Affen einen Punkt im Zentrum eines Bildschirms fixieren, während an einer anderen Stelle in ihrem Gesichtsfeld ein Licht aufleuchtete. Nach einer Verzögerung von variabler Dauer sollten sie ihre Augen nun auf die Stelle richten, an der zuvor das Licht erschienen war. Bei der zweiten Aufgabe fixierten die Affen ebenfalls den Punkt in der Bildschirmmitte; allerdings erschien nun eines von zwei Objekten auf dem Bildschirm, und das Tier sollte den Blick bei dem einen Objekt nach rechts wenden, bei dem anderen nach links. Zellen, die die räumliche Position codierten, befanden sich in Area 8 des dorsolateralen präfrontalen Cortex, die für die Objekterkennung zuständigen Zellen dagegen in den Areae 9 und 46 des mediodorsalen frontalen Cortex (Abbildung 16.10A).

Petrides und Mitarbeiter haben eine Kombination aus PET und MRI eingesetzt, um ähnliche Beziehungen zwischen Funktion und Anatomie auch beim Menschen zu demonstrieren (Abbildung 16.10B). Bei dem von ihnen benutzten Test zum räumlichen Sehen sollten die Versuchspersonen auf eines von acht Mustern auf einer jeden von acht Karten zeigen, und zwar in Abhängigkeit von einem am oberen Rand der jeweiligen Karte sichtbaren Farbbalken. Die Versuchspersonen sollten also als Antwort auf ein Signal nach einem bestimmten Muster suchen. Dabei war eine Zunahme der Aktivität in Area 8 der linken Hemisphäre zu beobachten. Bei der Aufgabe zur Objekterkennung wurden den Versuchspersonen die acht Karten nacheinander dargeboten, und sie sollten jeweils auf ein Muster zeigen, bis sie schließlich einmal auf jedes Muster gedeutet hatten. In diesem Test mußten sie sich also daran erinnern, auf welche der Muster sie bereits gezeigt hatten. Dabei fand sich eine erhöhte Aktivität im mediodorsalen frontalen Cortex (besonders der rechten Hemisphäre). Beide Studien demonstrieren also, daß an verschiedenen Arten des Kurzzeitgedächtnisses unterschiedliche Regionen des präfrontalen Cortex beteiligt sind.

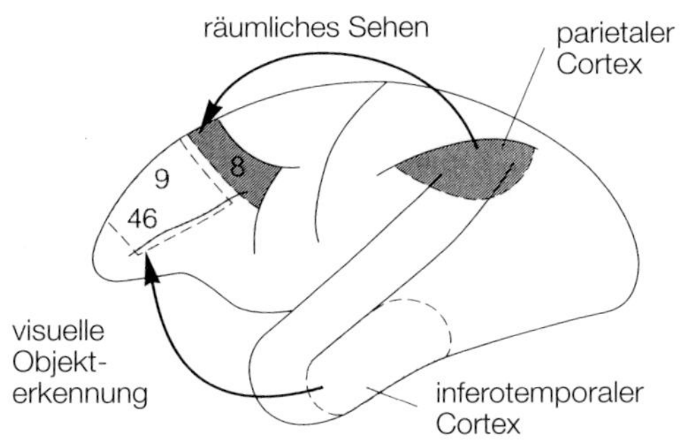

A

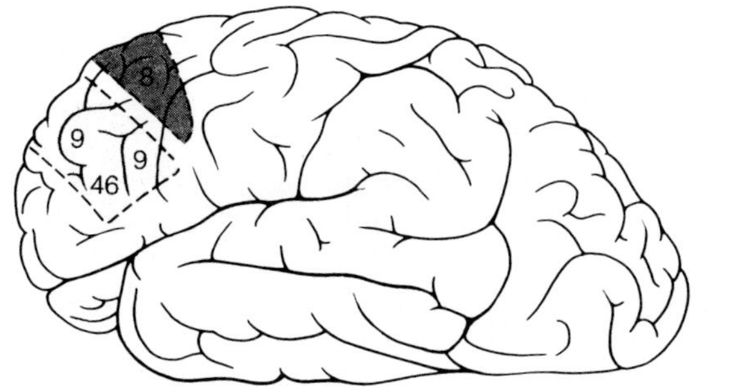

B

16.10 A. Area 8 im frontalen Cortex ist am Kurzzeitgedächtnis für die räumliche Position eines Objekts beteiligt. Sie empfängt Projektionen aus dem parietalen Cortex. Die Areae 9 und 46 des frontalen Cortex spielen eine Rolle beim Kurzzeitgedächtnis für visuelle Objekte und erhalten ihre Informationen vom inferioren temporalen Cortex. Diese zusammenfassende Darstellung beruht auf Einzelzellableitungen an Affen. (Nach Wilson et al. 1993.) B. Area 8 des frontalen Cortex ist bei der Suche nach einem Objekt als Reaktion auf einen Reiz aktiv; die Areae 9 und 46 sind bei der Erinnerung an Objekte und deren Identifizierung von Bedeutung. Diese Darstellung basiert auf PET-Untersuchungen mit menschlichen Versuchspersonen. (Nach Petrides et al. 1993.)

Die strukturellen Grundlagen des Gedächtnisses

Aus den früheren anatomischen Arbeiten von Lorente de Nó wußte Hebb, daß Neuronen im Gehirn mit vielen anderen Nervenzellen in Verbindung stehen und daß jedes Neuron über zahlreiche Synapsen auf seinem Zellkörper und Dendritenbaum Informationen erhält. Die daraus resultierenden neuronalen Verschaltungsschleifen (Abbildung 16.11) enthalten Neuronen mit erregenden und solche mit hemmenden Signalen. Obgleich diese neuronalen Schleifen so gezeichnet sind, als wären sie alle im Cortex, führen viele dieser Kreisläufe vom Cortex zum Thalamus und weiter zu anderen subcortikalen Strukturen, etwa dem Hippocampus, und von dort zum Cortex zurück. Weil man davon ausgeht, daß jedes Neuron sowohl Tausende verschiedener Informationen erhält als auch weiterleitet, ist die Anzahl möglicher neuronaler Kreisläufe oder auch „Netze" wahrhaftig immens.

In Hebbs Theorie wird jedes psychologische Ereignis, sei es eine Empfindung, eine Wahrnehmung, ein Gedächtnis-

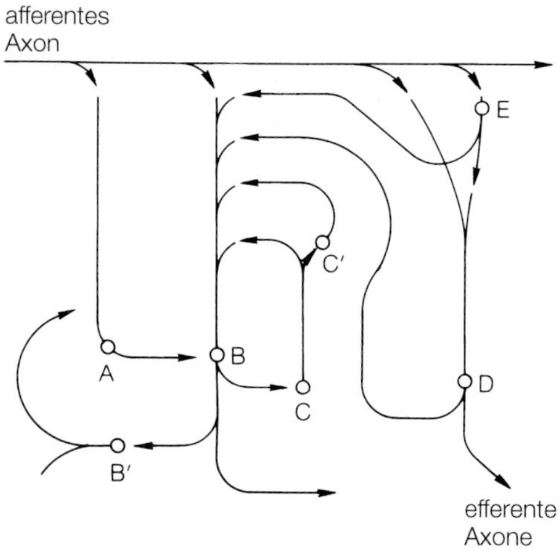

16.11 Vereinfachtes Diagramm der Verbindungen von Neuronen, die neuronale Schleifen (Zellverbände) bilden. Das afferente Neuron erregt vier weitere, nämlich A, B, D und E. Von diesen senden B und D durch efferente Axone Informationen aus dem System heraus und erregen andere Systeme. Die Verbindungen A–B–B', B–C und B–C–C' bilden geschlossene Kreise. (Nach Hebb 1972.)

inhalt, ein Gedanke oder eine Emotion, als Aktivitätsfluß in einem bestimmten neuronalen Kreislauf aufgefaßt. Hebb glaubt, daß die Synapsen in einem ganz bestimmten Erregungspfad funktionell miteinander in Beziehung treten und einen sogenannten Zellverband *(cell assembly)* bilden. (Solche funktionell verknüpften Zellverbände werden inzwischen manchmal auch als *neuronale Netze* bezeichnet.) Hierbei machte Hebb die Annahme, daß immer dann, wenn zwei Neuronen (A und B) gleichzeitig erregt werden, sie auch funktionell verbunden werden. In Hebbs eigenen Worten ausgedrückt:

»Wenn das Axon einer Zelle A der Zelle B nahe genug ist, um sie zu erregen und wiederholt oder persistierend am Erregungsprozeß von B beteiligt ist, so kommt es zu einem Wachstumsprozeß oder einer metabolischen Änderung in einer oder beider dieser Zellen, und zwar in der Form, daß die Effizienz der Zelle A als eines der Neuronen, die B erregen, erhöht wird.« (Hebb 1949, S. 62.)

Hebbs Ansicht nach ist die wahrscheinlichste Art, auf welche eine Zelle eine andere vermehrt erregen kann, die, daß sich die synaptischen Endknöpfe vermehren oder funktional effektiver werden und daß dadurch das Kontaktareal beziehungsweise die Effizienz der Signalübertragung zwischen dem afferenten Axon und dem efferenten Zellkörper und seiner Dendriten vergrößert wird. Hebb glaubte schließlich auch, daß jeder dieser Zellverbände durch einen anderen Verband in Erregung versetzt werden kann. Diese Annahme lieferte die theoretische Basis für Denken und Ideenbildung, denn das Wichtigste einer „Idee" besteht darin, daß sie in Abwesenheit der ursprünglichen Reizsituation auftritt, mit der sie in Beziehung steht.

Das Schöne an Hebbs Theorie ist, daß sie psychologische Ereignisse durch physiologische Eigenschaften des Nervensystems zu erklären versucht. Auch heute, mehr als 40 Jahre nach Hebbs wegweisender Publikation, benutzen wir aufgrund seiner Theorie den Begriff **Hebbsche Synapse** zur Beschreibung von Synapsen, die während Lernvorgängen Veränderungen erfahren.

Hebb postulierte, daß Veränderungen an der Synapse stattfinden müssen, die diese „effizienter" machen. Welcher Art die Änderungen an der Synapse während der Speicherung sind, ist noch nicht bekannt. Dies leitet zu der Frage über, welche Veränderungen dort überhaupt möglich sind. Um diese Frage zu beantworten, wollen wir uns erneut mit der Struktur der Synapse befassen. Abbildung 16.12 illustriert in einer Schemazeichnung eine Synapse, wobei mehrere morphologische Eigenheiten, die mit Lernprozessen im Zusammenhang stehen, besonders herausgehoben sind.

Aus mehreren Arbeiten ist inzwischen deutlich geworden, daß Veränderungen bei jedem dieser ultrastrukturellen Details mit Verhaltensänderungen im Zusammenhang stehen können. In zahlreichen Experimenten haben zum Beispiel Greenough und seine Mitarbeiter nachweisen können, daß es bei Tieren zu einer Veränderung der Dendriten kommt, wenn sie bestimmte Aufgaben lernen oder einer ganz bestimmten Umgebung ausgesetzt werden. Falls es zu einer Zunahme der Dendriten ganz bestimmter Neuronen kommt, kann man anneh-

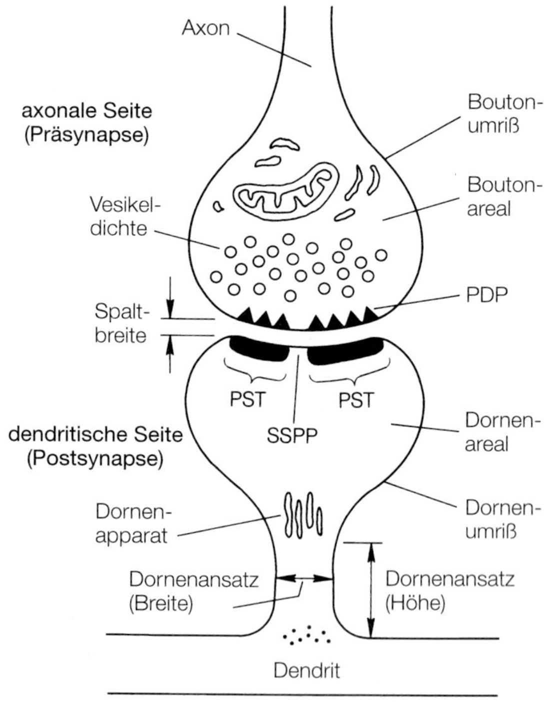

16.12 Aufbau einer Synapse und veränderliche synaptische Parameter im Zusammenhang mit Lernvorgängen. PST (*postsynaptic thickening*), postsynaptische Verdichtung; SSPP (*subsynaptic plate perforation*), Perforation der subsynaptischen Platte; PDP (*presynaptic dense projection*), präsynaptische Verdichtung. (Nach Greenough und Chang 1985.)

men, daß sich auch die Zahl der Synapsen auf diesen Neuronen erhöht. Greenough hat gezeigt, daß dies tatsächlich der Fall ist. Hinzu kommt, daß er und seine Kollegen qualitative Veränderungen an den Synapsen nachweisen können. Dazu gehören Modifikationen in der Größe verschiedener synaptischer Komponenten, zum Beispiel in der Anzahl der Vesikel, im Umfang der postsynaptischen Verdichtungen und in der Größe der dendritischen Dornen.

Wenn morphologische Änderungen tatsächlich die Grundlage von Gedächtnisvorgängen sind, so muß man sich fragen, *welche* Neuronen im Gehirn durch Erfahrung verändert werden. Sehr unwahrscheinlich wäre die Annahme, daß sich jedes Neuron nach jeder Art von Erfahrung verändert oder alternativ, daß sich nach einer gemachten Erfahrung nur ein Neuron verändern würde. Es scheint vernünftig anzunehmen, daß eine visuelle Erfahrung Neuronen im visuellen System beeinflußt, auditorische die Neuronen im auditorischen System und so weiter.

Hier begegnen uns zumindest drei Probleme. 1) Eine sensorische Erfahrung kann nicht jedes Neuron in dem jeweils relevanten System verändern, denn dadurch würden alle darauf folgenden Erfahrungen ebenfalls einer Modifikation unterworfen. Es kann Zellen im primären visuellen Cortex sozusagen nicht „zugestanden" werden, sich zu stark zu verändern. Als Folge davon würden sich die Informationen, die von hier aus zu höheren Arealen gelangen, radikal verändern und könnten mit der Zeit zu sehr unterschiedlichen sensorischen Erfahrungen und Wahrnehmungen führen. Wir wissen aber, daß ganz besondere visuelle Umgebungen den primären visuellen Cortex verändern können, und das bleibt zunächst rätselhaft. Dennoch ist es logisch anzunehmen, daß Erfahrungen eher „höhere" als „niedrige" sensorische Areale betreffen. 2) Wenn sich sensorische Erfahrungen verändernd auf sensorische Systeme auswirken und dadurch Gedächtnisvorgänge zulassen, wie können wir uns dann an frühere Ideen oder Gedanken erinnern? Sehr wahrscheinlich bleibt der Mechanismus immer der gleiche, aber die Veränderungen finden dann womöglich irgendwo anders statt. Das „wo" bleibt immer noch ein Geheimnis. 3) Wenn Erfahrungen zu weit verzweigten Veränderungen von Synapsen führen, wie können wir dann ganz bestimmte Gedächtnisinhalte wieder auffinden? Falls solche Erinnerungen tatsächlich in großen Zellverbänden weit verstreut sind, dann wäre es eine ganz enorme Aufgabe, sie wiederzufinden, insbesondere wenn es schnell geschehen muß. Die meisten von uns kennen die Erfahrung, daß sie in einer Prüfung unfähig sind, sich auf die Antwort zu besinnen, daß aber eine plötzliche Erinnerung an eine kleine Einzelheit uns dann wieder den Zugang zum ganzen Gedächtnisinhalt ermöglicht. Welcher Mechanismus könnte dafür verantwortlich sein?

Wir sind bereits davon ausgegangen, daß Gedächtnisinhalte sehr wahrscheinlich im Cortex gespeichert werden. Dies muß aber nicht so sein. Auch decortizierte Tiere können Aufgaben lernen, und sogar Tiere mit einem ganz primitiven Nervensystem (zum Beispiel die Meeresschnecke *Aplysia* oder auch Bienen) können lernen und besitzen ein „Gedächtnis". Außerdem haben Thompson und seine Mitarbeiter gezeigt, daß das Cerebellum eine Rolle bei der Konditionierung bestimmter Reaktionen spielt. Vermutlich werden Gedächtnisinhalte also sowohl in cortikalen als auch in subcortikalen Strukturen gespeichert. Wenn man davon ausgeht, daß viele Gedächtnisinhalte von sensorischen Bearbeitungsmechanismen abhängen und daß diese sensorische Verarbeitung in multiplen Subsystemen stattfindet, erscheint es sinnvoll anzunehmen, daß unterschiedliche Informationstypen auch in unterschiedlichen Gehirnarealen gespeichert sind.

Der Fall S.: Ein Mensch, der nichts vergißt

Am Ende dieses Kapitels wollen wir darauf Bezug nehmen, daß so manche Studierende bei der Vorbereitung auf Prüfungen womöglich unerfreuliche Erfahrungen mit der ein oder anderen Gedächtnisform gemacht haben. Wenn ein Student oder eine Studentin beim Lernen beispielsweise wichtige Textpassagen unterstreicht, werden er oder sie sicher gut abschneiden, wenn in der Prüfung ein ähnliches Verhalten gefordert wird. Leider funktionieren die meisten Prüfungen jedoch nicht so. Der Prüfling soll vielmehr ganz andere Leistungen erbringen, nämlich aus dem Gedächtnis eine Zusammenfassung der Inhalte niederschreiben. Das unerfreuliche Erlebnis nach dem Motto „ich habe es genau gewußt, aber ich war völlig blockiert und konnte es nicht zu Papier bringen" läßt sich vermeiden, wenn man bereits während der Lernphase dieselben Tätigkeiten ausführt, die auch in der Prüfungssituation verlangt werden. Daran sind gewöhnlich *top-down*-Vorgänge beteiligt, die den *bottom-up*-Vorgängen gegenüberstehen.

S. hatte die außergewöhnliche Fähigkeit, explizite Gedächtnisinhalte zu bilden, die er niemals wieder vergaß.

Er war ein Zeitungsreporter, der niemals – im Gegensatz zu allen anderen Reportern – bei Pressekonferenzen Notizen machte. Dadurch fiel er seinem Arbeitgeber auf. Als man ihn über den Verlauf einer Pressekonferenz befragte, berichtete S. wörtlich, was dort gesagt worden war. S. betrachtete sich selbst nicht als ungewöhnlich, wunderte sich aber darüber, warum andere Personen so sehr von Notizen abhängig waren. Dennoch suchte er auf Anraten seines Arbeitgebers einen Psychologen auf. Auf diese Weise traf S. Luria, und es begann eine 30 Jahre währende Phase der Zusammenarbeit, in der Luria das Gedächtnis von S. untersuchte. Luria veröffentlichte ein Buch darüber, und bis zum heutigen Tage ist *The Mind of a Memorist* („Der Geist eines Gedächtniskünstlers") einer der lesenswertesten Berichte über ein ungewöhnliches Gedächtnis.

Die Gedächtnisfähigkeit von S. läßt sich veranschaulichen, wenn man Tabelle 16.3 betrachtet. S. sah sich diese Tabelle

planted electrodes. *Transactions of the American Neurological Association* 92: 50–56, 1967.

Corkin, S. Tactually-guided maze-learning in man: Effects on unilateral cortical excisions and bilateral hippocampal lesions. *Neuropsychologia* 3: 339–351, 1965.

Corkin, S. Acquisition of motor skill after bilateral medial temporal-lobe excision. *Neuropsychologia* 6: 255–265, 1968.

Corsi, P.M. *Human Memory and the Medial Temporal Region of the Brain.* Doktorarbeit. Montreal: McGill University, 1972.

Damasio, A.R., D. Tranel, and H. Damasio. Amnesia caused by herpes simplex encephalitis, infarctions in basal forebrain, Alzheimer's disease and anoxia/ischemia. In: L. Squire and G. Gainotti (Hrsg) *Handbook of Neuropsychology,* vol 3. Amsterdam: Elsevier, 1991.

Ebbinghaus, H. *Memory.* New York: Teachers College, 1913 (originally published in 1885). Reprinted by Dover, New York, 1964.

Fisher, C.M., R.O. Adams. Transient global amnesia. *Transactions of the American Neurological Association* 83: 143, 1958.

Fuster, J.M. *The Prefrontal Cortex.* New York: Raven Press, 1989.

Gaffan, D. Monkey's recognition memory for complex pictures and the effect of fornix transection. Quarterly *Journal of Experimental Psychology* 29: 505–514, 1977.

Garcia-Bengochea, F., O. de La Torre, O. Esquivel. The section of the fornix in the surgical treatment of certain epilepsies. *Transactions of the American Neurological Association* 79: 176–179, 1954.

Goldman-Rakic, P.S. Working memory and the mind. *Scientific American* 267(3): 111–117, 1992.

Gollin, E.S. Developmental studies of visual recognition of incomplete objects. *Perceptual and Motor Skills* 11: 289–298, 1960.

Grafton, S.T., J.C. Mazziotta, S. Presty, K.J. Friston, S.J. Frackowiak, M.E. Phelps. Functional anatomy of human procedural learning determined with regional cerebral blood flow and PET. *The Journal of Neuroscience* 12: 2542–2548, 1992.

Greenough, W.T., F.F. Chang. Synaptic structural correlates of information storage in mammalian nervous systems. In: C.W. Cotman (Hrsg.) *Synaptic Plasticity.* New York: Guilford Press, 1985.

Hebb, D.O. *Organization of Behavior.* New York: John Wiley, 1949.

Horel, J.A. The neuroanatomy of amnesia: A critique of the hippocampal memory hypothesis. *Brain* 101: 403–445, 1978.

James, W. *The Principles of Psychology.* New York: Henry Holt, 1890.

Kolb, B., B. Milner. Performance of complex arm and facial movements after focal brain lesions. *Neuropsychologia* 19: 491–503, 1981.

Lashley, K.D. In search of the engram. *Symposia of the Society for Experimental Biology* 4: 454–482, 1950.

Luria, A.R. *The Mind of a Mnemonist.* New York: Basic Books, 1968.

Mair, W.G.P., E.K. Warrington, L. Weiskrantz. Memory disorder in Korsakoff's psychosis. *Brain* 102: 749–783, 1979.

Markowitsch, H.J. Transient global amnesia. *Neuroscience and Biobehavioral Reviews* 7: 35–43, 1983.

Markowitsch, H.J., M. Pritzel. The neuropathology of amnesia. *Progress in Neurobiology* 25: 189–288, 1985.

Marsolek, C.J., S.M. Kosslyn, L.R. Squire. Form-specific visual priming in the right cerebral hemisphere. Journal *of Experimental Psychology: Learning, Memory,* and *Cognition* 18: 492–508, 1992.

Mazzucchi, A., G. Moretti, P. Caffara, M. Parma. Neuropsychological functions in the follow-up of transient global amnesia. *Brain* 103: 161–178, 1980.

Meunier, M., J. Bachevalier, M. Mishkin, E.A. Murray. Effects of visual recognition of combined and separate ablations of the entorhinal and perirhinal cortex in rhesus monkeys. *The Journal of Neuroscience* 13: 5418–5432, 1993.

Milner, B. Visually-guided maze learning in man: Effects of bilateral hippocampal, bilateral frontal, and unilateral cerebral lesions. *Neuropsychologia* 3: 317–338, 1965.

Milner, B. Memory and the medial temporal regions of the brain. In: K.H. Pribram and D.E. Broadbent (Hrsg.) *Biology of Memory.* New York: Academic Press, 1970.

Milner, B., S. Corkin, H.-L. Teuber. Further analysis of the hippocampal amnesic syndrome: 14-year follow up study of H.M. *Neuropsychologia* 6: 215–234, 1968.

Moscovitch, M. Multiple dissociations of function in amnesia. In: L.S. Cermak (Hrsg.) *Human Memory and Amnesia.* Hillsdale, N. J.: Lawrence Erlbaum Associates, 1982.

Oscar-Berman, M. Neuropsychological consequences of long-term chronic alcoholism. *American Scientist* 68: 410–419, 1980.

Pascual-Leone, A., J. Grafman, M. Hallett. Modulation of cortical motor output maps during development of implicit and explicit knowledge. *Science* 263: 1287–1289, 1994.

Penfield, W., B. Milner. Memory deficit produced by bilateral lesions in the hippocampal zone. *Archives of Neurology and Psychiatry* 79: 475–497, 1958.

Petri, H.L., M. Mishkin. Behaviorism, cognitivism and the neuropsychology of memory. *American Scientist* 82: 30–37, 1994.

Petrides, M. Deficits on conditional associative-learning tasks after frontal- and temporal-lobe lesions in man. *Neuropsychologia* 23: 601–614, 1985.

Petrides, M., B. Alivisatos, A.C. Evans, E. Meyer. Dissociation of human mid-dorsolateral from posterior dorsolateral frontal cortex in memory processing. *Proceedings of the Natiotial Academy of Sciences USA* 90: 873–877, 1993.

Posner, M.I., M.E. Raichle. *Bilder des Geistes.* Heidelberg: Spektrum Akademischer Verlag, 1996.

Prisco, L. *Short-Term Memory in Focal Cerebral Damage.* Doktorarbeit. Montreal: McGill University, 1963.

Rasmussen, T., B. Milner. Clinical and surgical studies of cerebral speech areas in man. In: K. J. Zulch, O. Creutzfeldt, G. C. Galbraith (Hrsg.) *Cerebral Localization.* Berlin und New York: Springer-Verlag, 1975.

Sanders, H, I., E. K. Warrington. Memory for remote events in amnesic patients. *Brain* 94: 661–668, 1971.

Sarter, M., H. J. Markowitsch. The amygdala's role in human mnemonic processing.*Cortex* 21: 7–24, 1985.

Schacter, D. L. Memory, amnesia, and frontal lobe dysfunction. *Psychobiology* 15: 21–36, 1987.

Schacter, D. L. Implicit knowledge: New perspectives on unconscious processes. *Proceedings of the National Academy of Sciences* 89: 11113–11117, 1992.

Schacter, D. L., H. F. Crovitz. Memory function after closed head injury: A review of the quantitative research. *Cortex* 13: 150–176, 1977.

Scoville, W. B., B. Milner. Loss of recent memory after bilateral hippocampal lesions. *Journal of Neurology, Neurosurgery and Psychiaitry* 20: 11–21, 1957.

Squire, L. R. The neuropsychology of human memory. *Annual Review of Neuroscience* 5: 241–273, 1982.

Squire, L. R. *Memory and the Brain.* New York: Oxford University Press, 1987.

Talland, G. A. *The Pathology of Memory.* New York: Academic Press, 1969.

Taylor, J. R., R. Tompkins, R. Demers, D. Anderson. Electroconvulsive therapy and memory dysfunction. Is there evidence for prolonged defects? *Biological Psychiatry* 17: 1169–1193, 1982.

Thompson, R. F. The neurobiology of learning and memory. *Science* 233: 941–947, 1986.

Tulving, E., S. Kapur, F. I. M. Craik, M. Moscovitch, S. Houle. Hemispheric encoding/retrieval asymmetry in episodic memory: Positron emission tomography finding. *Proceedings of the National Academy of Sciences* 91: 2016–2020, 1994.

Valenstein, E., D. Bowers, M. Verfaellie, K. M. Heilman, A. Day, R. T. Watson. Retrosplenial amnesia. *Brain* 110: 1631–1646, 1987.

Vanderwolf, C. H. Cerebral activity and behavior: Control by central cholinergic and serotonergic systems. *International Review of Neurobiology* 30: 255–340, 1988.

van Hoesen, G. W. The parahippocampal gyrus. New observations regarding its cortical connections in the monkey. *Trends in Neurosciences* 5: 345–350, 1982.

Vokey, J. R., J. G. Baker, G. Hayman, L. L. Jacoby. Perceptual identification of visually degraded stimuli. *Behavior Research, Methods, Instruments, and Computers* 18: 1–9, 1986.

von Cramen, D. Y., N. Hebel, U. Schuri. A contribution of the anatomical basis of thalamic amnesia. *Brain* 108: 993–1008, 1985.

Warrington, E., M. James. An experimental investigation of facial recognition in patients with unilateral cerebral lesions. *Cortex* 3: 317–326, 1967.

Warrington, E. K., L. Weiskrantz. Further analysis of the prior learning effect in amnesic patients. *Neuropsychologia* 16: 169–177, 1978.

Weiskrantz, L. Neuroanatomy of memory and amnesia: A case for multiple memory systems. *Human Neurobiology* 6: 93–105, 1987.

Whitty, C. W. M., O. L. Zangwill. Traumatic Amnesia. In: C. W. M. Whitty, O. L. Zangwill (Hrsg.). *Amnesia.* London: Butterworth, 1966.

Wilson, F. A. W., S. P. O. Scalaidhe, P. S. Goldman-Rakic. Dissociation of object and spatial processing domains in primate prefrontal cortex. *Science* 260: 1955–1958, 1993.

Woolsey, R. M., J. S. Nelson. Asymptomatic destruction of the fornix in man. *Archives of Neurology* 32: 566–568, 1975.

17

Sprache

Sprache ist eine unserer herausragendsten Fähigkeiten, dennoch sehen wir sie gewöhnlich als selbstverständlich an. Wir verbringen jeden Tag Stunden damit, zu reden, zuzuhören und zu lesen – gelegentlich sprechen wir sogar mit uns selbst. Wir benutzen Worte, um Dinge in unserer Umgebung zu kennzeichnen. Als Kinder lernen wir zu sprechen, lange bevor wir einen Ball fangen oder Fahrrad fahren können. Wir benutzen die Sprache, um uns mit Gedichten, Liedern und Witzen zu unterhalten. Dabei basieren viele Witze auf Sprachnuancen und Doppeldeutigkeiten. Trotz der offensichtlichen Leichtigkeit, mit der die meisten von uns Sprache gebrauchen, besteht kaum Zweifel daran, daß Sprechen zu unseren komplexesten kognitiven und motorischen Fähigkeiten gehört. Unsere Nonchalance in bezug auf Sprache kann jedoch rasch verschwinden, wenn wir uns in einem Land wiederfinden, dessen Sprache wir nicht beherrschen – oder wenn wir unsere Fähigkeit zu sprechen, sei es durch eine Verletzung oder eine Erkrankung, verlieren. Es gibt viele Möglichkeiten und Ansätze, um Sprache zu erforschen; ein Ausgangspunkt besteht darin, darüber nachzudenken, was Sprache eigentlich ist.

Was ist Sprache?

Es gibt keine allgemein akzeptierte Definition von Sprache. Viele Tierarten benutzen Laute zur Kommunikation, doch die meisten Leute stimmen darin überein, daß die Gesänge der Grillen und eine menschliche Unterhaltung nicht dasselbe Verhalten darstellen. Die Frage ist, wo man die Grenze zwischen einfachen Formen der Kommunikation und Sprache ziehen soll. Diejenigen, die die Einzigartigkeit der menschlichen Sprache betonen, konzentrieren sich auf die Aspekte, die die Sprache von anderen Formen der Kommunikation (wie zum Beispiel Vogelgesängen, Schimpansengestik oder olfaktorischen Signalen bei Hunden) unterscheiden. Eine Definition von Sprache umfaßt daher gewöhnlich den Gebrauch von Worten als Referenzen für Dinge oder Vorstellungen und das Ordnen von Worten auf verschiedene Weisen, um die Bedeutung zu verändern (zum Beispiel „die verschwundene Brieftasche des Mannes" versus „die Brieftasche des verschwundenen Mannes"). Wir neigen dazu, Worte als die Basis der Sprache anzusehen, doch Linguisten gliedern Sprache etwas anders (Tabelle 17.1). Worte setzen sich aus den fundamentalen Lauten einer Sprache, den sogenannten **Phonemen**, zusammen. Eine Analyse, wie Phoneme verarbeitet werden, bezeichnet man als phonologische Analyse. Phoneme werden miteinander zu **Morphemen** kombiniert, den kleinsten bedeutungstragenden Worteinheiten. Ein Morphem kann eine Stammform sein (wie *do* in *undo*), ein Affix (*un* in *undo* oder *er* in *doer*) oder eine Flexionsform (*ing* in *doing* oder *s* in *girls*). Morpheme können selbst Worte sein oder kombiniert werden, um Worte zu bilden. Sobald wir Worte gebildet haben, müssen wir sie nach grammatischen Regeln verknüpfen. Das bezeichnet man als **Syntax**. Man beachte, daß der Gebrauch von Verben und die richtige Wahl des Tempus bei der Syntax eine Schlüsselrolle spielen. Es ist interessant, daß Kinder die Syntax (ihrer Muttersprache) ohne formales Training erwerben; Chomsky schloß daraus auf eine angeborene Basis für die Entwicklung der menschlichen Sprache. Und schließlich nennt man das Aneinanderreihen von Sätzen zur Bildung einer sinnvollen Erzählung **Diskurs**. Wenn unsere Diskussion bisher auch die akustische Natur dieser grund-

Tabelle 17.1 Komponenten einer auf Lauten basierenden Sprache

Phoneme	Die einzelnen Lauteinheiten, deren Verkettung in einer bestimmten Reihenfolge Morpheme erzeugt.
Morpheme	Die kleinsten bedeutungstragenden Einheiten eines Wortes, durch deren Kombination ein Wort entsteht.
Syntax	Die zulässigen Kombinationen von Worten zu Phrasen und Sätzen (umgangssprachlich „Grammatik").
Lexikon	Die Gesamtheit aller Wörter einer bestimmten Sprache; jeder lexikalische Eintrag umfaßt alle Informationen mit ihren morphologischen und syntaktischen Verzweigungen, nicht aber konzeptionelles Wissen.
Semantik	Die Bedeutungen, die mit allen lexikalischen Einträgen und allen möglichen Sätzen korrespondieren.
Prosodie	Die vokale Intonation, die die buchstäbliche Bedeutung von Worten und Sätzen modifizieren kann.
Diskurs	Die Verbindung von Sätzen zu einer Erzählung.

Quelle: Nach Damasio und Damasio, 1992.

legenden Sprachkomponenten betont hat, so gibt es doch analog dazu visuelle Sprachen, sogenannte Zeichensprachen, wie zum Beispiel die American Sign Language (ASL). Einem Morphem entspräche in einer Zeichensprache die kleinste bedeutungstragende Bewegung.

Traditionellerweise klassifizieren Linguisten Sprache durch Worte und ihre Komponenten, doch die Komponenten der Sprache lassen sich auch anders kategorisieren. MacNeilage hat darauf hingewiesen, daß ein einzigartiges Merkmal der menschlichen Sprache ihr Gebrauch von Silben ist, die sich aus Konsonanten und Vokalen zusammensetzen. Tiere erzeugen keine Silben, und zwar vor allem deshalb, weil sie keine Konsonanten hervorbringen können. Daher liegt die Einzigartigkeit der menschlichen Sprache für MacNeilage darin, daß wir den Mund so formen können, daß Konsonanten entstehen, die wir wiederum mit Vokalen kombinieren können, so daß Silben entstehen.

Die Betonung von Aspekten, die allein für die menschliche Sprache typisch sind, hat ihre Tücken. Wenn auch keine andere Spezies im linguistischen Sinne über Sprache verfügt, kann es doch kaum Zweifel daran geben, daß die Sprache beim *Homo sapiens* nicht plötzlich (und wie aus dem Nichts) auftrat. Es muß irgendwelche evolutionären Spuren dieses Prozesses und der anatomischen Strukturen geben, die Voraussetzung für die menschliche Sprache sind. Daher erscheint es sinnvoll, im Rahmen der Erforschung der menschlichen Sprache Hinweise auf Verhaltensmerkmale zu suchen, auf die die natürliche Selektion einwirken konnte und die schließlich zum Erwerb der Sprache geführt haben. Nach solchen Merkmalen zu suchen ist nicht nur eine Frage müßiger Neugier. Wenn wir herausfinden können, welche Fähigkeiten im Laufe unserer Evolution herausgefiltert worden sind, um den Menschen das Sprechen zu ermöglichen, haben wir einen sehr großen Schritt in die Richtung getan, die uns zu verstehen ermöglicht, wie Sprache in unserem Gehirn repräsentiert wird.

Ursprünge der Sprache und des Sprechens

Ursprünge der Sprache

Die verschiedenen Spekulationen über den Ursprung menschlicher Sprache reichen schon Jahrhunderte zurück. In jüngster Zeit aber tauchten Indizien für einige der plausibleren Theorien auf. (Denjenigen, die an der Genese von Theorien zum phylogenetischen Spracherwerb interessiert sind, empfehlen wir die Lektüre des (englischsprachigen) Aufsatzes von Hewes.) Eine offenkundige Erklärung für das Sprechen besteht darin, daß es sich allmählich aus den verschiedenen Typen von Lautäußerungen entwickelt hat. Hewes hat viele Varianten dieser Theorie betrachtet, darunter auch die „Buh-Buh-Theorie" (Sprache entwickelte sich aus Geräuschen, die mit starken Emotionen assoziiert sind), die „Wau-Wau-Theorie" (Sprache entwickelte sich aus Geräuschen, die gemacht wurden, um natürlich vorkommende Laute nachzuahmen), die „Joheho-Theorie" (Sprache entwickelte sich demnach aus Lauten, die mit natürlichen Lauten in Beziehung stehen sollten) und die „Sing-Song-Theorie" (Sprache entwickelte sich aus Geräuschen, die man beim Spielen oder Tanzen machte). Diese Beispiele repräsentieren keinesfalls eine erschöpfende Aufzählung der imaginären Theorien über den Ursprung der Sprache. Eine Hauptschwierigkeit mit dieser Art „Theorien" besteht darin, daß man nur mit großer Mühe harte Indizien zu ihrer Unterstützung finden kann. Dennoch treten Stekles und Raleigh vehement für die evolutionäre Theorie der Vokalisation ein. Sie führen unter anderem folgendes an: Die Theorie beruht auf wenigen Grundannahmen, und sie stellt einen direkten Erklärungsversuch dar. Viele Primaten bedienen sich im Rahmen der ihnen zur Verfügung stehenden rudimentären Formen der Kommunikation auch nichtemotionaler Formen der Lautäußerung. Die Evolution neuer, komplexer Bewegungsmöglichkeiten lieferte eine neuronale Grundlage für die Verfeinerung der Bewegungen im Stimmapparat, und dies wiederum ist eine Voraussetzung für das Sprechen.

Neben dieser Theorie gibt es noch zwei weitere, denen man Beachtung schenken sollte; wenn nicht wegen ihres Erklärungswertes, dann zumindest deshalb, weil sie durch zahlreiche Forschungsergebnisse gestützt werden. Eine Theorie postuliert, daß die Sprache in ihrer heutigen Form noch ziemlich jung ist. Die zweite Theorie geht davon aus, daß die Sprache sehr alt ist und sich nur allmählich aus einer ursprünglichen gestischen Kommunikation zu ihrem heutigen Erscheinungsbild entwickelt hat. Diese beiden Theorien sind in gewisser Weise kompatibel, und zwar insofern, als Sprache sich möglicherweise aus Gesten entwickelte und dann recht rasch zur heutigen vokalen Form gewandelt hat.

Das Sprechvermögen – eine entwicklungsgeschichtlich junge Fähigkeit

Wir wollen zunächst diejenigen Argumente diskutieren, die angeführt werden, um zu belegen, daß die Sprache, so wie wir sie verwenden, erst verhältnismäßig jungen Ursprungs ist. Swadish stellte eine Liste von 100 grundlegenden lexikalischen Konzepten (Ausdrücken) zusammen, von denen man erwarten sollte, daß sie in jeder Sprache zu finden sind. Dazu gehören Wörter wie „ich", „zwei", „Frau", „Sonne", „grün" und so weiter. Dann rechnete er aus, in welcher Rate diese Wörter bei der Entwicklung neuer Dialekte wohl verändert wurden. Seine Schätzungen legen nahe, daß alle tausend Jahre eine Veränderung von 14 % auftritt. Nachdem er die in Listen aufgeführten Wörter, die in unterschiedlichen Teilen unserer Welt gesprochen werden, miteinander verglichen hatte, schätzte er, daß vor etwa 10 000 bis 100 000 Jahren alle Menschen die gleiche Sprache gesprochen haben. Entsprechend seiner Logik sollten auch die Ursprünge der Sprache in diesem Zeitbereich liegen, weil er davon ausgeht, daß die Diversifikation (Aufspaltung) der Sprache in dem Augenblick einsetzte, in dem sie sich entwickelt hatte. Nun gibt es Hominiden aber seit etwa vier Millionen Jahren, und wie sollte man ausschließen, daß sie vor über 100 000 Jahren nicht gesprochen haben?

Lieberman hat die Eigenschaften des Stimmapparates untersucht, die es dem modernen Menschen überhaupt erst ermöglichen, Sprache zu erzeugen. Die heutigen Menschen haben einen tiefgelegenen Kehlkopf (Larynx) und einen großen Rachen, und beides zusammen ist absolut einzigartig. Die heute lebenden Menschenaffen und auch neugeborene Kinder weisen diese beiden Charakteristika nicht auf und können deshalb nicht alle Laute bilden, die in der menschlichen Sprache vorkommen. Auf Grundlage von Schädelrekonstruktionen hat Lieberman behauptet, daß auch der Neandertaler nicht in der Lage war, diejenigen Laute zu bilden, die wir für die heutige Sprache brauchen. Insbesondere soll er nicht fähig gewesen sein, die Vokale a, i und u zu bilden.

Die veränderte Lage des Kehlkopfes beim heutigen Menschen spielt nicht nur für dessen Sprachfähigkeit eine Rolle, sondern markiert auch eine wesentliche Veränderung bei der Atmung und bei der Nahrungsaufnahme. Abbildung 17.1 illustriert die Lage des Kehlkopfes bei einem Säugling, bei einem erwachsenen Schimpansen und bei einem erwachsenen Menschen. Die Pfeile zeigen an, wie die Luft beim Atmen und die Flüssigkeit während des Trinkens weitergeleitet werden. Wichtig ist, hier zu erkennen, daß ein Säugling gleichzeitig trinken und atmen kann, weil der hochliegende Larynx der Milch ermöglicht, um ihn herum in die Speiseröhre (den Ösophagus) zu fließen. Auch der Schimpanse kann gleichzeitig schlucken und atmen. Bei einem erwachsenen Menschen erfordert der tiefliegende Kehlkopf, daß man während des Trinkens mit der Atmung innehält, um sich nicht zu verschlucken.

Liebermans Hypothese ist nicht ohne Kritik geblieben. Kein Tier, so wurde argumentiert, kann wirklich zur gleichen Zeit atmen und schlucken. Auch ist zweifelhaft, ob die Qualität der Neandertaler-Schädel gut genug ist, um Rückschlüsse auf die Lage des Kehlkopfes zu erlauben.

Wenn Liebermans Hypothese über die Beziehung zwischen Sprechfähigkeit und der Anatomie des Vokaltraktes richtig ist, so kann man daraus schließen, daß „moderne Sprache" vor über 100 000 Jahren noch nicht existiert hat, und daß heißt, es gab auch keine Sprache, bevor der Cro-Magnon-Mensch in Erscheinung trat. In die gleiche Richtung weisen auch andere Befunde, die sich mit der Sprache des Menschen beschäftigen. So scheinen die Entwicklung der Schrift und die Sprechfähigkeit eng zusammenzuhängen. Beide erfordern feinmotorische Bewegungen und viele Übergänge zwischen einzelnen Bewegungsteilen. Es erscheint deshalb möglich, daß Sprechen und Schreiben etwa zur gleichen Zeit auftraten. Alexander Marshack berichtet, daß die ersten Symbole aus menschlicher Hand ungefähr 30 000 Jahre zurückdatiert werden können. Dies würde dafür sprechen, daß auch etwa um diese Zeit die Sprechfähigkeit vorhanden war. Die Tatsache, daß der moderne Mensch, also *Homo sapiens sapiens*, vor etwa 40 000 bis 100 000 Jahren erschien, führt diese drei unterschiedlichen Argumentationsrichtungen zusammen und macht dadurch die Hypothese der Sprache als einer entwicklungsgeschichtlich jungen Eigenschaft plausibel. Möglicherweise vollzog sich die Entstehung von *Homo sapiens* recht plötzlich, und Sprache war eine hochadaptive Eigenschaft. Hier widerspricht Holloway. Er argumentiert aus paläontologischer Sicht (zum Beispiel in bezug auf die Größe des Brocaschen Areals nach Schädelausgüssen), wonach eine rudimentäre Sprache auch schon zur Zeit des *Australopithecus* und somit vor etwa 2,5 bis 3,5 Millionen Jahren möglich gewesen sei.

Die Entwicklung des Stimmapparates war vermutlich ein entscheidender Schritt für die Entwicklung der menschlichen Sprache, doch daneben hat es sicherlich noch andere Veränderungen in den Mechanismen zur Lauterzeugung bei Primaten gegeben. Das Lauterzeugungssystem der Säuger setzt sich nach Ansicht von MacNeilage aus drei Hauptkomponenten zusammen, der respiratorischen, der phonetischen und der artikulatorischen Komponente. Die respiratorische Komponente ist der durch Druck erzeugte auswärts gerichtete Luftstrom, der die Grundlage für die Stimmgebung bildet. Die phonetische Komponente beschreibt den Prozeß, in dem die Stimmbänder zusammengeführt werden, so daß sie durch den austretenden Luftstrom in Schwingungen versetzt werden. Die artikulatorische Komponente besteht im Wesentlichen aus den Mundbewegungen. Der Mund wird gewöhnlich einmal pro Stimmgebung geöffnet, und die Form des Vokaltraktes (von den Stimmbändern bis zu den Lippen) moduliert den Laut. Die Veränderungen im Kehlkopf, die Liebermann beschrieben hat, steigern die Fähigkeit des lauterzeugenden Systems, die beiden letztgenannten Komponenten zu generieren. MacNeilage weist jedoch darauf hin, daß der entscheidende Unterschied zwischen Menschen und anderen Säugern die artikulatorische Komponente ist. Betrachten wir einmal das Repertoire von Lautäußerungen, über das Schimpansen verfügen. Jane Goodalls Freilanduntersuchungen an den Schimpansen von Gombe in Tansania zeigen, daß unsere nächsten Verwandten über mindestens 32 separate Vokalisationen verfügen (Abbildung 17.2). Wie Goodall berichtet, verstehen Schimpansen diese Rufe offenbar viel besser, als es Menschen tun, doch sie berichtet auch, daß diejenigen ihrer Mitarbeiter, die die Schimpansen sehr gut kannten, für eine noch stärkere Unterteilung der Laute plädierten. Trotz ihrer Komplexität unterscheiden sich die Lautäußerungen von Schimpansen insofern grundlegend von den menschlichen Sprachlauten, als daß sie eine begrenzte artikulatorische Komponente aufweisen. In der menschlichen Sprache alterniert der Vokaltrakt hingegen mehr oder weniger regelmäßig zwischen einem relativ offenen und einem relativ geschlossenen Zustand – offen bei Vokalen, geschlossen bei Konsonanten. MacNeilage ist sogar der Meinung, daß dieses Charakteristikum ausreicht, um die menschliche Sprache darüber zu definieren. Mit Ausnahme einiger weniger Worte, die nur einen einzigen Vokal enthalten, ist praktisch jede Lautäußerung eines jeden Menschen, unabhängig von der Sprache, die er spricht, ein Wechselspiel zwischen Vokalen und Konsonanten. Für MacNeilage ist nicht die entscheidende Frage, wie sich der Stimmapparat verändert hat, sondern wie sich das Gehirn verändert hat, um die motorische Kontrolle des Mundes zu gewährleisten, so daß wir Silben erzeugen können. Diese Sichtweise unterstreicht die Bedeutung der Sprache als motorischen Akt wie auch als Perzeptionsleistung.

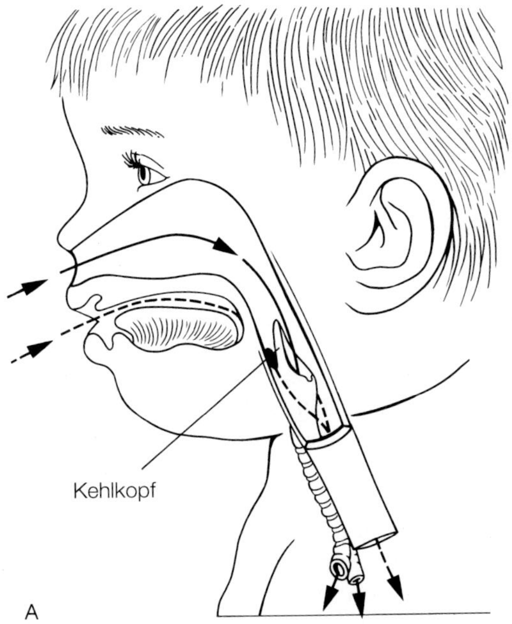

A

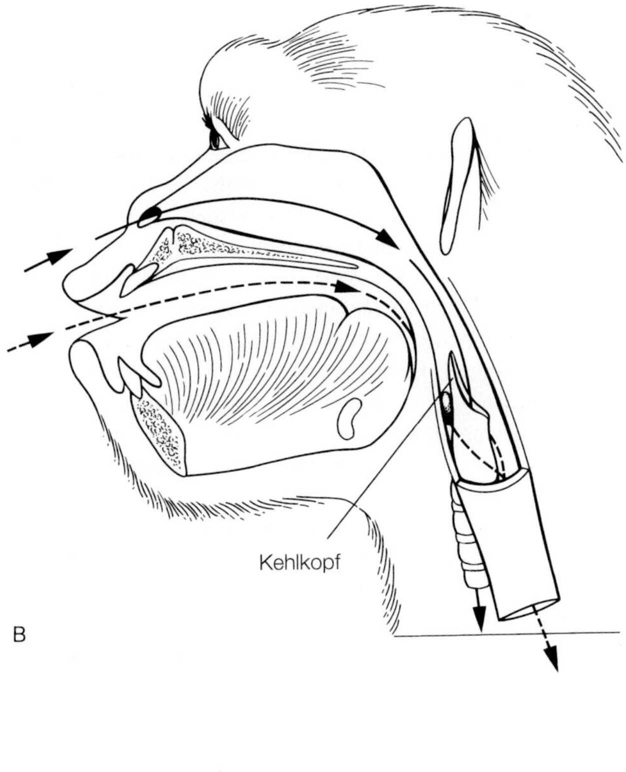

B

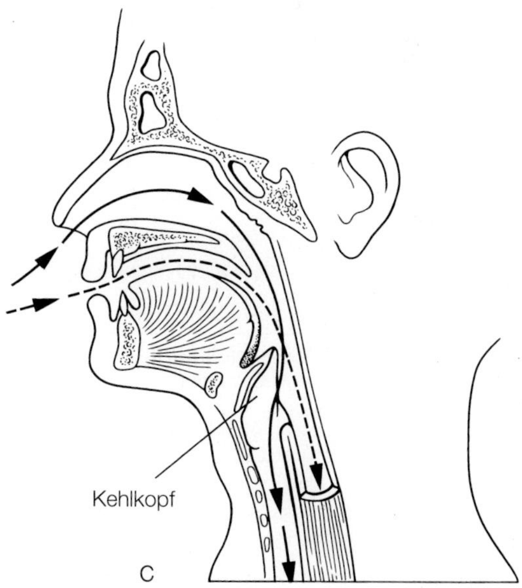

C

17.1 Querschnitt durch den Vokaltrakt beim Säugling (A), beim ausgewachsenen Schimpansen (B) und beim Erwachsenen (C). Die hohe Lage des Kehlkopfes (Larynx) beim Säugling und beim ausgewachsenen Schimpansen erlaubt es, Nahrung oder Flüssigkeit aufzunehmen, ohne gleichzeitig mit dem Atmen aufhören zu müssen. Beim Erwachsenen ermöglicht die tiefe Lage des Larynx das Sprechen, erfordert aber gleichzeitig, daß während des Schluckens nicht geatmet wird. (Nach Laitman 1986.)

17.2 Die Rufe von Schimpansen und der Gefühlszustand oder das Empfinden, mit denen sie höchstwahrscheinlich in Zusammenhang stehen. (Aus Goodall 1986, Nachdruck mit Genehmigung.)

Sprechen: Eine Weiterentwicklung der Zeichensprache?

Die Ursprünge einer Theorie, welche unsere Sprache auf gestische Verhaltensweisen zurückführt, können bis ins 15. Jahrhundert zurückverfolgt werden. Dementsprechend wird angenommen, daß einfache Gesten und andere Körperbewegungen sich allmählich zur modernen Sprache verdichtet haben. Jäger und Bauern benötigten, um erfolgreich zu sein, ein Kommunikationssystem. Kommunikationsbedarf bestand auch, um soziale Gruppen beieinander zu halten. Dieser Bedarf war schließlich ausschlaggebend für die Sprachentwicklung. Bis vor kurzem gab es keine Befunde, welche diese Theorie unterstützten, aber heute existieren zumindest zwei Forschungsansätze, die Argumente dafür liefern. Einige Untersuchungen haben zum einen gezeigt, daß Zeichensprache und gesprochene Sprache von den gleichen neuronalen Systemen abhängen. Zum anderen können Primaten Gesten oder Symbole für eine zumindest rudimentäre Form der Kommunikation verwenden. Wären die neuronalen Systeme für die beiden Kommunikationsformen unterschiedlich, so ließe sich das erstgenannte Argument kaum halten. Die zweite Erkenntnis ist deshalb wichtig, weil sie beweist, daß ähnliche, wenn auch kleinere Gehirne Sprachfähigkeit besitzen und es deshalb nicht notwendig war, für die Sprache ein gänzlich neues neuronales System zu entwickeln.

Lange Zeit wurde angenommen, daß ein Experiment, welches nachweisen könnte, daß Zeichen- und Vokalsprache mit den gleichen Gehirnstrukturen im Zusammenhang stehen, auch die Hypothese unterstützten würde, daß sich Zeichensprache zur Vokalsprache entwickelte. Bereits im Jahre 1878 hat Hughlings Jackson geglaubt, daß ein „natürliches Experiment", nämlich Menschen, welche die Zeichensprache verwenden, weil sie nicht sprechen können, ein ausreichender Hinweis dafür seien. Er konnte sogar von einem Fall berichten, wo die Zeichensprache offenbar durch eine Läsion der linken Hemisphäre beeinträchtigt wurde. Kimura hat in einer Überblicksarbeit mehrere Fälle angeführt, bei denen Läsionen, welche die vokale Sprache beeinträchtigten, auch die Zeichensprache gestört haben. Aus einer Gruppe von insgesamt elf Patienten mit Störungen der Zeichensprache nach Gehirnläsionen zeigten neun rechtshändige Personen nach einer linkshemisphärischen Läsion Beeinträchtigungen. Ein Linkshänder wies nach einer linkshemisphärischen Läsion Störungen bei der Zeichensprache auf, ein weiterer nach Läsionen in der rechten Hemisphäre. Die Verteilung entspricht der, die man bei aphasischen Patienten erwarten würde. Daher unterstützen diese Resultate die Behauptung, daß das Sprachsystem nicht nur die Vokalsprache, sondern auch die Zeichensprache kontrolliert. Die Daten lassen eine andere Interpretation kaum zu (zum Beispiel, daß die Zeichensprache, da sie eher räumlicher Art ist, im Unterschied zur Vokalsprache von der rechten Hemisphäre kontrolliert wird).

Auch aufgrund anderer, zusätzlicher Indizien geht Kimura davon aus, daß Gestik und Sprache vom gleichen neuronalen System abhängen. Bei Schlaganfallpatienten untersuchte sie die Fähigkeit, Bewegungsabfolgen von Gesichts- und Armmuskulatur durchzuführen, wobei Übergänge von einer Position in eine andere notwendig waren (das sind auch die Art Bewegungen, die man für die Zeichensprache benötigt). Läsionen im Sprachareal, die zu Aphasie führten, und zwar insbesondere solche im linken parietalen Cortex, interferierten auch mit der Fähigkeit, Bewegungsübergänge durchzuführen. Aufgaben hingegen, die sich allein auf die Wiederholung von Bewegungen beschränkten, etwa mit dem Finger zu klopfen oder eine Schraube zu drehen, waren nicht beeinträchtigt.

Es scheint also insgesamt so, als gäbe es eine Ähnlichkeit zwischen Läsionen, die Störungen der Vokalsprache verursachen und solchen, die für die Zeichensprache benötigte Bewegungsabfolgen unterbrechen. Hier ist allerdings zu fragen, ob nicht auch emotionale Laute und emotional bedingte Veränderungen des Gesichtsausdrucks als Vorläufer der Sprache zu betrachten sind oder ob es überhaupt bei irgendwelchen Formen der Gestik etwas Besonderes gibt. Die vorliegenden Resultate sprechen nicht für die Annahme, daß emotionale Laute oder Ausdrucksformen sich zur Sprache hin entwickelt haben. Zunächst einmal können emotionale Formen des Gesichtsausdrucks bei Menschenaffen nicht mit der gleichen Leichtigkeit als Signale konditioniert werden, wie dies mit Gesten möglich ist. Zum zweiten unterscheiden sich die neuronalen Mechanismen, die den emotionalen Ausdruck kontrollieren, sowohl beim Menschenaffen als auch beim Menschen von den Mechanismen, die der Sprachkontrolle dienen. Myers hat nachgewiesen, daß Frontalläsionen bei Affen den emotionalen Ausdruck schwer beeinträchtigen, Kolb und Milner entdeckten, daß präfrontale Läsionen mit Formen des emotionalen Ausdrucks beim Menschen interferieren, und zwar unabhängig von der Sprache.

Wenn es tatsächlich zutrifft, daß sich zu der Zeit, als *Homo sapiens sapiens* auftrat, die Gesten in eine Vokalsprache wandelten, dann kann man zumindest eine überprüfbare Vorhersage ableiten. Es ist sehr wahrscheinlich, daß die ersten Gesten genetisch und nicht kulturell weitergegeben wurden. Diese Gesten sollten deshalb auch heute noch genetisch übertragbar sein und bei allen Menschen vorkommen. Darüber hinaus sollte ein Teil dieser Gestik ebenfalls bei Menschenaffen als dem nahesten Verwandten des Menschen auftreten. So ist zum Beispiel die ausgestreckte Hand als Geste des Bittens sowohl beim Schimpansen als auch beim Menschen vermutlich ein Beispiel dieser genetisch determinierten Verhaltensweise.

Angesichts der Theorien über die Gestik stellt sich natürlich die Frage, warum es überhaupt einen Wandel hin zur Vokalisation gegeben hat. Hewes nimmt an, daß dieser sich von der Gesichtsmimik herleitet, die sich wiederum aus den Gesten entwickelt hat. Für die zunehmende Verwendung des Gesichts nennt er zwei Gründe. Dafür gibt es zumindest zwei plausible Erklärungen. Da erstens der Gebrauch von Handwerkszeug vermehrt auftrat und die Hände deshalb beschäftigt waren, konnten sie für die Gestik nicht mehr verwendet werden. Zweitens erfordert Gestikulieren visuellen Kontakt, doch Tiere, die Früchte in Bäumen ernten oder im hohen Gras nach Nahrung suchen, müssen miteinander über Nahrung und Raubfeinde kommunizieren, ohne einander sehen zu können. Hierbei ist die Beobachtung wichtig, daß die Sprache auch heute noch von Handgesten begleitet wird, und wenn Menschen unterschiedliche Sprachen sprechen, verwenden sie sehr viel Hand- und Gesichtsgestik, um miteinander zu kommunizieren.

Eine etwas abweichende Version der Theorie der Gestik wurde von Myers vorgelegt. Er argumentiert, daß die Entwicklung der Sprache eine logische Konsequenz zunehmender Kontrolle über die Gesichtsmuskulatur ist. Prosimier (Halbaffen) können zum Beispiel ihren Gesichtsausdruck nicht ändern. Rhesusaffen und andere Tieraffen verfügen über eine begrenzte Anzahl der Formen des Gesichtsausdrucks, und Schimpansen schließlich haben ein sehr reiches Repertoire. Nur die Menschen aber haben „Sprechbewegungen" und auch die dafür notwendige Veränderung des Stimmtraktes entwickelt. Myers behauptet nun, daß durch das Brocasche Areal eine qualitativ andere Art der Vokalisierung möglich wird. Diese Vorstellung läuft Kimuras Hypothese (wir haben sie weiter oben dargestellt) nicht zuwider. Kimura behauptet ja, daß die gleichen Bewegungsübergänge, die man für die Gestik mit dem Arm benötigt, auch für die Vokalsprache notwendig sind, so zum Beispiel der Übergang von „Be-Ba-Be" oder von „De-Da-De". Ihrer Meinung nach werden diese Transitionen aber über den linken Parietalcortex vermittelt und nicht über das Brocasche Areal. Ihrer Meinung nach erzeugt das Brocasche Areal die einzelnen Silben.

Evidenz für eine sprachähnliche Kommunikation bei Menschenaffen

Affen besitzen zwar keine verbale Sprache, die der menschlichen Sprache vergleichbar ist; dennoch müssen sich bei ihnen Spuren einer phylogenetischen Entwicklung der für die menschliche Sprache notwendigen Abläufe finden lassen. Darwin vertrat die Ansicht, daß Evolution eine „Abstammung mit Modifikationen" sei. Nach dieser Argumentation muß sich Sprache aus einem Kontinuum von Veränderungen in früheren Stadien entwickelt haben. Nach MacNeilages Ansicht wird die erfolgreichste Theorie der Evolution der menschlichen Sprache diejenige sein, die diesen Veränderungsprozeß charakterisieren kann und dabei eine exakte Analyse der ersten Schritte liefert. Einer der Ansätze besteht darin zu versuchen, die Kapazität des nichtmenschlichen Gehirns für sprachähnliche Vorgänge zu untersuchen (Tabelle 17.2).

Schon mehrfach wurde der Versuch unternommen, Schimpansen das Sprechen beizubringen – stets ohne Erfolg. (Ein Grund für diese Fehlschläge könnte in den anatomischen Gegebenheiten des Stimmapparates und der mangelnden Kontrolle über die Mundbewegungen bei Schimpansen liegen, die wir weiter oben diskutiert haben.) Diese fehlgeschlagenen Versuche deuten darauf hin, daß man anstelle der auditiven Kommunikation visuelle Kommunikationsmöglichkeiten einsetzen sollte. So verwendeten die Gardeners als erste Zeichensprache verschiedene Versionen der American Sign Language (ASL), und Premack unterrichtete Affen in einer künstlichen Schriftsprache.

Die Gardeners nahmen eine einjährige Schimpansin, Washoe, zu sich nach Hause. Sie wollten Washoe die Handbewegungen oder Zeichen der ASL beibringen, die sich auf eine Vielzahl verschiedener Objekte und Handlungen beziehen. Diese Zeichensprache enthält – analog zu den Wörtern in der gesprochenen Sprache – spezifische Bewegungen, die auf

Tabelle 17.2 Zusammenfassung von Sprachprojekten mit Menschenaffen

Projekt	Vorgehensweise	Referenz
Washoe (Schimpanse)	Zeichensprache (American Sign Language, ASL)	Gardener und Gardener, 1978
Sarah (Schimpanse)	Plastiksymbole, um zwecks Kommunikation einfache „Sätze" zu bilden	Premack, 1983
Lana (Schimpanse)	Kommunikation via Tastatur in „Yerkish", einer Sprache, die auf Lexigrammen basiert	Rumbaugh, 1977
Koko (Gorilla)	ASL und gesprochenes Englisch	Patterson, 1987
Nim (Schimpanse)	ASL	Terrace, 1979
Kanzi (Zwergschimpanse)	Kommunikation via Tastatur in Yerkish und gesprochenem Englisch	Savage-Rumbaugh et al., 1986
Chantek (Orang-Utan)	Pidgin Sign Language	Miles, 1983

eine vorgeschriebene Weise beginnen und enden (jeweils in Bezug auf den Körper des Zeichengebenden) (Abbildung 17.3). Die Gardeners brachten Washoes Hand in Stellung, um die gewünschten Gesten der Zeichensprache wiederzugeben, und sie belohnten Washoe für korrekte Bewegungen. Darüber hinaus verwendeten die Gardeners in Washoes Anwesenheit auch untereinander stets Zeichensprache. Washoe wuchs daher in einer Umgebung auf, die aus kommunikativen Zeichen bestand. Sie lernte nicht nur, Substantive zu verstehen und zu verwenden, sondern auch Pronomen und Tätigkeitswörter. Beispielsweise konnte sie signalisieren: „Du gehen mir", und das bedeutete „Komm mit mir". Versuche, anderen Menschenaffenarten (Gorilla, Orang-Utan) ASL beizubringen, erbrachten ähnliche Ergebnisse.

Die Untersuchungen, in denen Zeichensprache verwendet wurde, sind ins Kreuzfeuer der Kritik geraten. Der wichtigste Kritikpunkt ist, daß nicht eindeutig nachgewiesen werden konnte, daß die Menschenaffen eine grammatikalische Struktur verwendeten, wie man sie selbst bei noch sehr jungen Kindern findet. Und selbst wenn es Hinweise auf eine rudimentäre grammatikalische Struktur gibt, argumentieren die Kritiker weiterhin, so konnte nicht nachgewiesen werden, daß die Affen verstehen, daß eine Neuanordnung von Wörtern zu ganz verschiedenen Bedeutungen führen kann. Terrace und seine Kollegen analysierten zum Beispiel mehr als 19 000 Äußerungen des jungen Schimpansen Nim, die aus mehreren Zeichen bestanden; dazu reanalysierten sie Filme von Washoe und anderen Schimpansen. Anschließend behaupteten sie, keine Hinweise für einen grammatikalischen Aufbau gefunden zu haben; ihrer Meinung nach wurden die meisten Äußerungen der Schimpansen durch vorherige Äußerungen ihrer Lehrer ausgelöst und ließen sich durch nichtlinguistische Prozesse erklären. Tatsächlich überraschte die Autoren der Mangel an Kreativität in den Äußerungen der Affen und ihre Abhängigkeit von vorherigen Äußerungen ihrer Lehrer. Das ist den fortgeschrittenen Mehr-Wort-Sätzen, wie sie kleine Kinder hervorbringen, ganz unähnlich. Im Gegenzug haben die Gardeners behauptet, Terrace wende Trainingsmethoden an, die für derart soziale Tiere wie Schimpansen völlig ungeeignet seien.

Premack ging die Frage der Sprachfähigkeit von Schimpansen auf eine andere Art an. Er brachte seiner Schimpansin Sarah mittels verschieden geformter und gefärbter Plastikstücke Lesen und Schreiben bei. Jedes der Plastikzeichen bedeutete ein Wort. Zunächst brachte Premack Sarah bei, daß unterschiedliche Symbole auch unterschiedliche Substantive bedeuteten. Dies geschah etwa auf die Art, wie Washoe die Zeichensprache erlernt hatte. Sarah lernte zum Beispiel, daß ein rosafarbenes Quadrat das Symbol für eine Banane war. Danach lernte Sarah verschiedene Verben, so daß sie folgende Kombinationen schreiben und lesen konnte: „Gib Apfel" oder „Wasche Apfel". Ihr Sprachverständnis konnte leicht durch geschriebene Botschaften an sie überprüft werden, da man einfach ihre Antwort abwartete.

Danach folgte eine sehr viel schwierigere Unterweisung, bei welcher Sarah allmählich die Frageform (Wo ist meine Banane?), die Verneinung und schließlich auch Bedingungssätze (wenn – dann) zu meistern lernte. Hier wird offenkundig, daß Sarah ein recht kompliziertes Kommunikationssystem zu beherrschen lernte, das analog zu einer einfach gestalteten menschlichen Sprache ist.

In jüngster Zeit wurde sogar nachgewiesen, daß Schimpansen noch weitaus komplexere Sprache zu erlernen vermögen. Rumbaugh und Gill gingen die Ergebnisse von Gardner und Premack genau durch und begannen dann mit ihrem eigenen Projekt „Lana". Das Interessante bestand darin, sich mit Lana über eine Tastatur zu unterhalten, welche durch einen Computer gesteuert wurde. Zur Tastatur gehörten neun Stimuluselemente und neun primäre Farben, mit denen bis zu 1 800 Kombinationen (Lexigramme) erzeugt werden konnten (Abbildung 17.4). Dies bildete eine Sprache, die nun als *Yerkish* (benannt nach dem Primatenforschungszentrum Yerkes) bekannt ist.

Das Projekt unterschied sich von den vorausgegangenen dadurch, daß es die Gemeinschaftsarbeit eines Psychologen, Linguisten und Computerspezialisten darstellt. Lana mußte nur lernen, ihre Botschaft auf der Tastatur einzugeben. Sie lernte zunächst einzelne Symbole, und dann wurde der Schwierigkeitsgrad gesteigert, so daß sie positive Aussagen („Tim geht in Zimmer"), Fragen („Geht Tim in Zimmer?"),

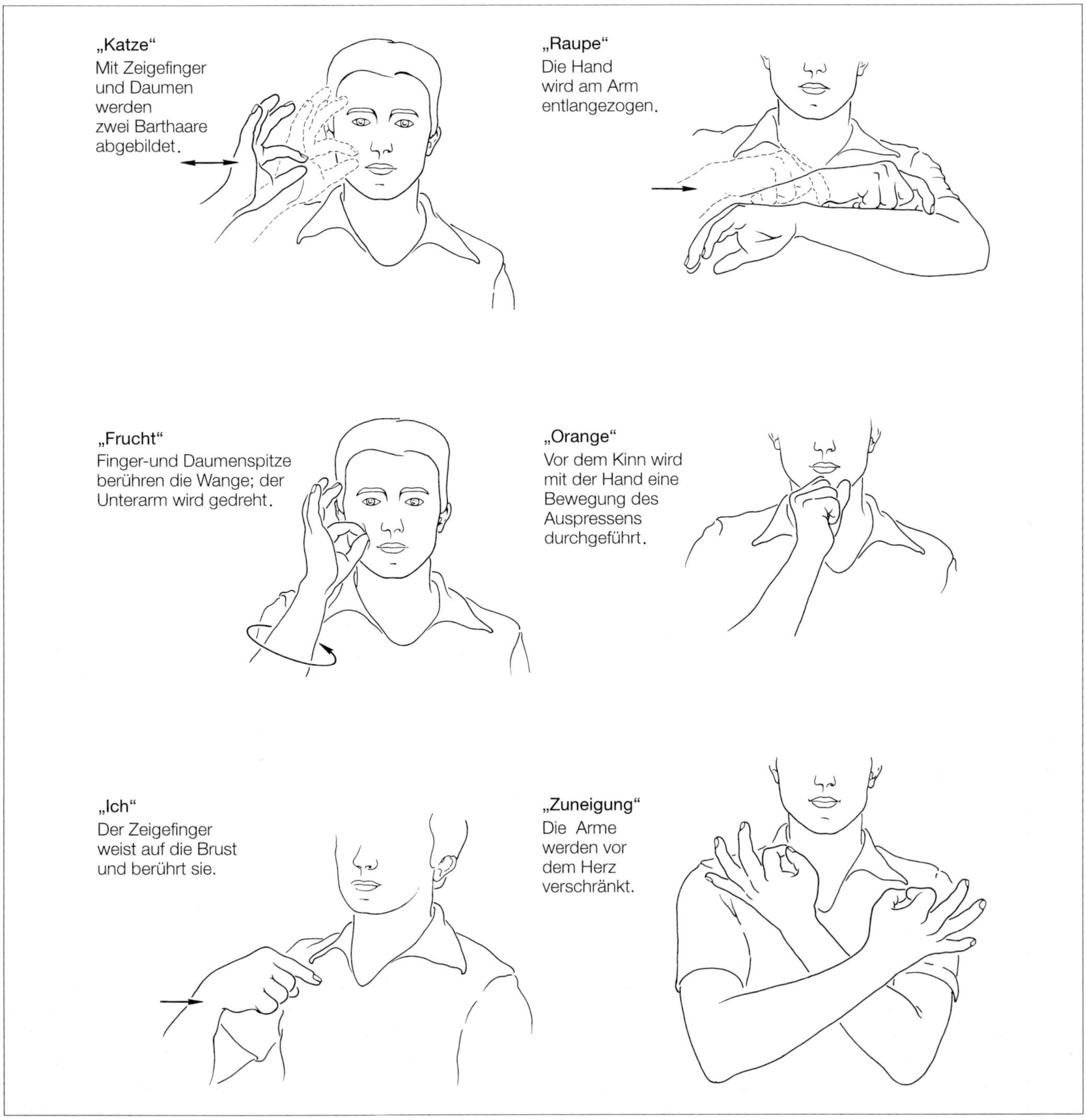

17.3 Beispiele aus der amerikanischen Zeichensprache. Solche Symbole wurden Schimpansen in den Untersuchungen von Gardner gelehrt. (Nach Gustason et al. 1975.)

Aufforderungen („Bitte Tim geht in Zimmer“) und negative Aussagen („Nicht Tim geht in Zimmer“) erlernte. Inzwischen beherrscht Lana Kombinationen aus sechs Lexigrammen und macht dabei wenig Fehler, die meisten vorkommenden Irrtümer sind „Tippfehler“ oder Fehler, weil sie abgelenkt wird.

Eine der Schwierigkeiten mit dem Projekt Lana lag darin, daß es auf der Voraussetzung basiert, Lana sehe die Lexigramme als Symbole an und nicht etwa nur als Assoziationspaare für gewisse Stimuli. Zu den schärfsten Kritikern gehörten Rumbaugh und Gill, die das Experiment durchführten. Bei ihrem jüngsten Projekt, Kanzi, haben sie die Vorgehensweise geändert.

Savage-Rumbaugh und Mitarbeiter begannen damit, einer Zwergschimpansin namens Maletta, einem Wildfang, Yerkish beizubringen, wie sie es auch bei Lana getan hatten. Maletta

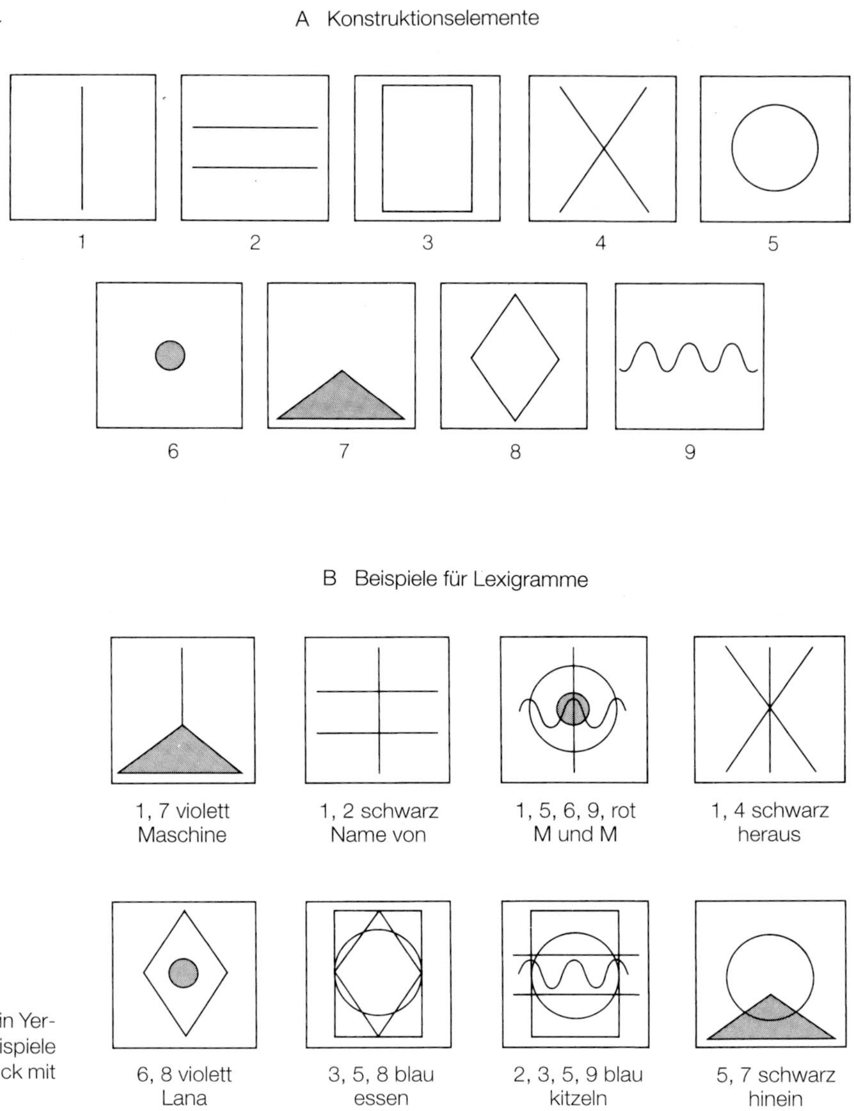

17.4 A. Die neun Konstruktionselemente, die man in Yerkish zu Lexigrammen zusammensetzen kann. B. Beispiele solcher Lexigramme. (Aus Glaserfeld 1977. Nachdruck mit Genehmigung.)

lernte die Sprache – wahrscheinlich aufgrund ihres Alters und ihrer Erfahrung – nur sehr langsam, daher versuchten es die Trainer zusätzlich mit englischen Worten, aber ohne Erfolg. Maletta hatte einen männlichen Nachkommen, Kanzi, der sie zu ihren Trainingssitzungen begleitete. Wie sich herausstellte, lernte Kanzi mehr als seine Mutter, obwohl er nicht speziell trainiert wurde. Erstaunlicherweise überstieg seine Kenntnis englischer Wörter seine Kenntnis der Lexigramme. Um ihm das Lernen zu erleichtern, wurde seine Tastatur zusätzlich mit einem Sprachsynthesizer ausgerüstet. Im Herbst 1986, als Kanzi sechs Jahre alt war, wurde sein Verständnis für Äußerungen, die aus mehreren Symbolen bestanden, getestet. Er antwortete korrekt auf 298 von 310 gesprochenen Sätzen aus zwei oder mehr Komponenten. Nach einer kritischen Literaturübersicht kam Wallman zu dem Schluß, daß Kanzis Gebrauch von Lexigrammen den besten momentan verfügbaren Hinweis für die referentielle Anwendung erlernter Symbole bei einem Affen darstellt.

Zusammenfassend kann man sagen, daß nichtmenschliche Primaten weder eine Sprache in unserem Sinne haben noch die Wahrscheinlichkeit besteht, daß sie die menschliche Sprache erlernen können. Es gibt auch keine klaren Hinweise darauf, daß sie dafür prädisponiert sind, auf die erlernten Kommunikationssysteme wie ASL und Yerkish Grammatik anzuwenden. Andererseits ist deutlich geworden, daß Menschenaffen eine zumindest rudimentäre manuelle Zeichensprache und eine referentielle graphische Sprache anwenden können, wenn sie dazu gezwungen sind. Zudem weisen Menschenaffen möglicherweise eine viel größere Prädisposition dafür auf, Sprache zu verstehen als zu sprechen. Jeder, der sich Filme über diese Affen ansieht, ist von ihren Fähigkeiten beeindruckt. Auf jeden Fall sieht es so aus, als sei die grundlegende Fähigkeit für sprachähnliche Prozesse bei dem gemeinsamen Vorfahren von Menschen und Menschenaffen vorhanden gewesen, so daß die natürliche Selektion darauf einwirken konnte. Daher kommen wir zu der

Frage zurück, mit der wir begonnen haben: Worauf hat der Selektionsdruck gewirkt? Wir betrachten zwei Möglichkeiten: 1. Sprache als Kategoriensystem, 2. Sprache als motorischer Vorgang.

Sprache als Kategoriensystem

Wir haben Wert auf die Darstellung der Hypothese gelegt, daß sensorische Information in zahlreichen parallelen, hierarchisch angeordneten Kanälen verarbeitet wird. Nach Jerisons Hypothese wird es mit zunehmender Ausdehnung des Cortex und mit einer zunehmenden Anzahl von Kanälen, die sensorische Information parallel verarbeiten, immer schwieriger, diese Informationen in eine einzige Realität zu integrieren. Das Gehirn muß entscheiden, welche der vielen verschiedenen Formen sensorischer Information, die in den Cortex gelangen, zu denselben Merkmalen der externen Welt gehört. Man kann vermuten, daß das Kategorisieren von Information nicht nur die Perzeption der Information erleichtert, sondern auch den späteren Zugriff auf die Information. In gewisser Weise sind Worte zur Kategorisierung prädestiniert, doch der Gebrauch von Worten zum Zwecke des Kategorisierens muß auf einer bereits existierenden Neigung zum Kategorisieren sensorischer Information aufbauen. Daher ist es denkbar, daß die Entwicklung der menschlichen Sprache tatsächlich auf einen Selektionsdruck für ein neues Instrumentarium zur Kategorisierung von Information zurückgeht.

Die Vorstellung von Sprache als Abstraktionsmittel stimmt mit den kürzlich von Damasio und Damasio geäußerten Hypothesen überein. Sie vermuten, daß das Gehirn Sprache mittels dreier interagierender Systeme von Schaltkreisen verarbeitet: Erstens gibt es neuronale Systeme, um die nichtsprachlichen Repräsentationen des sensorischen Eingangssignals (Input) zu kategorisieren. Diese Kategorisierung erlaubt es nicht nur, einfache sensorische Stimuli zu kombinieren, sondern sie liefert auch eine Möglichkeit, Ereignisse und Beziehungen zu organisieren. Zweitens gibt es eine kleine Zahl neuronaler Systeme in der linken Großhirnhemisphäre, die Phoneme, Phonemkombinationen und syntaktische Regeln für die Kombination von Worten repräsentieren. Drittens gibt es eine Gruppe neuronaler Strukturen, die zwischen den beiden erstgenannten Systemen vermittelt. Dieses dritte System kann ein Konzept (das heißt, eine Kategorie) herausgreifen und die Produktion von Worten über dieses Konzept stimulieren, oder es kann anders herum Worte herausgreifen und das Gehirn dazu veranlassen, die entsprechenden Konzepte zu generieren. Als Beispiel erinnern Sie sich an unseren Fall des farbenblinden Malers in Kapitel 11. Er kannte die Namen der Farben, konnte Farben aber nicht mehr wahrnehmen und sie sich auch nicht mehr vorstellen. Er hatte in gewissem Sinne sein Konzept von Farbe verloren. Bei anderen Patienten mit linksseitigen Läsionen des posterioren Temporallappens hingegen bleibt das Farbkonzept erhalten, doch sie können das Wort nicht mehr erzeugen, mit dem es assoziiert ist. Sie erleben Farbe, können die Farben aber nicht benennen. Solche Patienten leiden unter einer sogenannten Farbanomie. Wichtig ist dabei festzuhalten, daß diese Patienten die Worte für verschiedene Farben bilden können, aber einfach nicht in der Lage sind, die passenden Namen für die Farben zu finden.

Diese dreiteilige Organisation gilt nicht nur für Farben, sondern auch für andere Konzepte. Wenn das Gehirn sensorische Eingangssignale klassifiziert, assoziiert es damit nach dieser Vorstellung phonematische Codes, um die Konzepte auf andere Weise zu repräsentieren. Julien Jaynes und andere haben postuliert, daß eine der grundlegenden Funktionen der Sprache ist, uns zu ermöglichen, mit uns selbst zu sprechen. In gewissem Sinne entspricht dies der Argumentation von Jerison. In der Lage zu sein, Worte zu gebrauchen, um Objekte und Konzepte *für uns selbst* zu kategorisieren, verschafft uns einen echten Vorteil beim Versuch, unsere Umwelt zu verstehen.

Wenn wir diese Vorstellungen auf die evolutionäre Frage anwenden, können wir schlußfolgern, daß Sprache eine logische Erweiterung der Zunahme unserer Kapazität zur Verarbeitung sensorischer Eingangssignale ist. Wir waren prädisponiert zu sprechen, da wir über voll entwickelte Systeme zur Kategorisierung sensorischer Information verfügten. Wir können darüber spekulieren, ob die dritte Hauptverbindung sensorischer Verarbeitung, die den Sulcus temporalis superior entlangführt und im menschlichen Gehirn eine große Zunahme erfährt, entscheidend für diesen Prozeß des Kategorisierens ist (siehe Abbildung 11.2B). Wenn dies wirklich der Fall ist, sollte man erwarten, daß Temporallappenläsionen einschließlich des Sulcus temporalis superior mit der spontanen Kategorisierung verbaler wie auch nonverbaler Information interferieren, und das trifft auch tatsächlich zu. Interessanterweise hat Wilson gezeigt, daß Temporallappenläsionen bei Affen ebenfalls mit der Kategorisierung sensorischer Stimuli interferieren, was darauf hindeutet, daß diese Fähigkeit bereits bei unseren Vorfahren vorhanden war und selektiert werden konnte. Natürlich müssen wir auch den Bereich des Planum temporale (Wernickesches Areal) in Betracht ziehen, weil diese Region ebenfalls eine deutliche Größenzunahme im menschlichen Gehirn aufweist und vermutlich eine Rolle bei der auditiven Kategorisierung spielt.

Sprache als motorisches Verhalten

Wir haben bereits darüber gesprochen, daß die Feinmotorik der Lippen- und Mundbewegungen, die es uns ermöglicht, Silben zu bilden, allein die menschliche Sprache auszeichnet. Wie Kimura betont, sind die linkshemisphärischen Strukturen, die mit der Sprache assoziiert werden, Teil eines Systems, das eine fundamentale Rolle bei der Steuerung bestimmter Bewegungsabläufe spielt. Sie hat nachgewiesen, daß Patienten mit Verletzungen des Brocaschen Areals oder der linken posterioren temporoparietalen Verbindung Defizite bei der wiederholten Ausführung von Gliedmaßenbewegungen, Mundbewegungen und der Wiederholung von Silben aufweisen. Daher vermutet Kimura, daß in der linken Hemisphäre neuronale Systeme liegen, die auf die Auswahl und Sequenzierung verbaler wie nonverbaler Bewegungen spezialisiert sind. Deshalb erstaunt es nicht, daß bei Rechtshändern nach Verletzung der linken Hemisphäre Störungen der manuellen Zeichensprache auftreten (vergleiche unsere Diskussion weiter oben in diesem Kapitel).

So gesehen ist Sprache die Weiterentwicklung eines bereits existierenden Systems, das eine Selektion nonverbaler Bewegungen ermöglicht. An diesem System sind wahrscheinlich der prämotorische Cortex und seine Hauptinformationsquelle aus dem posterioren parietalen Cortex beteiligt. Man kann das Brocasche Areal als Weiterentwicklung des ventrolateralen Bereichs des prämotorischen Cortex und das supplementäre Sprachareal als Weiterentwicklung der dorsomedialen prämotorischen Region ansehen. Daher basiert die Entwicklung der Sprache beim Menschen auf der Weiterentwicklung des prämotorischen Cortex und damit verbundener posteriorer parietaler Regionen. Ein wichtiges Merkmal von Patienten mit einem geschädigten Brocaschen Areal sind ihre Defizite bei der Grammatik. Wie Sie sich erinnern, sind die Untersuchungen an Schimpansen kritisiert worden, weil die Beweise fehlten, daß die Wortstellung für sie eine wichtige Rolle spielt. Das heißt, Schimpansen zeigen kein Verständnis für Syntax. Wenn Schimpansen die Weiterentwicklung des prämotorischen Cortex fehlt, wie wir sie im menschlichen Gehirn finden, dann sind sie möglicherweise beim Spracherwerb beeinträchtigt. Vielleicht fehlt ihnen tatsächlich die Fähigkeit, nonverbale Bewegungen in bestimmter Reihenfolge auszuführen, um ein sinnvolles Verhalten zu erzeugen, wie zum Beispiel Klavierspielen.

Man darf annehmen, daß sich die Rolle der ventralen und der medialen prämotorischen Region voneinander unterscheiden. MacNeilage vermutet, daß die ventrale Region dazu dient, Silben als Reaktion auf Umweltreize zu erzeugen, während die mediale Region die Aufgabe hat, Silben in Abwesenheit sensorischer Stimuli selbst zu generieren. Interessanterweise sind Patienten mit pathologischem Brocaschen Areal beim Nachahmen von Silben beeinträchtigt, die ihnen präsentiert werden, während Patienten mit einer bilateralen Verletzung der medialen Region stumm sind. Sie sind offenbar nicht in der Lage, intern Silben zu generieren.

Zusammenfassung

Wir vermuten, daß die Entwicklung der Sprache beim Menschen die Entwicklung zweier grundlegender Prozesse widerspiegelt: 1) die Weiterentwicklung der Fähigkeit, sensorische Information zu kategorisieren und diese Kategorien mit phonematischen Etiketten zu versehen, und 2) die Fähigkeit, die notwendigen Bewegungen durchzuführen, um Silben in verschiedener Anordnung zu erzeugen. Wenn wir Sprachorganisation und Sprachstörungen besprechen, werden wir diesen beiden Prozessen besondere Aufmerksamkeit widmen.

Die Lokalisation der Sprache

Neuere Vorstellungen über die Lokalisation von Sprachprozessen ergeben sich im Wesentlichen aus drei Forschungsansätzen: 1) aus Gehirnstimulationen bei wachen Patienten, 2) aus Untersuchungen von Patienten mit Läsionen und 3) aus PET-Untersuchungen wie auch elektrophysiologischen Untersuchungen.

Die Identifizierung von Sprachearealen durch Reiz- und Ablationsexperimente

Die für Sprache und insbesondere für das Sprechen relevanten Gebiete des Neocortex wurden durch sorgfältige Untersuchungen der Effekte cortikaler Reizversuche während einer Gehirnoperation und der Auswirkungen von operativen Eingriffen identifiziert. Eine immer größere Datenfülle, die von Hunderten von Patienten herrührt, hat es ermöglicht, die mit Sprachprozessen in Verbindung stehenden Regionen des Neocortex im statistischen Vergleich zu bestimmen.

Elektrische Reizung

Die Untersuchungen von Penfield und seinen Mitarbeitern an Epileptikern, die operativ behandelt werden mußten, waren die ersten, durch die Größe und Position der Sprachareale auf dem Neocortex genau identifiziert werden konnten. Nachfolgende Arbeiten anderer Wissenschaftler haben Penfields Befunde bestätigt und durch verbesserte quantitative Verhaltensmessungen erweitert. Die wesentlichen Erkenntnisse sind folgende:

1. Die Stimulation einer ganzen Anzahl cortikaler Areale (Abbildung 17.5) mit elektrischem Strom niedriger Spannung führt zu Sprachstörungen. Zu diesen Gebieten gehören sowohl die klassischen Areale von Broca und Wernicke in der linken Hemisphäre als auch die Areale mit sensorischer und motorischer Repräsentation des Gesichtes in beiden Hemisphären und außerdem eine als supplementär-motorisches Areal oder M_{II} bekannte Region in beiden Hemisphären.
2. Penfield und Roberts folgern, daß sich eine Reizung auf zweierlei Weise auf die Sprache auswirken kann: a) Es gibt positive Effekte, das heißt, eine Lautäußerung wird erzeugt, die sich nicht als Sprache ausdrückt, sondern als anhaltender oder unterbrochener Vokal, etwa „Oh …". Eine solche Lautäußerung kann durch Reizung jedes der Gesichtsareale oder der supplementär-motorischen Region hervorgerufen werden. b) Es gibt auch negative Effekte. Darunter verstehen die Autoren die Unfähigkeit zu sprechen oder Wörter richtig zu verwenden und eine Vielfalt aphasieähnlicher Fehler: I) Ein völliges Stoppen des Sprechvorganges oder die Unfähigkeit, spontan zu sprechen. Dies findet man bei Stimulationen in allen gestreift

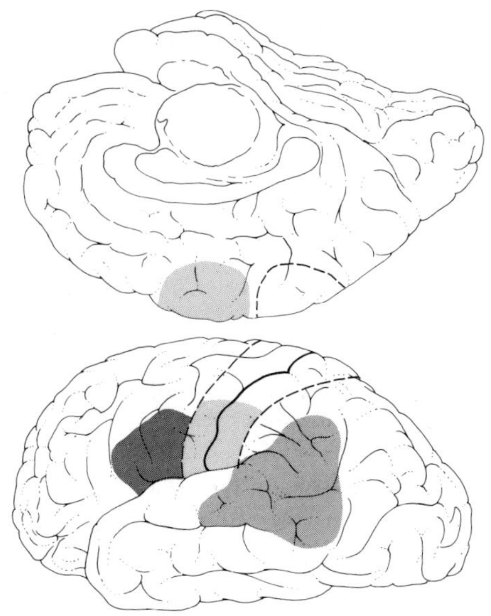

17.5 Überblick über die Auswirkungen von Läsionen auf das Sprechen. Eine Zerstörung der beiden dunkleren Gebiete führt zu chronischer Aphasie, eine Läsion der leicht schattierten Areale hat eine transiente Aphasie zur Folge. Eine Schädigung des Cortex außerhalb dieser Gebiete führt nicht zu einer Aphasie.

markierten Zonen der Abbildung 17.5. II) Eine zögerliche und verwaschene Sprache: Ein Zögern findet man nach Reizungen in allen angebenen Zonen der Abbildung 17.5, zu einem verwaschenen Sprechen kommt es hauptsächlich durch eine Stimulation des Gesichtsareals beider Hemisphären. III) Eine verzerrte Aussprache und Wiederholung von Wörtern oder Silben. Eine Verzerrung unterscheidet sich von einer verwaschenen Sprache dadurch, daß das verzerrte Wort eher wie ein nichtsprachliches Geräusch klingt als wie ein Wort. Zu diesen Auswirkungen kommt es hauptsächlich durch Reizung der klassischen Sprechareale, gelegentlich aber auch durch eine Reizung des Gesichtsareals. IV) Eine Verwechslung der Zahlen, während man zählt. Ein Patient springt zum Beispiel von der 6 auf die 19 und von dort aus auf die 4 und so weiter. Zu einer solchen Konfusion beim Zählen kommt es durch eine Reizung des Brocaschen oder Wernickeschen Sprachareals. V) Die Unfähigkeit, trotz erhaltener Sprachfähigkeit etwas zu benennen. Ein Beispiel hierfür ist: „Das ist eine … ich weiß, das ist eine …“. Sobald die Stromzufuhr beendet wird, kann der Patient die korrekte Benennung durchführen. Ein anderes Beispiel ist: „Oh, ich weiß, um was es sich handelt, das ist das, was man in seine Schuhe tut.“ Als die Reizelektroden entfernt wurden, sagte der Patient sofort „Fuß“ (Penfield und Roberts 1959, S. 123). Die Benennungsschwierigkeiten entstehen hauptsächlich durch Reizung der anterioren (Brocaschen) und posterioren (Wernickeschen) Sprachareale. VI) Eine Falschbenennung kommt vor, wenn der Patient Wörter verwendet, die dem Klang des gesuchten Wortes ähnlich sind. Zum Beispiel sagt er „Kamel“ statt „Kamm“, oder er benutzt Synonyme und sagt „Schneider“ statt „Schere“. Manchmal verwendet er den gleichen Namen auf perseverative Weise gleich zweimal. So kann zum Beispiel ein Bild, das einen Vogel zeigt, richtig benannt werden. Das nächste Bild aber, auf dem zum Beispiel ein Tisch abgebildet ist, wird dann ebenfalls als Vogel bezeichnet. Falschbenennungen, genau wie Benennungsschwierigkeiten, kommen während einer Reizung der anterioren und posterioren Sprachareale vor.

3. Ojemann und Mateer berichten davon, daß die Patienten während der Reizung des Brocaschen Areals unfähig sind, willkürliche Gesichtsbewegungen durchzuführen. Interessanterweise führt eine Reizung dieser Punkte auch zu einem ganz plötzlichen Abbrechen phonemischer Diskriminationsleistungen. Diese Autoren berichten auch über Schwierigkeiten beim Kurzzeitgedächtnis, die aus einer Stimulation im posterioren temporoparietalen Cortex resultieren.
4. Die meisten Berichte stimmen darin überein, daß die Ausdehnung cortikaler Sprachareale, die man durch Reizversuche festgestellt hat, zwischen verschiedenen Menschen beträchtlich variiert. Es gibt aber nur wenig Hinweise darauf, was diese Variabilität zu bedeuten hat. Ojemann stellte fest, daß das Sprachareal bei Männern insgesamt größer ist als bei Frauen. In Anbetracht der überlegenen verbalen Fähigkeiten von Frauen impliziert dieses Resultat paradoxerweise, daß die Größe eines Sprachareals zur Sprachfähigkeit in einer inversen Beziehung stehen könnte. Eine solche Hypothese wird auch durch folgende Beobachtung bestätigt: Bei mehrsprachigen Personen wird diejenige Sprache, die sie weniger gut beherrschen, durch Reizung eines wesentlichen größeren Sprachareals unterbrochen als die besser beherrschte Sprache. Die Möglichkeit, daß eine höhere Effizienz weniger neuronale Aktivität beansprucht, ist verblüffend und verlangt geradezu weitere Untersuchungen. Ein dazu paralleles Resultat stammt von Richard Haier. Er hat eine inverse Beziehung zwischen abstraktem Denken und cerebraler Stoffwechselaktivität gefunden. Fast ist man geneigt, hier zu schlußfolgern, kluge Gehirne würden besser und nicht härter arbeiten. Es wäre in dieser Hinsicht interessant, die Größe eines Sprachareals mit der Leistung bei verschiedenen verbalen Tests in Beziehung zu setzen.
5. Ojemann hat auch noch zwei weitere Beobachtungen gemacht. Zunächst einmal hat er festgestellt, daß die Stimulation ganz bestimmter Orte auf der Gehirnoberfläche sehr definierte Auswirkungen haben kann. So kann die Reizung einer cortikalen Stelle bei jedem Versuch eine Sprachfunktion ändern – zum Beispiel die Benennung –, und sie kann durchaus nur diese eine von zahlreichen untersuchten Sprachfunktionen beeinflussen. Ojemann glaubt auch im Hinblick auf die hohe Variabilität zwischen der Ausdehnung der cortikalen Sprachrepräsentation bei verschiedenen Personen, daß das biologische Substrat menschlicher Sprache den Bedingungen entspricht, die zu einer raschen

Evolution führen. Das bedeutet, es gibt hier eine hohe Varianz bei einem Merkmal, das mit hoher Wahrscheinlichkeit dem Selektionsdruck der Umwelt unterliegt.

Aus diesen Resultaten können sechs wichtige Schlußfolgerungen gezogen werden: 1) Die Daten unterstützen kein streng lokalisationistisches Sprachmodell, da eine Reizung anteriorer und posteriorer Sprachareale auf Sprachfunktionen bemerkenswert ähnliche Auswirkungen hat. 2) Auch eine Reizung jenseits der klassischen Areale von Broca und Wernicke stört die Sprechfunktionen. Das entsprechende Gebiet stimmt in etwa mit den Sprachzonen überein, wie sie unlängst nach Untersuchungen definiert wurden, die sich der Methode der Messung der regionalen Hirndurchblutung bedienten (Kapitel 9). Vergleichen Sie zum Beispiel die Abbildungen 9.11 und 16.1.3) Die Reizung der Sprechareale beeinflußt mehr als nur die Redefähigkeit, denn es gibt Störungen in der Kontrolle der Willkürmuskulatur des Gesichts und auch Beeinträchtigungen beim Lesen und beim Kurzzeitgedächtnis. 4) Eine Läsion des Cortexareals, das die posteriore Sprachzone umgibt (Abbildung 17.5), führt keineswegs zu einer andauernden Aphasie, obgleich die Axonbündel, welche die visuelle Region mit dem Sprachareal verbinden, wahrscheinlich unterbrochen sind. Es scheint also klar zu sein, daß diese Verbindungen für die Koordination beider Areale nicht notwendig sind. 5) Es hat sich als schwierig herausgestellt, die nach den Operationen auftretende transiente Aphasie zu klassifizieren, denn dabei sind die Symptome und der Verlauf bei jedem Patienten ganz individuell. Ebensowenig gibt es Beweise für eine spezielle Aphasie, die mit einer Verletzung entweder der anterioren oder der posterioren Sprachzone in Beziehung steht. Anders ausgedrückt, es gibt keine Hinweise für eine rein motorische oder rein sensorische Aphasie, so wie sie von Wernicke postuliert wurde. 6) Schließlich treten chronische Sprech- und Sprachstörungen nur dann auf, wenn die Läsionen innerhalb der klassischen Sprachareale lokalisiert sind. Obwohl eine Reizung des Gesichtsareals und des supplementär-motorischen Cortex das Sprechen hemmt, hat eine operative Entfernung dieser Gebiete auf das Sprechen keinen andauernden Einfluß. Hier sei allerdings daran erinnert, daß Läsionen im Gesichtsareal sehr wohl eine andauernde Beeinträchtigung anderer Sprachfunktionen mit sich bringen können (Kapitel 14).

Eine Frage, die sich aus der Untersuchung von Patienten mit Läsionen ergibt, ist die nach der relativen Bedeutung anteriorer und posteriorer Sprechareale. Hier sei an die berühmte Arbeit von Marie im Jahre 1906 erinnert, in der er behauptete, das Brocasche Areal hätte für die Sprache keine besondere Bedeutung. Diese Schlußfolgerung basierte auf der Untersuchung von Fällen, bei denen es so schien, als wäre eine Zerstörung des Brocaschen Areals ohne Aphasie möglich und durch die Beschreibung von Krankengeschichten, bei denen es ohne eine Schädigung der entsprechenden Region zu einer Broca-Aphasie gekommen war. Marie überzog ohne Zweifel mit seiner Argumentation. Aber seine Argumente waren gut gewählt und führten zu einer Kontroverse, die bis in unsere Tage hinein andauert. Wir neigen dazu, Zangwills Behauptung zuzustimmen, wonach das Brocasche Areal zwar ohne Zweifel bei der normalen Kontrolle der Sprachartikulation von Bedeutung ist, aber eine Schädigung dieses Gebiets nicht so schwerwiegende Folgen für das Sprachverhalten hat wie Läsionen im posterioren Sprachareal. Darüber hinaus variiert der Schweregrad einer Aphasie infolge einer Läsion des Brocaschen Areals viel mehr als nach einer Läsion des Wernickeschen Gebiets. Manche Patienten mit Schädigungen im Brocaschen Sprachgebiet haben nur geringe Artikulationsstörungen, wohingegen andere schwerwiegende Einbußen im sprachlichen Ausdruck und beim Sprachverständnis aufweisen. Vermutlich hat Jefferson mit seiner Behauptung recht, daß gerade diese Variabilität das Ausmaß der subcortikalen Schädigung widerspiegeln könnte, die zu einer Zerstörung des Brocaschen Areals noch dazukommt. Eine cortikale Region, die bei chirurgischen Patienten nicht leicht zu untersuchen ist, ist die Insel (siehe Abbildung 16.1). Menschen mit einem Schlaganfall, der die Insel in Mitleidenschaft zieht, leiden unter einer schweren Aphasie, und PET-Untersuchungen zeigen, daß die Insel bei gewissen Formen der Sprachverarbeitung aktiv ist.

Subcortikale Sprachkomponenten

Zu der Zeit, als Broca ein cortikales Zentrum für die Sprechkontrolle beschrieb, stellte Hughlings Jackson die Behauptung auf, subcortikale Strukturen seien beim Sprachverhalten von kritischer Bedeutung. Im Jahre 1866 schrieb er: »Ich glaube, man wird herausfinden, daß ein Krankheitsherd um so mehr zu einer Artikulationsstörung führt, je näher er dem Corpus striatum liegt. Je weiter die Läsion davon entfernt ist, desto eher wird es zu Fehlern bei der Wortwahl kommen.« Er war der erste, der annahm, Aphasien rührten aus subcortikalen Zerstörungen her, aber seine Vorstellungen wurden erst im Jahre 1959 ernsthaft in Erwägung gezogen. Zu dieser Zeit postulierten Penfield und Roberts, der Thalamus, insbesondere der Nucleus pulvinaris (das Pulvinar) würde die Aktivität der cortikalen Sprachzonen koordinieren. In den letzten Jahren wurde die Annahme von Hughlings Jackson durch Reiz- und Läsionsexperimente gestützt. Dennoch ist die Bedeutung und Rolle des Thalamus noch immer Gegenstand von Diskussionen.

Zur operativen Behandlung der **Dyskinesie** werden Elektroden in den Thalamus plaziert und ein elektrischer Strom angelegt, um die Position der Elektroden genau zu definieren. Bewegungen, die auf eine Reizung erfolgen, zeigen zum Beispiel, daß sich die Elektroden im motorischen Teil des Thalamus befinden, wohingegen somatosensorische Veränderungen, wie etwa ein Kribbeln auf der Haut, anzeigen, daß die Elektroden im somatosensorischen Areal des Thalamus liegen. Ist die Elektrode einmal genau plaziert, so wird ein starker Stromstoß appliziert, der zu einer Läsion führt, welche die Symptome der Dyskinesie mildern soll. Durch sorgfältige Untersuchungen der Sprachfunktionen während dieser Prozedur haben insbesondere Ojemann und Cooper festgestellt, daß das Pulvinar und der laterale Teil des Nucleus posterolateralis im linken Thalamus eine besondere Bedeutung für das Sprachverhalten haben. Eine Reizung von Pulvinar und linkem ventrolateralen Nucleus des Thalamus führt zu einer Unterbrechung des Sprechvorgangs, zu Schwierigkeiten in der Benennung, zur Perseveration und zu einer verminderten Sprechgeschwindigkeit. Es wurde auch berichtet, diese Reizung wirke sich auf das Gedächtnis positiv aus, weil sie eine spätere Erinnerung an Wörter, die während der Reizung gehört wurden, verbessert. Man hat daher angenommen, der Thalamus sei bei der Aktivierung des Cortex von einiger Wichtigkeit.

Läsionen im ventrolateralen Thalamus und/oder im Pulvinar der linken Seite wurden mit einer Vielzahl von Sprechvorgängen und Sprachprozessen und deren Störungen in Zusammenhang gebracht. Zu den Symptomen gehört auch die postoperative Dysphasie, die gewöhnlich nur vorübergehend ist, eine erhöhte Latenz verbaler Reaktionen, eine Reduktion des Stimmvolumens, Veränderungen in der Sprechrate, verwaschenes oder verzögertes Sprechen und schließlich auch noch eine beeinträchtigte Leistung bei Gedächtnistests und Messungen der verbalen Intelligenz.

Es gibt, um es zusammenzufassen, Hinweise dafür, daß der linke posteriore Thalamus einschließlich des Pulvinars, des Nucleus posterolateralis und des Nucleus lateralis ventralis bei der Sprache eine wesentliche Bedeutung hat. Die Art der Einflußnahme ist noch nicht erforscht.

Durch Hirndurchblutungsmessungen identifizierte Sprachzonen

Mit Aufkommen der hochentwickelten Positronen-Emissions-Tomographie-Technik (kurz PET) begannen sich kognitive Psychologen stärker für die neuronalen Korrelate der Sprachverarbeitung zu interessieren. Um die kognitiven PET-Untersuchungen zu interpretieren, müssen wir kurz ein populäres kognitives Modell des Sprachverständnisses diskutieren. Stellen Sie sich vor, das Wort „Kuchen" wird visuell angeboten. Dieser sensorische Reiz wird der Hypothese nach auf verschiedene Weisen analysiert. Erstens können wir die sogenannten oberflächlichen visuellen Merkmale des Wortes analysieren (zum Beispiel die Form der Buchstaben). Wir können auch die sogenannten phonologischen Aspekte des Wortes betrachten. Das heißt, wir können die Laute des Wortes analysieren und feststellen, ob es sich mit „suchen" reimt. Schließlich können wir die Bedeutung des Wortes prüfen, die man als seinen semantischen Code bezeichnet. Eine Frage von beträchtlichem Interesse für die kognitive Psychologie ist es, ob diese drei Analyseformen nacheinander (in Serie) ablaufen und daher von vorangegangenen Analyseebenen abhängig sind, oder parallel. Diese Frage ist nicht trivial, denn wenn die Analyse seriell abläuft, so bedeutet dies, daß die Worte mental ausgesprochen werden müssen, bevor sie verstanden werden können. Weiterhin bedeutet dies, daß Nichtwörter, die sich aussprechen lassen, anders analysiert werden als Nichtwörter, die sich nicht aussprechen lassen. Das heißt, das Nichtwort „twips" läßt sich phonologisch analysieren, nicht aber das Nichtwort „tzpws". Es sollte möglich sein zu zeigen, daß die Gehirnaktivität während der Verarbeitung der beiden Nichtwörter unterschiedlich ist, und da es in keinem dieser beiden Fälle einen semantischen Code gibt, sollte die Durchblutung wiederum anders sein, wenn Worte (statt dieser Nichtworte) verarbeitet werden. Diese Unterteilung von visuellen Sprachreizen in visuelle Muster, phonologische Aspekte und semantische Eigenschaften läßt sich auch beim auditiven System anwenden. In diesem Fall werden die Worte anhand von Frequenzen, Phonemen und Semantik analysiert. Wir können uns nun den PET-Untersuchungen zuwenden.

Wir wollen die Experimente von Petersen und seinen Kollegen in St. Louis ausführlich beschreiben, doch ähnliche Experimente sind auch von Wise und Kollegen im Hammersmith Hospital in London durchgeführt worden (siehe den Vergleich von Demon et al. der Ähnlichkeiten und Unterschiede bei den Ergebnissen beider Untersuchungen). Petersen und seine Gruppe forderten ihre Versuchspersonen auf, vier verschiedene Aufgaben durchzuführen. Bei den ersten beiden Aufgaben wurden Worte passiv dargeboten, und zwar entweder visuell oder auditiv. Die Aufgabe bestand darin, das Wort zu verarbeiten, aber nichts weiter zu tun (eine rein sensorische Aufgabe), wobei der entscheidende Unterschied darin liegt, daß eine Aufgabe visuell, die andere auditiv ist. Bei der nächsten Aufgabe sollte die Versuchsperson das Wort wiederholen (eine „Output"-Aufgabe). Bei der letzten Aufgabe (einer Assoziationsaufgabe) sollte die Versuchsperson eine Verwendung für das Zielwort angeben (zum Beispiel hätte sie auf das Wort „Kuchen" mit „essen" antworten können). Die Autoren registrierten währenddessen die regionale Hirndurchblutung mit einem Positronen-Emissions-Tomographen und analysierten ihre Daten mittels einer Subtraktionstechnik. Bei den beiden sensorischen Aufgaben suchten sie nach Veränderungen vom Ausgangsniveau der Hirndurchblutung, indem sie die Differenz der Aktivität, das heißt, der Durchblutungsstärke, zwischen den beiden Zuständen bestimmten. Bei der „Output"-Aufgabe subtrahierten sie die sensorische Aktivität und bei der Assoziationsaufgabe die „Output"-Aktivität. Aus ihren Ergebnissen (Abbildung 17.6) lassen sich mehrere Schlußfolgerungen ziehen.

Erstens kommt es bei der passiven Aufgabe sowohl in den primären als auch in den sekundären Gebieten der visuellen beziehungsweise der auditiven Reizmodalität zu einer bilateralen Zunahme der Durchblutung. Aussprechbare Worte und Nichtwörter aktivieren eine Region im linken occipitalen Cortex, die bei nichtaussprechbaren Buchstabenfolgen unaktiviert blieben. Das Gehirn behandelt visuelle Information, die sprachlicher Natur zu sein scheint, offensichtlich anders

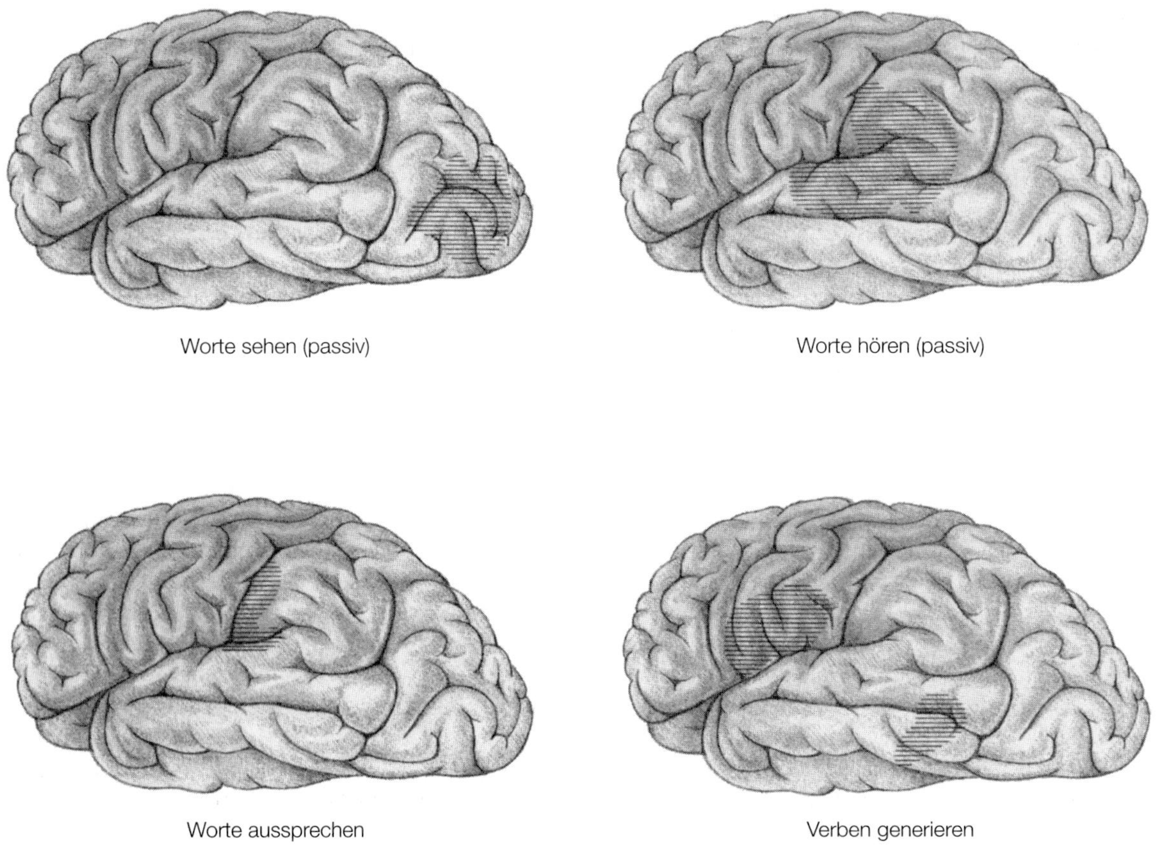

17.6 Bei dem Experiment zur Worterzeugung aktiviert jede einzelne Aufgabe eine bestimmte Gruppe von Hirnregionen. (Nach Posner und Raichle, 1994.)

als Nichtwörter. Anders gesagt kategorisiert das Gehirn die Reize entweder als Wörter oder als Nichtwörter. Das Hören von aussprechbaren Wörtern und Nichtwörtern aktiviert offenbar das Wernickesche Zentrum (Area 22), während das Hören einfacher Töne und Vokale dies nicht tut. Auch dieser Befund deutet darauf hin, daß das Gehirn den Reiz als Wort oder Nichtwort klassifiziert. Das Erkennen sprachartigen Materials muß erlernt worden sein, denn es gibt keine inhärenten Unterschiede zwischen verschiedenen Kombinationen von Buchstaben. Dieses Ergebnis ist wichtig, weil es zeigt, daß es einen Teil des Gehirns gibt, dessen Aktivität auf erfahrungsabhängigen Veränderungen beruht.

Zweitens gibt es bei der passiven Aufgabe keinerlei Überlappung visueller und auditiver Aktivität. Das läßt darauf schließen, daß die Verarbeitung der Wörter in den beiden Modalitäten unabhängig voneinander geschieht. Dieser Befund erscheint logisch; er widerspricht aber offenbar der Vorstellung von Sprachverständnis, nach der der visuelle Input in einen phonologischen Code übersetzt wird. Um zu testen, ob letzteres zutrifft, haben Posner und Raichle ein Experiment durchgeführt, bei dem den Versuchspersonen zwei Worte visuell präsentiert wurden; mittels Knopfdruck sollten sie anschließend angeben, ob beide sich reimen oder nicht. Einige dieser Wortpaare sahen nicht ähnlich aus (zum Beispiel *row* und *though*) andere hingegen sahen ähnlich aus, reimten sich aber im Englischen nicht (zum Beispiel *lint* und *pint*). Daher war zumindest theoretisch zu erwarten, daß die Versuchspersonen über die visuelle Information phonologische Codes aktivieren müßten. Wie die Ergebnisse zeigten, wurden bei Durchführung dieser Aufgabe bei den Versuchspersonen Regionen aktiviert, die gewöhnlich nur bei einer auditiven Präsentation aktiv waren.

Drittens kommt es bei der „Output"-Aufgabe zu einer bilateralen Aktivierung des motorischen und sensorischen Gesichtsareals sowie des supplementären Sprachareals und des rechten Cerebellums. Zudem ist eine Aktivierung des insulären Cortex zu verzeichnen. Erstaunlicherweise werden weder das Brocasche Zentrum noch das Wernickesche Zentrum bei der Wiederholungsaufgabe aktiviert. Die Aktivierung des Cerebellums spiegelt vermutlich dessen Rolle bei der Steuerung des motorischen Verhaltens wider.

Viertens kommt es bei der Assoziationsaufgabe zu einer Aktivierung des Frontallappens, besonders der linken inferioren Region einschließlich des Brocaschen Areals. Der entscheidende Unterschied zwischen dieser Aufgabe und der Wortwiederholungsaufgabe besteht darin, daß die Wahl der Antwort auf der Basis des externen Reizes ausgewählt werden muß. Beispielsweise führt das Hören des Substantivs „Kuchen" zur Erzeugung des Verbs „essen". Man erinnere sich daran, daß diese Funktion vermutlich vom Frontallappen erfüllt wird (siehe Kapitel 14).

Fünftens aktiviert die Assoziationsaufgabe auch den posterioren temporalen Cortex, den anterioren cingulären Cortex und das Cerebellum. Die erregte posteriore temporale Region liegt offenbar ventraler als das Wernickesche Areal; nach Posner und Raichles Hypothese spiegelt dies die Tatsache wider, daß mehrere posterior gelegene Temporallappenregionen an der Wortverarbeitung beteiligt sind. Die Aktivierung der anterioren cingulären Region ist auch von anderen Forschern bei ähnlichen Untersuchungen beobachtet worden, aber man hat noch keine Erklärung für diesen Befund. Posner nimmt an, daß der anteriore cinguläre Cortex bei einigen Aspekten der Aufmerksamkeit eine Rolle spielt.

Aus diesen PET-Untersuchungen ergeben sich zwei Fragen: 1) Warum führt eine Schädigung des Brocaschen Areals und der linken posterioren Temporallappenregion zu Aphasie, wo diese Regionen doch bei der Wortwiederholungsaufgabe gar nicht aktiviert werden? 2) Welche Rolle spielt der insuläre Cortex? Um diese Fragen ging es in einem weiteren Experiment der Gruppe in St. Louis. Zunächst gab man den Versuchspersonen Substantive vor und forderte sie, ganz ähnlich wie in dem zuvor geschilderten Experiment, dazu auf, passende Verben zu finden. Anschließend erhielten die Versuchspersonen 15 Minuten lang Zeit, die Verben-generierenden Antworten zu trainieren, bevor die Forscher ihnen erneut Substantive vorlegten. Die Ergebnisse beider Versuchsteile unterschieden sich: Wenn die Versuchspersonen Gelegenheit hatten, ihre Antworten zu üben, so daß sie nicht länger nach einem Verb zur Lösung der Testaufgabe suchen mußten, kam es auch weiter nicht zu einer Aktivierung der inferioren frontalen, der anterioren cingulären und der posterioren temporalen Region. Statt dessen zeigte sich bei ihnen eine verstärkte Aktivierung des insulären Cortex. Die Forscher schlossen daraus, daß zwei getrennte Pfade an der Assoziationsaufgabe beteiligt sind. Ein Pfad, der den inferioren frontalen und posterioren Cortex einschließt, ist notwendig, um neue Antworten auszuwählen; der andere Pfad verläuft über den insulären Cortex und produziert „automatische" Sprache (Abbildung 17.7).

Insgesamt bestätigen diese Untersuchungen die Rolle der klassischen anterioren und posterioren Sprachzonen, sie zeigen aber auch, daß noch weitere Regionen an der Spracherzeugung beteiligt sind. Zudem lassen sie darauf schließen, daß die posteriore Sprachzone größtenteils der Analyse auditiver Informationen gewidmet ist, denn bei visuellen Stimuli kommt es nicht zu einer Erhöhung der Durchblutung in dieser Region. Zudem hat es den Anschein, als sei das Brocasche Areal nicht nur eine cortikale Repräsentation der Sprechbewegungen, wie man bisher angenommen hat.

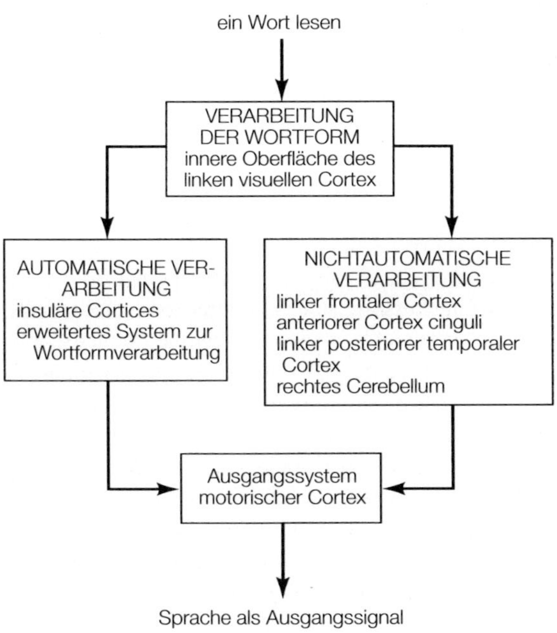

17.7 Die beiden Pfade zur Worterzeugung nach Posner und Raichle. Ein Pfad, der die Insula-Regionen involviert, wird bei der automatischen Verarbeitung benutzt; der andere Pfad, der die frontale und die posteriore Temporalregion involviert, wird bei der Erzeugung ungelernter (oder neuer) Antworten benutzt.

Sprachstörungen

Bevor die Neurologie der Sprache theoretisch beschrieben wird, betrachten wir zunächst Sprachstörungen, denn theoretische Formulierungen von Sprachfunktionen müssen auch in der Lage sein, Sprachstörungen zu erklären. Zunächst beschreiben wir also die Defizite, die man im Sprachverhalten überhaupt findet, und danach betrachten wir die Klassifizierung der verschiedenen Aphasien.

Sprachstörungen und neurologische Schädigung

Die Sprache eines gesunden Menschen hängt von einem komplexen Gefüge sensorischer Integration, symbolischer Assoziation, motorischer Fertigkeiten, gelernter synaktischer Muster und verbalem Gedächtnis ab. Der Begriff *Aphasie* bezieht sich auf eine Sprachstörung, die sowohl beim Sprechen, beim Schreiben (*Agraphie*) oder beim Lesen (*Alexie*) zum Ausdruck kommt und die durch eine Verletzung von Gehirnarealen hervorgerufen wird, die auf diese Funktionen spezialisiert sind. Sprachstörungen, die auf eine schwere intellektuelle Beeinträchtigung zurückgehen, auf den Verlust von sensorischen Informationen (insbesondere des Hörens und des Sehens), auf Lähmungen oder Fehlkoordinationen der Muskulatur und des Mundes (**Anarthrie**) oder der Hand werden nicht als aphasische Störungen bezeichnet. Diese können aber eine Aphasie begleiten und deren Untersuchung erschweren.

Tabelle 17.3: Zusammenfassung der Symptome bei Sprachstörungen

Störungen des Sprachverständnisses
- schlechtes auditives Verständnis
- schlechtes visuelles Verständnis

Störungen der Sprachproduktion
- schlechte Artikulation
- Wortfindungsdefizit (Anomie)
- nicht intendierte Worte oder Phrasen (Paraphasie)
- Verlust von Grammatik (Syntax)
- Unfähigkeit, auditiv dargebotenes Material zu wiederholen
- geringe Sprachflüssigkeit
- Unfähigkeit zu schreiben (Agraphie)
- Verlust der Intonation (Aprosodie)

Goodglass und Kaplan haben Sprachstörungen in zehn Grundtypen aufgeteilt. Wir haben diese wiederum in Untergruppen zusammengefaßt, die sich auf das Sprachverständnis und die Sprachproduktion beziehen (Tabelle 17.3).

Wir haben die meisten dieser Sprachstörungen bereits im Zusammenhang mit der Parietal-, Temporal- und Frontallappenfunktion diskutiert. Eine Ausnahme bildet die **Paraphasie**, eine Produktion unbeabsichtigeter Silben, Wörter oder Sätze, zu der es kommt, wenn sich die Person zu sprechen bemüht. Paraphasien unterscheiden sich von Artikulationsschwierigkeiten dadurch, daß die Laute richtig ausgesprochen werden, aber sie passen nicht und stören entweder die Bildung des richtigen Wortes (*pike* statt *pipe*) oder führen zu unbeabsichtigten neuen Wörtern (zum Beispiel „meine Mutter“ statt „meine Frau“).

Klassifikation von Aphasien

Seit Wernickes Zeiten haben die Wissenschaftler immer wieder versucht, unterschiedliche Aphasieformen dadurch zu beschreiben, daß sie Symptomkomplexe mit spezifischen Gehirnläsionen in Zusammenhang brachten. Das hat sich zum Teil deshalb als sehr schwierig erwiesen, weil zum einen nur sehr wenige Fälle gründlich untersucht wurden, zum anderen, weil nur wenige gut untersuchte Fälle später obduziert werden konnten. Kimura hat darauf hingewiesen, daß bei solchen Untersuchungen die Beschreibung der Sprachstörungen im Zentrum der Aufmerksamkeit stand und nicht etwa das Gehirn. Nur selten beginnen Forscher ihre Untersuchungen mit einer Reihe von Patienten, die ähnliche Läsionen erlitten haben, und versuchen dann herauszufinden, worin das gemeinsame Sprachdefizit tatsächlich besteht. Daher herrscht in der neurologischen Literatur beträchtliche Uneinigkeit über Natur und Formen der Aphasie.

Trotz der beträchtlichen Uneinigkeit in der Frage, wieviel Aphasietypen wohl existieren, gibt es Klassifizierungssysteme, die häufig benutzt werden. Ein Beispiel findet sich in Tabelle 17.4. Grob definiert lassen sich Aphasien in drei allgemeine Kategorien unterteilen. Bei sogenannten **flüssigen Aphasien** ist der Sprachfluß normal, es kommt aber zu Störungen beim Hörverstehen und/oder bei der Wiederholung von Wörtern, Satzteilen oder Sätzen, die von anderen gesprochen werden. Unter **nichtflüssigen Aphasien** versteht man Schwierigkeiten bei der Artikulation, wobei gleichzeitig ein verhältnismäßig gutes Hörverständnis erhalten bleibt. Der Begriff der *reinen Aphasie* bezieht sich auf selektive Beeinträchtigungen des Lesens, des Schreibens und des Erkennens von Wörtern. Innerhalb jeder dieser drei weitgefaßten Aphasiekategorien kann man mehrere Untertypen unterscheiden, zum Beispiel die Wernicke-Aphasie, die transcortikale Aphasie, die Leitungsaphasie, die anomische Aphasie und die Broca-Aphasie.

Wernicke-Aphasie Die Wernicke-Aphasie, auch sensorische Aphasie genannt, bezeichnet die Unfähigkeit, Wörter zu verstehen oder Laute zu einer kohärenten Sprache zusammenzufügen. Luria ging davon aus, dieser Aphasietyp sei durch drei Charakteristika beschreibbar. Um zuzuhören und die Sprachklänge herauszufiltern, muß man erstens in der Lage sein, verschiedene Laute einzuordnen, das heißt, sie in ein System von Phonemen einzugliedern, welche die Grundeinheiten der gesprochenen Sprache sind. Ein Beispiel verdeutlicht dies. In der japanischen Sprache werden zum Beispiel die Laute „l“ und „r“ nicht voneinander unterschieden. So kann ein Japaner, der die englische (oder deutsche) Sprache hört, diese Laute nicht unterscheiden. Das notwendige Erkennungsraster in seinem Gehirn fehlt. Das bedeutet, eine solche Unterscheidung ist zwar für englischsprachige (und deutschsprachige) Personen sehr klar und deutlich, nicht aber für Menschen, deren Muttersprache japanisch ist (und die in Japan aufgewachsen sind). Genau dieses Problem hat ein Mensch, der eine Wernicke-Aphasie aufweist, wenn es um die eigene Sprache geht: Er oder sie kann charakteristische Phoneme nicht mehr voneinander isolieren und dadurch die Laute in einem ihm bekannten phonematischen System klassifizieren. Daher sehen wir in der Wernicke-Aphasie ein Defizit bei der Kategorisierung von Lauten. Das zweite Charakteristikum der Wernicke-Aphasie besteht in einer Sprechstörung. Die betroffene Person kann zwar sprechen – und spricht vielleicht auch sehr viel –, aber sie bringt die phonetischen Charakteristika durcheinander und produziert so einen **Wortsalat**. Das dritte Charakteristikum besteht in einer Schreibstörung. Eine Person, welche die phonemischen Eigenschaften einer Sprache nicht mehr voneinander unterscheiden kann, vermag auch nicht zu schreiben, und zwar deshalb, weil sie die **Grapheme**, die geschriebenen Repräsentationen der Phoneme, nicht kennt. Ohne eine solche Kenntnis lassen sich Wörter nicht mehr schriftlich zusammensetzen.

Transcortikale Aphasien Dies ist eine sehr ungewöhnliche Form der Aphasie, die manchmal auch als **Isolationssyndrom** bezeichnet wird. Die Betroffenen können zwar Wörter verstehen und wiederholen und Objekte benennen, aber sie sind nicht in der Lage, spontan zu sprechen. Oder aber sie

Tabelle 17.4: Definition aphasischer Syndrome

Syndrom	Art der Spracherzeugung	Art der Sprachfehler
flüssig		
Wernicke (sensorisch)	flüssige Sprache ohne Artikulationsstörungen	Neologismen und/oder Anomien oder Paraphasien; geringes Verständnis; geringes Wiederholungsvermögen
transcortikal (Isolationssyndrom)	flüssige Sprache ohne Artikulationsstörungen, gutes Wiederholungsvermögen	verbale Paraphasien und Anomien; geringes Verständnis
Leitungsaphasie	flüssige, manchmal stockende Sprache ohne Artikulationsschwierigkeiten	phonematische Paraphasien und Neologismen; geringe Wiederholungsfähigkeit, ziemlich gutes Verständnis
Anomie	flüssige Sprache ohne Artikulationsprobleme	Anomie mit gelegentlichen Paraphasien
nichtflüssig		
schwere Broca-Aphasie	mühsame Aussprache	Sprechunvermögen, wiederkehrendes Ausstoßen von Lauten oder phonetische Desintegration; schlechtes Wiederholungsvermögen
leichte Broca-Aphasie	leichte, aber offenkundige Artikulationsstörungen	phonematische Paraphasien mit Anomie; Agrammatismus; Dysprosodie
transcortikale motorische Aphasie	deutliche Neigung zu Sprachreduktion und -faulheit; keine Artikulationsstörungen; gute Wiederholungsfähigkeit	unvollständige Sätze und Anomien; Benennen fällt leichter als Spontansprache
globale Aphasie	mühsame Aussprache	Sprechunvermögen mit wiederholtem Stottern; geringes Sprachverständnis; geringe Wiederholungsfähigkeit
„reine Störungen"		
Alexie ohne Agraphie	normal	schlechtes Lesen
Agraphie	normal	schlechtes Schreiben
Worttaubheit	normal	geringes Sprachverständnis; geringe Wiederholungsfähigkeit

Quelle: Nach Mazzocchi und Vignolo, 1979.

können Wörter wiederholen, ohne diese zu verstehen. Man glaubt, daß diese Aphasie durch einen Verlust des Cortex außerhalb der traditionellen Sprachareale verursacht wird. Dadurch könnte das Wortverständnis leiden, weil Wörter nicht genügend Assoziationen erwecken. Das Zustandekommen einer sinnvollen Sprache könnte deshalb erschwert sein, weil zwar die Produktion von Wörtern an sich normal ist, aber die Wörter nicht mit anderen kognitiven Aktivitäten im Gehirn in Zusammenhang gebracht werden.

Leitungsaphasien Die Leitungsaphasie ist eine paradoxe Störung. Menschen, die daran leiden, können zwar leicht sprechen, Objekte benennen und Sprache verstehen, aber sie können Wörter nicht wiederholen. Die einfachste Erklärung dafür besteht darin, daß die Verbindung zwischen dem „perzeptuellen Bild eines Wortes" in parietotemporalen Cortex und dem „motorischen Abbild eines Wortes" im Frontalcortex unterbrochen ist. Es ist bislang aber noch nie klar bewiesen worden, daß eine Durchtrennung dieser Verbindungen wirklich zu diesem Syndrom führt, und es wird heftig darüber gestritten, ob dieses Symptom isoliert auftritt, das heißt, ob es wirklich keine anderen begleitenden Störungen, insbesondere im Kurzzeitgedächtnis, gibt.

Anomische Aphasien Menschen, die an einer anomischen Aphasie – manchmal auch Anomie oder amnestische Aphasie genannt – leiden, können Sprache verstehen, sie können sinnvolle Sprache produzieren und Gesprochenes wiederholen, aber sie haben große Schwierigkeiten bei der Wortfindung für Objekte. Wir hatten zum Beispiel einen Patienten, dem wir die Photographie eines Schiffsankers zeigten und dem der Name einfach nicht einfiel. Schließlich sagte er: »Ich weiß, was das Ding macht; man nimmt es, um ein Schiff zu verankern.« Das heißt, obwohl er das Wort als Verb verwendet hatte, konnte er es nicht als Substantiv finden.

Schwierigkeiten beim Finden von Substantiven resultieren offenbar aus Schädigungen verschiedenster Orte im temporalen Cortex. Verbfindungsdefizite sind hingegen wahrscheinlich eher die Folge von linksfrontalen Verletzungen. Wenn die Unterscheidung zwischen Substantiven und Verben auch erstaunlich erscheinen mag, können wir doch erkennen, daß beide Gruppen verschiedene Funktionen ausüben. Substantive bilden Kategorien, Verben sind Tätigkeitsworte, die den Kern der syntaktischen Struktur bilden. Daher kann es durchaus sinnvoll sein, davon auszugehen, daß sie getrennt repräsentiert sind und Substantive zu Hirnregionen gehören, die an Wiedererkennung und Klassifikation beteiligt sind, Verben hingegen zu Hirnregionen, die an der Bewegungssteuerung beteiligt sind.

Broca-Aphasie Bei der Broca-Aphasie hat eine betroffene Person Sprechschwierigkeiten, obgleich sie die Sprache weiterhin verstehen kann. Die Broca-Aphasie ist auch als *motorische*, *expressive* oder *nichtflüssige* Aphasie bekannt. Diese Aphasieform ist durch eine langsame und zögerliche Sprechweise und eine sehr vereinfachte Grammatik gekennzeichnet. Alle Formen eines Verbs werden auf den Infinitiv oder das Partizip reduziert, Substantive erscheinen häufig nur in der Einzahl, und Konjunktionen, Adjektive, Adverbien und Artikel fehlen meist völlig. Es werden nur die für eine Kommunikation unerläßlichen Schlüsselwörter verwendet.

Es gibt immer noch keine angemessene Erklärung für die Broca-Aphasie. Broca glaubte, das Problem läge in einer Beeinträchtigung des „motorischen Abbildes des Wortes". Man weiß aber nicht, was dieser Ausdruck konkret für die Gehirnfunktion bedeutet. Das Defizit besteht eindeutig nicht darin, Laute zu bilden, sondern eher, von einem Laut auf den anderen überzugehen.

Aphasieassoziierte Läsionsorte

Eines der Probleme bei der Klassifikation von Aphasien besteht darin, daß Patienten gewöhnlich nach Verhaltenskriterien eingeteilt werden; erst anschließend wird der Läsionsort bestimmt. Kimura und Watson klassifizierten Patienten in genau umgekehrter Weise: Sie gruppierten Patienten unabhängig von den Merkmalen ihrer Störung nach dem Läsionsort. Im Rahmen von Kimuras und Watsons Analyse zeigte sich bei Tests zur rezeptiven oder expressiven Aphasie zwischen aphasischen Patienten mit anterioren oder posterioren Läsionen kein Unterschied. Beide Patientengruppen ließen sich jedoch auf andere Weise unterscheiden. Zum einen wiesen die Patienten mit anterioren Läsionen eine geringere Sprachflüssigkeit auf, was für Patienten mit Frontallappenverletzungen typisch ist (siehe Kapitel 14). Zum anderen war diese Patientengruppe bei der Wiederholung einzelner Sprachlaute (das heißt, von Phonemen oder Silben) stark beeinträchtigt. Patienten mit posterioren Läsionen waren bei der Wiedergabe vertrauter Sätze beeinträchtigt. Sonderbarerweise schnitten die Patienten mit anterioren Läsionen bei dieser Aufgabe weit besser ab als bei der Aufgabe mit einzelnen Silben. Kimura interpretiert diese Ergebnisse folgendermaßen: Die anteriore Region ist an der Erzeugung von Sprache auf der Ebene der Phoneme beziehungsweise Silben beteiligt, während die posteriore Zone eine entscheidende Rolle bei der Vermittlung der Sprachproduktion auf der mehrsilbigen Ebene spielt. Diese Unterscheidung paßt nicht gut in das gewöhnliche Klassifikationsschema für Aphasien, deutet aber darauf hin, daß sich Menschen mit Läsionen der anterioren oder posterioren Sprachareale anhand ihrer Symptome unterscheiden lassen. Eine mögliche Erklärung für das bessere Abschneiden der Patienten mit anterioren Läsionen bei der Aufgabe mit den vertrauten Sätzen wäre, daß sie das von Posner und Raichle vorgeschlagene „automatische" System benutzen konnten. Diese Erklärung geht natürlich davon aus, daß ihre Läsionen keine wichtigen Bereiche der Insula in Mitleidenschaft gezogen haben.

Die wichtige Schlußfolgerung, die man aus den Veröffentlichungen über die Lokalisation von aphasieassoziierten Läsionen ziehen kann, ist die, daß wir mehr Untersuchungen brauchen, in denen die Patienten nach dem Ort ihrer Läsion ausgesucht und eingeteilt werden, und nicht nach ihren Symptomen. Werden Patienten anhand ihrer Symptome ausgewählt und die Pathologie anschließend mit den Symptomen korreliert, führt das zu einem Selektionsproblem. Patienten mit ähnlicher Pathologie, aber ohne Symptome, werden ausgeschlossen. Dies verzerrt die Ergebnisse.

Der Beitrag der rechten Hemisphäre zur Sprache

Es gibt zwar wenige Zweifel darüber, daß bei rechtshändigen Personen die linke Hemisphäre hauptsächlich in Sprachvorgänge involviert ist, aber eine wachsende Anzahl von Befunden spricht dafür, daß auch die rechte Hemisphäre einige sprachliche Fähigkeiten besitzt. Die besten Indizien stammen bisher aus Untersuchungen an Split-Brain-Patienten, bei denen die linguistischen Fähigkeiten der rechten Hemisphäre durch Anwendung verschiedener Lateralisierungstechniken systematisch untersucht wurden. Aus diesen Untersuchungen geht hervor, daß die rechte Hemisphäre nur wenig oder gar kein Sprechvermögen hat, dafür aber ein überraschend gutes Hörverständnis für Sprache. (Sie versteht Substantive und Verben.) In der rechten Hemisphäre scheint außerdem eine gewisse Lesefähigkeit, aber nur eine sehr geringe Schreibfähigkeit lokalisiert zu sein. Obwohl die rechte Hemisphäre also Wörter erkennen kann (semantische Verarbeitung), besitzt sie praktisch kein Verständnis grammatischer Regeln und Strukturen (syntaktische Verarbeitung). Diese Befunde werden durch Untersuchungsergebnisse gestützt, die an Menschen gewonnen wurden, denen man die linke Hemisphäre operativ entfernt hatte. Diese Prozedur wird als **Hemisphärektomie** bezeichnet. Verliert ein Mensch in jungen Jahren (vor der Pubertät) die linke Hemisphäre, dann kann die rechte Hemisphäre ganz beträchtliche Sprachfähigkeiten erwerben, auch wenn diese nicht den Normbereich erreichen (Kapitel 10). Bei einer Hemisphärektomie der linken Hemisphäre, die in der Adoleszenz vorgenommen wird, kommt es zu gravierenden Effekten, und es treten ausgeprägte Sprechstörungen auf. Dennoch verfügen diese Menschen über ein überraschend gutes Hörverständnis. Die Lesefähigkeit ist natürlich beeinträchtigt, und solche Patienten können normalerweise nicht schreiben. Allgemein betrachtet scheint es, als hätten Menschen, denen die linke Hemisphäre operativ entfernt wurde, Sprachfähigkeiten, die denen der rechten Hemisphäre von Split-Brain-Patienten gleichen.

Die rechte Hemisphäre scheint also nicht sprechen zu können, aber sie verfügt, insbesondere für auditorisch dargebotenes Material, über ein ganz beträchtliches Sprachverständnis. Über den Beitrag der rechten Hemisphäre kann man auch einiges erfahren, wenn man Sprachfähigkeiten nach Läsionen der rechten Hemisphäre betrachtet. Nach solchen Läsionen kommt es selten zu einer Aphasie (diese Aphasie ist als **überkreuzte Aphasie** bekannt). Dies gilt selbst dann, wenn die rechte Hemisphäre operativ entfernt wird. Kleine, subtile Beeinträchtigungen der sprachlichen Fähigkeiten, die im Zusammenhang mit Läsionen der rechten Hemisphäre stehen, werden jedoch immer wieder beobachtet. Dazu gehört eine Veränderung in der Wortwahl sowie ein verändertes Antwortverhalten auf komplexe Aussagen (die ungewöhnliche syntaktische Konstruktionen enthalten), und das Verständnis von Metaphern ist erschwert. Darüber hinaus vermindern rechtsseitige orbitofrontale Läsionen den Sprachfluß. Auch wird die emotionale Färbung einer Stimme nicht mehr richtig verstanden, und man findet Störungen in der emotionalen Qualität (Prosodie) von Aussagen der Betroffenen.

Benson und Zaidel haben die Bedeutung der rechten Hemisphäre für die Sprache zusammengefaßt und gefolgert, daß die einzige ausschließlich linkshemisphärische Funktion den syntaktischen Bereich der Sprache betrifft (Tabelle 17.5). Dieser umfaßt die Sprachproduktion, die zeitliche Sequenzierung der Sprache und der Bewegungen, die man beim Sprechen benötigt und ein Verständnis grammatischer Regeln. Die jeweilige Bedeutung der beiden Hemisphären für andere Aspekte, des Sprachverständnisses muß noch untersucht werden.

Tabelle 17.5: Sprachaktivitäten der beiden Hemisphären

Funktion	linke Hemisphäre	rechte Hemisphäre
gestische Sprache	+	+
prosodische Sprache		
Rhythmus	++	
Modulierung	+	+
Klangfarbe	+	++
Melodie		++
semantische Sprache		
Worterkennung	+	+
Wortbedeutung	++	+
Konzepte	+	+
visuelle Bedeutung	+	++
syntaktische Sprache		
Wortsequenzen	++	
Beziehungen	++	
Grammatik	++	

Quelle: Verändert nach Benson, 1986.

Neurologische Modellvorstellungen zur Sprache

Die erste Formulierung eines neurologischen Modells der Sprache von Wernicke und die spätere Weiterentwicklung dieses Modells durch Geschwind basierten vollständig auf Daten über Läsionen (Abbildung 17.8). Wenn dieses Modell auch als Konzept sinnvoll war, ist heute klar, daß es die vorliegenden Fakten und Spekulationen nicht abdeckt. Jedes Modell der Spracherzeugung muß all diejenigen Strukturen berücksichtigen, von denen Läsions-, Stimulations- und PET-Untersuchungen gezeigt haben, daß sie an der Sprachproduktion beteiligt sind. Heute müssen wir folgende Fakten miteinbeziehen:

1. Die Entwicklung der Sprache geht mit der Entwicklung einer Fähigkeit zur Kategorisierung und zur phonematischen Etikettierung dieser Kategorien einher. Die Etiketten für diese Kategorien sind primär Substantive. Die Fähigkeit zu kategorisieren und zu etikettieren hängt offenbar von Schaltkreisen ab, die überall im Temporallappen verteilt liegen und wahrscheinlich mit der Grundverschaltung der Objekterkennung verknüpft sind.
2. Es gibt getrennte Systeme für die Verarbeitung von visuellen und auditiven „Sprachinputs“. Das Verständnis der visuell vermittelten Information erfordert keine phonologische Codierung, doch visuelle „Inputs“ können, falls nötig, phonologische Analysen aktivieren.
3. Die Spracherzeugung erfordert die Bildung von Silben und die Fähigkeit, von einer Silbe zur nächsten überzugehen. Die Erzeugung einzelner Silben ist eine Funktion der expandierten prämotorischen Regionen. Die Fähigkeit, von einer Silbe zur nächsten überzugehen, umfaßt wahrscheinlich Schaltkreise im posterioren parietalen Cortex – vielleicht analog zu den Schaltkreisen im parietalen Cortex, die Extremitätenbewegungen kontrollieren.
4. Sprache erfordert Grammatik. In der Grammatik dreht sich alles um den Gebrauch von Verben. In gewissem Sinne kann man Verben als phonematische Etiketten für Bewegungen ansehen. Obwohl noch recht spekulativ, kann man sich vorstellen, daß der Frontallappen Handlungen kategorisiert, um die Selektion zu vereinfachen, genauso, wie der temporale Cortex sensorische Information kategorisiert. Auf jeden Fall deuten Läsions- wie auch PET-Untersuchungen darauf hin, daß Regionen im Frontallappen sowohl an der Erzeugung der Syntax als auch an der Generierung von Verben beteiligt sind.
5. Sprache kann relativ automatisch sein, wie bei der Wiederholung wohlbekannter Antworten oder bei der Nachahmung. An den beiden Formen der Sprachproduktion könnten verschiedene Systeme beteiligt sein. Der insuläre Cortex spielt möglicherweise eine entscheidende Rolle bei der Erzeugung automatischer Antworten, wohingegen die

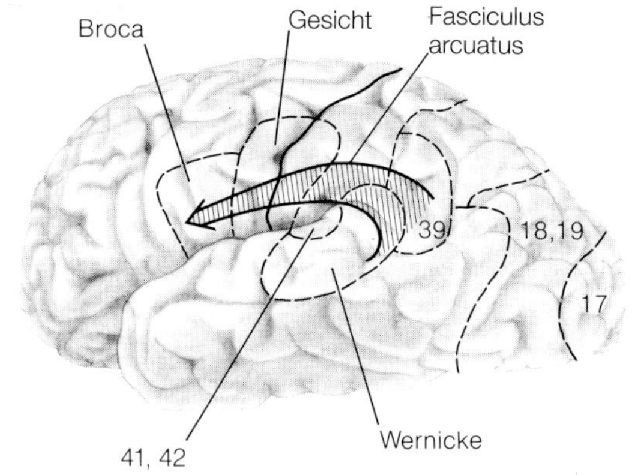

17.8 Geschwinds Modell zur Neurologie der Sprache. Es zeigt die Regionen des Cortex, die dabei eine Rolle spielen. Die unten aufgeführten Punkte 1 bis 3 verdeutlichen, wie das Modell verschiedene Sprachfunktionen erklärt.

1. gesprochenes Wort → Areae 41, 42 → Wernicke (Area 22) → Hören und Verstehen eines Wortes
2. Kognition → Wernicke → Broca → Gesichtsareal → Hirnnerven → Sprechen
3. geschriebenes Wort → Area 17 → Areae 18, 19 → Area 39 (Gyrus angularis) → Wernicke → Lesen

prämotorischen und posterioren temporalen Regionen für eher „kognitive" Prozesse notwendig sind.

6. Sprache erfordert Gedächtnisprozesse. Das Gehirn muß Worte speichern, und wir müssen diese Worte abrufen können. Substantive werden wahrscheinlich in Schaltkreisen im posterioren temporalen Cortex gespeichert, Verben hingegen im frontalen Cortex. Das Gehirn muß also imstande sein, Worte über eine kurze Zeitspanne zu speichern, so daß man einem Gespräch folgen kann. Die Tatsache, daß eine Stimulation der posterioren Regionen insbesondere das Kurzzeitgedächtnis für verbales Material stört, deutet darauf hin, daß der posteriore temporale Cortex bei dieser Form des Gedächtnisses eine wichtige Rolle spielt. Wahrscheinlich werden die kurzfristigen Repräsentationen verbalen und auditiven Materials separat gespeichert.
7. Auch wenn die linke Hemisphäre die dominante Rolle bei der Sprache spielt, so ist die rechte Hemisphäre doch an der semantischen Verarbeitung beteiligt und ist wesentlich für die Prosodie. Die einzigen rein linkshemisphärischen Funktionen sind offenbar die Produktion der Syntax und das Sequenzieren von Silben.
8. Die Sprachrepräsentation ändert sich mit der Erfahrung. Wörter und aussprechbare Nichtwörter werden in posterioren temporalen Regionen verarbeitet, die von sinnfreien Konsonantenfolgen nicht aktiviert werden. Diese Unterscheidung muß erlernt werden. Ein automatischer und eingeschliffener verbaler Sprechfluß hängt vom insulären Cortex ab, während die Erzeugung neuer Sprachinhalte den frontalen und posterioren temporalen Cortex erfordert. Die Größe des posterioren Sprachareals wird möglicherweise von der Erfahrung beeinflußt. Mit zunehmender Sprachfähigkeit kommt es zu einer Verkleinerung der posterioren temporalen Sprachzone. Die Größenreduktion ist möglicherweise mit einer Zunahme der Beteiligung der Insula korreliert, doch das ist noch spekulativ.
9. Bei der cortikalen Repräsentation der Sprache gibt es individuelle Unterschiede. Eine Quelle dieser Unterschiede ist das Geschlecht: Frauen weisen offenbar eine geringere posteriore temporale Beteiligung an der Sprache und möglicherweise eine größere frontale (oder insuläre?) Beteiligung auf als Männer. Doch auch innerhalb eines jeden Geschlechts finden sich beträchtliche individuelle Unterschiede. Die Variabilität ist interessant, denn sie bietet eine Basis für die natürliche Selektion.

Wenn wir die Eigenschaften der neurologischen Basis der Sprache untersuchen, springen uns die Ähnlichkeiten zwischen der allgemeinen Organisation der Sprache und derjenigen der sensorischen Funktionen und Gedächtnisfunktionen ins Auge. Erstens spielt ein beträchtlicher Teil des menschlichen Neocortex offenbar eine Rolle bei sprachlichen Funktionen. Sprache ist nicht einfach ein neues Teilstück, das an eine bereits existierende Funktionsform angebaut wurde; Sprachfunktionen sind eher über einen großen Teil des Großhirns verteilt. Zweitens gibt es zahlreiche Kanäle, die Sprachfunktionen ausüben. Dazu gehören 1) Kanäle, die visuelles Material und andere, die auditives Material verarbeiten, 2) Kanäle, die Verben (und Syntax) und andere, die Substantive generieren, 3) Kanäle, die automatisches Sprechen und andere, die spontanes Sprechen generieren und schließlich 4) Kanäle, die die Produktion von einzelnen Phonemen und andere, die die Produktion von multiplen Phonemen kontrollieren. Genauso, wie wir nicht auf einen bestimmten Ort im Gehirn weisen können, der „sieht" oder „sich erinnert", können wir daher keinen Ort lokalisieren, der „redet".

Untersuchungsmethoden zur Erfassung von Aphasien

Seit Ende des 2. Weltkrieges herrscht ein weitverbreitetes Interesse daran, standardisierte systematische Untersuchungsmethoden zu entwickeln, um Aphasien genau zu erfassen. Mit solchen Methoden sollte sowohl eine klinische Beschreibung der Patienten als auch ein Vergleich von Patientenpopulationen in der neuropsychologischen Forschung möglich sein. Während der letzten 25 Jahre sind eine ganze Reihe von Handbüchern über Untersuchungsmethoden auf den Markt gekommen. Tabelle 17.6 faßt die am häufigsten verwendeten Aphasietests zusammen. Die dort genannte erste Testgruppe kann man als „Testbatterie" bezeichnen, weil darin viele Untertests enthalten sind, mit denen man die Sprachfähigkeiten einer Person ganz systematisch untersuchen kann. Dazu gehören typischerweise Tests zum auditorischen und visuellen Sprachverständnis einer Person, Tests, die sich auf den mündlichen und schriftlichen Ausdruck beziehen sowie die Leistungen bei der Wiederholung, beim Lesen, beim Benennen und beim Sprachfluß messen. Schließlich gehören auch Tests dazu, die die Konversationsfähigkeit prüfen. Da solche Testbatterien den Nachteil haben, sehr langwierig und nur nach besonderem Training anwendbar zu sein, wurden auch einige kurze Aphasietests entwickelt. Zu den beiden beliebtesten gehören der Halstead-Wepman-Test und der Token-Test (siehe Kapitel 26). Beide werden auch häufig als Teil standardisierter neuropsychologischer Testbatterien eingesetzt, weil sie kurz sind, leicht angewendet werden können und sich gut auswerten lassen. Sie finden Verwendung, wenn man Sprachstörungen überhaupt erst einmal identifizieren möchte. Legt man Wert auf eine genaue Beschreibung linguistischer Defizite, dann müssen ausführliche Testbatterien Anwendung finden.

Probleme von Testbatterien zur Untersuchung von Sprachstörungen

Modelle und Testbatterien, die im Zusammenhang mit Aphasie entwickelt wurden, sind sinnvoll, wenn die Aphasie einer Person bewertet und klassifiziert werden soll. Sie können aber keine experimentelle Analyse sprachlicher Störungen ersetzen. Marshall hat eine Evaluation der zur Zeit gängigen Interpretationen von Sprachstörungen bei Aphasikern vorgenommen und auf einige Schwächen der gängigeren Testbatterien hingewiesen. Seiner Meinung nach ist die Entwicklung einer „Psychobiologie der Sprachstörungen" unerläßlich. Während die Testbatterien darauf abheben, Patienten in mehrere Gruppen einzuteilen, würde ein psychobiologischer Ansatz individuelle Unterschiede und Besonderheiten hervorheben und aus diesem Ansatz heraus versuchen, den Prozeß zu rekonstruieren, durch den das Gehirn Sprache hervorbringt. Marshall stellt auch fest, daß nur 60 % aller Patienten in Klassifizierungsschemata wie in Tabelle 17.4 hineinpassen. Andere Wissenschaftler berichten ebenfalls von Schwierigkeiten bei der Klassifizierung von Patienten. So zeigen zum Beispiel die meisten Patienten mit Sprachstörungen Benennungsschwierigkeiten, die ausgelöst werden können, indem man sie auf Bilder oder Objekte schauen läßt. Die Bewertung nach standardisierten Tests sagt über diese Beeinträchtigung nur sehr wenig. Eine große Anzahl von Patienten kann zum Beispiel in der Lage sein, eine Violine als solche zu benennen. Manche aber wissen darüber lediglich, daß es sich um ein Musikinstrument handelt, während wieder andere sie als Saiteninstrument kennen und schließlich eine weitere Gruppe von Patienten weiß, daß die Geige einem Cello, nicht aber einer Trompete ähnelt. Darüber hinaus können manche Patienten ganz selektive Benennungsschwierigkeiten haben, so daß sie etwa unfähig sind, Objekte zu benennen, die sich innerhalb des Hauses befinden (zum Beispiel ein Badezimmer). Andere wiederum sind nicht in der Lage, Gebäude,

Tabelle 17.6: Die wichtigsten Aphasietests (im englischen Sprachraum)

Test	Literatur
Testbatterien für Aphasien	
Bostoner Aphasie Diagnosticum (*Boston Diagnostic Aphasia Test*)	Goodglass und Kaplan, 1972
funktionales kommunikatives Profil	Sarno, 1969
Verständnisprüfung des neurosensorischen Zentrums bei Aphasie	Spreen und Benton, 1969
Porch-Index für kommunikative Fähigkeiten	Porch, 1976
Minnesota-Test zur Differentialdiagnose der Aphasie	Schuell, 1965
Wepman-Jones-Sprachmodalitätentest für Aphasie	Wepman und Jones, 1961
Aphasieprüftests	
Halstead-Wepman-Aphasieprüftest	Halstead und Wepman, 1959
Token-Test	de Renzi und Vignolo, 1962

Menschen, Farben und so weiter zu nennen. Es ist ganz offensichtlich, daß Menschen, die sich in dieser Hinsicht unterscheiden, nicht angemessen klassifiziert werden, wenn man sie einfach nur als anomisch beschreibt. Die Unterschiede, die sie aufweisen, können möglicherweise einige wichtige Einblicke in die neuronale Organisation von Sprache gewähren.

Untersuchungsmethoden zur Erfassung von Dyslexien

Die Untersuchung von Lesestörungen hat sich zu einem Spezialzweig der Sprachuntersuchungen entwickelt. Dies rührt daher, daß man bei einer Leseanalyse objektiver vorgehen kann, als dies für das Schreiben und Sprechen möglich ist, und diese Störung schon länger Gegenstand pädagogischer Forschung ist. Außerdem gibt es neben einer **erworbenen Dyslexie** (Lesestörungen nach Gehirnverletzungen) auch **entwicklungsbedingte Dyslexien** (Unvermögen, in der Kindheit, Jugend oder später lesen zu lernen). Diese Störungen treten ziemlich häufig auf und erfordern Diagnose und Behandlung.

Coltheart hat behauptet, daß der objektivste Ansatz zur Untersuchung der Lesefähigkeit in einer dynamischen Modellbildung besteht. Zunächst wird ein Modell (ähnlich einem Algorithmus) konstruiert, und dann werden Individuen mit Lesestörungen untersucht, um ihre Störung näher zu definieren und die Anwendbarkeit des entwickelten Modells zu testen. Dieser modellbildende Ansatz unterscheidet sich vom klassisch neurologischen, bei dem Dyslexie allein dadurch definiert wird, ob diese zusammen mit anderen Störungen, wie etwa Dysgraphie oder Dysphasie, auftritt und bei dem das Hauptinteresse darin besteht, die Störung mit einem bestimmten Gehirnareal in Zusammenhang zu bringen. Der modellbildende Ansatz kann auf Hinshelwoods Analyse aus dem Jahr 1900 zurückgeführt werden. Hinshelwood erkannte verschiedene Arten von Lesestörungen. Dazu gehört erstens die Unfähigkeit, Buchstaben zu benennen (Buchstabenblindheit), zweitens die Unfähigkeit, Wörter zu lesen (Wortblindheit) und drittens das Unvermögen, Sätze zu lesen (Satzblindheit). Hinshelwoods Taxonomie und ihre spätere Verfeinerung hat zur momentan akzeptierten Hypothese geführt, wonach sich der Lesevorgang aus einer Reihe unabhängiger Fähigkeiten zusammensetzt, die möglicherweise auch eine voneinander unabhängige anatomische Grundlage haben. Abbildung 17.9 zeigt in einem Flußdiagramm einige der möglichen Beeinträchtigungen beim Lesen, auf die man stieß. Über die reine Benennung einer Störung hinaus werden den Patienten Fragen gestellt, um den genauen Typ der Störung zu identifizieren. Im folgenden sind einige dieser Störungen kurz beschrieben:

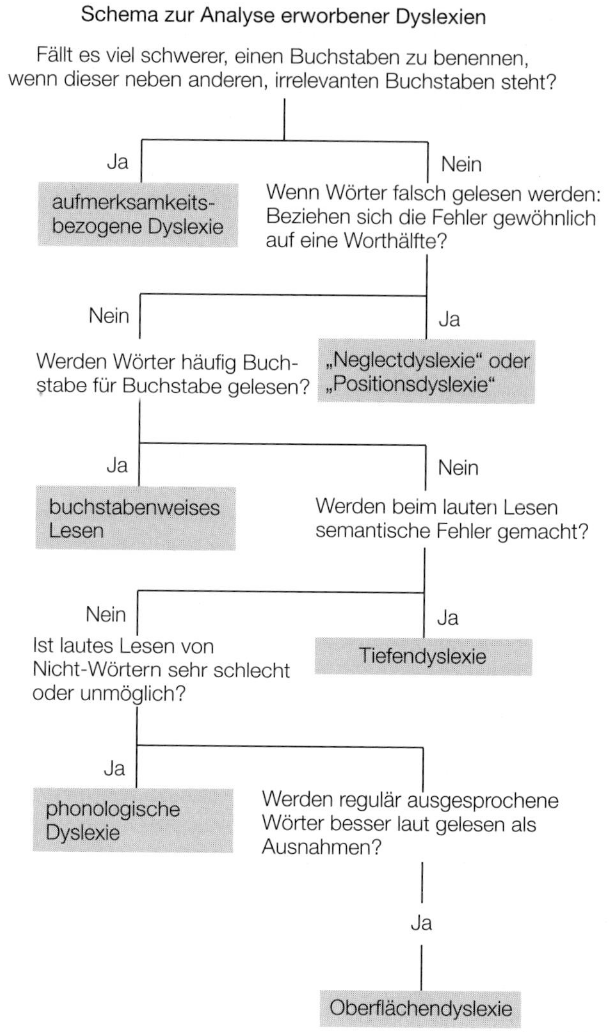

17.9 Flußdiagramm für die Analyse einer Dyslexie (Nach Coltheart, 1981.)

Aufmerksamkeitsbezogene Dyslexie Wenn nur ein Buchstabe zu sehen ist, wird er richtig benannt. Werden mehrere Buchstaben gleichzeitig gezeigt, ist die Benennung eines Buchstabens schwieriger. Selbst wenn der zu benennende Buchstabe farblich besonders markiert ist, durch einen Pfeil hervorgehoben wird oder wenn der Versuchsleiter auf ihn deutet, wird er womöglich falsch bezeichnet. Zum gleichen Phänomen kann es kommen, wenn statt eines Wortes mehrere dargeboten werden.

Neglect Manche Personen machen Lesefehler in der ersten oder der zweiten Worthälfte. Dieses Syndrom ist bislang noch wenig untersucht.

Buchstabenweises Lesen Die betroffenen Personen lesen Wörter nur, indem sie diese laut oder leise buchstabieren. Geht das Buchstabieren leise vor sich, so kann man es dadurch feststellen, daß die Testpersonen viel mehr Zeit brauchen, um ein langes Wort zu lesen. Häufig können solche Personen zwar schreiben, haben aber Schwierigkeiten zu lesen, was sie geschrieben haben.

Tiefendyslexie Das Schlüsselsymptom dieser Störung besteht in semantischen Fehlern: Personen, die an einer Tiefendyslexie leiden, lesen statt der abgebildeten Wörter semantisch ähnliche (zum Beispiel Tulpe statt Krokus). Es fällt solchen Personen am leichtesten, Substantive zu lesen, gefolgt von Adjektiven und Verben. Funktionswörter machen ihnen große Schwierigkeiten. Patienten, die an einer Tiefendyslexie leiden, fällt es viel leichter, konkrete statt abstrakte Wörter zu lesen, und sie sind völlig unfähig, sinnfreie Wörter zu lesen. Im allgemeinen zeigen sie auch Beeinträchtigungen beim Schreiben und in ihrem verbalen Kurzzeitgedächtnis.

Phonologische Dyslexie Das Hauptsymptom dieser Störung besteht in der Unfähigkeit, sinnfreie Wörter laut zu lesen, ansonsten ist die Lesefähigkeit fast ohne Fehler.

Oberflächendyslexie Sie kennzeichnet die Unfähigkeit, Wörter direkt zu erkennen. Ein Patient kann sie aber verstehen, indem er die Beziehungen zwischen Buchstaben und Lauten im einzelnen erfaßt. Das heißt, das Wort wird dann verstanden, wenn es ausgesprochen wird. Diese Leseprozedur funktioniert so lange, wie die Wörter regelmäßigen grammatischen Regeln folgen, nicht aber, wenn sie in ihrer Aussprache eine Ausnahme darstellen. Das Buchstabieren ist zwar phonetisch richtig, aber erschwert. Zu einer Oberflächendyslexie kommt es *nicht* bei Sprachen mit einem starken phonetischen Anteil (etwa dem Italienischen). Oberflächendyslexie ist ein häufiges Begleitsymptom von Kindern, die eine Leselernstörung haben.

Die Erklärung von Lesestörungen nach dem modellbildenden Ansatz charakterisiert den Lesevorgang als die Summe voneinander unabhängiger Fertigkeiten oder Subsysteme, wobei man annimmt, daß bei Lesestörungen das eine oder andere dieser Subsysteme nicht funktioniert. Marshall hat diesen Gedankengang an folgendem Beispiel dargestellt. Es handelt sich um eine Zeile, die von Amerikanern mit Deutschkenntnissen entweder dem Sinn oder dem Klang nach gelesen werden kann: „Kuh! Sie Kuh! Sie kann der ..."

Im Englischen liest sich das phonetisch als *goosey, goosey, gander,* was etwa „Gänschen, Gänschen, Puter" bedeutet. Diese Wörter können also sowohl vom Sinn als auch vom Klang her gelesen werden. Der entscheidende Gedanke ist hier, daß bei einem normalen Menschen Wortklang und Wortbedeutung parallel verarbeitet werden. Bei einer dyslektischen Person kann der eine oder der andere Prozeß fehlen. Jemand mit einer Tiefendyslexie kann diesen Text dem Klang nach nicht verarbeiten und versucht, ihn dem Sinn nach zu erfassen. Ein Patient mit einer Oberflächendyslexie kann den Klang, nicht aber den Sinn erfassen. Ein mögliches Modell, wie parallele Systeme organisiert sein können und

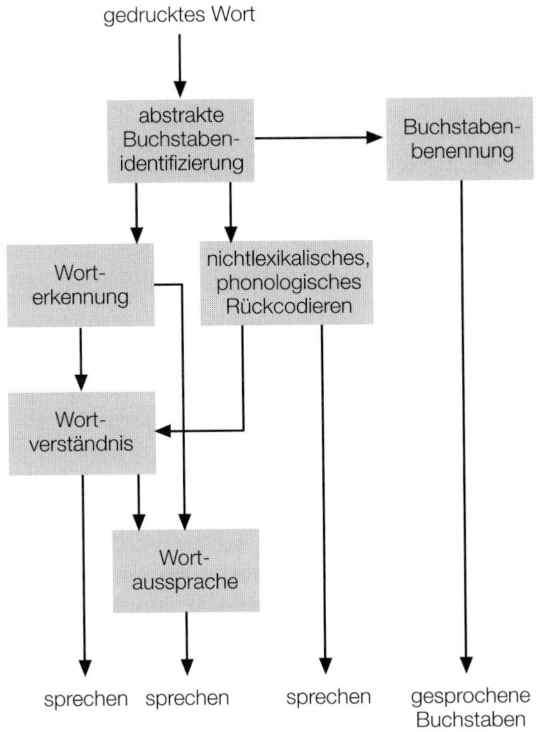

17.10 Einige (von mehreren) Subsystemen, die beim Lesen benutzt werden. Man beachte, daß sprachliche Äußerungen nach schriftlichen Vorlagen auf verschiedene Weise zustande kommen und vom Verständnis und von der Aussprache unabhängig sein können. (Nach Coltheart, 1981.)

interagieren, ist in Abbildung 17.10 dargestellt. Erwähnenswert ist, daß hier zwei voneinander unabhängige Wege aufgezeichnet werden, wie man von einer schriftlichen Vorlage die Wörter erfassen kann, und daß es auch unterschiedliche Möglichkeiten gibt, Buchstaben zu benennen.

Das wichtigste Merkmal des modellbildenden Ansatzes besteht darin, daß er keine anatomisch-funktionalen Relationen erforderlich macht und gleichermaßen auch auf andere Sprechstörungen angewandt werden kann. Möglicherweise liefert er sogar eine alternative Perspektive der anatomischen Organisation von Sprache.

Zusammenfassung

Sprache ist eine einzigartige menschliche Fähigkeit, die eine Weiterentwicklung multipler sensorischer Kanäle darstellt. Sie ermöglicht uns, sensorische Eingangssignale zu organisieren, indem wir Information etikettieren, und das erlaubt uns, Objekte und schließlich Konzepte zu kategorisieren.

Sprache beziehungsweise Sprechen umfaßt auch den einzigartigen motorischen Akt der Silbenerzeugung. Mehr noch, Sprache erfordert die beinahe einzigartige Fähigkeit, grammatische Regeln auszuarbeiten, die die funktionale Kapazität des Systems dramatisch steigern. Verschiedene sprachliche Funktionen sind über einen ausgedehnten Bereich des Cortex verteilt, wenn sich spezifische Funktionen wie die Erzeugung von Verben versus Substantiven oder das Verstehen visueller versus auditiver Information auch relativ präzise lokalisieren lassen. In diesem Sinne ist Sprache organisiert wie andere cerebrale Funktionen auch: in seriell oder parallel angeordneten hierarchischen Kanälen. Die Evolution der Sprache stellt möglicherweise nicht die Entwicklung einer einzelnen Fähigkeit dar, sondern die Parallelentwicklung mehrerer Prozesse, wie der Fähigkeit zu kategorisieren oder Gesten zur Kommunikation einzusetzen.

Literatur

Benson, D.F. Aphsia and lateralization of language. *Cortex* 22: 71–86, 1986.

Benson, D.F. Aphasia. In: K.M. Heilman und E. Valenstein (Hrsg.) *Clinical Neuropsychology,* 3. Aufl. New York: Oxford University Press, 1993.

Caplan, D. *Language: Structure, Processing and Disorders.* Cambridge, Mass.: MIT Press, 1992.

Caplan, D., J.C. Marshall. Generative grammar and aphasic disorders: A theory of language representation in the human brain. *Foundations of Language* 12: 583–596, 1976.

Chomsky, N. On the biological basis of language capabilities. In: R.W. Rieber (Hrsg.) *Neuropsychology of Language.* New York: Plenum, 1976.

Coltheart, M. Disorders of reading and their implications for models of normal reading. *Visible Language* 15: 245–286, 1981.

Coltheart, M. Acquired dyslexias and normal reading. In: R.N. Malatesha, H.A. Whitaker (Hrsg.) *Dyslexia: A Global Issue.* The Hague: Martinus Nijhoff, 1984.

Cooper, I.S., I. Amin, R. Chandra, J.M. Waltz. A surgical investigation of the clinical physiology of the LP-pulvinar complex in man. *Journal of Neurological Science* 18: 89–100, 1973.

Damasio, A.R., H. Damasio. Sprache und Gehirn. *Spektrum der Wissenschaft.* November 1992: 80–92.

Demonet, J.F., R. Wise, R.S.J. Frackowiak. Language functions explored in normal subjects by positron emission tomography: A critical review. *Human Brain Mapping* 1: 39–47, 1993.

de Renzi, E., L.A. Vignolo. The token test: A sensitive test to detect disturbances in aphasics. *Brain* 85: 665–678, 1962.

Gardner, R.A., B.T. Gardner. Comparative psychology and language acquisition. *Annals of New York Academy of Sciences* 309: 37–76, 1978.

Geschwind, N. Language and the brain. *Scientific American* 226: 76–83, 1972.

Goodall, J. *The Chimpanzees of Gombe.* Cambridge, Mass.: Harvard University Press, 1986.

Goodglass, H., E. Kaplan. *The Assessment of Aphasia and Related Disorders.* Philadelphia: Lea and Febiger, 1972.

Green, E. Psycholinguistic approaches to aphasia. *Linguistics* 53: 30–50, 1969.

Gustason, G., D. Pfetzing, E. Zawoklow. *Signing Exact English.* Silver Spring, Md.: Modern Signs Press, 1975.

Halstead, W.C., J.M. Wepman. The Halstead-Wepman aphasia screening test. *Journal of Speech and Hearing Disorders* 14: 9–15, 1959.

Hewes, G.W. Language origin theories. In: D.M. Rumbaugh (Hrsg.) *Language Learning by a Chimpanzee.* New York: Academic Press, 1977.

Holloway, R.L. Human paleontological evidence relevant to language behavior. *Human Neurobiology* 2: 105–114, 1983.

Jefferson, G. Localization of function in the cerebral cortex. *British Medical Bulletin* 5: 333–340, 1949.

Kellogg, W., L. Kellogg. *The Ape and the Child.* New York: McGraw-Hill, 1933.

Kimura, D. Neural mechanisms in manual signing. *Sign Language Studies* 33: 291–312, 1981.

Kimura, D. *Neuromotor Mechanisms in Human Communication.* Oxford: Oxford University Press, 1993.

Kimura, D., N. Watson. The relation between oral movement control and speech. *Brain and Language* 37: 565–590, 1989.

Levelt, W.J.M. *Speaking: From Intention to Articulation.* Cambridge, Mass.: MIT Press, 1989.

Lieberman, P. *On the Origins of Language: An Introduction to the Evolution of Human Speech.* New York: Macmillan, 1975.

Luria, A.R., J.T. Hutton. A modern assessment of basic forms of aphasia. *Brain and Language* 4: 129–151, 1977.

MacNeilage, P.F. The frame/context theory of evolution of speech production. Manuskript eingereicht.

Marshall, J.C. Biological constraints on orthographic representation. *Philosophical Transactions of the Royal Society of London* 298: 165–172, 1982.

Marshall, J.C. The description and interpretation of aphasic language disorder. *Neuropsychologia* 24: 5–24, 1986.

Mateer, C. Asymmetric effects of thalamic stimulation on rate of speech. *Neuropsychologia* 16: 497–499, 1978.

Miles, L. W. Apes and language: The search for communicative competence. In: J. de Luce, H. T. Wilder (Hrsg.) *Language in Primates: Perspectives and Implications.* New York: Springer-Verlag, 1983.

Monrad-Krohn, H. The third element of speech; prosody and its disorders. In: L. Halpern (Hrsg.) *Problems of Dynamic Neurology.* Jerusalem: Hebrew University Press, 1963.

Myers, R. E. Comparative neurology of vocalization and speech: Proof of a dichotomy. *Annals of the New York Academy of Sciences* 280: 745–760, 1976.

Newcombe, F., J. C. Marshall. On psycholinguistic classifications of the acquired dyslexias. *Bulletin of the Orton Society* 31: 29–46, 1981.

Ojemann, G. A. (Hrsg.) The thalamus and language. *Brain and Language* 2: 1–120, 1975.

Ojemann, G. A. Models of the brain organization for higher integrative functions derived with electrical stimulation techniques. *Human Neurobiology* 1: 243–250, 1982.

Ojemann, G. A., O. D. Creutzfeldt. Language in humans and animals: Contribution of brain stimulation and recording. *Handbook of Physiology: The Nervous System,* Bd. 5 Bethesda, Md.: American Physiological Society, 1987.

Ojemann, G. A., C. Mateer. Cortical and subcortical organization of human communication: Evidence from stimulation studies. In: H. D. Steklis, M. J. Raleigh (Hrsg.) *Neurobiology of Social Communication in Primates: An Evolutionary Perspective.* New York: Academic Press, 1979.

Patterson, F. G. *Koko's Story.* New York: Scholastic, 1987.

Penfield, W., L. Roberts. *Speech and Brain Mechanisms.* Princeton, N. J.: Princeton University Press, 1959.

Petersen, S. E., J. A. Fiez. The processing of single words studied with positron emission tomography. *Annual Review of Neuroscience* 16: 509–530, 1983.

Petersen, S. E., P. T. Fox, M. I. Posner, M. Mintun, M. E. Raichle. Positron emission tomographic studies of the processing of single words. *Journal of Cognitive Neuroscience* 1: 153–170, 1988.

Porch, B. E. *Index of Communicative Ability.* Palo Alto, Calif.: Consulting Psychologists Press, 1967.

Posner, M. I., M. E. Raichle. *Bilder des Geistes.* Heidelberg: Spektrum Akademischer Verlag, 1996.

Premack, D. The codes of man and beasts. *Behavioral and Brain Sciences* 6: 125–167, 1983.

Raichle, M. E., J. A. Fiez, T. O. Videen, A. K. Macleod, J. V. Pardo, P. T. Fox, S. E. Peterson. Practice-related-changes in human brain functional anatomy during non-motor learning. *Cerebral Cortex,* in press.

Ricklan, M., I. S. Cooper. Psychometric studies of verbal functions following thalamic lesions in humans. *Brain and Language* 2: 45–64, 1975.

Rumbaugh, D. M., T. V. Gill. Lana's acquisition of language skills. In D. M. Rumbaugh (Hrsg.) *Language Learning by a Chimpanzee.* New York: Academic Press, 1977.

Savage-Rumbaugh, E. S., K. McDonald, R. A. Sevcik, W. D. Hopkins, E. Rubert. Spontaneous symbol acquisition and communicative use by pygmy chimpanzees *(Pan panicus). Journal of Experimental Psychology: General* 115: 211–235.

Schuell, H. *Differential Diagnosis of Aphasia with the Minnesota Test.* Minneapolis: University of Minnesota Press, 1965.

Searleman, A. A review of right hemisphere linguistic capabilities. *Psychological Bulletin* 84: 503–528, 1977.

Spreen, O., A. L. Benton. *Neurosensory Center Comprehensive Examination for Aphasia.* Victoria, Canada: University of Victoria, 1969.

Steklis, H. D., M. J. Raleigh. Requisites for language: Interspecific and evolutionary aspects. In: H. D. Steklis, M. J. Raleigh (Hrsg.) *Neurobiology of Social Communication in Primates: An Evolutionary Perspective.* New York: Academic Press, 1979.

Swadish, M. *The Origin and Diversification of Language.* J. Sherzer (Hrsg.) Chicago: Aldine-Atherton, 1971.

Terrace, H. S. *Nim.* New York: Knopf, 1979.

von Glaserfeld, E. The Yerkish language and its automatic parser. In: D. M. Rumbaugh (Hrsg.) *Language Learning by a Chimpanzee.* New York: Academic Press, 1977.

Wallman, J. *Apting Language.* Cambridge: Cambridge University Press, 1992.

Wepman, J. M., L. V. Jones. *Studies in Aphasia: An Approach to Testing.* Chicago: University of Chicago Education-Industry Service, 1961.

Whitaker, H. A. *On the Representation of Language in the Human Brain.* Edmonton, Canada: Linguistic Research, Inc., 1971.

Zaidel, E. Language in the right hemisphere. In: D. F. Benson and E. Zaidel (Hrsg.) *The Dual Brain.* New York: Guilford Press, 1985.

Zangwill, O. L. Excision of Broca's area without persistent aphasia. In: K. J. Zülch, O. Creutzfeldt, and G. C. Galbraith, eds. *Cerebral Localization.* Berlin and New York: Springer-Verlag, 1975.

18

Emotionale Vorgänge

Fast alle Veränderungen im Zentralnervensystem können sich auf die Persönlichkeit auswirken; Bewegungsunfähigkeit, Sprach- und Wahrnehmungsstörungen und Gedächtnisschwäche beeinflussen in jedem Fall das Verhalten eines Individuums, und dies wird auch von anderen wahrgenommen. Dennoch hinkt die wissenschaftliche Untersuchung von Persönlichkeitsveränderungen, von emotionalem und sozialem Verhalten, welches sich infolge einer Gehirnläsion verändert hat, weit hinter der kognitiver Funktionen hinterher. Zum großen Teil ist dies auf Schwierigkeiten bei der Definition, Aufzeichnung und Bewertung dieser Verhaltensweisen zurückzuführen. Im letzten Jahrzehnt hat sich die Ansicht herauskristallisiert, daß die cortikale Kontrolle emotionaler Prozesse sowohl lateralisiert als auch lokalsiert ist. Bezüglich der Lateralisierung wird die rechte Hemisphäre als dominant angesehen. Die Kontrolle lokalisiert man im frontalen und mediotemporalen Bereich des Cortex.

In diesem Kapitel werden wir die aktuellen Vorstellungen und Forschungsergebnisse über die neuronale Kontrolle emotionaler Prozesse im gesunden und im fehlerhaft funktionierenden Gehirn zusammenstellen. Zunächst geben wir einen Überblick über die Entwicklung der Denkmodelle, die sich auf eine Neurologie emotionalen Verhaltens beziehen. Dann gehen wir der Frage nach, was Emotion eigentlich ist, welche Hirnstrukturen bei emotionalem Verhalten eine Hauptrolle spielen könnten und wie man in jüngster Zeit versucht hat, diesen Fragen experimentell nachzugehen.

Historische Ansichten

Das Interesse an der Biologie der Emotionen datiert zurück auf Darwins Buch *The Expression of Emotions in Man and Animals* („Der Ausdruck von Emotionen bei Mensch und Tier"), das im Jahre 1872 veröffentlicht wurde. Darwin glaubte, daß man emotionale Ausdrucksformen des Menschen nur verstehen könne, wenn man diese auch bei anderen Tieren versteht, da unser emotionales Verhalten durch die Evolution determiniert ist. Obgleich Darwins Buch zu seiner Zeit ein Bestseller war, hatte es nur einen relativ kurzzeitigen Einfluß und wurde über die Zeit vergessen. Um die Jahrhundertwende begannen Psychologen, über das Thema zu spekulieren, aber sie verfügten damals nur über wenig Kenntnisse der neuronalen Grundlagen emotionalen Verhaltens. Ende der zwanziger Jahre untersuchten Physiologen schließlich den Zusammenhang zwischen autonomen, endokrinen und neurohumoralen Faktoren und leiteten daraus emotionale Zustände ab. Besonderen Wert legten sie auf Messungen physiologischer Faktoren, etwa des Herzschlags, des Blutdrucks und der Hauttemperatur. In den späten zwanziger Jahren machte Philipp Bard während seiner Arbeit im Walter Cannon-Labor die ersten wichtigen Entdeckungen. Durch Goltz' Versuche in den neunziger Jahren des letzten Jahrhunderts war bekannt, daß decortizierte Hunde auf scheinbar triviale Reize starke Wutreaktionen entwickeln konnten. Die Tiere verhielten sich,

als würden sie mit einem Reiz konfrontiert, der sie ernsthaft bedroht. Bard arbeitete mit Katzen und fand heraus, daß diese Reaktion offenbar vom Diencephalon – also von Thalamus und Hypothalamus – abhing. Solange das Diencephalon intakt war, zeigten die Tiere starke emotionale Reaktionen. Nach einer Decortizierung aber, die eine Abtrennung des Diencephalon vom Mittelhirn mit einschloß (Abbildung 8.1), traten keine emotionalen Reaktionen mehr auf.
Spätere Untersuchungen vieler Wissenschaftler, insbesondere von Hess in den vierziger und Flynn in den sechziger Jahren, ergaben, daß die Reizung unterschiedlicher Regionen des Hypothalamus ganz unterschiedliche affektive Reaktionen hervorrufen konnte. Dazu gehört zum Beispiel ein Angriff auf einen Artgenossen oder auf ein Beutetier. Die Läsions- und Reizstudien am Diencephalon waren deshalb wichtig, weil sie zu der Vorstellung führten, daß Thalamus und Hypothalamus die neuronalen Verschaltungen und Strukturen für die emotionalen Verhaltensweisen beinhalten. Zu diesen zählen sowohl äußerlich sichtbare Reaktionen als auch autonome Reaktionen, etwa Veränderung des Blutdrucks, des Herzschlags, der Atmungsfrequenz. Man glaubte, daß dem Cortex hierbei hauptsächlich die Rolle zufalle, Thalamus und Hypothalamus zu hemmen. Umgekehrt sollte dem Thalamus auch die Rolle zufallen, den Cortex bei autonomen Alarmreaktionen zu aktivieren, um dadurch die Emotion auf den relevanten Reiz zu richten.

Ein zweiter wichtiger Gedanke in der geschichtlichen Entwicklung der Emotionsforschung stammte von Papez. Dieser behauptete im Jahre 1937, daß der „limbische Lappen" die anatomische Basis der Emotionen darstelle. Papez postulierte, daß die limbischen Strukturen auf den Hypothalamus einwirken und emotionale Zustände hervorrufen. Obgleich für ihn der Neocortex bei der Entstehung emotionalen Verhaltens nicht direkt beteiligt war, glaubte er, daß dieser notwendig sei, um die Aktivität limbischer Strukturen in das umzuwandeln, was wir als Emotionen erleben. Die Theorie von Papez hatte den Vorteil, daß sie Verhaltensphänomene, deren neurologisches Substrat unbekannt war, mit anatomischen Strukturen in Verbindung brachte, über deren funktionale Bedeutung ebenfalls nichts oder nur wenig bekannt war.

Der Gedanke eines „emotionalen Gehirns" erhielt aufgrund des stark an Freud orientierten Denkens in den dreißiger Jahren sofort breiten Zuspruch. Die Vorstellung, daß in den alten, tiefliegenden Anteilen des Zentralnervensystems Emotionen und Instinkte unbewußt gesteuert werden, wobei der Neocortex das Bewußtsein darüber erzeugt, war natürlich für Anhänger einer freudianisch begründeten Psychologie attraktiv.

Der dritte Hauptbefund stammt aus dem Jahre 1939, als Klüver und Bucy ein ganz außergewöhnliches Verhaltenssyndrom wiederentdeckten, das zuvor von Brown und Schaefer im Jahre 1888 beschrieben worden war. Zu diesem Syndrom, das als Folge einer bilateralen Lobektomie der anterioren Temporallappen beim Affen auftrat, gehören 1) eine große Zahmheit und ein Verlust der Furcht, 2) ein undifferenziertes Freßverhalten (der Affe fraß nun auch vieles, was er vor der Operation zurückgewiesen hätte), 3) eine stark erhöhte autoerotische, homosexuelle und heterosexuelle Aktivität mit unangemessener Wahl des Sexualobjektes, 4) eine Hypermetamorphose, das heißt die Tendenz, auf jeden Reiz zu achten und zu reagieren, 5) eine Neigung, alle Gegenstände dadurch zu überprüfen, daß sie in den Mund genommen werden, und schließlich 6) eine visuelle Agnosie. Ein Aspekt dieses ungewöhnlichen Verhaltens kam dadurch zum Ausdruck, daß das operierte Tier, welches normalerweise vor Schlangen oder vor einem starren, drohenden Blick eines Menschen große Furcht empfand, diesen Reizen gegenüber nun völlig furchtlos war. Ein ähnliches Verhalten wurde auch bei anderen Tieren beobachtet. Wir hatten zum Beispiel Gelegenheit, eine Katze mit einer bilateralen Läsion des medialen Temporallappens zu beobachten, wie sie einen Raum betrat, in welchem Affen lebten. Dabei berührte es sie überhaupt nicht, daß die Affen in ein Geschrei und Gekreische ausbrachen und sie mit Gegenständen bewarfen. Normalerweise würden sich Katzen niemals in einen solchen Raum wagen, und schon beim Anblick einer Affenhorde würden sie vor Angst sämtliche Haare sträuben.

Dieses sogenannte *Klüver-Bucy-Syndrom* wurde später auch bei Menschen, die an verschiedenen neurologischen Krankheiten litten, beobachtet. Marlowe und seine Mitarbeiter berichten zum Beispiel von einem Patienten mit einem Klüver-Bucy-Syndrom, das infolge einer Hirnhautentzündung (Encephalitis) auftrat:

> Der Patient schien, was seine visuellen Funktionen betraf, unfähig zu sein, eine Reihe allgemein bekannter Gegenstände zu erkennen. Er inspizierte jedes Objekt, das man ihm vorlegte, als sähe er es zum ersten Mal. Er untersuchte es mehrmals und schien sich über dessen Bedeutung nicht im klaren zu sein. Daher hatte er im spontanen Werkzeuggebrauch große Schwierigkeiten; er konnte aber solche Objekte verwenden, wenn er die Gesten anderer nachahmte. Auf diese Weise war er in der Lage, einige täglich wiederkehrende Handlungen ausführen. Wenn er zum Beispiel seinen Rasierapparat überreicht bekam, schaute er ihn ganz befremdet an, aber er folgte dann einem anderen Patienten ins Badezimmer und imitierte dessen Bewegungen ganz genau. Auf diese Weise konnte er sich rasieren. Andere, ganz alltägliche Aufgaben löste er ähnlich. Hier ist noch hinzuzufügen, daß sich seine Schwierigkeiten nicht nur auf das Erkennen von Objekten, sondern auch von Personen bezogen. So konnte er seine Eltern trotz unzähliger Besuche im Krankenhaus nicht wiedererkennen. Aber seine Fähigkeit, einfache Bilder, geometrische Formen, Buchstaben des Alphabets und Objekte miteinander zu vergleichen, blieb erhalten, solange ihm die Aufgaben nonverbal beigebracht wurden. Seine visuelle Orientierung ließ zu wünschen übrig. Der Patient verirrte sich im Krankenhaus, wenn man ihn allein ließ. Visuelle Reize aller Art lenkten ihn sehr leicht ab. Er schien unfähig zu sein, zwischen wichtigen und unwichtigen Objekten und Handlungen zu unterscheiden.
>
> Seine Verhaltensmuster waren deutlich abnorm. Er zeigte nur einen geringen Affekt und wurde, obwohl er anfangs ruhelos war, schließlich bemerkenswert ruhig. Personen oder Ereignissen gegenüber wirkte er indifferent. Die meiste Zeit sah er fern, lernte aber niemals, das Gerät anzustellen. Wenn

der Apparat ausgeschaltet war, beobachtete er die Schatten anderer Patienten im Zimmer, die sich auf der Bildröhre spiegelten. Manchmal wurde er sehr „witzig“: Er lächelte, wo es nicht angebracht war, und ahmte die Gesten und Handlungen anderer nach. Nachdem er eine solche Phase des Imitierens begonnen hatte, behielt er sie lange bei und kopierte die Bewegungen anderer Menschen schier endlos. Darüber hinaus führte er häufig eine Reihe eigentümlicher, stereotyper Bewegungen aus, hauptsächlich indem er die beiden kleinen Finger hob und mit den Fingerspitzen zusammenführte. Alles, was er greifen konnte, untersuchte er mit dem Mund. Über taktile oder visuelle Exploration schien er nur unzureichende Informationen zu erhalten. Alle Objekte, die er aufheben konnte, steckte er in den Mund, sog daran oder kaute darauf herum. Häufig konnte man beobachten, wie er seine Finger in den Mund steckte und daran sog. Er nahm Objekte nicht direkt mit dem Mund auf, sondern verwendete dazu seine Hände. Dennoch herrschten olfaktorische Verhaltensweisen vor. Beim Essen benutzte er die Finger, bis man ihn ermahnte und ihm die Gabel in die Hand gab. Daraufhin konnte er durch Imitation die Gabel verwenden, aber er vergaß es sofort wieder, wenn er ein Eßbesteck spontan benutzen sollte. Er aß immer erst einen Bestandteil des Menüs ganz auf, bevor er sich dem nächsten zuwandte. Häufig zeigte er sich in einem Zustand der Hyperbulimie. Er stopfte praktisch alles, was er erreichen konnte, in sich hinein. Dazu gehörte auch die Plastikverpackung um das Brot, Reinigungsmittel, Tinte, Hundefutter und Exkremente. Obwohl er geschmacklich offenbar nichts mehr unterscheiden konnte, schien er flüssige oder weiche Objekte zu bevorzugen.

Das Sexualverhalten des Patienten verursachte während seines Klinikaufenthalts besondere Besorgnis. Vor seiner Krankheit war er ausgeprägt heterosexuell gewesen. Im Krankenhaus näherte er sich jedoch anderen männlichen Patienten und lud sie zu sexuellen Handlungen ein, indem er ihre Beine streichelte oder sie durch Gesten zu Fellatio aufforderte. Manchmal versuchte er, sie zu küssen. Obwohl er in einer Abteilung lag, in der beide Geschlechter untergebracht waren, machte er niemals Annäherungsversuche an Frauen. Aufgrund der Veränderung seines sexuellen Interesses verließ ihn dann auch seine Verlobte. (Marlowe, Mancall und Thomas 1975, S. 55f)

Damit es überhaupt zu einem Klüver-Bucy-Syndrom kommt, müssen die Amygdala und der inferiore temporale Cortex bilateral entfernt werden. H. M., der an Amnesie leidende Patient, der in Kapitel 16 beschrieben wurde, zeigte dieses Syndrom aber nicht, obwohl auch bei ihm die mediotemporalen Strukturen bilateral entfernt worden waren. Affen mit beidseitig entfernter Amygdala zeigen ein Klüver-Bucy-Syndrom erst, wenn darüber hinaus noch der temporale Cortex entfernt wird. Es gibt schließlich noch einen weiteren Einzelfall eines Mannes, dessen bilaterale temporale Lobektomie der von Klüver und Bucy beschriebenen Läsion entspricht. Auch er zeigte alle beschriebenen Symptome mit Ausnahme des oralen Verhaltens. Statt unbekannte Objekte in den Mund zu nehmen, untersuchte er sie wiederholt visuell.

Ungefähr zu der Zeit, als Klüver und Bucy ihre Entdeckung machten, kam es zu einer weiteren, zwar weniger dramatischen, aber in mancher Hinsicht noch wichtigeren Entdeckung. Jacobson untersuchte das Verhalten von Schimpansen bei einer Vielzahl von Lernaufgaben nach frontaler Läsion. Im Jahre 1935 berichtete er über seine Befunde und Läsionsauswirkungen auf dem 2. Internationalen Neurologiekongreß in London. Nebenbei bemerkte er auch, daß ein besonders neurotischer Schimpanse nach der Läsion etwas gelassener erschien. Dies veranlaßte wiederum den portugiesischen Neurologen Egas Moniz zu der Behauptung, daß ähnliche Läsionen bei Menschen vielleicht eine Reihe von Verhaltensproblemen lindern könnten. Damit war der Gedanke der Psychochirurgie und der frontalen Lobotomie geboren! Es ist fast nicht zu glauben, daß erst am Ende der sechziger Jahre systematische Experimente über die Auswirkungen von Frontallappenläsionen auf das Affektverhalten von Tieren (vor allem Primaten) durchgeführt wurden. Frontale Lobotomien beim Menschen wurden daher bis zu dieser Zeit ohne jede empirische Basis vorgenommen! Inzwischen haben die Experimente verschiedener Arbeitsgruppen klar gezeigt, daß Läsionen des Frontallappens bei Ratten, Katzen und Affen schwerwiegende Auswirkungen auf das Sozial- und Affektverhalten haben.

Die Natur der Emotionen

Denken Sie an irgendein signifikantes „emotionales Erlebnis“, das Sie hatten. Vielleicht haben Sie sich mit einem engen Freund gestritten, oder Ihnen wurde ganz unerwartet eine wunderbare Nachricht überbracht. Emotionale Erfahrungen unterscheiden sich voneinander und von kognitiven Erfahrungen auf vielfache Weise. Eine emotionale Erfahrung kann alle Arten von Gedanken oder Plänen beinhalten, die jemand hatte. Das Herz kann klopfen, der Mund trocken sein, die Hände können schwitzen, die Beine können zittern, oder man errötet. Es kann zu starken Empfindungen kommen (zum Beispiel Ärger oder Glück), die man verbal gar nicht ausdrücken kann, und es kann eine Veränderung des Gesichtsausdrucks auftreten. Stimme und Körperhaltung mögen sich ändern. Vielleicht erscheinen Tränen der Freude oder der Trauer. Die Frage bleibt: Was ist Emotion? So, wie wir das Phänomen bislang dargestellt haben, ist dies ganz offensichtlich keine einfache Frage.

Emotion ist nicht konkret faßbar, sondern ein Zustand, der aus vielen einzelnen Komponenten erschlossen wird. Jede dieser Komponenten kann im Prinzip quantifiziert werden. Emotionstheorien haben dies immer erkannt, und die meisten stimmen darin überein, daß ein Emotionskonzept zumindest drei wichtige Komponenten enthalten sollte:

1. Es gibt physiologische Komponenten, die sowohl die Aktivität des zentralen als auch des autonomen Nervensystems umfassen, und daraus resultieren Veränderungen viszeraler und neurohumoraler Zustände. Es kommt also unter anderem zu einer Veränderung des Herzschlags, des

Blutdrucks, der Durchblutung, der Atmung, zu Veränderungen im Verdauungssystem und zu einer Ausschüttung verschiedener Hormone, die sowohl auf das Gehirn als auch auf das autonome Nervensystem zurückwirken können. Auch wenn darüber noch debattiert wird, ist es doch wahrscheinlich, daß man zumindest einige emotionale Grundzustände hinsichtlich der damit assoziierten physiologischen Veränderungen differenzieren kann.

2. Es gibt deutlich sichtbare Verhaltensweisen, die mit emotionalen Zuständen in Verbindung stehen. Dazu gehören der Gesichtsausdruck, die Stimmlage und die Körperhaltung. Diese Verhaltensweisen sind besonders für die anderen Menschen von Bedeutung, da sie eventuell Informationen beinhalten, die sich von dem, was jemand sagt, eindeutig unterscheiden können. Eine Person, die behauptet, daß es ihr gut geht, aber dabei unkontrolliert schluchzt, nehmen wir anders wahr als jemanden, der gleichzeitig lächelt.
3. Es gibt kognitive Vorgänge, auf die man anhand der Aussagen einer Person schließen kann. Dazu gehören Äußerungen über subjektive Empfindungen (Liebe, Haß) und über andere Gedankengänge, etwa Pläne, Erinnerungen oder Vorstellungen.

Die theoretische Unterscheidung der genannten Komponenten einer emotionalen Erfahrung ist sehr wichtig, da diese oft nicht miteinander korrelieren, wenn man sie bei einer Person mißt. (So mögen die Körpersprache oder physiologische Parameter auf eine andere Emotion weisen als die Aussage einer Person.)

Die Untersuchung der neuronalen Basis emotionaler Vorgänge fordert Psychologen ganz besonders heraus. Es gibt einfach keine einheitliche Definition dessen, was Emotion ist, und wir haben keine standardisierte Möglichkeit, sie zu quantifizieren. Zwei Wissenschaftler, die an emotionalen Vorgängen interessiert sind, können sich auf den Gesichtsausdruck als Maß einer Emotion konzentrieren, zum Beispiel dadurch, daß sie Personen heimlich filmen. Nun kann aber einer der Wissenschaftler den Film dadurch analysieren, daß er die Asymmetrie der Gesichtsmuskulatur untersucht, während die Person lächelt, und so darauf schließen, welche Hemisphäre das Lächeln kontrolliert. Der zweite Wissenschaftler kann das Lächeln bei Personen mit Gehirnschädigung aufzeichnen und daraus ableiten, welche unterschiedlichen neuronalen Areale dabei eine Rolle spielen. Beide Analysewege kann man beschreiten, aber trotzdem muß man sich fragen, ob solche Untersuchungen wirklich Emotionen messen. Wir möchten hier den Leser und die Leserin eigene Schlußfolgerungen ziehen lassen, aber dennoch darauf aufmerksam machen, daß Untersuchungen, die vorgeben, die neuronale Basis von Emotion zu untersuchen, ganz kritisch betrachtet werden müssen, wobei man immer ein Auge darauf haben sollte, welche Frage sich der Autor stellt und wie er Emotion definiert und mißt.

Mit emotionalem Verhalten wahrscheinlich assoziierte Gehirnstrukturen

Multiple Systeme

Eines der gängigsten Prinzipien neuronaler Organisation besteht darin, daß praktisch jede Funktion durch multiple, parallel verschaltete Systeme kontrolliert wird. Sensorische Informationen gelangen jeweils über verschiedenartige Kanäle in das Gehirn, wobei diese bei der sensorischen Analyse auch ganz unterschiedliche Bedeutung haben. Hat die Information einmal den Cortex erreicht, so wird sie auch hier über multiple parallele Systeme weitergeleitet, die ihrerseits unterschiedliche Funktionen haben. Hier sei daran erinnert, daß das visuelle System im Cortex eine ventrale und eine dorsale Route hat, wobei die ventrale durch den Temporallappen und die dorsale durch den Parietallappen führt. Der erstgenannte Weg ist bei der Objekterkennung von Bedeutung, der zweite bei der räumlichen Zuordnung von Objekten. Angesichts dieses allgemeinen Organisationsprinzips des Gehirns gibt es sehr wahrscheinlich auch multiple Systeme – und zwar sowohl auf cortikaler als auch auf subcortikaler Ebene – die zu unserem Erleben von Emotionen beitragen. Es muß zum Beispiel Systeme geben, die emotional signifikante, vermutlich artspezifische soziale Reize verarbeiten, etwa olfaktorische Reize (Pheromone) und relevante taktile, visuelle und auditorische Reize. Natürlich könnte man annehmen, diese Reize würden durch die gleichen Systeme weiterverarbeitet, die auch andere sensorische Informationen analysieren. Es gibt aber gute Gründe zu glauben, daß es hierbei ganz spezielle Verarbeitungsmechanismen gibt. Ein gutes Beispiel dafür bietet das olfaktorische System.

Viele Säugetiere verfügen über ein spezielles Rezeptororgan (bekannt als Jacobson-Organ), das arttypische Gerüche analysiert. Riechen zum Beispiel Katzen ganz bestimmte Düfte (zum Beispiel den Urin einer anderen Katze), dann schließen sie ihre Nasenlöcher und starren mit einem seltsamen Gesichtsausdruck in den Raum (Abbildung 18.1). Tatsächlich saugt das Tier die Luft durch einen besonderen Gang in den Mund, wodurch der Luftstrom am Jacobson-Organ vorbeikommt. Die einzigen Düfte, die bei Katzen zu diesem Verhalten führen, stammen ganz sicherlich von anderen Katzen. Dazu gehören deren Urin und deren Ohrschmalz, nicht aber deren Kot. Das System ist also auf die Analyse artspezifischer Düfte spezialisiert. Eine seiner interessanten Eigenschaften ist die Habituation. Katzen sind in der Lage, sich an den Geruch anderer Katzen zu gewöhnen. Auf ihren eigenen Urin oder den Urin von Katzen, mit denen sie zusammenleben, reagieren sie nicht. Nur der Urin fremder Katzen führt zu einem solchen Analyseverhalten, während Urin von bekannten Katzen, die nicht im gleichen Umfeld leben, nur eine kurze Reaktion erzeugt. Wahrscheinlich existieren keine entsprechenden Analysesysteme für die anderen Sinne, aber

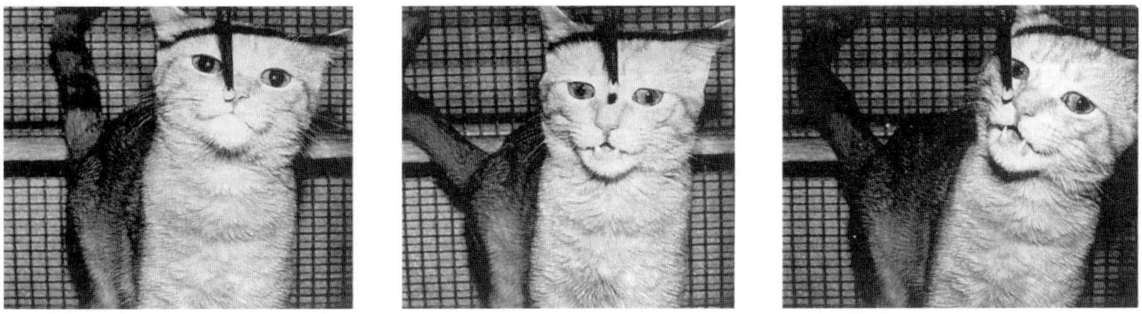

18.1 Eine Katze schnüffelt an einem mit Urin getränkten Wattebausch (links) und zeigt das sogenannte Flehmen (beginnende Reaktion: Mitte; volle Reaktion: rechts). Charakteristisch für das Flehmen ist das Hochziehen der Oberlippe und eine Art starrer Blick. Der Kopf wird leicht angehoben, die Nasenlöcher werden verschlossen. Wahrscheinlich wird der Geruch des Urins dabei zum Jakobson-Organ transportiert, das im Dach der Mundhöhle sitzt und Rezeptoren enthält, die besonders auf artspezifische Gerüche, wie Sexuallockstoffe, ansprechen.

es gibt Indizien, die immerhin eine besondere Verarbeitung nahelegen. Im Temporallappen von Affen befinden sich zum Beispiel Neuronen, die nur auf speziestypische Lautäußerungen reagieren. Anderen Lauten gegenüber sind diese Zellen unempfindlich. Hier sei daran erinnert, daß es im Temporalbereich auch Zellen gibt, die ganz speziell nur auf Gesichter reagieren.

Neben möglicherweise spezialisierten sensorischen Verarbeitungsmechanismen für emotional relevante Stimuli sind auch Systeme auf höherem Niveau denkbar, die andere Aspekte dieser Informationen beschreiben. Vielleicht existiert ein System zum intermodalen Vergleich von Prosodie und Gesichtsausdruck. Neben multiplen Systemen, die möglicherweise artspezifische Informationen kodieren, könnte es auch ein allgemeines cortikales System geben, das bei der Identifizierung „affektiver“ Reizattribute von Bedeutung ist. Ein interessantes Experiment von Gazzaniga und Le Doux illustriert ein solches System. Die Autoren zeigten Split-Brain-Patienten im rechten oder linken Gesichtsfeld verschiedene Stimuli. Die Aufgabe der Versuchspersonen bestand darin, den Reiz verbal zu beschreiben und auf einer fünf Punke umfassenden Skala anzukreuzen, ob sie ihn sehr mochten oder absolut nicht leiden konnten. Die Ergebnisse waren überraschend. Wie anzunehmen war, wurden nur die Reize, die im rechten Gesichtsfeld gezeigt worden waren (und deshalb in die linke, sprechende Hemisphäre gelangten), genau beschrieben. Trotzdem war die emotionale Einstufung der Reize in jeder Gesichtsfeldhälfte gleich. Offenbar unterscheiden sich die Faserverbindungen, welche die affektive Bedeutung eines Reizes weiterleiten, von jenen, die deren „objektive“ Eigenschaften vermitteln. Diese Trennung erinnert an den Unterschied zwischen dem Wissen, *was* ein Reiz beinhaltet und *wo* er sich befindet, so wie es beim Blindsehen (Kapitel 11) dargestellt wurde. Es gibt vielleicht auch ein drittes System, welches das subjektive Empfinden auf einen Reiz weitervermittelt, und zwar unabhängig davon, wo er ist und um was es sich handelt. Wir hatten alle schon die subjektive Erfahrung, daß etwas wie ein bestimmter Duft riecht oder wie ein bestimmter Ton klingt, auch wenn wir nicht genau sagen konnten, um welchen Reiz es sich handelt. Das heißt, wir haben diesbezüglich ein „intuitives Gefühl“. Dieses affektive System kann für unser Gedächtnis wichtig sein; da es vermutlich auch mit der Amygdala assoziiert ist, kann es zumindest teilweise erklären, warum die Amygdala bei Gedächtnisvorgängen eine Rolle spielt.

Die Analyse multipler Kanäle innerhalb der sensorischen Systeme hat ergeben, daß unterschiedliche Aspekte der sensorischen Wahrnehmungen in getrennten Verarbeitungsmodulen verarbeitet werden. Farbe, Orientierung, Bewegung und räumliche Tiefe scheinen jeweils unabhängige Eigenschaften eines visuellen Reizes zu sein. Die Übertragung des Konzepts multipler neuronaler Systeme auf die Verarbeitung emotionaler Stimuli hat den Nachteil, daß die einzelnen sensorischen Module noch nicht identifiziert sind. Dennoch scheint es möglich, daß autonome Reize in einen distinkten Verarbeitungsprozeß integriert sind, wobei die daran beteiligten neuronalen Elemente gut bekannt sind. Der mögliche Umfang anderer Komponenten muß noch untersucht werden. Wahrscheinlich gibt es separate Module für unterschiedliche Aspekte des Verhaltens (Gesichtsausdruck, Prosodie) und vielleicht auch für damit assoziierte kognitive Vorgänge.

Untersuchungen an Primaten: Präfrontale und paralimbische Läsionen

Obwohl Ehepartner oder Verwandte häufig Persönlichkeitsveränderungen bei hirnverletzten Patienten beobachten, wurden die relevanten Parameter einer solchen Veränderung beim Menschen bislang nur unzureichend spezifiziert. Sogar die Verhaltensänderungen bei Extremfällen wie Phineas Gage (Kapitel 14) werden nur allgemein beschrieben und selten objektiv definiert. Deshalb kommt der Untersuchung anderer Säugetiere, insbesondere Primaten, eine große Rolle zu, denn dabei gelang es, mehrere Gehirnregionen zu identifizieren, die bei emotionalem Verhalten eine wichtige Rolle spielen. Während der letzten 20 Jahre wurden Untersuchungen an verschiedenen Alt- und Neuweltaffen durchgeführt, wobei

Die Interpretation affektiver Reize durch neurologische Patienten

Ein bestimmtes emotionales Verhalten erscheint möglicherweise nicht nur deshalb abnorm, weil jemand ein angemessenes Verhalten nicht hervorbringen kann, sondern auch deshalb, weil die Person soziale und emotionale Signale anderer falsch interpretiert. Die Interpretation affektiver Reize durch neurologische Patienten ist auf vielfache Weise untersucht worden. Jede dieser Arten wird im folgenden getrennt betrachtet.

Einschätzung des Gemütsverfassung

Heilman und seine Mitarbeiter baten Patienten, die Stimmungslage eines Sprechers einzuschätzen. Dieser las einen Satz entweder ärgerlich, fröhlich oder mit einer anderen emotionalen Färbung vor. Bei dieser Aufgabe waren Patienten mit Läsionen in der rechten Hemisphäre (hauptsächlich temporoparietale Läsionen) mehr beeinträchtigt als Menschen mit entsprechenden Schädigungen der linken Hemisphäre. Diese Wahrnehmungsstörung bezüglich des Gehalts der Sprache wird von Ross als *sensorische Aprosodie* bezeichnet. Seiner Vermutung nach resultiert sie aus einer temporoparietalen Läsion der rechten Seite, genau wie Heilman und seine Mitarbeiter berichten. Es ist aber möglich, daß Patienten mit rechtstemporalen Lobektomien, deren musikalisches Wahrnehmungsvermögen – wie schon besprochen – gestört ist, bei einer Beurteilung des emotionalen Gehalts der Sprache beeinträchtigt sind, und zwar unabhängig davon, ob das rechtshemisphärische Analog des Wernickeschen Areals entfernt wurde oder nicht.

Der Sinn für Humor

Die Fähigkeit, Humor zu zeigen und den Humor eines anderen zu schätzen, gehört zu unseren ganz besonderen Eigenschaften und trägt sicher zu unserer Persönlichkeit bei. Über die neuronalen Grundlagen des Verständnisses für Humor ist, von zwei interessanten Untersuchungen von Gardner und seinen Mitarbeitern abgesehen, wenig bekannt. In der ersten Studie untersuchten sie das Verständnis und die Wertschätzung von Humor bei Patienten mit links- oder rechtshemisphärischen Läsionen. Sie baten diese, von vier Cartoons den witzigsten auszuwählen. Die Zeichnungen waren entweder mit einem kurzen Text versehen, oder sie waren völlig ohne Text. Die Resultate zeigten, daß alle Patienten bei dieser Aufgabe Defizite aufwiesen, und daß aber bezüglich ihrer Irrtümer eine Asymmetrie vorlag. Patienten mit Läsionen in der linken Hemisphäre waren bei Cartoons *ohne* Beschriftung recht gut, wohingegen Patienten mit rechtshemisphärischen Läsionen bei Karikaturen mit Text gute Leistungen zeigten. Auch unterschied sich das Verhalten der beiden Patientengruppen: Patienten mit linkshemisphärischen Läsionen benahmen sich „normal“. Diejenigen mit rechtshemisphärischen Schädigungen zeigten eine von zwei extremen Reaktionen: entweder sie lachten über jede Kleinigkeit, obwohl nicht sicher war, daß sie die Pointe verstanden hatten, oder sie zeigten praktisch keine Reaktion, auch wenn sie den Inhalt zu verstehen schienen. Das heißt, daß alle cortexgeschädigten Patienten in ihrer Reaktion auf humoristisches Material beeinträchtigt sind, jedoch scheinen Läsionen der rechten Hemisphäre grundsätzliche Auswirkungen auf das Verhalten des Patienten zu haben.

In einer zweiten Studie untersuchten Brownwell und Mitarbeiter, ob Patienten mit rechtshemisphärischen Läsionen noch einen emotionalen Zugang zu Witzen haben. Ihre Hypothese war, daß es, um einen Witz zu verstehen, zweier Dinge bedarf: Man muß für das Überraschungselement des Witzes im Moment der Pointe empfänglich sein, und man muß die Pointe mit dem restlichen Teil des Witzes in Zusammenhang bringen können. Anders ausgedrückt, der Zusammenhang zwischen dem Überraschungselement und dem Vorspann des Witzes muß erkannt werden. Gelingt dies nicht, so geht der Witz verloren. Um den verbalen Humor ihrer Patienten zu untersuchen, präsentierten sie ihren Versuchspersonen eine kurze Geschichte, die sich auf eine Pointe hin entwickelte und vier mögliche Enden hatte. Eines der Enden beinhaltete einen Überraschungseffekt, der zu der Geschichte paßte, ein zweiter Schluß bestand in einer Überraschung, die mit dem Inhalt der Geschichte nichts zu tun hatte, und die anderen beiden Enden beinhalteten keine Überraschung, sondern bestanden aus Sätzen, die kohärent mit dem Inhalt der Geschichte waren. Nehmen wir folgendes Beispiel: Der ewig schnorrende Nachbar kommt am Sonntagnachmittag zu Herrn Schmitt und fragt: „Sagen Sie, Schmitt, benutzen Sie heute Nachmittag ihren Rasenmäher?“ „Ja, das tue ich“, antwortet Schmitt genervt. Darauf der Nachbar: „Gut, dann brauchen Sie ja heute ihre Golfschläger nicht, ich möchte sie mir ausborgen.“

In der Untersuchung wurde den Versuchspersonen der letzte Satz nicht vorgegeben, aber sie konnten unter vier Alternativen wählen: 1) Das (korrekte) witzige Ende: „Gut, dann brauchen Sie ja heute ihre Golfschläger nicht, ich möchte sie mir ausborgen.“ 2) Ein Ende der Geschichte, das nicht im Sinnzusammenhang steht: „Sie wissen, daß das Gras gegenüber grüner ist.“ 3) Ein neutrales Ende: „Glauben Sie, daß ich ihn benutzen kann, wenn sie fertig sind?“ 4) Ein trauriges Ende: „Oh, wenn ich nur genug Geld hätte, dann könnte ich mir einen eigenen kaufen.“

Patienten mit rechtshemisphärischen Läsionen schnitten bei diesem Test schlecht ab. Sie wählten zwar meistens ein überraschendes Ende, aber die Variante mit dem zusammenhanglosen Ende wurde genauso wahrscheinlich gewählt wie der korrekte witzige Schluß. Den Patienten war durchaus bekannt, daß ein Witz mit einer Überraschung enden mußte, und sie erkannten auch, welche möglichen Schlußvarianten eine Überraschung beinhalteten. Sie konnten aber keine Interpretation der Geschichte entwickeln, durch die ein mögliches

Ende kohärent mit dem Rest des Witzes in Zusammenhang gebracht wird.

So implizieren Gardners Untersuchungen insgesamt, daß insbesondere Patienten mit Läsionen der rechten Hemisphäre einen recht atypischen Sinn für Humor haben. Dieses Resultat entspricht klinischen Beschreibungen solcher Patienten als Menschen, die auf Witze, Geschichten oder in Gesprächssituationen unangemessen reagieren. Es gibt keinen Hinweis darauf, mit welchen Gehirnregionen diese Störung am ehesten in Zusammenhang steht. Allerdings kann man aufgrund klinischer Befunde annehmen, daß der Frontallappen damit zu tun hat.

Die Beurteilung des Gesichtsausdrucks

In den letzten zehn Jahren gab es ein beträchtliches Interesse daran, wie gesunde Personen Gesichtsausdrücke wahrnehmen. Dies ist zum Teil auf die wegweisende Arbeit von Ekman und seinen Kollegen zurückzuführen. Inzwischen ist bekannt, daß Menschen sechs verschiedene Klassen des Gesichtsausdrucks unterscheiden können (glücklich, traurig, ärgerlich, überrascht, ängstlich und angewidert). Diese Fähigkeit besteht über kulturelle und linguistische Barrieren hinweg. Das heißt, die Menschen aus Neuguinea erkennen die gleichen Ausdruckskategorien wie Franzosen, Nigerianer oder Inder. Um diese Fähigkeit bei Patienten mit cerebralen Läsionen zu untersuchen, haben Kolb und Taylor eine Serie von verschiedenen Experimenten durchgeführt, bei denen die Versuchspersonen gebeten wurden, verschiedene Photographien von Gesichtern anhand der jeweiligen Emotion, die sie darauf ausgedrückt sahen, zu vergleichen. Patienten mit Läsionen in der rechten Hemisphäre lösten diese Aufgabe ganz besonders schlecht. Dieses Resultat deckt sich mit der vermuteten Rolle der rechten Hemisphäre bei der Verarbeitung von Informationen über Gesichter. Seltsamerweise schnitten

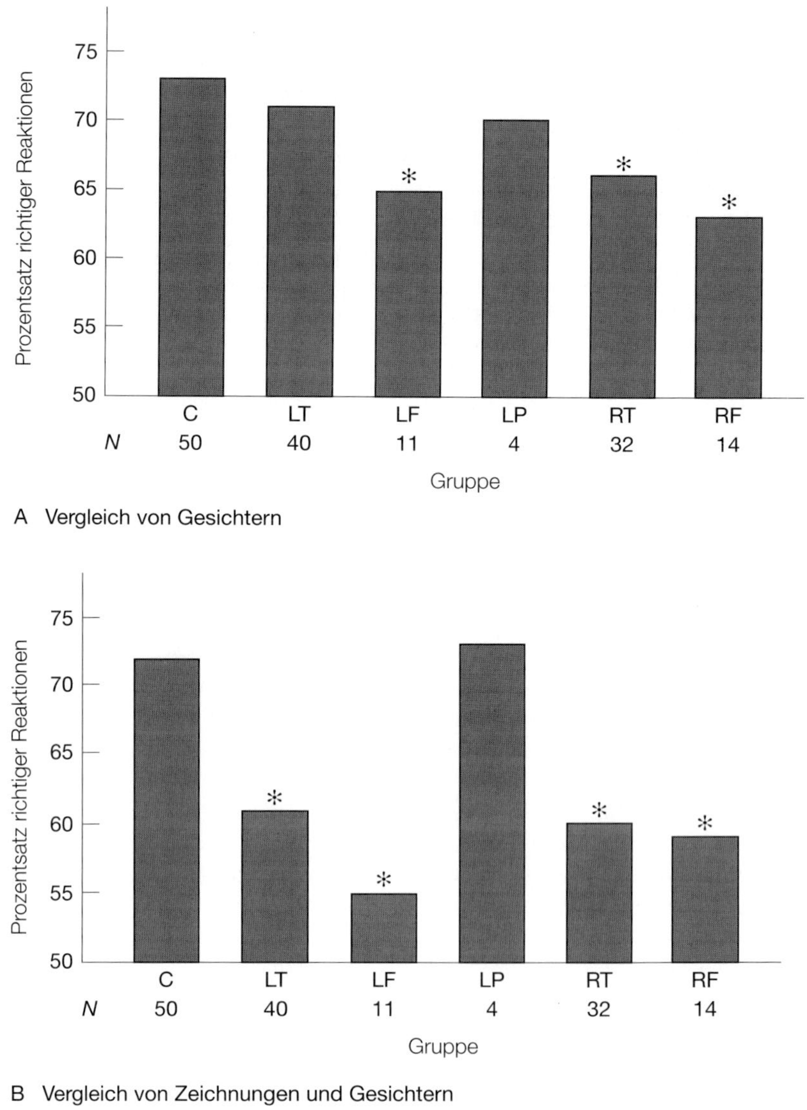

18.3 Leistung gesunder Kontrollpersonen (Gruppe C) und von Patienten, denen cortikales Gewebe operativ entfernt worden war, bei einem Test, bei dem der Ausdruck von Gesichtern verglichen werden sollte (Bildteil A), und bei einem Test, bei dem Witzzeichnungen eine bestimmte Mimik zugeordnet werden sollte (Bildteil B). Sowohl linksfrontale (LF) als auch rechtsfrontale (RF) Läsionen beeinträchtigen die Leistung in beiden Testsituationen. Läsionen im Temporallappen erzeugen einen asymmetrischen Effekt: linkstemporale Läsionen (LT) beeinträchtigten nur den Interpretationstest, wohingegen rechtstemporale Läsionen (RT) mit beiden Tests interferieren. Die Patientengruppe mit linksparietalen Läsionen hat bei keinem Test Schwierigkeiten (LP). Die Sterne weisen auf signifikante Unterschiede zu anderen Gruppen mit Läsionen auf der gleichen Seite. (Aus Kolb und Taylor 1988.)

Patienten mit linksfrontalen Läsionen schlechter ab als Patienten mit anderen linkshemisphärischen Läsionen. In einer späteren Folgestudie legten Kolb und Taylor einer wesentlich größeren Patientengruppe einen ähnlichen Test vor und fanden bei drei Patientengruppen eine signifikante Beeinträchtigung: bei Patienten mit linksfrontalen Läsionen und bei solchen mit rechtsfrontalen und temporalen Läsionen (Abbildung 18.3). Obgleich also die rechte Hemisphäre bei der Verarbeitung von Informationen über das Gesicht und die Mimik wahrscheinlich dominant ist, spielt die linke Hemisphäre auch eine Rolle. Möglicherweise steuert die linke Hemisphäre den verbalen Ausdruck. Dies könnte die Wahrnehmung erleichtern.

18.4 Zwei Beispiele für gezeichnete Situationen, die den Patienten mit der Aufforderung vorgelegt wurden, entweder den zum leergelassenen Gesicht passenden Gesichtsausdruck selbst zu ergänzen oder aus einer Auswahl von gezeichneten Gesichtern ein passendes auszuwählen. (Aus Kolb und Taylor 1988.)

Beurteilung emotionaler Situationen

Genau wie die Einschätzung des Gesichtsausdrucks ist auch das Erfassen emotionaler Situationen für unser Verstehen von Emotionen anderer Personen ganz zentral. Cicone und Mitarbeiter baten Patienten, eine Situation, etwa die eines Mannes, der gerade beraubt wird, mit vier anderen Szenen zu vergleichen. Diese beinhalteten zwar die gleiche Emotion, allerdings in ganz unterschiedlichen Situationen. Die Versuchspersonen sollten zum Beispiel entscheiden, ob entweder ein Mann, der in einer Lotterie gewinnt, oder eine Frau, die einkauft, oder ein Mann, der im Treibsand steckt, oder ein Kind, das Eis ißt, am ehesten in der emotionalen Situation des beraubten Mannes steckt. Natürlich käme am ehesten der Mann im Treibsand in Frage, weil beide Situationen beängstigend sind. Rechtshemisphärisch verletzte Patienten waren bei dieser Aufgabe stärker beeinträchtigt als linkshemisphärisch geschädigte, vorausgesetzt, die Szenen wurden nur als Zeichnung dargeboten. Bei verbalen Versionen (geschriebene oder erzählte Form) waren sie aber genauso beeinträchtigt wie linkshemisphärisch verletzte Personen. Die Autoren schließen daraus, daß die Schwierigkeit, emotionale Situationen zu verstehen, generell bei rechtshemisphärischen Patienten auftritt und daß sie bei linkshemisphärischen Patienten eine Folge von Sprachdefiziten ist. Möglich wäre dies, jedoch korreliert das Ausmaß der Beeinträchtigung mit der Läsionsgröße in der rechten Hemisphäre. Kolb und Taylor entdeckten nämlich, daß Patienten mit recht kleinen rechtshemisphärischen Läsionen bei der Beurteilung emotionaler Inhalte anhand verbaler Beschreibungen nicht beeinträchtigt waren – im Gegensatz zu Patienten mit vergleichbaren linkshemisphärischen Ausfällen. So wurden die Patienten beispielsweise gebeten, die jeweils passende Emotion mit einer Behauptung zu umschreiben, etwa mit dem Satz „Dieser Mensch befindet sich auf einer Beerdigung." Im Vergleich zu Kontrollpersonen sind hier linkshemisphärische, nicht aber rechtshemisphärische Patienten mit ihrem Urteil weniger treffsicher.

Kolb und Taylor haben unlängst Versuchspersonen mit Schemazeichnungen ähnlich denen in Abbildung 18.4 konfrontiert. Sie baten die Versuchspersonen, aus sechs Photos eines auszuwählen, das zu dem in der Zeichnung offen gelassenen Gesicht gehört. Dabei waren Patienten mit Läsionen des Frontal- oder Temporallappens – unabhängig von der jeweils betroffenen Hemisphäre – beeinträchtigt, wohingegen eine kleine Gruppe mit linksparietalen Läsionen normal reagierte. Das Resultat war unerwartet, steht aber mit der Hypothese in Einklang, daß sowohl linke als auch rechte frontale und temporale Gehirnbereiche an der Beurteilung emotionaler Situationen beteiligt sind.

Es bedarf noch weiterer, ausführlicherer Untersuchungen über die Fähigkeit zur Beurteilung emotionaler Situationen. Aber als vorläufige allgemeine Schlußfolgerung scheint sich herauszukristallisieren, daß rechtshemisphärische Läsionen auf diese Fähigkeit eine größere Wirkung haben als Läsionen der linken Seite. Dieses Schlußfolgerung steht mit den vielen unangemessenen Verhaltensreaktionen von Patienten mit rechtshemisphärischen Läsionen in Einklang. (Dies gilt insbesondere, wenn die Läsionen im Frontallappen sind.) Dennoch beeinflussen auch Läsionen in der linken Hemisphäre ganz sicher die Beurteilung emotionaler Situationen, wenn auch nicht notwendigerweise aus dem gleichen Grund.

Untersuchungen zur Lateralität

In den letzten Jahren hat sich das Interesse in der Lateralitätsforschung den affektiven Prozessen zugewandt. Die diesen Studien zugrundeliegende Logik besteht darin, durch bestimmte Methoden, etwa dichotische Hörtests, oder die Anwendung tachistoskopischer Techniken jeweils einer Hemisphäre Reizmaterial anzubieten, um dann herauszufinden, ob beide Hemisphären unterschiedlich reagieren. Ist zum Beispiel eine Hemisphäre der anderen beim Erkennen der emotionalen Färbung der Stimme oder des Gesichtsausdrucks überlegen, so kann man davon ausgehen, daß diese Hemisphäre auch bei der entsprechenden Funktion eine dominante Rolle spielt. Wir geben einen kurzen Überblick über die dazu vorliegenden Untersuchungen, wobei wir sie unter dem Gesichtspunkt behandeln, ob sie die Ausführung affektiver Verhaltensweisen oder die Wahrnehmung emotionaler Reize zum Gegenstand haben.

Ausführung affektiven Verhaltens

Eine Untersuchungsserie von Campbell hat gezeigt, daß mimische Bewegungen nicht immer symmetrisch sind, sondern hauptsächlich in der linken Gesichtshälfte vorkommen. Manche dieser Asymmetrien sind kaum wahrnehmbar, zum Beispiel der Ansatz eines leichten Lächelns auf der linken Seite (das Gesicht der Mona Lisa ist hier ein Beispiel). Andere Asymmetrien, etwa das Heben einer Augenbraue, das Zublinzeln oder ein schiefes Lächeln auf der linken Gesichtsseite, sind dagegen sehr ausgeprägt und auch sichtbar. Moscovitch und Olds haben in einer Untersuchung unbemerkt die Mimik von Personen in einem Restaurant gefilmt und dabei ein starkes Übergewicht der linken Gesichtshälfte gefunden. Ihre Beobachtungen bestätigten sie durch eine sorgfältige Analyse von Videoaufnahmen, in denen Menschen traurige und humorvolle Geschichten erzählen, und auch hier fanden sie wieder die oben beschriebene mimische Dominanz der linken Gesichtshälfte. Eine asymmetrische Produktion mimischer Gesichtsbewegungen kann darauf hindeuten, daß die rechte Hemisphäre für diese Funktion spezialisiert ist. Eine solche Schlußfolgerung steht auch im Einklang mit der hypothetischen Spezialisierung dieser Hemisphäre bei der Wahrnehmung (und Interpretation) des Gesichtsausdrucks. Man ist versucht, darüber zu spekulieren, daß eine Spezialisierung der rechten Hemisphäre bei der Produktion und Interpretation des Gesichtsausdrucks analog der Spezialisierung der linken Hemisphäre auf Produktion von Sprache ist, aber das muß erst noch nachgewiesen werden.

Die Wahrnehmung relevanter Reize

Bis heute wurden bei Untersuchungen der Frage, wie gesunde Personen emotionsgeladene Reize wahrnehmen, nur die visuelle und die auditorische Modalität berücksichtigt. Bei beiden Sinnesmodalitäten wird der Reiz normalerweise nur einer Hemisphäre dargeboten, und zwar entweder ausschließlich oder im direkten Wettstreit mit Informationen, welche gleichzeitig die andere Hemisphäre erhält. Für die visuelle Präsentation wurden zwei Vorgehensweisen entwickelt. In einer werden Gesichter mit verschiedenem Ausdruck (zum Beispiel traurig oder fröhlich) der linken beziehungsweise rechten Gesichtshälfte dargeboten, und die Versuchsperson wird gebeten, den Gesichtsausdruck zu beschreiben. Die Ergebnisse zeigen, daß Gesichter, die sich in der linken Gesichtshälfte befinden, mit größerer Wahrscheinlichkeit richtig interpretiert werden. Diese Überlegenheit kann dahingehend gedeutet werden, daß die rechte Hemisphäre auf die Wahrnehmung des Gesichtsausdrucks spezialisiert ist. Dies ist ein wichtiger Aspekt der nichtverbalen Kommunikation. Die zweite Vorgehensweise baut auf eine ausgefeilte Technik, die Dimond entwickelt hat. (Vergleiche eine neuere Studie von Wittling und Roschmann.) Dimond und seine Mitarbeiter verwendeten ganz besondere Kontaktlinsen, mit deren Hilfe sie der linken oder rechten Hemisphäre selektiv verschiedene Filme vorführen konnten. Die Versuchspersonen bewerteten jeden Film mit ein bis neun Punkten in den Bereichen „humorvoll", „angenehm", „erschreckend" oder „unangenehm". Die Filme, welche der rechten Hemisphäre dargeboten wurden, wurden eher als unangenehm und erschreckend eingestuft und führten auch zu vermehrten Reaktionen des autonomen Nervensystems (anhand der Pulsfrequenz gemessen). Dies gilt im Vergleich zu den Reaktionen anderer Versuchspersonen, nachdem die gleichen Filme deren linker Hemisphäre gezeigt worden waren. Dimond und seine Mitarbeiter glaubten daraus ableiten zu können, daß die beiden Hemisphären eine im wesentlichen unterschiedliche emotionale Wahrnehmung von Ereignissen entwickeln. Wenn die Versuchspersonen diese Filme auf ganz normale Weise sahen (komplettes Gesichtsfeld), so lag die Gesamtbeurteilung der Einschätzung der linken Hemisphäre viel näher. Das läßt vermuten, daß die Wahrnehmung der linken Hemisphäre dominant ist. Man könnte vorhersagen, daß Läsionen der linken Hemisphäre zu einem wesentlich negativeren Gesamteindruck von den Filmen beitragen würden. Dies ist aber bislang noch nicht untersucht worden.

Studien über die Asymmetrie der auditorischen Wahrnehmung emotionaler Stimuli haben sich im allgemeinen der Technik des „dichotischen Hörens" bedient. Diese zeigt eine Überlegenheit des linken Ohres für emotionales Material, etwa für Lachen oder Weinen. Die beeindruckendsten und überzeugendsten Experimente stammen von Ley und Bryden. Sie verwendeten eine ganze Anzahl kurzer Sätze, die mit glücklicher, trauriger, ärgerlicher oder neutraler Stimme gesprochen wurden. Diese Sätze wurden dichotisch mit neutralen Sätzen ähnlichen semantischen Inhalts gepaart. Die

Versuchspersonen wurden gebeten, auf ein Ohr besonders zu achten und dann den emotionalen Grundtenor des Satzes anzugeben. Darüber hinaus sollten sie Aussagen über den Inhalt machen, wobei sie in einem Multiple-choice-Verfahren die jeweiligen Antworten ankreuzen sollten. Fast alle Versuchspersonen weisen eine Dominanz des linken Ohres auf, wenn es um die Identifizierung des emotionalen Tenors einer Stimme geht, und sie zeigen gleichzeitig eine Überlegenheit des rechten Ohres, wenn der Inhalt der Aussage identifiziert werden soll. Dieses Resultat entspricht Befunden von Dimond und seinen Mitarbeitern, wonach die beiden Hemisphären mit visuellem Material auf unterschiedliche Weise umgehen.

Zusammenfassung

Die Forschungsergebnisse zu subjektiven Interpretation emotionaler Zustände sind vielfältigen Kritiken ausgesetzt – zum Teil wohl allein deshalb, weil es schwierig ist, geeignete Experimente zu entwerfen. Darüber hinaus kann der Ansatz auch kritisiert werden, weil die Stichprobe in den meisten Fällen sehr klein ist und die Läsionen stark variieren. Außerdem erschwert eine Aphasie bei Patienten mit Läsionen der linken Hemisphäre die Untersuchung erheblich, so daß in einigen Untersuchungen inzwischen nur Vergleiche zwischen Patienten mit rechtshemisphärischen Schädigungen und gesunden Kontrollpersonen gezogen werden.

Trotzdem können wir davon ausgehen, daß sich Läsionen der linken und rechten Hemisphäre unterschiedlich auf emotionales Verhalten auswirken: Schädigungen der rechten Hemisphäre scheinen stärkere Effekte hervorzurufen, besonders bei der Interpretation von Emotionen. Diese Schlußfolgerung wird durch Lateralitätsuntersuchungen unterstützt, ist aber nicht allgemein anerkannt.

In einer ausgezeichneten Übersichtsarbeit zog Tucker den Schluß, daß die rechte Hemisphäre vermutlich eine Sonderrolle bei der Verarbeitung negativer Emotionen habe, wohingegen die linke Hemisphäre eher bei positiven Emotionen eine Rolle spiele. Uns scheint die weniger aufwendige Hypothese akzeptabel zu sein, die besagt, daß die rechte Hemisphäre stärker in alle Aspekte des emotionalen Verhaltens involviert ist.

Läsionen des Frontallappens vermindern den Einsatz von Mimik, verändern spontanes Sprechen und ganz allgemein das Sozialverhalten stärker als Läsionen an irgendeinem anderen Ort im Cortex. Diese Effekte – besonders das spontane Sprechen – unterscheiden sich etwas bei links- und rechtsseitigen Läsionen.

Schädigungen des Temporallappens sind mit einer Gruppe von Verhaltenssymptomen verbunden, von denen viele nur bei rechts- oder linksseitigen Läsionen auftreten.

Auch offenbar gesunde Personen zeigen häufig Eigenarten in Charakter und emotionalem Verhalten, die für Patienten mit Hirnschädigungen typisch sind. Das läßt uns spekulieren, daß die unterschiedlichen Persönlichkeiten des Menschen auf Unterschieden in der cerebralen Organisation basieren, ob diese nun angeboren sind oder erworben. Man könnte zum Beispiel die Hypothese aufstellen, daß überkritische Menschen im Verhältnis kleinere oder neuronal weniger aktive Temporallappen haben oder daß Menschen, die nicht viel Mimik zeigen, kleinere oder inaktivere Frontallappen haben. Da verschiedene Menschen bei kognitiven Tests sehr unterschiedlich abschneiden, wäre es interessant, die Unterschiede bei kognitiven und emotionalen Tests bei *ein und demselben gesunden* Individuum zu erforschen.

Literatur

Bear, D.M., P. Fedio. Quantitative analysis of interictal behavior in temporal lobe epilepsy. *Archives of Neurology* 34: 454–467, 1977.

Bihrle, A.M., H.H. Brownell, J.A. Powelson, H. Gardner. Comprehension of humorous and nonhumorous materials by left and right brain-damaged patients. *Brain and Cognition* 5: 399–411, 1986.

Blonder, L.X., Bowers, D., Heilman, K.M. The role of the right hemisphere on emotional communication. *Brain* 114: 1115–1127, 1991.

Blumer, D. Temporal lobe epilepsy and its psychiatric significance. In: D.E. Blumer, D. Benson (Hrsg.) *Psychiatric Aspects of Neurological Disease.* New York: Grune & Stratton, 1975.

Borod, J.C., E. Koff, M. Perlman Lorch, M. Nicholas. The expression and perception of facial emotion in brain-damaged patients. *Neuropsychologia* 24: 169–180, 1986.

Brady, J.V. Emotional behavior. *Handbook of Psychology,* Bethesda, MD: American Physiological Society Bd. 3: 1529–1552, 1960.

Brown, S., E.A. Schaefer. An investigation into the functions of the occipital and temporal lobe of the monkey's brain. *Philosophical Transactions of the Royal Society* Teil B: 179: 303–327, 1888.

Brownell, H.H., D. Michel, J. Powelson, H. Gardner. Surprise but not coherence: Sensitivity to verbal humor in right-hemisphere patients. *Brain and Language 18:* 20–27,1983.

Bruyer, R. (Hrsg.) *The Neuropsychology of Face Perception and Facial Expression.* Hillsdale, NJ: Lawrence Erlbaum Associates, 1986.

Butter, C.M., D.R. Snyder. Alterations in aversive and aggressive behaviors following orbital frontal lesions in rhesus monkeys. *Acta Neurobiologiae Experimentalis 32:* 525–565,1972.

Campbell, R. The lateralisation of emotion: A critical review. *International Journal of Psychology* 17: 211–229, 1982.

Dimond, S.J., L. Farrington. Emotional response to films shown to the right or left hemisphere of the brain measured by heart rate. *Acta Psychologia* 41: 255–260, 1977.

Dimond, S.J., L. Farrington, P. Johnson. Differing emotional response from right and left hemispheres. *Nature* 261: 690–692,1976.

Dunbar, H.F. *Emotions and Bodily Changes,* 4. Aufl. New York: Columbia, 1954.

Ekman, P., W.V. Friesen, P. Ellsworth. *Emotion in the Human Face.* New York: Pergamon, 1972.

Fedio, P., A. Martin. Ideative-emotive behavioral characteristics of patients following left or right temporal lobectomy. *Epilepsia* 254: S117–S130, 1983.

Gainotti, G. Réactions, „catastrophiques" et manifestations d'indifference au cours des atteintes cérébrales. *Neuropsychologia* 7: 195–204, 1969.

Gainotti, G. Emotional behavior and hemispheric side of the lesion. *Cortex* 8: 41–55, 1972.

Gardner, H., P.K. King, L. Flamm, J. Silverman. Comprehension and appreciation of humorous material following brain damage. *Brain* 98: 399–412, 1975.

Gazzaniga, M., J.E. Le Doux. *The Integrated Mind.* New York: Plenum, 1978.

Goldstein, K. *The Organism: A Holistic Approach to Biology, Derived from Pathological Data in Man.* New York: American Book, 1939.

Haggard, M. P., A.M. Parkinson. Stimulus and task factors as determinants of ear advantages. *Quaterly Journal of Experimental Psychology* 23: 168–177, 1971.

Heilman, K.M., Bowers, D., Valenstein, E. Emotional disorders associated with neurological diseases. In: Heilman, K.M., Valenstein, E. (Hrsg.) *Clinical Neurophysiology*, 3. Auflage New York, Oxford University Press, 1993.

Kent, R.D., J.C. Rosenbek. Prosodic disturbance and neurological lesion. *Brain and Language* 15: 259–291, 1982.

Klüver, H., P.C. Bucy. Preliminary analysis of the temporal lobes in monkeys. *Archives of Neurology and Psychiatry* 42: 979–1000, 1939.

Kolb, B., B. Milner. Observations on spontaneous facial expression after focal cerebral excisions and after intracarotid injection of sodium Amytal. *Neuropsychologia 19:* 505–514,1981.

Kolb, B., L. Taylor. Affective behavior in patients with localized cortical excisions: Role of lesion site and side. *Science* 214: 89–91, 1981.

Kolb, B., L. Taylor. Facial expression and the neocortex. *Society for Neuroscience Abstracts* 14: 219, 1988.

Le Doux, J.E. Cognition and emotion. In: M. S. Gazzaniga (Hrsg.) *Handbook of Cognitive Neuroscience.* New York, Plenum, 1984.

Ley, R.G., M.P. Bryden. Hemispheric differences in processing emotions and faces. *Brain and Language 7:* 127–138,1979.

Ley, R.G., M.P. Bryden. A dissociation of right and left hemispheric effects for recognizing emotional tone and verbal content. *Brain and Cognition 1:* 3–9, 1982.

Marlowe, W.B., E.L. Mancall, J. J. Thomas. Complete Klüver-Bucy syndrome in man. *Cortex 11:* 53–59, 1975.

Milner, B. Brain mechanisms suggested by studies of the temporal lobes. In: C.H. Millikan, F.L. Darley (Hrsg.) *Brain Mechanisms Underlying Speech and Language.* New York: Grune & Stratton, 1967.

Moscovitch, M., J. Olds. Asymmetries in spontaneous facial expressions and their possible relation to hemispheric specialization. *Neuropsychologia* 20: 71–82, 1982.

Myers, R.E. Role of the prefrontal and anterior temporal cortex in social behavior and affect in monkeys. *Acta Neurobiologiae Experimentalis* 32: 567–579, 1972.

Myers, R.E., C. Swett, M. Miller. Loss of social group affinities following prefrontal lesions in free-ranging macaques. *Brain Research* 64: 257–269, 1973.

Papez, J.W.A. Proposed mechanism of emotion. *Archives of Neurology and Psychiatry* 38: 725–744, 1937

Peters, M., D. Ploog. Frontal lobe lesions and social behavior in the squirrel monkey *(Saimiri):* A pilot study. *Acta Biologica Medica (Germany)* 35: 1317–1326, 1976.

Raleigh, M. J., H.D. Steklis. Effects of orbitofrontal and temporal neocortical lesions on the affiliative behavior of vervet monkeys *(Ceropithecus aethiops sabaeus). Experimental Neurology* 73: 378–389, 1981.

Robinson, R.G., K. Kubos, L.B. Starr; K. Rao, T.R. Price. Mood disorders in stroke patients. *Brain* 107: 81–93, 1984.

Ross, E.D. The aprosodias: Functional-anatomical organization of the affective components of language in the right hemisphere. *Archives of Neurology* 38: 561–569, 1981.

Ross, E.D., Homann, R.W., Buck, R. Differential hemispheric lateralization of primary and social emotions. *Neuropsychiatry, Neuropsychology, and Behavioral Neurology* 7/1: 1–19, 1994.

Ross, E.D., A.J. Rush. Diagnosis and neuroanatomical correlates of depression in brain-damaged patients. *Archives of General Psychiatry* 38: 1344–1354, 1981.

Sachdev, H.S., S.G. Waxman. Frequency of hypergraphia in temporal lobe epilepsy: An index of interictal behaviour syndrome. *Journal of Neurology, Neurosurgery, and Psychiatry* 44: 358–360, 1981.

Suomi, S.J., H.F. Harlow, J.K. Lewis. Effect of bilateral frontal lobectomy on social preferences of rhesus monkeys.

Journal of Comparative and Physiological Psychology 70: 448–453, 1970.

Terzian, H. Behavioral and EEG effects of intracarotid sodium Amytal injection. *Acta Neurochirurgia* 12: 230–239, 1964.

Thorne, B.M. Brain lesions and effective behavior in primates. A selceted review. *Journal of General Psychology* *86:* 153–162,1972.

Tompkins, C.A., C.A. Mateer. Right hemisphere appreciation of intonational and linguistic indications of affect. *Brain and Language* 24: 185–203, 1985.

Tucker, D.M. Lateral brain function, emotion, and conceptualization. *Psychological Bulletin* 89: 19–46, 1981.

Tucker, D.M., R.T. Watson, K.M. Heilman. Discrimination and evocation of affectively intoned speech in patients with right parietal disease. *Neurology* 27: 947–950, 1977.

Wittling, W., R. Roschmann. Emotion-related hemisphere asymmetry: Subjective emotional responses to laterally presented films. *Cortex* 29: 431–438, 1993.

19

Verhalten im Raum

Den Begriff „Raum" kann man sehr unterschiedlich verstehen und verwenden. Unser Körper beansprucht Raum, er bewegt sich durch den Raum, er interagiert mit Dingen im Raum, und wir können Repräsentationen des Raums mental drehen oder verändern, Andere Objekte benötigen ebenfalls Raum und stehen miteinander und mit uns in räumlichen Beziehungen. Philosophen haben sich schon gefragt, ob Objekte überhaupt ohne Raum existieren und ob es umgekehrt auch einen Raum ohne Objekte geben kann. Sie sind auch der Frage nachgegangen, ob der Raum tatsächlich ein Merkmal des Universums darstellt oder nur in unseren Köpfen besteht. Wie entwickelt sich das Konzept des Raums in einem Menschen von Kindheit an? Das Raumkonzept von Tieren (zum Beispiel Hunden oder Katzen) wird sich wahrscheinlich von dem eines Piloten in vielfacher Hinsicht unterscheiden. Unter dem Konzept „räumliche Fähigkeiten" werden viele Elemente zusammengefaßt, die auch anderen Domänen zugeordnet werden können, zum Beispiel sensorische Fähigkeiten, Aspekte des Gedächtnisses und der Aufmerksamkeit oder motorische Verhaltensweisen. Zweifellos hat diese Vielfalt Ratcliff dazu veranlaßt, am Ende einer 1982 verfaßten Übersichtsarbeit zu schreiben, daß es sich dabei um eine sehr selektive und sehr spekulative Arbeit handele und daß die getroffenen Schlußfolgerungen mit großer Wahrscheinlichkeit unvollständig und vielleicht sogar falsch seien. Diesem Kapitel liegt die Annahme zugrunde, daß es mehrere räumliche Systeme gibt, die jeweils eine separate neuronale Repräsentation haben.

Hintergrundinformationen

Die heute gängige Ansicht über die funktionale Organisation des Gehirns besagt, daß die räumliche Verarbeitung eine Funktion der rechten Hemisphäre ist. John Hughlings Jackson war der erste, der vermutete, daß die rechte Hemisphäre einige ganz besondere Wahrnehmungsfähigkeiten besitzt, um damit die Sprachfunktionen der linken Hemisphäre zu ergänzen. In seinem berühmten Aufsatz *On the Nature of the Duality of the Brain* („Über die Art des Dualismus des Gehirns") aus dem Jahre 1874 sagte er bereits voraus, daß ein Mensch mit einer auf den posterioren Teil der rechten Hemisphäre begrenzten Läsion ein ganz besonderes Syndrom aufweisen sollte:

> Der Patient wird Schwierigkeiten haben, Gegenstände zu erkennen, es wird ihm auch schwerfallen, bereits Geschehenes miteinander in Beziehung zu setzen, und zwar nicht deshalb, weil ihm die Wörter fehlen, sondern wegen seiner Unfähigkeit, Bilder von Personen, Objekten und Räumen zu entwerfen, für die die Wörter nur Symbole sind ... Er kann vor seinem geistigen Auge keine Vorstellung von verschiedenen Orten nacheinander entwickeln, er kann sich dadurch nicht in Erinnerung rufen, wo er gewesen ist, und es deshalb auch nicht in Worte fassen. (Taylor 1932, S. 144.)

Hughlings Jackson schrieb der rechten Hemisphäre Funktionen im Bereich der räumlichen Wahrnehmung zu, obwohl er zugab, daß die Indizien dafür nicht besonders stark waren. In einer Anzahl von Arbeiten verschiedener Wissenschaftler wurden in den Jahren von 1876 bis 1905 Krankenberichte angeführt, in denen es ganz speziell um Schwierigkeiten bei der räumlichen Wahrnehmung ging. Damit wurde Jacksons Ansicht bestätigt, daß es eine solche Störung überhaupt gibt. Zwar schienen bei den meisten Patienten bilaterale Schädigungen vorzuliegen und nicht nur Läsionen im rechten posterioren Bereich, dennoch blieb die Auffassung bestehen, daß die rechte Hemisphäre beim räumlichen Denken eine Sonderstellung einnimmt.

Der erste Weltkrieg führte zu weiteren Fortschritten beim Verständnis räumlicher Störungen im Zusammenhang mit Hirnverletzungen. Damals wurde jedoch die Möglichkeit, daß eine Beziehung zwischen den räumlichen Störungen und rechtshemisphärischen Verletzungen besteht, im großen und ganzen ignoriert. Bis zum Jahre 1950 war schließlich eine große Anzahl von Fällen mit räumlichen Störungen beschrieben worden (Tabelle 19.1), aber von einer asymmetrischen Repräsentation räumlicher Funktionen in den beiden Hemisphären war wieder nichts zu lesen. Dies mag damit zusammenhängen, daß sich die meisten Berichte auf Einzelfälle stützten, die leicht zu Fehlinterpretationen führen können. In einer systematischen Untersuchung von Zangwill, Hécaen und ihren Mitarbeitern aus den fünfziger Jahren wurde die Bedeutung der rechten Hemisphäre für räumliches Verhalten noch einmal einer Überprüfung, unterzogen. Heute besteht wenig Zweifel daran, daß die rechte Hemisphäre bei räumlichen Verhaltensweisen eine besondere Bedeutung hat. Es gibt aber auch, wie von Metha und Mitarbeitern beschrieben, Ausfälle in der räumlichen Informationsverarbeitung, wenn Menschen linkshemisphärische oder bilaterale Gehirnschädigungen haben.

Tabelle 19.1: Arten „räumlicher Defizite", die in der klinischen Literatur beschrieben sind

Verhalten	Literatur
gestörte Augenbewegungen auf bestimmte Punkte im Raum	Balint 1909; Tyler 1968
schlechte Lokalisation visueller, auditorischer oder taktiler Reize im Raum	Head 1920; Shankweiler 1951; Holmes 1919
Fehlgreifen nach Objekten	Brain 1941
Neglect der linken Hälfte des Raums	Brain 1941; Oxbury et al.1974
Rechts-links-Verwechslung	Benton 1959
konstruktive Apraxie	Benton 1979
Amnesie für Wege und Orte	Paterson und Zangwill 1944
Leistungseinbuße bei Labyrinth-aufgaben	Corkin 1965; Milner 1965
gestörte Bewegung im Raum	Semmes et al.1963
schlechtes Zeichnen	McFie und Zangwill 1960
Leistungseinbußen bei Tests der mentalen räumlichen Transformationsfähigkeit	de Renzi 1982
Unfähigkeit zur visuellen oder taktilen Bestimmung der Ausrichtung von Linien	de Renzi et al.1971; Benton et al.1978
fehlerhafte Formunterscheidung	de Renzi und Scotti 1969

Die Organisation räumlichen Verhaltens

Raum kann man in eine Anzahl von Unterräume aufteilen (Abbildung 19.1). Dazu gehören der Körper selbst und seine Oberfläche, die unmittelbare, in Reichweite liegende Umgebung des Körpers und der übrige, weiter entfernte Raum, durch den sich der Körper bewegt. Raum kann man auch mit einer zeitlichen Dimension wahrnehmen (zukünftiger und vergangener Raum), und schließlich produziert das Gehirn noch eine interne Repräsentation des Raums. In allen diesen Unterräumen können sich reale oder imaginäre Objekte befinden. Untersucht man das Verhalten im Raum, muß man herausfinden, wie das Gehirn diese verschiedenen Arten und Eigenschaften des Raums repräsentiert.

Selbstbezogene, reizbezogene und ortsbezogene Reaktionen

Eine der Möglichkeiten, räumliche Aktivitäten zu unterteilen, besteht darin, die sensomotorischen Reaktionen bei Bewegungen von Mensch und Tier als Grundlage dafür zu nehmen. Diese Verhaltensweisen wurden von O'Keefe und Nadel in drei verschiedene Typen unterteilt, nämlich in solche, die in Abhängigkeit der eigenen Position, von der Position eines Reizes oder der örtlichen Gegebenheiten vollzogen werden.

Mit dieser Unterteilung beschrieben O'Keefe und Nadel die Bewegungen des gesamten Körpers im Raum. Man kann damit aber auch nur die Bewegungen eines Körperteils beschreiben, zum Beispiel die einer Hand, die nach etwas greift.

Unter *selbstbezogenen Positionsreaktionen* versteht man Bewegungen, die den Körper als Bezugspunkt verwenden. Verhaltensweisen wie Drehungen nach links oder rechts und die Bewegungen von Armen und Beinen oder von anderen Körperteilen zählen dazu. Um diese ausführen zu können, braucht man keine externen Hinweisreize. Ein Beispiel für eine solche Positionsreaktion besteht darin, daß man sich fast immer automatisch nach links wendet, wenn man durch eine

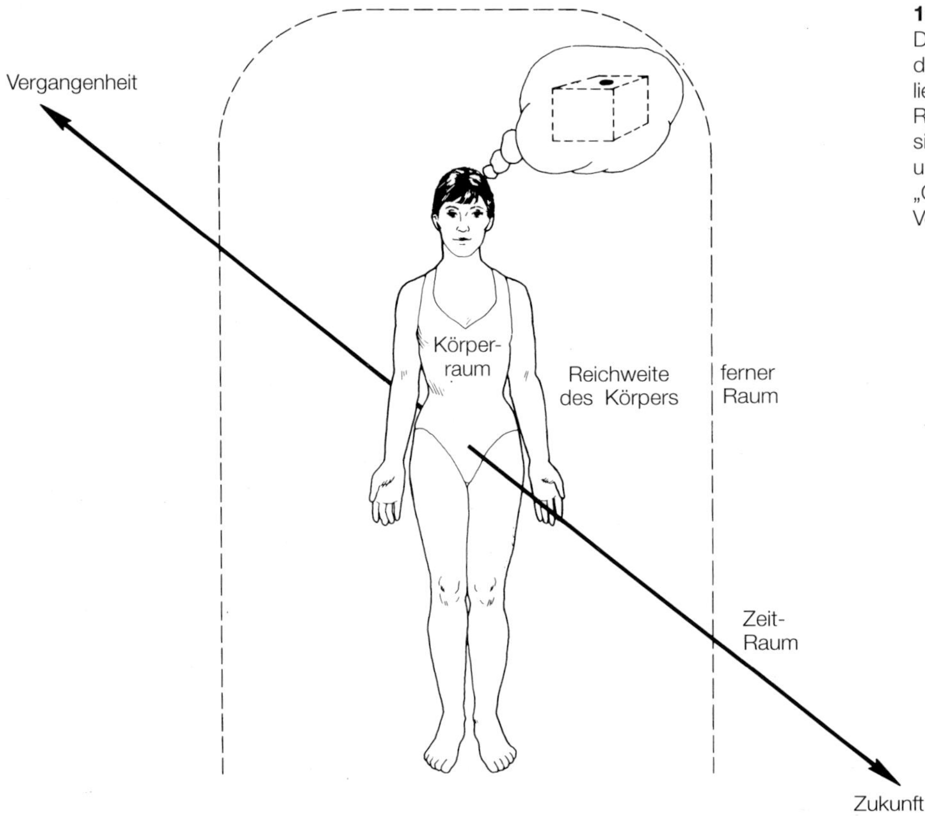

19.1 Ein Modell der Aufteilung des Raums. Der Körper ist von einem Raum umgeben, der in unmittelbarer Reichweite der Hände liegt. Diesen umgibt der weiter entfernte Raum. Der Pfeil symbolisiert die Zeitdimension des Raumes, also Gegenwart, Zukunft und Vergangenheit. Die Schachtel in der „Gedankenblase" symbolisiert die mentale Vorstellung von Raum.

Tür tritt, automatisch die Schlüssel an den Haken hängt oder auf den Tisch legt, oder charakteristische gestische Bewegungen ausführt. Sobald diese Bewegungen einmal erworben sind, werden sie fast immer automatisch und ohne bewußte Überwachung durchgeführt. Solche Positionsreaktionen werden auch als *egozentrisch* bezeichnet, und zwar in dem Sinn, daß sie den eigenen Körper als Bezugssystem haben.

Reizbezogene Reaktionen werden von einem bestimmten Reiz geleitet. Dazu gehört, daß man zu oder von einem Objekt geht, daß man einem Geruch oder Klang folgt oder versucht, ein sichtbares Objekt zu ergreifen. Im allgemeinen genügen Veränderungen des Reizgradienten (der Klang wird lauter, wenn man näher kommt), um eine Bewegung zu steuern. So glaubt man zum Beispiel, daß Lachse die jeweils richtigen Flüsse zu ihren Laichplätzen wiederfinden, indem sie ganz bestimmten olfaktorischen Reizen folgen. Motten, die zum Licht fliegen, zeigen wohl eine visuelle Reaktion.

Ortsbezogene Reaktionen führen eine Person zu einem ganz bestimmten Ort oder Objekt, der beziehungsweise das auch durchaus außerhalb des unmittelbaren sichtbaren Bereichs liegen kann. Dabei leiten uns Orientierungspunkte, die zwar in Beziehung zum Reiz stehen, aber für den Reiz selbst keine Bedeutung haben. Ein häufig genanntes Beispiel für eine ortsbezogene Reaktion ist folgendes: Eine Person stellt ihr Auto auf einem leeren Parkplatz ab. Als sie zurückkommt, ist der Parkplatz voller Autos und das eigene Fahrzeug nicht mehr zu sehen. Dennoch kann es durchaus sein, daß die Person ziemlich exakt auf ihr Auto zuläuft, weil sie weiß, wo es sich im Verhältnis zur Geometrie des Parkplatzes und in Beziehung zu umgebenden Gebäuden befindet.

Diese unterschiedlichen „Strategien" werden im täglichen Leben häufig verwendet, und zwar sowohl gleichzeitig als auch der Reihe nach.

Um sie genauer zu untersuchen, entwickelten Wissenschaftler Aufgaben, welche die Anwendung von jeweils einer der drei Strategien erfordern, damit sie voneinander isoliert untersucht werden können. Die Abbildung 19.2 illustriert eine Reihe von Aufgaben, die man verwendet, um zu untersuchen, durch welche Strategien sich Ratten im Raum zurechtfinden. Der Teil D dieser Abbildung stellt einen typischen Laborraum dar, der zahlreiche visuelle Stimuli enthält, etwa Regale, Bilder, Fenster und so weiter.

Im Zentrum des Raumes befindet sich ein Wasserbecken, in dem die räumlichen Orientierungsfähigkeiten von Ratten getestet werden können. Aufgabe der Ratten ist es, im Wasser schwimmend eine Plattform zu erreichen, die entweder sichtbar sein kann (reizbezogene Reaktion) oder unsichtbar unter der Wasseroberfläche. Im letzten Fall muß die Ratte Orientierungsmarken im Zimmer benutzen, um die Plattform zu finden (ortsbezogene Reaktion).

(Ratten sind ganz ausgezeichnete Schwimmer; weil sie so klein sind und daher besonders schnell auskühlen, wenn sie sich zu lange im Wasser aufhalten, haben sie eine hohe Motivation, wieder aus dem Wasser herauszukommen.)

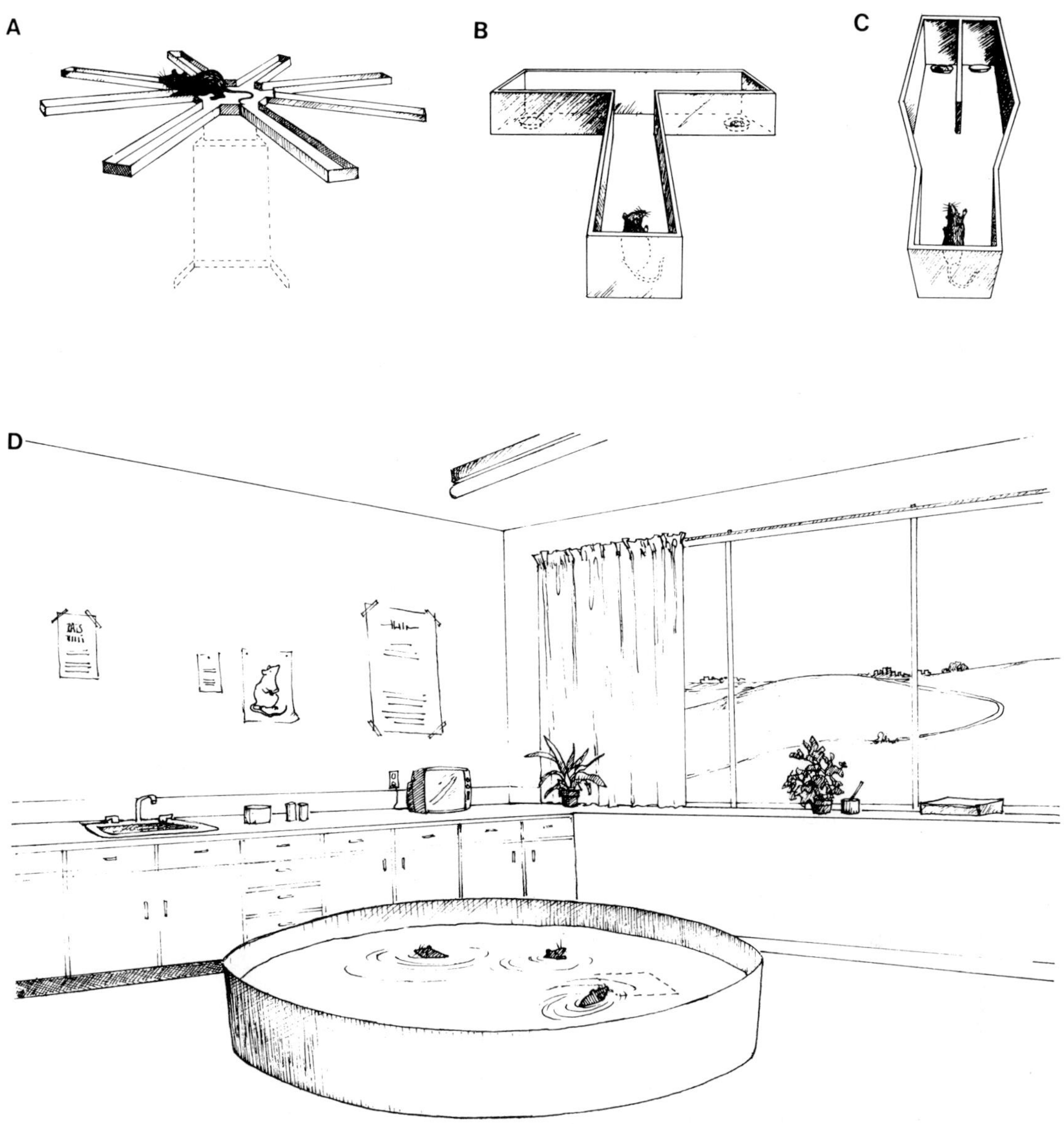

19.2 Apparaturen zur Untersuchung des räumlichen Verhaltens bei Nagetieren. A. Das radiale Armlabyrinth von Olton. B. T-Labyrinth. C. Y-Labyrinth. D. Die Wasseraufgabe von Morris. Das radiale Armlabyrinth wurde von Olton entwickelt, um das Erkundungsverhalten zu untersuchen. Die Ratte muß in diesem Falle lernen, welcher der Eingänge zu Futter führt und welche sie an einem bestimmten Tag bereits schon untersucht hat. Das Y-Labyrinth stellt einen Test für Rechts-links-Unterscheidung dar. Das Futter wird so lange am Ende des einen Ganges abgelegt, bis das Tier dessen Position gelernt hat. Dann wird das Futter in den anderen Gang gelegt. Bei der Wasseraufgabe von Morris muß das Tier den Ort einer untergetauchten, also verborgenen Plattform, lokalisieren lernen. Der einzige Hinweis auf die Position der Plattform ist deren räumliche Relation zu verschiedenen Objekten im Raum. Alle diese Testapparaturen werden gewöhnlich in offenen Räumen verwendet, in denen die Tiere viele Umgebungsreize zu ihrer Orientierung verwenden können.

Die verschiedenen „Labyrinthe", die in den Bildteilen A, B und C dargestellt sind, können statt des Schwimmbeckens verwendet werden.

Interessanterweise hat man zu einem früheren Zeitpunkt in unserem Jahrhundert geglaubt, daß Tiere, wie Ratten, Labyrinthe durch selbstbezogene Positionsreaktionen lernen. Tolman hat jedoch schon vermutet, daß Ratten und Menschen so etwas wie „räumliche" Landkarten ihrer Umgebung bilden und die Aufgaben dadurch meistern, daß sie ortsbezogene Reaktionen ausführen. Neuere Arbeiten mit Labyrinthen haben ergeben, daß Ratten eine ortsbezogene Reaktion in einem einzigen Versuchsdurchgang erlernen können (so schnell wie Menschen) und daß sie sich daran tagelang erinnern können! Sherry konnte zeigen, daß Vögel, die Futtervorräte anlegen, in der Lage sind, sich an mehrere tausend verschiedene Orte, an denen sie zuvor Nahrung versteckt hatten, zu erinnern. Ein weiterer Hinweis auf die immense Bedeutung der Fähigkeit ortsbezogener Reaktionen stammt aus unserer täglichen Erfahrung. Wir können uns oft daran erinnern, an welcher Stelle eines Buches wir eine ganz bestimmte Textpassage lasen, obwohl wir uns an das, was im Buch stand, kaum noch erinnern.

Um die räumlichen Fähigkeiten von Primaten und Menschen zu untersuchen, wurden ähnliche Testverfahren entwickelt. Beim Acredolo-Test werden Kinder zum Beispiel in einen kleinen, unauffälligen Raum geführt, der an einem Ende ein Fenster und an einem anderen eine Tür hat und an dessen einer Wand ein Tisch steht. Sie werden an eine Ecke des Tisches gebracht. Dann verbindet man den Kindern die Augen und führt sie auf Umwegen zurück zur Tür oder zum Fenster. Die Augenbinde wird abgenommen, und die Kinder werden gebeten, an die Stelle zurückzulaufen, wo ihnen die Augen verbunden wurden. Ohne daß sie es wissen, wird manchmal der Tisch woanders hingestellt. Orientiert sich das Kind ortsbezogen, so kehrt es zum richtigen Ort zurück, auch wenn der Tisch verstellt wurde. Orientiert sich das Kind reizbezogen, so geht es direkt auf den Tisch zu. Und wenn sich ein Kind schließlich anhand von einer selbstbezogenen Positionsreaktion orientiert, dann dreht es sich in die Richtung, in die es beim ersten Eintreten in das Zimmer gebracht wurde.

Für Primaten gibt es zwei häufig verwendete Testverfahren. In seinem bekannten Versuch versteckte Menzel Futter an verschiedenen Stellen auf einem Feld, während ihn eine Gruppe Schimpansen beobachtete. Etwas später durften die Tiere nach dem Futter suchen und fanden alles sehr schnell und auf dem kürzesten Weg.

Die meisten Tests werden mit dem WGTA durchgeführt (*Wisconsin General Test Apparatus*). Hierbei sitzt der Affe im Käfig und hat eine undurchsichtige Scheibe vor sich. Diese wird angehoben, und das Tier kann auf einen Tisch schauen, auf dem verschiedene Objekte liegen. Normalerweise ist eine Erdnuß unter einem der Objekte verborgen. Dieses Objekt kann immer das rechts vom Tier gelegene sein (selbstbezogene Positionsaufgabe). Oder die Belohnung befindet sich immer unter dem einzig neu hinzugekommenen Objekt (reizbezogene Aufgabe), oder sie befindet sich immer unter dem Objekt, das in zwei aufeinanderfolgenden Durchgängen an der gleichen Stelle liegt (ortsbezogene Aufgabe; Abbildung 19.3).

Räumliche Orientierungstests kann man auch daheim mit seinen Haustieren durchführen. Besitzen Sie einen Hund, können Sie mit ihm durch das Haus gehen und dabei Leckerbissen verstecken. Wenn der Hund später danach sucht, wird er eine andere, aber zielgerichtete Route wählen. Sie könnten auch mehrere identische Futternäpfe an verschiedenen Orten aufstellen, von denen manche Futter enthalten, andere nicht. Ihr Haustier wird das sehr schnell lernen und nur die vollen Futternäpfe aufsuchen. Wenn Sie jedoch verschiedene Gefäße benutzen und diese bei jedem Versuch woanders aufstellen, dann kann sich das Tier nicht mehr an Umgebungmarken orientieren (ortsbezogene Aufgabe), sondern wird das Futter

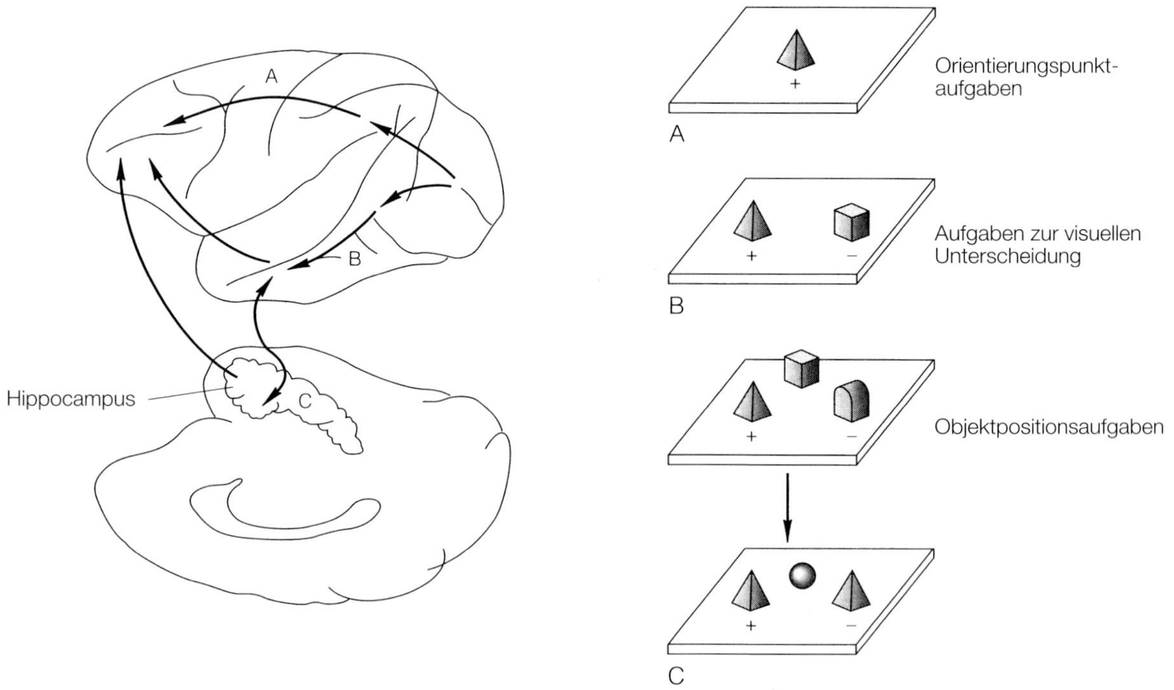

19.3 Der linke Teil der Abbildung zeigt anatomische Faserverbindungen des dorsalen Systems, das die Lokalisation von Objekten innerhalb des globalen Raums bestimmt (A), das ventrale System zur Objektidentifizierung (B) und den Hippocampus (C), der die Lokalisation von Objekten identifiziert. Sowohl das dorsale wie das ventrale System sind mit dem Hippocampus verbunden. Rechts sind drei Tests dargestellt, die das Lernen räumlicher Beziehungen (A), die Objektunterscheidung (B) und die räumliche Erinnerung erfordern (C).

aufgrund des Aussehens der Schüssel finden müssen (reizbezogene Aufgabe).

Die Evolution und Entwicklung des Verhaltens im Raum

Im Laufe der Evolution bewegten sich die Tiere zuerst mit dem ganzen Körper, dann entstand die Fähigkeit, koordinierte Bewegungen mit den Gliedmaßen zu machen, und schließlich entwickelte sich die Fähigkeit, mit den Gliedmaßen einzelne, unabhängige Bewegungen auszuführen. Kann man sich eine dazu parallele Evolution der Strategien räumlicher Bewegung vorstellen? Man glaubt, daß sich selbstbezogene und reizbezogene Reaktionen recht früh in der Evolution entwickelt haben, raumbezogene Reaktionen dagegen erst mit dem Neocortex auftraten. Natürlich wurden die Bewegungsstrategien immer mehr verfeinert, als sich die Bewegungsfähigkeiten der Gliedmaßen weiter entwickelten. Es existieren entwicklungsbiologische Hinweise dafür, daß sich räumliche Strategien in Individuen in folgender Ordnung entwickeln: selbstbezogene Reaktionen, reizbezogene Reaktionen, ortsbezogene Reaktionen. Untersuchungen an jungen Ratten zeigen zum Beispiel, daß diese schon in der Säugeperiode (etwa 22 Tage nach der Geburt) reizbezogene Reaktionen durchführen können, ortsbezogene Reaktionen aber erst danach möglich sind. Acredolo, der den oben beschriebenen Test für Kinder entwickelt hat, berichtete, daß dreijährige Kinder hauptsächlich selbstbezogene Reaktionen zeigen, etwas ältere Kinder reizbezogene Reaktionen und Siebenjährige schließlich ortsbezogene Reaktionen. Diese Entwicklung räumlicher Orientierung ist analog zu den Entwicklungsstadien, die Piaget als egozentrisch (Position), konkrekt (hinweisbezogen) und formal (ortsbezogen) beschrieb.

Sensorische Kontrolle des Verhaltens im Raum

Somatosensorische Signale und Informationen aus dem Vestibularorgan sind im allgemeinen nicht dazu geeignet, uns durch die Außenwelt zu führen. Sie sind dann sinnvoll, wenn es darum geht, die Lage des Körpers und die Bewegung von Körperteilen festzustellen oder für selbstbezogene Reaktionen den Rahmen abzustecken. Der Geruchssinn und das Gehör haben – beim Menschen – für die Bewegung im Raum auch nur eine begrenzte Funktion. Beide können dagegen reizbezogene Reaktionen ganz ausgezeichnet lenken (zum Beispiel der Lachs, der zu seinen Laichgründen schwimmt); weniger wahrscheinlich aber ist es, daß man sie für ortsbezogene Reaktionen verwendet.

Reize, auf die diese beiden Sinne ansprechen, stammen aber meist von Objekten außerhalb des Gesichtsfeldes, so daß ein Tier nur aus dem Reiz selbst eine Vorstellung des Zielobjekts entwerfen kann. So weiß vermutlich ein Hund, der der Fährte einer Person nachspürt, daß er einen Menschen verfolgt und kein Kaninchen. Dieser Vorgang, mit dem ein Gegenstand mental repräsentiert wird, könnte auch zum räumlichen Verständnis beitragen.

Menschen verwenden visuelle Orientierungspunkte normalerweise für ortsbezogene Reaktionen. Ein Seemann, der nachts über eine Meeresbucht fährt, kann ein Ziel auf der anderen Seite exakt ansteuern, wenn er sich beispielsweise am Polarstern orientiert und eine Richtung einschlägt, die im richtigen Winkel dazu steht. Pick und Rieser berichten, daß die Bewohner der Pulawat-Inseln Tausende von Kilometern segeln können, indem sie sich einer solchen Navigation bedienen. Daß Menschen und Tiere visuelle Informationen für komplexe navigatorische Entscheidungen mit solcher Leichtigkeit verwenden können, bestärkt uns in unserer Annahme, daß dem Gesichtssinn bei der räumlichen Navigation eine Sonderrolle zukommt.

Realer Raum und kognitiver Raum

In der experimentellen Literatur werden dem Raum häufig alle seine scheinbaren Charakteristika auch tatsächlich zugesprochen. Man nennt ihn **Euklidschen Raum**, genausogut kann man ihn aber **realen Raum** nennen. Dennoch muß es eine *interne Repräsentation* des Raums geben. Wir können zum Beispiel aus dem Kopf eine Wegstreckenkarte zeichnen oder uns ein Objekt von einer anderen Seite vorstellen, als von der wir es tatsächlich gerade betrachten, ohne daß wir uns bewegen müssen. Offenkundig muß also der reale Raum in unserem Gehirn eine kognitive Repräsentation haben. Diese bezeichnet man als **kognitiven** Raum. Man kann natürlich nicht erwarten, daß dem kognitiven Raum die Vielfalt des tatsächlich existierenden Raums zukommt. Einerseits, weil es unmöglich wäre, so viele Einzelheiten zu speichern, und zum anderen, weil wir ja Zugang zu all diesen Einzelheiten haben, wenn wir uns tatsächlich darauf zubewegen. Die kognitive Repräsentation des Raums ist von Erfahrungen abhängig und verfeinert sich mit ihnen. Aus diesem Grund sind Kinder nicht in der Lage, komplexe kognitive Repräsentationen – insbesondere von distalen Räumen – zu machen. Aber sogar die Repräsentationen von Erwachsenen sind nicht unbedingt genau. Einer der Autoren dieses Buches bemerkte bei einem Besuch des Bauernhofes, auf dem er aufgewachsen war, daß sich das große Bauernhaus aus seiner Erinnerung als ein kleines Gebäude entpuppte und die riesigen Wiesen, die er als Junge mähen mußte, „in Wirklichkeit" kleine Grasflächen waren. Der andere von uns hatte die östlichen Teile von Nordamerika als eine Reihe von nah beieinanderliegenden Städten gespeichert. Das Gebiet westlich von Chicago war ihm allerdings als sehr groß und die Städte als sehr weit voneinander entfernt im Bewußtsein. Daher unternahm er einmal in gutem Glauben den hoffnungslosen Versuch, an einem Nachmittag von Ontario nach Nova Scotia zu fahren (eine Strecke, die drei Tage in Anspruch nimmt).

Eine Eigenschaft des kognitiven Raums ist die **mentale Rotation.** Unter mentaler Rotation versteht man die Fähigkeit, neue Perspektiven zu gewinnen, sich die andere Seite von Dingen vorzustellen und so weiter. Mit der **Faktorenanalyse** (einem mathematischen Test zum Bestimmen, was einer heterogenen Gruppe von Elementen gemeinsam ist) kann man die räumlichen Fähigkeiten in zwei große Kategorien teilen: in die Visualisierung und die Orientierung. Unter *Visualisierung* versteht man die Fähigkeit, zwei- oder dreidimensionale Bilder oder Objekte im Geist zu manipulieren oder zu drehen. Unter *Orientierung* wird die Fähigkeit verstanden, sich durch eine veränderte räumliche Konfiguration nicht verwirren zu lassen. Die neuralen Mechanismen, die kognitiven Raum repräsentieren, geben auch gleichzeitig die Grenzen vor, in denen der reale Raum repräsentiert werden kann. So werden zum Beispiel horizontale und vertikale Linien, die im 90°-Winkel zueinander stehen, leicht unterschieden. Sind die rechtwinkligen Linien aber schräg angeordnet, kann man sie nicht so leicht voneinander trennen. Manche Tiere und manche Menschen mit einer Gehirnverletzung können schräge Linien überhaupt nicht mehr voneinander unterscheiden.

Einige Wissenschaftler haben vorgeschlagen, daß der kognitive Raum analog zum realen Raum organisiert ist und daß sowohl Tiere als auch Menschen „kognitive Karten" haben, welche die reale Welt repräsentieren. O'Keefe und Nadel bezeichneten den Hippocampus als neurales Substrat einer solchen Landkarte. Nach ihrer Vorstellung erlaubt uns der Hippocampus also die Orientierung in unserer Umwelt und ermöglicht auch die Orientierung in unserem Gehirn selbst. Das heißt für Sprache zum Beispiel, daß die eine Wortkategorie an einem Ort, eine andere an einem anderen Ort gespeichert würde, und der Hippocampus dazu dient, sie zu finden. Wenn wir also nach dem Namen eines Vogels suchen, dann überprüfen wir einen begrenzten Teil unseres neuralen Raums nach Vogelnamen. Dabei stoßen wir auf falsche Vogelnamen, oder wir kommen auch auf die Namen anderer fliegender Lebewesen, die wir dann, ähnlich wie bei einer physischen Suche, zur Seite legen, um weiterzusuchen. Der Gedanke, daß es in unserem Gehirn zum Suchen eine Struktur gibt, kann eine Erklärung für seltsam erscheinende „Versprecher" sein. Wenn wir zum Beispiel an den Namen einer Person denken, sprechen wir vielleicht versehentlich den Namen von jemand anderem aus. Möglicherweise könnte ein solcher Vorgang auch für die seltsamen Symptome der Tiefendyslexie verantwortlich sein, wenn jemand zum Beispiel „Vogel" vorlesen soll und „Schmetterling" sagt. Solche Irrtümer deuten darauf hin, daß das Suchsystem Fehler macht. Es ist auch möglich, daß wir andere Arten von Informationen in Koordinatensystemen speichern. Die meisten Leute halten zum Beispiel Graphiken oder Tabellen für gute Möglichkeiten, große Informationsmengen darzustellen. Betrachten sie sich zum Beispiel die Weltkarte in Abbildung 19.4. Die unterschiedlichen Schattierungen geben die durchschnittliche Gehirngröße der Menschen an, die in dem jeweiligen Teil der Welt leben. In dieser Karte werden Unmengen von Berechnungen auf eine einfach zu erfassende Weise dargestellt, und sie zeigt uns gleichzeitig, daß es zwischen Gehirngröße und Klima eine eindeutige Beziehung gibt. (Eine Erklärung dafür scheint zu sein, daß runde Köpfe weniger Wärme abgeben als schmale und daher vor allem in kühlen Klimazonen vorkommen. Runde Köpfe haben geometrisch aber auch ein größeres Volumen.)

19.4 Eine Karte des Schädelvolumens von Menschen, die aus verschiedenen Teilen der Welt stammen. Die dunklere Schattierung weist auf ein höheres Volumen hin. In derartigen Karten kann man große Mengen an Informationen räumlich darstellen. (Nach Beals et al. 1984.)

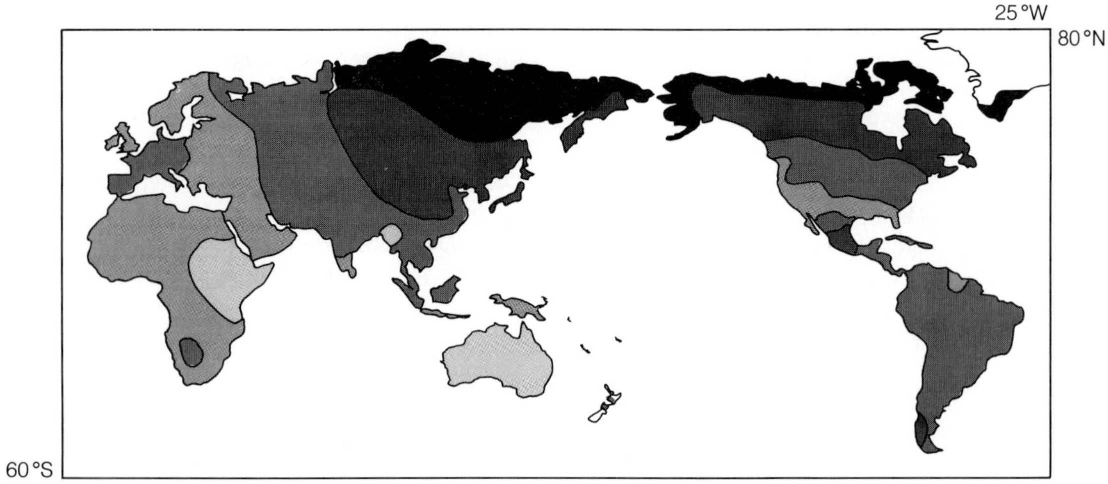

Die neuronale Repräsentation des Raums

In einigen Theorien über das Verhalten im Raum wird zwischen einem fokalen Raum und einem globalen Raum unterschieden. Der fokale Raum ist dabei der Teil des Raumes, den wir direkt ansehen, so daß sein Bild auf der Fovea der Retina liegt, der globale Raum liegt außerhalb des fokalen und wird von den umgebenden Rezeptoren wahrgenommen. Der Teil des Raumes, auf den man fokussiert, wird scharf und detailliert wahrgenommen, während der umgebende Raum verschwommen und nur oberflächlich, ohne Details, wahrgenommen wird. Trotzdem sind auch im globalen Raum bestimmte Objekte erkennbar, so daß er den Kontext für den fokalen Raum bildet. Unser eigener Körper zum Beispiel füllt einen großen Teil des globalen Raums. Sogar wenn wir ein weit entferntes Objekt ansehen, nehmen wir unseren Körper wahr, und wenn wir eine Hand oder einen Fuß bewegen, bemerken wir das. Wenn ein anderes Objekt in unseren globalen Raum kommt (ein über uns fliegender Vogel oder eine Biene, die sich von der Seite nähert), bemerken wir die Bewegung. Wir können die Welt sozusagen im Vorübergehen wahrnehmen, ohne irgendwelche Details zu sehen. Viele unserer Bewegungen finden auch innerhalb dieses globalen Raums statt. Wenn wir zum Beispiel nach etwas greifen, sehen wir fast während des gesamten Vorgangs nur verschwommene Umrisse unserer Hand. Sogar wenn die Finger den Gegenstand anfassen, bleiben sie unscharf. Globaler Raum schließt vermutlich auch eine zeitliche Dimension mit ein. Ohne über die Einzelheiten in der Vergangenheit und die zukünftigen Vorgänge nachzudenken, sind wir uns dennoch dieser Dimensionen bewußt.

Der globale Raum scheint der Rahmen zu sein, innerhalb dem wir unsere und die Bewegungen anderer Objekte registrieren. Der fokale Raum dagegen ist der Raum, auf den wir fokussieren. Objekte in diesem Raum werden scharf gesehen, sind farbig und können aufgrund ihrer Oberfläche und Form identifiziert werden. Der fokale Raum bildet einen Teil des globalen Raums und stellt eher die Identität der Objekte, als ihre Bewegung und Lage dar.

Bewegungen kann man danach einteilen, ob sie auf den globalen oder den fokalen Raum bezogen sind. Wenn wir uns im Raum bewegen, benutzen wir den globalen Raum als Bezugsrahmen. Wenn uns etwas „ins Auge springt" (etwa ein entferntes Objekt, das sich plötzlich bewegt), dann verändern wir den Ausschnitt dieses Rahmens durch eine Orientierungsbewegung. Zuerst bewegen wir unsere Augen, dann den Kopf und, wenn wir etwas greifen wollen, unsere Hand. Obwohl diese Bewegungen nacheinander abzulaufen scheinen, zeigen Ableitungen der Muskelaktivität, daß sie gleichzeitig ausgelöst werden. Man faßt sie daher als *Orientierungsreaktion* zusammen. Im Gegensatz dazu stehen die Bewegungen, die wir relativ zum fokalen Raum machen: Kopf und Körper bleiben still, während die Augen kleine, sakkadische Bewegungen machen, um einen Gegenstand abzutasten. (Sie können sich diese Unterschiede leicht vor Augen führen. Versuchen Sie eine Seite Text zu lesen, indem sie nur den Kopf, nicht die Augäpfel bewegen, oder verfolgen Sie die Bewegung eines Objekts nur mit den Augen.)

Versuchen wir nun ein Gedankenexperiment: Stellen Sie sich vor, Sie könnten keinen fokalen Raum sehen, nur den globalen. Sie können Ihr Umfeld zwar wahrnehmen, aber gleichzeitig Gegenstände nicht identifizieren, wenn Sie diese genau ansehen. Alternativ wäre es möglich, daß zwar Ihr fokales Sehen intakt ist, nicht aber Ihr globales. In diesem Fall würden Sie nur das sehen, was Sie direkt anschauen und Sie könnten die Umgebung nicht miteinbeziehen oder Ihre Aufmerksamkeit auf neue Dinge lenken, die am Rand auftauchen. Solche Behinderungen kann man tatsächlich bei Menschen mit Gehirnschäden und auch in Tierversuchen beobachten, bei denen man die neuronalen Grundlagen des Verhaltens im Raum untersucht. Das besprechen wir in den folgenden Abschnitten.

In vielen Experimenten, die Mishkin und seine Mitarbeiter während der letzten 20 Jahre durchgeführt haben, kam zum Ausdruck, daß es mindestens zwei neuronale Systeme gibt, welche die für die Repräsentation von Objekten im visuellen Raum relevanten Informationen verarbeiten: nämlich den posterioren Parietalcortex und den temporalen Cortex. Beide erhalten Informationen über Faserverbindungen, die im visuellen Cortex entspringen. Ein dorsal gelegener Faserzug projiziert zum posterioren parietalen Cortex, ein ventraler zum inferioren temporalen. Diese Faserverbindungen und ihre jeweiligen Zielareale sind in Abbildung 19.3 dargestellt. Sowohl der posterior-parietale Cortex als auch der inferotemporale projizieren zum frontalen Bereich, wo sie Bewegungen wie Augenbewegungen, Greifbewegungen und die Fortbewegung beeinflussen.

Einige Theorien bringen diese beiden neuronalen Systeme mit dem globalen und fokalen Sehen in Verbindung. So vermutet Previc, daß die untergeordneten Sehfelder mehr für das globale Sehen verantwortlich sind (also für die Umgebung, die man nur am Rande wahrnimmt), die übergeordneten Sehfelder sollen dagegen für das fokale Sehen von größerer Bedeutung sein (also für das, was man direkt betrachtet). Die magnozellulären Neurone des visuellen Systems – die auf Bewegung und Form reagieren und über die Areale V5 und V7a (PG) des Parietalcortex auf die frontalen Augenfelder des dorsolateralen Frontalcortex (Areal 8) projizieren – sollen für Aktivitäten innerhalb des globalen Raums verantwortlich sein. Dazu gehören die Orientierungsreaktionen, die Augen, Kopf und eventuell auch die Hand einem Objekt zuwenden. Auf der anderen Seite, so vermutet man, führt das parvozelluläre System Aktionen im fokalen Raum aus. Dieses System ist form- und farbsensitiv und projiziert über die Areale V3 und V4 auf den inferioren Temporalcortex und von dort auf den mediolateralen Frontalcortex (Areale 9 und 46).

Es mag ein wenig sonderbar erscheinen, daß die Ortsbestimmung eines Objekts und seine Identifizierung neuronal getrennt vonstatten geht. Woher wissen wir also, daß „in der linken Ecke unseres Schreibtisches ein Bleistift liegt"? Die Trennung der beiden Fasersysteme kann auch funktional begründet sein. Es gibt keine absolute Beziehung zwischen einem Objekt und einem Ort, denn ein Ort im Raum kann von verschiedenen Objekten zu unterschiedlichen Zeiten eingenommen werden, und jedes Objekt kann viele unterschiedliche Orte im Raum besetzen. Man kann sich auch viele Situationen vorstellen, in denen es zwar wichtig ist, ein Objekt zu lokalisieren, aber wo es keine Rolle spielt, um welches Objekt es sich handelt, und umgekehrt. Stellen Sie sich zum Beispiel vor, Sie hätten eine große Landkarte (die den visuellen Raum repräsentiert) und eine Schachtel mit kleinen Modellautos (Taxis). Diese repräsentieren die Objekte. Sowohl die Karte als auch die Modellautos sind voneinander unabhängig. Wird jedoch ein Auto auf die Landkarte gesetzt, treten diese beiden Systeme in Beziehung, und eine bedeutungsvolle räumliche Repräsentation entsteht. Zum Beispiel: Rolfs Taxi befindet sich zwischen Goethe- und Schillerstraße.

Obwohl nicht genau bekannt ist, welche Rolle die Parietal- und Temporallappensysteme für das Verhalten im Raum spielen, und noch weniger darüber, wie sie zusammenarbeiten, möchten wir im folgenden Abschnitt einige Hinweise darauf zusammenfassen, daß beide Strukturen für dieses Verhalten von Bedeutung sind.

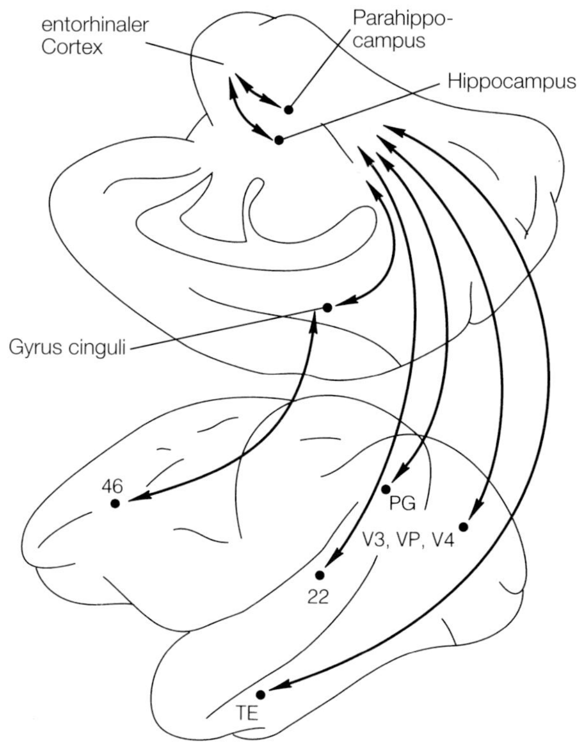

19.5 Die afferenten und efferenten Fasertrakte, die den Cortex über den entorhinalen Cortex mit dem Hippocampus verbinden.

Die Temporallappen

Der Hippocampus hat sehr enge Verbindungen mit dem olfaktorischen System und wird daher als Teil des **Rhinencephalons** (Riechhirn) betrachtet. Es überrascht daher, daß er mitunter auch mit der Raumwahrnehmung in Verbindung gebracht worden ist. Der Hippocampus ist eine von mehreren, miteinander verbundenen Strukturen, die zusammen die Hippocampusformation bilden. Diese hat an ihrem posterioren Ende zahlreiche reziproke Verbindungen mit den Temporallappen. Das anterior gelegene Ende der Hippocampusformation ist intensiv mit einer Reihe subcortikaler Strukturen verbunden, wie zum Beispiel dem Septum, den Mamillarkörpern, dem basalen Prosencephalon und dem Thalamus (Abbildung 19.5).

Die Vorstellung, der Hippocampus könnte eine Rolle für das Verhalten im Raum spielen, entstand aus einer Arbeit von O'Keefe und Dostrovsky von 1971, in der sie die Aktivität von acht Neuronen beschrieben. Wenn sie Ratten auf eine Testplattform setzten, feuerten diese Zellen in Abhängigkeit von der Richtung, in der die Ratten saßen. Das in Abbildung 19.6 dargestellte Neuron feuerte zum Beispiel nur, wenn man die Ratte in einer ganz bestimmten Richtung festhielt. Aufgrund der Eigenschaften dieser Zellen stellten die Autoren die Hypothese auf, daß der Hippocampus eine Karte enthält, welche die Umwelt repräsentiert, und mit der ein Tier die Veränderungen der räumlichen Verhältnisse bei Bewegung vorausberechnen kann.

Diese anfängliche Annahme mag spekulativ erscheinen, wurde aber durch drei Arten von Untersuchungen untermauert: Einzelzellableitungen an hippocampalen Neuronen, Läsionsstudien im Hippocampus und vergleichende Untersuchungen der Hippocampusgröße bei verschiedenen Tierarten. Die Einzelzellableitungen zeigen, daß bestimmte Neurone nach kurzer Zeit zu feuern beginnen, wenn sich die Ratte an bestimmten Stellen in einer neuen Umgebung befindet. Dabei ist es für manche Zellen irrelevant, ob die Ratte selbst an diese Stellen läuft oder vom Experimentator dorthin gebracht wird. Andere Zellen kodieren sowohl den Aufenthaltsort der Ratte wie auch ihre Bewegungsrichtung und Geschwindigkeit. Verändert man die Umgebungsreize, dann modifizieren die Zellen ihre Aktivität, um die neue Umgebung zu repräsentieren.

Nach Schädigungen des Hippocampus können sich Tiere nicht mehr in ihrer Umwelt orientieren. In ihrem Buch *The Hippocampus as a Cognitive Map* („Der Hippocampus als kognitive Landkarte") haben O'Keefe und Nadel die umfangreiche Literatur über Labyrinthversuche an Tieren zusammengefaßt. Sie kamen zu dem Schluß, daß die meisten Behinderungen der Tiere durch den Verlust einer kognitiven Landkarte erklärt werden könnten. Einige wenige Ergebnisse von Schwimmbeckenexperimenten sollen die wichtigsten Schlußfolgerungen erläutern. Man setzt eine Ratte in ein

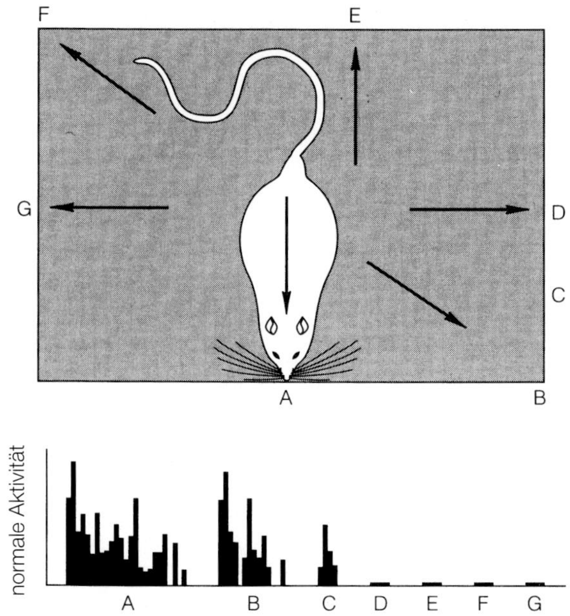

19.6 Die Antworten eines einzelnen Neurons im Hippocampus einer Ratte, das auf die Orientierung des Tieres reagiert. Die Zelle zeigt die stärkste Aktivität, wenn das Tier in Richtung A sitzt und feuert weniger stark bei anderen Orientierungen, CB–G. (Nach O'Keefe und Dostrovsky, 1971.)

Schwimmbecken mit einer – unter der Wasseroberfläche versteckten – Plattform, auf die sich das Tier retten kann (Abbildung 19.2). Beim ersten Versuch schwimmt die Ratte vom Startpunkt aus ziellos im Becken umher, bis sie zufällig auf die Plattform trifft. Man läßt sie nun an einer anderen Stelle ins Wasser, und dieses Mal findet die Ratte die Plattform schon etwas schneller. Nach etwa einem Dutzend Versuchen schwimmt die Ratte direkt auf die Plattform zu, unabhängig davon, wo man sie ins Wasser gesetzt hat. Da die Plattform unsichtbar unter der Wasseroberfläche ist, kann die Ratte sie nur finden, wenn sie die Umgebungsreize zur Orientierung verwendet. Das Tier muß also die Lage der Plattform relativ zu verschiedenen Orientierungspunkten im Raum irgendwie kognitiv repräsentieren. Sind der Hippocampus oder seine Verbindungen zerstört, zeigen die Ratten schwerwiegende Behinderungen bei dieser Aufgabe. Dabei handelt es sich jedoch nicht eine Lernbehinderung; bringt man nämlich die Plattform sichtbar im Pool an, lernen auch solche Ratten sehr schnell, die Plattform anzuschwimmen. Wird die Plattform wieder versteckt, gelingt ihnen das nicht mehr; sie sind in ihrer Orientierung beeinträchtigt. Das deutet darauf hin, daß der Hippocampus bei der Orientierung anhand von Umgebungsreizen beteiligt sein muß.

Weitere Hinweise für die Bedeutung des Hippocampus bei der räumlichen Orientierung erhielt man aus Versuchen mit Vögeln. Viele Vögel verstecken Futter, zum Beispiel Sonnenblumenkerne, um sie irgendwann später zu fressen. Manche Vögel können ihr Futter an Hunderten von verschiedenen Stellen verstecken und finden sie später wieder. Um herauszufinden, ob der Hippocampus dabei eine Rolle spielt, haben Sherry und Mitarbeiter die Hippocampusgröße von Vogelarten gemessen, die zwar nahe miteinander verwandt sind, sich aber darin unterschieden, ob sie Futterdepots anlegen oder nicht. Die Hippocampusformation ist bei den Vogelarten mit Futterdepots größer als bei denen, die dieses Verhalten nicht zeigen.

Auch bei Affen konnte man eine Beziehung des Hippocampus zum Verhalten im Raum feststellen. Nach Ergebnissen von Angeli und Mitarbeitern haben Affen, denen man selektiv die Hippocampi entfernt hat, Probleme, wenn sie sich zwischen mehr als zwei verschiedenen Orten entscheiden müssen. Es bereitet ihnen jedoch keine Schwierigkeiten, sich die Identität von Objekten zu merken.

Die bisher dargestellten Ergebnisse unterstützen die Vorstellung, daß der Hippocampus als kognitive Landkarte dient, mit deren Hilfe räumliche Orientierungsaufgaben gelöst werden können. Allerdings gibt es auch Beobachtungen, die dieses Bild noch komplizieren. Dressiert man eine Ratte in einer Orientierungsaufgabe vor oder sehr lange nach dem Herausnehmen des Hippocampus, dann kann sie die Aufgabe trotzdem erlernen. Sie muß also definitionsgemäß noch immer eine räumliche Landkarte haben, die nicht im Hippocampus ist. Genauso haben Patienten mit anterograder topographischer Amnesie eine Karte der Orte, die sie vor ihrer Amnesie kannten. Auch bei ihnen muß also noch eine Landkarte vorhanden sein. Man weiß bisher nicht, ob dies die einzige Landkarte ist und wo sie lokalisiert ist, man vermutet aber, daß sie im Cortex liegt.

Räumliche Störungen beim Menschen

Viele klinische Studien berichten über Patienten, die ausgeprägte Schwierigkeiten haben, sich in ihrer Umgebung zurechtzufinden, und zwar sogar dann, wenn sie damit vor Krankheitsbeginn gut vertraut gewesen waren. Man nennt das **topographische Amnesie**. Viele dieser Berichte sind deshalb schwer zu interpretieren, weil die Patienten auch andere räumliche Defizite zeigen, etwa eine Verwechslung von rechts und links, einen kontralateralen Neglect, Störungen in der sensorisch-räumlichen Analyse und Gesichtsfelddefekte Der erste Bericht von einer topographischen Gedächtnisstörung stammt von Hughlings Jackson (1876). Seine Patientin hatte ein Gliom (Gliazelltumor) im rechten Temporallappen. Sie hatte Schwierigkeiten, ihren Heimweg durch einen Park in der Nähe ihres Hauses zu finden. Foerster lieferte im Jahre 1890 einen ausführlicheren Bericht. Bei seinem Patienten handelte es sich um einen 44 Jahre alten Postbeamten, der zunächst eine rechtsseitige Hemianopsie entwickelte, welcher einige Tage später eine linksseitige Hemianopsie folgte. Dadurch blieb ihm nur noch ein kleines zentrales Sehfeld. Die augenfälligste Behinderung des Patienten betraf seine mangelnde Erinnerungsfähigkeit für Stellen, an denen sich Objekte befanden, und seine Unfähigkeit, sich eine Vorstellung von einem Wegverlauf machen zu können. Wurden ihm die Augen verbunden, so lernte er nicht, auf das bestimmte Möbel in seinem Zimmer zu weisen oder sich zu erinnern, wo das WC lag, das sich nur einige Schritte von seinem Zimmer entfernt befand. Seine Gedächtnisstörung war retrograder Natur. Er erwies sich als unfähig, die Raumaufteilung in seinem Büro oder seinem Haus oder allgemein bekannte Orte in der Stadt zu beschreiben oder zu zeichnen. Er war auch nicht in der Lage, Karten von irgendeinem Gebiet der Welt oder der Stadt zu zeichnen. Dennoch konnte er einige geographische Vorstellungen verbal zum Ausdruck bringen.

De Renzi beschreibt einen Fall, der von Meyer um die Jahrhundertwende untersucht wurde und der für die Beschreibung einer topographischen Desorientierung sehr charakteristisch ist:

> Immer wenn er seinen Raum im Krankenhaus verließ, hatte er Schwierigkeiten zurückzufinden, weil ihm an jeder Weggabelung nicht klar war, ob er sich nach rechts oder links wenden sollte oder nach oben beziehungsweise unten gehen mußte. (Einmal lief er vom Erdgeschoß in den Keller, statt in den ersten Stock zu gehen, wo sein Bett stand.) Gelangte er schließlich zufällig vor sein eigenes Zimmer, erkannte er es nicht wieder, es sei denn, er sah zufällig einige charakteristische Merkmale aus dem Zimmerinneren, etwa den schwarzen Bart seines Zimmerkollegen oder einen besonderen Gegenstand auf dem Tisch neben seinem Bett ...
>
> Nahm man ihn zu einem Stadtteil mit, den er vor seiner Krankheit gut gekannt hatte, so kam er nicht mehr zurecht. Er versuchte verzweifelt, bekannte Orientierungspunkte, etwa Wegweiser, Straßennamen oder die Nummern der Busse, zu identifizieren, und obwohl diese Informationen ihm genau zeigten, daß er sich in der Nähe seines Hauses befand, konnte er anhand dieser Indizien nicht die richtige Richtung einschlagen. Bat man ihn, über Straßen oder Plätze zu sprechen, die ihm vor seiner Krankheit gut bekannt waren, so meisterte er dies ziemlich gut, so lange er dabei nur auf verbales Wissen zurückgreifen mußte. Er nannte zum Beispiel die Namen der einzelnen Stationen der Eisenbahnlinie, die er täglich benutzte, oder den Standort der wichtigsten Gebäude der Stadt. Wenn er auf sein räumliches Gedächtnis zurückgreifen mußte, hatte er aber beträchtliche Schwierigkeiten, so zum Beispiel als man ihn bat zu erzählen, wie er von einem zum anderen Platz in der Stadt gehen würde, wobei die Orte zufällig gewählt wurden. Er nannte nur die erste Straße, die er verwenden würde, und dann wurde er verwirrt ...
>
> Auf einer Landkarte oder einer Europakarte machte er große Fehler bei der Zuordnung von Städten oder Staaten. Gerade diese Aufgabe hatte er zuvor gut beherrscht, da er bei der Post beschäftigt gewesen war. (de Renzi 1982, S. 213.)

In weiteren Studien wurde eine ganze Anzahl von Varianten der Symptome topographischer Störungen beschrieben. Manche Patienten sind zum Beispiel unfähig, Gebäude oder markante Orientierungspunkte, mit denen sie vertraut waren, zu benennen. Andere Patienten bewahren diese Fähigkeit. Wieder andere Patienten können zwar eine Wegbeschreibung vornehmen und eine Karte zeichnen, zeigen sich aber desorientiert, weil sie nicht mehr in der Lage sind, bekannte Gebäude und Wegmarkierungen zu identifizieren. Einige Patienten finden zwar ihren Weg, sind aber unfähig, zu beschreiben, wie sie das tun, oder eine Karte davon zu zeichnen. Wiederum andere können sich in bekannten Gebieten zurechtfinden, an unbekannten Orten verlieren sie die Orientierung. Schließlich gibt es Patienten, die irgendwann einmal lernen, sich in neuer Umgebung zurechtzufinden, indem sie sich Gebäude und Orientierungshilfen und die zu benutzenden Wege mit Mühe einprägen.

Es wäre sicher hilfreich, wenn man diese komplexen Symptomzusammenhänge dadurch ordnen könnte, daß man sie in Subkomponenten zerlegt und mit verschiedenen anatomischen Arealen in Verbindung bringt. Paterson und Zangwill haben vorgeschlagen, topographische Störungen in zwei unterschiedliche Teilstörungen zu untergliedern: in **topographische Agnosien** und in **topographische Amnesien.** Unter dem Begriff der topographischen Agnosie versteht man die Unfähigkeit, einzelne Merkmale von Plätzen oder Gebäuden zu identifizieren, während man gleichzeitig noch ganze Objektklassen, wie zum Beispiel verschiedene Gebäude, Kirchen und ähnliches, erkennen kann. Der Begriff der topographischen Amnesie bezieht sich auf die Unfähigkeit, die topographische Beziehung zwischen verschiedenen Orientierungspunkten im Gedächtnis zu behalten. Des weiteren sollte man zwischen anterograden und retrograden Merkmalen dieser Störung unterscheiden. Menschen, die sich zwar in der Umgebung zurechtfinden, die sie vor ihrer Verletzung kannten, die sich aber gleichzeitig in neuen Umgebungen nicht orientieren können, muß man von Patienten unterscheiden, die jegliche topographische Fähigkeit eingebüßt haben. Schließlich sind auch die Patienten abzugrenzen, die echte topographische Störungen haben, diese aber durch die Verwendung verschiedener Strategien kompensieren.

Die sinnvollste anatomische Trennung, die man heute verwenden kann, um topographische Störungen zu unterteilen, ist die zwischen temporalem und posteriorem Neocortex. Entsprechend unserer oben angeführten Argumentation erfordert die Identifizierung eines Gegenstands im dreidimensionalen Raum sowohl eine Kenntnis des Objekts als auch des Ortes, an dem es sich befindet. Da diese verschiedenen Aspekte der räumlichen Analyse von unterschiedlichen cortikalen Systemen wahrgenommen werden, müssen die Informationen notwendigerweise wieder zusammengeführt werden. Die Hirnstruktur, der man diese Aufgabe zuordnet, ist der Hippocampus. Entsprechend sollten Patienten, die nur hippocampale Schädigungen aufweisen, Symptome einer topographischen Desorientierung haben. Laut Smith und Mitarbeitern zeigt der gut untersuchte Patient H. M. ein vollständiges Unvermögen, sich in einer neuen Umgebung zurechtzufinden, und er ist auch unfähig, eine Orientierung zu erlernen. In einer Umgebung, die ihm vor seiner Operation bekannt war, findet er sich allerdings gut zurecht. Eine Zeitlang glaubte man, daß die schwerwiegenden Gedächtnisprobleme von H. M. auf eine kombinierte Läsion von Amygdala und Hippocampus zurückzuführen seien. Erst in jüngster Zeit haben Tierversuche darauf hingedeutet, daß ein Großteil von H. M.s anterograder Amnesie auf der Schädigung des perirhinalen Cortex beruhen. Diese Untersuchungen ergaben auch, daß eine Beschädigung des Hippocampus zu seinen räumlichen Verhaltensbeeinträchtigungen führt.

Eine wachsende Anzahl anatomischer Befunde zeigt, daß die wesentlichen Projektionen des Hippocampus über den Temporallappen zum Neocortex führen. Sehr wahrscheinlich zeigen deshalb Patienten mit Schädigungen des Temporallappens topographische Störungen. Weiter oben haben wir bereits darauf hingewiesen, daß die meisten Patienten, bei denen man topographische Störungen festgestellt hat, auch eine posteriore neocortikale Läsion aufweisen.

Einige Beobachtungen, die zur Vorsicht mahnen

Trotz der vielfältigen Hinweise, daß der Hippocampus über seine Verbindungen mit dem Temporallappen eine Rolle beim topographischen Verhalten spielt, gibt es auch einige Hinweise, die teilweise nicht damit übereinstimmen. Zola-Morgan und Mitarbeiter haben den Fall des Patienten R. B. beschrieben, der unter einer globalen anterograden Amnesie litt. R. B. war ein 52 Jahre alter Postbeamter, der während einer Bypass-Operation einen Sauerstoffmangel im Gehirn erlitt. Bis zu seinem Tod, fünf Jahre später, zeigte R.B. eine ganz deutliche anterograde Amnesie. Eine *post mortem*-Untersuchung zeigte einen bilateralen Zellverlust in der CA1-Region, einem engumgrenzten Gebiet des Hippocampus. Dieser Fall scheint darauf hinzudeuten, daß eine globale anterograde Amnesie die Folge einer Hippocampusschädigung sein kann, und das steht im Widerspruch mit der Vorstellung, daß der Hippocampus ausschließlich beim räumlichen Verhalten involviert ist. Es ist denkbar, daß R.B. noch weitere Hirnschädigungen aufwies, die bei der Autopsie übersehen wurden oder die nicht nachweisbar waren. Bis jedoch weitere Hinweise zu diesem Punkt vorliegen oder bis ähnliche Fälle auftreten, sollte der Fall des Patienten R.B. als Warnung dafür dienen, daß man dem Hippocampus nicht nur eine Rolle im räumlichen Verhalten zuweisen darf.

Darauf weist auch noch eine eine weitere Beobachtung hin. Nach Erkenntnissen von Vanderwolf und seinen Mitarbeitern ist eine rhythmische Aktivität im EEG, der sogenannte Theta-Rhythmus, mit Fortbewegung assoziiert. Außerdem entdeckten sie Ausbrüche (*bursts*) hochfrequenterer EEG-Aktivität, wenn Tiere bestimmte Gerüche wahrnehmen, besonders die von Raubtieren. Nach ihrer Interpretation soll der Hippocampus als „Riechhirn" dienen und bei der Verhaltenssteuerung auf olfaktorische Reize hin eine gewisse Rolle spielen. Ihre Ergebnisse schließen eine Funktion des Hippocampus für das Verhalten im Raum nicht aus, deuten aber darauf hin, daß das nicht seine einzige Funktion ist.

Die Parietallappen

Störungen im visuell-räumlichen Bereich wurden bereits im Jahre 1889 von Badal beschrieben. Es war aber Balint und später Holmes vorbehalten, als erste eine fehlerhafte visuelle Erkundung des Raums genau zu analysieren. Heute geht man von etwa acht verschiedenen Störungen der visuellen Exploration aus. Diese rühren gewöhnlich von einer bilateralen Läsion des posterioren Cortex her und treten nicht alle gleichzeitig auf (Tabelle 19.2).

Die beeindruckendsten Symptome sind vermutlich jene, die Balint als erster beschrieb. Balints Patient hatte bilaterale Läsionen im occipitalen und parietalen Cortex, die sich auch auf Teile der dorsalen Temporallappen ausdehnten. Darüber hinaus wies der Patient eine Zone unilateraler Zerstörung auf, die sich vom dorsal-parietalen Bereich bis zum Motorcortex erstreckte (Abbildung 19.7).

Balint wurde auf den Patienten aufmerksam, nachdem dieser einen Schlaganfall erlitten hatte und sich sein Zustand sechs Jahre lang nicht änderte. Der Patient hatte keine Ausfälle im Gesichtsfeld, er konnte Augenbewegungen durchführen und sowohl Objekte erkennen als auch Farben und Bilder benennen. Wurden Reize ins Blickfeld gebracht, so richtete der Patient seinen Blick etwa 35° bis 40° rechts an dem Objekt vorbei und sah natürlich nur, was in dieser Richtung lag. Erst nach Aufforderung lenkte er seinen Blick in die andere Richtung und nahm Notiz vom Gegenstand. Hatte der Patient einmal seine Aufmerksamkeit auf ein Objekt gerichtet, so nahm er nichts anderes mehr wahr. Dies galt für Objekte jeder Größe, egal ob es sich um eine Stecknadel handelte oder um etwas in der Größe eines Menschen. Der Patient war nicht in der Lage, sich einen Überblick über ein Bild oder eine ihm dargebotene Szene zu verschaffen. Diese Beeinträchtigung führte auch zu einer Lesestörung, weil er seinen Blick auf einen einzigen Buchstaben richtete und sich nur mit Mühe durch ein Wort hindurcharbeiten und es dadurch lesen konnte. Sollte der Patient nach etwas greifen, so gelang ihm das meistens nicht und wenn, dann war ein Erfolg eher zufällig. Seine Fehler beim Greifen gingen so weit, daß er Schwierig-

Tabelle 19.2: Formen der Beeinträchtigung der visuell-räumlichen Erkundung

verlagerte visuelle Aufmerksamkeit
Unfähigkeit, mehr als einen Reiz wahrzunehmen
gestörte visuelle Bewegungskontrolle (optische Ataxie)
Unfähigkeit, bewegten Objekten mit den Augen zu folgen
gestörte Akkomodation und Konvergenz
Unfähigkeit, die Fixierung aufrechtzuerhalten
Unfähigkeit, Objekte willentlich direkt anzusehen (Blickapraxie)
anomale visuelle Suche

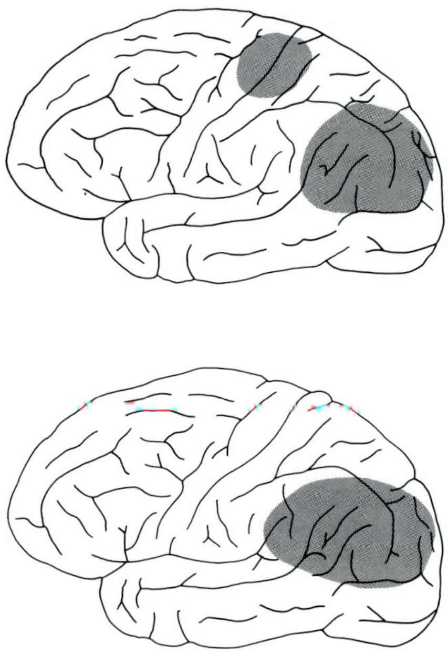

19.7 Die schematische Zeichnung von Balint, in der die Bereiche der Gehirnerweichung bei seinem Patienten eingezeichnet sind. (Nach de Renzi 1982.)

keiten hatte, seine Zigarre anzuzünden. Der Patient war auch unfähig, Entfernungen abzuschätzen, und er konnte keine Aussage darüber machen, welches von zwei Objekten näher war.

Bei den Patienten von Holmes, die Hirnverletzungen durch Kopfschüsse aufwiesen, zeigte sich aber eine etwas andere Symptomatik. Diese betraf besonders Störungen der Augenbewegungen. So bereitete es ihnen zum Beispiel Schwierigkeiten, auf einen Reiz zu blicken, ganz unabhängig davon, ob ihnen dieser visuell oder verbal dargeboten wurde, und sie hatten auch Schwierigkeiten mit einer andauernden visuellen Fixierung von bewegten Zielen. Probleme gab es auch, wenn sie auf ein Ziel zugingen, das sich ihnen näherte, und es fehlte der Blinzelreflex bei Annäherung eines bedrohlichen Objekts an das Auge. Die Patienten waren unfähig, dreidimensionale Charakteristika eines Reizes zur Kenntnis zu nehmen, obwohl sie darauf blickten und ihn erkannten. Es bereitete ihnen Mühe, Objekte im Raum zu lokalisieren, die Entfernung abzuschätzen und die Länge, Breite und Tiefe von Objekten festzustellen. Als Folge davon liefen sie beim Spazierengehen förmlich in Objekte hinein, konnten schlecht lesen und auch verstreut liegende Objekte schlecht zählen. Manchmal gelang es ihnen auch nicht, Objekte zur Kenntnis zu nehmen, die unmittelbar vor ihnen plaziert wurden, und ähnlich wie die Patienten von Balint konnten sie neben dem Objekt ihrer Aufmerksamkeit nichts anderes mehr wahrnehmen.

Auf diese ersten Berichte hin erschien eine große Anzahl von Patientenbeschreibungen mit ähnlichen Symptomen. Diese variierten in Abhängigkeit davon, wie es zu der Verletzung gekommen ist, ob sie bilateral auftrat und wo sie lokalisiert war. Die Abbildung 19.8 verdeutlicht eine Falscheinschätzung, die Allison und seine Mitarbeiter bei einem Patienten feststellten, der eine bilaterale posteriore Cortexläsion aufwies, die zu kleinen Felddefekten im unteren temporalen Quadranten und zu ganz ausgeprägten Störungen der visuellen Kontrolle von Greifbewegungen und anderen Bewegungen führte (eine optische Ataxie). Die Augenbewegungen waren auch beeinträchtigt:

> Die durch das Krankenhauspersonal fünf Monate nach der Operation festgestellte visuelle Desorientierung manifestierte sich am deutlichsten, wenn er versuchte, eine Zigarette anzuzünden. Er entnahm sie dem Päckchen und führte sie zum Mund, dann zog er sehr unbeholfen ein Zündholz aus der Schachtel und entzündete es. Danach richtete er die Flamme auf seine Unterlippe und verfehlte dabei die Zigarette ... Aus einem Gefäß konnte er Flüssigkeit nicht in ein Glas gießen, sondern verschüttete den Inhalt auf die Tischdecke (Abbildung 19.8). Er war nicht in der Lage, einer anderen Person die Hand zu geben, ohne zunächst nach deren Hand zu tasten. Nachweisen ließ sich, daß das visuelle Gedächtnis funktionierte und zu seinen Fehlern nicht beitrug. Wenn ein Objekt (zum Beispiel eine Streichholzschachtel) entweder über seinen Kopf oder rechts oder links des Kopfes emporgehalten wurde und wenn er gebeten wurde, sich die jeweilige Position zu merken, dann für einen Augenblick die Augen zu schließen und danach in die Richtung zu zeigen, in welcher er das Objekt wahrgenommen hatte, so tat er dies fehlerfrei. Es scheint also, als ob seine Fähigkeit, sich an die Position von Objekten im Raum zu erinnern, nicht beeinträchtigt war. (Allison et al. 1969, S. 324–326.)

Um die zahlreichen Ausfälle dieser Patienten voneinander zu trennen, haben sich mehrere Untersuchungen auf zwei

19.8 Patient mit Balint-Syndrom. Er hat ein visuell-räumliches Defizit, wie sein Versuch, Flüssigkeit in ein Glas zu schütten, deutlich zeigt. (Nach Allison et al. 1969.)

Aspekte der visuellen Funktion konzentriert, nämlich auf die visuelle Lokalisierung und auf die Tiefenwahrnehmung. Die im folgenden beschriebene Vorgehensweise ist typisch: Um eine Störung der räumlichen Lokalisation nachzuweisen, die von Störungen beim Greifen nach oder Deuten auf ein Objekt unabhängig ist, haben Hannay und Mitarbeiter auf einen Bildschirm vor der Versuchsperson 300 Millisekunden lang ein oder zwei Lichtpunkte projiziert. Zwei Sekunden später erschienen mehrere Zahlen verstreut auf dem Schirm, wobei jede von ihnen einen Platz kennzeichnete, an dem ein Lichtpunkt gewesen sein könnte. Die Aufgabe bestand darin, die Position des zuvor wahrgenommenen Punktes durch eine Zahl anzugeben. Patienten mit rechtshemisphärischen Läsionen waren bei diesen Aufgaben im Vergleich zu Patienten mit Verletzungen der linken Hemisphäre und gesunden Kontrollpersonen beeinträchtigt. Dieser Ausfall stellt nicht einfach ein Neglectphänomen dar, da die Fehler im linken und rechten Gesichtsfeld gleich verteilt waren. Es ist offenkundig, daß die Unfähigkeit, Punkte im Raum zu lokalisieren, es auch schwer macht, Bewegungen daraufhin auszurichten, und dies erzeugt offenkundig ein „räumliches" Defizit.

Eine wichtige Hilfe für die räumliche Lokalisierung von Objekten ist die Tiefe. Um die Bedeutung dieses Tatbestands nachzuvollziehen, können Sie zum Beispiel versuchen, einen Ball zu fangen, wenn Sie ein Auge geschlossen haben. Die Entdeckung einer ausgeprägten Störung der Tiefenwahrnehmung wurde Balint zugeschrieben. Es kommt aber hierbei zu einem schwerwiegenden Interpretationsproblem, wenn das Auftreten einer gestörten Tiefenwahrnehmung auf fehlgerichtete Bewegungen zurückgeführt wird, denn eine solche Beeinträchtigung kann Resultat ganz unterschiedlicher Störungsbilder sein. Inzwischen gibt es gute Indizien dafür, daß auch bei voller Sehschärfe Störungen in der Tiefenwahrnehmung auftreten können. Überzeugende Beweise hierfür liefert eine Untersuchung von Carmon und Bechtoldt. Den Patienten wurden zufällig verteilte Punktmuster gezeigt, die zuvor von Julesz entwickelt worden waren und nun als Stereogramm vorlagen. (Ein Stereogramm besteht aus zwei scheinbar identischen Bildern, die zu einem dreidimensionalen Bild verschmelzen, wenn man sie in einem gewissen Abstand so betrachtet, daß je ein Auge ein Bildteil des Stereogramms fixiert.) Damit sollten die Reizbedingungen für die Tiefenwahrnehmung untersucht werden. Die Versuchspersonen schauen durch eine Spezialbrille auf eine offenbar zufällig verteilte Anordnung von Punkten. Betrachtet man die beiden Bildteile des Stereogramms nur mit einem Auge, so scheint deren Punktanordnung weder Kontur noch Tiefe zu besitzen. Sie gleichen vielmehr einem komplexen Kreuzworträtsel, das aus weißen und schwarzen Kästchen zusammengesetzt ist. Betrachtet man das Stereogramm mit beiden Augen gleichzeitig, und zwar so, daß jedes Auge eine Stereogrammhälfte fixiert, dann erscheint plötzlich eine überraschend deutliche Figur-Hintergrund-Kontur, man sieht zum Beispiel ein schwarzes Dreieck. Dieser Effekt wird durch Ungleichheiten im Punktmuster zwischen den beiden Teilen des Stereogramms verursacht. Die meisten gesunden Personen und Patienten mit linkshemisphärischer Schädigung können die auftretenden Konturen leicht wahrnehmen. Patienten mit rechtshemisphärischer Schädigung schneiden bei diesem Test aber sehr schlecht ab und verdeutlichen damit einen Defekt ihrer Tiefenwahrnehmung. Dieses Resultat wurde von anderen Wissenschaftlern repliziert. Es stützt die Vorstellung, daß Mechanismen, die zumindest bei einem Teilaspekt der Tiefenwahrnehmung eine Rolle spielen, in der rechten Hemisphäre stärker repräsentiert sind.

Viele Defizite dieser Patienten scheinen in Beziehung zu einer Läsion des Parietalcortex zu stehen. Berücksichtigt man Mishkins Untersuchungen, die weiter oben dargestellt wurden, könnte es möglich sein, daß das zum Frontalcortex projizierende parietale räumliche System involviert ist. Es liefert eventuell ein Koordinatensystem des visuellen Raums und lokalisiert Objekte darin. Ohne dieses System wird ein Patient zwar immer noch Objekte wahrnehmen, aber er wird nicht mehr in der Lage sein, seine Hand- oder Augenbewegungen direkt darauf auszurichten. Darüber hinaus haben mehrere Wissenschaftler Neuronen im posterioren Parietalcortex von Affen gefunden, die auf Reize innerhalb der Reichweite des Körpers reagieren. Sehr wahrscheinlich projizieren diese Zellen zum motorischen System, um die willkürliche Bewegung der Gliedmaßen zu Zielen in unterschiedlichen räumlichen Positionen zu steuern. Schließlich gibt es noch Neuronen, die eventuell eine Rolle bei der objektbezogenen Bewegung des Kopfes und der Augen spielen. Dabei geht es um Objekte, die innerhalb der Reichweite des Individuums liegen. Auch dies spricht wiederum dafür, daß der parietale Cortex bei gerichteten Bewegungen auf visuelle Ziele eine Sonderrolle spielt.

Die Bedeutung des frontalen Cortex

Mehrere Experimente deuten darauf hin, daß der frontale Cortex bei der räumlichen Unterscheidungsfähigkeit von Bedeutung ist. Die nachhaltigste Demonstration dafür stammt aus Experimenten von Nakamura und seinen Mitarbeitern. In einer Operation entfernten sie den gesamten Cortex anterior von den visuellen Arealen, also auch den Frontalcortex. Die Tiere reagierten auf visuelle Stimuli überhaupt nicht mehr. Sie waren funktional blind. Bei einer Einzelzellableitung zeigte sich, daß die einzelnen Neuronen in den visuellen Regionen immer noch aktiv waren und normal funktionierten. Das heißt, eine Läsion des frontalen Cortex macht die Tiere auch dann chronisch blind, wenn das visuelle System funktioniert. Mehrere andere Untersuchungen haben demonstriert, daß kleine, genau definierte Läsionen ganz selektive Beeinträchtigungen im visuellen System erzeugen. Haaxma und Kuypers konnten zeigen, daß ein Affe nicht mehr in der Lage ist, Futter mit dem „Pinzettgriff" zu ergreifen, wenn das

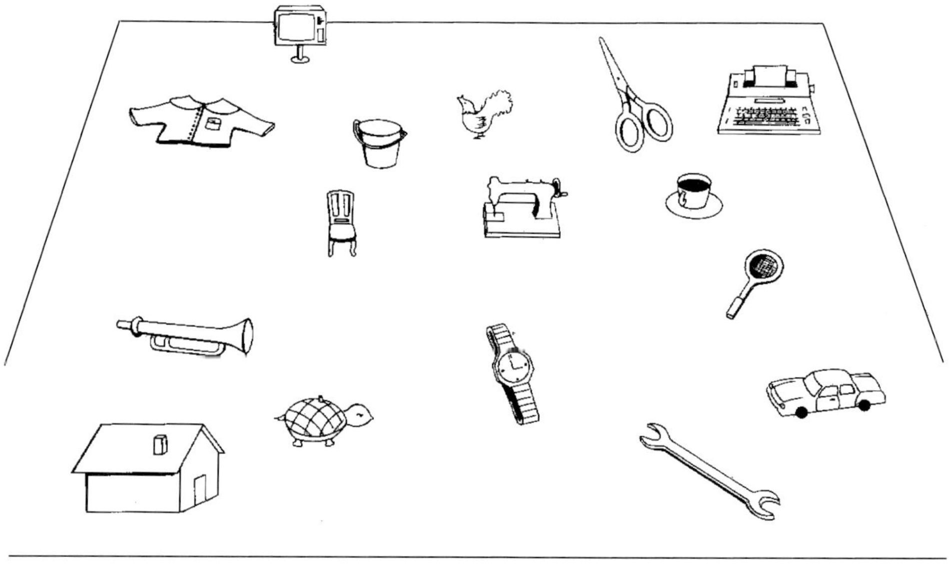

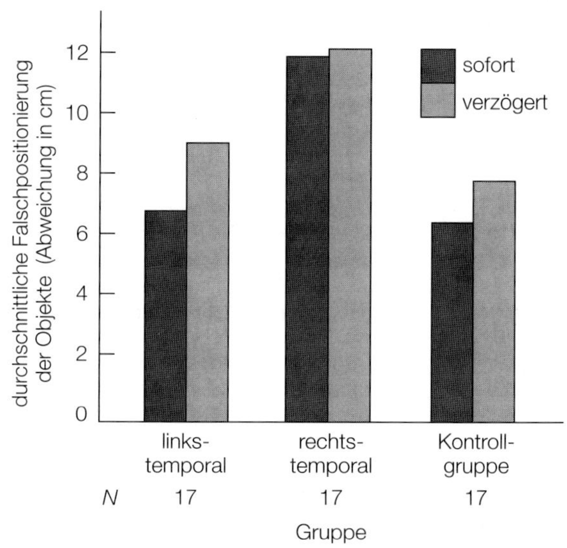

19.10 Test zur Untersuchung des räumlichen Gedächtnisses für Objekte. A. Mit der typischen Anordnung der Spielzeuge an 16 festgelegten Positionen. Die Versuchspersonen wurden gebeten, auf die einzelnen Objekte zu deuten und die Preise der Gegenstände abzuschätzen. Danach wurden die Objekte entfernt, und die Patienten wurden gebeten, sie (sofort oder später) wieder an die jeweils gleiche Stelle zurückzulegen. B. Graphische Darstellung der Leistung von linkstemporalen und rechtstemporalen Patienten und von Kontrollpersonen bei dem Versuch, sich an die genaue Position der Gegenstände zu erinnern. (Nach Smith und Milner 1981.)

objekte verwendet. Sie wurden über einen Tisch verteilt. Den Versuchspersonen wurde gesagt, daß ihre Aufgabe darin besteht, den durchschnittlichen Preis für die vom Spielzeug repräsentierten realen Objekte (Uhr, Auto, Haus und so weiter) zu schätzen. Die Versuchsperson wurde gebeten, auf eines der Spielzeuge zu zeigen, es zu benennen und über einen entsprechenden Preis nachzudenken. Nach zehn Sekunden wurde der Preis erfragt, und die Versuchsperson ging zum nächsten Spielzeug über. Danach bat man die Versuchsperson, sich vom Tisch zu entfernen und sich die Objekte, die sie gesehen hatte, in Erinnerung zu rufen. Nach diesem Erinnerungstest wurde ein Stück braunes Papier mit den gleichen Ausmaßen wie der Experimentaltisch vor der Versuchsperson ausgebreitet, und man bat sie, die Spielzeuge genau so aufzustellen, wie sie auf dem Tisch gestanden hatten. 24 Stunden später wurde das Erinnerungsvermögen der Versuchsperson bezüglich dieser Aufgabe überprüft. Die Anordnung der Objekte ist in Abbildung 19.10A dargestellt. Wenn sich die Person an die Objektnamen erinnerte, bekam sie dafür Punkte. Darüber hinaus wurde ausgemessen, wie groß der Abstand zwischen der ursprünglichen Position und der neuen Position der Objekte ist, so wie die Versuchsperson sie auf dem braunen Papier plaziert hat. Bezüglich des Erinnerungsvermögens an die Objektnamen waren sowohl Patienten mit rechtshippocampalen als auch solche mit linkshippocampalen Schädigungen leicht beeinträchtigt, wobei linkshippocampale Patienten niederere Werte hatten als rechtshippocampale. Die Ergebnisse der räumlichen Komponente des Experiments sind in Abbildung 19.10B dargestellt. Die Werte der Kontrollgruppe und einer Gruppe mit Läsionen im linken Temporallappen sind in etwa vergleichbar. Die Patientengruppe mit Läsionen im rechten Hippocampus schneidet jedoch sowohl bei sofortigen als auch verzögerten Abruftests außerordentlich schlecht ab.

Individuelle Unterschiede

Geschlechtsunterschiede

Allgemein wird angenommen, daß es hinsichtlich der räumlichen Fähigkeiten zwischen den Geschlechtern Unterschiede gibt. Bei räumlichen Tests schneiden Männer gewöhnlich besser ab als Frauen. Der Vorteil von Männern bei räumlichen Fähigkeiten wird im allgemeinen einer weiblichen Überlegenheit bei sprachlichen Fähigkeiten, bei der Feinmotorik und der Wahrnehmungsgeschwindigkeit gegenübergestellt. Statistisch gesprochen ist hierbei der Vorteil des weiblichen Geschlechts recht klein, er liegt bei etwa 0,2 Standardabweichungen. Bei Männern ist der Unterschied schon größer, er rangiert bei einem Wert von etwa 0,5 Standardabweichungen. Das Interesse an räumlichen Fähigkeiten wurde zu Beginn dieses Jahrhunderts durch Studien geweckt, die man durchführte, um mechanische Geschicklichkeit vorherzusagen. Da das Interesse an räumlichen Fähigkeiten anhielt, enthielten die Untersuchungen auch gemischte Altersstufen und beide Geschlechter. Daraus ging allmählich die Behauptung hervor, daß Männer bessere räumliche Leistungen erbringen als Frauen.

Als Maccoby und Jacklin im Jahre 1974 die Literatur zusammenfaßten, wurde die Vorstellung, daß dieser Geschlechtsunterschied in der Adoleszenz einsetzt und auf Umgebungseinflüsse zurückzuführen ist, zur vorherrschenden Ansicht. In der Folgezeit haben viele Untersuchungen gezeigt, daß Geschlechtsunterschiede bei räumlichen Fähigkeiten auch schon in jüngeren Jahren bestehen. Newcombe hat in einem Aufsatz die Befunde dahingehend interpretiert, daß es während der Kindheit geringfügige Geschlechtsunterschiede gibt, die sich mit zunehmendem Alter etwas vergrößern.

Männer und Frauen unterscheiden sich offensichtlich hinsichtlich ihrer Fähigkeiten, Schach zu spielen oder Mathematik, Musik oder Kunst zu betreiben. Hierbei wurden die mathematischen Fähigkeiten am genauesten untersucht. Mehrere Untersuchungen haben ergeben, daß Männer hierbei Frauen übertreffen. Studien an Universitäten in den Vereinigten Staaten, die sich bestimmter Eignungstests bedienten (Scholastic Aptitude Test, Johns Hopkins University Mathematical Talent Search), lassen vermuten, daß diese Unterschiede bei den Testteilnehmern in der Adoleszens auftreten und am oberen Ende der Leistungsskala besonders deutlich zutage treten. Bei den Testbesten ist das Verhältnis von Männern zu Frauen 17 zu 1. Hierbei ist aber anzumerken, daß nur wenige Individuen so hohe Werte auf der Skala erreichen. Die Hypothese lautet, daß Männer gegenüber Frauen etwas bessere räumliche Fähigkeiten haben, was dazu führt, daß sie in Berufen, die dies erfordern, etwas mehr Erfolg haben als Frauen.

Für uns kommt es vor allem darauf an, Gehirnfunktionen zu erklären, und deshalb sind auch geschlechtsspezifische Unterschiede räumlicher Fähigkeiten von Interesse. Dessen ungeachtet wollen wir einige Argumente, die zur Vorsicht mahnen, in Erinnerung bringen. Erstens kann man aus der Tatsache, daß es Geschlechtsunterschiede gibt, nicht schließen, daß sich die kognitiven Fähigkeiten beider Geschlechter sehr unterscheiden. Männer und Frauen bedienen sich gleichermaßen effektiv verschiedener kognitiver Verarbeitungsstrategien. Zweitens unterscheiden sich die Fähigkeiten innerhalb des gleichen Geschlechts stärker als zwischen den Geschlechtern. Das heißt, man findet sowohl Frauen als auch Männer auf allen Ebenen der Begabung. Gibt man drittens Frauen genügend Übung bei räumlichen Aufgaben, nähert sich ihre Leistung der der Männer an. Man kann also nicht annehmen, daß der Erfolg im Beruf primär das Ergebnis unterschiedlicher räumlicher Fähigkeiten ist. Viertens lassen sich bei den meisten Testbedingungen und -gruppen Umwelteinflüsse nicht ohne weiteres ausgleichen.

Man erlaubt zum Beispiel viel eher Jungen als Mädchen, ihre Umwelt ohne Einschränkung zu erkunden. Nach einigen Jahren könnte diese unterschiedliche Erfahrung für Männer geringfügige Vorteile schaffen. Auch in verschiedenen Berufen, etwa bei Ingenieuren oder Architekten, von denen man traditionell annimmt, daß sie von räumlichem Vorstellungsvermögen sehr abhängig sind, können Frauen genauso erfolgreich, wenn nicht sogar erfolgreicher sein als Männer. In manchen Staaten, etwa in Rußland, sind mehr Frauen als Männer in den oben genannten Berufen tätig.

Dennoch sind Geschlechtsunterschiede, seien sie auch noch so gering, bei der Untersuchung von Gehirnfunktionen von Interesse. Sie müssen in der Praxis berücksichtigt werden, wenn Gehirnfunktionstests entwickelt, genormt und angewandt werden. Und sie stellen einen wichtigen Faktor dar, wenn die Folgen von Gehirnschädigungen interpretiert werden. Sie ermöglichen uns auch – und das ist das wichtigste – einen Zugang zum Verständnis von Gehirnorganisation und Gehirnfunktion. Sieht man einmal von Umwelteinflüssen ab, so gibt es nur wenige Erklärungen für diese Unterschiede. Sie können zum Beispiel genetischer Art sein, das heißt, an das Geschlecht gebunden und möglicherweise durch ein rezessives Gen auf dem X-Chromosom determiniert werden. Sie könnten aber auch hormonell bedingt sein und als Folge der Hormonwirkung auf die neurale Organisation und Funktion auftreten.

Ein möglicher genetischer Einfluß

Die übliche Begründung für das Zustandekommen eines genetischen Unterschiedes lautet folgendermaßen: Im Laufe der Entwicklung des modernen Menschen war es ein Anpassungsvorteil (adaptiv), eine Rollenteilung bei der Nahrungsbeschaffung vorzunehmen. Die Männer waren hauptsächlich mit dem Jagen beschäftigt, wofür ein gutes Orientierungsvermögen wichtig war. Die Jagd erforderte die Fähigkeit, mit Pfeil, Bogen und Speeren umzugehen, und dies sind räumliche Fähigkeiten. Man kann annehmen, daß diejenigen Männer, die bei der Spurensuche und Orientierung erfolgreich waren und eine hohe Trefferquote bei der Jagd hatten, erfolgreicher waren als die anderen und damit einen Selektionsvorteil hatten. Es spielt hier keine Rolle, daß diese Fähigkeiten heute nicht mehr von Belang sind. Männer werden sie meist dennoch entwickeln.

McGee hat die Literatur extensiv durchgearbeitet, in der behauptet wird, daß räumliche Fähigkeiten vererbt werden. Viele Untersuchungen legen nahe, daß räumliche Fähigkeiten durch ein rezessives, an das X-Chromosom gebundenes Gen verstärkt werden. Diejenigen Eigenschaften, von denen man glaubt, daß sie aufgrund eines einzigen Gens, das auf dem X-Chromosom liegt, übertragen werden, bezeichnet man als geschlechtsgebunden. Ist das Gen rezessiv, besitzen mehr Männer als Frauen diese Eigenschaft. Unter Zugrundelegung einer üblichen Verbreitung dieser Anlage bedeutet dies, daß etwa 50 % der Männer und 25 % der Frauen diese Eigenschaft und damit eine verstärkte räumliche Fähigkeit aufweisen sollten. Das heißt also, daß etwa ein Viertel aller Frauen über dem Durchschnitt der Männer liegt, soweit es die Testergebnisse räumlicher Fähigkeiten angeht. Dieser Befund wird in den meisten Untersuchungen bestätigt. Die Hypothese von einem rezessiven Gen wurde einer ganzen Anzahl von Tests unterzogen und hat dabei einige „Kratzer“ abbekommen. Die Hypothese beinhaltet Voraussagen bezüglich der Verteilung dieser Eigenschaft in Familien. Die entsprechenden Korrelationen wurden jedoch nicht gefunden. Dies spricht dafür, daß zumindest noch ein anderer Faktor (Umwelt?) einen erheblichen Einfluß ausübt. Ein weitaus schwierigeres Problem betrifft die Tests, die man verwendet, um Korrelationen zu bewerten. Untersuchungen, in denen unterschiedliche Tests eingesetzt wurden, haben unterschiedliche Korrelationen ergeben. Das läßt natürlich die Möglichkeit zu, daß es unterschiedliche Arten räumlicher Fähigkeiten geben könnte. Entweder sollte man deshalb ein modifiziertes Vererbungsmodell in Betracht ziehen, oder die Erklärung für geschlechtsbezogene Unterschiede ausweiten, das heißt, noch andere Faktoren integrieren.

Hormonelle Einflüsse

Drei verschiedene Untersuchungsansätze legen nahe, daß Hormone Geschlechtsunterschiede bei räumlichen Fähigkeiten beeinflussen: Entwicklungsstudien, Untersuchungen an Personen mit chromosomalen oder hormonellen Anomalien und Untersuchungen der Beziehung zwischen räumlichen Fähigkeiten und der Androgenität („Vermännlichung“) einer Person.

Weiter oben haben wir schon erwähnt, daß Geschlechtsunterschiede bei Erwachsenen zuverlässiger festgestellt werden als bei Kindern (Vorpubertät). Daraus kann man schließen, daß geschlechtsgebundene kognitive Unterschiede mit hormonellen Veränderungen in Beziehung stehen, die in der Pubertät einsetzen. Daß man manche Unterschiede auch schon früher feststellt, läßt sich auf pränatale oder frühe postnatale hormonelle Einflüsse zurückführen. Diese Hypothese wird möglicherweise durch Studien an Menschen mit dem Turner-Syndrom (Fehlen eines X-Chromosoms) gestützt. Frauen mit einem Turner-Syndrom haben statt der beiden X-Chromosomen nur eines. (Es gibt keine Männer mit Turner-Syndrom, da ein Mensch ohne X-Chromosom nicht lebensfähig ist.) Ihre verbalen Fähigkeiten sind normal, ihre räumlichen Fähigkeiten sind jedoch beeinträchtigt. Sie erreichen außerordentlich niedrige Werte bei Tests, die eine mentale Rotation verlangen, beim Würfellegetest des Wechsler-Intelligenztests und bei anderen räumlichen Subtests, die mentale Fähigkeiten messen, sowie bei Tests, die das Lesen von Stadtplänen erfordern oder bei denen man sich Bewegungen oder Rotationen vorstellen soll. Diese Resultate entsprechen nicht den Prognosen aus der Hypothese des rezessiven Gens. Wäre nur ein rezessives Gen auf dem X-Chromosom verantwortlich, dann sollten die Turner-Patienten ähnliche Ergebnisse zeigen wie Männer, die ja auch nur ein X-Chromosom besitzen. Da Frauen mit dem Turner-Syndrom keine Geschlechtshormone bilden, liegt die Vermutung nahe, daß diese Hormone auch die räumlichen Fähigkeiten beeinflussen. Untersuchungen, welche diese Möglichkeit überprüfen, lassen vermuten, daß das Niveau der Androgene („männliche“ Hormone) beziehungsweise das Verhältnis zwischen Östrogenen und Androgenen räumliche Fähigkeiten beeinflussen könnte. Manche Wissenschaftler behaupten, Frauen hätten um so bessere räumliche Fähigkeiten, je höher ihr Androgenspiegel wäre. Bei Männern, die ja bereits einen hohen Androgenspiegel aufweisen, könnte ein „mehr“ zuviel sein und zu einer Reduktion räumlicher und anderer Fähigkeiten beitragen. Dennoch würde man also erwarten, daß Frauen mit hohem Androgenspiegel und Männer, die ein mittleres Androgenniveau aufweisen, bessere räumliche Fähigkeiten haben. Die Mechanismen, auf welche die Hormone einwirken, liegen natürlich im Gehirn. Möglicherweise handelt es sich um die gleichen neuronalen Systeme, die oben bereits angesprochen wurden, Systeme also, die für die räumlichen Fähigkeiten im allgemeinen verantwortlich sind. Die Art der Beeinflussung ist gegenwärtig noch nicht bekannt. Es kann sein, daß Hormone zu einem frühen Zeitpunkt der Entwicklung neuronale Verbindungen, neuronales Wachstum und das Ausmaß des Zelltodes beeinflussen und dadurch ein andersartiges neuronales Grundmuster bei Menschen mit ausgeprägten räumlichen Fähigkeiten erzeugen. Man kann aber auch annehmen, daß Hormone ganz selektiv auf die Funktionsweise neuronaler Systeme einwirken, und zwar über Mechanismen, die derzeit noch nicht bekannt sind.

Händigkeit

Häufig scheint es, als ob mit der Linkshändigkeit ein besonderer Vorteil bei räumlichen Fähigkeiten einhergeht. Einige berühmte Künstler wie Da Vinci und Michelangelo waren Linkshänder, Linkshändigkeit ist bei Tennisspielern häufig, und es gibt Hinweise dafür, daß sich unter Ingenieuren und Architekten überproportional viel linkshändige Menschen befinden.

In einer großangelegten Untersuchung über kognitive Fähigkeiten und Gehirnorganisation erhielten Harshman und Mitarbeiter Ergebnisse, die nahelegen, daß die verschiedenen Beziehungen zur Händigkeit komplex sein können. Die Forschergruppe um Harshman legte drei großen Testpopulationen eine ausgedehnte Testreihe vor. Manchmal konnten sie eine Relation zwischen Geschlecht und Händigkeit nachweisen, wobei Männer bei räumlichen Tests besser abschnitten als Frauen, wie dies erwartet worden war. Hin und wieder war Linkshändigkeit bei Männern aber auch mit geringeren räumlichen Fähigkeiten assoziiert, bei Frauen dagegen mit verbesserten räumlichen Fähigkeiten. Um herauszufinden, warum dieser Effekt nur manchmal auftritt, untersuchten Harshman und seine Mitarbeiter weitere Variablen und kamen schließlich zu dem Schluß, daß es sich um eine Interaktion von Geschlecht, Händigkeit und Denkfähigkeit handeln müsse. In der Gruppe von Versuchspersonen, die sich ihrer Ansicht nach durch eine hohe Intelligenz auszeichneten, hatten linkshändige Männer geringere räumliche Fähigkeiten, und linkshändige Frauen wiesen höhere räumliche Fähigkeiten auf – jeweils verglichen mit rechtshändigen Vergleichsgruppen. In der Gruppe von Testpersonen, deren Intelligenz unterdurchschnittlich war, konnte er die umgekehrte Beziehung beobachten: Linkshändige Männer hatten hohe Werte für räumliche Fähigkeiten, und linkshändige Frauen hatten niedrigere Werte. Auch hier gelten die Werte im Vergleich zu den jeweils rechtshändigen Personen der gleichen Gruppe. Harshman und seine Mitarbeiter schließen daher bezüglich der Widersprüche in früheren Untersuchungen, daß deren jeweilige Ergebnisse auf die unterschiedliche Zusammensetzung der Gruppen zurückgeführt werden können. Handelte es sich zum Beispiel um eine Population von Studierenden an der Universität (überdurchschnittliche Denkfähigkeit), so kann man davon ausgehen, daß linkshändige Frauen hohe räumliche Fähigkeiten haben und linkshändige Männer geringe räumliche Fähigkeiten. Ist die Population im Hinblick auf die Intelligenz heterogen zusammengesetzt, so ist ein entgegengesetztes Resultat möglich.

Neuropsychologische Untersuchungsverfahren für räumliche Fähigkeiten

Es gibt überraschend viele Tests zur Bestimmung räumlicher Fähigkeiten. Wenn man sie verstehen möchte, so kann man sich das dadurch vereinfachen, daß man die durch Faktorenanalysen gewonnenen Daten von McGee betrachtet. Die Faktorenanalyse ist ein mathematisches Verfahren, mit dem man herausfinden kann, was eine heterogene Gruppe von Elementen an Gemeinsamkeiten aufweist. Wendet man diese Methode auf räumliche Tests an, so lassen sich zwei getrennte räumliche Faktoren oder Fähigkeiten identifizieren: Visualisierung und Orientierung. Beispiele für Tests, die man verwendet, um jede der beiden räumlichen Fähigkeiten zu messen, sind in Abbildung 19.11 dargestellt.

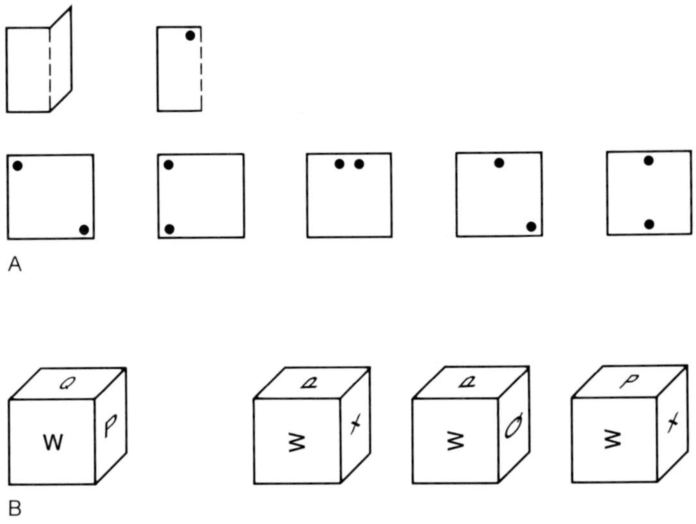

19.11 Auswahl an Testelementen, mit denen man die räumliche Visualisierung und die räumliche Orientierung zu messen versucht. A. Visualisierung. Man soll sich vorstellen, ein rechteckiges Stück Papier zu falten. Nachdem es gefaltet wurde, wird es an der Faltkante rechts oben gelocht, und die Frage lautet, welche der abgebildeten Zeichnungen das wieder aufgefaltete, aber gelochte Papier darstellt. B. Räumliche Orientierung. Die drei rechten Würfel sind mit dem linken zu vergleichen. Jeder Buchstabe erscheint nur einmal. Welcher der drei Würfel rechts stellt eine andere Ansicht des linken Würfels dar? (Nach Halpern 1986.)

Visualisierung

Visualisierungstests bewerten die Fähigkeit der mentalen Manipulation, Rotation, Drehung oder Umkehrung von zwei- oder dreidimensionalen Objekten. Die dem zugrundeliegende Fähigkeit scheint einen Prozeß des Erkennens, des Erinnerns und des Abrufs einer bestimmten Konfiguration zu beinhalten, wobei es zwischen den einzelnen Teilen der Konfiguration zu einer Bewegung kommt. Mit dieser Fähigkeit lassen sich Objekte daher im dreidimensionalen Raum entsprechend manipulieren oder zweidimensionale Muster falten (Abbildung 19.11A). McGee glaubt, daß die räumliche Visualisierung für zwei Bereiche mentaler Funktionen wesentlich ist, nämlich einmal für die Vorstellungskraft und zum zweiten für mathematisches Denken, letzteres insbesondere dann, wenn es sich um Geometrie und Algebra handelt.

Orientierung

Orientierungstests bewerten das Verständnis der Anordnung von Elementen innerhalb eines visuellen Reizmusters und die Fähigkeit, sich durch eine veränderte Orientierung, in der das Reizmuster präsentiert wird, nicht verwirren zu lassen (Abbildung 19.11B). McGee glaubt, daß diese Orientierungsfähigkeit mit einer Feldunabhängigkeit in Zusammenhang steht, das heißt mit der Fähigkeit, eine Objektkonfiguration vom Hintergrund gelöst zu erfassen.

Wenn räumliche Fähigkeiten tatsächlich auf zwei Faktoren begrenzt sind, lassen sich eine Reihe ganz spezifischer Vorhersagen über die Auswirkung von Hirnläsionen auf die Leistung bei räumlichen Tests machen. Alle räumlichen Testaufgaben, die unbekannte Testobjekte beinhalten, sollten durch posteroparietale Schädigungen und solche im frontalen Augenfeld beeinträchtigt sein, denn diese cortikalen Systeme errichten die räumlichen Koordinaten, in denen die Objekte lokalisiert werden. Eine Läsion im inferotemporalen Bereich oder im Hippocampus sollte nur dann die Leistung beeinträchtigen, wenn es sich um die Orientierung handelt, denn solche Tests erfordern sowohl ein System der Objektidentifizierung als auch ein räumliches Koordinatensystem.

Zusammenfassung

Es gibt mehrere verschiedene Arten räumlicher Fähigkeiten: Wir orientieren uns, indem wir unseren eigenen Körper als Bezugspunkt nehmen, wir bewegen uns auf Gegenstände zu oder von ihnen weg, und wir verwenden die relative Lage mehrerer Objekte zueinander als Orientierungspunkte. Für diese dritte Fähigkeit ist der Cortex notwendig, und hier besonders der Hippocampus. Beim Menschen scheint insbesondere die rechte Hemisphäre beim topographischen Verhalten eine Rolle zu spielen. Außerdem können Patienten mit rechtshemisphärischen Läsionen ein Syndrom zeigen, das als kontralateraler Neglect bekannt ist. Sie nehmen Dinge nicht mehr wahr, die auf der zur Läsion kontralateralen Seite liegen, nicht einmal ihren eigenen Körper. Verschiedene Untersuchungsansätze legen nahe, daß beim Menschen auch Geschlecht und Händigkeit für die räumlichen Fähigkeiten eine Rolle spielen. So könnten Sexualhormone und die laterale Organisation des Cortex das Verhalten im Raum beeinflussen.

Literatur

Acredolo, L.P. Frames of reference used by children for orientation in unfamiliar spaces. In: G. Moore, R. Gooledge (Hrsg.) *Environmental Knowing.* Stoudsberg, PA: Dowden, Hutchinson und Ross, 1976.

Allison, R.S., L.J. Hurwitz, J.G. White, T.J. Wilmot. A follow-up study of patient with Balint's syndrome. *Neuropsychologia* 7: 319–333, 1969.

Angeli, S.J., Murray, E.A., M. Mishkin. Hippocampectomized monkeys can remember one place but not two. *Neuropsychologia* 31: 1021–1030, 1993.

Archibald, Y.M. Time as a variable in the performance of hemisphere-damaged patients on the Elithom Perceptual Maze Test. *Cortex* 14: 22–31, 1978.

Balint, R. Seelenlähmung des Schauens, optische Ataxie, räumliche Störung der Aufmerksamkeit. *Monatsschrift für Psychiatrie und Neurologie* 25: 51–81, 1909.

Beales, K.L., C.L. Smith, S.M. Dodd. Brain size, cranial morphology, climate, and time machines. *Current Anthropology* 25: 301–330, 1984.

Benton, A. L. *Right-Left Discrimination and Finger Localization.* New York: Hoeber-Harper, 1959.

Benton, A.L. Disorders of spatial orientation. In: P.J. Vinkey, G.W. Bruyn (Hrsg.) *Handbook of Clinical Neurology,* Bd. 3. Amsterdam: Elsvier North-Holland, 1969.

Benton, A.L. Visuoperceptive, visuospatial, and visuoconstructive disorders. In: K.M. Heilman, E. Valenstein (Hrsg.) *Clinical Neuropsychology.* New York: Oxford University Press, 1979.

Benton, A.L. Spatial thinking in neurological patients: Historical aspects. In: M. Potegal (Hrsg.) *Spatial Abilities: Development and Physiological Foundations.* New York: Academic Press, 1982.

Benton, A.L., A. Elithorn, M.L. Fogel, M. Kerr. A perceptual maze test sensitive to brain damage. *Journal of Neurology, Neurosurgery, and Psychiatry* 26: 540–544, 1963.

Benton, A.L., K. de S. Hamsher, N.R. Varney, O. Spreen. *Contributions to Neuropsychological Assessment.* New York: Oxford University Press, 1983.

Benton, A.L., H. Hécaen. Stereoscopic vision in patients with unilateral cerebral damage. *Neurology 20:* 1084–1088, 1970.

Benton, A.L., N.R. Vamey, K. de S. Hamsher. Visuospatial judgement: A clinical test. *Archives of Neurology* 35: 364–367, 1978.

Bisiach, E., E. Capitani, C. Luzzatti, D. Perani. Brain and conscious representation of outside reality. *Neuropsychologia* 19: 543–552, 1981.

Bisiach, E., C. Luzzatti. Unilateral neglect of representational space. *Cortex* 14: 129–133, 1978.

Brain, W.R. Visual disorientation with special reference to lesions of the right cerebral hemisphere. *Brain 64:* 244–272, 1941.

Caramazza, A., H.P. Bechtoldt. Spatial representation of words in the brain implied by studies of a unilateral neglect patient. *Nature* 346: 267–269, 1990.

Carmon, A., H.P. Bechtholdt. Dominance of the right cerebral hemisphere for stereopsis. *Neuropsychologia* 729–739, 1969.

Corballis, M.C. Mental rotation: Anatomy of a paradigm. In: M. Potegal (Hrsg.) *Spatial Abilities*. New York: Academic Press, 1982.

Corkin, S. Tactually-guided maze-learning in man: Effects of unilateral cortical excisions and bilateral hippocampal *lesions*. *Neuropsychologia* 3: 339–351, 1965.

Corkin, S. The role of different cerebral structures in somesthetic perception. In: E. C. Carterette, M. P. Friedman *(Hrsg.) Handbook of Perception,* Bd. 6. New York: Academic Press, 1978.

Cowie, R. J., J. R. Krebs, D. F. Sherry. Food storing by marsh tits. *Animal Behavior* 29: 1252–1259, 1981.

de Renzi, E. *Disorders of Space Exploration and Cognition*. New York: Wiley, 1992.

Goldman-Rakic, P.S. Circuitry of primate prefrontal cortex and regulation of behavior by representational memory. In: V.B. Mountcastle, E. Plum, S.R. Geiger. (Hrsg.) *Handbook of Physiology,* Bd. 5. Bethesda, MD: American Physiological Society, 1987.

Grusser, O.J. The multimodal structure of the extrapersonal space. In: A. Hein, M. Jeannerod (Hrsg.) *Spatially Oriented Behavior.* New York: Springer-Verlag, 1987.

Haaxma, R., H.G.J.M. Kuypers. Intrahemispheric cortical connections and visual guidance of hand and finger movements in the rhesus monkey. *Brain* 98: 239–260, 1975.

Halpern, D.F. *Sex Differences in Cognitive Abilities.* Hillsdale, NJ: Lawrence Erlbaum, 1986.

Hannay, H.J., N.R. Varney, A. L. Benton. Visual localization in patients with unilateral brain disease. *Journal of Neurology, Neurosurgery and Psychiatry* 39: 307–313, 1976.

Harshman, R.A., E. Hampson, S.A. Berenbaum. Individual differences in cognitive abilities and brain organization, Part 1: Sex and handedness differences in ability. *Canadian Journal of Psychology* 37: 144–192, 1983.

Head, H. *Studies in Neurology.* London: Oxford University Press, 1920.

Hécaen, H., J. de Ajuriaguerra, J. Massonet. Les troubles visuocontructifs par lésions parieto-occipitales droites. Role des perturbations vestibulaires. *Encephale* 1: 122–179, 1951.

Hécaen, H., C. Tzortzis, M.C. Masure. Troubles de l'orientation spatiale dans une pereuve de recherche d'itineraire lors des lésions corticales unilaterales. *Perception* 1: 325–330, 1972.

Hécaen, H., C. Tzortzis, P. Rondot. Loss of topographical memory with learning deficits. *Cortex* 16: 525–542, 1980.

Holmes, G. Disturbances of visual space perception. *British Medical Journal* 2: 230–233, 1919.

Holmes, G., G. Horax. Disturbances of spatial orientation and visual attention, with loss of stereoscopic vision. *Archives of Neurology and Psychiatry* 1: 385–407, 1919.

Ingle, D., K.v S. Hoff. Neural mechanisms of short-term memory in frogs. *Society for Neuroscience Abstracts* 14: 692, 1988.

Jackson, J.H. On the nature of duality of the brain. *Brain* 38: 80–103, 1915.

Klingon, G.H., D.C. Bontecou. Localization in auditory *space. Neurology* 16: 879–886, 1966.

Levy, J. Possible basis for the evolution of lateral specialization of the human brain. *Nature* 224: 614–615, 1969.

Maccoby, E.E., C.N. Jacklin. *The Psychology of Sex Differences.* Stanford CA: Stanford University Press, 1974.

McFie, J., M.F. Piercy, O. L. Zangwill. Visual-spatial agnosia associated with lesions of the right cerebral hemisphere. *Brain* 73: 167–190, 1950.

McFie, J., O. L. Zangwill. Visual-constructive disabilities associated with lesions of the left hemisphere. *Brain* 83: 243–260, 1960.

McGee, M.G. Human spatial abilities: Psychometric studies and environmental, genetic, hormonal, and neurological influences. *Psychological Bulletin* 86: 889–918, 1979.

Metha, Z., F. Newcombe, H. Damasio. A left hemisphere contribiution to visuospatial processing. *Cortex* 23: 447–461, 1987.

Menzel, E.W. Chimpanzee spatial memory organization. *Science* 192: 943–945, 1973.

Milner, B. Visually-guided maze learning in man: Effects of bilateral hippocampal, bilateral frontal, and unilateral cerebral lesions. *Neuropsychologia* 3: 317–338, 1965.

Milner, B. Interhemispheric differences in the localization of psychological processes in man. *British Medical Bulletin* 27: 272–277, 1971.

Milner, B., S. Corkin, H.-L. Teuber. Further analysis of the hippocampal amnesic syndrome: 14-year follow-up study of H. M. *Neuropsychologia* 6: 215–234, 1968.

Morris, R.G.M., P. Garrud, J. Rawlings, J. O'Keefe. Place navigation impaired in rats with hippocampal lesions. *Nature* 297: 681–683, 1982.

Nakamura, R.K., S.J. Schein, R. Desimone. Visual responses from cells in striate cortex of monkeys rendered chronically „blind“ by lesions of nonvisual cortex. *Experimental Brain Research* 63: 185–190, 1986.

Newcombe, N. Sex-related differences in spatial ability: Problems and gaps in current approaches. In: M. Potegal (Hrsg.) *Spatial abilities.* New York: Academic Press, 1982.

O'Keefe, J., J. Dostrovsky. The Hippocampus as a spatial Map. Preliminary evidence from unit activity in the freely-moving rat. *Brain Research* 34: 171–175, 1971.

O'Keefe, J., L. Nadel. *The Hippocampus as a Cognitive Map.* New York: Clarendon Press, 1978.

Olton, D.S. The function of septo-hippocampal connections in spatially organized behavior. In: *Functions of the Septo-Hippocampal System,* Ciba Foundation Symposium 58. New York: Elsevier North-Holland, 1978.

Oxbury, J.M., D.C. Campbell, S.M. Oxbury. Unilateral spatial neglect and impairments of spatial analysis and visual perception. *Brain* 97: 551–564, 1974.

Parkinson, J.K., E.A. Murray, M. Mishkin. A selective mnemonic role for the hipppocampus in monkeys: Memory for the location of objects. *The Journal of Neuroscience* 8: 4159–4167, 1988.

Passingham, R.E. Memory of monkeys *(Maccaca mulatta)* with lesions in prefrontal cortex. *Behavioral Neuroscience* 99: 3–21, 1985.

Paterson, A., O.L. Zangwill. Disorders of visual space perception associated with lesions of the right cerebral hemisphere. *Brain* 67: 331–358, 1944.

Petrides, M., S.K. Iversen. Restricted posterior parietal lesions in the rhesus monkey and performance on visuospatial tasks. *Brain Research* 161: 63–77, 1979.

Petrides, M., B. Milner. Deficits on subject-ordered tasks after frontal- and temporal-lobe lesions in man. *Neuropsychologia* 20: 249–292, 1982.

Pick, H.L., J.J. Rieser. Children's cognitive mapping. In: M. Potegal (Hrsg.) *Spatial Abilities.* New York: Academic Press, 1982.

Posner, M.I., M.E. Raichle. *Bilder des Geistes. Hirnforscher auf den Spuren des Denkens.* Heidelberg, Berlin, Oxford: Spektrum Akademischer Verlag, 1996.

Potegal, M. (Hrsg.) *Spatial Abilities.* New York: Academic Press, 1982.

Ratcliff, G. Spatial thought, mental rotation and the right cerebral hemisphere. *Neuropsychologia* 17: 49–54, 1979.

Ratcliff, G. Disturbances of spatial orientation associated with cerebral lesions. In: M. Potegal (Hrsg.) *Spatial Abilities: Development and Physiological Foundations.* New York: Academic Press, 1982.

Ratcliff, G., G.A.B. Davies-Jones. Defective visual localization in focal brain wounds. *Brain* 95: 49–60, 1972.

Ratcliff, G., F. Newcombe. Spatial orientation in man: Effects of left, right, and bilateral posterior cerebral lesions. *Journal of Neurology, Neurosurgery, and Psychiatry* 36: 448–454, 1973.

Ratcliff, G., R.M. Ridley, G. Ettlinger. Spatial disorientation in the monkey. *Cortex* 13: 62–65, 1977.

Semmes, J. A non-tactual factor in astereognosis. *Neuropsychologia* 3: 295–315, 1965.

Shankweiler, D. Performance of brain damaged patients on two tests of sound localization. *Journal of Comparative and Physiological Psychology* 54: 375–381, 1951.

Sherry, D.F. Food storage by birds and mammals. *Advances in the Study of Behavior* 15: 153–188, 1985.

Smith, M. L., B. Milner. The role of the right hippocampus in the recall of spatial location. *Neuropsychologia* 19: 781–793, 1981.

Taylor, J. *The Selected Writings of John Hughlings-Jackson.* London: Hodder, 1932.

Thompson, R. Hippocampal and cortical function in a maze devoid of left and right turns. *Physiology and Behavior* 23: 601–603, 1979.

Tolman, E.C. Cognitive maps in rats and men. *Psychological Review* 55: 189–208, 1948.

Tyler, H.R. Abnormalities of perception and defective eye movements (Balint's syndrome). *Cortex* 4: 154–171, 1968.

Vanderwolf, C.H. Hippocampal activity, olfaction and sniffing: An olfactory input to the dentate gyrus. *Brain Research* 593: 197–208, 1992.

Ungerleider, L.G., M. Mishkin. Two cortical visual systems. In: D. Ingle, M.A. Goodale, R.J.W. Mansfield (Hrsg.) *Analysis of Visual Behavior.* Cambridge, MA: M.I.T. Press, 1982.

Whishaw, I.Q. The decorticate rat. In: B. Kolb, R. Tees (Hrsg.) *The Cortex of the Rat.* Cambridge, MA: M.I.T. Press, 1989.

Zangwill, O.L. *Cerebral Dominance and Its Relation to Psychological Function.* Edinburgh: Oliver & Boyd, 1960.

Zola-Morgan, S., L. Squire, D.G. Amaral. Human amnesia and the medial temporal region: Enduring memory impairment following a bilateral lesion limited to field CA1 of the hippocampus. *The Journal of Neuroscience* 6: 2950–2967. 1986.

20

Aufmerksamkeit, Vorstellungen und Bewußtsein

Welche Beziehung zwischen Geist und Gehirn besteht, ist eine der zentralen Fragen der Neuropsychologie. Diese Frage zu stellen ist einfach, um sie beantworten zu können, müssen wir aber noch andere schwierige Fragen klären: So müssen wir herausfinden, wie wir Informationen auswählen, auf die wir reagieren, und wie wir Verhaltensmuster auswählen, mit denen wir antworten. Niedere Tiere haben nur begrenzte sensorische Aufnahmefähigkeiten und ein genauso eingeschränktes Verhaltensrepertoire. Höherentwickelte Tiere, wie zum Beispiel Hunde, besitzen eine viel leistungsfähigere Sensorik und damit auch viel größere Variationsmöglichkeiten in ihrem Verhalten. Das gilt besonders für Primaten, zu denen auch der Mensch gehört. Mit Zunahme der sensorischen und motorischen Fähigkeiten vergrößert sich aber auch das Problem der Auswahl, das heißt welche Informationen wichtig sind, und wie darauf reagiert werden soll. Außerdem nimmt mit zunehmender Gehirnentwicklung auch das Gedächtnis zu – eine weitere Variable, die bei der Auswahl von Reizen und Verhalten eine Rolle spielt. Schließlich müssen die einzelnen Reizeingänge der vielen sensorischen Kanäle miteinander verglichen und kombiniert werden, um eine einzige „Realität" zu schaffen.

Man kann nun fordern, daß mit der Gehirnentwicklung nicht nur die sensorischen und motorischen Fähigkeiten zunehmen, sondern daß sich gleichzeitig auch mentale Prozesse weiterentwickeln müssen, welche an der Auswahl sensorischer und motorischer Reaktionen beteiligt sind. Einer der hierfür postulierten Mechanismen ist die **Aufmerksamkeit**. Das Konzept der Aufmerksamkeit besagt, daß wir uns auf bestimmte sensorische Eingänge, motorische Programme, Gedächtnisinhalte oder interne Repräsentationen konzentrieren können, indem wir sie mit einer Art „mentalem Scheinwerfer" beleuchten. Dieser Scheinwerfer könnte unbewußt arbeiten, so daß wir es gar nicht bemerken, oder bewußt, zum Beispiel, wenn wir in unserem Gedächtnis nach dem Namen einer Person suchen. Unsere Sprachfähigkeiten tragen wahrscheinlich dazu bei, daß Aufmerksamkeitsprozesse beim Menschen bewußt ablaufen, trotzdem laufen bewußte Aufmerksamkeitsprozesse vermutlich nicht nur verbal ab. So kann man davon ausgehen, daß Archimedes zuerst logisch nachgedacht hat, bevor er „heureka!" („ich hab's!") rief. Mit den zunehmenden sensorisch-motorischen Fähigkeiten wachsen folglich auch die Bewußtseins- und Aufmerksamkeitsvorgänge. Demzufolge ist das Bewußtsein kein Ja-oder-Nein-Phänomen. Man beobachtet in der Evolution vielmehr einen graduellen Anstieg im Bewußtsein, der mit der zunehmenden Organisation und Steuerung sensorischer und motorischer Fähigkeiten einhergeht. Das höchstentwickelte Mittel dafür ist die Sprache, mit der auch die Kapazität von Aufmerksamkeitsprozessen anwächst.

Wir sind bereits in früheren Kapiteln auf die Probleme der Aufmerksamkeit und der bewußten Wahrnehmung gestoßen. Denken Sie zum Beispiel an die Konzepte des Blindsehens und „Blindfühlens" in Kapitel 11. Patienten können den Ort eines sensorischen Reizes beschreiben, obwohl sie ihn nicht bewußt wahrnehmen. Genauso zeigen Patienten mit Amnesie deutliche Hinweise auf ein prozedurales Gedächtnis, auch wenn sie keinerlei bewußte Erinnerung an vorangegangene Ereignisse haben (zum Beispiel, vorher in einem Raum gewesen zu sein oder gar eine Aufgabe gelernt zu haben). Menschen mit Läsionen des rechtsseitigen posterioren Parietal- und Temporallappens zeigen einen halbseitigen (kontralateralen) Neglect: Sie verhalten sich, als ob die linke Seite ihre Welt nicht vorhanden wäre. Daß dieses Problem nicht in einer sensorischen Behinderung liegt, zeigt eindrucksvoll die Beobachtung, daß diese Patienten auch einen kognitiven halbseitigen Neglect haben. Bittet man sie, eine vertraute Szene aus einer bestimmten Perspektive zu beschreiben, lassen sie die linke Seite der Szene weg, sollen sie sich dieselbe Szene aber aus einer um 180° gedrehten Perspektive vorstellen, beschreiben sie die vorher weggelassenen Teile und erwähnen die vorher beschriebenen Bereiche nicht.

Das Konzept der Aufmerksamkeit hat in der Psychologie eine wechselhafte Geschichte. Um die Jahrhundertwende war es ein beliebtes Forschungsgebiet. 1908 erklärte Tichener überzeugt: »Die Doktrin der Aufmerksamkeit ist der Nerv des gesamten psychologischen Systems und wie Wissenschaftler sie bewerten, so werden sie vor dem Tribunal der Psychologie beurteilt werden.« Als Behaviorismus und Gestaltpsychologie in den zwanziger Jahren modern wurden, lehnte man es prinzipiell ab, Vorgänge, wie die Aufmerksamkeit, zu untersuchen und das „Tribunal der Psychologie" wies solche Konzepte zurück. Nach Ansicht der Behavioristen kann man das gesamte Verhalten mit rein physiologischen Begriffen erklären, ohne Bezug auf kognitive Konzepte, wie Aufmerksamkeit oder gar Bewußtsein. Das Aufkommen der kognitiven Neurowissenschaft führte zu einer Neubewertung dieser Ansicht. Sowohl Kognitionswissenschaftler als auch Neurowissenschaftler kehrten auf eine Position zurück, die erstmals William James vertrat: »Jeder weiß, was Aufmerksamkeit ist. Aufmerksamkeit ist, wenn unser Geist sich einen von scheinbar mehreren möglichen Gegenständen oder Gedankenzügen herauspickt und sich diesen klar und lebendig vorstellt.« Nachdem sich ein erneutes Interesse an Konzepten, wie der Aufmerksamkeit, entwickelt hatte, bildeten sich verschiedene Schulen der Aufmerksamkeitsforschung. Der tiefste Graben liegt dabei vermutlich zwischen denen, die an den automatischen Prozessen der Aufmerksamkeitsbildung interessiert sind, und denen, welche die bewußte Auswahl sensorischer Informationen untersuchen. Weniger Interesse erregt die Frage der motorischen Aufmerksamkeit, also dem Prozeß, mit dem Verhaltensreaktionen ausgewählt werden. Darüber hinaus studieren manche Wissenschaftler das Vorstellungsvermögen und seine Rolle bei der Auswahl von Verhalten.

Automatische und bewußte Verarbeitung

In der kognitiven Psychologie herrscht weitgehend Übereinstimmung darüber, daß man bestimmte Verhalten mit wenig – wenn nicht sogar ohne – Aufmerksamkeit ausführen kann, wohingegen andere sehr viel Aufmerksamkeit erfordern. Posner und Snyder definieren automatische Vorgänge als Verhalten, das ohne Absicht, unfreiwillig, ohne bewußte Wahrnehmung und ohne Beeinträchtigung gleichzeitig stattfindender Aktivitäten abläuft. Diese automatischen Vorgänge könnten eine angeborene Eigenschaft der sensorischen Informationsverarbeitung sein oder sie könnten durch intensives Training erzeugt werden. Nebenbei möchten wir anmerken, daß es mehrere Formen von Automatismen geben könnte. Treisman benutzt den Begriff Automatismus, wenn sie sich auf das mühelose Erkennen von wahrgenommenen Merkmalen bezieht. Dagegen schließt Anderson diesen Fall aus und beschränkt seine Betrachtungen auf automatische Verhaltensweisen, die sich mit dem Üben einer speziellen Fähigkeit entwickeln. Wie Übersichtsarbeiten von Logan und Bargh zeigen, kann man den Begriff sogar noch weiter unterteilen.

Aktivitäten, die nicht automatisch ablaufen, kann man mit unterschiedlichen Begriffen, wie kontrolliert, bemüht, aufmerksam und bewußt, beschreiben. Diese Prozesse unterscheiden sich vermutlich fundamental von automatischen. Die Unterschiede werden klar, wenn man sich vorstellt, daß die automatischen Vorgänge von „unten nach oben" (*bottom-up-processing*), die bewußten Vorgänge von „oben nach unten" (*top-down-processing*) ablaufen. Die automatische Verarbeitung ist datengesteuert, das heißt sie hängt fast ausschließlich von den Reizinformationen aus der Umwelt ab. Im Gegensatz dazu wird die bewußte Verarbeitung konzeptuell gesteuert. Sie hängt von Informationen ab, die sich bereits im Gedächtnis befinden, zum Beispiel der, welche Erwartungen mit der anstehenden Aufgabe verbunden sind. So betrachtet ist es durchaus nicht abwegig, daß an automatischen und bewußten Prozessen – zumindest teilweise – jeweils unterschiedliche cortikale Schaltkreise beteiligt sind. Welche einzelnen dieser cortikalen Schaltkreise bei bewußtem Verhalten auch immer eine Rolle spielen, sie müssen – das ist zumindest eine Hypothese – Bewußtseinsprozesse widerspiegeln.

Einen Weg, den Unterschied zwischen automatischer und bewußter Verarbeitung zu untersuchen, zeigen die Experimente von Anne Treisman und ihren Mitarbeitern. Betrachten wir folgendes Experiment: Die Versuchspersonen werden mit einer Reihe von Stimuli konfrontiert, wie sie zum Beispiel Abbildung 20.1 zeigt. Die Aufgabe besteht darin, das Objekt zu identifizieren, das sich von allen anderen unterscheidet. Je nach der Art des Reizes brauchen die Versuchspersonen unterschiedlich lange zur Lösung der Aufgabe. Wenn sie ein Objekt aufgrund der Tatsache identifizieren müssen, daß diesem im Vergleich zu den anderen Objekten irgendeine Eigenschaft fehlt, hängt die benötigte Zeit direkt von der Zahl der anderen Objekte ab. Die dargestellten Symbole werden folglich einer seriellen Suche unterzogen. Wenn jedoch die Aufgabe darin besteht, ein Objekt mit einer zusätzlichen Eigenschaft zu erkennen, dann ist die Suchdauer unabhängig von der Gesamtzahl der Objekte. Das gesuchte Objekt „springt" offensichtlich direkt „ins Auge".

Das Ergebnis des Treismanschen Experiments ist nicht unmittelbar verständlich, denn jeder Test beruht ja auf derselben Unterscheidung zwischen zwei gleichen Reizen. Bestimmte Aspekte der visuellen Verarbeitung scheinen automatisch abzulaufen, ohne daß die Aufmerksamkeit speziell auf irgendeinen besonderen Aspekt des Blickfeldes (das ins Auge springende Objekt) gerichtet würde. Im Gegensatz dazu

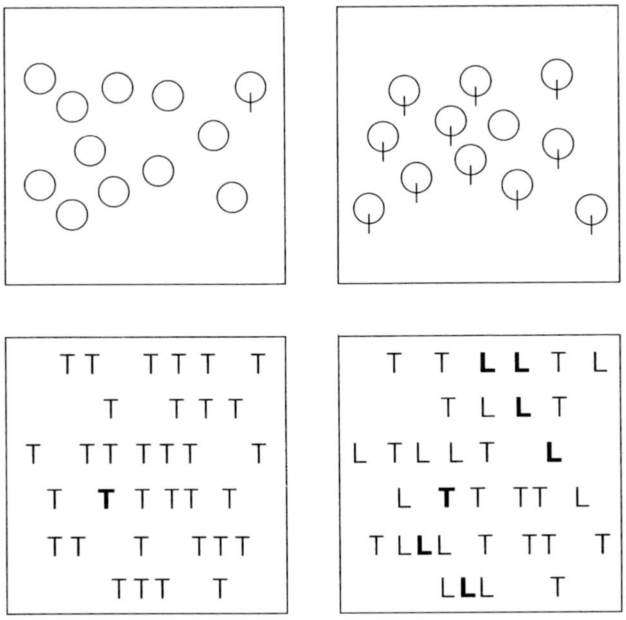

20.1 Beispiele einer visuellen Suchaufgabe. Im Beispiel oben links springt das ⚲ dem Betrachter förmlich ins Auge, während er das ○ im Kasten rechts oben suchen muß. Beim Beispiel links unten fällt das T sofort ins Auge, rechts unten hingegen muß man die Buchstaben einzeln durchgehen, bis man es findet.

scheinen andere Aspekte der Sehverarbeitung von einer gerichteten Aufmerksamkeit abhängig zu sein und werden seriell durchgeführt, als ob ein Ort nach dem anderen mit dem mentalen „Scheinwerfer" abgesucht würde. Der erste Analysetypus wird **Merkmalssuche** (*feature search*) genannt. Die Vorstellung dabei ist, daß ein spezifisches visuelles Merkmal (wie die vertikale Linie) ausreicht, um das Zielobjekt zu identifizieren. Den letzteren Prozeß nennt man *Kombinationssuche* (*conjunction search*), weil nur die Suche nach Kombinationen von Merkmalen (wie Linien und Kreise) zum Ziel führen wird. Dies zeigt anschaulich der untere Teil der Abbildung 20.1, hier identifiziert eine Kombination aus Strichdicke und Form das gesuchte Objekt. Prinzipiell sollte es möglich sein, die Merkmalsverarbeitung durch Übung zu trainieren. Treisman und ihre Kollegen haben diese Möglichkeit intensiv untersucht. Sie kommen zu dem Schluß, daß Übung zwar die Merkmalsverarbeitung beschleunigen kann, die Merkmalssuche aber besteht weiterhin aus einer seriellen Verarbeitung, wobei spezifische Assoziationen zwischen den Merkmalen geknüpft werden müssen. Merkmalsverarbeitung scheint eine angeborene Eigenschaft des visuellen System zu sein.

Treisman erklärte ihre Forschungsergebnisse mit dem Wahrnehmungsmodell in Abbildung 20.2. Ein Reiz wird im Areal V1 wahrgenommen und dort in getrennte Merkmale zerlegt (für nähere Erläuterungen siehe Kapitel 11). Diese Informationen werden dann der Reihe nach in parallelen Pfaden (zum Beispiel nach V3, V4, V5) verarbeitet. Bei den darauffolgenden Verarbeitungsschritten werden die verschiedenen Merkmale des Objekts irgendwo miteinander verrechnet (integriert) und vereinigt. Da aber keines der Sehfelder speziell dieser Aufgabe dient, müssen die Teile der visuellen Welt seriell, vermutlich in einem schleifenartigen Prozeß, verarbeitet werden (Kapitel 8). Nach diesem Modell wird die Aufmerksamkeit nacheinander auf jeden Ort gerichtet, und dann werden die Merkmale, die am selben „Fixpunkt" der Aufmerksamkeit liegen, zu einem einzigen Objekt kombiniert. Wie Posner und Raichle meinen, liefert der Aufmerksamkeitsprozeß gewissermaßen den Leim, mit dem die Merkmale zu einem einzigen Objekt verbunden werden. Sobald die Merkmale zusammengesetzt sind, wird das Objekt wahrgenommen und kann als eine Einheit im Gedächtnis gespeichert werden.

Nach Treismans Modell müßte der mentale „Scheinwerfer" punktuell auf bestimmte Aspekte der sensorischen Umwelt gerichtet sein, was aber wohl nicht wahrscheinlich ist. Es sieht vielmehr danach aus, daß ein scharfes Bild im Zentrum

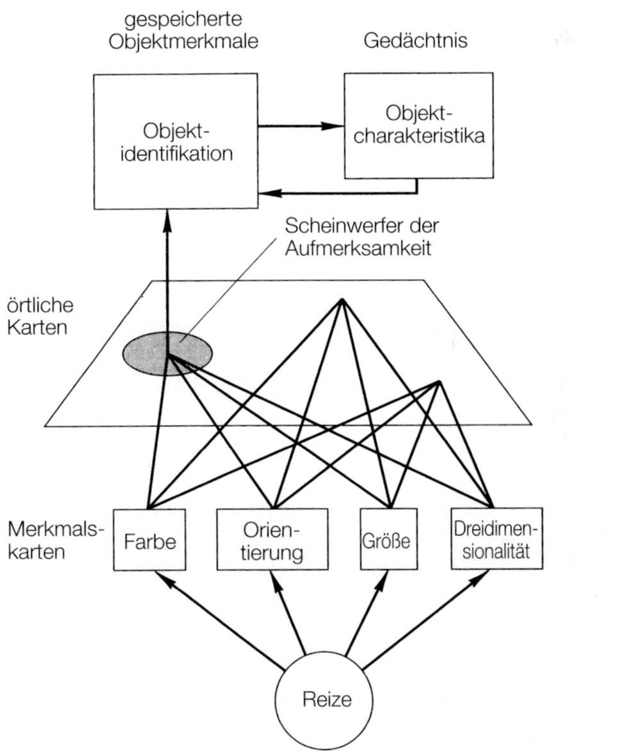

20.2 Nach dem Modell Treismans besteht die visuelle Suche aus folgenden Schritten: Im ersten Sehvorgang werden einige einfache und nützlichen Merkmale der betrachteten Szene in mehreren Merkmalskarten kodiert. Diese können zwar räumliche Beziehungen der wahrgenommenen Szene beinhalten, liefern den nachfolgenden Verarbeitungsschritten selbst aber keine räumlichen Informationen. Die gerichtete Aufmerksamkeit wählt die szenischen Eigenschaften an bestimmten Punkten aus und verrechnet sie. In späteren Stadien des Sehprozesses dient die kombinierte Information dazu, gespeicherte Informationen über wahrgenommene Objekte entweder neu im Gedächtnis zu verankern oder aufzufrischen. Diese Informationen wiederum werden mit dem verglichen, was in den Wahrnehmungssystemen vorliegt. (Nach Treisman, 1985.)

20.3 Fixiert man das Gesicht in der Mitte, erscheinen die umgebenden Gesichter undeutlicher. Befindet sich das Gesicht im Zentrum der Aufmerksamkeit, können wir es detailliert analysieren, sobald wir die Aufmerksamkeit abwenden, gehen die Details verloren.

der Aufmerksamkeit existiert, das zum Rand hin zunehmend verschwommener wird (Abbildung 20.3).

Treismans Theorie sagt eindeutig voraus, daß Neurone in den Sehfeldern außerhalb V1 – und vermutlich auch außerhalb V2 – unterschiedlich reagieren sollten, je nachdem, ob die Aufmerksamkeit auf das korrespondierende rezeptive Feld gerichtet ist oder nicht. Im nächsten Abschnitt werden wir sehen, daß das tatsächlich der Fall ist.

Neurophysiologische Hinweise auf Aufmerksamkeitsprozesse

Jedes Experiment, mit dem man zeigen will, daß Antworten eines Neurons vom Grad der Aufmerksamkeit abhängig sind, muß ein wichtiges Kriterium erfüllen: *Derselbe Reiz* muß das Neuron zu einem bestimmten Zeitpunkt aktivieren, zu einem anderen aber nicht. Durch diese Bedingung schließt man aus, daß die Aktivitätsveränderungen der Nervenzelle irgendwie von den momentanen Merkmalen eines Reizes abhängig sind. Nehmen wir folgendes Experiment: Moran und Desimone trainierten Affen mit einer modifizierten Version des Tests, der in Abbildung 14.8 dargestellt ist. Die Affen mußten einen Stab halten und gleichzeitig einen bestimmten Punkt auf einer Leinwand fixieren. Ein Reiz (zum Beispiel ein vertikaler roter Balken) erschien kurz an einem bestimmten Ort im Gesichtsfeld, etwa 500 Millisekunden später gefolgt von einem zweiten Reiz an derselben Stelle. Wenn beide Reize identisch aussahen, sollte der Affe sofort den Stab in der Hand fallenlassen und wurde dann belohnt. Jedes Versuchstier wurde darauf trainiert, nur Reize an einer bestimmten Stelle des Gesichtsfeldes zu beachten und alle anderen zu ignorieren. So konnte man mit demselben Reiz verschiedene Bereiche des rezeptiven Feldes eines Neurons stimulieren, aber die Bedeutung der Information war von deren Lokalisierung abhängig. Während des Testes registrierte man bei den Tieren die neuronale Aktivität in Zellen des Areals V4. Die Neurone in V4 reagieren auf Farbe und Form von Reizen, verschiedene Neurone werden daher von unterschiedlichen Merkmalskombinationen erregt. So reagiert eine bestimmte Zelle zum Beispiel auf einen Stimulus (wie einen horizontalen, grünen Balken), nicht aber auf einen anderen (einen vertikalen, roten Balken). Die Reize wurden entweder an einer beliebigen Stelle der Leinwand präsentiert oder an der „richtigen", an der das Versuchstier eine Belohnung erwarten konnte. Wie reagiert nun eine Nervenzelle auf einen solchen relevanten Stimulus? Wurde der Reiz an der belohnungsindizierenden Stelle gezeigt, war das Neuron hoch aktiv, auf *denselben Stimulus* an anderer Stelle reagierte die Zelle jedoch nicht. Wenn die Aufmerksamkeit also auf einen bestimmten Punkt im Gesichtsfeld gerichtet ist, reagiert das Neuron anscheinend nur auf relevante Reize an dieser Stelle. Irrelevante Stimuli blieben unabhängig von ihrer Lokalisation im Gesichtsfeld ohne Effekt. Moran und Desimone betrachteten auch die Möglichkeit, daß Felder Aufmerksamkeitseffekte zeigen könnten, die im Sehprozeß früher (V1) oder später (TE) aktiviert werden. Das erwies sich zwar für das Gebiet TE als zutreffend, nicht aber für V1. Die Tatsache, daß V1 keine Aufmerksamkeitseffekte zeigt, ist für Treismans Theorie von Bedeutung, denn es deutet darauf hin, daß V1 nur die einfachen Eigenschaften einer Szene kodiert, wohingegen die in der Sehverarbeitung später aktivierten Felder andere Funktionen haben.

Die Ergebnisse von Moran und Desimone sind auch theoretisch für die Aspekte der räumlichen Wahrnehmung von Bedeutung. Die Zellen, die räumliche Aufmerksamkeitseffekte zeigten, lagen in V4 und TE, zwei Gebieten, die beide eine Rolle bei der Objekterkennung spielen. Neurone in diesem System erkennen also räumliche Lokalisation. Das stimmt nicht mit der Ansicht überein, daß das dorsale visuelle Faserbündel für räumliche Informationen, das ventrale der Objekterkennung dient. Es ist eher mit der Vorstellung von Goodale und Milner vereinbar, die sowohl dem dorsalen wie dem ventralen Teil der Sehbahn eine – wenn auch unterschiedliche – Rolle bei der Raumwahrnehmung zuschreiben. Beachten Sie, daß sich die Versuchstiere nicht im Raum bewegen mußten. Wenn das der Fall wäre, müßten erwartungsgemäß auch Zellen im posterioren parietalen Cortex auf Aufmerksamkeitsprozesse reagieren. Tatsächlich haben Mountcastle und Mitarbeiter genau das berichtet. Die in diesem Gebiet liegenden Neurone werden aktiv, wenn die Versuchstiere den Arm nach einem Objekt, zum Beispiel Futter, ausstrecken, nicht aber, wenn die gleiche Bewegung aus anderen Gründen ausgeführt wird. Diese Zellen reagieren dabei nicht auf die Merkmale eines Objekts, sondern eher auf die Bewegungen, die zum Erreichen des Gegenstands notwendig sind. Es scheint also zwei Arten visueller Aufmerksamkeit zu geben, eine für die Auswahl der Reize und eine andere für Auswahl und Richtung von Bewegungen.

Aufmerksamkeit kann Nervenzellen auch auf andere Weise beeinflussen. Wie Kahneman bemerkte, arbeiten Wahrnehmungssysteme nicht immer mit maximaler Effizienz. Eine Erklärung dafür könnte sein, daß wir nur ein bestimmtes Maß an Information gleichzeitig verarbeiten können und daß bei Überlastung die Informationsverarbeitung wie durch einen „Flaschenhals" begrenzt wird. Kahneman favorisiert jedoch eine alternative Erklärung. Nach seiner Ansicht steht für mentale Aufgaben eine begrenzte Kapazität zur Verfügung, die zwischen den gleichzeitig ablaufenden Aktivitäten aufgeteilt werden muß. Für Kahneman besteht also ein Aspekt der Aufmerksamkeit darin, wieviel der mentalen Ressourcen einer bestimmten Aufgabe zugewiesen wird. Bei einer Routineaufgabe (wie das Autofahren auf einer unbelebten Straße) wird wenig Aufmerksamkeit beansprucht, und der Fahrer kann sich einem Gespräch widmen. Sobald er jedoch an eine Kreuzung mit einer stark befahrenen Straße kommt, muß er dem Fahren mehr mentale Kapazitäten widmen, und das Gespräch wird kurz unterbrochen. Irgendein Mechanismus wird aktiv, der je nach den Anforderungen die Aufmerksamkeit auf die verschiedenen Aufgaben richtet.

Spitzer, Desimone und Moran stellten sich die Frage, ob die Zellen in V4 ihre Aktivitätsmuster verändern würden, je nachdem welches Maß an Anstrengung zur Lösung eines visuellen Problems notwendig ist. Sie trainierten Affen ähnlich wie bei ihrem vorherigen Experiment, nur daß sie jetzt die Aufgabe unterschiedlich schwierig gestalteten. Dabei nutzten sie die Tatsache aus, daß die Zellen auf eine Bandbreite von Reizen antworteten. Eine bestimmte Zelle reagiert zwar optimal auf eine bestimmte Reizorientierung und Farbe (Abbildung 20.4A), aber diese Präferenz ist nicht absolut, und die Zelle wird auch bei geringen Abweichungen in Orientierung und Farbe des Reizes stimuliert. Wie die Autoren aus dem Experiment Spitzers folgerten, sollte eine Zelle leicht zwischen einem Reiz unterscheiden können, der ihrer bevorzugten Orientierung und Farbe entspricht, und einem Reiz, der das nicht tut. Einfach zu unterscheiden wären zum Beispiel zwei Striche, die genau senkrecht aufeinander stehen (Abbildung 20.4B). Schwierig zu unterscheiden wären jedoch zwei Striche, die beide innerhalb der Vorzugsrichtung der Zelle liegen, also zum Beispiel in einem Winkel von nur 22,5° zueinander orientiert sind. (Das liegt für die meisten Zellen noch innerhalb des akzeptablen Variationsbereichs.) Die Leistungen der Versuchstiere bestätigten, daß der geringere Unterschied schwieriger zu erkennen war, sie lösten diese Aufgabe nur noch mit 73 % Wahrscheinlichkeit, gegenüber 95 % beim einfachen Test. Bemerkenswert bei diesem Versuch ist die Änderung der Antwortcharakteristik der V4-Zellen. Erstens steigerten die Zellen beim schwierigeren Test ihre Feuerfrequenz um durchschnittlich etwa 20 %. Zweitens änderte sich die Feinabstimmung der Neurone. Während die Zellen beim leichten Test noch Unterschiede in der Orientierung der Reize von etwa 81° zuließen, wurden dieselben Zellen nun selektiver und reagierten nur noch auf Stimuli, die sich in der Orientierung um maximal 53° unterschieden. Die schwierigere Aufgabe scheint also eine erhöhte Aufmerksamkeit auf die Unterschiede der einzelnen Reize zu erfordern, und das spiegelt sich bei den V4-Neuronen in einer erhöhten Selektivität wider. Anders gesagt, sowohl die Verhaltensexperimente wie die elektrophysiologischen Messungen zeigen, daß die größere Anstrengung, die zur Lösung einer Aufgabe aufgewendet werden muß, die Art und Weise der Informationsverarbeitung im visuellen System beeinflussen kann. Diese Ergebnisse stehen im Gegensatz zum oben beschriebenen Experiment von Spitzer, Desimone und Moran, in dem die Lokalisation der Reize von Bedeutung war. Bei diesem Versuch unterdrückte die räumliche Aufmerksamkeit die Antworten auf irrelevante Stimuli, wohingegen beim zweiten

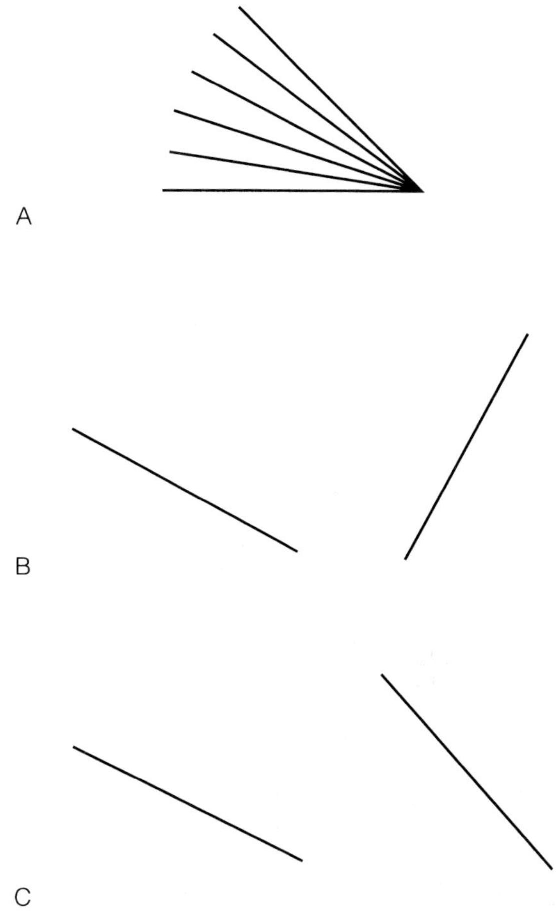

20.4 Eine Nervenzelle reagiert auf Linien in einer bestimmten Orientierung. A stellt die Orientierungen dar, die für ein bestimmtes Neuron noch im akzeptablen Bereich liegen. B zeigt zwei Linien, die einfach zu unterscheiden sind. Die Orientierung des linken Strichs liegt innerhalb des Reaktionsbereichs der Nervenzelle, die der rechten Linie nicht. Die beiden Linien in C sind schwieriger zu unterscheiden, das Neuron wird auf beide Striche antworten, da beide innerhalb seiner Vorzugsrichtung liegen.

Experiment die größere Anstrengung anscheinend die Antworten auf relevante Reize vergrößerte und die Selektivität schärfte.

Wie dieser Aufmerksamkeitseffekt die Aktivität von Zellen verändern kann, ist natürlich noch unbekannt. Eine Möglichkeit ist, daß dabei Signale aus dem Nucleus pulvinaris (Pulvinar) des Thalamus eine Rolle spielen, denn diese Zellen reagieren auf visuelle Reize in einer Weise, die auf eine Art Auswahlprozeß schließen läßt. Wie Petersen und Mitarbeiter herausfanden, reagieren Neurone im Pulvinar stärker auf Reize, wenn sie für das momentane Verhalten von Bedeutung sind, als dann, wenn sie für das Verhalten irrelevant sind. Weil der Pulvinarkomplex in den posterioren parietalen, den temporalen und den präfrontalen Cortex projiziert, könnte er eine Rolle dabei spielen, den von Treisman postulierten „Scheinwerfer" auf die verschiedenen Bereiche im Raum zu richten. Trifft das zu, sollte es die räumliche Aufmerksamkeit stören, wenn die Aktivität im Pulvinar vermindert wird. Tatsächlich haben Affen, deren Pulvinar pharmakologisch blockiert wurde, Schwierigkeiten mit Aufgaben, die eine verdeckte Orientierung erfordern. Petersen und Mitarbeiter dressierten Affen darauf, einen Punkt zu fixieren und einen Stab dann loszulassen, wenn sie an einer anderer Stelle den Teststimulus wahrnahmen. Die Versuchstiere reagierten schneller, wenn vor dem eigentlichen Teststimulus ein irrelevanter Reiz an derselben Stelle dargeboten wurde. Letzterer schien das Gehirn gleichsam darauf vorzubereiten, daß an derselben Stelle der richtige Reiz erscheinen würde. Präsentierte man den irrelevanten Reiz dagegen auf der gegenüberliegenden Seite des visuellen Feldes (er wirkte damit als ein Signal in der entgegengesetzten Richtung), verzögerte das die Reaktionszeit der Affen. Diese Ergebnisse gleichen denen einer ähnlichen Aufgabe, die wir bereits bei Patienten mit Schädigungen des Parietallappens besprochen haben (Kapitel 12). Petersen verlangsamte nun die normale neuronale Aktivität im Pulvinar durch die Injektion von Muscimol, das als GABA-Agonist die synaptische Inhibition verstärkt. Die so behandelten Tiere verhielten sich beim Test, als ob sie den irrelevanten Reiz nicht beachteten. Sie waren also langsamer als die Kontrolltiere, wenn der irrelevante Reiz an derselben Stelle gezeigt wurde. Schneller als die Kontrollgruppe reagierten sie aber, wenn er an der gegenüberliegenden Seite des visuellen Feldes gezeigt wurde. Das Pulvinar erhält visuelle Informationen aus dem superioren Colliculus, der bekanntlich bei Orientierungsbewegungen auf visuelle Reize hin involviert ist. Als „Scheinwerfer" könnte also eine pulivar-colliculäre Verbindung arbeiten. Wir haben natürlich immer noch nicht das Problem gelöst, wie dieser pulivar-colliculäre „Scheinwerfer" angeschaltet wird. Momentan müssen wir uns mit der Beobachtung zufrieden geben, daß das Wissen über die Anforderungen einer anstehenden Aufgabe irgendwie die neuronale Aktivität im visuellen System verändern kann. Das ist eine Grundeigenschaft der bewußten Verarbeitung.

Wir suchen oft nach bestimmten Gegenständen oder nach bekannten Gesichtern in einer Menge. Mit dieser Form optischen Suchens sind mehrere Anforderungen verbunden. Erstens müssen wir eine Art Bild vom gesuchten Objekt im Gedächtnis haben und dieses mit dem vergleichen, was wir bei der Suche wahrnehmen. Zweitens müssen wir ein Objekt irgendwie von allen anderen Objekten in unserer Umwelt unterscheiden. Diese Vorgänge wurden von Chelazzi und Mitarbeitern untersucht, indem sie von Neuronen des Areals TE bei Affen ableiteten, während diese eine optische Suchaufgabe ausführten. Man zeigte den Versuchstieren zuerst das gesuchte Objekt und dann eine Reihe von zwei bis fünf Vergleichsobjekten. Die Affen mußten ihre Augen auf das Vergleichsobjekt richten, das dem zuerst gezeigten Objekt entsprach (Abbildung 20.5). Die Reize wurden für jede Zelle so gewählt, daß nur einer davon die Zelle effektiv erregen konnte, die anderen jedoch nicht. So konnten den Affen sowohl ein Suchobjekt präsentiert werden, für das die jeweils gemessene Zelle sensitiv war, oder eines, auf das sie nicht reagierte. Das entscheidende Ergebnis erhielt man in der Testphase. Bot man den Affen ein Suchobjekt, das zur Stimulation des Neurons ineffektiv war, und zeigte den Tieren dann eine Reihe von Vergleichsobjekten, unter denen sich auch ein für das Neuron adäquater Reiz befand, reagierte die Zelle eigenartig. Sie antwortete zuerst, da sie ja einen effektiven Stimulus „wahrnahm", unterdrückte dann aber ihre Aktivität, *obwohl der Reiz immer noch in ihrem rezeptiven Feld lag*. Anders ausgedrückt, das Neuron schien den Stimulus zur Kenntnis zu nehmen, schaltete dann aber ab, weil die Aufmerksamkeit nicht auf diesen Stimulus gerichtet war. Wahrscheinlich „entscheidet" sich die Zelle nicht selbst dazu abzuschalten, sondern wird von den Zellen inhibiert, die auf das korrekte Zielobjekt reagieren. Ein solches Verhalten könnte entstehen, wenn die Aktivität der Zellen, die auf das gesuchte Objekt reagierten, eine Spur im Gedächtnis hinterließe. Werden die Zellen also erneut mit dem Objekt konfrontiert, wird ihre Antwort ver-

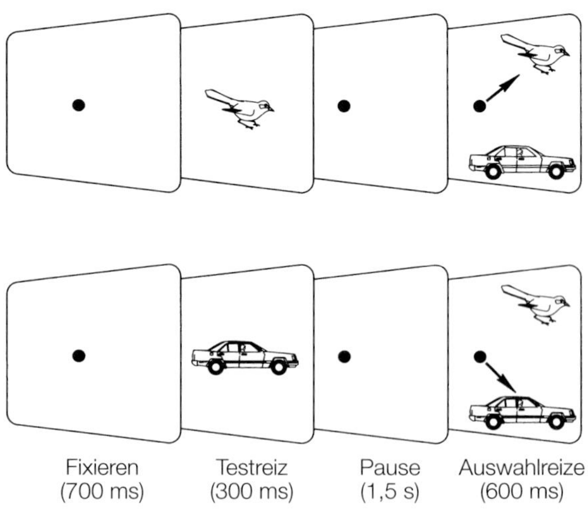

20.5 Bei dieser optischen Suchaufgabe muß sich ein Rhesusaffe den Testreiz merken. Nach einer gewissen Zeit werden ihm neue Bilder gezeigt, und er muß seine Augen auf die Abbildung richten, die dem Testreiz entspricht. (Nach Chelazzi, Miller, Ducan und Desimone, 1993.)

stärkt. Ein ähnliches zelluläres Prinzip könnte bei der Suche nach einem Gesicht in einer Menschenmenge angewandt werden. Es muß eine Art Gedächtnisspur von dem betreffenden Gesicht geben, was die Aktivität der Neuronen im TE verstärkt, die auf das Gesicht reagieren. Andere Neurone, die auf andere Gesichter reagieren, werden gehemmt, und die Augen werden auf das relevante Gesicht gerichtet. Natürlich bewegt TE nicht wirklich die Augen. Diese Aufgabe übernehmen vielmehr Nervenzellen in den frontalen Augenfeldern. Eine logische Annahme wäre nun, daß auch Neurone in den frontalen Augenfeldern inhibiert werden, wenn sie die Augen auf das falsche Zielobjekt bewegen. In der Tat konnten Schall und Hanes genau dies kürzlich zeigen.

PET-Untersuchungen zur Aufmerksamkeit

Bei unserer Suche nach neuronalen Korrelaten von Aufmerksamkeit beim Menschen, können wir mit einem Test beginnen, der von Posner bei Patienten mit Parietallappenläsionen oder von Petersen bei Affen im Pulvinar-Versuch durchgeführt wurde. Das in Abbildung 20.6A dargestellte Experiment wurde von Corbetta und Mitarbeitern entwickelt. Die Versuchsperson fixierte dabei auf einem Bildschirm einen Kasten, unter dem sich eine horizontale Reihe anderer Kästen befand. Während die Versuchsperson den oberen Kasten fixierte, sollte sie eine von zwei Aufgaben erfüllen: 1) Sie sollte die Aufmerksamkeit auf ein Licht richten, das sich von einem Kasten in der Reihe zum anderen bewegte und 2) das Licht ignorieren und die Aufmerksamkeit auf die zentrale Box gerichtet lassen. Bei beiden Aufgaben waren also – genau wie bei der Untersuchung von Moran und Desimone an Affen – die präsentierten Reize identisch, aber die Anforderungen an die Aufmerksamkeit unterschiedlich. Die Ergebnisse waren eindeutig. Die Aktivität im posterioren Parietalcortex war größer, wenn die Aufmerksamkeit dem Licht fol-

20.6 Darstellung des Aufmerksamkeitsexperiments von Corbetta et al. A. Beim oben dargestellten Versuch (Aufmerksamkeitswechsel) muß die Versuchsperson das Kreuz im oberen Kästchen fixieren, aber mit seiner Aufmerksamkeit das Licht (Stern), das von einem Kasten der unteren Reihe zum anderen springt, verfolgen (die Bewegung des Lichtes wird durch die Pfeile angedeutet). Beim Versuch darunter (gerichtete Aufmerksamkeit) fixiert die Versuchsperson das zentrale Licht in der oberen Box und ignoriert das sich bewegende in der unteren Reihe. B zeigt eine Zusammenfassung der PET-Ergebnisse bei der Aufgabe zur „folgenden Aufmerksamkeit“. Man beobachtet erhöhte Aktivität im parietalen Cortex. Der linke Parietallappen wird nur aktiviert, wenn sich der Reiz im rechten Gesichtsfeld befindet, während der rechte Parietallappen Aktivität zeigt unabhängig davon, welchem Gesichtsfeld der Reiz präsentiert wird. Die Aktivitätserhöhung ist in beiden Fällen im rechten Parietallappen deutlicher. (Nach Corbetta, Miezin, Shulman und Petersen, 1993).

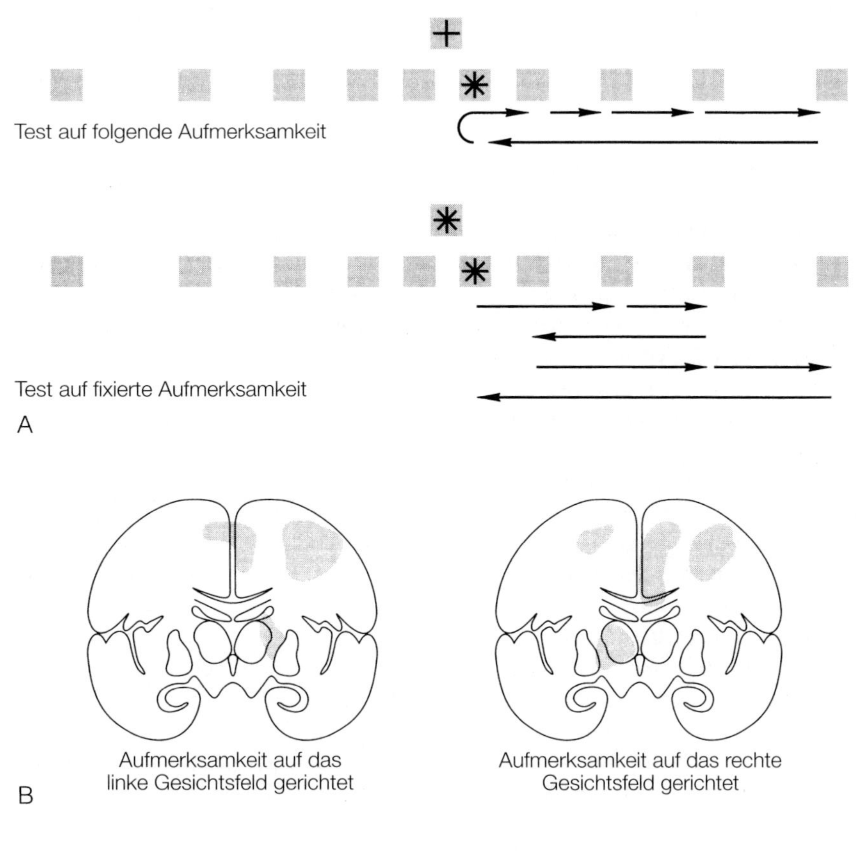

gen sollte, als bei der zweiten Aufgabe. Außerdem war nur der rechte Parietalcortex aktiv, wenn das sich bewegende Licht dem linken Gesichtsfeld präsentiert wurde, während sowohl der linke wie der rechte parietale Cortex aktiv waren, wenn das Licht dem rechten visuellen Feld gezeigt wurde (Abbildung 20.6B). Anders ausgedrückt, der rechte Parietalcortex war aktiv, wenn das Licht dem rechten oder dem linken Gesichtsfeld präsentiert wurde, während der linke, parietale Cortex nur auf Licht von der kontralateralen (rechten) Seite reagierte. Im rechten Parietallappen gab es außerdem zwei definierte Aktivitätsfoci, einen, der auf das linke, und einen, der auf das rechte Gesichtsfeld reagierte. Diese Befunde könnten erklären, warum Patienten mit rechtsseitigen, posterioren parietal-temporalen Läsionen einen größeren Neglect aufweisen als Patienten mit Läsionen in der linken Hemisphäre. Auch bei Fehlen des linken parietalen Cortex besteht immer noch eine Repräsentation des rechten Gesichtsfeldes, nämlich im rechten Parietalcortex. Fehlt letzterer jedoch, wird das linke Gesichtsfeld nicht mehr im Parietalcortex repräsentiert und damit unberücksichtigt gelassen (kontralateraler Neglect).

Bemerkenswerterweise fand man bei dieser Untersuchung keine Aktivierung in V4, was man eigentlich aufgrund der elektrophysiologischen Studien an Affen voraussagen würde. Eine Erklärung dafür ist, daß die Aufgabe es nicht erforderte, verschiedene Reizeigenschaften zu verrechnen, sondern es mußte lediglich der Ort eines Reizes aufgezeichnet werden. Diese Möglichkeit bestätigten dieselben Autoren in einer Parallelstudie. Darin zeigten sie den Versuchspersonen einen Bildschirm mit einem kleinen, weißen Punkt in der Mitte. Für die Dauer von 400 Millisekunden wurde ein Reiz gegeben, gefolgt von einem zweiten Stimulus 200 Millisekunden später. Jeder Reiz bestand aus 30 Elementen gleicher Form und Farbe, die räumlich zufällig verteilt waren und sich einheitlich horizontal nach rechts oder links bewegten (Abbildung 20.7). Form, Farbe und/oder Geschwindigkeit der Bewegung konnten im zweiten Stimulus verändert sein. Die Versuchsperson hatte nun zwei verschiedene Aufgaben. Bei der ersten Aufgabe mußten sie entscheiden, ob sich die beiden Stimuli in einem bestimmten, vorgegebenen Punkt unterschieden (zum Beispiel in der Farbe); die Autoren nannten das „Test zur selektiven Aufmerksamkeit" (*selective attention task*). Bei der zweiten Aufgabe mußten die Probanden beurteilen, ob sich die beiden Reize in *irgendeinem* Punkt unterschieden, der sogenannte Test zur geteilten Aufmerksamkeit (*divided attention*). Der grundsätzliche Unterschied besteht darin, daß die Versuchsperson bei der ersten Aufgabe das jeweils passende mentale Erkennungsschema für ein bestimmtes Merkmal auswählen mußte, was bei der geteilten Aufmerksamkeit nicht der Fall war. Nach Auffassung der Autoren benötigt die erste Aufgabe eine eher gerichtete Aufmerksamkeit, während die Aufgabe zur geteilten Aufmerksamkeit mehr Gedächtnisleistung erfordert. Daher sagten sie ein unterschiedliches cortikales Aktivitätsmuster bei beiden Aufgaben voraus. PET-Untersuchungen zeigten dann auch, daß bei Durchführung der ersten Aufgabe je nach relevantem Merkmal unterschiedliche Regionen aktiviert wurden. So erregte eine auf Farbe gerichtete Aufmerksamkeit Gebiete, die wahrscheinlich mit V4 korrespondieren, wohingegen Gebiete, die vermutlich V3 und TE entsprechen, aktiviert wurden, wenn die Aufmerksamkeit auf die Form der Reize gerichtet war. Die Aufgabe zur selektiven Aufmerksamkeit führte auch zu einer Aktivierung von Insula, posteriorem Thalamus (wahrscheinlich Pulvinar), superiorem Colliculus und orbitalem Frontalcortex. Der selektive Aufmerksamkeitstest führte auch zu einer Aktivitätserhöhung in den visuellen Feldern, die vermutlich zur Lösung der Aufgabe herangezogen wurden. Die Aufgabe zur geteilten Aufmerksamkeit dagegen führte in einer Reihe ganz anderer Gehirnregionen zu erhöhter Aktivität. Obwohl man hierbei keine Aktivitätserhöhung in visuellen Gebieten beobachtete, die über der bei passiver Präsentation derselben Reize lag, beobachtete man Aktivierung des anterioren Cingulum und des dorsolateralen präfrontalen Cortex. Bemerkenswert ist, daß die beiden Stimuli bei beiden Tests identisch waren, nur die Aufgabe war unterschiedlich.

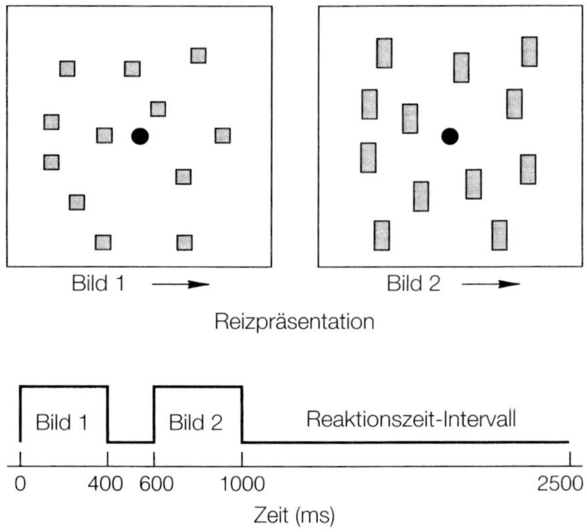

20.7 Präsentation der Reize bei der Untersuchung von Corbetta et al. Die Versuchsperson muß herausfinden, ob zwischen den beiden Reizgruppen ein bestimmter Unterschied (Farbe, Form, Bewegungsgeschwindigkeit) besteht (Aufgabe zur selektiven Aufmerksamkeit) oder ob irgendein Unterschied vorhanden ist (geteilte Aufmerksamkeit). (Nach Corbetta, Miezin, Dobmeyer, Shulman und Petersen, 1991.)

Zusammenfassend zeigen die Ergebnisse von Corbettas Untersuchungen, daß unterschiedliche cortikale Gebiete bei verschiedenen Aufmerksamkeitstests erregt werden. Um die Aufmerksamkeit auf den Ort zu richten, wird der Parietalcortex aktiviert. Der occipital-temporale Cortex wird erregt, um sich auf Merkmale wie Form und Farbe zu konzentrieren. Näätänen hat analoge, aber etwas komplexere Ergebnisse von ERP-Untersuchungen (ereigniskorrelierte Potentiale für *event related potential*) zusammengefaßt. Die Daten aus den PET- und ERP-Untersuchungen stimmen mit denen von Einzelzellableitungen bei Affen überein und legen den Schluß nahe, daß verschiedene Gebiete des posterioren Cortex bei unterschiedlichen Aspekten selektiver Aufmerksamkeit involviert sind. Wir werden auf diesen Punkt in Kürze zurückkommen.

Schaltkreise der Aufmerksamkeit

Lassen Sie uns das bisher Gelernte zusammenfassen. Erstens beweisen die elektrophysiologischen Untersuchungen an Affen drei verschiedene Arten von Aufmerksamkeitsvorgängen: einen im Parietalcortex, der die räumliche Aufmerksamkeit verstärkt, einen im visuellen und posterioren Temporalcortex, der die Objekteigenschaften auswählt, und einen in der inferioren temporalen Region, der die Objekte selbst auswählt. Außerdem gibt es Neurone in den frontalen Augenfeldern, die Orientierungsbewegungen steuern. Zweitens führen PET-Untersuchungen beim Menschen zu vergleichbaren Ergebnissen. Drittens sind auch Gebiete des Frontallappens während der Auswahl einer Reaktion aktiv, was viele Experimente gezeigt haben. Das gilt besonders für die Aktivierung des anterioren cingulären Cortex bei Aufgaben mit geteilter Aufmerksamkeit (siehe vorhergehender Abschnitt), sowie bei Aufgaben, die eine Reaktion (Kapitel 14) oder eine verbale Antwort erfordern (Kapitel 17). Außerdem werden bei bestimmten Aufgaben die prämotorischen und präfrontalen Felder aktiviert. Wie Sie auch gesehen haben, aktiviert der eben besprochene Test zur geteilten Aufmerksamkeit den dorsolateralen präfrontalen Cortex. In ähnlicher Weise tritt bei Wortbildungsaufgaben eine Aktivierung des inferioren frontalen Cortex auf, was PET-Untersuchungen während solcher Tests zeigten (Kapitel 17). Wir wollen nun diese Einzelbeobachtungen zusammenführen.

Nach Posners Auffassung bewegt sich, wenn wir nach Objekten in unserer Umwelt suchen, der Brennpunkt unserer Aufmerksamkeit von einem Ort zum anderen. Hierzu muß sich die Aufmerksamkeit vom momentanen Objekt des Interesses lösen, zu einem neuen Objekt bewegen und sich darauf konzentrieren. Da die Welt mit vielen visuellen Störquellen überhäuft ist, mag auch noch ein zusätzliches System zum Unterdrücken oder Filtern irrelevanter Informationen notwendig sein. Das posteriore parietale System könnte dafür verantwortlich sein, daß sich die Aufmerksamkeit von einem Objekt ab- und einem anderen zuwendet. In der Tat beeinträchtigen Schädigungen des posterioren Parietalcortex die Leistungen bei allen Aufgaben, bei denen diese Fähigkeit notwendig ist (Kapitel 12). Das Fokussieren der Aufmerksamkeit auf die Merkmale des interessierenden Objektes könnte dagegen eine Funktion der posterioren temporalen Gebiete sein. Schädigungen in diesen Feldern führen zu Agnosie, was zumindest teilweise auf ein Defizit beim Richten der Aufmerksamkeit auf bestimmte Merkmale des Reizes hindeutet. Wir nehmen gewissermaßen zwei „Scheinwerfer“ an: Der erste beleuchtet einen Ort in der Umgebung, der untersucht werden soll, der zweite richtet sich auf bestimmte Merkmale zur Analyse.

Posner und Petersen postulierten noch eine zweite Art von Aufmerksamkeitssystem. Dieses liegt im Frontallappen und steht in engem Bezug mit dessen Funktionen beim Kurzzeitgedächtnis. Posner und Petersen führen vier Beweise für das Vorhandensein eines anterioren Aufmerksamkeitssystems auf:

1. Verschiedene Gebiete des Frontallappens, besonders der anteriore cinguläre Cortex, sind bei einer Vielfalt von Aufgaben aktiv. Dazu gehören solche mit perzeptiven Anforderungen und solche, die eine Reaktionsauswahl erfordern. Betrachten Sie noch einmal den oben beschriebenen Test zur geteilten Aufmerksamkeit. Die Versuchsperson muß ein Merkmal auswählen und dann reagieren. Dazu ist die Erinnerung an die Merkmale (Arbeitsgedächtnis) notwendig und das Erkennen, daß eines der Merkmale unterschiedlich ist. Posner und Raichle betonen die Wichtigkeit der Merkmalserkennung bei der Auswahl der Reaktion. Patienten mit Schädigungen im Frontallappen tun ganz offenkundig das eine und sagen das andere, so als ob sie die Widersinnigkeit darin nicht erkennen.
2. Die Beteiligung der Gebiete im Frontallappen ist vom Maß der Aufmerksamkeit abhängig. Wenn also die Anzahl der Zielobjekte bei einem Test zunimmt, steigt auch die Beteiligung der Frontallappengebiete.
3. Die Beteiligung des Frontallappens bei der Auswahl von Reaktionen nimmt mit zunehmender Übung ab. So haben wir zum Beispiel in Kapitel 17 einen Wortbildungstest besprochen, bei dem die Probanden ein Verb zu einem Substantiv bilden sollten (zum Beispiel „Kuchen – essen“). Wenn die Versuchspersonen mit bestimmten Worten vor dem Test übten, waren später nur die Insula, nicht aber die frontalen Gebiete aktiv.
4. Der Frontallappen spielt eine wichtige Rolle beim Arbeitsgedächtnis von sensorischen Informationen und von Bewegungen. Das beweisen sowohl Untersuchungen an Patienten als auch Tierversuche.

Posner und Petersen nennen das Aufmerksamkeitssystem des Frontallappens ein „ausführendes Aufmerksamkeitssystem“ (*executive attentional system*) und stellen die etwas gewagte Hypothese auf, das Bewußtsein bestehe aus den Informationen, die von diesem System verrechnet werden. Ihrer Ansicht nach ist der Frontallappen für die Programmierung mentaler Aktivitäten verantwortlich. Deshalb muß er bei der Aktivierung des selektiven Aufmerksamkeitssystems im posterioren Cortex eine zentrale Rolle spielen.

Die konkreten Beweise für das Modell von Posner und Petersen sind nicht überwältigend, aber ihre Hypothese eröffnet einen interessanten Weg, über die Strukturen im Gehirn nachzudenken, die am Bewußtsein beteiligt sind. Eines der Merkmale der Evolution des Cortex besteht darin, daß beim Hinzukommen jedes neuen sensorischen Kanals sich auch der Frontallappen entsprechend vergrößerte. Es könnte durchaus sein, daß diese Zunahme für das Gehirn notwendig ist, um die Sinneseindrücke verarbeiten und die Umwelt interpretieren zu können. Bei Fehlen von Teilen des Frontallappens oder bei Dysfunktionen (zum Beispiel Schizophrenie) entsteht ein verworrenes Verhalten, weil die bewußte Wahrnehmung davon fehlt, was die vielfältigen Sinneseindrücke bedeuten und in welcher Beziehung sie zueinander stehen.

Eine weitere Eigenschaft der Aufmerksamkeit, die bewußte Auswahl von Bewegungen, besprechen wir im nächsten Abschnitt.

Vorstellungen

Wenn Skispringer in der Startposition stehen, dehnen und strecken sie ihre Glieder, sie scheinen sich auf den bevorstehenden Sprung vorzubereiten. Turmspringer dagegen stehen zuerst völlig still und springen dann. Sie machen beim Sprung zwar ähnliche Bewegungen, aber ihr Stil wird ab der Zeit beurteilt, wenn sie am Sprungbrett ankommen. Daher müssen sie sich vermutlich bewegungslos vorbereiten. Was geht dabei im Kopf dieser Athleten vor? Sie selbst beschreiben es als Vorbereiten, Konzentrieren oder Präparieren. Stellen sie sich ihren Sprung visuell vor? Üben sie die Bewegungen? Passen sie ihren momentanen Zustand den kommenden Bewegungen an? Nach einer früheren Theorie stimmen sie während dieser Vorbereitungsphase sensorische und motorische Vorgänge mental aufeinander ab, um beim Sprung ein möglichst gutes Ergebnis zu erzielen. Obwohl die Sportler genau das für zutreffend halten, argumentieren die Psychologen ohne Unterschied, es gebe keinen „kleinen Mann im Kopf", der eine solche Abstimmung durchführen könnte.

Um das Problem mit dem „kleinen Mann im Kopf" zu umgehen, wurden in den letzten 200 Jahren verschiedene Hypothesen aufgestellt und wieder verworfen. Nach der **Afferenztheorie** lenken Empfindungen und Reize, die sowohl aus der Umwelt stammen als auch beim Ausführen von Bewegung entstehen, das Verhalten. Diese Theorie entstand aus der Ansicht, daß das Gehirn nur ein passiver Rezipient von Impulsen ist, selbst unfähig spontan Aktivität zu erzeugen. Die **Efferenztheorie**, welche die Afferenztheorie ablöste, ging davon aus, daß die neuronale Aktivität während der Bewegungen auch die Empfindungen dieser Bewegungen erzeugt. Beide Hypothesen konnten jedoch nur schwer erklären, wie Irrtümer bei den Bewegungen korrigiert werden könnten. Man erkennt das Problem klar, wenn man die Theorie betrachtet, die beide vorhergehenden ersetzte, die **Reafferenztheorie** (*theory of corollary discharge*). Nach dieser Theorie erzeugt jede Bewegung zuerst eine Spur oder Aufzeichnung davon, wie die geplante Bewegung aussehen soll. Wird sie dann ausgeführt, erzeugt sie eine zweite Spur, die mit der ersten verglichen werden kann. Falls die Bewegung falsch ausgeführt wurde, kann der Irrtum durch den Vergleich der beiden Aufzeichnungen entdeckt werden und beim nächsten Versuch eine Korrektur stattfinden.

Roger Sperry und Erich von Holst haben unabhängig voneinander die Reafferenztheorie entwickelt. Sperry drehte die Augen von Fröschen so, daß diese ein Objekt im Vergleich zur tatsächlichen Lage in der entgegengesetzten Richtung wahrnahmen. Wollten sich die Frösche also dem Objekt zuwenden, bewegten sie sich in Wirklichkeit in die entgegengesetzte Richtung. Von Holst fragte sich, wie ein Tier seine eigene Bewegung von der Bewegung der Gegenstände um sich herum trennen könne. Wie unterscheidet man also Eigen- von Fremdbewegung? Sowohl Sperrys Experiment wie von Holsts Fragestellung führten zu dem Schluß, daß ein Tier eine Aufzeichnung von seinen Bewegungen erzeugen müsse und diese Aufzeichnung als Anhaltspunkt benutzt, um die Bewegung anderer Objekte zu lokalisieren oder zu verfolgen.

Nach dieser Vorstellung erzeugt ein Tier eine Aufzeichnung seiner Bewegungen, die unabhängig von den neuronalen Aktivitäten ist, die zu den Bewegungen führen, und unabhängig von den sensorischen Informationen, die bei den Bewegungen anfallen. Das legt das Vorhandensein eines zentralen Prozesses oder einer Repräsentation nahe, welche die Schemata der Bewegungen enthalten. Die Sinneseindrücke, die bei den Bewegungen erzeugt werden, dienen zum Erneuern und Korrigieren dieser zentralen Repräsentation. Dies soll ein einfaches Experiment illustrieren. Tragen Versuchspersonen Brillen, die durch ein Prisma Objekte um 15° nach rechts verschieben, dann werden sie die ersten paar Male daneben greifen, wenn sie einen Gegenstand anfassen wollen. Nach einigen Versuchen korrigieren sie jedoch ihre Bewegungen und verfehlen das Ziel nicht mehr. Nehmen sie dann die Brille ab, werden sie in der entgegengesetzten Richtung daneben greifen, bis sie das – wieder nach einigen Versuchen – korrigiert haben. Menschen können drastische Verzerrungen der optischen Wahrnehmung korrigieren, wie sie beim Tragen von Brillen auftreten, die rechts und links oder oben und unten vertauschen. Obwohl also die sensorische Information grob irreführend ist, kann das System, das Bewegungen repräsentiert und steuert, diese sensorischen Störungen sehr gut kompensieren. Rock und Harris haben ein noch eindrucksvolleres Beispiel für die Rekonstruktionsfähigkeit des Nervensystems geliefert. Sie führten eine Situation herbei, in der Versuchspersonen mit einem in Wahrheit länglichen Gegenstand hantierten, während der Gegenstand, den sie betrachteten – und daher für das von ihnen manipulierte Objekt hielten – rund war. Nach einigen Versuchen berichteten die Probanden beim blinden Berühren des länglichen Gegenstandes, es handele sich um ein rundes Objekt. Die falsche visuelle Information verursachte eine inkorrekte taktile Repräsentation.

Es gab bereits einige Versuche, die Eigenschaften von zentralen Repräsentationen oder Vorstellungen zu charakterisieren. Wie könnten sie aussehen? Haben unsere Vorstellungen Ähnlichkeiten mit Dingen in der realen Welt? In verschiedenen Experimenten ging man dieser Frage nach: Bittet man zum Beispiel eine Person, einen von zwei Würfeln zu nehmen und so zu drehen, daß die Zahlen auf beiden Würfeln übereinstimmen, wird sie ihn mehrere Male herumdrehen, bis die Punkte übereinstimmen. Dieser Vorgang setzt sich aus einer Reihe von Bewegungen zusammen und benötigt etwas Zeit. Bittet man die Versuchsperson, dieselbe Aufgabe nur in Gedanken auszuführen, benötigt sie offenbar dieselbe Zahl von mentalen Bewegungen und etwa genauso viel Zeit. Genauso brauchen Menschen, die man eine bestimmte Entfernung im Geiste zurücklegen läßt, ungefähr dieselbe Zeit und machen etwa dieselbe Anzahl von Schritten wie in der Realität. Wie solche Experimente vermuten lassen, scheinen also bildhafte Vorstellungen von Bewegungen den realen Bewegungen weitgehend zu gleichen.

Ein Kritikpunkt gegen diese Gleichsetzung von realen und imaginären Bewegungen auf der Grundlage der oben beschriebenen Experimente ist der Einwand, die Versuchspersonen würden die Aufgabe bereits in gewissem Umfang kennen und könnten so geeignete Parallelen ziehen. Diese Kritik scheint aber nicht ganz zuzutreffen. Gibt man nämlich den Probanden Aufgaben, deren Lösungen sie nicht im voraus kennen, erhält man vergleichbare Ergebnisse. Wenn Personen beispielsweise die Hand nach einem Gegenstand ausstrecken, der in der Nähe liegt oder nach einem, der weiter weg ist, dann benötigen sie dafür dieselbe Zeit. Es dauert auch genauso lang, egal ob jemand seinen Namen in kleinen oder in großen Buchstaben schreibt. Die meisten Leute wissen das nicht von vornherein; danach gefragt, werden sie antworten, die Zeiten seien unterschiedlich. Bittet man sie aber darum, sie sollten sich vorstellen, Objekte in verschiedener Entfernung zu greifen oder ihren Namen in verschiedenen Größen zu schreiben, dann sind die von ihnen angegebenen Zeiten ähnlich den Zeiten, die sie tatsächlich dafür benötigen würden. Diese Ergebnisse unterstützen die Vorstellung, daß Merkmale, wie Zeitdauer und Topographie, von imaginären Bewegungen denen realer Bewegungen entsprechen.

Neuronale Grundlagen der Vorstellung

Wo sind solche bildhaften Vorstellungen lokalisiert? Drei Möglichkeiten stehen zur Auswahl: 1) Dieselben Strukturen, die im Gehirn Bewegungen produzieren, erzeugen auch die Vorstellungen davon. 2) Nur ein Teil dieser Strukturen produziert auch die Vorstellungen. 3) Die Gehirnregionen, die Bewegungen produzieren, sind gänzlich unabhängig von den Strukturen, die Vorstellungen erzeugen. Obwohl man beim ersten Überlegen die dritte Möglichkeit für die wahrscheinlichste hält, werden in der gegenwärtigen Diskussion nur die ersten beiden Alternativen als ernsthafte Optionen betrachtet.

Roland führte eines der ersten Experimente durch, in dem er den regionalen cerebralen Blutfluß (rCBF) während vorgestellter und realer Bewegungen maß. Wenn sich die Versuchspersonen eine Reihe von Fingerbewegungen vorstellten, zeigte nur der prämotorische Cortex Aktivität, führten sie die Bewegungen jedoch tatsächlich aus, waren sowohl der prämotorische wie der motorische Cortex aktiv. Im prämotorischen Cortex sind also imaginäre und reale Bewegungen repräsentiert. Damit sprach dieses Experiment für die zweite Option, daß nämlich nur ein Teil des Gebietes, das für das Erzeugen einer realen Bewegung notwendig ist, auch bei der Vorstellung davon beteiligt ist. Ähnliche, damit übereinstimmende Ergebnisse stammen aus Fallstudien an Patienten mit Läsionen im visuellen System. Dazu gehörte zum Beispiel ein Patient, der zwar visuelle Muster erkennen, sich aber keine bildhaften Vorstellungen davon machen konnte. Moscovitch und Mitarbeiter lieferten weitere Erkenntnisse, die diesen Punkt unterstützen. Sie beschrieben Patienten, die ernsthafte Probleme mit der Identifizierung realer Objekte haben, aber eine vollständige visuelle Vorstellungskraft besitzen. Nach diesen Fallstudien scheinen eher primäre oder sekundäre Ebenen der Sehbahn (zum Beispiel die Gebiete V1 bis V5) bei der Wahrnehmung beteiligt zu sein, während ausschließlich die „höheren“ Ebenen beim Formen bildhafter Vorstellungen mitwirken.

Weitere Beweise dafür, daß die übergeordneten cortikalen Strukturen sowohl beim Gedächtnis als auch bei der Imagination involviert sind, fanden Roland und Gulyás. Sie stellten Versuchspersonen verschiedene auditorische, motorische und visuelle Aufgaben und maßen deren rCBF. Bei allen derartigen Experimenten war in den Assoziationscortices des temporalen, parietalen, und frontalen Lappens eine erhöhte Aktivität zu beobachten. Weder die untergeordneten sensorischen Gebiete noch die primären motorischen Areale wurden aktiviert. Nach Rolands und Gulyás Ansicht bilden die übergeordneten Gebiete ein weitverteiltes System, das auch zur Gedächtnisrepräsentation dient. Die dort gespeicherten Erinnerungen enthalten zwar keine Informationen über die räumliche und zeitliche Dimension, diese könnten aber durch die simultane Aktivierung der verschiedenen Gebiete wieder entstehen. Imagination ist für Roland und Gulyás gleichbedeutend mit aktiviertem Gedächtnisinhalt.

Drei Hinweise sprechen jedoch gegen die Ansicht, daß für Vorstellung und Aktivität unterschiedliche Strukturen eine Rolle spielen. Erstens unterstützen Untersuchungen des visuellen Systems die Theorie, daß bei der Wahrnehmung visueller Reize dieselben Strukturen beteiligt sind wie bei der Vorstellung. Die Vertreter dieser Position gehen davon aus, daß bei der Imagination sowohl übergeordnete wie untergeordnete Sehfelder beteiligt sein können. Während eines normalen Sehvorgangs läuft die visuelle Erregung von den unter- zu den übergeordneten visuellen Gebieten. Bei der Imagination jedoch aktivieren die übergeordneten Areale die untergeordneten über zurücklaufende Fasern, so daß bei beiden Vorgängen dieselben neuronalen Schaltkreise aktiviert werden. Farah und Mitarbeiter beschreiben den Fall der Patientin M.G.S., deren occipitaler Cortex im Rahmen einer Therapie gegen Epilepsie unilateral entfernt wurde. Vor und nach dieser Operation stellten sie der Patientin folgende Aufgabe: Sie sollte sich vorstellen, sie bewege sich auf etwas zu, etwa auf eine Maus oder einen Hund, oder sie beobachte ein heranfahrendes Auto. Sobald das Objekt ihr Blickfeld vollständig fülle, sollte sie das sagen (sie wäre dann näher an der Maus als am Hund). Vor der Operation waren die Antworten der Patientin ähnlich denen von Kontrollpersonen. Nach der Operation jedoch war ihr Blickwinkel signifikant reduziert, sowohl im Vergleich zur Kontrollgruppe, wie zur präoperativen Situation (die Objekte füllten ihr Blickfeld nun bereits, wenn sie noch weiter entfernt war, was auf eine Verkleinerung des imaginären „Gesichtsfeldes" hindeutete). Dieser Befund stimmt mit der Vorstellung überein, daß die Bilder innerhalb der Sehfelder topographisch organisiert sind und daß das für ein Bild vorhandene Gebiet beim Verlust der primären Sehrinde reduziert wird. Zweitens findet man in einer Anzahl von rCBF-Studien Aktivität in den primären Sehfeldern während der Imagination. Drittens könnte man auch die Untersuchungen der Augenbewegung als Hinweis dafür nehmen, daß die Strukturen für Wahrnehmung und Vorstellung identisch sind. Beim Betrachten eines Objekts führen die Augen typische sakkadische Bewegungen aus, um die Schlüsselelemente des Reizes aufzunehmen. Wie Norten und Stark berichten, treten dieselben Bewegungsformen sowohl beim Betrachten wie später beim Vorstellen desselben Gegenstandes auf.

Gegenwärtig kann man aufgrund der Forschungsergebnisse nicht entscheiden, ob nur übergeordnete Strukturen bei der Vorstellung involviert sind, oder ob es sich um die gleichen Systeme handelt, die auch am eigentlichen Sehprozeß beteiligt sind. Die widersprüchlichen Ergebnisse der einzelnen rCBF-Studien könnten durch Unterschiede bei der Aufgabenstellung erklärt werden, durch Unterschiede in den Methoden, die zur Bestimmung der Blutflußerhöhung unter Testbedingungen herangezogen wurden, oder sogar durch Unterschiede bei den Testpersonengruppen. Um den letzten Punkt zu illustrieren, sei hier noch eine erstaunliche Gegebenheit angeführt. Wir hörten von einem Kollegen, dessen Arbeit auf dem Gebiet der visuellen Vorstellung international bekannt ist, er habe keine Ahnung, was visuelle Vorstellung eigentlich bedeute, weil er selbst nicht dazu imstande sei. Er war sehr überrascht, als er von uns hörte, wir hätten keinerlei Probleme damit, uns im Geiste Bilder vorzustellen. Wie man Gesehenes quantifizieren kann, stellt ein zusätzliches Problem bei Untersuchungen dar, in denen Wahrnehmung und Vorstellung miteinander verglichen werden. Wenn zwei Leute eine Szenerie betrachten, können sie zu einer vernünftigen Übereinkunft kommen, was sie sehen. Wenn sie aber ihre mentalen Bilder derselben Szene vergleichen, können sie nicht verläßlich bestätigen, daß sie sich dasselbe vorstellen.

Verschiedene Arten von Vorstellungen

Gibt es mehr als einen Typus von Vorstellung? Kehren wir zurück zu unseren Skispringern. Sie können sich ihren Sprung auf mindestens zwei Arten vorstellen. Entweder mit der sogenannten **internen Vorstellung**, sie stellen sich also vor, sie selbst würden die Bewegungen durchführen. Alternativ können sie auch die **externe Vorstellung** verwenden. In diesem Fall stellen sie sich vor, sie sähen einer Person – sich selbst oder einer anderen – von außen beim Sprung zu. Im ersten Fall stellen sie sich also die Bewegungen vor, die sie durchführen werden. Die antizipatorischen Bewegungen, die sie dabei machen, spiegeln vermutlich die Bewegungen während des Sprungs wider. Das entspräche beim Golfspielen der Bewegung, wenn man vor dem eigentlichen Schlag mehrmals ausholt und schlägt, ohne dabei den Ball zu berühren. Im zweiten Fall stellen die Skispringer sich selbst oder irgendeine andere Person vor. Sie sehen den Springer, sie sehen seinen Sprung, und sie sehen die Umgebung. Dazu können sie auch ihren Blickwinkel beliebig verändern. Es ist, als würden sie tatsächlich einem anderen Menschen beim Springen zusehen oder einen Sprung im Fernsehen betrachten.

Die Eigenschaften dieser beiden Vorstellungsarten sind ziemlich unterschiedlich, obwohl beides Vorstellungen von Bewegungen sind und beide den anstehenden Sprung repräsentieren können. Jeannerod bezeichnet die erste Art der Vorstellung als motorische Imagination, das eigene Ich ist in Bewegung. Die zweite Art der Vorstellung ist wirklich eine Imagination von Objekten – dem Springer, dem Sprung und der Umgebung. Um den Unterschied dieser beiden Typen klarzumachen, nehmen wir folgendes Beispiel. Ein Basketballtrainer demonstriert seinem Spieler einen Wurf. Der Spieler sieht zu und bildet sich eine Vorstellung von den Bewegungen, die der Trainer ausführt. Dann versucht er zu werfen. Währenddessen wiederholt der Trainer gemeinsam mit dem Spieler den Wurf (mental, begleitet vielleicht von ein paar Muskelanspannungen und Grimassen). Wenn er dem Spieler glückt, freut sich der Trainer, mißlingt es dem Spieler, murrt er, und sie beginnen von neuem. Die beiden Arten ihrer Vorstellung unterscheiden sich. Wenn sich der Spieler die Bewegungen des Trainers vor Augen führt, macht er das ohne Muskelanspannung, Anstrengung oder Bewegungen, er führt sie also nicht selbst aus. Wenn der Trainer sich den Wurf des Spielers vorstellt, spannt er dabei seine Muskeln an und ist angestrengt, als würde er in Wirklichkeit selbst werfen.

Die Vorstellung von Bewegungen beim Sport ist relativ einfach, handelt es sich doch um Bewegungen, die die Sportler Hunderte von Malen gesehen und geübt haben. Menschen bilden sich aber auch andere Vorstellungen, die komplexer und in ihrer Art einzigartig sein können. Nehmen wir das folgende Beispiel. Sie benötigen ein Buch über Fledermäuse. Sie suchen sich am Computer die Katalognummer heraus und gehen in die Bibliothek. Auf dem Weg treffen Sie einen Freund, der fragt, wohin Sie gehen. Sie erklären es ihm und unterhalten sich ein wenig über Fledermäuse, dann gehen Sie weiter. In der Bibliothek angekommen, stellen Sie fest, daß Sie die Katalognummer vergessen haben. Sie sehen noch mal nach, suchen im Regal und bemerken, daß das Buch fehlt. Die Bibliothekarin sagt Ihnen, es sei ausgeliehen und ein Rückruf nicht möglich. In diesem Beispiel hat man eine Vorstellung vom Ziel, aber keine Vorstellung von den Bewegungen, die man ausführen muß, oder von den Räumen, die man durchqueren muß, um dieses Ziel zu erreichen. Mit Sicherheit hat man auch keine Vorstellung davon, wo das Buch stehen könnte. Die Vorstellung von einem Ziel ist sehr flexibel und erlaubt die Einbeziehung verschiedener Aktivitäten und Unterziele. Andere unserer Vorstellungen schließen auch Gedanken mit ein, dabei handelt es sich gewöhnlich um verbale Vorstellungen. Wir sprechen dabei zu uns selbst und hören den Klang von Worten, erzeugen aber keine Töne oder Bewegungen.

Betrachten wir all diese verschiedenen Arten von Vorstellungen, zu denen wir fähig sind, wird klar, daß sie genau den Dingen entsprechen, die wir tatsächlich tun. Postulieren wir, daß diese Bilder von denselben Gehirnregionen erzeugt werden, die auch für die jeweiligen Aktivitäten verantwortlich sind, dann ist jede Art von Vorstellung in seiner spezifischen Gehirnregion lokalisiert. Verbale Vorstellungen oder das lautlose Sprechen mit sich selbst werden also die Sprachschaltkreise der linken Hemisphäre benutzen, wohingegen musikalische oder räumliche Vorstellungen in der rechten Hemisphäre lokalisiert sind, die auch für die reale Ausführung derartiger Aktivitäten zuständig ist. Ein interessantes Beispiel für das Zusammenspiel von Vorstellung und Bewegung zeigt ein Experiment von Di Pellegrino und Mitarbeitern. Sie beobachteten, daß Neurone im prämotorischen Cortex eines Affen feuerten, wenn dieser ein Stück Futter mit den Fingern aufhob. Dieselben Neuronen waren auch aktiv, wenn der Experimentator die gleichen Bewegungen ausführte. Die Zellen zeigten jedoch keine Aktivität, wenn der Affe oder die Versuchsleiter andere Bewegungen machten.

Unbekannt ist, welche Gehirnregionen für interne und externe Imagination eine Rolle spielen, jedoch werden die beiden Vorstellungsarten wahrscheinlich nicht in denselben Gehirnregionen entstehen. Die interne Imagination könnte das System zur Objektlokalisation (dorsale visuelle Faserverbindungen oder parieto-frontales System) benutzen. Die externe Imagination von objektbezogenen Bewegungen könnte das Objekterkennungssystem benutzen (ventrales, temporal-frontales System). Vorstellungen stehen wahrscheinlich in engem Bezug mit Erinnerungen, da sie, nach Roland, eine Art aktiver Erinnerungen darstellen. Jedes Gehirnsystem ist also für drei Funktionen verantwortlich: Aktivität, Vorstellung und Erinnerung.

Apraxie

Unsere Vorstellungen von der Beziehung zwischen Wahrnehmung, Aktion und Imagination beeinflußt auch unsere Interpretation der Symptome verschiedener Gehirnschädigungen. Wenn also zum Beispiel Wahrnehmung und Vorstellung von denselben neuronalen Strukturen repräsentiert werden, dann werden sich Schädigungen dieser Strukturen auf beide Funktionen gleich auswirken. Wenn zum Beispiel bei Bewegungen und bei der Vorstellung von Bewegung ein- und dieselben Strukturen involviert sind, dann wird deren Schädigung sowohl die Aktivität selbst als auch die Vorstellung von Bewegung beeinträchtigen. Wird andererseits jedoch die Vorstellungen in nur einem Teil des Systems oder in einer ganz anderen Region erzeugt, dann wird man unterschiedliche Effekte erwarten, je nachdem ob die Schädigung in Strukturen liegt, die an der Imagination beteiligt sind, oder in solchen, die für die Wahrnehmung oder Ausführung von Aktivitäten verantwortlich sind. Traditionelle Versuche zur Klassifizierung der Auswirkungen von Hirnschädigungen auf Bewegungen basieren auf der Annahme, daß Wahrnehmung, Erinnerung und Imagination getrennt lokalisiert sind.

Den Begriff **Apraxie** prägte Stendhal im Jahre 1871, die Symptome waren aber bereits fünf Jahre zuvor von Hughlings Jackson beschrieben worden. Manche aphasische Patienten, so stellte er fest, konnten Willkürbewegungen, etwa das Herausstrecken der Zunge, nicht mehr ausführen. Dies traf auch dann zu, wenn keine Indizien für eine Muskelschwäche der Zunge vorlagen, die Zunge also bei anderen Gelegenheiten an die Lippen geführt wurde (zum Beispiel beim Lecken der Lippen nach dem Trinken). Obgleich dieses Symptom in der Folgezeit von mehreren Autoren beobachtet wurde, war es Liepmann, der eine erste detaillierte Analyse apraktischer Symptome veröffentlichte. Im Jahre 1900 berichtete er über den Fall eines aphasischen Mannes, der Handbewegungen, die man von ihm forderte, nicht mehr ausführen konnte. Seltsamerweise konnte er sich aber auf Anweisung bewegen, wenn der ganze Körper involviert war (Sich-Hinsetzen), und er bewegte seine Hände *spontan*.

Liepmanns Patient war ein kaiserlicher Ratsherr, 48 Jahre alt, der wegen „Demenz“ in eine psychiatrische Klinik eingewiesen wurde. Er zeigte motorische Aphasie und hantierte auch mit Gegenständen in sonderbarer Weise. Allerdings bereitete ihm das nur im rechten Arm Schwierigkeiten. Dieser Arm war nicht gelähmt, seine Muskelkraft normal, und er war für die meisten alltäglichen Bewegungen zu gebrauchen. Forderte man dagegen den Patienten auf, mit seiner rechten Hand eine Bewegung auszuführen, wie zum Beispiel die Nase zu berühren, eine Faust zu machen oder zu zeigen, wie man eine Harmonika oder eine Bürste benutzt, versagte er dabei völlig. Obwohl er Bewegungen ausführte, die anzeigten, daß er die Instruktionen verstand, konnte er nicht die richtigen Bewegungen machen. Hielt ein Beobachter den rechten Arm fest, führte er alle Bewegungen mit dem linken Arm aus. Erforderte eine Aktivität aber die koordinierte Benutzung beider Hände, führte nur die linke Hand die Geste korrekt aus. Wenn der Patient beispielsweise versuchte, Wasser in ein Gefäß zu gießen, nahm die linke Hand den Krug, die rechte Hand jedoch führte das Glas zum Mund.

Da weder das Verständnis der Anweisungen noch die motorische Aktivität selbst gestört waren, mußten die Schwierigkeiten, die zur Apraxie führten, auf einer anderen Ebene liegen. Liepmann vermutete ihre Lage zwischen den sensorischen und motorischen Erinnerungen (denjenigen, die die Instruktionen verstanden, und denen, die erlaubten, diese in Aktivität umzusetzen). Nach Liepmanns Hypothese mußten nicht nur die Assoziationspfade im inneren der linken Hemisphäre betroffen sein, sondern auch das Corpus callosum, das die beiden Hemisphären verbindet. Nach dem Tod des Patienten konnte er seine Vermutungen bestätigen.

In den folgenden Jahren untersuchte Liepmann viele Patienten mit dieser Bewegungsstörung. 1920 stellte er die heute klassische Theorie der Apraxie auf. Die zwei wichtigsten Punkte sind: 1) Eine Apraxie resultiert aus Läsionen in der linken Hemisphäre oder im Corpus callosum. 2) Es gibt unterschiedliche Apraxieformen, wobei jede mit ziemlicher Sicherheit auf eine Läsion in einem jeweils spezifischen Ort der linken Hemisphäre zurückgeführt werden kann.

Wörtlich heißt Apraxie „keine Handlung" (das griechische Wort *praxis* bedeutet „Handlung"). Der Begriff Apraxie ist jedoch fast nie in diesem engen Sinne verwendet worden. Derzeit wird er zur Bezeichnung beeinträchtigter oder unpassender Handlungen gebraucht, die zum einen nicht eindeutig auf eine Paralyse, eine Parese oder andere, eher primäre motorische Defizite oder zum anderen auf einen Mangel an Verständnis, Motivation oder ähnliches zurückgeführt werden können.

Die modernen Konzepte beruhen auf Dejerines Reinterpretation von Lipmanns Beobachtungen. Da man sich motorische Aktivitäten aus einem Ziel, einer Reihe von Unterzielen und einer Anzahl von Bewegungen zusammengesetzt vorstellen kann, sollte es auch verschiedene Arten von Apraxien geben, die Schädigungen in den Unterkomponenten der jeweiligen Aktivität entsprechen. Nehmen wir den folgenden Fall als Beispiel:

> Eine Frau mit einer biparietalen Läsion hatte jahrelang als Fischzerlegerin gearbeitet. Nach dem Auftreten der Symptome fiel ihr die weitere Ausübung ihres Berufs schwer. Offenbar wußte sie nicht mehr, was sie mit ihrem Messer anfangen sollte. Sie stach die Messerspitze in den Kopf des Fisches, begann mit dem ersten Schnitt und hielt dann inne. Im Geist war ihr klar, wie man einen Fisch aufschneidet, aber sie konnte die Absicht nicht in die Tat umsetzen. Der Vorarbeiter beschuldigte sie, betrunken zu sein, und schickte sie nach Hause, weil sie die Fische nur verstümmelte.
>
> Die Patientin zeigte auch ein anderes ungewöhnliches Phänomen, das möglicherweise apraktischen Ursprungs war. Sie konnte nie etwas beenden. Sie begann eine Arbeit und gab sie nach kurzer Zeit auf, begann etwas anderes, um es gleich wieder liegenzulassen, und hatte so innerhalb kurzer Zeit vier oder fünf unerledigte Aufgaben vor sich. Auch stellte sie das Zuckergefäß in den Kühlschrank und den Kaffee in den Ofen. (Critchley 1965, S. 158 – 159.)

Hätte die Fischzerlegerin nicht planen können, wie man einen Fisch filetiert, hätte sie es irgendwie wahllos getan (was der Fall war). Man würde bei ihr eine **ideatorische Apraxie** diagnostizieren. (Erinnern Sie sich an das Beispiel, ein Buch über Fledermäuse aus der Bibliothek zu holen – ideatorische Apraxie würde die Planung dieses Vorhabens vereiteln.) Die Fischzerlegerin könnte sich andererseits auch das Ziel, einen Fisch zu filetieren, setzen, aber nicht in der Lage sein, die einzelnen Teilschritte richtig durchzuführen. In diesem Fall würde man es als **ideomotorische Apraxie** bezeichnen. (In unserem Beispiel, würde man zur Bibliothek aufbrechen, aber nie dort ankommen, weil man sich verlaufen würde.) Wenn schließlich die Fischfiletiererin eine Zielvorstellung ausbilden könnte und die Bewegungsfolgen kennen würde, aber die notwendigen Bewegungen nicht ausführen könnte, würde man ihr eine **motorische Apraxie** zuschreiben. (Im Beispiel mit der Bibliothek könnte man die Katalognummer nicht herausfinden, weil man mit den Fingern nicht die Tasten des Computers drücken könnte und möglicherweise auch nicht imstande wäre zu laufen.)

Diese Art der Klassifizierung von Apraxie hat sowohl Stärken wie Schwächen. Sie trägt der Tatsache Rechnung, daß offenkundige Unterschiede zwischen dem Wissen, was zu tun ist und der Fähigkeit, dieses zu tun, existieren. Dies ist diagnostisch von Nutzen, aber es ist schwierig diese Unterscheidungen zu treffen, zum Beispiel im Fall der Fischzerlegerin: Welche Art von Apraxie hat sie eigentlich? Wenn sie im Fisch herumstochert, besteht ihr Problem darin, daß sie nicht weiß, was sie tun soll, oder daß sie nicht weiß, wie sie es tun soll?

Die verschiedenen klinischen Standardtests zur Diagnose der Apraxie weisen ähnliche Schwächen auf. Häufig wird eine Person aufgefordert, die Verwendung eines bestimmten Werkzeugs vorzumachen, also anzugeben, wie man sich kämmt oder einen Nagel einschlägt, ohne dabei das Werkzeug zu benutzen. Die Reaktion einer apraktischen Person besteht oft darin, entweder nichts zu tun oder einen eigenen Körperteil so zu verwenden, als wäre er das Werkzeug (etwa mit den Fingern durch die Haare fahren oder mit der Faust auf den Tisch schlagen). Eine gesunde Person hingegen würde sich so verhalten, als hielte sie den Kamm oder den Hammer. In einem weiteren Apraxietest wird eine Person aufgefordert, eine symbolische Bewegung auszuführen, zum Beispiel zu grüßen oder zum Abschied zu winken. In diesem Fall unternehmen die Patienten nichts oder sie führen eine nicht zu erkennende Bewegung aus. Obgleich diese Tests für eine direkte Diagnose der Apraxie sinnvoll sein mögen, lassen sie weder eine objektive Quantifizierung noch eine detaillierte Analyse zu. Die klinische Beschreibung stellt ein weiteres Problem dar – das der mehr oder weniger willkürlichen Klassifikation der Apraxien. Neue Apraxietypen entstehen nicht etwa, weil man neue Symptome entdeckt, sondern weil man Patienten entweder neue Fragen stellt oder neue Untersuchungsmethoden entwickelt hat. Schließlich können feine Unterschiede in der Lokalisation der Läsionen als Rechtfertigung dafür dienen, daß eine Apraxie sich von einer anderen unterscheidet.

Die Asymmetrie der Bewegungskontrolle

Eine der interessantesten Konsequenzen aus Liepmanns Theorie der Apraxie besagt, daß der linken Hemisphäre bei der Kontrolle der Motorik eine Sonderrolle zuzuschreiben ist. Ein weiterer Beleg für die Richtigkeit von Liepmanns Hypothese ist einer Studie von Milner und seinen Mitarbeitern zu entnehmen. Sie brachten ihren Patienten zunächst eine Reihe komplizierter Armbewegungen bei. Danach injizierten sie das Sedativum Natriumamobarbital in die Carotis (Halsschlagader). Nun wurden die Patienten aufgefordert, die zuvor gelernten Bewegungen auszuführen. Nur wenn das injizierte Sedativum in die „sprechende Hemisphäre“ (über die linke Carotis) gelangte, kam es zu einer Unterbrechung der Bewegungen. Dies traf auch zu, wenn die Bewegungen mit dem ipsilateral zum Injektionsort liegenden Arm ausgeführt werden sollten (die vom kontralateralen motorischen Cortex kontrolliert werden, der ja kein Sedativum erhalten hatte). Die Resultate der Natriumamobarbitaltests zeigen also, daß die linke Hemisphäre bei der Kontrolle der Bewegung sehr wichtig ist und bestätigen damit Läsionsstudien.

Angesichts dieser besonderen Aufgabe der linken Hemisphäre könnte man sich fragen, ob die rechte Hemisphäre nicht auch bestimmte Bewegungsarten kontrolliert. In der Tat gibt es Bewegungen, die selektiv durch Läsionen der rechten Hemisphäre beeinträchtigt werden. Diese werden mit Hilfe von Tests diagnostiziert, bei denen die Versuchsperson aus mehreren Einzelteilen ein Objekt vollständig zusammensetzen soll. Solche Tests enthalten zum Beispiel die Aufgabe, Teile eines Puzzles zu einem Bild zusammenzusetzen, eine Uhr, ein Gesicht oder eine Karte zu zeichnen, ein Muster mit Stäben verschiedener Länge nachzubilden, aus Bausteinen Brücken oder Türme zu bauen und Muster mit verschiedenfarbigen Klötzchen zu bilden. Hierbei dokumentierte Einbußen werden manchmal unter dem Begriff der konstruktiven Apraxie zusammengefaßt.

Worin liegt das Besondere bei diesen Konstruktionsaufgaben? Sie erfordern, Objekte in einem extrapersonellen Raum anzuordnen. Man vermutet, daß der Umgang mit räumlichen Objektbeziehungen eine Funktion der rechten Hemisphäre ist, insbesondere des rechten parietalen Cortex. Obgleich Läsionen des linken Parietalbereichs ähnliche Defizite erzeugen können, können diese Defizite auch eine andere Ursache haben: Läsionen der linken Hemisphäre verursachen gelegentlich die Unfähigkeit, Teile des eigenen Körpers auf ein Objekt zu steuern und weniger die Unfähigkeit, ein Objekt in die richtige Position zu bringen. Dieser theoretisch interessante Gedankengang muß aber experimentell noch nachgeprüft werden.

Neuroanatomische Grundlagen der Apraxie

Die klassische neurologische Theorie über die Grundlagen der Apraxie beruht auf einem ursprünglich von Liepmann entwickelten, später von Geschwind popularisierten Modell. Kurz gesagt, schlug Liepmann vor, den linken parietalen Cortex (insbesondere das Gebiet um Areal 40) als kritische Region für die Kontrolle komplexer Bewegungen der rechten Körperhälfte anzusehen. Diese Kontrolle würde über den linken Frontallappen und das Areal 4 vermittelt. Eine Störung auf diesem Übertragungsweg in der linken Hemisphäre führt daher zu einer Apraxie der rechten Gliedmaßen. Die Kontrolle über die Gliedmaßen der linken Seite, so nahm Liepmann an, wird durch eine Reihe cortiko-cortikaler Verbindungen gewährleistet, die vom linken Parietallappen zum linken Frontalcortex und von dort über das Corpus callosum zum rechten frontalen Cortex führen. Dieses Modell wird in psychologischen und neurologischen Lehrbüchern oft zitiert. Es hat aber mehrere schwerwiegende Nachteile.

Da es klar voneinander trennbare motorische Systeme gibt, die jeweils unterschiedliche anatomische Informationen verarbeiten, sollten Modelle zur Apraxie auch unterschiedliche Bewegungstypen getrennt darstellen. Das Liepmann-Geschwind-Modell betrachtet solche verschiedenen Bewegungstypen nicht getrennt. Dasselbe trifft auch auf die meisten Untersuchungen apraktischer Verhaltensweisen zu. Möglicherweise können aber Subtypen der Apraxie aufgrund der jeweils unterbrochenen Systeme unterschieden werden. Kolb und Milner verglichen beispielsweise die Leistung von Patienten nach unilateralen cortikalen Eingriffen beim Nachahmen von Arm- und Gesichtsbewegungen. Es ergaben sich bei der Bewegungskontrolle Hinweise auf jeweils unterschiedliche Informationseingänge zum frontalen beziehungsweise zum parietalen Cortex. Während linksparietale Läsionen die Nachahmung von Armbewegungen merklich beeinträchtigten, wirkten sie sich auf die Nachahmungen des Gesichtsausdrucks nicht aus. Im Gegensatz dazu hatte eine Läsion des linken Frontallappens nur einen relativ geringen Einfluß auf die Nachahmung von Armbewegungen, führte aber zu erheblichen Beeinträchtigungen bei solchen Gesichtsbewegungen. Ähnliche Beobachtungen wurden auch von Kimura an Schlaganfallpatienten gemacht. Ein wichtiger zusätzlicher Befund von Kimura ist der, daß auch die Komplexität der Bewegung relevant ist. Patienten, die entweder linksanteriore oder linksposteriore Läsionen aufwiesen, schnitten nämlich nicht so gut ab wie jene, die vergleichbare Schäden auf der rechten Hemisphäre aufwiesen und eine Reihe verschiedener Mund- oder Handbewegungen nachahmen mußten. Bei einem Test, der die Reproduktion nur eines Gesichtsausdruckes erforderte, war jedoch nur die Gruppe mit linksanterioren Läsionen signifikant beeinträchtigt, wogegen bei der Nachahmung einer einzelnen Handbewegung nur die Gruppe mit den linksposterioren Läsionen benachteiligt war.

Obwohl nach allgemeiner Auffassung der hintere parietale und der präfrontale Cortex als primäre Regionen ursächlich beim Zustandekommen der Apraxie involviert sind, weisen Patienten mit operativ bedingtem Gewebeverlust in diesen Regionen bei standardisierten klinischen Apraxietests normalerweise keine chronischen Ausfälle auf. Diese Patienten entwickeln im Vergleich zu Schlaganfallpatienten relativ geringe Ausfälle in motorischen Nachahmungstests. Auch massive chirurgische Abtragungen der linken Hemisphäre verursachen eher geringe Störungen bei der Nachahmung von Bewegungen, zumal im Vergleich zu den Leistungen von Personen, bei denen eine Läsion nicht operativ, sondern auf andere Art entstanden ist. Die Konsequenzen solcher Beobachtungen sind bedeutsam: Der unmittelbare Beitrag des präfrontalen und parietalen Cortex (und ihrer gegenseitigen Verbindungen) an der Motorik an sich dürften geringer sein, als man gemeinhin aufgrund klinisch-anatomischer Untersuchungen annimmt. Das Liepmann-Geschwind-Modell läßt die vermuteten Funktionen der Basalganglien und des Thalamus bei apraktischen Syndromen außer acht. Diese Regionen bilden wichtige Zugangswege für den cortikalen Einfluß auf die Motorik. Operative Entfernungen von cortikalem Gewebe haben einen weitaus geringeren Effekt auf die Motorik als Schlaganfälle, die vermutlich außer dem Cortex auch die Basalganglien und/oder den Thalamus betreffen. Daraus folgt, daß eine Zerstörung subcortikaler Strukturen für das Zustandekommen gravierender klinischer Apraxien wesentlich sein kann.

Da zwar die cortikalen Repräsentationen der Gliedmaßen und des Gesichts, nicht aber die der Hände über das Corpus callosum miteinander verbunden sind, wäre auch zu überprüfen, ob das Ausmaß einer bilateralen Apraxie bei Tests für Hand-, Finger-, Gesichts- oder Gliedmaßenbewegungen ähnlich ausfällt. Obgleich die Bedeutung callosaler Verbindungen für apraktische Syndrome längst belegt ist, wurde in Fallstudien hauptsächlich von der Unfähigkeit der ipsilateral zur „sprechenden Hemisphäre" befindlichen Hand, Bewegungen auf Anweisungen auszuführen, berichtet. Bisher wurden wenige Versuche zur Frage unternommen, ob die Gliedmaßen, die Finger oder das Gesicht bestimmte Bewegungen ausführen können. Kolb und Milner haben dieses Problem aufgegriffen. Sie untersuchten vier Patienten, bei denen das Corpus callosum im Zuge einer operativen Epilepsiebehandlung durchtrennt worden war. Getestet wurde die Fähigkeit zur Nachahmung bedeutungsloser Arm- oder Gesichtsbewegungssequenzen durch die linke beziehungsweise die rechte Hand oder Gesichtshälfte. Die Daten belegen ein stark beeinträchtigtes Nachahmungsvermögen der Versuchspersonen. Das traf auch dann zu, wenn sie mit Patienten mit linksparietalen Läsionen verglichen wurden. Überraschenderweise waren die Patienten bei der Ausführung von Armbewegungen mit jeder Hand gleichermaßen beeinträchtigt. Dieses Resultat war aufgrund vorausgegangener klinisch-anatomischer Studien nicht vorhergesagt worden es läßt sich auch nicht aus dem Liepmann-Geschwind-Modell ableiten.

Liepmanns Modell der neuroanatomischen Grundlage von Apraxie ist, zusammenfassend gesehen, nützlich. Trotzdem zentriert sich das Problem bei der Klassifizierung motorischer Störungen immer noch auf die Frage, ob Wahrnehmungen, Repräsentationen und Aktivitäten voneinander getrennt sind. Wenn jede dieser Verhaltenskomponenten getrennt repräsentiert wird, dann sollte man in den Verhaltensanomalitäten den Verlust oder ein Defizit der einen oder anderen Funktion sehen können. Wenn andererseits Wahrnehmungen, Repräsentationen und Aktivitäten in ihren neuronalen Repräsentationen ganz oder teilweise identisch sind, wird die Schädigung eines neuronalen Systems alle drei Komponenten gleichermaßen betreffen.

Bewußtsein

Das Bewußtsein definiert man gewöhnlich, indem man bestimmt, was man für Bewußtsein hält und was nicht. Hebb setzte das Bewußtsein mit komplexen Denkprozessen gleich. Eccles beschrieb es als die Fähigkeit zu wissen, daß man weiß. All das sind mögliche Definitionen. Man glaubt allgemein nicht an ein einheitliches Bewußtsein. So durchschreitet vermutlich ein Mensch während seines Lebens in verschiedenen Altersstufen auch verschiedene Stufen des Bewußtseins. Kleine Kinder und Erwachsene mit Demenz werden – nach allgemeiner Ansicht – eine andere Art von Bewußtsein erleben als gesunde Erwachsene. In der Tat besteht ein Teil des Reifungsprozesses im Erlangen von Bewußtsein. Auch im Verlauf eines Tages verändert sich das Bewußtsein eines Individuums, wenn es durch die verschiedenen Wach- und Schlafphasen geht. Auch haben wahrscheinlich Menschen ein ausgeprägteres Bewußtsein als Tiere. Auch bei den Tieren ist das Ausmaß an Bewußtsein unterschiedlich, von den niederen Tieren, wie Ameisen, die wohl sehr wenig Bewußtsein haben, bis zu höherentwickelten Tieren, wie Katzen und Hunden, die deutlich mehr Bewußtsein zeigen. Bewußtsein kann durch Gehirnschädigungen reduziert oder gestört werden, es wird aber nie ganz ausgelöscht, außer durch Koma oder Tod. Als die ersten Forscher die Funktion des isolierten Rückenmarks oder die isolierter Nerv-Muskel-Präparationen untersuchen, bezeichneten sie die Bedingungen, unter denen sie Bewegungen hervorrufen konnten, interessanterweise als „Kleinstzustände" von Bewußtsein. Die Mehrzahl der heutigen Wissenschaftler würde wahrscheinlich nicht so weit gehen.

Die meisten Definitionen gehen davon aus, daß einfache Reaktionen auf Reize oder die Fähigkeit, Bewegungen zu produzieren, als Bedingungen für das Vorhandensein von Bewußtsein nicht ausreichen. Daher haben Tiere mit rein instinktivem, reflexartigem Verhalten kein Bewußtsein. Genauso ist das isolierte Rückenmark nicht „bewußt", obwohl es viele Reflexe produziert. Auch Maschinen, die auf sensorischen Input reagieren und komplexe Bewegungen ausführen können, haben natürlich kein Bewußtsein. Viele Körperfunktionen des Menschen, wie der Herzschlag, sind keine bewußten Vorgänge, das gleiche gilt auch für viele Vorgänge im Nervensystem, wie einfache sensorischen Prozesse und motorische Aktivitäten. Bewußtsein betrifft also Vorgänge, die sich von all dem unterscheiden.

Man definiert Bewußtsein nicht als einzelnen Prozeß, vielmehr zeigen schon solche Begriffe wie „Bewußtseinsebenen" oder „Bewußtseinsgrade", daß sich das Bewußtsein aus einer Anzahl von Vorgängen zusammensetzt. Genauso enthält bereits Hebbs Definition des Bewußtseins als „komplexe Denkprozesse" den Gedanken einer Reihe voneinander unabhängiger Funktionen, die zusammen das Bewußtsein bilden. Jerisons Ansicht, das Gehirn erhielte seine heutige Form nicht nur durch Größenwachstum, sondern durch das Hinzufügen neuer Regionen und Verbindungen, steht in Übereinstimmung mit der Vorstellung, daß sich Bewußtsein Stück für Stück durch das Hinzufügen neuer Schaltkreise ausbildet. Auch klinische Studien an Patienten mit Gehirnschädigungen oder Gehirnoperationen sprechen gegen die Auffassung, daß das Bewußtsein eine Eigenschaft eines einzelnen Systems oder einer einzigen Gehirnregion ist. Gehirnschädigungen können Bewußtsein verändern, vermindern oder begrenzen, es existieren aber keine Berichte, daß Patienten, die irgendeine begrenzte Gehirnregion verloren haben, auch kein Bewußtsein mehr hätten. So mögen sich zum Beispiel Menschen mit einem Gesichtsfeldausfall (Skotom) nicht mehr darüber bewußt sein, was sich in einem Teil ihres Gesichtsfeldes befindet, sie besitzen aber immer noch ein visuelles Bewußtsein. Patienten mit einem Totalverlust des visuellen Cortex sind sich visueller Vorgänge zwar nicht mehr bewußt, sie haben aber immer noch ein Bewußtsein über die Umwelt durch ihre anderen Sinne.

Wie der berühmte Genetiker und Mitentdecker der DNA-Doppelhelix Francis Crick schrieb, widmet sich die Aufmerksamkeit der Wissenschaftler nicht ausreichend dem Problem Bewußtsein. Wenn allerdings Bewußtsein durch die Funktion vieler unabhängiger Systeme erzeugt wird, dann wird eine experimentelle Untersuchung des Problems wahrscheinlich nicht sehr erfolgversprechend sein. Vielmehr wird uns nur die detaillierte Untersuchung darüber, wie einzelne Systeme arbeiten, zu einem Verständnis von Bewußtsein führen. Tatsächlich ist das Bewußtsein schon jetzt kein völlig geheimnisvoller Vorgang mehr, denn das wachsende Verständnis der Funktion vieler Systeme im Gehirn lieferte auch viele neue Erkenntnisse über das Bewußtsein.

Bestimmte Vorgänge sollen, so die Argumentation mancher Forscher, für das Bewußtsein viel wichtiger sein als andere. So soll zum Beispiel die Sprache für das Bewußtsein essentiell sein, jedoch zeigen Patienten mit Aphasie, die Wörter weder artikulieren noch verstehen können, alle Zeichen von Bewußtsein und drücken ihre Gefühle und Bedürfnisse auf andere Art aus. Stumme, die nie zu sprechen gelernt haben, können für sich selbst sorgen, können arbeiten, mit anderen interagieren und niemand wird ihnen wohl Bewußtsein absprechen. Nach Auffassung einiger Autoren ist die linke Hemisphäre für Bewußtsein wesentlich, weil sie die strukturelle Grundlage des Sprechens bildet. Patienten jedoch, denen die linke Hemisphäre fehlt, haben durchaus Bewußtsein, genauso wie Patienten mit fehlender rechter Hemisphäre. Weder die linke noch die rechte Großhirnrinde allein ist also für das Bewußtsein wesentlich. Eine Reihe anderer Autoren hält den Hippocampus wegen seiner Bedeutung bei der Ausbildung von Gedächtnis für die wesentliche Struktur des Bewußtseins. Der Patient H. M. jedoch, bei dem der mediotemporale Cortex beidseitig chirurgisch entfernt wurde, hat zwar eine starke anterograde Amnesie – er beschreibt sich selbst, als jemand, der ständig aus einem Traum erwacht –, hat aber durchaus Bewußtsein und kann intelligente Gespräche führen. Auch der Hippocampus oder die medialen Temporallappen, die beim Gedächtnis eine Rolle spielen, sind also für das Bewußtsein nicht wesentlich.

Man kann folglich keine einzelne Struktur oder Funktion mit Bewußtsein gleichsetzen, denn dieses setzt sich aus allen Cortexgebieten und ihren Verbindungen zusammen, beziehungsweise es wird von diesen produziert. Versteht man also die Funktionen der verschiedenen Gehirnsysteme, wird man auch das Bewußtsein begreifen. Zu den wichtigen Funktionen des Gehirns, die das Bewußtsein erzeugen, gehören 1) die Spontaneität der Hirnaktivität, 2) ein System, das Aktivitäten im Raum ermöglicht, 3) eine System für die objektbezogenen Aktivitäten, 4) ein Sprachsystem und 5) die Funktionsteilung zwischen den beiden Hemisphären. Einige dieser Elemente sind allen Nervensystemen gemeinsam, während andere mehr für Menschen charakteristisch sind als für die übrigen Tierarten.

Das Nervensystem ruht nie, es zeigt immer spontane Aktivität. Sogar der Schlaf ist ein aktiver Vorgang, der von bestimmten Kernen im Gehirn hervorgerufen wird. Die Aktivität des Gehirns wird natürlich durch sensorische Reize beeinflußt, diese sind aber nicht notwendig, um die Hirnaktivität aufrechtzuerhalten. Das Gehirn ist – um ein Bild zu benutzen – kein Segelschiff, daß entweder vor dem Wind fährt oder in der Flaute liegt. Vielmehr entspricht es einem Motorboot, das sich aktiv bewegt, ob nun Wind herrscht oder nicht. Alle Nervensysteme scheinen diese Eigenschaft zu besitzen und dadurch bleiben sie für die zu erwartenden Reize aufnahmefähig.

Aufgabe des Nervensystems ist es, den Körper im Raum zu bewegen. Alle Tiere, die sich bewegen können, haben Nervensysteme, die diese Funktion in gewissem Umfang erfüllen. Menschen und die meisten Tierarten mit hochentwickelten Gehirnen besitzen auch die Fähigkeit, sensorische oder motorische Irrtümer zu korrigieren. Wie wir weiter oben in diesem Kapitel gesehen haben, nutzt das Gehirn für diese Fehlerkorrektur die Reafferenz, es speichert also ein Bild von der geplanten Bewegung ab und vergleicht dieses mit der tatsächlich ausgeführten Bewegungen. Durch diesen Reafferenzvorgang kann sich das Gehirn selbst fragen: „Ist das, was ich getan habe, auch das, was ich tun wollte?" Diese Eigenschaft muß ein wichtiges Merkmal sein, das dem Individuum erlaubt, sich „selbst bewußt" zu sein, wie Eccles Bewußtsein definiert. Das Nervensystem von Tieren mit höherentwickelten Gehirnen erzeugt auch objektorientierte Bewegungen und muß auch hierzu die Reafferenz benutzen. Überlegen Sie sich das folgende Problem: Eine Frau geht in einem Garten mit vielen Bäumen spazieren. (Abbildung 20.8A). Sie stellt sich vor, daß einer der Bäume besonders gut an der Ecke ihres Hauses aussähe, und denkt darüber nach, einen solchen Baum zu kaufen. Das ist eine alltägliche Situation, sie wirft aber ein Problem auf: In Wirklichkeit sind der Garten und all seine Bäume eine Kreation des Nervensystems (Abbildung 20.8.B). Wie unterscheidet die Frau das Bild der Bäume, das von realen Bäumen hervorgerufen wird, von dem Bild, das sie sich vorgestellt hat. Es muß etwas geben, woran man gesehene Bäumen von imaginären unterscheiden kann, vielleicht irgendwelche Unterschiede in Details. Der Vorgang, reale Bäume von imaginären zu trennen, erlaubt es dem Ner-

A

B

20.8 Wir wissen, daß die von uns wahrgenommenen Gegenstände außerhalb unseres Selbst liegen. Denken wir jedoch an eines dieser Objekte, dann plazieren wir es innerhalb unseres Selbst. A. In Wahrheit werden jedoch die Bilder der realen wie die der vorgestellten Objekte in unserem Gehirn erzeugt. B. Wie unterscheiden wir sie also voneinander?

vensystem – genau wie das Reafferenzsystem bei Bewegungen im Raum – reale von imaginären Bildern zu unterscheiden. Verliert das Nervensystem diese Fähigkeit, treten Probleme auf, wie die Halluzinationen sensorisch deprivierter oder schizophrener Personen zeigen.

Bei Menschen erreichen die komplexen Denkvorgänge, zu denen unser Nervensystem fähig ist, noch dadurch andere Dimensionen, daß wir Bewegungen und Objekte mit sprachlichen Begriffen klassifizieren können. Außerdem wird die Komplexität unserer Denkvorgänge noch durch die Funktionsteilung der beiden Hemisphären erhöht. Zusammengenommen ermöglichen uns diese Faktoren mehr Bewußtsein als anderen Tierarten. Immer mehr Hinweise deuten daraufhin, daß einzelne Systeme des Gehirns miteinander interagieren und „wissen, was das andere macht". Daher kann man sich immer besser vorstellen, wie sich komplexe Denkvorgänge mit Bewußtsein gleichsetzen lassen und wie „Selbstbewußtsein" möglich ist.

Zusammenfassung

Wir wissen immer noch nicht genau, was Aufmerksamkeit, Vorstellung und Bewußtsein sind. Wir können jedoch verschiedene Theorien darüber aufstellen und diese Funktionen der einen oder anderen Hirnregion zuschreiben. Auch kann man darüber nachdenken, wie das Gehirn diese Phänomene erzeugt. Aufmerksamkeit, Imagination und Bewußtsein sind jedoch keine Sekundärphänomene oder Eigenschaften, die einfach aus der Komplexität des Gehirns entstehen – das ist die wichtige Aussage dieses Kapitels. Sie sind vielmehr notwendige Eigenschaften des Nervensystems, die es ihm erlauben, komplexe Aktivitäten erfolgreich auszuführen. Durch die Aufmerksamkeitsvorgänge kann sich das Gehirn sowohl auf externe als auch auf interne Aspekte konzentrieren. Die Imagination ermöglicht es dem Nervensystem, sich Orte und Objekte vorzustellen und so diese Orte zu erreichen oder die Objekte zu erhalten. Das Bewußtsein ist wesentlich für die Unterscheidung realer und vorgestellter Bewegungen, realer und imaginärer Objekte und für die Unterscheidung zwischen momentanen Ereignissen und Erinnerungen. Damit liefert es die Grundlage dessen, was wir für Realität halten.

Literatur

Anderson, J.R. Automaticity and the ACT theory. *American Journal of Psychology* 103: 165–180, 1992.

Bragh, J.A. The ecology of automaticity: Toward establishing the conditions needed to produce automatic processing effects. *American Journal of Psycholgy* 105: 181–200, 1992.

Brinkman, J., H. G.J.M. Kuypers. Cerebral control of contralateral and ipsilateral arm, hand and fingermovements in the split-brain, rhesus monkey. *Brain* 96: 653–674, 1973.

Carmon, A. Sequenced motor performance in patients with unilateral cerebral lesions. *Neuropsychologia* 9: 445–449, 1971.

Carr, T.H. Automaticity and cognitive anatomy: Is word recognition automatic? *American Journal of Psychology* 105: 201–238, 1992.

Chelazzi, L., E.K. Miller, J. Duncan, R. Desimone. A neural basis for visual search in inferior temporal cortex. *Nature* 363: 345–347, 1993.

Corbetta, M., F.M. Miezin, S. Dobmeyer, G.L. Shulman, S.E. Petersen. Selective and divided attention during visual discrimination of shape, color, and speed: Functional anatomy by positron emission tomography. *Journal of Neuroscience* 11: 2383–2402, 1991

Corbetta, M., F.M. Miezin, G.L. Shulman, S.E. Petersen. A PET study of visuospatial attention. *Journal of Neuroscience* 13: 1202–1226, 1993.

Crick, F., C. Koch. Das Problem des Bewußtseins. *Spektrum der Wissenschaft:* 144–152, September 1992.

de Renzi, E., A. Pieczuro, L.A. Vignolo. Oral apraxia and aphasia. *Cortex* 2: 50–73, 1966.

de Renzi, E., A. Pieczuro, L.A. Vignolo. Ideational apraxia: A quantitative study. *Neuropsychologia* 6: 41–52. 1968.

Di Pellegrino, G., G. Fadiga, L. Fogassi, V. Gallese, G. Rizzolatti. Understanding motor events: A neurophysiological study. *Experimental Brain Research* 91: 176–180, 1992.

Eccles, J.C. *Die Psyche des Menschen.* München: Piper, 1990.

Farah, M. J. *Visual Agnosia.* Cambridge, Mass.: MIT Press, 1990.

Geschwind, N. The apraxias: Neural mechanisms of disorders of learned movement. *American Scientist* 63: 188–195, 1975.

Haaxma, R., H.G.J.M. Kuypers. Intrahemispheric cortical connections and visual guidance of hand and finger movements in the rhesus monkey. *Brain* 98: 239–260, 1975.

Hebb, D.O. *Essay on Mind.* Hillsdale, N.J.: Lawrence Earlbaum Associates, 1980.

Heilman, D.M., H.D. Schwartz, N. Geschwind. Defective motor learning in ideomotor apraxia. *Neurology* 25: 1018–1020, 1975.

Jeannerod, M. *The Brain Machine.* Cambridge, Mass.: Harvard University Press, 1985.

Jeannerod, M. The representing brain: Neural correlates of motor intention and imagery. *Behavioral and Brain Sciences* 17: 187–245, 1994.

Jenkins, I.H., D.J. Brooks, P.D. Nixon, R.S.J. Frackowiak, R. E. Passingham. Motor sequence learning: A study with positron emission tomography. *Journal of Neuroscience* 14: 3775–3790, 1994.

Kahneman, D. *Attention and Effort.* Englewood Cliffs, N.J.: Prentice-Hall, 1973.

Kimura, D. *Neuromotor Mechanisms in the Evolution of Human Communication.* New York: Oxford University Press, 1993.

21

Die Entwicklung von Funktionen

Manche Wissenschaftler interessieren sich deshalb für die Neuropsychologie der Entwicklung, weil sie glauben, daß Kinder – neurologisch betrachtet – „einfacher" als Erwachsene sind und entsprechend leichter untersucht werden können. Andere glauben, daß die Analyse des Verhaltens und der Entwicklung von Kindern wichtige Hinweise auf die jeweiligen Beiträge der Vererbung und der Umwelt zu der Entwicklung bestimmter Verhaltensweisen geben könnte. Wieder andere befassen sich aus praktischen Gründen mit diesem Thema: Sie entwickeln Hilfsprogramme für Kinder, die in der Schule bestimmte Probleme haben. Die ständige Vergrößerung des Forschungsfeldes der Kinder- und Jugendneuropsychologie hat neue Fragen hervorgebracht. Warum zum Beispiel ist das Gehirn in jungen Jahren so flexibel bei der Kompensation von Läsionen und bei der Reaktion auf Veränderungen der Umwelt? Kann man sich eine für die Entwicklung optimale Umgebung vorstellen? Gibt es etwa eine optimale Unterrichtsmethode? Wie kann ein Gehirn viel effizienter arbeiten als ein anderes, obwohl beide oberflächlich betrachtet ähnlich sind? Das Ziel einer Neuropsychologie der Entwicklung ist es also, die Funktionen des Nervensystems in früher Jugend besser zu verstehen und herauszufinden, ob sich dabei Antworten auf eben genannte Fragen ergeben.

Verhaltensveränderungen, die im Zusammenhang mit neuronalen Funktionen stehen, lassen sich auf dreierlei Arten untersuchen. Erstens kann man sich mit dem Reifezustand des Nervensystems beschäftigen und diesen zu der Entwicklung bestimmter Verhaltensweisen in Beziehung setzen. Gewöhnlich verläuft die Entwicklung von Gehirn und Verhalten nach geordneten Regeln und läuft bei allen Menschen ähnlich ab. Demnach sollten sich Korrelationen leicht herstellen lassen (Abbildung 21.1). Mit dem zweiten Ansatz geht man den umgekehrten Weg: Man sieht sich das Verhalten an und schließt daraus auf den neuronalen Reifezustand zurück. Dieser Ansatz wird selten verwandt; Hypothesen über Hirnfunktionen lassen sich nur schwer belegen, da man das menschliche Nervensystem während seiner Entwicklung nicht manipulieren kann. Mit zunehmender Verbesserung der bildgebenden Verfahren wird man diese Schwierigkeit überwinden können, denn die Untersuchung damit („Gehirnscans") in verschiedenen Altersstufen ermöglichen Korrelationen zwischen neuronaler Funktion und Verhalten. Schließlich kann man auch eine Fehlfunktion des Gehirns oder eine Gehirnläsion zu Verhaltensstörungen oder kognitiven Ausfällen in Beziehung zu setzen. Dieser Ansatz hat Nachteile, wenn man ihn auf Entwicklungsprobleme anwendet. Das kindliche Gehirn entspricht nicht dem des Erwachsenen, denn erstens kann das unreife Gehirn gewisse adulte Funktionen nicht ausüben, und zweitens gibt es nicht *das* unreife Gehirn: Das Gehirn entwickelt sich derart, daß Prinzipien, die in einem bestimmten Alter anwendbar sind, in einer anderen Altersstufe nicht (mehr oder noch nicht) anwendbar sind. Diese Diskontinuität ist möglicherweise einer der Gründe dafür, daß Intelligenzschätzungen bei sehr jungen Kindern nur schlecht mit ihrer Intelligenz als Erwachsene korrelieren. Außerdem sind sich entwickelnde Gehirne plastisch. Hirnschäden in der Kindheit werden möglicherweise gar nicht bemerkt, weil ein nicht geschädigter Teil des Gehirns die Funktion der geschädigten Region übernimmt. In den folgenden Abschnitten diskutieren wir einige Befunde, die sich aus diesen verschiedenen Ansätzen ableiten lassen.

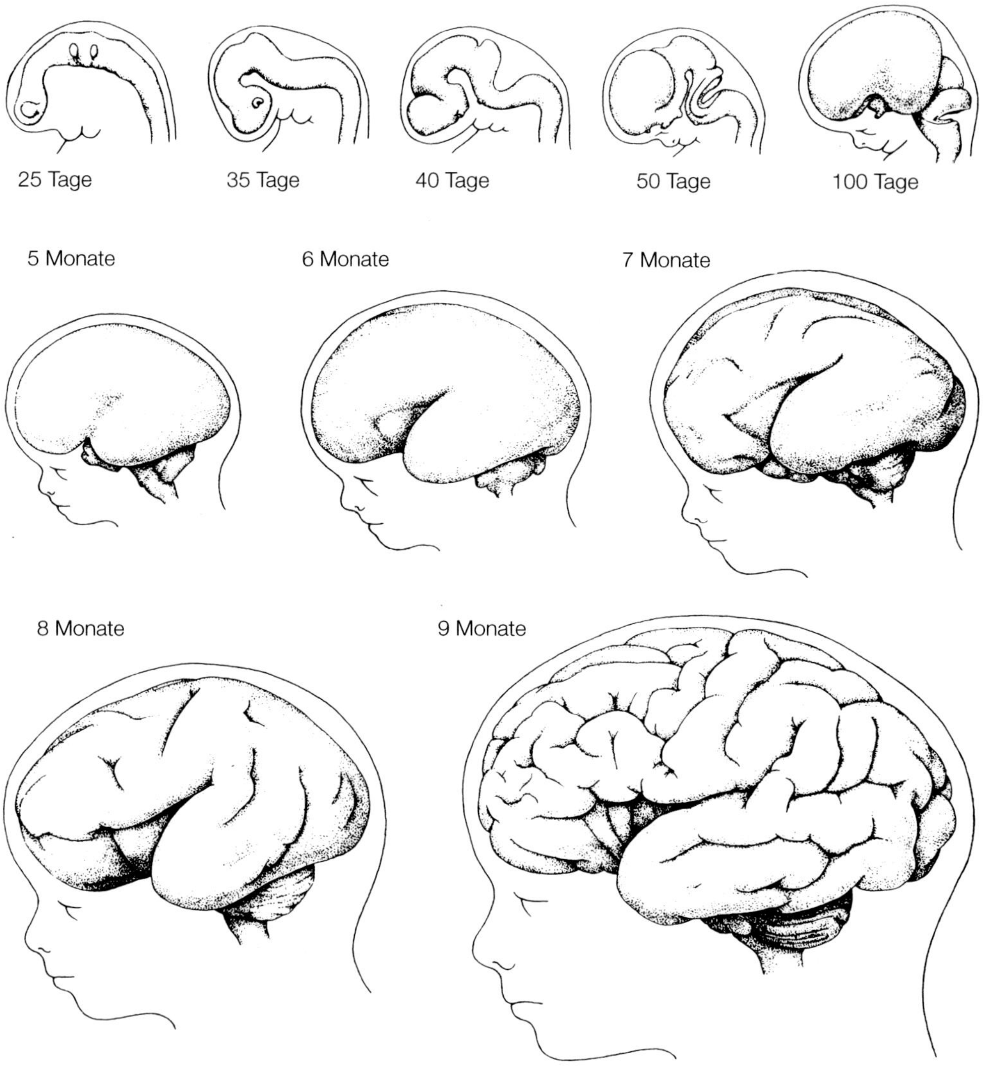

21.1 Die Entwicklung des Gehirns beim menschlichen Embryo und Fetus. (Nach Cowan, W. M. The development of the brain. In: *Scientific American* 241: 112–133, 1979.)

Eine neuronale Perspektive der Entwicklung

Zelluläre Grundlagen der Gehirnentwicklung

Wachstum und Differenzierung des Gehirns bestehen aus einer Reihe biologischer Veränderungen, die zu einem bestimmten Alter und in einer relativ festen Reihenfolge auftreten. Dazu gehören erstens die Migration von Zellen, zweitens die Bildung und das Wachstum von Axonen, drittens die Bildung von Dendriten, viertens die Bildung von synaptischen Verbindungen und fünftens die Myelinisierung.

Dieses Entwicklungsprogramm zeichnet sich durch zwei ganz außergewöhnliche Charakteristika aus. Zunächst werden die Subkomponenten des Nervensystems von Zellen gebildet, deren Bestimmung und Funktion weitgehend festgelegt werden, bevor sie aus der Ventrikelwand auswandern. Zum zweiten ist die Entwicklung durch einen anfänglichen Überfluß an Zellen, Verzweigungen und Verbindungen geprägt. Ein wichtiger Teil der darauf folgenden Entwicklungsschritte besteht in einem Absterben von Zellen beziehungsweise einem Rückgang des anfänglichen Übermaßes. Nach der Entdeckung dieses zweiten Aspekts der Entwicklung wurde das allgemeine Bild der Gehirnentwicklung korrigiert. Die Vorstellung vom Aufbau eines Nervensystems durch allmähliches Hinzufügen weiterer Teile wurde durch die Idee von einem allmählichen Herausschälen einer Form aus einem großen und wenig ausgebildeten neuralen Gebäude abgelöst.

Aufgrund von Störungen des genetischen Programms, durch ein intrauterines Trauma, durch die Wirkung toxischer Substanzen oder anderer Faktoren kann es zu Fehlern oder Besonderheiten in der Gehirnentwicklung kommen, die zu offenkundigen und schweren Schädigungen führen. Beispiele dafür sind in Tabelle 19.1 aufgeführt. Weniger ausgeprägte Defizite äußern sich zum Beispiel in Lernstörungen oder tragen zu subtilen Unterschieden in der Individualität bei. In den nun folgenden Abschnitten werden alle normalen biologischen Prozesse kurz beschrieben und dann die jeweils abnorme Entwicklung besprochen, zu der es kommen kann, wenn einer der Vorgänge nicht ordnungsgemäß abgeschlossen wird.

Zellmigration Im embryonalen Gehirn teilen sich Zellen in der Zellschicht, die die Ventrikel auskleidet, in jeweils zwei Tochterzellen, die entweder auswandern oder sich weiter teilen. Diese Zellteilung ist etwa bis zur Hälfte der Schwangerschaft beendet, wohingegen die Migration der Zellen zu ihren jeweiligen Zielen noch einige Monate andauern oder sogar bis in den postnatalen Zeitraum hineinreichen kann. Die genaue zeitliche Folge der Entwicklung und die Wanderung von Zellen zu unterschiedlichen cytoarchitektonischen Regionen ist gebietsspezifisch. Zur gleichen Zeit können benachbarte Gebiete teilungsfähiger Zellen an der Ventrikelwand Zellen produzieren, die für ganz bestimmte Schichten in verschiedenen cortikalen Arealen bestimmt sind. Im fünften Monat der Schwangerschaft werden die cortikalen Schichten V und VI sichtbar, und die nachfolgenden Schichten entwickeln sich und reifen bis etwa zum achten postnatalen Monat.

Tabelle 21.1: Fehlbildungen des Gehirns

Name	Beschreibung
Anencephalie	Die Hemisphären, das Diencephalon und das Mesencephalon fehlen.
Holoprosencephalie	Der Cortex wird in Form einer einzelnen, undifferenzierten Hemisphäre gebildet.
Lissencephalie	Das Gehirn bildet keine Gyri und Sulci und entspricht dem eines zwölf Wochen alten Embryos.
Mikropolygyrie	Die Gyri sind zahlreicher und weniger ausgeprägt als beim normalen Gehirn.
Makrogyrie	Die Gyri sind weniger zahlreich und breiter als beim normalen Gehirn.
Mikroencephalie	Das Gehirn ist nur rudimentär entwickelt; die Person hat eine geringe Intelligenz.
Porencephalie	An Stellen, wo normalerweise Cortex und weiße Substanz sind, finden sich symmetrische Hohlräume
Heterotopie	Fehlplazierte Inseln grauer Substanz erscheinen an den Ventrikelwänden oder in der weißen Substanz. Ursache sind fehlgeleitete und gestoppte Zellmigrationen.
Agenese des Corpus callosum	Das Corpus callosum fehlt teilweise oder völlig.
cerebelläre Agenese	Teile des Cerebellum, der Basalganglien oder des Rückenmarks fehlen oder sind mißgebildet.

Die Mechanismen, welche die Migration kontrollieren und den Zielort der Zellwanderung bestimmen, sind bislang kaum verstanden. Man weiß, daß spezialisierte Filamente eine Art Pfad bilden, dem die wandernden Zellen folgen können. Hat eine Gruppe von Zellen die Gehirnoberfläche erreicht, so beginnt die Differenzierung (Bildung von Axonen, Dendriten und so weiter). Daraufhin wandert eine neu gebildete Zellgruppe durch die nun bereits bestehenden Zellschichten hindurch und bildet eine neue äußere Schicht. Eine Struktur wie der Cortex reift also von innen nach außen. Die Migration kann vorzeitig beendet werden, was dazu führt, daß eine Zellgruppe, die normalerweise eine außenliegende Schicht bildet, in weiter innen liegende Zellschichten verteilt ist. Caviness und Sidman haben die gestörte Zellmigration im Cortex einer genetisch mutierten Maus, der Tanzmaus, untersucht. Bei diesem Tier liegen die zuerst gebildeten Zellen nahe an der Cortexoberfläche und die zuletzt entwickelten in der untersten Schicht. Dadurch entsteht ein im Vergleich zur gesunden Maus invertierter Cortex. Trotz ihrer falschen Positionen erhalten diese Zellen die jeweils angemessenen Faserverbindungen und knüpfen korrekte Kontakte. Die Mäuse vollführen allerdings unnatürliche, tanzende und taumelnde Bewegungen. Auch beim Menschen wurden Fälle von falscher und unvollständiger Zellmigration beschrieben.

Axonales Wachstum Die Axone sprossen von den Neuronen aus, sobald diese sich auf die jeweilige Zielstruktur hinbewegen. Die aussprossenden Axone wachsen in eine bestimmte Richtung, und zwar entweder deshalb, weil der Zellkörper eine bestimmte Orientierung einnimmt oder aufgrund von anderen, bislang unbekannten Faktoren. Das auswachsende Ende des Axons wird Wachstumskegel genannt. Es wurde von Ramón y Cajal in den neunziger Jahren des letzten Jahrhunderts zuerst erkannt und beschrieben:

> Ich hatte Glück und bekam zum ersten Mal dieses fantastische Endstück eines wachsenden Axons zu sehen. In meinen Schnitten von einem drei Tage alten Hühnerembryo erscheint dieses Ende als eine Konzentration von Protoplasma, das eine konische Form annimmt und zu einer Art amöboider Bewegung in der Lage ist. Es ist weich, flexibel, bewegt sich vorwärts und stößt mechanisch alle Hindernisse zur Seite, die sich ihm in den Weg stellen. Dies geschieht so lange, bis es sein Verknüpfungsgebiet in der Pheripherie erreicht hat. Diese seltsame Keule habe ich Wachstumskegel getauft. (Ramón y Cajal, 1937.)

Im allgemeinen wächst ein Axon mit einer Geschwindigkeit von 7 bis 170 Mikrometern pro Stunde. Seine Verzweigung findet im Bereich des Wachstumskegels statt. Es ist möglich, daß ein Wachstumskegel Synapsen bildet und die Fähigkeit bewahrt, weiter zu wachsen. Dies ist unter Umständen ein Grund für die Bildung neuer Synapsen während des Lernvorgangs.

Eine wichtige unbeantwortete Frage in der Neurobiologie der Entwicklung betrifft die Kräfte, welche das Wachstum eines Axons initiieren und beenden. Axone haben ganz bestimme Ziele, die sie erreichen müssen, wenn das Neuron überleben und eine Funktion erhalten soll. Manche Axone wachsen vom Zellkörper weg, weil sie durch eine andere wachsende Struktur, die sich fortbewegt, „mitgezogen“ werden, so wie zum Beispiel Muskeln in der frühen Entwickung vom Rückenmark wegwachsen. Andere Axone wieder überwinden ganz beachtliche Entfernungen und Hindernisse, auch wenn man sie an einen anderen Ort verpflanzt, den Zellkörper rotiert oder die Zielstruktur wegbewegt, ohne daß die Kräfte, die das Axon auf seine Zielstruktur hin wachsen lassen, bekannt sind. Es kann sein, daß Axone einem elektrischen oder chemischen Gradienten oder einem ganz bestimmen Substrat folgen. Möglicherweise bilden sie zunächst auch viele verschiedene Verzweigungen, und wenn eine davon eine angemessene Zielstruktur erreicht, folgen die anderen ihr nach. Es ist ebenfalls denkbar, daß mehrere derartige Mechanismen parallel oder in Folge arbeiten.

Die Bildung adäquater neuronaler Faserverbindungen kann auf vielfältige Art verhindert werden. Axone können ihre Zielstruktur zum Beispiel nicht finden, weil ihr Weg blockiert wird, etwa durch eine Narbe, die durch ein Schädel-Hirn-Trauma während der ersten Lebensmonate entstand. Die Entwicklung kann auch durch Sauerstoffmangel, durch Verschlucken toxischer Substanzen, durch Unterernährung oder andere Störfaktoren beeinträchtigt sein. Mehrere Berichte über abnorme Fasersysteme bei mutanten Mäusen legen die Vermutung nahe, daß solche Anomalien einen genetischen Ursprung haben. Es wurden Fälle beschrieben, wo das Corpus callosum ungewöhnlich groß ist oder fehlt, und es gibt Beispiele für abnorme Faserverbindungen im hippocampalen System. Bei Albinos verschiedener Tierarten und bei Menschen mit Albinismus ist die jeweils ipsilateral verlaufende Faserverbindung des visuellen Systems sowohl hinsichtlich ihrer Größe als auch des Areals, das sie innerviert, kleiner als gewöhnlich. Da das Gehirn Informationen auch sequentiell verarbeitet, können ähnliche Unterbrechungen transcortikaler oder interhemisphärischer Faserverbindungen während der Entwicklung im Zusammenhang mit kognitiven Schwierigkeiten stehen, unter denen manche Menschen leiden. So wurde in der Tat auch schon die Hypothese geäußert, daß manche Lernstörungen ihren Ursprung in einer verzögerten, unvollständigen oder inadäquaten Ausbildung des cortikalen Fasersystems haben.

Auch wenn die jeweilige Zielregion geschädigt ist, kann es zu einer Unterbrechung der axonalen Entwicklung kommen. In diesem Fall degeneriert das axonale System oder besetzt ein inadäquates Ziel. Tritt der letztgenannte Fall ein, so kann eine durch die neu besetzte Gehirnregion normalerweise unterstützte Funktion ebenfalls gestört werden. Schneider hat dies in einem Experiment über abnormes Faserwachstum beim neugeborenen Hamster gezeigt: Wird der Colliculus superior (das Tectum opticum) in einer Hemisphäre entfernt, projizieren die Neuronen, die diese Struktur normalerweise innervieren, statt dessen zum gegenüberliegenden intakten Colliculus superior. Der neue aberrante Faserzug ist auf seltsame Weise funktional: Erscheint ein visueller Reiz vor dem Auge, das contralateral zum verletzten Tectum liegt, so dreht sich der Hamster vom Reiz weg! Die Information ist tatsächlich zum falschen Tectum gelangt, nämlich zu dem, das normalerweise Informationen vom anderen Halbfeld erhält. Die Haltungs- und Bewegungsanomalien, die man bei manchen Formen der **Athetose** (langsame unwillkürliche Bewegungen) und der **Dystonie** (fehlerhafter Spannungszustand der Muskulatur) bei Kindern beobachtet, können analog dazu eventuell deshalb zustande kommen, weil Fasersysteme, die Lage und Bewegung kontrollieren, ein falsches Ziel innervieren. Dies führt dazu, daß die beabsichtigte motorische Reaktion durch eine unangemessene andere Bewegung unterbrochen wird. Sollte dies zutreffen, so ist es nicht überraschend, daß Läsionen im Thalamus, durch die abnorme Verbindungen möglicherweise durchtrennt werden, zu einer verbesserten Haltung und verbesserten Bewegungen führen können.

Es scheint auch, daß Axone in der Lage sind, Hindernisse zu überwinden, um ihr Ziel zu erreichen. Wird zum Beispiel das Rückenmark teilweise durchtrennt, so kreuzen Axone des Pyramidentrakts, die normalerweise ihren Weg durch das zerstörte Gebiet nehmen würden, auf die andere, unzerstörte Seite des Rückenmarks und führen von dort aus ihren Weg fort, indem sie in einem unzerstörten Rückenmarksabschnitt wieder auf die „richtige“ Seite des Rückenmarks zurückwechseln. Axone ergänzen auch einander. Werden Pyramidenzellen einer cortikalen Hemisphäre in früher Kindheit zerstört, so projizieren die Pyramidenzellen der anderen Hemisphäre auf die Zielregion der zerstörten Zellen. Wie diese Beispiele zeigen, gibt es viele Wege, wie ein Gehirn in der Entwicklungsphase sein Wachstum modifizieren (anpassen) kann, wenn seine normale Entwicklung behindert wird.

Dendritenwachstum Im Gegensatz zur Entwicklung von Axonen beginnt das Wachstum von Dendriten normalerweise erst, nachdem die Zelle ihre Position (zum Beispiel im Cortex) erreicht hat. Das Wachstum geht ziemlich langsam vor sich. Insgesamt lassen sich Parallelen im Wachstum von Dendriten und Axonen erkennen. Teilung und Entwicklung erfolgt bei beiden über einen Wachstumskegel. Im allgemeinen ist das Wachstum der Dendriten zeitlich so abgestimmt, daß sie auch tatsächlich mit denjenigen Axonen Kontakt aufnehmen, durch die sie innerviert werden sollen. Beim Menschen beginnt die Entwicklung der Dendriten zwar schon im pränatalen Zeitraum, sie reicht aber weit in die postnatale Zeit hinein. Vor der Geburt gibt es nur wenige Dornen auf den Dendriten. Ihre Entwicklung beginnt nach der Geburt, und sie finden sich in großer Zahl an reifenden Dendriten. Während der Entwickung des Gehirns durchlaufen die Neuronen verschiedene Stadien, in denen sie ein Überangebot an Verzweigungen und Dornen haben, die sie in nachfolgenden Entwicklungsphasen teilweise wieder verlieren. Der Verlust von Dendriten und Dornen wird manchmal als *pruning* („Zurückschneiden“) beziehungsweise *shedding* („Abwerfen“) bezeichnet. Die noch verbleibenden „Zweige“ wachsen mög-

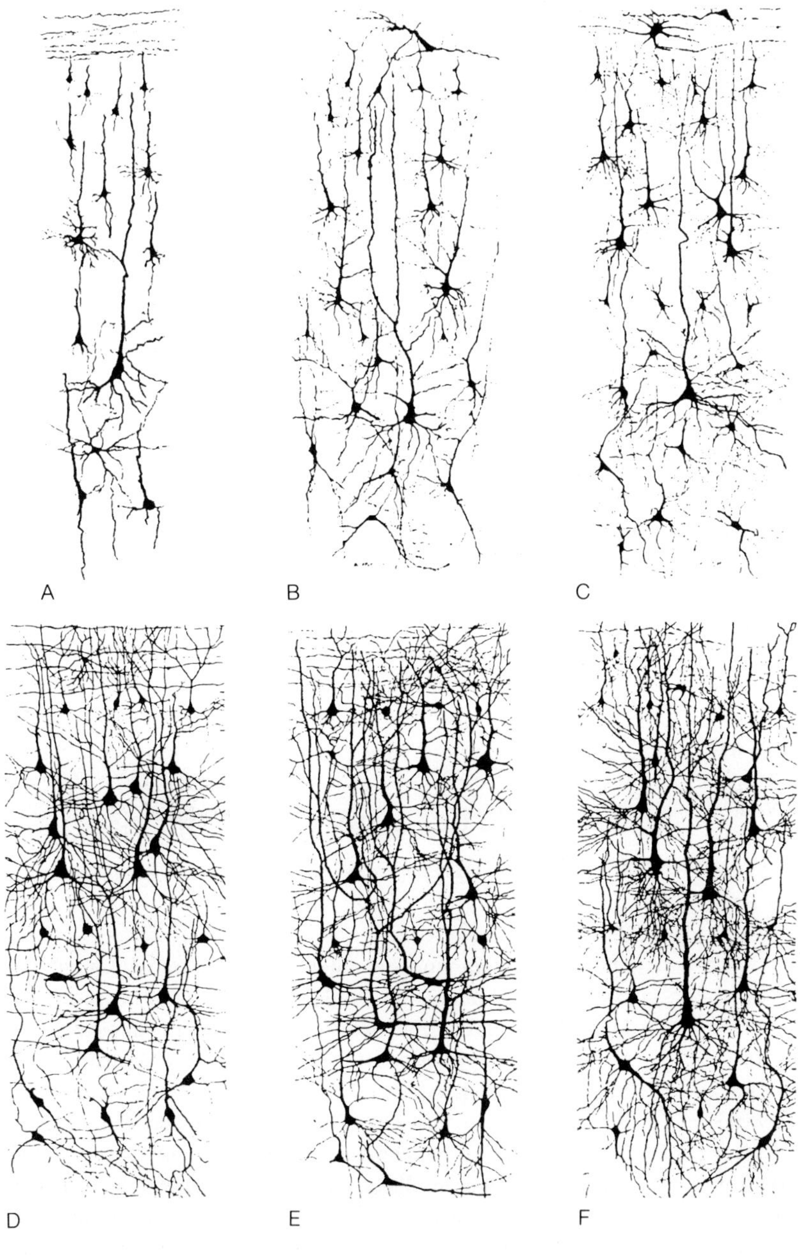

21.2 Postnatale Entwicklung des menschlichen Cortex in der Nähe des Brocaschen Areals; Zeichnungen von mikroskopischen Präparaten, die nach der Methode von Golgi-Cox (Silberimprägnation) behandelt wurden. A. Zum Zeitpunkt der Geburt: Das Neugeborene zeigt Saugreflexe, Schlucken, Greifbewegungen und blinzelt bei Lichtreizen. B. Nach einem Monat: Das Kind reckt und dreht den Hals, schaut nach der Mutter, folgt Objekten mit den Augen und lächelt, wenn man mit ihm spielt. C. Nach drei Monaten: Infantiles Greifen und Saugen werden willentlich beeinflußt; Verfolgen sich bewegender Objekte; Betrachtung der eigenen Hände. D. Nach sechs Monaten: Greifen nach Objekten mit beiden Händen; Abstützen des eigenen Gewichts mit den Händen beim Krabbeln; kurzes Stehen; Lachen und Ausstoßen einfacher Laute; Anlächeln des eigenen Spiegelbildes. E. Nach 15 Monaten: Das Kind lächelt sich selbst im Spiegel an, es nimmt Objekte zwischen Zeigefinger und Daumen (Pinzettgriff), läuft, versteht und spricht einzelne Wörter. F. Nach 24 Monaten: Das Kind läuft treppauf und treppab, es kann sich zum Teil selbst anziehen und spricht einfache Sätze. Es zeigt auf Körperteile und widerspricht. (Nach E. Lenneberg. *Biological Foundations of Language*, New York: John Wiley, 1967.)

licherweise sehr intensiv und verzweigen sich stark (Abbildung 21.2).

Bei Untersuchungen über abnorme Dendriten ist es schwierig, festzustellen, ob eine Störung ganz spezifisch mit den Dendriten zusammenhängt oder ob die Dendriten hier nur sekundär sind und eine ungewöhnliche Lage der Zelle, eine abnorme Innervation oder ein Neurotoxin die Hauptrolle spielt. Man weiß, daß verminderte Afferenzen zu einer Reduktion der Anzahl dendritischer Dornen führen. Es liegen Untersuchungen über den Cortex bei verschiedenen Arten geistiger Behinderung vor, in denen eine Fülle dendritischer Anomalien beschrieben werden. Die Dendriten können dünner sein, sie können weniger Dornen aufweisen als normal, sie können kurze Fortsätze mit kleinen Dornen haben. Es ist aber auch möglich, daß sich nur die Anzahl dendritischer Dornen vermindert. Was diese Veränderungen verursacht, weiß man nicht. Aus der Histologie ergibt sich der allgemeine Eindruck, daß die Veränderungen auf bestimmte Bedingungen während der Embryonalzeit zurückzuführen sind.

Die Bildung von Synapsen

Ursprünglich nahm man an, daß die Bildung der Synapsen einer bestimmten Ordnung folgt und parallel zu den verschiedenen Entwicklungsmustern der Zellmigration und Zellreifung verläuft. Rakic und seine Mitarbeiter haben aber interessanterweise gefunden, daß die Synapsenbildung fast gleichzeitig in allen cortikalen Schichten und allen cortikalen Arealen vor sich geht. Vom Rhesusaffen weiß man, daß die Entwicklung der Synapsen in den letzten beiden Monaten vor der Geburt einsetzt und noch mehrere Monate nach der Geburt anhält. Danach kommt es in der zweiten Hälfte des ersten Lebensjahres zu einer raschen Abnahme. Es folgt ein weiteres, langsameres Absinken der Synapsenbildung, das für den Rest des Lebens anhält. Man glaubt, daß die Synapsendichte beim Menschen etwa bis zum zweiten Lebensjahr zunimmt und daß von da an bis zum sechzehnten Lebensjahr etwa 50 % der Synapsen verlorengehen. Dieser Prozeß wird manchmal als „Abstoßen" bezeichnet. Werden folglich Synapsen während der Entwicklung durch Erfahrungen verändert, dann geschieht dies vermutlich dadurch, daß ihre Überlebenswahrscheinlichkeit – und nicht ihre Bildung – beeinflußt wird.

Aus vielen Studien geht klar hervor, daß eine Gehirnregion ihre Axone nur zu einer begrenzten Anzahl anderer Gehirnregionen schickt und Synapsen nur an bestimmten Teilbereichen der Zellen dieser Region gebildet werden. Die Lokalisation der Synapsen wird teilweise genetisch bestimmt und teilweise durch die Orientierung, welche die Zelle zu dem Zeitpunkt hat, wenn das Axon auf sie zuwächst. Dabei spielt die Ankunftszeit des Axons (es entsteht Konkurrenz!) genauso eine Rolle wie die Frage, ob Verbindungen dann, wenn sie gebildet sind, auch benutzt werden. Hinzu kommt, daß Synapsen, pharmakologisch betrachtet, recht flexibel sind. Es wurde zum Beispiel entdeckt, daß ein individuelles Neuron in Abhängigkeit von seiner Umgebung sowohl noradrenerg als auch cholinerg werden kann. Schon ein Fehler bei einem der genannten Faktoren der Synapsenbildung kann zu einer abnormen Gehirnentwicklung führen.

Myelinisierung Darunter versteht man den Vorgang, durch den die Stützzellen des Nervensystems Axone umwickeln und isolieren. Obwohl Neuronen auch vor ihrer Myelinisierung funktionsfähig sind, ist anzunehmen, daß sie erst nach Abschluß der Myelinisierung das funktionale Niveau erreichen, das im adulten System beobachtet wird. Die Myelinisierung bildet also ein Maß für den Reifegrad der Strukturen, aus denen Axone wegziehen und zu denen sie hinführen. Nimmt man die Myelinisierung tatsächlich als einen Index für die Reifung, so zeigen die anatomischen Arbeiten von Flechsig, daß der Neocortex in relativ frühem Alter mit einer sequentiellen Entwicklung beginnt. Die primären sensorischen und motorischen Areale weisen kurz vor der Geburt bereits eine gewisse Myelinisierung auf. Die sekundären cortikalen Areale werden innerhalb der ersten vier postnatalen Monate myelinisiert und danach die tertiären Gebiete des Cortex. Obwohl dieser Prozeß zu einem frühen postnatalen Zeitpunkt einsetzt, reicht er auch über das 15. Lebensjahr hinaus und kann bis zum 60. Lebensjahr stattfinden. Jede Unterbrechung dieses permanenten Prozesses ruft möglicherweise neurale Anomalien und somit Verhaltensstörungen hervor.

Die postnatale Entwicklung des Gehirns Nach der Geburt wächst das Gehirn nicht mehr einheitlich, sondern vergrößert seine Masse in bestimmten Perioden, die man als *Wachstumsspurts* bezeichnet. Epstein fand in einer Analyse des Gehirngewichts im Verhältnis zum Körpergewicht, daß solche Wachstumsbeschleunigungen relativ regelmäßig auftreten, nämlich im Alter von drei bis zehn Monaten bis 1,5 Jahren und im Alter zwei bis vier, sechs bis acht, zehn bis zwölf und vierzehn bis sechzehn Jahren. Während der ersten Wachstumsphase kommt es zu einer Gewichtszunahme des Gehirns von etwa 30 %, und während der folgenden Entwicklungsschübe beträgt die Zunahme jeweils 5 bis 10 %. Paradoxerweise geht eine Gewichtszunahme immer mit einem Verlust von Neuronen, Dendriten und Synapsen einher und läßt sich vermutlich auf das starke Wachstum von Verzweigungen der übrig gebliebenen Neuronen zurückführen. Man könnte sich vorstellen, daß die Perioden des starken Gehirnwachstums durch kognitive Veränderungen gekennzeichnet sind. Offenbar trifft dies auch zu. Bemerkenswerterweise fallen nämlich die ersten vier Stadien des Gehirnwachstums mit den von Piaget beschriebenen klassischen Stadien der Intelligenzentwicklung zusammen.

Einflüsse der Umwelt auf die Entwicklung

Die Umweltbedingungen, unter denen eine Entwicklung vonstatten geht, können das Verhalten tiefgreifend beeinflussen. Dies wurde durch anekdotische Beschreibungen belegt, die zeigen, daß Deprivation (Reizentzug) zu einer Verarmung des Verhaltens bei Kindern führt. Singh und Zingg haben über Kinder berichtet, die von Wölfen großgezogen wurden, sich auch wie Wölfe benahmen und entsprechend schwierig zu sozialisieren waren. Skeels beschreibt andererseits, daß Kinder, die aus schlecht geführten Waisenhäusern genommen wurden (und in speziellen Kliniken aufwuchsen), im Erwachsenenalter eine normale Intelligenz zeigten, daß aber Kinder, die in diesen Waisenhäusern verblieben waren, in ihrer geistigen Entwicklung zurückblieben. Offensichtlich erhielten die in die Kliniken verbrachten Kinder von den dort lebenden Menschen mehr Zuwendung und mehr Aufmerksamkeit als jene, die im Waisenhaus blieben. Diese Berichte werden durch Harlows Arbeiten gestützt, der Untersuchungen zur frühen Deprivation und zu deren Auswirkung auf die Entwicklung von Affen machte.

Wie wirken sich die Bedingungen an einem frühen Zeitpunkt des Lebens auf die Entwicklung des Nervensystems aus? Mehrere Möglichkeiten sind denkbar, und jede von ihnen ist durch verschiedene experimentelle Arbeiten untermauert worden: 1) Das Nervensystem entwickelt sich zwar unabhängig, benötigt aber eine gewisse Stimulation, um funktional zu bleiben. 2) Das Nervensystem entwickelt sich teilweise unabhängig, benötigt aber eine Stimulation, um über einen gewissen Punkt hinaus weiterzureifen. Unzureichende Stimulation kann die Eigenschaften des ganzen Systems verändern. 3) Die Eigenschaften des Nervensystems sind nicht angeboren, sondern entwickeln sich nur nach angemessener Stimulation.

Die meisten aussagekräftigen Versuche verwendeten hierzu das visuelle System als Modell, und genau diese Untersuchungen haben auch alle genannten Denkmöglichkeiten unterstützt. In allen Fällen wird die Bedeutung von Umwelteinflüssen nachdrücklich betont. Der Begriff **funktionale Validierung** drückt aus, daß ein neuronales System an manchen Schnittpunkten seiner Entwicklung einer Reizung bedarf, um sich voll entfalten zu können.

Einflüsse der Umgebung auf die Gehirngröße

Das einfachste Maß zur Bestimmung der Umgebungseinflüsse auf das Nervensystem ist die Gehirngröße. Domestizierte Tiere besitzen cortikale Areale, die etwa 10 bis 20 % kleiner ausfallen als bei wildlebenden Tieren derselben Spezies. Diese Unterschiede sind offensichtlich von Faktoren abhängig, die in früher Jugend wirksam werden, denn Wildtiere, die später domestiziert werden, haben Gehirne von der Größe wildlebender Artgenossen. Der Teil des Gehirns, der von einer Aufzucht in Gefangenschaft am meisten beeinflußt scheint, ist der Occipitalcortex: bei manchen Tieren ist er um bis zu 35 % reduziert. Diesen Wert kann man im Zusammenhang mit kleineren Augen und entsprechend kleinerer Retina sehen.

Inzwischen liegen zahlreiche experimentelle Befunde über den Einfluß der Umwelt auf die Gehirngröße und Anatomie vor. Werden Tiere in einer sogenannten angereicherten (abwechslungsreichen) Umgebung aufgezogen, vergrößert sich das Gehirn, das heißt der Neocortex und hierbei insbesondere der Occipitalcortex. Damit verbunden ist eine höhere Dichte von Gliazellen, eine größere Anzahl von Dornen an Dendriten höherer Ordnung und eine Vergrößerung der Synapsen. Diese Veränderungen sind am ausgeprägtesten, wenn es in früher Jugend zu vielfältigen Erfahrungen und Erlebnissen kommt. Ähnliche Effekte können erzielt werden, wenn das Tier im späteren Leben über einen längeren Zeitraum einer angereicherten Umgebung ausgesetzt wird. Zusätzlich zu den anatomischen Veränderungen weisen diese Tiere bei einer Anzahl von Lern- und Gedächtnisuntersuchungen eine bessere Leistung auf als jene, die in einer verarmten Umgebung aufwuchsen. Geht man davon aus, daß die „angereicherte Umgebung“ eines Laborexperimentes bestenfalls, wenn überhaupt, der komplexen Umwelt entspricht, in der ein wildes Tier aufwächst, so bedeuten diese Befunde lediglich, daß die verarmte Laborumwelt die Entwicklung des Nervensystems verlangsamt und die Leistung bei einer ganzen Reihe von Tests senkt.

Umwelteinflüsse auf die Funktion am Beispiel des visuellen Systems

Klinische Untersuchungen haben gezeigt, daß frühkindliche Störungen der Optik des Auges (zum Beispiel ein Astigmatismus oder Grauer Star) auch dann zu lang anhaltenden Beeinträchtigunen des Sehvermögens führen, wenn der optische Defekt korrigiert wurde. Erwachsenen, bei denen der Graue Star entfernt wurde, so daß wieder Licht auf die Retina fällt, fällt es schwer, Objekte visuell zu identifizieren. (Genauso haben taub Aufgewachsene, deren Gehör mit einem Cochleatransplantat wiederhergestellt wurde, Schwierigkeiten, die Laute um sie herum zu deuten, und benutzen die Implantate oft lieber nicht.) Diese Beeinträchtigungen werden **Amblyopie** genannt (das heißt eine Verschlechterung des Sehens ohne eine offenkundige Beeinträchtigung des Auges) und sind vermutlich durch Veränderungen im Zentralnervensystem verursacht. Tierversuche haben gezeigt, daß man auch bei Katzen und Affen eine Amblyopie hervorrufen kann. Diese Forschungsrichtung liefert uns heute weitreichende Einsichten in jene Faktoren, welche die Entwicklung beeinflussen können, und muß deshalb sorgfältig weiterverfolgt werden.

Hubel, Wiesel und andere Wissenschaftler haben die Antwortcharakteristika von normalen Zellen in der Area 17 des visuellen Cortex untersucht. Sie leiteten bei anästhesierten Tieren die Aktivität einzelner Neuronen ab, während im visuellen Feld der Tiere Reize dargeboten wurden. Die Zellen reagierten auf eine ganze Anzahl von Eigenschaften des visuellen Reizes, etwa auf seine Orientierung und seine Bewegungsrichtung. Sie reagierten auch in Abhängigkeit davon, welchem Auge der Reiz dargeboten wurde. Hubel und Wiesel errichteten ein Aktivitätsprofil von Zellen in der Area 17 eines gesunden Tieres und stellten sich dann die Frage, wie wohl Neuronen in der Area 17 von Katzenjungen reagieren, deren Augen sich noch nicht geöffnet haben. Bei acht Tage alten Tieren entdeckten sie Zelleigenschaften, die denen von erwachsenen Katzen glichen, obwohl die Reaktionen verlangsamt waren und die Neuronen schnell in ihrer Leistung nachließen. Ergebnisse dieser und ähnlicher Untersuchungen legen nahe, daß das visuelle System auch vor einer Stimulation mit Licht über normale Antwortkapazitäten verfügt. Worin, so fragt man sich, besteht dann der Beitrag der Umwelt?

Um die Bedeutung der sensorischen Stimuli herauszufinden, verwendet man zwei verschiedene Bedingungen der visuellen Deprivation: **binokulare Deprivation** und **monokulare Deprivation**. Im ersten Fall findet der Reizentzug dadurch statt, daß die Tiere entweder im Dunkeln aufgezogen oder daß ihre Augenlider vernäht werden, bevor sie sich öffnen. Diese Deprivation führt zu keinen Veränderungen in der Retina und nur zu geringen Abweichungen der Zellantworten im Corpus geniculatum laterale, dem wichtigsten thalamischen Relaiskern des visuellen Cortex. Zellen im visuellen Cortex erfahren im Gegensatz dazu große Störungen in ihrer Proteinsynthese, sie haben weniger und kürzere Dendriten, weniger Dornen und etwa 70 % weniger Synapsen als normal.

Eine Analyse der Zelleigenschaften zeigt, daß diese nach einigen Monaten der Deprivation in früher Kindheit schwere Anomalien aufweisen, die zu einem gewissen Grad jedoch im Zuge einer darauffolgenden, normalen visuellen Erfahrung allmählich verschwinden. Eine Deprivation zu einem späteren Zeitpunkt im Leben führt zu einer anderen Anomalie als eine Deprivation in der ersten Lebensphase. Demnach ist eine visuelle Stimulation für die kontinuierliche Entwicklung der visuellen Zellen in frühester Kindheit notwendig. Das visuelle System verfügt aber auch über eine gewisse Kompensationsfähigkeit.

Die zweite Deprivationsbedingung, die monokulare Deprivation, hat überraschenderweise einen schwerwiegenderen Effekt als die binokulare. Wird ein Augenlid während der ersten Lebensphase verschlossen, so scheint dieses Auge selbst Wochen, nachdem es wieder geöffnet wurde, noch blind zu sein. Mit der Zeit verbessert sich der Zustand allerdings etwas. Aus Einzelzellableitungen ergibt sich, daß eine Reizung des deprivierten Auges Zellen im Cortex überhaupt nicht oder nur in Ausnahmefällen aktivieren kann, wobei die Zellen in diesem Fall außergewöhnlich reagieren. Je früher die Deprivation einsetzt, um so kürzer muß die Zeit des Reizentzuges sein, die genügt, damit schwerwiegende Defizite eintreten. Die vorliegenden Resultate bestätigen, daß eine Deprivation die Entwicklung verzögern kann und daß sie insbesondere zu einem frühen Zeitpunkt außerordentlich wirkungsvoll ist. Des weiteren legen die Ergebnisse nahe, daß neben dem Deprivationseffekt weiterer Faktoren greifen müssen, um die schwerwiegenden Beeinträchtigungen herbeizuführen.

Offenbar spielt hier das Phänomen der Konkurrenz bei der Schwere des Defizits eine Rolle. Wird bei einem Tier das gesunde Auge entfernt, nachdem das andere bereits fünf Monate lang depriviert wurde, so werden anschließend durch das ehemals deprivierte Auge bei 31 % der Zellen normale Reaktionen erzeugt. Dieser Wert liegt bei 6 %, wenn das gesunde Auge nicht entfernt wird. Eine Reihe weiterer indirekter Experimente bestätigen diesen Befund. Aus den Resultaten kann man schließen, daß der deprivierte Anteil des visuellen Systems eine gewisse funktionale Kapazität bewahrt, die aber durch die intakten Anteile des visuellen Systems unterdrückt wird. Beseitigt man die Quelle der Inhibition, dann kann auch der deprivierte Anteil des visuellen Systems Funktionen übernehmen.

Läßt sich das visuelle System auch durch weniger drastische Eingriffe verändern? Hirsch und Spinelli haben Katzenjunge mit Kontaktlinsen versehen, die so beschaffen waren, daß sie mit einem Auge nur horizontale mit dem anderen nur vertikale Streifen sehen konnten. Nachdem die Linsen entfernt wurden, stellten die Wissenschaftler fest, daß Zellen im visuellen Cortex der Tiere nur dann reagierten, wenn der Reiz entweder horizontal oder vertikal orientiert war, und zwar spezifisch bei dem Auge, das mit der entsprechenden Linse versehen worden war. Diese Befunde konnten auch bei jungen Katzen bestätigt werden, die in einer Umgebung aufgezogen wurden, welche entweder nur aus Streifen oder nur aus Lichtpunkten bestand und in der sie sich nicht selbst bewegen konnten. Blakemore und Mitchell konnten sogar zeigen, daß es genügt, am 28. Tag nach der Geburt ein Tier für eine Stunde einer solchen Umgebung auszusetzen, um bereits systematische Veränderungen cortikaler Zellen auf ein bestimmtes Reizmuster zu erhalten.

Insgesamt kann man aus diesen Arbeiten schließen, daß das visuelle Systeme genetisch vorprogrammiert ist, normale Verbindungen zu knüpfen und normale Reaktionen zu zeigen. Es kann aber viel von dieser Fähigkeit einbüßen, wenn während der ersten Lebensmonate keine Interaktionen mit Reizen aus der Umwelt erfolgen. Wird nur ein Teil des Systems depriviert, dann kommt es neben einem Funktionsverlust aufgrund der Deprivation zu einer Inhibition durch die verbleibenden funktionalen Areale, und dadurch wird die Störung potenziert. Entfernt man die Ursache der Hemmung, läßt sich ein bestimmtes Maß der Erholung erreichen. Wird schließlich die Umgebung so gestaltet, daß das System nur Reizen eines ganz bestimmten Typs ausgesetzt wird, so kommt es auch bei Neuronen zu einer systematischen Antwortveränderung; sie reagieren nur noch auf ähnliche Reize hin.

Gehirnverletzungen und Entwicklung

Es ist zwar seit dem Jahre 1861 bekannt, daß eine Schädigung des linken Frontalcortex das Sprechen verhindern kann, aber im Jahre 1886 hat Cotard Kinder mit linkshemisphärischen Läsionen beschrieben, die normale Sprachfunktionen erwarben. Dies führte zu der Vorstellung, daß Gehirnverletzungen weniger drastische und weniger lang andauernde Folgen haben, wenn sie in der Kindheit auftreten. In den dreißiger Jahren untersuchte Margret Kennard dieses Konzept wissenschaftlich. Sie verglich die Auswirkungen unilateraler Läsionen des motorischen Cortex bei jungen und erwachsenen Affen. Die Beeinträchtigungen, die sie bei jungen Affen fand, waren schwächer als die bei erwachsenen. Die verallgemeinerte Aussage, daß Läsionen im Jugendalter manche Funktionen auf längere Sicht verschonen, wurde als **Kennard-Prinzip** bekannt. Eine Zeitlang fand die Idee weitgehend Unterstützung, und es gab auch viele entsprechende experimentelle Hinweise. Allmählich, insbesondere in den letzten Jahren, wurde aber offensichtlich, daß früh im Leben erworbene Läsionen im Vergleich zu später erhaltenen nicht immer von Vorteil sein müssen, und schließlich wurde auch entdeckt, daß frühe Läsionen sogar schwerwiegendere Auswirkungen haben können als späte. Welche Folgen sie im einzelnen haben, hängt natürlich von der Verhaltensweise ab, die man untersucht, sowie vom Ausmaß der Gehirnläsion und vom Zeitpunkt der Verletzung. Im Hinblick auf die Entwicklung kognitiver Funktionen bei Menschen ist es wichtig festzuhalten, daß die Fähigkeit zum Spracherwerb nach Gehirnläsionen erhalten bleibt. Einige syntaktische Elemente und einige nichtsprachliche Funktionen können durch die Läsion bleibend beeinträchtigt werden. Auch kann die allgemeine intellektuelle Fähigkeit abnehmen. In dem nun folgenden Abschnitt werden wir einige entsprechende Indizien zusammenstellen.

Tabelle 21.2: Untersuchungen zur Aphasie nach unilateralen Läsionen

Untersuchung	Alter der Versuchspersonen (Jahre)	Anzahl der Fälle	Prozentsatz mit Läsionen der rechten Hemisphäre
Läsionen in der Kindheit			
Guttman 1942	2–14	15	7
Alajouanine und Lhermitte 1965	6–15	32	0
McCarthy 1963	nach Spracherwerb	114	4
Basser 1962	unter 5	20	35
Hécaen 1976	3½–15	17	11
Summe der Fälle	2–15	198	8
Läsionen bei Erwachsenen			
Russell und Espir 1961	–	205	3
Hécaen 1976	–	232	0,43
Summe der Fälle	–	437	5

Quelle: Verändert nach Krashen, 1973, und Hécaen, 1976.

Der Einfluß des Alters

Das Alter ist im Hinblick auf die Auswirkungen von frühen Gehirnläsionen eine wichtige Variable. Im allgemeinen betont die vorhandene Literatur, daß es drei kritische Altersabschnitte gibt: vor dem ersten, zwischen dem ersten und dem fünften und nach dem fünften Lebensjahr. Läsionen, die vor dem ersten Lebensjahr auftreten, führen, verglichen mit späteren, zu überproportional großen Ausfällen. Läsionen, die zwischen dem ersten und fünften Lebensjahr auftreten, ermöglichen eine Reorganisation von Gehirnfunktionen und verschonen normalerweise die Sprachfunktionen weitgehend. Läsionen, die nach dem fünften Jahr auftreten, führen zu einer mehr oder weniger starken Beeinträchtigung von Funktionen. Diese Resultate erhält man durch Untersuchungen der Sprachfunktionen und der allgemeinen Intelligenz. Kornhuber und Mitarbeiter haben zum Beispiel entdeckt, daß der Intelligenzquotient bei Kindern unter fünf Jahren nach einer Läsion stärker beeinträchtigt ist als bei Kindern über fünf Jahren. Der Intelligenzquotient stand bei der älteren Gruppe in Relation zum Ausmaß der Läsion. Dies ist bei jüngeren Kindern nicht der Fall. Das heißt, hier können auch kleine Läsionen ungleich große Beeinträchtigungen hervorrufen. In einem Vergleich der Effekte von Läsionen vor und nach dem ersten Lebensjahr entdeckten Riva und Cazzaniga, daß frühe Läsionen den Intelligenzquotienten stärker beeinträchtigen als spätere.

Auswirkungen von Gehirnschädigungen auf das Sprachverhalten

Man weiß heute recht gut, daß Sprachstörungen, die von cerebralen Verletzungen im Kindesalter herrühren, nur von kurzer Dauer sind und daß sich die Kinder davon fast vollkommen erholen. Außerdem ist bekannt, daß transiente Sprachstörungen nach einer rechtshemisphärischen Verletzung bei Kindern häufiger vorkommen als bei Erwachsenen. Im ersten Fall bei etwa 8 %, im zweiten bei etwa 2 % der Betroffenen (Tabelle 21.2).

Man glaubt, daß die Untersuchung Bassers, in der in 35 % der Fälle rechtshemisphärischer Läsionen eine Aphasie beschrieben wurde, ungenau ist, da viele der Patienten möglicherweise bilaterale Läsionen hatten. Alajouanine und Lhermitte untersuchten 32 aphasische Kinder. Zusätzlich zu den Sprechschwierigkeiten hatten alle Kinder Schreibstörungen, und etwa die Hälfte der Kinder wies Lesestörungen auf. Sechs Monate nach der Verletzung stellten die Autoren eine vollkommene Erholung der Spontansprache bei etwa einem Drittel der Kinder fest. Bei den anderen war zumindest eine signifikante Verbesserung zu beobachten. Als sie nach frühestens einem Jahr erneut untersucht wurden, hatten 24 Kinder eine normale oder fast normale Sprachfähigkeit, und 14 Kinder wiesen Schreibstörungen auf. Insgesamt 22 Kinder konnten in die Schule zurückkehren.

Hécaen verfolgte die Erholung von Aphasie und damit zusammenhängender Symptome bei 15 Kindern mit linkshemisphärischen unilateralen Läsionen. Seine Ergebnisse sind in Tabelle 21.3 zusammengefaßt. Neben Sprechstörungen hatten fast alle Kinder auch Schwierigkeiten beim Schreiben und Rechnen. Von diesen 15 Kindern erholten sich 5 innerhalb eines Zeitraums von sechs Wochen bis zu zwei Jahren völlig. Die meisten anderen wiesen eine beträchtliche Erholung auf, wobei die einzige noch verbleibende Störung am ehesten eine gering ausgeprägte Schreibstörung war. Diese Befunde sind denen von Alajouanine und Lhermitte somit recht ähnlich.

Woods und Teuber haben etwa 50 Patienten mit einer pränatalen oder frühen postnatalen Gehirnläsion, entweder in der linken oder in der rechten Hemisphäre, untersucht, wobei gesunde Geschwister als Kontrolle galten. Die Autoren gelangten zu folgenden Schlüssen:

1. Die Sprachfähigkeit wird durch frühe, linksseitige Verletzungen nicht beeinträchtigt.
2. Die Tatsache, daß das Sprachverhalten intakt bleibt, scheint darauf zurückführbar zu sein, daß potentielle Sprachzonen in der rechten Hemisphäre aktiviert werden.

Tabelle 21.3: Häufigkeit verschiedener Symptome nach Läsionen der linken Hemisphäre bei 15 Kindern

Symptome	Anzahl der Betroffenen	Prozentsatz	Entwicklung der Symptome
Mutismus	9	60	von 5 Tagen bis zu 30 Monaten
Artikulationsstörungen	12	80	persistent in 4 Fällen
verbale Verständnisstörungen	6	40	persistent in einem Fall
Benennungsstörungen	7	46	persistent in 3 Fällen
Paraphasien	1	7	Verschwinden der Symptome
Lesestörungen	9	60	persistent in 3 Fällen
Schreibstörungen	13	86	persistent in 7 Fällen
Apraxie des Gesichts	2		vorübergehend
Acalculie	11		(nicht berichtet)

Quelle: Verändert nach Hécaen, 1976.

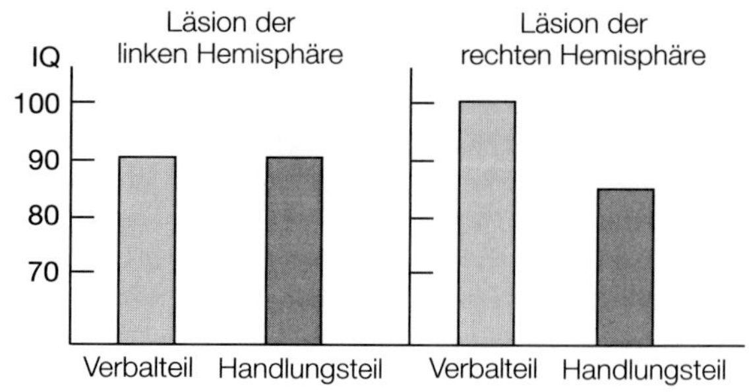

21.3 Intelligenz, gemessen in Subtests des Wechsler-Intelligenztests bei Erwachsenen, die als Kinder eine Läsion der linken oder rechten Hemisphäre erlitten hatten. (Kriterium war das Vorkommen einer Hemiparese). Nach linkshemisphärischen Läsionen kommt es offenbar zu einer Reduktion im Verbal- und im Handlungsteil, bei rechtshemisphärischen Läsionen aber nur zu einer Minderleistung im Handlungsteil. Diese Ergebnisse deuten auf folgendes hin: Wenn die Sprache in die rechte Hemisphäre wandert, werden die Funktionen dieser Hemisphäre „geopfert", um diese Verlagerung zu ermöglichen. (Nach Teuber, 1975.)

3. Ein solcher Wechsel in der Lokalisation der Sprache hat ihren Preis, denn in einigen Fällen ist die visuell-räumliche Orientierung beeinträchtigt.
4. Frühe Läsionen in der rechten Hemisphäre führen zu ähnlichen Ausfällen wie gleichartige Läsionen in der Adoleszenz.

Anders gesagt, erleidet ein Kind Läsionen in der linken Hemisphäre, die gleichzeitig eine rechte Hemiplegie verursachen, dann sind die Sprachfunktionen weitaus intakter als bei einer entsprechenden Läsion beim Erwachsenen. Dies mag darauf zurückzuführen sein, daß sich Sprachfähigkeiten in die rechte Hemisphäre verlagert haben. Möglicherweise „drängt" sich die Sprache zu Lasten visuell-räumlicher Funktionen in die rechte Hemisphäre hinein. Läsionen der rechten Hemisphäre, die eine linksseitige Hemiplegie verursachen, führen aber nicht zu Beeinträchtigungen der Sprachfähigkeit. Abbildung 21.3 gibt einen Überblick über die Resultate, die man im Handlungsteil und im Verbalteil des Wechsler-Intelligenztests erhält. Linkshemisphärische Läsionen reduzieren sowohl die Werte im Verbal- als auch im Handlungsteil. Rechtshemisphärische Läsionen haben nur einen negativen Einfluß auf Werte im Handlungsteil. In einer weiterführenden Untersuchung überprüfte Woods die Auswirkungen von Läsionen, die vor dem vollendeten ersten Lebensjahr auftraten. Der wichtigste Befund war, daß rechtshemisphärische Läsionen den Verbal- *und* den Handlungsteil des Intelligenzquotienten beeinträchtigen. Diese Ergebnisse werden von Riva und Cazzaniga bestätigt. Sie stellen auch fest, daß Läsionen, die vor dem Abschluß des ersten Lebensjahres erfolgen, eine ausgeprägtere Gesamtstörung verursachen als solche, die danach zu verzeichnen sind. Festzuhalten bleibt, daß nach frühen Läsionen nicht alle Aspekte der Sprachfunktionen unbeeinträchtigt bleiben. Wie Woods feststellte, rufen adulte rechts- und linkshemisphärische Läsionen bei Aufgaben, bei denen ein Proband vorgelesene Passagen wiederholen soll (*speech-shadowing task*), gleiche Beeinträchtigungen hervor.

Reorganisation der Sprache

Nimmt man die Befunde, daß frühe Gehirnschädigungen Sprachfunktionen aussparen, als gegeben, und akzeptiert man weiterhin, daß dieser Prozeß möglicherweise darauf zurückzuführen ist, daß die Sprachkontrolle auf die rechte Hemisphäre übergeht, so ergeben sich daraus drei Probleme. Sie betreffen die Frage, welche Sprachfunktionen denn nun transferiert werden, welche Art von Gehirnschädigung einen Transfer verursacht und in welchem Alter ein solcher Übergang möglich ist. Rasmussen und Milner untersuchten die ersten beiden Fragen experimentell, die dritte ist bislang noch nicht ausreichend beantwortet.

Die beiden Autoren haben den Natriumamytaltest und dichotische Hörtests eingesetzt. Damit lokalisierten sie die Sprache bei vielen Patienten, die in jungem Alter eine linkshemisphärische Läsion erlitten hatten und in späteren Jahren aufgrund von Komplikationen ins Krankenhaus zurückkehrten. Ihrer Meinung nach ließen sich diese Patienten in drei Gruppen unterteilen, so wie aus Tabelle 21.4 hervorgeht. Bei einer Gruppe war die Sprache linkshemisphärisch, bei der zweiten bilateral und bei der dritten in der rechten Hemisphäre. Die Patienten, deren Sprache in der linken Hemisphäre lokalisiert war, wiesen Schädigungen auf, die weder die anteriore Sprachzone (das Brocasche Areal) noch die posteriore Sprachregion (das Wernickesche Areal) betrafen. Einige

Tabelle 21.4: Vergleich der Sprachrepräsentation bei Patienten mit frühen Läsionen und bei Unversehrten

	Händigkeit	Sprachrepräsentation links (%)	bilateral (%)	rechts (%)
unversehrt	rechts	96	0	4
	links oder beidhändig	70	15	15
frühe Gehirnschädigung	rechts	81	7	12
	links oder beidhändig	28	19	53

Quelle: Verändert nach Rasmussen und Milner, 1975, S. 248f.

Beispiele von Gehirnläsionen, die zu keinem Wechsel in der Sprachlateralisierung führten, sind in Abbildung 21.4A zu sehen. Die beiden als Beispiel ausgewählten Läsionen sind groß, dennoch ergibt ein dichotischer Hörtest eine Dominanz des rechten Ohres. Beim Natriumamytaltest waren die Patienten sowohl bei Benennungsaufgaben (ein Objekt benennen, das der Versuchsleiter in der Hand hat) als auch bei Wiederholungsaufgaben (Aufzählen der Wochentage) stumm, nachdem sie eine Injektion in die linke Hemisphäre erhalten hatten. Die helle Schattierung im linken Teil der Abbildung 21.4A zeigt in etwa den Ort der anterioren und posterioren Sprachareale.

Abbildung 21.4B zeigt die Hirnverletzungen eines Patienten, bei dem ein völliger Wechsel der Sprachlateralisierung stattgefunden hat. In diesem Fall stellten Rasmussen und Milner eine Überlegenheit des linken Ohres bei dichotischen Tests fest, und der Patient war stumm (Benennung und Wiederholung von Wörtern), nachdem injiziertes Natriumamytal die rechte Hemisphäre betäubt hatte. Man beachte, daß die Läsion sowohl das anteriore als auch das posteriore Sprachareal betraf. Dies ist typisch bei Patienten, die nach frühen linkshemisphärischen Läsionen eine Sprachentwicklung in der rechten Hemisphäre aufweisen.

Die Abbildungen 21.4C und 21.4D schließlich sind Beispiele von Patienten mit bilateraler Sprachrepräsentation. Der Patient, dessen Gehirn in Abbildung 21.4C schematisch abgebildet ist, erlitt im Alter von sechs Jahren eine große linksfrontale Läsion, welche die anteriore Sprachzone mit umfaßte. Mit 18 Jahren war er rechtshändig und hatte auch eine Dominanz des rechten Ohres für Zahlen. Für Melodien ergab sich eine Überlegenheit des linken Ohres. Eine Injektion von Natriumamytal in die linke Hemisphäre führte zu Störungen von Wiederholungsketten, wie etwa Vorwärts- und Rückwärtszählen und Aufsagen der Wochentage oder Buchstabieren. Die Benennung von Objekten war weniger beeinträchtigt. Eine rechtshemisphärische Injektion führte zu Beeinträchtigungen beider Arten von Aufgabenstellungen. Da angenommen wird, daß eine Überlegenheit des rechten Ohres für Zahlen gleichzeitig ein Indiz für linkshemisphärische Sprache darstellt, und da nach linkshemisphärischer Natriumamytalinjektion keine Serienwiederholungen mehr geleistet werden konnten, spricht dies dafür, daß die Sprache im linken posterioren Areal intakt ist. Man kann daraus schließen, daß die Läsion zu keinem vollständigen Lateralisierungswechsel der Sprachfunktionen führte. Da nach einer rechtshemisphärischen Injektion von Natriumamytal die Benennung von Objekten beeinträchtigt war, lautete die Schlußfolgerung, daß die anterior gelegenen linkshemisphärischen Sprachfunktionen in die rechte Hemisphäre übergewechselt hatten

Die Patientin, deren Gehirn in Abbildung 21.4D schematisch dargestellt ist, erlitt im Alter von zweieinhalb Jahren eine große posteriore Läsion. Mit 16 Jahren zeigte sie Links-

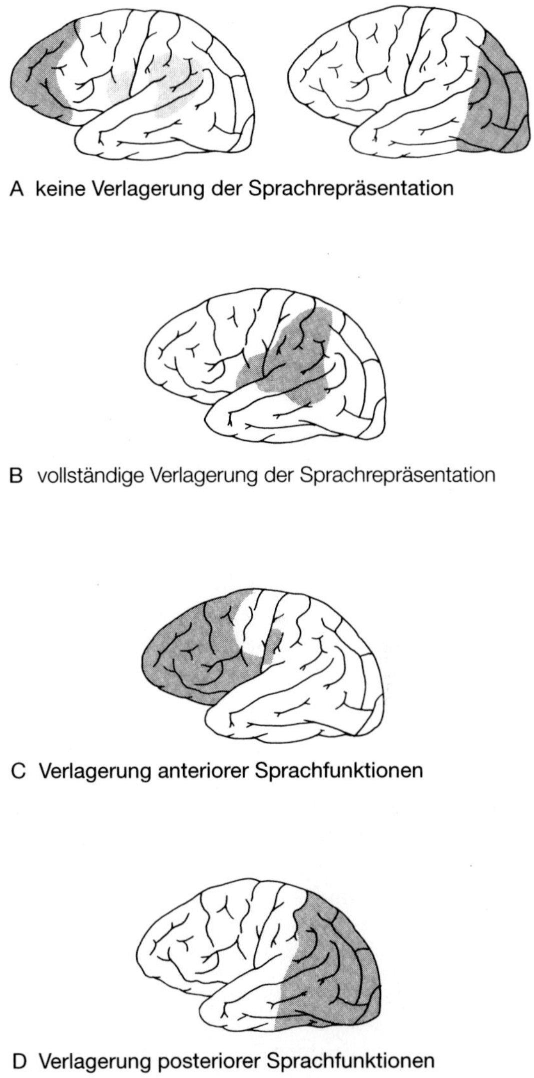

21.4 Zusammenhang zwischen einer Hirnschädigung in früher Kindheit und Veränderungen der Sprachorganisation in den Hemisphären. A. Anteriore und posteriore Läsionen, nach denen die Sprache in der linken Hemisphäre verblieb. Die hell schattierten Zonen in der linken Zeichnung zeigen die Sprachareale. B. Eine von anterior nach posterior reichende Läsion, die alle Sprachfunktionen in die rechte Hemisphäre verlagert. C. Eine anteriore Läsion, durch die das anteriore Sprachareal in die rechte Hemisphäre verlagert wird. D. Eine posteriore Läsion, durch die das posteriore Sprachareal in die rechte Hemisphäre verlagert wird. (Nach Rasmussen und Milner, 1977.)

händigkeit und eine Dominanz des linken Ohres für Zahlen und für Melodien. Der Natriumamytaltest ergab, daß sowohl rechts- als auch linkshemisphärische Injektionen zu Benennungsstörungen führten. Serielle Wiederholungen gelangen nach linkshemisphärischen, nicht aber nach rechtshemisphärischen Injektionen. In diesem Fall wird angenommen, daß die große posteriore Läsion, die in früher Kindheit auftrat, die Sprachfunktionen des posterioren Sprachareal von der linken auf die rechte Seite verschoben hat, wohingegen einige andere Sprachfunktionen in der anterioren linken Sprachzone verblieben sind.

Die Ergebnisse, die wir bisher beschrieben haben, insbesondere diejenigen von Rasmussen und Milner, zeigen, daß die Sprache eine starke Affinität für die linke Hemisphäre aufweist und diese erst aufgibt, wenn ein ganzes Zentrum zerstört wird. Und selbst dann verlagert sich das Sprachzentrum möglicherweise nur teilweise in die andere Hemisphäre. Diese Affinität basiert vermutlich auf der speziellen, der linken Hemisphäre eigenen, anatomischen Organisation. Bei der Untersuchung von Patienten mit frühkindlichen linkshemisphärischen Läsionen bemerkten Rasmussen und Milner auch, daß in der Kindheit erlittene Verletzungen der linken Hemisphäre, die nach dem 5. Lebensjahr erfolgten, nur in seltenen Fällen das Sprachmuster verändern. Sie argumentierten, daß eine Erholung nach etwa dem 6. Lebensjahr nicht auf einer Verlagerung in die andere Hemisphäre, sondern auf eine interhemisphärische Reorganisation zurückgeht, wobei intakte benachbarte Regionen möglicherweise eine gewisse Sprachkontrolle ausüben. Weitere Hinweise finden sich in den Untersuchungen von Woods und Teuber. Wie in Abbildung 21.3 zu sehen, führen linkshemisphärische – nicht aber rechtshemisphärische – Läsionen zu einer Verringerung des IQ im Verbal- und im Handlungsteil, ein Ergebnis, das gegen die Vorstellung spricht, die rechte Hemisphäre habe eine äquivalentes Sprachpotential.

Auch wenn man nach den Befunden davon ausgeht, daß die linke Hemisphäre der bevorzugte Sitz des Sprachzentrums ist, muß man annehmen, daß die Dominanz der linken Hemisphäre erst durch Übung im Umgang mit der Sprache fest etabliert wird. Wie Woods berichtete, verringert sich der IQ im Verbal- wie auch im Handlungsteil beträchtlich, wenn die linkshemisphärischen Läsion vor dem 1. Geburtstag eintritt. Tritt sie hingegen nach dem 1. Geburtstag auf, so beeinflußt dies weder den IQ des Verbalteils noch den des Handlungsteils. Rechtshemisphärische Läsionen vermindern unabhängig vom Alter lediglich den IQ des Handlungsteils. Wahrscheinlich sind die Auswirkungen von Läsionen vor Vollendung des 1. Lebensjahres auf eine Störung verbaler Funktionen zurückführen, die noch ungenügend geübt oder vielleicht auch durch das „Eindringen“ von Handlungsfunktionen beeinträchtigt worden sind. Wir müssen jedoch anmerken, daß diese Überlegungen spekulativ sind und der IQ bestenfalls ein ungenaues Maß für sprachliche Fähigkeiten ist. Notwendig ist eine systematischere Untersuchung dieser Patienten mit linguistischen Tests.

Sprachverlust nach bilateralen Läsionen

Bilaterale Hirnläsionen bei Kindern sind selten. Dennoch kennen wir eine Reihe von Fällen, die vermuten lassen, daß die Plastizität, die für den Spracherwerb beziehungsweise den Wiedererwerb nach der Verletzung erforderlich ist, bei bilateralen Läsionen fehlt. Vargha-Khadem und Mitarbeiter haben über einen solchen Fall berichtet. A.C. wurde nach einer normalen Schwangerschaft geboren, es kam jedoch zu einer Zangengeburt. Am Folgetag setzten bei dem Säugling epileptische Anfälle ein. Er wurde mit krampflösenden Mitteln behandelt und war nach einigen Wochen Behandlung anfallsfrei. Als der Junge zu laufen begann, zeigte er eine Hemiparese des linken Armes und Beines. Seine Sprachentwicklung war stark verzögert, und er entwickelte auch später nur eine primitive Sprache. Mit der Zeit gelang es ihm, einige wenige Zwei-Wort-Satzbruchstücke zu äußern, aber seine seltenen Versuche, ganze Sätze zu bilden, blieben unverständlich. Er konnte Anweisungen folgen, was auf ein relativ intakt gebliebenes Verständnis hindeutete. Dennoch schnitt er beim Token-Test, der die Fähigkeit bewertet, einer Reihe aufeinanderfolgender Anweisungen zu folgen, schlecht ab, und seine Leistungen bei den meisten anderen Test zur Sprachfähigkeit waren sogar sehr schlecht. Seine Leistung im nonverbalen Teil von IQ-Tests ließen jedoch vermuten, daß er über eine mindestens durchschnittliche Intelligenz verfügte. Eine computertomographische Untersuchung im Alter von sechseinhalb Jahren zeigte, daß er in der linken Hemisphäre eine Läsion aufwies, die sich im wesentlichen auf das Brocasche Zentrum beschränkte, und auf der rechten Seite eine weitere Läsion im mittleren Teil des sensomotorischen Cortex. Obwohl A.C. also rechtsseitig ein intaktes Brocasches Zentrum und links- wie rechtsseitig intakte posteriore Sprachzonen besaß, gelang es ihm nicht, richtig sprechen zu lernen, wie es bei einer nur einseitigen linkshemisphärischen Läsion zu erwarten gewesen wäre. Warum A. C. keine Plastizität zeigte, ist unbekannt, doch diese Fallgeschichte ist ein deutlicher Hinweis darauf, daß Plastizität zumindest eine völlig intakte Hemisphäre erfordert.

Experimentelle Ansätze zur Untersuchung frühkindlicher funktionaler Erholungsprozesse

Es wird immer deutlicher, daß sich die Mechanismen, die die Erholung der Funktion nach frühkindlichen Verletzungen steuern, vom Verhalten her betrachtet und anatomisch wesentlich von den Mechanismen unterscheiden, die eine Erholung nach Läsionen im Erwachsenenalter vermitteln. Das liegt teilweise an anatomischen Veränderungen nach Schädigungen eines kindlichen Gehirns, die sich von denjenigen unterscheiden, die eine Schädigung des erwachsenen Gehirns nach sich ziehen. Es liegt aber auch an kompensatorischen Strategien, auf die ein Kindergehirn zurückgreifen kann, nicht aber ein Erwachsenengehirn. Dennoch gibt es eine Grenze für die Wiederherstellungs- und Kompensationsprozesse, die nach Läsionen im kindlichen Gehirn auftreten können; einige Verhaltensreaktionen lassen sich möglicherweise gar nicht wiederherstellen.

Gehirngröße und morphologische Veränderungen

Eine dramatische Folge frühkindlicher Hirnschädigungen besteht darin, daß sie zu einem kleineren adulten Gehirn führen. Je früher die Läsion auftritt, desto stärker wirkt sie sich auf die Gehirngröße aus. Beispielsweise verringerte sich die Größe der Gehirne von Ratten mit neonatalen Läsionen um bis zu 25 Prozent, während die Gehirne von Ratten, die als adulte Tiere operiert wurden, nur um 12 Prozent abnahm (Abbildung 21.5). Diese Gewichtsreduktion, der beim Menschen eine Gewichtsabnahme von 200 g entspräche, lag nicht an einer ausgedehnteren Läsion, sondern wurde vom Schrumpfen des gesamten Neocortex hervorgerufen. Es gibt keine systematische Analyse dieses Phänomens bei Affen oder Menschen, aber wahrscheinlich gilt für den Menschen dasselbe (wie für Ratten) (Abbildung 21.6). Um herauszufinden, warum es zu derartigen Schrumpfungsprozessen kommt, haben Kolb und seine Mitarbeiter die Struktur der Zellen im Neocortex untersucht. Bei sehr frühen Läsionen, die bei Ratten am Tag ihrer Geburt durchgeführt wurden, zeigten corticale Zellen im Vergleich zu Zellen beim erwachsenen Tier eine verringerte Komplexität. Wurden die Läsionen im Alter von 10 Tagen gesetzt, waren die Zellen komplexer als Zellen beim erwachsenen Tier. Um dieses Phänomen zu erklären, stellte Kolb die Hypothese auf, daß der Effekt demjenigen analog ist, den man nach dem Zurückschneiden von Pflanzen beobachten kann: Wenn sie zu früh zurückgeschnitten wer-

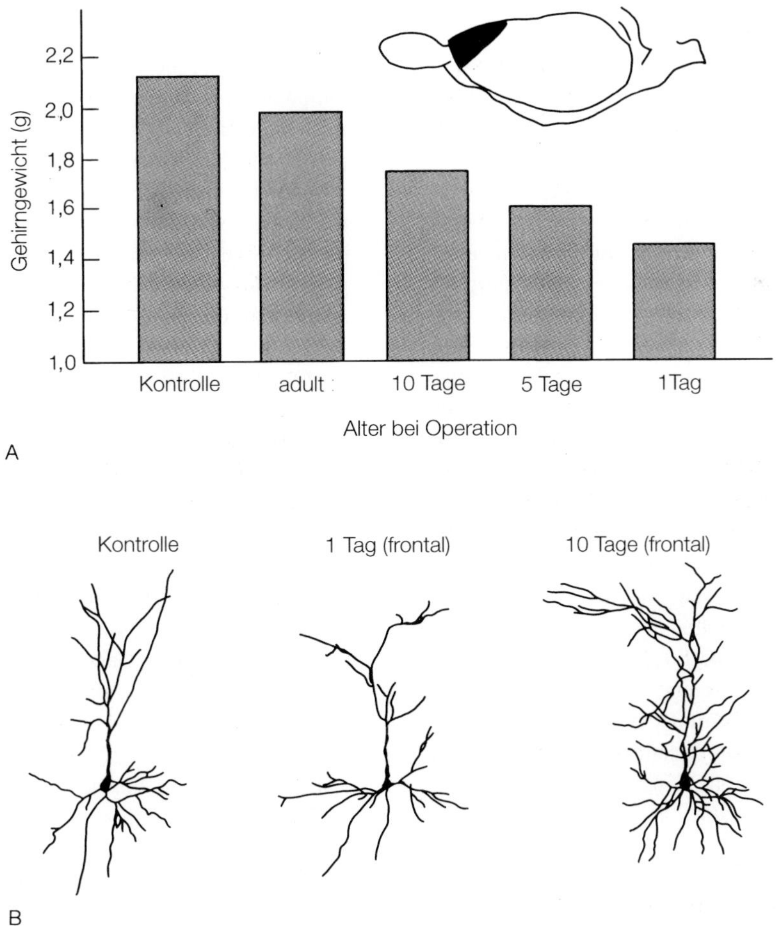

21.5 A. Gehirngewicht von Kontrollratten und Ratten, bei denen mit unterschiedlichem Alter (adult, zehn Tage, fünf Tage beziehungsweise ein Tag) eine Läsion im Frontalbereich gesetzt wurde. B. Zeichnungen von cortikalen Pyramidenzellen im parietalen Cortex. Interessant ist die zunehmende Verästelung der Dendriten, wenn die Läsion am 10. Lebenstag stattfand, und der reduzierte Dendritenbaum nach einer Läsion am ersten Lebenstag. (Nach Kolb und Whishaw 1989.)

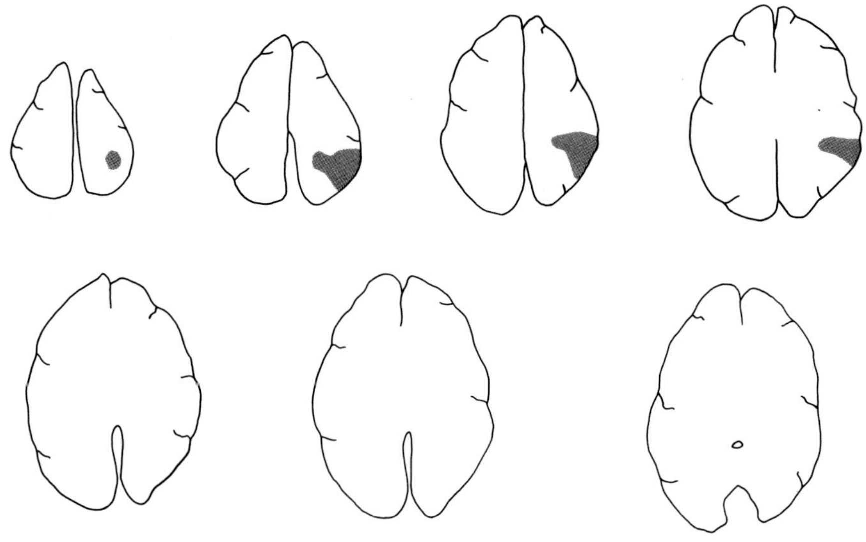

21.6 Computertomographisch dargestellte Schnitte durch das Gehirn von Patient S. S., der von Geburt an eine Verletzung des rechten posterioren Cortex hatte. Die rechte Hemisphäre ist in allen Schnittebenen kleiner. (Nach Kolb und Whishaw, 1989.)

den, bleiben sie im Wachstum zurück; schneidet man sie jedoch zurück, wenn das Wachstum bereits eingesetzt hat, wird das Wachstum verstärkt. Vermutlich beeinflussen die frühen Läsionen trophische Faktoren oder andere Mechanismen, die das Gehirnwachstum steuern.

Kolb und Mitarbeiter haben die neuropsychologischen Verfahren, die für den Menschen entwickelt wurden, entsprechend adaptiert und bei Tieren mit frühen Hirnläsionen eingesetzt. Ratten mit einer neonatalen oder adulten Schädigung des frontalen Cortex wurden mittels einer Testbatterie untersucht, die viele unterschiedliche Aspekte von erlerntem und ungelerntem Verhalten bei Tieren bewertete. Wie sich herausstellte, blieben erlernte Verhaltensreaktionen (beispielsweise räumliche Umkehraufgaben) bei neonatalen Läsionen verschont, doch arttypisches Verhalten (wie Nestbau, Futterhorten) entfielen. Die Forscher interpretierten die Ergebnisse folgendermaßen: Verhaltensweisen, für die die Ratten vorprogrammiert sind, werden von Läsionen ganz unabhängig davon, in welchem Alter sie gesetzt werden, offenbar ausgelöscht. Hingegen werden Verhaltensweisen, die weitgehend von Lernprozessen abhängen, durch frühe Läsionen anscheinend nicht beeinträchtigt. Menschen, die in ihrer Kindheit eine Frontallappenverletzung erlitten haben, zeigen ein unangemessenes (arttypisches) Sozialverhalten, wohingegen ihre kognitiven Funktionen weniger stark in Mitleidenschaft gezogen sind (siehe den Fall J. P. unten).

Auswirkungen frühkindlicher Hirnläsionen auf das explizite und implizite Lernen

Bachevalier und Mishkin haben die Entwicklung des impliziten und expliziten visuellen Lernens bei Affen untersucht. Das implizite Gedächtnis wurde mit einer visuellen Unterscheidungsaufgabe getestet: Im Test werden den Affen Objektpaare präsentiert, wobei unter einem der beiden Objekte Futter versteckt ist. Insgesamt handelt es sich um 20 Objektpaare, und jedes Paar wird täglich angeboten. Drei Monate alte Affen lernen die Paare mit Futterbelohnung fast ebenso rasch auszuwählen wie dreijährige Tiere. Das explizite Gedächtnis wird mit einer verzögerten Objekterkennungsaufgabe (*delayed nonmatching to sample*, DNMS) getestet. Dem Affen wird ein Objekt angeboten, unter dem Futter versteckt ist. Nach einer gewissen Zeitspanne (*delay*) werden ihm dieses Objekt und ein zweites Objekt präsentiert, wobei das Futter unter dem zweiten Objekt versteckt ist (*non-matching*). Die Affen werden so lange mit den neuen Objekten trainiert (*non-matching to sample*), bis sie keine Fehler mehr machen. Man kann die Aufgabe erschweren, indem man den zeitlichen Abstand zwischen der Präsentation des einzelnen Objektes und der Objektpaare vergrößert. Dreimonatige Affen erbringen bei dieser Aufgabe schlechtere Leistungen als Erwachsene und erreichen erst mit mehr als einem Jahr das Leistungsniveau erwachsener Tiere. Overmann und Mitarbeiter haben die Überlegenheit von implizitem versus explizitem Lernen bei visuellen Wiedererkennungsaufgaben auch bei Kindern gefunden.

Bachevalier und Mishkin haben ebenfalls die Auswirkungen neonataler Läsionen des visuellen Systems auf die Leistungen bei einer verzögerten Antwortaufgabe untersucht (DNMS-Aufgabe). Bei erwachsenen Affen beeinträchtigen sowohl Läsionen des medialen temporalen Cortex als auch stärker seitlich plazierte Läsionen des Neocortex (Area TE) (Area 20, 21, 38) die Leistungen bei der verzögerten Antwortaufgabe wesentlich, besonders bei solchen mit größerem zeitlichen Abstand (*delay*). Die Forscher entfernten diese

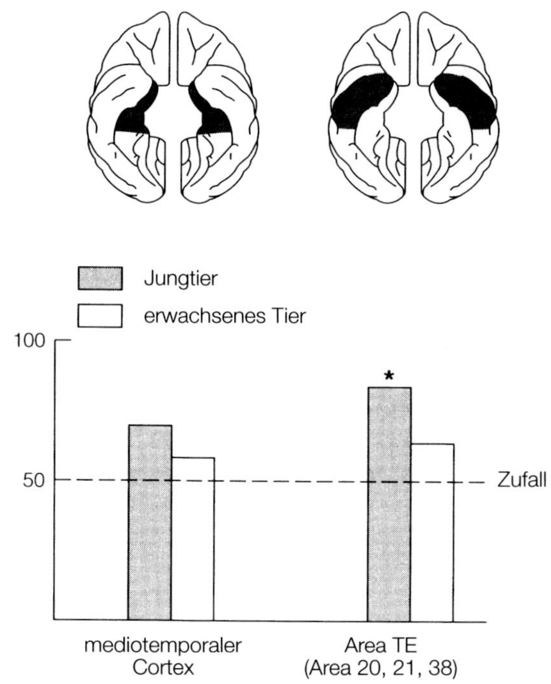

21.7 Leistungen von Affen bei einer verzögerten Antwortaufgabe nach Läsion des mediotemporalen Cortex oder der Area TE in der Kindheit beziehungsweise im Erwachsenenalter. Frühe Läsionen des Areals TE riefen im Vergleich zu adulten Läsionen geringere Beeinträchtigungen hervor, während frühe Läsionen des mediotemporalen Cortex die Funktion nicht signifikant verschonten. Über dem Säulendiagramm eine Ventralansicht des Gehirns; die entfernten medialen Temporallappenpartien (links) und Teile des Areals TE (rechts) sind dunkel schattiert (vorne ist oben). (Nach Bachevalier und Mishkin, 1994.)

Areale bei ein- bis zweiwöchigen Affen und testeten die Tiere anschließend ab einem Alter von 10 Monaten mit einer verzögerten Antwortaufgabe. Die Affen mit einer mediotemporalen Läsion waren fast ebenso beeinträchtigt wie Affen, die im Erwachsenenalter eine Läsion erlitten hatten, wohingegen die Affen mit der frühkindlichen TE-Läsion im Vergleich zu Affen, die im adulten Zustand operiert worden waren, wesentlich geringere Beeinträchtigungen aufwiesen (Abbildung 21.7). Die Forscher interpretierten diese Befunde folgendermaßen: Wenn das TE Areal in der Kindheit geschädigt wird, können sich andere Hirnregionen reorganisieren, um visuelle Informationen zum medialen Temporallappen zu übermitteln. Gestützt wird diese Hypothese durch den Befund, daß früh in der Kindheit ein anderes Areal des temporalen Cortex (TEO) mit dem mediotemporalen Areal in Verbindung steht, die sich mit zunehmender Gehirnreifung zurückentwickeln. Wird die TEO-Region jedoch geschädigt, so bleiben die Verbindungen zwischen der TEO-Region und den mediotemporalen Arealen erhalten. Daher nehmen die Forscher an, daß diese anatomische Modifikation der Grund für die nicht beeinträchtigte Leistung bei verzögerten Antwortaufgaben nach neonatalen TEO-Läsionen ist.

Auswirkungen frühkindlicher Läsionen auf das Kurzzeitgedächtnis

Es wird immer deutlicher, daß sich diejenigen Mechanismen, die eine Erholung von Gehirnverletzungen in der frühen Kindheit steuern, von den Reparaturmechanismen bei einer adulten Person grundsätzlich unterscheiden. Am deutlichsten wird die Rolle des Alters bei Untersuchungen hervorgehoben, die sich mit der Funktion des dorsolateralen und orbitofrontalen präfrontalen Cortex befassen.

Der dorsolaterale Cortex erhält vom parvozellulären Teil des dorsomedialen Nucleus des Thalamus Projektionen (Abbildung 21.8). Tatsächlich wird das cortikale Areal durch das Projektionsgebiet dieses Kernteiles definiert. Viele Untersuchungen, die der Funktion dieses Gebietes gewidmet waren, haben gezeigt, daß seine Läsion bei adulten Affen, Ratten oder anderen Tieren zu einer tiefgreifenden Beeinträchtigung räumlicher Verzögerungsaufgaben oder räumlicher Alternierungsaufgaben führt. Bei diesen Aufgaben muß ein Tier zwischen zwei räumlich getrennten Objekten wählen. Jeder Versuchsdurchgang wird vom nächsten durch eine festgelegte zeitliche Verzögerung getrennt. So muß sich der Affe zum Beispiel merken, daß unter einem von zwei Behältern eine Erdnuß liegt, wobei ein Versuchsdurchgang vom nächsten durch eine Verzögerung unterbrochen wird, während der der Affe den Behälter nicht sehen kann. Tiere mit Läsionen im dorsolateralen Präfrontalcortex zeigen bei dieser Aufgabe im allgemeinen nur Leistungen auf Zufallsniveau, wobei die Störung nicht auf sensorische oder motorische Schwierigkeiten zurückgeführt werden kann, und auch nicht auf einen operativen Schock oder darauf, daß es keine Möglichkeit gibt, diese Aufgabe zu lernen. Obwohl sie scheinbar wissen, was zu tun ist, machen sie dennoch Fehler. Bei vielen anderen Aufgaben, etwa bei visuellen Unterscheidungsleistungen, haben dieselben Affen keine Schwierigkeiten. Die histologische Untersuchung der Gehirne zeigt, daß die Fasern, die vom dorsomedialen Nucleus des Thalamus zum Läsionsgebiet ziehen, absterben und deren Ursprungsneuronen nach dem operativen Eingriff degenerieren.

Akert und seine Mitarbeiter und nach ihm noch andere Wissenschaftler, haben innerhalb der ersten zwei Lebensmonate eines Affen den dorsolateralen Cortex entfernt und die Tiere im darauffolgenden Lebensjahr mit räumlichen Aufgaben untersucht. Die Affen zeigten im Vergleich zu altersentsprechenden Kontrolltieren keine Leistungseinbußen. Dennoch findet man degenerierte Neuronen im Thalamus. Möglicherweise, so ließen diese frühen Studien vermuten, können andere Gehirnstrukturen, höchstwahrscheinlich die Basalganglien, die Funktionen der degenerierten Neuronen übernehmen. Eine derart einfache Interpretation wurde jedoch erschwert, als Goldman im Jahre 1971 herausfand, daß die Affen nach einer zweijährigen Untersuchungszeit allmählich die Leistungseinbußen zeigen, die man bei erwachsenen Tieren beobachten kann. Es heißt, sie »wuchsen allmählich in

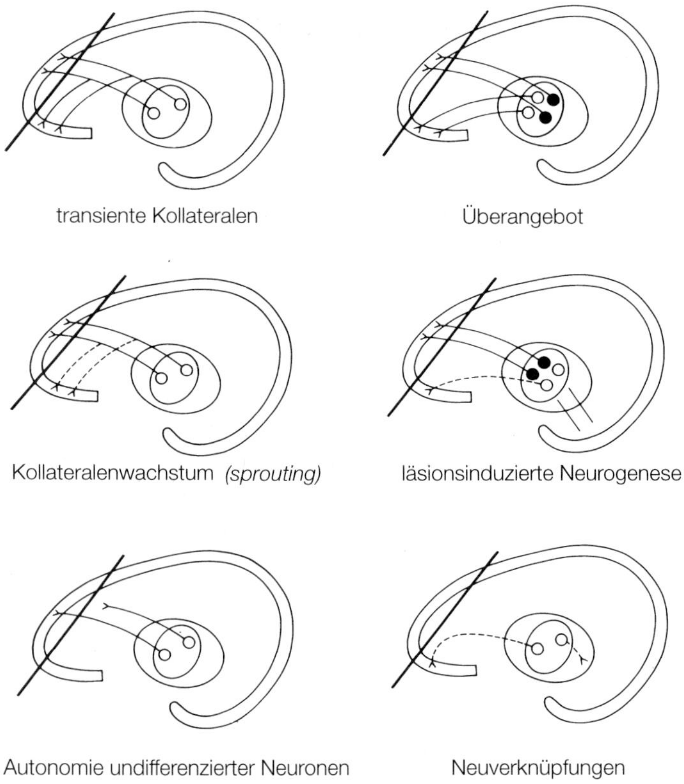

21.8 Mögliche Erklärungen für das Überleben von Neuronen im dorsomedialen Nucleus des Thalamus beim Affen nach einer pränatalen operativen Entfernung des dorsolateralen frontalen Cortex. Die schwarzen Kreise stellen degenerierte Neuronen dar, offene Kreise weisen auf Neuronen, die überlebt haben. (Aus Goldman und Galkin, 1978. Nachdruck mit Genehmigung.)

die Verhaltensstörung hinein«. Die Ergebnisse sind zum einen deshalb interessant, weil sie zeigen, daß subcortikale Strukturen eine Zeitlang das Verhalten offenbar ganz normal steuern können und zum anderen, weil sie nahelegen, daß diese kompensative Funktion mit zunehmender Reifung allmählich aufgegeben wird.

Goldman und Galkin untersuchten auch das Verhalten und die Anatomie des Gehirns von Affen, die vorzeitig aus dem Mutterleib entfernt, operiert und dann wieder zurückgesetzt wurden. Diese Tiere zeigen, wenn sie ausgewachsen sind, keine Leistungseinbußen, aber auch keine zelluläre Degeneration im dorsomedialen Thalamus. Zuvor hatten schon Kolb und Nonneman vergleichbare Ergebnisse bei Ratten erhalten. Bei dieser Spezies ist keine vorgeburtliche Operation notwendig, weil junge Ratten weniger ausgereift auf die Welt kommen als Affen. Aus den Untersuchungen von Goldman und Galkin und von Kolb und Nonneman kann man schließen, daß eine cortikale Schädigung bis zur vollkommenen Kompensation ausgeglichen werden kann, wenn sie früh genug im Leben eines Individuums auftritt. Ein Indiz für Reorganisation besteht darin, daß die operierten Affen Gyri und Sulci aufweisen, die man normalerweise bei Affen nicht findet. Auch bleiben die Zellen des dorsomedialen Nucleus intakt, und man kann deshalb die Hypothese aufstellen, daß die von ihnen ausgehenden andersartigen Faserverbindungen mit großer Wahrscheinlichkeit die für verzögerte Alternierungsaufgaben notwendigen Prozesse vermitteln. Goldman und Galkin haben einige Formen der Reorganisation zusammengestellt, die mögliche Ursachen für das Überleben dieser Neuronen sind (Abbildung 21.8).

1. *Transiente Kollateralen.* Möglicherweise haben die Fasern, die vom dorsomedialen Thalamus aus den dorsolateralen Cortex erreichen, anfangs Kollateralen, die zu einem anderen Ort ziehen und unter normalen Umständen degenerieren, nun aber aufgrund der Schädigung des dorsolateralen Cortex überleben.
2. *Überangebot.* Es gibt ein Überangebot von Neuronen im dorsomedialen Nucleus und normalerweise überleben nur jene, die den dorsolateralen Cortex innervieren.
3. *Kollateralenwachstum (sprouting).* Die unreifen Neuronen sterben nicht ab, sondern können zu einem frühen Zeitpunkt in der Ontogenese Kollateralen entwickeln, die in andere cortikale Areale ziehen und so durchtrennte Axone ersetzen.
4. *Läsionsinduzierte Neurogenese.* Hier wird angenommen, daß die ursprünglich vorhandenen Neuronen durch die Läsion zerstört werden, daß sich aber neue Zellen bilden und diese ersetzen.
5. *Autonomie undifferenzierter Neuronen.* Obwohl Neuronen normalerweise absterben, wenn ihre Zielstruktur zerstört ist, können undifferenzierte Neurone überleben und neue Kontakte bilden.
6. *Neuverknüpfungen.* Wenn Axone aus dem Thalamus zum Zeitpunkt der Läsion den (dorsolateralen) Neocortex noch nicht erreicht haben, können sie alternative Ziele innervieren.

Wie bereits früher bemerkt, deuten Untersuchungen mit Ratten darauf hin, daß sich neotanale Läsionen des frontalen Cortex besonders gravierend auf das Sozialverhalten auswirken. Die meisten Untersuchungen über die Auswirkungen frühkindlicher Läsionen bei Affen und beim Menschen haben das Sozialverhalten nicht berücksichtigt. Diejenigen, die es taten, bestätigen jedoch die negativen Konsequenzen frühkindlicher Hirnschädigungen. Bei Untersuchungen an Affen hat Bachevalier gefunden, daß eine frühe Schädigung der Temporallappen in der Kindheit das Verhalten der Tiere derart verändert, daß sie als Erwachsene autistisch wirken: Sie meiden soziale Kontakte mit Artgenossen und zeigen ein stereotypes sowie ausgeprägt egozentrisches Verhalten und kaum Gesichtsmimik. Wenn sich die Läsionen des Temporallappens auf die Amygdala und den entorhinalen Cortex beschränken, kommt es ebenfalls zu autistischem Verhalten, wenn auch weniger stark ausgeprägt. Beschränkt sich die Läsion auf den parahippocampalen Gyrus und den Hippocampus, bildet sich der Autismus erst beim erwachsenen Tier aus. Affen, deren Region TE (Area 20, 21, 38) neonatal geschädigt wird, werden nicht autistisch, sondern hyperaktiv. Ihr Verhalten stört die erwachsenen Affen, die sich nicht gerne mit ihnen abgeben. Bachevalier vermutet, daß die Verhaltensmuster, die die geschädigten Affen zeigen, als Modell für den Autismus bei Kindern dienen können.

Nach Frontalschädigungen im Säuglingsalter, scheinen auch Menschen noch fähig zu sein, manche Verhaltensweisen zu erlernen, wobei sie gleichzeitig andere, für Menschen typische Verhaltensweisen verlieren. Die Fallbeschreibung des Patienten J. P. illustriert diesen Sachverhalt.

Im Alter von 20 Jahren wurde J. P. für eine psychiatrische Überprüfung empfohlen, weil er wiederholt in Schwierigkeiten mit dem Gesetz geraten war. Ein Pneumoencephalogramm und eine nachfolgende Operation ergaben, daß J. P. offenbar ohne Frontallappen geboren worden war. Sein Verhalten war schon immer sehr seltsam gewesen. Im Vorschulalter lief er meilenweit von zu Hause fort und benahm sich recht unterwürfig. Von Beginn an hatte er Schwierigkeiten in der Schule. Einmal hatte seine Lehrerin in der ersten Klasse gerade einen Brief an seine Eltern fertiggeschrieben, in dem sie diese zu ihrem gut erzogenen Kind beglückwünschte, als sie aufschaute und sah, wie er vor der Klasse masturbierte. Er war sprachlich begabt, doch in der dritten oder vierten Klasse versagte er in der Schule und beendete diese nicht, obwohl man ihn auf mehrere Sonderschulen schickte. Er war immer wegen seines Wandertriebes bekannt und dafür, daß er Autos liebte und damit hunderte von Meilen wegfuhr. Sein Navigationsprinzip dabei war: „Ich steuere nach dem Kompaß und biege niemals ab." Später wurde er von Ralph Reitan, Brenda Milner und anderen untersucht. Sein Intelligenzquotient entsprach genau dem Durchschnitt, aber bei allen Aufgaben, die Funktionen des Frontallappens maßen, versagte er. Dazu gehörte auch der Test, in dem Kategorien gebildet und Karten sortiert werden sollen (*Wisconsin Card-Sorting Test*). Halstead fielen seine stereotypen Reaktionen auf, und er verglich ihn mit einem Computer. Jeder, der J. P. traf, war erstaunt, wie weltfremd er sich benahm. Er hatte keine Freunde in seinem Leben, er hatte keine sexuellen Beziehungen oder andere soziale Bindungen. Einmal lud er ein Mädchen zum Essen ein, lief dann aber mit ihrem Geldbeutel davon, als sie auf der Toilette war. In der Schule mochte ihn keiner der Jungen. Er wurde einmal beschrieben als ein „Fremder in dieser Welt, der nichts davon weiß". Ackerly faßte seine Eindrücke über ihn folgendermaßen zusammen:

> »Was unsere Aufmerksamkeit und Sympathie zu erwecken scheint, ist seine Einsamkeit. Seine Unfähigkeit, eine Beziehung zu schaffen, die jenseits seiner unmittelbaren physikalischen Umgebung aus Dingen und Personen besteht, läßt ihn ohne jeglichen Bezug zum Leben, zur Liebe, zu Freundschaft und Kameradschaft, denen er keinerlei Bedeutung zumessen kann. Er ist wirklich als Fremder in dieser Welt aufzufassen, denn er hat keinen Platz, zu dem er entfliehen kann, damit es ihm besser geht.« (Ackerly, 1964.)

J. P. war zeitlebens unfähig, eine Stellung länger als einige Wochen zu behalten. Ackerly scheint diese Dichotomie in J. P. genau getroffen zu haben, als er ihn als Menschen beschrieb, der nicht an geistigem, sondern an einem sozialen Mangel litt.

Hinweise auf soziale Defizite nach neotalen Läsionen des frontalen Cortex werden durch einen Bericht von Price und Mitarbeitern offenbar bestätigt. Sie beschreiben zwei Personen, die in früher Kindheit eine bilaterale Schädigung der Frontallappen erlitten hatten. Die Frontallappenschädigung und die damit einhergehende Dysfunktion wurden mittels Kernspinresonanztomographie und neuropsychologischer Testverfahren bestätigt. Wie die Wissenschaftler fanden, war das Leben dieser beiden Menschen durch einen Mangel an Einsicht, Voraussicht, sozialer Urteilsfähigkeit, Empathie und durch verschlungene Denkvorgänge gekennzeichnet. Beide waren soziale Außenseiter. (Die Regionen im frontalen Cortex, die mit moralischem Verhalten assoziiert werden, sind in diesen Untersuchungen nicht identifiziert worden.) Interessanterweise fanden Posner und Raichle in Untersuchungen mit einem Positronemissionstomograph heraus, daß der anteriore cinguläre Cortex in Antwort auf Schmerzreize und auch in Konfliktsituationen aktiv wird, das heißt, in Situationen, in denen eine Antwort gehemmt werden muß, damit die andere auftreten kann. Daher vermuten sie, daß diese medialen Regionen des frontalen Cortex an der Unterdrückung unangemessener Verhaltensreaktionen beteiligt sind, so daß geeignete, aber weniger auffällige Verhaltensweisen selektiert werden können.

Zusammenfassung

Die Entwicklung des Nervensystems wird von den frühesten Stadien an genetisch spezifiziert. Dennoch weist die neuronale Entwicklung einen anfänglichen Überschuß an Zellen und Zellverbindungen auf. Es scheint, daß ein allmähliches Absinken dieses Überangebotes mit einer Reifung des Verhaltens im Zusammenhang steht. Immer deutlicher hat sich herauskristallisiert, daß eine Schädigung des sich entwickelnden Nervensystems zu Verhaltensänderungen führen kann, die sich von jenen unterscheiden, die man nach Läsionen im Erwachsenenalter beobachtet. Möglicherweise gibt es auch während der Frühkindheit Perioden unterschiedlicher Empfindlichkeit. Bei Menschen zeigt sich dies am deutlichsten dadurch, daß die Sprache nach linkshemisphärischen Läsionen nicht ausgelöscht wird. Es kommt aber dennoch zu altersbezogenen Auswirkungen. Eine Schädigung vor dem vollendeten ersten Lebensjahr verschont zwar die Sprachfunktionen, gleichzeitig werden andere Fähigkeiten beeinträchtigt. Eine Schädigung, die nach dem ersten, aber vor dem fünften Lebensjahr auftritt, ist viel selektiver, wenn man die erhalten gebliebenen Sprachfunktionen betrachtet. Nach dem fünften Lebensjahr werden Sprachfunktionen nicht mehr von den

Läsionseffekten ausgeschlossen. Die Vorgänge, die für diese Veränderungen verantwortlich sind, können anhand von Tiermodellen recht gut untersucht werden. Tierversuche haben es sogar ermöglicht, eine Reihe von Paradigmen zu entwickeln, die zeigen, daß sich die neuronalen Folgen einer frühen Gehirnschädigung von denen einer Schädigung im Erwachsenenalter unterscheiden. In manchen Fällen kommt es aufgrund früher Läsionen zu einer Schrumpfung weiter Teile des Cortex, wohingegen in anderen Fällen ganze Neuronenpopulationen erhalten bleiben. Dies gilt, wenn die Läsion im Säuglingsalter stattfindet, nicht aber nach Läsionen im Erwachsenenalter.

Literatur

Ackerly, S. S. A case of paranatal bilateral frontal lobe defect observed for thirty years. In: J. M. Warren, K. Akert (Hrsg.) *The Frontal Granular Cortex and Behavior.* New York: McGraw-Hill, 1964.

Akert, K., O. S. Orth, H. Harlow, K. A. Schultz. Learned behavior of rhesus monkeys following neonatal bilateral prefrontal lobotomy. *Science* 132: 1944–1945, 1960.

Alajouanine, T., F. Lhermitte. Acquired aphasia in children. *Brain* 88: 653–662, 1965.

Basser, L. Hemiplegia of early onset and the faculty of speech with special reference to the effects of hemispherectomy. *Brain* 85: 427–460, 1962.

Bachevalier, J., M. Mishkin. An early and a late developing system for learning and retention in infant monkeys. *Behavioural Neuroscience* 98: 770–778, 1984.

Bachevalier, J., M. Mishkin. Effects of selective neonatal temporal lobe lesions on visual recognition memory in rhesus monkeys. *The Journal of Neuroscience* 14: 2128–2139, 1994.

Blakemore, C., D. E. Mitchell. Environmental modification of the visual cortex and the neural basis of learning and memory. *Nature* 241: 467–468, 1973.

Caviness, V. S., Jr., R. L. Sidman. Time of origin of corresponding cell classes in the cerebral cortex of normal and reeler mutant mice: An autoradiographie analysis. *Journal of Comparative Neurology* 148: 141–152, 1973.

Epstein, H. T. Growth spurts during brain development Implications for educational policy and practice. In: J. S. Chard, A. F. Mirsky (Hrsg.) *Education and the Brain.* Chicago: University of Chicago Press, 1978.

Flechsig, P. *Anatomie des menschlichen Gehirns und Rückenmarks.* Leipzig: Georg Thieme, 1920.

Goldman, P. S. Functional and development of the prefrontal cortex in early life and the problem of neuronal plasticity. *Experimental Neurology* 32: 366–387, 1971.

Goldman, P. S., T. W. Galkin. Prenatal removal of frontal association cortex in the fetal rhesus monkey: Anatomical and functional consequences in postnatal life. *Brain Research* 152: 451–485, 1978.

Guttman, E. Aphasia in children. *Brain* 65: 205–219, 1942.

Harlow, H. F. *Learning to Love.* San Francisco: The Albion Publishing Co., 1971.

Hécaen, H. Acquired aphasia in children and the ontogenesis of hemispheric functional specialization. *Brain and Language* 3: 114–134, 1976.

Hirsch, H. V. B., D. N. Spinelli. Modification of the distribution of receptive field orientation in cats by selective visual exposure during development. *Experimental Brain Research* 13: 509–527, 1971.

Hubel, D. H., T. N. Wiesel. Receptive fields of cells in striate cortex of very young, visually inexperienced kittens. *Journal of Neurophysiology* 26: 994–1002, 1963.

Kolb, B., A. J. Nonneman. Sparing of function in rats with early prefrontal cortex lesions. *Brain Research* 151: 135, 1978.

Kolb, B., I. Q. Whishaw. Neonatal frontal lesions in the rat: Sparing of learned but not species typical behavior in the presence of reduced brain weight and cortical thickness. *Journal of Comparative and Physiological Psychology* 95: 863–879, 1981.

Kolb, B., I. Q. Whishaw. Plasticity in the neocortex: Mechanisms underlying recovery from early brain damage. *Progress in Neurobiology* 32: 235–276, 1989.

Kornhuber, H. H., D. Bechinger, H. Jung, E. Sauer. A quantitative relationship between the extent of localized cerebral lesions and the intellectual and behavioural deficiency in children. *European Archives of Psychiatry and Neurological Sciences* 235: 129–133, 1985.

Kratz, K. E., P. D. Spear, D. C. Smith. Postcriticalperiod reversal of effects of monocular deprivation on striate cells in the cat. *Journal of Neurophysiology* 39: 501–511, 1976.

Lomas, J., A. Kertesz. Patterns of spontaneous recovery in aphasic groups: A study of adult stroke patients. *Brain and Language* 5: 388–401, 1978.

Milner, B. Psychological aspects of focal epilepsy and its neurological management. *Advancesin Neurology* 8: 299–321, 1975.

Overman, W. H., J. Bachevalier, F. Sewell, J. Drew. A comparison of children's performance on two recognition memory tasks: Delayed nonmatch-to-sample versus visual paired-comparison. *Development Psychobiology* 26: 345–357, 1993.

Piaget, J. *Biology and Knowledge.* Chicago: University of Chicago Press, 1971.

Posner, M. I., M. E. Raichle. *Bilder des Geistes. Hirnforscher auf den Spuren des Denkens.* Heidelberg, Berlin, Oxford: Spektrum Akademischer Verlag, 1996.

Price, B. H., K. R. Daffner, R. M. Stowe, M. M. Mesulam. The comportmental learning disabilities of early frontal lobe damage. *Brain* 113: 1383–1393, 1990.

Rakic, P., J.-P. Bourgeois, M. F. Eckenhoff, N. Zecevic, P. S. Goldman-Rakic. Concurrent overproduction of synapses in diverse regions of the primate cerebral cortex. *Science* 232: 232–235, 1986.

Ramóny y Cajal, S. *Recollections of My Life.* Memoirs of the American Philosophical Society (Bd. 8), 1937.

Rasmussen, T., B. Milner. Clinical and surgical studies of the cerebral speech areas in man. In: K. J. Zulch, O. Creutzfeldt, G. C. Galbraith (Hrsg.) *Cerebral Localization.* Berlin and New York: Springer-Verlag, 1975.

Rasmussen, T., B. Milner. The role of early left-brain injury in determining lateralization of cerebral speech functions. *Annals of the New York Academy of Sciences* 299: 355–369, 1977.

Riva, D., L. Cazzaniga. Late effects of unilateral brain lesions sustained before and after age one. *Neuropsychologia* 24: 423–428, 1986.

Russell, R., M. Espir. *Traumatic Aphasia.* Oxford: Oxford University Press, 1961.

Schneider, G. E. Early lesions of superior colliculus: Factors affecting the formation of abnormal retinal projections: *Brain Behavior and Evolution* 8: 73–109, 1973.

Sidman, R. L. Development of interneuronal connections in brains of mutant mice. In: F. P. Carlson (Hrsg.) *Physiological and Biochemical Aspects of Nervous Integration.* Englewood Cliffs, N. J.: Prentice-Hall, 1968.

Singh, J. A. L., R. M. Zingg. *Wolf Children and Feral Man.* New York: Harper, 1940.

Skeels, H. M. Adult status of children with contrasting early life experiences. *Monographs of the Society for Research in Child Development* 31: 1–65, 1966.

Teuber, H.-L. Recovery of function after brain injury in man. In: *Outcomes of Severe Damage to the Nervous System, Ciba Foundation Symposium* 34. Amsterdam: Elsevier-North, Holland, 1975.

Vargha-Khadem, F., G. V. Watters. Development of speech and language following bilateral frontal lesions. *Brain and Language* 25: 167–183, 1985.

Wechsler, A. F. Crossed aphasia inan illiterate dextral. *Brain and Language* 3: 164–172, 1976.

Woods, B. T. The restricted effects of right-hemisphere lesions after age one; Wechsler test data. *Neuropsychologia* 18: 65–70, 1980.

Woods, B. T. Impaired speech shadowing after early lesions of either hemisphere. *Neuropsychologia* 25: 519–525, 1987.

Woods, B. T., H.-L. Teuber. Early onset of complementary specialization of cerebral hemispheres in man. *Transactions of the American Neurological Association* 98: 113–117, 1973.

22

Lernstörungen

»Vor langer, langer Zeit beschlossen die Tiere, sie müßten etwas Heldenhaftes tun, um den Problemen einer „neuen Welt“ gerecht zu werden. Also gründeten sie eine Schule. Sie stellten einen Lehrplan auf, in dem verschiedene sportliche Aktivitäten vorgesehen waren, wie Rennen, Klettern, Schwimmen und Fliegen. Um es einfacher zu machen, nahm jedes Tier an jedem Fach teil. Die Ente konnte hervorragend schwimmen, sogar besser als ihr Lehrer, erhielt aber nur mäßige Noten beim Fliegen und war ziemlich schlecht beim Rennen. Irgendwann waren ihre Schwimmfüße vom Rennen so übel zugerichtet, daß sie auch beim Schwimmen nur noch durchschnittliche Leistungen erbrachte. Aber durchschnittlich zu sein war immer noch akzeptabel, und so machte sich niemand darüber Sorgen – außer der Ente. Das Kaninchen war Klassenbester im Rennen, bekam aber einen Nervenzusammenbruch wegen der ganzen Fellpflege beim Schwimmen. Das Eichhörnchen konnte ausgezeichnet klettern, war aber in der Flugstunde sehr frustriert, weil der Lehrer es immer nur vom Boden aus starten lassen wollte und nie von oben aus den Baumwipfeln. Vom vielen Üben bekam es Muskelkater und schließlich eine Drei im Klettern und eine Vier im Laufen. Der Adler war das Problemkind und mußte streng diszipliniert werden. In der Kletterstunde schlug er alle anderen und war als erster auf dem Baumgipfel, bestand allerdings darauf, auf seine eigene Weise dorthin zu gelangen. Am Ende des Schuljahres wurde ein sonderbarer Aal Klassenprimus. Er konnte sehr gut schwimmen, außerdem laufen, klettern und ein bißchen fliegen und hatte so den besten Notendurchschnitt. Der Präriehund blieb der Schule fern und weigerte sich, Schulgebühren zu zahlen, weil die Verwaltung Graben und Höhlen buddeln nicht in den Lehrplan aufnehmen wollte. Seine Eltern schickten den Präriehund zum Dachs in die Lehre und gründeten schließlich zusammen mit den Murmeltieren und den Bisamratten eine freie Privatschule.« (Autor unbekannt, überliefert von Sam Rabinovich.)

Diese Fabel zeigt einen Aspekt der Herausforderung, der die Neuropsychologie in der Erziehung gegenübersteht. Sind Lernprobleme eine Manifestation von Störungen oder zeigen sich darin lediglich individuelle Unterschiede? Tausende von Kindern werden jedes Jahr eingeschult und müssen dann in der Schule einen Grundlehrplan erfüllen. Einige von ihnen sind nicht in der Lage, auch nur eine der Forderungen zu erfüllen, die das Schulsystems an sie stellt, andere lernen, aber nur mit großen Schwierigkeiten, manche müssen eine oder mehrere Klassen wiederholen, und wieder andere machen zwar ihren Abschluß, versagen aber in bestimmten Fächern. Und manche schließen die Schule ab, ohne in irgendeinem Fach auch nur Grundwissen zu besitzen. Diejenigen, die versagen, tragen oft für ihr ganzes Leben „emotionale Narben“, das heißt Verhaltensstörungen davon. Natürlich können schulische Schwierigkeiten viele Ursachen haben. Ein Kind kann an einem gestörten Zuhause leiden, von der Schule gelangweilt sein, die Schule nicht mögen, den Lehrer unsympathisch finden, für die Schule nicht geeignet sein, von geringer „Intelligenz“ sein oder auch ein physisches Handicap haben, wie zum Beispiel einen Gehirnschaden. Einige Schulsysteme haben vielleicht die Möglichkeiten, solche Probleme objektiv zu beurteilen und mit ihnen umzugehen. Die meisten Schulen haben jedoch weder Mittel noch Möglichkeiten zur Beurteilung, geschweige denn zur Abhilfe. Ob ein Schulsystem nun dafür eingerichtet ist, mit den Lernproblemen eines Kindes fertig zu werden, oder nicht, die Neuropsychologie genießt inzwischen so viel Anerkennung, daß sie wahrscheinlich irgendwann mit der Frage konfrontiert wird, ob ein Kind mit Lernstörungen nun eine Hirnschädigung oder kognitiv Probleme hat.

Historischer Hintergrund

Der Begriff **Lernstörung** ist ein Überbegriff, der für eine große Vielfalt von schulischen Problemen benutzt wird. Formale Definitionen der Lernstörungen gehen davon aus, daß ein Individuum eine adäquate Intelligenz, die Möglichkeit zu lernen, Anleitung und eine geeignete häusliche Umgebung besitzt, aber trotzdem keinen Erfolg hat. Diese Merkmale werden in der Definition der Dyslexie angesprochen, die von dem World Federation of Neurology (Neurologischer Weltverband) erstellt wurde: »Eine Störung, die sich durch Schwierigkeiten beim Lesenlernen manifestiert, und zwar trotz konventioneller Anleitung, adäquater Intelligenz und soziokultureller Möglichkeiten. Sie hängt von grundlegenden kognitiven Schwächen ab, die häufig einen körperlich bedingten Ursprung haben.« Jeder Satz dieser und ähnlicher Definitionen ist umstritten. Warum sollte man es zum Beispiel eine Störung nennen? Was ist mit konventionellen Anleitungen gemeint? Was mit adäquater Intelligenz? Und so weiter. Um solche Definitionsschwierigkeiten besser einschätzen zu können, sollte man etwas über die Geschichte der Sichtweise der Lernstörungen wissen.

Aphasiologische Ursprünge

Die frühen Untersuchungen von Lernstörungen beschäftigten sich mit der **Dyslexie**, der Unfähigkeit, richtig zu lesen. Critchley weist daraufhin, daß der Begriff innerhalb eines „aphasiologischen Kontextes" entstanden ist; man dachte also, die Dyslexie entstehe durch eine Schädigung der Sprachzentren des Gehirns in früher Kindheit. Kussmaul erkannte 1877 vermutlich als erster die „Wortblindheit" als eine andauernde Leseunfähigkeit; sie wird durch eine Gehirnschädigung verursacht, obwohl Sehen und Sprechen normal sind. 1892 lokalisierte Déjérine die verantwortliche Läsion in den posterioren Teilen der linken Hemisphäre. Berlin prägte den Begriff „Dyslexie" im Jahre 1887. Als James Hinshelwood (1895), ein Augenchirurg in Glasgow, und Pringle Morgan (1896), ein praktischer Arzt in Seaford, zum ersten Mal Schüler beobachteten, die nicht Lesen lernen konnten, vermuteten sie, daß sich deren Lesefähigkeit deswegen nicht entwickeln könne, weil die erforderlichen Gehirnteile nicht vorhanden oder anomal entwickelt waren. Es erschien logisch, daß die **entwicklungsbedingte Dyslexie** oder **Entwicklungs-Dyslexie** (kongenitale Dyslexie) eine ähnliche Form annimmt wie die **erworbene Dyslexie** (Dyslexie aufgrund von Hirnschädigungen, nachdem das Lesen erlernt wurde). Entwicklungsbedingte Schwächen in anderen Bereichen, wie der Mathematik, sollten sich dann ebenfalls auf eine Gehirnanomalie zurückführen lassen.

Strephosymbolie

In den 20er und 30er Jahren dieses Jahrhunderts postulierte Samuel T. Orton, daß die Dyslexie nicht durch das anatomische Fehlen, sondern durch eine verzögerte Funktion entsprechender Gehirnteile verursacht wird. Orton, Direktor einer Klinik in Iowa, bemerkte, daß Dyslexie mit Linkshändigkeit sowie mit der Tendenz korreliert war, beim Schreiben- oder Lesenlernen Buchstaben und Worte zu vertauschen. Er nannte diese Dyslexie Strephosymbolie (vom Griechischen „Symbole vertauschen"). Ortons Meinung nach war die nichtdominante Hemisphäre, von der er annahm, sie enthalte ein umgekehrtes Bild der Dinge, überdominant oder nur unzureichend kontrolliert. Er meinte auch, daß man durch Erziehung die normale Dominanz und somit das normale Lesen wiederherstellen könne, wenn nur der Lehrer sehr gut und entsprechend ausdauernd sei.

Umwelt

Als sich Soziologen und Lernpsychologen für Lernstörungen zu interessieren begannen, nahmen sie an, daß die Dyslexie eher durch Umwelteinflüsse bedingt sei als durch neurologische Faktoren. Dahinter verbarg sich vermutlich der Glaube oder die Hoffnung, daß man Umweltfaktoren leichter korrigieren könnte als neurologische Probleme.

Lernstörungen

Den Begriff „Lernstörung" oder „Lernbehinderung" (*learning disability*) prägte Samuel A. Kirk 1963. Er setzte sich dafür ein, die schulischen Probleme von Kindern angemessener zu beschreiben, unterschied dabei aber zwischen Kindern mit sensorischen Behinderungen oder mentaler Retardierung und denjenigen Kindern, die er als lernbehindert bezeichnete. Auf seinen Vortrag hin kamen einige seiner Zuhörer zusammen und gründeten die Gesellschaft für Kinder mit Lernstörungen (*Association for Children with Learning Disabilities*), die diesen Begriff anschließend populär machte.

Die Suche nach den Ursachen führte zu einer Begriffsvielfalt, mit der man versuchte, die Lerngestörten von den geistig

Retardierten und den Hirngeschädigten zu unterschieden. Um diese allgemeine Begriffsinflation und die Ungenauigkeiten bei der Beschreibung zu demonstrieren, veröffentlichte Fry eine Art Handanleitung zum selbstständigen Zusammenstellen der gewünschten Begriffe, den „Do-it-yourself-Terminologie-Generator", den Tabelle 22.1 zeigt. Aus dieser Tabelle lassen sich etwa 2000 verschiedene Begriffe bilden.

Tabelle 22.1 „Do-it-yourself"-Terminologiegenerator

sekundär	nervös	Defizit
minimal	Gehirn-	Dysfunktion
leicht	cerebral	Schädigung
schwach ausgeprägt	neurologisch	Störung
chronisch	neurobiologisch	Desynchronisation
diffus	ZNS-	Handicap
spezifisch	Sprach-	Behinderung
primär	Lese-	Retardierung
entwicklungsbedingt	perzeptorisch	Mangel
desorganisiert	impulsiv	Beeinträchtigung
organisch	visuell-motorisch	Pathologie
unbeholfen	Verhaltens-	Syndrom
funktional	psychoneurologisch	Komplex

Anleitung: Wählen Sie einen beliebigen Begriff aus der ersten Sparte und fügen Sie (nach entsprechender grammatikalischer Anpassung) jeweils einen beliebigen Begriff aus der zweiten und dritten Sparte hinzu. Wenn Ihnen das Ergebnis nicht zusagt, versuchen Sie's noch einmal – es wird wieder ungefähr dasselbe herauskommen.

Quelle: Nach Fry, 1968. Wiedergabe mit freundlicher Erlaubnis von Edward Fry und der Interantional Reading Association.

Die Verbreitung von Lernstörungen

Gaddes versuchte, den Anteil der Kinder mit Lernstörungen aus verschiedenen Häufigkeitsuntersuchungen in Nordamerika und Europa zu bestimmen. Wie sich dabei herausstellte, gingen die meisten Schätzungen davon aus, daß zwischen 10 und 15 Prozent aller Schüler aufgrund ihrer Lernstörungen eines Sonderunterrichtes bedürfen, den aber nur etwa 2 Prozent tatsächlich erhalten.

Ein Problem bei der Erfassung solcher Prävalenzschätzungen besteht darin, daß Lernstörungen erst mit der Zeit auffällig werden. Wenn die Kinder in die erste Klasse kommen, zeigen noch sehr wenige Lernstörungen. Eine Methode zur Bestimmung einer Lernstörung ist das sogenannte Zwei-Jahres-Kriterium, das heißt, wenn ein Individuum gemäß einem Standardtest in seinem Lernfortschritt zwei Jahre zurückliegt, dann gilt es als lernbehindert. Bei Anwendung dieses Kriteriums sind weniger als 1 Prozent der Sechsjährigen lerngestört, 2 Prozent der Siebenjährigen und so weiter, bis bei den Neunzehnjährigen schließlich etwa 25 Prozent als lerngestört gelten. Diese zunehmende Häufigkeit zeigt sich, weil die Lernbehinderten in einem Ausmaß zurückfallen, das proportional zum Ausmaß ihrer Behinderung ist. Aber selbst derartige Berechnungsmodi sind in bestimmten Regionen unter Umständen nur schwierig anzuwenden. So wird ein allgemeiner Leistungstest, der *Wide Range Achievement Test* (WRAT), beispielweise häufig angewandt, Klassen in ihren Leistungen zu vergleichen, aber man kann nicht erwarten, daß alle Schulklassen äquivalente Leistungen erbringen. Man könnte nun Lehrer befragen, wieviele Kinder in ihren Klassen besondere Hilfe (Förderunterricht) erhalten. Leider können aber viele Schulen solche Informationen nicht liefern, weil sie keine Möglichkeiten für Förderunterricht haben.

Arten von Lernstörungen

Die Klassifizierung und das Auftreten von Lernstörungen spiegeln den Wert wider, der auf angepaßtes Verhalten und bestimmte Schulfächer gelegt wird. Großer Wert wird auf gutes Betragen, Lesen, Rechnen und Rechtschreibung gelegt, und das zeigt sich auch in der Klassifikation der Lernstörungen. Obwohl die meisten Schulen Kunst, Musik und Sport unterrichten, sind Klagen über Minderleistungen in diesen Disziplinen selten. Wenn statt Lesen der Kunstunterricht ein Hauptfach in der Grundschule wäre, sähe der Katalog verschiedener Arten von Lernstörungen vermutlich ganz anders aus. Dennoch gibt es, wie Semrud-Clikeman und Hynd in ihrem Übersichtsartikel bemerken, durchaus Lernstörungen, die soziale Fähigkeiten, räumliche Orientierung, Mathematik und andere nonverbale Verhaltensweisen betreffen.

Bei einer Zusammenfassung der Syndrome, die über einen Zeitraum von zwei Jahren in einer auf Lernstörungen spezialisierten Klinik auftraten, berichtet Denckla, daß von 484 Patienten zwischen 6 und 16 Jahren 76 Prozent als primär dyslektisch (mit oder ohne assoziierte Probleme) und 18 Prozent als hyperaktiv eingestuft wurden. Leseschwächen und Verhaltensprobleme waren also die häufigsten Gründe für eine Überweisung. Im *Diagnostic and Statistical Manual of Mental Disorders, DSM-III-R* werden eine Reihe von Krankheiten klassifiziert, die in der Kindheit auftreten. Neben der mentalen Retardierung und psychischen Krankheiten zählt das DSM-III-R Störungen beim Lesen, beim Rechnen und bei motorischen Aktivitäten auf, außerdem einige Mischklassifikationen. Das US-Gesundheitsministerium nennt zehn Charakteristika, die nach Ansicht verschiedener Autoren mit Lernstörungen assoziiert sind: 1) Hyperaktivität, 2) sensomotorische Defizite, 3) emotionale Labilität, 4) allgemeine Koordinationsdefizite, 5) Störungen der Aufmerksamkeit (kurze Aufmerksamkeitsspanne, Ablenkbarkeit, Perseveration), 6) Impulsivität, 7) Störungen von Gedächtnis und Denken, 8) spezifische Lernstörungen, besonders beim Lesen (Dyslexie), Rechnen, Schreiben und bei der Rechtschreibung, 9) Sprach- und Hörstörungen und 10) mehrdeutige kleinere neurologische Befunde sowie Abweichungen im EEG. Natürlich zeigen nicht alle lernbehinderten Kinder sämtliche Symptome. Wie Crithley anmerkt, kommt auf jedes lerngestörte Kind mit Koordinationsproblemen auch ein lerngestörtes Kind mit überdurchschnittlicher Koordination. Einige Autoren kategorisieren die Lernstörungen in vier Symptomkomplexe, die sich gegenseitig aber nicht ausschließen: 1) dyslektisch-dysphasisch, 2) motorisch-sensorisch, 3) verzögerte Sprachentwicklung und 4. Hyperaktivität.

Verbale Störungen

Lesen erfordert die Fähigkeit, Buchstaben zu identifizieren, phonologische Fähigkeiten (um die Buchstaben nach bestimmten Regeln in Laute umzuwandeln) und graphemische Fähigkeiten (aufgrund der visuellen Gestalt eines Wortes wird ein vorher erlernter Klang erzeugt). Des weiteren bedarf es der Fähigkeit zur Sequenzierung, um eine Anzahl von Lauten zu analysieren und zu einer Abfolge zu kombinieren, und man benötigt das Kurzzeitgedächtnis, um die Informationsteile, die dem geschriebenen Material nacheinander entnommen werden, im Gedächtnis zu behalten. Darüber hinaus ist die Präsenz bereits erlernter Informationen notwendig. Mit dem Lesen verbunden ist die Kenntnis der Wörter in Form eines **Lexikons** (also einem wörterbuchähnlichen Wortschatzspeicher im Gehirn), das ihre Bedeutung enthält und uns ermöglicht zu entscheiden, wie sie kombiniert und mit welchen Informationen sie assoziiert werden können. Lesen ist also ein Prozeß, der aus vielen Schritten besteht und der auf vielen Ebenen abläuft. Daher ist es zumindest theoretisch möglich, daß er auch auf vielfältige Weise gestört sein kann.

Man kann auf zwei verschiedene Arten lesen. Betrachten Sie dazu folgendes Beispiel: Stellen Sie sich vor, Sie lesen einen Roman über einen Mann namens Fzylx aus Worcester. Nehmen wir an, Sie hätten weder den Namen des Mannes noch den seiner Heimatstadt jemals vorher gehört. Wenn Sie nun die Namen lesen, werden Sie vermutlich versuchen, die einzelnen Buchstaben so auszusprechen, daß Sie zu einer zufriedenstellenden Aussprache des ganzen Wortes kommen. Angenommen, Sie verfolgen am nächsten Tag die Diskussion zweier Leute über einen Roman, der von einem Felix aus Wooster handelt. Zuerst sind Sie vermutlich erstaunt über die Ähnlichkeiten der Handlung in Ihrem und in deren Buch, bis Sie feststellen, daß die beiden tatsächlich über Fzylx aus Worcester reden! Was ist geschehen? Als Sie Fzylx und Worcester lasen, stießen Sie auf zwei übliche Probleme beim Lesen englischer Texte (vorausgesetzt Englisch ist ihre Muttersprache!). Erstens mußten Sie einen nicht-englischen Namen lesen und kannten daher keine Regeln, wie er zu lesen ist. Sie mögen mit ihrer Aussprache zufrieden sein, weil sie Ihnen ermöglicht, den Namen zu lesen. Zweitens stießen Sie auf ein irreguläres Wort, eines, das für englischsprechende Menschen anders ausgesprochen als geschrieben wird. Die einzige Methode, diese Art von Wörtern richtig auszusprechen, besteht im Auswendiglernen. Diese Art des Lesens nennt man **graphemisches Lesen** (oder auch lexikalisches Lesen). Man kann damit auch reguläre Worte lesen, man muß die Methode aber anwenden, wenn man irreguläre oder fremdspachliche Wörter liest. Auf diese Art muß man auch arabische Ziffern (wie 4) und internationale symbolische Verkehrszeichen oder Hinweisschilder lesen. Die andere Art zu lesen haben Sie benutzt, als Sie Fzylx und Worcester zu lesen versucht haben. Sie konvertieren einfach einen Buchstaben oder eine Gruppe von Buchstaben zu Lauten (Phonemen), die Ihnen einen Hinweis auf die Bedeutung der Worte geben. Anders ausgedrückt, die Laute, die Sie durch die Analyse von Buchstabengruppen erhalten, führen Sie zu der richtigen Aussprache hin, und Sie werden auf ihr Gedächtnis oder ihr Lexikon für die Bedeutung und die Verbindungen der Wörter zurückgreifen können. Das nennt man **phonologisches Lesen**.

Nach Auffassung von Bradley und Bryant verwenden Anfänger beim Lesen die phonologische Methode, die graphemische gewinnt aber an Bedeutung, wenn die Lesefähigkeiten zunehmen. Der Übergang soll dabei zwischen dem sechsten und zehnten Lebensjahr erfolgen. Das normale Lesen erfordert also anfänglich phonologische und später graphemische Fähigkeiten. Deswegen habe vermutlich viele Leute beim Korrekturlesen Schwierigkeiten, Tippfehler zu entdecken. Sie lesen nicht phonologisch, sondern graphemisch und müssen mit einiger Übung im graphemischen Lesen nur einen Teil eines Wortes lesen, bevor sie ihre Aufmerksamkeit dem nächsten Wort zuwenden. Ein Rechtschreibfehler, der sich nicht im tatsächlich gelesenen Wortteil befindet, bleibt also unentdeckt. Wie wir bald sehen werden, ist das phonologische Lesen vermutlich eine Funktion der linken Großhirnrinde, während das graphemische Lesen vorwiegend die rechte Hemisphäre beansprucht.

Vorausgesetzt, daß es tatsächlich zwei Leseprozesse gibt, müßten wir mindestens zwei verschiedene Arten von Beeinträchtigungen finden, die in verschiedenen Altersstufen auftreten sollten. Ein Kind, das die phonologische Methode nicht beherrscht, wird Schwierigkeiten in den frühen Phasen des Lesenlernens haben. Bei einem Kind, das die phonologische Methode beherrscht, aber Probleme beim graphemischen Lesen hat, sollten die Schwierigkeiten erst später auftreten. Frith hat tatsächlich genau solche Typen altersabhängiger Störungen bei Menschen mit Leseschwächen entdeckt. Möglich wäre, daß ein Kind mit Störungen des ersten Typs auch beim Übergang zum zweiten Typ beeinträchtigt ist. Wir sollten hier anmerken, daß diese beiden Typen in keiner Weise auf alle Menschen mit Leseschwächen zutreffen. Leute mit einem schlechten auditorischen Kurzzeitgedächtnis können den Sinn eines geschriebenen Textes vielleicht deshalb nicht richtig verstehen, weil sie die Bedeutung der Sätze während der Verarbeitung vergessen. Diese Art der Behinderung könnte besonders mit zunehmendem Alter auffällig werden, wenn der Lesestoff komplexer wird. Leute mit einem schlechten

Langzeitgedächtnis könnten den Sinn eines Textes trotz guter Dekodierfähigkeiten nicht verstehen, einfach, weil sie nicht viel Informationen über die Bedeutung der Wörter haben. Menschen dieses Typs wären also englischsprachigen Leute vergleichbar, die Italienisch lesen: Sie können die Wörter lesen, weil sie die phonetischen Regeln beherrschen, aber sie können das Gelesene nicht verstehen, weil sie die Bedeutung der Worte nicht kennen. Tatsächlich trifft diese Beschreibung häufig auf Menschen mit Demenzen zu. Sie können lesen, verstehen aber nichts.

Es gibt drei Ansätze, um das Problem eines Dyslektikers zu analysieren. Der erste Ansatz besteht darin, das Leseproblem zu identifizieren, ohne die zugrundeliegenden Ursachen zu berücksichtigen. Damit kann man zwar auch einige Informationen über die Ursachen gewinnen, aber das ist keineswegs sicher. Der zweite Ansatz zielt darauf ab, die Dyslexie auf verschiedene Weisen zu beschreiben und zu analysieren, wobei verschiedene Symptome katalogisiert werden, um zu Schlußfolgerungen über die Ursachen zu gelangen. Der dritte Ansatz sieht vor, neuropsychologische Testverfahren einzusetzen, die aus der Erforschung von Hirnschädigungen bei Erwachsenen stammen; damit sollen Gehirnfunktionen und kognitive Funktionen beim hirngeschädigten Leser bewertet und die daraus gewonnenen Informationen anschließend zu der Lesestörung in Beziehung gesetzt werden. Alle drei Ansätze haben aufschlußreiche Einblicke in das Wesen der Dyslexie geliefert, wobei die Fülle und Komplexität der von den Tests erbrachten Informationen erstaunlich ist.

In einer Übersicht von Studien, die verschiedene Unterklassen von Dyslexien beschreiben, fanden Malatesha und Cougan, daß sieben dieser Studien 2 Untertypen beschreiben, 21 Untersuchungen 3 Untertypen und drei Studien 4 Untertypen. Darüber hinaus, gewissermaßen um die Angelegenheit noch weiter zu komplizieren, werden die meisten Untertypen in den meisten Studien auf ganz unterschiedliche Weise – das heißt, aufgrund unterschiedlicher Beurteilungsverfahren und Kriterien – ermittelt. Einige Untersuchungen betonen Unterschiede bei der visuellen und auditorischen Verarbeitung, einige die Spezialisierung der Großhirnhälften, andere Studien Unterschiede im Gedächtnis, wiederum andere streichen Störungen bei bestimmten Aspekten des Lesens heraus, wohingegen nochmals andere auf bestimmten postulierten Arten von Hirnschädigungen oder Dysfunktionen aufbauen. Das Problem von Klassifizierung und Unterklassifizierung wird unserer Ansicht nach auch in Zukunft komplex bleiben. Wie wir noch sehen werden, gibt es selbst bei Individuen, bei denen derselbe Typ von Lernstörung vermutet wird, große Variationen bei den Testergebnissen. Eine Untersuchung, die eine Reihe verschiedener Evaluationskriterien liefert, ist zusammen mit einer Beratung, die auf die jeweiligen Probleme des Individuums abgestimmt ist, wahrscheinlich der effektivste Ansatz in Forschung und Behandlung.

Die Lesetests, die wir bisher beschrieben haben, sind nur anwendbar, wenn bereits etwas Leseunterricht stattgefunden hat. Bradley und Bryant haben hingegen einen interessanten leseunabhängigen Ansatz entwickelt. Sie untersuchten die Fähigkeit von Kindern, Töne zu kategorisieren, bevor sie zu lesen beginnen. In diesen Tests wurden den Kindern drei oder vier Wörter vorgesprochen; anschließend sollten die Kinder das Wort herausfinden, das kein Phonem mit den anderen gemeinsam hat. In der Reihe *hill, pig, pin* (Hügel, Schwein, Nadel) wäre *hill* die richtige Wahl, bei *cot, pot, hat* (Hängematte, Kopf, Hut) wäre *hat* richtig und in der Reihe *pin, bun, gun* (Nadel, Knoten, Gewehr) *pin*. Als die Kinder älter wurden und lesen lernten, blieben, so fanden Bradley und Bryant, genau die Kinder, die zuvor beim Klangkatagorisieren schlecht abgeschnitten hatten, beim Lesen und in der Rechtschreibung zurück. Die Forscher argumentierten, daß die anfängliche Insensitivität für Reime und Alliterationen die spätere Lesestörung verursacht hat, denn wenn man mit den Kindern, die bei diesem Test schlecht abgeschnitten hatten, Reime und Alliterationen speziell trainierte, war ihr Lesen später, wenn der Leseunterricht begann, weit weniger beeinträchtigt. Nach Bradley und Bryant ist eine grundlegende Schwäche in der phonologischen Wahrnehmung zumindest ein Grund für Leseschwäche.

Möglicherweise kann man Kinder, bei denen das Risiko einer Lernbehinderung besteht, noch früher entdecken. Frith hat die Vermutung geäußert, daß bereits das Brabbeln von Babies Hinweise darauf geben kann, welches Kind gefährdet ist. Tees und seine Mitarbeiter haben berichtet, daß kleine Kinder alle bekannten Sprachlaute unterscheiden können, aber wenn sie sprechen lernen, engen sich ihre detektorischen Fähigkeiten ein und sie können nur noch solche Laute unterscheiden, die in ihrer Muttersprache verwendet werden und die sie täglich hören. Beeinträchtigungen bei der Feinunterscheidung zwischen verschiedenen Sprachlauten könnten zu Sprachschwierigkeiten führen.

Tallal und ihre Mitarbeiter haben die sensorischen Unterscheidungsfähigkeiten von Kindern mit Lernstörungen untersucht und gefunden, daß diese Kinder bei der Unterscheidungsfähigkeit sensorischer Ereignisse, die in rascher Folge eintreffen, beeinträchtigt sind. Wenn zwei sensorische Stimuli, wie zwei Töne, sehr rasch nacheinander angeboten werden, werden sie als ein einziger Ton wahrgenommen. Wird das Intervall zwischen den Tönen allmählich ausgedehnt, so wird irgendwann ein Punkt erreicht, an dem sie als zwei Töne gehört werden. Bei den meisten Individuen ist ein Abstand von rund 10–40 ms erforderlich, bevor zwei Töne getrennt wahrgenommen werden. Bei Menschen mit Sprachstörungen ist ein viel größerer Abstand notwendig (Abbildung 22.1). Die Beeinträchtigung beim Trennen der einzelnen Stimuli tritt bei allen sensorischen Modalitäten und auch bei raschen Bewegungsabfolgen auf. Menschen mit Sprachstörungen benötigen also auch längere Intervalle zwischen zwei separaten Lichtblitzen oder zwei separaten taktilen Reizen, um sie als getrennte Ereignisse wahrzunehmen und sind beim Ausführen rascher Bewegungsabfolgen beeinträchtigt. Die Relevanz dieser Befunde für Sprachbeeinträchtigungen liegt darin, daß Plosivlaute („ba", „da", „ga", „pa" und „ta") eine Transitionsphase enthalten, in der sich die Laute (sogenannte Formanten) sehr schnell ändern, gewöhnlich innerhalb von

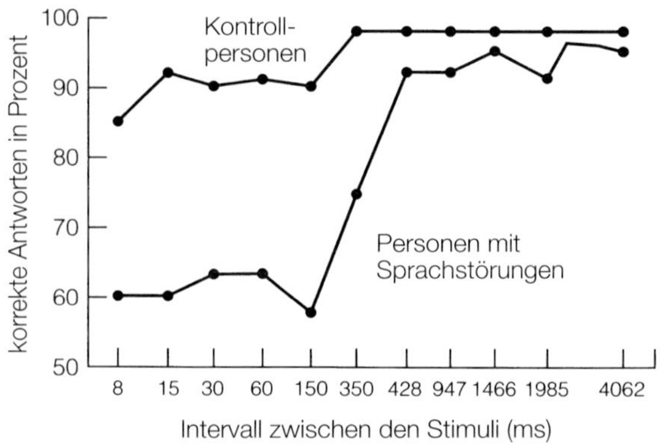

22.1 Häufigkeit, mit der Kontrollpersonen und Personen mit Sprachstörungen zwei Töne bei verschieden langem Interstimulusintervall unterscheiden.

40 ms. Setzt man Plosivlaute als Stimuli ein, fällt es sprachbehinderten Individuen schwer, sie zu identifizieren, während sie keine Schwierigkeiten haben, Vokale zu erkennen. Es bereitet ihnen ebenfalls keine Schwierigkeiten, Plosivlaute zu erkennen, wenn die Übergangsphase (Transitionsphase) verlängert wird. Wenn man diese Schwierigkeit bei Kleinkindern entdeckt, so deutet dies auf eine spätere Sprachbeeinträchtigung hin.

Aufgrund von Untersuchungen an Patienten mit Hirnläsionen und PET-Untersuchungen haben Tallal und Mitarbeiter die Vermutung geäußert, daß die linke Hemisphäre darauf spezialisiert ist, diese raschen sensorischen Unterscheidungen vorzunehmen und schnelle Bewegungsabfolgen hervorzubringen. Daher ist sie dazu prädestiniert, zur sprachdominanten Hemisphäre zu werden. Daraus folgt, daß Beeinträchtigungen der linken Hemisphäre die Unterscheidungsfähigkeit beeinträchtigen, die sowohl für den Spracherwerb als auch für die Spracherzeugung wichtig ist. Diese Ergebnisse sind für die Therapie von Bedeutung. Merzenich und Mitarbeiter haben auf der Basis von Tieruntersuchungen die Hypothese aufgestellt, daß es möglich ist, die Unterscheidung rasch aufeinanderfolgender Reize durch ein spezielles Training zu verbessern. Daher sollte sich die Therapie von sprachbezogenen Störungen ihrer Meinung nach eher auf das Training dieser Unterscheidungsfähigkeit, statt auf ein allgemeines Üben sprachbezogener Fähigkeiten, konzentrieren.

Analyse assoziierter Defizite

Man sollte meinen, daß sich Leseschwächen klar und eindeutig manifestieren. Das ist jedoch offenbar nicht der Fall, denn man weiß seit langem, daß Dyslektiker eine breite Palette verschiedener Symptome zeigen, die in verschiedenen Kombinationen auftreten und zwischen Individuen beträchtlich variieren können. Wir können an dieser Stelle nicht jedes einzelne Symptom diskutieren. Es gehören dazu Defizite bei der Aufmerksamkeit, Störungen von Augenbewegungen, der Entwicklung, des Gedächtnisses, der Koordination, räumlicher Fähigkeiten, von Bewegungsabfolgen, beim Kartenlesen und visuell-räumlicher Verarbeitung. Man sollte diese Symptome nicht von vorne herein für wenig informativ, unkorreliert oder irrelevant halten. Dyslexie kann mit vielen Symptomformen einhergehen, und zwar weil die Sprache eine übergeordnete Rolle bei der Kontrolle des Verhaltens spielt, weil eine enge Beziehung zwischen Sprach- und Bewegungskontrolle besteht und weil die Entwicklung der Dyslexie *per se* sekundäre Symptome hervorrufen kann. Eben deshalb hat man versucht festzustellen, ob die verschiedenen Symptome in ursächlichem Zusammenhang zur Dyslexie stehen. Nach Rutters Befunden stehen Unbeholfenheit und mangelnde Koordination, Schwierigkeiten bei der Wahrnehmung räumlicher Beziehungen, Orientierungsschwierigkeiten, Rechts-Links-Verwechslungen, gestörte zeitliche Orientierung, Schwierigkeiten beim Benennen von Farben und beim Verstehen der Bedeutung von Bildern, inadäquate, inkonsequente oder gemischte cerebrale Dominanz, auffällig falsches Buchstabieren und eine Familiengeschichte, die auf Leseschwächen schließen läßt, offenbar mit Dyslexie in Zusammenhang. Es ist jedoch nicht klar, ob es sich dabei um eine Kausalbeziehung handelt. Auf der anderen Seite stellte Rutter fest, daß ein niedriger Intelligenzquotient und Beidhändigkeit als Kausalfaktoren sicherlich keine große Rolle spielen. Vellutino hat die Frage gestellt, welche spezifischen Fähigkeiten der visuellen Wahrnehmung und des visuellen Gedächtnisses, der intersensorischen Integration, der zeitlichen Ordnung und des zeitlichen Abrufes sowie der verbalen Verarbeitung für die Lesefähigkeit von zentraler Bedeutung sind. Nach Bewertung aller verfügbaren Forschungsdaten und logischen Argumente kommt er zu dem Schluß, daß lediglich eine Schwäche bei der verbalen Verarbeitung in kausalem Zusammenhang mit der Dyslexie steht. Seiner Ansicht nach treten viele der anderen Defizite nur deshalb auf, weil die entsprechenden Tests zur Lösung eine verbale Verarbeitung erfordern. Wird die verbale Komponente aus den Tests eliminiert, kommt es zu einer Verbesserung oder sogar zu normalen Testleistungen.

Neuropsychologische Evaluation

Der neuropsychologische Ansatz zur Testung der Dyslexie geht im allgemeinen von folgenden Annahmen aus: 1) Eine Störung existiert möglicherweise nur in einem oder einigen wenigen Bereichen des Funktionskomplexes. 2) Eine spezifische Fähigkeit oder das Fehlen dieser Fähigkeit läßt sich mit neuropsychologischen Testverfahren feststellen. 3) Wenn eine Lehrmethode oder -strategie keinen Erfolg hat, kann eine andere erfolgreicher sein. 4) Es sollte möglich sein, aus den gewonnenen neuropsychologischen Testergebnissen eine Strategie zur Behandlung einer Lernschwäche zu entwickeln. Auch wenn bisher keine dieser Annahmen wissenschaftlich genügend abgesichert ist, liegt mindestens ein Grund für die zunehmende Popularität der Neuropsychologie darin, daß

nehmen Druck und Erweiterung weniger rasch zu. Es treten dann nach und nach visuelle Störungen, Lähmungen, Demenzen und anderes auf.

Bei Kindern erkennt man einen Hydrocephalus an der auffälligen Zunahme des Kopfumfangs, meist während der ersten Lebensmonate. Bis zu 27 von 100000 Neugeborenen leiden daran. Bei ungefähr 14 % dieser Gruppe liegt eine Fehlbildung vor, welche die Zirkulation der Cerebrospinalflüssigkeit behindert. In den meisten anderen Fällen sind Entzündungen oder Unfallverletzungen Ursache des Hydrocephalus. Etwa 4 % der Fälle sind auf Tumoren zurückzuführen. Wenn sich die Ventrikel erweitern, verformen sie die Hemisphären ballonartig. Da bei Kindern die Schädelknochen noch nicht zusammengewachsen sind, führt der dauernde Druck zu einer Vergrößerung des Kopfes in alle Richtungen. Wird der Cortex geschädigt, kann die Intelligenz beeinträchtigt werden. Damit läßt sich eine Demenz nicht mehr ausschließen. Wird der Cortex verschont, so gilt dies auch für die Intelligenz, selbst dann, wenn er durch die Verformung so weit gestreckt wird, daß der Gesamtdurchmesser von Gyri und Sulci weniger als einen Zentimeter erreicht. Ein unbehandelter Hydrocephalus verursacht schwere mentale und motorische Schäden oder endet sogar tödlich. Heutzutage kann er mit einigem Erfolg behandelt werden, indem man durch operative Einpflanzung eines Ventils einen Ventrikel mit der Halsvene verbindet und so eine Drainage vornimmt. Lorber hat darüber berichtet, daß sich Individuen mit einem extremen Hydrocephalus und extensiven Verlusten im Bereich des Cortex normal entwickeln können. Wir zweifeln allerdings die Allgemeingültigkeit dieser Befunde an. Möglicherweise waren bei den beschriebenen Fällen der Cortex so dünn und die Faltungen durch den Flüssigkeitsdruck so geglättet, daß die Integrität und die Verbindungen dieser Strukturen erhalten blieben. Würden Individuen sich tatsächlich auch ohne einen normal funktionierenden Cortex gesund entwickeln, so würde dies den meisten hier vorgetragenen Schlußfolgerungen und vielen neurologischen Lehrsätzen widersprechen. Sicher ist, daß die Entfernung des Cortex bei Tieren unabhängig davon, wann und wie sie durchgeführt wird, zu schweren Beeinträchtigungen des Verhaltens führt.

Ursachen von Lernstörungen

Vier Hauptgründe werden häufig als mögliche Ursachen für Lernstörungen genannt: 1) strukturelle Schäden, 2) abnorme cerebrale Lateralisation, 3) Entwicklungsverzögerung (*maturational lag*) und 4) umweltbedingte Reizdeprivation.

Anatomische (strukturelle) Schäden

Da die Symptome von Hirnfunktionsstörungen im Erwachsenenalter denjenigen von Lernstörungen im Kindesalter ähneln (zum Beispiel Dyslexie), könnten sich hinter Lernstörungen ähnliche anatomische Schäden verbergen, die eventuell von einem Geburtstrauma, von Encephalitis, Anoxie, frühkindlichen Unfällen oder ähnlichem herrühren. Wenn dies auch zweifellos für eine kleine Minderheit von Kindern zutrifft, so sind strukturelle Schäden doch bei den meisten Kindern wahrscheinlich nicht die Ursache von Lernbehinderungen, denn viele neurologische Symptome, die man bei Erwachsenen im Zusammenhang mit Hirnschäden beobachtet, treten bei Kindern im allgemeinen nicht auf. Kinder mit einer entwicklungsbedingten Dyslexie weisen zum Beispiel keine Hemianopsie oder Scotome (Ausfälle im Gesichtsfeld) auf, Symptome, die bei einem hohen Prozentsatz hirngeschädigter Erwachsener mit Dyslexie auftreten. Zudem haben sich mit EEG- und CT-Untersuchungen keine strukturellen Schäden nachweisen lassen: Abnorme EEGs, wie man sie bei bekannten Hirnschädigungen findet, sind nicht immer mit Lernstörungen korreliert.

Man muß keinen meßbaren Hirnschaden aufweisen, um neurologische Defizite zu haben. Daher ist vermutet worden, daß Lernstörungen womöglich eher aus einer Fehlfunktion eines Teiles der Großhirnrinde als aus direkten Schäden resultieren. Nach einer Interpretation dieser „Hypothese der Hirnfehlfunktion" wird die Fehlfunktion von einem defekten Aktivierungsmechanismus hervorgerufen. Douglas und ihre Kollegen fanden, daß lernbehinderte Kinder Schwierigkeiten bei Vigilanztests (*Daueraufmerksamkeits-Tests*) haben, bei denen sie auf bestimmte Reize reagieren müssen, während sie andere ignorieren sollen. Ebenso zeigen Untersuchungen der Reaktionszeit, daß diese Kinder im Vergleich zu gesunden im Mittel langsamer auf Signale reagieren. Bei visuellen Suchtests, bei denen das Kind aufgefordert wird, unter mehreren Alternativen dasjenige Bild herauszusuchen, das der Standardvorgabe entspricht, wählen die lerngestörten Kinder impulsiv und rasch. Sie machen dabei viel mehr Fehler als gesunde Kinder, die langsamer vorgehen. Daher sollten sich Lernstörungen durch Medikamente verbessern lassen, die die Hirnaktivierung erhöhen, und das ist auch der Fall: Sowohl Amphetamin als auch Coffein, die beide gehirnstimulierend wirken, führen zu einer Leistungsverbesserung. Eine andere Fehlfunktionstheorie geht davon aus, daß die Gehirnfehlfunktion von abnormen Stoffwechselprozessen hervorgerufen wird – sei es infolge einer Mangelernährung oder anomaler metabolischer Prozesse. Pihl und Parker fanden bei einer Analyse von Haaren normaler und lernbehinderter Kinder signifikante Unterschiede zwischen beiden Gruppen hinsichtlich des Natrium-, Cadmium-, Cobalt-, Blei-, Mangan-, Chrom- und Lithiumgehalts. Durch Messen dieser Elemente im Haar ließen sich 98 Prozent aller Kinder, die als lerngestört diagnostiziert worden waren, von einer Kontrollgruppe gesunder Kinder unterscheiden. Pihl und Parker gelang es zwar nicht, die Ursache der abnormen Konzentrationen von

Spurenelementen zu klären, doch wir müssen dank ihres Erfolges beim Diagnostizieren lerngestörter Kinder biochemische Faktoren ernsthaft als Kausalfaktoren bei Lernstörungen in Rechnung ziehen.

Die Geschwind-Galaburda-Hypothese zeigt eine andere Möglichkeit, wie entwicklungsbedingte Hirnveränderungen auftreten können. Ausgangspunkt dieser Hypothese war Geschwinds Beobachtung, daß das Planum temporale (ein Bereich, von dem man annimmt, daß er Sprachfunktionen in der linken Hemisphäre repräsentiert) asymmetrisch ist; bei den meisten Rechtshändern ist es links größer als rechts. Diese Asymmetrie soll gemäß dieser Hypothese die immanente neuronale Asymmetrie repräsentieren, aus der die dominante Rolle der linken Hemisphäre bei der Sprache hervorgeht. Weil diese Asymmetrie bei Männern anscheinend stärker ausgeprägt ist, spielt Testosteron dabei möglicherweise eine Rolle. Während der Embryonalentwicklung produzieren die Hoden des Foetus Testosteron in hoher Konzentration, vergleichbar derjenigen bei erwachsenen Männern. Der Testosteronspiegel sinkt erst wieder kurz vor der Geburt, steigt danach nochmals an, sinkt anschließend erneut ab und steigt dann erst wieder in der Pubertät an. In der Hypothese wird nun angenommen, daß die embryonalen Testosteronschübe die Entwicklung der linken Hemisphäre verzögern und damit der rechten Hemisphäre einen räumlichen und zeitlichen Entwicklungsvorteil verschaffen. Daher besitzen Männer im allgemeinen einige vergleichsweise besser entwickelte Areale in der rechten Hemisphäre, denen sie vermutlich ausgezeichnete räumliche Fähigkeiten verdanken. Falls die Testosteron-induzierte Asymmetrie einige besonders große rechtshemisphärische Areale erzeugt, könnte dies zu speziellen Fähigkeiten, wie einer frühzeitig entwickelten Fähigkeit für mathematische Logik resultieren. Vermutlich führt Testosteron auch zu einigen negativen Auswirkungen, die sich in Gehirnveränderungen und Lernstörungen manifestieren. Dazu kommt, daß es sowohl unter Männern im allgemeinen als auch unter Männern mit außergewöhnlichen Fähigkeiten eine hohe Prävalenz von Autoimmunkrankheiten (Migräne, Allergien, Asthma, Schilddrüsenstörungen, Magenschleimhautentzündungen und so weiter) gibt. Nach der Hypothese beeinflußt Testosteron auch die Entwicklung des Immunsystems, was eine erhöhte Anfälligkeit für Autoimmunstörungen zur Folge hat.

An der Geschwind-Galaburda-Hypothese beeindruckt, daß sie der allgemeinen Beobachtung Rechnung trägt, nach der Frauen bei sprachbezogenen Tests in der Regel etwas besser abschneiden als Männer, die dagegen den Frauen bei Aufgaben, die räumliches Vorstellungsvermögen erfordern, im allgemeinen leicht überlegen sind. Sie erklärt auch die hohe Häufigkeit von Frühreife und Lernstörungen im männlichen Geschlecht. Die postulierte Verschiebung der cerebralen Dominanz liefert zudem eine Erklärung für das häufige Auftreten von Linkshändern bei Frühreifen und Lernbehinderten. Schließlich erklärt die Hypothese auch die hohe Prävalenz von Autoimmunkrankheiten in der Gruppe der Frühreifen und Lernbehinderten. Außerdem lassen sich im Rahmen dieser Theorie hormonelle Abweichungen berücksichtigen, die ein gehäuftes Auftreten von Lernstörungen, Linkshändigkeit und Autoimmunstörungen bei Frauen nach sich ziehen. Ein weiterer Vorzug ist, daß man die Hypothese prüfen und entsprechende Tiermodelle entwickeln kann. Leider stützen die meisten bisher gewonnenen experimentellen Ergebnisse diese Theorie nicht.

Die erste Untersuchung des Gehirns eines Menschen mit einer Lesestörung wurde von Drake durchgeführt; er untersuchte das Gehirn eines 12jährigen Jungen, der an Hirnblutungen gestorben war. In der Schule waren die Leistungen des Jungen in Rechnen, Schreiben und Lesen schwach gewesen, doch er war durchschnittlich intelligent gewesen. Bei der Autopsie fanden sich eine atypische Gyrifizierung in den Parietallappen, ein atrophiertes Corpus callosum und Neuronen in der darunterliegenden weißen Substanz, die in den Cortex hätten einwandern sollen. Galaburdas Gruppe untersuchte daraufhin das Gehirn eines 20jährigen Mannes, der trotz durchschnittlicher Intelligenz eine Leseschwäche aufwies. Bei der Kontrolle mit bloßem Auge zeigte das Gehirn keine Auffälligkeiten, doch die mikroskopische Untersuchung ergab mehrere Anomalien. Im linken frontalen und parietalen Cortex fanden sich polymikrogyrische Areale (das sind solche mit zahlreichen kleinen Windungen) und andere architektonische Anomalien (Abbildung 22.5). Subcortikale Anomalien traten im Corpus geniculatum mediale und im Nucleus lateralis posterior des Thalamus auf. Seitdem hat diese Gruppe von ähnlichen Befunden in weiteren Fällen berichtet.

Galaburda und Mitarbeiter haben eine detaillierte Untersuchung des Planum temporale durchgeführt und fanden, daß das normale Verhältnis der Ausdehnung – links größer als rechts – bei Kindern mit Lernstörungen nicht zutraf. Eine erneute Überprüfung der Originaldaten hat jedoch folgendes gezeigt: Wenn es keine Asymmetrie beim Planum temporale gab, dann nicht etwa deshalb, weil beide Seiten klein waren, sondern weil beide Seiten groß waren. Wenn die Asymmetrie umgekehrt war, war auch die Größe der Areale entsprechend umgekehrt. Es ist unwahrscheinlich, daß eine einfache Verlangsamung der Entwicklung der linken Hemisphäre zu diesem Ergebnis führen würde. Daher wurde eine neue Hypothese aufgestellt: Man postulierte, daß in der frühen Entwicklung beide Seiten gleichartig und gleichgroß sind, aber mit zunehmender Entwicklung die eine oder andere Seite durch Neuronenverlust an Größe verliert; vermutlich spielt Testosteron beim Verlauf dieser Entwicklung eine entscheidende Rolle. Diese neue Erklärung hat jedoch nicht dieselbe Attraktivität für das anomale Zellwachstum, das man in Gehirnen lernbehinderter Kinder beobachtet.

Heute liegen eine Reihe von Untersuchungen vor, die sich mit Anomalien und Asymmetrien im Bereich des Planum temporale beschäftigen, darunter auch computertomographische und kernspintomographische Untersuchungen. Das letztgenannte Verfahren gewinnt zunehmend an Bedeutung, weil es eine sehr gute räumliche Auflösung liefern kann. Hynd und Semrud-Clikeman, die viele dieser Untersuchun-

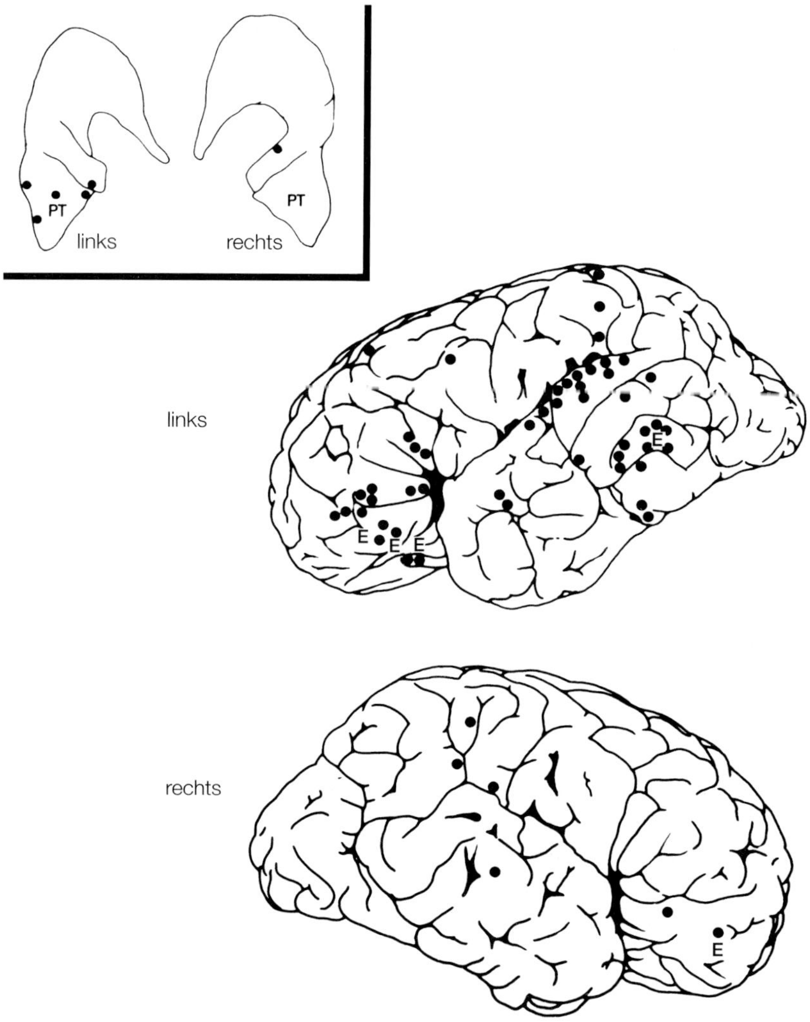

22.5 Auf dieser Zeichnung der beiden Großhirnhemisphären markieren die schwarzen Kreise die Lage von Arealen mit Zellanomalien im Gehirn eines Individuums, bei dem eine Leseschwäche diagnostiziert worden war. Das kleine Bild links oben zeigt einen Horizontalschnitt durch das Planum temporale (PT), um dessen symmetrisches Muster zu demonstrieren. Die Punkte auf den Schnittflächen markieren Bereiche cortikaler Anomalien und deuten darauf hin, daß die Verteilung asymmetrisch ist. (E, kleine Erhebungen) (Nach N. Geschwind und A.M. Galaburda, *Cerebral Lateralisation*. Cambridge, Mass.: MIT Press, 1985.)

gen überprüften, stellten deren Angemessenheit jedoch in Frage. Sie führten die Schwierigkeiten auf, die sich beim Testen von Hypothesen mit Hilfe anatomischer Ansätze ergeben: Wenn man streng an den Kriterien für Lernstörungen festhält (bei Dyslexie zum Beispiel durchschnittlicher IQ, Hinweise auf eine selektive Lesestörung, Fehlen anderer Anomalien und so weiter), dann stellen die Ergebnisse vieler Untersuchungen eher einen Kompromiß dar. Personen, die der Definition in idealer Weise entsprechen, sind nicht leicht zu finden. Eine andere Schwierigkeit liegt in adäquaten Kontrollgruppen. Die Kontrollgruppe sollte so ausgewählt sein, daß sich die Prävalenz einer jeden beliebigen postulierten Abnormalität feststellen läßt. Eine ideale Kontrollgruppe sollte zudem bezüglich des Alters parallelisiert sein und auch Familienmitglieder miteinbeziehen. Zusätzlich taucht ein neues Problem auf: Mit den sich ständig verbessernden bildgebenden Verfahren wird es immer schwieriger zu entscheiden, was man messen und mit den Lernstörungen korrelieren soll.

Trotz dieser Einwände lassen sich wenigstens drei allgemeine Schlußfolgerungen aus Untersuchungen ziehen, in denen die Verteilung von Gyri und Sulci im Gehirn von Personen mit Lernstörungen untersucht worden sind. Erstens finden sich bei Personen mit Lernstörungen deutliche Hinweise auf Hirnanomalien. Zweitens zeigen nicht alle Personen mit Lernstörungen Hirnanomalien, oder wenn derartige Anomalien vorliegen, dann nicht bei allen Lernbehinderten dieselben. Drittens zeigen manche Personen in den Kontrollgruppen einige der Anomalien, die man bei Lerngestörten findet, obwohl sie nicht lerngestört sind. Die Untersuchungen unterstützen die Geschwind-Galaburda-Hypothese jedoch nicht in jeder Beziehung. Die untersuchten Personen weisen anscheinend keine erhöhte Häufigkeit von Autoimmunstörungen auf, Hirnanomalien sind eher bilateral als unilateral, und in einigen Untersuchungen zeigen die Lernbehinderten eine besonders stark ausgeprägte Asymmetrie im Planum temporale. Eine der neueren Untersuchungen wirft ein neues Licht auf die Komplexität der Messung des Planum temporale. Leonard und Mitarbeiter berichten, daß das Planum temporale aus zwei Teilen besteht, dem mehr oder weniger horizontalen Anteil, dem sogenannten temporalen Anteil und dem mehr oder weniger vertikalen Anteil, dem sogenannten parietalen Anteil. Wenn die Gesamtlänge des Planum gemessen wird, ist es symmetrisch, wobei der temporale Anteil in der linken und der parietale Anteil in der rechten Hemisphäre asymmetrisch ist; das gilt gleichermaßen für lerngestörte Personen wie für Kontrollpersonen. Bei lerngestörten Personen findet man eine besonders stark ausgeprägte Asymmetrie in der rechten Hemisphäre, die durch eine Verlagerung planaren Gewebes aus dem temporalen in den parietalen Anteil gekennzeichnet ist. Zudem zeigte sich in dieser Untersuchung, daß das Planum temporale wie auch seine Gyri eine Reihe von Eigenheiten aufweisen. Doch selbst in dieser Untersuchung gibt es Schwierigkeiten mit den Kontrollgruppen; sowohl die nichtverwandten wie auch die verwandten Kontrollpersonen hatten einen viel höheren IQ als die Versuchspersonen in der Gruppe mit Lernstörungen.

Vielleicht ist eine Lehre, die sich aus der Gehirnanalyse lerngestörter Menschen abzuzeichnen beginnt, die, daß corticale Merkmale und Anomalien viele Formen annehmen können, wie es ja auch für die Defizite der Menschen gilt, denen es schwerfällt, im schulischen Rahmen zu lernen. Bevor man Theorien adäquat testen kann, ist ein besseres Verständnis der Topographie normaler Gehirne und der Spannbreite der Anomalien notwendig, die bei Gehirnen vorkommen können, zudem benötigt man detailliertere Korrelationen von individuellen Lernprofilen mit Gehirnprofilen.

Abnorme cerebrale Lateralisation

Eine Vielzahl von Theorien basieren auf Ortons Prämisse, daß Lernstörungen von einer reduzierten oder funktionell abnormen cerebralen Lateralisation herrühren. Diese Prämisse stützt sich auf die Annahme, daß – da die Sprache bei den meisten Erwachsenen in der linken Hemisphäre lateralisiert ist – eine solche Lateralisation vorteilhaft ist und ihr Fehlen für den Erwerb sprachlicher Fähigkeiten dementsprechend nachteilig sein müßte. In den vergangenen 20 Jahren sind dichotische und Gesichtsfeldasymmetrien in Dutzenden von Studien untersucht worden, doch die Ergebnisse sind alles andere als einheitlich. Satz schließt daraus:

»Man kann sich fragen, welches Licht die vorliegende Übersicht über Lateralitätsuntersuchungen, wenn überhaupt eines, auf das Problem der cerebralen Dominanz und der Lernstörungen wirft. Die Antwort sollte sein – nicht viel. Der Grund für diese recht entmutigende Ansicht liegt in zahlreichen methodischen und konzeptionellen Problemen, die Forschungsvorhaben auf diesem Gebiet auch weiterhin behindern.« (Satz, 1976, Seite 288)

Witelson postuliert eine mögliche Verbindung zwischen entwicklungsbedingter Dyslexie und zwei neurologischen Anomalien, nämlich ein Fehlen der rechtshemisphärischen Spezialisation für räumliche Verarbeitung und eine Fehlfunktion in der linkshemisphärischen Verarbeitung linguistischer Funktionen. Das heißt, räumliche Funktionen, die dann in beiden Hemisphären lokalisiert sind, interferieren mit der linkshemisphärischen Verarbeitung linguistischer Funktionen. Die Person geht linguistische Probleme eher in visuellholistischer als in phonetisch-analytischer Weise an, was zu Defiziten im sprachlichen Bereich, aber zu einer Überlegenheit bei räumlichen Fähigkeiten führen sollte. Kinsbourne und Hiscock kritisieren diese Theorie. Ihre Kritik konzentriert sich auf die Prämisse, daß sich eine reduzierte Sprachlateralisation negativ auf die Sprachentwicklung und auf die schulischen Leistungen auswirken sollte. Eine anomale Sprachlateralisation bei Linkshändern ist weder konsequent mit kognitiven Defiziten korreliert, noch steht Linkshändigkeit immer mit Lernstörungen im Zusammenhang.

Reifungsverzögerung

Die Hypothese von der Entwicklungsverzögerung (*maturational lag hypothesis*) postuliert, daß die kognitiven Funktionen, die am Sprechen, Lesen und an anderen komplexen Verhalten beteiligt sind, hierarchisch organisiert sind und sich die verschiedenen Ebenen dieser Hierarchie in der Ontogenese der Reihe nach entwickeln. Sollte sich eine Hierarchieebene langsam entwickeln, so verzögert dies die Entwicklung der gesamten Hierarchie, denn „höhere" Funktionen hängen von der abgeschlossenen Entwicklung „niederer" Funktionen ab. Die verzögerte Reifung cortikaler Funktionen könnte eine Vielzahl von Gründen haben. Zwei Beispiele sind eine verzögerte Myelinisierung einer bestimmten Region und eine langsame Entwicklung cortikaler Verbindungen. Einige Untersuchungen deuten zwar darauf hin, daß verschiedene Funktionen bei lerngestörten Kindern nur langsam reifen, doch um die Reifungshypothese zu überprüfen, benötigt man eine sorgfältige Langzeitanalyse von Kindern, in der eine große Anzahl von perzeptiven, motorischen und kognitiven Fähigkeiten über einen Zeitraum von 10 bis 15 Jahren getestet werden. Wurden lernbehinderte Kinder als Erwachsene erneut untersucht, so hat sich gezeigt, daß sie noch immer unter ihren typischen Beeinträchtigungen litten. Beispielsweise untersuchte Frauenheim 40 Erwachsene, die in ihrer Kindheit als Dyslektiker diagnostiziert worden waren und fand, daß sie sich in ihren Testleistungen und bei ihrer Selbsteinschätzung im Wesentlichen nicht von den Ergebnissen zum Zeitpunkt der Diagnose unterschieden. Dieses Ergebnis stützt die Hypothese von der verzögerten Reifung nicht.

Umweltbedingte Reizdeprivation

Die Arbeiten von Rosenzweig und Kollegen haben gezeigt, daß Umweltfaktoren die neocortikale Entwicklung bei Ratten beeinflussen können. Ratten, die in einer abwechslungsreichen Umgebung aufgezogen wurden, hatten einen dickeren Cortex mit einer erhöhten Anzahl dendritischer Dornen. Dieses Ergebnis impliziert, daß die Umgebung, in der Kinder aufwachsen, das Verhalten durch Veränderung der Gehirnentwicklung indirekt beeinflussen kann. Diese Vorstellung hat ihren Reiz und hat zur Entwicklung von Förderprogrammen geführt. Zudem hat Money argumentiert, daß Heimunterbringung, Vernachlässigung und Kindesmißbrauch die intellektuelle Entwicklung und selbst das physische Wachstum verzögern können. Daher behauptet er, daß umweltbedingte Deprivation auf der Liste der Gründe für Lernstörungen ganz weit oben stehen sollte.

Eine subtile Variante der Deprivationshypothese ist der sogenannte *Geburtstagseffekt*. Eine Perspektive dieser Hypothese stammt aus Untersuchungen von Barnsley, der die Geburtstage nordamerikanischer Hockeyspieler unter die Lupe nahm. In den oberen Hockeyligen existiert eine negative Beziehung zwischen dem Geburtsmonat und der Zahl der Spieler: Mehr als 30 Prozent der Spieler haben im ersten Quartal des Jahres Geburtstag (16 Prozent im Januar), aber weniger als 15 Prozent im letzten Quartal des Jahres (5 Prozent im Dezember). Des weiteren haben eine unverhältnismäßig große Zahl der Superstars im ersten Quartal des Jahres Geburtstag. Diese Geburts-Diskrepanz findet sich in den Anfängerligen nicht, aber sie entwickelt sich progressiv, wenn die Spieler in immer höhere Spielklassen aufsteigen. Die Erklärung erscheint einleuchtend: Spieler treten in die unterste Junioren-Liga entsprechend ihres Alters ein – die Kinder müssen zwischen dem 1. Januar und dem 31. Dezember des Jahres, in dem sie in die unterste Hockeyklasse eintreten, 8 Jahre alt geworden sein. Die Geburtstage der Kinder, die eintreten, verteilen sich statistisch gleichmäßig über das ganze Jahr. Aber Kinder, die im Dezember geboren sind, fangen mit dem Hockeyspielen fast ein Jahr früher als Kinder an, die im Januar geboren sind und also praktisch ein Jahr warten mußten. Die jüngeren, kleineren Kinder sind von Beginn an entwicklungsmäßig benachteiligt. Sie werden seltener bei Spielen eingesetzt, seltener bestärkt und hören mit höherer Wahrscheinlichkeit nach einer gewissen Zeit wieder auf.

Forschungen, die sich mit den Auswirkung des relativen Alters beim Lernerfolg beschäftigen, kommen zu ähnlichen Ergebnissen. Beattie hat berichtet, daß Kinder, die früh eingeschult werden, signifikant weniger erfolgreich sind als ihre älteren Klassenkameraden. Diamond und Maddux haben gefunden, daß früh eingeschulte Kinder häufiger als ihre älteren Klassenkameraden später in ihrer Schullaufbahn als lernbehindert klassifiziert werden. Des weiteren fanden Maddux und seine Mitarbeiter, daß der größere Teil der Kinder, die als begabt bezeichnet wurden, spät eingeschult wurde. Dieser Effekt kann bis in höhere Klassen oder sogar bis in die Universitätszeit überdauern. Der recht simple Geburtstag-Effekt steht in scharfem Gegensatz zu den Gehirnhypothesen und sollte Neuropsychologen, die eine Diagnose stellen, Anlaß zum Nachdenken geben.

Gibt es eine genetische Basis für Lernstörungen?

Jede Überlegung, die die Möglichkeit in Betracht zieht, daß Lernstörungen eine genetische Grundlage haben, muß sich einiger der Hindernisse bewußt sein, die dem Belegen einer solchen Hypothese entgegenstehen. Erstens können Lernstörungen viele umweltbedingte Ursachen haben. Zweitens treten Lernstörungen in vielen Formen auf. Gegenwärtig sind die Kriterien zur Unterscheidung verschiedener Typen von Lernstörungen schlecht ausgearbeitet. Drittens ist die Häufigkeit von Lernstörungen mit der Qualität der schulischen Ausbildung verbunden. Die durchschnittliche Länge der Schulausbildung und die Anforderungen, die die Schule an die Schüler stellt, haben sich in den letzten beiden Generationen rasch verändert. Daher ist es schwierig, die Lesefähigkeiten von Kindern mit denjenigen ihrer Eltern zu vergleichen. Viertens sind lernbehinderte Individuen wie auch ihre Eltern in der Regel von durchschnittlicher Intelligenz (das heißt, Gesamt-IQ um 100), und Menschen mit genau durchschnittlichem IQ finden Schule im allgemeinen schwierig. Fünftens ist die Fähigkeit zu lesen wahrscheinlich selbst erblich. Das macht es schwierig, den Beitrag, der von einer ererbten Lesebegabung geleistet wird, von dem Beitrag zu trennen, der von einem postulierten ererbten und zu einer Behinderung führenden Kausalfaktor geleistet wird.

Trotz dieser Schwierigkeiten ist die Möglichkeit genetischer Ursachen immer wieder diskutiert worden. Bereits im Jahre 1905 fiel Thomas die familiäre Häufung der „Wortblindheit“ auf, und seitdem haben viele Autoren auf die hohe Rate von Lernstörungen in bestimmten Familien hingewiesen. Zwei weitere Hinweiskomplexe stützen die genetische Hypothese ebenfalls. Für Dyslexie wird häufig das Verhältnis von 4 : 1 (Männer zu Frauen) angegeben (bei Critchley findet sich ein Überblick über die Untersuchungen zwischen 1927 und 1968). Wenn nur Umweltfaktoren verantwortlich wären, sollte man ein ausgeglicheneres Geschlechterverhältnis erwarten. In Zwillingsstudien findet man bei eineiigen Zwillingen ebenfalls eine höhere Dyslexie-Prävalenz als bei zweieiigen. Trotz der Familiengebundenheit von Lernstörungen ist es Defries und Decker und anderen jedoch bisher nicht gelungen, diese Häufung erfolgreich mit einem genetischen Modell in Beziehung zu setzen.

Welche Folgen hat eine Lernstörung im Kindesalter für das spätere Leben?

Die Ansichten über die Folge von Lernstörungen im Kindesalter für den Erwachsenen gehen weit auseinander. Das positivste Ergebnis in dieser Hinsicht stammt von Critchley; er berichtet über 20 dyslektische Jungen, die eine Privatschule besuchten und einen Spezialunterricht (nach der Orton-Gillingham-Stillman-Methode) erhielten. Zwei dieser Jungen wurden Ärzte, zwei Collegeprofessoren, einer Rechtsanwalt, zwei Wissenschaftler, sechs Geschäftsleute (Ladenbesitzer und leitende Angestellte), einer Schulleiter, drei Lehrer, einer Schauspieler und einer Facharbeiter. In der Tagespresse finden sich einige Berichte über ähnliche, wenn auch vielleicht nicht ganz so durchschlagende Erfolge von Privatschulen für lernbehinderte Schüler. Die Mehrheit dieser Untersuchungen berichten nicht von einem derart positiven Ausgang, und eine der gründlichsten Untersuchung kommt zu deutlich negativeren Ergebnissen hinsichtlich einer akademischen Laufbahn. Spreen hat die Entwicklung von 203 lernbehinderten Personen in einer Langzeitstudie verfolgt. Zum beobachteten Personenkreis gehörte eine Gruppe Lernbehinderter ohne neurologische Beeinträchtigung, eine Gruppe mit minimalen Hirnschäden und eine Gruppe mit deutlichen Hirnschäden. Die Gruppe der Lernbehinderten wurde mit einer Gruppe von 52 Kontrollpersonen verglichen. Die folgenden Schlußfolgerungen leiten sich von Begutachtungen, persönlichen Interviews, Interviews mit den Eltern und anderen Beobachtungen dieser Gruppen ab:

1. Charakteristischerweise schnitt die Kontrollgruppe bei allen Tests besser als die Gruppe der Lernbehinderten ab, diese besser als die Gruppe der Personen mit minimalen Hirnschädigungen und diese wiederum besser als die Gruppe mit deutlichen Hirnschäden. Wie Spreen betont, hat dieses Ergebnis wichtige Implikationen, weil Erzieher möglicherweise nicht berücksichtigen, daß das Vorhandensein oder Fehlen neurologischer Beeinträchtigungen für den Erfolg von Schulprogrammen relevant sein könnte. Es zeigte sich zudem, daß alle drei Gruppen mit Behinderungen der Kontrollgruppe auf allen Unterrichtsgebieten unterlegen war, auch in Kunst und Sport. Sie hatten auch eine negativere Einstellung zur Schule.
2. Alle Personen, mit Ausnahme derjenigen in der Kontrollgruppe, quälten sich durch eine unglückliche und gewöhnlich kurze Schullaufbahn und führten dann ein unglückliches Sozialleben voller Enttäuschungen und Fehlschläge. Ihre Chancen für berufliche Weiterbildung und eine Beschäftigung als Fachkraft waren ebenfalls recht schlecht. Sie wiesen jedoch keine höhere Rate für Jugendkriminalität oder psychiatrische Probleme auf.
3. Interviews mit den einzelnen Personen und ihren Eltern ergaben ein ähnliches Bild ihrer Lebenssituation. Die Eltern zeichneten jedoch tendenziell ein negativeres Bild, was Wohlbefinden, Glück und soziale Kontakte ihrer Kinder betraf, als diese selbst. Die Kinder erinnerten sich auch weniger deutlich an ihre Kindheit als die Kontrollkinder. Mit zunehmendem Alter entwickelten die als Kinder lernbehinderten Personen klarer umrissene Zukunftspläne und paßten sich beruflich besser an, doch der schlechte Eindruck, den ihre Schulerfahrungen bei ihnen hinterlassen hatte, verstärkte sich im Lauf der Zeit eher noch. Die schließlich erreichte soziale Anpassung war bei Frauen schlechter als bei Männern.

Selbst wenn es lernbehinderten Menschen schließlich gelingt, sich persönlich anzupassen und eine berufliche Tätigkeit zu finden, bleibt ihre Abneigung gegen Schule und ihre Unzufriedenheit mit der Schule bestehen. Die Ergebnisse dieser und anderer Nachfolgeuntersuchungen deuten zudem insgesamt darauf hin, daß sich Förderprogramme nicht besonders positiv auswirkten. Berichte über außerordentliche Erfolge stammen offenbar größtenteils von Privatschulen, die nur Schüler mit hohem IQ aus relativ reichem Hause auswählen.

Weiss und Hechtman haben berichtet, daß die Prognose für hyperaktive Kinder relativ schlecht ist. Ihr Lebensstil bleibt impulsiv und ist oft durch Umzüge, Unfälle, Probleme mit dem Gesetz und so weiter gekennzeichnet. Im späteren Leben sind ihre Hauptprobleme häufig mangelndes Selbstbewußtsein und gering entwickelte soziale Fähigkeiten, aber sie werden von ihren Arbeitgebern nicht als hyperaktiv angesehen. Sie entwickeln keine geistigen Störungen und werden als Erwachsene auch nicht kriminell.

Wir sollten diesen Abschnitt vielleicht mit einigen Denkanstößen beenden. Beeinträchtigungen sollten adäquat diagnostiziert werden, um die kognitiven Defizite einschätzen zu können, die wahrscheinlich bei jedem Kind anders sind. Hat man die Problembereiche erst einmal identifiziert, kann man spezielle Lernprogramme entwickeln, um Behinderungen entgegenzuwirken. Es macht möglicherweise wenig Sinn, zu versuchen, Kindern Dinge beizubringen, die sie offensichtlich doch nicht lernen werden. Vielleicht sollte sich die Erziehung stärker auf den Erwerb von Fähigkeiten konzentrieren, die man braucht, um eine Stellung zu finden. Beratung sollte ein wichtiger Teil des Erziehungsprozesses sein; das gilt sowohl für lernbehinderte Kinder als auch für ihre Eltern. Diese Beratung sollte nicht nur darauf abzielen, den Betroffenen zu helfen, ihre eigene negative Haltung gegenüber dem Erziehungssystem zu überwinden, sondern ihnen auch helfen, ihre ganz persönlichen Behinderungen zu verstehen. Gleichzeitig sollte ihnen die Beratung Strategien vermitteln, die sie einsetzen können, um diese Handicaps zumindest teilweise zu umgehen.

Literatur

Barnsley, R.H., A.H. Thompson, P.E. Barnsley. Hockey success and birthdate: The relative age effect. *Canadian Association of Health, Physical Education, and Recreation.* 23–27, Nov.–Dez. 1985.

Bauman, M.L., T.L. Kempor. *The Neurobiology of Autism.* Baltimore: The Johns Hopkins University Press, 1994.

Benton, A. *Right-Left Discrimination and Finger Localization.* New York: Hoeber-Harper, 1959.

Bradley, L., P.E. Bryant. Categorizing sounds and learning to read: A causal connection. *Nature* 301: 419–421, 1983.

Cobrinik, L. Unusual reading ability in severely disturbed children. *Journal of Autism and Childhood Schizophrenia* 4: 163–175, 1974.

Critchley, M. *Development Dyslexia.* Springfield, Ill.: Charles C. Thomas, 1964.

Cruickshank, W.M. *Cerebral Palsy.* Syracuse, N.Y.: Syracuse University Press, 1976.

Defries, J.C., S.N. Decker. Genetic aspects of reading disability: A family study. In: R.N. Malatesha, P.G. Aaron (Hrsg.) *Reading Disorders: Varieties and Treatments.* New York: Academic, 1982.

Denckla, M.B. Critical review of "electroencephalographic and neurophysiological studies in dyslexia." In: A.L. Benton, D. Pearl (Hrsg.) *Dyslexia: An Appraisal of Current Knowledge.* New York: Oxford University Press, 1978.

Denhoff, E. Medical aspects. In: W.M. Cruickshank (Hrsg.) *Cerebral Palsy.* Syracuse, N.Y.: Syracuse University Press, 1976.

Diamond, G.H. The birthdate effect: A maturational effect? *Journal of Learning Disabilities* 16: 161–164, 1983.

Douglas, V.I. Perceptual and cognitive factors as determinants of learning disabilities: A review chapter with speical emphasis on attentional factors. In: R.M. Knights, D.J. Bakker (Hrsg.) *The Neuropsychology of Learning Disorders.* Baltimore: University Park Press, 1976.

Drake, W. Clinical and pathological findings in a child with a developmental learning disability. *Journal of Learning Disabilities* 1: 468–475, 1968.

Frank, J., H.H. Levinson. Dysmetric dyslexia and dyspraxia. *Academic Therapy* 11: 133–143, 1976.

Frauenheim, J.G. Academic achievement characteristics of adult males who were diagnosed as dyslexic in childhood. *Journal of Learning Disabilities* 11: 476–483, 1978.

Frith, U. Experimental approaches to developmental dyslexia. *Psychological Research* 43: 97–109, 1981.

Frith, U. *Autismus.* Heidelberg: Spektrum Akademischer Verlag. 1992.

Fry, E. A do-it-yourself terminology generator. *Journal of Reading* 11: 428–430, 1968.

Gaddes, W.H. *Learning Disabilities and Brain Function.* New York: Springer-Verlag, 1980.

Galaburda, A.M., J. Corsiglia, G.D. Rosen, G.F. Sherman. Planum temporale asymmetry, reappraisal since Geschwind and Levitsky.*Neuropsychologia* 25: 853–868, 1987.

Geschwind, N., A.M. Galaburda. *Cerebral Lateralization.* Cambridge, Mass.: MIT Press, 1985.

Gould, S.J. *The Mismeasure of Man.* New York: Norton, 1981.

Huelsman, C.B. The WISC syndrome for disabled readers. *Perceptual and Motor Skills* 30: 535–550, 1970.

Hynd, G.W., M. Semrud-Clikeman. Dyslexia and brain morphology. *Psychological Bulletin* 106: 447–482, 1989.

Johnson, D.J., H.R. Myklebust. *Learning Disabilities.* New York: Grune & Straton, 1967.

Jorm, A.F. The cognitive and neurological basis of developmental dyslexia: A theoretical framework and review. *Cognition* 7: 19–33, 1979.

Kinsbourne, M., M. Hiscock. Does cerebral dominance develop? In: S.J. Segalowitz, F.A. Gruber (Hrsg.) *Language Development and Neurological Theory.* New York: Academic, 1977.

Langmore, S.E., G.J. Canter. Written spelling deficit of Broca's aphasics. *Brain and Language* 18: 293–314, 1983.

Leonard, C.M. et al. Anomalous cerebral structure in dyslexia revealed with magnetic resonance imaging. *Archives of Neurology* 50: 461–469, 1993.

Levinson, H.N. *Dyslexia.* New York: Springer-Verlag, 1980.

Little, W.J. *Deformities of the Human Frame.* London: Longmans, 1853.

Lorber, J. The results of early treatment of extreme hydrocephalus. *Developmental Medicine and Child Neurology Supplement* 16: 21–29, 1968.

Lovegrove, W.J., M. Heddle, W. Slaghuis. Reading disability: Spatial frequency specific deficits in visual information store. *Neuropsychologia* 18: 111–115, 1980.

Lyle, J.G., J.D. Goyen. Performance of retarded readers on the WISC and educational tests. *Journal of Abnormal Psychology* 74: 105–112, 1969.

Lyle, J.G., J.D. Goyen. Effect of speed of exposure and difficulty of discrimination on visual recognition of retarded readers. *Journal of Abnormal Psychology* 84: 673–676, 1975.

Maccario, M., S.J. Hefferen, S.J. Keblusek, K.A. Lipinski. Development dysphasia and electroencephalographic abnormalities. *Development Medicine and Child Neurology* 24: 141–155, 1982.

Maddux, C.D. First-grade entry age in a sample of children labeled learning disabled. *Learning Disability Quarterly* 3: 79–83, 1980.

Maddux, C.D., D. Stacy, M. Scott. School entry age in a group of gifted children. *Gifted Child Quarterly* 25: 180–184, 1981.

Malatesha, R.N., D.R. Dougan. Clinical subtypes of development dyslexia: Resolution to an irresolute problem. In: R.N. Malatesha, P.G. Aaron (Hrsg.) *Reading Disorders.* New York: Academic, 1982.

Merzenich, M. M., C. Schreiner, W. Jenkins, X. Wang. Neural mechanisms underlying temporal integration, segmentation, and input sequence representation: Some implications for the origin of learning disabilities. In: P. Tallal, A. M. Galaburda, R. R. Llinás, C. von Euler (Hrsg.) *Temporal Information Processing in the Nervous System.* New York: The New York Academy of Sciences, 1993.

Money, J. Child abuse: Growth failure. IQ deficit, and learning disability. *Journal of Learning Disabilities* 15: 579–582, 1982.

Orton, S. T. *Reading, Writing and Speech Problems in Children.* New York: Norton, 1937.

Pavlidis, G. Th. Do eye movements hold the key to dyslexia? *Neuropsychologia* 19: 57–64, 1981.

Pihl, R. O., M. Parkes. Hair element content in learning disabled children. *Science* 198: 204–206, 1977.

Reed, J. C. Reading achievements as related to differences between WISC verbal and performance I.Q.'s. *Child Development* 38: 835–840, 1967.

Rosenzweig, M. R., D. Krech, E. L. Bennett, M. C. Diamond. Effects of environmental complexity and training on brain chemistry and anatomy: A replication and extension. *Journal of Comparative and Physiological Psychology* 55: 427–429, 1962.

Rourke, B. P. Neuropsychological assessment of children with learning disabilities. In: S. B. Filskov, T. J. Boll (Hrsg.) *Handbook of Clinical Neuropsychology.* New York: Wiley, 1981.

Rugel, R. P. WISC subtest scores of disabled readers: A review with respect to Bannatyne's categorization. *Journal of Learning Disability* 17: 48–55, 1974.

Rutter, M., W. Yule. The concept of specific reading retardation. *Journal of Child Psychology and Psychiatry* 16: 181–197, 1975.

Satz, P. Cerebral dominance and reading disability: An old problem revisited. In: R. M. Knights, D. J. Bakker (Hrsg.) *The Neuropsychology of Learning Disorders.* Baltimore: University Park Press, 1976.

Semrud-Clikeman, M., G. W. Hynd. Right hemispheric dysfunction in nonverbal learning disabilities: Social, academic, and adaptive functioning in adults and children. *Psychological Bulletin* 107: 196–209, 1990.

Spreen, O. *Learning Disabled Children Growing Up.* New York: Oxford University Press, 1988.

Tallal, P., S. Miller, R. H. Fitch. Neurobiological basis of speech: A case for the preeminence of temporal processing. In: P. Tallal, A. M. Galaburda, R. R. Llinás, C. von Euler (Hrsg.) *Temporal Information Processing in the Nervous System.* New York: The New York Academy of Sciences, 1993.

Treffert, D. A. The idiot savant: A review of the syndrome. *American Journal of Psychiatry* 145: 563–572, 1988.

U.S. Department of Health, Education and Welfare. Minimal brain dysfunction in children. *National Institute of Neurological Diseases Monograph* 3: 1–18, 1966.

Vellutino, F. R. Toward an unterstanding of dyslexia: Psychological factors in specific reading disability. In: A. L. Benton, D. Pearl (Hrsg.) *Dyslexia: An Appraisal of Current Knowledge.* New York: Oxford University Press, 1978.

Weiss, G., L. Hechtman. The hyperactive child syndrome. *Science* 205: 1348, 1979.

Whishaw, I. Q., B. Kolb. Neuropsychological assessment of children and adults with developmental dyslexia. In: R. N. Malatesha, H. A. Whitaker (Hrsg.) *Dyslexia: A Global Issue.* The Hague: Martinus Nijhoff, 1984.

Witelson, S. F. Early hemisphere specialization and interhemispheric plasticity, an empirical and theoretical review. In: S. J. Segalowitz, F. A. Gruber (Hrsg.) *Language Development and Neurological Theory.* New York: Academic, 1977.

Zaidel, E. The split and half brains as models of congenital language disability. In: C. L. Ludlow, M. E. Doran-Quine (Hrsg.) *The Neuropsychological Basis of Language Disorders in Children.* Bethesda, Md.: National Institute of Neurological and Communicative Disorders and Stroke, 1978.

Zangwill, O. L., C. Blakemore. Dyslexia: Reversal of eye-movements during reading. *Neuropsychologia* 10: 71–373, 1972.

23

Die Erholung gestörter Hirnfunktionen

Am Nachmittag des 16. Juni 1783 saß Dr. Samuel Johnson, der berühmte englische Wörterbuchverfasser, im Atelier von Frau Francis Reynolds, der leider untalentierten Schwester von Sir Joshua Reynolds, um sich porträtieren zu lassen. Trotz seiner 73 Jahre und seines Übergewichts ging Johnson danach die große Entfernung vom Atelier nach Hause zu Fuß. Abends legte er sich zur gewohnten Zeit ins Bett und wachte am 17. Juni etwa um drei Uhr morgens auf. Zu seiner Überraschung und seinem Entsetzen stellte er fest, daß er nicht mehr sprechen konnte. Er überprüfte sogleich sein Gedächtnis und versuchte „im Kopf", lateinische Verse zu zitieren, was ihm tatsächlich gelang. Danach versuchte er, seine Sprechfähigkeit dadurch zu aktivieren, daß er etwas Wein trank. Dies ließ ihn aber nur wieder einschlafen. Als Johnson nach wenigen Stunden wieder aufwachte, konnte er immer noch nicht sprechen. Er stellte aber fest, daß er die anderen verstand und schreiben konnte, wenn auch mit gewissen Schwierigkeiten. Johnson rief seine beiden Ärzte, die Doktoren Brockelsby und Haberden, die ihn prompt untersuchten. Sie verschrieben ihm Schröpfköpfe, von denen zwei rechts und links des Rachenbereichs bis hin zum Ohr angesetzt wurden und je einer auf Kopf und Rücken. Alle waren mit Hirschhornsalz gefüllt. Haberden, einer der führenden Ärzte Londons, sagte eine rasche Genesung voraus. Seine Zuversicht erwies sich als völlig gerechtfertigt. Die therapeutischen Maßnahmen waren so wirkungsvoll, daß Johnsons Sprache innerhalb von ein bis zwei Tagen zurückkehrte. Die Erholung setzte sich in den nächsten Monaten stetig fort, und auch die geringen Schreibschwierigkeiten nahmen wieder ab. Johnson litt nur noch unter einer leichten Dysarthrie, bis er im folgenden Jahr an anderen Ursachen verstarb. (Rosner, 1974.)

Die Fallgeschichte von Dr. Johnson wurde von vielen Neurowissenschaftlern mehrfach beschrieben und diskutiert, denn zum einen war er eine bekannte und interessante Person, und zum anderen ist seine vorübergehende Krankheit bis heute nicht ganz verstanden worden und gibt Anlaß zu Spekulationen. Seine Aphasie ist ein Beispiel für einen spezifischen, totalen Funktionsverlust und zeigt, daß eine rasche und fast vollständige Erholung möglich ist. Die Geschichte verdeutlicht auch die Einsicht und Weisheit der Ärzte, deren Vorhersage sich als korrekt erwies. Trotzdem bleiben viele Fragen offen. Wieviel Glauben kann man einer Selbstbeschreibung schenken? Hatte Johnson einen Schlaganfall oder irgendeine andere Gehirnstörung? Man kann davon ausgehen, daß er tatsächlich mitten in der Nacht aufwachte und entdeckte, daß er nicht mehr sprechen konnte, denn Johnson war für seine Selbstgespräche bekannt. Da er gleichzeitig den Ruf genoß, ein sehr exzentrischer Mensch zu sein, ist es aber auch möglich, daß der Schlaganfall aus irgendeinem Grund nur vorgetäuscht war. Gehen wir davon aus, daß die Störung tatsächlich bestand, so stellt sich die Frage nach der Ursache und dem Ort. Einige Neurologen glaubten, daß es sich nur um eine sehr kleine Läsion oder um ein transientes Blutgerinnsel handelte. Andere Wissenschaftler, wie Critchley, vermuteten, daß seine Sprache bilateral organisiert war, da er zwar nicht sprechen, aber denken, lateinische Verse dichten und auch schreiben konnte. Diese Vorstellung müßte man aber wieder aufgeben, wenn man Murrays Hypothese ernst nimmt, wonach Johnson an einem Tourette-Syndrom litt, von dem man annimmt, daß es auf einer Dysfunktion der rechten Hemisphäre beruht. Auch wenn Johnson möglicherweise einen Schlaganfall hatte und alles, worüber er berichtete, tatsächlich zutrifft, so bleibt dennoch offen, ob er ein repräsentativer Fall für die Regeneration von Funktionen ist.

Luria beschreibt in seinem Buch *The Man with a Shattered World* (die deutsche Übersetzung *Der Mann, dessen Welt in Scherben ging* erschien 1991 bei Rowohlt) einen Fall, bei dem nach einem schwerwiegenden Funktionsverlust eine weniger vollkommene Erholung erfolgte. In dem Buch wird der Zustand des früheren Soldaten Lyova Saletsky beschrieben. In der Schlacht von Smolensk erlitt er aufgrund einer Schußverletzung eine Schädelfraktur und Gehirnläsionen. Die Verletzung betraf hauptsächlich den Schnittbereich von Occipital-, Temporal- und Parietalcortex in der hinteren linken Hemisphäre. Luria sah Saletsky das erste Mal drei Monate nach seiner Verletzung und von da an in einem dreiwöchigen Intervall 26 Jahre lang. Während dieser Zeit lernte Saletsky langsam und mühevoll wieder Schreiben und Lesen. Im Verlauf dieses Prozesses führte er eine Art Tagebuch, in dem er die anfänglichen Schwierigkeiten, die Stadien der Erholung und die bleibenden Probleme anspricht:

> Ich kann mich an nichts, absolut an nichts erinnern. Ich kenne nur einzelne Informationsbrocken, und ich glaube, daß sie miteinander in Beziehung stehen können. Das ist aber alles. Ich habe von keiner Sache wirklich irgendeine Kenntnis. Meine ganze Vergangenheit ist wie weggewischt!
>
> Vor meiner Verletzung verstand ich, was die Leute sagten, und ich hatte keine Schwierigkeiten, wissenschaftliche Sachverhalte zu begreifen. Danach habe ich alles, was ich jemals gelernt hatte, vergessen. All meine Bildung war dahin.
>
> Ich weiß, daß ich in eine Grundschule ging, daß ich die Mittelschule mit Auszeichnung verließ und drei Jahre lang am polytechnischen Institut war. Ich war mit komplizierten Aufgaben im Bereich der Chemie beschäftigt und erfüllte alle Anforderungen ohne Probleme. Dies war vor dem Krieg. Dann erinnere ich mich, daß ich an der Westfront war und 1943 eine Kopfverletzung erlitt. Das war, als wir die deutschen Verteidigungsstellungen bei Smolensk zu durchbrechen versuchten, und ich weiß, daß ich seitdem niemals mehr fähig war, die einzelnen Ereignisse meines Lebens richtig zusammenzusetzen. Ich kann mich nicht daran erinnern, was ich studierte, in welchen naturwissenschaftlichen Fächern ich ausgebildet wurde und was ich sonst noch tat. Ich habe alles vergessen. Obwohl ich sechs Jahre lang Deutsch gelernt habe, kenne ich kein einziges Wort mehr. Ich kann nicht mal mehr einen einzelnen Buchstaben erkennen. Ich habe am Institut drei Jahre lang intensiv Englisch gelernt, aber auch davon weiß ich nichts mehr. Diese Sprachen habe ich so vollständig vergessen, daß es geradeso ist, als hätte ich sie niemals erlernt. Wörter wie Trigonometrie, Chemie, Algebra und so weiter kommen mir in den Sinn, aber ich weiß nicht, was sie bedeuten.

Andere Menschen zeigen weniger Widerstandskraft als Saletsky. Dies belegen zwei Patienten, die wir selbst gekannt haben. H. P. war ein außerordentlich kluger Lehrer, der – noch gar nicht besonders alt – nach einem Schlaganfall in der linken Hemisphäre unter einer Störung litt, die man am ehesten als Broca-Aphasie beschreiben kann. Obgleich er täglich Fortschritte machte und häufig Humor und Einsicht bewies, beging er wenige Monate nach seinem Schlaganfall Selbstmord. Da wir H. P. kannten, werden wir den Gedanken nicht los, daß dies seine bewußte Antwort auf die Unzulänglichkeiten war, die er niemals akzeptieren konnte. Gefühle der Depression sind aber nach Gehirnschädigungen recht häufig, und möglicherweise war seine Handlungsweise eher pathologisch bedingt als überlegt und tatsächlich von freiem Willen geleitet. D. S. war ein ähnlich kluger Mann im mittleren Alter, der im Theaterwesen arbeitete. Sein wirkliches Vergnügen und wahres Hobby war aber die Tischlerei. Nach seinem rechtshemisphärischen Schlaganfall zeigte er weder für Theater, Kino oder Fernsehen noch irgendein Interesse, und er machte keinerlei Anstalten, sein Hobby auszuüben. Seine Familie verstand diese Verhaltensänderung nicht und konnte ihn auch nicht unterstützen. Er verharrt in einem passiven und abhängigen Zustand und erweckt nicht den Anschein, als ob er sich Mühe gibt, seinen Zustand zu verbessern.

Dann gibt es schließlich auch Fälle, in denen eine Erholung einfach nicht eintritt. Dies gilt zum Beispiel für Karen Ann Quinlan. Im Alter von 21 Jahren wurde sie in tiefem Koma in das gleiche Krankenhaus, in dem sie zur Welt gekommen war, eingeliefert. In der Nacht zum 14. April 1975 hatte sie auf einer Geburtstagsfeier ein wenig Alkohol getrunken. Danach wurde sie bewußtlos. Niemand konnte jemals genau herausfinden, warum. Sie hatte eine sogenannte Blitzdiät gemacht, um in eine kleinere Bikinigröße zu passen, und den ganzen Tag gefastet. Später stellte sich heraus, daß sie eine geringe „therapeutische" Menge von Beruhigungstabletten und Aspirin zu sich genommen hatte. Aus welchem Grund auch immer, Karen Ann wurde bewußtlos und hatte – niemand wußte genau, wie lange – einen Atemstillstand. Der Sauerstoffmangel verursachte einen partiellen Hirntod. Im Krankenhaus wurde Karen Ann künstlich ernährt und beatmet. Ihr Gewicht reduzierte sich von 120 auf 70 Pfund. Ihr Körper zog sich allmählich in eine Foetalposition zusammen und wurde steif. Ende Juli gab Karens Familie auf den Rat ihrer Ärzte Morse und Javed die Erlaubnis, die künstliche Beatmung abzustellen, von der man glaubte, daß sie ihre Tochter am Leben hielte. Der Rechtsanwalt des Krankenhauses, Theodor Einhorn, belehrte die Eltern jedoch, daß Karen über 21 Jahre alt war, sie deshalb nicht ihre gesetzlichen Vertreter seien und man erst ihre legale Bevollmächtigung abwarten müsse, bevor ihre Erlaubnis befolgt werden könne. Der nachfolgende Rechtsstreit erregte internationales Interesse. Die zentrale Frage war, ob Joseph Quinlan ihr gesetzlicher Vertreter werden konnte, wenn er seine Autorität dazu verwenden würde, ihrem Leben ein Ende zu bereiten. Zu erwarten war, daß sich keine Erholung einstellen würde, weil die gesamte medizinische Wissenschaft in diesem Fall nicht zu helfen vermochte. In erster Instanz wurde der Prozeß seitens der Eltern verloren, die dann aber schließlich von dem obersten Gerichtshof von New Jersey die Vormundschaft zugesprochen bekamen. Die Entscheidung war wegweisend, da hier zum ersten Mal in der Rechtsgeschichte das Recht zu Sterben gewährt wurde! Die künstliche Beatmung von Karen wurde abgesetzt, und sie kam in ein Pflegeheim. Dort atmete sie weitere zehn Jahre ohne Apparate, bis sie schließlich in unverändertem Zustand starb.

Die Beispiele belegen die hohe Variabilität bei der Prognose für eine Erholung von Gehirnschädigungen. Heute wissen wir, daß es von der Art, dem Ort und dem Ausmaß der Gehirnläsion abhängt, ob sich ein Mensch erholt und daß fernerhin die betroffene Person (ihre individuellen Charakteristika

Willkürmotorik ist und nicht auf die Unterbrechung eines Schlafzentrums zurückzuführen ist. In dem Augenblick, in dem sich die Motorik erholte, wurde auch der Dauerschlaf beendet. Die zurückbleibenden Störungen bestanden in der Unfähigkeit, Willkürbewegungen zu initiieren und aufrechtzuerhalten. In jüngster Zeit haben Golani und Mitarbeiter diese Annahme unterstützt. Um die Details der Erholung der Bewegungsfähigkeit zu analysieren, benutzten sie eine Version des Eshkol-Wachman-Systems zur Bewegungsaufzeichnung. Es wurde ursprünglich für die Choreographie und Analyse des Balletts entwickelt.

Abbildung 23.2 verdeutlicht an einigen Beispielen die sequentielle Erholung der Bewegung. Golani und sein Mitarbeiter entdeckten, daß sich explorative Bewegungen bei Ratten zusammen mit mehreren anderen voneinander relativ unabhängigen Verhaltensdimensionen erholen, die in einer festen Reihenfolge wieder auftauchen (Abbildung 23.2). Während des Erholungsvorgangs erwirbt das Tier wieder die Fähigkeit, sich gegen die Schwerkraft auf den Beinen zu halten. Longitudinal ausgerichtete Bewegungen, mit denen es vorwärts gehen kann, tauchen danach auf, und allmählich bilden sich wieder Kopfbewegungen nach vorne und zur Seite heraus. Häufigkeit und Umfang dieser Bewegungen nehmen zu, bis die Tiere schließlich wieder vorwärts gehen und sich komplett umblicken können. Interessanterweise durchlaufen die Tiere jedesmal, wenn sie mit dem Gehen beginnen, die gleiche Bewegungsfolge, die sie während ihrer Erholungsphase entwickelt haben. Da die ziemlich unabhängig voneinander auftretenden Dimensionen der Bewegung während der Erholungsphase voneinander isoliert erscheinen, legt dies nahe, daß sie auch über eine getrennte neuronale Repräsentation verfügen. Die Entwicklung der Bewegung einer jungen Ratte folgt einer ähnlichen Reihenfolge wie der, die man während der Erholung nach Gehirnläsionen beobachten kann.

Man weiß heute, daß Läsionen im lateralen Hypothalamus ascendierende wie descendierende Fasersysteme zwischen Hirnstamm und Vorderhirn schädigen können. Dazu gehören dopaminerge, noradrenerge, cholinerge, nichtspezifische serotonerge Systeme, ascendierende somatosensorische Fasern und descendierende motorische Fasern. In dieser Hinsicht liefert das Tiermodell ein Analogon für viele Schadensformen, die im Hirnstamm auftreten und die ebenfalls einige der genannten Systeme in Mitleidenschaft ziehen. So kann man zum Beispiel den komatösen Zustand, der durch

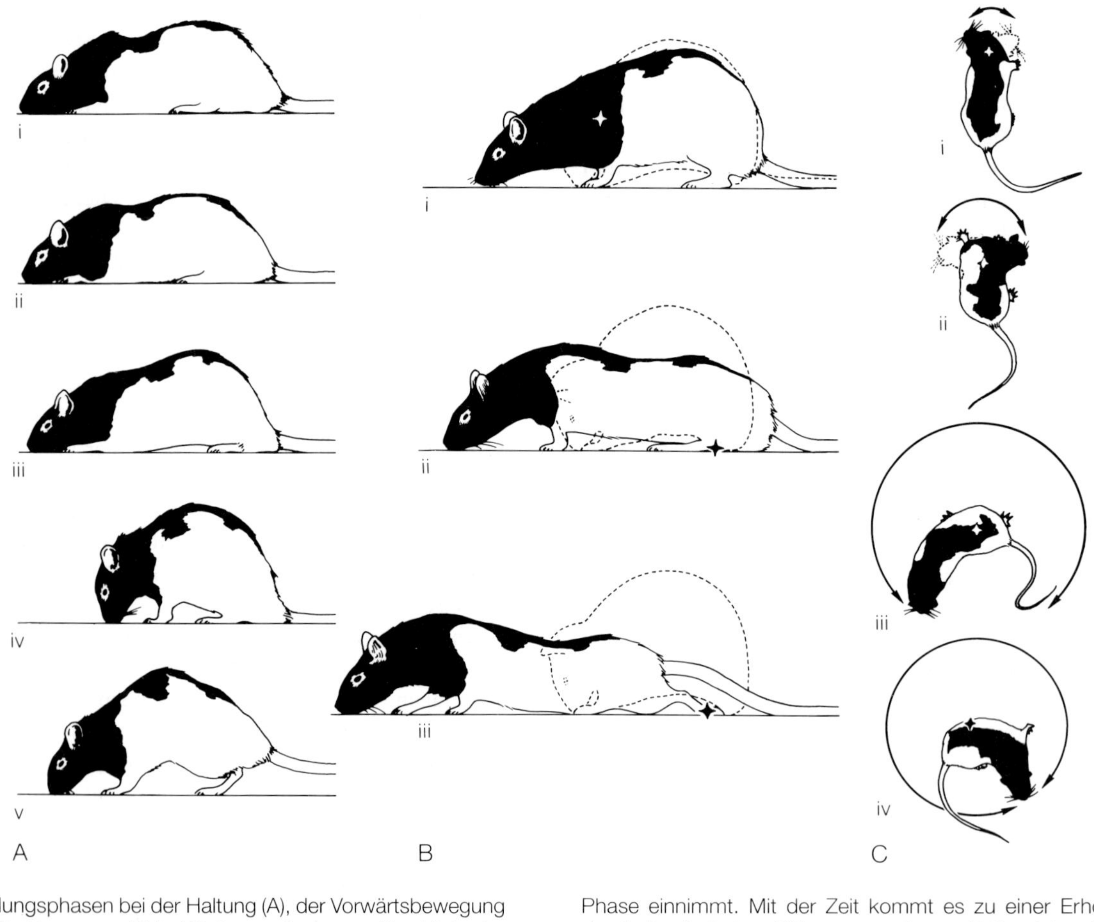

23.2 Erholungsphasen bei der Haltung (A), der Vorwärtsbewegung (B) und der Drehbewegng (C) bei Ratten nach einer großen Läsion im posterioren lateralen Hypothalamus. Unterbrochene und durchgezogene Linien zeigen die Extrempositionen an, die eine Ratte in jeder Phase einnimmt. Mit der Zeit kommt es zu einer Erholung in der durch die römischen Ziffern angegebenen Reihenfolge. Die Erholung beginnt jeweils im Kopfbereich und geht von dort bis zum Schwanz weiter. (Nach Golani et al. 1979. Nachdruck mit Genehmigung.)

eine Hirnstammschädigung hervorgerufen wird, analog zur Somnolenz ansehen, die durch hypothalamische Schädigung induziert wird.

In den Beispielen, die wir oben erwähnt haben, äußert sich die Läsion zunächst in einer vollkommenen Unfähigkeit der Nahrungsaufnahme oder im Unvermögen, bestimmte Bewegungen auszuführen. Beide Fähigkeiten erholen sich, und zwar in Stufen, die der Entwickung dieser Verhaltensweisen bei jungen Tieren ähneln. Diese Parallelität läßt vermuten, daß die Erholungsschritte das sequentielle Wiederauftreten höherer Funktionsschemata darstellen. Wenn eine kleinere hypothalamische Schädigung eintritt, dann erholen sich die Tiere, bis ihr Verhalten wieder fast dem gesunder Tiere entspricht. Viele Tierversuche, bei denen entsprechende Läsionen gesetzt wurden, zeigen auch, daß dann, wenn die ursprünglichen Läsionen klein sind, die funktionale Erholung der Tiere schon auf höheren Stufen beginnt, daß sie aber immer die gleiche Reihenfolge einhalten. Ist die Läsion verhältnismäßig groß, kann die Regeneration an irgendeinem Punkt stehenbleiben.

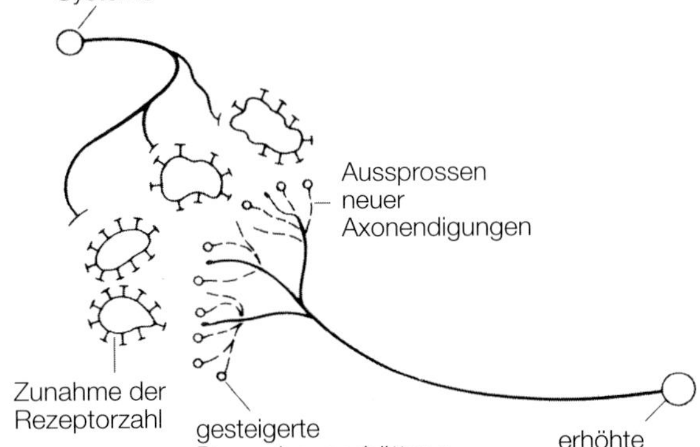

23.3 Hypothetische Veränderungen im dopaminergen System und in damit verbundenen Systemen, die der Erholung nach einer Läsion zugrunde liegen.

Erholung nach einer Entleerung der Dopaminvorräte

Da es möglich wurde, eindeutige Beschreibungen von Verhaltensänderungen nach Läsionen des lateralen Hypothalamus zu geben, entwickelte sich dieser experimentelle Ansatz zu einem beliebten Modell für die Untersuchung der Erholung von Funktionen. In letzter Zeit wurden große Anstrengungen unternommen, die den Erholungsvorgängen zugrundeliegenden biochemischen Veränderungen zu analysieren. Stricker und Zigmond haben dabei die Bedeutung von Dopamin untersucht. Hypothalamische Läsionen unterbrechen dopaminerge Fasern, die zu den Basalganglien projizieren, und die damit einhergehende Abnahme des Dopamins scheint mit einigen Läsionssymptomen eng verknüpft zu sein. Untersuchungen, in denen dopaminerge Zellen selektiv durch das Neurotoxin 6-Hydroxydopamin ausgeschaltet werden, stellen eine weitere Verfeinerung dieser Analyse dar. Nach der Entstehung eines Dopaminmangels zeigen sich Symptome, die auch für das laterale hypothalamische Syndrom kennzeichnend sind: Die Tiere sind akinetisch (inaktiv), sie fressen und trinken nicht, und es fällt ihnen schwer, sich in die Richtung sensorischer Reize zu orientieren. Beträgt die Reduktion dopaminerger Zellen weniger als 96%, dann kommt es zu einer ganz beachtlichen Erholung des Verhaltens.

Wie ist es möglich, daß ein System, das in diesem Ausmaß beeinträchtigt wird, dennoch zu einer Erholung fähig ist und dann auch ein normal erscheinendes Verhalten aufrechterhalten kann? Falls wir nur betrachten, was passiert, wenn dopaminhaltige Fasern durchtrennt werden, können wir einige der Mechanismen beobachten, mit deren Hilfe sich ein schwer geschädigtes System erholen kann. Die vielen möglichen Veränderungen, von denen man glaubt, daß sie diesem Erholungsprozeß unterliegen, sind in Abbildung 23.3 dargestellt. Dazu gehört erstens eine gesteigerte Entladungsrate der noch verbleibenden dopaminergen Zellen, zweitens ein Aussprossen intakt gebliebener dopaminerger Axone, drittens eine Erhöhung der Anzahl dopaminerger Rezeptoren, wodurch das noch verbleibende Dopamin wirkungsvoller wird, viertens eine Abnahme in der Aktivität der dopaminantagonisierenden Neuronen und fünftens eine vermehrte Ausschüttung von Dopamin durch die noch verbleibenden Endknöpfe.

Die Palette der Veränderungen, die nach den Läsionen auftreffen, ist insofern recht erstaunlich, als sich Tiere, bei denen nur noch 10% des Dopaminsystems intakt sind, wieder fast völlig erholen können. Vermutlich finden bei vielen anderen Systemen ähnliche Prozesse statt, und diese Veränderungen ermöglichen die Erholung, die man nach Hirnstammschädigungen feststellt.

Erholung nach Schädigung des motorischen Cortex

Twitchell verdanken wir eine sehr detailgetreue Beschreibung der Erholung von einer Hemiplegie bei Menschen, die durch Thrombosen, durch eine Embolie oder einen Schlaganfall im Bereich der mittleren Hirnarterie verursacht wird. Die Erholungsschritte ähneln sehr der allmählichen Entwickung der Greifbewegung und des Zufassens, die Twitchell bei Kindern beschrieben hat. Unmittelbar nach einem Arterienverschluß kommt es zu einer Hemiplegie, die sich durch schlaffe Muskeln, den Verlust aller Reflexe und den Verlust der Willkürmotorik auszeichnet.

Innerhalb von Tagen beziehungsweise Wochen stellte sich bei jedem Patienten eine Erholung entsprechend einer relativ geordneten Reihenfolge von Schritten ein. Manche seiner Patienten erholten sich soweit, daß sie ihre Gliedmaßen wieder fast normal bewegen konnten, andere blieben auf einem bestimmten Stadium stehen. Eine vollständige Erholung des

Gebrauchs der Arme stellte sich – wenn sie erfolgte – zwischen dem 23. und 40. Tag nach der Läsion ein. Sie lief dabei in folgender Reihenfolge ab: 1) Wiederauftauchen von Sehnen- und Streckreflexen, 2) es entwickelte sich eine Starre, 3) durch Propriozeption (Körperhaltung) verursachte oder begünstigte Greifreflexe traten auf, 4) die Patienten konnten wieder willkürlich nach einem Gegenstand greifen, 5) taktile Stimulation der Hand löste ein Greifreflex aus, 6) die Patienten griffen hauptsächlich unter Kontrolle der Willkürmotorik. Der letzte Prozeß setzte sich soweit fort, bis sich schließlich einzelne, voneinander unabhängige Bewegungen der Finger durchführen ließen. Etwa 30 % der Patienten erreichten dieses letzte Stadium der Erholung. Die anderen verblieben in einem der vorausgehenden Genesungsstadien.

Bei den Patienten kam es am Anfang zu einem tiefgreifenden Funktionsverlust, der in vielen Fällen zu einer vollkommenen Unterdrückung aller Reflexe, einschließlich der spinalen Reflexe, führte: das heißt, die Muskeln waren völlig schlaff. Im Rahmen der sequentiellen Erholung traten zunächst die spinalen Reflexe wieder auf, dann wurden die durch das Mittelhirn gesteuerte Muskelspannung und die propriozeptiven Reflexe wieder sichtbar. Daraufhin erfolgte eine Erholung des taktilen Empfindens, die vom Vorderhirn ausgeht, und schließlich stellte sich auch die Willkürkontrolle wieder ein. Das tatsächliche Ausmaß der Erholung war zweifellos vom Ausmaß der cortikalen Schädigung bestimmt. Patienten, die niemals die letzteren Stadien erreichten, hatten vermutlich auch die schwersten cortikalen Ausfälle.

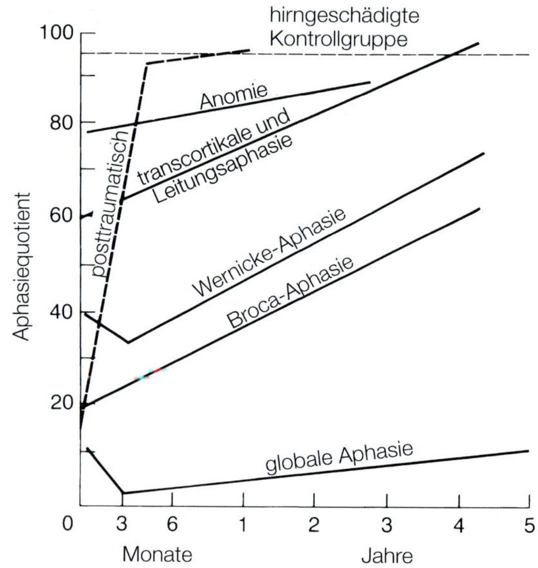

23.4 Anfängliche Defizite und allmähliche Erholung bei Schlaganfallpatienten mit unterschiedlichen Sprachstörungen (durchgezogene Linien) und bei einem posttraumatischen Patienten (gestrichelte Linie). Jede der Linien stellt den Verlauf der Erholung bei einem „typischen" Patienten dar. (Nach Kertesz, 1979.)

Erholung von Sprachstörungen

Kertesz hat unlängst in einer Übersichtsarbeit die Erholungsaussichten für Aphasiker dargestellt, und zwar anhand seiner eigenen Fallgeschichten. Ein Beispiel für die Erholung verschiedener Untergruppen von Patienten ist in Abbildung 23.4 dargestellt. Allen Patienten wurde eine Aphasietestbatterie (*Western Aphasia Battery*) vorgelegt, welche die Spontansprache, den Sprachfluß, das Sprachverständnis und die Wiederholungsleistung mißt, woraus sich dann ein Aphasiequotient ableiten läßt. Folgende Verallgemeinerungen leitet Kertesz aus dieser Untersuchung ab.

1. Posttraumatische (kopfverletzte) Patienten zeigen die schnellste und häufig auch die vollständigste Erholung, wohingegen die Erholung bei Schlaganfallpatienten wenig ausgeprägt ist und manchmal völlig fehlt.
2. Anfangsschwierigkeiten waren bei anomischen Patienten am geringsten ausgeprägt und bei Patienten mit einer globalen Aphasie am schwersten. Die anderen Patientengruppen hatten mittelschwere Ausprägungsgrade. Die tatsächliche Erholungsrate war angesichts der anfänglichen Beeinträchtigungen bei allen Gruppen recht ähnlich.
3. Es bestand die Tendenz, daß sich die Patienten bei eintretender Erholung von einem zum nächsten Stadium erholten. Beim Erreichen einer anomischen Aphasie brach der Erholungsvorgang jedoch meistens ab.
4. Während der ersten drei Monate war die Erholung am ausgeprägtesten (neu für den posttraumatischen Patienten in Abbildung 23.4 illustriert). In den nächsten sechs Monaten zeigte sich eine weitere, deutlich weniger ausgeprägte Erholung, und die darauffolgenden sechs Monate waren von einer noch geringeren Verbesserungsrate gekennzeichnet. Danach trat kein Fortschritt mehr ein, oder die Effekte waren sehr gering.
5. Jüngere Patienten zeigten eine bessere Erholung, und Intelligenz, Beruf oder Geschlecht der Patienten hatten manchmal leichten Einfluß auf die Erholung.
6. Die gegenüber einer Gehirnschädigung am ehesten resistenten Komponenten der Sprache waren Benennung, Nachahmung von Gesprochenem, das Verständnis von Substantiven und Ja/Nein-Antworten. Dies sind Funktionen, die unter Umständen auch von der rechten Hemisphäre mit getragen werden könnten.

Die Analyse von Kertesz basiert nicht auf linguistischen Funktionskategorien der Sprache. Eine solche Untersuchung ist aber zweifellos notwendig.

Erholung bei Amnesien

Es gibt viele Beschreibungen von Patienten mit Gedächtnisverlust in Folge von Gehirnläsionen oder Gehirnquetschungen und deren darauffolgender Erholung. Die Meinungen unterscheiden sich hinsichtlich der Reihenfolge, mit der bestimmte Ereignisse während der Erholung auftreten. Barbizet berichtet zum Beispiel folgendes:

Ein 40 Jahre alter Mann erlitt ein Schädel-Hirn-Trauma und lag sieben Wochen lang im Koma. Fünf Monate nach dem Trauma war er für alle Ereignisse der letzten zwei Jahre vollkommen amnestisch und zeigte bis zurück zu Ereignissen in seiner Kindheit ausgeprägte Gedächtnislücken. Acht Monate nach seinem Trauma war die Zeitspanne der vollständigen Amnesie auf ein Jahr geschrumpft, und die Periode seiner partiellen Amnesie reichte bis zum Alter von vier Jahren zurück. Sechzehn Monate nach seinem Trauma beschränkte sich die Amnesie auf eine Zeitspanne von zwei Wochen vor dem Unfall. Im Zuge seiner Erholung schrumpfte also die Amnesie von der Vergangenheit bis hin zur Gegenwart.

Whitty und Zangwill beschreiben ein etwas anderes Bild der Erholung nach weniger schweren Gehirnverletzungen. Demnach ist die retrograde Amnesie in der Regel sehr kurz. Gewöhnlich dauert sie nur wenige Sekunden. Hält sie länger an, so folgt ihr Rückgang keinen streng chronologischen Gesetzen. Manchmal erinnern sich die Patienten zuerst an erst kürzlich eingetretene Ereignisse, die dann als eine Art Magnet bei der stückweisen Zusammensetzung eines kontinuierlichen Gedächtnisbildes wirken.

Die Parallele zwischen der Erholung des Gedächtnisses und der Erholung von Aphagie, Paralyse, und so weiter deutet darauf hin, daß an der Erholung bei allen Formen von Hirntraumata gemeinsame Prozesse beteiligt sind.

Faßt man Erholungsvorgänge als sequentielle Entwicklungsprozesse auf, so ergibt sich daraus sowohl ein praktischer als auch ein theoretischer Nutzen. Vom praktischen Blickwinkel aus ermöglicht eine angemessene sequentielle Beschreibung, jeden Patienten hinsichtlich der Rate und des Ausmaßes seiner Erholung zu beurteilen. Kommt der Erholungsvorgang zum Stillstand, bevor die Funktionen vollständig wiederhergestellt sind, so lassen sich auch die residualen Fähigkeiten innerhalb des erreichten Erholungszustandes beurteilen. Theoretisch betrachtet, ermöglichen Erholungsstadien einige Einblicke in die Organisation des Gehirns und liefern Hintergrundinformationen, um die Erholung zu beschleunigen oder residuale Defizite zu überbrücken.

Zelluläre Vorgänge nach einer Gehirnschädigung

Eine Gehirnläsion führt zu einer ganzen Reihe kurz-, mittel- oder langfristiger Veränderungen des Gehirngewebes, die zu dem tatsächlichen, verletzungsbedingten Gewebeverlust hinzukommen. Was sich im einzelnen alles verändert, hängt von der Art der Gehirnverletzung ab. Begriffe, die mit diesen Vorgängen im Zusammenhang stehen, werden in Tabelle 23.1 definiert.

Tabelle 23.1: Degenerative Vorgänge nach einer Hirnschädigung

Fachausdruck	Definition
anterograde Degeneration	Auch orthograde oder Wallersche Degeneration genannt. Degeneration eines Axons, das vom Zellkörper abgetrennt wurde.
Astrocytenaktivität	Astrocyten dringen in das Läsionsgebiet ein und phagocytieren die abgestorbenen Zellen. Durch ihre zahlreichen Fortsätze umschließen sie das Läsionsgebiet (Glianarbe).
Calcifizierung	Ablagerung von Calcium an Orten neuronaler Degeneration; kann durch bildgebende Verfahren sichtbar gemacht werden.
Chromatolyse	Eigentlich: Entfärbung. Infolge einer Verletzung oder Erschöpfung der Zelle löst sich die Nissl-Substanz auf. Dadurch verlieren die Zellen ihre Affinität für bestimmte Farbstoffe und erscheinen im Mikroskop blaß.
Gliose	In degenerierendem Gewebe werden die Zellkörper durch Gliazellen ersetzt.
Nekrose	Räumlich begrenztes Absterben einzelner Zellen oder Zellgruppen.
Phagocytose	Abgestorbene Zellen werden durch Astrocyten entfernt.
retrograde Degeneration	Absterben des proximalen Axonteils, des Zellkörpers und der Dendriten, nachdem das Axon durchtrennt wurde. Vorgang ist eine Zeitlang reversibel.
terminale Degeneration	Schrumpfen und Absterben der Axonendknöpfchen nach Durchtrennung des Axons.
transneuronale Degeneration	Absterben von Neuronen, die ein degeneriertes Neuron innervieren oder von ihm innerviert werden.

Veränderungen am Läsionsort

Eine Läsion, die durch eine Stichwunde oder durch eine Gewebeabtragung verursacht wurde, hinterläßt einen Hohlraum oder eine Aushöhlung unterschiedlicher Größe. Aufgrund der Degeneration des umgebenden Gewebes, der Ansammlung von Flüssigkeit und der Schrumpfung der umgebenden Strukturen vergrößert sich der Hohlraum etwa eine Woche lang und beginnt dann zu schrumpfen. Mit der Zeit kann er vollkommen verschwinden und dann auch mit computertomographischen Verfahren nicht mehr dargestellt werden. Die Schrumpfung des Hohlraums kann auch zu Verformungen des umgebenden Gewebes führen. So erweitern sich zum Beispiel die Ventrikel, um den Gewebeverlust zu kompensieren. Die Ausdehnung der Ventrikel läßt sich jedoch computertomographisch darstellen, und man kann daraus schließen, daß es zu einer Schädigung gekommen ist. Innerhalb der ersten Stunde nach einer Gehirnverletzung besteht das den Hohlraum umschließende Gewebe aus abgestorbenen Zellen. Um dieses nekrotische Areal herum liegt Gewebe, das aus verletzten, abgestorbenen und gesunden Zellen besteht. Innerhalb von 24 Stunden wird dieses Gebiet von **Phagocyten** (Astrocyten und Mikroglia) infiltriert, die abgestorbene Gewebeteile aufnehmen und entfernen. Nach drei bis sieben Tagen entwickeln sich neue Kapillaren im Läsionsgebiet. Diese Vorgänge können so lange anhalten, bis alle abgestorbenen Gewebeteile metabolisiert sind und nur noch Gliazellen übrig bleiben. Das kann Monate dauern. Betrachtet man gefärbtes Gewebe dieser Art, so zeigen sich viele kleine Gliazellen, die den Hohlraum füllen. Diesen Vorgang nennt man **Gliose**.

Die **Astrocyten** tragen zur Vernarbung der Wunde bei. Diese Narbe kann eine funktionale Regeneration der verbleibenden Nervenzellen behindern oder vollkommen verhindern.

Veränderungen distal vom Läsionsort

Die Zerstörung von Gehirngewebe tötet nicht nur Nervenzellen, sondern trennt auch die durchziehenden Axone von deren weiter entfernt liegenden Zellkörpern. Dadurch verursacht sie Veränderungen bei denjenigen Zellen, die zuvor die zerstörte Region innerviert hatten oder von ihr innerviert wurden. Diese Veränderungen können den Tod der entsprechenden Nervenzellen auslösen. Der Vorgang wird *Degeneration* genannt. Es gibt mehrere Arten der Degeneration, die jeweils auf verschiedene Prozesse zurückgehen. In Abbildung 23.5 werden einige dieser Vorgänge näher beschrieben und die Begriffe erläutert.

Wird ein Axon durchtrennt, so kommt es in dessen distalem Abschnitt immer zu einer Degeneration. Diese Tatsache wurde in den frühen fünfziger Jahren des vergangenen Jahrhunderts von Waller entdeckt, und das Phänomen tritt mit so großer Sicherheit ein, daß es manchmal als das „einzige Gesetz" der Neuroanatomie angesehen wird. Eine solche Degeneration bezeichnet man auch als Wallersche Degeneration oder als **anterograde Degeneration**. Die anterograde Degeneration im Zentralnervensystem unterscheidet sich zum Teil von den Vorgängen im peripheren Nervensystem. Im Zentralnervensystem degenerieren die Axone und auch die Gliazellen, welche die Myelinscheiden bilden. Eine Regeneration tritt nicht oder nur sehr selten ein. Die Schädigung kann wie folgt sichtbar gemacht werden: Normalerweise läßt sich Myelin mit bestimmten Färbemethoden dunkelblau färben. Ohne Myelin erscheinen Gehirnareale, in denen abgestorbene Axone vorliegen, durchsichtig und liefern ein negatives Abbild der Verbindungen, die von den degenerierten Axonen gebildet wurden. Im peripheren Nervensystem ist der Vorgang anders, da es hier in gewissem Ausmaß zu einer Regeneration kommt. Die **Schwannschen Zellen**, die hier das Myelin erzeugen, sterben nicht alle ab, sie bilden sich sogar neu aus und formen dabei eine Art Brücke, über die regenerierende Fasern ihr Zielgebiet reinnervieren können. Im Zentralnervensystem kommt eine Reinnervation wohl deshalb nicht zustande, weil sich die **Oligodendrocyten**, die dort das Myelin bilden, nicht weiter vermehren und Gewebenarben ein Neuwachstum behindern. Die Endverzweigungen des durchtrennten Axons verändern sich ebenfalls. Sie werden sehr klein. Zu dieser Reaktion kommt es innerhalb von ein oder zwei Tagen. Der Vorgang kann bei Anwendung geeigneter Färbemethoden einige Wochen lang sichtbar gemacht werden. Die Degeneration im Bereich der Endverzweigung wird *terminale Degeneration* genannt. Sie dient als nützlicher Hinweis zur Bestimmung des Projektionsortes des durchtrennten Axons.

Die proximalen Teile des Axons und der Zellkörper degenerieren nicht immer. Wenn dieser Fall eintritt, bezeichnet man den Vorgang als **retrograde Degeneration**. Im Zellkörper verschwindet die Nissl-Substanz und der Zellkern wandert zur Peripherie. Außerdem schwillt die Zelle manchmal bis auf das Doppelte ihrer Normalgröße an. Bei manchen Neuronen (zum Beispiel bei Motoneuronen) ist die retrograde Degeneration reversibel, bei anderen nicht (zum Beispiel bei

23.5 Häufig verwendete Begriffe zur Beschreibung von Degenerationsformen bei Nervenzellen und Axonen. (Nach Beresford, 1965.)

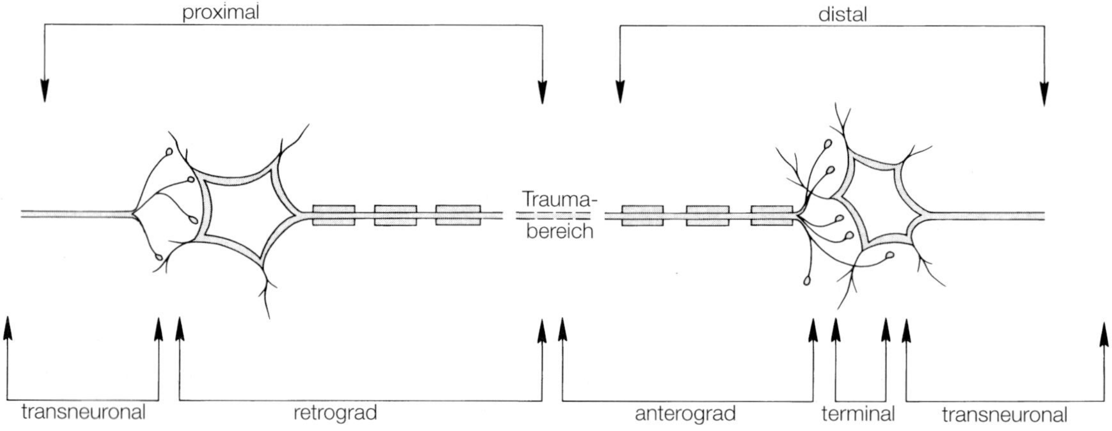

thalamischen Neuronen). Im erstgenannten Fall stellt sich die normale Größe der Zelle wieder ein, im letztgenannten schrumpft die Zelle weiter und wird dann durch Phagocytose entfernt. Eine retrograde Degeneration kann man leicht feststellen, weil das Fehlen der Nissl-Substanz die Zellen farblos erscheinen läßt. Dieser Vorgang wird als **Chromatolyse** bezeichnet; er ist ebenfalls durch eine Art Negativbild dieser Zelle zu erkennen, da der Verlust an Nissl-Substanz auch einen Verlust ihrer Färbbarkeit durch Nissl-Färbemethoden nach sich zieht.

Zellen, die mit einem degenerierten Neuron verbunden sind oder von diesem innerviert werden, können auch absterben. Man nennt dies **transneuronale Degeneration**. Dieses Phänomen wurde zuerst im visuellen System entdeckt. Durchtrennt man den Sehnerven, so kommt es zu einer vollkommenen Degeneration der Neuronen im Corpus geniculatum laterale. Man glaubt, daß die Zellen entweder deshalb absterben, weil sie ein optimales Maß an Reizung benötigen, um zu überleben, oder weil sie lebensnotwendige trophische Substanzen durch die Endverzweigung der Ganglienzellaxone erhalten, die nach Durchtrennung des Sehnervs wegfallen. Transneuronale Degeneration kann sich auch über mehrere Synapsen hinweg erstrecken. Zum Beispiel sterben auch Zellen im visuellen Cortex ab, nachdem das Corpus geniculatum laterale degeneriert ist. Eine transneuronale Degeneration kann auch in der Gegenrichtung stattfinden, also nicht nur bei Zellen, die durch absterbende Neuronen innerviert werden, sondern auch bei Zellen, die Signale zu degenerierten Neuronen senden. Während der erstgenannte Vorgang als anterograde transneuronale Degeneration bezeichnet wird, heißt der zuletzt erwähnte retrograde transneuronale Degeneration. Eine transneuronale Degeneration tritt häufig in Zusammenhang mit einer Anhäufung von Calcium auf. Man nennt dies **Calcifizierung**. Als Reaktion auf eine neocortikale Schädigung kann es zum Beispiel bei degenerierenden thalamischen Neuronen (retrograde Degeneration) und in den Basalganglien (sekundäre transneuronale Degeneration) zu einer Calcifizierung kommen. Die Calciumablagerungen können so ausgeprägt sein, daß sie histologisch oder mittels geeigneter computertomographischer Technik leicht nachweisbar sind. Warum es zu dieser Calcifizierung kommt und auf welche Weise dies geschieht, ist bislang nicht bekannt, doch man kann ihren Nachweis im Computertomogramm als Hinweis auf gewisse Formen cortikaler und subcortikaler Schädigungen ansehen.

Das Auftreten dieser verschiedenen degenerativen Prozesse ist im Hinblick auf eine Reihe von Fragen äußerst relevant. Erstens macht es die Tatsache, daß es in so vielen Arealen des Gehirns und auf so unterschiedliche Weise zu degenerativen Veränderungen kommt, unmöglich zu behaupten, daß selbst eine sehr exakt gesetzte Läsion nur lokale Auswirkungen hat. Man kann zum Beispiel eine kleine Läsion im frontalen Cortex leicht erkennen, und sie mag lokal begrenzt erscheinen. Man muß sich aber vergegenwärtigen, daß eine solche Läsion retrograde Degeneration und mögliche Calcifizierung im Thalamus, sekundäre transneuronale Degenerationen und Calcifizierungen in den Basalganglien und anterograde und terminale Degenerationen im gesamten Neocortex, im Hirnstamm und im Rückenmark nach sich zieht. Das bedeutet, *keine* Gehirnläsion führt nur zu lokal begrenzten Schädigungen. Es ist zudem bekannt, daß viele dieser degenerativen Veränderungen jahrelang anhalten. Außerdem häufen sich die Beweise dafür, daß in der Kindheit erlittene Hirnverletzungen degenerative Veränderungen ein Zusammenhang mit dem Alterungsprozeß beschleunigen können.

Physiologische Ereignisse im Zusammenhang mit Hirnschädigungen

Man geht heute allgemein davon aus, daß es kein einziges physiologisches Ereignis gibt, das man eindeutig mit dem Funktionsausfall nach einer Hirnverletzung oder mit der möglicherweise folgenden Erholung korrelieren kann. Zu den Veränderungen gehören Schock in verletzungsfernen Regionen, Ödeme oder Schwellungen traumatisierten Gewebes, Durchblutungsverringerung, veränderte Neurotransmitterausschüttung, verminderte Glucoseverwertung sowie Autoneurotoxizität.

Schock

Von Monakow entwickelte im Jahre 1911 ein Konzept, welches er *Diaschisis* (vom Griechischen „in zwei Teile teilen“ oder „spalten“) nannte und das implizierte, daß nach einer Gehirnverletzung nicht nur neuronales Gewebe und dessen Funktion verlorengeht, sondern daß mehrere andere neuronale Gebiete, die mit dem zerstörten Areal in Verbindung gestanden haben, ebenfalls beeinträchtigt werden und ihre Funktionen deshalb für eine bestimmte Zeit nicht wahrnehmen. Von Monakow formulierte es folgendermaßen:

> Was alle Arten von Schock auszeichnet, ist eine vorübergehende Unterbrechung von Funktionen, vor allem physiologischer Funktionen. Es kommt zu einer Restitution, die einem ganz bestimmten Ablauf folgt und manchmal weniger, manchmal mehr Zeit benötigt und manchmal sogar rückblickend in Form fragmentarischer Funktionen zu beobachten ist. Die eigentliche Diaschisis geht über die anatomische Grenzen der beeinträchtigten Gebiete hinaus und betrifft jene Areale der grauen Substanz, die über Fasersysteme mit dem Läsionsherd verbunden sind. (Von Monakow 1911/1960, S. 241.)

Marshall Hall erkannte im Jahre 1841, daß eine Schädigung des Rückenmarks zu einem zeitlich begrenzten Verlust der spinalen Reflexe führte. Dieses Phänomen wurde unter dem

Begriff des *spinalen Schocks* bekannt. Zu Beginn des 20. Jahrhunderts demonstrierte Sherrington, daß ein Schock dadurch entsteht, daß dem Rückenmark die Signale vom Gehirn vorenthalten werden. Eine teilweise oder vollständige funktionale Blockade oder eine Transsektion des Rückenmarks mittels eines Lokalanästhetikum wie Procain führte zu einem Schock. Wird die Prozedur – nachdem die Reflexe wieder aufgetreten sind – ein zweites Mal wiederholt, kommt es aber nicht zu einem zweiten Schock. Der Schock verkürzt sich zudem zeitlich, wenn nur ein Teil der Faserverbindungen zum Rückenmark unterbrochen ist oder wenn die Unterbrechung der Faserverbindung in mehreren Phasen erfolgt.

Warum eine Unterbrechung dieser Projektionen zu einem Schock führt, ist nicht ganz klar. Es wurde die Hypothese aufgestellt, daß Rückenmarkneuronen eine optimale Spontanentladung aufweisen, die durch die Ausschüttung von Transmittersubstanzen aus descendierenden Axonen verursacht wird. Unterbricht man diesen tonischen Einfluß, geht der Erregungszustand dieser Zellen zurück und kehrt erst allmählich wieder. Grillner konnte diese Hypothese erhärten. Mittels pharmakologischer Substanzen, welche die noradrenergen Rezeptoren des Rückenmarks erregen, konnte er den spinalen Schock beenden. Das Verständnis der Vorgänge beim spinalen Schock war von großer Bedeutung für Menschen mit Rückenmarkverletzungen. Vor dem Ersten Weltkrieg glaubte man, daß Reflexe nach einer Rückenmarkverletzung für immer ausfallen. Im Jahre 1917 konnten Head und Riddoch jedoch zeigen, daß die Patienten am Leben blieben, sofern die Infektionen unter Kontrolle waren, und daß sich Reflexe dann innerhalb von zwei oder drei Wochen allmählich wieder einstellten. Das Prinzip des spinalen Schocks kann auch auf andere Teile des Gehirns übertragen werden, wobei man annimmt, daß Zellen im ganzen Gehirn zeitweise in ihrer Aktivität stark beeinträchtigt werden, wenn ihre Afferenzen fehlen.

Ödem

Ein Ödem, das heißt ein Anschwellen des Gewebes als Folge eines Traumas, tritt im Gebiet um eine Gehirnläsion herum auf und kann durch Druck und andere Mechanismen auch Auswirkungen auf entfernt gelegene Gehirnbereiche haben. Im allgemeinen verhält sich das interstitielle Gewebe im Bezug auf seinen Flüssigkeitsgehalt wie ein Ballon, dem die Luft fehlt, und das Gehirn enthält weniger Flüssigkeit als andere Körpergewebe. Aufgrund eines erhöhten Kapillardrucks, einer anderen Zusammensetzung der Kapillarflüssigkeit oder einer erhöhten Durchlässigkeit der Kapillaren fließt Flüssigkeit in den Interstitialraum und sammelt sich dort an. Dadurch schwillt der Interstitialraum an. Der ansteigende Druck hemmt möglicherweise Funktionen der Neuronen. Ödeme und andere posttraumatische Symptome können durch Cortisonbehandlung gedämpft werden. Einige posttraumatische Störungen können durch ein Ödem verursacht werden. In Abbildung 23.6 wird zum Beispiel die Verringerung des Intelligenzquotienten epileptischer Patienten nach deren Hirnoperation dargestellt. Milner fand heraus, daß

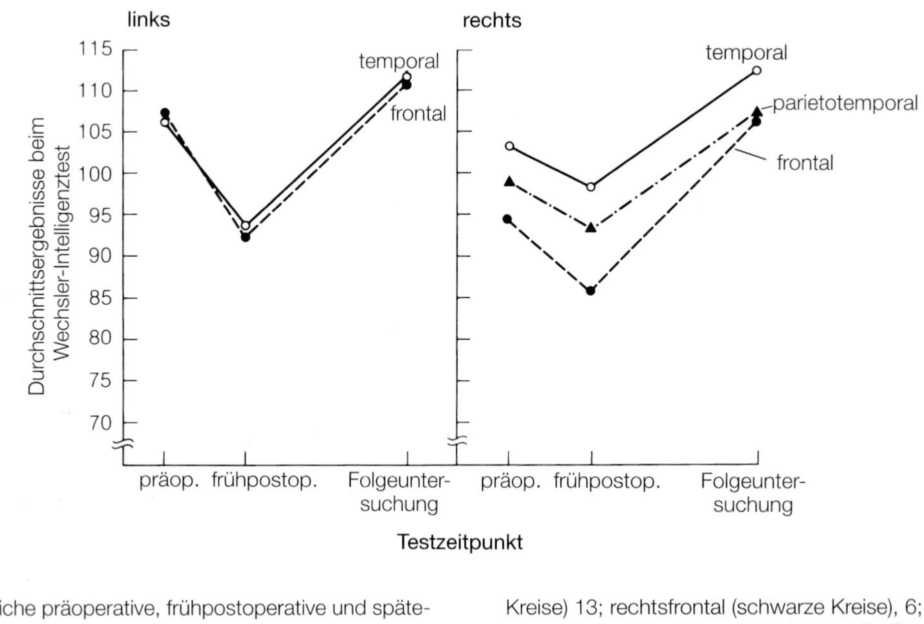

23.6 Durchschnittliche präoperative, frühpostoperative und spätere Langzeitwerte des IQ bei 51 Patienten (38 Männer, 13 Frauen). Die Patienten wurden entsprechend der Hemisphäre und dem Ort des klinischen Eingriffs klassifiziert. (Der operative Eingriff erfolgte zur Linderung von Epilepsie.) Anzahl der Fälle: linkstemporal (offene Kreise) 19; linksfrontal (schwarze Kreise) 6; rechtstemporal (offene Kreise) 13; rechtsfrontal (schwarze Kreise), 6; rechtsparietotemporal (schwarze Dreiecke) 7. (Aus Milner, B. Psychological Aspects of Focal Epilepsy and its Neurosurgical Management. In: Purpura, D., Penry, J. P., Walker, R. D. (Hrsg.) *Advances in Neurology*, Bd. 8, New York (Raven Press) 1975. Nachdruck mit Genehmigung.)

es unmittelbar nach der Operation und unabhängig vom Läsionsort (temporal, frontal, parietal) zu dieser Senkung kommt, worauf der IQ innerhalb eines Jahres auf das präoperative Niveau zurückkehrt. Der anfängliche IQ-Abfall kann wohl teilweise auf das Ödem zurückgeführt werden, denn der Effekt fällt weniger stark aus, wenn eine Cortisonbehandlung erfolgt.

Gehirndurchblutung

Die Stärke der Durchblutung eines Gewebes kann als Maß für dessen metabolische Aktivität betrachtet werden. Man glaubt, daß das durch metabolische Aktivität des Gewebes freigesetzte CO_2 die Durchblutungsrate kontrolliert. Herrscht also eine hohe Stoffwechselaktivität, so ist die CO_2-Freisetzung entsprechend groß, und dies wiederum erhöht die Durchblutung. Diese wird dadurch gemessen, daß man auf der Schädeloberfläche besondere Detektoren anbringt, welche die Fließgeschwindigkeit und Verteilung eines radioaktiven inerten (reaktionsträgen) Gases messen, das man zuvor in die Halsarterie injiziert hat. Je mehr Blut fließt, desto höher ist die gemessene Radioaktivität. Skinhøj hat diese Technik bei gehirnverletzten Patienten angewandt und zeigen können, daß es unmittelbar nach der Verletzung zu einer Reduktion der Blutversorgung kommt. Man glaubt, daß immer dann, wenn ein Gewebe verletzt wird, auch dessen metabolische Aktivität sinkt und dadurch eine Verminderung der CO_2-Freisetzung verbunden mit einer Reduktion der Durchblutung auftritt.

Neurotransmitterfreisetzung

Man weiß, daß sich der Spiegel verschiedener Neurotransmittersubstanzen nach einer Gehirnverletzung verändert. Die Neurotransmitter sind aber in dieser Hinsicht noch nicht ausführlich untersucht und Veränderungen ihrer Konzentration wurden bislang auch noch nicht mit Verhaltensmodifikationen korreliert. Im folgenden wollen wir an einem Beispiel darstellen, welche Arten von Korrelationen zu erwarten sind. Robinson und seine Mitarbeiter entwickelten ein Tiermodell für Schlaganfallpatienten und durchtrennten dazu die mittlere Hirnarterie in einer Gehirnhälfte. Danach maßen sie den Catecholaminspiegel (Noradrenalin und Dopamin) in verschiedenen Gehirngebieten. Sie fanden fünf Tage später ein herabgesetztes Niveau dieser Transmitter in verschiedenen Teilen des Gehirns. Nach drei Wochen, mit zunehmender Erholung, näherten sich die Werte aber wieder dem Ausgangsniveau, und es zeigte sich sogar eine Überkompensation. Robinson glaubt, daß die physische Ermüdung und das apathische Verhalten von Schlaganfallpatienten zum Teil durch das Absinken des Transmitterniveaus verursacht wird.

Die Aufnahme von Glucose

Die Technik von Sokoloff, die es ermöglicht, Desoxyglucose radioaktiv zu markieren, wurde von Pappius aufgegriffen, um Funktionsveränderungen im Gehirn nach einem Trauma zu messen. Dabei wird die radioaktive ^{14}C-Desoxyglucose in den Blutkreislauf injiziert. Diese Desoxyglucose hat ähnliche Eigenschaften wie Glucose und wird von Körperzellen, die Energie benötigen, statt der normalen Glucose aufgenommen. Die Substanz überwindet die Blut-Hirn-Schranke und gelangt in energiebedürftige Neuronen. Im Gegensatz zum normalen Glucosemetabolismus wird diese Substanz jedoch nur unvollständig abgebaut. Außerdem kann sie nicht mehr so leicht aus der Zelle heraus befördert werden und sammelt sich daher für einige Zeit an. Wird dann das Gehirn etwa eine Stunde nach der Injektion histologisch untersucht, das heißt, aus dem Schädel entnommen und in dünne Scheiben geschnitten, so kann man über autoradiographische Methoden die $[^{14}C]$-Konzentration in Arealen mit hoher Glucoseaufnahme messen. Pappius war klar, daß Metabolismus und Funktion des Gehirns eng zusammenhängen. Er setzte Läsionen im Neocortex von Ratten und maß dann die Glucoseaufnahme im Verlauf der folgenden Tage. In den neocortikalen ipsilateral zur Läsion gelegenen Arealen sank die Glucoseaufnahme innerhalb von drei Tagen nach der Verletzung über 60 % ab und erreichte erst nach fünf Tagen wieder ihren Normalwert. Auch in der unverletzten Hemisphäre sank der Metabolismus um fast 25 %. Pappius konnte auch nachweisen, daß der Rückgang des Metabolismus nicht allein auf ein Ödem zurückzuführen war, sondern daß andere, bislang unbekannte Vorgänge daran beteiligt gewesen sein mußten. Diese Ergebnisse eröffnen eine weitere Erklärungsmöglichkeit für die Verhaltenssymptome in Folge einer Gehirnläsion.

Autoneurotoxizität

Schon lange weiß man, daß Verletzungen, Schlaganfälle oder Gefäßblockaden in den betroffenen Gehirnarealen zu Schädigungen führen. Jüngere Untersuchungen legen nahe, daß der Zelltod nicht sofort eintritt, sondern manchmal erst nach Stunden oder Tagen, und daß einige Bereiche des Gehirns auf einen Sauerstoffmangel ganz besonders empfindlich reagieren (zum Beispiel die CA_1-Zellen im Hippocampus). Aus diesen Beobachtungen kann man schließen, daß neben dem Sauerstoffmangel noch andere Faktoren für die Schädigung verantwortlich sein müssen. Eine Ursache für diesen allmählichen Zelltod wurde inzwischen bekannt. Man geht davon aus, daß durch den Sauerstoffmangel der erregende Neurotransmitter Glutamat ausgeschüttet wird und die Zellen so übererregt, daß sie daran zugrunde gehen. Man könnte auch sagen, die Zellen schütten ein „Neurotoxin" aus, das sie vergiftet. Diese Vorstellung wurde experimentell durch Befunde unterstützt, wonach Substanzen, die Glutamatrezeptoren erregen, starke Neurotoxine sind. Die Identifizierung einer für den Zelltod verantwortlichen Substanz zusammen mit der

Tatsache, daß das Zugrundegehen der Zellen nicht unmittelbar erfolgt, läßt hoffen, daß man diesen Zelltod verhindern kann. Dies kann auf zweierlei Weise geschehen: entweder dadurch, daß man die Ausschüttung von Glutamat verhindert oder dadurch daß man die Glutamatrezeptoren blockiert. Intensive Forschungen sind im Gange, um eine dieser beiden Möglichkeiten bis zu einer klinisch verwendbaren Therapie zu entwickeln.

Mögliche Mechanismen der Erholung

Eine der ersten Theorien über die Erholung von Funktionen wurde im Jahre 1881 von Munk dargelegt. Er glaubte, daß Gehirnregionen, die ansonsten nicht funktional belegt sind, Funktionen übernehmen könnten, die normalerweise durch das verletzte Gehirngebiet erzeugt werden. Das Areal, welches statt des zerstörten Gebietes für die Übernahme von Funktionen zur Verfügung steht, hätte normalerweise diese Funktionen nicht ausgeübt. Es gibt aber praktisch keine Hinweise dafür, daß Gehirnregionen unbenutzt sind.

Lashley glaubte, daß eine Erholung von Funktionen nicht nur zu erwarten ist, sondern auch recht einfach erklärt werden kann, da das Gehirn nach den Prinzipien der Massenaktion (der gesamte Cortex ist an jeder Funktion beteiligt) und der Äquipotentialität (jeder Teil des Cortex kann Kontrolle über jedes Verhalten ausüben) arbeitet. Das im folgenden beschriebene Experiment zeigt die Art von Beweisführung, die Lashley zugunsten seiner Position entwickelte. Durch elektrische Reizung stimulierte er ein Gebiet im präzentralen Gyrus des Rhesusaffen. Dies geschah viermal innerhalb von 18 Tagen. Jedesmal erhielt er vom gereizten Areal relativ konstante Reaktionen, und bei verschiedenen Untersuchungen stellte er beispielsweise fest, daß Areale wie diejenigen, die Arme und Beine repräsentieren, ziemlich unverändert bleiben. Es ergab sich aber, daß Reizung von identischen Punkten in einem Areal bei verschiedenen Testdurchgängen unterschiedliche Bewegungen hervorriefen, und Lashley konnte auch zeigen, daß zu unterschiedlichen Zeiten die gleiche Bewegung aus der Stimulation verschiedener wechselnder Areale resultieren kann. Diese Befunde verleiteten Lashley zu der Annahme, daß innerhalb von funktionalen Arealen (etwa der Körpermotorik) eine Äquipotentialität des Gewebes vorlag.

Glees und Cole berichteten von einem Befund, der diese Hypothese stützt. Sie identifizierten mit Hilfe elektrischer Stimulation die Daumenregion im Affenneocortex, entfernten diese und kartierten das umliegende Gewebe nach einer Erholungspause erneut. Während der Erholungsphase begann das Tier, den Daumen zu gebrauchen, und als der Cortex erneut kartiert wurde, stellte sich heraus, daß die Regionen rund um den Läsionsort Daumenbewegungen erzeugten. Daher vermuteten Glees und Cole, daß die Rehabilitation aus einer Wiederherstellung einer verlorenen Cortexregion resultieren könne.

Die meisten neueren Untersuchungen haben bestätigt, daß das Gehirn bis ins Erwachsenenalter plastisch bleibt, wenn auch nicht in dem Ausmaß, wie die Ergebnisse von Glees und Cole andeuten. Nudo und Mitarbeiter kartierten den motorischen Cortex von Affen, um die Hand- und die Fingerregion des motorischen Cortex zu identifizieren. Nach Entfernen eines Teiles der Fingerregion fanden sie, daß die Affen die contralaterale Hand weniger häufig gebrauchten (Abbildung 23.7). Als sie daraufhin den Motorcortex erneut kartierten, stellte sich heraus, daß sie keine Bewegungen der unteren Gliedmaßenpartien, des Handgelenks und der Finger auslösen konnten. Das heißt, die Handregion war von der cortikalen Karte verschwunden; nur ein Stumpf des Unterarms war erhalten geblieben. Sie unterzogen weitere Tiere demselben Eingriff, doch anders als bisher zwangen sie den Affen, das betroffene Glied nach dem Eingriff zu benutzen: Die gesunde Extremität wurde festgebunden, so daß der Affen die betroffene Extremität einsetzen mußte. Als die Forscher die motorische Karte dieser Affen erneut untersuchten, war das Hand- und das Fingerareal vorhanden, doch die Region, die den Fingern diente – deren cortikale Repräsentation entfernt worden war – war nicht wiederhergestellt worden. Dennoch ermöglichte die Therapie eine gewisse Wiederherstellung des Gebrauchs dieser Finger. Vermutlich wird die Bewegungen der Finger, die ihre cortikale Repräsentation verloren haben, von der Repräsentation der verbliebenen Finger gewährleistet.

Der entscheidende Punkt bei Nudos Experiment liegt in der Bedeutung der Physiotherapie. Physiotherapie ist notwendig, um die Funktionen des unverletzten Cortex und der Bewegungen, die er repräsentiert, zu erhalten. Eine derartige Therapie kann auch zu Kompensationsprozessen für die betroffenen Körperpartien führen. Zudem weisen Nudos Ergebnisse darauf hin, daß Glees und Cole unrecht hatten, als sie vermuteten, der übrige Cortex könne einen Teil des Körpers repräsentieren, der seine cortikale Repräsentation verloren hat. Recht hatten sie hingegen mit ihrem Hinweis, daß eine Therapie zu einer gewissen Erholung führen kann.

Die Art der Plastizität, die Nudo und Mitarbeiter beschreiben, kann möglicherweise die Erholung in den folgenden Fall erklären, über den Buci und Mitarbeitern berichtet haben. Sie untersuchten einen Mann, dessen Pyramidenbahn im unteren Hirnstamm durchtrennt worden war, um unwillkürliche Bewegungen auszuschalten. Während der ersten 24 Stunden nach der Operation zeigt er eine schlaffe Hemiplegie. Danach folgte eine leicht erkennbare Rückkehr der Willkürmotorik in den betroffenen Extremitäten. Am zehnten Tag nach der Operation konnte er alleine stehen und mit Hilfe gehen. Vom 24. Tag an lief er ohne Hilfe. Innerhalb der nächsten sieben Monate schien ein Maximum an Erholung erreicht zu sein. Er konnte seine Füße, Hände, Finger und Zehen mit

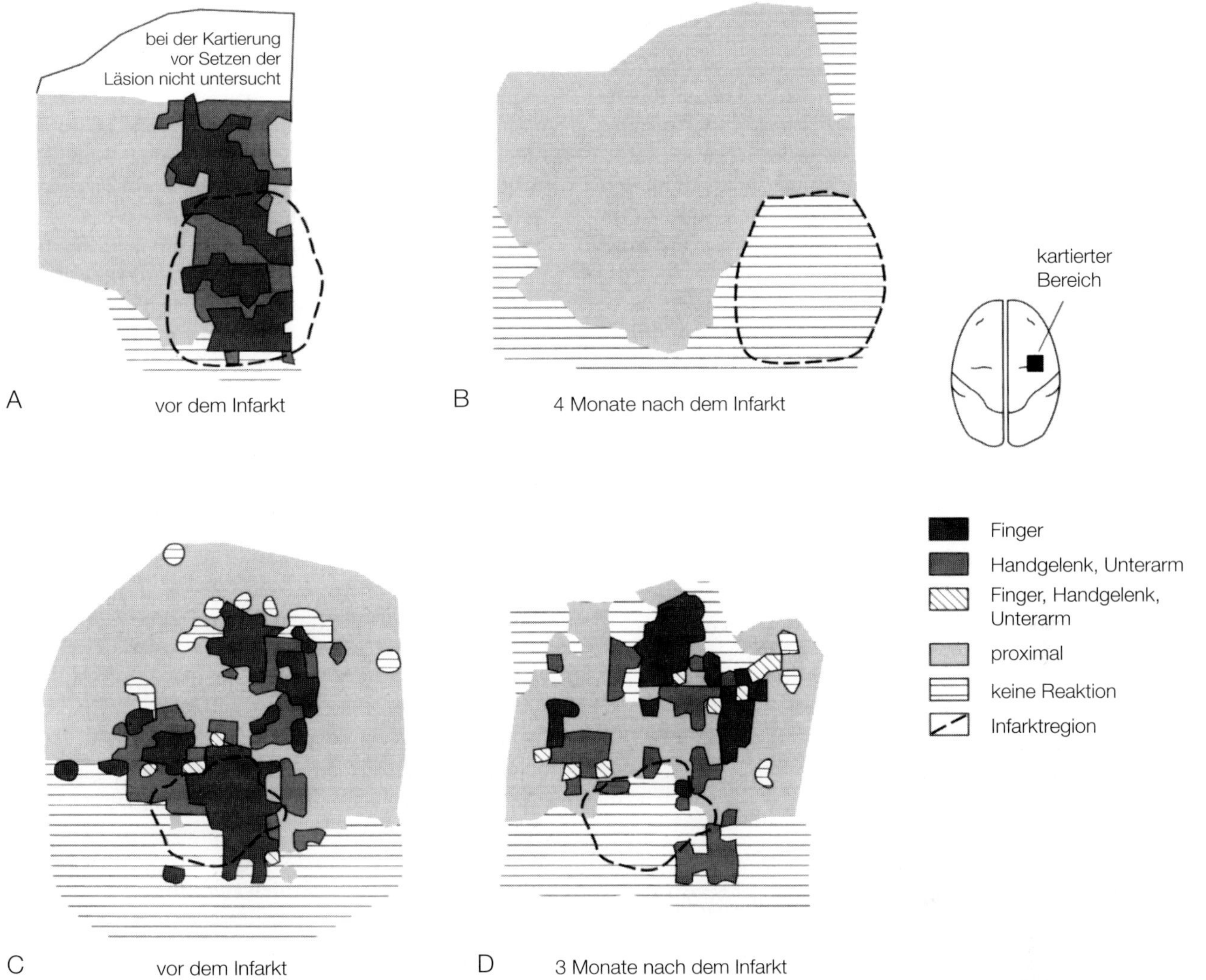

23.7 Einfluß der Erfahrung auf die cortikale Repräsentation der proximalen Gliedmaßenpartie im motorischen Cortex eines Affen nach einer Hirnläsion. A und C. Eine schwache elektrische Stimulation zeigt die Areale des Cortex, die Finger-, Handgelenk- und Unterarmbewegungen (proximal) bei zwei Affen vor einem Infarkt (einer kleinen Läsion, die mittels eines stärkeren elektrischen Stromstoßes über eine Drahtelektrode gesetzt wird) hervorrufen. Das Areal, das den Infarkt erleiden soll, ist von einer gestrichelten Linie eingegrenzt. B. Bei dem Affen, der nicht gezwungen war, die betroffene Extremität zu benutzen, weisen Finger- und Handgelenkareal keine cortikale Repräsentation mehr auf; lediglich Bewegungen im oberen Extremitätenbereich lassen sich mit elektrischer Stimulation auslösen. D. Bei dem Affen, der gezwungen war, die betroffene Extremität zu bewegen, weil die gesunde Extremität festgebunden war, behalten Handgelenk- und Fingerbewegungen ihre cortikale Repräsentation. (Nach R. J. Nudo und R. Grenda. Society for Neuroscience Abstracts, Band 18, 1992; Abdruck mit freundlicher Genehmigung.)

nur geringfügiger Beeinträchtigung bewegen. Bei der Autopsie, die zweieinhalb Jahre später vorgenommen wurde, stellte sich heraus, daß etwa 17 % der Fasern seiner Pyramidenbahn intakt waren. Die Erholung seiner Fähigkeiten, Zehen und Finger zu bewegen, scheint auf diese 17 % zurückzuführen zu sein, das heißt, sie leisteten die Arbeit, die zuvor von der gesamten Pyramidenbahn erbracht worden war! Man kann wohl davon ausgehen, daß sich der Patient nicht so gut erholt hätte, wenn er nicht ermutigt worden wäre, die behinderten Gliedmaßen zu gebrauchen.

Mechanismen, die einer Erholung zugrunde liegen

Verschiedene neuronale Mechanismen spielen vermutlich bei der Vermittlung einer derartigen Wiederherstellung eine wichtige Rolle; dazu gehören Regeneration, Aussprossen, Denervierungsüberempfindlichkeit und Disinhibition. Mit diesen Mechanismen gehen verschiedene Möglichkeiten einher, den Wiederherstellungsprozeß zu erleichtern. Um eine solche Wiederherstellung zu beschreiben, benutzt man eine Reihe von Fachbegriffen; die gebräuchlichsten sind in Tabelle 23.2 definiert.

Regeneration

Unter **Regeneration** versteht man einen Vorgang, durch den Neuronen, die verletzt wurden, wieder Faserverbindungen zu dem Areal aufnehmen, mit dem sie zuvor in Verbindung standen. Im peripheren Nervensystem ist die Regeneration ein gut bekanntes Phänomen und tritt häufig auf. Sowohl sensorische als auch motorische Neuronen reinnervieren durch neu wachsende Fasern ihre ehemaligen Zielgebiete (Abb. 23.8). Dies geschieht, indem die Schwannschen Zellen sich vermehren und dadurch eine Art Tunnel bilden, durch den die regenerierenden Fasern ihren entsprechenden Bestimmungsort erreichen können.

Tabelle 23.2: Mögliche Kompensationsmechanismen nach Hirnschädigungen

Bezeichnung	Definition
Verhaltenskompensation	Anwendung einer neuartigen oder andersartigen Verhaltensstrategie, um damit ein Verhalten zu kompensieren, das der Gehirnverletzung zum Opfer fiel: zum Beispiel Notizen zur Kompensation von Gedächtnisverlust machen.
Aussprossen von Kollateralen (*sprouting*)	Wachstum von Axonkollateralen, die degenerierte Axone ersetzen oder Zielgebiete innervieren sollen, die ihre Afferenzen verloren haben.
Denervierungsüberempfindlichkeit	Zunahme von Rezeptoren an Nerven und Muskeln nach Unterbrechung ihrer Innervation. Dies führt zu einer verstärkten Reaktion auf die Stimulation der verbliebenen Afferenzen oder auf die Gabe chemischer Agonisten.
Disinhibition (Enthemmung)	Aufhebung hemmender Einflüsse eines Systems durch dessen Läsion oder pharmakologische Inaktivierung.
Nervenwachstumsfaktor (*nerve growth factor,* NGF)	Ein Protein, das vermutlich von Gliazellen sezerniert wird und bei geschädigten Neuronen das Wachstum unterstützt sowie bei durchtrennten Axonen die Regeneration und Reinnervation erleichtert.
Regeneration	Vorgang, durch den zerstörte Neuronen, Axone oder Boutons wieder wachsen und ihre Verbindungen wiederherstellen.
Neuverknüpfung (*rerouting*)	Vorgang, bei dem Axone oder ihre Kollateralen in neue Zielareale einwachsen, nachdem ihre alten Zielgebiete zerstört wurden.
„stille Synapse“	Synapse, deren Existenz man vermutet und deren Funktion sich im Verhalten erst manifestiert, wenn ein anderer Teil des Systems funktionell ausfällt.
„Schonung“ (*sparing*)	Dieses Konzept bezieht sich darauf, daß manche Funktionen und Verhaltensweisen von Gehirnläsionen nicht betroffen sind.
Substitution	Annahme, daß eine „unterbeschäftigte“ oder wenig aktive Region des Gehirns Funktionen eines geschädigten Areals übernimmt (findet heute wenig Unterstützung).
transiente Kollateralen	Kollateralen, die zu bestimmten Zeiten während der Ontogenese Zielstrukturen innervieren, die sie bei fortschreitender Entwicklung aber wieder aufgeben.
Vicariierung	Version der Substitutionstheorie, der zufolge Funktionen beschädigter Areale von angrenzenden Gebieten übernommen werden können (heute selten verwendeter Begriff).

Viele Versuche sind bislang unternommen worden, um eine Regeneration im Zentralnervensystem zu erleichtern. Es existieren zwei Ansätze, um regenerierenden Fasern zu helfen, Narbengebiete zu umgehen. In einem Fall werden künstliche Röhren oder Brücken durch das vernarbte Gebiet „gebaut“, im zweiten Fall wird ziemlich undifferenziertes neuronales Gewebe am Läsionsort plaziert, um als Medium zu dienen, durch das regenerierende Fasern wachsen können. Ein Ansatz besteht in der Verwendung einer Substanz, die man als **Nervenwachstumsfaktor (NGF)** bezeichnet. Es handelt sich dabei um ein Protein mit hohem Molekulargewicht. Die Substanz wird von den Axonendigungen der Nervenzellen aufgenommen und retrograd zum Zellkörper transportiert; dort hält sie Wachstum und Gesundheit der Zellen aufrecht.

Ein weiterer Ansatz basiert auf der Vorstellung, daß es im Nervensystem Moleküle gibt, die ein axonales Neuwachstum hemmen, nachdem das Gehirn ausgereift ist. Wenn es gelänge, diese Moleküle nach einer Hirnschädigung zeitweise zu hemmen, könnte es zu einem Neuwachstum kommen.

Aussprosssen von Kollateralen (*sprouting*)

In frühen Untersuchungen über die Auswirkungen einer Durchtrennung von Axonen, die die Willkürmuskulatur innervieren, ergab sich bereits, daß verbleibende Axone Verzweigungen bilden können, die die freigewordenen Synapsen neu besetzen. Inzwischen liegen eindeutige Beweise vor, daß ein ähnlicher Vorgang des **Aussprossens von Axonkollateralen** auch nach Läsionen des Gehirns eintritt (Abbildung 23.8). Lynch und seine Mitarbeiter sowie andere Wissenschaftler haben Geschwindigkeit und Ausmaß solcher Aussprossungsvorgänge untersucht und sich die Frage gestellt, ob die neu geformten Verbindungen funktional sind. Das Modell ihrer Wahl war der Hippocampus der Ratte. Sie durchtrennten eine

23.8 Drei Modelle axonalen Aussprossens, die zeigen, wie zerstörte zentrale Axone möglicherweise funktionale Verbindungen wiederherstellen. A. Echte Regeneration des durchtrennten Axons durch Neuwachstum zum ursprünglichen Ziel. Dies kommt beim Menschen im peripheren Nervensystem vor, bei Invertebraten und unter günstigen Bedingungen bei Ratten auch im Zentralnervensystem. B. Kollaterales Aussprossen intakter Neuronen. Es ist bekannt, daß dies im Gehirn bei catecholaminergen und bei serotonergen Fasern vorkommt. C. Reinnervation von Systemen, die durch die Läsion isoliert waren; bislang eine hypothetische Erklärung der Erholung. (Nach Björklund, 1985.) ▶

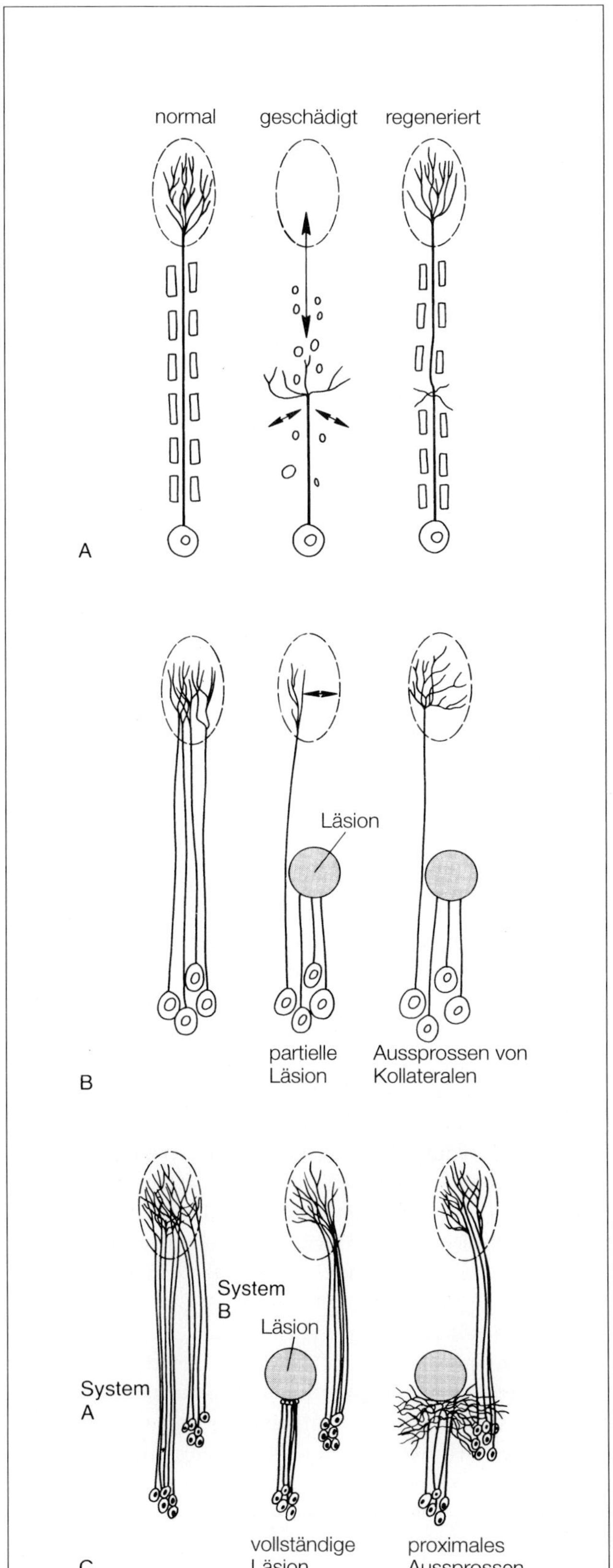

der Afferenzen zu den Körnerzellen des Hippocampus. Dann untersuchten sie die Funktionsfähigkeit des denervierten Areals, indem sie evozierte Potentiale ableiteten. Darüber hinaus überprüften sie die anatomische Basis eines möglichen Neuwachstums, indem sie den Hippocampus mit Markierungsstoffen färbten, die insbesondere den Bereich der synaptischen Terminale hervorheben. Somit konnten sie die Verteilung der Synapsen mit einem Elektronenmikroskop untersuchen. Sie erhielten folgende Ergebnisse: 1) Axone, die nach der Läsion erhalten bleiben, bilden Kollateralen, um die freigesetzten Synapsen an den Körnerzellen zu reinnervieren. 2) Fasersysteme, die an anderen Stellen derselben Zelle Synapsen haben, entwickeln ebenfalls neue Fortsätze und reinnervieren die denervierten Areale. 3) Auch Fasern, die mit den Körnerzellen ursprünglich nicht in Verbindung stehen, wachsen aus und besetzen freigewordene Plätze. Die Bildung von Kollateralen und Besetzung von Synapsen geschieht ziemlich rasch und kann innerhalb von sieben bis zehn Tagen vollzogen sein. Die neuen Verbindungen sind elektrophysiologisch funktional, da evozierte Potentiale abgeleitet werden können. Ob sie Verhaltensfunktionen übernehmen, ist noch offen.

Denervierungsüberempfindlichkeit

Das Konzept einer Denervierungsüberempfindlichkeit (*denervation supersensitivity*) stammt aus der Arbeit von Cannon und Rosenblueth aus dem Jahre 1949. Sie durchtrennten im Tierexperiment afferente Fasern, die zu einem Muskel führten und stellten fest, daß der Muskel danach auf den normalen Neurotransmitter mit Übererregung reagierte. Man glaubt, daß es zu dieser Überempfindlichkeit kommt, weil sich die Rezeptoren auf den Muskelzellen vermehren und auch Stellen besetzen, an denen sie vor der Durchtrennung der Afferenzen nicht vertreten waren. Die Folge davon ist, daß eine bestimmte Menge Transmittersubstanz einen größeren Effekt ausübt als zuvor, da mehr Rezeptoren stimuliert werden. Man geht davon aus, daß es im Gehirn zu einer ähnlichen Proliferation der Rezeptoren kommen kann.

Es bleibt die Frage, ob es sich bei der Denervierungsüberempfindlichkeit um einen Mechanismus handelt, der irgendeinen adaptiven beziehungsweise kompensatorischen Wert hat. Gewiß ist die Vorstellung ansprechend, daß durch eine gesteigerte Empfindlichkeit eine Reduktion des Transmitterangebotes kompensiert werden kann, aber man weiß noch nicht, ob dies auch tatsächlich eintritt.

Disinhibition

Wall und Egger untersuchten im Jahre 1971 diejenigen thalamischen und neocortikalen Regionen, bei denen die Reizung des Vorder- oder Hinterbeins einer Ratte zu einem evozierten Potential führte. Danach durchtrennten sie die Faserzüge zwischen Rückenmark und Gehirn, die eine Verbindung mit dem

Hinterbein herstellten und stimulierten wieder das Vorder- und das Hinterbein. Wie zu erwarten, kam es in den cortikalen und thalamischen Regionen, die das Hinterbein repräsentierten, zu keinen Reaktionen. Die Repräsentationsgebiete des Vorderbeins reagierten normal. Nach drei Tagen aber trat eine bemerkenswerte Veränderung ein. Das Gebiet, welches zuvor auf Reizung des Hinterbeines evozierte Potentiale gezeigt hatte, wurde nun aktiv, wenn das Vorderbein gereizt wurde. Die Reaktion erweckte den Eindruck, als wäre dieses Gehirngebiet schon immer mit dem Vorderbein verbunden gewesen. Wie kann man sich das erklären? Die meisten Befunde sprechen dafür, daß eine Kollateralenbildung durch Aussprossung dabei nicht in Frage kommt. Man muß annehmen, daß es präexistierende *stille Synapsen* gegeben hat, also Verbindungen, die zwar vorhanden, aber bislang ohne funktionale Bedeutung waren. Bis es zur Ausbildung evozierter Potentiale über neugebildete Faserverbindungen kommt, vergehen im allgemeinen etwa sieben bis zehn Tage. Es scheint folglich sinnvoll anzunehmen, daß Axonkollateraten von den vorderen Extremitäten bereits früher mit dem Areal, welches das Hinterbein repräsentiert, verbunden gewesen waren, aber in irgendeiner Weise gehemmt wurden. Sobald die Axone vom Hinterbein durchtrennt wurden, verschwand auch das konkurrierende Fasersystem, und das Areal konnte auf Bewegungen des Vorderbeines reagieren. Aus diesen Befunden ergibt sich, daß ein Areal, das *potentiell* an bestimmten Reaktionen mitwirken kann, viel ausgedehnter ist, als es normalerweise durch Reizversuche deutlich wird. Aus dem Experiment läßt sich auch ablesen, daß bestimmte Areale möglicherweise erst dann eine Reaktion zeigen, wenn konkurrierende oder inhibitorische Systeme wegfallen, das heißt, wenn es zu einer **Disinhibition** kommt.

Aus diesen Befunden kann man schließen, daß sich verschiedene Teile des Gehirns hinsichtlich ihrer Innervation ganz beträchtlich überlappen und daß Spezifität durch Hemmung erzeugt wird. Fällt diese Hemmung weg, so besteht die Möglichkeit einer Funktionsübernahme durch die vormals inhibierten Areale.

Chronische Folgen von Hirnläsionen bei Erwachsenen

Die Verwendung von Begriffen wie **Plastizität** und die Bedeutung, die der Erholung von Funktionen auch in der Grundlagenforschung zugesprochen wird, vermittelt den Eindruck, daß das Gehirn nach einer Verletzung über ein unbegrenztes Potential zur Erholung und Reorganisation verfügt. Über eine Langzeiterholung gibt es leider sehr wenig Informationen, aber auf der Basis der verfügbaren Daten kann man folgende Aussagen machen: 1) Zur Erholung kommt es mit hoher Wahrscheinlichkeit bei komplexen Verhaltensweisen, die aus vielen einzelnen Komponenten bestehen. Man spricht von einer Verhaltenskompensation. 2) Der Erholungsvorgang ist besonders bei unvollständigen Läsionen, wie einem Trauma aufgrund von Gehirnquetschungen oder tiefliegenden Schädelverletzungen, ausgeprägt. 3) Eine Erholung ist recht unwahrscheinlich, wenn es um ganz spezifische Funktionen geht, die von lokalisierten Gehirnarealen kontrolliert werden, insbesondere dann, wenn das gesamte Areal ausgefallen ist.

Kompensationen im Verhaltensbereich

Die Fähigkeit, selbständig zu leben und einen Beruf zu haben, hängt ganz ohne Frage von vielen einzelnen Fähigkeiten und der Zusammensetzung dieser Fähigkeiten ab. Eine Gehirnverletzung kann einige dieser Verhaltensweisen mehr beeinträchtigen als andere. Es gibt aber viele Kompensationsmöglichkeiten. Die Untersuchungen von Dresser und seinen Mitarbeitern machen deutlich, daß man, wenn man ein befriedigendes Arbeitsleben als Indikator für Erholung betrachtet, wie dies zum Beispiel für Veteranen aus dem Koreakrieg geschah, von einer beachtlich guten Erholungsrate sprechen kann. Etwa 80 % dieser Patienten hatten eine Beschäftigung. Diese Zahl stellt die höchste Erholungsrate dar, die wir in der Literatur überhaupt gefunden haben und läßt vermuten, daß hier die Verhaltenskompensation ein wichtiger Faktor gewesen sein könnte. Damit wird nicht das schwere Problem herabgespielt, daß etwa 20 % aus dieser Patientengruppe nicht beschäftigt sind, und über die Qualität der Beschäftigung wird auch nichts ausgesagt. Oddy und Humphrey meinen aber, daß Arbeit kein geeignetes Maß für die Erholung ist. Achtundvierzig von 54 Patienten mit einer gedeckten Kopfverletzung nahmen innerhalb von zwei Jahren wieder eine Arbeit auf. Viele von ihnen waren aber in ihrer Arbeitsfähigkeit eingeschänkt und glaubten, daß sie ihre volle Leistungsfähigkeit noch nicht wiedererlangt hatten. Andere Aspekte ihres Soziallebens hatten auch gelitten, weder hatten sie alle Freizeitaktivitäten wieder aufgenommen noch alle sozialen Kontakte. Was die Sozialkontakte angeht, so ist interessant zu erwähnen, daß die Kontakte zu Geschwistern am meisten litten. Oddy und Humphrey betonen, daß sich eine Therapie nicht nur an der Arbeitsfähigkeit orientieren sollte, sondern auch Freizeitaktivitäten und soziale Beziehungen fördern müsse.

Die Selbsteinschätzung von Menschen, die an einer Gehirnverletzung leiden, stellt eine Möglichkeit dar, um chronische Auswirkungen von Verhaltenschädigungen einzuschätzen und um zu begreifen, wie Individuen damit umgehen. Im allgemeinen wird diesen Berichten wenig Beachtung geschenkt. Sie vermitteln aber wertvolle Einsichten in Fragen, die mit der Erholung zusammenhängen. Frederik Linge, ein klinischer Psychologe, den wir selbst kennen, hat die Veränderungen beschrieben, die er an sich selbst wahrnahm, nachdem er aufgrund eines Autounfalls eine Gehirnverletzung erlitten hatte. Die erste Woche nach dem Unfall lag er im Koma, und man glaubte nicht, daß sich sein Zustand wesentlich verbessern würde. Dennoch konnte er etwa Jahr nach dem Unfall zu seiner relativ anstrengenden Arbeit in der klinischen Praxis zurückkehren. Die Gehirnschädigung hatte ihn aber verändert, und er mußte sowohl seinen Lebensstil als auch seine Arbeitsroutine umorganisieren, um zurechtzukommen. Das beschreibt er so:

> Indem ich versuchte, mit meiner Gehirnschädigung zu leben, entdeckte ich durch Versuch und Irrtum, daß manche Dinge mir dabei sehr helfen, andere aber verhindern, daß ich mich zurechtfinden kann. Am besten kann ich lernen und Informationen behalten, wenn ich so wenig wie möglich Ablenkung erfahre und meine ganze mentale Energie auf die Arbeit konzentriere, die gerade vor mir liegt. Ich brauche eine ruhige, gut organisierte Routine und Atmosphäre zu Hause und bei der Arbeit. In der Vergangenheit führte ich ein ziemlich chaotisches Leben. Nun möchte ich aber, daß jedes Ding einen Platz hat und jedes auch an seinem Platz ist. Wenn es schwer fällt, sich zu erinnern, erleichtern Ordnung und Gewohnheit das tägliche Leben sehr.
>
> Ich werde mit dem Gefühl des Ärgers nicht mehr so gut fertig, wie es mir noch vor meinem Unfall gelang. Die Wut, die im Zusammenhang mit dem Verlust steht, den ich erfahren habe, liegt jetzt aber nicht mehr wie zu Beginn meiner Erholungsphase direkt unter der Oberfläche und kann jederzeit explodieren. Dennoch erlebe ich, genau wie andere Menschen auch, Situationen, die mich einfach und berechtigterweise ärgerlich machen. Vor meinem Unfall brauchte es schon sehr viel, um mich wütend zu machen, und auch heute gerate ich nur allmählich in Zorn. Der Unterschied besteht darin, daß ich heute nicht weiß, wie ich das Gefühl wieder bremsen soll, und dies führe ich direkt auf meine Gehirnverletzung zurück. Ich finde es selbst sehr erschreckend, mich in diesem Zustand zu finden, aber ich bin noch zu keiner zufriedenstellenden Lösung gelangt, ausgenommen vielleicht, daß ich versuche, ärgererregende Situationen zu vermeiden oder mit ihnen fertig zu werden, bevor sie zu provozierend werden.
>
> Meine Einseitigkeit im Denken hilft mir über jeden Tag ohne besondere Schwierigkeiten hinweg und läßt mich die einfachen Dinge des Lebens auf eine Weise genießen, wie ich es früher niemals gekannt habe. Ich glaube, ich bin heute auch ein besserer Therapeut, denn ich konzentriere mich auf die grundlegenden Probleme und empfinde anderen gegenüber mehr Mitgefühl als früher. (Linge, 1980, S. 6 f.)

Der Bericht von Linge macht deutlich, daß Verhaltensuntersuchungen, welche die Erholung messen wollen, sich nicht mit der Wiederbeschäftigung oder der Erneuerung sozialer Kontakte begnügen können. Es kann sein, daß diese Parameter in vielen Fällen ein Indiz für eine vollständige Erholung sind, aber sie zeigen nicht im einzelnen auf, wie sich der Patient verändert hat oder wie er bestimmte Dinge in seiner Welt verändern mußte, um sich wieder zurechtzufinden. Linge war ein professioneller Psychologe, der in einer sozialen Umgebung lebte, wo Menschen ihm helfen wollten. Viele Patienten haben aber kein entsprechendes Umfeld und keine entsprechende Position, und daraus resultiert möglicherweise eine viel schwierigere Erholungsphase. Dies ist wichtig, wenn man die chronischen Auswirkungen von Gehirnläsionen verstehen möchte. Linge verdeutlicht diesen Punkt, indem er sagt, daß ein Mensch mit einer Gehirnschädigung nicht nur die äußere Umwelt verändern muß, sondern auch die innere. Man kann hier auch noch einen Schritt weitergehen und sagen, daß Verhaltensuntersuchungen zur traumatischen Erholung unvollständig sind, wenn sie nicht beide Aspekte berücksichtigen.

Erholung von traumatischen Läsionen

Teuber hat in einer Untersuchung an Kriegsveteranen die Defizite verglichen, die eine Woche nach der Verletzung und 20 Jahre später bestanden. Die Patienten eignen sich deshalb so gut als Versuchspersonen, weil sie nach ihrem Eintreten in die Armee verschiedenen Tests unterzogen worden waren und zum Zeitpunkt ihrer Verletzung relativ jung waren. Darüber hinaus ist bekannt, was unmittelbar nach der Verletzung unternommen wurde. Dank der Nachfolgeuntersuchungen durch die sozialen Dienste für Kriegsveteranen kann auch das Ausmaß der Erholung gut abgeschätzt werden. Abbildung 23.9 gibt einen Überblick über diese Resultate. Aus ihnen geht hervor, daß etwa 40 % eine gewisse Erholung von motorischen Störungen zeigen, daß etwa 30 % Erholungsfortschritte nach somatosensorischen Defiziten haben und 40 % nach visuellen Einbußen. Weitere 20 % zeigen Erholung von einer anfänglich bestehenden Dysphasie. Diese Befunde sind vermutlich recht zuverlässig, wenn wir von den Sehfeldtests verallgemeinern können. Nach Teuber erlaubt das Harms-Verfahren zur Erfassung von Sehfeldstörungen eine außerordentlich exakte Bewertung und hat sich bei verschiedenen Versuchsleitern zu verschiedenen Zeitpunkten als höchst zuverlässig erwiesen. Diese Analyse bedarf zweier Kommentare. Erstens ist festzustellen, daß über die Hälfte der Patienten überhaupt keine Erholung zeigte, und die Tatsache, daß sich mehr als 75 % der Betroffenen von einer Dysphasie nicht mehr erholten, ist ebenfalls nicht ermutigend. Der letzte Punkt wird auch von Luria unterstützt, der darauf hinweist, daß 66 % seiner Dysphasiepatienten keine Erholung erkennen ließen. Zum zweiten ist diese Analyse nicht quantitativ, und daher läßt sich das jeweilige Ausmaß der Erholung nicht abschätzen. Mohr und seine Mitarbeiter haben die größere Population von Vietnamveteranen untersucht, und ihre Befunde stimmen im großen und ganzen mit denen von Teuber überein. Sie zeigen, daß nach penetrierenden Gehirnverletzungen ein hohes Maß an funktionaler Erholung zu erwarten ist. Mohr berichtet sogar über eine bessere Erholung von Aphasie (34 %) als Teuber und darüber, daß der Erholungsvorgang jahrelang fortschreitet. Zihl und von Cramon erwähnen ergänzend dazu, daß eine gewisse Übung bei der Lokalisierung von Lichtpunkten zu einer Vergrößerung des Gesichtsfelds bei partiell blinden Patienten führte. Diese Vergrößerung des Gesichtsfeldes wäre ohne Übung nicht zu erwarten gewesen. Man weiß aber nicht, ob eine solch spezifische Therapie auch bei den Kriegsveteranen Erfolge gezeigt hätte.

es, wenn man den Faktor der Intelligenz bedenkt. Auch wenn sich eine sehr intelligente Person im Vergleich zu anderen sehr gut erholt, so können doch die Residualstörungen gleich groß sein. Noch schwieriger ist es, die Persönlichkeit in die Bewertung mit einzubeziehen. Häufig erhalten optimistische, gut verträgliche und extrovertierte Personen bessere Prognosen. Man weiß aber, daß sich die Persönlichkeit sehr schwer erfassen läßt und durch eine Gehirnschädigung verändern kann.

Therapeutische Ansätze bei Gehirnschädigungen

Bei Gehirnschädigungen gibt es drei wesentliche therapeutische Ansätze: erstens Rehabilitationsmaßnahmen, zu denen eine Vielzahl von psychologischen Therapien gehören, zweitens therapiert man pharmakologisch, um die Erholung unmittelbar nach der Läsion zu beschleunigen, und drittens kann man Transplantationstechniken anwenden, um eine normale Gehirntätigkeit wiederherzustellen. Während die psychologischen Rehabilitationsmaßnahmen recht gemischte Ergebnisse zeitigen, befinden sich pharmakologische Therapien und die Technik der Transplantation erst im experimentellen Stadium und werden nur bei Tieren angewandt.

Rehabilitation

Das Ziel von Rehabilitationsmaßnahmen besteht darin, den Patienten auf ein Funktionsniveau zurückzubringen, das dem präpathologischen Normalzustand ähnlich ist. Es kommt dabei weniger darauf an zu verstehen, was genau im Gehirn geschieht, als zu wissen, welche Vorgehensweisen bei der Wiederherstellung von Funktionen sinnvoll sein können. Bach-y-Rita hat einige der wichtigsten Punkte zusammengefaßt:

1. Eine Stimulation in der frühpostoperativen Periode ist sinnvoll. Dazu gehört, daß man mit der Person spricht, auch wenn sie sich noch im Koma befindet, daß man sich mit ihr abgibt oder ihr Musik mit einem anregenden Rhythmus vorspielt.
2. Bestehen Behinderungen bei der Verwendung verschiedener Körperteile, so sind mit äußerem „Zwang" durchgeführte Aktivitäten sinnvoll. Dazu gehört, daß die Person zum Beispiel aufgefordert wird, den behinderten Arm zu verwenden.
3. Diese Übungen müssen sehr intensiv sein, und das Maß, das man bei einer nichtbehinderten Person ansetzen würde, sollte bei weitem überschritten werden. Hier sind die Fortschritte häufig nur sehr klein, und eine Reihe von Ersatzverhaltensweisen können sich so weit entwickeln, daß sie zum gleichen Ziel führen.
4. Die Aufgaben, die man die Person üben läßt, müssen im tatsächlichen Leben Bedeutung haben und sollen zum Teil aus Tätigkeiten des täglichen Lebens bestehen. In manchen Krankenhäusern werden die Patienten durch das Personal gefüttert und gepflegt und im Rollstuhl zur Physiotherapie gefahren. In diesem Fall könnte schon eine Menge Therapiearbeit durch Weglassen dieser Tätigkeiten geleistet werden.
5. Nichtprofessionelle Helfer, insbesondere Familienmitglieder, sollten in die Therapie einbezogen werden. Meistens sind die Therapien und das Training sehr zeit- und arbeitsintensiv und kosten viel Geld, wenn man dabei nur auf ausgebildetes Personal zurückgreift.
6. Die Motivation ist eine wichtige Komponente der Therapie, weil Therapien sehr mühsam sind und manchmal nur kleine Erfolge erkennbar sind. Dies kann frustrieren.
7. Das Training sollte auch dann beibehalten werden, wenn ein bestimmter stabiler Wert erreicht wurde. Sehr oft wird die Therapie beendet, wenn die Erholungsfortschritte nur noch sehr klein sind. Eine Fortführung der Arbeit kann häufig aber auch den Unterschied ausmachen, der zwischen Abhängigkeit und Selbständigkeit besteht.
8. Bewältigbare Arbeiten sollten in einfache Komponenten zerlegt werden, weil sowohl die Aufmerksamkeitsspanne als auch die motorischen Fähigkeiten anfangs sehr beeinträchtigt sein können.

Die Therapie gehirnverletzter Patienten erfordert oft Erfindungsgeist und die Entwicklung von Techniken, die speziell auf den jeweiligen Patienten ausgerichtet sind. Wir wurden einmal gebeten, eine Therapie für einen Motorradrennfahrer zu entwickeln, der depressiv war und nach einem Unfall beim Drachenfliegen eine erhebliche Gehirnschädigung erlitten hatte. Halb im Scherz schlugen wir vor, man solle ihm eine Art Dreirad geben, und dies wurde vom Pflegepersonal tatsächlich für ihn entwickelt. Es verursachte eine dramatische Verbesserung seines Befindens, und bald fuhr er mit dem Gefährt auf dem Klinikgelände herum und unternahm kleine Ausflüge in die Stadt. Die Übung und seine Einstellung halfen ihm, andere Aufgaben anzugehen und trugen so zu seiner Erholung bei. Für manche Personen kann es gut sein, bestimmte Substitutionssysteme zu entwickeln. So läßt sich zum Beispiel visuelle Information mit einer Videokamera aufnehmen und danach in Form taktiler Hautstimuli darbieten. Man kann auch verschiedene Apparate, insbesondere Computer für bestimmte Aufgaben verwenden. Eine Reihe von Programmen arbeitet mit speziell trainierten Tieren, die bestimmte Routineaufgaben übernehmen. Sogenannte Biofeedback-Techniken helfen beim Wiedererlernen motorischer Fertigkeiten.

Pharmakologische Therapie

Das Interesse an pharmakologischen Therapien zur Linderung der Auswirkungen von Gehirnschädigungen besteht schon sehr lange. Die extensive diesbezügliche Forschungsarbeit wurde von Feeney und Sutton in einer Übersichtsarbeit dargestellt. Ein Großteil der Motivation für Forschungsarbeiten in dieser Richtung stammt aus der Beobachtung, daß eine Amphetaminbehandlung einige Funktionen bei gehirngeschädigten Tieren restaurieren kann. Aus diesen Resultaten kann man schließen, daß die Erholungsrate durch Anwendung pharmakologischer Therapien bei gleichzeitiger Physiotherapie verbessert werden kann. Gegenwärtig werden die Mechanismen, welche der therapeutischen Wirkung von Amphetamin zugrunde liegen, eingehend untersucht. Man untersucht die Transmitter, die hierbei hierbei in den Erholungsvorgang mit einbezogen sind. Dazu gehören Noradrenalin, Dopamin, Serotonin und Acetylcholin. Außerdem wird die Rolle der Ganglioside und die Bedeutung des Nervenwachstumsfaktors untersucht.

Hirngewebetransplantate

Die Vorstellung, daß man neuronales Gewebe von Säugern transplantieren kann, geht auf das erste Jahrzehnt unseres Jahrhunderts zurück. Bis vor wenigen Jahren jedoch schien der Gedanke, neurale Transplantationen könnten eine praktische Bedeutung haben, sehr abwegig zu sein. Diese Ansicht hat sich inzwischen radikal verändert. Abbildung 23.10 zeigt eine mögliche Vorgehensweise bei der Transplantationstechnik. Hierbei wird foetales Gewebe, das noch unentwickelte embryonale Zellen enthält, aus dem Gehirn eines Foetus entnommen. Das Gewebe wird in einer schwachen Kochsalzlösung gewaschen, und dann werden die foetalen Gehirnzellen von Gliagewebe und Blutgefäßen getrennt. Anschließend wird die Lösung mit den dissoziierten Nervenzellen an einer entsprechenden Stelle in das Gehirn des Empfängertieres injiziert. Diese Technik kann auf verschiedene Weisen durchgeführt werden. Das Gewebe kann aus verschiedenen Gehirnarealen stammen, und die Spender können verschieden alt sein. In Zukunft ist es vielleicht möglich, nur diejenigen Zellen zu injizieren, die von Bedeutung sind, oder es ist denkbar, Zellen für ein Transplantat zu klonen. Es ist auch vorstellbar, daß man andere Substanzen injiziert (etwa den Nervenwachstumsfaktor), welche die Inkorporation des neuen Gewebes in das Empfängerhirn beschleunigen.

Offenbar stellt das Gehirn im Hinblick auf die normalerweise erfolgende Abstoßungsreaktion gegenüber fremdem Gewebe, die im gesamten restlichen Körper beobachtet wird, eine Ausnahme dar. Deshalb lassen sich Hirngewebetransplantationen nicht nur zwischen Individuen, sondern auch zwischen verschiedenen Arten vornehmen. Foetale Transplantate überleben am besten, und die Transplantate müssen rasch gut durchblutet werden. Erfolgreiche Transplantate zeigen ein hohes Maß an normaler Differenzierung und Organisation. Sie knüpfen auch Verbindungen mit dem Wirtsgewebe. Eine besonders positive Eigenschaft der Transplantate besteht darin, daß sie fast überall, wo sie eingesetzt werden, über ihre Axone angemessene Verbindungen knüpfen. Anders gesagt, das Transplantat funktioniert, egal ob es in der Läsionszone, entlang des Ventrikels oder an einem anderen Ort, der aus technischen Gründen sinnvoll erscheint, implantiert wird. Die embryonalen Zellen scheinen zu „wissen“, wohin sie wachsen müssen und mit wem sie Verknüpfungen eingehen sollen. Dennoch ist Vorsicht angesagt! Transplantate innervieren nicht nur die jeweils entsprechenden Areale, sondern gehen auch andere Kontakte ein. Dies wurde bislang noch nicht ausreichend unter Kontrolle gebracht.

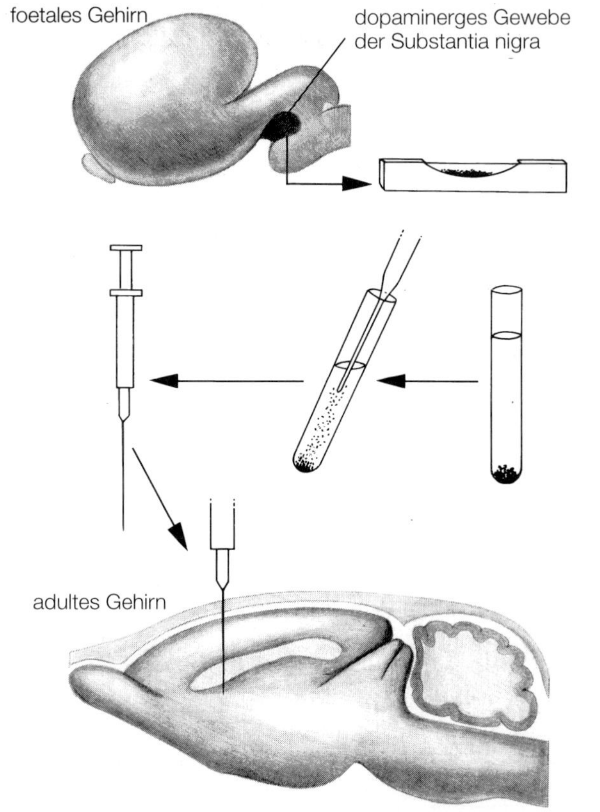

23.10 Die wichtigsten Schritte bei einem Transplantationsversuch mit dopaminergem Hirngewebe (siehe Text). (Nach Björklund, A.; Stenevi, U.; Schmidt, R. H.; Dunnett, S. B.; Gage, F. H. Introduction and General Methods of Preparation. *Acta Physiologica Scandinavica* 522: 1–8, 1983.)

Die Anwendungsmöglichkeiten von Gehirntransplantaten sind offenkundig. Nach einer Gehirnschädigung wird degeneriertes Gewebe einfach durch embryonales ersetzt! Eine Anwendungsmöglichkeit ergibt sich bei Patienten mit Parkinson- oder Alzheimer-Krankheit, denn beide Krankheitsformen scheinen mit einem Verlust spezifischer Zellpopulationen einherzugehen. Hier sei daran erinnert, daß bei der Parkinson-Krankheit Zellen in der Substantia nigra degenerieren und das Gehirn deshalb an einem Dopaminmangel leidet. Der

Dopaminverlust führt zu einer Reihe von Symptomen, die das Krankheitsbild ausmachen. In Abbildung 23.11A wird die Rolle des Dopamins bei der Modulation des Verhaltens und im gesunden Tier schematisch dargestellt. Abbildung 23.11B zeigt die Bedingungen, die bei der Parkinson-Krankheit herrschen. Eine mögliche Heilung dieser Krankheit könnte durch ein Zelltransplantat erfolgen, das wie in Abbildung 23.11C eingesetzt wird.

Kann so etwas funktionieren? Zahlreiche Literaturhinweise zeigen, daß sich einige Symptome von Dopaminmangel bei Ratten und Affen mit Hirntransplantaten lindern lassen. Die Anwendung dieser Technik beim Menschen ist im experimentellen Stadium; mehr als 100 Patienten haben bereits solche Transplantate erhalten. Einige der Forschungsgruppen, die diese Eingriffe vornehmen, waren an den experimentellen Untersuchungen von Tieren nicht beteiligt, und einige andere Gruppen haben ihre Patienten präoperativ beziehungsweise postoperativ nicht ausreichend getestet. Die Ergebnisse, die sich aus den meisten Berichten ergeben, sind nicht besonders ermutigend. Eine Linderung der Symptome ist höchstens geringfügig oder nur kurzlebig. Die Schwierigkeiten mit Transplantaten beim Menschen liegen möglicherweise darin, daß diese Transplantate im (großen) menschlichen Gehirn nicht genügend wachsen; sie werden nicht in geeigneter Weise in den Gehirnkreislauf inkorporiert, und sie unterliegen denselben krankhaften Prozessen, die den ursprünglichen Verlust von Dopaminzellen verursacht haben.

Der am ehesten positive Bericht stammt von Widmer und Mitarbeitern; sie berichten über Transplantate in die Basalganglien zweier Patienten (eines 42jährigen Mannes und einer 30jährigen Frau), die nach Drogeneinnahme Parkinson-Symptome entwickelten. Sie hatten ein synthetisches Morphin zu sich genommen, das unglücklicherweise die Substanz MPTP enthielt. Diese Verbindung wird in der Leber in eine zweite Verbindung umgewandelt, die auf die Dopaminzellen der Substantia nigra toxisch wirkt. Da beide in relativ jungem Alter Anzeichen von Parkinsonismus entwickelten, litten sie nicht an irgendwelchen progredienten Erkrankungen. Als Reaktion auf die Transplantate verbesserte sich ihre motorische Funktion; sie könnten sich unabhängiger bewegen, und die medikamentöse Behandlung, der sie sich unterziehen mußten, konnte reduziert werden. Wenn die Patienten auch noch immer deutlich behindert waren und die Transplantate ihren Zustand nicht heilen konnten, so muß man die Verbesserung ihrer motorischen Funktionen, die so weit ging, daß sie Willkürbewegungen ausführen konnten, doch als einen wichtigen Heilungsschritt ansehen.

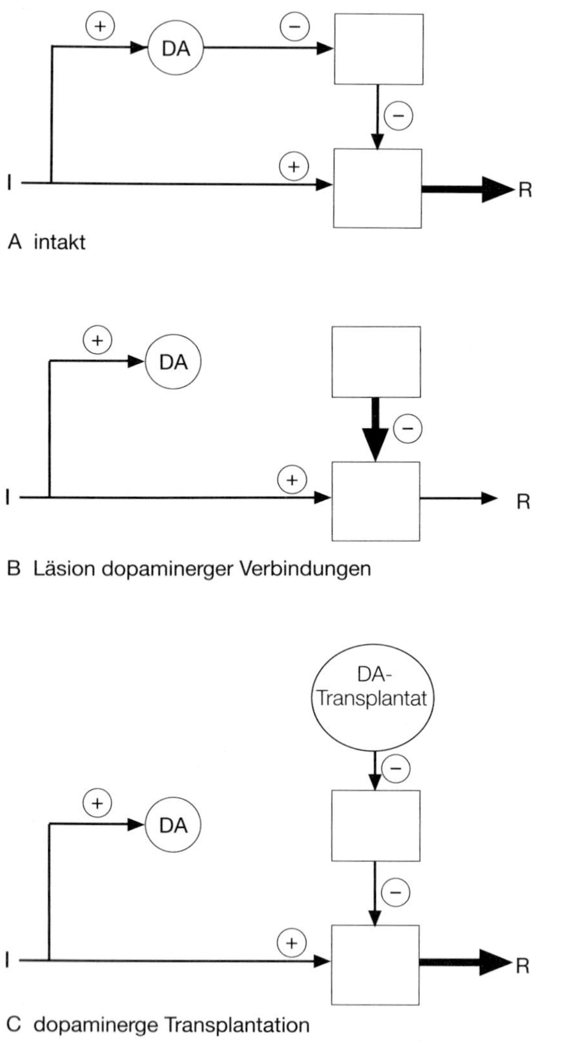

23.11 Mögliche Wirkmechanismen eines dopaminproduzierenden Gehirntransplantats bei der Förderung der Erholung von Verhaltensausfällen. A. Die Verhaltensreaktion (R), die durch einen sensorischen Informationseingang (I) hervorgerufen wird, erfährt eine Modulation durch einen inhibierenden Kontrollmechanismus, bei dem dopaminerge Zellen eine wichtige Rolle spielen. B. Die Reaktion kann ohne Dopamin nicht mehr erfolgen. C. Die sensorische Antwort wird durch das Dopamintransplantat wieder ermöglicht.

Weitere Ansätze

Die frühere übliche Ansicht, daß sich nach Abschluß der Gehirnentwicklung keine neuen Zellen bilden können, hat sich inzwischen als unrichtig herausgestellt. Wie Reynolds und Weiss fanden, gibt es in einer Gewebsregion in der Nachbarschaft der Seitenventrikeln Stammzellen, die die Fähigkeit beibehalten, sich zu teilen und neue Nervenzellen zu bilden. Gewöhnlich teilen sich diese Stammzellen ständig (vermutlich das ganze Leben lang) und erzeugen dabei jeweils eine Tochterzelle, die sich anschließend ihrerseits wiederum teilt, sowie eine zweite Tochterzelle, die zugrundegeht. Man kann diese Zellen in Petrischalen in Kultur halten, um Neurosphären zu bilden, kleine Zellkugeln, die sich in Laufe der Zeit in Neuronen oder Gliazellen differenzieren können. Denkbar wäre, diese Zellen mit Wachstumsfaktoren zu behandeln, so daß sie spezielle Zellinien bilden (beispielsweise Dopaminzellen), die man anschließend für Hirntransplantate verwenden kann. Man könnte diese Zellen aber auch mit

Hilfe von Wachstumsfaktoren dazu anregen auszuwachsen, um verlorengegangene Zellen im Gehirn eines hirngeschädigten Patienten zu ersetzen. Zugegebenerweise sind diese Verfahren, wenn sie sich überhaupt als durchführbar erweisen sollten, Zukunftsmusik, aber sie erscheinen umsetzbar.

Zusammenfassung

Hirnschädigungen sind ein Hauptgrund für den Verlust von Funktionen. Im allgemeinen erholen sich die Betroffenen von traumatischen Verletzungen, die Teile der funktional wichtigen Regionen aussparen, besser als von Verletzungen, bei denen eine funktional bedeutende Region vollständig zerstört wird. Der Erholungsprozeß kann jahrelang andauern, wobei sich die Funktionen häufig in derselben Reihenfolge erholen, in der sich die entsprechenden Verhaltensreaktionen in der Kindheit entwickelt haben. Intensive und ausdauernde therapeutische Maßnahmen verhindern dabei nicht nur eine Regression angesichts der Behinderung, sondern sie fördern die Erholung auch über das normalerweise zu erwartende Maß hinaus. Es gibt viele interessante und potentiell nützliche Möglichkeiten, um verlorengegangenes oder geschädigtes Nervengewebe zu ersetzen, doch nur wenige dieser Maßnahmen sind genügend weit entwickelt, um klinisch einsetzbar zu sein. Daher bleibt die Verhaltenstherapie bislang die einzig wirklich nützliche Behandlungsmethode, und Kompensationsprozesse sind ihr einziges positives Resultat.

Literatur

Anand, B.K., J.R. Brobeck. Hypothalamic control of food intake. *Yale Journal of Biology and Medicine* 24: 123–140, 1951.

Bach-y-Rita, P. (Hrsg.) *Recovery of Function: Theoretical Considerations for Brain Injury Rehabilitation.* Bern, Switzerland: Hyuber Publishers, 1980.

Barbizet, J. *Human Memory and Its Pathology.* San Francisco: W.H. Freeman, 1970.

Barnes, C.D., R.T. Joynt, B.A. Schottelius. Motor neuron resting potentials in spinal shock. *American Journal of Physiology* 203: 1113–1116, 1962.

Basso, A., E. Capitani, E. Zanobio. Pattern of recovery of oral and written expression and comprehension in aphasic patients. *Behavioral Brain Research* 6: 115–128, 1982.

Blakemore, C.B., M.A. Falconer, Long-term effects of anterior temporal lobectomy on certain cognitive functions. *Journal of Neurology, Neurosurgery, and Psychiatry* 30: 364–367, 1967.

Bucy, P.C., J.E. Keplinger, E.B. Siqueira. Destruction of the "pyramid tract" in man. *Journal of Neurosurgery* 21: 385–398, 1964.

Cannon, W.B., A. Rosenblueth. *The Supersensitivity of Denervated Structures.* New York: Macmillan, 1949.

Critchely, M. Dr. Samuel Johnson's aphasia. *Medical History* 6: 27–44, 1962.

Dresser, A.C., A.M. Meirowsky, G.H. Weiss, M.L. McNeel, A.G. Simon, W.F. Caveness. Gainful employment following head injury. *Archives of Neurology* 29: 111–116, 1973.

Feeney, D.M., R.L. Sutton. Pharmacotherapy for recovery of function after brain injury. *CRC Critical Reviews in Neurobiology* 3: 135–197, 1987.

Finger, S., D.G. Stein. *Brain Damage and Recovery.* New York: Academic, 1982.

Geschwind, N. Late changes in the nervous system: An overview. In: D.G. Stein, J.J. Rosen, N. Butters (Hrsg.) *Plasticity and Recovery of Function in the Central Nervous System.* New York Academic, 1974.

Glees, P., J. Cole. Recovery of skilled motor function after small repeated lesions of motor cortex in macaque. *Journal of Neurophysiology* 13: 137–148, 1950.

Golani, I., D.L. Wolgin, P. Teitelbaum. A proposed natural geometry of recovery from akinesia in the lateral hypothalamic rat. *Brain Research* 164: 237–267, 1979.

Grillner, S. Locomotion in the spinal cat. In: R.B. Stein, K.G. Pearson, R.S. Smith, J.B. Redford (Hrsg.) *Control of Posture and Locomotion.* New York: Plenum, 1973.

Hall, M. *On the Disease and Derangements of the Nervous System.* London: Bailliere, 1841.

Head, H., G. Riddoch. The automatic bladder, excessive sweating and some other reflex conditions in gross injuries of the spinal cord. *Brain* 15: 188–263, 1917.

Hughlings Jackson, J. *Selected Writings of John Hughlings Jackson.* J. Taylor (Hrsg.) London: Hodder, 1932.

Jones, M.K. Imagery as a mnemonic acid after left temporal lobectomy: Contrast between material-specific and generalized memory disorder. *Neuropsychologia* 12: 21–30, 1974.

Jones-Gottman, M., B. Milner. Design fluency: The invention of nonsense drawings after focal cortical lesions. *Neuropsychologia* 15: 653–674, 1977.

Kertesz, A. *Aphasia and Associated Disorders.* New York: Grune & Straton, 1979.

Kolb, B., B. Milner. Performance of complex arm and facial movements after focal brain lesions. *Neuropsychologia* 19: 491–503, 1981.

Kuhn, R. A. Functional capacity of the isolated human spinal cord. *Brain* 73: 1–51, 1950.

Lashley, K. S. Temporal variation in the function of the gyrus precentralis in primates. *American Journal of Physiology* 65: 585–602, 1923.

Levin, H. S., A. L. Benton, R. G. Grossman. *Neurobehavioral Consequences of Closed Head Injury.* New York: Oxford, 1982.

Linge, F. What does it feel like to be brain-damaged? *Canada's Mental Health* 28: 4–7, 1980.

Luria, A. R. *Der Mann, dessen Welt in Scherben ging.* Reinbek: Rowohlt, 1992.

Lynch, G. S., S. Deadwyler, and C. W. Cotman. Post lesion axonal growth produces permanent functional connections. *Science* 180: 1364–1366, 1973.

Lynch, G., G. Rose, C. Gall, C. W. Cotman. In: M. Statini (Hrsg.) *Golgi Centennial Symposium Proceedings.* New York: Raven Press, 1975.

Milner, B. Effect of different brain lesions on card sorting. *Archives of Neurology* 9: 90–100, 1963.

Milner, B. Psychological aspects of focal epilepsy and its neurosurgical management. *Advances in Neurology* 8: 299–321, 1975.

Milner, B., S. Corkin, H.-L. Teuber. Further analysis of the hippocampal amnesic syndrome: 14-year followup study of H. M. *Neuropsychologia* 6: 215–234, 1968.

Mohr, J. P., G. H. Weiss, W. F. Caveness, J. D. Dillon, J. P. Kistler, A. M. Meirowsky, B. L. Rish. Language and motor disorders after penetrating head injury in Viet Nam. *Neurology* 30: 1273–1279, 1980.

Munk, H. *Über die Funktionen der Großhirnrinde. Gesammelte Mitteilungen aus den Jahren.* 1877–1880. Berlin: August Herschwald, 1881.

Murray, T. J. Dr. Samuel Johnson's abnormal movements. In: A. J. Friedhoff, T. N. Chase (Hrsg.) *Advances in Neurology,* Bd. 35, New York: Raven Press, 1982.

Oddy, M., M. Humphrey. Social recovery during the year following severe head injury. *Journal of Neurology, Neurosurgery, and Psychiatry* 43: 798–802, 1980.

Quinlan, J., J. Quinlan. *Karen Ann: The Quinlans Tell Their Story.* Toronto: Doubleday, 1977.

Reynolds, B. A, S. Weiss. Generations of neurons and astrocytes from isolated cells of the adult mammalian central nervous system. *Science* 255: 1613–1808, 1992.

Robinson, R. G., F. E. Bloom, E. L. F. Battenberg. A fluorescent histochemical study of changes in noradrenergic neurons following experimental cerebral infarction in the rat. *Brain Research* 132: 259–272, 1977.

Rosner, B. B. Recovery of function and localization of function in historical perspective. In: D. G. Stein, J. J. Rosen, N. Butters (Hrsg.) *Plasticity and Recovery of Function in the Central Nervous System.* New York: Academic, 1974.

Sherrington, C. S. *The Integrative Action of the Nervous System,* 2. Aufl. New Haven: Yale University Press, 1947.

Sokoloff, L. The deoxyglucose method: Theory and practice. *European Neurology* 20: 137–145, 1981.

Taylor, L. B. Localization of cerebral lesions by psychological testing. *Clinical Neurosurgery* 16: 269–287, 1969.

Taylor, L. B. Psychological assessment of neurosurgical patients. In: T. Rasmussen, R. Marino (Hrsg.) *Functional Neurosurgery.* New York: Raven Press, 1979.

Teitelbaum, P., A. N. Epstein. The lateral hypothalamic syndrome: Recovery of feeding and drinking after lateral hypothalamic lesions. *Psychological Review* 69: 74–90, 1962.

Teuber, H.-L. Recovery of function after brain injury in man. In: *Outcome of Severe Damage to the Nervous System, Ciba Foundation Symposium 34.* Amsterdam: Elsevier North-Holland, 1975.

Twitchell, T. E. The restoration of motor function following hemiplegia in man. *Brain* 74: 443–480, 1951.

Twitchell, T. E. The automatic grasping response of infants. *Neuropsychologia* 3: 247–259, 1965.

von Monakow, C. V. *Lokalization der Hirnfunktionen. Journal für Psychologie and Neurologie* 17: 185–200, 1911. Nachdruck in G. von Bonin. *The Cerebral Cortex.* Springfield, III.: Charles C. Thomas, 1960.

Wall, P. D., M. D. Egger. Formation of new connections in adult rat brains after partial deafferentation. *Nature* 232: 542–545, 1971.

Waller, A. V. Experiments on the section of the glossopharyngeal and hypoglossal nerves of the frog, and observations of the alterations produced thereby in the structure of their primitive fibers. *Philosophical Transactions* 140: 423–429, 1850.

Whitty, C. W. M., O. L. Zangwill. Traumatic amnesia. In: C. W. M. Whitty, O. L. Zangwill (Hrsg.) *Amnesia.* London: Butterworths, 1966.

Widner, H. et al. Bilateral, fetal, mesencaphalic grafting in two patterns with parkinsonism induced by 1–methyl-4-phenyl-1,2,3,6-tetrahydropridine(MPTP). *The New England Journal of Medicine* 327: 1556–1563, 1992.

24

Neurologische Störungen

Menschen, bei denen man eine Störung des Nervensystems vermutet, werden gewöhnlich von einem *Neurologen* untersucht, einem Arzt, der auf die Behandlung derartiger Störungen spezialisiert ist. Dabei wird die neurologische Untersuchung von dem Prinzip geleitet, daß jede Funktion anomal ist, bis sie untersucht und als normal befunden worden ist. Der Neurologe erhebt zunächst die Anamnese (Patientengeschichte) und verschafft sich einen allgemeinen Eindruck von Persönlichkeit, äußerem Erscheinungsbild und Körperbau des Patienten. Anschließend untersucht der Neurologe gründlich Haut und Schleimhäute, Körperöffnungen und sensorische Systeme; er überprüft die motorischen Funktionen, untersucht Herz, Bauchraum, Kopf und Blutgefäße sowie alle Organsysteme. Stellt er dabei eine deutliche Abweichung fest, so werden Art und Ausmaß beurteilt, in dem sich der betreffende Körperteil vom selben Körperteil der contralateralen Seite, vom entsprechenden Körperteil bei Familienmitgliedern und von der zu erwartenden Norm bei einer Person gleichen Alters und Geschlechts unterscheidet. Möglicherweise schlägt der Neurologe weitere Tests (zum Beispiel EEG-Registrierungen oder ähnliches) vor, je nachdem, wie es die Fallgeschichte oder die neurologische Eingangsuntersuchng erfordert. Ist die Untersuchung beendet, schreibt der Neurologe einen zusammenfassenden Bericht über den Fall.

Die neurologische Untersuchung

Anamnese

Zunächst befragt der Neurologe den Patienten über dessen Problem. Er sammelt Informationen über den persönlichen Hintergrund, wobei besonderer Wert auf vorangegangene Erkrankungen, Unfälle und das Auftreten von Symptomen wie Kopfschmerzen, Bewußtlosigkeit und Schlafstörungen gelegt wird. Der familiäre Hintergrund ist ebenfalls wichtig, weil viele Krankheiten, wie Epilepsie, eine familiäre Häufung aufweisen.

Während die Fallgeschichte aufgenommen wird, beobachtet der Arzt das Verhalten des Patienten. Beispielsweise wird der geistige Zustand beurteilt, die Gesichtszüge werden auf Anomalien oder Asymmetrien untersucht, es wird nach Sprachauffälligkeiten geforscht, und die Körperhaltung wird beobachtet. Der Grad der Vigilanz des Patienten wird mit Begriffen wie *aufmerksam, schläfrig, benommen, verwirrt* und so weiter beschrieben. Gesichtszüge und Verhalten zeigen, ob jemand aufgeregt, ängstlich, niedergeschlagen, apathisch oder ruhelos ist. Möglicherweise werden auch einige einfachere Gedächtnisaspekte getestet, indem man dem Patienten Zahlen vorgibt und ihn auffordert, sie zu wiederholen. Falls Wahnsymptome und Halluzinationen auftreten, wird dies vermerkt. Der Neurologe kann auch feststellen, ob der Patient Rechts- oder Linkshänder ist und wie es um die Händigkeit in seiner Familie bestellt ist, denn die Händigkeit läßt Rückschlüsse auf die Hemisphäre zu, die die Sprache kontrolliert. Vielleicht führt der Neurologe zudem einige einfache Sprachtests durch, fragt zum Beispiel nach der Bedeutung von Begriffen, läßt Reime oder Wörter wiederholen (beispielsweise „la-la", „ta-ta"), Objekte benennen und fordert den Patienten auf, zu lesen und zu schreiben.

Die körperliche Untersuchung

Der Neurologe setzt im Verlauf der körperlichen Untersuchung eine Reihe von Instrumenten ein. Dazu gehören 1. ein Maßband, um Kopf- und Körpergröße, die Ausdehnung von Hautverletzungen und so weiter, zu messen, 2. ein Stethoskop, um Herz und Blutgefäße abzuhören sowie ein Otoskop, um den Gehörgang und das Trommelfell zu untersuchen, 3. eine Taschenlampe, um Pupillenreflexe auszulösen, 4. einen Holzspatel, um den Würgereflex sowie den Bauchhautreflex und den Fußsohlenreflex auszulösen, 5. ein Riechfläschchen mit Kaffee, um den Geruchssinn zu testen, und Ampullen mit Salz beziehungsweise Zucker, um den Geschmackssinn zu prüfen, 6. eine 256-Hz-Stimmgabel, um Vibrationsempfindungen und das Gehör zu überprüfen, 7. eine Wattesträhne, um den Corneareflex auszulösen und um die Empfindlichkeit für leichte Berührungen zu testen, Plastikröhrchen, um das Temperaturempfinden zu testen, und Nadeln, um das Schmerzempfinden zu testen, 8. einen Gummihammer, um Streckreflexe der Muskulatur, wie den Kniesehnenreflex, zu testen, 9. einige Münzen und Schlüssel, um die Stereognosie (das Identifizieren von Objekten durch Abtasten) zu testen, und 10. eine Blutdruckmanschette, um den Blutdruck zu messen.

Einer der wichtigsten Teile der neurologischen Untersuchung ist die Untersuchung des Kopfes. Neben allgemeinen cranialen Merkmalen, wie Größe und Form, werden sensorische und motorische Funktionen ausführlich geprüft. Der Kopf wird von 12 paarigen Hirnnerven innerviert, von denen viele sowohl motorische als auch sensorische Funktion haben. Die Untersuchung des Kopfes kann eine Fehlfunktion der Hirnnerven aufzeigen und damit wichtige Rückschlüsse auf die Lage und die Natur von Schäden im Nervensystem ermöglichen.

Das motorische System wird in Hinblick auf Muskelmasse, Muskeltonus und Muskelkraft untersucht; dabei werden das Auftreten unwillkürlicher Muskelbewegungen, wie Schütteln und Muskelzittern, und der Reflexstatus registriert. Zudem wird die Bewegungskoordination geprüft: Der Patient wird aufgefordert, einen Fuß genau vor den anderen setzend auf einer geraden Linie entlangzugehen, mehrmals den Finger des Neurologen beziehungsweise seine eigene Nasenspitze zu berühren, rasche alternierende Fingerbewegungen durchzuführen, so schnell wie möglich mit seinem Fuß auf den Boden zu tappen und so weiter. Im allgemeinen werden alle Muskeln des Körpers, vom Kopf bis zu den Füßen, getestet, und der Status eines jeden wird auf einer Standardtabelle vermerkt.

Zu einer vollständigen sensorischen Untersuchung gehört eine Prüfung der Empfindlichkeit für Schmerz-, Berührungs- und Temperaturreize sowie eine Analyse der Vibrationsempfindung, der Lageempfindung, der Raumschwelle (des geringsten Abstandes, bei dem zwei Reizorte auf der Haut noch getrennt wahrgenommen werden), der taktilen Lokalisation, der Stereognosie und der Graphesthesie (die Fähigkeit, Zahlen oder Buchstaben zu identifizieren, die mit einem stumpfen Gegenstand auf die Haut geschrieben werden). Diese sensorischen Tests ermöglichen es, die Funktionen der verschiedenen sensorischen Systeme zu beurteilen und lassen daneben Rückschlüsse auf den Ort möglicher Fehlfunktionen zu.

Neurologische Störungen

Die normale Funktion des Zentralnervensystems kann durch eine Reihe von Störungen beeinträchtigt werden; die häufigsten Ursachen sind Kopfschmerzen, Tumoren, Gefäßprobleme, Infektionen, Epilepsie, Schädel-Hirn-Traumata, Erkrankungen, die zu einer Demyelinisierung führen, sowie Stoffwechsel- und ernährungsbedingte Krankheiten. Im folgenden wollen wir einen kurzen Überblick über diese Störungen geben.

Vasculäre Störungen

Ein Neuron oder eine Gliazelle kann durch jeden Vorgang geschädigt werden, der in ihren Energiestoffwechsel eingreift, beispielsweise durch ein verringertes Sauerstoff- oder Glucoseangebot, durch Kontakt mit toxischen Substanzen oder, noch wichtiger, durch eine Unterbrechung der Blutversorgung. Gefäßerkrankungen können zu einer signifikant verringerten Versorgung mit Sauerstoff und Glucose führen – bis zum völligen Ausfall, was eine kritische Störung des zellulären Stoffwechsels zur Folge hat. Hält eine solche Störung länger als 10 Minuten an, sterben alle Zellen in dem betroffenen Bereich ab. Cerebrale Gefäßerkrankungen gehören zu den häufigsten Ursachen von Tod und chronischer Behinderung in der westlichen Welt.

Ein häufig benutzter Begriff bei der Diskussion von cerebralen Gefäßstörungen ist der **Schlaganfall** (oder Gehirnschlag), auch als *cerebraler vasculärer Insult* bekannt. Unter Schlaganfall versteht man das plötzliche Auftreten neurologischer Symptome infolge einer schwerwiegenden Unterbrechung der Durchblutung. Ein Schlaganfall kann von einer breiten Palette vasculärer Erkrankungen ausgelöst werden, aber nicht alle vasculären Störungen führen zu einem Schlaganfall. Die Dysfunktion kann schleichend einsetzen, über Monate oder gar Jahre. Ein Schlaganfall führt häufig zu einem **Infarkt**, einem Bereich toten oder absterbenden Gewebes, der aus der Verstopfung der Blutgefäße resultiert, die diesen Bereich gewöhnlich versorgen. Die meisten Erkrankungen des cerebralen Gefäßsystems betreffen das arterielle System, Erkrankungen des venösen Drainagesystems im Zentralnervensystem sind selten.

Wenn kleine Blutgefäße, wie Kapillaren, unterbrochen werden, sind die Auswirkungen begrenzt im Vergleich zu den oft verheerenden Folgen, die die Schädigung großer Gefäße nach sich zieht (Abbildung 24.1). Wenn ein Schlaganfall oder eine andere cerebrale Gefäßstörung in einem eng begrenzten Abschnitt eines ungewöhnlich schwachen Gefäßes auftritt, ist die Prognose manchmal recht gut, weil Gefäße aus benachbarten Bereichen oft zumindest einen Teil des deprivierten Bereiches mit Blut versorgen können. Tritt ein Schlaganfall dagegen in einer Region auf, die von schwachen oder erkrankten Gefäßen umgeben ist, sind die Auswirkungen manchmal sehr viel schlimmer, weil es in diesem Fall keine Kompensationsmöglichkeit gibt. Zudem weisen die umliegenden schwachen Regionen selbst möglicherweise ein erhöhtes Schlaganfallrisiko auf. Langfristig ist die Prognose für eine substantielle Wiederherstellung der Funktion bei kleinen Gefäßläsionen in einem gesunden Gehirn gut. Im Falle bereits existierender vasculärer Läsionen variieren die Auswirkungen weiterer Läsionen außerordentlich stark. Die Läsionen können zum Beispiel kumulativ wirken und ein Funktionsareal des Gehirngewebes zerstören, was schwerwiegende Folgen hat. Wie bei anderen Läsionen auch, hängen die Verhaltenssymptome nach Gefäßläsionen vom Ort der Schädigung ab.

Eine **Anastomose** ist eine Verbindung zwischen parallel verlaufenden Blutgefäßen, die ihnen erlaubt, ihren Blutstrom zu mischen. Wegen der Anastomosen im Gehirn kann die cerebrale Blutversorgung einer bestimmten Region auf mehr als einem Weg gewährleistet werden. Ist ein Gefäß verstopft, kann eine bestimmte Region von einem Infarkt verschont bleiben, weil Blut über eine alternative Route in die betroffenen Zone gelangt. Die Zahl der Anastomosen schwankt von Individuum zu Individuum beträchtlich; das macht es sehr schwierig, das Ausmaß der Schädigung abzuschätzen, die aus dem Schaganfall eines bestimmten Gefäßes resultiert. Noch schwieriger wird eine solche Prognose dadurch, daß der exakte Verlauf selbst großer Blutgefäße im Gehirn individuell stark variiert.

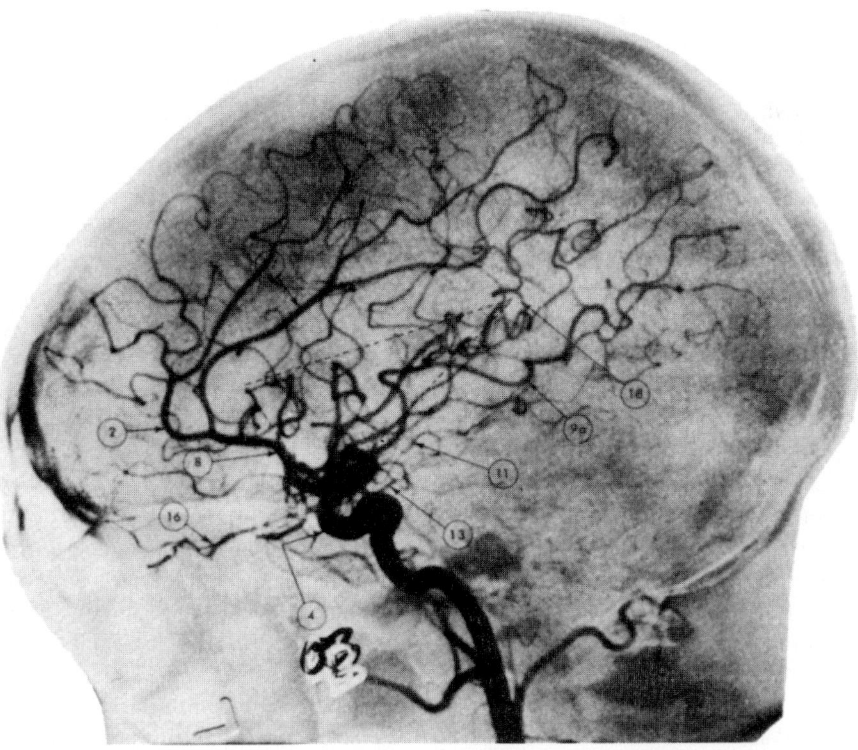

24.1 Ein normales Carotisangiogramm, das die großen Blutgefäße zeigt (Lateralansicht von links). Zahlenschlüssel: 2 Arteria callosomarginalis, 4 innere Kopfschlagader (Arteria carotis interna), 8 vordere Hirnschlagader (Arteria cerebri anterior), 9a mittlere Hirnschlagader (Arteria cerebri media), 11 vordere Aderhautschlagader (Arteria chorioidea anterior), 13 hintere Verbindungsschlagader (Arteria communicans posterior), 16 Augenschlagader (Arteria ophthalmica), 18 Ende der Sylvischen Furche (Fissura lateralis) (ungefähr). (Nach S. J. De Armond et al., 1976. Copyright 1976 by Oxford University Press, Inc. Wiedergabe mit freundlicher Genehmigung.)

Verschiedene Formen von cerebrovasculären Störungen

Unter den vielen vasculären Störungen, die im Zentralnervensystem auftreten, sind die häufigsten Ischämie, Migräneanfall, cerebrale Hämorrhagie, Angiome und arteriovenöse Aneurysmen.

Cerebrale Ischämie. Unter dem Begriff Ischämie faßt man eine Gruppe von Störungen zusammen, bei der die Symptome von einer unzureichenden Blutversorgung des Gehirns hervorgerufen werden. Die Ischämie kann plötzlich auftreten (in welchen Fall man häufig von einem Schlaganfall spricht) oder allmählich einsetzen. Eine verminderte Hirndurchblutung kann drei Ursachen haben:

1. **Thrombose**: Ein Propfen (Thrombus) oder Blutgerinnsel in einem Blutgefäß ist koaguliert und verbleibt an seinem Entstehungsort. Dort blockiert er den Blutstrom.
2. **Embolie**: Ein Blutgerinnsel oder ein anderer Propfen (Embolus) ist mit dem Blutstrom aus einem größeren Gefäß in ein kleineres Gefäß verschleppt worden und setzt sich dort fest, wodurch die Blutzirkulation unterbunden wird. Der Embolus kann ein Blutgerinnsel, eine Luftblase, ein Öl- oder Fettröpfchen oder ein kleiner Zellklumpen sein, die sich von einem Tumor abgelöst hat. Seltsamerweise manifestiert sich eine Embolie meistens in der mittleren Hirnschlagader (*Arteria cerebri media*) der linken Gehirnseite.
3. Verringerung der Durchblutung, die zu einem Sauerstoff- und Glucosemangel führt. Diese verringerte Durchblutung kann aus einer Vielzahl von Faktoren resultieren, die eine Gefäßverengung hervorrufen. Das häufigste Beispiel für eine solche Verengung ist die **cerebrale Arteriosklerose**, bei der es zu einer Verdickung und Verhärtung der Arterienwände kommt. Andere Gründe für eine Gefäßverengung sind zum Beispiel Gefäßentzündungen (*Vasculitis*) oder Gefäßspasmen.

Anders als eine Embolie, die plötzlich auftritt, entwickelt sich eine *Encephalomalacie* (wörtlich „Gehirnerweichung") gewöhnlich allmählich, über Stunden oder auch Tage. Wenn die Krankheit nur episodisch auftritt, kann man sie als *cerebrovasculäre Insuffizienz* oder *transitorisch-ischämische Attacke (TIA)* bezeichnen, womit auf die variable Natur der Störung hingewiesen wird. Derartige transitorisch-ischämische Attacken setzen oft abrupt ein; häufig treten dabei flüchtige Schwindelattacken oder Bewußtseinstrübung auf.

Migräneanfall. Personen mit klassischer **Migräne** erleben eine transitorisch-ischämische Attacke mit einer Vielzahl neurologischer Symptome, darunter eine Beeinträchtigung der sensorischen Funktion (besonders des Sehens), Taubheit der Haut (besonders an den Armen), Bewegungsstörungen und Aphasie. Die genauen Symptome hängen von den betroffenen Gefäßen ab; am häufigsten ist jedoch die posteriore Hirnschlagader (*Arteria cerebri posterior*) betroffen. Obwohl relativ selten, weiß man seit dem späten 19. Jahrhundert, daß Migräneattacken zu Infarkten und zu dauerhaften neurologischen Defiziten führen können. Heute ist man der Ansicht, daß Migräneanfälle für einen signifikanten Teil der Schlaganfälle bei jungen Leuten (unter 40 Jahren), besonders Frauen, verantwortlich sind. Ursache dieser Schlaganfälle ist wahrscheinlich irgendeine Form von Vasospasmus, doch was diesem Vasospasmus zugrunde liegt, ist bisher ein Rätsel.

Cerebrale Hämorrhagie. Unter **cerebraler Hämorrhagie** versteht man eine massive Blutung in die Gehirnmasse (Massenblutung). Die häufigste Ursache dafür ist hoher Blutdruck (*Hypertonie*). Andere Gründe können congenitale (angeborene) Defekte der Hirnarterien, Bluterkrankungen wie Leukämie und giftige Chemikalien sein. Die Blutung tritt gewöhnlich im Wachzustand auf, vermutlich, weil die Person dann aktiver ist und daher einen höheren Blutdruck hat. Die Prognose bei der cerebralen Hämorrhagie ist schlecht, besonders dann, wenn der Patient länger als 48 Stunden bewußtlos ist.

Angiome und Aneurysmen. Angiome sind congenitale Ansammlungen abnormer Gefäße, wie kapillare, venöse oder **arteriovenöse (A-V) Mißbildungen**, die zu einer anomalen Durchblutung führen. Angiome bestehen aus einer Masse vergrößerter und gewundener Hirngefäße, die von einer oder mehreren großen Arterien versorgt und von einer oder mehreren großen Venen drainiert werden, meist im Gebiet der mittleren Hirnarterie (*Arteria cerebri media*). Da die normale Durchblutung gestört ist, können Angiome zu einer schlechten Blutverteilung im angrenzenden Hirngewebe oder infolge ihrer schwachen Gefäßwände sogar zu einem Schlaganfall führen. In einigen Fällen kann es vorkommen, daß das arterielle Blut direkt in die Venen fließt; dadurch wird das umliegende Gehirngewebe kaum oder auch gar nicht versorgt.

Aneurysmen sind pathologische Gefäßerweiterungen, die aus örtlich begrenzten Defekten in der Elastizität der Gefäßwand resultieren. Das zeigt sich in ballonartigen Erweiterungen der Gefäße, die gewöhnlich schwach sind und leicht zerreißen. Obwohl Aneurysmen gewöhnlich von angeborenen Defekten herrühren, können sie sich auch aufgrund von Hypertonie, Arteriosklerose, Embolie oder Infektionen entwickeln. Zu den Aneurysmasymptomen gehören in erster Linie – zum Teil jahrelange – schwere Kopfschmerzen, die entstehen, weil das Aneurysma auf die Dura mater, die harte Hirnhaut, drückt.

Behandlung von Durchblutungsstörungen

Für die meisten Gefäßstörungen gibt es keine spezifische Behandlung, doch in der Regel greift man zu einer medikamentösen Therapie oder zu einem chirurgischen Eingriff. Zur unterstützenden Therapie gehören Medikamente wie Antikoagulantien, um Blutgerinnsel aufzulösen oder ihre Bildung zu verhindern, Vasodilatoren, um die Gefäße zu erweitern, Medikamente, um den Blutdruck zu senken, und Salzlösungen oder Steroide, um cerebrale Ödeme (Schwellungen) zu verringern. In den letzten Jahren sind die chirurgischen Operationstechniken stark verbessert worden, sie sind aber nur bei einigen Störungen anwendbar. Beispielsweise ist das einzig sichere Heilmittel für ein Aneurysma dessen völlige

Entfernung, was gewöhnlich nicht durchführbar ist. Manchmal werden Aneurysmen mit verschiedenen plastikartigen Substanzen überzogen, doch der Erfolg dieser Behandlung ist umstritten. Im Fall der cerebralen Hämorrhagie kann ein chirurgischer Eingriff notwendig sein, um den Druck des Blutes aus dem geplatzten Gefäß auf das übrige Gehirn zu lindern.

Traumatische Kopfverletzungen

Nur allzu häufig kommt es bei Verkehrs- und Arbeitsunfällen zu Hirnverletzungen; das **Hirntrauma** ist bei unter 40jährigen die häufigste Form der Hirnschädigung. Da keine Übereinstimmung darüber besteht, was eine hirnschädigende Verletzung ausmacht, hat es sich als schwierig erwiesen, zuverlässige Schätzungen über die Häufigkeit von gedeckten Schädel-Hirn-Traumata zu erhalten. Mit Hilfe neuer hochentwickelter neuroradiologischer Verfahren wie MRI und PET konnte jedoch gezeigt werden, daß Hirnverletzungen infolge eines Schädel-Hirn-Traumas in industrialisierten Ländern inzwischen eines der Hauptprobleme für das öffentliche Gesundheitswesen darstellen. Bei einer telefonischen Umfrage in Schweden gaben 5 Prozent der interviewten Personen an, bereits einmal unter einer Gehirnerschütterung gelitten zu haben, die zu einer zumindest kurzen Bewußtlosigkeit führte. Etwa die gleiche Anzahl von Personen, so wird geschätzt, dürfte schon einmal eine Gehirnerschütterung ohne deutliche Bewußtlosigkeit erlitten haben, wenn sich die Betroffenen auch an die Ereignisse kurz vor und nach dem Schlag auf den Kopf nicht genau erinnern können. Insgesamt sieht es so aus, als ob die Häufigkeit von gedeckten Schädel-Hirn-Traumata in Industrieländern pro Jahr bei 300 bis 450 Fällen auf 100000 Einwohner liegt. Bezogen auf die Lebensspanne eines Menschen ist die Wahrscheinlichkeit, eine derartige Verletzung zu erleiden, tatsächlich recht hoch. Nach Schätzungen beträgt die Wahrscheinlichkeit für ein Kind, ein ausgeprägtes gedecktes Schädel-Hirn-Traumata zu erleiden, bevor es alt genug ist, den Führerschein zu erwerben, etwa 1 zu 30! Die beiden wichtigsten Faktoren in der Inzidenz von gedeckten Schädel-Hirn-Traumata sind dabei Alter und Geschlecht. Bei Kindern und älteren Menschen ist die Wahrscheinlichkeit, sich bei einem Sturz zu verletzen, größer als bei anderen Gruppen, und bei Männern zwischen 15 und 30 Jahren ist die Wahrscheinlichkeit für Hirnverletzungen sehr groß, besonders in Hinblick auf Auto- und Motorradunfälle (Abbildung 24.2) – eine Statistik, die sich in den Versicherungsprämien für Automobile widerspiegelt.

Hirntraumata können die Gehirnfunktion auf verschiedene Weise beeinträchtigen: 1. Ein Trauma, wie eine Schußwunde, kann zu einer direkten Schädigung von Neuronen und ihren unterstützenden Zellen im Gehirn führen. 2. Ein Trauma kann die Blutversorgung unterbrechen und zu einer Ischämie und, falls die Unterbrechung andauert, zu einem Infarkt führen. 3. Das Trauma kann Blutungen im Schädel hervorrufen, die zu einem erhöhten intracranialen Druck führen und Folgeschäden nach sich ziehen. 4. Wie die meisten Körpergewebe

24.2 Inzidenz von Schädel-Hirn-Traumata in Olmstead County, Minnesota, zwischen 1965 und 1974. (Nach Annegers et al., 1980).

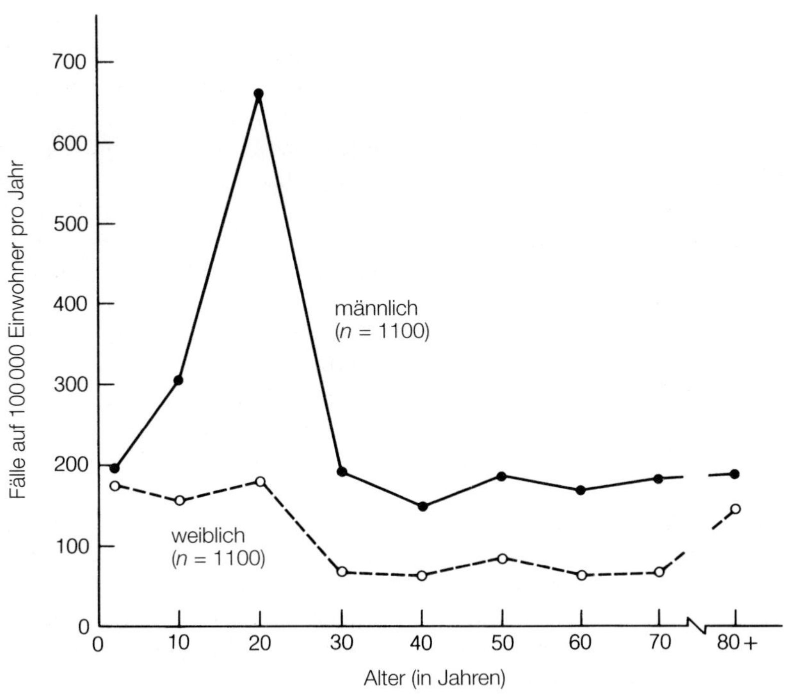

schwillt auch das Gehirn an, wenn es traumatisiert wird. Das führt zu einem erhöhten intracranialen Druck und damit zu möglichen Hirnschäden. 5. Komplizierte Schädelfrakturen machen den Weg für Infektionen frei. 6. Ein Schädel-Hirn-Trauma kann zu einer Vernarbung des Hirngewebes führen, und das vernarbte Gewebe wird möglicherweise zum Herd für spätere epileptische Anfälle. Das plötzliche Auftreten epileptischer Anfälle im Erwachsenenalter läßt sich oft auf Schädelverletzungen (besonders bei Autounfällen) in den vorangegangenen Monaten oder Jahren zurückführen.

Offene Schädel-Hirn-Traumata

Zu den offenen Schädel-Hirn-Traumata zählen traumatische Hirnverletzungen, bei denen die Schädelkalotte penetriert wird, wie etwa bei einer Schußwunde, oder wenn Knochensplitter ins Gehirn eindringen. Offene Schädel-Hirn-Traumata unterscheiden sich deutlich von gedeckten Schädel-Hirn-Traumata. Viele Menschen mit offenen Schädel-Hirn-Traumata bleiben bei Bewußtsein, und solche Verletzungen rufen häufig ganz bestimmte Symptome hervor, die sich rasch und spontan zurückbilden können. Die neurologischen Zeichen sind oft hochspezifisch, und die Auswirkungen der Verletzungen erinnern häufig stark an Symptome, wie sie nach der chirurgischen Entfernung eines kleinen Cortexareals auftreten.

Die Spezifität neurologischer Symptome nach offenen Schädel-Hirn-Traumata machen solche Patienten zu besonders guten Forschungsobjekten. Drei gründliche Untersuchungen an Veteranen des II. Weltkriegs mit offenen Schädel-Hirn-Traumata sind veröffentlicht worden – von Newcombe, von Luria und von Teuber und seinen Mitarbeitern.

Gedeckte Schädel-Hirn-Traumata

Diese Verletzungen treten infolge eines Schlages auf den Kopf auf; dadurch wird das Gehirn einem ganzen Spektrum mechanischer Kräfte ausgesetzt. Erstens kommt es zu einer Schädigung am Ort des Schlages, die man als *Coup* (französisch für „Stoß" oder „Schlag") bezeichnet. Das Gehirn wird gequetscht, wenn es dort gegen die knöcherne Schädelinnenseite prallt, selbst wenn der Schädel keine Frakturen aufweist. Zweitens kann der Stoß im Augenblick des Schlages das Gehirn gegen die gegenüberliegende Seite des Schädels schleudern und eine zusätzliche Quetschung (Contusion) hervorrufen, die man als *Contre-Coup-Verletzung* (Gegenstoß-Verletzung) bezeichnet (Abbildung 24.3). Drittens kann die Bewegung des Gehirns zu einer Zerrung und Abscherung der Nervenfasern führen, die mikroskopisch sichtbare Läsionen hervorrufen. Diese können überall im Gehirn auftreten, sind aber in Frontal- und Temporallappen am häufigsten. Zudem können Zug- und Scherkräfte die Hauptfaserzüge im Gehirn schädigen; besonders gefährdet sind dabei Faserzüge, die die Mittellinie kreuzen, wie das Corpus callosum und die Commissura anterior. Infolgedessen kann es zu einer Unterbrechung der Verbindungen zwischen den beiden Hirnhemisphären und damit zu einem Diskonnektionssyndrom kommen. Viertens können die Quetschungen und Zerrungen, die von der Gewalteinwirkung verursacht werden, Blutungen (Hämorrhagien) hervorrufen. Da das austretende Blut innerhalb des Schädels eingeschlossen ist, wirkt es wie eine wachsende Masse (Bluterguß, Hämatom), die Druck auf das umliegende Gewebe ausübt. Schließlich können Schläge auf den Kopf wie Schläge auf andere Körperteile zu *Ödemen* führen, das heißt, zu einer Flüssigkeitsansammlung im und rund um

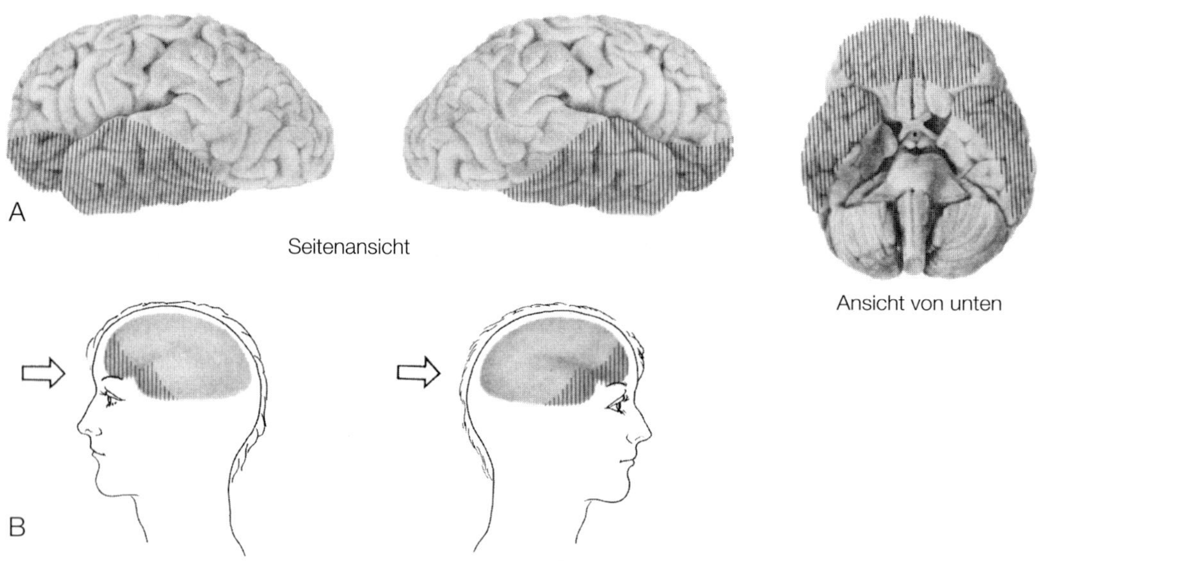

24.3 A. Bereiche (schattiert) der Großhirnhemisphären, die bei einer cerebralen Contusion (Hirnprellung, Hirnquetschung) am häufigsten geschädigt werden. B. Demonstration, wie ein Schlag (Pfeil) auf die Stirn oder den Hinterkopf eine Prellung des Frontallappens und des Temporallappens hervorrufen kann. Links: Der Schlag schädigt das Gehirn direkt. Rechts: Der Schlag führt dazu, daß das Gehirn nach vorne gegen den Schädel prallt, was eine Contre-Coup-Verletzung hervorruft. (Illustration nach Courville, 1945.)

das verletzte Gewebe; Ödeme können ebenfalls Druck auf das Gehirngewebe ausüben.

Gedeckte Schädel-Hirn-Traumata sind häufig mit Bewußtlosigkeit verbunden, die aus einer Zerrung der Fasern in der Formatio reticularis des Hirnstammes resultiert. Diese Fasern werden selbst in Fällen einfacher Bewußtlosigkeit oft auf Dauer geschädigt. Nach Lezak kann die Dauer der Bewußtlosigkeit – oder die Länge des Komas – als Maß für die Schwere der Schädigung dienen, denn sie ist direkt mit der Sterblichkeitsrate, der intellektuellen Beeinträchtigung und Defiziten in sozialen Fertigkeiten korreliert. Je länger das Koma dauert, desto höher ist die Wahrscheinlichkeit einer schweren Beeinträchtigung und des Todes.

Gedeckte Schädel-Hirn-Traumata infolge von Verkehrsunfällen sind besonders schwerwiegend, weil sich der Kopf bewegt, wenn ihn der Schlag trifft; dadurch steigt die Aufprallgeschwindigkeit, und die Anzahl und Schwere der kleinen Läsionen im ganzen Gehirn vervielfachen sich. Computertomographische Aufnahmen von längerfristig komatösen Verkehrsopfern zeigen diffuse Hirnverletzungen und vergrößerte Ventrikel – Zeichen, die auf eine schlechte Prognose hindeuten.

Gedeckte Schädel-Hirn-Traumata wirken sich auf das Verhalten in zwei Formen aus: Einerseits kommt es zu umgrenzten Beeinträchtigungen bei denjenigen Funktionen, die vom Cortex auf der Seite der „Coup"- oder der „Contre-Coup"-Verletzung vermittelt werden, andererseits zu allgemeineren Beeinträchtigungen infolge diffus verteilter Schäden überall im Gehirn. Umschriebene Beeinträchtigungen treten am häufigsten nach Schäden im Frontal- und Temporallappen auf, die am anfälligsten für Schädigungen durch Schädelprellungen sind (siehe Abbildung 24.3). Allgemeinere Beeinträchtigungen, die aus winzigen Läsionen und Rissen überall im Gehirn resultieren, sind durch den Verlust komplexer kognitiver Funktionen gekennzeichnet, wie einer Abnahme der kognitiven Verarbeitungsgeschwindigkeit, der Konzentrationsfähigkeit und der gesamten kognitiven Effizienz. Diese Schwierigkeiten spiegeln sich gewöhnlich darin wider, daß sich die Patienten darüber beklagen, sie könnten sich nicht konzentrieren oder Dinge nicht so gut wie vor dem Unfall bewältigen, obwohl ihr Intelligenzquotient noch immer deutlich über dem Durchschnitt liegen kann. Unserer Erfahrung nach sind gerade intelligente Leute besonders durch ein gedecktes Schädel-Hirn-Trauma beeinträchtigt, denn sie sind sich des Verlustes an kognitiven Fähigkeiten, der verhindert, daß sie ihr früheres Kompetenzniveau zurückgewinnen, deutlich bewußt.

Gedeckte Schädel-Hirn-Traumata, die Frontal- und Temporallappen schädigen, beeinflussen häufig auch Persönlichkeit und soziale Anpassung der Betroffenen. Nach Lezak nehmen nur relativ wenige Verkehrsopfer, die schwere Schädelverletzungen erlitten haben, jemals wieder ihr Studium auf oder kehren in eine gute berufliche Position zurück, oder wenn sie doch wieder einer Arbeit nachgehen, so auf einem niedrigeren Niveau als vor dem Unfall.

Oft werden chronische Auswirkungen gedeckter Schädel-Hirn-Traumata nicht mit neurologischen Anzeichen in Verbindung gebracht, und die Patienten werden möglicherweise zur psychiatrischen Untersuchung überwiesen. In solchen Fällen ist eine psychologische Begutachtung besonders nützlich, denn schwer beeinträchtigende kognitive Defizite können im Laufe einer gründlichen testpsychologischen Untersuchung klar zu Tage treten.

Die pathologischen Effekte gedeckter Schädel-Hirn-Traumata sind in Tabelle 24.1 zusammengefaßt. Zusätzlich gibt es zahlreiche Sekundäreffekte, von denen die wohl wichtigsten Ischämie, Ödeme und Schädigung der weißen Substanz, besonders des Corpus callosum, sind. Wir haben gesehen, daß bestimmte Hirnregionen, wie der Hippocampus, besonders empfindlich für Ischämie sind, daher ist es nicht überraschend, nach einem Schädel-Hirn-Trauma eine Degeneration des medialen Temporallappens festzustellen. Ödeme infolge von Traumata treten überall im Körper häufig auf, doch sie sind innerhalb des Schädels besonders problematisch, weil sie zu einem erhöhten Hirndruck führen, der das Gehirn schädigen kann. Post-mortem-Untersuchungen der Gehirne von Patienten mit gedeckten Schädel-Hirn-Traumata zeigen eine Erweiterung der Ventrikel und einen diffusen Myelinverlust. Oppenheimer untersuchte die Gehirne von Patienten, die eine „leichte Gehirnerschütterung" erlitten hatten; er schloß, daß das Gehirn selbst von Schädelverletzungen, die man gewöhnlich als trivial ansieht, Dauerschäden in Form von mikroskopischen Läsionen davontragen kann. Im computertomographischen Raster wird gewöhnlich nur ein geringer Teil dieser Läsionen (in der Größenordnung von 5 Prozent der Fälle mit leichten Schädelverletzungen) sichtbar, doch neuere MRI-Untersuchungen deuten darauf hin, daß

Tabelle 24.1 Primäre und sekundäre Hirnverletzungen nach einem gedeckten Schädel-Hirn-Trauma

1) primäre (sofort bei Einwirkung auftretende) Hirnverletzung
   - makroskopische Läsionen
     - Prellungen auf der Seite der Einwirkung (Coup-Verletzung)
     - Contre-Coup-Prellung häufig an der Unterseite des Frontallappens und an der Spitze des Temporallappens
     - Gehirnriß durch eingesenkte Schädelfraktur
   - mikroskopische Läsionen
     - ausgedehnte Scherung oder Zerrung von Nervenfasern

2) sekundäre Mechanismen bei Hirnschäden
   - intracraniale Blutungen
   - Ödem in der weißen Substanz in der Nachbarschaft des Verletzungsherdes (fokale Massenläsionen)
   - diffuse Hirnschwellungen – Hyperämie
   - ischämische Hirnschädigung
   - erhöhter intracranialer Druck
   - Hirnverlagerung und Einklemmung

3) sekundärer Insult extracerebraler Ereignisse
   - Auswirkungen multipler/systemischer Verletzung
     - Hypoxie
     - Fettembolie

4) verzögerte Effekte
   - Degeneration der weißen Substanz
   - gestörter Abfluß der Cerebrospinalflüssigkeit – Hydrocephalus

Quelle: Nach Levin et al., 1982

es bei der Mehrzahl der Fälle mit leichten Schädelverletzungen zu Hirnläsionen kommt: Beispielsweise berichteten Wilson und seine Kollegen, daß 24 Patienten, bei denen man mit wiederholten computertomographischen Untersuchungen keine offensichtlichen Läsionen nachweisen konnte, in Kernspin-Untersuchungen alle Läsionen aufwiesen. Zu einem ähnlichen Ergebnis kamen Levin und seine Kollegen; sie untersuchten 16 Patienten mit „leichten oder mittelschweren" gedeckten Schädel-Hirn-Traumata und fanden mit Hilfe von computertomographischen Aufzeichnungen lediglich bei einem Patienten Anomalien, mit kernspinresonanztomographischen jedoch bei 14 Patienten. Insgesamt gesehen scheint die Schlußfolgerung unausweichlich, daß selbst ein leichtes Schädeltrauma pathologische Folgen haben kann.

Bei Menschen, die schon einmal ein Schädeltrauma erlitten haben, ist die Wahrscheinlichkeit erhöht, weitere Schädeltraumata zu erleiden, und in der Literatur verdichten sich die Hinweise, daß die Effekte selbst leichter Schädeltraumata kumulativ sein können. Boxer bieten dafür ein ausgezeichnetes Beispiel, weil wohlbekannt ist, daß sie signifikante Hirnverletzungen erleiden, die zu der sogenannten *traumatischen* oder *Boxer-Encephalopathie* (besser bekannt als das *Punch-Drunk-Syndrom* oder umgangssprachlich als „weiche Birne") führen. Das gilt selbst dann, wenn die Perioden der Bewußtlosigkeit, die der einzelne Boxer erfahren hat, vielleicht selten und nur von kurzer Dauer waren.

Verhaltenstests zur Beurteilung der Schwere von Gehirnverletzungen

Beurteilung von gedeckten Schädel-Hirn-Traumata

Neuroradiologische Messungen können zwar objektive Indikatoren für den neuronalen Zustand nach gedeckten Schädel-Hirn-Traumata liefern, doch das Verhalten bleibt das wichtigste Maß für die Integrität des Nervensystems. Im Zeitraum direkt nach der Verletzung werden gewöhnlich zwei Verhaltensmaße bewertet: Koma und Amnesie. Vor der Entwicklung der Computertomographie und der Kernspinrezonanztomographie waren Tiefe und Dauer des Komas die aussagekräftigsten Indikatoren für die Schwere einer Hirnverletzung. Die klinische Beurteilung der Komatiefe war jedoch größtenteils subjektiv und unzuverlässig; um einen objektiven Maßstab für den Grad der Bewußtlosigkeit zu liefern, wurde daher die Glasgow-Koma-Skala (Tabelle 24.2) entwickelt. Auf dieser Skala werden drei Indizien der Vigilanz bewertet: Augenöffnen, motorische Reaktion und verbale Reaktion. Durch wiederholte Anwendung der Glasgow-Skala ist es möglich, die Wiedererlangung des Bewußtseins beim Patienten objektiv zu registrieren. Ein Punktwert von 8 oder weniger wird oft als Kriterium für ein schweres gedecktes Schädel-Hirn-Trauma angesehen, ein Wert von 9 bis 12 gilt als Kriterium für ein mittelschweres Trauma. Ein Problem mit der Glasgow-Skala als Maß für die Schwere von Hirnverletzungen besteht darin, daß bis zu 50 Prozent aller Krankenhauseinweisungen Werte von 13 bis 15 erreichen, was soviel wie „kein Koma" bedeutet, doch diese Patienten können später deutlich unter Folgeerkrankungen der Schädelverletzung leiden.

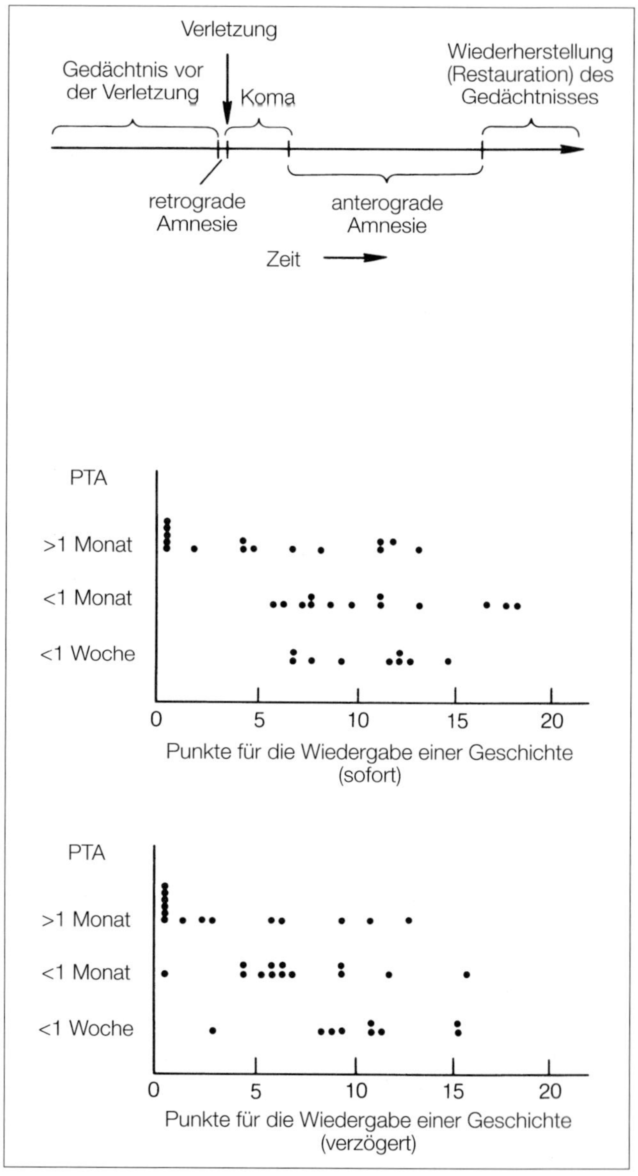

24.4 A. Schematische Abfolge von akuten Gedächtnisveränderungen nach gedeckten Schädel-Hirn-Traumata. Die Periode des Komas und der anterograden Amnesie werden oft als Periode der posttraumatischen Amnesie (PTA) bezeichnet, obwohl die PTA gelegentlich der anterograden Amnesie entsprechen kann. (Nach Levin et al., 1982.) B. Die Histogramme zeigen die Verteilung der individuellen Punktwerte für die Wiedergabe einer Geschichte für Patienten aus drei Gruppen mit unterschiedlicher PTA-Dauer. Bewertet wurde die Wiedergabe der zweiten von zwei Geschichten. (Nach Newcombe, 1987.)

Tabelle 24.2 Die Glasgow-Koma-Skala

Antwort	Punkte	Index der Vigilanz
		Augenöffnen (eye opening, E)
keine	1	nicht auf Augenschwellung zurückzuführen
auf Schmerzreize	2	Schmerzreiz wird an Brust oder Gliedmaßen appliziert
auf Ansprache	3	unspezifische Antwort auf Ansprache oder Anschreien, impliziert nicht, daß der Patient dem Befehl zum Augenöffnen gehorcht
spontan	4	Augen sind geöffnet, was aber kein intaktes Bewußtsein impliziert
		motorische Reaktion (M)
keine Reaktion	1	schlaff
Extension, (Strecksynergie)	2	„decerebriert", Adduktion, interne Rotation der Schulter und Pronation des Unterarms
abnorme Flexion, (Beugesynergien)	3	„decortiziert", abnorme Flexion, Adduktion der Schulter
Zurückziehen (Massenbewegungen)	4	normale Flexorantwort, Zurückziehen bei Schmerzreizen mit Adduktion der Schulter
lokalisierter Schmerz, (gezielte Schmerzabwehr)	5	Schmerzreiz im supraocularen Bereich oder an der Fingerspitze führt zu Gliederbewegung; versucht, den Schmerzreiz zu vermeiden
folgt Aufforderungen	6	führt einfache Kommandos aus
		verbale Reaktion (V)
keine verbale Reaktion	1	(versteht sich von selbst)
unverständliche Laute	2	Stöhnen und Seufzen, aber keine verständlichen Wörter
unzusammenhängende Worte	3	verständliche Sprache (das heißt, Schreien oder Fluchen), aber keine fortlaufende oder zusammenhängende Unterhaltung
verwirrt, desorientiert	4	Patient antwortet auf Fragen wie bei einer Unterhaltung, doch die Antworten zeigen Desorientierung und Verwirrtheit in unterschiedlich starker Ausprägung
orientiert	5	normale Orientierung in bezug auf Zeit, Raum und Person

Anmerkung: Der Summenscore der Glasgower Koma-Skala ist gleich E + M + V (3–15 Punkte)
Quelle: Nach B. Teasdale und B. Jenett, 1974.

Ein alternatives Maß für die Schwere einer Hirnverletzung ist die posttraumatische Amnesie (PTA); sie wurde zum ersten Mal von Russell in den 30er Jahren vorgeschlagen. Die Definition der PTA schwankt, weil sie entweder die Periode des Komas umfassen oder auf die Periode der anterograden Amnesie beschränkt sein kann. Auf jedem Fall weist vieles darauf hin, daß die Dauer der PTA mit späteren Gedächtnisstörungen (wenn auch nicht streng) korreliert ist, wie in Abbildung 24.4B dargestellt. Eine häufig verwandte Skala ist folgende: PTA < 10 min = sehr leichte Verletzung, PTA 10–60 min = leichte Verletzung, PTA 1–24 Stunden = schwere Verletzung, PTA > 7 Tage = sehr schwere Verletzung. Ein Problem beim Benutzen der PTA als Verhaltensmaß besteht jedoch darin, daß sie in verschiedenen Studien auf unterschiedliche Weise erhoben wird und die Studien daher nicht direkt vergleichbar sind. Sie wird durch retrospektive Befragung ermittelt, durch Maße der Desorientierung oder mittels neuropsychologischer Tests, und jede dieser Methoden liefert eine andere Schätzung hinsichtlich der Schwere der Verletzung. In neuerer Zeit sind zwei brauchbare Verfahren vorgeschlagen worden, eines in den Vereinigten Staaten von Levin, und ein anderes in England von Fortuny und Kollegen, und falls diese Verfahren eine große Verbreitung finden, sollte es einfacher sein, Patienten aus verschiedenen Untersuchungen zu vergleichen.

Erholung von einem gedeckten Schädel-Hirn-Trauma

Wenn auch oft behauptet wird, daß sich eine Erholung von einem gedeckten Schädel-Hirn-Trauma über 2 bis 3 Jahre fortsetzen kann, besteht wenig Zweifel daran, daß ein Großteil der kognitiven Wiederherstellung in den ersten 6 bis 9 Monaten erfolgt. Im allgemeinen erholen sich Gedächtnisfunktionen offenbar etwas langsamer als die allgemeine Intelligenz, und ihr Niveau ist nach Abschluß des Wiederherstellungsprozesses niedriger als bei anderen kognitiven Funktionen. Levin und seine Kollegen haben die Hypothese aufgestellt, daß Personen mit Schädigungen des Hirnstammes, wie sie sich aus oculomotorischen Störungen ableiten lassen, eine schlechtere Prognose hinsichtlich der Erholung ihrer kognitiven Fähigkeiten haben, und das gilt wahrscheinlich auch für Personen mit initialer Dysphasie oder Hemiparese. Auch wenn die Prognose für eine deutliche Erholung der kognitiven Funktionen gut ist, ist bei der Wiederherstellung der sozialen Interaktion oder der Persönlichkeit weniger Optimismus angebracht; beides ist häufig stark verändert. Zahlreiche Untersuchungen stützen die Schlußfolgerung, daß die Lebensqualität – was Sozialleben, Belastungsfähigkeit und Freizeitaktivitäten angeht – nach einem gedeckten Schädel-Hirn-Traumata deutlich und chronisch schlechter wird. Beispielsweise untersuchten Klonoff und ihre Kollegen Patienten 2 bis 4 Jahre nach ihrer Verletzung mit verschiedenen Fragebögen und baten sie um eine Selbsteinschätzung ihres Zustandes. Mehr als 50 Prozent der Patienten berichteten über physische Probleme, darunter Gliederschwäche, Gliederschmerzen und Steifheit, was darauf hindeutet, daß diese Menschen neben ihrer Hirnverletzung oft noch unter zahlreichen anderen Problemen leiden. Wichtiger noch, die Patienten klagten über Probleme bei ihren sozialen Kontakten und bei ihren Freizeitaktivitäten. Zudem berichten die Verwandten der Patienten von großen Spannungen, die im Laufe der Zeit offenbar zunehmen. Wie eine Untersuchung von Brooks und Kollegen zeigte, klagten die Verwandten (Ehepartner und Eltern) von 74 Prozent der Patienten über Persönlichkeitsveränderungen der Patienten 5 Jahre nach der Verletzung, und mehr als 50 Prozent klagten über Stimmungsschwankungen, Gereiztheit, Wutausbrüche und Gewaltandrohungen seitens der Patienten. Leider hat es nur wenig Versuche gegeben, Instrumentarien zu entwickeln, um Veränderungen der psychosozialen Anpassung bei hirnverletzten Menschen zu messen, daher müssen wir uns vorwiegend auf Beschreibungen und Selbsteinschätzungen verlassen, die wenig Einblick in die Ursachen dieser Probleme geben.

Epilepsie

Epilepsie ist ein Zustand, der von wiederholten im EEG sichtbaren Anfällen verschiedenen Typs begleitet wird, die mit Bewußtseinsstörungen einhergehen. Man hat epileptische Symptome auch als Krämpfe, Anfälle und Attacken bezeichnet, doch keiner dieser Termini ist vollständig befriedigend, denn die Symptome können stark variieren. Epileptische Anfälle sind sehr häufig: Eine von 20 Personen erleidet im Lauf ihres Lebens zumindest einmal einen Anfall. Die Prävalenz multipler Anfälle ist weit geringer; sie liegt bei einer von 200 Personen.

Einige epileptische Anfälle lassen sich als **symptomatische Krämpfe** (oder Anfälle) klassifizieren, das heißt, sie können mit einer bestimmten Ursache – wie Infektion, Trauma, Tumor, Gefäßmißbildung oder anderen neurologischen Störungen – in Zusammenhang gebracht werden. Andere Anfälle, die man als **idiopathische Krämpfe** (oder Anfälle) bezeichnet, treten jedoch offenbar spontan und ohne andere erkennbare Störungen des Zentralnervensystems auf. Die Ursache der anomalen elektrischen Entladung der Nervenzelle ist kaum verstanden, wenn es auch wahrscheinlich ist, daß sie von einer Anomalie der Nervenzellmembranen herrührt.

Seit langem ist bekannt, daß Epilepsie familiär gehäuft auftritt, dennoch ist es unwahrscheinlich, daß ein einzelnes Gen für die Anfälle verantwortlich ist, denn die Auftretenshäufigkeit ist niedriger, als genetische Modelle vorhersagen. Wahrscheinlicher ist, daß bestimmte Genotypen eine Prädisposition haben, unter bestimmten Umweltbedingungen epileptische Symptome zu zeigen.

Symptome und Diagnose

Das bemerkenswerteste klinische Merkmal epileptischer Störungen sind die stark schwankenden Intervalle zwischen den Attacken – die Abstände können Minuten, Stunden, Wochen oder sogar Jahre betragen. Daher ist es beinahe unmöglich, eine Palette grundlegender Symptome zu beschreiben, die bei allen oder zumindest bei den meisten Epileptikern zu erwarten sind. Drei Symptome treten jedoch bei vielen Epilepsietypen auf: 1. Eine Aura oder Vorwarnung vor einem bevorstehenden Anfall. Sie tritt in Form von Geruchs- oder Geräuschempfindungen auf, oder ist einfach nur ein „Gefühl", daß es bald zu einem Anfall kommt. 2. Verlust des Bewußtseins. Das kann die Form eines vollständigen Kollapses annehmen oder nur ein leeres In-den-Raum-Starren sein. Oft kommt es zu einer Amnesie, wobei das Opfer keine Erinnerung an den Anfall selbst und die Periode der Bewußtlosigkeit hat. 3. Bewegungen. Häufig haben Anfälle eine motorische Komponente, wenn deren Merkmale auch beträchtlich variieren. In einigen Fällen kommt es zu Schüttelbewegungen, in anderen zu Automatismen wie Händereiben oder Kauen.

Die Epilepsiediagnose wird gewöhnlich durch ein EEG bestätigt. Bei einigen Epileptikern sind Anfälle jedoch nur schwer oder nur unter ganz bestimmten Umständen (beispielsweise ein EEG, das im Schlaf abgeleitet wird) zu demonstrieren, und nicht alle Personen mit einem abnormen EEG erleiden tatsächlich Anfälle. Einige Schätzungen gehen davon aus, daß 4 von 20 Personen abnorme EEG-Muster zeigen! In neuerer Zeit hat PET ein zuverlässigeres Maß für funktionale Anomalien geliefert.

Epilepsieformen

Verschiedene Klassifikationsschemata für Epilepsie sind vorgeschlagen worden; in Tabelle 24.3 sind die am häufigsten verwendeten aufgeführt.

Tabelle 24.3 Klassifikation der Epilepsie

partielle Anfälle (fokal)
- einfache partielle Anfälle
  - motorisch (Jackson-Anfälle)
  - sensorisch (Jackson-Anfälle)
  - autonom
- komplexe partielle Anfälle (Temporallappen, psychomotorisch)
  - Absencen
  - komplexe Halluzinationen
  - affektive Symptome
  - Automatismen
- partielle Anfälle, sekundär generalisiert

generalisierte Anfälle
- bilateralsymmetrisch ohne lokalen Beginn
  - Absence-Attacken (*petit mal*)
  - tonisch-klonisch (*grand mal*)
  - bilateral myoklonisch
  - Sturzanfälle (akinetisch)

unklassifizierte Anfälle
- wegen unvollständiger Daten; umfaßt viele Personen mit offenbar generalisierten Anfällen

Fokale Anfälle beginnnen lokal und breiten sich dann aus. Bei **Jackson-Anfällen** beginnt die Attacke beispielsweise mit ruckartigen Bewegungen einzelner Körperteile, wie einem Finger, einem Zeh oder dem Mund, und breitet sich dann aus. Wenn die Attacke mit dem Finger beginnt, können sich die Zuckungen auf andere Finger ausbreiten, dann auf die Hand, den Arm und so weiter, wobei sie den sogenannten Jackson-Marsch hervorrufen. Jackson vermutete bereits im Jahre 1870, daß solche Anfälle an dem Ort (Fokus, Herd) des Neocortex entstehen, der die betroffene Region repräsentiert. Das erwies sich später als richtig.

Komplexe partielle Anfälle entstehen meistens im Temporallappen, etwas seltener auch im Frontallappen. Komplexe partielle Anfälle sind durch drei allgemeine Auswirkungen gekennzeichnet: 1. subjektive Gefühle, wie zwanghafte, repetitive Gedanken, Stimmungsschwankungen, Déjà-vu-Erlebnisse oder Halluzinationen, 2. *Automatismen,* repetitive stereotype Bewegungen (Palikinesie), wie Schmatzen mit den Lippen, Kauen oder Auf- und Zuknöpfen, 3. Haltungsveränderungen, bei denen die betroffenen Personen gelegentlich eine katatonische, oder erstarrte, Haltung einnehmen.

Generalisierte Anfälle sind bilateralsymmetrisch, ohne lokales Zentrum. Der **grand mal-Anfall** ist durch einen Verlust des Bewußtseins und stereotype motorische Aktivitäten gekennzeichnet. In der Regel durchläuft der Patient dabei drei Stadien: 1. ein tonisches Stadium, in dem sich der Körper versteift und die Atmung aussetzt, 2. ein klonisches Stadium, in dem es zu rhythmischen Schüttelbewegungen (Myoklonien) kommt, und 3. eine postictale (nach dem Anfall einsetzende) Depression, in der der Patient verwirrt ist. Rund 50 Prozent dieser Anfälle kündigen sich durch eine Aura an.

Beim **petit mal-Anfall** kommt es zu einer Bewußtseinstrübung (Absence), die durch das Fehlen jeglicher motorischer Aktivitäten, mit Ausnahme von Blinzeln, Kopfwenden oder Augenrollen, gekennzeichnet ist. Diese Attacken dauern nur kurz, selten länger als 10 Sekunden. Die EEG-Aufzeichnung eines *petit mal*-Anfalls zeigt ein typisches *spike-and-wave*-Muster mit einer Frequenz von etwa 3 Hertz.

Akinetische Anfälle findet man in der Regel nur bei Kindern. Gewöhnlich bricht das Kind plötzlich und ohne Warnung zusammen. Diese Anfälle dauern oft nur sehr kurz, und das Kind steht häufig nach wenigen Sekunden wieder auf, ohne daß es zu einer postictalen Depression käme. Die Stürze, die diese Kinder erleiden, können gefährlich sein, daher tragen solche Kinder nicht selten Schutzhelme, bis die Anfälle medikamentös kontrolliert werden können.

Myoklonische Spasmen sind massive Anfälle, die im Wesentlichen aus einer plötzlichen Beugung oder Streckung des Körpers bestehen und oft mit einem Schrei beginnen.

Wie bereits erwähnt, leiden Epileptiker, welchen Typs auch immer, nicht ständig unter Anfällen, selbst wenn ihr EEG chronisch anomal sein sollte. In Tabelle 24.4 ist die breite Palette von Umständen zusammengefaßt, die offenbar Anfälle herbeiführen können. Wenn die Bandbreite dieser Faktoren auch überrascht, so ist im allgemeinen doch so, daß das Gehirn am ehesten mit einem epileptischen Anfall (epileptogen) reagiert, wenn es relativ inaktiv ist und der Patient stillsitzt.

Behandlung der Epilepsie

Geeignet zur Behandlung der Epilepsie sind krampflösende Medikamente (Antikonvulsiva), wie Diphenylhydation, Phenobarbital und mehrere andere. Der Mechanismus, durch den diese Medikamente wirken, ist noch unklar, doch vermutlich

Tabelle 24.4 Faktoren, die bei empfindlichen Personen Anfälle auslösen können

Hyperventilation

Schlaf

Schlafentzug

sensorische Reize
- Lichtblitze
- Lesen, Sprechen, Husten
- Lachen
- Töne: Musik, Glocken

Trauma

hormonelle Veränderungen
- Menses
- Pubertät
- Nebennierensteroide
- adrenocorticotropes Hormon (ACTH)

Fieber

emotionaler Streß

pharmazeutische Wirkstoffe
- Phenothiazine
- Analeptika
- trizyklische Antidepressiva
- Alkohol
- exzessiver Gebrauch von Antikonvulsiva

Quelle: Nach Pincus und Tucker, 1974.

hemmen sie die Entladung anomaler Neuronen, indem sie die Nervenmembran stabilisieren. Wenn es nicht gelingt, das Anfallsleiden medikamentös zufriedenstellend zu lindern, kann man bei Patienten mit fokalen Anfällen den Herd der anomalen Aktivität chirurgisch entfernen.

Die chirurgische Behandlung der Epilepsie datiert bis ins späte 19. Jahrhundert zurück, als W. Horsley und andere den Cortex entfernten, um Anfälle zu lindern. Ein Pionier der modernen chirurgischen Operationstechnik zur Behandlung der Epilepsie war in den 20 Jahren unseres Jahrhunderts der deutsche Forscher Otfrid Foerster. Angeregt von Foersters Untersuchungen begann Wilder Penfield, sich ausführlich mit der chirurgischen Behandlung der Epilepsie zu beschäftigen; zu diesem Zweck gründete er 1928 das Neurologische Institut in Montreal. Zu Penfield gesellten sich bald Herbert Jaspers, der das EEG in den Operationsraum einführte, sowie D. O. Hebb und Brenda Milner, die ihrerseits die neuropsychologische Untersuchung von Penfields Patienten einführten. Diese vier Forscher und ihre Kollegen entwickelten eine Technik zur cortikalen Entfernung des epileptogenen Gewebes bei Patienten mit fokaler Epilepsie, die sich als eine bemerkenswert erfolgreiche Behandlung dieser Epilepsieform erwies. Ihr interdisziplinärer Ansatz liefert ein Model für die Integration von Grundlagenforschung und angewandter Forschung; gemeinsam gelang es ihnen, eine effektive Behandlungsmethode für eine neurologische Störung zu entwickeln.

Tumoren

Ein *Tumor* (oder Neoplasma) ist eine Masse sich neubildenden Gewebes, das unabhängig von den Strukturen in seiner Umgebung existiert und wächst und keine physiologische Funktion hat. Hirntumoren stammen gewöhnlich von Gliazellen oder anderen Hilfszellen ab, seltener von Nervenzellen. Die Wachstumsgeschwindigkeit von Tumoren kann je nachdem, von welchem Zelltyp sich der Tumor ableitet, beträchtlich schwanken. Tumoren sind die Ursache für einen relativ hohen Prozentsatz neurologischer Erkrankungen, und nach dem Uterus ist das Gehirn der häufigste Sitz von Tumoren. Man unterscheidet zwischen gutartigen (benignen) Tumoren, die nach dem Entfernen meist nicht erneut auftreten, und bösartigen (malignen) Tumoren, die nach dem operativen Entfernen häufig Rezidive bilden, weiterwachsen und lebensbedrohlich werden. Obwohl die Unterscheidung zwischen benignen und malignen Tumoren gut begründet ist, können benigne Tumoren unter Umständen genauso gefährlich wie maligne sein, weil viele benigne Tumoren im Gehirn inoperabel sind: Der Chirurg kann sie nicht entfernen, ohne das Leben des Patienten zu gefährden. Das Gehirn wird von einer Vielzahl Tumoren befallen, und es gibt keine Hirnregion, die gegen Tumorbildung gefeit ist.

Tumoren können das Verhalten auf verschiedene Weise beeinflussen. Ein Tumor kann sich als abgegrenzte Einheit, als sogenannter abgekapselter Tumor, im Gehirn entwickeln und Druck auf das übrige Gehirn ausüben (Abbildung 24.5). Abgekapselte Tumoren sind manchmal auch cystisch, das heißt, sie bilden einen flüssigkeitsgefüllte Hohlraum im Gehirn, der gewöhnlich mit Tumorzellen ausgekleidet ist. Da der Schädel einen bestimmten festen Rauminhalt hat, wird das Gehirn durch jede Volumenzunahme komprimiert, was zu Dysfunktionen führt. Andere Tumoren, sogenannte infiltrierende Tumoren, lassen sich nicht deutlich vom umliegenden Gewebe abgrenzen; sie können normale Zellen zerstören und deren Platz einnehmen oder existierende Zellen (Neuronen wie Gliazellen) umwachsen und in ihrer normalen Funktion stören (Abbildung 24.6).

Symptome und Diagnose von Hirntumoren

Das Erkennen eines Hirntumors geschieht in drei Phasen: 1. Verdacht auf Tumor, 2. diagnostische Bestätigung des Tumors, 3. präzise Lokalisierung des Tumors im Nervensystem.

Zu den allgemeinen Symptomen von Hirntumoren, die aus dem erhöhten intracranialen Druck resultieren, gehören Kopfschmerzen, Erbrechen, Anschwellen und Vorwölben der Sehnervenpapille (Papillenödem, Stauungspapille), Verlangsamung der Herzschlagfrequenz (Bradycardie), Bewußtseinstrübung, Doppelsehen (Diplopie) und schließlich Krämpfe. Natürlich zeigt kaum ein Patient alle diese Symptome. Andere Anzeichen und Symptome hängen von dem genauen Sitz des Tumors ab. Ein Tumor in den Spracharealen führt eher zu Sprachstörungen als ein Tumor in der Sehrinde.

Verschiedene Typen von Hirntumoren

Bei Hirntumoren unterscheidet man drei Haupttypen; sie werden je nach Herkunft als Gliome, Meningiome und Tumormetastasen, das heißt, als Metastasen eines außerhalb des Gehirns bestehenden Neoplasmas, bezeichnet.

Gliom ist eine allgemeine Bezeichnung für alle Hirntumoren, die von Gliazellen abstammen und das Gehirngewebe infiltrieren. Rund 45 Prozent aller Hirntumoren sind Gliome. Gliome, deren Malignitätsgrad von relativ gutartig bis höchst bösartig reicht, unterscheiden sich beträchtlich in ihrer Reaktion auf Behandlung. Da eine detaillierte Beschreibung der verschiedenen Gliomtypen für den Neurologen und den Neurochirurgen wichtiger ist als für den Neuropsychologen, wollen wir nur kurz die häufigsten Gliomtypen behandeln: Astrocytome, Glioblastome und Medulloblastome.

Astrocytome resultieren aus dem Wachstum von Astrocyten und wachsen gewöhnlich nur langsam. Rund 40 Prozent aller Gliome sind Astrocytome; sie treten am häufigsten bei über 30jährigen Erwachsenen auf. Da sie nicht sehr maligne sind und nur langsam wachsen, sind sie, einmal behandelt, relativ ungefährlich. Daher ist die Prognose für Patienten mit

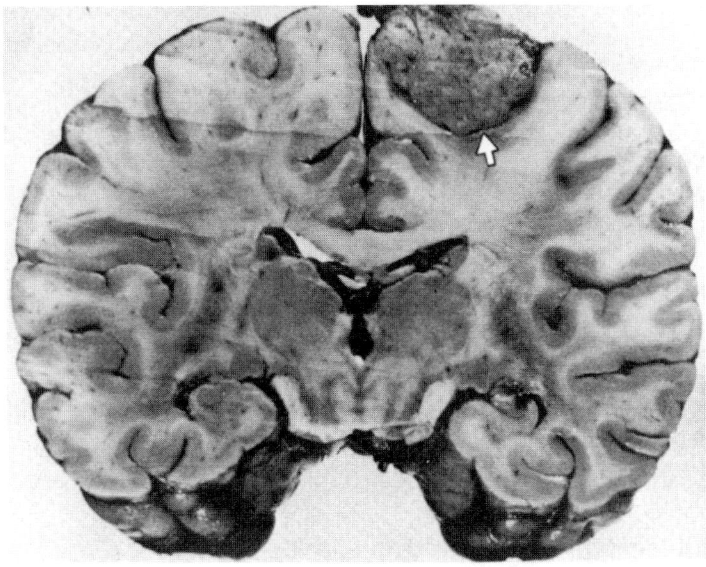

24.5 Frontalschnitt, in dem ein Meningiom (Pfeil) mit Ursprung in der Dura mater sichtbar ist, das die rechte Großhirnhemisphäre komprimiert. Man beachte, daß der Tumor das Gehirn nicht infiltriert hat. (Nach S.I. Zacks, 1971. Copyright 1971 by Harper & Row. Wiedergabe mit freundlicher Erlaubnis.)

diesem Tumortyp recht gut; die Patienten überleben die Operation gelegentlich um mehr als 20 Jahre.

Glioblastome sind höchst bösartige, rasch wachsende Tumoren, die am häufigsten bei Erwachsenen, besonders bei Männern über 40 Jahren auftreten (siehe Abbildung 24.6). Glioblastome machen etwa 30 Prozent aller Gliome aus. Sie resultieren wahrscheinlich aus einem plötzlichen Wachstum von *Spongioblasten*, Zellen, die sich gewöhnlich nur während der Gehirnentwicklung bilden, wenn auch einige Autoren meinen, daß auch Astrocyten als Quelle von Glioblastomen nicht auszuschließen sind. Der Tumor kann aus einer Vielzahl von Zelltypen bestehen (Glioblastoma multiforme) oder aus einem einzigen Zelltyp (Glioblastoma unipolare). Da diese Tumoren so rasch wachsen, ist die Lebenserwartung eines Patienten im allgemeinen gering und übersteigt selten ein Jahr nach dem Eingriff.

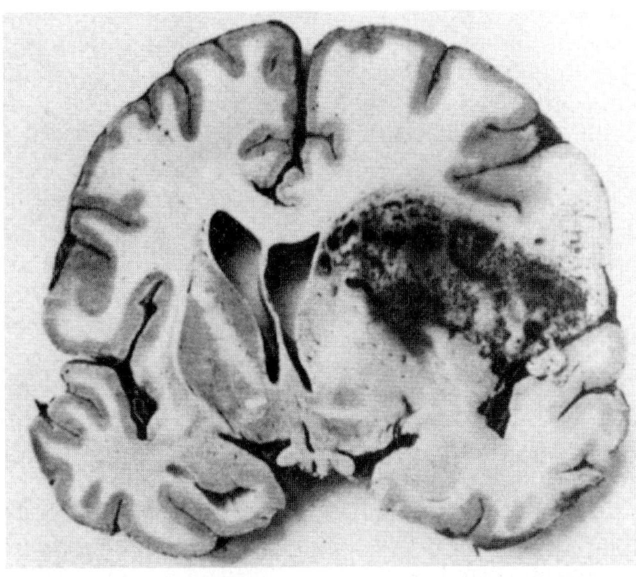

24.6 Frontalschnitt, in dem ein Glioblastom in der rechten Großhirnhemisphäre sichtbar ist. Man beachte die Verlagerung des ventrikulären Systems und die Invasion in das Hirngewebes (dunkler Bereich). (Nach R. Bannister, 1978. Copyright 1978 by Oxford University Press, Inc. Wiedergabe mit freundlicher Genehmigung.)

Medulloblastome sind höchst bösartig, und man findet sie fast ausschließlich im Cerebellum von Kindern; sie machen etwa 11 Prozent aller Gliome aus. Der Tumor resultiert aus dem Wachstum von primitiven Zellen (genauer: Zellen neuroektodermaler, -epithelialer, mesodermaler oder embryonal-mesenchymaler Herkunft), die das Cerebellum oder den darunterliegenden Hirnstamm infiltrieren. Die Prognose für Kinder mit diesem Tumor ist schlecht; die postoperative Überlebensspanne liegt zwischen 1,5 und 2 Jahren.

Meningiome. Sie sind Tumoren, die in den Hirnhäuten (Meningen), den schützenden äußeren Membranen des Gehirns, entspringen (siehe Abbildung 24.5). Sie wachsen vollständig außerhalb des Hirngewebes, sind gut abgekapselt und von allen Hirntumoren die gutartigsten. Wenn Meningiome auch nicht ins Gehirn eindringen, so sind sie doch oft zahlreich und beeinträchtigen die Gehirnfunktion, weil sie Druck auf das Gehirn ausüben und damit oft Anfälle hervorrufen. Die meisten Meningiome liegen über, einige jedoch auch zwischen den Hemisphären, wodurch das Entfernen kompliziert wird. Nicht selten „zerfressen" (erodieren) derartige Tumoren den darüberliegenden Schädelknochen. Wenn Meningiome vollständig entfernt werden, kommt es meist nicht zu Rezidiven.

Tumormetastasen. Unter **Metastasierung** versteht man den Transfer einer Krankheit von einem Organ/Körperteil in ein anderes Organ/Körperteil, das nicht direkt mit dem ursprünglichen Organ/Körperteil verbunden ist. Eine **Metastase** im Gehirn ist ein Tumor, der sich dort durch die Verschleppung von Tumorzellen aus anderen Körperregionen, meist einer Lunge oder einer Brust, etabliert hat. Tatsächlich ist es nicht selten, daß der erste Hinweis auf einen Lungenkrebs von einem Hirntumor kommt. Metastasen im Gehirn sind gewöhnlich zahlreich (multipel), wodurch die Behandlung kompliziert wird und die Prognose schlecht ist.

Andere Tumoren. Wir haben nur die wichtigsten Typen der häufigsten Hirntumoren aufgeführt; es gibt jedoch noch eine Vielzahl weniger häufiger Typen. Einer davon, das *Hypophysenadenom*, ist ein Tumor der Hypophysenregion. Wenn auch die Hypophyse kein Gehirnteil im eigentlichen Sinne ist, üben Tumoren dort doch Druck auf das Gehirn aus, und wegen der engen Nachbarschaft zwischen Hypophyse und Hypothalamus können solche Tumoren bedeutende funktionelle Anomalien im Hypothalamus hervorrufen.

Behandlung von Hirntumoren

Die direkteste Behandlung eines Hirntumors besteht in einem chirurgischen Eingriff; nur dadurch gelangt man zu einer definitiven histologischen Diagnose. Wenn möglich, werden Tumoren chirurgisch entfernt, aber wie bei Tumoren in anderen Körperregionen hängt der Erfolg von einer möglichst frühen Diagnose ab. Bei einigen Tumortypen, zum Beispiel bei Glioblastomen und Medulloblastomen sowie Tumormetastasen, ist eine Bestrahlungstherapie erfolgversprechend. Die Chemotherapie hat sich bei der Behandlung von Hirntumoren als nicht sehr erfolgreich erwiesen – zum Teil deshalb, weil es schwierig ist, das Medikament durch die Blut-Hirn-Schranke zu schleusen, die es passieren muß, damit es auf den Tumor einwirken kann.

Kopfschmerzen

Kopfschmerz tritt so häufig in der Bevölkerung auf, daß derjenige eine Ausnahme darstellt, der noch nie darunter gelitten hat. Der Kopfschmerz kann als solcher eine neurologische Störung darstellen, wie bei der Migräne, er kann eine sekundäre Folge einer neurologischen Erkrankung sein, wie bei einem Tumor oder einer Infektion, er kann aber auch aus psychologischen Faktoren, besonders Streß, resultieren, wie bei Spannungs-Kopfschmerzen. Zu den schmerzempfindlichen Strukturen im Schädel, die für Kopfschmerzen verantwortlich sein können, gehören unter anderem die Dura mater, die großen Hirnarterien, die venösen Sinus und die Zweige der Hirnnerven V, IX und X sowie des ersten und dritten Cervicalnervenpaares. Durch Druck, Verlagerung oder Entzündung dieser Strukturen wird Schmerzempfinden ausgelöst.

Verschiedene Formen von Kopfschmerzen

Migräne. **Migräne** (abgeleitet vom griechischen *hemi* und *cranios*, was „Hälfte des Schädels" bedeutet) ist die vielleicht häufigste neurologische Störung; 5 bis 20 Prozent der Bevölkerung leiden irgendwann im Laufe ihres Lebens einmal unter Migräne. Der Neurologische Weltverband (World Federation of Neurology) definiert Migräne als „Familienstörung, die durch wiederholte Kopfschmerzattacken gekennzeichnet ist, deren Intensität, Häufigkeit und Dauer stark variieren. Die Attacken treten meist auf einer Seite auf (unilateral) und sind gewöhnlich mit Anorexie, Übelkeit und Erbrechen verbunden. In einigen Fällen gehen ihnen neurologische und Stimmungsstörungen voraus oder begleiten sie." Es gibt viele verschiedene Migränetypen, darunter klassische Migräne, einfache oder allgemeine Migräne, Horton-Neuralgie sowie hemiplegische Migräne und ophthalmische Migräne. Die *klassische Migräne* ist wahrscheinlich die störendste Form; sie tritt bei rund 12 Prozent aller Migräneleidenden auf; dabei kommt es zu einer Aura, die gewöhnlich 20–40 Minuten anhält. Karl Lashley, der vielleicht erste Neuropsychologe, litt unter klassischer Migräne und beschrieb seine visuelle Aura sorgfältig (Abbildung 24.7); wie sich herausstellte, ist eine derartige visuelle Aura vielen Migränepatienten gemein. Man nimmt an, daß eine Aura auftritt, weil eine Verengung einer oder mehrerer Hirnarterien eine Ischämie des occipitalen Cortex hervorgerufen hat. Wie PET-Untersuchungen gezeigt haben,

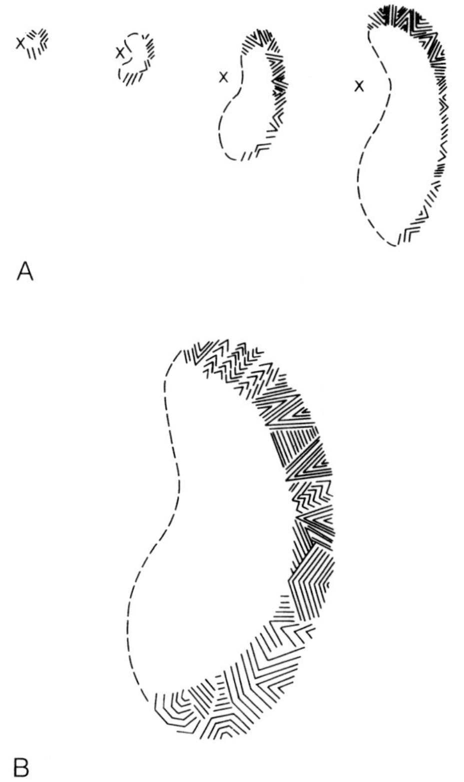

24.7 A. Aufeinanderfolgende Karten eines Flimmerscotoms (blinder Fleck), die die charakteristische Größenzunahme des Scotoms und die Lage der sogenannten *fortification figures* zeigen (x Fixationspunkt). Das Scotom benötigt in der Regel rund 10 Minuten, um das Gesichtsfeld auszufüllen. B. Zeichnung, die die sogenannte *fortification figures* im Detail zeigt. (Nach Lashley, 1941.)

kommt es während der Aura zu einer Verringerung der Durchblutung im posterioren Cortex, und diese Minderdurchblutung greift – unabhängig von der Verteilung der wichtigsten Blutgefäße – mit einer Geschwindigkeit von 2 mm/min auf die anterior gelegenen Hirnbereiche über. Diese Ausbreitungsgeschwindigkeit und -verteilung ähneln einem Phänomen, das als **spreading depression** bekannt ist. Rätselhaft ist, warum sich die Zone der verringerten Durchblutung unabhängig von den Hauptgefäßen ausbreitet; diese Beobachtung deutet darauf hin, daß die Gefäßveränderungen eine Sekundärfolge von Veränderungen der neuronalen Funktion sind. Der eigentliche Kopfschmerz setzt ein, wenn sich die Vasokonstriktion (Gefäßverengung) umkehrt (womit die neurologischen Störungen beendet werden) und es zu einer Vasodilatation (Gefäßerweiterung) kommt. Der Kopfschmerz manifestiert sich als intensiver, lokaler Schmerz auf einer Kopfseite, wenn er sich auch oft auf der betroffenen Seite ausbreitet und manchmal auf die andere Seite übergreift. Ein schwerer Kopfschmerz kann von Übelkeit und Erbrechen begleitet sein und Stunden oder sogar Tage andauern. Eine signifikante Anzahl von Menschen mit klassischer Migräne leidet niemals unter Kopfschmerzen, sondern erlebt nur die Aura.

Einfache Migräne ist der häufigste Migränetyp; er tritt bei mehr als 80 Prozent alle Migränepatienten auf. Dabei kommt es, anders als bei der klassischen Migräne, nicht zu einer klaren Aura, doch können gastrointestinale oder andere „Signale“ eine Attacke ankündigen. *Horton-Neuralgie* (*Cluster-Kopfschmerz, Migraine rouge*) ist ein unilateraler Schmerz im Kopf oder im Gesicht, der selten länger als 2 Stunden anhält, aber über einen Zeitraum von Wochen oder sogar Monaten immer wiederkehrt, bevor er manchmal für lange Zeit verschwindet, um anschließend erneut aufzutreten. Die letzten beiden Migränetypen, *hemiplegische Migräne* und *ophthalmische Migräne*, sind relativ selten; dabei kommt es unter anderem zu einem Verlust von Gliedmaßen- oder Augenbewegungen.

Die Frequenz von Migräneattacken variiert beträchtlich – von einmal pro Woche bis zu einmal im ganzen Leben. In Fällen mit häufigen Migräneattacken nimmt das Auftreten im allgemeinen mit zunehmendem Alter ab und hört gewöhnlich in mittlerem Jahren ganz auf. Früher hat man allgemein angenommen, daß Migräne nur selten vor der Adoleszenz auftritt, doch in den letzten Jahren hat man erkannt, daß Kinder genauso von Migräne betroffen sind, wenn man sich über die tatsächliche Verteilung in der Bevölkerung auch nicht im klaren ist.

Zahlreiche Umweltfaktoren können offenbar Migräneanfälle auslösen, darunter Angst, die Beendigung der Angst (Entspannung), Müdigkeit, helles Licht und bei vielen Menschen auch bestimmte Allergien, besonders auf Nahrungsmittel und Wein.

Kopfschmerz und neurologische Erkrankungen

Kopfschmerz ist ein häufiges Symptom bei vielen Störungen des Nervensystems; er resultiert gewöhnlich aus einer Verformung der schmerzempfindlichen Strukturen. Zu den Störungen, die oft von Kopfschmerz begleitet sind, gehören Tumoren, Schädel-Hirn-Traumata, Infektionen, Gefäßmißbildungen und schwere Hypertonie (Bluthochdruck). Charakteristische Merkmale und Sitz dieser Kopfschmerzen variieren mit der aktuellen Störung. Beispielsweise ist der Kopfschmerz, der von einem Hirntumor hervorgerufen wird, fast immer auf der selben Seite des Kopfes wie der Tumor lokalisiert; das gilt besonders für die Frühstadien der Tumorentwicklung. Kopfschmerzen im Zusammenhang mit Hirntumoren weisen jedoch keinen typischen Schweregrad auf, sie reichen von leicht bis qualvoll. Ebenso ist der Hypertonie-Kopfschmerz, der fast immer in der Occipitalregion auftritt, höchst variabel, was die Schwere der Schmerzen angeht.

Spannungsbedingter Kopfschmerz. *Kopfschmerzen infolge Muskelkontraktionen* sind die häufigste Form des Kopfschmerzes; man bezeichnet sie auch als Spannungs-Kopfschmerzen oder nervöse Kopfschmerzen. Diese Kopfschmerzen resultieren aus einer ständigen Kontraktion der Kopfschwarten- und Nackenmuskelatur, wie sie – besonders bei schlechter Haltung – von Dauerstreß und Dauerspannung hervorgerufen wird. Die Patienten beschreiben ihre Symptome als gleichbleibende, nicht-pulsierende, druckintensive oder kribbelnde Sensation oder als Gefühl, ihr Kopf stecke in einem Schraubstock. Gleichzeitig mit den Kopfschmerzen können Angst, Benommenheit und helle Flecken vor den Augen auftreten. Bei einigen Leuten kann Coffein die Kopfschmerzen verschlimmern, vermutlich, weil es angstverstärkend wirkt.

Nicht-migräneartige vasculäre Kopfschmerzen. Eine Vielzahl von Erkrankungen und Zuständen rufen Kopfschmerzen hervor, die mit der Erweiterung der Kopfarterien zusammenhängen. Die häufigsten Ursachen sind Fieber, Anoxie (Sauerstoffmangel), Anämie, Aufenthalt in Höhenlagen, körperliche Anstrengung, Hypoglykämie (niedriger Blutzuckerspiegel) sowie bestimmte Nahrungsmittel und Chemikalien. Zudem können Kopfschmerzen aus Stauungsödemen der Nasenschleimhäute resultieren; dieser oft als vasomotorische Rhinitis bezeichnete Zustand stellt wahrscheinlich eine lokale vasculäre Reaktion auf Streß dar.

Behandlung von Kopfschmerzen

Migräne wird während eines Anfalls mit speziellen Medikamenten behandelt; zwischen den Anfällen greift man zu vorbeugenden Maßnahmen. Bei einem akuten Anfall helfen **Ergotamin**verbindungen, die oft zusammen mit Coffein verabreicht werden, die Kopfschmerzen zu lindern, wahrscheinlich, weil sie eine Verengung der Hirnarterien hervorrufen und damit die Erweiterung verringern, die die Ursache der Schmerzen ist. Zudem finden die meisten Migränepatienten, daß sich ihre Kopfschmerzen in einem völlig dunklen Raum besser ertragen lassen.

Die beste Behandlung für Kopfschmerzen, die von neurologischen Erkrankungen herrühren, besteht in der Behandlung eben dieser Erkrankung. Spannungs-Kopfschmerzen können durch muskelentspannende Medikamente, leichte Beruhigungsmittel, Wärmebehandlung der betroffenen Muskeln und Verbesserung der Körperhaltung erleichtert werden. Man kann ihnen auch vorbeugen, indem man streßerzeugende Situationen vermeidet.

Infektionen

Unter *Infektion* versteht man das Eindringen krankheitserregender (pathogener) Mikroorganismen in den Körper und die Reaktion des Körpergewebes auf ihre Anwesenheit und auf die Toxine, die sie erzeugen. Da das Zentralnervensystem von einer Vielzahl infektiöser Erreger – darunter Viren, Bakterien, Pilze, ein- und mehrzellige Parasiten – befallen werden kann, sind Diagnose und Behandlung von Infektionen wichtige Bestandteile der Klinischen Neurologie. Infektionen des Nervensystems rühren zwar im allgemeinen von Infektionen in anderen Körperegionen – besonders den Ohren, der Nase und dem Hals – her, doch können Erreger infolge eines Schädel-Hirn-Traumas, eines Schädelbruches oder eines chirurgischen Eingriffs auch direkt ins Gehirn gelangen. Infektionen des Nervensystems sind besonders gefährlich, weil die befallenen Neuronen und Gliazellen in der Regel absterben, was zu Läsionen führt.

Infektionen können Nervenzellen auf verschiedene Weise töten. Erstens können Infektionen die Blutversorgung der Neuronen stören und damit zu Thrombose, Hämorrhagie der Kapillaren oder sogar zur vollständigen Ausschaltung von Blutgefäßen führen. Zweitens kann es zu einer Störung des Glucosestoffwechsels oder der Sauerstoffversorgung in den Gehirnzellen kommen, die so schwerwiegend ist, daß die Zellen absterben. Drittens kann die Infektion die Eigenschaften der Nervenzellmembranen und damit die elektrischen Eigenschaften der Neuronen verändern, oder sie kann die grundlegenden enzymatischen Abläufe in den Zellen stören und dadurch zahlreiche anomale Bedingungen hervorrufen. Der vierte Grund ist ein Nebenprodukt der Körperabwehr gegen Infektionen: *Eiter* – eine Flüssigkeit, die aus weißen Blutkörperchen, ihren Stoffwechselprodukten und denjenigen der infektiösen Mikroorganismen besteht – und eine dünne Flüssigkeit, die als Liquor puris bezeichnet wird. Eiter beeinträchtigt die Funktion der Nervenzellen mindestens in zweierlei Hinsicht: Er verändert die Zusammensetzung der Extrazellulärflüssigkeit, die das Neuron umgibt, und damit die elektrochemischen Eigenschaften des Neurons signifikant. Zudem braucht Eiter Platz und führt damit zu einem erhöhten Druck auf das Gehirn, wodurch die normale Hirnfunktion beeinträchtigt wird. Fünftens und letztens verursachen Infektionen häufig Ödeme, die das Gehirn komprimieren und damit wiederum zu einer Dysfunktion führen.

Symptome und Diagnose von Infektionen

Viele Infektionen des Nervensystems sind Sekundärfolgen von Infektionen an anderen Orten im Körper und werden von Symptomen begleitet, die mit diesen anderen Infektionen in Zusammenhang stehen, wie niedrigem Blutdruck und anderen Kreislaufveränderungen, Fieber, allgemeinem Unwohlsein, Kopfschmerzen und Delirium. Zusätzlich umfassen die Symptome von Hirninfektionen sowohl generalisierte Symptome, die von dem erhöhten intracranialen Druck hervorgerufen werden – wie Kopfschmerzen, Schwindel, Übelkeit, Krämpfe und Verwirrtheit –, als auch spezifische Symptome, die auf die Störung bestimmter Hirnfunktionen zurückgehen.

Zu den diagnostische Tests zum Feststellen von Infektionen gehören neben konventionellen Methoden der Infektionsidentifikation, wie Abstrich- und Kulturuntersuchungen, Untersuchungen der Cerebrospinalflüssigkeit. Computertomographische Methoden und andere Gehirnabbildungsverfahren können ebenfalls zur Diagnose und Lokalisation einiger infektiöser Störungen eingesetzt werden.

Verschiedene Typen von Infektionen

Leider gibt es bei der Terminologie von Infektionen viele semantische Streitigkeiten. Wir werden den Terminus **Encephalitis** im Sinne einer Entzündung des Zentralnervensystems durch eine Infektion benutzen, und den Terminus **Encephalopathie** für chemisch, physikalisch, allergisch oder toxisch induzierte Entzündungen. Man beachte, daß sich Encephalitis und Encephalopathie, streng genommen, nicht auf bestimmte Krankheiten beziehen, sondern eher auf die Auswirkungen der Krankheitsprozesse.

Bei den Infektionen, die das Zentralnervensystem befallen können, unterscheidet man vier Typen: virale, bakterielle, mykotische und parasitäre Infektionen.

Virusinfektionen. Ein *Virus* ist ein eingekapseltes Aggregat von *Nucleinsäuren*, die entweder aus DNA oder aus RNA bestehen. Einige Viren, wie die, die Kinderlähmung (Poliomyelitis) oder Tollwut (Rabies) auslösen, werden als **neurotrope Viren** bezeichnet, weil sie eine spezifische Affinität für die Zellen des Zentralnervensystems besitzen. Dadurch unterscheiden sie sich von den **pantropen Viren** (dazu gehören beispielsweise die Erreger von Mumps und Herpes simplex), die nicht nur das Zentralnervensystem, sondern auch anderes Körpergewebe befallen. Die meisten viralen Infektionen des Nervensystems rufen nichtspezifische Läsionen hervor, die ausgedehnte Hirnareale in Mitleidenschaft ziehen, wie sie bei der St.-Louis-Encephalitis, Tollwut und Kinderlähmung auftreten.

Bakterieninfektionen. *Bakterium* ist eine lose Gattungsbezeichnung für alle (typischerweise einzelligen) Mikroorganismen, die keinen echten Zellkern enthalten (Prokaryonten) und sich durch einfache Teilung vermehren. Bakterielle Infektionen des Zentralnervensystems resultieren aus einem Befall durch diese Organismen, gewöhnlich via Blutstrom. Die häufigsten pathogenen Folgen bakterieller Infektionen sind Meningitis und Hirnabszeß. Bei der **Meningitis** sind die Hirnhäute von Bakterien befallen; dabei kommen viele verschiedene Erreger in Frage. Auch *Hirnabszesse* werden von einer Vielzahl verschiedener Bakterien hervorgerufen; es sind Sekundärinfektionen, die infolge von Infektionen an anderer Stelle im Körper auftreten. Abszesse beginnen als kleiner Herd eitererzeugenden Bakterien, der zum Absterben der Zellen in der betroffenen Region führt. Da sich die Mikroorganismen vermehren und immer mehr Gehirnzellen zerstören, verhält sich der Abszeß, dessen Zentrum oft hohl ist, wie eine expandierende Masse; während er sich vergrößert, ruft er einen zunehmend erhöhten Druck im Schädel hervor.

Pilzinfektionen. Das Eindringen eines Pilzes ins Gehirn bezeichnet man als *mykotische Infektion.* Zu den Pilzen zählt man alle Mitglieder chlorophyllfreier Organismen mit Zellulose- oder Chitinmembran, die von lebender oder toter organischer Materie leben; dazu gehören die Hefepilze, Schimmelpilze und die eigentlichen Pilze (wie Knollenblätterpilz und Pfifferling). Gewöhnlich ist das Zentralnervensystem sehr resistent gegenüber mykotischen Infektionen, doch Pilze können in ein Gehirn eindringen, dessen Resistenz durch verschiedene Krankheiten, wie Tuberkulose oder maligne Tumoren, geschwächt ist.

Parasitische Infektionen. Ein *Parasit* ist ein Organismus, der auf oder in einem anderen lebenden Organismus (dem Wirt) auf dessen Kosten lebt. Das Zentralnervensystem wird von mehreren Parasitenformen befallen, die schwere Krankheiten auslösen können; die wichtigsten sind Amöbiasis und Malaria. *Amöbiasis* (auch als Amöbendysenterie oder Amöbenruhr bekannt) wird durch den Befall mit einem Einzeller, der Amöbe *Entamoeba histolytica,* hervorgerufen und führt zu Encephalitis und Hirnabszessen. *Malaria* wird von Einzellern der Gattung *Plasmodium* verursacht, die durch den Stich infizierter Mücken übertragen werden. Cerebrale Malaria tritt auf, wenn *Plasmodium* die Hirnkapillaren befällt; dann kommt es lokal zu Blutungen und infolgedessen zu einer Neuronendegeneration.

Behandlung der Infektionen

Die Behandlung hängt von der Art der Infektion ab. Virusinfektionen sind außerordentlich schwer zu behandeln, denn es gibt keine spezifischen Gegenmittel, und die einzige Möglichkeit besteht darin, die Krankheit ihren Lauf nehmen zu lassen. Manchmal werden Sedativa verabreicht, damit der Patient sich subjektiv besser fühlt. Eine wichtige Ausnahme bildet die Behandlung der Tollwut. Sobald feststeht, daß eine Person Kontakt mit einem tollwütigen Tier hatte, wird ihr über einen Zeitraum von 2–4 Wochen ein Impfstoff gegen Tollwut verabreicht, um eine Immunität zu erzeugen, bevor die Krankheit akut wird. Wenn die Krankheit erst einmal ausgebrochen ist, endet Tollwut stets tötlich.

Bakterielle Hirninfektionen sind seit der Einführung von Antibiotika, mit denen derartige Infektionen gewöhnlich behandelt werden, seltener geworden. In einigen Fällen kann es nötig sein, einen Abszeß zu drainieren, um den intracranialen Druck zu vermindern, oder eine Lumbalpunktion vorzunehmen, um Cerebrospinalflüssigkeit abzulassen und den Druck durch Ödeme oder eine Eiteransammlung zu verringern.

Weder mykotische noch parasitische Infektionen lassen sich zufriedenstellend behandeln, wenn man auch zur Behandlung der Begleiterscheinungen häufig Antibiotika einsetzt.

Funktionsstörungen von Motoneuronen und Rückenmark

Dieser Abschnitt ist der Beschreibung von Rückenmarksstörungen gewidmet. Dazu gehören Myasthenia gravis, das ist eine Fehlfunktion der Muskelrezeptoren, Poliomyelitis, ein krankhafter Zustand der Zellkörper von Motoneuronen, Multiple Sklerose als Störung der myelinisierten motorischen Fasern sowie schließlich Paraplegie und das Brown-Sequard-Syndrom, das heißt Ausfälle, die nach einer vollständigen oder halbseitigen Durchtrennung des Rückenmarks entstehen. In Tabelle 24.5 sind einige gebräuchliche Ausdrücke für motorische Störungen zusammengefaßt.

Myasthenia gravis

Myasthenia gravis (schwere Muskelschwäche) zeichnet sich durch eine Muskelermüdung nach mehrmaliger Muskelbelastung aus. Die Symptome treten nach einer kurzen Phase körperlicher Tätigkeit oder am Ende eines langen Gesprächs, manchmal selbst schon nach wenigen Bewegungswiederholungen auf. Nach einer Ruheperiode erholt sich die Muskulatur. Das rasche Einsetzen nach Muskelbelastungen unterscheidet diese Störung von anderen (Depression oder allgemeine Müdigkeit). Die Prüfung der Muskeln macht keine pathologische Veränderung sichtbar. Myasthenia tritt bei Personen jeden Alters auf. Sie ist aber in der dritten Lebensdekade am häufigsten, und Frauen sind davon eher betroffen als Männer. Alle Muskelgruppen des Körpers können tangiert sein, meist sind jedoch die von den Hirnnerven innervierten zuerst betroffen. Als erste Symptome machen sich Doppelsehen, Lidschluß, Schwäche in der Stimme, Kau- und Schluckbeschwerden und eine instabile Kopfhaltung bemerkbar. Bei manchen Personen sind jedoch nur die Gliedmaßen betroffen. Gewöhnlich treten die Symptome abends am deutlichsten auf und verschwinden über Nacht. Die Schwere dieser Krankheit reicht vom einseitigen Lidschluß bis zu einer umfassenden Körperschwäche, die wegen einer möglichen Lähmung der Atemwege lebensgefährlich sein kann.

Die Muskelschwäche wird auf ein Versagen der neuromuskulären Signalübertragung zurückgeführt. Es ist schon lange bekannt, daß eine medikamentöse Behandlung, die den Abbau von Acetylcholin (ACh) verhindert und dadurch dessen Anwesenheit an der neuromuskulären Synapse verlängert, die Symptome lindern oder rückgängig machen kann. Für den Abbau von Acetylcholin im synaptischen Spalt ist das Enzym Acetylcholinesterase (AChE) erforderlich. Die Wirksamkeit von Acetylcholinesterase kann durch Wirkstoffe wie Physostigmin (Eserin), die eine Akkumulation von cetylcholin bewirken, blockiert werden. Blockiert man aber eine Synapse mit Substanzen wie Curare, so verschärft sich die neuromuskuläre Schwäche. Mindestens drei Erklärungen sind für die gestörte Transmitterfunktion vorgeschlagen worden: Entweder wird an der präsynaptischen Membran zuwenig Acetylcholin freigesetzt, oder es gibt zuwenige beziehungsweise ineffektive Rezeptoren an der postsynaptischen Membran, oder aber es herrscht ein Überangebot an Acetylcholinesterase im Bereich des synaptischen Spaltes. Aus den Forschungsergebnissen der letzten 15 Jahre kann man schließen, daß die Ursache wohl im Bereich der Rezeptoren zu suchen ist.

Tabelle 24.5: Einige gebräuchliche Ausdrücke für Bewegungsstörungen

Apraxie: Unfähigkeit, zweckgerichtete Bewegungen oder Bewegungen auf Kommando auszuführen; gleichzeitig liegt keine Lähmung oder eine andere sensorische oder motorische Störung vor. Zu einer Apraxie kommt es gewöhnlich bei Schäden tertiärer cortikaler Areale.

Ataxie: Fehlende Muskelkoordination beziehungsweise unregelmäßige Muskelarbeit; gewöhnlich die Folge von Kleinhirnschädigungen.

Athetose: Andauernde, langsame, schraubenförmig windende Bewegungen, besonders der Hände. Die Störung basiert auf einer Fehlfunktion des extrapyramidal-motorischen Systems.

Chorea: Chorea heißt eigentlich „Tanz". Der neurologische Begriff bezieht sich auf andauernde Zwangsbewegungen, die wohlkoordiniert erscheinen, aber unwillkürlich auftreten.

Hemiplegie: Vollkommene oder teilweise Lähmung einer Körperhälfte. Zu einer Hemiplegie kommt es gewöhnlich nach Schädigungen des kontralateralen motorischen Cortex.

Katalepsie: Ein Zustand, der durch Muskelstarrheit gekennzeichnet ist; die Willkürmotorik ist eingeschränkt oder fehlt, die Körperhaltung wird jedoch kontrolliert. Ein Merkmal der Parkinson-Krankheit, verursacht durch Dopaminmangel.

Kataplexie: Vollkommener Bewegungs- und Haltungsverlust. Der Muskeltonus fehlt, das Bewußtsein bleibt erhalten.

Lähmung: Dauerhafte Form der Paralyse, die gewöhnlich auf eine Hirnschädigung bei der Geburt zurückgeht.

Paralyse: Vollkommener Bewegungs- oder Empfindungsverlust (meist aber auf die Bewegung bezogen) eines Körperteils. Dauerzustand nach Schädigung von Motoneuronen; vorübergehender Zustand nach Schädigung des motorischen Cortex (Area 4).

Paraplegie: Paralyse oder Parese (unvollständige Lähmung) des Unterleibs und der Beine, zum Beispiel nach einer Verletzung des Rückenmarks.

Spastizität: Tonuserhöhung bestimmter Muskelgruppen, die an der Aufrechterhaltung der Körperstellung gegen die Schwerkraft beteiligt sind. Wird ein betroffenes Glied gegen die Rigidität bewegt, erhöht sich der Widerstand zunächst, bricht dann aber völlig zusammen (Taschenmesserreflex). Man glaubt, daß Spastizität die Folge einer Schädigung extrapyramidaler Fasern des Neocortex ist.

tardive Dyskinesie: Langsame, andauernde Bewegungen, besonders von Mund und Zunge; gewöhnlich durch Langzeitbehandlung mit antipsychotischen Medikamenten verursacht.

Im Jahre 1970 experimentierten Changeux und seine Mitarbeiter mit dem Schlangengift α-Bungarotoxin. Das Gift verursacht eine Lähmung, da es sich irreversibel mit der motorischen Endplatte verbindet. Durch diese Entdeckung ließ sich der sogenannte nicotinische Acetylcholinrezeptor (AChR) biochemisch reinigen. Wurden α-Bungarotoxin an die Rezeptoren gebunden, konnten sie aus dem Muskelgewebe isoliert werden. Im Jahre 1973 gelang es Patrick und Lindstrom, den aus einem Zitterrochen *Torpedo* (das elektrische Organ dieses Fisches ist reich an derartigen Rezeptoren) isolierten Rezeptor Kaninchen zu injizieren und dort die Bildung von Antikörpern anzuregen. Man hoffte, die Rezeptoren dann markieren und lokalisieren zu können. Nach Bildung der Antikörper wurden die Kaninchen jedoch myasthenisch und entwickelten ähnliche Symptome wie die erkrankten Menschen. Ihre Schwäche wurde durch Physostigmin gemindert beziehungsweise durch Curare vergrößert. Die Erklärung für die erzeugte Myasthenie lag darin, daß die neugebildeten Antikörper nicht nur die fremden Rezeptoren attackierten, sondern auch die körpereigenen, die offensichtlich mit den fremden weitgehend identisch waren. Aus diesen Befunden wurde auch beim Menschen auf eine **Autoimmunkrankheit** geschlossen, das heißt, manche Menschen bilden Antikörper gegen die eigenen Acetylcholinrezeptoren. Bald darauf entdeckte man im Serum der meisten Patienten mit Myasthenia gravis tatsächlich solche Antikörper. Eine Drainage der Lymphflüssigkeit milderte die Symptome. Wurde die Lymphflüssigkeit wieder ersetzt, stellten sich die Symptome erneut ein. Schließlich machten Albuquerque und seine Mitarbeiter 1976 die Entdeckung, daß die Rezeptoraktivität im myasthenischen Muskel reduziert ist, während Fambrough und seine Mitarbeiter dort zusätzlich einen quantitativen Rückgang der Rezeptoren nachwiesen.

Obgleich das Rezeptormodell der Myasthenia gravis plausibel ist, läßt es einige Probleme offen. So weiß man nicht, wie es zu der Bildung von Antikörpern kommt, und es ist auch nicht geklärt, wie die Antikörper die Rezeptoren hemmen. Offen bleibt zudem die Frage, warum es bei manchen Patienten keine Antikörper im Blut gibt und warum nicht alle Muskeln gleichermaßen betroffen sind. Heutzutage verfolgt man zwei Therapieziele: Erstens will man mit der Acetylcholinesterasetherapie die Symptomatik mildern. Zweitens versucht man im Hinblick auf langfristige Verbesserungen, die Krankheit durch *Thymektomie* (Entfernung der Thymusdrüse, zur Verringerung der Antikörperbildung) und durch Verabreichung von immunsuppressiven Substanzen zu lindern. Deshalb ist die Sterblichkeit heute verhältnismäßig gering.

Poliomyelitis

Bei der **Poliomyelitis** oder Kinderlähmung handelt es sich um eine akute, durch einen Virus ausgelöste Infektionskrankheit. Das Virus besitzt eine besondere Affinität zu den Motoneuronen des Rückenmarks, gelegentlich auch zu denen der Hirnnerven. Im Extremfall verursacht es Lähmung und Muskelschwund. Wenn es die Motoneuronen des Atemzentrums befällt, kommt es zum Tod durch Ersticken. Nicht alle infizierten Personen entwickeln Symptome; dennoch können sie die Krankheit auf andere übertragen. Eine Infektion kann durch sportliche Betätigung, Anstrengung und kleinere Operationen beschleunigt werden. Gewöhnlich trat die Poliomyelitis nur sporadisch, gelegentlich allerdings als Epidemie auf, zumindest bis 1960, als Salk und Sabin den entsprechenden Impfstoff entwickelten. Seit dieser Zeit scheint die Krankheit unter Kontrolle zu sein. Dennoch werden jedes Jahr Erkrankungen gemeldet. Insbesondere in tropischen Gebieten der Dritten Welt ist sie nach wie vor ein Problem. Viele Menschen, die nach der Impfung vom Virus befallen werden, entwickeln keine Symptome. Bei manchen sind leichte Anzeichen der Krankheit zu bemerken. Wieder andere klagen über Fieber, Kopfschmerzen, allgemeines Unwohlsein und anderes mehr. Aber nur wenige geimpfte Personen entwickeln eine Lähmung. Diese erreicht gewöhnlich innerhalb der ersten 24 Stunden ihren Höhepunkt; eine Verbesserung tritt etwa nach einer Woche ein. Nur wenige Muskeln bleiben dauernd gelähmt. Alles in allem erholt sich die Bewegung in beachtlichem Ausmaß. Doch der Erholungsprozeß dauert oft über ein Jahr. Es ist nicht bekannt, warum das Virus speziell Motoneuronen angreift.

Multiple Sklerose

Multiple Sklerose (MS) (*sklerosis* ist griechisch für „Härte") entsteht durch den Verlust von Myelin. Dieser Schwund betrifft hauptsächlich die motorischen Bahnen, angegriffen werden mitunter auch sensorische Faserzüge. Der Verlust von Myelin breitet sich nicht gleichmäßig, sondern fleckenartig aus. Die Krankheit nimmt häufig einen schubartigen Verlauf; man kann sogar sagen, daß Erholung und Rückfall ihre charakteristischen Merkmale sind, und das zwischen einigen wenigen Jahren bis zu fünf Jahrzehnten. Die Multiple Sklerose kann eine Person mit den klassischen Merkmalen der ataktischen Paraplegie ans Bett binden.

Die ersten Beschreibungen stammen aus dem frühen 19. Jahrhundert. Die Multiple Sklerose offenbart sich mikroskopisch durch kleine umgrenzte Läsionen, wobei die Myelinhülle von Axonen und manchmal auch die Axone selbst zerstört sind. Schließlich bildet sich in diesen Bereichen ein *sklerotischer Plaque.* Die Ursache dafür ist nicht genau bekannt. Vorgeschlagen wurde eine Infektion, ein Virus, Umweltfaktoren oder eine gestörte Immunreaktion des Zentralnervensystems. Oft erfaßt sie Mitglieder einer ganzen Familie, es ist aber nicht klar, ob sie angeboren ist oder übertragen wird. MS ist in Nordeuropa am häufigsten zu beobachten, in Nordamerika etwas weniger oft. In Japan und in südlichen sowie in tropischen Ländern tritt sie selten auf. Betroffen davon sind etwa 50 von 100 000 Einwohnern. MS ist also eine der häufigsten strukturell bedingten Krankheiten des Nervensystems. Nur die Parkinson-Krankheit hat eine ähnlich hohe Prävalenz. Multiple Sklerose befällt Frauen häufiger als Männer (Verhältnis 3:2), wobei sich der Krankheitsverlauf bei Frauen häufig beschleunigt.

MS bricht normalerweise schlagartig aus. Innerhalb von 24 bis 48 Stunden entwickeln sich deutliche Symptome. Bei der Hälfte der Erkrankten ist zuerst eine Schwäche oder der Verlust der Kontrolle über die Gliedmaßen zu beobachten, bei 30% Blindheit und andere Störungen des visuellen Systems in einem oder beiden Augen, bei weiteren 20% ungewöhnliche Sinnesempfindungen, Tremor, Epilepsie oder Schwindelanfälle. Die motorischen Ausfälle manifestieren sich gewöhnlich in einem Kraftverlust der Beine oder der Arme. Muskelschwund tritt selten auf, weil die Krankheit nur kleine Areale im Zentralnervensystem erfaßt, Muskeln aber von vielen Motoneuronen mehrfach innerviert werden. Die Symptome entwickeln sich normalerweise erst in der Adoleszenz. Nach der ersten Erholung treten unter Umständen jahrelang keine weiteren Ausfälle mehr auf. Bei tödlichem Krankheitsverlauf liegt das durchschnittliche Alter der verstorbenen Personen zwischen 65 und 84 Jahren. Für MS gibt es keine spezielle Therapie. Die Behandlung erfolgt symptomatisch. Auch versucht man, die Personen davon zu überzeugen, so lange wie möglich weiter zu arbeiten und ein aktives Leben zu führen. Manche MS-Patienten werden als optimistisch und euphorisch beschrieben. Dies ist womöglich darauf zurückzuführen, daß die Krankheit mitunter diencephale Strukturen angreift und entsprechend derartige Zustände auslöst. Die Betroffenen können aber gelegentlich auch in Apathie und Depression verfallen.

Paraplegie

Paraplegie (vom griechischen *para,* „jenseits" und *plegia,* „Schlaganfall") bezeichnet eine beidseitige Lähmung der unteren Gliedmaßen. (*Quadriplegie* oder auch *Tetraplegie* dagegen eine solche aller Gliedmaßen.) Sie ist direkte Folge einer vollkommenen Durchtrennung des Rückenmarks. Unmittelbar nach einer solchen Durchtrennung ist das Rückenmark distal zur Läsion zu keiner Aktivität mehr fähig, so daß alle Bewegungen, Empfindungen und Reflexe gelöscht werden. Wegen der unterbrochenen Reflexaktivität entfällt sowohl die thermoregulatorische Kontrolle (dadurch wird die Haut kühl und trocken, ohne daß es zum Schwitzen kommt), wie auch die Kontrolle der Blase (um eine Harnretention zu vermeiden, muß die Blase daher künstlich entleert werden). Diesen Zustand bezeichnet man als spinalen Schock; er dauert zwischen vier Tagen und sechs Wochen. Allmählich erholen sich einige spinale Reflexe, und nach etwa einem Jahr ist ein stabiler Zustand erreicht. Empfindungen, Willkürbewegungen und Thermoregulation bleiben unterhalb des Läsionsortes aus. Obwohl keine Empfindung mehr möglich ist, lassen sich dennoch bestimmte Reflexe auslösen. Ein Nadelstich bewirkt dann zum Beispiel einen Schutzreflex (Beugung von Hüfte, Knie und Fußgelenk). Später können die Extensoren stark genug aktiviert werden, damit sie kurze Zeit das Körpergewicht tragen. Spinale Reflexe sind aber in der Regel zu sehr von unterstützenden Einflüssen des Gehirns abhängig, als daß sie ohne diese längere Zeit aufrechterhalten werden könnten. Nach einem oder zwei Jahren kann ein Paraplegiker einen der folgenden Zustände erreichen: 1) *Paraplegie mit Extension*: Hier dominiert der Tonus der Streckmuskulatur, was zu einer hauptsächlich steifen, gestreckten Haltung führt. In diesem Zustand (er betrifft etwa zwei Drittel aller Paraplegiker) sind Schutzreflexe schwer auslösbar. 2) *Paraplegie mit gleichzeitiger Beugung*: Hier dominieren Spasmen der Beugemuskulatur. Mehrere Reflexe lassen sich auslösen (dazu gehören Schutzreflexe, Sexualreflexe und Ausscheidungsreflexe). 3) *Schlaffe Paralyse*: In diesem Fall ist kein Muskeltonus zu verzeichnen. Diese Form der Paralyse tritt bei weniger als 20% der Paraplegiker auf.

Brown-Sequard-Syndrom

Die Bezeichnung **Brown-Sequard-Syndrom** bezieht sich auf die Folgen einer unilateralen Durchtrennung des Rückenmarks. Da einige der ascendierenden und descendierenden Faserverbindungen ungekreuzt, einige dagegen gekreuzt verlaufen, treten die Symptome auf beiden Körperseiten unterhalb des Schnittes auf. Kontralateral zur Verletzung dominiert ein Verlust des Schmerz- und Temperaturempfindens, weil diese Faserzüge dann kreuzen, wenn sie in das Rückenmark eintreten. Berührungs- und Druckempfindungen bleiben intakt, da diese Faserzüge erst in der unteren Medulla kreuzen. Ipsilateral zur Verletzung tritt ein Verlust des Empfindens von Berührung und Druck, nicht aber von Schmerz und Temperatur auf. Die Willkürbewegung der distalen Muskulatur und die Rückmeldung aus dieser sind zerstört. Nach den Angaben von Nathan und Smith können die Patienten innerhalb von zwei oder drei Tagen wieder gehen, weil die Kontrolle dieser Bewegungsform bilateral angelegt ist.

Hemiplegie

Zu den Charakteristika der **Hemiplegie** zählen der Verlust der Willkürmotorik, Tonusveränderungen mit Auswirkungen auf die Körperhaltung und Veränderungen verschiedener Reflexe. Die Symptome sind auf eine Körperhälfte beschränkt. Hemiplegie ergibt sich aus einer cortikalen Zerstörung in der contralateral zu den motorischen Symptomen gelegenen Hemisphäre. Früher wurde sie als eine rein pyramidale Störung angesehen. Heute wird dagegen dem Umstand Rechnung getragen, daß die Symptome nicht ausschließlich durch eine Beeinträchtigung des Pyramidaltrakts hervorgerufen werden und daß deshalb sowohl eine cortikale Schädigung als auch eine solche der cortikospinalen Faserverbindungen und der entsprechenden Projektionen zu den Basalganglien vorliegen muß. Bei Kindern wird eine derartige Schädigung durch Verletzungen während der Geburt, durch Epilepsie oder Fieber hervorgerufen. Die infantile Hemiplegie wird zumeist unter den Oberbegriff der cerebralen Lähmung subsumiert.

Bei jungen Erwachsenen entsteht eine Hemiplegie oft durch den Riß eines angeborenen Aneurysmas, eine Embolie, einen Tumor oder eine Kopfverletzung. Die meisten Patienten sind Personen mittleren Alters und ältere Menschen, bei denen sich eine Hemiplegie nach einer Hirnblutung infolge eines hohen Blutdruckes und/oder der Degeneration von Blutgefäßen entwickelt.

Meistens führt eine Erkrankung der mittleren Hirnarterie zur Hemiplegie. Dieses Gefäß versorgt den größten Teil des primären motorischen Areals mit Blut (Abbildung 24.8). Eine Läsion des motorischen Cortex bewirkt in erster Linie den Verlust der Willkürmotorik auf der contralateralen Körperseite sowie eine Muskellähmung, wobei die Muskeln in einen fast vollständig erschlafften Zustand verfallen. Reflexe bleiben aus. Der Verlauf der Erholung ist von Individuum zu Individuum verschieden, wie von Twitchell beschrieben. Innerhalb von Tagen oder Wochen werden die Muskeln zunächst spastisch, dann hypertonisch. Zugleich läßt sich eine Zunahme der Sehnenreflexe (etwa des Kniesehnenreflexes) beobachten, die schließlich häufiger als bei Gesunden ausgelöst werden (*Hyperflexie*). Der Spasmus ist besonders bei der sogenannten „Antischwerkraftmuskulatur" ausgeprägt. Haben sich Spasmen erst einmal entwickelt, so beeinflussen sie die Haltung auf klar erkennbare Weise. Der Arm wird bei eng in die Handfläche eingerollten Fingern im Bereich des Ellenbogens gebeugt und gestreckt. Das Bein wird übermäßig gestreckt, wirkt säulenartig, kann allerdings zur Fortbewegung noch genutzt werden. Die Unfähigkeit, Gelenke unabhängig voneinander zu bewegen, führt jedoch dazu, daß das Bein als Ganzes bewegt werden muß. Schritte mit dem betroffenen Bein werden durch ein Anheben der Hüfte eingeleitet, worauf eine Hüftdrehung bei gleichzeitig durchgestrecktem Knie das Bein in die neue Position setzt. Die Spastizität ist haltungsabhängig. Läßt sich eine Person auf alle Viere nieder, werden die Arme in der beschriebenen Überdehnungsposition spastisch. Die Spastizität spielt bei der Unterstützung des Körpers gegen die Schwerkraft eine wesentliche Rolle. Der Spasmus erfaßt nicht einzelne Muskeln, sondern ganze Muskelgruppen in einer (für die aufrechte Haltung) sinnvollen Weise.

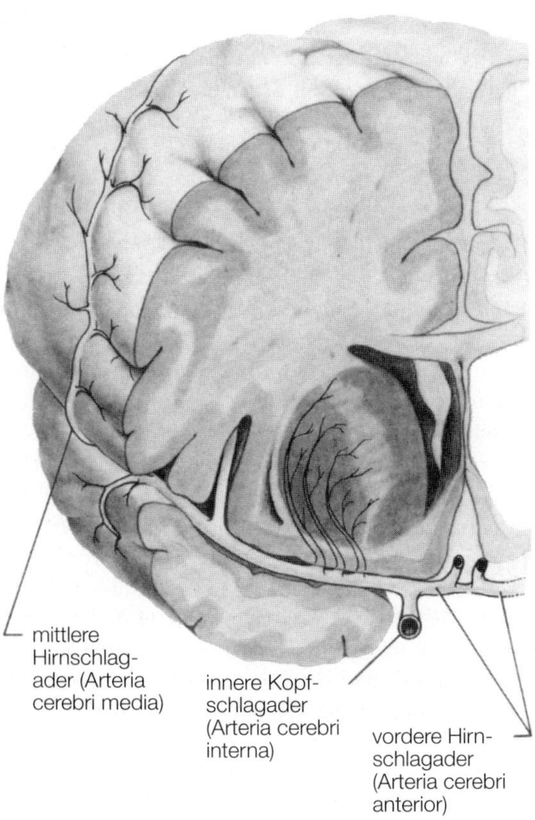

24.8 Blutversorgung tiefliegender Strukturen des Gehirns durch dieselben Arterien, die die Oberflächenstrukturen versorgen. Eine Unterbrechung der Blutversorgung kann daher sowohl cortikale als auch subcortikale Schäden verursachen, wie es für Hemiplegie typisch ist. (Nach Raichle et al., 1978.)

Die Spastik der Hemiplegie weist Merkmale auf, die sie etwa von der Rigidität extrapyramidaler Störungen wie der Parkinson-Krankheit unterscheiden. Sie ist unidirektional, da sie bei Muskeln, die der Schwerkraft entgegenwirken, stärker ausgeprägt ist; der Widerstand der spastischen Muskulatur gegenüber passiver Bewegung ist bei schnellen Bewegungen größer als bei langsamen. Die Sehnenreflexe sind hyperaktiv. Die Extremitäten reagieren mit einem Klappmesserreflex, nachdem sie zunächst einer erzwungenen Bewegung widerstehen. Wird zum Beispiel ein Arm von außen gestreckt, nimmt der Widerstand gegen die auferlegte Bewegung allmählich zu und versiegt dann plötzlich. Im Gegensatz dazu ist die Rigidität der Parkinson-Kranken bidirektional und unabhängig von der Geschwindigkeit der Bewegung. Sie wird auch weder von Hyperreflexie noch von einem Klappmessereffekt begleitet. Die Decerebrierungsstarre ist der beschriebenen Spastizität viel ähnlicher. Man faßt sie deshalb als brauchbares Tiermodell dafür auf, allerdings fehlt die Klappmesserreaktion. Läsionen mit Hemiplegiefolgen verändern zudem mehrere aus diagnostischen Gründen wichtige Reflexe. Berührt man bei einer gesunden Person die Fußsohle mit einem stumpfen Gegenstand, so führt das zu einer Einwärtskrümmung aller Zehen. Bei einer Hemiplegie kommt es zu einer nach oben gerichteten Krümmung insbesondere des großen Zehs und außerdem zu einem Auseinanderspreizen der anderen Zehen (Abbildung 24.9). Diese Reaktion wird durch die Aktivierung physiologischer Beugemuskeln ausgelöst und oft von einer Beugung des Beines auf Höhe des Knies oder aus der Hüfte heraus begleitet. Sie wird als *Babinski-Reflex* bezeichnet und gilt als wichtigster diagnostischer Einzelreflex der klinischen Neurologie, weil sie eine Zerstörung der cortikalen Motoneuronen zuverlässig anzeigt. Dieses Symptom ist tatsächlich aber nur eine von vielen Beugungsreaktionen, die nach einer Schädigung des motorischen Cortex oder des Pyramidentrakts auftreten. Zwei andere Reflexe funktionieren bei einer Hemiplegie ebenfalls nicht mehr. Normalerweise führt ein Streichen über die Abdominalmuskulatur zu einer Retraktion (*Abdominalreflex*), und ein leichtes Streichen über die Oberschenkelinnenseite

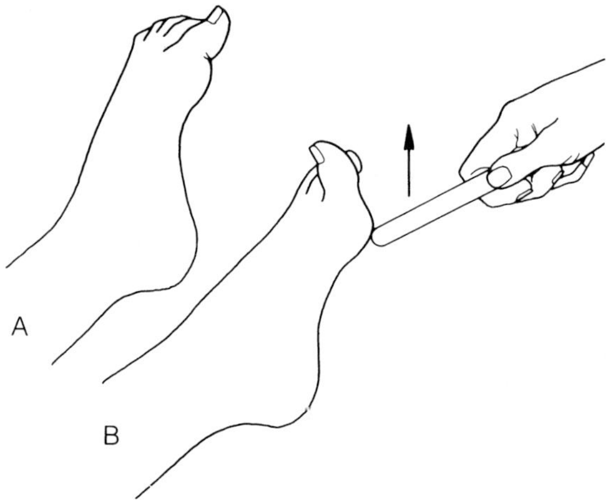

24.9 Der Babinski-Reflex. A. Die normale Reaktion eines Erwachsenen auf eine Reizung der lateralen Fußsohle des linken Fußes. B. Dies ist beim Erwachsenen eine anomale Reaktion und eine normale Reaktion bei Kleinkindern.

führt bei Männern normalerweise zu einer Retraktion der Hoden (*Hodenreflex*). Beide Reflexe bleiben nach cortikalen Läsionen aus.

Da der Neocortex Ursprung des Pyramidentrakts ist, der durch die Pyramiden zum Rückenmark projiziert, und da er auch als Ursprung motorischer Fasern gilt, die zu anderen Gehirnarealen projizieren und an motorischen Reaktionen beteiligt sind, kann man sich fragen, wie jede dieser unterschiedlichen motorischen Projektionen zu den beobachteten hemiplegischen Störungen beitragen. Eine Läsion des Pyramidentrakts führt zu einem Ausfall feinmotorischer Bewegungen der Extremitäten, Kraftverlust, Geschwindigkeitseinbußen und zu einem Reflexverlust. Der Babinski-Reflex bleibt intakt, aber der Abdominalreflex und der *Cremaster-Reflex (Hodenreflex)* fehlen. (Siehe Kapitel 6 für die Beschreibung des Beitrages, den das Pyramidensystem bei Greifbewegungen von Affen leistet.)

Eine Zerstörung des nichtpyramidalen Anteils der motorischen Efferenzen ist folglich für die Spastizität und die übertriebenen Streckreflexe verantwortlich. Die Unterscheidung zwischen den efferenten Systemen ist wichtig, weil sie auf ihrem Weg durch das Gehirn teilweise getrennt verlaufen und sich Schäden daher in gewissem Ausmaß durch die Anwesenheit der einen oder der anderen Symptomgruppe lokalisieren lassen.

Zur Hemiplegie gehören auch Anomalien in anderen Muskeln als denen der Gliedmaßen. Augen und Kopf lassen sich kaum noch gegenläufig zu der der Läsion entgegengesetzten Seite wenden. Die Willkürmotorik der unteren Gesichtshälfte (wie das Zurückziehen und Vorstülpen der Lippen) ist ebenso schwach wie die Kiefer- und Zungenmuskulatur contralateral zur Läsion. Der emotionale Ausdruck (Lächeln oder Schreien) ist jedoch normalerweise nicht betroffen. Da die Kopfmuskulatur unter größerer bilateraler Kontrolle steht als die der Extremitäten, erholen sich die betroffenen Kopfbewegungen relativ rasch.

Die Behandlung peilt ein oder mehrere Ziele an. Kranke können zum Beispiel darauf trainiert werden, die gesunde Körperseite zu benutzen, oder sie lernen, die betroffene Seite soweit zu verwenden, wie es die intakten Fähigkeiten und die Spastizität erlauben, oder sie werden darin geübt, der Spastizität entgegenzuwirken und Bewegungen auszuführen, so daß die Willkürmotorik optimal eingesetzt wird. Die letztgenannte therapeutische Prozedur wird von Bobath detailliert beschrieben. Sie basiert, kurz gesagt, auf der Tatsache, daß die Stärke der Spastik von der Körperhaltung abhängt. So verringert zum Beispiel eine Beugung die Spastizität. Eine Flexionsspastizität verringert sich folglich, wenn der Arm gestreckt und der Kopf in Richtung des Armes gebeugt wird. Die Verwendung derartiger Ersatzbewegungen reicht mitunter aus, um ein betroffenes Glied funktionsfähig zu machen.

Schlafstörungen

Das Schlafbedürfnis variiert sowohl interindividuell als auch intraindividuell in verschiedenen Lebensphasen beträchtlich. Jeder kennt die allgemeine Ansicht, daß ein Nachtschlaf von acht Stunden für eine gute Gesundheit sorgt. Es gibt aber sowohl Lang- als auch Kurzschläfer. Manchen Leuten genügt pro Tag nur eine Stunde Schlaf, andere hingegen benötigen regelmäßig zehn oder zwölf Stunden. Webb hat Langschläfer (länger als 9,5 Stunden pro Tag) und Kurzschläfer (weniger als 4,4 Stunden pro Tag) untersucht und hinsichtlich ihres allgemeinen Gesundheitszustands nur wenige Unterschiede festgestellt. Offenbar ist die optimale Schlafdauer eine individuelle Angelegenheit. Möglicherweise können Kurzschläfer eben nicht länger schlafen, und Langschläfer sind nach einer zu kurzen Schlafphase nicht in der Lage, normal zu „funktionieren". Die Bestimmung der optimalen Schlafdauer muß deshalb im Kontext der jeweiligen Schlafgeschichte eines Individuums gefunden werden.

Der Schlaf zeichnet sich durch das Fehlen von Reaktionen auf die meisten Umweltereignisse und das Aussetzen der meisten Willkürbewegungen aus. Früher glaubte man, er sei ein passiver Prozeß, sozusagen die Folge einer herabgesetzten sensorischen Reizung. Diese Ansicht wurde anscheinend durch die Experimente von Bremer unterstützt, der im Jahre 1935 bei Katzen das Gehirn in Höhe der Colliculi durchtrennte (das sogenannte *cerveau isolé*-Präparat). Er beobachtete, daß großamplitudige, langsame, für den Schlaf charakteristische EEG-Wellen bei den operierten Katzen permanent bis zum Tod der Versuchstiere auftraten. Wurde das Gehirn weiter in Richtung Schwanz (caudal) durchtrennt (das *encéphale isolé*-Präparat), dann zeigten die Katzen im EEG normale Schlaf-Wach-Zyklen. Bremer glaubte, der Unterschied zwischen beiden Präparationen läge darin, daß bei letzterer die Hirnnerven für eine adäquate Reizung sorgten, wogegen sie im ersten Fall vom Vorderhirn getrennt worden seien und deshalb keine Wirkung mehr ausübten.

Bremers Vorstellung (man bezeichnet sie auch als *passive Schlafhypothese*), wurde wissenschaftlich durch Experimente, bei denen Versuchspersonen sensorisch depriviert wurden nicht bestätigt. Die sensorische Deprivation induzierte weder Schlaf, noch verlängerte sie ihn. Das berühmteste Experiment, mit dem die „passive Hypothese" widerlegt wurde, stammt von Moruzzi und Magoun (1949). Sie implantierten Katzen Reizelektroden in die Retikulärformation und Ableitelektroden in den Neocortex. Wurde die Retikulärformation gereizt, veränderte sich das Muster langsamer Wellen über dem Cortex zu einem niederamplitudigen, hochaktiven EEG, so wie dies für wache Katzen charakteristisch ist. Die hohe Aktivität überdauerte die Reizperiode ziemlich lang. Eine Untersuchung, bei der die gereizten Neuronen und ihre Fortsätze markiert wurden, ließ darauf schließen, daß es vom Retikulärsystem zum Vorderhirn einen Faserzug geben muß, der für das „wachartige" EEG verantwortlich war. Als Folge dieses und weiterer Experimente von Moruzzi und Magoun setzte sich die *aktive Schlafhypothese* durch. Einfach ausgedrückt: Schlaf wird durch eine Aktivitätsveränderung bestimmter Neuronen im Gehirn ausgelöst. Es begann danach die Suche nach den Gehirnstrukturen, die den Schlaf hervorrufen. Der Schlaf entpuppte sich als ein komplexer Zustand. Ferner entdeckte man zumindest zwei verschiedene Schlafarten, die durch das Zusammenwirken unterschiedlicher Gehirnstrukturen entstehen. Trotz vieler Bemühungen wurde aber die für den Schlaf verantwortliche Gehirnregion bisher nicht zufriedenstellend identifiziert. Dennoch weiß man genug über die Schlafmechanismen, um für verschiedene klassische Schlafstörungen Erklärungen anbieten zu können.

Der Schlaf durchläuft wenigstens zwei Zustände, die sich während der Nacht abwechseln. Aufgrund seines desynchronisierten EEG-Musters wird der eine Schlafzustand als *D-Schlaf* bezeichnet, der andere *S-Schlaf* (*S* von *slow wave sleep*) genannt, weil ein langsames EEG-Muster für ihn charakteristisch ist. Der D-Schlaf zeichnet sich durch ein desynchronisiertes, dem Wachzustand ähnelndes EEG aus (niedrige Spannung, schnelle Aktivität); während dieser Schlafphase kommt es zu schnellen Augenbewegungen – man spricht deshalb vom *REM-Schlaf* (*rapid eye movement*). Zudem beobachtet man plötzliche Bewegungen von Fingern, Zehen und anderen Körperteilen. Der S-Schlaf zeichnet sich durch ein großamplitudiges, langsames EEG aus. In dieser Schlafphase kommt es zum Drehen und Wälzen des ganzen Körpers. Diese Schlafphase wird allgemein in vier Stadien unterteilt. Stadium I besitzt einen geringen Anteil an langsamen EEG-Wellen, Stadium IV den höchsten, die Stadien II und III dagegen einen mittleren. S-Schlaf und D-Schlaf alternieren bei einer „Durchschnittsperson", wie dies in Abbildung 24.10 dargestellt ist.

Nach dem Einschlafen durchläuft ein Mensch die Stadien I bis IV des S-Schlafes, danach folgt der REM-Schlaf. Nach einer Periode des REM-Schlafes beginnt wieder der S-Schlaf, und so weiter. Das wiederholt sich während der ganzen Nacht mehrere Male. Je länger man schläft, desto seltener tritt das Schlafstadium IV auf, womit die Wahrscheinlichkeit, daß Perioden des REM-Schlafes länger dauern, zunimmt. Was verursacht nun diese beiden Schlaftypen und was ihren Wechsel? Die Antwort auf diese Frage hängt mit der Funktion des Schlafes eng zusammen. Biologisch betrachtet, ist der Schlaf ein Anpassungsprozeß, der nachts Energie spart (eine Zeit, in der die Futtersuche schwierig ist). Des weiteren sind in der Evolution offensichtlich Rhythmen lokomotorischer Aktivität entstanden, die, wie man annimmt, etwa alle zwei Stunden auftreten. Während dieser Zeit wird nach Futter gesucht oder eine Tätigkeit ausgeübt, die dem Überleben dient. Ein derartiger Aktivitätszyklus wäre aber mit der Schlafdauer von einer ganzen Nacht inkompatibel. Um beide Bedürfnisse zu befriedigen, um also Energie zu sparen und gleichzeitig Aktivitätszyklen aufrechtzuerhalten, kam es – so diese Hypothese – zu einer innovativen Anpassung. Die Muskulatur wurde im Ver-

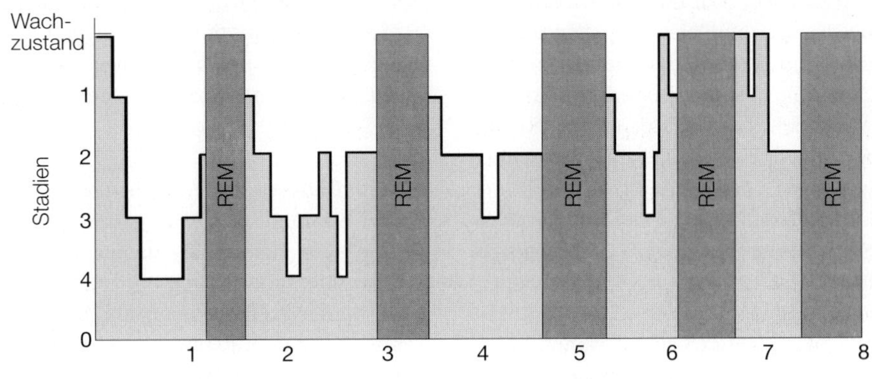

24.10 Schlafverlauf eines Durchschnittsmenschen während einer typischen Nacht. Die Stadien entsprechen der nach EEG-Aufzeichnungen vorgenommenen Unterteilung. Die hellgrauen Areale stellen S-Schlaf-Phasen dar, die dunklen Areale repräsentieren den REM-Schlaf. Man beachte, daß die Phase IV des S-Schlafes typischerweise in den frühen Abendstunden vermehrt vorkommt. Die REM-Schlafphasen nehmen im Verlauf der Nacht zu. (Nach Hartmann 1967.)

lauf dieses Entwicklungsprozesses immer dann, wenn es eigentlich zu einem Wachzyklus kommen sollte, selektiv gehemmt, so daß schließlich nur das Gehirn noch an diesem Aktivitätszyklus teilnahm. Deshalb träumen wir, statt auf Nahrungssuche zu gehen.

Experimentelle Untersuchungen stützen diese Hypothese. Pompeiano untersuchte zum Beispiel im Tierexperiment die elektrische Aktivität von Hirnstamm, Rückenmark, Motoneuronen und Muskulatur während der Schlafphasen. Während des D-Schlafes nimmt die Aktivität bestimmter Faserzüge im Hirnstamm und im Rückenmark zu, die Aktivität der Muskeln wird jedoch gleichzeitig fast völlig unterdrückt. Vermutlich hemmen einige zentrale Strukturen (im Hirnstamm) gezielt die Bewegung; daher sind wir während des D-Schlafes bewegungsinaktiv. Werden diese bei Katzen zerstört, so bleiben die Tiere während der D-Schlafphase bewegungsaktiv. Die im Normalzustand vorkommende Hemmung erfaßt jedoch den Cortex nicht. Physiologische Messungen der Gehirnaktivität in der REM-Phase zeigen eine Steigerung des Sauerstoffverbrauchs, der Temperatur und der Stoffwechselaktivität an. Dies bestätigt die EEG-Befunde, nach denen sich das Gehirn in dieser Phase in einem äußerst aktiven Zustand befindet (die Aktivität kann so intensiv sein, daß die Erregung hin und wieder die Hemmung überwindet und Augen, Finger oder Zehen bewegt). Bei Ausbleiben peripherer Muskelaktivität stoppt jedoch die Thermoregulation diesen Prozeß, so daß die Körpertemperatur sinkt. Darüber hinaus werden Ganzkörperbewegungen, zum Beispiel Drehungen, wirkungsvoll unterdrückt. Es ist noch nicht ganz klar, warum sich die erhöhte zentrale Aktivität nicht im Bewußtsein niederschlägt. Möglicherweise blockiert die Hemmung einige kritische Anteile der Gehirnaktivität, die für das Zustandekommen des Bewußtseins notwendig sind. Obwohl das Bewußtsein auch zu „schlafen" scheint, zeigen Untersuchungen, unter anderem von Dement und Kleitman, daß im REM-Schlaf lebhaft geträumt wird.

Schlafstörungen werden allgemein in zwei große Gruppen aufgeteilt: Zum einen gibt es die **Narkolepsie**, einen Zustand, der durch übermäßigen Schlaf oder aber durch kurze und den Umständen nicht angemessene Schlafepisoden gekennzeichnet ist. Letztere gehen oft mit anderen Symptomen einher. Zweitens gibt es die *Insomnie* (Schlaflosigkeit). Darunter versteht man eine nicht ausreichende Schlafdauer, das Nicht-Einschlafen-Können oder häufiges Erwachen in der Nacht. Beide Schlafstörungen können eine Vielfalt von Ursachen (Gehirnschäden, virale Infektionen, Medikamentenmißbrauch und so weiter) haben. Sie treten aber auch ohne offenkundige Ursachen auf. Bei beiden Störungstypen entstehen unangenehme Begleitphänomene, beispielsweise Alpträume, Schlafwandeln, Zähneknirschen, Myoklonus (Schüttelkrämpfe) und so weiter. Dies sind jedoch vorübergehende, weniger häufige Erscheinungen, die zur Kennzeichnung von Schlafstörungen nicht ausreichen.

Narkolepsie Unter Narkolepsie versteht man eine unbegründete Schlafattacke. Die davon betroffene Person verspürt einen überwältigenden Schlafdrang und schläft unvermittelt ein. Die Attacken können selten oder mehrmals täglich auftreten. Die Störung selbst ist überraschend häufig. Sie betrifft ungefähr 0,02 % der Bevölkerung (Männer wie Frauen). Obgleich die Narkolepsie innerhalb bestimmter Familien statistisch überhäufig auftritt, ist eine genetische Ursache bisher nicht nachgewiesen worden. Die Symptome entwickeln sich zumeist zwischen dem zehnten und 20. Lebensjahr. Haben sich diese Schlafattacken einmal manifestiert, so bleiben sie ein Leben lang bestehen. Für eine wirkungsvolle Behandlung eignen sich amphetaminartige Stimulantien und trizyklische Antidepressiva. Das Krankheitsbild der Narkolepsie ist durch vier typische Merkmale gekennzeichnet: Schlafattacken, Kataplexie, Schlaflähmung und hypnagoge Halluzinationen. Die Symptome treten nicht notwendigerweise gleichzeitig oder bei einem Individuum auf. In Beschreibungen der Krankheit werden diese Symptome derart oft als gemeinsam beobachtbar erwähnt, daß wohl eine Beziehung zwischen ihnen angenommen werden darf.

Schlafattacken Schlafattacken sind kurze, unwiderstehliche Schlafepisoden von etwa 15 Minuten Dauer, die zu jeder Tageszeit auftreten können. Manchmal kündigen sie sich an, manchmal überfallen sie einen ohne Vorwarnung. Schlafattacken treten am ehesten bei Langeweile oder nach einem Essen, aber auch mitten in anderen Beschäftigungen, etwa beim Geschlechtsverkehr oder beim Tauchen auf. Nach einer kurzen Schlafattacke erwacht das Individuum vollkommen frisch und kann mühelos viele Stunden wach sein.

Kataplexie Darunter versteht man einen vollkommenen Verlust des Muskultonus oder auch eine plötzliche Lähmung. Sie bewirkt weiche Knie oder einen vollständigen Kollaps. Die Attacke kann so plötzlich auftreten, daß es zu Verletzungen durch Sturz kommt, weil der Muskultonus und die zum Auffangen eines Sturzes nötigen Reflexe fehlen. Während der Attacke bleibt der Patient bei Bewußtsein, so daß er sich an visuelle Ereignisse erinnern kann. Im Gegensatz zu Schlafattacken treten kataplektische Episoden hauptsächlich bei emotionaler Erregung (Fröhlichkeit oder Ärger) auf. Werden die Emotionen unterdrückt, unterbleibt die Attacke. Kataplexie ist wahrscheinlich eine Attacke von D-Schlaf.

Schlaflähmung Dabei handelt es sich um eine Lähmung, die während der Übergangsphase zwischen Schlaf und Wachsein entsteht. Sie dauert normalerweise recht kurz, gelegentlich jedoch auch bis zu 20 Minuten. Fast jeder zweite Mensch hat schon einmal eine Schlaflähmung erlitten. Anders als bei der Kataplexie ist eine gelähmte Person durch Berührung oder Zuruf ihres Namens leicht zu wecken. Personen mit Schlaflähmungserfahrung können diesen Zustand selbständig beenden, indem sie eine bestimmte Strategie (beispielsweise lautes Stöhnen) verwenden. Bei der Schlaflähmung wacht die Person offenbar auf, ist aber noch im Zustand der Paralyse, die mit dem D-Schlaf einhergeht.

Hypnagoge Halluzinationen Hypnagoge (aus dem Griechischen: *hypo* „Schlaf" und *goge* „eintreten") Halluzinationen sind Phasen auditorischer, visueller oder taktiler Halluzination, die bei Schlaflähmung, beim Einschlafen oder Aufwachen entstehen. Die Halluzination ist zumeist furchterregend. Man glaubt dann, ein Monster oder etwas ähnliches zu sehen. Solche Halluzinationen treten auch bei Kataplexie auf. Meistens ist man bei Bewußtsein und weiß, was geschieht. Die Halluzinationen sind deshalb so verwirrend, weil sich reale und imaginäre Wahrnehmungen vermischen. Diese Halluzinationen sind möglicherweise Träume, die sich im Wachzustand abspielen.

Die Symptome der Narkolepsie entsprechen dem, was Rechtschaffen und Dement als Syndrom des unerwünschten und plötzlichen Beginns vom REM-Schlaf bezeichnen würden. Wie man sich erinnert, zeichnet sich der REM- oder D-Schlaf durch Unterdrückung muskulärer Aktivität und durch lebhafte Träume aus. Analoges findet sich in der Narkolepsie: Der Muskelhemmung entspricht die Kataplexie und Schlafparalyse, und die hypnagogen Halluzinationen machen sich bei beiden Schlafformen bemerkbar. Zwei Hinweise untermauern die Ansicht von Rechtschaffen und Dement. Während einer Kataplexieattacke oder Schlaflähmung erfahren Personen oft Halluzinationen mit traumähnlichem Charakter. Außerdem zeigen EEG-Ableitungen von narkoleptischen Patienten, daß diese fast sofort in die D-Schlaf-Phase fallen, ohne zuvor die etwa einstündige Phase des S-Schlafes zu durchlaufen. Personen mit Narkolepsie entwickeln die oben beschriebenen Symptome zu unterschiedlichen Zeiten und in allen möglichen Kombinationen. Normalerweise kommt es jedoch zunächst zu Schlafattacken. Eine Kataplexie, die man auch als plötzlichen Beginn einer D-Schlaf-Phase zu deuten vermag, befällt etwa 70 % der Patienten. Schlaflähmung mit Halluzinationen tritt in etwa 30 % der Fälle auf. Mitunter setzt eine D-Schlaf-Phase ein, bevor die Patienten das Bewußtsein verlieren. Schließlich ist auch das Erwachen während der D-Schlaf-Phase beobachtet worden.

Wahrscheinlich gibt es noch andere Formen der Narkolepsie. Manche Personen leiden an einer Narkolepsie, bei der sie in eine S-Schlaf-Phase fallen. Ein offensichtliches Problem bei der Beschreibung dieses Narkolepsietyps bildet die Unterscheidung von tatsächlicher Ermüdung. Ein mögliches Differenzierungsmerkmal zwischen Personen mit einer S- und solchen mit einer D-Schlaf-Narkolepsie ist darin zu erblicken, daß erstere sich beim Aufwachen noch müde fühlen, die anderen nicht.

Insomnie Untersuchungen an Personen, die behaupten, daß sie nicht schlafen, nicht gut schlafen oder häufig aufwachen, legen ein breites Ursachenspektrum der Insomnie nahe. Rechtschaffen und Monroe führten bei schlechten Schläfern vor und während des Schlafes EEG-Untersuchungen durch und fanden heraus, daß sie die Zeit bis zum Einschlafen überschätzt hatten. Die Personen zeigten aber einen reduzierten D-Schlaf, führten mehr Körperbewegungen aus und gerieten öfter in verschiedene Schlafstadien als gesunde Personen. Wurden sie aus dem S-Schlaf geweckt, behaupteten sie, nicht geschlafen zu haben. Rechtschaffen und Monroe zogen daraus den Schluß, daß schlechte Schläfer aus den restaurativen Eigenschaften des Schlafes offenbar nicht so viel Nutzen ziehen wie Gesunde, obwohl sie von ihrem EEG her zu urteilen geschlafen hatten. Folgt man den Ergebnissen neuerer Untersuchungen, so geben 14 % der Befragten an, unter Insomnie zu leiden. Dafür gibt es viele Gründe: Angstzustände, Depressionen, Furcht, Umweltbelastungen und Jet-lags. Manche Faktoren der Insomnie scheinen direkt mit der Schlafsituation zusammenzuhängen. Dazu zählen Alpträume, Schlafapnoe, *restless legs*-Syndrom, Schüttelkrämpfe, medikamenteninduzierte Insomnie und Insomnie aufgrund einer Gehirnstörung.

Alpträume und Angstträume Alpträume sind intensive angsterregende Träume im REM-Schlaf, die zu einem schreckhaften Aufwachen führen. Sie sind häufiger als Angstträume (*Parvor nocturnus*). Im Alptraum kämpft oder flieht oder stößt man Schreie aus. Angstträume entstehen im S-Schlafstadium IV, sind kurz (ein oder zwei Minuten) und hinterlassen keine Erinnerungsspuren. Beide Traumformen sind bei Kindern häufiger zu beobachten als bei Erwachsenen. Vielleicht haben Erwachsene mehr Erfahrung mit beängstigenden Träumen und wachen deshalb nicht so leicht auf. Alpträume können jedoch störend genug sein, um zu Schlafbeeinträchtigungen und zu Insomnie zu führen.

Schlafapnoe (vom griechischen Begriff für „nicht atmen") Dies ist ein periodisch wiederkehrender Atemstillstand während des Schlafes, der zehn Sekunden oder länger dauert. Man unterscheidet zwei Typen der Schlafapnoe. Die **obstruktive Schlafapnoe** tritt hauptsächlich während des D-Schlafes auf und ist auf einen Kollaps der Rachen- und Kehlkopfmuskulatur zurückzuführen. Patienten mit diesem Problem „haben schon immer laut geschnarcht". Ihr Schnarchen ist eine Folge von Atembeschwerden aufgrund beengter Atemwege. Diese Verengung kann durch chirurgische Maßnahmen reduziert werden. Die *zentrale Schlafapnoe* wird durch eine Störung des Zentralnervensystems verursacht. Sie tritt hauptsächlich bei Männern auf und hat mit dem Versagen der Zwerchfellmuskulatur und kleiner Atemmuskeln zu tun. Apnoeperioden dauern dann bis zu drei Minuten. Zur Feststellung, welcher der beiden Apnoetypen vorliegt, benötigt man Schlafaufzeichnungen einer ganzen Nacht. Beide Typen verursachen eine Schlafunterbrechung, da man aufgrund des Sauerstoffmangels halb oder ganz aufwacht. Obgleich Personen ihre Apnoe möglicherweise an sich selbst nicht beobachten, beklagen sie sich über chronische Tagesschläfrigkeit. Möglicherweise ist die Apnoe bei Neugeborenen auch eine der Ursachen für den sogenannten plötzlichen Kindstod.

Restless legs-Syndrom Das *restless legs*-Syndrom bezeichnet eine schwere und schlecht zu beschreibende, allgemein schmerzhafte Empfindung in den Beinen, die durch Bewegungen gelindert wird. Bewegungen rufen jedoch Insomnie hervor, da sie den Schlafbeginn stark verzögern.

Myoklonus Unter *nächtlichem Myoklonus* versteht man plötzlich auftretende Körperzuckungen beim Einschlafen. Der Zustand wird manchmal von traumähnlichen Wahrnehmungen oder Vorstellungen begleitet. Die Bewegungen wecken gewöhnlich den Betroffenen auf.

Medikamentöse Insomnie Viele Pharmaka (seien es Stimulantien oder Sedativa) verursachen eine Insomnie. Hypnotika und Sedativa wirken zunächst durchaus schlafanstoßend. Es kommt aber allmählich zur Gewöhnung. Außerdem verhindern diese Stoffe den D-Schlaf. Stimulantien wirken sich schlafreduzierend aus; sie haben ihren größten Effekt auf den S-Schlaf. Ein Absetzen des Medikaments genügt gewöhnlich zur Behebung der Schlafstörung.

Insomnie aufgrund von Hirnschäden Selten bewirkt ein Gehirnschaden Insomnie, aber es liegen einige Fallbeschreibungen vor, in denen Hirnläsionen für eine Reduktion der Schlafzeit oder für vollkommene Schlaflosigkeit verantwortlich gemacht wurden. Manche virale Infekte (beispielsweise die durch von Economo 1920 beschriebene *Encephalitis lethargica*) können Insomnie hervorrufen, die, wenn sie lang anhaltend ist, den Tod herbeiführt. Damals wurden die Patienten sechs bis acht Tage lang anästhesiert und nur kurz zur Einnahme der Mahlzeiten geweckt. Dies geschah so lange, bis sich der Zustand verbesserte. Möglicherweise greift dieser Encephalitisvirus Gehirnzentren an, die für die Schlafinduktion verantwortlich sind. Nauta hat bei Ratten einen analogen Zustand beschrieben. Er beobachtete, daß Tiere mit großen Läsionen im anterioren Hypothalamus übermäßig aktiv wurden und gleichzeitig unter Schlaflosigkeit litten. Dieser Zustand dauerte bis zum Tod der Versuchstiere an.

Zusammenfassung

In diesem Kapitel haben wir einen Überblick über eine Reihe von Störungen des Nervensystems gegeben, die im allgemeinen von einem Neurologen diagnostiziert werden. Dazu gehören gedeckte und offene Schädel-Hirn-Traumata, Infektionen, Migräne, Tumoren, motorische Störungen und Schlafstörungen. Alle diese verschiedenen Störungen treten relativ häufig auf und führen zu Unterbrechungen des alltäglichen Lebens. Unter Umständen erfordern solche Störungen auch eine neuropsychologische Untersuchung, um Auswirkungen auf das Verhalten des Patienten zu bewerten und ihm mit Rat und Therapie zu helfen.

Literatur

Albuquerque, E. X., J. E. Rash, R. F. Myer, J. R. Satterfield. An electrophysiological and morphological study of the neuromuscular junction in patients with myasthenia gravis. *Experimental Neurology* 51: 536–563, 1976.

Annegers, J. F., J. D. Grabow, R. V. Groover, E. R. Laws, L. R. Elveback, L. T. Kurland. Seizures after head trauma: A population study: *Neurology* 30: 683–689, 1980.

Bakal, D. A. Headache: A biopsychological perspective. *Psychological Bulletin* 82: 369–382, 1975.

Bannister, R. *Brain's Clinical Neurology,* 5. Aufl. New York: Oxford University Press, 1978.

Bobath, B. *Adult Hemiplegia: Evaluation and Treatment.* London: Heinemann Medical Books, 1970.

Bond, M. R. Neurobehavioral sequelae of closed head injury. In: I. Grant, K. M. Adams (Hrsg.) *Neuropsychological Assessment of Neuropsychiatric Disorders.* New York: Oxford University Press, 1986.

Brooks, N., L. Campsie, C. Symington, A. Beattie, W. McKinlay. The five year outcome of severe blunt head injury: A relative's view. *Journal of Neurology, Neurosurgery, and Psychiatry* 49: 764–770, 1986.

Changeux, J.-P., M. Kasai, C.-Y. Lee. The use of a snake venom toxin to characterize the cholinergic receptor protein. *Proceedings of the National Academy of Sciences* 67: 1241–1247, 1970.

Courville, C. B. *Pathology of the Nervous System,* 2. Aufl. Mountain View. Calif.: Pacific Press, 1945.

Dement, W., N. Kleitman. Cyclic variations in EEG during sleep and their relation to eye movements, body motility and dreaming.

Fortuny, L. A., M. Briggs, F. Newcombe, G. Radcliffe, C. Thomas. Measurement of the duration of posttraumatic amnesia. *Journal of Neurology, Neurosurgery, and Psychiatry* 43: 377–379, 1980.

Gardner, H. *Fundamentals of Neurology.* Philadelphia: Saunders, 1968.

Hartmann, E. *The Biology of Dreaming.* Springfield, III.: Charles C. Thomas, 1967.

Klonoff, P. S., W. G. Snow, and L. D. Costa. Quality of life in patients 2 to 4 years after closed head injury. *Neurosurgery* 19: 735–743, 1986.

Lashley, K. S. Patterns of cerebral integration indicated by the scotomas of migraine. *Archives of Neurology and Psychiatry* 46: 331–339, 1941.

Levin, H. S., A. L. Benton, R. G. Grossman. *Neurobehavioral Consequences of Closed Head Injury.* New York: Oxford University Press, 1982.

Levin, H. S., H. E. Gary, W. M. High, S. Mattis, R. M. Ruff, H. M. Eisenberg, L. F. Marshall, K. Tabaddor. Minor head injury and the postconcussional syndrome: Methodological issues in outcome studies. In: H. S. Levin, J. Grafman, H. M. Eisenberg (Hrsg.) *Neurobehavioral Recovery from Head Injury.* New York: Oxford University Press, 1987.

Lezak, M. D. *Neuropsychological Assessment,* 2. Aufl. New York: Oxford University Press, 1983.

Luria, A. R. *The Working Brain.* New York: Penguin Books, 1973.

McNeil, E. B. *The Psychoses.* Englewood Cliffs, N. J.: Prentice-Hall, 1970.

Marinkovic, S. V., M. M. Milisavljevic, V. Lolic-Draganic, M. S. Kovacevic. Distribution of the occipital branches of the posterior cerebral artery: Correlation with occipital lobe infarcts. *Stroke* 18: 728–732, 1987.

Moruzzi, G., H. W. Magoun. Brainstem reticular formation and activation of the EEG. *Electroencephalography and Clinical Neurophysiology* 1: 455–473, 1949.

Nathan, P., M. Smith. Effects of two unilateral cordotomies on the mobility of the lower limbs. *Brain* 96: 471–494, 1973.

Nauta, W. J. H. Hypothalamic regulation of sleep in rats: An experimental study. *Journal of Neurophysiology* 9: 285–316, 1946.

Newcombe, F. *Missile Wounds of the Brain.* London: Oxford University Press, 1969.

Newcombe, F. Psychometric and behavioral evidence: Scope, limitations, and ecological validity. In: H. S. Levin, J. Grafman, H. M. Eisenberg (Hrsg.) *Neurobehavioral Recovery from Head Injury.* New York: Oxford University Press, 1987.

Oppenheimer, D. R. Microscopic lesions in the brain following head injury. *Journal of Neurology, Neurosurgery, and Psychiatry* 31: 299–306, 1968.

Patrick, J., J. Lindstrom. Autoimmune response to acetylcholine receptor. *Science* 180: 871–872, 1973.

Pincus, J. H., G. J. Tucker. *Behavioral Neurology.* New York: Oxford University Press, 1974.

Pompeiano, O. Mechanisms of sensorimotor integration during sleep. In: E. Stellar, L. Sprague (Hrsg.) *Progress in Physiological Psychology,* Bd. 3. New York: Academic, 1970.

Raichle, M. E., C. D. de Vivo, J. Hanaway. Disorders of cerebral circulation. In: S. G. Eliasson, A. L. Prensky, W. B. Hardin (Hrsg.) *Neurological Pathophysiology,* 2. Aufl. New York: Oxford University Press, 1978.

Rasmussen, T. Cortical resection in the treatment of focal epilepsy. *Advances in Neurology* 8: 139–154, 1975.

Rechtschaffen, A., W. Dement. Studies on the relation of narcolepsy, cataplexy, and sleep with low voltage random EEG activity. *Research Publications: Association for Research in Neurons and Mental Disease* 45: 488–498, 1967.

Rechtschaffen, A., L. J. Monroe Laboratory studies of insomnia. In: A. Kales (Hrsg.) *Sleep: Physiology and Pathology.* Philadelphia: Lippincott, 1969.

Teasdale, G., B. Jennett. The Glasgow coma scale. *Lancet* 2: 81–84, 1974.

Terry, R. D., P. Davies. Dementia of the Alzheimer type. *Annual Review of Neuroscience* 3: 77–95, 1980.

Teuber, H.-L., W. S. Battersby, M. B. Bender. *Visual Field Defects after Penetrating Wounds of the Brain.* Cambridge, Mass.: Harvard University Press, 1960.

Twitchell, T. E. The restoration of motor function following hemiplegia in man. *Brain* 74: 443–480, 1951.

Webb, W. B. *Sleep the Gentle Tyrant.* Englewood Cliffs, N. J.: Prentice-Hall, 1975.

Wilberger, J. E., Z. Deeb, W. Rothfus. Magnetic resonnance imaging in cases of severe head injury. *Neurosurgery* 20: 571–576, 1987.

Zacks, S. I. *Atlas of Neuropathology.* New York: Harper & Row, 1971.

25

Psychiatrische und verwandte Störungen

Lange Zeit hinweg hat es einen Gegensatz zwischen psychologischer und biologischer Sichtweise mentaler Störungen gegeben. Religion und Dichtung haben im Wahnsinn ein Leiden des Geistes gesehen, und in vielen berühmten Theaterstücken und Romanen geht es um Wahnsinn in der einen oder anderen Form (zum Beispiel in Shakespeares *Macbeth* und *Othello,* in Dostojewskijs *Der Idiot*). Im Gegensatz dazu hat die Medizin den Wahnsinn als Störung verschiedener Körpersäfte und Organe erklärt, wenn auch in den meisten Fällen ohne viel Beweis oder Erfolg. In den letzten beiden Jahrzehnten ist deutlich geworden, daß sich gewisse Formen mentaler oder psychiatrischer Störungen auf biochemische, anatomische und genetische Ursachen zurückführen lassen. Deutlich geworden ist auch, daß der Unterschied zwischen traditionell psychiatrischen Erkrankungen wie der Schizophrenie und motorischen Störungen wie der Parkinson-Krankheit nicht so eindeutig ist wie zunächst angenommen. Dieses Kapitel konzentriert sich auf Störungen, die von dramatischen Abweichungen kognitiver Funktionen begleitet werden, ohne daß erkennbare Hirnläsionen vorlägen. Wir beginnen mit den beiden Hauptformen psychiatrischer Störungen (Schizophrenie und affektive Störungen) und besprechen dann motorische Störungen, darunter Chorea Huntington, Tourette-Syndrom und Parkinson-Krankheit. Anschließend diskutieren wir Demenzformen, die im Zusammenhang mit dem Altern stehen, und beenden das Kapitel mit einer Diskussion über die Psychochirurgie.

Schizophrenie

Betrachten Sie folgende Fallgeschichte:

> Im Alter von 16 Jahren erlebte Mrs. T. ihr erstes Schizophreniesymptom: ein tiefempfundenes Gefühl, daß die Leute sie anstarrten. Diese Anfälle von Befangenheit zwangen sie bald dazu, ihre öffentlichen Klavierauftritte einzustellen. Ihre Befangenheit führte dazu, daß sie sich zurückzog; sie entwickelte angsterregende Wahnvorstellungen, daß andere über sie sprächen, und vermutete schließlich sogar, daß man etwas Schlimmes gegen sie ausgehecken würde. Zunächst trat Mrs. T.s Erkrankung nur mit Unterbrechung auf, und die Wiederkehr ihrer Intelligenz, ihrer Wärme und ihres Ehrgeizes zwischen den Episoden erlaubte ihr, mehrere Jahre lang das College zu besuchen, zu heiraten und drei Kinder großzuziehen. Ein Krankenhaus mußte sie zum ersten Mal mit 28 Jahren, nach der Geburt ihres dritten Kindes, aufsuchen, als sie zu halluzinieren begann.
>
> Heute, mit 45 Jahren, geht es Mrs. T. nie wirklich gut. Sie hat Dinosaurier auf der Straße gesehen und lebende Tiere in ihrem Kühlschrank. Während sie halluziniert, spricht und schreibt sie in einer unzusammenhängenden, aber fast poetischen Art und Weise. Zu anderen Zeiten ist sie klarer, doch selbst dann verleiten sie ihre Stimmen manchmal zu gefährlichen Dingen, so wie mitten in der Nacht nur mit einem Nachthemd bekleidet im Auto die Landstraße hinunterzurasen ... Zu wieder anderen Zeiten und ohne irgendeinen erkennbaren

Grund hat Mrs. T. seltsame optische Halluzinationen; beispielsweise sah sie Engel im Lebensmittelladen. Nach diesen Erlebnissen ist sie geistesabwesend, verwirrt und verängstigt, so daß sie selbst alltägliche Dinge wie Kochen oder Klavierspielen nicht bewältigen kann. (Gershon und Rieder, 1992, Seite 127.)

Schizophrenie ist eine außergewöhnliche Störung. Es hat zahlreiche Versuche gegeben, ihre Symptome zu definieren, doch es ist stets leichter gewesen, schizophrenes Verhalten zu identifizieren als zu definieren, was Schizophrenie eigentlich ist. Das vielleicht einzige allgemein akzeptierte Kriterium für das Diagnostizieren einer Schizophrenie ist die Eliminierung anderer möglicher neurologischer oder affektiver Störungen. Das ist eine Negativdefinition. Einige Autoren haben das Auftreten bizarrer Halluzinationen und Denkstörungen wie bei Mrs. T. betont. Wichtig ist jedoch, daß die Symptome der Schizophrenie heterogen sind, was darauf hindeutet, daß die biologischen Korrelate ebenfalls heterogen sind.

Im Jahre 1913 stellte Kraepelin erstmals die Hypothese auf, Schizophrenie sei durch einen sich fortschreitend verschlechternden Verlauf mit trostlosem Ende gekennzeichnet. Diese Meinung war während des größten Teils unseres Jahrhunderts vorherrschend, doch langsam kommt man zu der Erkenntnis, daß diese Sichtweise wahrscheinlich nicht richtig ist. Die meisten Patienten bleiben offenbar nach den ersten paar Jahren der Erkrankung auf einem recht stabilen Niveau stehen und zeigen kaum Hinweise auf einen Abbau ihrer neuropsychologischen Funktionen. Die Symptome kommen und gehen, wie in Mrs. T.s Fall, doch die Schwere der Schübe ist nach den ersten paar Jahren relativ konstant.

Morphologische Anomalien im Gehirn Schizophrener

In vielen Untersuchungen wurden die Gehirne schizophrener Patienten makroskopisch untersucht, und zwar sowohl im Rahmen einer Autopsie als auch durch Kernspin- und Computertomographie. Die Resultate sind nicht eindeutig, aber sie stimmen zumindest darin überein, daß die Gehirne schizophrener Menschen leichter und die Ventrikel größer sind als bei „gesunden" Gehirnen (Abbildung 25.1). Es wurde auch die Möglichkeit erörtert, daß schizophrene Patienten einen kleineren Frontalcortex haben oder zumindest eine reduzierte Zellzahl im Frontalbereich, oder daß die parahippocampalen Gyri bei ihnen weniger ausgeformt und dünner sind als bei gesunden Menschen. Einer der interessantesten Befunde hierzu stammt von Kovelman und Scheibel. Im Cortex verstorbener schizophrener Patienten findet man eine ungewöhnliche Orientierung der Neuronen in den beiden Hippocampi: Die Neuronen sind nicht so durchgängig parallel orientiert, wie dies für das gesunde Gehirn typisch ist, sondern erscheinen desorientiert (Abbildung 25.2). Dieses Resultat hat zwei interessante Aspekte. Während diese Form der Pathologie im Gehirn von schizophrenen Patienten zu beobachten war, findet man bei anderen Krankheiten, die den Hippocampus miteinbeziehen, zum Beispiel bei chronischem Alkoholismus,

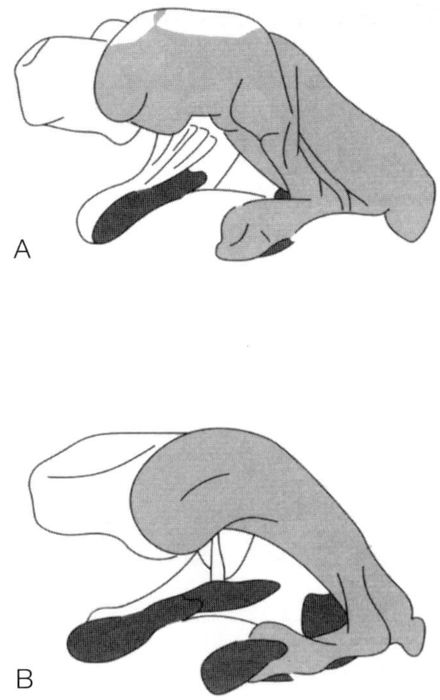

25.1 Strukturelle Veränderungen des Hippocampus und der Ventrikel im Gehirn eines schizophrenen Patienten (A); im Gegensatz dazu eine gesunde Kontrollperson (B) (Zeichnung nach dreidimensionalen MRI-Aufnahmen). (Nach Gershon und Rieder, 1992.)

Alzheimer-Krankheit, Temporallappenepilepsie oder Chorea Huntington, andersartige Veränderungen. Es ist zudem sehr unwahrscheinlich, daß sich die gefundene Desorientierung der Neuronen im Hippocampus erst nach der Embryogenese entwickelt. Dieser Befund stimmt mit der alten Ansicht überein, daß Schizophrenie durch eine Entwicklungsstörung verursacht wird.

In neuerer Zeit haben Forscher damit begonnen, bei Aufgaben wie dem Wisconsin-Kartensortiertest die Positronenemissionstomographie zur Untersuchung von Gehirnen schizophrener Patienten einzusetzen (siehe Abbildung 14.7). Experimente von Weinberger und seinen Kollegen haben zum Beispiel demonstriert, daß gesunde Kontrollpersonen beim Kartensortieren eine signifikante Aktivierung des präfrontalen Cortex zeigen, die bei Patienten mit Schizophrenie nicht auftritt. Wie Bertram und seine Kollegen in einer interessanten Untersuchung nachgewiesen haben, zeigten sich bei eineiigen Zwillingen, von denen nur einer an Schizophrenie litt, unter Ruhe- oder Kontrollbedingungen keine Unterschiede im PET. Beim Kartensortieren erwies sich der schizophrene Zwilling im Vergleich zum gesunden Zwilling jedoch als hypofrontal. Dieses Ergebnis stimmt mit der Hypothese überein, daß der präfrontale Cortex schizophrener Patienten in Struktur und Funktion anormal ist.

Ein wichtiges Merkmal des präfrontalen Cortex ist seine dopaminerge Afferenz aus dem Tegmentum. Eine Beeinträchtigung der dopaminergen Funktion stört, wie man weiß, bei

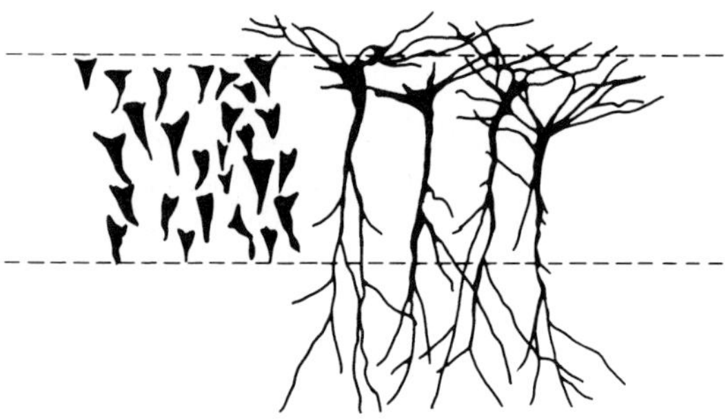

A organisiert (normal)

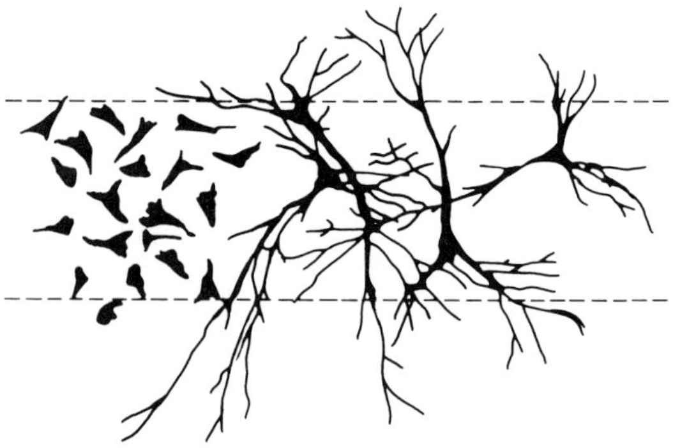

B desorganisiert (schizophren)

25.2 Beispiele der Orientierung von Pyramidenzellen im Hippocampus. A. Normales Gehirn. (Pyramidenzellen sind streng organisiert.) B. Gehirn eines Schizophrenen (Pyramidenzellen sind von ihrer Orientierung her desorganisiert). (Nach Kovelman und Scheibel 1984.)

Labortieren die Durchführung kognitiver Aufgaben, daher kann man davon ausgehen, daß eine abnorme Dopaminaktivität im Frontallappen zumindest für einige Symptome der Schizophrenie verantwortlich ist. Das vielleicht stärkste Argument für eine Rolle des Dopamins bei der Schizophrenie stammt aus Untersuchungen über die Wirkung antipsychotischer Medikamente (sogenannter **Neuroleptika**). Neuroleptika wirken hemmend auf dopaminerge Synapsen. Dopaminagonisten (wie Cocain, Amphetamin und L-Dopa), also Substanzen, die die Wirkung von Dopamin verstärken (beziehungsweise imitieren), können psychotische Symptome hervorrufen, die sich von der klassischen paranoiden Schizophrenie kaum unterscheiden lassen. Wenn eine schizophrene Person darüberhinaus Amphetamine einnimmt, werden ihre Krankheitssymptome verstärkt.

Da es hier anders als bei der Parkinson-Krankheit oder der Alzheimer-Krankheit keine Hinweise auf Zellverluste gibt, stellt sich die Frage, welche krankhaften Veränderungen des dopaminergen Systems für die schizophrenen Symptome verantwortlich sein könnten. Dabei gibt es prinzipiell fünf Möglichkeiten: 1. Die dopaminergen Synapsen schütten zuviel Dopamin aus. 2. Die dopaminergen Synapsen schütten zu wenig Dopamin aus, und die Rezeptoren reagieren darauf überempfindlich (hypersensitiv); in diesem Fall spricht man von **Denervierungsüberempfindlichkeit** (*denervation supersensivity*). 3. Die dopaminergen Rezeptoren reagieren hypersensitiv auf normale Mengen des ausgeschütteten Dopamins. 4. Ein anderes System, das antagonistisch zum Dopaminsystem wirkt, ist zu wenig aktiv. 5. Eine Rückkopplungsschleife, durch die eine Komponente des Dopaminsystems kontrolliert wird, funktioniert nicht richtig. Nach Ansicht von Carlsson und Carlsson ist Schizophrenie durch ein Ungleichgewicht zwischen dopaminergen und glutaminergen Neuronen im Cortex gekennzeichnet. Dies könnte aus einer Verringerung der Anzahl der glutaminergen Neuronen resultieren, was mit dem Befund einer frontalen Atrophie bei schizophrenen Patienten übereinstimmen würde.

Gibt es zwei Formen der Schizophrenie?

Die Grenzen der Effektivität neuroleptischer Medikation bei der Behandlung von Schizophrenie und der Hinweis auf strukturelle Anomalien im schizophrenen Gehirn ließen Crow postulieren, daß es möglicherweise zwei getrennt zu betrachtende pathologische Formen der Schizophrenie gibt. Der erste Typ (Typ I, er entspricht einer akuten Schizophrenie) ist durch „positive" Symptome, wie Wahn, Halluzinationen und Denkstörungen, gekennzeichnet. Der zweite Typ (Typ II, er entspricht der chronischen Schizophrenie) manifestiert sich durch negative Symptome. Dazu gehören ein verflachter Affekt und Spracharmut. Crow ist der Ansicht, daß Typ I mit einer pathologischen Veränderung des dopaminergen Systems zusammenhängt und deshalb eher auf Neuroleptika anspricht, wohingegen Typ II vermutlich mit strukturellen Veränderungen im Gehirn in Zusammenhang steht. Da schon lange bekannt ist, daß ein chronischer Mißbrauch von Amphetaminen positive Schizophreniesymptome erzeugt, könnte man mit Crows Hypothese auch erklären, warum Amphetamine selbst ohne die strukturellen Anomalien, wie man sie in vielen schizophrenen Gehirnen findet, zu einer Psychose führen.

Crows Hypothese ist in Fachkreisen auf beträchtliches Interesse gestoßen, doch Versuche, sie zu belegen, waren bisher nur wenig erfolgreich. Es ist schwierig, Patienten zuverlässig der einen oder anderen Gruppe zuzuordnen, und das macht es sehr schwer, diese Theorie zu testen. Momentan läuft die Diskussion auf folgendes heraus: Man ist sich darüber einig, daß Crow einen wichtigen Beitrag geliefert hat, indem er die Aufmerksamkeit auf die heterogene Natur der Schizophrenie lenkte, meint aber, daß diese Störung für ein dichotomes Schema zu komplex ist; wahrscheinlich gibt es zahlreiche Formen der Schizophrenie.

Leistung in neuropsychologischen Tests

Heaton und Crowley haben 132 zwischen 1960 und 1978 erschienene Untersuchungen rezensiert, in denen es um die Genauigkeit neuropsychologischer Tests bei der Unterscheidung zwischen Patienten mit verschiedenen psychiatrischen Diagnosen und Patienten mit bekannten Hirnschädigungen ging. Insgesamt kamen Heaton und Crowley zu dem Ergebnis, daß mit Ausnahme der chronischen Schizophrenie die Mehrheit (75 Prozent) der psychiatrischen Patienten richtig klassifiziert werden konnte. Seither scheint Übereinstimmung zu herrschen, daß Schizophrene bei neuropsychologischen Tests schlecht abschneiden. Die entscheidende Frage ist jedoch, *wie* das schlechte Ergebnis zustandekommt.

Die Natur der neuropsychologischen Beeinträchtigung bei der Schizophrenie wird zwar kontrovers diskutiert, doch es sieht insgesamt so aus, als ob Schizophrene bei neuropsychologischen Tests schlecht abschneiden und dabei möglicherweise ein charakteristisches Profil ihrer Testergebnisse aufweisen: Sie schneiden schlecht bei Tests zum verbalen und nonverbalen Langzeitgedächtnis ab und bei Tests, die Funktionen des rechten oder linken Frontallappens messen. Die Leistungen bei Tests zur visuellen Unterscheidungsfähigkeit, zur Raumorientierung und zum verbalen beziehungsweise nonverbalen Kurzzeitgedächtnis sind offenbar weniger beeinträchtigt. Diese Ergebnisse stützen die Ansicht, daß die Schizophrenie primär mit Strukturen im Frontal- und Temporallappen in Zusammenhang steht. (Es sei jedoch darauf hingewiesen, daß Menschen, die als chronisch Schizophrene stationär behandelt werden müssen, wahrscheinlich in *keinem* Test normal reagieren, was ihre Beurteilung nutzlos macht.)

Affektive Störungen

Der Begriff „Affekt" bezieht sich auf einen Gefühlszustand oder eine Stimmung. Affektive Störungen sind Störungen der Stimmung. Es gibt viele Formen affektiver Störungen, darunter zwei Hauptformen, die die beiden Extreme der Stimmungsschwankungen repräsentieren. Unter Depression versteht man eine tiefe Niedergeschlagenheit, unter Manie eine extrem gehobene Stimmungslage. Die meisten Menschen haben irgendwann in ihrem Leben schon einmal in der einen oder anderen Form eine leichte Depression durchlebt und können sich vorstellen, wie sich jemand mit einer schweren Depression fühlen muß. Eine Manie ist schwerer vorstellbar und soll durch die folgende Fallgeschichte illustriert werden.

Josh Logan hatte seine erste manische Attacke, als er die Broadway-Aufführung von *Charlies Tante* leitete. Es war eine aufregende Zeit, denn das Stück war ein sensationeller Erfolg:

> *Charlies Tante* öffnete mir überall die Türen. Meine Schecks wurden bereitwillig akzeptiert. Ich verschenkte Tickets wie Reklamezettel – an einen Schuhverkäufer, eine Stenographin ... Ich versandte Wagenladungen von Blumen und begann, in Stücke zu investieren, was lediglich die Zahl der Manuskripte und der Ratsuchenden erhöhte. Ich besaß ein Selbstvertrauen, das mir selbst unglaublich erschien, und ich konnte anscheinend jedermann von allem überzeugen. Es war, als spräche ich den Text eines anderen. Ich hatte zu einem Mädchen in einem Laden gesagt: »Du gehst heute abend um 8 Uhr mit mir ins Bett – hier ist meine Karte.« Und sie kam wirklich. Meine Wünsche erfüllten sich fast zu leicht. Leben war ein phantastischer Traum grenzenloser Freiheit.

Natürlich gab es eine gewisse Berechtigung für diese gehobene Stimmung, doch sie wuchs rasch über bloße Lebensfreude hinaus. Mit der Entwicklung der Manie verschlechtert sich die Urteilsfähigkeit, und die betroffene Person ist nicht bereit, die Vorstellung zu akzeptieren, daß sie sich anormal verhält.

> Ich konnte ihm (einem Psychiater) in keiner Weise verständlich machen, daß ich dieses atemberaubende Hochgefühl genoß, das ich nun empfand. Es stimmte schon, wenn Leute mich ärgerten, wurde ich unangenehm, aber solange ich meinen Willen bekam, hielt ich mich für den nettesten Kerl der Welt. Ich behandelte Taxifahrer, Serviererinnen, Angestellte, einfach alle, die mir halfen, mit überschwenglicher Herzlichkeit – und ich fuhr mit meinem freundlichen Redeschwall fort, gleichgültig, wie nervös es sie machte. Ich bot jedermann ständig ein freies Abendessen oder Plätze für *Charlies Tante* an. Wenn dieses Gefühl von Freiheit und Weite manisch war, dann war manisch das, worauf ich mein ganzes Leben lang gehofft hatte. (Logan, 1973, Seite 30.)

Einen Einblick in die neurobiologische Basis der Depression ermöglichte die Beobachtung, daß Patienten, die Reserpin gegen Bluthochdruck einnahmen, häufig schwer depressiv wurden. Reserpin entleert die Speicher der Monoamine, zu denen Noradrenalin, Dopamin und Serotonin gehören. Dies führte zu der Hypothese, daß der Monoaminspiegel bei einer Depression möglicherweise erniedrigt und bei einer Manie erhöht ist. Die Forschung der letzten Jahre hat die Situation kompliziert, denn heute weiß man, daß es für jedes Monoamin viele verschiedene Rezeptoren gibt und daß spezifische Monoaminrezeptoren bei der Depression gestört sein könnten. Weiterhin zeigt sich, daß an der Depression Hormonsysteme beteiligt sind (Abbildung 25.3). Sowohl Noradrenalin als auch Serotonin modulieren die Ausschüttung von Hormonen durch das hypothalamisch-adrenale System. Die am besten untersuchte Störung im Hypothalamus-Nebennierenrinden-System ist eine übermäßige Ausschüttung des Hormons Hydrocortison (Cortisol). Cortisol, das von der Nebennierenrinde ausgeschüttet wird, steht mit Streß in Zusammenhang. Bei Streß schüttet der Hypothalamus ein Corticotropin-Releasing-Hormon aus, das die Hypophyse anregt, Adrenocorticotropin (ACTH) zu produzieren. ACTH zirkuliert mit dem Blutstrom durch den Körper und stimuliert die Nebennierenrinde dazu, Cortisol zu produzieren. Die hypothalamischen Neuronen, die diese Kaskade in Gang setzen, werden von noradrenergen Neuronen im Locus coeruleus reguliert.

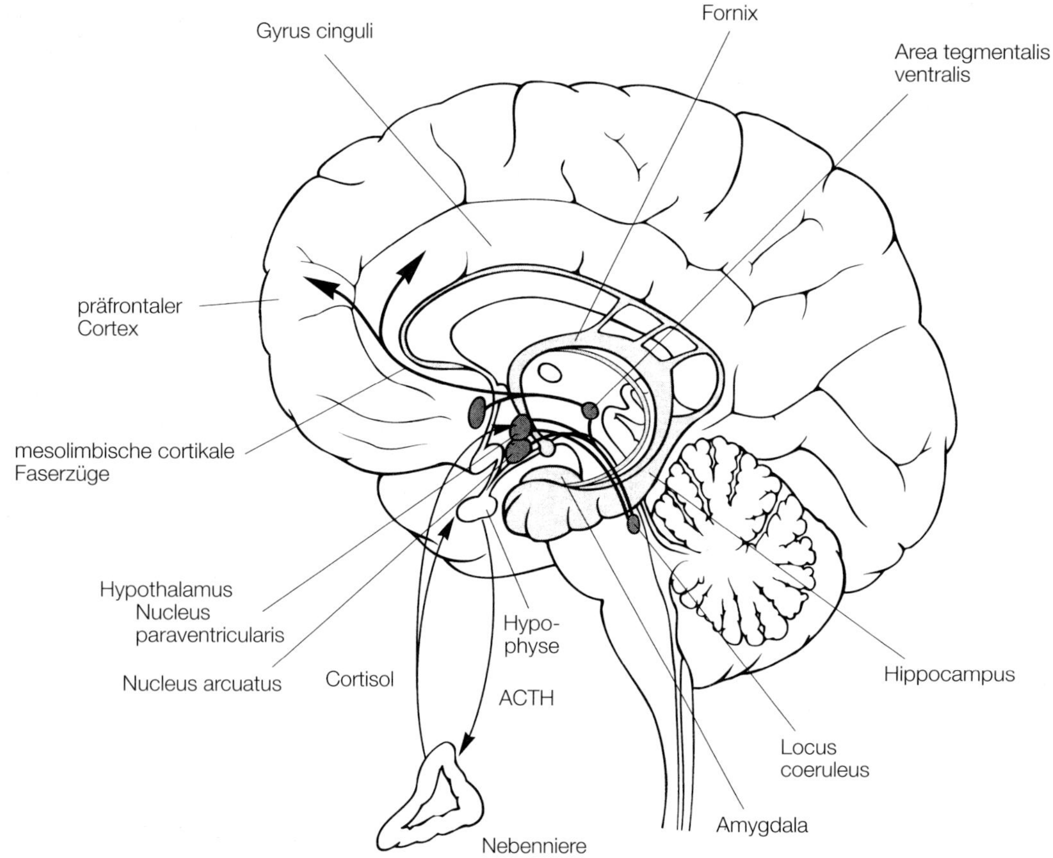

25.3 Mediansicht der rechten Hemisphäre, die das Streßsystem des Gehirns illustriert. Es umfaßt Neuronen, die Noradrenalin enthalten und deren Zellkörper im Locus coeruleus liegen, Neuronen, die Corticotropin-Releasing-Hormon enthalten und im Hypothalamus liegen, und Neuronen, die Dopamin enthalten und deren Zellkörper im ventralen Tegmentum liegen. Wenn das System aktiviert wird, beeinflußt es Stimmung und Denken sowie indirekt die Sekretion von Cortisol aus den Nebennieren. Die Inaktivierung beginnt gewöhnlich, wenn Cortisol an die hypothalamischen Rezeptoren bindet. Bei der Depression greift dieses „Abschaltsystem" nicht, und es kommt zu einer chronischen Aktivierung.

Da Antidepressiva die Funktion des Noradrenalinsystems beeinflussen, müssen sich diese Wirkstoffe auch auf die Regulation des Streßsystems auswirken. Die Möglichkeit, daß die Streßreaktion des Körpers bei der Depression gestört ist, hat wichtige Implikationen, da Hormone und Transmitter, die in Beziehung zu Streßreaktionen stehen, einen breitgestreuten Einfluß auf cerebrale Funktionen ausüben.

Die jüngste Entwicklung von Antidepressiva wie Prozac, die spezifisch auf Serotonin wirken, hat zu der Schlußfolgerung geführt, daß eine abnorme Serotoninaktivität auch eine Komponente der Depression sein muß. Da Serotonin ein Vasodilator ist und somit die Blutgefäße erweitert, kann man davon ausgehen, daß sich die Durchblutung bei Serotoninmangel wegen der relativen Gefäßverengung (Vasokonstriktion) vermindert. Das ist auch der Fall: Sowohl Untersuchungen zur Hirndurchblutung als auch PET-Studien haben gezeigt, daß es bei depressiven Personen zu einer bilateralen Verringerung der Hirnaktivität kommt. Eine diffuse Verringerung der cerebralen Aktivität könnte eine ganze Reihe neuropsychologischer Symptome mit sich bringen, die mit einer allgemein verringerten Hirnfunktion zusammenhängen. Das Ausmaß des Defizits würde hier eher durch den Schwierigkeitsgrad eines Tests zum Ausdruck kommen als durch den speziellen Aspekt, der getestet wird.

Da Serotonin wahrscheinlich eine Schlüsselrolle beim Schlaf-Wach-Rhythmus spielt, ist zu erwarten, daß EEG-Untersuchungen cortikale Anomalien innerhalb dieses Rhythmus aufzeigen. Auch das trifft zu. Wie Kupfer und Thase zeigen konnten, ist der langwellige Nicht-REM-Schlaf bei depressiven Patienten abnorm, und der Beginn des paradoxen Schlafes (REM-Schlaf, Traumphase) setzt schneller ein. Die Wissenschaftler sind der Meinung, daß diese Messung mindestens ein so empfindliches Maß für Depression ist wie das Schlafmaß. Weiterhin nehmen sie an, daß sich die Effektivität einer Behandlung mit Antidepressiva wahrscheinlich bereits aus dem EEG prognostizieren läßt, bevor sich klinisch eine Wirkung zeigt. Schließlich kann man ihrer Meinung nach auch vorhersagen, daß es bei manchen depressiven Patienten lediglich zu einer regionalen Verringerung der cortikalen Aktivität kommt, weil bei ihnen nur eine lokale Störung der Neurotransmitterspiegel vorliegt; demnach sollte man anhand verschiedener Muster cerebraler Funktionsstörungen verschiedene Depressionformen unterscheiden können.

Motorische Störungen

Eine Gruppe von Erkrankungen zeichnet sich durch klinische Symptome aus, die von Bewegungs- und Haltungsanomalien gekennzeichnet sind, welche Fehlfunktionen der Basalganglien zugeschrieben werden. Die motorische Beeinträchtigung ist sicherlich das auffälligste Symptom dieser Erkrankungen, doch sie alle rufen daneben kognitive Veränderungen hervor, die mit zunehmendem Fortschreiten der Erkrankung immer auffälliger werden. Viele Patienten mit derartigen Erkrankungen entwickeln Symptome, die denen der Schizophrenie ähneln. Klinisch unterscheidet man zwei Gruppen von Symptomen: 1. einen Bewegungsverlust, den man als *hypokinetisches rigides Syndrom* bezeichnet (zum Beispiel bei der Parkinson-Erkrankung), und 2. eine Zunahme an motorischer Aktivität, die als *hyperkinetisches dystonisches Syndrom* bekannt ist (zum Beispiel bei der Chorea Huntington.)

Chorea Huntington

Die *Chorea Huntington* ist eine genetische Krankheit, die sowohl kognitive Störungen als auch abnorme Bewegungen hervorruft, sobald die davon betroffene Person ein bestimmtes Lebensalter erreicht. George Huntington war erst acht Jahre alt, als er erstmals Menschen mit dieser Störung begegnete. Er fuhr mit seinem Vater durch seine Heimatstadt New York, als er zwei Frauen erblickte: Sie waren groß und dünn, hüpften herum und schnitten Grimassen. Sein Vater und sein Großvater, beide Ärzte, hatten dieses Krankheitsbild mit Sicherheit schon gekannt. Dennoch hinterließen die beiden Frauen beim Knaben einen derart nachhaltigen Eindruck, daß er sich später als Arzt gründlich mit dieser Krankheit befaßte. Im Jahre 1872 veröffentlichte er deren erste vollständige Beschreibung. Die Geschichte dieser Krankheit und ihr Beginn in den Vereinigten Staaten ist schon von Vessie untersucht worden. Für ihn begann sie im Jahre 1630 im englischen Bures. Damals wurden in Bures und Umgebung ganze Familien der Hexerei bezichtigt und vor Gericht gestellt. Einige Choreakranke befanden sich unter den 700 Menschen, die 1630 mit der Flotte von John Winthrop nach Amerika segelten. Im Jahre 1653 erkrankte Ellen Wilkie (fiktiver Name), eine Passagierin Winthrops, offensichtlich an Chorea. Auch sie wurde der Hexerei bezichtet und gehängt. Ihre Enkelin wurde später ebenfalls verurteilt, aber 1692 begnadigt. Die Frage der genetischen Ursachen dieser Krankheit läßt sich zum Teil durch die Familiengeschichte der betroffenen Personen beantworten, deren Vorfahren mit Winthrop nach Amerika emigriert waren und sich in vielen Landesteilen niedergelassen hatten. In anderen, ebenfalls von Europäern besiedelten Ländern ließen sich ähnliche Krankheitsstammbäume rekonstruieren, die belegen, daß die Krankheit auf einen oder wenige Einwanderer zurückgeht. Tatsächlich tritt die tödlich verlaufende Chorea Huntington relativ selten auf. Man verzeichnet pro Jahr 1,6 Todesfälle auf 1 000 000 Einwohner. Unter weißen Europäern und deren Nachkommen tritt sie am häufigsten auf, bei Asiaten und Afrikanern dagegen höchst selten. Dank der genetischen Prävention sinkt die Anzahl der Erkrankungen anscheinend.

Chorea Huntington oder Chorea hereditaria ist eine progressiv verlaufende degenerative Krankheit. Erstes Anzeichen ist üblicherweise eine Aktivitätsminderung und nachlassendes Interesse für Dinge des Lebens. Die ruhelosen oder unwillkürlichen Bewegungen werden zumeist hysterischem Verhalten oder anderen Störungen zugeschrieben. Unwillkürliche Bewegungen beobachtet man normalerweise ein Jahr nach dem Ausbruch psychischer Symptome. Diese Bewegungen sind zunächst kaum bemerkbar. Es handelt sich um Zappeln, das sich allmählich steigert, bis es schließlich ganze Extremitäten schüttelt. Ein bestimmtes Bewegungsmuster ist nicht erkennbar. Ein verläßliches Zeichen der Krankheit ist die Unmöglichkeit anhaltender muskulärer Kontraktion. Wird ein Objekt festgehalten, ist der Griff unstet. Auch kann der Patient im Test die Zunge nicht längere Zeit herausstrecken. Mit der Zeit werden die Bewegungen des Kopfes, des Gesichts, des Rumpfs und der Extremitäten unkontrollierbar. Sprechen, Schlucken, Gehen, Schreiben und andere Willkürbewegungen sind zunehmend behindert. Manchmal versuchen die Patienten, anomale Bewegungen durch andere, sinnvolle zu überdecken. Zudem verändern sich die Emotionen und der Charakter, das Kurzzeitgedächtnis ist gestört. Erworbene Kenntnisse werden nicht abgerufen, die Informationsverarbeitung verlangsamt sich. Apraxie, Aphasie und Agnosie, die infolge bestimmter cortikaler Erkrankungen auftreten (zum Beispiel der Alzheimer-Krankheit), entwickeln sich jedoch nicht. Die veränderte Emotionalität kommt in Angstzuständen, Depressionen, Manien und schizophrenieähnlichen Psychosen zum Ausdruck. Selbstmord ist bei jüngeren Patienten nicht ungewöhnlich.

Die ersten Symptome der Krankheit treten meist zwischen dem 30. und 50. Lebensjahr auf. In ungefähr 5 % der Fälle liegt der Beginn vor dem 20. Lebensjahr; man spricht dann von „juveniler Chorea“. Im Gegensatz zu Erwachsenen zeigen Jugendliche Muskelstarre und verlangsamte Bewegungen, ähnlich wie bei der Parkinson-Krankheit. Bei jungen Menschen können auch Spasmen, Tremor, Störungen der Augenbewegungen und epileptische Anfälle entstehen. Erwachsene Patienten leben im Durchschnitt noch zwölf Jahre nach Krankheitsausbruch, bei Jugendlichen aber schreitet das Leiden viel rascher fort.

Chorea Huntington wird genetisch in autosomal-dominanter Form mit vollständiger Penetranz vererbt. Das bedeutet, daß die Hälfte aller Nachfahren einer betroffenen Person auch erkranken. Heute ist die Lage des Gens ungefähr bekannt. So läßt sich mit Hilfe einer Markierungsmethode schon im Mutterleib feststellen, ob das Kind gefährdet ist. Mit Hilfe von DNA-Rekombinationstechniken und einer Population in Venezuela gelang es Gusella und seinen Mitarbeitern sogar, den genauen Ort des Gens auf den kurzen Arm des Chromosom 4 einzugrenzen und eine Markierungsmethode dafür zu entwickeln.

Bei der Autopsie zeigen die Gehirne von Choreapatienten eine Schrumpfung und Ausdünnung des Cortex. Auch die Basalganglien weisen eine ausgepräge Atrophie auf. Außerdem besteht dort ein ausgeprägter Verlust an Neuronen, die der intracortikalen Informationsübermittlung dienen. Eine akzeptierte Erklärung dieser Krankheit besagt, daß sie durch ein Ungleichgewicht zwischen den verschiedenen Neurotransmittersystemen der Basalganglien entsteht. Ein vereinfachtes Modell der involvierten Transmittersysteme zeigt Abbildung 25.4. Zu diesen gehören 1) eine glutaminerge Projektion vom Cortex zu den Basalganglien, 2) eine GABAerge (GABA steht für Gamma-Aminobuttersäure) Projektion der Basalganglien zur Substantia nigra, 3) eine dopaminerge (DA-)Projektion von der Substantia nigra zu den Basalganglien, und 4) cholinerge Neuronen (ACh) in den Basalganglien. Die besagte Hypothese postuliert, daß die Neuronen der Basalganglien (GABAerge und cholinerge Neuronen) im Verlauf der Krankheit absterben und die dopaminerge Faserverbindung zwischen Substantia nigra und Striatum im großen und ganzen intakt bleibt. Da der hemmende Einfluß der GABAergen Faserverbindungen auf die dopaminergen Zellen abnimmt, setzen die Basalganglien vermehrt Dopamin frei. Die Hyperaktivität des dopaminergen Systems ist demnach für die charakteristisch anomalen Bewegungen verantwortlich. Wie dies genau geschieht, ist nicht geklärt. Wenn

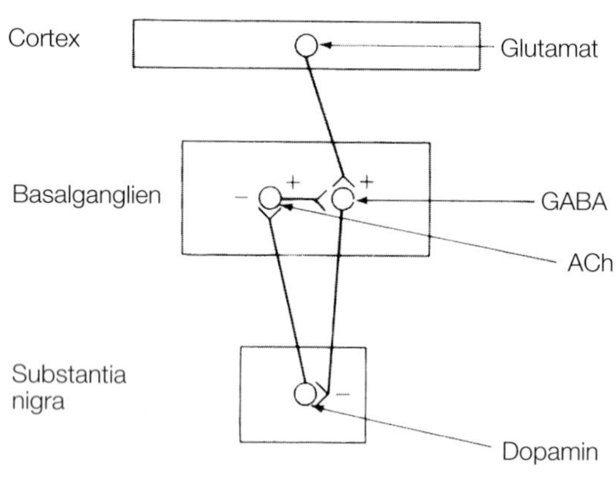

25.4 Verschaltungsmodell der Transmittersysteme, die am Krankheitsbild von Chorea Huntington beteiligt sind. Man glaubt, daß ACh- und GABA-Neuronen in den Basalganglien absterben und daß als Folge davon die GABAerge Hemmung dopaminerger Zellen wegfällt. Dadurch werden sie hyperaktiv und führen zu abnormen Bewegungsmustern. Der Tod GABAerger Zellen kann möglicherweise durch eine exzessive Aktivität glutaminerger Faserverbindungen zustande kommen.

aber die Basalganglien modulierend auf die cortikobulbären und cortikospinalen Systeme einwirken, dann ist nicht auszuschließen, daß die beiden Systeme ohne eine hemmende Kontrolle die typischen anomalen Bewegungen erzeugen. Die Hypothese einer möglicherweise zunehmenden dopaminergen Aktivität wird durch zwei andere Befunde gestützt. Erstens zeigt die biochemische Analyse des Gehirngewebes von Huntington-Patienten bei der Autopsie eine signifikante Zunahme des Dopamingehalts. Zweitens gehören Pharmaka, die Choreasymptome wirkungsvoll dämpfen (dazu zählen alle üblichen Tranquilizer), zu den Dopaminblockern. Andererseits gehören Pharmaka, die Choreasymptome verstärken (etwa Amphetamine), zu den Dopaminagonisten.

Eingehende neuropsychologische Untersuchungen von Fedio und seinen Kollegen sowie von Wexler haben gezeigt, daß Huntington-Patienten bei Gedächtnistests auf breiter Ebene eingeschränkt sind; das gleiche gilt bei Tests zur visuellen, auditorischen und taktilen Wahrnehmung. Zudem erbringen solche Patienten besonders geringe Leistungen bei verschiedenen Frontallappentests (beispielsweise beim Chicago-Wortflußtest, Stiftlabyrinthtest). Personen, bei denen mindestens ein Elternteil erkrankt ist und die daher als gefährdet gelten müssen, schneiden offenbar nur bei den Frontallappentests schlecht ab; damit könnten diese Tests zur Vorhersage der Krankheit beitragen. Die Effektivität dieser Tests als Prognoseinstrument wird sich in den kommenden Jahren zeigen, wenn die Probanden aus diesen Untersuchungen andere Symptome zu zeigen beginnen oder eben nicht. Zur Zeit läuft eine breit angelegte Untersuchung in Kanada, bei der gefährdete Personen genetisch wie auch neuropsychologisch getestet werden. (Mit genetischen Tests lassen sich heute solche Personen identifizieren, die in Zukunft Huntington-Symptome entwickeln werden.) Ungeachtet der moralischen Herausforderung kann eine solche Untersuchung wertvolle Hinweise auf die neuropsychologischen Veränderungen liefern, die in den Frühstadien der Chorea Huntington auftreten (oder auch nicht).

Tourette-Syndrom

Das **Tourette-Syndrom** wurde 1885 von Gilles de la Tourette in einer zweiteiligen Publikation beschrieben. Die Krankheit wurde damals mustergültig dargestellt, so daß die Aufsätze noch heute lesenswert sind. Bis zur Veröffentlichung dieser Arbeit wurde das Syndrom entweder als undifferenzierte Chorea oder als Hysterie aufgefaßt und je nach Diagnose unterschiedlich benannt. Die Symptome werden mit zunehmendem Alter auffälliger. Tourette selbst beschrieb drei Stadien. Im ersten Stadium kommt es zu multiplen Tics (Zuckungen des Gesichts, der Glieder oder des ganzen Körpers). Im zweiten Stadium treten unartikulierte Schreie dazu, und im dritten Stadium entwickelt sich eine **Echolalie** (Wiederholungen des Gesagten und von Handlungen). Zudem wird *Coprolalie* (Verwendung obszöner Wörter) beobachtet, die mit den multiplen Tics und dem unartikulierten Schreien einhergeht.

Es folgt eine Tourettesche Fallbeschreibung, in der die Hauptsymptome dargestellt sind.

Mit 15 Jahren verbrachte Fräulein X im Winter 1883 mehrere Monate in Longchamps Hydrotherapeutischem Institut zu Bordeaux, wo sie wegen konvulsiver Choreaattacken und lauter, vulgärer und obszöner Wortausbrüche behandelt wurde. Fräulein X war hochintelligent, eine gute Schülerin und spielte gekonnt Klavier. Sie war groß und kräftig. Sie benahm sich ziemlich undiszipliniert. Ihre Mutter litt nie an neurologischen Störungen, ihr Vater zeigte gelegentlich Tics der Gesichtsmuskulatur. Die Patientin hatte eine sehr seltsame, fast verrückt zu nennende alleinlebende Tante, die an Hysterie, krankhaftem Hunger und manchmal an Melancholie litt; sie weigerte sich dann, mit irgendwem zu sprechen.

Mit neun Jahren entwickelte Fräulein X heftige und unregelmäßige Zuckungen in Gesicht, an den Armen und Beinen. Gleichzeitig äußerte sie einige wenige vulgäre Ausdrücke. Nach einigen Monaten verschwanden die Tics, stellten sich aber ein Jahr später wieder ein – zunächst im Schulterbereich, dann in den Armen und schließlich im Gesicht. Sie wurden von starken gutturalen Lauten begleitet. Letztere wurden aber sehr klar verständlich, als sie etwa 13 Jahre alt war. Die häufigsten Worte waren: »Geh weg, geh weg, du Idiot!«. Wenig später sprach sie häufiger noch deutlicher ungehobelt und anzüglich. So blieb sie bis zum heutigen Tage.

Fräulein X gehörte einer Familie der Oberschicht an. Ihre Erziehung war ausgezeichnet. Ihre Mutter umsorgte sie durch beständige, sanfte, liebevolle Obhut. Es war ein Rätsel, wo und wie sie die Worte, die sie andauernd ausstieß (»Oh Gott, Scheiße, Arschloch«) aufgeschnappt hatte. Befand sie sich in normalem Zustand, kamen ihr derartige Ausdrücke nie über die Lippen. Wenn Fräulein X sich vor jemandem ängstigte, konnte sie durch schieren Willen diese Ausdrücke unterdrücken. Sie biß ihre Zähne zusammen und verhinderte dadurch, daß die Schimpfworte verstanden wurden. Was man dann hörte, war nur ein undeutliches Murmeln. Sobald sie allein war, fluchte sie wieder drauflos.

Diese Äußerungen gingen stets mit Zuckungen im Gesicht, in den Schultern und im Rumpf einher. Dazu kam es aber auch ohne Schimpfworte. Gelegentlich machte sie Schimpfworte willentlich unverständlich. Während des Schlafs kam es weder zu spastischen Bewegungen noch zu unwillkürlichem Sprechen.

Tourette hat erkannt, daß Personen mit diesem Syndrom intelligent und produktiv sein können und weder neurotisch noch psychotisch sind. Er hat das gehäufte Auftreten des Syndroms (oder einzelner seiner Symptome) innerhalb von Familien festgestellt und die Annahme geäußert, daß es erblich ist. Er wies darauf hin, daß es keine Behandlungsmöglichkeiten gibt (obwohl die Symptome sich abschwächen oder verschwinden, wenn Fieber auftritt) und die Symptome daher mit großer Wahrscheinlichkeit lebenslang erhalten blieben.

Erst kürzlich wurde das Interesse für das Tourette-Syndrom durch die Tätigkeit der Tourette-Gesellschaft in Nordamerika wieder geweckt. Viele Patienten mit einem Tourette-Syndrom sind fälschlicherweise als Querulanten, Hysteriker, Schizophrene oder ähnliches diagnostiziert worden, weil sie zwar einerseits intelligent sind, sich andererseits aber skurril verhalten. Dies hat sich inzwischen geändert. man möchte die Ursachen der Störung, insbesondere die zugrundeliegenden neuronalen Veränderungen, endlich verstehen. Die meisten bislang auf diesem Gebiet publizierten Arbeiten sind in einem Buch von Friedhoff und Chase zusammengefaßt worden.

Ein Mensch unter 100000 entwickelt ein Tourette-Syndrom. Die Auftretenswahrscheinlichkeit variiert jedoch beträchtlich mit dem Fachwissen über diese Erkrankung. In der Gegend, in der die Autoren leben, wohnen etwa 100000 Menschen, und ein am Tourette-Syndrom interessierter Kinderpsychiater hat mehr als zehn Krankheitsfälle beschrieben. Die tatsächliche Häufigkeit kann also durchaus größer sein als die geschätzte. In den Arbeiten von Shapiro und Shapiro werden die folgenden Merkmale des Tourette-Syndroms erwähnt: Es tritt in allen Populationen auf. Männer sind dreimal häufiger betroffen als Frauen; es scheint vererbt zu werden, weil etwa ein Drittel aller Tourette-Kranken ein Familienmitglied hat, das die gleiche Störung oder verschiedene Tics aufweist; vermutlich wird die Krankheit eher von weiblichen Mitgliedern einer Familie übertragen. Man kennt die genetische Basis zwar noch nicht, vermutet aber, daß es sowohl einen erblichen als auch einen nichterblichen Typ des Tourette-Syndroms gibt. Die Erkrankung manifestiert sich zwischen dem zweiten und 15. Lebensjahr (der Mittelwert liegt bei sieben Jahren). Im Alter von elf Jahren haben sich in 97 % aller Fälle die Symptome bereits entwickelt. Zu den häufigsten Symptomen gehören: Zuckungen von Auge, Kopf und Gesicht (97 %), der oberen Extremitäten (81 %) und der unteren Extremitäten sowie des Körpers (55 %). Bei etwa einem Drittel der Fälle kommt es zu komplexen Bewegungen, zu denen auch Berührungen, Sprünge und Schläge zu rechnen sind. Bei 60 % der Fälle ist eine Coprolalie zu beobachten; bei einem Drittel der Betroffenen verschwindet sie allerdings nach und nach. Wie oben festgestellt wurde, steht das Tourette-Syndrom mit Neurosen, Psychosen oder anderen Störungen nicht in Zusammenhang. Die EEG-Aktivität ist häufig normal. Untersuchungen mit evozierten Potentialen zeigen, daß das Bereitschaftspotential für willkürliche Bewegungen nicht vor den Tics auftritt. Das unterstreicht die Unwillkürlichkeit der Bewegungen.

Wie man glaubt, hat das Tourette-Syndrom einen subcorticalen Ursprung, der wohl in den Basalganglien zu suchen ist. Diese Annahme wird teilweise durch Untersuchungen an Patienten mit Störungen der Basalganglien gestützt. Die Störungen wurden mitunter durch andere Krankheiten oder einen Langzeitgebrauch von starken Tranquilizern verursacht. Autopsiebefunde von Patienten liegen kaum vor. In einem der Berichte wird eine extrem hohe Zahl kleiner Zellen in den Basalganglien beschrieben, andere Berichte vermerken dort normal erscheinende Neuronen. Eines der wichtigsten Indizien für eine Rolle der Basalganglien liefert die erfolgreiche medikamentöse Therapie. Heute wird eine dauernde Verbesserung durch antidopaminerge Substanzen, etwa Haloperidol, erreicht. Dies legt die Vermutung nahe, daß im dopaminergen System der Basalganglien eine Störung vorliegt. Clonidin, ein Rezeptoragonist für Noradrenalin, wird manchmal auch als wirksam beschrieben.

Es liegen zudem verschiedene neuropsychologische Untersuchungen vor. Diese weisen auf einige Anomalien kognitiver, normalerweise in der rechten Hemisphäre lokalisierter Funktionen hin. Sutherland und seine Kollegen untersuchten eine große Stichprobe von Kindern und Erwachsenen, die unter dem Tourette-Syndrom litten, mit einer Testbatterie. Wie sich herausstellte, schnitten die Patienten beim Zeichnen und Erinnern komplexer geometrischer Figuren besonders schlecht ab; aber auch beim Chicago-Wortflußtest, der besonders empfindlich für orbitofrontale Dysfunktionen ist. Die geringen Leistungen dieser Patienten beim Rey-Osterrieth-Figuren-Test waren besonders auffällig, denn sogar Patienten mit einem überragenden verbalen IQ schnitten im Vergleich

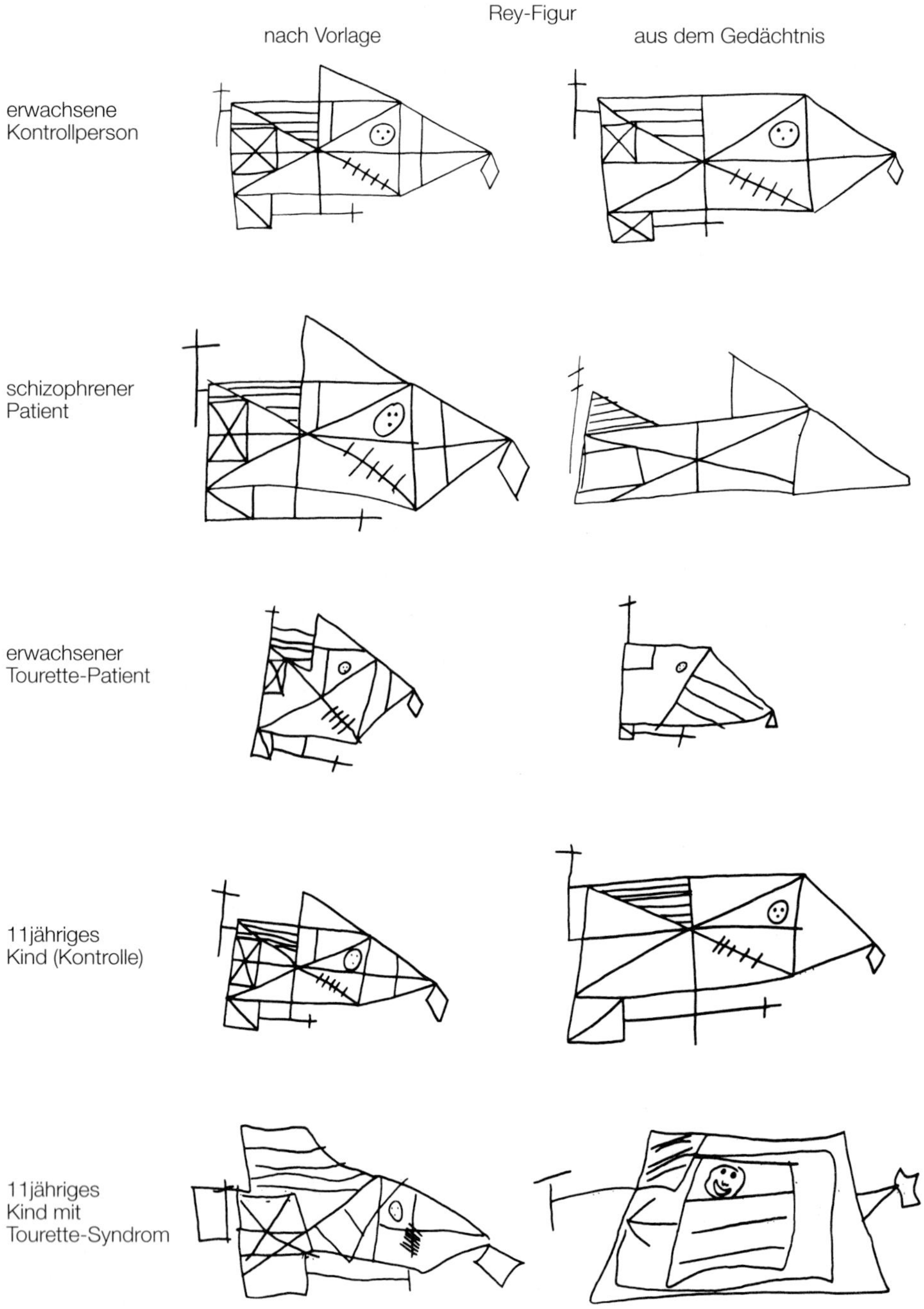

25.5 Repräsentative Leistung einer erwachsenen, gesunden Kontrollperson, eines schizophrenen Patienten, eines erwachsenen Tourette-Patienten, eines gesunden Kindes und eines Tourette-Kindes beim Rey-Osterrieth-Figuren-Test: Zeichnung nach Vorlage und aus dem Gedächtnis. (Nach Sutherland et al., 1982.)

zu Kontrollkindern oder schizophrenen Patienten sehr schlecht ab (Abbildung 25.5). Diese Ergebnisse und vergleichbare Resultate von Shapiro deuten darauf hin, daß Tourette-Patienten möglicherweise unter einer frontotemporalen Fehlfunktion leiden, doch wegen der geringen Anzahl der bisher publizierten Untersuchungen müssen diese Schlußfolgerungen als vorläufig angesehen werden.

Parkinson-Krankheit

Einzelne Symptome der **Parkinson-Krankheit** wurden von Ärzten seit Galen beobachtet. Als Syndrom wurde die Krankheit erst im Jahre 1817 erkannt. Damals veröffentlichte der Londoner Arzt James Parkinson eine Arbeit, in der er dafür eintrat, unterschiedliche motorische Symptome zu einer Gruppe zusammenzufassen und als einheitlichen Zustand zu deuten. Seine Veröffentlichung ist nicht nur deshalb interessant, weil die Schlußfolgerung richtig war, sondern auch deshalb, weil er seine Erkenntnisse zum Teil durch Beobachtung an Opfern der nach ihm benannten Krankheit auf den Straßen Londons gewann. Die Parkinson-Krankheit wurde verschiedentlich auch als *Schüttellähmung* oder lateinisch als *Paralysis agitans* bezeichnet. Ihre heutige Bezeichnung erhielt sie von Jean Marie Charcot, der die Umbenennung des Syndroms zu Ehren von James Parkinson vorgeschlagen hat.

Die Parkinson-Krankheit tritt ziemlich häufig auf. Man schätzt, daß sie zwischen 0,1 und 1 % der Bevölkerung erfaßt. Sie ist aus einer Reihe weiterer Gründe von beträchtlichem Interesse. Zum einen scheint sie mit einer Degeneration der **Substantia nigra** und mit dem Verlust der Neurotransmittersubstanz Dopamin, die von Zellen dieses Kerns synthetisiert wird, einherzugehen. Die Krankheit gewährt deshalb einen wertvollen Einblick in die Funktion dieses Hirnstammkernes und dessen Neurotransmitter bei der Kontrolle von Bewegung. Die Krankheit stellt außerdem ein gutes experimentelles Modell dar: Es gibt nämlich mehrere pharmakologische Therapien, die zu einer Besserung einzelner Merkmale der Krankheit führen. Obwohl die Parkinson-Krankheit als Einheit beschrieben wird, variieren die Symptome erheblich und demonstrieren damit die Komplexität, mit der Einzelbewegungen zu einer Gesamtbewegung zusammengesetzt werden. Schließlich gibt es viele Symptome der Parkinson-Krankheit, die den Veränderungen motorischer Aktivität im Alter ähnlich sind. So lassen sich über diese Erkrankung Erkenntnisse über die allgemeinen Probleme neuronaler Veränderungen im Alter gewinnen.

Die Parkinson-Krankheit besitzt vier Hauptsymptome: Tremor, Rigor, Akinese und Haltungsstörungen, wobei sich jedes dieser Symptome in verschiedenen Körperteilen und in unterschiedlicher Kombination manifestieren kann. Da einige Symptome das Auftreten anormaler Verhaltensweisen und andere den Verlust normaler Verhaltensweisen mit sich bringen, werden wir die Symptome beider Kategorien erörtern, und zwar als positive und negative Symptome. Unter positiven Symptomen versteht man Verhaltensweisen, die man bei gesunden Menschen nicht oder nur sehr selten beobachtet, aber dann unter derart besonderen Umständen, daß man sie als abnorm bezeichnen muß. Negative Symptome zeichnen sich nicht durch besondere Verhaltensweisen aus, sondern durch das Fehlen normalen Verhaltens oder durch die Unfähigkeit, dieses zu produzieren.

Positive Symptome der Parkinson-Krankheit Da positive Symptome bei der Parkinson-Krankheit häufig auftreten, nimmt man an, daß diese Verhaltensweisen bei gesunden Personen normalerweise blockiert oder unter Kontrolle gehalten und erst durch den Krankheitsprozeß enthemmt werden. Zu den häufigsten positiven Symptomen gehören Ruhetremor, Muskelstarre und unwillkürliche Bewegungen.

Ruhetremor Er besteht aus Bewegungen der Extremitäten in Ruhelage, hört aber bei der Ausführung willkürlicher Bewegungen oder während des Schlafes auf. Der Tremor der Hände wird oft als Pillendrehbewegung bezeichnet, denn er sieht so aus, als würde zwischen Daumen und Zeigefinger eine Pille gedreht.

Muskelstarre Die Muskelstarre beruht auf einem erhöhten Muskultonus der Extensoren und Flexoren. Besonders deutlich wird sie, wenn die Glieder an einem Gelenk passiv bewegt werden, denn die Muskeln widersetzen sich der Bewegung. Mit einiger Kraft kann man die Glieder ein wenig bewegen, dann widerstehen sie erneut. Eine vollkommene passive Streckung oder Beugung an einem Gelenk vollzieht sich daher schrittweise und hat zur Bezeichnung *Zahnradphänomen* geführt. Dieses bildet einen Gegensatz zur *Klappmessersteifheit* der Hemiplegie, bei der der ursprüngliche Widerstand gegen eine Streckung oder Beugung plötzlich aufgegeben und so eine freie Bewegung des Gelenks möglich wird. Die Steifheit kann derart ausgeprägt sein, daß sie alle Bewegungen behindert. Ein Mann, der durch die Versteifung nicht extrem beeinträchtigt war, sagte uns: »Die Langsamkeit der Bewegungen ist mir bewußt, aber ich wünsche sie mir nicht. Ich lege mir in meinem Kopf einen Plan zurecht, will zum Beispiel eine Flasche entkorken, versuche dann bewußt, die Muskeln in Bewegung zu setzen. Ich weiß, wie langsam das vor sich geht. Ich kann nichts beschleunigen, aber ich schaffe es immer, die Flasche zu öffnen.«

Unwillkürliche Bewegungen Diese beruhen auf der dauernden Veränderung der Haltung; manchmal werden sie vom Tremor verursacht, manchmal sollen sie die Steifheit lindern, oft entstehen sie grundlos. Diese kleinen Bewegungen oder Haltungsänderungen, die hin und wieder als **Akathesie** oder auch als „schlimme Ruhelosigkeit" bezeichnet werden, können mit einer allgemeinen Inaktivität einhergehen. Andere unwillkürliche Bewegungen sind Haltungsstörungen, auch solche, bei denen Augen oder Kopf sich unwillkürlich nach einer Seite bewegen. Sie dauern Minuten oder Stunden. Da die positiven Symptome „Aktionen" darstellen, vermutet man, daß sie durch die Aktivität irgendeines Gehirngebiets verursacht sind. Vor Einführung der medikamentösen Therapie bestand eine Behandlungsmethode darin, die Quelle der Symptomatik zu lokalisieren und dort eine Läsion zu setzen. Ein Tremor wurde zum Beispiel durch operative Läsionen im ventralen Thalamus behandelt.

Negative Symptome der Parkinson-Krankheit J. P. Martin teilte schwerkranke Parkinson Patienten aufgrund detaillierter Analysen der negativen Symptome in fünf Gruppen ein.

Haltungsstörungen Es gibt Störungen der Lagekonstanz und des Gleichgewichts. Eine *Lagekonstanzstörung* beruht auf der Unfähigkeit oder Schwierigkeit, Teile des Körpers (Kopf, Glieder) relativ zu anderen Körperteilen in normaler Position zu *halten*. So kann es sein, daß der Kopf einer Person allmählich nach vorn sinkt, oder daß eine stehende Person sich allmählich nach vorn neigt, bis sie schließlich auf den Knien landet. *Gleichgewichtsstörungen* bestehen in der Schwierigkeit, ohne Unterstützung zu stehen oder zu sitzen. In weniger schweren Fällen haben die Personen Schwierigkeiten, auf einem Bein zu stehen, oder sie fallen, wenn sie zum Beispiel an der Schulter gestoßen werden, ohne Korrekturbewegung oder Auffangversuch einfach hin.

Störungen des Aufrichtens In diesem Fall haben Patienten Schwierigkeiten, von einer liegenden Position wieder in eine stehende überzugehen.

Gehstörungen Eine normale Fortbewegung setzt voraus, daß man den Körper gegen die Schwerkraft unterstützt, einen Schritt tut, ihn ausbalanciert – während das Körpergewicht von einem Bein auf das andere übergeht – und gleichzeitig vorwärtskommt. Parkinson-Patienten haben Schwierigkeiten, den ersten Schritt einzuleiten. Gelingt ihnen das, dann trippeln sie in kurzen Schritten und mit vielen unterstützenden Bewegungen vorwärts, da sie immer dann Gleichgewichtsprobleme haben, wenn sie von einem Bein auf das andere wechseln. Oft entwickeln die Betroffenen das Phänomen der **Festination** (Trippelgang): Die Schritte werden zunehmend kürzer, bis es schließlich zum Rennen kommt.

Sprachstörungen Eine Hauptschwierigkeit betrifft die physische Lautbildung und die Veränderung der Tonlage der Stimme. Eines der auffälligsten Symptome für Verwandte ist die fast völlige Tonlosigkeit in der Stimme des Sprechers. Rigidität ist zumeist die Hauptursache dieser Störung.

Akinesie Die **Akinesie** ist eine Bewegungsverlangsamung oder -verarmung. Sie spiegelt sich in leerem Gesichtsausdruck und/oder in ausbleibendem Schwingen der Arme beim Gehen, im Fehlen spontanen Sprechens und in verminderter Produktion (normaler) kleiner gestischer Äußerungen wieder. Sie zeichnet sich auch durch die Schwierigkeit der Bewegungswiederholung (etwa Klopfen mit dem Finger) aus. Die Symptome treten auch ohne Rigidität auf. Bei Personen, die stundenlang bewegungslos dasitzen, manifesiert sich die Akinesie am deutlichsten.

Zu den negativen Symptomen gehört die **Aphagie**. Darunter versteht man Schwierigkeiten beim Kauen oder Schlukken. Diese Symptomatik ist in eine der fünf oben genannten Kategorien nur schlecht einzuordnen.

Die Symptome der Parkinson-Krankheit beginnen schleichend mit einem Tremor in einer Hand oder mit einer leichten Steifheit in den distalen Anteilen der Glieder. Danach verlangsamen sich die Bewegungen, das Gesicht erscheint maskenhaft, das Blinzeln unterbleibt und der emotionale Ausdruck verarmt; später neigt sich womöglich der ganze Körper leicht nach vorn, der Gang wird schleifend, und die Arme hängen reglos an den Seiten herunter; das Sprechen wird langsam und monoton. Wegen der Schluckbeschwerden wird gesabbert. Obgleich der Krankheitsverlauf insgesamt progressiv ist, entwickeln sich die Symptome unterschiedlich schnell. Selten erfolgt die Progression so rasch, daß eine Person innerhalb von fünf Jahren als behindert zu bezeichnen ist. Normalerweise vergehen zehn bis 20 Jahre, bevor die Symptome eine wirkliche Behinderung verursachen. Einer der merkwürdigsten Aspekte der Parkinson-Krankheit ist der häufige Zustandswechsel: Symptome manifestieren sich mitunter genauso unvermittelt, wie sie plötzlich verschwinden. Manchmal kommt es zu einer teilweisen Rückbildung der Symptome dank aktivierender oder stimulierender Situationen. Sacks berichtet von einem Patienten, der sich mit seinem Rollstuhl an der Meeresküste aufhielt, plötzlich aufsprang und sich in die Wellen stürzte, um einen Menschen vor dem Ertrinken zu retten. Danach fiel er wieder in seinen Rollstuhl zurück und war bewegungsunfähig wie zuvor. Obwohl die Symptome in bestimmten aktivierenden Situationen nachlassen können, geschieht dies üblicherweise ohne die Dramatik dieses Beispiels.

Ursachen des Parkinsonismus Es gibt drei Hauptursachen der Parkinson-Krankheit: idiopathische, postencephalitische und medikamenteninduzierte. Außerdem kann sie durch Arteriosklerose oder Kohlenmonoxidvergiftung, infolge von Syphilis oder eines Tumors ausgelöst werden. Wie der Name vermuten läßt, ist die Ursache einer *idiopathischen* Parkinson-Krankheit unbekannt. Sie kann familiär bedingt, altersbedingt oder, wie man heute häufig glaubt, viralen Ursprungs sein. Am häufigsten tritt sie nach dem 50. Lebensjahr auf. Die *postencephalitische* Form hat ihren Ursprung in der epidemischen Schlafkrankheit (*Encephalitis lethargica*), die im Winter 1916/17 auftauchte und 1927 wieder verschwand. Zwar variierte die Symptomatik ganz beträchtlich, so daß man kaum zwei ähnlich kranken Patienten begegnete. Dennoch wies Constantin von Economo ein einheitliches Muster von Hirnschädigungen infolge einer Virusinfektion nach. Ein Drittel der davon betroffenen Personen starb im akuten Stadium der Schlafkrankheit, im Koma oder wegen Schlafmangel. Obwohl sich viele Patienten vollkommen zu erholen schienen, entwickelten die meisten danach neurologische oder psychiatrische Störungen und Parkinsonismus. Die Verzögerung, mit der die Parkinson-Krankheit nach der Virusinfektion auftrat, wurde niemals richtig erklärt. Virusspezifische Untersuchungen an Parkinson-Patienten haben keine Hinweise auf eine virale Ursache der Krankheit ergeben. Die dritte Hauptursache der Parkinson-Krankheit ist jüngeren Datums und steht im Zusammenhang mit der Einnahme verschiedener *Psychopharmaka*, insbesondere starker Tranquilizer und Neuroleptika. Dazu zählen Reserpin und verschiedene Derivate von Phenothiazin und Butyrophenon. Die Symptome sind in der Regel reversibel. Dennoch ist es schwierig, sie von „echten" Parkinson-Symptomen zu unterscheiden.

Erst jüngst wurde herausgefunden, daß bestimmte Substanzen rasch Parkinson-Symptome hervorrufen. Langston und seine Mitarbeiter berichteten über MPTP, eine Substanz, die synthetisches Heroin kontaminiert. MPTP wird nach Einnahme in MPP^+ umgewandelt und übt auf dopaminerge Zellen eine äußerst toxische Wirkung aus. Junge Drogenabhängige entwickelten bereits kurz nach Einnahme kontaminierter Drogen ein vollständiges Parkinson-Syndrom. Dieser Befund läßt darauf schließen, daß andere Substanzen ähnliche Effekte haben. Demographische Untersuchungen an Patienten aus Vancouver und Helsinki verzeichnen eine ansteigende Zahl von Parkinson-Patienten unter 40. Dies hat die Vermutung genährt, daß Umweltgifte in Wasser und Luft ähnlich wirken wie MPTP.

Obgleich Parkinson-Kranke aufgrund der Krankheitsursachen in Gruppen eingeteilt werden, gilt es dennoch als wahrscheinlich, daß die Auslösemechanismen auf einer gemeinsamen Ursache beruhen. Entweder wird die Funktion der Substantia nigra gestört (wie dies bei der idiopathischen und postencephalitischen Form der Fall ist), oder die Aktivität ihrer Zellen wird blockiert, oder Neuronen sterben ab (wie dies bei medikamenteninduziertem Parkinsonimus der Fall zu sein scheint). Die Zellen der Substantia nigra enthalten normalerweise ein dunkles Pigment (daher der Name). Bei der Parkinson-Krankheit aber ist dieses Areal durch Degeneration der melaninhaltigen Neuronen depigmentiert. Es ist nicht bekannt, wodurch diese selektive Degeneration entsteht. Möglich scheint, daß ein Virus den zur Pigmentbildung notwendigen Metabolismus beeinträchtigt. Zellen der Subtantia nigra sind Ausgangspunkt von Axonen, die zum Projektionsgebiet der Basalganglien im frontalen Cortex und zum Rückenmark verlaufen; als Neurotransmitter verwenden sie Dopamin. Durch biochemische Analysen von Gehirnen verstorbener Parkinson-Patienten und durch Analysen des wichtigsten Metaboliten von Dopamin, der im Urin ausgeschiedenen Homovanillinsäure, ließ sich der Rückgang der Dopaminmenge im Gehirn nachweisen. Er beträgt über 90 %, und häufig läßt sich gar kein Dopamin mehr finden. Die Ursache der Parkinson-Krankheit wird deshalb mit einiger Gewißheit auf einen Mangel an Dopamin zurückgeführt. Wenn der Parkinsonismus durch Psychopharmaka induziert wird, liegt die Ursache bei einer herabgesetzten Dopaminwirkung. Eine Entleerung der Dopamindepots im Gehirn kann aber nicht für das gesamte Problemspektrum verantwortlich sein, da der Rückgang von Noradrenalin und die Degeneration von Neuronen in anderen Nuclei der Basalganglien auch zu berücksichtigen sind.

Behandlung der Parkinson-Krankheit Man kennt bis heute keine effektive Behandlung der Parkinson-Krankheit, und es wird auch keine verfügbar sein, solange die Faktoren des progressiven Verfalls der Substantia nigra unbekannt sind. Deshalb zielt die Therapie auf die Linderung der Symptome und auf eine Verbesserung des Allgemeinbefindens. Die Hauptsymptome des Parkinsonismus werden von psychischen Faktoren beeinflußt: Wie sich eine Person fühlt, hängt davon ab, wie sie mit ihrer Behinderung zurechtkommt. Deshalb sollten die Betroffenen frühzeitig über die Bedeutung der Symptome und die Art ihrer Krankheit beraten und über die Möglichkeiten einer Verbesserung der Lebensqualität informiert werden. Die physikalische Therapie sollte einfache Maßnahmen (zum Beispiel Hitzeanwendungen und Massagen zur Linderung der unvermeidlichen, schmerzhaften Muskelkrämpfe) und Übungen umfassen, um mit den zunehmenden Störungen im Bewegungsapparat zurechtzukommen.

Die medikamentöse Behandlung der Parkinson-Krankheit ist ebenfalls von beträchtlichem theoretischem und praktischem Interesse. In den letzten Jahren hat sich unser Wissen über die Struktur und Funktion von Synapsen erheblich erweitert. Die Parkinson-Krankheit liefert ein ausgezeichnetes Modell für den Zusammenhang von Gehirnfunktionen und synaptischer Aktivität. In diesem Fall kann eine spezifische Symptomatik auf Veränderungen in einem bestimmten Transmittersystem bezogen werden. Die pharmakologische Behandlung verfolgt zwei Ziele. Einerseits soll sich die Aktivität an allen noch bestehenden dopaminergen Synapsen verstärken. Andererseits soll die Aktivität der Strukturen, die in Abwesenheit von Dopamin stärker aktiv sind, reduziert werden. Pharmaka wie L-Dopa, das im Gehirn zu Dopamin umgewandelt wird, Amphetamine, Monoaminoxidasehemmer und trizyklische Antidepressiva werden eingesetzt, um die dopaminerge Übertragung zu verstärken. Natürlicherweise vorkommende anticholinerge Substanzen wie Atropin und Scopolamin sowie synthetisch hergestellte Anticholinergica, zum Beispiel Benzotropin und Trihexyphenidyl, werden zur Blockierung der cholinergen Systeme verabreicht, da diese bei Dopaminmangel eine erhöhte Aktivität zeigen.

Psychische Aspekte der Parkinson-Krankheit Zwar schreibt man Patienten mit Parkinson-Krankheit oft Depressivität zu, aber im großen und ganzen erwartet man keine psychischen Veränderungen neben den motorischen Behinderungen. Diese Sichtweise ist wahrscheinlich nicht gerechtfertigt. Aufgrund klinischer Beobachtungen stellt Sacks kognitive Veränderungen fest, die mit denen der Motorik in Zusammenhang stehen. Wie schon oben erwähnt, zeigt sich die *Festination* nicht nur in zunehmender Beschleunigung des Gangs, sondern auch in einer Beschleunigung des Sprechens und des Denkens. *Resistenz* bezeichnet den gegenteiligen Effekt. Sobald das Sprechen oder das Denken eingesetzt hat, kann der Vorgang durch Widerstand blockiert werden.

Die beiden positiven Effekte sind in einem gewissen Sinne gegensätzlich. Parkinson-Kranke können sich dem dauernden Widerspruch zwischen Festination und Resistenz ausgesetzt sehen. Sacks betont auch, daß sich die Krankheit negativ auf kognitive Funktionen auswirkt. Es kommt zu einer Verarmung der Gefühle, der Libido, der Motivation und der Aufmerksamkeit. Die Betroffenen können stundenlang willenlos dasitzen, ohne eine Tätigkeit aufzunehmen.

Nach neuropsychologischen Untersuchungen gibt es bei Parkinson-Patienten insbesondere solche kognitive Veränderungen, die man normalerweise an Patienten mit Läsionen im Frontallappen oder in den Basalganglien beobachtet. Dieser Zusammenhang ist nicht überraschend, weil zwischen den Funktionen der Basalganglien und dem Frontalcortex enge Verbindungen bestehen und weil dopaminerge Projektionen zum frontalen Cortex führen, die wohl auf ähnliche Weise degenerieren wie die der Basalganglien. So berichtet Bowen von Patienten, die vor und nach einer Verabreichung von L-Dopa ähnliche Testleistungen erzielten.

Seit längerem ist bekannt, daß Parkinson-Patienten, die zum Zeitpunkt ihres Todes eindeutig an Demenz leiden, ähnliche strukturelle cortikale Veränderungen aufweisen, wie sie bei der Alzheimer-Krankheit auftreten. In neuerer Zeit ist die Vermutung geäußert worden, daß Alzheimer-ähnliche neocortikale Anomalien für alle Parkinson-Patienten typisch sein könnten. Hakim und Mathieson stellten beispielsweise fest, daß unter 34 untersuchten Gehirnen von Parkinson-Patienten nur eines keine klaren Hinweise auf Alzheimer-ähnliche Anomalien zeigte. Zudem behaupteten sie, nur bei 19 Gehirnen klinische Hinweise auf Demenz gefunden zu haben, wenn auch an ihrer Stichprobe keine neuropsychologischen Tests durchgeführt worden waren.

Neuropsychologische Untersuchungen an anderen Populationen haben die Möglichkeit eines allgemeinen kognitiven Abbaus bei Parkinson-Patienten bestätigt. In einer ausgedehnten Studie fanden Pirozzolo und seine Mitarbeiter zum Beispiel, daß Parkinson-Patienten bei verschiedenen Subtests des Wechsler-Intelligenztests (WAIS) (Allgemeinwissen, Zahlennachsprechen, Zahlen-Symbol-Test und Mosaik-Test) und beim verbalen Gedächtnis (logische Geschichten und Paarassoziationstest) signifikant schlechter abschnitten als gleichaltrige Kontrollpersonen. Außerdem sind Parkinson-Patienten beim Wisconsin-Kartensortiertest beeinträchtigt, zeigen jedoch keine Hinweise auf Aphasie, Agnosie oder Apraxie.

Zusätzlich zu Symptomen einer allgemeinen Demenz bei Parkinson-Patienten gibt es Hinweise auf ein davon unabhängiges Defizit bei der Fähigkeit zum räumlichen Sehen. Wie zum Beispiel Boller und seine Kollegen fanden, zeigen Parkinson-Patienten unabhängig von intellektuellen Beeinträchtigungen Beeinträchtigungen bei einem breiten Spektrum von Tests zum räumlichen Sehen.

Schließlich sind die Symptome der Parkinson-Krankheit wie die der Schizophrenie heterogen, und keine zwei Patienten leiden unter den gleichen Symptomen. Man hat geschätzt, daß es bis zu 40 verschiedene Formen des Parkinsonismus gibt, wobei die Vielfalt vermutlich vom pathologischen Muster in jedem Einzelfall abhängt.

Alzheimer-Krankheit

Daß Menschen in hohem Alter depressiv werden, unter Gedächtnisverlust leiden, senil und verwirrt werden können, ist wohlbekannt. In der Literatur finden sich seit ihren Anfängen im Zusammenhang mit dem Altern immer wieder Hinweise auf „Kindisch-werden" und „Altersschwachsinn". Im Laufe der Geschichte ist die soziale Haltung gegenüber dem Altern und altersbedingten Veränderungen recht variabel gewesen: In einigen Gesellschaften wurden alte Menschen respektiert, man fragte sie um Rat und sah sie als weise an, andere Gesellschaften hingegen zeigten Desinteresse oder sogar Verachtung für ihre Betagten. Die Erklärungen für altersbedingte Veränderung waren gleichermaßen variabel; manche Autoren nahmen an, daß einige der mit dem Alter einhergehenden geistigen Abbauprozesse einen krankhaften Vorgang darstellen, andere vermuteten, daß derartige Veränderungen routinemäßig beim Alterungsprozeß auftreten. Ein zusätzlicher wichtiger Faktor, der die Haltung einer Gesellschaft hinsichtlich des Alterns beeinflußt, liegt in der Struktur der Gesellschaft. Die Meinungen zu diesem Thema variieren zwischen gut etablierten Gesellschaften und solchen, die sich noch „im Fluß" befinden, ebenso zwischen Gesellschaften mit überproportional junger oder aber überproportional alter Bevölkerung.

Bevölkerungsstrukturen wie diejenigen, die sich heute in Nordamerika und Europa entwickeln, hat es zuvor noch nie gegeben. Seit 1900 ist der Anteil älterer Menschen in diesen Regionen ständig gestiegen. Um 1900 betrug der Anteil der Menschen über 65 Jahre 4 Prozent. 1980 waren bereits rund 10 Prozent der Bevölkerung älter als 65 Jahre. Man kann mit Sicherheit erwarten, daß sich dieser Trend in den Industrienationen fortsetzen und in Zukunft auch auf Entwicklungsländer übergreifen wird. Parallel steigt mit der zunehmenden Zahl älterer Leute die Zahl der Menschen mit kognitiven Defiziten, wie sie im Zusammenhang mit einem alternden Gehirn auftreten. Diese Entwicklung wird durch die ständig steigende Belastung der Familien und des Gesundheitssystems zu einem wichtigen sozialen und medizinischen Problem.

Sicher wird nicht jeder Mensch, der alt wird, auch depressiv, vergeßlich oder dement. Einige Menschen erreichen ein sehr hohes Alter und führen dabei ein aktives, gesundes und produktives Leben. Andere Menschen zeigen vielleicht schon in noch relativ jungen Jahren Senilitätssymptome. Wie Prävalenzstudien ergeben haben, sind in der Population der 65jährigen und Älteren 1 bis 6 Prozent schwer dement und 3 bis 20 Prozent leicht dement. Diese Spannbreite ist groß, und die Werte sind ungenau, weil zuverlässige Schätzungen nur schwer zu erhalten sind. Die Haltung gegenüber dem Altern, die Methoden zur Erfassung der Lebensbedingungen alter Menschen, ob eine Familie sich um eine behinderte Person kümmert oder sie in ein Heim schickt, und die Kriterien der Forscher beeinflussen allesamt die Daten in den Prävalenzstudien. Die Verbreitung der Demenz variiert auch mit dem Alter, wobei sie bei Gruppen mit höherem Alter häufiger auftritt. Im Alter zwischen 65 und 70 Jahren leiden durchschnittlich 3 bis 5 Prozent an Demenz. Dieser Wert steigt zwischen 70 und 75 Jahren auf 5 bis 7 Prozent, zwischen 75 und 80 Jahren auf 7 bis 9 Prozent und bei 85 Jahren und darüber auf 25 Prozent. Interessanterweise tritt Demenz bei Menschen, die über 90 oder sogar über 100 Jahre alt werden, seltener auf, vermutlich, weil die an Demenz leidenden Untergruppen bereits früher gestorben sind. Obwohl Demenz in Populationen von 65jährigen und Älteren häufiger vorkommt, treten auch Fälle bei 30 bis 40jährigen auf. Gegenwärtig wissen wir noch relativ wenig über die Verbreitung, die auf anderen Merkmalen, wie Geschlecht, sozialer Klasse und Wohnsitz, basiert.

Die Altersdemenz hat viele Gründe, und einige der verbreitetsten sind in Tabelle 25.1 aufgelistet. Man schätzt jedoch, daß mehr als 65 Prozent der Menschen, die an Demenz in verschiedenen Schweregraden leiden, Alzheimer-Krankheit haben. Die Zahl der Alzheimer-Patienten ist dabei, die der Parkinson-Patienten zu überflügeln. Nach Schätzungen litten in den Vereinigten Staaten 1976 etwa eine halbe Million Menschen an der Alzheimer- und ebenfalls etwa eine halbe Million an der Parkinson-Krankheit. Bis 1980 hatte sich die Zahl der Demenzfälle (Ursachen für Demenzen: siehe Tabelle 25.1) auf mehr als eine Million erhöht, und 1985 schätzte man ihre Zahl auf 1,5 bis 2 Millionen Menschen. Im Vergleich dazu leiden rund eine Viertelmillion Menschen an multipler Sklerose, 10000 an Chorea Huntington und 5000 an amyothropher Lateralsklerose (ALS). Noch deutlicher wird die Brisanz dieser Zahlen, wenn man die Pflege berücksichtigt, die Patienten mit Demenz benötigen. Etwa die Hälfte dieser Patienten wird stationär gepflegt, wobei sie mehr als 60 Prozent der Bewohner von Pflegeheimen und verschiedenen Krankenhäusern für chronisch Pflegebedürftige stellen.

Tabelle 25.1 Eine kurze Liste möglicher Ursachen der Demenz

Alzheimer-Krankheit
Down-Syndrom
Multiinfarkt-Demenz
toxische Substanzen (Drogen, Alkohol)
metabolische Defizite (zum Beispiel Vitamin-B-Mangel)
endokrine Ursachen (zum Beispiel Schilddrüsenunterfunktion)
Infektionen (zum Beispiel Neurosyphilis)
Entzündungen (zum Beispiel Vasculitis)
nach traumatischer Einwirkung und nach Sauerstoffmangel (Posttrauma und Postanoxia)
genetische Ursachen (zum Beispiel Chorea Huntington)
Degenerationsprozesse (zum Beispiel Parkinson-Krankheit)
Hirntumoren
subdurales Hämatom
Wasserkopf (Hydrocephalus)

(Nach Crevel, 1986)

Eine Definition der Alzheimer-Krankheit

Zu Beginn des 19. Jahrhunderts erkannte man, daß es alterskorrelierte Gehirnveränderungen gibt. Man stellte fest, daß es zu einer Ventrikelerweiterung und einer Cortexatrophie kommt, und eine Reihe von Leuten erkannte die Beziehung zwischen Atrophie und seniler Demenz. Die moderne Definition der **Alzheimer-Krankheit** stammt aus einer Fallstudie, die 1906 von dem deutschen Arzt Alois Alzheimer veröffentlicht wurde. Die Patientin war eine 51jährige Frau, an der Alzheimer eine Reihe klinischer und neuropathologischer Befunde erhob. Seine Beschreibung von Symptomen und Pathologie wurde als Alzheimer-Krankheit bekannt.

Die klinische Definition der Alzheimer-Krankheit nach DSM-III umfaßt die folgenden drei Kriterien: 1. Demenz, 2. schleichender Beginn mit gleichmäßig progredienter Verschlechterung und 3. Ausschluß aller anderen Demenzursachen durch Fallgeschichte, klinische Untersuchung, Labortests, psychometrische Tests und andere Spezialuntersuchungen. Die Definition berücksichtigt, daß es andere Formen der Demenz gibt, die andere Gründe und einen anderen Verlauf haben können.

Anatomische Korrelate

Das erhöhte Interesse an der Alzheimer-Krankheit führt gegenwärtig zur Identifizierung einer großen Anzahl damit einhergehender Hirnveränderungen. Die Annahme, daß die Erkrankung primär mit dem Verlust von cholinergen Neuronen zusammenhängt, die aus dem basalen Vorderhirn (unmittelbar anterior des Hypothalamus) in den Neocortex projizieren, und sekundär die Ursache der anatomischen Veränderungen im Gehirn ist, hat neuerdings an Verbreitung gewonnen. Wie die folgende Beschreibung zeigt, ist dies jedoch eine vereinfachte Sichtweise. Es kommt zu ausgedehnten Veränderungen im Neocortex und im limbischen Cortex; damit assoziiert sind Veränderungen bei einer Reihe von Neurotransmittersystemen. Keine dieser Veränderungen allein läßt sich auf simple Weise mit den klinischen Symptomen korrelieren. Interessanterweise bleiben der größte Teil des Hirnstammes, Kleinhirn und Rückenmark relativ verschont:

1. Neuritische Plaques. Neuritische Plaques, auch als senile Plaques bekannt, findet man hauptsächlich im Cortex cerebri. Eine erhöhte Konzentration dieser Plaques im Cortex korreliert mit dem Ausmaß der kognitiven Ausfallerscheinungen. Die Plaques bestehen aus einem zentralen Kern aus homogenem Proteinmaterial, das als *Amyloid* bezeichnet wird und von degenerativen Zellfragmenten umgeben ist. Zu diesen Zellfragmenten gehören axonale und dendritische Fortsätze sowie andere Zellkomponenten. Diese Plaques gelten allgemein als unspezifisches Phänomen, denn man findet sie auch bei Patienten, die nicht an der Alzheimer-Krankheit leiden, bei Demenzen

aus anderen bekannten Ursachen und bei Patienten mit Down-Syndrom.

2. Gepaarte helikale Filamente. Gepaarte helikale Filamente werden auch als neurofibrilläre Knäuel bezeichnet; man findet sie sowohl in der Großhirnrinde als auch im Hippocampus, wobei die posteriore Hälfte des Hippocampus stärker betroffen ist als die anteriore Hälfte. Lichtmikroskopische Untersuchungen haben gezeigt, daß die Filamente eine Doppelhelixkonfiguration aufweisen. Sie sind bisher hauptsächlich in menschlichem Gewebe beschrieben und auch bei Patienten mit Down-Syndrom, bei Patienten mit der Parkinson-Krankheit und bei Patienten mit anderen Formen der Demenz beobachtet worden.
3. Granulovascuoläre Körper. Granulovacuoläre Körper bestehen aus einer äußeren Membran mit einem kleinen Kern dichter Granula im Zentrum. Diese Organellen kommen bei Alzheimer-Patienten häufiger vor als beim Durchschnitt der älteren Bevölkerung.
4. Neocorticale Veränderungen. Die Veränderungen im Neocortex sind nicht einheitlich. Obwohl der Cortex schrumpft oder atrophiert und bis zu einem Drittel seines Volumens einbüßt, bleiben einige Bereiche relativ verschont. Abbildung 25.6 zeigt eine Lateralansicht und eine Mediananansicht des menschlichen Gehirns; die Punktierung kennzeichnet die Bereiche, in denen es zu degenerativen Veränderungen kommt. Je dunkler die Punktierung, desto schwerwiegender ist die Degeneration. Wie die Abbildung deutlich zeigt, bleiben die primär-sensorischen und -motorischen Areale des Cortex, insbesondere der visuelle und der sensomotorische Cortex, ausgespart. Die Frontallappen sind weniger stark betroffen als der posteriore Cortex, doch die am stärksten veränderten Bereiche sind die posterioren parietalen Areale, der inferiore temporale Cortex und der limbische Cortex.
5. Veränderungen im limbischen Cortex. Die stärksten degenerativen Veränderungen treten bei der Alzheimer-Krankheit im limbischen System auf, und von allen limbischen Strukturen ist der entorhinale Cortex am frühesten und am schwersten betroffen. Eine Reihe von Autoren stimmt darin überein, daß sich im entorhinalen Cortex ein Zellverlust am deutlichsten nachweisen läßt. Das hat wichtige Folgen für das Verständnis einiger Krankheitssymptome. Der entorhinale Cortex ist die Hauptrelaisstation, durch die Information vom Neocortex zum Hippocampus und angeschlossenen Strukturen gelangt und anschließend zum Neocortex zurückgesandt wird. Eine Schädigung des entorhinalen Cortex wird von Gedächtnisverlust begleitet. Da Gedächtnisverlust ein frühes und dauerhaftes Zeichen der Krankheit ist, ist es höchst wahrscheinlich, daß er von den degenerativen Veränderungen in diesem Cortexbereich hervorgerufen wird.
6. Zellveränderungen. Obwohl viele Untersuchungen einen Zellverlust im Cortex von Alzheimer-Patienten beschreiben, ist diese Frage strittig. Offenbar kommt es zu einer substantiellen Verringerung großer Zellen, aber möglicherweise schrumpfen diese Zellen nur, ohne völlig zu verschwinden. Die weiter verbreitete Ursache der cortikalen Atrophie ist jedoch offenbar der Verlust der dendritischen Verzweigungen. Abbildung 25.7 zeigt von Scheibel gezeichnete Pyramidenzellen: zunächst ein normales adultes Muster, anschließend Zellformen von Alzheimer-Patienten im Frühstadium, im fortgeschrittenen Stadium und im Endstadium der Erkrankung. Zunächst kommt es anscheinend zu einem Verlust der dendritischen Dornen, gefolgt vom Verlust kleiner und schließlich größerer Dendriten. In fortgeschrittenen Stadien wird die Dreiecksform der Zelle durch eine Birnenform ersetzt, und am Dendritenschaft treten unregelmäßige Schwellungen auf. Nach Scheibel kehrt dieses Muster von Veränderungen offenbar die Sequenz der Zellreifung um. Die Ursache dieser Veränderungen ist unbekannt. Man sollte jedoch bedenken, daß diese Veränderungen nicht allgemein typisch für den Alterungsprozeß sind. Flood und Coleman haben nachgewiesen, daß alte Menschen normalerweise eine Zunahme der dendritischen Verzweigung zwischen 50 (mittleres Alter) und 70 Jahren zeigen (siehe Abbildung 25.7). Erst in sehr hohem Alter kommt es zu degenerativen Veränderungen, die denjenigen der Alzheimer-Krankheit ähneln.

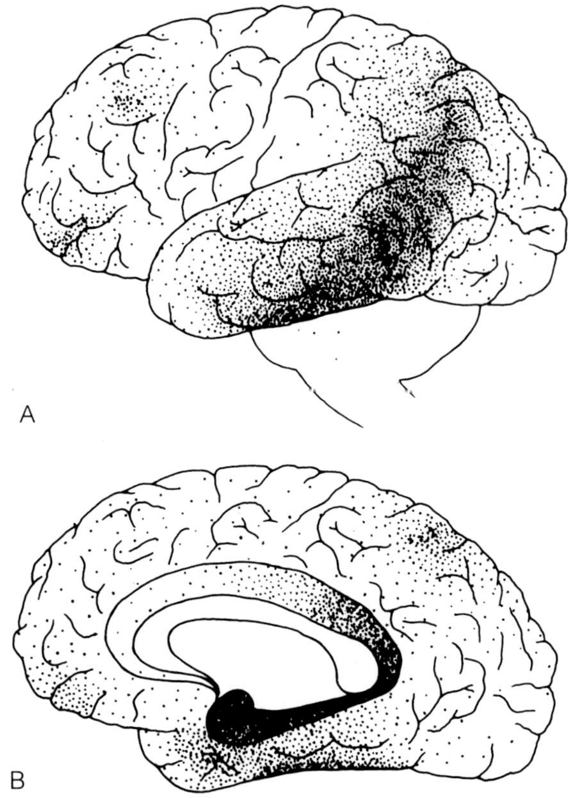

25.6 Schematische Darstellung der Verteilung und des Schweregrades degenerativer Veränderungen im Gehirn eines typischen Alzheimer-Patienten: (*A*) Lateralansicht, (*B*) Medianansicht. Je dunkler der Bereich, desto ausgeprägter ist die Degeneration. Weiße Bereiche sind verschont geblieben, sie weisen höchsten geringfügige Veränderungen auf. (Nach Brun, 1983.)

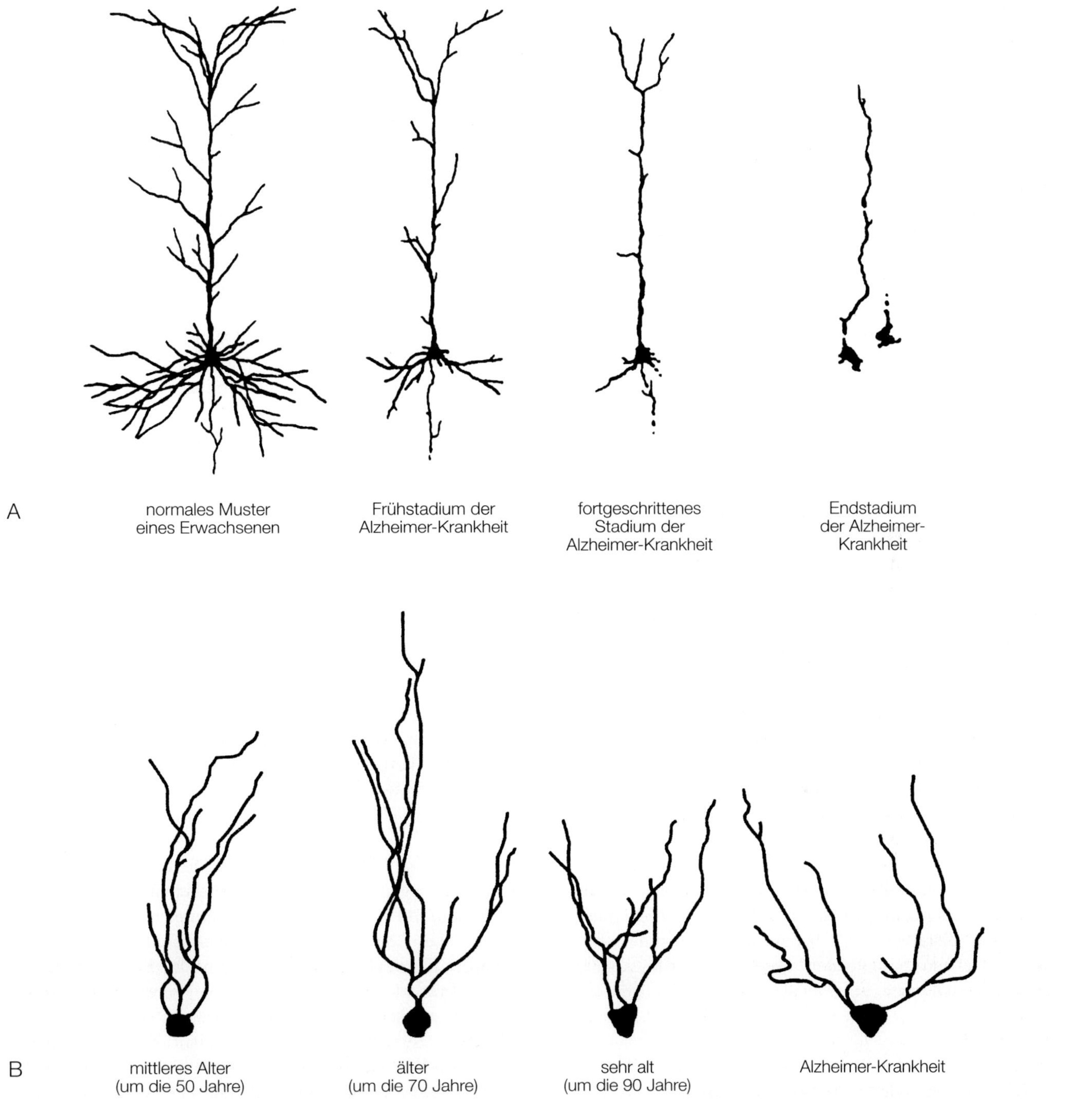

25.7 A. Eine Folge von Veränderungen bei einer cortikalen Pyramidenzelle mit Fortschreiten der Alzheimer-Demenz (von links nach rechts): normales Muster eines Erwachsenen; Frühstadien der Erkrankung, die durch ungleichmäßigen Dornenverlust und Ausdünnen des Dendritenbaumes, besonders der horizontalen Verästelungen, gekennzeichnet sind; fortgeschrittenes Stadium mit fast vollständigem Verlust der basalen Dendriten und Endstadium. (Gezeichnet nach Golgi-Präparaten des menschlichen präfrontalen Cortex; nach Scheibel, 1983.) B. Vergleich der Dendritenlänge von Hippocampusneuronen, gezeichnet nach Hirnproben gesunder Menschen in ihren 50ern, 70ern und 90ern sowie von einem Alzheimer-Patienten. Die durchschnittliche Länge der Dendriten nimmt vom mittleren zum hohen Alter hin zu und erst in sehr hohem Alter wieder ab. Die Dendriten im Gehirn von Alzheimer-Patienten zeigen dieses altersabhängige Wachstum nicht. (Nach Selkoe, 1992.)

7. Neurotransmitterveränderungen. Viel Aufsehen hat der Befund erregt, daß der Acetylcholinspiegel bei der Alzheimer-Krankheit erniedrigt ist. Das hat zu der Vermutung geführt, daß Veränderungen bei diesem Transmitter für den Gedächtnisabbau bei Alzheimer-Patienten verantwortlich sind. Dabei sind jedoch zwei Punkte zu beachten: Erstens

findet man deutliche Reduktionen bei vielen Transmittersystemen. Zweitens sind diese Reduktionen in den einzelnen Systemen von Patient zu Patient verschieden. Problematisch ist auch, die verschiedenen Konzentrationen der Transmitter im Verlauf der Krankheit abzuschätzen. Aus dem Hirn kann man keine Proben entnehmen, daher werden die Schätzungen gewöhnlich aufgrund von Urin- oder Blutproben vorgenommen, und diese Werte sind in der Regel Nebenprodukte des Neurotransmitterstoffwechsels. Eine andere Möglichkeit, an Gewebeproben zu gelangen, ist die Autopsie; derartige Proben stellen aber die Endstufen biochemischer Aktivität dar. Es gibt eine Reihe von Untersuchungen über Veränderungen des Transmitterspiegels bei Alzheimer-Patienten. Die repräsentativste Untersuchung stammt von Carlsson und zeigt einen Rückgang um rund 50 Prozent bei Dopamin, um 25 Prozent bei Noradrenalin, um 50 Prozent bei Acetylcholin und um etwa 50 Prozent bei Serotonin. Am interessantesten sind dabei nicht absolute Rückgänge bei einem Patienten, sondern die Charakteristika der Rückgänge. Gesunde Kontrollpersonen entsprechenden Alters zeigen zwar auch eine Abnahme der Transmitterspiegel, doch wenn man das Muster der Abnahme aller beteiligten Transmittersubstanzen bestimmt, unterscheiden sich die Alzheimer-Patienten von den Kontrollgruppen durch einen stärkeren Rückgang bei zwei oder mehr Transmittern. Dieser kombinierte Transmitterrückgang, besonders bei Acetylcholin und Serotonin, ist möglicherweise außerordentlich bedeutsam für die kognitiven Abbauprozesse. Vanderwolf und seine Mitarbeiter haben bei Ratten gezeigt, daß eines von zwei EEG Aktivierungsmuster des Neocortex Acetylcholin erfordert, das andere Serotonin. Wenn beide Transmitter fehlen, zeigen Ratten selbst beim Herumlaufen eine chronisch schlafähnliche EEG-Aktivität. Bei Lerntests demonstrieren sie einen völligen Ausfall von Lernen und Gedächtnis und verhalten sich im Wesentlichen so, als hätten sie überhaupt keinen Neocortex. Falls Alzheimer-Patienten dieselben EEG-Veränderungen durchmachen und mit einem „schlafenden“ Neocortex enden, könnte dies ihre schweren kognitiven Beeinträchtigungen erklären.

Mögliche Ursachen der Alzheimer-Krankheit

Gegenwärtig ist die Ursache der Alzheimer-Krankheit unbekannt. Infolgedessen konzentriert sich die Forschung auf eine Vielzahl möglicher Ursachen. Wir sollten an dieser Stelle jedoch anmerken, daß ein Großteil dieser Untersuchungen recht neuen Datums ist. Noch vor wenigen Jahren beschäftigten sich nur sehr wenige Untersuchungen mit dem Altern, und es flossen kaum Gelder in Forschungsvorhaben über Krankheiten, die den Alterungsprozeß komplizierten. Das ändert sich allmählich, und eine große Zahl von Forschungsprojekten konzentriert sich nun auf das Altern im allgemeinen und auf die Alzheimer-Erkrankung im besonderen. Diese neuen Forschungsvorhaben zielen auf folgende mögliche Krankheitsursachen:

1. Genetik. In Familien, in denen es ein Mitglied mit Alzheimer-Krankheit gibt, ist die Häufigkeit von Alzheimer-Erkrankungen erhöht. Das Risiko beträgt 3,8 Prozent, wenn ein Bruder oder eine Schwester erkrankt ist, und 10 Prozent, wenn ein Elternteil erkrankt ist. Die Forscher interessieren sich auch für die Beziehung zwischen dem Down-Syndrom und der Alzheimer-Krankheit, denn die neuralen Veränderungen, die beim Down-Syndrom zur Demenz führen, sind denjenigen, die man bei der Alzheimer-Krankheit findet, sehr ähnlich. Ein erhöhtes Risiko für eine Alzheimer-Erkrankung besteht auch in Familien, in denen ein Mitglied am Down-Syndrom leidet. Infolgedessen hofft man, ein Gen oder eine Gruppe von Genen – möglicherweise in enger Nachbarschaft des Down-Syndrom-Gens – identifizieren zu können, das die Alzheimer-Krankheit fördert oder auslöst.
2. Metallablagerungen. Bei frühen Tierexperimenten hat man nach Gaben von Aluminiumsalzen eine neurofibrilläre Degeneration ähnlich derjenigen bei der Alzheimer-Krankheit entdeckt. Als man diesem Hinweis folgte, fand man im Gehirn von Alzheimer-Patienten das 10 bis 30fache der normalen Aluminiumkonzentration. Gegenwärtig wissen wir noch nicht, warum sich Aluminium ansammelt oder ob es etwas nützt, Schritte zu unternehmen, diese Akkumulation zu verringern.
3. Immunreaktionen. Einige Wissenschaftler sind der Meinung, daß das Immunsystem in hohem Alter die Fähigkeit verliert, körpereigenes Gewebe als solches zu erkennen. Infolgedessen entwickelt es Antikörper gegen das eigene Gehirngewebe, die dann zu einer neuronalen Degeneration führen.
4. „Langsame“ Viren (Slow-Viren). Die Existenz von Slow-Viren begann man nach Untersuchungen über einen Stamm in Papua-Neuguinea zu vermuten, dessen Mitglieder die Gehirne ihrer verstorbenen Stammesgenossen aßen. Jahre später entwickelten einzelne Personen Ataxien und erkrankten an *Kuru*, starben und gaben offenbar einen Virus an andere weiter, das seinerseits wieder erst Jahre später Symptome hervorrief. Auch die **Creutzfeldt-Jakob-Krankheit** wird wahrscheinlich von langsamen Viren hervorgerufen und kann auf andere Menschen und Tiere übertragen werden. Bei beiden Erkrankungen zeigen die Hirnveränderungen gewisse Ähnlichkeit mit derjenigen der Alzheimer-Krankheit. Es ist auch schon vermutet worden, daß Material von menschlichen Patienten bei Schimpansen diese Krankheit hervorgerufen hat. Versuche, dieses Experiment zu reproduzieren, die Viren zu lokalisieren oder ihre Quelle zu identifizieren, sind bisher erfolglos geblieben.
5. Durchblutung. Ursprünglich wurde die Alzheimer-Krankheit vorwiegend auf schlechte Durchblutung zurückgeführt. Neuere Untersuchungen haben bestätigt, daß die Menge an Blut, die ins Gehirn gelangt, und die Menge

an Glucose, die aus dem Blut resorbiert wird, tatsächlich stark reduziert sind. Das ist besonders in PET-Untersuchungen deutlich geworden. Bei gesunden Menschen nimmt die Gehirndurchblutung zwischen dem 30. und dem 60. Lebensjahr um mehr als 20 Prozent ab, doch das Gehirn kompensiert dies durch eine effektivere Sauerstoffaufnahme. Bei Alzheimer-Patienten kommt es zu einem verstärkten Rückgang der Durchblutung, ohne daß kompensatorische Mechanismen wirksam würden. Den stärksten Rückgang der Durchblutung findet man in den Gehirnarealen, in denen es auch zu den meisten degenerativen Veränderungen kommt. Nicht bekannt ist bisher, ob die verminderte Durchblutung und die verminderte Glucosenutzung ursächlich sind oder eine Sekundärfolge der degenerativen Hirnveränderungen. Mindestens ein pharmakologischer Ansatz zur Behandlung der Alzheimer-Krankheit beinhaltet eine Stimulation der Gehirndurchblutung.

6. Abnorme Proteine. Die drei pathologischen Veränderungen, die mit der Alzheimer-Krankheit einhergehen – Plaques, neurofibrilläre Knäuel und granulovacuoläre Körper – spiegeln eine Proteinansammlung wider, wie man sie in normalen Gehirnen nicht findet. Das hat zu der Hypothese geführt, daß ungewöhnliche Proteine produziert und akkumuliert werden, wodurch die normale Proteinproduktion und -nutzung gestört wird. Man hat vermutet, daß die erhöhte Proteinansammlung im Gehirn von Alzheimer-Patienten vielleicht den Versuch des Gehirns widerspiegelt, sich selbst zu reparieren. Im Laufe der Entwicklung stellt das Gehirn verschiedene Proteine her, die eine wichtige Rolle beim Zellwachstum spielen. Wenn der entorhinale Cortex von Versuchstieren einseitig geschädigt wird, nimmt die intakte Seite die Proteinproduktion der Jugendphase wieder auf, was zum Aussprossen neuer Verbindungen führt. Daher nimmt man an, daß der Verlust von Neuronen im entorhinalen Cortex von Alzheimer-Patienten möglicherweise ähnliche Prozesse auslöst, die fehlschlagen.

Klinische Symptome und klinischer Verlauf

Das heimtückischste Merkmal der Alzheimer-Erkrankung ist ihr schleichender Beginn und ihre ständige Progredienz, die dem Patienten nach und nach zunächst das Kurzzeitgedächtnis, später weiter zurückliegende Gedächtnisinhalte und schließlich die Fähigkeit raubt, Familienmitglieder zu erkennen und unabhängig zu leben. Eine detaillierte Beschreibung der Krankheitsstadien und der klinischen Symptome findet man bei Reisberger (siehe dazu Tabelle 25.2). Wie Reisberger betont, schreitet die Krankheit allmählich fort, und die Patienten können mehrere Monate bis mehrere Jahre in jedem Stadium verharren. Reisberg beschreibt auch verschiedene Stufen der Beeinträchtigung anhand von fünf kognitiven Funktionen (Konzentrationsfähigkeit, Kurz- und Langzeitgedächtnis, Orientierung, Sozialverhalten und Selbstständigkeit), die deskriptive Parallelen der in Tabelle 25.2 aufgeführten Stadien darstellen.

Untersuchungen zur Prognose der Erkrankung deuten darauf hin, daß Patienten, die von den Forschern ins Stadium der Vergeßlichkeit eingeordnet wurden, auf dieser Stufe verharren können und keine weitere Verschlechterung ihres Zustandes zeigen. Daher ist das Symptom „Vergeßlichkeit" von zweifelhaftem prognostischen Wert. Bei Patienten, die in eines der späteren Stadien auf der Skala eingeordnet wurden, zeigt sich bei Tests im Abstand von zwei Jahren im allgemeinen eine weitere Verschlechterung des Zustandes. Daher ist eine Klassifizierung in den späteren Stadien sicherlich von prognostischem Wert. In den Endstadien der Erkrankung werden die Patienten anfällig für andere Störungen, Infektionen oder Lungenentzündung.

Neuropsychologische Diagnostik

Die Diagnose der Alzheimer-Krankheit erfolgt notwendigerweise *post mortem*, doch neu entwickelte MRI-Techniken lassen darauf hoffen, Plaques und Knäuel zukünftig bei Patienten *in vivo* erkennen zu können. Da es bei dieser Erkrankung ein klar umrissenes Muster anatomischer Veränderungen gibt, sollte man ein ebenso klar umrissenes Muster kognitiver Veränderungen erwarten. Es wäre wichtig, ein solches zu finden, da die Symptome, die Alzheimer-Patienten zeigen, leicht mit den Symptomen anderer Störungen, wie Depressionen oder einer Reihe leichter Gehirnschläge, zu verwechseln sind. In Hinblick auf die deutlich verschiedenen Ansätze bei der Behandlung von depressiven Patienten einerseits und Alzheimer-Patienten andererseits wäre eine Diffenrentialdiagnose sehr hilfreich. Fuld hat Subskalen des Wechsler-Intelligenztests (WAIS) eingesetzt, um das Schädigungsmuster der Alzheimer-Erkrankung von denjenigen Mustern zu unterscheiden, die durch cerebrovasculäre Erkrankungen hervorgerufen werden. Alzheimer-Patienten sind durch die auffälligen Defizite gekennzeichnet, die sie beim Zahlen-Symbol-Test und beim Mosaik-Test zeigen; zunehmend geringere Defizite treten beim Figurenlegen, Gemeinsamkeitenfinden und Zahlennachsprechen sowie beim Allgemeinwissen und beim Wortschatztest auf. Andere Alzheimer-sensitive Tests sind rückwärts zählen, die Zeit auf Uhren ohne Ziffern ablesen und Objekte benennen. Zusätzlich zeigen Alzheimer-Patienten gewöhnlich Defizite bei Tests, bei denen es um die Funktion der rechten wie der linken Hemisphäre geht, und schließlich setzen die Beeinträchtigungen nicht plötzlich ein.

In einer Untersuchung zur Enkodierung von Gedächtnisinhalten haben Becker und seine Mitarbeiter gefunden, daß Alzheimer-Patienten beim Lernen weniger abspeichern als Kontrollpersonen, obwohl sie genauso schnell wie die Kontrollpersonen vergessen, was sie gelernt haben. Martin und seine Mitarbeiter haben dieses spezifische Enkodierungsdefizit bestätigt. Bei der Untersuchung von Lesemustern haben Cummings und seine Mitarbeiter herausgefunden, daß das

Tabelle 25.2 Skala der Verhaltensveränderungen bei der Alzheimer-Krankheit

Ausmaß des kognitiven Abbaues	Symptome
keine	Keine subjektiven Beschwerden über Gedächtnismängel. Keine evidenten Gedächtnismängel beim klinischen Interview.
sehr schwach	Klagen über Gedächtnismängel, meist auf folgenden Gebieten: 1. Verlegen alltäglicher Gegenstände; 2. Vergessen von früher wohlvertrauten Namen. Keine objektiven Hinweise auf Gedächtnismängel beim klinischen Interview. Keine objektiven Defizite im Beruf oder im sozialen Umgang. Angemessene Sorge in bezug auf die Symptomatologie.
schwach	Erste klar umrissene Defizite. Manifestation auf mehr als einem der folgenden Gebiete: 1. Der Patient hat in einer ihm nicht vertrauten Umgebung die Orientierung verloren; 2. Mitarbeitern fällt die relativ schwache Leistung des Patienten auf; 3. der Patient liest einen Abschnitt oder ein Buch und behält relativ wenig; 4. werden dem Patienten unbekannte Personen vorgestellt, so behält er deren Namen zunehmend schlechter; 5. der Patient verlegt oder verliert einen wertvollen Gegenstand; 6. bei klinischen Tests zeigen sich Konzentrationsmängel. Objektive Hinweise auf Gedächtnismängel lassen sich nur mit formalen Tests erbringen. Abnehmende Leistung bei anspruchsvollen Aufgaben und im sozialen Umfeld. Verleugnen der Probleme setzt ein, und schwache bis mittlere Beunruhigung wird geäußert.
mittel	Klar umrissenes Defizit beim klinischen Interview: 1. sinkendes Wissen um gegenwärtige und kurz zurückliegende Ereignisse, 2. Gedächtnislücken in bezug auf die eigene Vergangenheit, 3. Konzentrationsmängel bei aufeinanderfolgenden Subtraktionen, 4. abnehmende Fähigkeit zu reisen, seine Finanzen in Ordnung zu halten und so weiter. Unfähigkeit, komplexe Aufgaben durchzuführen. Leugnen der Situation ist der vorherrschende Verteidigungsmechanismus. Affektverflachung und Rückzug aus fordernden Situationen.
mittelschwer	Der Patient kommt nicht mehr ohne gewisse Unterstützung zurecht. Er kann sich nicht an eine wichtige Information aus seinem Alltag erinnern, zum Beispiel an seine Adresse oder Telephonnummer, an Namen enger Familienmitglieder, Namen seiner Ausbildungsstätten. Er ist häufig desorientiert in bezug auf Datum, Tag, Jahreszeit und Ort. Eine gebildete Person hat möglicherweise Schwierigkeiten, in Viererschritten von 40 und in Zweierschritten von 20 rückwärts zu zählen.
schwer	Patient kann gelegentlich den Namen des Ehepartners vergessen. Ist sich aller kürzlicher Ereignisse und Erfahrungen im Leben weitgehend nicht bewußt. Bewahrt ein gewisses, wenn auch bruchstückhaftes Wissen um sein vergangenes Leben. Hat möglicherweise Schwierigkeiten, von 1 bis 10 beziehungsweise von 10 zurück bis 1 zu zählen. Benötigt einige Unterstützung bei alltäglichen Verrichtungen: der Patient kann zum Beispiel inkontinent werden, benötigt Hilfe beim Reisen, ist gelegentlich aber noch in der Lage, zu bekannten Orten zu reisen. Tagesrhythmus oft gestört. Kann sich an seinen Namen und den seines Ehepartners erinnern und in vertrauter Umgebung bekannte von unbekannten Personen unterscheiden. Es kommt zu Persönlichkeitsveränderungen und emotionalen Veränderungen, darunter möglicherweise auch Wahn, Zwangshandlungen, Angst oder Verlust von zielgerichtetem Handeln.
sehr schwer	Alle verbalen Fähigkeiten sind verlorengegangen. Oft ist keine Sprache mehr vorhanden – nur noch unartikulierte Laute; Harninkontinenz; benötigt Hilfe bei der Körperpflege und beim Essen. Verliert grundlegende psychomotorische Fertigkeiten, zum Beispiel die Fähigkeit zu gehen. Das Gehirn ist dazu offenbar nicht mehr in der Lage.

(Nach Reisburg, 1983)

Laut-Lesen relativ intakt bleibt, aber die Erinnerung an das Gelesene stark beeinträchtigt ist. Huff und seine Mitarbeiter haben beobachtet, daß Alzheimer-Patienten Schwierigkeiten haben, Objekte zu benennen und zwischen Objekten innerhalb einer Kategorie zu unterscheiden. Sie schließen daraus, daß die Anomie eher durch einen Verlust von Information über bestimmte Objekte und deren Benennung gekennzeichnet ist als durch die Schwierigkeit, Information abrufen. Murdoch und seine Mitarbeiter haben die sprachlichen Beeinträchtigungen im Zusammenhang mit der Alzheimer-Erkrankung untersucht und sie mit den Beeinträchtigungen verglichen, die bei anderen Störungen auftreten. Sie weisen darauf hin, daß die Sprachbeeinträchtigungen am deutlichsten bei Aufgaben auftreten, die eine kognitive Verarbeitung erfordern. Schließlich haben andere, wie Wilson und seine Mitarbeiter, verschiedene kognitive Funktionen verglichen. Sie weisen zum Beispiel darauf hin, daß die Defizite bei Sprachaufgaben sehr viel gravierender sind als bei Gesichtserkennungsaufgaben, vermutlich deshalb, weil Sprachaufgaben höhere Anforderungen an die kognitive Verarbeitung stellen. Diese Forschungsrichtungen werden wahrscheinlich fruchtbarer werden, wenn Untersuchungen des Hirnmetabolismus mit speziellen Formen kognitiver Analyse kombinierbar werden.

Psychochirurgie

Während des letzten Jahrzehnts ist die Frage, ob man bei emotionalen Störungen chirurgische Eingriffe vornehmen soll oder nicht, insbesondere in den Vereinigten Staaten heftig umstritten gewesen. Wir wollen uns hier nicht weiter einmischen, sondern beschränken uns darauf, die Psychochirurgie und ihre Anwendungsgebiete zu beschreiben.

Was bedeuet Psychochirurgie?

Valenstein definiert den Begriff **Psychochirurgie** als eine Zerstörung von Gehirnregionen, um schwere und anderweitig unbehandelbare psychiatrische Störungen zu beheben. Um die heute gängigen psychochirurgischen Eingriffe von den früheren, eher groben Operationen wie der Lobotomie zu unterscheiden, wurde der Begriff *psychiatrische Chirurgie* eingeführt. Er sollte den vorbelasteten Begriff der Psychochirurgie ersetzen. Neurochirurgische Eingriffe mit dem Ziel, eine Schädigung zu beheben oder neurologische Krankheitssymptome zu lindern, deren Ursachen eindeutig definiert sind und die bestimmten veränderten Hirnregionen zugeordnet werden können, bezeichnet man nicht als Psychochirurgie, auch wenn der Patient schwerwiegende Störungen in seinem Verhalten und seinen Emotionen aufweist. Eine Gehirnoperation, um etwa unerträgliche Schmerzen zu erleichtern, wird gewöhnlich als Psychochirurgie betrachtet, da die Operation an normal erscheinendem Gehirngewebe durchgeführt wird und chronische Schmerzen häufig von schwerwiegenden emotionalen Störungen begleitet sind.

Der Glaube, daß mentale Störungen mit gestörten Gehirnfunktionen in Beziehung stehen, reicht bis in die Urzeit zurück. Die Praxis, aus mystischen oder medizinischen Gründen den Schädel zu öffnen (Trepanation), war schon vor über 2000 Jahren weltweit verbreitet. Die moderne Psychochirurgie geht auf den portugiesischen Neurologen Egas Moniz zurück, der im Jahre 1935 mit Eingriffen im Präfrontalbereich begann. Aufgrund der Untersuchungsergebnisse von Jacobsen an einer kleinen Gruppe von Tieraffen und Schimpansen glaubte Egas Moniz, daß eine Zerstörung des Frontallappens bei psychiatrisch kranken Personen von Nutzen sein könnte. Anfangs injizierte er Alkohol in den Frontallappen, um eine frontale Läsion herbeizuführen. Aber bald änderte er seine Technik und durchtrennte die Nervenfasern mit einem ganz bestimmten Messer, dem sogenannten Leukotom (vom griechischen *leuko*, was „weiße Nervenfasern“ bedeutet, und *tom*, „Schneideinstrument“). Bei dieser Prozedur bohrte er über dem Frontallappen Löcher in den Schädel, führte das Leukotom ein und durchtrennte dann die frontalen Faserverbindungen. Später wurde diese Operationstechnik in den Vereinigten Staaten von Freeman und Watts modifiziert. Bei der Freemann-Watts-Technik wurde das Leukotom durch ein Loch im Schläfenknochen eingeführt und bei der lateralen Transorbitalmethode von Freeman durchdrang das Leukotom das knöcherne Dach im Orbitalknochen oberhalb des Augapfels. Man kann nicht mehr nachvollziehen, wieviele psychochirurgische Eingriffe dieser Art auf der ganzen Welt durchgeführt wurden. Valenstein glaubt, daß es in den Jahren 1936 bis 1978 allein in den Vereinigten Staaten etwa 35000 Fälle gewesen sind.

Die Einführung von Neuroleptika Mitte der fünfziger Jahre führte zu einer deutlichen Abnahme der Anzahl psychochirurgischer Operationen, aber es gab immer noch eine große Anzahl psychiatrischer Patienten, denen man mit Medikamenten nicht helfen konnte. Daher bestand das Interesse an operativen Eingriffsmöglichkeiten – mit dem Ziel einer Verhaltensänderung – unverändert weiter. In den sechziger Jahren vollzog sich jedoch eine Wende bei den psychochirurgischen Vorgehensweisen, und zwar unter anderem aufgrund neurowissenschaftlicher Fortschritte. Es gibt heute etwa zwölf unterschiedliche Zielgebiete psychochirurgischer Eingriffe. Sie sind in Abbildung 25.8 zusammengefaßt. Dabei

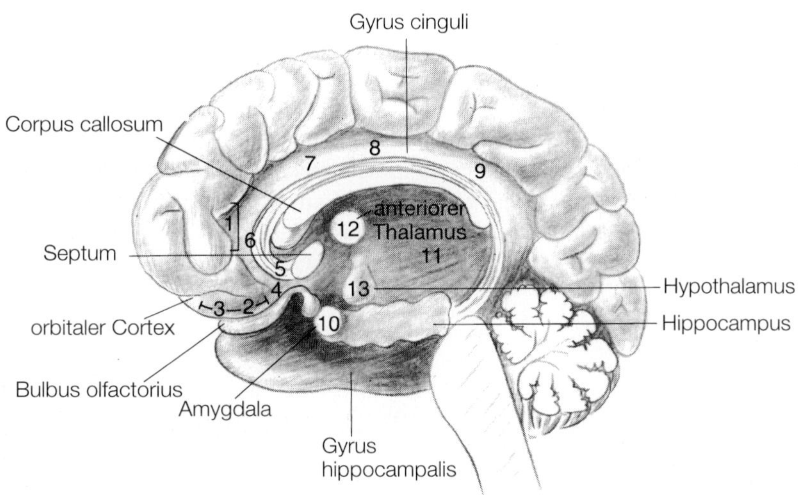

25.8 Zielstrukturen der zur Zeit noch gängigen psychochirurgischen Eingriffe. *Operationen im Frontallappen*: Bimediale Leukotomie (1), Yttrium-Läsionen der subcortikalen weißen Substanz (2), orbitales Unterschneiden des Gehirns (3), bifrontale stereotaktische subcaudate Durchtrennung von Faserverbindungen (4), anteriore Capsulotomie (Zerstörung der Fasern der Capsula interna (5), Mesoloviotomie (6), ähnlich wie eine rostrale Cingulotomie, die Läsion umfaßt aber auch das Genu des Corpus callosum); *Cingulotomien*: anteriore Cingulotomie (7), mediale Cingulotomie (8), posteriore Cingulotomie (9), *Amygdalektomie* oder *Amygdalotomie* (10); *Thalamotomien*: Thalamotomie des dorsomedialen, ventromedialen oder parafasciculären Nucleus (11), anteriore Thalamotomie (12); *Hypothalamotomie*: Durchtrennung des posterioren, ventromedialen und lateralen Hypothalamus (13). (Nach Valenstein 1980.)

werden in der Regel kleinere Läsionen gesetzt, als dies bei den ursprünglichen Vorgehensweisen der Fall war.

Wer wird psychochirurgisch behandelt?

Gemäß Valenstein gibt es unter Psychiatern und Neurochirurgen eine allgemeine Übereinstimmung darin, bei wem sich ein psychochirurgischer Eingriff empfiehlt. Die meisten Patienten, die in diese Kategorie fallen, werden als Menschen beschrieben, die an „sehr intensiven und andauernden emotionalen Reaktionen" leiden. Dazu gehören Menschen, die an Depressionen, an zwanghafter Besessenheit, an Angst und an Phobien leiden. Daneben wird Psychochirurgie bei Patienten angewandt, die unter intensiven, permanenten, unerträglichen und nicht lokalisierbaren Schmerzen leiden. Normalerweise wird davon ausgegangen, daß die genannten Störungen von langer Dauer sind und weder durch Medikamente noch durch Elektrokrampftherapie oder Psychotherapie einer Behandlung zugänglich sind.

Es ist schwierig abzuschätzen, wie viele psychochirurgische Eingriffe gegenwärtig vorgenommen werden. Valenstein nimmt an, daß die 141 Neurochirurgen in den Vereinigten Staaten zwischen 1971 und 1973 jährlich insgesamt 400 psychochirurgische Operationen durchgeführt haben und die Tendenz fallend ist. In England wurden zwischen 1970 und 1977 jährlich etwa 200 bis 250 psychochirurgische Eingriffe vorgenommen – das sind insgesamt etwa doppelt so viele wie in Amerika. In Kanada scheint die Psychochirurgie weit weniger verbreitet zu sein. Es werden nur etwa halb so viele Operationen durchgeführt wie in den Vereinigten Staaten.

Die Probleme, die mit der Psychochirurgie zusammenhängen, haben noch weitergehende Implikationen. Eine zentrale Frage bei jeder medizinischen Behandlung, die die geistige Gesundheit und Integrität eines Menschen betrifft, lautet: Unter welchen Umständen läßt sich die Erprobung oder Durchführung einer neuen Behandlungsmethode rechtfertigen? Die Psychochirurgie wurde eingeführt und befürwortet, ohne daß Tierexperimente ausreichenden Forschungshintergrund geliefert hatten. Die Behandlung und die Auswahl der Patienten wurde nicht der ständigen Beobachtung durch eine Ethikkommission unterworfen. Wurden Nachfolgeuntersuchungen gemacht, so blieben sie meist oberflächlich und ohne wissenschaftlichen Anspruch. Dennoch erschien den Befürwortern der Psychochirurgie die Effizienz anderer Therapien und die allgemeine Prognose für ihre Patienten so schlecht, daß sie einen Eingriff rechtfertigten. Dieses Dilemma besteht auch heute noch. Es erstreckt sich heute zusätzlich auf die chronische Abhängigkeit von Medikamenten, auf die Anwendung elektrokonvulsiver Therapie und auf die sich gerade entwickelnde Technik, Gehirntransplantate zur Behandlung degenerativer Gehirnstörungen einzusetzen.

Zusammenfassung

In der Vergangenheit deckten Psychiatrie und Neurologie dasselbe Gebiet ab, und erst seit neuerem sind daraus zwei getrennte Zweige erwachsen. Bei vielen Patienten ist diese Unterscheidung jedoch willkürlich. Erkrankungen des Gehirns können, selbst bei so traditionell neurologischen Störungen wie der Parkinson-Erkrankung, tiefgreifende psychische Defekte hervorrufen. Ein Charakteristikum dieser Störungen ist, daß dabei oft ein Ungleichgewicht von Transmittersystemen eine Rolle spielt; besonders häufig sind das Catecholamin- und das Acetylcholinsystem betroffen. Ein zweites Charakteristikum ist, daß bei vielen derartigen Störungen Fehlfunktionen im Frontallappen auftreten, die vermutlich zu tiefgreifenden Veränderungen im affektiven Verhalten führen, oder es kommt zu Fehlfunktionen im Temporallappen, die sich in Gedächtnisproblemen manifestieren. Schließlich weist keine dieser Störungen eine fokale Abnormität auf, sondern alle sind eher durch eine allgemeinere Dysfunktion gekennzeichnet. Selbst die Parkinson-Erkrankung mit einem umgrenzten Zellverlust in der Substantia nigra führt zu breitgestreuten neurologischen Defekten. Die Behandlung dieser Störungen stellt in den kommenden Jahren eine große Herausforderung für die Forschung dar.

Literatur

Becker, J.T., F. Boller, J. Saxton, K.L. McGonigle-Gibson. Normal rates of forgetting of verbal and nonverbal material in Alzheimer's disease. *Cortex* 2: 59–72, 1987.

Benes, F.M., J. Davidson, E.D. Bird. Quantitative cytoarchitectural studies of the cerebral cortex of schizophrenics. *Archives of General Psychiatry* 43: 31–35, 1986.

Berman, K.F., D.R. Weinberger. Regional cerebral blood flow in monozygotic twins concordant and discordant for schizophrenia. *Archives of General Psychiatry* 49: 927–934, 1992.

Boller, F., D. Passafiume, M.C. Keefe, K. Rogers, L. Morrow, Y. Kim. Visuospatial impairment in Parkinson's disease:

Role of perceptual and motor factors. *Archives of Neurology* 41: 485–490, 1984.

Bowen, F. P. Behavioral alterations in patients with Parkinson's disease. In: M. D. Yahr (Hrsg.) *The Basal Ganglia.* New York: Raven Press, 1976.

Bowen, F. P., M. M. Hoehn, M. D. Yahr. Parkinsonism: Alterations in spatial orientation as determined by a route walking test. *Neuropsychologia* 10: 335–361, 1972.

Bowles, N. L., L. K. Obler, M. L. Albert. Naming errors in healthy aging and dementia of the Alzheimer type. *Cortex* 23: 519–524, 1987.

Brooks, N., L. Campsie, C. Symington, A. Beattie, W. McKinlay. The five year outcome of severe blunt head injury: A relative's view. *Journal of Neurology, Neurosurgery, and Psychiatry* 49: 764–770; 1986.

Brown, R., N. Colter, J. A. Corsellis, T. J. Crow, C. D. Frith, R. Jagoe, E. C. Johnstone. Postmortem evidence of structural brain changes in schizophrenia. *Archives of General Psychiatry* 43: 35–42, 1986.

Brun, A. An overview of light and electron microscopic changes. In: B. Reisberg (Hrsg.) *Alzheimer's Disease.* New York: The Free Press, 1983.

Carlsson, M., A. Carlsson. Interactions between gluatamatergic und monoaminergic systems within the basal ganglia: Implications for schizophrenia and Parkinson's disease. *Trends in Neurosciences* 13: 272–276, 1990.

Caroll, B. J., G. C. Curtis, J. Mendels. Neuroendocrine regulation in depression. II. Discrimination of depressed from non-depressed patients. *Archives of General Psychiatry* 33: 1051–1058, 1976.

Chase, T. N., N. S. Wexler, A. Barbeau (Hrsg.) *Huntington's Disease. Advances in Neurology* Bd. 23. New York: Raven Press, 1979.

Coleman, P. D., D. G. Flood. Neuron numbers and dendritic extent in normal aging and Alzheimer's disease. *Neurobiology of Aging* 8: 521–545, 1987.

Corkin, S. A prospective study of cingulotomy. In: E. Valenstein (Hrsg.) *The Psychosurgery Debate.* San Francisco: W. H. Freeman, 1980.

Crow, T. J. Neurohumoral and structural changes in schizophrenia: Two dimensions of pathology. *Progress in Brain Research* 55: 407–417, 1982.

Crow, T. J., E. C. Johnstone. Schizophrenia: Nature of the disease process and its biological correlates. In: F. Plum (Hrsg.) *Handbook of Physiology* Bd. 5. Bethesda, Md.: American Physiological Society, 1987.

Cummings, J. L., J. P. Houlihan, M. A. Hill. The pattern of reading deterioration in dementia of the Alzheimer type: Observations and implications. *Brain and Language* 29: 315–323, 1986.

Fedio, P., C. S. Cox, A. Neophytides, G. Canal-Frederick, and T. N. Chase. Neuropsychological profile of Huntington's disease: Patients and those at risk. *Advances in Neurology* 23: 239–256, 1979.

Friedhoff, A. J., T. N. Chase (Hrsg.) *Gilles de la Tourette Syndrome. Advances in Neurology* Bd. 35. New York: Raven Press, 1982.

Fuld, P. A. Psychometric differentiation of the dementias: An overview. In: B. Reisberg (Hrsg.) *Alzheimer's Disease.* New York: The Free Press, 1983.

Gershon, E. S., R. O. Rieder. Molekulare Grundlagen von Geistes- und Gemütskrankheiten. *Spektrum der Wissenschaft* 11: 114–123, 1992.

Gilles de la Tourette, G. Etude sur un affection, nerveuse charactérisée par l'incoordination motrice accompanagnée d'écholalie et de copralalie (Jumping, Latah, Myriachit). *Archives of Neurology* 9: 19–42, 158–200, 1885.

Grady, C. L., J. B. Haxby, B. Horowitz, G. Berg, S. I. Rapoport. Neuropsychological and cerebral metabolic function in early vs. late onset dementia of the Alzheimer type. *Neuropsychologia* 25: 807–815, 1987.

Grant, I., K. M. Adams (Hrsg.) *Neuropsychological Assessment of Neuropsychiatric Disorders.* New York: Oxford University Press, 1986.

Gusella, J. F., N. S. Wexler, P. M. Conneally, S. L. Naylor, M. A. Anderson, R. E. Tanzi, P. C. Watkins, K. Ottina, M. R. Wallace, A. Y. Sakaguchi, A. G. Young, I. Shoulson, E. Bonilla, J. B. Martin. A polymorphic DNA marker genetically linked to Huntington's disease. *Nature* 306: 234–238. 1983.

Hakim, A. M., G. Mathieson. Dementia in Parkinson's disease: A neuropathologic study. *Neurology* 29: 1209–1214, 1979.

Healy, D. Rhythm and blues. Neurochemical, neuropharmacological and neuropsychological implications of a hypotheses of circadian rhythm dysfunction in the affective disorders. *Psychopharmacology* 93: 271–285, 1987.

Heaton, R. K., L. E. Badde, K. L. Johnson. Neuropsychological test results associated with psychiatric disorders in adults. *Psychological Bulletin* 85: 141–162, 1978.

Heaton, R. K., T. J. Crowley. Effects of psychiatric disorders and their somatic treatments on neuropsychological test results. In: S. B. Gilskov, G. J. Boll (Hrsg.) *Handbook of Clinical Neuropsychology.* New York: John Wiley, 1981.

Hornykiewicz, O. Parkinson's Disease. In: T. J. Crow (Hrsg.) *Disorders of Neurohumoural Transmission.* New York: Academic, 1982.

Huff, F. J., S. Corkin, J. H. Growdon. Semantic impairment and anomia in Alzheimer's disease. *Brain and Language* 28: 235–249, 1986.

Huntington, D. On chorea. *Medical Surgical Reporter* 26: 317–321, 1872.

Incagnoli, T., R. Kane. Neuropsychological functioning in Tourette's syndrome. *Advances in Neurology* 35: 305–310, 1982.

Joschko, M., B. Rourke. Neuropsychological dimensions of Tourette's syndrome: Test-retest stability and implications for intervention. *Advances in Neurology* 35: 297–304, 1982.

ge wenige elitäre Labors beschränkt, auch in Kliniken und Hospitälern entwickelte sich das neue Gebiet der Klinischen Neuropsychologie. Infolge dieses Wachstums ist es zu einer Aufzweigung der Methoden gekommen, die von verschiedenen Neuropsychologen eingesetzt werden; dabei hängt die Wahl des Tests von der untersuchten Störung ab. Gegenwärtig liegen zwei Publikationen vor, die einen Überblick über die verschiedenen zur Verfügung stehenden Tests geben (siehe Lezak, Spreen und Strauss). Wir haben nicht die Absicht, all dieses Material zu besprechen. Statt dessen wollen wir das Grundprinzip beschreiben, das hinter der Beurteilung steht, den Anwendungsbereich moderner Testbatterien diskutieren und einige Beispiele solcher Untersuchungen geben.

Die Auswahl neuropsychologischer Tests

Heute, in den 90er Jahren, können Neuropsychologen aus einem breiten Spektrum von Tests auswählen. Am einen Ende des Spektrums stehen standardisierte Testbatterien mit festen Kriterien für organisch bedingte Hirnstörungen, die sich durch problemlose Anwendung, Bewertung und Interpretation auszeichnen. Um diese Tests anzuwenden, ist es nicht nötig, die theoretischen Grundlagen dieser Tests zu kennen oder die Feinheiten cerebraler Organisation zu verstehen. Beispiele für solche Tests sind die Halstead-Reitan-Batterie (Tabelle 26.1) und die Luria-Nebraska-Batterie (siehe Golden). Am anderen Ende des Spektrums stehen individualisierte Testbatterien, für deren Anwendung und Interpretation ein spezielles theoretisches Wissen erforderlich ist. Diese Beurteilungen sind eher qualitativer als quantitativer Natur. Ein Beispiel für diesen Batterietyp ist der Test von Luria (Tabelle 26.2). Es gibt auch ein Mittelfeld. Dort findet man zusammengesetzte Testbatterien, bei denen jeder Test in einer formalisierten Weise angewendet wird und Vergleichsnormen haben kann, doch die qualitative Leistung im Test und das Muster der Testergebnisse werden miteinbezogen. Ein Beispiel für diesen Batterietyp stellt der „Boston Process Approach" (Tabelle 26.3) dar. Andere Beispiele werden von Benton und Kollegen, Lezak, McKenna und Warrington, Milberg und Kollegen, Newcombe, Smith sowie Taylor beschrieben.

In der Literatur wird heftig über die relativen Vorzüge verschiedener Testbatterien gestritten, und es ist unwahrscheinlich, daß man in näherer Zukunft zu einem Konsens finden

Die Tests von Luria sind von Christensen zu 'Luria's Neuropsychological Investigation' (1979) zusammengestellt und später in der 'Luria-Nebraska Neuropsychological Battery' standardisiert worden. Die deutsche Version 'Tübinger Luria-Christensen Neuropsychologische Untersuchungsreihe (TÜLUC)' basiert auf der Zusammenstellung von Christensen.

Tabelle 26.1 Zusammenfassung der Tests in der Halstead-Reitan-Batterie

Test	Beschreibung
WAIS-R	Wechsler-Intelligenztest für Erwachsene, revidierte Fassung
Kategorienbildung	Test der Abstraktionsfähigkeit, bei dem Stimuli nach abstrakten Prinzipien geordnet werden müssen
kritische Flimmerverschmelzungsfrequenz	gemessen wird die Frequenz, bei der wiederholte Lichtblitze als kontinuierliches Licht wahrgenommen werden
taktile Formerkennung	taktiles Plazieren von Holzblöcken in Löcher gleicher Form
Rhythmus	Diskriminieren zwischen gleichen und ungleichen Paaren musikalischer Rhythmen
Wahrnehmung von Sprachlauten	Hörschärfetest
Fingerklopfen	Messung der Geschwindigkeit des Fingerklopfens
Zeitsinn	Messung der Reaktionszeit und der Fähigkeit, Zeitspannen abzuschätzen
Wegführung	aufeinanderfolgende Zahlen oder Buchstaben durch Linen verbinden
Aphasie-Screening	Aphasieprüftest nach Wepman
MMPI	multiphasischer Minnesota-Test zum Persönlichkeitsbild (*Minnesota Multiphasic Personality Inventory*)

Man beachte: Diese Tests stellen eine häufig benutzte Version der Batterie dar. Nicht alle Tests werden von allen Testern eingesetzt.

wird. Am stärksten kontrovers verlief die Debatte über den Nutzen der formalen Testbatterien, die von verschiedenen Seiten stark kritisiert wurden (siehe dazu Lezak). Die eigentliche Kontroverse dreht sich jedoch um die Frage, warum ein Tests überhaupt durchgeführt wird und wozu die daraus gewonnene Information dienen soll. In den 50er Jahren gab es nur wenige Diagnosetechniken, mit deren Hilfe man Informationen über das Vorliegen oder die Lokalisation von Hirnschäden gewinnen konnte. Daher waren Verhaltensreaktionen das empfindlichste Maß für die Hirnfunktion. In den 90er Jahren machen MRI- und PET-Technologie sowie magnetische und elektrische Ableitverfahren viele neuropsychologische Tests überflüssig. Es gibt noch immer wichtige Gründe für derartige Untersuchungen, doch viele dieser Gründe beziehen sich ganz speziell auf bestimmte Patientenpopulationen und erfordern spezielle Typen funktionaler Tests. Die multidimensionalen Testbatterien zur Testung verschiedener Hirnfunktionen stellen offenbar die praktischste Art und Weise dar, eine derartige Beurteilung vorzunehmen. Ein Hemmnis bei der Wahl dieser Tests liegt jedoch in der Ausbildung der Neuropsychologen. Die Anwendung von Tests mit einer theoretischen Grundlage erfordert ein profundes Verständnis für die Theorie der Gehirnorganisation. Man kann nicht nur an

Tabelle 26.2 Tests zur Objekt- und Bilderbenennung nach Luria

Verhalten	Läsionen
Wahrnehmung von Objekten und Bildern	
Der Patient nimmt nur ein Zeichen wahr – das auffälligste oder am stärksten herausragende –, es gelingt ihm aber nicht, es mit den anderen Zeichen zu korrelieren oder die nötige Anzahl von Zeichen zu integrieren; er zieht voreilige Schlußfolgerungen hinsichtlich der Bedeutung der Bilder und stellt aufgrund des einzelnen Fragments, das er wahrgenommen hat, Vermutungen auf. Er identifiziert zum Beispiel die Brille vielleicht als .... „ein Fahrrad", weil er zwei Kreise und eine Reihe von Linien nicht zum Bild des Fahrrades zusammensetzen kann. In weniger ausgeprägten Fällen treten diese Schwierigkeiten erst durch Untersuchung der komplexesten visuellen Strukturen zutage. Der Patient äußert kaum jemals eine sichere Meinung hinsichtlich der Bedeutung von Bildern; er ist ständig im Zweifel oder beklagt sich über sein schlechtes Augenlicht.	Läsionen in den occipitoparietalen Bereichen des Cortex *visuelle Agnosie*
Der Patient kann ein Bild wahrnehmen und richtig deuten, aber dann zur gleichen Zeit nur ein Bild oder ein Element erfassen	*Simultanagnosie*
Der Patient verliert das Gesamtbild aus den Augen, wenn er die Details genauer betrachtet. Beim Betrachten der Details zeigt er eine Blickataxie.	
Der Patient betrachtet das Bild passiv, er verändert seine Blickrichtung nicht und versucht offenbar nicht, die kennzeichnenden Zeichen „herauszusuchen"; gewöhnlich kommt er zu einer dezidierten Schlußfolgerung über das, was das Bild darstellt; er zeigt keinen Zweifel und versucht nicht, sich zu korrigieren.	Läsionen der Frontallappen
Der Patient beurteilt das Bild in der Position, in der es ihm vorgelegt wird; er dreht es nicht um und versucht auch nicht, es im Kopf umzudrehen. Komplexe visuelle Reize machen auf ihn einen chaotischen Eindruck. ... Er zeigt Perseverationen, das heißt, er beginnt damit, verschiedene Bilder in derselben Weise zu interpretieren.	
Der Patient zeigt einen Neglect der linken Seite.	Läsion der rechten Hemisphäre

Nach Christensen, 1975, Seite 72–73.

Wochenend-Seminaren teilnehmen und sich anschließend qualifiziert fühlen, solche Tests anzuwenden.

Faktoren, die die Testwahl beeinflussen

Im Verlauf dieses Buches haben wir gesehen, daß umschriebene Läsionen in verschiedenen cortikalen Regionen bestimmte Verhaltensänderungen hervorrufen können. Dann sollte man dieses Wissen vernünftigerweise auch dazu einzusetzen können, den umgekehrten Weg zu gehen, um auf den Sitz unbekannter Hirnschäden rückzuschließen: Wenn man eine bestimmte Verhaltensänderung feststellt, sollte man den Ort oder die Orte vorhersagen können, an denen die Störung, die diese Veränderung hervorruft, höchstwahrscheinlich lokalisiert ist. Sich auf diese Weise zurückzuarbeiten, bringt jedoch Probleme mit sich. Patienten, die man im Rahmen von Forschungsprojekten untersucht, werden oft aus ganz bestimmten Gründen ausgewählt. Während beispielsweise Patienten mit rasch wachsenden Tumoren nicht für Forschungsprojekte geeignet sind, weil die dabei gewonnenen Ergebnisse so schwierig zu interpretieren sind, sind neurochirurgische Patienten ideale Forschungsobjekte, weil das Schadensausmaß bei ihnen genau bekannt ist. Daher sollte man erwarten, daß Unterschiede in der Ätiologie neurologischer Störungen eine Bewertung schwierig machen. In der Tat ist es wahrscheinlich, daß Personen mit diffusen Dysfunktionen, wie nach einem Schädel-Hirn-Trauma, ganz andere Testleistungen erbringen als Personen, die sich einem chirurgischen Eingriff unterzogen haben.

Aber auch nachdem wir Tests ausgesucht haben, die für die in Frage kommende Ätiologie geeignet sind, sind noch wichtige Punkte zu klären. Erstens ist da die Frage nach der Empfindlichkeit des Tests. Wenn eine große Hirnregion eine Fehlfunktion aufweist, muß der Test nicht besonders empfindlich sein, um die Fehlfunktion aufzuzeigen. Ist die Läsion hingegen klein, sind die Verhaltenseffekte (wie wir gesehen haben) möglicherweise recht spezifisch. Beispielsweise kann eine Läsion der rechten somatosensorischen Repräsentation des Gesichts sehr subtile sensorische Veränderungen hervorrufen, und wenn man nicht spezifische Tests zur „nonverbalen Flüssigkeit" (siehe Kapitel 15) einsetzt, können derartige kognitive Veränderungen selbst in Dutzenden von Tests unerkannt bleiben. Ein Problem im Zusammenhang damit besteht darin, daß verschiedene Faktoren mit der Gehirnpathologie in Wechselwirkung treten können und dadurch die Interpretation von Testresultaten erschweren. Tests werden selten für Personen entwickelt, die älter als 60 Jahre oder die bildungsmäßig benachteiligt sind. Daher lassen sich die Testergebnisse nicht nach strengen Grenzwert-Kriterien interpretieren – das heißt, eine Leistung unterhalb eines bestimmten Niveaus kann nicht allgemein als Hinweis auf einen Gehirnschaden interpretiert werden. Dazu kommt, daß das Intelligenzniveau die Erwartung beeinflußt, die der Experimentator hinsichtlich

Tabelle 26.3 Eine repräsentative Auswahl der Tests, die im „Boston Process Approach" zur neuropsychologischen Diagnostik eingesetzt werden

- intellektuelle und begriffliche Funktionen
  - Wechsler-Intelligenztest für Erwachsene, revidierte Fassung (WAIS-R)
  - Raven-Test
  - Wisconsin-Kartensortiertest (*Wisconsin Card-Sorting Test*)
  - Sprichwörtertest (*Proverbs test*)
- Gedächtnisfunktionen
  - WMS (*Wechsler Memory Scale*, Wechsler-Gedächtnistest)
  - Rey-Osterrieht-Figuren-Test (*Rey Complex Figure*)
  - Benton-Test (*Benton Visual-Recognition Test*)
  - Erinnern von Trigrammen aus Konsonanten (Brown-Peterson-Technik)
  - Textgedächtnis (*Cowboy Story-Reading Memory Test*)
  - Corsi-Würfeltest (*Corsi Block-Tapping Test*)
- Sprachfunktionen
  - Erzählung schreiben
  - verbale Flüssigkeit, Sprachgewandtheits-Tests, Sprachfluß-Tests
- visuelle Wahrnehmung
  - Automobil-Puzzle
  - Parietallappen-Tests
  - Hooper: Test für visuelle Organisation
- akademische Fähigkeiten
  - WRAT (*Wide Range Achievement Test*)
  - breitgestreute Leistungstests
- Selbstkontrolle und motorische Funktionen
  - Labyrinthtest nach Porteus (*Porteus Maze Test*)
  - Stroop-Test (*Stroop Color-Word Interference Test*)
    - dreistufiges motorisches Programm nach Luria (*Luria Three-Step Motor Program*)
  - Finger-Klopfen

der Testleistung eines Probanden hegt: Jemand mit einem IQ von 130 kann bei einem Test des verbalen Gedächtnisses relativ gesehen beeinträchtigt sein, aber im Vergleich zu jemandem mit einem IQ von 90 normal erscheinen. Daher muß die neuropsychologische Beurteilung anders als die standardisierte psychometrische Bewertung flexibel sein. Das macht die Interpretation der Ergebnisse schwierig und erfordert ein intensives Training in neuropsychologischen Grundlagen und in neuropsychologischer Diagnostik. Schließlich haben wir in vielen früheren Diskussionen festgestellt, daß es signifikante Unterschiede bei Testleistungen gibt, die mit Faktoren wie Geschlecht und Händigkeit zusammenhängen. Zusätzlich wird die Testleistung häufig durch demographische Einflüsse verfälscht. Beispielsweise ergab eine Studie zur Auswirkung von Schädel-Hirn-Traumata in drei Städten, daß normale Kontrollpersonen in der einen Stadt so schlecht abschnitten wie hirngeschädigte Personen in einer der beiden anderen. Es gab signifikante demographische Unterschiede, die die Testleistung beeinflußten und daher bei der Interpretation der Ergebnisse in Rechnung gezogen werden mußten.

Ziele der neuropsychologischen Diagnostik

Das Ziel der Testung in der Allgemeinen Klinischen Psychologie ist die Diagnose der Störung mit dem Ziel einer Verhaltensänderung. Beispielsweise kann man bei Schulkindern Intelligenz- und Leistungstests durchführen, um als Hilfe für den Unterricht besondere Problembereiche zu identifizieren. Ähnlich werden Persönlichkeitstests eingesetzt, um eine Verhaltensstörung zu definieren und zu therapieren.

Die Ziele der Klinischen Neuropsychologie unterscheiden sich davon in gewisser Hinsicht. Erstens zielt die Beurteilung darauf ab, das Vorliegen eines Hirnschadens oder einer Hirnfehlfunktion zu diagnostizieren und diese, wenn möglich, zu lokalisieren. Dabei wird versucht, zu einer exakten und unverfälschten Beurteilung der kognitiven Fähigkeiten einer Person zu gelangen. Zweitens dient die Beurteilung dazu, Pflege und Rehabilitation des Patienten zu erleichtern. Mit Wiederholungstestungen in regelmäßigen zeitlichen Abständen lassen sich Informationen über die Erholungsgeschwindigkeit gewinnen, und man kann abschätzen, in wieweit der Patient voraussichtlich seinen vorherigen Lebensstil wiederaufnehmen können wird. Drittens ist es mit einer neuropsychologischen Untersuchung oftmals möglich, das Vorliegen leichter Störungen in Fällen nachzuweisen, in denen andere diagnostische Maße zweideutige Ergebnisse erbracht haben. Beispiele für derartige Störungen können etwa die Auswirkungen eines Schädel-Hirn-Traumas oder erste Symptome einer degenerativen Erkrankung sein. Viertens ist es Ziel neuropsychologischer Untersuchungen, eine ungewöhnliche Gehirnorganisation zu identifizieren, wie sie gelegentlich bei Linkshändern besteht oder bei Menschen, die in ihrer Kindheit Hirnverletzungen erlitten haben. Derartige Informationen sind besonders für den Chirurgen wertvoll, der beim Eingriff nicht versehentlich das primäre Sprachzentrum entfernen möchte, und solche Informationen erhält man gewöhnlich nur aus Verhaltensuntersuchungen. Bei Störungen wie fokaler Epilepsie stammt der erste Hinweis, der das anomale EEG bestätigt, oft aus Verhaltensuntersuchungen, da es mit radiologischen Verfahren oft nicht gelingt, das anomale Gehirngewebe, das die Krampfanfälle ausgelöst hat, genau zu lokalisieren. Da man von einer gewissen Wiederherstellung der Funktion nach einer Gehirnverletzung ausgehen kann, muß diese Wiederherstellung zudem dokumentiert werden – nicht nur der Rehabilitation wegen, sondern auch, um die Wirksamkeit medizinischer Behandlung zu überprüfen; das gilt besonders bei Neoplasmen oder Gefäßanomalien. Und schließlich müssen der Patient und seine Familie verstehen, daß beim Patienten möglicherweise gewisse Defizite bestehen bleiben werden, so daß realistische Lebensziele und Rehabilitationsprogramme geplant werden können.

Intelligenztests bei neuropsychologischen Untersuchungen

Die meisten neuropsychologischen Untersuchungen beginnen mit einer Messung der allgemeinen Intelligenz; dabei wird meistens der Wechsler-Intelligenztest für Erwachsene in revidierter Form (*Wechsler Adult Intelligence Scale-Revised*, kurz WAIS-R genannt) eingesetzt. Das Bewertungsschema des Wechsler-Intelligenztests hat sich als unschätzbar erwiesen, um ein Basisniveau kognitiver Funktionen zu definieren. Dieses Bewertungsschema hat den großen Vorteil, separate Werte für verbale und Handlungs-Subtests wie auch einen Gesamt-IQ zu liefern.

Der verbale Teil besteht aus sechs Subtests: 1. Allgemeines Wissen; dazu gehören Fragen wie »Wo liegt Ägypten?« oder »Wer hat *Hamlet* geschrieben?«; 2. Allgemeines Verständnis; die Fragen erfordern einiges Nachdenken vor der Antwort; dazu gehören Fragen wie »Warum brauchen wir Gesetze, die die Kinderarbeit regeln?«; 3. rechnerisches Denken; dazu gehören Fragen wie »Wie lange braucht jemand für einen Weg von 24 Meilen, wenn seine Geschwindigkeit 3 Meilen pro Stunde beträgt?«; 4. Gemeinsamkeiten finden; dazu gehören Fragen wie »Worin besteht die Gemeinsamkeit bei diesen beiden Objektpaaren – einer Orange und einer Banane, einem Ei und einem Samenkorn?«; 5. Zahlen nachsprechen; dabei wird die Anzahl der Ziffern getestet, die in der richtigen Reihenfolge vorwärts und rückwärts wiederholt werden können; 6. Wortschatz; dabei wird nach der Bedeutung von Wörtern gefragt, wobei die Spannbreite von einfach (zum Beispiel „Winter") bis schwierig (zum Beispiel „Travestie") reicht.

Der Handlungsteil besteht aus fünf Subtests: 1. Zahlen-Symbol-Test: neun Symbole (wie ein +) werden mit den Ziffern 1 bis 9 gepaart in einem Schlüssel über dem Antwortformular aufgeführt. Die Aufgabe besteht nun darin, in 90 Sekunden so viele Symbole wie möglich unter die damit korrespondierenden 90 aufgeführten Zahlen zu schreiben. Das erfordert schnelle Augenbewegungen und ein visuelles Kurzzeitgedächtnis. 2. Bilder ergänzen: Der Proband zeigt, was in jedem Bild einer Bilderserie fehlt. 3. Mosaik-Test: Mit roten und weißen Blöcke muß ein Muster gebildet werden, das auf einer Karte abgebildet ist. 4. Bilder ordnen: mehrere Karten mit cartoonartigen Zeichnungen werden durcheinandergemischt angeboten, und der Proband wird aufgefordert, die Karten so zu ordnen, daß sich eine zusammenhängende Geschichte ergibt. 5. Figuren legen: Der Proband erhält Teile von einfachen Puzzles, die er so schnell wie möglich zusammenfügen soll.

Wenn die Unterscheidung zwischen verbalen und Handlungs-Subtests auch höchstens zufällig zu einer glücklichen und unerwarteten Entdeckung führt, haben sich die Subtests als nützlich für ein grobes Maß der linken beziehungsweise rechten Hemisphärenfunktion erwiesen. Die IQs im Verbal- und im Handlungsteil haben beide einen Mittelwert von 100 und eine Standardabweichung von 15. Eine Differenz von mehr als 10 Punkten zwischen Verbal- und Handlungsteil gilt in der Regel als klinisch signifikante Differenz, wenn diese Interpretation aus statistischer Sicht auch etwas freizügig ist. Eine Reihe von Untersuchungen hat gezeigt, daß klar abgegrenzte linkshemisphärische Läsionen zu einem relativ niedrigen verbalen IQ führen, während klar abgegrenzte rechtshemisphärische Läsionen zu einem relativ niedrigen Handlungs-IQ führen. Diffuse Schäden rufen hingegen häufig einen niedrigen Handlungs-IQ hervor, was zu der irrtümlichen Annahme geführt hat, daß der Unterschied zwischen verbalem IQ und Handlungs-IQ diagnostisch nicht von Nutzen ist. Obwohl ein reduzierter Handlungs-IQ nicht eindeutig ist, erhält man selten einen relativ niedrigen verbalen IQ, und er sollte, wenn er auftritt, nicht ignoriert werden.

Eine neuere Auswertung der WAIS-Subskalen und der IQ-Werte wurde von Warrington und ihren Kollegen vorgenommen, die eine retrospektive Untersuchung an 656 unselektierten Patienten mit einseitiger Hirnschädigung durchführten. Ihre Ergebnisse sind in Tabelle 26.4 zusammengefaßt; es zeigte sich, daß Läsionen der linken Hemisphäre den verbalen IQ beeinträchtigen, während Läsionen der rechten Hemisphä-

Tabelle 26.4 Mittlere verbale IQs (verbal IQ = VIP) und mittlere Handlungs-IQs (*performance IQ* = PIQ) verschiedener Patientengruppe nach dem WAIS

	linkshemisphärische Läsion			rechtshemisphärische Läsion		
Gruppe	n	VIQ	PIQ	n	VIQ	PIQ
frontal	40	94,2	99,8	38	107,01	101,3
temporal	58	97,0	102,1	50	108,0	98,5
parietal	49	98,0	100,9	33	108,2	87,9
occipital	16	109,8	95,6	5	104,4	108,8
fronto-temporal	47	93,6	97,4	27	105,0	98,0
fronto-parietal	48	96,1	103,2	34	105,9	97,7
temporo-parietal	48	85,3	97,5	31	109.5	92,8
parieto-occipital	24	86,7	88,9	22	102,3	81,0
fronto-temporo-parietal	17	87,0	97,4	19	105,1	89,8
fronto-temporo-parieto-occipital	23	98,0	107,0	19	111,1	96,8

Nach Warrington et al., 1986.

re den Handlungs-IQ beeinträchtigen – in beiden Fällen bilden Occipitalläsionen eine Ausnahme. Der Unterschied zwischen verbalem IQ und Handlungs-IQ betrug in 53 Prozent der linkshemisphärischen und in 43 Prozent der rechtshemisphärischen Fälle jedoch weniger als 10 Punkte. Bei einer kleinen Anzahl von Fällen – bei 6 Prozent mit linkshemisphärischen Läsionen und bei 3 Prozent mit rechtshemisphärischen Läsionen – betrug der Unterschied mehr als 10 Punkte in die andere Richtung. (Es ist sonderbar, daß Patienten mit parietalen oder temporo-parietalen Läsionen der linken Hemisphäre keine starke IQ-Abnahme zeigten, wenn man bedenkt, daß bei ihnen eine Sprachbeeinträchtigung zu erwarten wäre. Da sprachliche Fähigkeiten in der Warrington-Untersuchung nicht erwähnt werden, ist es möglich, daß ihre Analyse aphasische Probanden ausschloß. Unserer Erfahrung nach zeigen dysphasische Patienten, wie zu erwarten, einen sehr niedrigen verbalen IQ.)

Warrington hat auch sieben Subtests des WAIS analysiert, darunter rechnerisches Denken, Gemeinsamkeiten finden, Zahlen nachsprechen, Wortschatz, Bilder ergänzen, Mosaik-Test und Bilder ordnen. Insgesamt gesehen schnitten Patienten mit frontalen, temporalen und parietalen linkshemisphärischen Läsionen bei den vier verbalen Tests signifikant schlechter ab als andere Gruppen. Innerhalb dieser linkshemisphärischen Gruppen konnte bei diesen Tests jedoch kein Unterschied festgestellt werden. Aus den Handlungstests ließ sich die Läsionsseite weniger gut ableiten, da nur Patienten mit einer parietalen Schädigung der rechten Hemisphäre beim Mosaik-Test und beim Bilderordnen signifikant schlechter abschnitten.

Eine Schwierigkeit beim Testen der Intelligenz nach einer Verletzung besteht darin, daß man das intellektuelle Niveau vor der Verletzung abschätzen muß. Man kann einen relativ niedrigen IQ nicht einer Hirnschädigung zuschreiben, wenn man keine Vorstellung davon hat, wie hoch der IQ vor der Verletzung war. Diese Schätzung ist in der Regel nicht standardisiert und basiert auf Informationen über die Erziehung, die Beschäftigung und den sozioökonomischen Hintergrund der betreffenden Person. Wilson und Mitarbeiter beschreiben ein statistisches Verfahren zur Festlegung eines prämorbiden IQs.

Fallstudien

Nach diesem Überblick über die Grundprinzipien neuropsychologischer Theorie und Beurteilung stellen wir Ihnen nun Beispiele für die Anwendung dieser Tests und dieser Theorie auf klinische Probleme vor. In diesem Abschnitt beschreiben wir die Testergebnisse und die Fallgeschichten von sechs Patienten. Diese Fallgeschichten illustrieren den Einsatz neuropsychologischer Tests bei der neuropsychologischen Beurteilung. Wegen unserer Angliederung an das Neurologische Institut in Montreal basiert unsere multidimensionale Testbatterie auf den Tests, die aus Untersuchungen neurochirurgischer Patienten durch Brenda Milner, Laughlin Taylor und ihren Kollegen stammen. Die meisten dieser Tests sind bereits an anderer Stelle diskutiert worden, besonders im Rahmen unserer Beschreibung neuropsychologischer Tests zur Funktion des Parietal-, des Temporal- und des Frontallappens (siehe Kapitel 12, 13 und 14). Die Fälle 1 und 2 stammen von Laughlin Taylor.

Fall 1

Dieser 33jährige Mann litt wiederholt unter Krampfanfällen, die vier Jahre vor seiner Aufnahme ins Krankenhaus begannen. Seine neurologische Untersuchung bei der Aufnahme war negativ, doch er erlitt zunehmend häufiger Krampfanfälle, wobei er Kopf und Augen nach rechts wandte, ein Bewegungsmuster, das auf eine Beteiligung des supplementär-motorischen Cortex schließen ließ. Radiologische und EEG-Untersuchungen deuteten auf eine Läsion des rechten Frontallappens hin (Abbildung 26.1A). Diese Vermutung stellte sich beim chirurgischen Eingriff, bei dem ein schlecht differenziertes Astrocytom entfernt wurde, als richtig heraus. Schwierigkeiten hatte der Patient vor dem chirurgischen Eingriff lediglich beim Wisconsin-Kartensortiertest, bei dem ihm mehrere perseverative Irrtümer unterliefen und nur eine Kategorie richtig sortiert wurde. Zwei Wochen nach der Operation nahmen alle Werte für IQ, Gedächtnisquotient und verzögerten verbalen Abruf ab, blieben aber im Wesentlichen im selben Verhältnis zueinander. Andere Testergebnisse zeigten keine Veränderung, wobei der einzige niedrige Wert wieder beim Kartensortiertest auftrat. Wenn die Erholung bei diesem Patienten wie bei anderen Patienten mit ähnlichen Läsionen verläuft, sollten seine Intelligenz- und Gedächtniswerte bei einer Wiederholung der Tests ein Jahr nach der Operation auf den Stand vor der Operation zurückgekehrt sein, obwohl es unwahrscheinlich ist, daß sich seine Leistung beim Kartensortieren verbessert.

Fall 2

Dieser 26jährige Mann litt seit 8 Jahren unter Krampfanfällen, die sich auf eine Hirnhautentzündung (Meningitis) zurückführen ließen; während der Erkrankung kam es vermutlich zur Bildung eines intracerebralen Abszesses. In der Folgezeit entwickelte er Krampfanfälle, die auf der linken Seite seines Gesichtes und seiner Hand begannen. Da sich seine Anfälle nicht medikamentös kontrollieren ließen, wurde ihm ein chirurgischer Eingriff empfohlen. Vor dem Eingriff erzielte der Patient bei Tests hinsichtlich Intelligenz und allgemeinem Gedächtnis Werte innerhalb normaler Grenzen, wenn er auch Schwierigkeiten mit dem verzögerten Abruf verbalen Materials hatte. Er zeigte leichte Einschränkungen

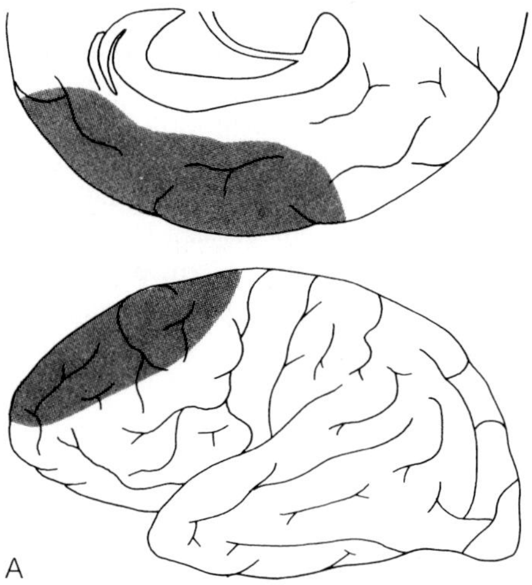

A

Fall 1	präoperativ	postoperativ
Gesamt-IQ	115	102
verbaler IQ	111	103
Handlungs-IQ	117	99
Gedächtnisquotient	118	108
verbaler Abruf	20	14
nonverbaler Abruf	10,5	10
Kartensortiertest	1 Kategorie[a]	1 Kategorie[a]
Fingerpositions-	links rechts	links rechts
wahrnehmung	60/60 60/60	60/60 60/60
Zeichnen: nach Vorlage	36/36	35/36
aus dem Gedächtnis	21/36	24/36

[a] signifikant niedriger Wert

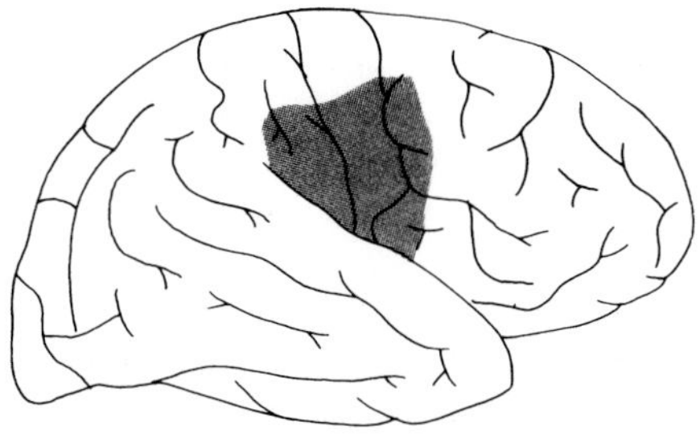

B

Fall 2	präoperativ	postoperativ
Gesamt-IQ	97	97
verbaler IQ	100	106
Handlungs-IQ	94	88[a]
Gedächtnisquotient	94	92
verbaler Abruf	13,5	14,0
nonverbaler Abruf	3,5[a]	7,0
Kartensortiertest	0 Kategorien	1 Kategorie[a]
Fingerpositions-	links rechts	links rechts
wahrnehmung	55/60[a] 59/60	54/60[a] 60/60
Zeichnen: nach Vorlage	28/36[a]	26,5/36[a]
aus dem Gedächtnis	4/36[a]	9,5/36[a]

[a] signifikant niedriger Wert

26.1 Prä- und postoperative psychologische Testergebnisse in zwei Fällen

bei der Wahrnehmung der Fingerstellung in der linken Hand, was zusammen mit einer gewissen Schwäche im linken Arm und Bein auf eine Schädigung im Bereich der rechten Zentralwindungen hinwies. Zudem fiel es ihm schwer, die komplexe Rey-Osterrieht-Figur zu kopieren oder aus dem Gedächtnis zu zeichnen, und beim Wisconsin-Kartensortiertest versagte er völlig. Dies alles ließ darauf schließen, daß sich seine Läsion möglicherweise bis in frontale und temporale Bereiche erstreckte.

Bei dem chirurgischen Eingriff wurden das rechte Gesichtsareal und eine Region, die sich in den rechten Frontallappen erstreckt, entfernt (siehe Abbildung 26.1B). Nach diesem Eingriff blieb eine residuale epileptiforme Anomalität im Frontallappen wie im superioren temporalen Gyrus zurück. Postoperative Tests zeigten eine Verbesserung der Werte beim verbalen IQ und beim verbalen Langzeitgedächtnis, doch der Patient hatte weiterhin Schwierigkeiten beim Kartensortiertest, mit der Wahrnehmung der Fingerposition der linken Hand und beim Zeichnen der Rey-Osterrieht-Figur, sei es nach Vorlage oder aus dem Gedächtnis. Auch nahm der Handlungs-IQ ab. Die Schwierigkeiten mit der Fingerposition sind in einem derartigen Fall zu erwarten, doch die anhaltenden Schwierigkeiten beim Kartensortieren und mit der komplexen Rey-Osterrieht-Figur deuten darauf hin, daß es in der rechten Hemisphäre des Patienten noch immer Bereiche mit Dysfunktionen gibt, wie sie sich in der residualen Krampfaktivität im Frontal- und Temporalbereich widerspiegeln.

Fall 3

Weil ein Aneurysma in ihrem rechten Temporallappen geplatzt war, hatte sich diese 28jährige rechtshändige Frau einer chirurgischen Notoperation unterziehen müssen. Nach dem chirurgischen Befund waren Teile des rechten temporalen und parietalen Cortex geschädigt, und sie hatte eine Anopsie im linken Quadranten ihres Gesichtsfeldes, was darauf hindeutete, daß sich die Läsion posterior bis in den visuellen Cortex (Sehrinde) erstreckte. Die Patientin wurde zwei Jahre nach dem Eingriff an uns überwiesen; zu diesem Zeitpunkt war sie bei guter Gesundheit und besuchte eine Universität, hatte aber soziale Probleme und Schwierigkeiten in Mathematik. Die Ergebnisse der neuropsychologischen Tests sind in Tabelle 26.5 zusammengefaßt; daraus läßt sich ablesen, daß die Patientin unter mehreren Defiziten litt, wie sie für Schäden im posterioren Teil der rechten Hirnhälfte typisch sind. Ihr Handlungs-IQ lag 10 Punkte unter ihrem verbalen IQ, sie hatte

Schwierigkeiten beim Gesichtererkennen im Mooney-Test für visuelle Geschlossenheit (Test zur Gestaltwahrnehmung), und ihr Abruf von visuellem Material lag deutlich unter dem Niveau, das man von einer Frau ihres Alters und ihrer Intelligenz erwarten konnte. Hingegen lagen ihre Leistungen bei Tests zur Funktion der linken Hemisphäre und des Frontallappens innerhalb der Erwartungsgrenzen.

Fall 4

Von einem klinischen Psychologen wurde uns eine 22jährige Frau überwiesen mit der Bitte, die Möglichkeit einer organischen Fehlfunktion zu beurteilen. Die Frau hatte sich mehrfach sehr seltsam verhalten, sich zum Beispiel in der Öffentlichkeit ausgezogen und auf andere Leute uriniert, und einmal hatte sie ihre Zimmergenossin angegriffen. Nach diesen Vorfällen war sie verwirrt und amnetisch bezüglich ihres Verhaltens während der Attacke wie auch der Zeit kurz vor dem Ausbruch. Ihre neuropsychologischen Testsergebnisse deuteten auf eine Anomalie des linken Temporallappens hin, denn verbales Gedächtnis, Lesen und Objektbenennung waren beeinträchtigt, und ihre Leistung im dichotischen Hörtest war sehr schlecht (siehe Tabelle 26.5). Unsere Diagnose einer Temporallappenepilepsie mit einem linksseitigen Fokus wurde teilweise vom Neurologen bestätigt, denn EEG-Untersu-

Tabelle 26.5 Beispiele für die neuropsychologische Testung neurologischer Patienten

Test	normale Kontrollperson	Fall 3 Aneurysma im rechten Temporallappen	Fall 4 Epilepsie mit Focus im linken Temporallappen	Fall 5 linkshemisphärischer Schlaganfall	Fall 6 Verkehrsunfall
Sprachlateralisation, dichotische Wörter					
linkes Ohr	25	18	2[a]	F	16
rechtes Ohr	46	50	15	F	25
Händigkeit	R	R	R	R	R
allgemeine Intelligenz					
Gesamt-IQ	107	113	104	F	115
verbaler IQ	109	117	95[a]	F	127
Handlungs-IQ	105	107[a]	111	108	96[a]
visuelle Wahrnehmung					
Vervollständigungstest nach Mooney (verkürzt)	18/19	12/19[a]	16/19	16/19	17/19
Rey-Figuren-Test – nach Vorlage	32/36	24/36[a]	31/36	30/36	34/36
Gedächtnis					
Wechsler-Gedächtnistest	107	115	87[a]	F	100[a]
Rey-Figuren-Test – aus dem Gedächtnis	22/36	11/36[a]	18/36[a]	17/36[a]	13/36[a]
verzögerter Antwortaufgaben bei Geschichten und Paarassoziationen	13	17	7[a]	–	23
verzögerter Antwortaufgaben bei Zeichnungen	12	6[a]	10	9	2[a]
räumliche Orientierung					
Rechts-Links-Unterscheidung	52/60	48/60	43/60	51/60	35/60[a]
Semmes-Test (zur Orientierung im personalen und extrapersonalen Raum)	32/35	30/35	30/35	–	35/35
Sprache					
Lesen	12	12	7[a]	F	20
Objekte benennen	23/36	20/26	14/26[a]	F	–
Frontallappen					
Wisconsin-Kartensortiertest	6,0 Kategorien	5,8 Kategorien	4,0 Kategorien	3,0 Kategorien	2,4 Kategorien
Chicago-Wortflußtest	62	50	38	F	52
motorische Funktion					
komplexe Armbewegungen	92 %	94 %	89 %	72 %[a]	82 %[a]
Gesichtsbewegungen	88 %	90 %	89 %	20 %[a]	30 %[a]

[a] abnorm niedrige Punktzahl
F = konnte wegen aphasischer Störungen nicht beurteilt werden; R = rechtshändig

chungen zeigten eine linkshemisphärische Anomalie. Wie bei Epilepsie häufig der Fall, ließ sich computertomographisch nichts Ungewöhnliches nachweisen, und nichts in der Fallgeschichte der Frau deutet auf eine Epilepsie hin. Die Krampfanfälle lassen sich vollständig mit Dilantin kontrollieren, doch ihre neuropsychologischen Defizite bleiben bestehen.

Fall 5

Diese 60jährige Frau erlitt einen Schlaganfall, der nach ihrem CT-Scan offenbar im Gesichts-Areal und im Brocaschen Areal auf der linken Seite lokalisiert war. Sie wurde ein Jahr nach dem Schlaganfall an uns überwiesen, weil sie in der Sprachtherapie nur geringe Fortschritte beim Wiedererlangen ihrer Sprache machte. In Hinblick auf ihre deutlich ausgeprägten Sprachstörungen führten wir zuerst einen Token-Test mit ihr durch. Obwohl die Frau offenbar viele der Dinge verstand, die zu ihr gesagt wurden, war sie schwer dysphasisch und erzielte daher im Token-Test ein sehr schlechtes Ergebnis. In Hinblick auf dieses Ergebnis unterzogen wir sie nur einer modifizierten Testbatterie, die darauf ausgerichtet war, die Frage zu beantworten, wegen der sie an uns überwiesen worden war: Was war von einer Fortführung der Sprachtherapie zu erwarten? Ihre Testergebnisse, die in Tabelle 26.5 zusammengefaßt sind, zeigten, daß sie durchschnittlich intelligent war, wenn man ihre Intelligenz mit einem nonverbalen Test maß – sie erzielte bei allen nonverbalen Tests über Gedächtnis und Wahrnehmung, die wir durchführten, normale Ergebnisse. Dagegen hatte sie Schwierigkeiten bei Nachahmungsbewegungen, obwohl sie nicht unter einer Hemiparese litt. Es war ihr völlig unmöglich, eine Folge von Gesichtsbewegungen nachzuahmen, obwohl sie einzelne Gesichtsbewegungen mit einigen Schwierigkeiten kopieren konnte. Diese Ergebnisse führten uns zu der Schlußfolgerung, daß diese Frau aphasisch war und unter einer Gesichtsapraxie litt; die Aussichten auf eine Wiederherstellung der Sprachfunktion sind daher eher pessimistisch zu beurteilen.

Fall 6

Dies ist der Fall eines 37jährigen Mannes, der vor rund 15 Jahren einen Autounfall hatte. Er lag damals 6 Wochen lang im Koma und erlitt eine sekundäre Schädigung durch eine Hirninfektion. Zum Zeitpunkt seines Unfalls studierte er Journalismus und hatte gerade sein Examen in englischer Literatur mit Auszeichnung bestanden. Als wir ihn zum ersten Mal trafen, hatte er große motorische Probleme; er konnte nur mit Krücken laufen und war sowohl apraktisch als auch ataktisch. Es fiel ihm sehr schwer, Wörter auszusprechen, besonders dann, wenn er zur Eile angetrieben wurde oder unter Streß geriet, doch sorgfältiges Testen der Sprachfunktion mit dem Token-Test ergab keine aphasischen Symptome; seine Sprachprobleme waren gänzlich anarthrisch. Seit seinem Unfall hatte dieser Mann bei seinen Eltern zu Hause gelebt und dort nicht die sozialen Fähigkeiten erworben, die notwendig waren, um mit seiner Behinderung zu leben. Kurz gesagt, er wurde behandelt, als sei er retardiert, und von seiner Familie vollständig umsorgt. Tatsächlich war der Patient selbst davon überzeugt, retardiert zu sein, und sträubte sich deshalb sehr, an Rehabilitationsprogrammen teilzunehmen. Auf Drängen seiner Familie testeten wir ihn gründlich, um sein Potential zu beurteilen. Seine Ergebnisse waren selbst für uns erstaunlich. Wie in Tabelle 127 zusammengefaßt, war sein IQ überragend (verbaler IQ nach dem WAIS 127), und wenn sich auch bei einigen Tests, besonders bei solchen, die motorische Fähigkeiten erfordern, Defizite zeigten, waren seine Leistungen bei den meisten Tests durchschnittlich oder lagen über dem Durchschnitt. Trotz seiner deutlich ausgeprägten motorischen Handicaps war dieser Mann sicherlich nicht retardiert. Ein signifikanter kognitiver Verlust zeigte sich jedoch bei seinem nonverbalen Gedächtnis, das sehr schlecht war. Ausgerüstet mit unseren Testergebnissen konnten wir ihm – und seiner Familie – zeigen, daß er durchaus in der Lage war, sich um sich selbst zu kümmern. Wir schlugen ihm vor, an einer Beschäftigungstherapie teilzunehmen, wie sie von öffentlichen Stellen für Behinderte vermittelt werden.

Schlußfolgerungen

Die Neurologie hat sich in den vergangenen 20 Jahren stark verändert. Zuerst wurde die Computertomographie eingeführt, die es ermöglicht, auf nicht-invasive Weise Einblick in das Gehirn zu gewinnen. Dann kamen die Techniken hinzu, die sich von der Computertomographie (CT) ableiten, darunter Kernspintomographie (MRI), funktionelle Kernspintomographie (fMRI), Positronenemissionstomographie (PET), Single-Photon-Emissions-Computertomographie (SPECT) und Magnetencephalographie (MEG). Diese bildgebenden Verfahren übten einen bedeutenden Einfluß auf das Gebiet der Klinischen Neuropsychologie aus. Wo die neuropsychologische Testung früher eine Möglichkeit bot, fokale Hirnverletzungen zu lokalisieren, ist diese Funktion heute größtenteils durch die Kernspintomographie ersetzt worden. Das heißt nicht, daß die Klinische Neuropsychologie an Bedeutung verliert. Das empfindlichste Maß für die Hirnintegrität ist und bleibt das Verhalten, und entsprechend deckt die Verhaltensanalyse Dysfunktionen auf, die man mit der Kernspintomographie nicht findet; das gilt besonders für gedeckte Schädel-Hirn-Traumata und für Epilepsie. Daher wandelt sich die Rolle der Neuropsychologie; heute sucht sie nach Erklärungen für Verhaltensverluste und Fehlfunktionen bei komplexeren Störungen. Mit steigendem Durchschnittsalter der Bevölkerung wird es zudem immer wichtiger, die kognitiven Fähigkeiten von Personen zu beurteilen, um eine geeig-

Farbanomie, motorische Aphasie, transcortikale Aphasie, gekreuzte Aphasie.

Apraxie Unfähigkeit, zweckgerichtete Bewegungen durchzuführen, und zwar in Abwesenheit einer Paralyse oder *Parese*.

Aprosodie Verlust des Verständnisses von Sprachmelodie und der Produktion verschiedener Sprachstimmlagen.

Äquipotenz Die Hypothese, daß jeder Teil eines bestimmten Gehirngebietes eine Funktion, die normalerweise durch die gesamte Region kontrolliert wird, übernehmen kann.

Arachnoidea Die mittlere der drei Hirnhäute.

Archicortex Teil des *Cortex*, der sich in enger Verbindung mit dem olfaktorischen Cortex entwickelt und phylogenetisch älter ist als das Neopallium. Er hat auch nicht dessen sechsschichtige Struktur. Er wird auch Archipallium, Allocortex und olfaktorischer Cortex genannt. Bei adulten Säugetieren entspricht er dem Gyrus dentatus und dem Gyrus hippocampalis.

Argyll-Robertson-Zeichen Konstriktion der Pupille eines Auges zum Zwecke der Akkommodation, aber nicht auf einen Lichtreiz hin. Man nutzt das Zeichen als diagnostischen Hinweis auf eine Schädigung der im *Mittelhirn* gelegenen Verschaltungen des dritten *Hirnnervs* (N. oculomotorius).

arteriovenöse Mißbildung Anomalien im arteriellen und venösen Blutfluß. Oft sichtbar als eine dichte Ansammlung von Blutgefäßen, die ineinander verwickelt sind und auf der Oberfläche des *Cortex* liegen.

Asomatognosie Verlust des Wissens oder der sensorischen Erfahrung über den eigenen Körper und seinen Zustand. Der Zustand kann sich auf beide Körperseiten beziehen. Meist resultiert er aus einer Zerstörung des rechten Parietallappens.

Assoziationscortex Alle Cortexareale, die nicht motorisch oder sensorisch sind. (Der Ausdruck geht auf die früher vertretene Annahme zurück, daß Informationen der verschiedenen Sinne sich hier treffen und miteinander assoziiert werden.) Siehe auch *präfrontaler Cortex, tertiäres Projektionsgebiet.*

assoziative Agnosie Form der *Agnosie*, bei der ein Defizit der Objekterkennung vorliegt, jedoch die Fähigkeit erhalten ist, einen in der betroffenen Modalität dargebotenen Stimulus zu kopieren oder mit anderen Stimuli zu vergleichen.

Astereognosie Unfähigkeit, bekannte Objekte durch Berührung zu erkennen, ohne daß gleichzeitig ein Defekt elementarer taktiler Empfindungen vorliegt.

Astrocyt Gliazelle. Astrocyten sind die zahlenmäßig überwiegende Gruppe von *Gliazellen.*

Astrocytom Langsam wachsender Gehirntumor, der auf die Vermehrung von *Astrocyten* zurückzuführen ist.

Asymbolie Unfähigkeit zur Verwendung eines normal gebräuchlichen Zeichens, das für ein bestimmtes Objekt oder ein Ereignis steht.

Asymbolie für Schmerz Unfähigkeit, die Bedeutung eines Schmerzes zu verstehen.

Ataxie Fehlende Muskelkoordination; Sammelbezeichnung für verschiedene Unregelmäßigkeiten bei der Funktion von Muskeln.

Athetose Motorische Störung, die sich durch unwillkürliche und langsam drehende Bewegungen, insbesondere der Hände, auszeichnet.

auditorische Agnosie Beeinträchtigte Fähigkeit, nicht verbale akustische Reize zu identifizieren. Siehe auch *Agnosie.*

Aufmerksamkeit Hypothetischer Vorgang, der entweder eine selektive *Wahrnehmung* von nur einem Teil beziehungsweise einem Aspekt der sensorischen Umgebung bewirkt, oder aber eine selektive Reaktion auf nur eine bestimmte Klasse von Reizen.

aufmerksamkeitsbezogene Dyslexie Störung, bei der die Benennung eines Buchstabens dann schwieriger ist, wenn dieser von einem zweiten oder mehreren anderen Buchstaben begleitet wird.

Aufrichtreflex Reflex, durch den ein in eine falsche Lage gebrachtes Tier wieder in seine normale Körperhaltung zurückkehrt. Dieses Verhalten ist auch bei *decerebrierten* Tieren erhalten, was bestätigt, daß es sich um einen Reflex handelt.

Aura Subjektive Empfindung, Wahrnehmung oder motorisches Phänomen, das dem Beginn eines epileptischen Anfalls vorausgeht und diesen kennzeichnet.

Aussprossen von Axonkollateralen Phänomen, das Folge der teilweisen Schädigung eines *Neurons* sein kann; erhalten gebliebene Axonabschnitte des Neurons sprossen an ihren Enden aus und stellen dadurch Verbindungen mit der zuvor innervierten Region her.

Autismus Zustand, bei dem eine Person durch ichzentrierte Gedanken oder Verhaltensweisen beherrscht wird, die auch durch externe Reizung nicht verändert werden können. Bei Kindern wird dieser Zustand häufig als infantiler Autismus bezeichnet; sein Charakteristikum besteht darin, daß zu anderen Personen oder zur Umwelt keine normale Beziehung aufgenommen werden kann. Autistische Kinder haben im allgemeinen schwere Sprachstörungen und zeigen stereotype Verhaltensweisen.

Autoimmunkrankheit Immunreaktion, die sich gegen den eigenen Körper richtet.

automatisierte Verhaltensweisen Stereotype Verhaltenseinheiten, die eine festgelegte Reihenfolge haben, zum Beispiel Lausen und Kauen; auch als reflektorische konsumptorische oder respondierende Verhaltensweisen oder Automatismen bezeichnet.

Autoradiographie Hierbei werden bestimmte radioaktive Stoffe in den Blutkreislauf injiziert, von *Neuronen* inkorporiert und gegebenenfalls in deren Fortsätze transportiert. Wird das Gewebe daraufhin auf einen Film gelegt, schwärzen radioaktive Gewebeteile diesen. Dadurch läßt sich der Weg rekonstruieren, den die radioaktiv markierte Substanz genommen hat.

Autotopagnosie Unfähigkeit, eigene Körperteile zu lokalisieren und zu benennen. Ein Beispiel ist die Fingeragnosie.

Axon Dünner, fadenförmiger neuronaler Fortsatz, der *Aktionspotentiale* vom Zellkörper zu anderen *Neuronen* (oder Muskeln oder Drüsen) leitet.

Axonhügel Ansatzpunkt des *Axons* am Zellkörper, an dem Nervenimpulse entstehen.

Balint-Syndrom Agnostisches Syndrom, das sich aus drei Defiziten zusammensetzt: 1) Lähmung der Augenfixierung verbunden mit der Unfähigkeit, willkürlich in das periphere Gesichtsfeld zu blicken. 2) *Optische Ataxie.* 3) Störung der visuellen *Aufmerksamkeit,* wodurch es zu einem Neglekt des peripheren Gesichtsfeldes kommt. Das Syndrom resultiert aus einer großen *bilateralen* parietalen *Läsion.*

Basalganglien Gruppe großer *Nuclei* im Vorderhirn; dazu gehören der *Nucleus caudatus*, das *Putamen*, der *Globus pallidus*, das Claustrum und die *Amygdala.*

Bell-Magendie-Gesetz Es besagt, daß die Hinterwurzeln des Rückenmarks sensorisch und die Vorderwurzeln motorisch sind.

Beta-Rhythmus Unregelmäßige Aktivität im *Elektroencephalogramm* (zwischen 13 und 30 Hz), die im allgemeinen im wachen Zustand auftritt.

bilateral Auf beiden Körperseiten beziehungsweise Hirnhälften lokalisiert.

bildgebende Verfahren Mit Hilfe von Computern errechnete Bilder des Körperinneren; dazu zählen die *Computertomographie,* die *Kernspintomographie* und die *Positronenemissionstomographie.*

Bindungsproblem Theoretisches Problem der Integration von sensorischen Informationen. Ein einziges sensorisches Ereignis wird in zahlreichen parallelen Kanälen analysiert, die jedoch nicht auf eine übergeordnete Region konvergieren. Im Hinblick auf die Frage, wie diese einzelnen Analysen zu einer einheitlichen sensorischen *Wahrnehmung* zusammengefügt werden, spricht man vom Bindungsproblem.

binokulare Deprivation Verhinderung einer visuellen Stimulation beider Augen, zum Beispiel indem das Tier im Dunkeln gehalten wird oder seine Augen verschlossen werden.

biogene Amine Gruppe von *Neurotransmittern,* zu denen Noradrenalin, Dopamin und Serotonin gehören.

bipolare Zellen *Neuronen* mit Fortsätzen an beiden Polen des Zellkörpers. Dies ist insbesondere ein Merkmal der sogenannten Bipolarzellen der Retina.

bitemporale Hemianopsie Sehverlust in beiden temporalen Feldern aufgrund einer Schädigung der medialen Region der Sehbahnkreuzung (*Chiasma opticum*).

Blut-Hirn-Schranke Physiologische Barriere, die durch die Wandzellen der Hirnkapillaren gebildet wird. Diese „Zellmauer" verhindert einen passiven Eintritt vieler Substanzen in das Hirngewebe.
Bogengänge Strukturen im Mittelohr, die einen Teil des Gleichgewichtssinnesorgans darstellen.
Broca-Aphasie Expressive oder auch *nichtflüssige Aphasie*; hauptsächlich eine Sprechstörung; sie resultiert aus einer *Läsion* des Brocaschen Areals. Siehe auch *Aphasie, Wernicke-Aphasie*.
Brocasches Areal Gebiet im linken *Frontallappen* (frontales Operculum), von dem man glaubt, daß es an der Sprachproduktion beteiligt ist. Eine Zerstörung führt zur *Broca-Aphasie*.
Brodmannsche Karte Von Brodmann entwickelte Karte des *Cortex*. Sie basiert auf der *cytoarchitektonischen* Struktur des Gehirns und bezeichnet die verschiedenen anatomischen Areale mit Nummern. (Sie stimmt auffallend gut mit den funktionalen Karten überein, die später durch Läsionsstudien oder Ableitexperimente erstellt wurden.)
Brown-Sequard-Syndrom Zustand unilateraler Paralyse bei Verlust der Empfindung über die Stellung der Gelenke und ein kontralateraler Verlust der Schmerz- und Temperaturempfindung, der durch die Zerstörung einer Hälfte des *Rückenmarks* verursacht wird.
Butyrophenone Klasse von Substanzen, die Dopaminrezeptoren blockieren.
Calcifizierung Ansammlung von Calcium in mehreren Gehirnregionen nach einer Gehirnschädigung.
Catecholamine Klasse von *Neurotransmittern*, zu denen Adrenalin, Noradrenalin und Dopamin gehören.
Cerebellum (Kleinhirn) Wichtige Struktur des *Hinterhirns*, die für die motorische Koordination von Bedeutung ist.
cerebrale Arteriosklerose Zustand, der durch einen Verlust der Elastizität und die gleichzeitige Verhärtung der Arterien gekennzeichnet ist. Er kann zu Demenz führen.
cerebrale Hämorrhagie Gehirnblutung.
cerebrale Hypoxie Sauerstoffmangel im Gehirn.
cerebrale Ischämie Blutmangel im Gehirn. Dieser kann auf bestimmte Regionen beschränkt sein und als Folge einer Zerstörung oder Quetschung von Hirnarterien auftreten.
cerebrale Kompression Druck auf die Gehirnsubstanz aufgrund einer Verletzung, die eine Hirnblutung verursachte.
cerebrale Laceration Zerreißen des Gehirnsgewebes infolge einer Hirnprellung (*Contusio cerebri*).
cerebrale Lähmung Gruppe von Störungen, die aus einer pränatal erworbenen Gehirnschädigung hervorgehen.
cerebraler Cortex Die *graue Substanz* auf der Oberfläche der Hirnhemisphären, die aus (vier bis) sechs Neuronenschichten und deren lokalen synaptischen Verbindungen besteht.
Cerebrospinalflüssigkeit (CSF) Klare, farblose Flüssigkeit, die Natriumchlorid und andere Salze enthält und die *Ventrikel* innerhalb des Gehirns sowie den Zentralkanal des Rückenmarks ausfüllt; sie zirkuliert um das Gehirn und das *Rückenmark*, und zwar im *Subarachnoidalraum*, der sich zwischen der *Arachnoidea* und der *Pia mater* befindet.
Chiasma opticum Sehbahnkreuzung. Ort an der Hirnbasis, wo sich die Sehnerven beider Augen teilweise kreuzen.
Chorea Huntington Erbkrankheit, die sich durch zuckende Tanzbewegungen („Veitstanz") und progressive Demenz auszeichnet und tödlich endet.
Chorea Sydenham Akute Störung im Kindesalter, die durch unwillkürliche Bewegungen gekennzeichnet ist, allmählich schwerer wird und praktisch alle Bewegungen einschließlich der Sprechbewegungen umfaßt; auch als Veitstanz bekannt.
Chromatolyse Eiweißverlust in einer geschädigten Zelle, der dazu führt, daß keine Färbemittel mehr absorbiert werden; wörtlich übersetzt bedeutet es den Verlust der Färbbarkeit einer Zelle.
Chromosomen Mit Proteinen assoziierte *DNA*-Stränge im Zellkern einer jeden Zelle. Die Chromosomen enthalten die komplette genetische Information, die die Struktur und die Funktion der Zelle bestimmt.
cingulärer Cortex Areal vom limbischen Cortex, der direkt über dem *Corpus callosum* an den medialen Wänden der Großhirnhemisphären liegt.
Colliculus inferior Kern im *Tectum* des *Mittelhirns*, der auditorische Afferenzen erhält und an Bewegungsreaktionen auf auditorische Reize beteiligt ist. Paarige Struktur.
Colliculus superior Kern im *Tectum* des *Mittelhirns*, der visuelle Afferenzen erhält und an Bewegungen beteiligt ist, die als Reaktion auf visuelle Reize erfolgen. Paarige Struktur.
Computertomographie (CT) Röntgenverfahren, bei dem die durch einen feinen Röntgenstrahl gemessene Dichte des Gehirns vom Computer kartographisch dargestellt wird. Die Methode ermöglicht eine dreidimensionale Darstellung des Gehirns und ist deshalb konventionellen Röntgenmethoden überlegen.
Contusio cerebri Hirnprellung. Gefäßverletzung im Gehirn, die zu Ödemen und Blutungen führt.
Corpus callosum Fasersystem, das *homotope Regionen* der beiden Hemisphären miteinander verbindet. Siehe auch *Split-Brain-Patienten*.
Cortex Äußere Schicht beziehungsweise Rinde. Der Begriff wird in diesem Buch synonym verwendet mit *Neocortex* oder *cerebraler Cortex*.
Cortexquotient (CQ) Maß für die relative Größe des *Cortex*; er ist analog zum *Encephalisationsquotienten*, bezieht sich jedoch nur auf den Cortex.
cortikobulbäre Fasern Ursprünglich bezeichnete dieser Begriff die Verbindungen zwischen *cerebralem Cortex* und *Medulla oblongata*; man verwendet ihn jedoch auch oft für Verbindungen zwischen dem cerebralen Cortex und dem unteren *Hirnstamm*.
cortikospinale Fasern Fasern zwischen *Cortex* und *Rückenmark*.
Creutzfeldt-Jakobsche Krankheit Form seniler Demenz bei allgemeiner cortikaler Atrophie. Die Ursache ist zwar unbekannt, als Verursacher wird jedoch ein langsam wirkendes Virus vermutet.
cytoarchitektonische Karten Kartographische Erfassung des *Cortex*, auf der Basis der Organisation, der Struktur und der Verteilung der Zellen.
Cytochromoxidase In *Mitochondrien* produziertes Enzym. Man nimmt an, daß eine erhöhte Enzymaktivität eine erhöhte neuronale Aktivität widerspiegelt. Man kann die Cytochromoxidase in Gewebepräparaten anfärben, um festzustellen, welche Gehirnregionen besonders aktiv sind.
Deafferenzierung Unterbindung von Afferenzen zu einer Struktur oder Region des Nervensystems.
Decerebrierung „Isolierung" des *Hirnstamms* von höheren Hirnzentren mittels Durchtrennung der Verbindungsbahnen.
Decerebrierungsstarre Exzessiver Muskeltonus in allen Muskeln, der zu einer Streckung der Gliedmaßen und einer Dorsalflexion des Kopfes führt, da die gegen die Schwerkraft wirkenden Muskeln stärker sind als die anderen. Sie beruht auf *Läsionen* im *Hirnstamm* oder im *Cerebellum*.
Decortizierung Entfernung des *Cortex*.
Degeneration Absterben von *Neuronen* oder neuronalen Fortsätzen als Reaktion auf eine Verletzung des betreffenden oder manchmal auch eines anderen Neurons.
deklaratives Gedächtnis Gedächtnistyp, der durch die Fähigkeit eines Individuums gekennzeichnet ist, sich an Einzelheiten eines Ereignisses (Zeit, Ort, Umstände) zu erinnern. Genaugenommen bezieht sich der Begriff auf die Fähigkeit, das wiederzugeben, was man weiß. Ein Verlust dieser Gedächtnisform besteht bei vielen Formen der *Amnesie*. Siehe auch *prozedurales Gedächtnis*.
Dekussation Überkreuzung von Faserzügen von einer Seite des Gehirns auf die andere.
delayed-non-matching-to-sample-test (DNMS-Test) Verhaltenstest, bei welchem dem Versuchstier ein Probereiz und nach einer gewissen Verzögerung derselbe Reiz noch einmal sowie ein zweiter, neuer Reiz dargeboten werden. Das Versuchstier muß nun den neuen Reiz „auswählen", um eine Belohnung zu erhalten.
Dendriten Baumartige Fortsätze am informationsaufnehmenden Teil des *Neurons*.

dendritische Dornen Kleine Ausstülpungen der Dendriten. Die meisten *Synapsen* befinden sich auf dendritischen Dornen.

Denervierungsüberempfindlichkeit ***(denervation supersensitivity)*** Erhöhte Empfindlichkeit für neuroaktive Substanzen aufgrund einer Zunahme der Rezeptorenzahl nach Denervierung eines Gehirnareals.

Dermatom Hautareal, das durch die zu einer einzigen spinalen Hinterwurzel führenden Nervenfasern sensorisch innerviert wird.

2-Desoxyglucose (2-DG) Zuckermolekül, das mit dem Glucosemetabolismus interferiert. Es läßt sich beispielsweise mit ^{14}C radioaktiv markieren. Wird diese Substanz in die Blutbahn injiziert und zum Gehirn transportiert, reichert sie sich in aktiven Gehirnregionen an. Auf diese Weise kann man die Stoffwechselaktivität des Gehirns regional erfassen.

Desynchronisierung Veränderung der EEG-Aktivität von einem hochamplitudigen, langsamen Verlauf zu einer niedcramplitudigen, raschen Wellenform.

Depolarisation Verminderte Potentialdifferenz zwischen Außen- und Innenseite der Membran, hervorgerufen durch einen Einwärtsstrom positiver Ionen (Kationen) oder einen Auswärtsstrom negativer Ionen (Anionen).

Diaschisis Besondere Form des Schocks. Folgt auf eine Hirnläsion, wobei die Gebiete, die mit dem geschädigten Areal verbunden sind, zeitweise ihre Funktionen einstellen.

dichaptischer Test Vorgehensweise, bei der simultan jeder Hand ein anderes Objekt zur Identifizierung dargeboten wird; es wird festgestellt, mit welcher Hand die Identifizierung am raschesten erfolgt.

dichotischer Hörtest Bei dieser Prozedur wird jedem Ohr über Stereokopfhörer simultan ein anderer akustischer Reiz geboten und die Wahrnehmung der jeweiligen Reize ausgewertet.

Diencephalon (Zwischenhirn) Gehirnteil, zu dem *Hypothalamus*, *Thalamus* und *Epithalamus* gehören.

Diplopie Wahrnehmung eines Objekts in zwei Bildern; Doppelsehen.

Disinhibition Aufhebung einer Hemmung.

Diskonnektion Operative oder traumatische Durchtrennung von Fasern, die zwei Gehirnareale miteinander verbinden; beide Gehirngebiete können als Folge davon nicht mehr miteinander kommunizieren.

Dissolution Einer unbewiesenen Theorie zufolge der Zustand, in dem eine Erkrankung oder Schädigung der höheren Gehirnregionen nicht zu einem Funktionsausfall führt, sondern vielmehr zu einem Repertoire einfacherer Verhaltensweisen, wie sie auch bei Tieren zu beobachten sind, bei denen die betreffende Gehirnstruktur evolutionär nicht ausgebildet ist.

distal Von einem Referenzpunkt entfernt.

divergentes Denken Form des Denkens, bei der nach verschiedenen Lösungen für ein Problem gesucht wird; zum Beispiel, auf wie viele verschiedene Arten kann man einen Stift benutzen?

DNA (Desoxyribonucleinsäure) Langes, komplexes Makromolekül, bestehend aus zwei miteinander verdrehten helikalen Strängen. Die DNA-Stränge bilden zusammen mit assoziierten Proteinen die *Chromosomen*, welche die genetische Information des betreffenden Individuums enthalten.

doppelte Dissoziation Experimentelle Technik, durch die zwei Felder des *Neocortex* durch zwei Verhaltenstests funktional unterschieden werden; die jeweiligen Testergebnisse werden durch die *Läsion* der einen, nicht aber der anderen Zone beeinflußt.

dornenlose Neuronen Klasse inhibitorischer *Neuronen*, die keine *dendritischen Dornen* tragen.

dornentragende Neuronen Klasse von *Neuronen*, deren *Dendriten* mit *dendritischen Dornen* besetzt sind; sie sind in der Regel exzitatorisch.

Dorsalwurzeln Die Fasern, die sensorische Informationen übertragen, treten in den dorsalen Anteil des *Rückenmarks* ein. Axone, die zusammen in ein Segment des Rückenmarks eintreten, werden zu einem Nerven zusammengefaßt, den man als Dorsalwurzel oder Hinterwurzel bezeichnet.

dorsomedialer Thalamus Thalamischer Kern, der eine wichtige Afferenz zum präfrontalen *Cortex* darstellt. Bei Patienten mit *Korsakoff-Syndrom* ist er degeneriert und führt zu einem schweren amnestischen Syndrom.

Dura mater Die äußere straffe Hülle des Zentralnervensystems bestehend aus kollagenem Bindegewebe und einer einschichtigen inneren Epithelschicht; sie ist von der *Arachnoidea* durch den Subduralraum getrennt.

Dysarthrie Schwierigkeiten beim Sprechen, die durch mangelnde Sprechkoordination verursacht werden.

Dyscalculie Schwierigkeiten bei der Durchführung mathematischer Operationen.

dyseidetisch Schwierigkeiten beim visuellen Erkennen von Wörtern anhand ihrer Konfiguration.

Dyskinesie Jegliche Form der Bewegungsstörung.

Dyslexie Leseschwierigkeit. Siehe auch *aufmerksamkeitsbezogene Dyslexie*, *erworbene Dyslexie*, *Neglectdyslexie*.

Dysphasie Sprachstörung, die durch eine Schädigung des Zentralnervensystems verursacht ist.

dysphonetisch Unfähigkeit, Wörter zu verstehen oder wiederzuerkennen, wenn diese phonetisch dargeboten werden.

Dystonie Anomalie des Muskeltonus; meist sind die Muskeln zu sehr gespannt.

Echolalie Zustand, bei dem eine Person Wörter oder Geräusche wiederholt, die sie hört.

efferent Faserverbindungen oder neuronale Signale von höheren Zentren des Zentralnervensystems aus zu Muskeln oder Drüsen ziehend beziehungsweise von einem *Neuron* wegführend.

Effekt der Verarbeitungsintensität Verbesserte Erinnerung an ein Objekt, über dessen Form oder Bedeutung die betreffende Person bereits intensiv nachgedacht hat.

Efferenzkopie Kopie eines motorischen Signals an andere Gehirngebiete; wird mit den afferenten Signalen aus den Sinnesorganen verrechnet. Dadurch können zum Beispiel Eigenbewegungen von Bewegungen der Umwelt unterschieden werden.

Efferenztheorie Theorie, der zufolge es die durch eine Aktivität ausgelösten sensorischen Ereignisse sind, die eine bewußte *Wahrnehmung* ermöglichen.

Einzelzellaktivität Das elektrische Potential einer einzigen Zelle.

Elektroencephalogramm (EEG) Aufzeichnung elektrischer Potentiale der Großhirnrinde („Hirnstromkurven"). Die entsprechende Ableitungstechnik bezeichnet man als Elektroencephalographie.

Elektrokrampftherapie Die Anwendung elektrischer Schocks zur Behandlung affektiver Störungen.

Elektromyogramm (EMG) Aufzeichnung elektrischer Aktivitäten der Muskeln und der elektrischen Antworten peripherer Nerven. Die entsprechende Ableitungstechnik bezeichnet man als Elektromyographie.

Elektronenmikroskop Mikroskop, durch das man sehr kleine Strukturen darstellen kann. Die von einer Glühkathode stammenden und anschließend beschleunigten Elektronen durchstrahlen ultradünne Objekt- beziehungsweise Gewebeproben. Nach der Objektpassage wird der Elektronenstrahl durch Elektrolinsen geführt, die einen stark vergrößerten Ausschnitt auf einem Fluoreszenzschirm erscheinen lassen.

elektrostatischer Gradient Gradient zwischen einer Region mit hoher und einer mit geringer elektrischer Ladung; tritt etwa an Zellmembranen auf oder zwischen verschiedenen Teilen derselben Zelle.

Embolie Plötzliche Verstopfung einer Arterie oder Vene durch ein Blutgerinnsel, eine Luftblase, eine Fettablagerung oder Zellansammlungen.

Encephalisation Vorgang, bei dem höhere Hirnstrukturen, etwa der *Cortex*, im Verlauf der Phylogenese oder der Ontogenese Funktionen „niederer" Zentren übernommen haben.

Encephalisationsquotient (EQ) Das Verhältnis von tatsächlicher zu erwarteter Gehirngröße bei einem Säuger einer bestimmten Körpergröße.

Encephalitis Entzündung des Zentralnervensystems als Folge einer Infektion.

Encephalopathie Chemische, physikalische, allergische oder toxische Entzündung des Zentralnervensystems.

endoplasmatisches Reticulum (ER) Ausgedehntes Membransystem im Cytoplasma. An einen Teil des ER binden Ribosomen, weshalb dieser Teil auch als rauhes ER bezeichnet wird.

entorhinaler Cortex Cortexareal, das sich an der medialen Oberfläche des *Temporallappens* befindet und die wesentliche Verbindung zwischen *Neocortex* und *Hippocampus* darstellt. Bei der *Alzheimer-Krankheit zeigt* der entorhinale Cortex oft Degenerationserscheinungen.

entwicklungsbedingte Dyslexie Unvermögen, trotz angemessener Anleitung lesen zu lernen.

Ependymzellen Glia der Hohlräume des Zentralnervensystem (Ventrikel, Zentralkanal) und Bedeckung des *Plexus chorioideus.*

Epilepsie Zustand, der durch wiederholte Krämpfe verschiedener Art gekennzeichnet ist; er wird von Bewußtseinsstörungen begleitet.

Epiphyse Siehe *Epithalamus.*

Epithalamus Ansammlung von *Nuclei,* welche die phylogenetisch älteste Region des *Thalamus* bilden; dazu gehören die Habenulae, die Epiphyse (Zirbeldrüse) und die Stria medullaris.

erregende Neurotransmitter Transmittersubstanzen, die das Membranpotential verringern und dadurch die Wahrscheinlichkeit erhöhen, daß ein *Aktionspotential* entsteht.

ereigniskorreliertes Potential (ERP, *event-related potential*) Komplexe Welle im *Elektroencephalogramm*, die zeitlich mit bestimmten sensorischen Ereignissen in Zusammenhang steht. Das ERG besteht aus mehreren „Untereinheiten", die mit bestimmten Aspekten der cerebralen Verarbeitung assoziiert sind (zum Beispiel die Welle P_3).

Ergotamin Zur Behandlung von *Migräne* und Spannungskopfschmerz eingesetztes Medikament, das eine Konstriktion der cerebralen Arterien bewirkt.

erworbene Dyslexie Wenn eine lesekundige Person aufgrund einer Hirnschädigung nicht mehr lesen kann, wird die Dyslexie als erworbene Dyslexie bezeichnet, um sie von einer *entwicklungsbedingten Dyslexie* unterscheiden zu können.

Ethologie Die Untersuchung des natürlichen Verhaltens von Tieren.

Euklidscher Raum Der dreidimensionale Raum gemäß den Gesetzen von Euklid.

evoziertes Potential (EP) Kurze Folge großer langsamer Wellen, die von der Schädeloberfläche abgeleitet werden können und eine Antwortaktivität der *Neuronen* widerspiegeln.

excitatorisches postsynaptisches Potential (EPSP) Geringe Änderung des *Membranpotentials* einer Zelle, die zu einer *Depolarisation* führt und damit die Wahrscheinlichkeit eines *Aktionspotentials* erhöht.

explizites Gedächtnis Gedächtnisform, die bewirkt, daß wir uns bewußt an etwas erinnern können. Siehe auch *implizites Gedächtnis.*

externe Vorstellung Mentale Vorstellung, bei der man sich selbst in eine andere Person hineindenkt und sich vorstellt, als diese Person eine Handlung auszuführen.

exteroceptiv Sherringtons Bezeichnung für *Sinneszellen* an der Körperoberfläche, zum Beispiel Haut und Schleimhäute. Siehe auch *interoceptiv.*

Extinktion Im Zusammenhang mit Lernen verwendeter Begriff; Extinktion bedeutet, daß die Wahrscheinlichkeit, mit der ein bestimmtes Verhalten ausgeführt wird, sinkt, wenn das Verhalten nicht wieder verstärkt (belohnt) wird.

Faktorenanalyse Statistisches Verfahren, mit dem man herausfinden möchte, ob die Variabilität von Werten zu einem oder mehreren Faktoren, die wahrscheinlich die Leistung beeinflussen, in Beziehung gesetzt werden kann.

Farbagnosie Unfähigkeit, bestimmte Farben mit Objekten oder Objekte mit Farben zu assoziieren. Siehe auch *Agnosie.*

Farbamnesie Unfähigkeit, sich an die Farben bekannter Objekte zu erinnern. Siehe auch *Amnesie.*

Farbanomie Unfähigkeit, Farben zu benennen; diese steht generell im Zusammenhang mit anderen Symptomen der *Aphasie*; statt Farbanomie wird auch der Ausdruck *Farbaphasie* verwendet. Siehe auch *Anomie.*

Fasciculus arcuatus Langes Faserbündel, durch das *Wernickesches Areal* und *Brocasches Areal* miteinander verbunden werden.

Fasciculus uncinatus Ein Fasertrakt, der Temporal- und Frontalcortex verbindet.

Faszikulation Kleine, durch die Haut sichtbare lokale Muskelkontraktion; sie entspricht der Kontraktion von mehreren Muskelfasern, die alle durch eine sich spontan entladende Nervenfaser innerviert werden.

Festination Unwillkürliche Beschleunigung einer motorischen Aktion. Bezieht sich üblicherweise auf das Laufen, kann aber auch bei anderen Verhaltensweisen, zum Beispiel beim Sprechen, auftreten.

Fissur Spalt, der durch eine Einfaltung des *Neocortex* entsteht und bis zu den *Ventrikeln* reicht.

Fissura lateralis Tiefer Einschnitt, der an der basalen Oberfläche des Gehirns beginnt und von dort in lateraler posteriorer Richtung zur dorsalen Gehirnoberfläche weiterführt. Er trennt *Temporal-* und *Parietallappen*; auch Sylvische Furche genannt.

Fissura longitudinalis cerebri Die Fissur, welche die beiden Hemisphären voneinander trennt.

Flexion Beugung einer Gliedmaße.

flüssige Aphasie Sprechstörung, bei der die Person Wörter in sprachähnlicher Form aneinanderreiht, ohne daß diese in ihrer Folge einen Sinn ergeben. Gewöhnlich beruht sie auf einer Schädigung des linken posterioren *Cortex.* Siehe auch *Wernicke-Aphasie.*

fokale Krämpfe Lokal beginnende Krämpfe, die sich anschließend ausbreiten, etwa von einem Finger aus über den ganzen Körper.

frontales Operculum Der obere Teil des inferioren frontalen *Gyrus* (das *Brocasche Areal*).

Frontallappen Der gesamte *Neocortex*, der sich anterior vom *Sulcus centralis* befindet.

funktionale Karten Kartographierung des *Cortex* durch Reizung bestimmter Hirnareale und Beobachtung des auf diese Weise ausgelösten Verhaltens (etwa Bewegungen) oder durch Ableitung der elektrischen Aktivität von Hirnzellen während der Ausführung bestimmter Verhaltensformen. Solche Karten setzen bestimmte Leistungen des Gehirns und bestimmte Gehirnareale miteinander in Beziehung.

funktionelle MRI (fMRI) *Kernspintomographie*, bei der die Veränderungen bestimmter Elemente, etwa Eisen oder Sauerstoff, während der Ausübung einer bestimmten Verhaltensweise gemessen werden. Die fMRI wird eingesetzt, um die Gehirnaktivität während eines Verhaltens oder in Ruhe zu messen.

funktionale Validierung Der Theorie der funktionalen Validierung zufolge besteht für das neuronale System die Notwendigkeit einer sensorischen Stimulierung, damit es funktional voll ausreifen kann.

Ganglienzellen Zellen der Retina, deren *Axone* den Sehnerv bilden.

Gedächtnis Siehe *deklaratives Gedächtnis, prozedurales Gedächtnis.*

Gehirnabszess Lokalisierte Ansammlung von Eiter im Gehirn. Dieser besteht aus Gewebe, das als Folge einer Infektion desintegriert ist.

Gehirnerschütterung Zustand allgemeiner Lähmung von Gehirnfunktionen, der unmittelbar auf eine starke mechanische Gewalteinwirkung auf den Kopf folgt.

Gehirnhypothese Die Vorstellung, daß das Gehirn und nicht ein anderer Körperteil, etwa das Herz, für unser Verhalten verantwortlich ist.

Generatorpotential Siehe *graduiertes Potential.*

generalisierte Krämpfe Bilateral symmetrische Krämpfe ohne lokalen Ursprung.

geniculo-striatäres System System der Projektionen aus dem Auge zum Corpus geniculatum laterale im *Thalamus* und von dort zu den Areae 17, 18, 19 und 20, 21; an der Verarbeitung von Form, Farbe und Mustern beteiligt.

Genu Der gewölbte anteriore Teil des *Corpus callosum.*

Gerstmann-Syndrom Komplex von Symptomen, die durch *Läsionen* des linken *Parietallappens* entstehen können; zu den Symptomen gehören Fingeragnosie, die Verwechslung von links und rechts, *Acalculie* und *Agraphie*; der Begriff wird kontrovers diskutiert.

Gesichteramnesie Unfähigkeit, Gesichter zu erkennen.

Gliazellen Zellen, die aus *Spongioblasten* hervorgehen und zur Stütze, zur Ernährung, zur funktionalen Unterstützung und zur Reorganisation von *Neuronen* beitragen; manchmal sind sie Urzellen eines Tumors. Zu den akzessorischen Zellen gehören *Astrocyten*, *Oligodendrocyten*, *Ependymzellen*, Mikroglia und *Schwannsche Zellen*.

Gliedmaßenapraxie (kinetische Apraxie) Form der *Apraxie*, bei der eine Person auf verbale Aufforderung hin unfähig ist, Willkürbewegungen durchzuführen. Man vermutet, daß diese Störung das Resultat einer Isolation des motorischen Systems vom sensorischen System für Sprache ist.

Gliom Gehirntumor, der aus *Gliazellen* hervorgegangen ist.

Glioblastom Bösartiger, schnell wachsender Tumor, der am häufigsten bei Erwachsenen nach dem 35. Lebensjahr zu finden ist. Er resultiert aus einem plötzlichen Wachstum von *Spongioblasten*.

Gliose *Gliazellen* wandern in zerstörte Gehirnareale und vermehren sich dort. Das Vorhandensein einer Gliose deutet auf eine Gewebsschädigung.

Globus pallidus Teil der *Basalganglien;* erhält Projektionen vom *Nucleus caudatus* und projiziert zum Nucleus ventralis lateralis des *Thalamus*.

Glycoproteine Proteine, die kovalent mit einer oder mehreren Kohlenhydratgruppen verbunden sind.

graduiertes Potential Elektrisches Potential an der Zellmembran eines *Neurons* oder einer Rezeptorzelle, das sich mit der Intensität des Reizes verändert; auch als Generatorpotential bezeichnet.

***grand mal*-Anfall** Epileptischer Krampf, der durch den Verlust des Bewußtseins und stereotype Zuckungen am ganzen Körper gekennzeichnet ist.

granulovakuoläre Körperchen Abnorme Organellen im Gehirn, die durch Granula (kleine Gewebeklümpchen) und Vakuolen (Hohlräume im Cytoplasma von Zellen) gekennzeichnet sind.

Graphästhesie Fähigkeit, Zahlen oder Buchstaben, die mit einem entsprechend spitzen Gegenstand in der Haut geritzt werden, zu erkennen.

Graphem Der Begriff bezieht sich auf die bildhafte Qualität des geschriebenen Wortes, die es ermöglicht, das Wort zu verstehen, ohne es auszusprechen.

graphemisches Lesen Die Bedeutung eines Wortes wird anhand seines „Bildes" abgeleitet und nicht anhand der Aussprache seiner einzelnen Silben.

graue Substanz Sammelbezeichnung für alle Gehirnareale, die hauptsächlich aus Zellkörpern bestehen.

Gyrus Gehirnwindung.

Gyrus angularis Ein *Gyrus* im *Parietallappen*, der ungefähr im *Brodmannschen Areal* 39 liegt. Er spielt bei Sprachfunktionen eine Rolle.

Gyrus praecentralis Der *Gyrus* vor dem *Sulcus centralis*.

Habituation (Gewöhnung) Allmähliche Abnahme der Antwortstärke nach wiederholter Reizung.

Halluzinationen Wahrnehmungen, für die es keinen entsprechenden externen Reiz gibt; Charakteristikum einiger psychotischer Störungen.

Hämatom Lokale Blutansammlung im Gewebe (Bluterguß).

Hämgruppe Unlöslicher Eisenporphyrin-Bestandteil von Hämoglobin, dem roten Blutfarbstoff.

Hebbsche Synapse Hypothetische synaptische Verbindung, die gebildet wird, wenn zwei *Neuronen* über einen längeren Zeitraum hinweg gleichzeitig aktiv sind; benannt nach Donald Hebb, der diesen Mechanismus im Jahre 1949 vorgeschlagen hat.

Hebephrenie Form der *Schizophrenie*, die durch unsinniges Verhalten, seltsame Eigenheiten, ständiges Kichern und geringen Affekt gekennzeichnet ist.

Hemianopsie Verlust der Sehfähigkeit in einer Hälfte des Gesichtsfeldes.

Hemiballismus Motorische Störung, die sich durch plötzliche unwillkürliche Bewegungen einer Extremität auszeichnet.

Hemiparese Muskelschwäche, die eine Körperseite betrifft.

Hemiplegie Paralyse einer Körperseite.

Hemisphärektomie Entfernung einer Hemisphäre.

hemmende Neurotransmitter *Neurotransmitter*, die das *Ruhepotential* der Membran eines Neurons vergrößern. Dadurch reduziert sich die Wahrscheinlichkeit, daß ein *Aktionspotential* entsteht.

Heschlscher Gyrus *Gyrus* im *Temporallappen* des Menschen, der in etwa der auditorischen Area I entspricht; auch als transversaler temporaler Gyrus bezeichnet

Hinterhirn Gehirnregion, die im wesentlichen aus *Cerebellum*, *Medulla oblongata*, *Pons* und dem IV. *Ventrikel* besteht.

Hinterwurzelganglion Die Zellkörper sensorischer *Neuronen* liegen direkt neben der Einrittsstelle ihrer Axone in das *Rückenmark*. Die Ausbuchtung, die durch ihr massives lokales Vorkommen entsteht, wird als Hinterwurzelganglion oder Spinalganglion bezeichnet.

Hippocampus Entwicklungsgeschichtlich alte, für das Gedächtnis essentielle Struktur in der anteromedialen Region des *Temporallappens*.

hierarchische Organisation Prinzip der cerebralen Organisation, dem zufolge Informationen seriell verarbeitet werden, wobei man annimmt, daß ein hypothetischer Prozeß von Verarbeitungsebene zu Verarbeitungsebene genauer ausgearbeitet wird.

Hirnnerven Zwölf Nervenpaare, die im Gehirn entspringen und motorische beziehungsweise sensorische Signale vermitteln.

Hirnstamm In diesem Buch umfaßt der Begriff Hirnstamm (wie allgemein üblich) das *Mittelhirn* und das *Hinterhirn*. Manche Autoren zählen auch den *Thalamus*, den *Hypothalamus* und die *Basalganglien* dazu.

Hirntrauma Verletzung des Gehirns, gewöhnlich durch einen Schlag auf den Kopf hervorgerufen.

histochemische Techniken Reihe von Techniken, die auf chemischen Reaktionen von Zellen mit bestimmten Farbstoffen basieren und mit deren Hilfe bestimmte Gewebemerkmale sichtbar gemacht werden können.

Histofluoreszenztechnik Verfahren, bei dem ein fluoreszierender Farbstoff verwendet wird, um Zellen zu markieren.

Hominiden (Menschenartige) Untergruppe der Primaten, die den modernen Menschen ebenso einschließt wie seine aufrecht gehenden Vorfahren.

homonyme Hemianopsie Halbseitiger Verlust des Sehvermögens, bedingt durch eine komplette Durchtrennung des Tractus opticus.

Homöostase Der Erhalt eines konstanten chemisch-physikalischen Innenmilieus.

homotope Regionen Einander entsprechende Punkte der beiden Hemisphären.

Hydrocephalus Zustand abnormer Ansammlung von Flüssigkeit im Schädel verbunden mit einer Vergrößerung des Kopfumfanges, einer Atrophie des Gehirns und einer mentalen Störung sowie Krampfbildung.

6-Hydroxydopamin (6-OHDA) Chemische Substanz, die von *Axonen* und synaptischen Endknöpfchen noradrenerger und dopaminerger Neuronen selektiv aufgenommen wird und diese Zellen schädigt oder tötet.

Hyperkinesie Vermehrte Bewegungen in allen Körperteilen.

Hyperlexie Zustand, bei dem eine Person sehr viel liest, oft aber die Bedeutung des Gelesenen nicht versteht.

Hypermetamorphose Die Tendenz, auf jeden visuellen Reiz zu achten und zu reagieren.

Hyperpolarisation Vorgang, bei dem die Permeabilität der Nervenzellmembran für Natriumionen abnimmt und die Zelle daher schwerer erregbar wird. Während der Hyperpolarisation wird die Innenseite der Zellmembran im Verhältnis zur Außenseite negativer.

Hypophyse Hirnanhangdrüse.

Hypothalamus Ansammlung von *Nuclei*, die unter dem *Thalamus* liegen und die bei fast allen Verhaltensweisen von Bedeutung sind, etwa bei Bewegungen, beim Essen, bei sexueller Erregung, beim Schlafen, bei emotionalen Reaktionen, bei der Temperaturregulation und bei der hormonellen Steuerung.

Hypothese der parallelen Entwicklung Beide Hemisphären spielen danach aufgrund ihrer Anatomie eine Sonderrolle, eine Hemisphäre für die Sprache, die andere für den Raum.

ideatorische Apraxie *Apraxie* infolge einer Störung des Bewegungsentwurfs für eine komplizierte mehrteilige Handlung. Sie tritt vor allem dann zutage, wenn der Betroffene mit Gegenständen hantieren soll.

ideomotorische Apraxie Unfähigkeit zum Einsetzen und Verstehen nonverbaler Kommunikationsmittel wie Gestik und pantomimische Bewegungen. Siehe auch *Apraxie*.

idiopathische Krämpfe Krämpfe, die spontan und ohne weitere Erkrankungen des Zentralnervensystems aufzutreten scheinen.

Illusion Falsche Interpretation real vorkommender sensorischer Bilder.

immunohistochemische Färbung Technik der Markierung von Zellbestandteilen mit Hilfe von Antikörpern, die es im Rahmen von *post mortem*-Untersuchungen erlaubt, bestimmte Moleküle oder nah verwandte Moleküle in Geweben nachzuweisen.

implizites Gedächtnis Gedächtnisform, die es uns zwar ermöglicht, auf gewisse Informationen zurückzugreifen und entsprechend zu handeln, bei der wir die gespeicherte Information jedoch nicht bewußt abrufen können; zum Beispiel bei motorischen Fertigkeiten wie Klavierspielen oder Radfahren. Siehe auch *explizites Gedächtnis*.

Infarkt Absterben von Gewebe infolge eines Verschlusses oder einer Einengung eines Blutgefäßes.

inhibitorisches postsynaptisches Potential (IPSP) Kleine lokalisierte Veränderung, die zu einer *Hyperpolarisation* führt und dadurch die Wahrscheinlichkeit der Entstehung eines *Aktionspotentials* reduziert.

Interneuron Bezeichnung für jedes *Neuron*, das zwischen einem sensorischen und motorischen Neuron liegt. Dies gilt insbesondere für die Verhältnisse im *Rückenmark*. Im Gehirn werden auch solche Nervenzellen als Interneurone bezeichnet, die hauptsächlich lokale *Synapsen* bilden.

intermediäre Zone Unmittelbar über den Motoneuronen des *Vorderhirns* befindliche Region im *Rückenmark*.

intermodaler Vergleich Vergleich von Merkmalen eines Objekts in verschiedenen sensorischen Modalitäten; beispielsweise der Vorgang, der abläuft, wenn man ein zuvor betastetes Objekt anschließend visuell erkennt.

interne Vorstellung Vorstellung sich selbst betreffend, bei der man sich beispielsweise vorstellt, man würde selbst eine bestimmte Handlung ausführen. Siehe auch *externe Vorstellung*.

interoceptiv Sherringtons Bezeichnung für die internen *Sinneszellen*, beispielsweise die Rezeptoren der Eingeweide. Siehe auch *exteroceptiv*.

Invarianzhypothese Hypothese, die besagt, daß die Struktur jeder Hemisphäre zu einer Entwicklung ganz spezialisierter Funktionen führt; die linke Hemisphäre wäre demgemäß von Geburt an für Sprachfunktionen spezialisiert.

Ionenkanal Enge Pore der Membran einer Nervenzelle; sie erlaubt den Durchtritt verschiedener Ionen, die das *Membranpotential* beeinflussen. Verschiedene Kanäle werden durch verschiedene Transmittermoleküle oder durch Änderungen der Membranspannung geöffnet.

ipsilateral Auf derselben Körperseite lokalisiert wie der Referenzort.

Isolationssyndrom Siehe *transcortikale Aphasie*.

Jackson-Anfall Fokaler epileptischer Krampf mit konstanten sensorischen oder motorischen Symptomen, etwa Zuckungen in den Händen oder im Gesicht.

Kennard-Prinzip Diesem Prinzip gemäß führen frühe Hirnverletzungen zu geringeren Verhaltensstörungen als Hirnschädigungen, die zu einem späteren Zeitpunkt im Leben auftreten. Der Begriff wurde geprägt, nachdem Kennard über dieses Phänomen in einer Reihe von Publikationen berichtete; es basiert auf der Untersuchung von Affen mit neonatalen operativen Gehirnläsionen.

Kernspintomographie (Magnetresonanztomographie, MRI) Bildgebendes Verfahren, bei dem mittels eines Computers und der gemessenen Änderungen in der magnetischen Resonanz von Atomen im Gehirn eine Karte erstellt wird. Siehe auch *funktionelle MRI*.

Kinästhesie Wahrnehmung der Bewegungen oder der Position von Rumpf und Gliedmaßen. Der Begriff wird oft im Zusammenhang mit der Wahrnehmung von Änderungen der Gelenkstellung verwendet.

klassentypische Verhaltensweisen Verhaltensweisen und Fähigkeiten, die allen Mitgliedern einer phylogenetischen Klasse gemeinsam sind.

Klüver-Bucy-Syndrom Symptomkomplex infolge einer bilateralen Schädigung des *Temporallappens*; insbesondere sind Hypersexualität, exzessives orales Verhalten und visuelle *Agnosie* zu nennen.

Kognition Allgemeiner Ausdruck für Denkvorgänge.

kognitiver Raum Raum oder Zeit, von dem oder der eine Person Kenntnis besitzt.

„kognitiver Set“ Die Tendenz, an ein bestimmtes Problem mit einem besonderen Denkmuster heranzugehen. Sucht man zum Beispiel einen Briefkasten, ist der kognitive Set „Briefkasten“ eingestellt und nicht etwa der Set „Auto“.

Kollateralen Seitenäste eines *Axons*, die für das Überleben eines *Neurons* notwendig (essentielle Kollateralen) oder aber sekundär sein können (unterstützende Kollateralen); letztere sind für die Zelle nicht überlebensnotwendig.

Kommissur Faserbündel, das korrespondierende Orte beider Seiten des Zentralnervensystems miteinander verbindet.

Kommissurotomie Operative Isolierung der beiden Hemisphären mittels Durchtrennung des *Corpus callosum*.

komplex-partieller Anfall Fokaler Anfall, dessen Ursprung meist im *Temporallappen* liegt; gekennzeichnet durch subjektive Eindrücke, Automatismen sowie motorische Symptome. Manchmal auch als Temporallappenanfall bezeichnet.

konstruktive Apraxie (Konstruktionsapraxie) Unfähigkeit, gut bekannte Bewegungsabfolgen durchzuführen, um etwas herzustellen oder vorzubereiten. Dieses Defizit kann nicht auf die Unfähigkeit, Einzelbewegungen des motorischen Gesamtablaufes durchzuführen, zurückgeführt werden.

kontralateral Bezieht sich auf die Körperseite, die dem jeweiligen Referenzort gegenüberliegt.

kontralateraler Neglect *Neglect* eines Teiles des Körpers oder Raumes, der kontralateral zur Gehirnläsion liegt.

konvergentes Denken Form des Denkens, bei der nach der einzigen möglichen Antwort auf eine Aufgabe gesucht wird (etwa 2 + 2 = ?). Dies steht im Gegensatz zum *divergenten Denken*, bei dem es viele Lösungen gibt.

Korsakoff-Syndrom Symptomkomplex infolge einer Degeneration der dorsomedialen Thalamuskerne. Zum Korsakoff-Syndrom kommt es häufig bei Alkoholabusus. Stoffwechselstörung des Zentralnervensystems aufgrund eines Vitamin-B1-Mangels (Thiaminmangel).

Kurzzeitgedächtnis Von Broadbent geforderte Gedächtnisform, bei der die Information, wie man annimmt, nicht länger als 15 Minuten gespeichert wird.

Langzeitgedächtnis Von Broadbent geforderte Gedächtnisform, bei der die Inhalte länger als etwa 15 Minuten gespeichert werden.

Langzeitpotenzierung oder Langzeitverstärkung (LTP) Lang andauernde Veränderung der postsynaptischen Antwort einer Nervenzelle, die aus vorhergegangener Erfahrung mit einer hochfrequenten Reizung resultiert.

Läsion Sammelbegriff für jede Schädigung des Nervensystems.

laterales System Eines der beiden wichtigsten Fasersysteme des motorischen Systems. Das laterale System beinhaltet den lateralen cortikospinalen Trakt, der im *Neocortex* beginnt, und den rubrospinalen Trakt, der vom *Nucleus ruber* des *Hirnstamms* ausgeht.

Lateralisierung Prozeß, der Funktionen hauptsächlich auf einer Gehirnseite lokalisiert.

Lateralität („Seitlichkeit“) Bezeichnet den Umstand, daß eine Seite des Gehirns eine bestimmte Funktion kontrolliert; Lateralitätsuntersuchungen sind also der Frage gewidmet, welche Gehirnseite hauptsächlich welche Funktionen steuert.

Leitungsaphasie *Aphasie* vom Typ der flüssigen Aphasien, bei denen trotz normalem Verständnis der gesprochenen Sprache Wörter nicht korrekt wiederholt werden können. Siehe auch *Aphasie.*

Lernstörung Eine Lernstörung wird im allgemeinen anhand der schulischen Leistungen diagnostiziert, beispielsweise wenn die Lesefähigkeiten zwei Jahre hinter dem Klassendurchschnitt zurückliegen.

Lesen durch Buchstabieren Hier wird die Bedeutung eines Textes dadurch erfaßt, daß Informationen, die aus jedem einzelnen Buchstaben hervorgehen, aneinandergereiht werden. Siehe auch *phonologisches Lesen.*

Lexikon Gedächtnisspeicher im Gehirn, der Wörter und deren Bedeutung beinhaltet.

limbischer Lappen Von Broca geprägter Begriff, der sich auf die Strukturen zwischen *Hirnstamm* und *Telencephalon* bezieht. Im modernen Sprachgebrauch wird statt dessen der Begriff *limbisches System* verwendet, das den *Hippocampus*, das *Septum*, den *cingulären Cortex*, den *Hypothalamus* und die *Amygdala* umfaßt.

limbisches System Besteht aus einer Anzahl von Strukturen des *limbischen Lappens*, die ein hypothetisches funktionales System bilden. Ursprünglich glaubte man, daß dieses System für die Kontrolle affektiver Verhaltensweisen von Bedeutung sei.

Lipofuscingranula Dunkle Pigmentsubstanzen, die sich in alternden Gehirnzellen ansammeln.

lokale Krämpfe Krämpfe, die lokal beginnen und sich dann ausbreiten, zum Beispiel vom Finger auf den ganzen Körper.

Lokalisation von Funktionen Hypothese, die besagt, daß jedes Verhalten durch ein entsprechendes Gehirnareal kontrolliert wird.

Lysosom Kleine, mit dem *Elektronenmikroskop* sichtbare Zellorganellen, die Enzyme zum Abbau von Substanzen erhalten.

Macula, Aussparen der Zustand, bei dem die Sehfähigkeit in der Zentralregion (Macula) des Gesichtsfeldes auch dann noch erhalten bleibt, wenn temporale oder nasale Feldanteile nicht mehr wahrgenommen werden.

Magnetencephalogramm (MEG) Aufzeichnung magnetischer Potentiale mit Hilfe von Elektroden, die auf die Kopfoberfläche gesetzt werden.

Magnetresonanztomographie Siehe *Kernspintomographie.*

magnozelluläre Schicht Schicht aus *Neuronen* mit großem Zellkörper. Siehe auch *parvozelluläre Schicht.*

Massa intermedia Masse grauer Substanz, die den linken und rechten *Thalamus* miteinander verbindet.

Massenaktionshypothese Gemäß dieser Hypothese nimmt der gesamte *Neocortex* an jeder Verhaltensweise teil.

***Maturational lag*-Hypothese** Hypothese, daß eine gegebene Behinderung darauf beruht, daß ein System noch nicht ausgereift ist oder erst langsam reift.

Medulla oblongata (verlängertes Mark) Der Teil des *Hinterhirns* rostral vom *Rückenmark.*

Medulloblastom Hochmaligner Gehirntumor, der fast ausschließlich im Cerebellum von Kindern gefunden wird; geht aus Vorläuferzellen hervor, die ins Cerebellum eingewandert sind.

Meningen Die drei Hirnhäute (*Dura mater, Arachnoidea* und *Pia mater*), die Gehirn und *Rückenmark* umhüllen.

Meningitis Entzündung der Hirnhäute.

mentale Rotation Die Fähigkeit, sich ein Objekt aus einem anderen Blickwinkel heraus vorzustellen (es „im Kopf" zu drehen).

Meerrettichperoxidase Enzym, das sich nach Injektion in eine Nervenzelle in der gesamten Zelle verteilt und es ermöglicht, die Zelle einschließlich ihrer Ausläufer sichtbar zu machen.

Merkmalssuche Kognitive Strategie, bei der Stimuli auf ein bestimmtes Merkmal (etwa Farbe) hin untersucht werden.

Mesencephalon (Mittelhirn) Begriff für die mittlere der drei embryonalen Hirnblasen; umfaßt im adulten Tier auch *Tectum* und *Tegmentum.*

Metastase (Tochtergeschwulst) Absiedlung eines bösartigen Primärtumors, die andere Organe des Körpers befällt.

Metencephalon Vorderer Teil des *Rhombencephalons*; umfaßt *Cerebellum* und *Pons.*

Migräne Art von Kopfschmerz, die ziehend und lang andauernd ist und häufig unilateral auftritt. Ihr kann eine visuelle Aura vorausgehen, von der man glaubt, daß sie Folge einer *Ischämie* des Occipitalcortex ist, die durch eine Verengung von Gehirnarterien verursacht wird.

migränebedingter Schlaganfall Starke Verengung eines Hirngefäßes und dadurch verursachte Unterbindung der Blutzufuhr zu einer cortikalen Region. Ist diese Konstriktion ausgeprägt genug und dauert sie länger als einige Minuten, kann es zum Absterben von Nervenzellen und zu einem *Infarkt* kommen.

Mitochondrien Komplex gebaute Zellorganellen, die durch eine Reihe spezieller biochemischer Vorgänge die Zelle mit Energie versorgen.

Mittelhirn Gehirnteil zwischen dem *Vorderhirn* und dem *Hinterhirn*; umfaßt *Tectum* und *Tegmentum.* Siehe auch *Mesencephalon.*

Modul Siehe *Säule.*

Monoamine Gruppe von *Neurotransmittern*, zu denen Noradrenalin und Dopamin gehören.

monoklonale Antikörper Von einer einzigen Zelle oder den Nachkommen einer Zelle produzierte Antikörper.

monokulare Blindheit Blindheit eines Auges, die durch eine Zerstörung der Retina oder des Sehnervs verursacht wird.

monokulare Deprivation Künstlicher Verschluß eines Auges zur Verhinderung visueller Stimulation.

Morphem Kleinste bedeutungsvolle Einheit der Sprache.

morphologische Rekonstruktion Rekonstruktion des Aussehens von Tieren oder Menschen, oftmals nur anhand gefundener Skelettteile.

motorische Aphasie Störung, bei der die Person nicht in der Lage ist, angemessene Bewegungen mit Mund und Zunge zu machen, um Wörter zu formen; sie ist eine Form der *nichtflüssigen Aphasie.* Der Begriff steht im Gegensatz zur *flüssigen Aphasie*, bei der Sprache fließend gesprochen wird, aber inhaltsleer ist.

motorische Apraxie Unfähigkeit, die zum Zwecke einer zielgerichteten Handlung notwendigen Bewegungen auszuführen, obwohl keine Lähmung vorliegt. Siehe auch *Apraxie.*

motorisches Programm Hypothetischer neuronaler Kreislauf, der so organisiert ist, daß eine ganz bestimmte Bewegungsart ermöglicht wird, zum Beispiel das Gehen.

multimodaler Cortex *Cortex*, der Informationen in mehr als einer sensorischen Modalität verarbeitet, beispielsweise visuelle und auditorische Informationen.

Multiple Sklerose (MS) Krankheit unbekannten Ursprungs, die sich durch Demyelinisierung ganzer Gebiete des Zentralnervensystems auszeichnet. Dies kann sowohl zu motorischer Schwäche als auch zu Koordinationsstörungen führen, es kann aber auch zu Sprechstörungen und manchmal zu weiteren kognitiven Symptomen kommen.

Myasthenia gravis Zustand der Muskelermüdung und Schwäche ohne gleichzeitige sensorische Störungen oder Atrophie. Sie ist Folge einer verminderten Verfügbarkeit von Acetylcholin an den *Synapsen.*

Myelencephalon Teil des *Rhombencephalons*; umfaßt die *Medulla oblongata* (verlängertes Mark) und den vierten *Ventrikel.*

Myelin Lipidreiche Substanz, die eine isolierende Hülle um einige *Axone* bildet; im Zentralnervensystem wird es durch *Oligodendrocyten* gebildet, im peripheren Nervensystem durch *Schwannsche Zellen.*

Myelinisierung Bildung von Myelinscheiden um die *Axone*; manchmal als Maß für den Reifungszustand verwendet.

myoclonische Spasmen Starke Krämpfe, die aus plötzlichen Streckungen oder Beugungen des Körpers bestehen und oft mit einem Schrei eingeleitet werden.

Nachentladung Abnorme Entladungen von *Neuronen* als Folge epileptischer Krämpfe oder cortikaler Stimulation.

Narkolepsie Zustand, bei dem eine Person ein plötzliches und unkontrollierbares Bedürfnis nach kurzen Schlafepisoden hat.

nasale Hemianopsie Sehverlust in einem nasalen Teil des Gesichtsfeldes, der auf eine Schädigung eines lateralen Teiles des *Chiasma opticum* zurückgeht.

natürliche Selektion Konzept der Evolutionstheorie, das besagt, daß Tiere mit ganz bestimmten adaptiven Eigenschaften in einer bestimmten Umwelt überleben und ihre genetischen Charakteristika an ihre Nachkommen weitergeben, wohingegen Tiere, die diese Eigenschaften nicht besitzen, schließlich aussterben.

Neglectdyslexie Leseschwäche, die sich gewöhnlich auf eine Hälfte eines Wortes beschränkt.

Nekrose Zell- oder Gewebetod. Damit bezeichnet man gewöhnlich das Absterben von einzelnen Zellen oder Zellgruppen in kleinen lokalisierten Arealen.

Neocortex Jüngster Teil des *Cortex*. Er besteht aus vier bis sechs Zellschichten. Der Begriff wird im Text synonym zu „Cortex" verwendet.

Neotenie Die Tatsache, daß neuentwickelte Tierarten oft den Jungen ihrer Vorfahren ähneln. In der Biologie wird der Begriff auch auf das Phänomen bezogen, daß Larvenstadien sich nicht weiterentwickeln, sondern geschlechtsreif werden oder daß embryonale Strukturen, die normalerweise wieder verschwinden, im adulten Tier erhalten bleiben.

Nervenwachstumsfaktor (NGF) Protein, das unter anderem beim Wachstum der Fortsätze der Nervenzelle eine Rolle spielt.

neuritische Plaques Gebiete unvollständiger Nekrose, die man häufig im *Cortex* von Menschen mit seniler Demenz, zum Beispiel bei *Alzheimer*-Patienten, beobachten kann.

Neuroblasten Sammelbezeichnung für alle embryonalen Zellen, die sich zu *Neuronen* entwickeln.

neuroendokrin Bezeichnet die Interaktion des Nervensystems mit dem endokrinen System.

Neurofibrillen Bezeichnung für die verschiedenen Fibrillen, die die innere Struktur eines *Neurons* bilden; sie können eine Rolle beim aktiven Transport der chemischen Vorläufer von Transmittersubstanzen spielen.

neurohumoral Allgemeiner Begriff, der sich auf die Aus- beziehungsweise Einwirkung von Hormonen auf das Gehirn bezieht.

Neuroleptika Arzneimittel, die den zentralnervösen Grundtonus herabsetzen, generell die psychomotorische Aktivität hemmen und zur Behandlung von *Psychosen* (vor allem von *Schizophrenie*) eingesetzt werden.

Neuron Die grundlegende Einheit des Nervensystems, nämlich die Nervenzelle. Deren Funktion besteht in der Übertragung und Speicherung von Informationen. Dazu gehören der Zellkörper und viele Fortsätze (Dendriten), die Signale zum Zellkörper leiten, sowie ein *Axon*, in dem Signale von der Zelle aus weiterlaufen.

Neuronenhypothese Die Vorstellung, daß die funktionale Einheit des Gehirns *Neuronen* sind.

Neurotoxin Jede Substanz, die das Nervensystem schädigt oder zerstört (zum Beispiel *6-Hydroxydopamin*).

Neurotransmitter Chemischer Stoff, der an der *Synapse* als Reaktion auf ein *Aktionspotential* ausgeschüttet wird und über Interaktion mit dem postsynaptischen Rezeptor das *Ruhepotential* der nachgeschalteten Zelle verändert; es findet somit eine chemische Übertragung von Information von einem *Neuron* auf das andere statt. Siehe auch *erregende Neurotransmitter*, *hemmende Neurotransmitter*, *biogene Amine*, *Catecholamine*.

Neuropsychologie Studium der Zusammenhänge zwischen Gehirnfunktion und sogenannten höheren Verhaltensweisen.

neurotropes Virus Virus mit hoher Affinität für Zellen des Nervensystems. Siehe auch *pantropes Virus*.

nichtflüssige Aphasie Schwierigkeiten beim Sprechen als Folge einer Gehirnschädigung, insbesondere des *Frontallappens* in der sprachdominanten Hemisphäre.

Nissl-Substanz Gesamtheit des *endoplasmatischen Reticulums* einer Zelle; läßt sich mit basischen Farbstoffen anfärben.

noradrenerge Neuronen *Neuronen*, die Noradrenalin als *Neurotransmitter* verwenden.

Nucleus Zellkern, der die *DNA* enthält und für die Zellfunktion unentbehrlich ist. In der Hirnforschung bezeichnet Nucleus außerdem eine Gruppe von Nervenzellen.

Nucleus caudatus Ein Kern der Basalganglien.

Nucleus ruber Ein Kern im anterioren Teil des *Tegmentums*, der Ursprung einer wichtigen motorischen Projektion ist.

Nystagmus Permanente kleine Augenbewegungen, die unwillkürlich auftreten und viele Ursachen haben können.

Oberflächendyslexie Die Unfähigkeit, Wörter aufgrund ihrer piktographischen oder graphemischen Repräsentation zu lesen bei Verbleib der Fähigkeit, Wörter aufgrund phonologischer Prozeduren zu lesen.

obstruktive Schlafapnoe Konstriktion der Luftwege im Schlaf, die zu einem zeitweisen Atemstillstand führt; vermutlich eine wichtige Ursache des Schnarchens.

Objektkonstanz Wahrnehmungseigenschaft, die dazu führt, daß wir ein Objekt als Einheit wahrnehmen.

Occipitallappen Hinterhauptslappen; einer der vier Lappen jeder Cortexhälfte.

Olfaktion Riechen.

Oligodendrocyten Besondere *Gliazellen* des Zentralnervensystems, welche die *Myelinscheide* von Nervenzellen bilden und dadurch eine beschleunigte Fortleitung von Nervenimpulsen ermöglichen; sie werden auch als Oligodendroglia bezeichnet und entsprechen den *Schwannschen Zellen* im peripheren Nervensystem.

optische Ataxie Störung bei der visuellen Kontrolle von Greif- und anderen Bewegungen, verbunden mit gestörten Augenbewegungen.

orbitofrontaler Cortex Der hinter den Augenhöhlen liegende *Cortex*. Er enthält Projektionen vom Nucleus dorsalis medialis des *Thalamus*.

Otolithenorgane Schweresinnesorgane im Innenohr, die den Lagesinn vermitteln.

Paläocortex Der Teil der *Cortex*, der den *pyriformen Cortex* und den Gyrus parahippocampalis bildet; auch Paläopallium genannt.

pantropes Virus Virus, das beliebige Körpergewebe befällt. Siehe auch *neurotropes Virus*.

Papillenödem Schwellung der Sehnervenpapille infolge eines erhöhten Drucks der *Cerebrospinalflüssigkeit*; dient als diagnostisches Indiz für Tumoren oder andere raumfordernde Prozesse im Gehirn.

Paragraphie Das Schreiben falscher Wörter oder eine *Perseveration*, die sich durch wiederholtes Schreiben desselben Wortes ausdrückt.

paralimbischer Cortex Dreischichtiges Cortexareal, das an den limbischen Cortex angrenzt und mit diesem direkt verbunden ist; er schließt zum Beispiel den *cingulären Cortex* ein.

Paraphasie Die unbeabsichtigte Bildung von Silben, Wörtern oder Sätzen während des Sprechens.

Paraplegie Lähmung der Beine aufgrund einer Schädigung des *Rückenmarks*.

Parese Allgemeiner Ausdruck, der einen Verlust physischer oder mentaler Fähigkeit bezeichnet und auf eine Gehirnkrankheit zurückzuführen ist, insbesondere als Folge einer Syphilis; wird auch als Ausdruck für eine leichte oder unvollständige Paralyse verwendet.

Parietallappen *Scheitellappen*. Einer der vier Lappen jeder Cortexhälfte.

Parkinson-Krankheit Krankheit des motorischen Systems, die mit einem Dopaminverlust im Gehirn einhergeht und durch Tremor, Muskelsteifheit und Beeinträchtigung der Willkürmotorik charakterisiert ist.

parvozelluläre Schicht Schicht aus *Neuronen* mit kleinem Zellkörper. Siehe auch *magnozelluläre Schicht*.

periphere Nerven Nerven, die außerhalb von *Rückenmark* und Gehirn liegen.

Perseveration Tendenz, auf verschiedene Reize unflexibel und immer gleichartig zu reagieren.

Perzeption Wahrnehmung. Sie beruht auf der Integration von Informationen jenseits der primären sensorischen Areale.

***petit mal*-Anfall** Krampfanfall, der sich durch einen kurzen Bewußtseinsverlust äußert und bei dem außer Kopfdrehen oder Augenzwinkern keine motorische Aktivität zu beobachten ist (typischerweise dauert er etwa zehn Sekunden).

Phagocyten Zellen, die Mikroorganismen, andere Zellen oder Fremdpartikel aufnehmen und unschädlich machen. Teil des Immunsystems.

Phenothiazine Gruppe von Beruhigungsmitteln (zum Beispiel Chlorpromazin), die in ihrer molekularen Struktur der Substanz Phenothiazin ähneln.
Pheromon Von einem Individuum produzierte Substanz, die (als Geruch) von einem zweiten Individuum derselben Spezies wahrgenommen wird und bei diesem eine bestimmte Verhaltensreaktion auslöst; wirkt innerhalb einer Spezies als chemischer Signalstoff.
Phonem Teil eines Klanges, der ein Wort oder einen Wortteil bildet.
phonologisch Der Begriff bezieht sich auf einen Laut und betont die Rolle der Lautgebung bei der Decodierung der Wortbedeutung.
phonologisches Lesen Lesevorgang, der auf der Aussprache von Wortteilen basiert. Siehe auch *Lesen durch Buchstabieren.*
Phrenologie Verworfene Theorie aus dem frühen 19. Jahrhundert, die eine Beziehung zwischen der Oberflächenstruktur des Schädels und mentalen Fähigkeiten postulierte.
Pia mater Die der Hirn- und Rückenmarkoberfläche unmittelbar aufliegende, zarte Bindegewebshülle.
Pinealorgan Asymmetrische Struktur im *Epithalamus*, von der Descartes annahm, sie sei der Sitz der Seele; heute weiß man, daß das Pinealorgan an der zirkadianen Rhythmik beteiligt ist.
Planum temporale Das cortikale Gebiet, das unmittelbar posterior an den primären auditorischen Cortex (*Heschlscher Gyrus*) angrenzt und innerhalb der *Fissura lateralis* liegt.
Plastizität Die Fähigkeit des Gehirns, sich zu reorganisieren und ausgefallene Funktionen auf verschiedene Weise zu kompensieren.
Platzfindungsaufgabe Aufgabe, bei der ein Tier einen Platz auffinden muß, den es nicht sehen kann, der aber durch die Kombination zweier oder mehrerer Reize aus der Umgebung identifiziert werden kann.
platzgesteuertes Verhalten Navigationsverhalten, bei dem ein Tier sich anhand seiner Position relativ zu mehreren Markierungen in der Umgebung zu einem Ziel hin bewegt. Siehe auch *positionsgesteuertes Verhalten, signalgesteuertes Verhalten.*
Plexus choroideus Gewebe, das die *Ventrikel* auskleidet und die *Cerebrospinalflüssigkeit* produziert.
Pneumoencephalographie Röntgenuntersuchungstechnik, bei der die *Cerebrospinalflüssigkeit* mittels einer Lumbalpunktion durch Luft ersetzt wird.
Poliomyelitis Akut auftretende Viruserkrankung, die das Nervensystem in Mitleidenschaft zieht und möglicherweise zu Lähmungen führt. Sie kann zu einer Atrophie der betroffenen Muskeln und dadurch zu einer dauernden Schädigung führen.
Pons Teil des *Hinterhirns;* im großen und ganzen aus motorischen Fasersystemen zusammengesetzt, die zum *Cerebellum* und zum *Rückenmark* führen.
positionsgesteuertes Verhalten Navigatorisches Verhalten, bei dem ein Tier sich auf der Grundlage der Bewegungen, die es zuvor bereits einmal ausgeführt hat (zum Beispiel nach links/nach rechts), zu einem Ziel hin bewegt. Siehe auch *signalgesteuertes* und *platzgesteuertes Verhalten.*
Positronenemissionstomographie (PET) Bildgebendes Verfahren, bei dem der Versuchsperson eine radioaktiv markierte Substanz verabreicht wird, die im Gehirn metabolisiert wird; durch besondere Detektoren kann die Radioaktivität aufgezeichnet werden.
postconcussionales Syndrom Komplex aus somatischen und psychischen Symptomen (zum Beispiel Kopfschmerzen, Schwindel, Müdigkeit, Konzentrationsschwäche, Erinnerungsschwierigkeiten, Reizbarkeit, Ängstlichkeit, Schlaflosigkeit, Neigung zu Hypochondrie, Überempfindlichkeit gegenüber Lärm, Photophobie), die alle typisch sind für die Phase nach einer kurzzeitigen Störung des Bewußtseins, wie etwa nach einem Schlag auf den Kopf.
posterior-parietaler Cortex Unspezifische Bezeichnung für das Gewebe hinter den primären somatosensorischen Feldern. Der posterior-parietale Cortex schließt die Areae PE, PF und PG ein.
postsynaptische Membran Die Membran der signalempfangenden Zelle, die, in Richtung des Signalflusses betrachtet, hinter dem *synaptischen Spalt* liegt.
posttraumatische Psychose Psychotische Reaktion als Folge eines *Schädel-Hirn-Traumas.*
bevorzugter kognitiver Verarbeitungsstil Die Anwendung eines gedanklichen Prozesses, der einem anderen vorgezogen wird, zum Beispiel eine bevorzugte visuell-räumliche Analyse anstatt einer verbalen.
präfrontaler Cortex Der anterior von den primären und sekundären motorischen Cortexarealen liegende *Cortex;* es handelt sich um den tertiären oder *Assoziationscortex* im *Frontallappen.*
Prägungsaufgabe Aufgabe, bei der die Versuchspersonen Informationen erhalten, die ihr weiteres Verhalten beeinflussen, an die sie sich jedoch nicht unbedingt bewußt erinnern werden. Zeigt man einer Versuchsperson beispielsweise eine Liste mit Wörtern, so wird sie danach eher Wörter verwenden, die in dieser Liste enthalten waren, als andere, die sich ebenfalls eignen würden.
prämotorischer Cortex Unmittelbar vor dem motorischen Cortex liegender Cortexbereich. Der prämotorische Cortex schließt mehrere funktionale Regionen ein, darunter den *supplementär-motorischen Cortex* und das *Brocasche Areal.*
präsynaptische Membran Die Membran des signalübermittelnden *Neurons*, die unmittelbar an den *synaptischen Spalt* angrenzt.
primärer motorischer Cortex Region des *Neocortex*, die der Brodmannschen Area 4 entspricht; bildet den wichtigsten Ursprung des *Tractus corticospinalis.*
primäre cortikale Felder Siehe *primäre Zonen.*
primäre Zonen Cortexareale, die als erste Projektionen von sensorischen Systemen erhalten oder direkt zu Muskeln projizieren.
primäres Projektionsgebiet Gehirnareal, in das eine andere Gehirnregion ihre *Axone* schickt.
proaktive Interferenz Störender Einfluß eines bereits gelernten Inhalts auf das Erlernen neuer Informationen.
propriozeptiv Bezeichnung für die sensorischen Informationen aus Muskeln, Sehnen und Eingeweiden.
Projektionskarten Kartographierung des *Cortex* durch Aufzeigen der Axonverbindungen von sensorischen Systemen in das Gehirn hinein und motorischen Systemen aus dem Gehirn heraus.
Prosencephalon *Vorderhirn*; Umschreibung für das vorderste der drei embryonalen Gehirnbläschen, das sich schließlich zum *Telencephalon* und *Diencephalon* entwickelt.
Prosodie Variation in Geschwindigkeit, Tonhöhe und Rhythmus der Sprache. Dadurch erhält Gesprochenes zusätzliche Bedeutung.
Prosopagnosie Unfähigkeit, bekannte Gesichter zu erkennen, die sich nicht aus einer Störung der Sehschärfe oder einer Reduktion der Vigilanz erklären läßt. Dieses Symptom tritt in einer „reinen" Form sehr selten auf. Man glaubt, daß es eine Folgestörung rechtsparietaler *Läsionen* ist.
proximal In der Nähe eines Referenzpunktes.
prozedurales Gedächtnis Gedächtnis dafür, wie man bestimmte Dinge tun oder bestimmte Bewegungen ausführen kann. Man nimmt an, daß diese Gedächtnisform vom *deklarativen Gedächtnis* unabhängig ist.
Pseudodepression Persönlichkeitszustand, der nach *Läsionen* im *Frontallappen* auftritt und durch Apathie, Gleichgültigkeit und Antriebsarmut gekennzeichnet ist, aber nicht von einer Depression des Patienten begleitet wird.
Pseudopsychopathie Zustand nach Frontallappenschädigung, der durch unreifes Verhalten, mangelndes Taktgefühl und andere Verhaltenssymptome gekennzeichnet ist.
psychedelische Droge Droge, die visuelle *Halluzinationen*, eine intensivierte *Wahrnehmung* und manchmal psychotisches Verhalten induziert.
psychoaktive Substanz Substanz, die die Stimmung oder das Verhalten verändert, indem sie die Gehirnfunktion beeinflußt.
Psychochirurgie Operative Eingriffe zur Durchtrennung von Faserverbindungen zwischen zwei Hirngebieten oder Zerstörung von Hirngewebe mit dem Ziel, Verhaltensstörungen, psychotische Gedankengebäude oder Gemütszustände zu verändern, für die keine organisch-pathologische Ursache nachgewiesen werden kann. (Das bekannteste Beispiel ist die Lobotomie.)
Psychometrie Die Wissenschaft der Messung menschlicher Fähigkeiten.

psychoorganisches Syndrom Allgemeiner Ausdruck für Verhaltensstörungen, die sich aus Fehlfunktionen des Gehirns herleiten.

Psychose Störung organischen oder emotionalen Ursprungs, bei der die Fähigkeit eines Individuums, zu denken, emotional zu reagieren, sich zu erinnern, zu kommunizieren, die Realität zu interpretieren und sich angemessen zu verhalten, so stark beeinträchtigt ist, daß sie den normalen Anforderungen des Lebens nicht mehr genügt. Der Begriff wird auf Zustände angewandt, die verschiedene Schweregrade haben können und verschieden lange anhalten (zum Beispiel *Schizophrenie* und Depression).

Ptose Herabhängen des oberen Augenlids aufgrund einer Paralyse des dritten *Hirnnervs*.

Pulvinar Thalamischer Kern, der Projektionen vom visuellen *Cortex* und vom *Colliculus superior* erhält und seinerseits Verbindungen zu sekundären und tertiären, temporalen und parietalen Cortexbereichen aufrechterhält.

Putamen Ein Kern der *Basalganglien*.

Pyramidenbahn Faserzug von den *Pyramidenzellen* der V. und VI. Schicht des motorischen *Cortex* zum *Rückenmark*.

Pyramidenzellen Zellen des *Cortex*, deren Zellkörper eine Pyramidenform aufweist. In den meisten Fällen übertragen sie Informationen in andere cortikale Felder.

pyriformer Cortex Entwicklungsgeschichtlich alter *Cortex*, der olfaktorische Funktionen hat.

Quadrantenanopsie Blindheit in einem Quadranten des Gesichtsfeldes, die auf eine *Läsion* des *Tractus opticus*, des *Corpus geniculatum laterale* oder der Area 17 zurückgeht.

Quadraplegie Paralyse der Beine und Arme aufgrund einer Schädigung des *Rückenmarks*.

quasi-evolutionäre Linie Hypothetische Abstammungslinie für eine heute lebende Art. Sie setzt sich aus heute lebenden Arten zusammen, die den Vorfahren der betrachteten Art am ähnlichsten sind. Eine solche quasi-evolutionäre Linie des Menschen würde Igel, Tupaias, Galagos, Rhesusaffen und Schimpansen beinhalten.

Ranvierscher Schnürring Myelinfreie Abschnitte eines ansonsten myelinisierten *Axons*. Der Nervenimpuls „springt" von einem dieser „Schnürringe" zum nächsten. Dadurch wird die Leitungsgeschwindigkeit erhöht.

Radioisotopuntersuchung Untersuchung, bei der man dem Patienten ein Radioisotop injiziert und anschließend einen Geiger-Zähler über die Schädeloberfläche führt, um eventuell vorhandene Tumoren, vaskuläre Störungen, Atrophien und ähnliches zu diagnostizieren.

Rasterelektronenmikroskop Spezielles *Elektronenmikroskop*, das dreidimensionale Bilder der Untersuchungsobjekte liefern kann.

räumliche Summation Addition oder Subtraktion zweier benachbarter postsynaptischer Potentiale. Siehe auch *zeitliche Summation*.

Rautenhirn Siehe *Rhombencephalon*.

Reafferenz Signalübertragung aus einer Gehirnregion in eine andere, wodurch die letztere über die Aktivitäten der ersteren informiert wird. Insbesondere wird dieses Prinzip genutzt, um vom motorischen System ein Signal über gerade ausgeführte Bewegungen an das sensorische System zu senden.

Reafferenztheorie Theorie, die besagt, daß bei der Initiierung einer Bewegung eine „Kopie" der beabsichtigten Bewegung im Nervensystem gespeichert bleibt, mit der dann die tatsächlich durchgeführte Bewegung verglichen wird.

realer Raum Der Raum, den man sieht, wenn man um sich blickt; dreidimensionaler Raum.

Reentry Übertragung *efferenter* Informationen in diejenigen Cortexregionen, aus denen die *afferenten* Informationen stammten; wird als möglicher Mechanismus zur Erklärung des *Bindungsproblems* diskutiert.

Regeneration Nachwachsen von *Neuronen* nach teilweiser Zerstörung oder nach Trauma.

Reifungshypothese Entsprechend dieser Hypothese sind zunächst beide Hemisphären am Spracherwerb involviert; allmählich übernimmt aber die linke Hemisphäre die Sprachkontrolle.

retikuläre Substanz Netzartig erscheinendes Gewebe des Gehirns, in dem Zellkörper und *Axone* stark vermischt sind.

Retikulärformation Mischung von Nervenzellen und Fasern im unteren und ventralen Anteil des *Hirnstamms*; sie zieht sich vom *Rückenmark* bis zum *Thalamus* hin und ist Ursprung wichtiger auf- und absteigender Systeme; auch bekannt als retikuläres Aktivierungssystem.

retrograde Amnesie Unfähigkeit, sich an Ereignisse zu erinnern, die sich *vor* Beginn des Gedächtnisverlustes zutrugen. Siehe auch *anterograde Amnesie*.

retrograde Degeneration Degeneration einer Nervenzelle und ihrer Fortsätze von dem Ort der Zerstörung aus in Richtung Zellkörper.

retrograder Transport Materialtransport durch *Neuronen*, und zwar vom Axonende in Richtung Zellkörper. Markierungssubstanzen oder Farbstoffe können an den *Synapsen* aufgenommen und zum Zellkörper transportiert werden. Dadurch kann man Faserverbindungen identifizieren.

rezeptives Feld Das Areal, von dem aus ein Reiz einen *Rezeptor* erregen kann.

Rezeptor Protein in der Zellmembran, an das andere Moleküle spezifisch binden können.

reziproke Hemmung Aktivierung einer Muskelgruppe, bei gleichzeitiger Hemmung der Antagonisten.

Rhinencephalon Anderer Ausdruck für *limbisches System*; bedeutet auch „Riechhirn".

Rhombencephalon (Rautenhirn) Der am weitesten posterior gelegene Teil des embryonalen Gehirns, der sich in *Metencephalon* und *Myelencephalon* aufteilt.

RNA (Ribonucleinsäure) Komplexes Makromolekül aus einer Folge von Nucleotidbasen, die an einem Zucker-Phosphat-Rückgrat aufgehängt sind. Messenger-RNA (mRNA) überträgt die genetische Information aus einem Teil der *DNA* an ein Ribosom (das hauptsächlich aus ribosomaler oder rRNA besteht), wo die durch entsprechende Überträgermoleküle (Transfer- oder tRNA) angelieferten Aminosäuren zu dem Polypeptid zusammengefügt werden, das von dem betreffenden DNA-Stück codiert wird.

Röntgenkontrastuntersuchung Radiographisches Verfahren, bei dem zu diagnostischen Zwecken Röntgenkontrastmittel oder Luft in die Ventrikel oder die das Gehirn versorgenden Arterien injiziert wird.

Rückenmark Der von der Wirbelsäule eingeschlossene Teil des Zentralnervensystems.

Rückziehreflex Zurückziehen einer Gliedmaße als Reaktion auf einen Reiz, der Bahnen des Schmerz- oder Temperaturempfindens aktiviert. Der Reflex wird durch einen multisynaptischen Schaltkreis im *Rückenmark* vermittelt.

Ruhepotential Elektrische Spannung zwischen der Innen- und der Außenseite der Membran einer Nervenzelle im Ruhezustand. Sie variiert je nach Tierart zwischen 60 und 90 Millivolt.

Sacculus Einer von zwei vestibulären *Rezeptoren* des mittleren Innenohres. Er wird durch Drehbewegungen gereizt und dient dazu, Kopf und Körper aufrecht zu halten.

saltatorische Weiterleitung Weiterleitung eines Nervenimpulses in einem myelinisierten *Axon*. Sie ist charakterisiert durch das „Springen" von einem *Ranvierschen Schnürring* zum nächsten.

Savant-Syndrom Retardierung, bei gleichzeitig besonderen, manchmal normalen Fähigkeiten.

Säule Hypothetische Einheit der Cortexorganisation. Man nimmt an, daß eine Säule vertikale intracortikale Verknüpfungen repräsentiert und somit vermutlich einer einzelnen funktionalen Einheit (einem „Modul") entspricht.

Schädel-Hirn-Trauma (cerebrales Trauma) Gehirnverletzung, die gewöhnlich von einem Gehirnschlag beziehungsweise mechanischer Gewalteinwirkung auf den Kopf herrührt.

Schizophrenie Psychose, die durch Störungen kognitiver Funktionen und geringe soziale Anpassung gekennzeichnet ist und auf Fehlfunktionen des Gehirns basiert. Der Begriff bezeichnet im wörtlichen Sinne ein Gespaltensein von Denken und emotionalen Vorgängen.

Schlafapnoe Aussetzen der Atmung beim Übergang in den Tiefschlaf.

Schlafapnoesyndrom Schlafstörung, bei der die Betroffenen mit der Atmung aussetzen, wenn sie in die Tiefschlafphase übergehen; beruht möglicherweise auf einer Muskelentspannung während des Traumschlafs.

Schlaganfall Das plötzliche Auftreten neurologischer Symptome als Resultat einer Unterbrechung der Hirndurchblutung.

Schmerzasymbolie Siehe *Asymbolie für Schmerz*.

Schwannsche Zelle *Gliazelle*, die im peripheren Nervensystem die *Myelinhüllen* bildet.

Schwelle Der Punkt, an dem ein Reiz zu einer Reaktion führt.

Scotom Kleiner blinder Fleck im Gesichtsfeld, der durch kleine *Läsionen*, durch epileptische Herde oder durch *Migräne* im *Occipitallappen* verursacht wird.

Second messenger Diffusionsfähige Moleküle, die eine Vielzahl von Zellbestandteilen beeinflussen können, darunter auch *Ionenkanäle*. Wenn ein Transmitter an einen postsynaptischen *Rezeptor* bindet, bewirkt ein weiteres Protein, das auf der cytoplasmatischen Seite an den Rezeptor gebunden ist (ein sogenanntes G-Protein), die Bildung von Second-messenger-Molekülen.

Sedativum Substanz, die die neurale und somit auch die Verhaltensaktivität herabsetzt, indem sie entweder die Noradrenalinwirkung abschwächt oder die GABA-Wirkung verstärkt.

sekundärer Cortex *Cortex*, der sich, wie Flechsig entdeckte, nach den primären motorischen und den sensorischen Regionen entwickelt. Luria schlug vor, daß der sekundäre Cortex an der Wahrnehmung (sekundärer sensorischer Cortex) und an der Bewegungskontrolle (sekundärer motorischer Cortex) beteiligt sind.

Sehbahn Ein Fasersystem, das mit den Projektionen der retinalen Ganglienzellen zum Corpus geniculatum laterale des Thalamus beginnt und von dort aus zu den Arealen 17, 18, 19, 20 und 21 reicht.

sekundäre Projektionsgebiete Cortexareale, die Projektionen von einem primären Projektionsareal erhalten oder dorthin senden.

Sensitisierung Zustand, in dem zum Beispiel ein Pharmakon eine stärkere Verhaltensreaktion bewirkt als sonst.

sensorische Aphasie Siehe *Wernicke-Aphasie*.

sensorischer Neglect Ein Zustand, in dem ein Individuum auf Sinnesreize nicht reagiert.

Septum Ein Kern des *limbischen Systems*, der, wenn er zerstört wird, bei Ratten zu Pseudowutanfällen führt und im EEG den *Theta-Rhythmus* zum Verschwinden bringt.

serielle Läsion Dieser Begriff umschreibt die Beobachtung, daß langsame fortschreitende *Läsionen* oder solche, die in mehreren Operationen durchgeführt werden, zu weniger schweren Symptomen führen als gleich große Läsionen, die in einem kürzeren Zeitraum entstehen (durch rasches Tumorwachstum, Unfall oder eine Operation).

sexuelle Selektion Ein Konzept der Evolutionstheorie, das beinhaltet, daß aus dem Umstand, wer sich mit wem paart und Nachkommen hat, auch ableiten läßt, welche einzelnen Charakteristika sich in der Nachkommenschaft gehäuft zeigen und welche Gene verschwinden werden.

signalgesteuertes Verhalten Navigatorisches Verhalten, bei dem ein Tier anhand seiner eigenen Position relativ zu einer Markierung eine bestimmte Stelle im Raum ansteuert; steht im Gegensatz zu *platz-* oder *positionsgesteuertem Verhalten*.

Simultanagnosie Symptom, bei dem die Betroffenen nicht mehr als ein Objekt zu einem gegebenen Zeitpunkt wahrnehmen können. Siehe auch *Agnosie*.

Simultanextinktion Zweite Stufe der Erholung nach einem kontralateralen Neglect; sie ist durch Reaktionen auf Reize der zuvor vernachlässigten Seite charakterisiert, wobei auf die Reize so reagiert wird, als gäbe es eine simultane Stimulation auf der kontralateralen Seite.

Sinneszelle Spezialisierte Zelle, die die Reizenergie eines geeigneten Stimulus in elektrische Energie, also in die „Sprache" des Nervensystems, umwandelt.

slow-wave sleep (S-Schlaf) Schlafstadium, das durch langsame Wellen mit großer Amplitude im *EEG* gekennzeichnet ist.

Soma Zellkörper

somatische Muskeln Skelettmuskulatur.

somatosensorisches System Neurales System, das taktile Sinnesempfindungen ermöglicht; vermittelt unter anderem Tastsinn, *Kinästhesie*, Schmerz und Propriozeption.

somatosensorische Zone Jede Gehirnregion, die für eine Analyse von Empfindungen, Berührung, Druck und möglicherweise auch Schmerz und Temperatur zuständig ist.

Somnolenz Schläfrigkeit; exzessive Müdigkeit.

spannungsgesteuerter Kanal Enge Pore der Membran einer Nervenzelle, die durch Änderungen des Membranpotentials geöffnet oder geschlossen wird. Siehe auch *Ionenkanal*.

SPECT (*single-photon emission computed tomography*) Ein *bildgebendes Verfahren*, bei dem man einer Versuchsperson eine radioaktiv markierte Substanz (etwa Glucose) injiziert, die im Gehirn metabolisiert wird. Die Radioaktivität wird danach durch besondere Detektoren festgestellt. Die Methode ist der *Positronenemissionstomographie* (PET) ähnlich, hat aber ein geringeres Auflösungsvermögen. Demgegenüber steht der Vorteil, daß zur Herstellung der Isotope kein Zyklotron benötigt wird.

spinaler Reflex Reflex des intakten, isolierten *Rückenmarks*.

Splenium Der Begriff bezeichnet das posteriore, nach unten gerundete Ende des *Corpus callosum*.

Split-Brain-Patient Person, der zur Linderung schwerer epileptischer Krämpfe das *Corpus callosum* durchtrennt wurde.

Spongioblasten Unreife Zellen, die sich zu *Gliazellen* entwickeln.

spreading depression Ausbreitung einer Depolarisationswelle über die Cortexoberfläche, was zu einer zeitweisen Blockierung der Cortexfunktionen führt.

Stäbchen Lichtempfindliche *Rezeptoren* in der Retina, die Rhodopsin enthalten; zusammen mit den *Zapfen* bilden sie die rezeptive Oberfläche der Retina.

Stereognosie Das Erkennen eines Objektes durch Tasten.

Sternzellen Nervenzellen mit einer sternförmigen Struktur von Zellkörper und *Dendriten*. Sie dienen hauptsächlich als Assoziationszellen, wobei ihre Ausläufer in der Regel auf die nähere Umgebung des Zellkörpers begrenzt bleiben.

„stille" Synapse *Synapse*, die vermutlich erst aktiv wird, wenn andere, dominante Synapsen entfernt wurden.

Stimulusgradient Ein Gradient, mit dem die Effizienz eines Reizes zu- oder abnimmt; beispielsweise werden Gerüche stärker empfunden, je näher sich die Geruchsquelle befindet.

Streckreflex Ausstrecken einer Gliedmaße auf einen taktilen Reiz hin, um mit dem Gegenstand in Kontakt zu bleiben, der den Reiz verursachte, also empfindliche Berührungs- und Druckrezeptoren aktivierte. Die Reaktion wird durch einen multisynaptischen Reflexschaltkreis im *Rückenmark* vermittelt.

Strephosymbolie Wahrnehmungsstörung, bei der betrachtete Objekte spiegelverkehrt erscheinen. Spiegelbildliche Buchstaben (wie etwa b und d) und Wörter werden verwechselt, und es besteht die Tendenz, in umgekehrter Richtung zu lesen oder zu schreiben.

Subarachnoidalraum Der Raum zwischen der *Arachnoidea* und der *Pia mater*.

Substantia nigra (schwarze Substanz) Ein *Nucleus* des *Mittelhirns*, der Zellkörper enthält, deren *Axone* dopaminhaltig sind. Frisch aufbereitetes menschliches Gewebe dieser Region sieht schwarz aus.

Sulcus Schmaler Spalt zwischen den Windungen (*Gyri*) des *Cortex*.

Sulcus centralis *Fissur*, die vom dorsalen Rand jeder Hemisphäre bis etwa zu ihrem Mittelpunkt führt; sie trennt Frontal- und Parietallappen voneinander und wird auch Fissura Rolandi genannt.

Sulcus cinguli Cortikaler *Sulcus* an der medialen Oberfläche der beiden Großhirnhemisphären, direkt über dem *Corpus callosum*.

supplementär-motorischer Cortex Verhältnismäßig kleine Cortexregion, die außerhalb des *primären motorischen Cortex* liegt, die aber auch Bewegungen erzeugt, wenn sie gereizt wird.

Sylvische Furche Siehe *Fissura lateralis*.

symptomatische Krämpfe Krampfartige Entladungen, die mit spezifischen Symptomen verbunden sind, welche wiederum helfen können, den Ursprungsort der Entladungen zu lokalisieren.

Synapse Kontaktstelle zwischen zwei Nervenzellen oder zwischen *Neuron* und Muskelzelle.

synaptische Vesikel Kleine Vesikel, die in elektronenmikroskopischen Bildern von Endknöpfchen sichtbar werden. Sie enthalten *Neurotransmitter.*

synaptischer Spalt Raum zwischen dem Endknöpfchen eines *Neurons* und der Zelle, mit der es Kontakt aufnimmt.

Synästhesie Fähigkeit, einen Reiz, der einem bestimmten Sinn dargeboten wird, mit einem anderen Sinn wahrzunehmen, beispielsweise, wenn ein Geräusch eine Farbempfindung hervorruft.

Syntax Art und Weise, wie Wörter den grammatikalischen Regeln entsprechend zu Sätzen zusammengestellt werden; wird als ein für die menschliche Sprache einzigartiges Merkmal betrachtet.

Tachistoskop Mechanisch-optische Apparatur aus Projektor, Sichtgerät und Bildschirm, die es erlaubt, visuelle Reize für wählbar kurze Zeit in jeweils eine Gesichtsfeldhälfte zu projizieren.

tardive Dyskinesie Langsame abnorme Bewegungen der Gliedmaßen oder des Körpers.

tectopulvinares System Teil des visuellen Systems. Es dient dazu, visuelle Reize zu lokalisieren. Es beinhaltet den *Colliculus superior,* den posterioren *Thalamus* und die Areae 20 und 21.

Tectum Mittelhirngebiet, das oberhalb des Aquaeductus cerebri liegt. Es enthält das obere und untere Hügelpaar (*Colliculi*), die zusammen für Bewegungen des ganzen Körpers als Reaktion auf visuelle und auditorische Reize zuständig sind.

Tegmentum Mittelhirngebiet unterhalb des Aquaeductus cerebri. Es enthält sensorische und motorische Fasersysteme und eine Anzahl von Kernen.

Telencephalon Ausdruck für das Endhirn. Es umfaßt den *Cortex*, die *Basalganglien*, das *limbische System* und die Riechkolben (Bulbi olfactorii).

Telodendrien Feine Endverzweigungen eines *Axons*.

Temporallappen Schläfenlappen, einer der vier Lappen jeder Cortexhälfte.

tertiäres Projektionsgebiet Cortexgebiet, das Projektionen von einem sekundären Projektionsareal erhält oder dorthin Signale sendet. Siehe auch *Assoziationscortex.*

Thalamus Kerngruppe im *Diencephalon.* Der Thalamus ist ein wichtiges Schaltzentrum für Impulse, die zum Endhirn gesendet werden (oder dieses verlassen).

Thermoregulation Die Fähigkeit, die Körpertemperatur zu regulieren.

Theta-Rhythmus Rhythmus im *Elektroencephalogramm* mit einer Frequenz von 4 bis 7 Hz.

Thrombose Verstopfung eines Blutgefäßes durch ein Blutgerinnsel.

Tiefendyslexie Lesestörung, die auf große *Läsionen* der sprachdominanten Hemisphäre folgt. Sie ist durch ganz bestimmte Fehlerarten charakterisiert, die nahelegen, daß der Lesevorgang durch die nichtdominante Hemisphäre vorgenommen wird.

topographische Agnosie Unfähigkeit, die typischen Merkmale von Plätzen oder Gebäuden wahrzunehmen. Objektklassen wie Hügel, Gebäude und so weiter werden aber noch erkannt.

topographische Amnesie Die Unfähigkeit, sich an den Ort von Dingen oder Plätzen zu erinnern.

topographische Desorientierung Konfusion bezüglich der eigenen Position im Raum.

topographische Karten Kartographische Erfassung des *Neocortex,* die verschiedene Merkmale, Projektionen, Zellverteilung und ähnliches ausweist.

Tourette-Syndrom Krankheit, die durch unwillkürliche Bewegungen von Körperteilen, die unwillkürliche Aussprache von Wörtern und das Hervorstoßen von Lauten gekennzeichnet ist.

Tractus Große Ansammlung von *Axonen* innerhalb des Zentralnervensystems. Faserzug.

Tractus corticospinalis Faserbündel zwischen dem *cerebralen Cortex* und dem *Rückenmark* (Pyramidenbahn).

Tractus perforans Verbindung zwischen *entorhinalem Cortex* und *Hippocampus.* Wichtig für das Gedächtnissystem.

Tractus rubrospinalis Faserzug vom *Nucleus ruber* zum *Rückenmark*; an der Kontrolle der Gliedmaßenbewegungen beteiligt.

transaxiale Computertomographie Technik, bei der man eine Serie von *Computertomogrammen* des Gehirns zu einer dreidimensionalen Darstelleung kombiniert.

transcortikale Aphasie („Isolationssyndrom") Eine *Aphasie*, bei der die Betroffenen Wörter verstehen und wiederholen und Objekte benennen können, jedoch nicht spontan sprechen können.

transiente globale Amnesie Kurzzeitige neurologische Störung, charakterisiert durch Gedächtnisverlust; kann auf vorübergehende Ischämie-Perioden zurückgehen.

transiente Ischämie Vorübergehende mangelhafte Blutversorgung eines bestimmten Gehirnareals.

Transmitter Siehe *Neurotransmitter.*

transneuronale Degneration Degeneration einer Nervenzelle, die mit einer zerstörten Nervenzelle direkt oder über wenige *Synapsen* hinweg in Kontakt steht. Die Durchtrennung des Sehnervs beispielsweise führt zur Degeneration der Zellen des Corpus geniculatum laterale.

Traumschlaf (*dream-sleep*, D-Schlaf) Schlafzustand, in dem die Muskulatur paralysiert und der sensorische Input zum Gehirn blockiert ist, in dem das Gehirn eine Aktivität wie im Wachzustand aufweist und währenddessen intensiv geträumt wird, REM-Schlaf.

Turner-Syndrom Genanomalie, bei der eine Frau nur ein X-Chromosom hat. Frauen mit dem Turner-Syndrom haben unter anderem schwere räumliche Wahrnehmungsstörungen.

überkreuzte Aphasie *Aphasie*, die auf einer Schädigung der rechten Hemisphäre beruht.

übertragener Schmerz Schmerz, der in einer anderen Körperregion wahrgenommen wird als in der, in der seine Ursache lokalisiert ist.

unilateraler visueller Neglect Neglect aller sensorischen Ereignisse einer oder mehrerer Modalitäten, vorausgesetzt, daß die Reizung auf eine „Hälfte der Welt" (definiert durch die Zentralachse des Körpers) begrenzt ist.

Utriculus Die größte Untereinheit des Labyrinths. Er ist das Hauptorgan des *Vestibulärsystems* und vermittelt Informationen über die räumliche Position des Kopfes.

Ventrikel Die Hohlräume des Gehirns. Sie enthalten *Cerebrospinalflüssigkeit.*

Ventrikulographie Röntgenverfahren, bei dem man die Umrisse der *Ventrikel* sichtbar macht, indem man ein Röntgenkontrastmittel über eine durch den Schädel geführte Kanüle in die Ventrikel injiziert.

ventromediales System Eine von zwei großen Fasergruppen des motorischen Systems. Das ventromediale System besteht aus dem Tractus vestibulospinalis, dem Tractus reticulospinalis und dem Tractus tectospinalis, die im *Hirnstamm* entspringen. Außerdem enthält es den Tractus corticospinalis ventralis, der dem *Neocortex* entstammt.

Verhaltenskompensation Mechanismus der Erholung von Gehirnverletzungen, wobei das Verhalten derart modifiziert wird, daß es die verlorenen Funktionen ersetzen kann. Das neu erworbene Verhalten entspricht nicht dem zuvor vorhandenen, und auch die Gehirnregion, die dieses Verhalten vermittelt, ist nun eine andere.

Vestibulärsystem Sensorisches System im Innenohr, das die Position und die Bewegung des Körpers registriert.

visuelle Agnosie Unfähigkeit, visuelle Eindrücke zu vollständigen Mustern zusammenzufügen; daraus resultiert die Unfähigkeit, Objekte zu erkennen, zu verwenden, zu zeichnen oder abzuzeichnen.

vordere Kommissur Siehe *anteriore Kommissur.*

Vorderhirn In diesem Buch wird der Begriff für die Gesamtheit der cerebralen Hemisphären, der *Basalganglien*, des *Thalamus*, des *Hypothalamus*, der *Amygdala*, des *Hippocampus* und des *Septums* verwendet.

Vorderwurzel Fasertrakt, der das *Rückenmark* verläßt und deshalb motorisch ist. Er befindet sich bei Tieren im ventralen Anteil und bei Menschen im anterioren Teil des *Rückenmarks.*

Wahnvorstellung Irriger Glaube, an dem festgehalten wird, obwohl er ganz offensichtlich falsch ist; charakteristisch für manche Arten psychischer Störungen.

Wallersche Degeneration Siehe *anterograde Degeneration.*

weiße Substanz Diejenigen Gebiete des Nervensystems, in denen viele *myelinisierte Axone* verlaufen.

Wernicke-Aphasie Unfähigkeit, Sprache zu verstehen oder sinnvolle Sprache zu formulieren. Sie folgt auf *Läsionen* des posterioren Cortex. Siehe auch *Broca-Aphasie.*

Wernickesches Areal Der posteriore Teil des superioren temporalen *Gyrus* (etwa Area 22). Siehe auch *Brocasches Areal.*

Willkürbewegung Jede Bewegung, die ein Tier beispielsweise von einer Stelle an eine andere bringt. Sie kann durch sensorischen Input auf einer niedrigen Ebene des sensorischen Systems ausgelöst und durch ebenfalls auf niedriger Ebene angesiedelte Haltungs- und Reflexsysteme ausgeführt werden. Auch als appetitive, instrumentelle, zielgerichtete oder operante Bewegung bezeichnet.

Wilsonsche Krankheit Hepatolentikuläre Degeneration. Eine genetisch bedingte Krankheit, die durch eine Unfähigkeit zur Metabolisierung von Kupfer gekennzeichnet ist. Letzteres akkumuliert sich dann im Gehirn.

Wortsalat Ausdruck, der zur Kennzeichnung einer *flüssigen Aphasie* verwendet wird. Dabei werden zwar sinnvolle Wörter produziert, diese aber zufällig aneinandergereiht.

Zapfen Hochspezialisierte konische oder flaschenförmige *Rezeptoren* der Retina, die für Licht von bestimmter Wellenlänge maximal empfindlich sind. Die Zapfen bilden die Grundlage für das Farbensehen. Siehe auch *Stäbchen.*

zeitliche Summation Addition oder Subtraktion zweier zeitlich eng aufeinanderfolgender postsynaptischer Potentiale. Siehe auch *räumliche Summation.*

Zellkörper Siehe *Soma.*

Zellverband (*cell assembly*) „Gruppe" von *Neuronen*, die funktional miteinander verbunden sind; Hebb nahm an, daß Zellverbände Basis der Wahrnehmung, des Gedächtnisses und der Vorstellungskraft darstellen.

Deutschsprachige Literatur

Anderson, J. R. *Kognitive Psychologie*. Heidelberg (Spektrum Akademischer Verlag) 2. Aufl. 1996.

Beaumont, J. G. *Einführung in die Neuropsychologie*. Weinheim (Psychologie Verlags Union) 1987.

Birbaumer, N.; Schmidt, R. F. *Biologische Psychologie*. Berlin, Heidelberg, New York (Springer) 3. Aufl. 1990.

Canavan, A. G. *Klinische Neuropsychologie*. Stuttgart (Enke) 1990.

Cramon, D. von; Ziegler, W. (Hrsg.) *Neuropsychologische Diagnostik*. Weinheim (VCH) 1993.

Cramon, D. von; Zihl, J. (Hrsg.) *Neuropsychologische Rehabilitation. Grundlagen – Diagnostik – Behandlungsverfahren*. Berlin, Heidelberg, New York (Springer) 1988.

Denzler, P.; Markowitsch, H.; Frölich, L.; Kessler, J.; Ihl, R. *Demenz im Alter; Pathologie, Diagnostik, Therapieansätze*. Weinheim (Beltz) 1989.

Ellis, A. W.; Young, A. W. *Einführung in die Kognitive Neuropsychologie*. Bern (Huber) 1991.

Friederici, A. *Neuropsychologie der Sprache*. Stuttgart (Kohlhammer) 1984.

Fritze, J. *Einführung in die biologische Psychiatrie*. Stuttgart (G. Fischer) 1989.

Gazzaniga, M. *Das erkennende Gehirn*. Paderborn (Jungermann) 1989.

Gazzaniga, M.; LeDoux, J. E. *Neuropsychologische Integration kognitiver Prozesse*. Stuttgart (Enke) 1983.

Gehirn und Nervensystem. Heidelberg (Spektrum der Wissenschaft) 1980.

Gronwall, D.; Wrightson, P.; Waddell, P. *Schädel-Hirn-Verletzungen*. Heidelberg (Spektrum AkademischerVerlag) 1993.

Haupts, M.; Durwen, H. F.; Gehlen, W.; Markowitsch, H. J. *Neurologie und Gedächtnis*. Stuttgart (Huber) 1994.

Hobson, A. J. *Schlaf*. Heidelberg (Spektrum der Wissenschaft) 1990.

Hubel, D. H. *Auge und Gehirn*. Heidelberg (Spektrum der Wissenschaft) 1989.

Kail, R. *Gedächtnisentwicklung bei Kindern*. Heidelberg (Spektrum Akademischer Verlag) 1992.

Kail, R.; Pellegrino, J. W. *Menschliche Intelligenz*. Heidelberg (Spektrum der Wissenschaft) 1988.

Kondel, E. R.; Schartz, J. H.; Jessel, T. M. *Neurowissenschaften. Eine Einführung*. Heidelberg (Spektrum Akademischer Verlag) 1995.

Lachnit, H. *Assoziatives Lernen und Kognition*. Heidelberg (Spektrum Akademischer Verlag) 1993.

Lurija, A. R. *Der Mann, dessen Welt in Scherben ging*. Reinbek (Rowohlt) 1992.

Lurija, A. R. *Das Gehirn in Aktion. Einführung in die Neuropsychologie*. Reinbek (Rowohlt) 1992.

Markowitsch, H. *Neuropsychologie des Gedächtnisses*. Göttingen (Hogrefe) 1992.

Mauritz, K. H. *Rehabilitation nach Schlaganfall*. Stuttgart (Kohlhammer) 1994.

Nauta, W. J. H.; Feirtag, M. *Neuroanatomie*. Heidelberg (Spektrum der Wissenschaft) 1990.

Poeck, K. (Hrsg.) *Klinische Neuropsychologie*. Stuttgart, New York (Thieme) 2. Aufl. 1989.

Pöppel, E. (Hrsg.) *Gehirn und Bewußtsein*. Weinheim (VCH) 1989.

Posner, M. J.; Raichle, M. E. *Bilder des Geistes*. Heidelberg (Spektrum Akademischer Verlag) 1996.

Rahmann, H.; Rahmann, M. *Das Gedächtnis*. München (Bergmann) 1988.

Reichert, H. *Neurobiologie*. Stuttgart, New York (Thieme) 1990.

Reisberg, R. *Hirnleistungsstörungen: Alzheimersche Krankheit und Demenz*. Weinheim (Psychologie Verlags Union) 1986.

Ritter, M. *Wahrnehmung und visuelles System*. Heidelberg (Spektrum der Wisssenschaft) 1986.

Rock, I. *Wahrnehmung. Vom visuellen Reiz zum Sehen und Erkennen*. Heidelberg (Spektrum der Wissenschaft) 1985.

Sacks, O. *Der Mann, der seine Frau mit einem Hut verwechselte*. Reinbek (Rowohlt) 1987.

Sacks, O. *Der Tag, an dem mein Bein fortging*. Reinbek (Rowohlt) 1989.

Sacks, O. *Awakenings – Zeit des Erwachens*. Reinbek (Rowohlt) 1991.

Schmidt, R. F. *Grundriß der Sinnesphysiologie*. Berlin, Heidelberg, New York (Springer) 1985.

Shepherd, G. M. *Neurobiologie*. Berlin, Heidelberg, New York (Springer) 1993.

Singer, W. (Hrsg.) *Gehirn und Kognition*. Heidelberg (Spektrum der Wissenschaft) 1990.

Singer, W. (Hrsg.) *Gehirn und Geist*. Heidelberg (Spektrum der Wissenschaft) 1994.

Snyder, S. H. *Chemie der Psyche*. Heidelberg (Spektrum der Wissenschaft) 1988.

Springer, S. P.; Deutsch, G. *Linkes/Rechtes Gehirn. Funktionelle Asymmetrien*. 2. Aufl. *Heidelberg* (Spektrum Akademischer Verlag) 1993.

Trimmel, M. *Angewandte und Experimentelle Neuropsychophysiologie*. Berlin, Heidelberg, New York (Springer) 1990.

Zeitschrift für Neuropsychologie. Bern (Huber).

Zeitschrift für Medizinische Psychologie. Heidelberg (Spektrum Akademischer Verlag).

Namensverzeichnis

D

E

F

G

H

I

J

K

L

M

N

O

P

Q

R

S

T

U

V

W

Y

Z

Sachverzeichnis

A

B

C

D

E

F

G

H

N

O

S

T